TABLE GÉNÉRALE ET ALPHABÉTIQUE

DES

PRINCIPALES MATIÈRES

CONTENUES DANS

L'HISTOIRE UNIVERSELLE DE L'ÉGLISE CATHOLIQUE.

A

AARON va trouver son frère Moïse dans le désert. Aaron et Moïse se rendent chez Pharaon, t. 1, l. 6, p. 430. — Sa prévarication et celle de saint Pierre. Cause de l'une et de l'autre. Moïse, médiateur, figure de Jésus-Christ, l. 8, p. 174. — Aaron, pontife et juge suprême. Les ornements sacrés. Sa consécration et celle de ses fils, p. 179. — Le feu sacré. Fonctions des prêtres et des lévites. Leur position sociale et réciproque, p. 180. — Murmures et punition d'Aaron et de Marie contre Moïse, p. 184. — Aaron intercède pour le peuple, p. 187. — La verge d'Aaron est déposée dans le tabernacle, p. 187. — Mort d'Aaron, p. 188.

ABAILARD. Sa jeunesse et ses études. Ses disputes avec Guillaume de Champeaux. Célébrité de son enseignement. Ses relations criminelles avec Héloïse. Son mariage. Ses leçons de théologie, t. 6, l. 67, p. 396. — Enseignement d'Abailard à Provins. Son orgueil. Condamnation de son *Introduction* à la théologie, p. 430. — Nouvelles erreurs d'Abailard. Il est confondu par saint Bernard au concile de Sens, p. 506. — Apologie peu concluante d'Abailard. Suite de sa vie aventureuse. Sa profession de foi aux religieuses du Paraclet après sa nouvelle condamnation, p. 509. — Lettres du pape Innocent II au sujet de cette nouvelle condamnation. Voyage d'Abailard à Rome. Ses rétractations. Sa conversion. Son séjour à Cluny. Sa mort, p. 510.

ABBON de Fleuri (saint). Sa science, ses écrits et ses vertus. Il adresse un recueil de canons aux rois Hugues Capet et Robert, dans lequel il ne cite aucune fausse décrétale, t. 5, l. 62, p. 543.

ABDÉRAME, premier calife en Espagne, t. 5, l. 54, p. 96.

ABD-ISU, patriarche de l'Assyrie orientale, laquelle se soumet dans sa personne au pape Pie IV, t. 10, l. 85, p. 307.

ABEILLES. Merveilles de leur gouvernement; t. 1, l. 1, p. 21.

ABEL, patriarche. Sa naissance. Son occupation. Son sacrifice, t. 1, l. 3, p. 51. — Il excite la jalousie de Caïn, qui le tue, p. 52. — Abel et Caïn, figure de Jésus-Christ et du peuple Juif, p. 53. — Abel renaît dans Seth et Jésus-Christ dans son Eglise, p. 54.

ABEL (saint), évêque de Reims, t. 5, l. 52, p. 12.

ABEL RÉMUSAT. Son jugement sur le bouddhisme, t. 8, l. 76, p. 252.

ABIAM, roi de Juda, succède à Roboam son père, t. 1, l. 14, p. 331. — Victoire d'Abiam sur Jéroboam, roi d'Israël. Chute d'Abiam. Sa mort, p. 333.

ABIATHAR, grand-prêtre. Son exil, t. 1, l. 13, p. 309.

ABIGAÏL. Son intercession auprès de David pour Nabal. Elle épouse David, t. 1, l. 14, p. 279.

ABIMÉLECH, roi de Palestine, restitue Sara, puis fait alliance avec Abraham, t. 1, l. 4, p. 86. — Alliance avec Isaac, p. 94.

ABIMÉLECH, fils de Gédéon, tue ses frères et se fait roi. Sa mort violente, t. 1, l. 10, p. 244.

ABIRON (Voyez *Coré*).

ABIU, fils d'Aaron. Sa mort, t. 1, l. 8, p. 180.

ABNER, général d'Isboseth, tue malgré lui Azaël, frère de Joab. Il passe du côté de David, mais est tué par Joab. Ambition de ces deux chefs, t. 1, l. 12, p. 288.

ABOUBÈCRE, calife. Il devient un des disciples de Mahomet, ainsi que son gendre, t. 4, l. 48, p. 366. — Il succède à Mahomet. Rassemble en un volume les chapitres épars de l'Alcoran. Défait les Arabes qui avaient abandonné l'islamisme. Continue contre les Grecs la guerre commencée par Mahomet. Sa mort, p. 373.

ABOUT. Sa brochure *La Question romaine*, t. 12, l. 92, p. 339.

ABRAHAM, patriarche. Idolâtrie dans sa famille. Sa vocation. Sa généalogie. Date de sa naissance, t. 1, l. 4, p. 76. — Il quitte son pays et sa famille. Promesses que Dieu lui fait. Sources de lumières pour les nations dans les voyages des Israélites, p. 77. — Ses stations en Palestine. Son voyage en Egypte. Enlèvement et restitution de Sara par Pharaon. Retour en Palestine. Séparation d'avec Loth. Nouvelles promesses de Dieu, p. 78. — Guerre de Sodome. Melchisédech et son sacrifice. Fi-

gures de Jésus-Christ et de l'Eucharistie. Abraham à Damas, p. 79. — Promesse d'une postérité nombreuse. Alliance de Dieu avec Abraham. Vision de la captivité d'Egypte et promesse de la terre de Chanaan. Abraham épouse Agar. Prédiction de la naissance et du caractère d'Ismaël, p. 80. — Abraham et Sara changent de nom. La circoncision. Isaac prédit, p. 81. — Visite des trois anges. L'annonce de la ruine de Sodome. Prières d'Abraham, p. 82. — Qui étaient ses trois hôtes. Histoire béotienne relative à cette visite, p. 83. — Supériorité de la conduite d'Abraham sur celle de Lot, p. 85. — Les deux femmes d'Abraham, figures des deux Testaments, p. 86. — Alliance d'Abraham et d'Abimélech, p. 87. — Sacrifice d'Isaac, figure de celui de Jésus-Christ, p. 88. — Autres femmes et enfants d'Abraham. Sa mort, sa sépulture et sa gloire, p. 91. — Peuples qui descendent de lui. Sa famille spirituelle, p. 92. — Le père des croyants et le Saint-Père, p. 93. — Les différentes alliances d'Abraham, figures des différentes phases de l'alliance de Dieu avec les hommes, l. 7, p. 105.

ABRAHAM, roi chrétien des Arabes. Sa législation. Il convertit cinquante-cinq mille Juifs, aidé par le zèle de l'évêque Grégentius. L'Arabie était chrétienne, même dans sa littérature, un siècle avant Mahomet, t. 4, l. 44, p. 463.

ABSALON, fils de David. Sa fuite. Sa rentrée en grâce. Ses menées ambitieuses. Sa révolte. Sa défaite et sa mort, t. 4, l. 12, p. 298.

ABSALOM, évêque de Rotschild, remplace Eskil dans l'archevêché de Lunden, parce qu'il y est forcé par le pape Alexandre III, t. 7, l. 69, p. 133.

ABSOLUTISME. Origine anglicane de l'absolutisme royal ou despotisme, t. 10, l. 85, p. 205. — Au moyen-âge, il n'y avait ni despotisme d'un chacun, ni despotisme d'un seul. Preuves par l'histoire de France, l. 87, p. 594.

ABYSSINIE (Voyez *Ethiopie*).

ACACE (saint), évêque d'Antioche de Pisidie. Son interrogatoire, t. 2, l. 29, p. 525.

ACACE, évêque d'Amid. Sa noble conduite, t. 3, l. 38, p. 414.

ACACE, évêque de Constantinople. Sa fermeté contre l'empereur Basilique, t. 4, l. 42, p. 43. — Causes de son indisposition contre Jean Talaïa, évêque d'Alexandrie, p. 57. — Sa condamnation par le pape Félix III, p. 63. — Sa mort, p. 65.

ACADÉMIE. Ecole de philosophie chez les Grecs, t. 2, l. 20, p. 22.

ACHAB, roi d'Israël. Ses crimes, t. 4, l. 14, p. 334. — Le prophète Elie lui annonce son châtiment; puis la fin de la sécheresse, p. 334. — Achab remporte sur les Syriens des victoires qui lui sont annoncées par des prophètes. Il épargne leur roi. Un prophète lui annonce sa punition, p. 338. — Achab s'empare de la vigne de Naboth, que Jésabel fait lapider. Elie lui annonce sa punition. Son repentir et son pardon, p. 339. — Dernière expédition et mort d'Achab, p. 340.

ACHAZ, roi de Juda. Ses abominations punies par les ravages des rois d'Israël et de Syrie. Les deux rois devant Jérusalem. Assurances de Dieu à Achaz. Annonce du Messie et preuves. Caractères figuratifs des enfants d'Isaïe. Achaz demande la protection du roi d'Assur. Isaïe annonce la vengeance divine sur Assur, Achaz et Babylone, et prophétise le Messie, t. 4, l. 15, p. 365. — Idolâtrie et insolence d'Achaz. Sa mort, p. 366.

ACHERI (Luc d'), Bénédictin. Ses travaux littéraires, t. 11, l. 88, p. 134.

ACHIMÉLECH, grand-prêtre. Cruauté de Saül envers lui, t. 4, l. 44, p. 275.

ACHIOR, roi des Ammonites. Sa réponse aux questions d'Holopherne, t. 4, l. 46, p. 388. — Discours que lui adresse Judith, p. 392.

ACHITOPHEL. Ses infâmes conseils à Absalom, et son suicide, t. 4, l. 12, p. 299.

ADALARD (saint). Ses commencements, t. 5, l. 54, p. 665. — Son exil, p. 453.

ADALBÉRON (saint), évêque d'Augsbourg, t. 5, l. 59, p. 419.

ADALBÉRON (saint), évêque de Wurtzbourg, t. 6, l. 66, p. 287.

ADALBERT (saint), archevêque de Magdebourg, apôtre des Slaves, t. 5, l. 64, p. 488.

ADALBERT (saint), évêque de Prague, t. 5, l. 64, p. 544. — Ses derniers moments et son martyre, t. 43, l. 62, p. 547.

ADALBERT, archevêque de Hambourg, t. 6, l. 63, p. 63.

ADALBERT, archevêque de Brême. Son influence sur Henri IV. Son caractère. Son zèle pour les missions du Nord. Sa mort, t. 6, l. 64, p. 154.

ADALBERT ou ALDEBERT, évêque dénoncé au Pape par saint Boniface, t. 5, l. 52, p. 9.

ADALDAGUE, archevêque de Hambourg, t. 5, l. 60, p. 455.

ADAM, le premier homme, donne des noms aux animaux, t. 4, l. 1, p. 32. — Union d'Adam et d'Eve, du Christ et de l'Eglise, et des trois Personnes divines, p. 32. — Dieu bénit Adam et Eve, p. 33. — Harmonie dans Adam et Eve de la chair et de l'esprit, p. 33. — La chute d'Adam et celle d'Aaron et de saint Pierre, p. 44. — Suite de sa chute, p. 44. — Sa pénitence, p. 49. — Adam était catholique ainsi que les autres patriarches, t. 3, l. 6, p. 251 (Voir encore *Homme* [*premier*]).

ADAM de Brême, auteur d'une *Histoire ecclésiastique*, t. 6, l. 64, p. 55.

ADAMITES (Voyez *Picards*).

ADAMNAN (saint). Sa description de la Terre sainte, t. 4, l. 5, p. 534.

ADÉLAÏDE (sainte). Ses aventures. Elle épouse le roi Othon, t. 5, l. 60, p. 474. — Sa mort, p. 555.

ADELBOLD, évêque d'Utrech. Sa belle préface dans sa *Vie de l'empereur saint Henri*, t. 5, l. 64, p. 533.

ADÉODAT, pape, t. 4, l. 50, p. 475.

ADHELME (saint), évêque. Il chante et fait chanter des cantiques pour instruire et retenir le peuple, t. 4, l. 50, p. 531.

ADHÉMAR, évêque du Puy. Il est nommé chef spirituel de la première croisade, t. 6, l. 66, p. 304. — Sa mort, p. 527.

ADOLPHE, comte de Holstein, se fait religieux de Saint-François, t. 8, l. 73, p. 35.

ADOLPHE de Nassau, élu pour le trône impérial d'Allemagne avec Albert d'Autriche, t. 8, l. 77, p. 59. — Sa mort, p. 60.

ADON (saint), archevêque de Vienne. Ses écrits, t. 5, l. 57, p. 314.

ADONIAS, fils de David. Ses intrigues. Sa soumission, t. 4, l. 12, p. 304. — Sa demande ambitieuse à Salomon. Sa mort, l. 13, p. 309.

ADONIBÉSEC. Sa prise et son traitement, t. 4, l. 10, p. 226.

ADRETS (le baron des) se repent de ses atrocités. Ni Condé ni Coligny n'en font autant, t. 10, l. 86, p. 420.

ABRIAS (saint). Sa conversion miraculeuse. Son martyre, t. 2, l. 29, p. 554.

ADRIEN Ier, pape. Sa prudence et ses précautions contre le roi Didier, qui finit par faire autour de Rome une guerre cruelle, t. 5, l. 53, p. 69. — Ses légats importent en Angleterre les premiers éléments de sa constitution politique, p. 74. — L'empereur de Constantinople et le patriarche lui demandent un concile général pour le rétablissement des saintes images et de l'union des églises, p. 77 (Voir *Conciles œcuméniques*, le 7e). — Manière dont le pape Adrien répond aux livres carolins, p. 89. — Sa mort pleurée par Charlemagne, p. 90.

ADRIEN II, pape, succède au pape saint Nicolas, t. 5, l. 57, p. 318. — L'empereur Basile, le patriarche

Ignace et Photius même lui envoient et lui écrivent pour la décision finale de leurs affaires, p. 324. — Concile de Rome sur l'affaire de Photius, p. 325. — Adrien II envoie de nouveaux légats à Constantinople avec des lettres et le formulaire du pape saint Hormisda, p. 326. — Huitième concile général (Voir *Conciles œcuméniques*). Lettre du concile au Pape, p. 336. — Sage conduite d'Adrien II relativement à Charles le Chauve, p. 344. — Sa mort, l. 58, p. 350.

Adrien III, pape, meurt après un court pontificat, t. 5, l. 58, p. 383.

Adrien IV, pape. Son histoire curieuse. Son origine. Lettre qu'il reçoit du roi d'Angleterre, t. 7, l. 69, p. 12. — Ses entretiens avec Jean de Salisbury. Il accorde au roi d'Angleterre l'autorisation de conquérir l'Irlande. Quels droits tout le monde reconnaissait alors au Pape, p. 14. — Il couronne Frédéric Barberousse empereur d'Allemagne, p. 27. — Ses relations avec Guillaume le Mauvais, roi de Sicile, p. 28. — Adrien IV travaille à la réunion de Constantinople, p. 29. — Il écrit aux évêques d'Allemagne au sujet d'une querelle que Frédéric Barberousse lui avait faite à propos d'une lettre, p. 33. — Lettre remarquable d'Adrien IV sur son différend avec Frédéric, p. 42. — Relations affectueuses du Pape avec le roi de France, Louis le Jeune, p. 43. — Il prend sous sa protection spéciale le comte de Barcelone, roi d'Aragon. Mort du pape Adrien IV, p. 45.

Adrien V. Son court pontificat, t. 8, l. 76, p. 244.

Adrien VI. Son court pontificat, t. 10, l. 84, p. 4. — Ses négociations infructueuses pour ramener les protestants d'Allemagne, p. 54.

Adrien (l'empereur). Son caractère, t. 2, l. 27, p. 380. — Ses turpitudes et extravagances, p. 383. — Ses débauches et ses cruautés dans les dernières années de sa vie. Preuves de la persécution sous son règne, p. 385. — Il veut élever des temples à Jésus-Christ. Sa mort, p. 388.

Aelred (saint) en Ecosse. Ses ouvrages, t. 7, l. 68, p. 137.

Æneas Sylvius, plus tard Pie II. Son témoignage à Jeanne d'Arc, t. 9, l. 82, p. 158. — Sa légation en Bohême pour ramener les hussites. Tableau qu'il en fait, p. 215 (Voir *Pie II*).

Aetius (général). Il contribue à la victoire contre Attila dans la bataille de Châlons, t. 3, l. 40, p. 537. — Ambition et mort d'Aëtius, p. 10.

Affre (Denys), archevêque de Paris. Son dernier entretien avec le roi Louis-Philippe, t. 12, l. 94, p. 124. — Il fonde l'école des Carmes, à Paris, pour les hautes études, l. 92, p. 260. — Il se dépouille de son argenterie pour venir au secours des ouvriers, p. 269. — Dans la guerre civile de Paris, il donne sa vie pour ses ouailles, p. 273.

Afre (sainte). Sa vie de courtisane. Elle reçoit l'évêque Narcisse. Se convertit avec sa famille. Son martyre et celui des siens à Augsbourg, t. 3, l. 30, p. 269.

Africain (Jules), t. 2, l. 28, p. 502.

Afrique. Conservation de la religion chrétienne en Afrique pendant le XIIe siècle, t. 6, l. 67, p. 376. — Etat du catholicisme en Afrique vers le milieu du XIXe siècle, t. 12, l. 94, p. 248.

Agab (le prophète) prédit la famine qui arriva sous Claude, t. 2, l. 25, p. 262.

Agapet ou Agapit (saint), pape. Son élection. Ses lettres à saint Césaire et à Justinien, t. 4, l. 44, p. 202. — Sa réponse aux lettres des évêques d'Afrique, p. 204. — Il est tyrannisé par le roi Théodat. Il se rend à Constantinople, p. 206. — Ses miracles. Sa fermeté et déposition d'Anthime. Il propose Mennas, qui est élu, p. 207. — Sa lettre encyclique aux évêques. Sa mort. Gloire de ses funérailles, p. 208.

Agapit II, pape. Son pontificat et ses vertus, t. 5, l. 60, p. 457. — Il refuse au roi Othon la permission de venir à Rome. Sa mort, p. 475.

Agar, seconde femme d'Abraham, t. 1, l. 4, p. 80. — Elle est renvoyée, p. 87.

Agathe, vierge et martyre, t. 2, l. 29, p. 526.

Agathon, pape. Ses lettres, t. 4, l. 50, p. 494. — Lettre que lui écrit le sixième concile œcuménique. Sa mort, p. 502.

Ages. — Trois âges dans la vie du genre humain, t. 1, l. 4, p. 70.

Agésilas. Son expédition en Asie. Pacification de la Grèce, t. 2, l. 21, p. 62.

Aggée, le prophète. Ses reproches aux Juifs. Ses prophéties sur le Christ et son Eglise, et sur les désastres de Babylone, t. 1, l. 19, p. 463. — Cantique d'Aggée, p. 466.

Agilulphe, roi lombard, t. 4, l. 47, p. 310.

Aglaé (sainte). Sa conversion. Elle envoie Boniface à la recherche de reliques, t. 3, l. 30, p. 43. — Vision d'Aglaé. Elle renonce au monde. Ses miracles, p. 44.

Agnès (sainte), vierge romaine et martyre, t. 3, l. 30, p. 27.

Agnès (sainte) de Bohême. Lettres que lui écrit sainte Claire, t. 7, l. 73, p. 529.

Agnès de Monte-Pulciano (bienheureuse), t. 8, l. 78, p. 432.

Agnès, impératrice d'Allemagne, se retire de la cour, t. 6, l. 64, p. 52.

Agobard, archevêque de Lyon, demande une législation uniforme et l'abolition du duel judiciaire, t. 5, l. 55, p. 467. — Intrigues des Juifs de Lyon. Réclamation d'Agobard. Blasphèmes et fables qu'il leur reproche, p. 196. — Il adresse des plaintes à l'empereur Louis au sujet du nouveau partage de l'empire, p. 200. — Son manifeste au nom de Lothaire, p. 203.

Agricole (saint) de Châlons. Ses miracles, t. 4, l. 43, p. 244.

Agrippa, gendre d'Auguste. Flatteries d'Hérode envers lui, t. 2, l. 22, p. 135.

Agrippa (Hérode). Sa mort misérable, t. 2, l. 25, p. 263.

Ahias de Silo, le prophète. Prédiction qu'il fait à Jéroboam, t. 1, l. 13, p. 321. — Sa prophétie sur Jéroboam, sa famille et son peuple, l. 14, p. 332.

Aidan (saint) achève avec saint Oswad la conversion des Northumbres, t. 4, l. 48, p. 445. — Sa mort, l. 49, p. 463.

Aigle. Ses prérogatives, t. 1, l. 1, p. 49.

Aimard (saint), abbé de Cluny, t. 5, l. 60, p. 459.

Aimoin. Translation en France des reliques de martyrs d'Espagne, t. 5, l. 57, p. 340.

Aimé Ronconi (le bienheureux), t. 8, l. 75, p. 220.

Air (l') et ses propriétés, t. 1, l. 4, p. 8.

Aix-la-Chapelle. Principaux conciles ou assemblées qui s'y sont tenus au temps de Charlemagne et de son fils, t. 5, l. 54, p. 142 et 149; l. 55, p. 152, 155, 194 et 245.

Alaric, roi des Goths. Ses invasions en Italie, t. 3, l. 37, p. 387. — Rome se rachète du pillage, p. 389. — Il assiége de nouveau Rome et intronise Attale empereur. Siége de Ravenne. Chûte d'Attale, p. 390. — Il fait le sac de Rome. Sa mort, p. 394.

Albane (l'). François Albani, peintre de Bologne, t. 11, l. 88, p. 129.

Albéric (saint), évêque d'Utrecht, t. 5, l. 54, p. 99.

Albéric (le bienheureux), fondateur du monastère et de l'ordre de Citeaux, t. 6, l. 66, p. 334.

Albéric, légat du Pape, t. 6, l. 68, p. 494-534.

Albéric de Bergame, auteur italien, t. 8, l. 79, p. 521.

Albert, évêque d'Halberstadt, sectaire, t. 9, l. 80, p. 45.

Albéroni, cardinal, t. 11, l. 89, p. 336.

Albert (saint), évêque de Liége, t. 7, l. 70, p. 207.

Albert (le bienheureux), patriarche de Jérusalem, t. 7, l. 74, p. 366. — Donne une règle aux religieux du Mont-Carmel, p. 369. — Sa mort, p. 382.

ALBERT (saint). Sa vie, t. 6, l. 68, p. 476.

ALBERT le Grand (le bienheureux). Sa vie, t. 8, l. 74, p. 420. — Ses travaux, p. 90 et seqq.

ALBERT de Bergame (le bienheureux), t. 8, l. 76, p. 340.

ALBERT d'Autriche, t. 8, l. 77, p. 359 et seqq. (Voir *Allemagne*).

ALBERT II, t. 9, l. 82, p. 213 (Voir *Allemagne.*)

ALBERT de Brandebourg, moine apostat et marié, qui vole le duché de Prusse à l'ordre de Sainte-Marie et à l'Eglise romaine, t. 40, l. 84, p. 27. — Variations serviles et sanglantes du parti luthérien et du parti calviniste sous ce moine apostat, l. 85, p. 268.

ALBERT-FRÉDÉRIC, fils du précédent. Son mariage forcé, t. 40, l. 85, p. 268.

ABBERTONE (sainte Louise d'), t. 9, l. 84, p. 568.

ALBICUS, archevêque de Prague. Sa négligence et son mauvais exemple à l'égard des hussites, t. 9, l. 82, p. 209.

ALBIGEOIS. Calamités causées en France par les Manichéens albigeois, t. 7, l. 70, p. 466; l. 74, p. 304 et 308. — Diverses mesures contre eux, p. 309-324, 376; l. 72, p. 444 et 445; l. 73, p. 544-544 (Voir aussi *France*).

ALBOHACEM, roi de Maroc, battu par les chrétiens d'Espagne, t. 8, l. 79, p. 532.

ALBUQUERQUE. Son grand caractère et ses vertus chrétiennes, t. 9, l. 83, p. 441.

ALCIBIADE, Athénien, t. 2, l. 21, p. 61.

ALCIME, prêtre juif. Ses menées ambitieuses, t. 2, l. 21, p. 95.

ALCORAN. Son origine prétendue, t. 4, l. 48, p. 364. — Nature immonde de son paradis, p. 366. — Comment un de ses chapitres descend du ciel chaque fois qu'il en est besoin. Miracle de la lune, p. 367. — Il donne de Dieu une idée basse et grossière. Sa manière de raisonner. Jugement qu'on en doit porter. Ce que c'est que sa morale. Il ne fait que singer le christianisme. Son but final, p. 369 (Voir *Mahomet*). — Première traduction de l'Alcoran en latin, due aux soins de l'abbé de Cluny, Pierre le Vénérable. Son ouvrage contre les Musulmans, t. 6, l. 68, p. 557.

ALCUIN. Ses commencements. Il s'occupe avec Charlemagne à corriger et à restituer les manuscrits et à rétablir les écoles déchues. Il enseigne lui-même à la cour de Charlemagne, qui est son principal disciple. Ses derniers travaux et sa mort, t. 5, l. 54, p. 412-446. — Il combat l'erreur d'Elipand de Tolède et de Félix d'Urgel, et écrit contre une erreur touchant la confession, p. 419.

ALDRIC (saint), évêque du Mans, t. 5, l. 55, p. 215; l. 56, p. 224.

ALÉANDRO, nonce en Allemagne. Son discours à la diète de Worms en 4521, t. 9, l. 84, p. 572.

ALEMBERT (d'). Témoignage qu'il rend aux Jésuites, t. 40, l. 85, p. 303. — Il est un des compilateurs de l'*Encyclopédie*, t. 44, l. 89, p. 456.

ALEXANDRA, reine de Judée, t. 2, l. 22, p. 426, 433.

ALEXANDRE le Grand). Histoire prophétique de l'empire d'Alexandre et de sa division, t. 4, l. 49, p. 456. — Aristote devient son précepteur. Lettre mémorable que lui écrit Aristote sur Dieu, t. 2, l. 20, p. 28. — Portrait et premiers exploits d'Alexandre. Ses conquêtes prédites par Daniel. Son expédition en Asie et en Afrique, l. 21, p. 62. — Défaite et mort de Darius, p. 63. — Alexandre pénètre dans l'Inde, p. 64. — Il va à Jérusalem, p. 69. — Sa mort. Taches qui déshonorent sa vie. Partage de son empire. Massacre de sa famille. Accomplissement des prophéties de Daniel, p. 64. — Vision de Daniel sur l'empire et les successeurs d'Alexandre, et explication, t. 4, l. 48, p. 447.

ALEXANDRE Balas, roi de Syrie, t. 2, l. 21, p. 99. — Sa mort, p. 100.

ALEXANDRE Jannée, roi des Juifs, t. 2, l. 22, p. 425.

ALEXANDRE Sévère, empereur romain, t. 2, l. 28, p. 448. — Il veut mettre Jésus-Christ au rang des dieux, p. 501.

ALEXANDRE, empereur de Constantinople. Son extravagance. Sa mort, t. 5, l. 59, p. 431.

ALEXANDRE, empereur de Russie, et Napoléon se partagent éventuellement le monde à Tilsitt. L'empereur de Russie et le roi de Prusse pressent Napoléon de se déclarer pape dans ses Etats comme eux dans les leurs. Napoléon s'y refuse, t. 42, l. 94, p. 9. — Particularité sur la mort de l'empereur Alexandre, p. 482 (Voir *Russes*, art. *Slaves*).

ALEXANDRE (saint), pape, t. 2, l. 26, p. 379.

ALEXANDRE II, pape. Son élection. La cour de Germanie fait un antipape, t. 6, l. 64, p. 423. — Constitutions que publient à Milan les légats du Pape, p. 430. — Soins du Pape pour les églises grecques, p. 444. — Affaires graves de Germanie sous Henri IV. Mort du pape Alexandre II, p. 458.

ALEXANDRE III est élu pape par tous les cardinaux, excepté trois, desquels deux font du troisième un antipape. Détails de cette affaire, t. 7, l. 69, p. 46. — Il envoie des légats de toutes parts, p. 51. — Leurs succès en France, p. 52. — Il est reconnu par les évêques de la Palestine, qui lui écrivent, p. 53. — Alexandre III excommunie l'empereur schismatique Frédéric Barberousse avec son antipape Octavien et délie ses sujets du serment de fidélité, p. 55. — Lettre remarquable du pape Alexandre à l'évêque Arnould de Lisieux, p. 62. — Alexandre III est reconnu solennellement par l'Angleterre et la France, p. 65. — Il reçoit, des rois de France et d'Angleterre en personnes, les plus grands honneurs. Il tient un concile à Tours, p. 72. — Il arrive à Montpellier en France, p. 67. — Les évêques d'Allemagne lui écrivent. Modération et espérance du Pape à l'égard de l'empereur Frédéric, p. 74. — Il canonise sainte Hélène, martyre en Suède, p. 75. — Lettres du pape Alexandre en faveur de Foulque, évêque d'Esthonie. Lettres du Pape à l'archevêque d'Upsal et à ses suffragants pour la répression de plusieurs abus, p. 76. — Autres lettres du pape Alexandre pour les royaumes du Nord qui lui restent soumis malgré l'empereur Frédéric. Il est reconnu pour pape légitime par l'empereur Manuel de Constantinople, p. 77. — Il est rappelé par les Romains. Retour du Pape à Rome, p. 83. — Conduite d'Alexandre dans l'affaire de Thomas Becket, archevêque de Cantorbéry, p. 90. — Le pape Alexandre envoie deux légats pour négocier la réconciliation entre le roi d'Angleterre et l'archevêque. Ce que l'archevêque pense de leur conduite, p. 98. — Alexandre envoie deux nonces au roi d'Angleterre. Leur belle conduite, p. 404. — Le Pape presse le roi d'accomplir ses promesses, p. 403. — Affliction du Pape à la mort de saint Thomas de Cantorbéry. Il reçoit une députation de chaque côté, p. 444. — Alexandre est reconnu d'une partie des évêques d'Allemagne, p. 449. — Retour d'Alexandre à Rome sur la prière du peuple et du sénat. Il reçoit la soumission de l'antipape Jean de Strum, autrement Calixte, p. 427. — Instruction apostolique du pape Alexandre au sultan d'Icône sur la doctrine chrétienne, p. 428. — Relations amicales du pape Alexandre III avec le grand khan des Tartares, le roi et prêtre Jean, qui était chrétien, et qui demandait et obtint une église à Jérusalem et à Rome, p. 432. — Légats du pape Alexandre en divers pays. Alexandre III convoque le troisième concile général de Latran, onzième œcuménique, p. 444. — Le Pape use d'indulgence envers ceux qui avaient été ordonnés par des schismatiques. Il nomme saint Laurent, archevêque de Dublin, son légat en Irlande, p. 447. — Le pape Alexandre III s'applique à porter remède au triste état de la chrétienté en Palestine. Mort d'Alexandre III, p. 450.

ALEXANDRE IV, pape, t. 8, l. 74, p. 457. — Sa constitution pour les Grecs et les Latins de l'île de Chypre, l. 75, p. 204.

ALEXANDRE V, élu pape au concile de Pise, tenu par les anciens cardinaux des deux obédiences, t. 9, l. 81, p. 84.

ALEXANDRE VI, auparavant Rodrigue Lenzuoli. Son élection. Sa mauvaise renommée, pour n'avoir pas mieux vécu que la plupart des princes temporels. Qui est-ce qui a le droit de le condamner? Leçon terrible pour les papes et les cardinaux, t. 9, l. 83, p. 405. — Premiers actes d'Alexandre VI. Il prévient par une bulle les collisions entre l'Espagne et le Portugal, touchant leurs découvertes et leurs conquêtes dans le Nouveau-Monde, p. 408. — Derniers actes et mort d'Alexandre. Faux bruits sur les causes de sa mort, p. 410.

ALEXANDRE VII. Ses vertus, t. 10, l. 87, p. 464. — Son pontificat, t. 11, l. 88, p. 94.

ALEXANDRE VIII. Bon, mais rouvre la porte au népotisme, t. 11, l. 88, p. 94.

ALEXANDRE (saint) de Jérusalem. Sa confession. Son élection au siège de Jérusalem, t. 5, l. 28, p. 504. — Son martyre, l. 29, p. 521.

ALEXANDRE (saint) le Charbonnier. Grégoire Thaumaturge le consacre évêque de Comane, t. 2, l. 29, p. 548.

ALEXANDRE (saint), évêque d'Alexandrie. Sa vie. Ses mœurs. Ses efforts pour ramener l'hérésiarque Arius. Il l'excommunie, t. 3, l. 31, p. 76. — Lettre d'Arius à Alexandre, p. 77. — Lettre-circulaire d'Alexandre, p. 79. — Lettre de Constantin à Alexandre, p. 81. — Le saint vient au concile de Nicée, p. 87. — Sa mort, p. 88.

ALEXANDRE (saint), évêque de Constantinople. Sa fermeté contre la réhabilitation d'Arius. Menaces des ariens. Prière du saint évêque, t. 3, l. 32, p. 112. — Sa mort, p. 113.

ALEXANDRE (saint), évêque d'Antioche. Il réunit à sa communion tous les catholiques de cette ville, et en informe le pape Innocent, qui lui répond par une décrétale, t. 3, l. 38, p. 410.

ALEXANDRE SAULI (le bienheureux), Barnabite, apôtre de la Corse, t. 10, l. 86, p. 386.

ALEXANDRE DE HALÈS, frère Mineur, t. 7, l. 72, p. 431. — Ses écrits, t. 8, l. 74, p. 92.

ALEXANDRE (Noël), Dominicain. Ses ouvrages. Ce qu'il laisse à désirer, t. 11, l. 88, p. 141.

ALEXANDRIE, capitale d'Egypte. Succession de ses évêques. Ecole d'Alexandrie, t. 2, l. 27, p. 440. — Emeute contre les chrétiens d'Alexandrie, l. 28, p. 520. — Fuite des chrétiens. Paul dans le désert, p. 522. — Incertitude dans l'histoire des évêques d'Alexandrie dès le VIe siècle, t. 4, l. 44, p. 191. — Alexandrie, prise par les Mahométans. Destruction de ses bibliothèques, l. 49, p. 420.

ALEXIS COMNÈNE, empereur de Constantinople. Il appelle à son secours tous les guerriers de l'Occident, t. 6, l. 66, p. 299. — Grande peur qu'il a des croisés quand ils arrivent, p. 311. — Il leur escamote la ville de Nicée, p. 313. — Sa mauvaise foi, p. 351. — Son zèle contre les bogomiles ou manichéens, l. 67, p. 386 (Voir aussi Bas-Empire).

ALEXIS III, t. 7, l. 71, § 3, p. 265 et seqq. (Voir aussi Bas-Empire).

ALEXIS IV, t. 7, l. 71, p. 282 et seqq. (Voir aussi Bas-Empire).

ALEXIS, évêque de Melphi, t. 9, l. 83, p. 427 (Voir aussi Bas-Empire).

ALEXIS, fils légitime du czar Pierre de Russie, qui le fait mourir, t. 11, l. 88, p. 345 (Voir aussi Slaves).

ALFIER (saint), t. 6, l. 63, p. 72.

ALFIERI, poète italien, t. 11, l. 89, p. 355.

ALFRED le Grand, roi d'Angleterre. Son enfance. Se néglige au commencement de son règne; disgrâce que lui prédit saint Néot avant de mourir, t. 5, l. 58, p. 375. — Comment la prédiction de saint Néot s'accomplit. Alfred profite de son malheur, regagne son royaume sur les Danois et se montre un autre homme, p. 376. — Merveilles de son gouvernement et de sa législation.

Quelle en est la source, p. 377. — Son zèle pour les études et ceux qui s'y appliquent. Il se distingue lui-même par ses travaux littéraires, p. 379. — Usage qu'il fait de son temps. Sa piété, sa charité, p. 384.

ALGER de Liége. Ses écrits sur la grâce et la nature; sur la miséricorde et la justice; sur l'eucharistie, t. 6, l. 68, p. 542.

ALLACCI ou Allatius (Léon), le plus illustre d'entre les Grecs du XVIIe siècle. Ses ouvrages. Sa doctrine, t. 11, l. 87, p. 73.

ALLEMAGNE. — Germains, Goths, Vandales, Suèves, etc. — Au commencement du quatrième siècle, l'évêque Narcisse à Augsbourg. Il baptise la courtisane Afre et sa famille. Son martyre à Girone. Martyre d'Afre et des siens à Augsbourg, t. 3, l. 30, p. 28. — Saint Maximin, évêque de Trèves, l. 32, p. 411. — Exil de saint Paulin, évêque de Trèves, l. 33, p. 445. — Invasion des Goths. Leur ambassade à Valens. Bible d'Ulfilas, t. 7, l. 35, p. 262. — Conversion de Frétigil, reine des Marcomans, l. 37, p. 351. — Invasion d'Alaric en Italie. Massacre de Rhadagaise et de ses Barbares. Ravages des Germains dans les Gaules, p. 387. — Rome se rachète du pillage, p. 389. — Ravage des Germains en Espagne. Les vainqueurs se partagent ce pays, p. 387. — Sac de Rome par Alaric. Respect des Goths pour le christianisme. Mort d'Alaric, p. 394. — L'empire romain, qui dégénère de plus en plus, se voit démembrer tout vivant par les Vandales, les Suèves, les Goths, les Alains, les Francs, les Huns, l. 39, p. 449. — Prise de Carthage par Genséric, l. 40, p. 504. — Invasion d'Attila, p. 537. — Attila s'éloigne de l'Italie à la prière du pape saint Léon. Sa mort, 557.

ALLEMAGNE, etc. — Les dix rois du prophète Daniel, venus presque tous de l'Allemagne ou de la Germanie, t. 4, l. 44, p. 4. — Pillage de Rome par Genséric. Incursions des Vandales, p. 40. — Pillage de Rome par le Suève Ricimer, p. 27. — Paix entre l'empire de Constantinople et Genséric, p. 29. — Extinction de l'empire en Espagne par les Vandales, les Suèves et les Visigoths, p. 30. — Ravages et persécution du Visigoth Euric dans la Gaule méridionale, p. 31. — Saint Séverin. Son origine présumée. Ses prédications et ses miracles en Norique, p. 33. — Le Germain Odoacre met fin à l'empire romain en Occident, p. 36. — Mort du Vandale Genséric, à qui succède son fils Hunéric, l. 42, p. 47. — Le Vandale Gontamond se montre plus humain, p. 69. — Ruse d'Odoacre à l'égard de Zénon. Son expédition en Allemagne. Mort de saint Séverin. Entrevue de l'Ostrogoth Théodoric avec Zénon. Sa marche sur l'Italie. Défaite d'Odoacre, p. 70. — Nouvelle défaite d'Odoacre. Sa mort. Théodoric commence le royaume des Ostrogoths en Italie, p. 71. — Invasion des Francs dans les Gaules, où ils commencent le royaume des Francs, p. 76. — Conversion des Hérules, des Tzanes et de Gordas, roi des Huns, l. 44, p. 170. — Saint Nicet, évêque de Trèves, l. 45, p. 197. — Invasion des Lombards en Italie, où ils reprennent et continuent le royaume des Ostrogoths, p. 213. — Invasion des Avares, l. 47, p. 350. — Saint Modoald, évêque de Trèves, l. 48, p. 405. — Mission de saint Swidbert et de saint Willebrod en Frise, l. 50, p. 508. — Saint Vulfranc vient en aide à saint Willebrod, p. 509. — Mission de saint Eméran, de saint Evald et de saint Kilien dans l'intérieur de la Germanie, p. 510. — Instruction du pape saint Grégoire II à l'évêque Martinien, pour la Bavière. Saint Rupert de Salzbourg et saint Corbinien de Frising, l. 51, p. 536. — Saint Boniface, apôtre de l'Allemagne, p. 538. — Il est fait évêque par le pape saint Grégoire II. Son serment apostolique. Lettres que le Pape écrit en sa faveur, en France et en Allemagne. Lettre que lui donne de son côté Charles-Martel, p. 540. — Belle lettre que lui écrit son ancien maître, l'évêque Daniel de Winchester, sur la manière de convertir les païens, p. 544. — Réponse décrétale du Pape à sa consultation. Con-

sultation de saint Boniface et réponse de l'évêque Daniel sur le même sujet, p. 542. — Réponse du pape saint Grégoire III à saint Boniface. Travaux et correspondance de saint Boniface. Lettre que lui écrit une religieuse de ses parentes, p. 564. — Son troisième voyage à Rome. Il y enrôle les deux saints frères Willibalde et Wunebalde. Leur histoire, p. 566.

ALLEMAGNE, etc. — Saint Boniface, légat du pape saint Zacharie, secondé par Pepin et Carloman, rétablit la discipline en France et étend la religion en Allemagne, t. 5, l. 52, p. 2. — Saint Boniface fonde le monastère et l'école de Fulde par saint Sturme, p. 7. — Saint Boniface fonde en Allemagne des monastères de religieuses par sainte-Liobe, p. 8. — Divers abus et imposteurs que saint Boniface réprime en France et en Allemagne, par l'autorité du Pape, secondée de Pepin et de Carloman, p. 9. — Lettres de saint Boniface à Cuthbert, archevêque de Cantorbéry; à Ethelbald, roi des Merciens, qui profitent de ses avis, p. 11. — Le prince Carloman quitte le monde et se fait moine, p. 13. — Ratchis, roi des Lombards, en fait autant avec sa femme et sa fille, p. 15. — Diverses lettres du pape saint Zacharie à saint Boniface sur des affaires d'Allemagne, entre autres touchant le prêtre Vigile ou Virgile, p. 16. — Saint Boniface continue à régénérer l'Allemagne. Ses derniers travaux et son martyre, l. 53, p. 55. — Ses principaux disciples, p. 57. — Mort de saint Othmar, p. 59. — Guerres sans cesse renaissantes dans la Saxe, que Charlemagne travaille à convertir au christianisme, pour les faire cesser, p. 72. — Conversion de Witikind, p. 73. — Le concile de Francfort induit en erreur par une traduction fautive du septième concile général. Livres carolins. Manière dont y répond le pape Adrien, p. 89. — Manière dont le pape saint Léon III est reçu en France et en Germanie par Charlemagne, qui offre la Saxe à l'Eglise romaine, p. 92. — Rétablissement de l'empire romain en Occident. Caractère de ce rétablissement, p. 94. — Charlemagne défend et étend la chrétienté au Nord contre les Saxons. Etat de la Saxe à la fin des guerres de Charlemagne, l. 54, p. 97. — Ce que Charlemagne se proposait dans ses conquêtes, p. 98. — Les malheurs des Saxons leur avaient été prédits. Saint Lul, saint Sturme, saint Grégoire d'Utrecht et saint Albéric, p. 99. — Saint Willehade et saint Ludger, p. 101. — Mémorable diplôme de Charlemagne touchant l'organisation ecclésiastique de la Saxe, p. 102. — Mot de saint Willehade. Capitulaire de Charlemagne touchant la Saxe, p. 103. — Derniers travaux et mort de saint Ludger, p. 104. — L'archevêque Arnon de Salzbourg travaille à la conversion des Huns et des Slaves, p. 105. — Charlemagne fonde à Osnabrück une école de lettres grecques et latines. Commencement de saint Adalard. Angilbert, p. 116. — Testament de Charlemagne, confirmé par les évêques, les seigneurs et le Pape. Il y partage l'empire entre trois de ses fils, y reconnaît l'élection du peuple pour leurs descendants, leur recommande surtout la protection de l'Eglise romaine, p. 140. — L'abbé Smaragde, p. 144. — Trouble dans le monastère de Fulde, apaisé par Charlemagne, p. 146. — Charlemagne, voyant approcher sa fin, appelle son fils Louis, le déclare empereur du consentement de tous, p. 150. — Règlement du concile d'Aix-la-Chapelle pour les chanoines, l. 55, p. 155. — Décret confirmatif de l'empereur Louis touchant les donations faites à l'Eglise romaine. Sens de ce décret, p. 157. — Ce qu'il y a de faux et de vrai dans la donation de Constantin, p. 158. — Charte peu connue, mais très-importante, de l'empereur Louis, sur l'unité et la division de l'empire; l'élection de l'empereur et des rois, les rapports entre eux et avec l'assemblée générale des Francs. Charte délibérée, consentie, jurée par tous les Etats de l'empire et confirmée par le Pape, p. 159. — L'empereur, devenu veuf, épouse Judith, princesse de Bavière. Nouveau trouble dans le monastère de Fulde, qui cesse par la déposition de l'abbé qui en était cause, et qui a pour successeur saint Eigil. Ce dernier a pour successeur le bienheureux Raban Maur. Son origine et son premier ouvrage, p. 163. — Fondation de la nouvelle Corbie en Saxe, p. 165. — Lothaire, désigné empereur, en reçoit le nom par le sacre du Pape. L'empereur Louis termine pacifiquement une révolution chez les Wilzes, p. 167. — Voyage de l'empereur Lothaire à Rome. Restriction du serment que les Romains lui prêtent. Ordonnances et actes qu'il fait : leur portée, p. 180. — Saint Anscaire va prêcher l'Evangile dans le Danemarck, p. 189. — Il est envoyé en Suède. Saint Anscaire est nommé archevêque de Hambourg et légat du pape Grégoire IV jusque dans le Groënland ou l'Amérique septentrionale, qui était dès lors connu, p. 190. — L'archevêque Ebbon de Reims seconde saint Anscaire, p. 191. — Saint Pascase Radbert. Son traité Du Corps et du Sang du Seigneur, p. 192. — Amalarius. Ses ouvrages sur l'office divin, p. 193. — Assemblée d'Aix-la-Chapelle pour chercher les causes des maux publics. Conciles tenus en conséquence, p. 194. — L'empereur Louis bouleverse le partage fait et juré de l'empire, pour favoriser son nouveau fils Charles le Chauve. Suites de ce bouleversement, p. 198-217. — Charte constitutionnelle des Francs. Conséquence qu'en tire Lothaire. Opposition de ses deux frères. Bataille de Fontenay, ses suites et son caractère, l. 56, p. 217. — Entrevue et alliance de Louis de Germanie et de Charles le Chauve à Strasbourg. Commencement de la langue française, p. 219. — Partage de l'empire entre les trois frères. Origine de la Lorraine. Regrets du diacre Florus sur ce partage, p. 220. — Arrivée à Rome de Louis, fils de Lothaire. Discussion sur la part de l'empereur à l'élection du Pape. Serment que le pape Sergius consent que les Romains prêtent à l'empereur, p. 223. — Caractère des trois fils de Louis le Débonnaire, p. 243. — Vie et écrits du bienheureux Raban Maur, archevêque de Mayence. Son concile, p. 248. — Walafride Strabon et ses ouvrages, p. 250. — Saint Pascase Radbert et ses écrits. Ratramne, et mérite de ses ouvrages. Il y est d'accord avec saint Pascase Radbert, p. 251. — Caractère et erreurs de Gothescalc. Raban écrit contre ce dernier, mais il se méprend sur un point, p. 253. — Ratramne traite la matière avec profondeur et exactitude, p. 255. — Charité de Raban de Mayence dans une famine, p. 264. — Saint Léon IV, sacre empereur Louis, fils de Lothaire, p. 268. — L'empereur Louis II à Rome. Conduite blâmable des ambassadeurs de Louis II. Courage des évêques, qui les ramène à leur devoir, p. 271. — Mort de l'empereur Lothaire. Son caractère, p. 272. — Relations du pape saint Nicolas Ier avec l'empereur Louis II, l. 57, p. 274. — Derniers travaux de saint Anscaire, archevêque de Hambourg. Il a pour successeur saint Rembert, p. 294. — Divorce du roi Lothaire. Faiblesse des évêques de son royaume. Prévarications du légat Rodoalde. Fermeté apostolique du Pape dans toute cette affaire, p. 296. — Le moine Wandelbert et ses ouvrages, p. 311. — Le moine Ottfrid traduit l'Evangile en vers tudesques, p. 312. — Affaire et mort du roi Lothaire, p. 324. — Charles le Chauve usurpe le royaume de Lorraine sur son neveu l'empereur Louis, l. 58, p. 339. — Incroyable chicane de l'empereur grec Basile à l'empereur Louis II. Réponse mémorable de ce dernier, omise par Fleury. On y voit de qui vient l'empire d'Occident, p. 348. — Mort de Louis II. Le pape Jean VIII nomme empereur à sa place Charles le Chauve, qui meurt quelques temps après, p. 350. — Mort du pape Etienne V, après avoir couronné empereur Gui, duc de Spolète, l. 50, p. 307. — Concile de Tibur en Allemagne. Ses canons pénitentiaux. Parallèle entre le système pénitentiaire de l'Eglise et le système pénitentiaire des gouvernements modernes, p. 400. — Décision conciliante du pape Formose touchant l'archevêché de Hambourg, p. 401. — Mort de l'empereur Arnoulfe. Les

seigneurs d'Allemagne reconnaissent pour roi son fils Louis. Les évêques en demandent la confirmation au Pape. Plaintes des évêques d'Allemagne contre les Moraves; elles paraissent peu fondées, p. 406. — Invasion des Hongrois, p. 407. — Monastère de Saint-Gal, pépinière de saints et savants personnages : Ratpert, Tutilon et Notker, p. 408. — Mérite de Salomon, évêque de Constance. Saint Radbod, évêque d'Utrecht, p. 409. — Pèlerinage de saint Udalric à Rome : ses entretiens avec le Pape. Saint Adalbéron, évêque d'Augsbourg, p. 419. Sainte Viborade, p. 420. — Le pape Jean X sacre empereur le roi Bérenger. Les évêques d'Allemagne lui demandent un légat pour présider leur concile d'Altheim. Canons de ce concile, p. 424. — Election, règne et mort du roi Conrad, qui désigne pour son successeur Henri de Saxe, son ennemi, p. 425. — Sainte Mathilde, épouse de Henri de Saxe ou l'Oiseleur, p. 426. — Irruption des Hongrois. Mort de sainte Viborade, l. 60, p. 435. — Le bienheureux Bennon de Metz et saint Méginrade d'Einsidlen, p. 437. — Saint Jean de Vandières, restaurateur de l'abbaye de Gorze, p. 438. — Saint Gauzelin de Toul, p. 440. — Saint Gérard de Toul, p. 442. — Gouvernement de Henri l'Oiseleur ; ses victoires contre les Hongrois ; son zèle pour la conversion des infidèles ; sa mort, p. 452. — Election et couronnement de son fils Othon, p. 453. — Réponse du pape Léon VII à la consultation de l'archevêque de Lorch, p. 454. — Mort de saint Venceslas, duc de Bohême. Adaldague, archevêque de Hambourg. Etat de la religion dans le Nord, p. 455. — Vertus de saint Udalric d'Augsbourg dans l'épiscopat, p. 460. — Commencements de saint Brunon, archevêque de Cologne, p. 461. — Vertus de sa mère, la reine sainte Mathilde, p. 462. — Ambassade de saint Jean de Vandières, au nom du roi Othon, près d'Abdérame III, roi de Cordoue. Sa noble fermeté, p. 470. — Aventures de sainte Adélaïde, qui épouse le roi Othon, p. 474. — Le roi Othon n'obtient point d'Agapit II la permission de venir à Rome, p. 475. — Le pape Jean XII invite le roi Othon à venir à Rome, et l'y couronne empereur. Serment que lui fait Othon, p. 477. — Ce qu'étaient ou devaient être les empereurs d'Occident. Les Francs le comprennent mieux que les Allemands. Le pape Jean XII, à la prière de l'empereur Othon, érige l'église de Magdebourg en métropole, l. 61, p. 479. — Le premier empereur allemand se brouille avec le Pape légitime, l'expulse de Rome et fait un antipape. Que penser de sa conduite et de celle de ses quarante évêques impériaux, p. 480. — Vertus du pape Benoît V, exilé par l'empereur à Hambourg, où il meurt saintement, p. 486. — Mort de saint Brunon de Cologne, frère de l'empereur, p. 487. — Conversion de Micislas, duc de Pologne. Saint Adalbert, archevêque de Magdebourg, apôtre des Slaves. Le pape Jean XIII érige l'église de Prague en métropole, p. 488. — Dernières actions et mort de la reine sainte Mathilde, mère de l'empereur Othon, p. 489. — Sollicitude de l'empereur Othon au sujet des moines de Saint-Gal. Voyage de l'empereur à Rome et en Italie, p. 490. — Jean XIII couronne empereur Othon II, sur la demande de son père Othon Ier. Ambassade de Luitprand à Constantinople, p. 491. — Othon II épouse une princesse grecque. Dernières actions et mort de saint Udalric d'Augsbourg, p. 496. — Saint Wolfgang, évêque de Ratisbonne, p. 498. — Etat de la religion en Scandinavie. Saint Libentius, archevêque de Brème. Othon II fait élire son fils Othon III et meurt, p. 510. — Gisiler, archevêque de Magdebourg. Saint Adalbert de Prague, p. 514. — Commencements de saint Romuald, p. 518. — Saint Bernard, évêque de Hildesheim, p. 520. — Science et littérature de la nonne Roswith, qui écrit en vers latins le panégyrique des Othon et huit poèmes, et en prose latine six ou sept comédies chrétiennes, p. 524. — Belle préface d'Adelbold, évêque d'Utrecht, dans sa *Vie de l'empereur saint Henri*, l. 62, p. 533. — Etat de la chrétienté à la fin du dixième et au commencement du onzième siècle. L'Europe devient un seul homme, dont l'Eglise romaine est chargée de faire l'éducation. Disposition principale pour bien étudier l'histoire, p. 534. — Othon III, couronné empereur par Grégoire V, p. 546. — Derniers moments et martyre de saint Adalbert de Prague, p. 547. — Intrusion de l'antipape Philagathe. Sa punition par les gens de l'empereur. Respect du Pape et de l'empereur pour saint Nil, qui continue d'édifier tout le monde, p. 548. — L'empereur fait mourir Crescentius. Zèle de saint Romuald. L'empereur Othon III va visiter saint Nil et pratique lui-même des austérités secrètes, p. 550. — Mort de l'impératrice sainte Adélaïde. Othon III fait un pèlerinage au tombeau de saint Adalbert de Prague. Il travaille à exécuter la décision du Pape touchant le rétablissement de l'évêché de Mersebourg, p. 555. — Il ouvre le tombeau de Charlemagne. Dernier voyage et mort d'Othon III en Italie, p. 556. — Conciles occasionnés par l'entêtement d'une princesse devenue religieuse, p. 557. — Saint Héribert de Cologne, p. 558. — Saint Henri, roi de Germanie, et sa femme, la reine sainte Cunégonde. Saint Etienne, duc et apôtre de Hongrie, p. 559. — Le pape Silvestre II lui accorde, sur sa demande, le titre de roi, p. 560. — Saint Etienne met le royaume de Hongrie sous la protection de la sainte Vierge, qui en est appelée la Dame. Ses charités dans les contrées les plus lointaines ; ses exploits guerriers; sa législation, p. 561. — Son instruction à son fils saint Emeric, p. 562. — Commencements du bienheureux Richard, abbé de Verdun, et du comte Frédéric de Lorraine, p. 577.

ALLEMAGNE, etc. — Au commencement du onzième siècle, on renouvelle les églises. Sens mystérieux des cathédrales gothiques, t. 6, l. 62, p. 7. — Vertus et exploits du roi saint Henri. Tagmon, nouvel archevêque de Magdebourg. L'évêché de Mersebourg rétabli, p. 8. — Saint Henri érige un évêché à Bamberg, qu'il soumet immédiatement à l'Eglise romaine, p. 10. — Le comte saint Ansfrid, avec sa femme sainte Hilsuinde, et leur fille sainte Bénédicte. Saint Brunon, autrement saint Boniface, apôtre des Russes et martyr, p. 11. — Waltherd, nouvel archevêque de Magdebourg. Mort de saint Libentius, archevêque de Brème et de Hambourg. Il a pour successeur Unvan, qui ramène à la religion les Slaves révoltés. Saint Meinwerc, évêque de Paderborn, p. 12. — Conduite du saint roi Henri lors de l'élection d'un antipape, p. 13. — Il est couronné empereur par le pape Benoît VIII. Réflexion de Glaber à ce sujet. L'empereur saint Henri renouvelle le diplôme d'Othon Ier en faveur des domaines temporels de l'Eglise romaine. L'empereur passe à Cluny, fait vœu d'obéissance entre les mains du bienheureux Richard de Verdun, qui lui ordonne de continuer à gouverner l'empire, p. 14. — Voyage de Benoît VIII en Allemagne. Dernière entrevue de saint Héribert de Cologne avec l'empereur saint Henri. Dernière expédition du saint empereur en Italie, p. 16. — Divers conciles dont les canons sont transformés en lois civiles par l'empereur, à la demande du Pape, p. 17. — Réflexion déplacée de Fleury, qui voudrait faire du Pape un prêtre étranger dans l'Eglise. Mort de saint Vulbode, évêque de Liége. Entrevue cordiale de l'empereur saint Henri et du roi Robert de France, p. 18. — Mort de l'empereur saint Henri après une dernière entrevue avec Robert, p. 19. — Election de Conrad II. Ses belles qualités, l. 63, p. 19. — Mort de l'impératrice sainte Cunégonde. Législation féodale de Conrad pour l'Allemagne. Sur la destinée de l'Italie. Conrad y est appelé, p. 22. — Conrad couronné empereur par le pape Jean XIX, p. 28. — Mort de saint Etienne de Hongrie et de son fils saint Emeric. Vie du saint ermite Gunther, p. 30. — Premières années de Brunon, depuis saint Léon IX, p. 31. — L'Eglise de Toul le choisit pour son évêque. Lettre qu'elle lui en écrit, ainsi qu'à l'empereur Con-

rad, p. 32. — Ses vertus et ses premières actions dans l'épiscopat, p. 33. — Cruelle famine et ses suites. Charité des évêques et des abbés, p. 34. — Les évêques, à la demande des peuples, établissent *la paix de Dieu*, p. 36. — Les difficultés pour faire observer *la paix de Dieu* portent les évêques à lui substituer *la trêve de Dieu*, p. 38. — La chevalerie chrétienne instituée dans le même but de pacification et de civilisation. Les lointains pèlerinages continuent d'adoucir les mœurs guerrières de l'Occident, p. 39. — Pèlerinages annuels de saint Brunon de Toul à Rome. Avertissement qu'il reçoit de l'avenir, p. 41. — Archevêques de Hambourg. Saint Bardon, archevêque de Mayence, p. 42. — Saint Poppon, abbé de Stavelo, p. 43. — Saint Gérard, évêque de Chonad en Hongrie, p. 44. — Mort de l'empereur Conrad. Election de Henri le Noir, p. 46. — Clément II couronne empereur Henri le Noir, p. 49. — Election, voyage à Rome et premiers actes de saint Léon IX, p. 52-54. — Commencement du cardinal Hildebrand, depuis saint Grégoire VII, p. 52. — Voyage apostolique du Pape en France et en Allemagne. Combien il est nécessaire pour le rétablissement de la discipline, p. 56. — Adalbert, archevêque de Hambourg, p. 63. — Révolution en Hongrie contre la religion, mais qui tourne pour. Martyre de saint Gérard, évêque de Chonad, p. 64. — Saint Léon IX à Toul. Saint Hugues de Cluny, parrain du fils de l'empereur Henri le Noir, p. 71. — Dernier voyage de saint Léon IX en Allemagne, p. 73. — Mort de saint Bardon de Mayence. Son successeur ne lui ressemble pas tout à fait, p. 74. — Le saint pape Léon IX se rend au milieu des Normands vainqueurs, qui se déclarent vassaux de l'Eglise romaine et deviennent plus humains, p. 77. — Dévotions de saint Léon IX, p. 78. — Sa dernière maladie. Il bénit lui-même sa tombe et meurt, p. 87. — Saint Annon, archevêque de Cologne, l. 64, p. 102. — Mort de l'empereur Henri III. Situation fâcheuse de l'empire à sa mort. Faute que commettent les électeurs. Le pape Victor II réconcilie au jeune roi Henri IV le comte de Flandre et le duc de Lorraine. Naissance de Godefroi de Bouillon. Le cardinal Frédéric de Lorraine, devenu moine au mont Cassin, en est élu abbé, p. 103. — Le cardinal Frédéric de Lorraine élu pape sous le nom d'Etienne IX, p. 104. — Imprudence d'avoir choisi un enfant pour roi de Germanie. Ferments de discorde, p. 121. — Désordres et violences dans les églises d'Allemagne, p. 122. — Légation infructueuse d'Anselme de Lucques. Emportement incroyable des princes et des évêques allemands. Election d'Alexandre II. La cour de Germanie fait un antipape. Cadaloüs, évêque simoniaque de Parme. Lettre que lui écrit saint Pierre Damien, p. 123. — Annon de Cologne. Concile d'Osbor, où, par le zèle de saint Pierre Damien, l'antipape est condamné par ceux qui l'avaient fait, p. 124. — Pèlerinages considérables et aventureux des chrétiens d'Occident à Jérusalem. Saint Altmann de Passau, p. 147. — Saint Guébehard de Salzbourg. Saint Bennon de Misnie. Martyre du prince slave saint Gothescalc. Défection des Slaves, p. 148. — Lettre de saint Pierre Damien au roi de Germanie et à l'archevêque de Cologne, touchant l'antipape Cadaloüs, qui est de nouveau rejeté, mais rentre clandestinement à Rome, p. 149. — Divers événements à la cour de Germanie, p. 150. — Concile de Mantoue, qui met fin au schisme. Vices du jeune roi Henri IV. Il veut répudier sa femme. Saint Pierre Damien envoyé légat à ce sujet. Le roi obligé de garder sa femme malgré lui, p. 151. — Retraite de l'impératrice-mère Agnès. Affaires épiscopales de Bamberg et de Constance, p. 152. — Mort d'Adalbert, archevêque de Brême. Son caractère. Son zèle pour les missions du Nord. Il a Liemar pour successeur, p. 154. — Adam de Brême, auteur d'une histoire ecclésiastique, p. 155. — Fermentation en Allemagne, causée par les injustices et les violences du roi. Ce que devenaient les évêchés et les abbayes entre les mains de ce prince. Annon de Cologne se retire de la cour. Le roi s'abandonne sans retenue à tous ses mauvais penchants. Sigefroi archevêque de Mayence, lui aide à tyranniser la Saxe et la Thuringe, p. 156. — Les évêques, les grands, les peuples de Saxe adressent des plaintes au Saint-Siége et des plaintes au roi, p. 157. — Le roi est cité à Rome pour donner satisfaction. Mort du pape Alexandre II, p. 158. — Election du pape saint Grégoire VII, l. 65, p. 159. — Elle est ratifiée par le roi de Germanie, p. 460. — Action du saint Pape sur la Hongrie, défigurée par certains auteurs, p. 168. — Son action sur la Bohême, p. 169. — Quels sont les principaux paroissiens du Pape, p. 174. — La Saxe avait été donnée à l'Eglise romaine par Charlemagne, p. 186. — Le roi de Germanie, Henri IV, confesse au pape saint Grégoire ses injustices, notamment envers l'église de Milan, p. 187. — Les seigneurs Allemands et Saxons, irrités des injustes vexations de Henri, veulent élire Rodolphe de Souabe. Saint Grégoire tâche de les calmer, promettant de leur faire rendre justice. Il envoie des légats en Allemagne. Ceux-ci ayant demandé la tenue d'un concile pour la réforme du clergé, les évêques s'y opposent, sous prétexte de la nouveauté du fait. Ancienneté de cette nouveauté, p. 189. — Les prêtres allemands se soulèvent contre l'ancienne règle de la continence cléricale. Que penser de leur bestiale théologie, p. 190. — Conduite épiscopale de l'archevêque de Mayence. Conduite plus digne de saint Altmann de Passau, p. 193. — Lettre du pape saint Grégoire VII au clergé, au peuple et aux seigneurs d'Allemagne, pour le maintien et l'exécution de la loi sur le célibat ecclésiastique, p. 194. — Lettre paternelle du pape saint Grégoire VII au roi Henri IV d'Allemagne, où il lui communique son dessein d'aller lui-même au secours des chrétiens d'Orient, p. 195. — Concile de Rome, qui renouvelle contre les investitures les canons du septième et du huitième concile œcuménique, p. 196. — Dans le même concile, le Pape excommunie certains conseillers du roi de Germanie. Affaires scandaleuses de Bamberg et de Fulde, p. 197. — Mort de saint Annon de Cologne. Conjuration de l'archevêque Guibert de Ravenne et du préfet Cencius contre le saint pape Grégoire VII, p. 198. — Le roi Henri, dans le temps même qu'il complote contre le saint Pape, lui écrit des lettres amicales et use cruellement de sa victoire sur les Saxons. Saint Grégoire VII lui répond d'une manière d'abord paternelle, mais ensuite plus ferme, quand il a découvert ses secrètes menées, p. 199. — Sur les plaintes des Saxons, le pape saint Grégoire VII mande à Henri qu'il ait à se justifier, sous peine d'encourir l'excommunication, p. 201. — Henri assemble un conciliabule qui dépose le saint pape Grégoire. Les évêques simoniaques de Lombardie souscrivent à cet attentat schismatique, p. 202. — Henri engage les Romains à la révolte. Il fait notifier au saint Pape, en plein concile, sa déposition. Les évêques fidèles veulent aussitôt déposer le roi lui-même ; mais le saint pape Grégoire VII s'y oppose et renvoie l'affaire au lendemain, où la sentence, vivement demandée, est prononcée en présence de cent dix évêques, p. 203. — Le décret du concile est notifié à toute l'Allemagne, par des lettres où le Pape rend compte de la conduite du roi. Caractère de la sentence pontificale, p. 205. — Terribles châtiments que Dieu exerce sur les principaux coupables, dont un grand nombre reviennent à l'obéissance, p. 206. — Lettre du saint Pontife à Herman, évêque de Metz. Observation à cet égard. La Saxe opprimée se relève de son asservissement. Coalition des principaux seigneurs allemands. Anxiété de Henri à la vue de cet abandon presque général, p. 207. — Sur de nouvelles vexations de la part de Henri, les Saxons s'unissent ceux de Souabe pour élire un nouveau roi. Saint Grégoire VII ne veut le leur permettre qu'autant que Henri ne voudrait pas revenir à de meil-

leurs sentiments. Diète générale à Tribur, près de Mayence. On fait signifier à Henri les conditions qu'il doit accomplir, s'il veut conserver la couronne. Quelques mots d'un écrivain protestant à ce sujet, p. 208. — Le Pape se met en route pour la diète d'Augsbourg, où cette affaire doit se terminer définitivement ; mais apprenant l'arrivée de Henri en Italie, il se retire au château de Canosse, où il reçoit les rétractations de plusieurs évêques et seigneurs allemands, p. 212. — Henri, craignant de perdre la couronne, vient y demander aussi l'absolution de son excommunication. Le Pape la lui accorde, et prend ensuite la sainte eucharistie en témoignage de la pureté de ses intentions : ce que le roi n'ose faire, p. 213. — Quelques réflexions à ce sujet, p. 214. — Le roi Henri, excité par de mauvais conseils, rompt la paix conclue. Il essaie même de s'emparer de la personne du Pape, p. 220. — Les légats du Pape à la diète de Forcheim , engagent de sa part les seigneurs allemands à différer l'élection d'un nouveau roi, mais inutilement. Le duc de Souabe, Rodolphe, est élu. Réflexions d'un auteur contemporain à cette occasion , p. 221. — Les deux rois appellent au Pape, qui leur demande sûreté de part et d'autre, pour se rendre à la diète d'Allemagne, où il jugera ce différend, p. 222. — Henri viole la trève convenue. Le Pape convoque le concile de Rome, que les deux princes avaient demandé pour terminer leur différend ; mais il n'y veut rien décider avant l'envoi de nouveaux légats sur les lieux, p. 224. — Dans un nouveau concile de Rome, on arrête une diète générale en Allemagne, du consentement des deux partis, p. 226. — Les Saxons mécontents de la lenteur du Pape. Ils en font leurs plaintes au saint Pontife, qui leur rend compte de sa conduite. Henri ne veut plus avoir recours qu'à la voie des armes. Dans un septième concile, tenu à Rome sur de nouvelles plaintes portées contre lui, le saint pape Grégoire se voit obligé de prononcer contre lui la sentence de déposition, p. 228. — Principaux personnages qui ont secondé le Pape dans cette grande affaire, p. 230. — Grande colère de Henri. Il assemble un conciliabule à Mayence ; puis un second à Brixen, où il fait déposer le pape saint Grégoire VII par quelques évêques simoniaques , et élire à sa place Guibert, archevêque excommunié et déposé de Ravenne, p. 233. — Lettre du saint pape Grégoire aux évêques de la Calabre et de la Pouille, au sujet de ce schisme. Autre lettre du même saint Pontife à Herman , évêque de Metz, sur le pouvoir des Papes à 'égard des rois. Nombreuses méprises de Bossuet au sujet de cette lettre, p. 234. — Quel était et quel est encore le vrai point de la question dans cette grande lutte entre l'Eglise de Dieu et ses adversaires, p. 238. — Henri est vaincu dans une grande bataille par Rodolphe , qui est blessé mortellement. Sa mort ; ses grandes qualités, 239. — On élit pour son successeur Herman de Lorraine , comte de Luxembourg. Lettre de saint Grégoire à ses légats d'Allemagne. Formule du serment que doit prêter le nouveau roi, p. 240. — Henri vient assiéger Rome à différentes reprises. Contre la foi du serment, il fait arrêter plusieurs députés qui se rendaient au concile de Rome, p. 241. — Grandeur d'âme de saint Grégoire VII , admirée des protestants eux-mêmes. Henri gagne le peuple de Rome et entre dans la ville. Il fait introniser l'antipape Guibert sous le nom de Clément III , et en reçoit la couronne impériale. Saint Grégoire assiégé au château Saint-Ange, p. 243. — Didier, abbé du Mont-Cassin, refuse de prêter serment de fidélité à Henri, qui se retire à l'approche de Robert Guiscard, p. 244. — Saint Grégoire, délivré, se rend à Salerme. Les schismatiques s'étant jetés sur les terres de la comtesse Mathilde , sont vaincus. Conférence entre les deux partis, mais sans résultat. Concile de Quedlinbourg, p. 245. — Conciliabule de Mayence. Derniers moments du pape saint Grégoire VII. Justice que lui rend un historien protestant, p. 246. — Election de Victor III. L'antipape

Guibert, maître d'une partie de Rome. L'ex-roi Henri persiste dans son obstination, l. 66, p. 252. — Election d'Urbain II, p. 254. — Mort de saint Anselme de Lucques. Ses écrits à l'antipape Guibert, pour le ramener de son erreur, p. 259. — Bonizon, évêque de Plaisance. Il est martyrisé par les schismatiques, p. 260. — Le schisme va s'affaiblissant en Allemagne. Décrétale du Pape au sujet des excommuniés schismatiques. Guibert chassé de Rome. Les schismatiques détournent Henri d'un accommodement. Mariage de la comtesse Mathilde avec Guelfe, duc de Bavière, p. 285. — Saint Thiemon, successeur de saint Guébehard , archevêque de Salzbourg. Mort de saint Adalbéron de Wurtzbourg, p. 287. — Les schismatiques reprennent les armes. Lettre d'un évêque henricien à Louis de Thuringe. Réponse par un évêque catholique. Fleury, censeur du catholique, et apologiste du schismatique , qui pourtant lui-même change ensuite de sentiments. Henri attaque le duc Guelfe, p. 288. — Concile de Bénévent. Mort de saint Altmann et du bienheureux Wolphelme, abbé de Brunviller. Le bienheureux Guillaume de Hirsau institue les frères convers et les oblats. Sa grande charité, p. 289. — Grand nombre de laïques en Allemagne embrassent la vie commune. Vie de saint Ulric de Ratisbonne. Son recueil *Des anciens usages de Cluny*, p. 290-295. — Conduite scandaleuse et cruelle de Henri IV à l'égard de ses deux épouses, Berthe et Adélaïde. Belles qualités de son fils Conrad. Il est chassé par son père. Quelle idée on avait partout de Henri , p. 295. — Assemblée d'Ulm et concile de Constance. Toute l'Allemagne est frappée d'une grande mortalité qui produit d'excellents fruits spirituels, p. 297. — Le pape Urbain II reçoit au concile de Plaisance l'impératrice Praxède-Adélaïde, et puis est reçu lui-même à Crémone par le jeune roi Conrad , p. 300. — Obstination de Henri IV de Germanie. Mort de l'antipape Guibert. Ses successeurs. Mort du jeune roi Conrad , p. 351. — Concile de Rome. Lettre du pape Pascal II à l'archevêque de Gnésen, p. 352. — La comtesse Mathilde renouvelle la donation de ses biens à l'Eglise romaine. Othon , nommé par l'ex-roi Henri à l'évêché de Bamberg. Quelques mots sur la vie de ce prélat. Il demande l'investiture au Pape , p. 353. — Henri le Vieux fait couronner roi, son second fils Henri V. Le jeune prince revient à l'obéissance du Pape légitime. Il fait assembler un concile en Thuringe. Ses efforts pour ramener son père à l'unité de l'Eglise, p. 354. — Lettre de Henri IV au Pape. Assemblée de Mayence. Henri IV y renonce à l'empire. Députation envoyée au Pape, p. 355. — Obstination schismatique du clergé de Liège. Henri le père se repent de son repentir. Seconde lettre de saint Othon au Pape, p. 356. — Il va à Rome. Le Pape lui donne, malgré son refus , la consécration épiscopale. Brunon, archevêque de Trèves , reçoit du Pape le *pallium* avec une réprimande, p. 357. — Lettre de Henri à son fils. Manifeste du jeune roi et des seigneurs. Le vieux Henri en appelle au pape Pascal. Il meurt à Liége, p. 358. — Joie universelle de sa mort chez les catholiques, p. 359. — Prétentions de Henri V au sujet des investitures. Voyage du pape Pascal II en Allemagne. Conciles de Florence et de Guastalle. Condescendance du Pape, l. 67, p. 367. — Du vrai fond de l'affaire des investitures. Henri V en Italie. Ses cruautés et ses dévastations, p. 376. — Sa convention avec le Pape. Son arrivée à Rome. Sa fourberie. Captivité de Pascal. Indignation des Romains. Fuite du roi, qui traîne le Pape avec lui, p. 377. — Noble conduite de Conrad de Salzbourg. Son exil et ses persécutions, p. 379. — Vexations de Henri contre les Romains. Privilége qu'il arrache à Pascal II. Son couronnement, p. 380. — Concile de Latran qui annule le privilége extorqué au Pape par Henri V. Mission de Gérard, évêque d'Angoulême, auprès de l'empereur, p. 382. — Lettre du Pape à Henri. L'épiscopat, en Italie et en France, venge, dans ses conciles, l'Eglise et son chef contre les outrages de

l'empereur allemand, p. 383. — L'empereur grec Alexis Comnène prend aussi fait et cause pour le Pape, p. 386. — Assemblées de Mayence et de Cologne. Concile universel de Latran, dans lequel le pape Pascal II condamne le privilége que lui avait extorqué l'empereur allemand, p. 411. — Sédition dans Rome. Retraite du Pape. Henri V à Rome. Refus du clergé de le couronner, p. 412. — Odieuse conduite de l'empereur Henri envers le nouveau pape Gélase II. Intrusion de l'antipape Bourdin, p. 414. — Députation du pape Calixte II à Henri V. Promesses réciproques de l'empereur et du Pape, p. 422. — Concile de Reims. Les conciles étaient, au moyen-âge, les grandes assises de l'Europe, p. 423. — Conférence du Pape avec l'empereur à Mouson. Fourberie et tergiversation de Henri V. Retour de Calixte à Reims. Décrets du concile. L'empereur y est excommunié et ses sujets déliés du serment de fidélité. Silence de Fleury et de Longueval sur ce dernier point, p. 425. — Assemblée de Wurtzbourg. Diète célèbre de Worms. Conclusion de l'affaire des investitures. Paix entre le sacerdoce et l'empire, p. 433. — Saint Othon de Bamberg. Ses bonnes œuvres, sa lointaine réputation. Lettre que lui écrit Boleslas de Pologne. Le saint évêque va porter la foi aux Poméraniens. Son entrevue avec le duc de Poméranie. Succès de sa mission à Piritz. Baptême par immersion. Touchante conversion de Stétinois. La Poméranie tout entière devient chrétienne. Retour d'Othon à Bamberg, p. 434-438. — Services que les empereurs d'Allemagne auraient pu rendre à la civilisation. Mort de Henri V, p. 438. — Election de l'empereur Lothaire II. Saint Norbert à Spire. Il est nommé archevêque de Magdebourg. Ses travaux, l. 68, p. 459. — Saint Othon, évêque de Bamberg, retourne en Poméranie. Ses travaux, p. 463. — Au milieu de la soumission générale de la chrétienté au pape Honorius II, saint Norbert prévoit une persécution, p. 468. — Le pape Innocent II, reconnu en Allemagne, y fait un voyage, p. 473. — Innocent II, accompagné de saint Bernard, retourne à Rome. Il y couronne l'empereur Lothaire, p. 482. — Saint Bernard réconcilie avec l'empereur les princes de Hohenstauffen, p. 483. — Troisième voyage de saint Bernard en Italie. Condescendance réciproque du Pape et de l'empereur sur l'affaire du Mont-Cassin et autres, p. 497. — Mort de l'empereur Lothaire, p. 499. — Election et sacre de l'empereur Conrad. Opposition de Henri de Bavière. Sa mort. Lettre de Conrad à saint Bernard. Réponse de l'abbé, p. 502. — Saint Bernard parcourt l'Allemagne, prêchant la croisade. Ses succès. Ses miracles innombrables. Conséquence qu'on peut en tirer, p. 542. — Hartwic, archevêque de Brême, rétablit les évéchés ruinés par les Barbares. Saint Vicelin, évêque d'Oldenbourg. Merveilleuses révélations de sainte Hildegarde. Examen qu'en fait le pape Eugène III au concile de Trèves, p. 562. — Correspondance de la sainte avec le Pape, le roi d'Allemagne et autres nobles personnages, p. 563. — Précieux et remarquables dialogues d'Anselme, évêque de Havelberg, touchant la doctrine et le rite des Grecs : *De l'unité et de la multiformité de l'Eglise ; de la procession du Saint-Esprit ; de la primauté du Pape*, p. 567. — Conrad de Germanie, Louis de France et les Grecs du Bas-Empire, pendant la deuxième croisade. Témoignages peu suspects des historiens grecs eux-mêmes, p. 573. — Perfidie des Grecs. Leur trahison. Désastre de Conrad, p. 564. — Tentatives des révolutionnaires à Rome. Leurs offres au roi Conrad. Guibard de Corbie, médiateur entre Conrad et le Pape. Projet de guerre contre le roi de Sicile. Mort de Conrad, p. 581. — Election de Frédéric de Souabe, ou Frédéric Barberousse. Sa lettre au Pape. Concordat entre l'un et l'autre, p. 583.

ALLEMAGNE, *etc.* — Election de Magdebourg. Lettre du pape Eugène III à ce sujet, t. 7, l. 69, p. 11. — Autres affaires d'Allemagne, p. 12. — Etat politique de l'Italie, p. 24. — Première expédition de Frédéric Barberousse en ce pays. Sa conduite peu généreuse envers la ville de Tortone, p. 25. — Mot significatif d'Othon de Frisingue sur la pensée de Frédéric. Exécution d'Arnaud de Bresce. Négociations de Frédéric avec le Pape, au sujet de son couronnement comme empereur, p. 26. — Harangue des Romains à Frédéric. Sa réponse. Couronnement de Frédéric, suivi d'une bataille avec les Romains, p. 27. — Affaire des Tiburtins. Frédéric retourne en Allemagne après avoir ruiné la ville de Spolète. Il se trompe en croyant, par ses rigueurs sanglantes, dompter les Italiens, p. 28. — Singulière punition infligée par l'empereur Frédéric à quelques seigneurs. Frédéric Barberousse fait une querelle d'Allemand au pape Adrien IV, au sujet d'une lettre, p. 31. — Ce que les évêques et les princes allemands auraient dû savoir ou se rappeler, p. 32. — Vrai fond de cette querelle. Tendance de Frédéric à la domination universelle. Son manifeste contre le Pape. Lettre du Pape aux évêques d'Allemagne à ce sujet, p. 33. — Réponse des évêques allemands. Ce qui manquait à ces évêques. Seconde expédition de Frédéric en Italie. Les légats du Pape expliquent aux Allemands le mot qu'ils avaient pris de travers, p. 35. — Mort d'Othon de Frisingue. Ses ouvrages. Conduite courageuse des Milanais. Règlement de Frédéric sur la discipline militaire, p. 36. — Les Milanais assiégés par l'empereur. Traité entre les deux partis. Frédéric assemble la diète de Roncaille pour y faire valoir son titre de maître du monde, par les arguments des légistes et des épées, p. 37. — Manière barbare dont il use de son prétendu droit, notamment envers la ville de Crème, p. 38. — Lettres brutales de Frédéric au Pape. Il raisonne comme les Bédouins et les Juifs, p. 40. — L'évêque de Bamberg s'efforce d'adoucir les esprits, p. 41. — Suite du différend entre Frédéric Barberousse et Adrien IV. Lettre remarquable de ce dernier, p. 42. — Mesures de Frédéric, à la mort d'Adrien IV, pour avoir un pape à sa dévotion, p. 45. — Alexandre III est élu par tous les cardinaux, excepté trois, desquels deux font du troisième un antipape, p. 46. — Frédéric se pose comme juge de cette affaire, qui n'avait pas besoin d'être jugée. Il se prononce pour l'antipape élu par deux cardinaux, et qui n'était reconnu que de quatre, contre Alexandre III élu le premier à la presque unanimité, et qui était reconnu de vingt-deux cardinaux, p. 49. — Conciliabule impérial de Pavie. Ses actes remplis de faussetés manifestes, p. 54. — Lettres de l'empereur et de son conciliabule en faveur de l'antipape, qu'il ordonne de reconnaître sous peine de bannissement. Alexandre III excommunie l'empereur schismatique avec son antipape, et délie ses sujets du serment de fidélité, p. 55. — Vertus de saint Eberhard, archevêque de Salzbourg. Sa fermeté à reconnaître le pape Alexandre III, p. 56. — Vertus et miracles de saint Pierre, archevêque de Tarentaise. Comme saint Eberhard, il reconnaît Alexandre III avec tout l'ordre de Citeaux, malgré l'empereur, p. 58. — Saint Anthelme, évêque de Belley, le reconnaît également avec tout l'ordre des Chartreux, p. 60. — Lettres de deux cardinaux contre le conciabule de Pavie, p. 61. — Jugement de Jean de Salisbury sur le conciliabule impérial de Pavie, p. 62. — Conciliabule impérial de Lodi. Cruelle vengeance de Frédéric Barberousse sur Milan, p. 66. — Ruses de Frédéric pour attirer à son schisme le roi de France. Elles ne lui réussissent pas, p. 70. — Les évêques d'Allemagne écrivent au pape Alexandre. Modération et espérance du Pape à l'égard de l'empereur Frédéric, p. 74. — Ambassade de l'empereur grec au pape Alexandre, pour lui offrir son secours contre l'empereur Frédéric. Mort de l'antipape Octavien. Frédéric, continuant le schisme, lui reconnaît pour successeur l'un des deux cardinaux schismatiques qui restaient encore, p. 82. — Les Romains rappellent le pape Alexandre. Les Lombards se liguent contre l'empereur Fré-

déric et rétablissent la ville de Milan : ce qui les y déterminent, p. 83. — Efforts de l'empereur Frédéric pour prendre Rome et y introduire son antipape. Au moment où il pense triompher, la peste l'oblige à se retirer honteusement, p. 86. — Pour se tirer du milieu des Lombards, Frédéric fait semblant de vouloir reconnaître le pape Alexandre. Les Lombards fondent une nouvelle ville, et, en l'honneur du pape Alexandre, la nomment *Alexandrie*, p. 87. — État de l'Allemagne, où le pape Alexandre est reconnu d'une partie des évêques. Élévation du corps de Charlemagne; sa canonisation par l'antipape. Mort du saint archevêque de Salzbourg, Conrad. Affaires touchant son successeur, p. 119. — Église de Liége. Zèle du prêtre Lambert. Établissement des Béguines. Défense héroïque des habitants d'Ancône, assiégés par une armée d'impérialistes, p. 120. — Frédéric obligé de lever le siége d'Alexandrie, p. 121. — Pendant les négociations pour la paix, il veut surprendre les Milanais, qui le battent complètement, p. 122. — Il pense sérieusement à se réconcilier avec le pape Alexandre. Histoire détaillée de cette réconciliation à Venise. Circonstances fabuleuses, p. 123. — Etienne III, roi de Hongrie, par les exhortations du légat d'Alexandre, rend une ordonnance pour réformer les abus du royaume, p. 133. — Derniers moments et ouvrages de sainte Hildegarde. Sainte Elisabeth de Schœnaug et ses révélations; p. 135. — Paix de Constance entre Frédéric Barberousse et les villes ou républiques des Lombards, l. 70, p. 168. — Conférences du pape Lucius III et de l'empereur à Vérone. Conciliation de plusieurs affaires particulières. Constitution du pape Lucius instituant, avec le concert des princes, une inquisition contre les hérésies manichéennes, qui attaquaient tout ensemble et la foi chrétienne et l'ordre social, p. 169. — Entreprises équivoques de l'empereur Frédéric. Son fils, le roi Henri, s'annonce encore plus mal. Le différend se termine par un concordat, p. 472. — L'empereur Frédéric prend la croix, à la diète de Mayence, des mains du légat de Clément III, p. 481. — Sa marche vers Constantinople. Piéges que lui tend l'empereur grec Isaac Lange, d'intelligence avec Saladin; il est obligé de combattre le sultan d'Icône, qui lui avait promis des vivres; il montre un courage héroïque et chrétien et se noie en voulant passer une rivière, p. 489. — Consternation que cause sa mort, non-seulement dans son armée, mais dans toute l'Europe chrétienne, p. 493. — A son retour de la croisade, Richard Cœur-de-Lion, roi d'Angleterre, est arrêté par le duc Léopold d'Autriche, qui le vend à l'empereur Henri VI, qui le revend aux Anglais, p. 201. — Le pape Célestin III excommunie le vendeur de roi. La Providence appuie la sentence du Pontife. Mort funeste de Léopold, p. 202. — Politique peu honorable de l'empereur Henri VI, p. 212. — Mort de l'empereur Henri et des principaux personnages de son temps, p. 214. — Etat général du monde à l'avénement du pape Innocent III, l. 74, p. 223. — Sollicitude d'Innocent III pour le royaume de Sicile et son roi mineur, Frédéric, p. 228. — Ce qui fait que l'humanité est une. Pensée dominante des empereurs teutoniques. Quel en eût été le résultat pour l'Eglise et pour les peuples chrétiens, p. 248. — Situation de l'Allemagne à la mort de l'empereur Henri VI. Triple élection de Frédéric de Sicile, de Philippe de Souabe et d'Othon de Saxe. Les trois compétiteurs recourent au Pape, p. 249. — Décision d'Innocent III sur la triple élection d'Allemagne, p. 254. — Réflexion du protestant Hurter à ce sujet. Lettres du Pape aux princes d'Allemagne sur le même sujet, p. 253. — Efforts du Pape pour la pacification de l'Allemagne, p. 259. — Quel était le grand péril de l'Eglise et de l'Europe, p. 262. — Philippe de Souabe, réconcilié à l'Eglise, l'emporte sur son compétiteur, lorsqu'il est tué par un des siens, p. 263. — Othon de Saxe est reconnu de tout le monde, p. 264. — Succès des prédications de l'abbé Martin, pour la croisade, dans le sud-ouest de l'Allemagne, p. 279. — Othon IV, à peine empereur, oublie ses serments à l'Eglise. Il est déposé spirituellement et temporellement, et meurt sans postérité et sans gloire, p. 340. — Dispositions et engagements de Frédéric II envers le Saint-Siége l'an 1215, p. 382. — Départ de Guillaume de Hollande et d'autres croisés d'Allemagne, qui remportent une grande victoire et font une importante conquête en Portugal sur les mahométans d'Espagne, p. 401. — Mort d'Othon IV. Conduite équivoque de Frédéric II depuis ce moment, p. 451. — Lois de Frédéric II contre les hérétiques, p. 455. — Commencements de sainte Elisabeth de Hongrie ou de Thuringe, p. 460-474. — Saint Conrad de Bavière. Sainte Hedwige, duchesse de Pologne, p. 473. — Efforts du pape Honorius III et négligence de Frédéric II pour procurer du secours aux croisés de Damiette, qui sont obligés de capituler. Conduite peu loyale de Frédéric II envers son beau-père, Jean de Brienne, et envers l'Eglise, p. 479. — Ses constitutions contre les hérétiques, p. 480. — Sa correspondance avec le Pape, qui le réconcilie avec les Lombards et avec son beau-père, p. 481. — Saint Engelbert, archevêque de Cologne. Son martyre. Supplice et repentir de son meurtrier, p. 485. — Ce qu'étaient les césars païens. Qui a tiré le genre humain de leur tyrannie, l. 73; p. 493. — Ce qu'était l'empire de Charlemagne, à l'Eglise. Si la royauté et l'empire étaient alors héréditaires parmi les Francs et les autres peuples chrétiens, p. 494. — Les césars de Germanie ramènent l'idée païenne de l'empire. Sort qu'ils préparaient à l'humanité. Qui l'en a préservée, p. 495. — Election du pape Grégoire IX, p. 496. — Les Russes demandent des missionnaires apostoliques pour les instruire. Les Norwégiens soumettent au Pape l'élection de leur roi. Les Poméraniens se placent sous la protection du Saint-Siége. Ce qui serait arrivé si Frédéric II eût été Charlemagne, p. 504. — Lettres et actes de Grégoire IX pour la croisade, p. 502. — L'empereur Frédéric II, manquant à toutes ses promesses, cause la ruine de la croisade et encourt l'excommunication, que prononce d'ailleurs solennellement Grégoire IX, p. 504. — Frédéric II, secrètement allié avec le sultan d'Egypte, fait la guerre au Pape, s'en va en Palestine avec peu de monde, dépouille le roi chrétien de Chypre. Son expédition n'est qu'une comédie pour amuser l'Europe. Chrétiens et mahométans le jugent plus mahométan que chrétien, p. 505. — Guerres des impérialistes contre l'Eglise. Grégoire IX recommande la modération dans la défense, p. 510. — Grégoire IX, en excommuniant de nouveau Frédéric II, délie ses sujets du serment de fidélité. Réconciliation de l'empereur avec le Pape, p. 511. — Suite et fin de la vie de sainte Elisabeth de Thuringe, p. 512-525. — Mort de maître Conrad, directeur spirituel de sainte Elisabeth. Conversion de Conrad de Thuringe, p. 525. — Il travaille à faire canoniser sa belle-sœur, sainte Elisabeth. Pompe de cette canonisation à Pérouse et à Marbourg, p. 526. — Sainte Agnès de Bohême. Lettres que lui écrit sainte Claire, p. 529.

ALLEMAGNE, etc. — Etat de l'empire français de Constantinople, défendu par le vieil empereur Jean de Brienne, t. 8, p. 11. — Baudouin II, secondé par le Pape, mais contrarié par Frédéric II, p. 12. — Etat de la Sardaigne. Manœuvres de Frédéric pour s'en rendre maître. Son gendre Ezzelin de Romano, surnommé le Féroce, p. 13. — Efforts de Grégoire IX pour pacifier l'Occident et procure des secours à l'Orient, p. 17. — Au lieu de seconder le Pape, Frédéric le traverse, veut se servir de lui pour parvenir à la domination universelle; emprisonne le neveu du roi de Tunis allant à Rome pour recevoir le baptême, p. 19. — Lettre que lui écrit le Pape, p. 20. — Duplicité et arrogance de Frédéric II, p. 22. — Son dessein de surprendre saint Louis, roi de France. Il corrompt le sénateur de Rome. Plaintes du

Pape. Réponses de l'empereur, p. 23. — Le Pape l'excommunie et délie ses sujets du serment de fidélité, p.
26. — Invectives de Frédéric II contre le Pape. Il demande un concile général, p. 27. — Apologie de Grégoire IX. Impiétés qu'il reproche à Frédéric II. Elles
sont attestées par les contemporains, p. 28. — Ses emportements contre le Pape et les fidèles catholiques, p.
29. — Le couvent de Sainte-Claire miraculeusement
protégé, p. 30. — Dévouement des rois saint Ferdinand
d'Espagne, Henri d'Angleterre et saint Louis de France,
pour la cause de l'Eglise, p. 31. — Le Pape fait offrir
la royauté d'Allemagne à un frère de saint Louis. Historiette de Matthieu Pâris à ce sujet. Quel était le droit
de l'Allemagne et de l'Europe touchant les hérétiques,
p. 32. — Exécution de ces lois contre certains hérétiques manichéens, p. 33. — Conduite des évêques d'Allemagne, des chevaliers Teutoniques et de frère Elie,
p. 34. — Adolphe, comte de Holstein, embrasse l'ordre
de Saint-François. Droit allemanique sur l'élection et
la puissance du roi de Germanie, p. 35. — Caractère
simple et sublime de cette législation, p. 36. — Grégoire IX convoque le concile général que Frédéric II
avait demandé, fait des prières publiques pour la cause
de l'Eglise, tandis que Frédéric condamne à des peines
atroces les catholiques dévoués, p. 37. — Frédéric II
met tout en œuvre pour empêcher le concile qu'il a lui-
même demandé. Courage apostolique des évêques de
France, d'Angleterre et d'Espagne, dont plusieurs sont
capturés et emprisonnés par Frédéric, p. 38. — Vigueur indomptable du pontife centenaire Grégoire IX.
Lettres de saint Louis à Frédéric II pour la délivrance
des évêques français, p. 40. — Frédéric II fait la guerre
à l'Eglise, au lieu de défendre l'Europe contre les Tartares qui ravagent la Russie et la Hongrie. Sa conduite
envers le roi de Hongrie. Ses lettres pédantesques à
d'autres princes, p. 41. — Sa rhétorique ne trompe pas
tout le monde. Révélations curieuses de Matthieu Pâris
à ce sujet, p. 43. — Trahison d'un cardinal, p. 44. —
A la mort de Grégoire IX, Frédéric II triomphe, mais
Dieu commence à le frapper, p. 45. — Après la mort
de Grégoire, Frédéric fait la guerre à l'Eglise comme
devant. Accusé par l'Angleterre et la France d'empêcher l'élection du Pape, il en accuse les cardinaux, dont
il retient quelques-uns en prison, p. 45. — Election
d'Innocent IV, p. 47. — Négociations pour la paix entre
Innocent IV et Frédéric II. Ce dernier attaque Viterbe
pour la punir de son obéissance au Pape. Défense héroïque des habitants de Viterbe, p. 48. — Un traité se
conclut entre le Pape et Frédéric. Celui-ci cherche à
surprendre le Pape, qui se sauve à Lyon, où il convoque le concile général, p. 49. — Ouverture du concile. Ce que disent les ambassadeurs de Frédéric, p.
53. — Malgré beaucoup de prélats, le Pape accorde
un délai aux ambassadeurs de Frédéric, lequel refuse
d'en profiter. Accusations générales contre Frédéric.
Ses ambassadeurs en laissent plusieurs sans réponse, p.
55. — L'ambassadeur de Frédéric appelle au Pape futur et à un concile plus général. Innocent IV, après avoir
récapitulé les crimes de Frédéric II, le déclare déposé
et le dépose, délie ses sujets du serment de fidélité et
défend de lui obéir. Tous les prélats, avec le Pape,
éteignent leurs cierges, en déposant l'empereur excommunié, p. 57. — Vaines subtilités de quelques modernes
pour éluder l'autorité des actes et des auteurs contemporains. Remarques sur le langage de Matthieu Pâris.
Résultat final pour Frédéric II et sa dynastie, p. 58. —
Résultat semblable de nos jours pour Napoléon. Colère
de Frédéric quand il apprend sa déposition, p. 59. —
La fille du duc d'Autriche refuse de l'avoir pour époux.
Il publie contre le Pape plusieurs manifestes qui nuisent
à lui seul, p. 60. — Le Pape, dans sa réponse, fait
sentir aux princes que leur véritable danger était dans
la politique ambitieuse et athée de Frédéric, p. 61. —
Inconséquences de plus d'un auteur français sur ce

point. Innocent IV maintient l'indépendance du royaume
de Hongrie, p. 63. — Henri, landgrave de Thuringe,
est élu roi des Romains. Il meurt. On élit à sa place
Guillaume de Hollande. Lettre du Pape aux Siciliens,
p. 64. — Mort funeste de Pierre des Vignes, conseiller
de Frédéric II, p. 65. — Frédéric II négocie avec le
Pape, mais cherche à le surprendre. Zèle des princes
français pour la défense du Pape, p. 67. — Honteux
échec de Frédéric devant Parme. Mort funeste de Thaddée de Suesse, autre conseiller de Frédéric. Frédéric
négocie avec le Pape, mais fait martyriser l'évêque
d'Arezzo, et profaner les saintes images par les Sarrasins, p. 68. — Renommée du roi saint Louis de France
en Orient, même auprès du Vieux de la Montagne. Renommée bien différente de Frédéric II, qui fait venir les
Sarrasins pour faire la guerre à l'Eglise, et meurt, p.
87. — Commentaires sur Aristote par Albert le Grand,
l. 74, p. 92. — Nombreuses erreurs des modernes sur la
prétendue ignorance ou crédulité des docteurs du moyen-
âge, p. 93. — Vie du bienheureux Albert le Grand, p.
120. — Parallèle entre saint Louis et Frédéric II, p.
150. — Mort de Guillaume de Hollande, roi des Romains. Double élection, entre Richard, comte de Cornouailles, et Alphonse, roi de Castille, p. 151. —
Aventures de Richard. Fin d'Ezzelin de Romano, surnommé le Féroce, p. 152. — Origine des Gibelins et
des Guelfes en Italie, p. 153. — La famille de Frédéric
s'extermine elle-même. Relations de Conrad et de
Mainfroi entre eux et avec le Pape. Mort de Conrad,
qui recommande son fils Conradin au Saint-Siége, p.
155. — Alexandre IV offre la Sicile au fils du roi d'Angleterre. Mainfroi l'usurpe sur son neveu Conradin, p.
158. — Mainfroi marie sa fille au fils aîné du roi d'A-
ragon, à qui le Pape et saint Louis font des remontrances. Urbain IV offre la Sicile à saint Louis pour un
de ses enfants. Procédure du Pape contre Mainfroi, p.
159. — Conditions auxquelles Clément IV accorde la
Sicile à Charles d'Anjou, frère de saint Louis, qui est
couronné à Rome, et livre une bataille à Mainfroi, lequel est tué sur la place, p. 162. — Conradin et Henri
de Castille ne profitent pas mieux que Mainfroi des remontrances du Pape. Ils sont vaincus par Charles d'Anjou, et Conradin expire sur un échafaud, p. 163. — Le
légat apostolique, depuis Urbain IV, donne une charte
constitutionnelle à la Prusse, p. 175. — Fondation de
Kœnigsberg, p. 177. — Rodolphe, comte de Habsbourg. Il est élu empereur d'Occident, l. 75, p. 222. —
Le pape saint Grégoire X approuve l'élection de Rodolphe de Habsbourg, et écrit en sa faveur, p. 240. —
Entrevue de saint Grégoire X et de Rodolphe de Habsbourg à Lausanne, p. 242. — Victoires et belles qualités de Rodolphe de Habsbourg. Ses relations amicales
avec les Papes, l. 76, p. 285. — Heureux efforts du
pape Nicolas III et de ses légats pour la pacification
de l'Italie, p. 289. — Rodolphe de Habsbourg en fait
autant en Allemagne. Ses afflictions domestiques. Sa
bonne harmonie avec le Saint-Siége, p. 290. — Divers
conciles d'Allemagne. Leurs principaux règlements. Rodolphe de Habsbourg s'en fait l'exécuteur. Sa mort, p.
291. — Troubles de Hongrie par l'inconduite du jeune
roi Ladislas. Efforts du pape Nicolas III et de ses successeurs pour y porter remède, p. 292. — Prétendants
pour succéder à Ladislas. Travaux de frère Meinhard
et des évêques pour la culture de la Prusse, p. 295. —
Ce que, d'après Confucius, Platon et Cicéron, doit être
un gouvernement, une société, pour atteindre à la perfection. Six articles auxquels on peut réduire le gouvernement divin de l'humanité, l. 77, p. 352-358. — Conséquences qui découlent de là. Comment cette vérité a
été comprise par les empereurs de Rome idolâtre, par
les empereurs grecs de Constantinople, par les Barberousse d'Allemagne et certains rois de France, p. 358.
Quels hommes égarèrent ces souverains de France et
d'Allemagne. Double élection pour le trône impérial en

Allemagne. Adolphe de Nassau et Albert d'Autriche. Tous deux recourent au pape Boniface VIII. Adolphe est tué dans une bataille. Le Pape confirme Albert, p. 359. — Origine des Suisses et de leur confédération, p. 362. — Albert d'Autriche tué par son neveu Jean, p. 363. — Election de Henri de Luxembourg pour le trône impérial. Double élection ou prétention au royaume de Hongrie. Boniface VIII se déclare pour Charobert, sous qui la Hongrie parvient à son plus haut point de splendeur, p. 364. — Ce qu'étaient les Papes au moyen-âge, d'après Frédéric de Schlégel, p. 380. — Les bienheureux Herman, Othon et Dégenhard, solitaires en Allemagne, l. 78, p. 448. — Sainte Mechtilde et sainte Gertrude, sœurs et abbesses de Saxe. *Révélations de sainte Gertrude*, p. 448. — Sainte Nothburge, servante en Tyrol, p. 449. — Sainte Cunégonde, princesse et clarisse en Pologne, avec ses deux sœurs Hélène et Marguerite, p. 450. — Serments de Henri de Luxembourg au pape Clément V, qui couronne Robert roi de Naples, p. 450. — Belle conduite de Henri de Luxembourg en Italie, p. 451. — Bulle remarquable du Pape à cinq cardinaux, pour couronner l'empereur en son nom, p. 452. — L'empereur, à peine couronné, oublie ses serments au Pape, fait la guerre au royaume de Naples, et meurt. Faux bruits à ce sujet. Constitutions du pape Clément V au sujet de l'empereur défunt, p. 453. — Double élection à l'empire d'Allemagne, entre Louis de Bavière et Frédéric d'Autriche. Victoire des confédérés de Schwitz, Uri et Unterwald à Morgarten, l. 79, p. 470. — Rétablissement de la royauté en Pologne, avec le consentement du Pape, p. 471. — Ce que devait être l'empereur d'Occident à l'Eglise. La politique se dégrade complètement sous Philippe le Bel. Nicolas Machiavel n'a fait que la réduire en principes. Guerre entre les deux compétiteurs à l'empire. Frédéric d'Autriche prisonnier de Louis de Bavière, p. 472. — Etat de l'Italie dans cet intervalle, p. 474. — Négociations peu loyales de Louis de Bavière avec le Pape, p. 475. — Hérésies de Marsille de Padoue et de Jean de Gand. Diverses bulles de Jean XXII contre Louis de Bavière, qui s'arrange avec Frédéric d'Autriche pour partager l'empire entre eux, tandis que le Pape cherche à le donner au roi de France, p. 476. — Conduite de Louis de Bavière, jugée par le protestant Sismondi, p. 481. — Louis de Bavière, à Rome, se fait couronner par des évêques schismatiques, et prétend déposer le Pape, p. 482. — Hardiesse de Jacques Colonne, qui, alors même, publie à Rome une bulle du Pape contre Louis de Bavière. Le soi-disant empereur Louis de Bavière fait un soi-disant pape du moine Pierre de Corbario, p. 483. — Dès ce moment, les affaires de Louis de Bavière vont de mal en pis, p. 484. — Son prétendu pape est fait prisonnier et se soumet au Pape légitime, p. 486. — Docteurs et écrivains en Allemagne, p. 520. — Piété des rois Casimir de Pologne et Charobert de Hongrie, p. 531. — Louis de Bavière fait semblant de vouloir se réconcilier avec le Saint-Siége. Jean, roi de Bohême, en Italie, p. 539. — Les souverains de Poméranie et des pays environnants demandent et obtiennent d'être feudataires de l'Eglise romaine, p. 540. — Election de Charles de Luxembourg à l'empire. Mort funeste de Louis de Bavière, p. 541. — Arrangement des affaires d'Allemagne, p. 542. — Opuscule de Léopold, évêque de Bamberg, au duc Rodolphe de Saxe, sur le zèle des anciens princes de Germanie. Jean Rusbrock, auteur ascétique, p. 557. — Gérard Groot ou le Grand, fondateur des Clercs et des Frères de la vie commune, qui s'occupent principalement à la transcription des livres. Histoire du Dominicain Jean Taulère, apôtre de l'Allemagne, p. 558. — Il combat solidement, ainsi que Rusbrock, les quiétistes de son temps, p. 564. — Ses derniers moments. Ses ouvrages. Vie, prédications et écrits du bienheureux Henri Suso, Dominicain, p. 563. — L'empereur Charles IV à Rome, p. 597.

Allemagne, etc. — Révolution en Allemagne. Wenceslas est déposé de l'empire. Vie, vertus et martyre de saint Jean Népomucène, t. 9, l. 81, p. 58. — Vie de saint Pierre de Luxembourg, évêque de Metz, p. 61. — Successions sanglantes sur les trônes de Hongrie et de Naples, p. 65. — Parallèle entre la conduite de l'empereur Sigismond et des prélats de Constance au XVe siècle, et la conduite du roi arien Théodoric et des évêques d'Italie et de France au commencement du VIe, p. 100. — Voyage de l'empereur Sigismond en Espagne pour procurer la réunion, p. 102. — Les erreurs de Wiclef pénètrent en Bohême. Jean Hus et Jérôme de Prague répandent en Bohême les erreurs de Wiclef, p. 109. — Leurs violences contre le Pape qui les condamne et contre les catholiques, p. 110. — Jean Hus est cité au concile de Constance, auquel il en avait appelé lui-même, p. 111. — D'après ses propres paroles, il part de Prague et arrive à Constance sans sauf-conduit. Le sauf-conduit de l'empereur Sigismond est tout bonnement un passeport, qui ne pouvait le soustraire au tribunal où il était cité et où il avait appelé lui-même. Circonstances équivoques concernant l'époque précise où Jean Hus reçut ce passeport, p. 112. — Confiance de Jean Hus le long du chemin. Son arrivée à Constance. Il est mis en arrestation, puis s'échappe de la ville, mais est repris et renfermé dans le palais pontifical, p. 113. — Jérôme de Prague, arrivé clandestinement à Constance, s'enfuit et demande à se justifier devant le concile, sauf à subir la peine des hérétiques, si on peut le convaincre. Jean Hus parle de même, p. 114. — Double sens du mot *convaincre*. Abus qu'en font Jean Hus et Jérôme de Prague. Langage de Jean Hus, plein d'équivoques. Jean Hus est entendu plusieurs fois en audience publique par le concile, p. 145. — Jean Hus promet de se rétracter, puis refuse. Ses livres condamnés au feu. Lui-même condamné comme hérétique et livré au bras séculier. Substance de ses principaux écrits, p. 447. — Jérôme de Prague se rétracte, puis retombe. Sa condamnation, p. 148. — Lutte honorable et loyale de la confédération suisse avec les ducs d'Autriche, l. 82, p. 195. — Vie merveilleuse du bienheureux Nicolas de Flue, p. 199. — Commencement de la guerre des hussites. Suite de cette affaire jusqu'à la conclusion d'un concordat avec les Bohémiens, p. 206. — Mort de l'empereur Sigismond. Les Hongrois se divisent entre deux rois, p. 213. — Etat de la Bohême après la mort de l'empereur Albert II, et sous l'administration de Georges Podiebrad, p. 214. — Légation d'Æneas Sylvius en Bohême pour ramener les hussites. Tableau qu'il en fait, p. 245. — Saint Jean de Capistran vient y travailler également, et avec grand succès, p. 218 — L'Allemagne, qui gardait une espèce de neutralité, se déclare tout à fait pour le pape Eugène IV contre l'assemblée de Bâle et l'antipape, p. 274. — L'Allemagne, la France et l'Angleterre, au lieu de sauver la Grèce et l'Orient, au lieu de marcher avec les Espagnols et les Portugais, à la conquête d'un nouveau monde, s'occupent à se faire la guerre l'une à l'autre. Règne et caractère de l'empereur Frédéric III ou IV, l. 83, p. 318. — Règne et caractère de l'empereur Maximilien Ier, p. 319. — Politique de Mahomet II et des autres gouvernements. L'Italien Machiavel ne fait que résumer cette politique dans son livre *Des principautés*. Substance de cet ouvrage, p. 347. — Si les gouvernements et les diplomates modernes font autrement que Machiavel ne dit. Périls pour l'humanité de la part des politiques modernes. Après Dieu, ce sont les Papes qui la sauvent, p. 350. — Frédéric III ou IV couronné empereur à Rome. Dégénération des chevaliers Teutoniques. Péril de la part des Turcs, pour l'Europe divisée contre elle-même, et que les Papes devront sauver presque sans elle. Jean Huniade, vaivode de Transylvanie, p. 353. — Georges Castriot, autrement Scander-beg, prince

d'Epire, p. 354. — Trève imprudente et nulle de Ladislas de Hongrie avec les Turcs, p. 355. — Bataille de Varna, mort de Ladislas. Huniade élu gouverneur de la Hongrie, p. 356. — Suites des exploits de Scanderbeg sur les Turcs. Le pape Nicolas V sauve et multiplie les trésors littéraires des Grecs et des Latins, p. 357. — Erreur de croire que la restauration des sciences, lettres et arts n'a commencé en Italie qu'après la prise de Constantinople par les Turcs. Erreur plus grande encore de croire que cette restauration est due à la révolution religieuse de Luther, p. 360. — Le nouveau pape Calixte III excite puissamment les chrétiens à se défendre contre les Turcs. Huniade et saint Jean de Capistran remportent une victoire complète sur Mahomet II et meurt quelque temps après, p. 377. — Un roi de Perse et un roi des Tartares, à la sollicitation du Pape, prennent les armes contre les Turcs et les battent en Asie. Facilité qu'il y aurait eu pour les princes chrétiens d'en finir avec les Turcs. Un seul prince, Scander-beg, défend l'Europe chrétienne. Il n'est soutenu que par un seul homme, le Pape. Une jeune fille sauve Mitylène contre les Turcs. Les Allemands, au lieu de faire une guerre d'épées aux Turcs, font une guerre de chicanes au Pape, p. 378. — Les abus dont on se plaignait ne venaient pas du Pape, p. 379. — Derniers exploits et mort de Scander-beg. Soins du Pape pour le royaume de Bohème, p. 390. — Pèlerinage de l'empereur Frédéric à Rome, p. 391. — Les Turcs battus par le cardinal Caraffe et par le roi de Perse. Si les chrétiens avaient été unis, c'était fait des Turcs, p. 393. — Prise d'Otrante par les Turcs. Huit cents chrétiens y souffrent le martyre, p. 394. — Tandis que les plus grands princes mettent leur gloire à se tromper et à se trahir, les moines-soldats, connus sous le nom de frères ou chevaliers de Rhodes, aident le Pape à sauver l'Europe, p. 395. — Les chevaliers ou moines-soldats de Rhodes, commandés par frère d'Aubusson, défendent leur ville contre toutes les forces de Mahomet II, p. 396. — La reine de Bosnie donne son royaume au Saint-Siège, p. 399. — Le bienheureux Bernard, margrave de Bade, p. 412. — Le bienheureux Nicolas de Flue est le sauveur de la Suisse. Sa sainte mort, p. 416. — Manque de sens de Louis XII et de l'empereur Maximilien, se servant de cinq cardinaux schismatiques pour échafauder un conciliabule contre le chef de l'Eglise universelle, présidant le concile œcuménique. Bulle de Jules II contre cet attentat, p. 424. — Maximilien répare son tort, et envoie ses ambassadeurs au vrai concile, p. 428. — Efforts de Léon X pour réunir les princes chrétiens à la défense de l'Europe contre les Turcs, p. 442. — Position mémorable de l'Eglise de Dieu en 1517, l. 84, p. 543. — Etat inquiétant de l'Angleterre, de la France, de l'Allemagne et des royaumes du Nord, en particulier de la nation allemande. Naissance de Martin Luther; son entrée chez les Augustins, p. 514. — Ses inquiétudes de conscience. Erreur qu'on lui suggère et qu'il adopte, pour se rassurer. Principe de ses égarements, p. 515. — Ses rapports continuels avec le diable. Il est fait professeur de l'Université de Wittemberg. Son voyage à Rome. Ce qu'il pensait alors de Rome et de l'Italie, p. 516. — Il est reçu docteur en théologie; Serment qu'il fait en cette qualité. Dès 1516, et avant la querelle des indulgences; Luther publie quatre-vingt-dix-neuf thèses contre les scholastiques et contre le libre arbitre, où il soutient, entre autres, que les bonnes œuvres sont des péchés, p. 517. — Ce que c'est que les indulgences. Exemples des indulgences accordées précédemment par les Papes aux églises d'Allemagne. Indulgences de Léon X, relatives à l'achèvement de la basilique de Saint-Pierre, p. 520. — Le commissaire général est un Franciscain; le commissaire particulier pour les provinces du Rhin est un prêtre séculier. Ses instructions n'ont rien de répréhensible. Le commissaire subdélégué pour la Saxe est le Dominicain Tetzel. Ses instructions aux curés, qu'on a encore, sont calmes et dans la mesure convenable, p. 521. — Piqué de voir son confessionnal désert, Luther publie, à la Toussaint 1517, quatre-vingts thèses contre les indulgences, où il se condamne lui-même, p. 522. — Tetzel y oppose cent six propositions orthodoxes, p. 523. — Les écoliers de l'Université de Wittemberg les brûlent sur la place publique. Luther persiste dans ses erreurs et les prêche dans un sermon. Tetzel, citant les propres termes de Luther, en fait une réfutation calme, complète et méthodique, en vingt articles, p. 524. — Réponse sophistique et superficielle de Luther, p. 532. — Luther dévoile sa propre hypocrisie et impiété dans une lettre à Spalatin. Lettre de Luther au pape Léon X, avec une défense de ses quatre-vingt-quinze propositions touchant les indulgences, p. 533. — Lettre semblable à l'évêque de Brandebourg. Dans une conférence à Heidelberg, en 1518, Luther soutient ses quatre-vingt-dix-neuf thèses contre la doctrine de l'Eglise romaine, sur le libre arbitre, la grâce, la foi, la justification et les bonnes œuvres. Luther, déféré à Rome, il est cité et comparaît à Augsbourg, devant le cardinal Cajétan. Refuse de se rétracter et appelle, le 16 octobre 1518, au Pape mieux informé, p. 534. — Le 9 novembre, Léon X confirme la doctrine de l'Eglise romaine et excommunie quiconque soutiendrait le contraire, p. 535. — Luther, qui n'était point nommé dans la bulle, appelle du Pape au concile général. Il soutient opiniâtrément ses erreurs plus graves et premières contre le libre arbitre, p. 536. — Réfutation qu'en fait le Dominicain Priérias, p. 537. — Réponse emportée de Luther. Il répond d'une manière semblable à Jérôme Emser. Sa dispute avec les frères Mineurs de Saxe sur le libre arbitre, p. 538. — Abus qu'il fait de saint Augustin, p. 539. — Luther est condamné par les docteurs de Louvain, auxquels il s'en était rapporté. Ses ignobles emportements contre eux. Léon X s'efforce de ramener Luther, qui se joue de lui et de ses nonces, surtout dans sa correspondance particulière, p. 540. — Luther adresse au Pape son sermon de la liberté chrétienne. Ses emportements contre Rome et les évêques, p. 542. — Pamphlet de Luther à la noblesse allemande, personnifiée dans Ulric de Hutten, p. 543. — Le pape Léon X condamne irrévocablement les erreurs de Luther, et provisoirement sa personne, p. 544. — Parallèle de la constitution de Léon X contre Luther, avec la constitution de Léon Ier contre Eutychès, au temps d'Attila, p. 547. — Emportements furieux de Luther contre la bulle qui le condamne, p. 548. — Il la brûle sur la place de Wittemberg avec les décrétales, le droit canon, les écrits de saint Thomas et d'autres écrivains catholiques. Livre de Luther De la Captivité de Babylone, contre les sacrements, p. 549. — Imposture incroyable de Luther et de Mélanchthon pour accréditer, comme une révélation divine, une caricature infâme dans l'Allemagne protestante, qui, après trois siècles, y croit encore, p. 550. — Parallèle de la réforme catholique et de la réforme protestante, avec la construction et la destruction du temple de Jérusalem, p. 571. — Conduite diverse de l'Eglise et des princes dans l'anarchie religieuse de Luther. Les barons allemands à la diète de Worms en 1521. Discours que leur fait le nonce Aléandro, p. 571. — Luther devant la diète de Worms. Son interrogatoire. Il est congédié, à des conditions qu'il viole. Son Credo en 1521, p. 573. — Son enlèvement simulé en route. Sa retraite à la Wartbourg. Ce qu'il y fait, p. 574. — Conférence de Luther avec le diable; racontée par Luther même. Edit impérial de Charles-Quint contre Luther, p. 575. — Condamnation étendue et motivée des erreurs de Luther par la Faculté de théologie de Paris, que Luther avait prise pour juge, p. 577. — La bulle de Léon X contre Luther est reçue en Angleterre avec une soumission religieuse. Le roi Henri VIII ré-

fute très-solidement les blasphèmes de l'hérésiarque, et fait hommage de son travail au Pape, p. 579-584.

ALLEMAGNE, etc. — Portrait du pape Léon X par son historien protestant, l'Anglais Roscoë, et par le catholique Audin, t. 10, l. 84, p. 1. — Comment le protestant Roscoë juge et justifie la conduite politique de Léon X envers les princes, p. 2. — Les généraux de l'empereur Charles-Quint, notamment le connétable de Bourbon, violent la trève de huit mois qu'ils viennent de signer avec le pape Clément VII, surprennent et saccagent Rome pendant neuf mois avec bien plus de barbarie que n'avaient fait pendant six jours les Goths d'Alaric; ils assiégent le Pape dans le château Saint-Ange, et Charles-Quint, au lieu de blâmer ses généraux sans honneur, condamne le Pape à une énorme rançon; et tout cela prouvé par des auteurs protestants, p. 11. — Ce que l'empereur des Turcs, Soliman II, pensait de la conduite des princes chrétiens envers le Pape. Les chrétiens de Belgrade, les chevaliers de Rhodes, ne recevant aucun secours des princes d'Europe, se voient réduits, après des prodiges de valeur, à capituler avec les Turcs, p. 15. — La première ambassade que François Ier envoie à Constantinople est pour supplier l'empereur des Turcs de faire la guerre aux chrétiens, p. 16. — En conséquence, Soliman II ravage la Hongrie, qui se divise contre elle-même, p. 17. — Siége de Vienne par Soliman, qui est obligé de le lever. François Ier fait alliance avec les Turcs pour leur livrer l'Italie. Le pape Paul III prévient ce malheur par son entrevue à Nice entre François Ier et Charles-Quint, p. 18. — Amitié de Soliman pour Luther. Fraternité entre le luthéranisme et le mahométisme, démontrée par les doctrines et les faits, p. 21. — Ignoble impiété avec laquelle Luther parle de Dieu, du Christ, de Moïse, de la prière, de l'Écriture sainte, qu'il mutile à son gré, p. 22. — Il y a eu beaucoup de versions allemandes de la Bible avant Luther, p. 24. — Quel fut l'effet général du luthéranisme sur les mœurs des populations allemandes, d'après le témoignage des prédicants luthériens Jacques Schmidel, Gaspar Faber et André Musculus, p. 25. — Anarchie intellectuelle entre Luther et Carlostadt. Leur défi à l'auberge de l'*Ourse-Noire*, à Orlemonde. Toutes les têtes semblaient vouloir se mettre à l'envers. Conférence théologique de Luther avec les municipaux et les cordonniers d'Orlemonde, p. 26. — Les femmes se mettent à prêcher, et les nonnes à s'échapper de leurs couvents. Histoire de la nonne fugitive, Catherine de Bore, que le moine Luther prend pour sa femme. Quelques-uns de leurs entretiens familiers; Leur exemple précédé et suivi par d'autres. Apostasie et mariage sacrilége du moine Albert de Brandebourg, qui vole le duché de Prusse à l'ordre de Sainte-Marie, p. 27. — Dispute de Luther avec Storck et Muncer, chefs des anabaptistes. Guerre effroyable des anabaptistes et des paysans. Luther, qui les y a poussés par sa doctrine, pousse ensuite les nobles à les exterminer, p. 28. — Commencement de l'hérésiarque Zwingle à Zurich. Sa ressemblance avec l'hérésiarque de Wittemberg, p. 31. — Son monstrueux paradis, p. 32. — L'apostat Zwingle, instruit dans un entretien par un esprit blanc ou noir, s'efforce, avec les apostats Carlostadt, Œcolampade, Bucer et Capiton, de nier et de combattre la présence réelle de Jésus-Christ dans l'Eucharistie, p. 33. — Luther combat les zwingliens ou sacramentaires, p. 34. — Les deux sectes prouvent l'une contre l'autre que l'Eglise catholique possède seule la vérité tout entière. Accablement de Luther; déploré par Mélanchthon. Variations irrémédiables des sectaires. Fermeté immuable de la foi catholique, p. 35. — En 1523, la municipalité zurichoise ordonne à ses administrés de ne plus croire ce qu'on avait cru jusqu'alors. Conférence de Baden, où les catholiques restent vainqueurs, p. 36. — Histoire de l'apostasie de Berne, p. 37. — Etat épouvantable de la Suisse, divisée contre elle-même. Guerre civile; bataille de Cappel, où Zwingle est tué, et les catholiques remportent la victoire dont ils usent très-modérément, p. 42. — Incohérences astucieuses du synode et des ordonnances municipales de Berne, p. 44. — Le canton de Soleure expulse les nouvelles hérésies et rétablit la foi de ses pères, p. 46. — Belle conduite en tout ceci des cinq cantons primitifs, p. 47. — Négociations infructueuses d'Adrien VI pour ramener les protestants d'Allemagne. Suivant Pallavicin et Menzel, l'un catholique, l'autre protestant, ses instructions au nonce Chérégat étaient peu discrètes, p. 51. — Conduite plus prudente du cardinal Commendon à la nouvelle diète de Nuremberg en 1524; diète qui se termine par un décret absurde, contre lequel s'élèvent tout ensemble et le légat du Pape, et l'ambassadeur de l'empereur, et Luther. L'Europe paraît sur le point de retomber dans le chaos, p. 55. — Premiers symptômes de convalescence. Le Pape et l'empereur se réconcilient. Les princes catholiques d'Allemagne se concertent pour maintenir l'ancienne foi et législation de l'empire. Par contre-coup, les princes apostats se liguent formellement, en faveur des nouvelles hérésies; contre l'empereur et les lois de l'empire. Ils refusent de marcher contre les Turcs au secours de la Hongrie, p. 56. — Variations de Luther au sujet de la guerre contre les Turcs, p. 57. — La diète de Spire de 1529 décrète le *statu quo* jusqu'à la décision du concile. Six princes luthériens protestent contre : d'où le nom de *protestants*. A quoi se réduit la profession générale du protestantisme, et quelles en sont les conséquences, p. 58. — Unité discordante des protestants à la conférence de Marbourg en 1529, p. 59. — Ouverture de la diète d'Augsbourg de 1530. Scrupule des princes luthériens. Quels étaient ces princes. Discordance des protestants, lorsqu'il leur fallut confesser publiquement leur créance, p. 60. — La Confession d'Augsbourg, rédigée tout d'abord de quatre façons différentes, sur la présence réelle. Division entre les luthériens et les sacramentaires. Variations incessantes des uns et des autres avec eux-mêmes sur cet article, p. 61. — Sur plusieurs autres, et dans la Confession et dans l'Apologie, les protestants reviennent des excès de Luther et se rapprochent des catholiques, notamment sur l'autorité des évêques et du Pape. Mélanchthon se serait rapproché davantage encore s'il avait été libre, p. 63. — La diète ordonne de s'en tenir à l'ancienne constitution de l'empire. Les princes protestants se liguent à Smalcalde pour détruire cette constitution. Fureur avec laquelle Luther les pousse à la révolte, p. 65. — Restriction de Mélanchthon en faveur du Pape et des évêques. Le landgrave de Hesse demande à Luther et aux autres docteurs du protestantisme, et ceux-ci lui accordent, d'avoir deux femmes à la fois, p. 66. — Nouvelle guerre des anabaptistes. Histoire de leur royaume de Munster et de leur roi Bockels, p. 68. — Synode luthérien de Hambourg contre les anabaptistes qu'il ordonne d'exterminer, p. 70. — En condamnant les anabaptistes, les protestants se condamnent eux-mêmes et justifient toutes les rigueurs de l'Eglise catholique contre eux, p. 72. — Calvin, le patriarche du protestantisme français, se fait connaître par la manière dont il parle des apôtres et des fidèles du protestantisme allemand, p. 104. — Quels furent, d'après Calvin lui-même, les causes et les fruits de sa réforme, p. 105. — Les principes de ces funestes résultats, y compris l'athéisme, se trouvent dans les écrits de Luther et de Calvin, particulièrement dans l'*Institution chrétienne* de ce dernier, p. 106. — Dernières actions et mort de Luther, de Georges Spalatin et de Jules Jonas, l. 85, p. 180. — Caractère de Luther, suivant Pallavicin. Caractère de la nation allemande, p. 182. — Après avoir promis de se soumettre au concile, les luthériens font la guerre à l'empereur. *Interim* de Charles-Quint, p. 183. — Variations et contradictions de Bucer, d'Osiandre et de Flacius Illyricus, p. 184. —

L'Eglise catholique au concile de Trente, p. 185. — Guerre civile en Allemagne. Victoires de Charles-Quint sur les protestants, p. 191. — Différence de Luther au concile de Trente sur la doctrine de la justification, p. 198. — Conduite de Charles-Quint envers le Pape et le concile, p. 202. — Sauf-conduit du concile pour les protestants, p. 227. — Charles-Quint trahi par son favori Maurice de Saxe, délaissé de la fortune, vaincu de la goutte, déçu dans tous ses projets, cède l'empire à son frère Ferdinand, ses Etats héréditaires avec le Nouveau-Monde à son fils Philippe II, et se retire au monastère de Saint-Just, où il célèbre ses propres obsèques et meurt, p. 236. — Quel était l'esprit politique de l'Europe. Tâche difficile de l'Eglise, p. 238. — Variations sanglantes et serviles de l'Allemagne protestante entre le parti luthérien et le parti calviniste, notamment en Prusse, sous le moine apostat Albert de Brandebourg. Exécutions atroces, p. 263. — Pourquoi les protestants d'Allemagne ne rougissent pas de cette partie de leur histoire. Conversion de plusieurs protestants instruits, p. 270. — Commencements, vertus, travaux littéraires et apostoliques du Jésuite Canisius, apôtre de l'Allemagne, p. 271. — L'empereur Ferdinand lui demande un catéchisme. Extraits de ce chef-d'œuvre, où est réfutée avec ensemble toute la prétendue Réforme, p. 275. — Succès de Canisius à Augsbourg, p. 285. — Fondation du collège germanique à Rome par saint Ignace, p. 287. — Fondation par saint Ignace du collège Romain pour tout l'univers, p. 289. — Au concile de Trente, on propose la réformation des princes. Ils ne veulent pas entendre de cette oreille. Ce qui est à conclure de là, p. 318. — Chapitre et exhortation du concile aux princes, p. 328. — Le concile de Trente s'est comme incarné dans le Pape et les cardinaux pour la réforme de la chrétienté au dedans et sa défense au dehors. Les religieux militaires de Saint-Jean de Jérusalem, commandés par frère Lavallette et encouragés par le Pape, défendent glorieusement au siége de Malte l'Europe chrétienne contre toutes les forces mahométanes, p. 399. — L'empire turc se soutient par les renégats ou chrétiens apostats. Horribles traitements qu'ils font éprouver au royaume de Chypre, et qu'ils préparent à toute l'Europe, p. 400. — L'Europe sauvée par Pie V. Bataille et victoire de Lépante, p. 402. — L'Eglise unit et défend l'humanité chrétienne. L'hérésie la divise et la dissout, p. 403. — L'Allemagne n'est plus une. Sa division plus violente entre les luthériens et les calvinistes; qu'entre les catholiques et les protestants, p. 441. — Tendance des calvinistes au mahométisme, p. 442. — Lutte entre le luthéranisme et le calvinisme en Allemagne. Décadence complète des sciences et des lettres. Scènes de barbarie légale comme on n'en a pas vu en France sous Marat et Robespierre, p. 443. — A qui a profité la révolution religieuse de l'Allemagne. Fluctuation de l'empereur Maximilien II. Ce qui le confirme dans la foi de ses ancêtres. Sa mort. Ses maximes, p. 445. — Son fils Rodolphe II. L'archiduc Ernest, l'archiduc Ferdinand, le duc Maximilien de Bavière, trois princes très-catholiques. Eloge des Capucins par le protestant Menzel. Le zèle des protestants pour le mal excite le zèle des catholiques pour le bien, p. 446. — Les Jésuites aident efficacement à la restauration du catholicisme en Pologne, p. 447; — à Mayence, à Cologne, à Paderborn, etc., p. 448; — en Suisse. Dernières actions et mort du Père Canisius. Son repas avec sa famille, p. 449.

ALLEMAGNE, etc. — Fractionnement de l'Allemagne en Allemagne catholique et en Allemagne hérétique : de celle-ci en luthérienne et en calviniste. Les calvinistes de Hollande se fractionnent en Arminiens et en Gomaristes. Ceux-ci anathématisent les premiers au synode de Dordrecht, et les persécutent par l'épée de Maurice de Nassau, t. 44, l. 87, p. 40. — L'électeur luthérien de Brandebourg se déclare calviniste. Inconséquence des luthériens, qui le trouvent mauvais. Mœurs et éducation des futurs pasteurs protestants dans les universités allemandes, p. 41. — Un cordonnier saxon, Jacques Bœhm, entreprend la réforme du protestantisme. Un protestant alsacien, Spener, entreprend la même réforme, mais ne produit qu'une secte de plus, celle des piétistes. Cette démoralisation irrémédiable du protestantisme en ramène plusieurs savants et princes à l'Eglise catholique, p. 42. — Règne de l'empereur Matthias. Industrie des princes protestants pour garder ce qu'ils avaient volé à l'Eglise et pour y ajouter toujours quelque chose. Ligue protestante ou parti anarchiste. Ligue catholique ou parti conservateur. 1617, le jubilé luthérien de la Réforme réveille les animosités qui se calmaient, et donne une première occasion à la guerre de Trente-Ans, p. 44. — Le calvinisme allemand, plus révolutionnaire que le luthéranisme, a pour chef l'électeur palatin Frédéric V, p. 45. — Première scène de la guerre de Trente-Ans. Révolution protestante à Prague. Les membres de la régence impériale sont jetés par les fenêtres et sauvés d'une manière bien extraordinaire, p. 46. — Les protestants rebelles de la Bohême s'emparent du gouvernement, commencent la guerre civile, paraissent en armes devant les murs de Vienne, qui n'est sauvé que par la constance héroïque de Ferdinand II, l'arrivée du colonel français Saint-Hilaire envoyé par le général lorrain Dampierre, p. 47. — Ferdinand II est élu empereur à Francfort par tous les électeurs, lorsqu'on apprend que l'un d'eux, le palatin Frédéric V, a été élu roi de Bohême, à la place de Ferdinand, par les protestants rebelles, p. 49. — Grands armements en Bavière. Commencements du comte de Tilly. Insouciance de Frédéric V. Activité de Ferdinand. Bataille de Prague gagnée par les catholiques. Frédéric perd tout ensemble et la Bohême et le palatinat. Ferdinand expulse l'hérésie de la Bohême, p. 50. — Le comte de Mansfeld recommence la guerre d'une manière atroce, qui devient commune. Ferdinand II use de son droit de réforme contre l'hérésie et en Bohême et en Autriche. Vues qui l'animaient dans l'usage de ce droit, que nul protestant ne pouvait lui contester, p. 51. — Vues de Ferdinand II pour rétablir l'unité nationale de l'Allemagne. Commencements de Wallenstein. Causes qui font manquer cette réunion nationale de l'Allemagne, p. 52. — Seconde période de la guerre de Trente-Ans, qui recommence au jubilé séculaire de la Confession d'Augsbourg. Les protestants d'Allemagne appellent à leur secours le roi de Suède, Gustave-Adolphe. Prise et incendie de Magdebourg. Conduite louable, mais calomniée, du comte de Tilly dans cette occasion. Conversion du margrave Christian de Brandebourg, p. 54. — Mort de Gustave-Adolphe et de l'empereur Ferdinand II, p. 55. — Malgré la paix conclue entre l'empereur et plusieurs princes d'Allemagne, le Suédois Oxenstiern et l'Allemand Bernard, duc de Weimar, continuent la guerre, moyennant une alliance avec la France. Tableau effroyable de cette guerre par le protestant Menzel, d'après les relations contemporaines, p. 56. — Les magistrats d'Allemagne ne montrent pas moins de barbarie dans la poursuite des prétendus sorciers et sorcières. Le Jésuite Spée élève la voix contre leurs procédures iniques, avec beaucoup de force, mais peu de succès, p. 57. — Enfin, grâce aux efforts du Pape, la paix se fait en 1648, mais aux dépens de l'Eglise, dont les princes protestants ont volé les biens; mais aux dépens des populations allemandes, qui, bien loin d'obtenir quelque chose de plus, perdent même ce qu'elles avaient sous le catholicisme; mais aux dépens de l'empire, qui n'existe plus que de nom : de là une clause remarquable et trop peu remarquée, p. 58. — Ce que l'Eglise catholique y perdit et y gagna, p. 59. — Conversions de savants protestants, p. 60. — Bons exemples de la maison d'Autriche, en particulier de l'empereur Léopold. Modération de l'Université protestante de Helmstadt, p. 61. — Doctrines modérées et même ca-

tholiques du protestant Grotius, p. 62. — Conversion de plusieurs princes d'Allemagne, p. 64. — Conversion de Christine de Suède, qui, pour cet effet, abdique la couronne, p. 65. — Ce qu'il aurait surtout fallu à l'Allemagne. Notice sur le prêtre Holzhauser, p. 67. — Le Jésuite allemand Athanase Kircher. Ses trente-deux ouvrages, l. 88, p. 293. — Le protestant Leibnitz, p. 295. — Ce que Leibnitz pense de Puffendorf, de Locke, de Shaftesbury, de Dodwel, de Whiston, de Vanini. Il prévoit et prédit que les mauvaises doctrines vont faire une révolution générale en Europe, p. 296. — Ce qui le met en état de le prévoir, p. 297. — Ce qu'il pense qu'on doit faire pour y porter remède. Sa correspondance avec Huet. Conjonctures favorables pour la réunion des protestants avec l'Eglise catholique. Ouvrages de controverse, par Bossuet, Véron, Grotius, Wallembourg, Gretzer, Pichler, Scheffmacher, Weislinger, p. 298. — Aux défenseurs du catholicisme, on peut joindre Leibnitz. Exposition de sa doctrine sur la religion. Même sur la subordination entre le temporel et le spirituel, il est plus Romain que beaucoup de catholiques, p. 299. — Décision de l'Université de Helmstadt, favorable au catholicisme, p. 301. — Conversion de plusieurs protestants distingués d'Allemagne : princes, princesses, et autres, p. 302. — Négociations pour la réunion des protestants d'Allemagne avec l'Eglise romaine, entre l'évêque Spinola de Neustadt et Bossuet de la part des catholiques, Molanus, abbé luthérien de Lokkum, et Leibnitz de la part des protestants. Ce qui fait manquer la réunion. Conduite peu loyale de Leibnitz en cette affaire, p. 303. — Biens incalculables que cette réunion aurait pu faire à l'Allemagne, à l'Europe, à l'humanité entière, d'après le plan même de Leibnitz, qu'il avoue être le plan perpétuel des Papes, p. 308. — Le roi de Pologne, Sobieski, le duc Charles de Lorraine et le prince Eugène de Savoie, secondés par l'Allemagne catholique et par le Pape, sauvent l'Allemagne et l'Europe contre les Turcs, sans le concours de l'Allemagne protestante et au grand regret du roi de France, Louis XIV, allié des Turcs, p. 310. — Conversion de Winckelman, Zoëga et Haman, l. 89, p. 358. — Rapport de la philosophie du XVIII° siècle avec les hérésies antérieures, en particulier avec le protestantisme, p. 408. — Mœurs des trois premiers rois de Prusse, p. 422. — Religion ou irréligion du roi et pape prussien Frédéric II. Ses convives, p. 423. — Inhumanité de Frédéric II envers le peuple, p. 426. — Marie-Thérèse d'Autriche se défend seule contre les souverains de l'Europe, qui veulent la dépouiller, p. 429. — Ses grandes qualités. Ses vertus. Comparaison d'elle à Catherine II. Ce qu'elle pense du partage de la Pologne, p. 428. — Dégénération de la postérité de Marie-Thérèse. Peu de sagesse et de prudence de Joseph II. Ses innovations téméraires et funestes dans l'ordre civil et l'ordre religieux. Il soutient contre le Pape le livre schismatique de Fébronius, p. 429. — Léopold, frère de Joseph II, imite ses téméraires innovations en Toscane, avec le janséniste Ricci, évêque de Pistoie, p. 432. — Opposition que rencontrent les innovations de Joseph II en Allemagne, p. 433. — Voyage de Pie VI à Vienne. Différence de la manière dont il est reçu par le peuple et par l'empereur. Témoignages et sentiments d'auteurs protestants, p. 436. — Réponse du protestant Jean de Muller au libelle schismatique d'Eybel. Joseph II continue ses innovations révolutionnaires. Il est sur le point de rompre ouvertement avec le Saint-Siége, p. 437. — Quatres archevêques d'Allemagne favorisent les innovations schismatiques de Joseph II. Congrès schismatiques de leurs députés à Ems. Remarques du protestant Jean de Muller et du protestant Stark à cet égard, p. 438. — Origine suspecte de l'Université de Bonn. Opposition des évêques aux articles schismatiques d'Ems, qui sont condamnés par le Pape et abandonnés plus ou moins par leurs auteurs et fauteurs, p. 440. — Les innovations révolutionnaires de Joseph II lui font perdre la Belgique, p. 441. — Tableau que le poète Schiller trace de l'Allemagne dans deux de ses drames, en particulier dans ses Brigands, p. 442. — Commune dégénération des maisons régnantes en Europe pendant le XVIII° siècle, p. 452. — Sociétés secrètes, franc-maçonnerie, illuminisme de Weisbaupt, secondé par l'obscurantisme philosophique de Wolf et de Kant, aident à la décomposition sociale en France et en Allemagne, p. 465. — La société des Jésuites, supprimée sur les instances menaçantes des souverains catholiques, est conservée à la demande de deux souverains hérétiques, Frédéric de Prusse et Catherine de Russie, p. 478. — Ecrits de Feller, ancien jésuite, et d'autres ecclésiastiques allemands, p. 502. — Ecrits de Martin Gerbert, Bénédictin allemand. Discordance plus grande que jamais parmi les protestants d'Allemagne, et sur l'autorité de la Bible et sur celle des livres symboliques. Bien qu'on auraient pu tirer les catholiques du pays, surtout en voyant la tendance de quelques protestants célèbres, tels qu'Euler, Gœthe, Schiller, p. 503. — Conversion de la princesse Gallitzin et de son fils, p. 505. — L'abbé Bernard Overberg, instituteur de maîtres et maîtresses d'école en Westphalie. Sa méthode, p. 506. — Autres ecclésiastiques distingués à Munster, p. 509. — Les souverains d'Europe songent moins à délivrer Louis XVI qu'à s'agrandir aux dépens de la France, l. 90, p. 540. — Les Français rentrent en Allemagne et en Italie. Bataille de Marengo, p. 594.

Allemagne, etc. — Situation de l'Allemagne politique au commencement du XIX° siècle. Réveil patriotique de l'Allemagne littéraire, t. 12, l. 91, p. 6. — Enthousiasme de l'Allemagne littéraire pour la révolution américaine, et même pour la révolution française, dont les seules énormités tournèrent son affection ailleurs. Tendance révolutionnaire de l'Allemagne princière et gouvernementale, p. 7. — Campagne d'Austerlitz. Fin du titre d'empereur romain. Napoléon crée des rois en Allemagne et ailleurs. Napoléon dissout la confédération germanique, la remplace par la confédération napoléonienne du Rhin. L'empereur d'Allemagne n'est plus qu'empereur d'Autriche. Les princes napoléoniens d'Allemagne deviennent pires que jamais envers leurs populations, p. 8. — Campagne d'Iéna. Napoléon ôte au roi de Prusse la moitié de son royaume, et crée deux nouveaux royaumes en Allemagne. Napoléon et Alexandre de Russie se partagent éventuellement le monde. Alexandre et le roi de Prusse pressent Napoléon de se faire pape comme eux, p. 9. — Comment un de ces rois allemands, par la grâce de Napoléon, gouvernait ses peuples, en particulier les nobles, jusqu'alors ses égaux, p. 10. — Campagne de Wagram. Napoléon épouse une princesse d'Autriche, supprime le royaume de Hollande, envoie son frère Joseph régner en Espagne, et son beau-frère Murat à Naples, p. 11. — Pie VII donne le chapeau de cardinal à un frère de l'empereur d'Autriche, p. 24. — Dernière campagne de Napoléon en Allemagne, p. 70. — Congrès de Vienne pour la réorganisation de l'Europe, p. 75. — Distribution de l'Allemagne et de l'Italie entre les princes, p. 76. — Comment les petits princes ecclésiastiques et séculiers, ainsi que les peuples et les villes libres de l'Allemagne, sont traités par la confédération des trente-huit princes plus puissants. Réflexions du cardinal Pacca sur le résultat de ces spoliations, par rapport au catholicisme en Allemagne et par rapport au protestantisme, p. 77. — Le protestant Menzel observe que toutes ces révolutions tournèrent vers l'Eglise catholique les meilleurs esprits de l'Allemagne protestante. Parallèle entre le protestantisme et le catholicisme, par un écrivain protestant, Hardenberg, dit Novalis. Remarque sur le nombre de catholiques qu'il peut y avoir parmi les protestants, p. 78. — Retour de plusieurs princes allemands à la religion catholique, p. 79. — Retour à la religion catholique de plusieurs savants et littérateurs illustres

de l'Allemagne protestante : Stolberg, Zacharie Werner, Stark, Frédéric de Schlégel, sans compter beaucoup d'autres conversions, p. 80. — Charles-Louis de Haller, patricien de Berne. Ses écrits, p. 86. — Esslinger, de Zurich, ministre protestant, devient prêtre catholique. Ses travaux littéraires, p. 88. — Vie, travaux et conversion de Frédéric Hurter, président du consistoire de Schaffhouse, p. 89. — Etat du protestantisme à Genève : les momiers. Etat du catholicisme à Genève. Conversion de Pierre de Joux, ancien pasteur de Genève. Ses *Lettres sur l'Italie*, p. 91. — L'exégèse protestante et rationaliste : Paulus. Strauss : *Sa Vie de Jésus*, p. 141. — Bauer et Feuerbach, p. 142. — Tentatives révolutionnaires en Italie comprimées par l'Autriche, p. 148. — En 1830, les catholiques belges forment un royaume à part, p. 149. — Catholiques de Hollande plus nombreux qu'on ne pense. Leur gouvernement ecclésiastique, p. 150. — Etat du catholicisme dans le royaume de Hanovre. Les rois de Prusse seront punis par la Providence de leur conduite peu loyale envers l'Eglise catholique. Concordat longuement négocié, puis mal exécuté, p. 152. — Frédéric-Guillaume et son fils ayant épousé des femmes catholiques, les contraignent à l'apostasie. Ils emploient des moyens semblables pour pervertir les catholiques des provinces, et persécutent les protestants qui reviennent au catholicisme. Réponse du pape Pie VII aux évêques de Prusse sur les mariages mixtes, p. 153. — Au lieu de communiquer aux évêques la réponse du Pape, le gouvernement prussien, de concert avec l'archevêque Spiegel de Cologne, lui substitue une instruction anticatholique, que les évêques signent aveuglément. Grégoire XVI s'étant plaint de cette convention clandestine, le gouvernement prussien et son ambassadeur soutiennent, par les plus impudents mensonges, que cette convention n'existait pas, p. 154. — L'évêque de Trèves, sur son lit de mort, ayant dévoilé au Pape toute cette trame d'iniquité, l'ambassadeur prussien assure que le nouvel archevêque de Cologne suivait cependant l'instruction désavouée par l'évêque de Trèves : ce qui était encore un gros mensonge. Le nouvel archevêque de Cologne, Auguste de Droste-Vischering, n'ayant pas voulu exécuter la convention clandestine, contrairement au bref du Pape, est persécuté, enlevé de son diocèse et emprisonné dans une forteresse, aussi bien que l'archevêque de Gnésen. Conduite peu honorable des hermésiens dans ces circonstances. La persécution contre les deux archevêques fidèles devient le salut de l'Eglise catholique en Allemagne. Ecrits de Goerres. Allocutions de Grégoire XVI. Le nouveau roi de Prusse est obligé de cesser la persécution. Ses vains efforts pour réunir entre eux les protestants de Prusse, p. 155. — Il se voit menacé sur son trône par la révolution protestante de 1830. *Le protestantisme se dissolvant lui-même*, par un docteur protestant. Résumé de cet ouvrage. Parallèle entre le catholicisme et le protestantisme, p. 156. — La secte de Rouge et de Czerski. Bulle de Pie VII pour organiser la province ecclésiastique du Rhin. Conduite peu loyale des princes. Etat déplorable du clergé de la province, notamment du Wurtemberg et de Bade. Commencement de régénération, p. 158. — Etat religieux de la Suisse. Lucerne et les articles de Baden ; Uri, Schwitz, Underwal et Zug, p. 159. — Glaris, Fribourg, Soleure, Bâle, Schaffhouse, Appenzell, les Grisons, Saint-Gall, p. 160. — Argovie, Thurgovie, Tessin, Vaud, Valais, Neufchâtel, Genève, Zurich, p. 161. — Berne. Persécution contre les catholiques du Jura, p. 163. — Causes des malheurs de la Suisse : 1o de la part des catholiques ; 2o de la part des protestants, p. 164. — Annonce d'une ère de régénération pour la Suisse catholique, par la persécution suscitée contre l'évêque de Lausanne et Genève, Mgr Marilley. Série des événements qui ont amené cette crise, p. 165. — Conduite et lettre outrageuse du gouvernement révolutionnaire de Fribourg envers l'évêque de Genève. Digne réponse du prélat, p. 166. — Le gouvernement révolutionnaire fait emprisonner l'évêque, p. 170. — Etat du catholicisme dans le royaume de Saxe. Concordat de Bavière. Il est exécuté d'une manière assez loyale par le roi, qui finit par ternir sa belle renommée, p. 171. — Situation religieuse de l'Autriche, p. 172. — Révolution politique dans toute l'Allemagne. Tendance à l'unité. Réveil parmi les catholiques, p. 173. — Toutes les sociétés humaines sont mourantes. Partout on travaille à renverser ce qui existe, p. 230. — Et tout cela est l'effet naturel et immanquable de la philosophie moderne, comme l'avouent ses chefs, et même de l'enseignement officiel des gouvernements, qui accomplissent, sans y penser, ce que Daniel leur a prédit à Babylone. Et, au milieu de ces révolutions, l'Eglise de Dieu vit tranquille, plus pure et plus fervente que jamais, particulièrement en France. Et l'Allemagne catholique ne reste pas en arrière, p. 234. — Les Autrichiens vont occuper Ferrare, en Italie, l. 92, p. 248. — En Prusse, di solution du protestantisme : énergie des catholiques, p. 256. — Même situation dans les autres Etats de l'Allemagne. Affaire de l'évêché de Rottenbourg, p. 257. — Affaire de l'évêché de Saint-Gall. Mission de Mgr Luquet en Suisse, p. 259. — Contre-coup de la révolution de Février en Autriche, dans les petits Etats de l'Allemagne et en Prusse, p. 274. — Vaines tentatives en faveur de l'unification de l'Allemagne, sous la domination de la Prusse : triomphe de l'Autriche, p. 275. — Conciles provinciaux et assemblées des évêques en Allemagne. Guerre de Charles-Albert contre l'Autriche, p. 276. — Pie IX refuse de déclarer la guerre à l'Autriche, p. 279. — Charles-Albert ayant été battu à Novarre, l'Autriche rétablit sa domination en Italie, p. 284. — Heureuse situation de l'Autriche, p. 292. — Tyrannie des libéraux en Belgique, p. 294. — Décret contre la liberté d'enseignement en Prusse. Les décrets de l'Église violés dans le Haut-Rhin : Mgr de Vicari, p. 304. — Concordat de Pie IX avec l'Autriche. Bref pontifical aux évêques de cet empire : le progrès de la foi, p. 326. — Les évêques jansénistes de Hollande. Intolérance des libéraux belges, p. 328. — Concordat de Pie IX avec le Wurtemberg et avec le grand-duché de Bade. Condamnation et soumission de Günther. Condamnation des partisans de ce dernier, p. 329 (Voir *Pie IX*).

ALMAIN, docteur de Paris. Sa doctrine sur l'origine et la responsabilité du pouvoir temporel, t. 9, l. 81, p. 449.

ALMAGRO, d'abord associé, puis rival de Pizarre ; t. 10, l. 85, p. 214.

ALMAMOUN, calife non moins cruel que les autres, mais protecteur des savants, t. 5, l. 55, p. 210 (Voir *Mahométans*).

ALPHANE (saint), archevêque de Salerne, t. 6, l. 65, p. 230.

ALPHONSE le Catholique, roi des Asturies, remporte des victoires sur les Arabes, t. 5, l. 52, p. 44.

ALPHONSE le Grand étend ses conquêtes sur les Maures, t. 5, l. 58, p. 384 (Voir *Espagne*).

ALPHONSE VI. Ses revers et ses succès contre les Sarrasins d'Espagne. Sa mort, t. 6, l. 67, p. 374.

ALPHONSE de Castille. Grande victoire de Navès de Tolosa contre les Sarrasins, t. 7, l. 74, p. 234.

ALPHONSE X, roi de Castille, surnommé le Sage, t. 8, l. 74, p. 166. — Avertissements du Pape sur ses prétentions à la dignité impériale, l. 75, p. 244 (Voir *Espagne*).

ALPHONSE de Castille, onzième du nom. Conseils du pape Benoît XII. Victoire du roi et de ses alliés sur les Mahométans, t. 8, l. 79, p. 532.

ALPHONSE III, roi de Portugal. Plaintes contre lui. Remontrances du Pape, t. 8, l. 76, p. 209.

ALPHONSE, d'Aragon, rend hommage au pape Benoît XII pour la Sardaigne et la Corse, t. 8, l. 79, p. 534.

ALPHONSE, prince d'Exerica. Son bel exemple pour la conversion des esclaves mahométans, t. 9, l. 80, p. 13.

ALPHONSE, évêque, confesseur et biographe de sainte Brigitte, t. 9, l. 80, p. 8.

ALPHONSE Rodriguez, jésuite, a écrit le livre de la *Perfection chrétienne*, t. 10, l. 87, p. 496.

ALTHEIM. Il s'y tient un concile en 916. Les évêques d'Allemagne demandent au Pape un légat pour y présider, t. 5, l. 59, p. 424.

ALTMANN (saint), évêque de Passau, t. 6, l. 64, p. 147. — Sa digne conduite, l. 65, p. 193. — Sa mort, l. 66, p. 289.

AMALARIUS. Ses ouvrages sur l'office divin, t. 5, l. 55, p. 193.

AMALEC. Exécution de l'anathème prononcé contre Amalec, t. 1, l. 14, p. 266.

AMALÉCITES. De qui ils descendent ; ils attaquent les enfants d'Israël dans le désert. Leur extermination prédite ; t. 1, l. 7, p. 154.

AMAN. Son orgueil, son humiliation, son supplice, t. 1, l. 19, p. 474.

AMAND (saint), évêque, t. 4, l. 48, p. 406 ; l. 49, p. 434 et 450.

AMASA, roi de Juda. Son meurtre, t. 1, l. 12, p. 30.

AMASIAS, roi de Juda, t. 1, l. 14, p. 354.

AMATEUR (saint), évêque d'Auxerre, t. 3, l. 39, p. 451.

AMAURI, patriarche de Jérusalem, t. 7, l. 69, p. 53. —Sa mort, p. 150.

AMAURI, roi de Jérusalem, t. 7, l. 69, p. 132.

AMAURI II, roi de Jérusalem, t. 7, l. 71, p. 368.

AMBROISE (conjuration d'), t. 10, l. 36, p. 264.

AMBROISE d'Alexandrie. Sa conversion par Origène, t. 2, l. 28, p. 500.— Sa confession. Lettre qu'Origène lui adresse, l. 29, p. 515.

AMBROISE (saint) de Milan, docteur de l'Eglise. Ses commencements, t. 3, l. 33, p. 158. — Son élection pour évêque de Milan. Ses refus inutiles, l. 35, p. 254. — Son baptême et son ordination. Il donne ses biens aux pauvres et à l'Eglise. Son étude des Ecritures et des Pères. Sa liberté épiscopale. Translation des reliques de saint Denys de Milan, p. 256. — Son traité *De la Foi*, à l'empereur Gratien, contre l'arianisme, l. 36, p. 268. — Sa renommée. Ses livres *Des Vierges* et *Des Veuves*. Son traité *De la Virginité*. Sa charité pour les captifs, à la rédemption desquels il emploie jusqu'aux vases sacrés, p. 268. — Voyage de son frère Satyre en Afrique. Son naufrage. Sa mort. Discours de saint Ambroise sur la foi et la résurrection, p. 269. — Demande de l'empereur Gratien à saint Ambroise. Les trois derniers livres du *Traité de la Foi*, p. 270. — Vaines intrigues des ariens à Sirmium. Châtiment d'une vierge arienne qui avait insulté saint Ambroise, p. 274. — Saint Ambroise au concile d'Aquilée contre les ariens, p. 281. — Saint Ambroise s'oppose aux priscillianistes, p. 282. — Avec les évêques d'Italie, il écrit à l'empereur Théodose, sur l'ordination de Maxime le Cynique et de Nectaire à Constantinople, et de Flavien à Antioche, p. 283. — Il assiste au concile de Rome sur les affaires d'Orient, p. 286. — Son amitié pour saint Aschole de Thessalonique. Ses miracles à Rome. Châtiment de deux chambellans ariens qui s'étaient moqués de saint Ambroise. Son traité *De l'Incarnation*. Il s'oppose, avec le pape Damase et les sénateurs chrétiens, au rétablissement d'un autel païen, p. 287. — Grossièreté du courtisan Macédonius envers saint Ambroise, qui lui annonce son châtiment. Saint Ambroise obtient la grâce d'un païen. Ambassade de saint Ambroise auprès de l'empereur Maxime, en faveur du jeune empereur Valentinien et de sa mère Justine, p. 288. — Plaidoyer de Symmaque en faveur du paganisme. Lettre contradictoire et réponse de saint Ambroise, p. 294. — Persécution de l'impératrice Justine contre saint Ambroise en faveur des ariens, p. 299. — Ferveur du peuple catholique de Milan, p. 300. — Loi de l'impératrice en faveur des ariens : fermeté du chancelier Bénévole, qui refuse de l'écrire. Admirable constance de saint Ambroise et de son peuple, p. 301. — Punition d'un certain Euthymius, qui se flattait d'emmener saint Ambroise en exil, p. 302. — Maléfices inutiles de l'aruspice Innocentius. Invention des reliques des saints Gervais et Protais. Miracles pendant leur translation. Lettre de saint Ambroise à sa sœur sainte Marcelline sur ce sujet, p. 303. — Humiliation des ariens. Lettre de l'empereur Maxime à l'empereur Valentinien pour faire cesser la persécution, p. 304. — Saint Ambroise baptise saint Augustin. Son livre sur les mystères, p. 308. — Seconde ambassade de saint Ambroise auprès de l'empereur. Sa digne fermeté, p. 321. — Nouvelles tentatives des sénateurs païens auprès de l'empereur Théodose, en faveur de l'idolâtrie, p. 323. — Opposition de saint Ambroise. Affaire de l'évêque de Callinique. Opposition de saint Ambroise. Sa liberté épiscopale envers l'empereur, p. 324. — Massacre de Thessalonique. Lettre de saint Ambroise à Théodose. Il l'arrête à la porte de l'église, p. 330. — Pénitence de l'empereur. Son absolution. Réflexions à ce sujet. Visite de deux seigneurs persans à saint Ambroise, p. 331. — Sa renommée parmi les Francs. Administration de la pénitence par saint Ambroise. Secret de sa confession, p. 332. — Funérailles et oraison funèbre de Valentinien le jeune, p. 334. — Lettre de saint Ambroise au nouvel empereur Eugène. Miracles de saint Ambroise à Florence, p. 336. — Il va trouver Théodose après sa victoire sur Eugène, p. 338. — Oraison funèbre de l'empereur Théodose par saint Ambroise, p. 339. — Conversion de Frétigil, reine des Marcomans, par saint Ambroise. Translation des reliques des saints Nazaire et Celse. Saint Ambroise délivre Cresconius, livre un coupable au démon et guérit Nicétius, l. 37, p. 351. — Sa sévérité pour la réception aux saints ordres. Son traité *Des Offices*. Il fait élire saint Honorat évêque à Verceil. Sa transfiguration. Sa maladie, p. 352. — Sa vision. Sa mort et ses funérailles. Miracles qui suivent sa mort, p. 353.

AMBROISE (saint) de Sienne, t. 8, l. 75, p. 240.

AMBROISIE des païens, t. 1, l. 7, p. 452.

AME. L'âme de l'homme, image de la Trinité divine. Ses hautes destinées, et dans l'ordre de la nature, et plus encore dans l'ordre de la grâce et de la gloire, t. 1, l. 1, p. 28. — L'immortalité de l'âme chez les Juifs, l. 11, p. 282.

AMÉ (saint), t. 4, l. 48, p. 403.

AMÉDÉE (le bienheureux), duc de Savoie, t. 9, l. 83, p. 413.

AMÉDÉE VIII, antipape sous le nom de Félix V, t. 9, l. 82, p. 244.

AMÉLIUS, philosophe, disciple de Plotin, t. 2, l. 29, p. 564.

AMERBACH. Sa conversion du protestantisme, t. 10, l. 85, p. 270.

AMÉRIQUE VESPUCE, t. 9, l. 83, p. 287.

AMÉRIQUE ou *Nouveau-Monde*, ou *Indes-Occidentales*. Sa découverte. D'où lui vient le nom d'*Amérique*, t. 9, l. 83, p. 287. — Manière dont les Américains sont traités sous les Espagnols. Sagesse du cardinal Ximenès pour régler leur Etat. Le Dominicain Las-Casas se fait leur défenseur, p. 303. — Réflexion sur cette affaire, p. 306. — Etat intellectuel du Nouveau-Monde lors de sa découverte. Ses traditions religieuses, t. 10, l. 85, p. 207. — Comment s'y conduisent les missionnaires catholiques d'après un écrivain protestant, p. 212. — Activité générale de l'Eglise catholique dans le Nouveau-Monde, l. 86, p. 450. — Etat du catholicisme dans l'Amérique, tant civilisée que sauvage, vers le milieu du XIXe siècle, t. 12, l. 91, p. 215 et seqq.

AMIENS (paix d'), le 25 mars 1802, entre la France et l'Angleterre, t. 11, l. 90, p. 595.

AMMON (saint), anachorète, t. 3, l. 34, p. 69.

AMMONITES. Leur origine, t. 1, l. 4, p. 86. — Leurs

guerres avec les Israélites, l. 10, p. 246; l. 12, p. 296; l. 14, p. 344.

AMNON, fils de David. Son inceste et sa mort, t. 1, l. 12, p. 298.

AMOLON, archevêque de Lyon. Il écrit à Gothescalc une lettre excellente, dans laquelle, citant les paroles mêmes de cet auteur, il le réfute solidement, t. 5, l. 56, p. 257. — Son zèle contre des colporteurs de prétendues reliques et des convulsionnaires, p. 259.

AMON, roi de Juda. Son impiété et sa mort violente, t. 1, l. 17, p. 395.

AMORRHÉENS. Conquête et distribution du pays des Amorrhéens et de Basan, t. 1, l. 8, p. 190.

AMOS, le prophète. Il annonce la vengeance divine sur Juda et les peuples voisins; le châtiment et le rétablissement final d'Israël, t. 1, l. 15, p. 359.

AMPHILOQUE (saint). Son élection à l'évêché d'Icône. Ses liaisons avec saint Basile, t. 3, l. 36, p. 265. — Son stratagème pour empêcher les assemblées des hérétiques, p. 291.

AMRI, roi d'Israël. Ses crimes, t. 1, l. 14, p. 334.

AMSDORF, théologien luthérien. Ses luttes contre les calvinistes, t. 10, l. 85, p. 264.

AMURATH, sultan, t. 9, l. 83, p. 312 (Voir Mahométans).

AMYOT, Jacques, porte une lettre du roi Henri au concile de Trente, t. 10, l. 85, p. 224.

ANABAPTISTES, secte protestante. Disputes de Stork et Muncer avec Luther. Guerre effroyable des anabaptistes et des paysans. Luther, qui les y a poussés par sa doctrine, pousse ensuite les nobles à les exterminer, t. 10, l. 86, p. 28. — Nouvelle guerre des anabaptistes. Histoire de leur royaume de Munster et de leur roi Bockels, p. 68. — Synode luthérien de Hambourg contre les anabaptistes, qu'il ordonne d'exterminer, p. 70. — En condamnant les anabaptistes, les protestants se condamnent eux-mêmes et justifient toutes les rigueurs de l'Eglise catholique contre eux, p. 72 (Voir Allemagne).

ANACLET (saint), pape, t. 2, l. 26, p. 341.

ANALOGIES entre les premiers peuples et les premiers prédicateurs de l'Evangile, t. 1, l. 4, p. 72.

ANAM. Christianisme dans l'empire d'Anam, Tong-King et Cochinchine, vers la fin du XVIIIe siècle. La persécution y cesse sous le roi Gia-Long, replacé sur le trône par l'évêque d'Adran, missionnaire français, t. 11, l. 89, p. 510. — Grand nombre de martyrs dans l'empire d'Anam, Tong-King et Cochinchine, pendant la persécution de Minh-Menh et de son fils, t. 12, l. 91, p. 202.

ANANIE et Saphire. Punition de leur mensonge, t. 2, l. 25, p. 55.

ANASTASE le jeune (saint), patriarche d'Antioche, martyrisé par les Juifs, t. 4, l. 48, p. 358.

ANASTASE (saint) le Persan, t. 4, l. 48, p. 376.

ANASTASE (saint) le Sinaïte. Esprit, méthode et écrits du saint. Ses controverses avec les hérétiques touchant la présence réelle. Mœurs des chrétiens de l'Orient au VIIe siècle, t. 4, l. 48, p. 384.

ANASTASE (les deux saints), disciples de saint Maxime. Ils ont à subir plusieurs interrogatoires et plusieurs exils, t. 4, l. 49, p. 441. — Comment ils meurent, p. 445.

ANASTASE (saint), pape, successeur de saint Sirice, t. 3, l. 37, p. 369.

ANASTASE II, pape, successeur de Gélase, t. 4, l. 42, p. 85. — Sa lettre à Clovis, qui venait de recevoir le baptême, p. 89. — Sa mort, l. 43, p. 95.

ANASTASE III. Son court pontificat, t. 5, l. 59, p. 423.

ANASTASE IV. Son élection, t. 6, l. 68, p. 583. — Sa mort, t. 7, l. 69, p. 12.

ANASTASE, empereur de Constantinople. Son couronnement et son caractère, t. 4, l. 42, p. 71. — Ambassade de Théodoric à Anastase. Instruction du pape Gélase à l'empereur, p. 73. — Lettre mémorable du même Pape à l'empereur Anastase, p. 82. — L'empereur Anastase crée patrice le roi des Francs, Clovis. Fourberie d'Anastase, l. 43, p. 110. — Troubles excités par les caprices hérétiques d'Anastase. Son libelle contre le saint pape Symmaque, et réponse de celui-ci, p. 114. — Extravagances théologiques d'Anastase. Sédition à Constantinople. Bassesse de l'empereur, p. 123. — Insurrection de Vitalien. Traité avec l'empereur, p. 125. — Lettre d'Anastase au pape Hormisda. Instructions de celui-ci à ses légats. Réponse de l'empereur. Funestes résultats de la manie impériale, p. 125-128. — Mort de l'empereur, p. 136.

ANASTASE II, empereur de Constantinople. Mis à la place de Bardane. Sa lettre au pape Constantin. Sa déposition, t. 4, l. 54, p. 524.

ANASTASE le Bibliothécaire, t. 5, l. 57, p. 319.

ANATOLIUS, évêque de Constantinople. Son ordination. Sa demande en confirmation au Pape, t. 3, l. 40, p. 534. — Soumission d'Anatolius aux décisions du Pape contre l'ambition des évêques de Constantinople, t. 4, l. 41, p. 9. — Mort d'Anatolius, p. 17.

ANAXAGORE, philosophe grec, t. 2, l. 20, p. 9.

ANCYRE (concile d') vers 314. Ses canons, t. 3, l. 31, p. 96 et seqq.

ANDRÉ (saint), apôtre. Sa vocation, t. 2, l. 23, p. 172.

ANDRÉ Avellin (saint), t. 10, l. 86, p. 385.

ANDRÉ Corsini (saint), évêque de Fiésole, t. 8, l. 79, p. 499.

ANDRÉ de Chio, martyr en 1645, t. 11, l. 87, p. 72.

ANDRÉ (saint), jeune enfant martyrisé par les Juifs, t. 9, l. 83, p. 375.

ANDRÉ Hibernon (bienheureux), t. 10, l. 86, p. 358.

ANDRÉ de Montréal (bienheureux), t. 9, l. 83, p. 468.

ANDRÉ de Mondola (bienheureux), t. 9, l. 83, p. 467.

ANDRÉ de Sienne (bienheureux), t. 8, l. 75, p. 240.

ANDRÉ Dotti (bienheureux), t. 8, l. 79, p. 431.

ANDRÉ Grégo (bienheureux), t. 9, l. 83, p. 373.

ANDRÉ de Pérouse, auteur d'une lettre qui nous fait connaître l'archevêché de Péking et ses suffragants au XIVe siècle, t. 8, l. 79, p. 488.

ANDRÉ, archevêque de Colosse, traite à fond et admirablement bien la question du Filioque et de la procession du Saint-Esprit, au concile de Florence, t. 9, l. 82, p. 249.

ANDRÉ, roi de Hongrie, t. 7, l. 74, p. 242. — Son départ pour la croisade, l. 72, p. 404.

ANDRONIC (saint), martyr avec Taraque et Probus. Leurs actes tirés du greffe public, t. 3, l. 30, p. 30-37.

ANDRONIC, empereur de Constantinople. Son règne sanguinaire. Sa fin cruelle. Il était encore plus humain envers les naufragés que son peuple, t. 7, l. 70, p. 456.

ANDRONIC, fils de Michel, empereur de Constantinople, se déclare contre l'union avec l'Eglise romaine, t. 8, l. 76, p. 269 et seqq. (Voir le détail de son règne, Bas-Empire).

ANE. Parallèle de l'âne et du cheval, t. 1, l. 1, p. 24.

ANGE d'Acri (bienheureux), t. 11, l. 89, p. 349.

ANGE de Clavaison (bienheureux), t. 9, l. 83, p. 388.

ANGE de Joyeuse, maréchal de France, puis capucin, est recherché par François de Sales, t. 10, l. 87, p. 512.

ANGE Politien, chanoine littérateur, t. 9, l. 83, p. 363.

ANGÈLE de Foligny (bienheureuse), t. 8, l. 78, p. 437.

ANGÈLE de Mérici (sainte), fondatrice des Ursulines, t. 9, l. 84, p. 567.

ANGELINE de Dorbara (bienheuse), t. 9, l. 84, p. 436.

ANGES. Leur création, leur ministère, leur hiérarchie, d'après l'Ancien et le Nouveau Testament. Les anges font partie de l'Eglise catholique, t. 1, l. 1, p. 1; t. 2, l. 25, p. 306. — Si la création des anges a précédé celle du monde matériel. Probabilités, t. 1, l. 1, p. 5. — Les chrérubins à la porte du paradis terrestre, p. 50. — Visite des trois anges à Abraham. Qu'étaient ces

trois hôtes, l. 4, p. 82. — Les anges chez Lot, p. 84. — Providence ministérielle de l'ange sur Agar et Ismaël, père des Arabes, p. 86. — L'ange de Dieu au sacrifice d'Isaac, p. 88. — Les anges de Dieu montant et descendant sur l'échelle de Jacob, p. 96. — Lutte de Jacob contre un ange, p. 100. — Les anges devant Dieu, et Satan parmi eux, l. 5, p. 112. — L'ange de Jéhova dans le buisson ardent, donnant sa mission à Moïse, l. 6, p. 128. — L'ange de Dieu conducteur du camp d'Israël, p. 139. — Après le péché du peuple, Dieu se fait remplacer par un ange, l. 8, p. 176. — L'ange apparaissant à Balaam, p. 191. — L'ange de Dieu donnant ses ordres à Josué, l. 9, p. 207. — L'ange apparaît à Gédéon, l. 10, p. 240. — L'ange annonçant la naissance de Samson, p. 249. — Le prophète Élie nourri par un ange, l. 14, p. 337. — Isaïe voit les séraphins devant le trône de Dieu et en reçoit sa mission, l. 15, p. 57. — L'ange Raphaël et Tobie, l. 16, p. 374. — Les chérubins vus par le prophète Ezéchiel, l. 17, p. 416. — L'ange Gabriel révèle à Daniel l'époque de la venue du Christ, l. 19, p. 452. — Les trois anges des Perses, des Grecs et du peuple de Dieu, p. 455. — Le ministère des bons anges, p. 464. — Les anges protecteurs de Judas Machabée, t. 2, l. 21, p. 93. — L'ange Gabriel annonce à Zacharie la naissance du Précurseur, l. 23, p. 46. — Il annonce à Marie la naissance du Sauveur même, p. 47. — Les anges annoncent le Sauveur né aux pasteurs de Bethléhem, p. 153. — Les anges des petits enfants, p. 197. — Un ange assiste Jésus-Christ dans son agonie, p. 234. — Les anges annoncent sa résurrection, p. 237. — Les apôtres, mis en prison, sont délivrés par un ange, l. 25, p. 256. — Pierre délivré de prison par un ange, p. 263. — Saint Paul, dans ses épîtres, notamment dans celle aux Colossiens, nomme plusieurs degrés dans la hiérarchie des anges, p. 303. — Les chérubins vus par l'apôtre saint Jean, l. 26, p. 343. — Ministère des anges sur les nations et pour l'Église, p. 343-364. — Combat des bons et des mauvais anges, p. 349.

ANGLETERRE, ÉCOSSE, IRLANDE. — Dès le second siècle, le saint roi Lucius de la Grande-Bretagne demande des missionnaires au pape saint Éleuthère, qui lui en envoie, t. 2, l. 27, p. 434. — Saint Alban, premier martyr de la Grande-Bretagne, en 303, t. 3, l. 30, p. 7. — Fastidius, évêque des Bretons. Sa lettre. Saint Germain d'Auxerre et saint Loup de Troyes sont envoyés dans la Grande-Bretagne pour y combattre des restes de pélagianisme, l. 39, p. 455. — Succès de saint Germain et de saint Loup contre les sectaires. Les Anglais ou Anglo-Saxons que les Bretons avaient appelés à leur secours contre les Pictes, se joignent aux Pictes contre les Bretons. Saint Germain remporte une victoire miraculeuse. Saint Pallade, évêque des Écossais, saint Patrice, apôtre de l'Irlande, envoyés l'un et l'autre par le pape saint Célestin, p. 456. — Second voyage de saint Germain dans la Grande-Bretagne, accompagné de saint Sévère, évêque de Trèves, l. 40, p. 541.

ANGLETERRE, etc. — Grand nombre de saints en Bretagne et en Irlande vers la fin du V⁰ et au commencement du VI⁰ siècle. Saint David, archevêque et patron du pays de Galles, t. 4, l. 44, p. 152. — Saint Dubrice, évêque de Landaff, puis archevêque de Caërléon. Saint Théliau, évêque de Landaff, et plusieurs de ses disciples. Saint Daniel, premier évêque de Bancor. Saint Cadoc, abbé, et son père saint Gondèle, p. 153. — Saint Iltut, abbé, et plusieurs de ses disciples. Saint Gildas l'Albanien. Plusieurs se réfugient dans la Petite-Bretagne. En Écosse, saint Kintigern, évêque de Glascow. Il envoie des missionnaires jusqu'en Islande, p. 154. — Saint Colomb, patriarche de moines en Irlande, puis en Écosse. Saint Ninien, apôtre des Pictes méridionaux. Les Pictes septentrionaux, ayant été convertis par saint Colomb, lui donnent l'île de Hy. Son genre de vie. Sa mort, p. 155. — Saint Finien, évêque de Clonard, et plusieurs de ses disciples. Saint Endée,

saint Nennio, saint Tigernake, saint Albée, p. 156. — Sainte Brigide, vierge, abbesse et patronne d'Irlande. Une famille princière de saints au pays de Galles. Sainte Triduane, vierge, en Écosse, p. 157. — Prédication des saints Samson, Malo, Magloire, Méen, Brieuc, Paul et Gildas dans la Petite-Bretagne, l. 45, p. 244. — Saint Grégoire, depuis pape, alors moine, se dévoue à la conversion des Anglais, l. 46, p. 250. — Devenu Pape, il envoie le moine saint Augustin. Réception de celui-ci par le roi Ethelbert. Sa promotion à l'épiscopat. Conversions qu'il opère. Lettre du Pape à saint Euloge d'Alexandrie à cette occasion. Mission du prêtre Laurent, l. 47, p. 389. — Lettre du Pape à saint Ethérius de Lyon, saint Didier de Vienne, Sérénus de Marseille, saint Arige de Gap, dans l'intérêt de la mission d'Angleterre, p. 340. — Lettres dans le même but à Brunehaut, à Ethelbert, à saint Augustin, p. 343. — Mission de Mellitus. Lettre que le Pape lui adresse. Son ordination et celle de saint Juste, p. 345. — Conférence entre saint Augustin et les évêques bretons. Miracle qu'il y opère. Entêtement des Bretons, p. 346. — Saint Colomban, p. 347. — Mort de saint Augustin de Cantorbéry, p. 353. — Saint Laurent de Cantorbéry, saint Mellit de Londres. Peines et consolations qu'ils éprouvent, l. 48, p. 412. — L'évêque saint Paulin convertit le roi et le peuple des Northumbres, p. 413. — Saint Birin y aide. Le roi saint Oswald et l'évêque saint Aïdan achèvent la bonne œuvre, p. 415. — Révolutions politiques en Angleterre. Fin de saint Aïdan. Commencement de saint Wilfrid. Conférence sur la Pâque, l. 49, p. 461. — Lettre du pape saint Vitalien à deux rois d'Angleterre, l. 50, p. 470. — Saint Wilfrid est fait évêque d'York, p. 471. — Le saint moine Théodore de Tarse, établi archevêque de Cantorbéry par le pape saint Vitalien, se rend en Angleterre avec les saints abbés Benoît, Biscop et Adrien, et rétablit saint Wilfrid sur le siége d'York, p. 472. — Saint Théodore, dignement secondé, implante en Angleterre les sciences, les lettres et les arts avec la discipline de l'Église, p. 473. — Saint Wilfrid vient demander justice et protection à l'Église romaine, et opère partout beaucoup de bien au milieu des persécutions, p. 504. — Saint Cuthbert, évêque de Lindisfarne, p. 506. — Saint Théodore de Cantorbéry se réconcilie avec saint Wilfrid. Les rois Cedwall et Ina se retirent à Rome. Mort et écrit de saint Théodore de Cantorbéry, p. 507. — Il a pour successeur saint Britward, p. 508. — Mission des deux Anglais saint Switbert et saint Willebrod en Frise. Le Français saint Wulfrand vient en aide à saint Willebrod, p. 509. — Mission du Français saint Emméran, et des Anglais saint Evald et saint Kilien dans l'intérieur de la Germanie, p. 510. — Les bonnes études fleurissent en Angleterre par les soins du saint et savant Bède. Précis de ses travaux et de ses écrits, l. 51, 526. — Lettre d'un de ses disciples sur sa sainte mort, p. 529. — Saint Céolfrid, p. 530. — Saint Aldhelme, évêque de Schirnburn, fait et chante des cantiques pour retenir et instruire le peuple. Dernières actions et mort de saint Wilfrid, p. 534. — Saint Adamnan. Sa description de la terre sainte, p. 534. — Pèlerinage d'un grand nombre d'Anglais à Rome. Manière dont le vénérable Bède termine son *Histoire ecclésiastique d'Angleterre*, p. 535. — L'Anglais saint Boniface, apôtre de l'Allemagne, p. 538. — Il est fait évêque par le pape saint Grégoire II. Son serment apostolique, p. 540. — Belle lettre que lui écrit son ancien maître, l'évêque Daniel de Winchester, sur la manière de convertir les païens, p. 541. — Consultation de saint Boniface et réponse de l'évêque Daniel, p. 542. — Travaux et correspondance de saint Boniface. Lettre que lui écrit une religieuse de ses parentes, p. 564. — Il enrôle les deux saints frères anglais Willibald et Wunebalde. Leur histoire, p. 565.

ANGLETERRE, etc. — Lettres de saint Boniface à Cuthbert, archevêque de Cantorbéry, à Ethelbald, roi

des Merciens, qui profitent de ses avis, t. 5, l. 52, p. 11. — Egbert, archevêque d'York. Son Pénitentiel. Son Pontifical. Cérémonies et prières pour le sacre des rois d'Angleterre, p. 13. — Etat général de l'Occident, p. 19. — Etat particulier de l'Angleterre, p. 20. — Les légats du pape Adrien importent en Angleterre les principaux éléments de sa constitution politique, l. 53, p. 74. — L'Anglais Alcuin, maître littéraire de Charlemagne, l. 54, p. 112. — Offa, roi des Merciens, dans un pèlerinage à Rome, établit le denier de Saint-Pierre, p. 128. — Kenulphe, roi des Merciens, et Athelrade, archevêque de Cantorbéry, écrivent au pape saint Léon III, qui reçoit l'archevêque à Rome avec beaucoup de bienveillance et lui accorde ses demandes, p. 129. — Révolutions sanglantes des six ou sept royaumes anglais de la Grande-Bretagne, p. 130. — Concile de Celchyt en Angleterre, l. 55, p. 156. — Deux autres conciles en Angleterre, p. 182. — Saint Swithin, évêque de Winchester, l. 56, p. 270. — Ravages des Danois en Angleterre. Martyre du roi saint Edmond. Massacre des moines de Croyland, l. 58, p. 74. — Saint Néot. Le roi Alfred le Grand, parent de saint Néot. Son enfance. Se néglige au commencement de son règne. Disgrâce que lui prédit saint Néot avant de mourir, p. 375. — Comment la prédiction de saint Néot s'accomplit. Alfred profite de son malheur, regagne son royaume sur les Danois et se montre un autre homme, p. 376. — Merveilles de son gouvernement et de sa législation. Quelle en est la source, p. 377. — Son zèle pour les études et ceux qui s'y appliquent. Il se distingue lui-même par ses travaux littéraires, p. 379. — Usage qu'il fait de son temps. Sa piété et sa charité. Relations du pape Formose avec l'Angleterre, l. 59, p. 399. — Saint Eude ou Odon, archevêque de Cantorbéry. Commencements de saint Dunstan, l. 60, p. 447. — Vertus de Turquetul, chancelier d'Angleterre, p. 448. — Saint Dunstan, successeur de saint Odon à Cantorbéry, vient à Rome, où le pape Jean XII l'établit son légat en Angleterre, p. 475. — Vertus épiscopales de saint Dunstan. Faute, pénitence et vertus du roi Edgar, l. 61, p. 503. — Saint Ethelwold de Winchester, et saint Oswald de Worchester, p. 506. — Mort de l'abbé Turquetul, p. 507. — Mort du roi saint Edouard et de sa sœur sainte Edithe. Dernières actions et mort de saint Dunstan et de saint Ethelwold, p. 508. — L'Anglais saint Sifride, apôtre de la Suède, l. 62, p 564. — Incursions des Danois en Angleterre. Saint Elphège, archevêque de Cantorbéry, martyrisé par les Danois, p. 565. — Charité de saint Léofric et de saint Godric, p. 567. — Le Danois Canut, roi d'Angleterre, p. 568.

ANGLETERRE, etc. — Lettre remarquable que le roi Canut le Grand écrit de Rome à ses peuples d'Angleterre, de Danemarck, de Suède et de Norwége, t. 6, l. 63, p. 28. — Saint Edeinoth, archevêque de Cantorbéry, p. 29. — Macbeth, roi d'Ecosse, fait le pèlerinage de Rome, p. 63. — Commencement du bienheureux Lanfranc et de l'abbaye du Bec, p. 65. — Affaires d'Angleterre, dans la seconde moitié du XIe siècle, l. 64, p. 117. — Saint Wulstan. Les légats du pape Nicolas II en font connaître le mérite au roi saint Edouard, et le font élever sur le siége de Worchester. Pieuse lettre du roi saint Edouard au Pape, p. 118. — Mort du roi d'Angleterre, saint Edouard. Guerre entre l'Anglais Harold et le Normand Guillaume, pour la succession d'Angleterre, p. 134. — Eglise d'Angleterre. Lanfranc, archevêque de Cantorbéry, p. 136. — Différend entre les archevêques de Cantorbéry et d'York, porté devant le Pape, qui en renvoie le jugement à un concile d'Angleterre, p. 137. — Correspondance de Lanfranc avec le pape Alexandre II, p. 138. — Ecrits de Lanfranc contre les erreurs de Bérenger, p. 139. — Lettres du pape saint Grégoire VII au roi d'Angleterre, Guillaume le Conquérant. Réflexions sur un étonnement de ce prince, l. 65, p. 175. — Correspondance du saint Pape et de Lanfranc, p. 176. — Réponse de Lanfranc de Cantorbéry à un cardinal schismatique, p. 244. — Le prince Edgar d'Angleterre se réfugie, avec sa sœur sainte Marguerite, auprès de Malcolm, roi d'Ecosse, qui prend leur défense contre le roi Guillaume. Grandes vertus de sainte Marguerite. Elle devient l'épouse de Malcolm, pour le bonheur de ce roi et de l'Ecosse. Grand soin qu'elle prend de l'éducation de ses enfants. Par son zèle, la religion refleurit en Ecosse avec les beaux-arts. Sa tendre charité et celle du roi pour les pauvres. Ses exercices de piété. Le saint roi Malcolm et son fils Edouard sont tués dans une guerre contre Guillaume le Roux, entreprise contre le gré de la reine. Cette pieuse princesse apprend, au lit de la mort, cette triste nouvelle que Dieu lui avait déjà révélée. Sa canonisation, l. 66, p. 262. — Caractère de Guillaume le Conquérant. Sa dernière guerre, sa dernière maladie, sa mort, ses funérailles, p. 265. — Mort du bienheureux Lanfranc, archevêque de Cantorbéry. Longue vacance du siége de Cantorbéry, par suite de la rapacité du roi Guillaume le Roux. Saint Anselme, abbé du Bec, y est nommé malgré lui, p. 268. — Le roi, manquant de parole, lui suscite des querelles de Normand. Lâcheté des évêques d'Angleterre. Les seigneurs se montrent moins serviles, p. 271. — Saint Osmond, évêque de Salisbury. Sur la demande du roi, un légat apporte le pallium à saint Anselme, de la part du pape Urbain II, qui est reconnu dans tout le royaume. Le roi rend ses bonnes grâces à l'archevêque, qui veut recevoir le pallium du légat et non du roi, p. 273. — Sommaire de la vie de saint Anselme, p. 274. — Ses principaux écrits. Jugement y relatif, p. 275-277. — Le moine Edmer, ami et biographe de saint Anselme, p. 278. — Robert de Normandie part pour la première croisade, p. 309. — Nouvelles persécutions de Guillaume le Roux contre saint Anselme, qui part pour Rome, p. 338. — Saint Anselme veut se démettre de son siége. Le Pape s'y refuse, p. 340. — Concile de Bari, où saint Anselme réfute les Grecs, p. 341. — Le roi d'Angleterre essaie de se justifier auprès du Pape, p. 342. — Le roi d'Angleterre est trouvé mort à la chasse. Saint Anselme est rappelé par le nouveau, qui veut ensuite le forcer à recevoir de lui l'investiture de son archevêché, p. 343. — Ce qu'il en est de la question des investitures, p. 344. — Robert de Normandie se désiste de ses prétentions à la couronne d'Angleterre, sur les remontrances d'Anselme, qui n'en éprouve pas beaucoup de reconnaissance de la part du roi. Saint Anselme tient un concile à Westminster. Nouvelle discussion au sujet des investitures, p. 345. — Saint Anselme va à Rome. Le roi lui fait défense de rentrer en Angleterre. Réconciliation du roi avec saint Anselme, qui rentre en Angleterre. Assemblée d'évêques à Londres. Le roi conserve l'hommage et renonce aux investitures, p. 346. — Etat religieux de l'Angleterre. Activité de saint Anselme contre l'incontinence des clercs. Ses démêlés avec Thomas, archevêque d'York. Sa maladie et sa mort, l. 67, p. 369. — Naissance et vie de saint Malachie, archevêque d'Irlande, p. 405. — Election de Raoul au siége de Cantorbéry. Lettre du pape Pascal au roi d'Angleterre, p. 407. — Autre lettre remarquable du même au même sur la constitution de l'Eglise, p. 408. — Anselme, légat en Angleterre. Voyage de Raoul à Rome, p. 409. — Election d'Edmer au siége de Saint-André en Ecosse. Difficultés à ce sujet. Mort de Guillaume, fils du roi d'Angleterre, p. 440. — Entrevue du Pape et du roi Henri d'Angleterre à Gisors. Déférence de Henri pour Calixte. Affaire du duc Robert. Réconciliation des rois de France et d'Angleterre par l'entremise du Pape, p. 426 — Saint Bernard concilie à Innocent II le roi d'Angleterre, l. 68, p. 473. — Mort de Henri Ier, roi d'Angleterre. Jugement sur ce prince. Ses exactions, sa perfidie, sa violence. Ce qu'il faut penser de sa tempérance et de sa chasteté, p. 492. — Avéno-

ment du roi Étienne au trône d'Angleterre. Ses promesses. Révolte des Écossais. Victoire de l'Étendard. Légation d'Albéric en Angleterre. Concile de Londres. Paix entre l'Angleterre et l'Écosse, p. 494. — Nouveaux troubles en Angleterre. Mort du roi Étienne. Avénement de Henri Plantagenet, p. 495. — Saint Malachie d'Irlande. Sa sollicitude pour l'église d'Armagh. Son voyage à Rome. Sa visite à Clairvaux. Sa légation en Angleterre. Éclatant miracle, p. 520. — Saint Gilbert de Sempringham au chapitre général de Cîteaux. Voyage de saint Malachie. Sa mort à Clairvaux, p. 564. — Le légat du pape Eugène III érige quatre archevêchés en Irlande, p. 567.

ANGLETERRE; etc. — Lettre du roi d'Angleterre au nouveau pape Adrien IV, Anglais de naissance. Pierre de Blois. Ses commencements, t. 7, l. 69, p. 13. — Jean de Salisbury, depuis évêque de Chartres. Ses études. Ses entretiens avec le pape Adrien IV, p. 14. — Le roi d'Angleterre demande et le Pape lui accorde l'autorisation de conquérir l'Irlande, p. 15. — Quels droits tout le monde reconnaissait alors au Pape. Histoire de Gilbert Becket et de sa femme, p. 16. — Commencements de leurs fils, Thomas Becket. Thomas Becket devient chancelier d'Angleterre. Relations assez singulières entre les cours d'Angleterre et de France, p. 17. — État de la maison du chancelier Thomas Becket. Jean de Salisbury lui adresse son Polycratique et son Métalogique, p. 18. — Lettre remarquable de Jean de Salisbury au nouveau pape Alexandre III, p. 50. — Disposition de l'Angleterre à l'égard du nouveau Pape et de l'antipape impérial, p. 52. — Lettre remarquable du pape Alexandre à l'évêque Arnould de Lisieux. Lettre d'Arnoul de Lisieux aux évêques d'Angleterre, p. 62. — Jugement de Jean de Salisbury sur le conciliabule impérial de Pavie, p. 63 — L'Angleterre se déclare définitivement pour Alexandre III. L'Angleterre et la France reconnaissent Alexandre plus solennellement encore au concile de Toulouse, p. 65. — Mort de Thibaut, archevêque de Cantorbéry, p. 67. — Le chancelier Thomas Becket lui succède. Changement merveilleux dans le nouvel archevêque. Saint Godric, ermite en Angleterre, p. 68. — Saint Robert, abbé de Newminster, p. 69. — Saint Laurent, archevêque de Dublin, p. 70. — Les deux rois de France et d'Angleterre rendent en personne les plus grands honneurs au pape Alexandre, p. 72. — Saint Thomas de Cantorbéry, auprès du Pape. Conciliabule de l'antipape sur ou contre les rois de provinces, c'est-à-dire les rois de France et d'Angleterre, p. 74. — Différend de saint Thomas de Cantorbéry avec le roi d'Angleterre Henri II, au sujet des coutumes royales. Équivoque et danger de ces coutumes, vraies ou prétendues. Lâcheté de la plupart des évêques à l'assemblée de Clarendon. Saint Thomas de Cantorbéry, redressé par son porte-croix. Le Pape lui en écrit, p. 88. — Caractère violent et artificieux du roi Henri II. L'archevêque de Cantorbéry soumet l'affaire au Pape. Conduite du Pape en cette circonstance, p. 90. — Le roi fait citer l'archevêque à Northampton. Servilité de la plupart des évêques, surtout de celui de Londres. L'archevêque s'y montre en vrai pontife et se réfugie en France, p. 91. — Belle conduite du roi de France Louis le Jeune. Les envoyés de l'archevêque et du roi devant le Pape à Sens, p. 93. — Saint Thomas lui-même devant le Pape, auquel il remet son anneau pastoral, mais qui lui ordonne de le reprendre, et lui assigne pour retraite l'abbaye de Pontigny. Persécutions du roi d'Angleterre contre tous les parents et amis du saint archevêque, p. 94. — Saint Gilbert de Sempringham. Vie de saint Thomas à Pontigny. Mesures violentes et astucieuses du roi d'Angleterre pour intimider le Pape, qui n'en est que plus ferme, p. 95. — Lettres du saint archevêque au roi. Le roi, qui avait défendu l'appellation au Pape, appelle lui-même au Pape contre l'archevêque. Le saint archevêque excommunie

un envoyé du roi pour avoir participé au schisme, et exhorte le roi lui-même à faire pénitence. A Londres, plusieurs évêques interjettent appel au Pape contre l'archevêque, p. 96. — L'ordre de Cîteaux, menacé par le roi d'Angleterre, n'ose continuer l'hospitalité au saint archevêque. Le roi de France, au contraire, se montre vraiment roi et vraiment chrétien. Saint Thomas prévoit son martyre, p. 97. — Le Pape envoie deux légats pour négocier la réconciliation entre le roi et l'archevêque. Ce que l'archevêque pense de leur conduite, p. 98. — Conférence des rois d'Angleterre et de France et du saint archevêque de Cantorbéry dans le Maine, p. 99. — Le roi de France reconnaît la prudence et le bon droit de l'archevêque. Saint Thomas excommunie nommément plusieurs personnes qui agissaient contre l'Eglise, p. 100. — Le roi d'Angleterre agit contre lui auprès des Italiens. Lettres que le saint écrit à ce sujet. Deux nonces du Pape au roi d'Angleterre. Leur belle conduite, p. 101. — Violences du roi d'Angleterre. Fermeté de plusieurs évêques. Le roi Henri affecte quelque velléité de se réconcilier avec l'archevêque, p. 102. — Le Pape presse le roi avec plus de fermeté d'accomplir ses promesses, p. 103. — Prédictions de saint Godric à saint Thomas de Cantorbéry. Le roi Henri fait sacrer son fils par l'archevêque d'York, contre le droit de l'archevêque de Cantorbéry, et malgré la défense du Pape. Lettre du saint à ce sujet. Réconciliation du roi et de l'archevêque, p. 104. — Retour de saint Thomas de Cantorbéry en Angleterre. Conduite peu honorable de l'archevêque d'York et des officiers du roi. Conduite bien différente du peuple, p. 108. — Saint Thomas prédit sa mort prochaine. Il est assassiné dans son église par des courtisans, p. 109. — Paroles de Bossuet sur son martyre. Suites du meurtre de saint Thomas de Cantorbéry. Efforts du roi pour s'en disculper, p. 110. — Affliction du Pape à la mort de saint Thomas. Il reçoit une députation de chaque côté, p. 111. — L'évêque de Winchester, sur son lit de mort, prédit de grandes calamités au roi, qui passe en Irlande, où se tient un concile, p. 112. — Le roi Henri II reçoit l'absolution des légats, et jure avec son fils de tenir du Pape le royaume d'Angleterre, p. 113. — Concile en Normandie. Canonisation de saint Thomas de Cantorbéry. Sort funeste de ses meurtriers, p. 114. — Il a pour successeur Richard, prieur de Douvres. Les fils de Henri II se révoltent contre leur père, qui en écrit au Pape comme à son seigneur suzerain, p. 115. — Légation de saint Pierre de Tarentaise pour réconcilier les rois d'Angleterre et de France. Ses derniers miracles et sa mort, p. 116. — Richard, nouvel archevêque de Cantorbéry, est sacré par le Pape. Pénitence de Henri II au tombeau de saint Thomas de Cantorbéry. Il en est merveilleusement récompensé, p. 117. — Pèlerinage du roi de France, Louis le Jeune, à saint Thomas de Cantorbéry. Il en obtient la guérison de Philippe-Auguste, son fils, qu'il fait couronner à son retour, p. 118. — Saint Barthélemi, ermite dans l'île de Farn. Saint Ælred en Écosse. Ses ouvrages, p. 137. — Saint Walthen, dans le même pays, p. 139. — Jean de Salisbury, élu évêque de Chartres, p. 144. — Le pape Alexandre III nomme saint Laurent, archevêque de Dublin, son légat en Irlande. Derniers travaux et mort de ce saint, p. 147. — Mort de Jean de Salisbury, p. 149. — Le pape Lucius III nomme un légat, et réconcilie l'Écosse, p. 167. — Les rois de France et d'Angleterre se réconcilient et prennent la croix. Lettre de Pierre de Blois sur la dîme saladine. Réflexions peu judicieuses de Fleury sur cette lettre, p. 180. — La guerre éclate de nouveau entre les rois d'Angleterre et de France. Le fils aîné du premier meurt. Henri II, obligé de combattre son second fils Richard, se voit abandonné des siens et forcé de subir toutes les conditions du roi de France. Il meurt après avoir maudit ses fils, et trouve à peine quelqu'un qui veuille l'enterrer.

p. 481. — Richard Cœur-de-Lion lui succède. Émeutes contre les Juifs en Angleterre, p. 483. — Départ de Richard pour la croisade, p. 484. — Il arrive devant Ptolémaïs, après avoir conquis en passant le royaume de Chypre, p. 496. — Valeur prodigieuse de Richard. Terreur que son seul nom inspire aux Musulmans, p. 497. — Richard, incertain s'il veut rester en Palestine ou revenir en Angleterre. Il n'en continue pas moins ses prodigieux exploits, p. 499. — Il conclut une trève de trois ans huit mois avec Saladin, et donne le royaume de Chypre à Gui de Lusignan, ex-roi de Jérusalem, p. 200. — A son retour, Richard Cœur-de-Lion est arrêté par le duc Léopold d'Autriche, qui le vend à l'empereur Henri VI, qui le revend aux Anglais, p. 201. — Le pape Célestin III excommunie le vendeur de roi. La Providence appuie la sentence du Pontife. Mort funeste de Léopold. Lettres de la reine Eléonore pour invoquer l'autorité du Pape contre les geôliers de son fils Richard, p. 202. — Retour de Richard en Angleterre. Saint Hugues, évêque de Lincoln. Sa fermeté avec le roi. Histoire de sa vie et de ses vertus, p. 204. — Pèlerinage du jeune Lothaire, depuis Innocent III, à saint Thomas de Cantorbéry, l. 71, p. 218. — Lettre d'Innocent III au roi d'Angleterre, Richard Cœur-de-Lion, p. 223. — Mort de Richard Cœur-de-Lion. Son frère Jean Sans-Terre lui succède, p. 250. — Mort de saint Hugues, évêque de Lincoln, p. 307. — Jean Sans-Terre, roi d'Angleterre, en guerre avec le roi de France. Innocent III s'interpose comme Pape. Sa lettre à Philippe-Auguste. Réflexions peu judicieuses de Fleury à cet égard, p. 344. — Jean Sans-Terre se brouille avec le Pape pour l'élection à l'archevêché de Cantorbéry. Après deux élections nulles, le Pape nomme Etienne Langton. Résistance du roi. Lettres du Pape. Suites graves de cette affaire, p. 344. — Jean Sans-Terre implore l'alliance du sultan de Maroc. Mépris que fait de lui le sultan, p. 348. — Suite de l'affaire du roi Jean. Il finit, du conseil de ses barons, par se déclarer vassal de l'Eglise romaine, avec plus de solennité que n'avaient fait ses prédécesseurs, p. 349. — Différend du roi Jean avec les barons d'Angleterre. Le Pape soutient le roi, et lève l'interdit du royaume, p. 352. — Le roi Jean d'Angleterre, ayant fait une trève avec la France, trouve chez lui la guerre civile avec les barons révoltés. Sage conduite d'Innocent III dans ces conjonctures difficiles. Peu de créance que mérite Matthieu Pâris, p. 377. — Guerre civile entre le roi Jean d'Angleterre et les barons révoltés. Prétentions de Louis de France sur le royaume d'Angleterre. Il envoie des ambassadeurs à Rome. Le pape Innocent III réfute ses prétentions, témoigne une grande affection pour sa personne et meurt, p. 394. — Mort du roi Jean d'Angleterre. Son fils Henri, âgé de neuf ans, triomphe des barons rebelles et de Louis de France, par son innocence et la protection du Saint-Siége. Paix entre Louis de France et le jeune Henri III, à qui Honorius III tient lieu de père et de mère, l. 72, p. 397. — L'Anglais Alexandre de Halès entre dans l'ordre des frères Mineurs, p. 431. — Conciles d'Angleterre et d'Ecosse pour le rétablissement de la discipline, p. 447. — Commencements de saint Edmond de Cantorbéry, p. 448. — Caractère du roi d'Angleterre Henri III. Autorité très-médiocre de Matthieu Pâris. Son historiette du Juif-Errant, l. 73, p. 531. — Election pour le siége de Cantorbéry. Violences contre les Romains établis en Angleterre, p. 532. — Lettres de Grégoire IX pour la réforme des monastères. Saint Edmond, archevêque de Cantorbéry, p. 533. — Son ami saint Richard. Robert Grosse-Tête, évêque de Lincoln, p. 534. — Constitutions provinciales de saint Edmond. Concile de Londres, tenu par le légat Othon, pour la réforme du clergé. Consultation au Pape. Sa réponse, p. 536. — Règlements du même légat pour la réformation des moines, p. 537. — Trouble dans l'Université d'Oxford. Statuts synodaux de Guillaume, évêque de Worchester, d'Alexandre de Coventri et de Guillaume de Bleys. Dernières actions et mort de saint Edmond de Cantorbéry, p. 538.

ANGLETERRE, etc. — Dévouement des rois saint Ferdinand d'Espagne, Henri d'Angleterre et saint Louis de France pour la cause de l'Eglise contre l'empereur Frédéric II, t. 8, l. 73, p. 31. — Entreprise scientifique des Franciscains anglais Roger Bacon, Alexandre de Halès, Duns Scot et de quelques autres moines, l. 74, p. 90. — Commentaires sur Aristote par Alexandre de Halès et Duns Scot, p. 92. — Œuvres du Franciscain Roger Bacon, p. 93. — Paix et amitié chrétienne de saint Louis avec le roi d'Angleterre, p. 132. — Saint Louis choisi pour arbitre entre le roi et les barons d'Angleterre, p. 136. — Richard, comte de Cornouailles, élu roi des Romains, p. 154. — Mort de saint Richard de Chichester, p. 155. — Le pape Alexandre IV offre la Sicile au fils du roi d'Angleterre, p. 158. — Relations amicales entre le Saint-Siége et le roi d'Angleterre, Henri III. Lutte entre ce roi et les barons. Elle se termine à l'avantage du roi. Lettre paternelle du Pape au prince royal pour le porter à la clémence. Heureux effets de la lettre, p. 167. — Certaines insinuations de Matthieu Pâris, démenties par les actes des conciles, p. 170. — Saint Thomas, évêque d'Héréford, p. 171. — Meurtre de Henri d'Angleterre. Ce que fait le pape Grégoire X pour le venger, l. 75, p. 208. — Divers conciles en Angleterre pendant le XIIIe siècle, l. 76, p. 296. — Constitutions de l'archevêque Peccam de Cantorbéry. Sa lettre remarquable au roi d'Angleterre sur l'autorité et les droits de l'Eglise, p. 297. — Dernier prince souverain de Galles. Soins de l'archevêque Peccam pour la pacification et le bon gouvernement de ce pays, p. 299. — Condamnation de quelques propositions par ce même archevêque. Grandes plaintes contre les Juifs, p. 300. — Constitutions synodales d'Exester, p. 302. — Lettres et avertissements paternels du pape Jean XXII aux rois de France, d'Angleterre et de Naples, l. 79, p. 459. — Guerres civiles d'Angleterre, prévenues par la médiation des légats du Pape. Victoire des Ecossais sur les Anglais. Mémoire des Irlandais au Pape contre le gouvernement oppressif de l'Angleterre, p. 465. — Le Pape recommande au roi d'y porter remède. Edouard le promet, et la guerre cesse. Efforts du Pape pour concilier les différends et prévenir les guerres entre l'Angleterre et l'Ecosse, p. 466. — Edouard II, en guerre avec ses barons, est trahi, assassiné par sa femme adultère, fille de Philippe le Bel, p. 467. — Edouard III punit le complice de sa mère. Il demande des conseils au pape Jean XXII, qui lui en donne d'excellents. Lettres du même Pape, pour cimenter la paix entre l'Ecosse et l'Angleterre, p. 468. — Philippe de Valois succède au dernier fils de Philippe le Bel. Edouard III, petit-fils de celui-ci par sa mère Isabelle, meurtrière de son époux, prétend au trône de France, mais finit par rendre hommage à Philippe de Valois, p. 469. — Docteurs en Angleterre, p. 470. — Guerre irréconciliable entre la France et l'Angleterre. Quelle en est la cause permanente, p. 542. — Phases principales de cette guerre. Efforts des Papes pour en prévenir les calamités, p. 543. — Mort du roi Jean, du roi Edouard III et de son fils le prince Noir. Vertus, aventures et mort de Charles de Blois, duc de Bretagne, p. 548.

ANGLETERRE, etc. — Guerre civile entre la France et l'Angleterre pour une femme qui a tué son mari. Mort pitoyable d'Edouard III, t. 9, l. 80, p. 11. — Arrangements provisoires pour certains bénéfices d'Angleterre. Commencements et erreurs de Wiclef, p. 14. — Autres sectaires, p. 15. — Réponse mémorable de la nation anglaise aux cardinaux français et à la nation française, sur le schisme d'Occident. Réflexions, l. 81, p. 42. — Soulèvements et révolutions en Angleterre par les sectateurs de Wiclef ou les Lollards. Richard II est détrôné par Henri IV, qui le fait mourir de faim, et qui,

après un règne plein de troubles et de révolte, meurt lui-même frappé de Dieu, p. 54. — Son fils, Henri V, étouffe une nouvelle insurrection des Lollards, p. 55. — Henri V gagne la bataille d'Azincourt, se voit maître de la France et de l'Angleterre, et meurt dans la force de l'âge, p. 56. — Sous ces trois règnes, l'Angleterre continue à reconnaître les Pontifes romains et non celui d'Avignon. Bon usage que les Papes faisaient en Angleterre de certaines nominations à eux réservées, p. 57. — Quelle était l'hérésie de Wiclef, p. 107. — Son ignorance et ses blasphèmes réfutés d'avance par le formulaire du pape Hormisda, p. 108. — Les erreurs de Wiclef pénètrent en Bohême, p. 109. — Hostilité entre les princes français d'Angleterre et ceux de France, envenimée par la postérité de Philippe le Bel, l. 82, p. 147. — Jeanne d'Arc fait lever le siège d'Orléans aux Anglais, p. 159. — Conduite peu honorable des Français et des Anglais lors de la prise de Jeanne d'Arc, et surtout lors de son procès, p. 177-195. — Combien l'Angleterre et la France sont coupables envers Jeanne d'Arc, et qu'elles n'ont pas encore réhabilité leur propre honneur, p. 197. — Proclamation des conquérants espagnols dans le Nouveau-Monde. Politique différente des Anglais dans l'Inde, l. 83, p. 290. — L'Allemagne, la France et l'Angleterre, au lieu de sauver la Grèce et l'Orient, au lieu de marcher, avec les Espagnols et les Portugais, à la conquête d'un Nouveau-Monde, s'occupent à se faire la guerre l'une à l'autre, p. 318. — Charles le Téméraire promet au roi d'Angleterre, Edouard IV, de lui livrer la France, p. 333. — Depuis le supplice de Jeanne d'Arc, les Plantagenet d'Anjou, rois d'Angleterre, divisés en deux branches, se font l'une à l'autre une guerre d'extermination, p. 343. — Avénement des Tudor, Henri VII et Henri VIII, p. 346. — La bulle de Léon X contre Luther est reçue en Angleterre avec une soumission religieuse. Le roi Henri VIII réfute très-solidement les blasphèmes de l'hérésiarque, et fait hommage de son travail au Pape, l. 84, p. 579.

ANGLETERRE, *etc.* — Réponses de Luther au roi d'Angleterre, t. 10, l. 84, p. 72. — Sciences et vertus de Jean Fisher, évêque de Rochester. Grandes qualités de Thomas Morus, chancelier d'Angleterre. Henri VIII écrit aux princes d'Allemagne sur les emportements de Luther, p. 73. — Lettre artificieuse d'excuse de Luther au roi d'Angleterre, p. 74. — Henri VIII répond par une réfutation solide des principales erreurs et assertions de l'hérésiarque, p. 75. — Henri VIII, dominé par sa passion, cherche à faire rompre son mariage avec Catherine d'Aragon, pour épouser Anne de Boulen. Circonstances inconnues du temps de Bossuet, p. 77. — Position difficile du pape Clément VII. Histoire du cardinal Volsey, p. 78. — Henri VIII sollicite des réponses favorables dans les Universités. Désespérant de vaincre les difficultés, il est tiré d'embarras par Thomas Cromwell, qui lui propose de se déclarer chef de l'église d'Angleterre. Quel était ce patriarche de l'église anglicane, p. 80. — Licous législatifs et nœuds-coulants administratifs que Thomas Cromwell prépare au clergé anglais. Tunstall, évêque de Durham, et Guillaume de Warham, archevêque de Cantorbéry, s'aperçoivent du piège et protestent contre. Le dernier meurt à la vue de la prochaine apostasie de l'Angleterre, p. 81. — Henri VIII épouse secrètement Anne de Boulen, en assurant au prêtre que le Pape venait de prononcer en sa faveur. Thomas Cranmer, ayant une seconde femme et luthérien dans le cœur, est fait archevêque de Cantorbéry. Avec quelle hypocrisie Cranmer prononce le divorce entre Catherine d'Aragon et Henri VIII, déjà marié à une autre, p. 82. — Le collège des cardinaux, consulté par Clément VII, se prononce à la presque unanimité pour la validité du mariage de Catherine. Sur quoi le Pape prononce une sentence définitive, mais qui ne doit être publiée que plus tard. Avant qu'on pût savoir

à Londres ce qui avait eu lieu à Rome, l'apostasie de l'Angleterre était consommée par la bassesse de son parlement. Dernières actions et martyre de Thomas Morus, p. 83. — Martyre de Fisher, évêque de Rochester. Réflexions du protestant Cobbet. Courage de deux Franciscains, Peyto et Elstow, p. 84. — Martyre de plusieurs Chartreux. Le roi-pape Henri VIII déclare le laïque Thomas Cromwell son vicaire général, sous qui le clergé anglican s'avilit toujours davantage, p. 85. — Bassesse du parlement pour satisfaire l'avarice du roi. Ce qu'étaient les monastères anglais suivant Tanner, évêque protestant. Déloyauté de Hume, qui le cite, p. 86. — Moyens employés par le pape anglican et son vicaire pour voler les couvents anglais, et quelles en ont été les suites, p. 88. — Ce que c'est que le paupérisme. Ménage du premier pape anglican, p. 89. — Après la mort de la reine Catherine d'Aragon, le premier pape anglican fait couper la tête à la première papesse anglicane, Anne de Boulen, comme convaincue d'adultère, quoique son mariage fût déclaré nul. La troisième femme de Henri lui donne un fils en mourant. En conséquence, il déclare illégitimes ses deux filles Marie et Élisabeth, p. 90. — Supplice de la comtesse de Salisbury, mère du cardinal Polus. Henri VIII, premier pape anglican, épouse une quatrième femme, Anne de Clèves. La répudie, parce qu'elle n'est pas à son gré, et en épouse une cinquième, Catherine Howard. Chute et exécution de Thomas Cromwell. Henri VIII s'occupe à réglementer la foi des Anglais, et fait périr dans les supplices quiconque ne reconnaît pas son infaillibilité, p. 91. — Il n'épargne pas même les morts, et fait le procès à saint Thomas de Cantorbéry, pour s'emparer des richesses de son église et de son tombeau, p. 92. — Henri VIII coupe la tête à sa cinquième femme, et en épouse une sixième, qui faillit avoir le même sort. Tableau de son règne et de ses dernières années, par Cobbet et Lingard, p. 93. — Parallèle, d'après le protestant Cobbet, entre l'Angleterre catholique au XVe siècle, et l'Angleterre protestante depuis Henri VIII, sous le rapport du bien-être matériel, p. 94. — Le protestant Cobbet sur la mort de Henri VIII et l'avénement d'Edouard, l. 85, p. 204. — Omission d'une cérémonie importante dans l'inauguration d'Edouard VI. Origine anglicane de l'absolutisme royal ou du despotisme, p. 205. — A quoi ressemble l'histoire religieuse de l'Angleterre depuis trois siècles, p. 238. — Variations religieuses de l'Angleterre à la mort de Henri VIII et sous le règne d'Edouard VI, p. 239. — Quatre évêques fidèles. Vraie cause de ces innovations, malgré le clergé et le peuple, p. 242. — Les novateurs brûlent une dissidente. Persécution contre les pauvres. Le pape-roi Edouard VI signe la mort de ses deux oncles. Ce que le protestant Cobbet dit à ce sujet. Mort d'Edouard VI, p. 243. — Avénement de la reine Marie, p. 244. — Elle épouse le prince d'Espagne, Philippe II, p. 245. — Rétablissement de la religion catholique en Angleterre. Légation du cardinal Polus, p. 247. — Ce que signifient au juste *persécution et martyr*, p. 248. — Poursuites légales de la reine Marie contre certains hérétiques, entre lesquels Latimer et Cranmer, d'après le protestant Cobbet, p. 249. — Mort de la reine Marie et de l'évêque et chancelier Gardiner, p. 251. — Mort du cardinal Polus. Ses vertus. Ses talents. Ses ouvrages, p. 252. — Apostasie d'Elisabeth d'Angleterre et de son parlement. Fidélité des évêques anglais, hormis un seul, p. 257. — Nouveau clergé intrus et schismatique, p. 259. — Gouvernement pontifical de la reine-papesse, d'après le protestant Cobbet, p. 260. — Suites de l'apostasie de l'Angleterre. Sa papesse Elisabeth avec ses maris et ses bâtards, ses emportements et sa tyrannie, l. 86, p. 403. — Le fait le plus mémorable du règne de la papesse Elisabeth, c'est un régicide, c'est le meurtre de Marie Stuart, reine d'Ecosse. Histoire de ce long régicide, commis avec préméditation par l'An-

gleterre protestante, p. 404-440. — Ce que, de l'aveu du protestant Cobbet, l'Angleterre protestante fit souffrir à l'Angleterre catholique sous la papesse Elisabeth, p. 440. — Services rendus par les catholiques anglais à Elisabeth. Sa reconnaissance, d'après Cobbet, p. 441. — Supplice de Marguerite Middleton, pour avoir gardé un prêtre catholique comme instituteur de ses enfants. Religieuse confiance du cardinal Baronius; au retour de l'Angleterre, à la vue de ses généreux martyrs. Accomplissement de cette confiance prophétique. Désir qu'on forme une collection de ces martyrs anglais du XVIe et du XVIIe siècle, p. 442. — Conduite respective de l'Angleterre catholique et de l'Angleterre protestante, p. 443. — Martyre des missionnaires catholiques en Angleterre. Traite des noirs par l'Angleterre protestante et sa papesse Elisabeth. Principes généraux pour juger l'histoire et la politique moderne, p. 414. — La papesse Elisabeth d'Angleterre envoie des secours aux Français renégats, p. 423. — Etat général de l'Angleterre sous les Stuarts. Jusqu'à quel point le gouvernement français contribue à leur expulsion. Controverse du roi Jacques Ier avec le jésuite Bellarmin sur l'origine de la souveraineté. D'où vient la doctrine de l'absolutisme royal, l. 87, p. 571. — Doctrines gouvernementales des calvinistes d'Ecosse, opposées à celles de leur compatriote Jacques Ier. Mœurs de Jacques Ier et de sa cour. Conséquences de sa prétention à être roi absolu au temporel et pape absolu au spirituel, p. 572. — Règne de son fils Charles Ier. Révolution en Ecosse et en Angleterre. Olivier Cromwell. Le parlement fait couper la tête au roi, p. 573. — Confusion en Angleterre et république après la mort de Charles Ier. L'Irlande catholique dévastée par Cromwell, parce qu'elle reste fidèle aux Stuarts protestants. L'Ecosse protestante, patrie des Stuarts, impose à leur héritier une déclaration déshonorante. Cromwell fait vendre six mille prisonniers comme esclaves, p. 576. — Gouvernement de Cromwell et de son fils Richard, p. 577. — Charles II, fils de Charles Ier, remonte sur le trône de son père. Son gouvernement, p. 578. — D'après les premiers principes du protestantisme, peut-on blâmer Cromwell et les autres régicides? Conséquences naturelles de ces principes, p. 579. — Le chancelier François Bacon. Examen de sa philosophie par Joseph de Maistre, p. 580. — L'Italien Galilée, contemporain de Bacon; p. 582. — Comparaison entre Galilée et Bacon par Hume. Tendance finale de Bacon dans ses œuvres, p. 585. — Parallèle entre le Dante et Milton, p. 586. — Comment les Anglais fidèles à l'ancienne foi de la vieille Angleterre, autrement les catholiques, furent traités durant cette période par les Anglais infidèles à la foi de la vieille Angleterre, autrement par les protestants, p. 587. — Saint Vincent de Paul vient au secours des catholiques d'Ecosse, d'Irlande et d'Angleterre, et par ses missionnaires et par ses aumônes, et chez eux et en France, où ils se réfugient, p. 589.

Angleterre, etc. — L'Angleterre protestante persécute l'Angleterre catholique durant le XVIIe siècle. La fraction protestante de l'Angleterre se fractionne en une infinité de sectes. Nullité des ordinations anglicanes, t. 11, l 88, p. 284. — Secte fanatique des quakers ou trembleurs. Diverses sectes, plus ou moins fanatiques, de wesleyens ou méthodistes, p. 285. — Union de l'Angleterre catholique avec tous les siècles et tous les peuples chrétiens. Désunion de l'Angleterre protestante d'avec tous les siècles et les peuples chrétiens, et d'avec elle-même, p. 286. — Antichristianisme des principaux docteurs anglicans. Combien le protestantisme a faussé, obscurci l'intelligence de Locke, Bull, et surtout de Newton, p. 287. — Quels sont, d'après saint Jean, les traits caractéristiques d'un antechrist, et à qui conviennent ces caractères. Biographie de Newton. Caractère de son esprit, p. 288. — Situation de l'Angleterre catholique. Persécutions qu'elle souffre. Elle a plusieurs colléges sur le continent pour perpétuer son clergé, p. 289. — L'Angleterre catholique du XVIIe siècle compte parmi ses enfants les trois plus grands poètes dont l'Angleterre s'honore : Shakespeare, Dryden, Pope. Etat de l'Ecosse catholique vers la fin du XVIIe siècle, p. 290. — Situation de l'Irlande catholique à la même époque, p. 291. — Code pénal de l'Angleterre protestante contre l'Angleterre catholique, résumé par le protestant Cobbet, p. 292. — Mœurs des rois et papes hanovriens d'Angleterre pendant le XVIIIe siècle. Souffrances de l'Angleterre catholique. Les derniers Stuarts, l. 89, p. 443. — Etat du clergé catholique d'Angleterre dans cette période. Excellents écrits de l'évêque Challoner et de l'abbé Butler, p. 444. — Législation plus humaine de l'Angleterre protestante envers l'Angleterre catholique, qui enfante l'église féconde des Etats-Unis, p. 446. — Conversion de M. Thayer, ministre presbytérien, p. 448. — Funestes conséquences du protestantisme en Angleterre, avouées par les anglicans eux-mêmes, p. 449. — Divisions doctrinales parmi les anglicans. Les uns tombent dans l'arianisme et l'incrédulité, quelques-uns les combattent, mais sans suite ni ensemble, p. 450. — Conversion d'Elisabeth Pitt, p. 451. — Pendant la Révolution française, beaucoup de prêtres se réfugient en Angleterre, où ils sont reçus avec beaucoup d'humanité, l. 90, p. 549.

Angleterre, etc. — Un émissaire corse du gouvernement anglais vient solliciter Napoléon de se déclarer chef de la religion en France, comme font chez eux les rois d'Angleterre et de Prusse et l'empereur de Russie, t. 12, l. 91, p. 4. — Le gouvernement anglais n'ayant pu persuader à Napoléon de se faire pape gallican, pour rompre l'unité et la force de la France, entreprend de le faire assassiner, p. 5. — Le gouvernement anglais coalise l'Allemagne et la Russie contre Napoléon, p. 8. — Pendant que Pie VII se rend en France pour sacrer Napoléon empereur, un agent anglais le fait supplier à Florence de ne pas aller plus loin. Pie VII s'y refuse, 14. — En 1809, pendant que Pie VII est comme prisonnier à Rome, envahie par une armée française, une frégate anglaise s'offre à le transporter en Sicile, p. 33. — Comment la Providence s'est servie de la révolution française pour réveiller le catholicisme en France et le propager ailleurs, notamment en Angleterre. Préventions incroyables de certains Anglais contre les catholiques. Nombre de catholiques dans la Grande-Bretagne, p. 92. — Causes de leur accroissement. — Difficultés entre les catholiques touchant leurs relations avec le gouvernement anglais. Différentes motions dans le parlement pour l'émancipation des catholiques, qui enfin leur est accordée en 1829. Substance du bill d'émancipation, qui est dû principalement aux efforts indomptables de l'Irlandais Daniel O'Connel, p. 93. — Physionomie des catholiques anglais pendant leur oppression. Elle devient toute différente depuis l'émancipation. Constructions d'églises, sociétés de bonnes œuvres, association de prières pour la conversion de l'Angleterre, fondée par un fils de lord Spencer, devenu prêtre catholique de ministre anglican, p. 94. — Institutions catholiques de la Grande-Bretagne pour la propagation des vérités catholiques par toute la terre. Colléges catholiques d'Angleterre, dont les élèves peuvent prendre leurs grades à l'Université de Londres. Le gouvernement anglais trouve les ouvriers catholiques plus laborieux et mieux disciplinés, p. 95. — Société de tempérance ou d'abstinence fondée et propagée par le Père Mathew, capucin. Ses succès prodigieux en Irlande et en Angleterre, p. 96. — Hiérarchie de l'Angleterre catholique. L'évêque Wiseman. Nombre de missionnaires, de colléges, de monastères, etc., en 1843. La congrégation des Passionistes, fondée en Italie par Paul de la Croix, pour la conversion de l'Angleterre, p. 97. — L'ordre des Frères de la Charité, fondé à Rome par l'abbé Rosmini, se dévoue de même à la conversion de la nation anglaise. Les universités exclusive-

ment protestantes d'Oxford et de Cambridge commencent elles-mêmes à fournir à l'Eglise catholique, des néophytes, des prêtres et des missionnaires, en particulier le docteur Newman, p. 98. — Le gouvernement d'Angleterre plus libéral et plus confiant envers lés catholiques que les gouvernements de France. L'évêque Wiseman reconnaît, comme une chose évidente ; que ce mouvement religieux d'Angleterre ne vient pas dés hommes, mais de Dieu seul, p. 99. — L'Angleterre fait la guerre à la Chine pour lui vendre du jus de pavots. Facilités plus grandes pour la prédication de l'Evangile, p. 206. — Evêque catholique dans les Antilles anglaises et danoises. Dévotion des Nègres affranchis pour bâtir des églises, p. 247. — L'Angleterre travaille à s'entendre de mieux en mieux avec Rome. Daniel O'Connel meurt en y allant en pèlerinage au nom de l'Irlande p. 228. — Un représentant anglais à Rome, p. 247. — Misère de l'Irlande : encyclique de Pie IX, p. 258. — Rétablissement de la hiérarchie catholique en Angleterre, p. 295. — Appel au peuple anglais par le cardinal Wiseman. Bill contre les évêques catholiques, p. 296. — Procès d'Achilli contre le P. Newman. Concile provincial de Westminster, p. 297. — Lord Palmerston et le comte de Cavour au Congrès de Paris, p. 322. — L'Angleterre dans les Indes, p. 327. — Propositions de la Grande-Bretagne : déclaration de guerre entre la France et l'Autriche, p. 339. (Voir *Pie IX*).

ANIMAUX terrestres. Leur création, t. 1, l. 1, p. 25.
— Animaux carnassiers. A quoi bon, p. 25.
ANNE, mère de Samuel, t. 1, l. 40, p. 253.
ANNE, la prophétesse, t. 2, l. 23, p. 156.
ANNE, beau-père de Caïphe, t. 2, l. 23, p. 231.
ANNE Erizzo, vierge martyre à Lesbos sous Mahomet II, t. 9, l. 83, p. 396.
ANNE Dubourg, prêtre apostat, t. 10, l. 85, p. 262.
ANNE, impératrice de Russie. Ses désordres, t. 11, l. 89, p. 421.
ANNIBAL, général carthaginois, t. 2, l. 22, p. 578.
ANNON (saint), archevêque de Cologne, t. 6, l. 64, p. 402, 424. — Se retire de la cour, p. 456. — Sa mort, l. 65, p. 498.
ANSBERT (saint), archevêque de Rouen, t. 4, l. 50, p. 485.
ANSCAIRE (saint) va prêcher l'évangile dans le Danemarck, t. 5, l. 55, p. 489. — Il est envoyé en Suède. Il est nommé archevêque de Hambourg et légat du pape Grégoire IV jusque dans le Groënland où l'Amérique septentrionale, qui dès lors était connue, p. 490. — Il est secondé par l'archevêque Ebbon de Reims, p. 491. — Il envoie des prêtres en Suède et prêche lui-même en Danemarck, l. 56, p. 240. — Ses derniers travaux, l. 57, p. 294.
ANSEGISE (saint). Son recueil des Capitulaires, t. 5, l. 55, p. 188.
ANSELME (saint) de Lucques, t. 6, l. 64, p. 123 ; l. 65, p. 188 ; l. 66, p. 259.
ANSELME (saint), abbé du Bec, est nommé au siège de Cantorbéry, t. 6, l. 66, p. 269 et seqq. — Sommaire de sa vie, p. 274. — Ses principaux écrits. Son *Monologue* et son *Prologue*, avec les *Objections d'un ignorant*, par le moine Gaunilon, p. 275. — Son *Traité de la Trinité et de l'Incarnation* ; contre les erreurs de Roscelin, condamnées au concile de Soissons. Son *Traité de la procession du Saint-Esprit*, contre les Grecs, p. 276. — Son dialogue : *Pourquoi Dieu s'est fait homme*. Son *Traité de la vérité*, ainsi que d'autres opuscules. Jugement de ses écrits, p. 277. — Sa vie écrite par le moine Edmer, p. 278. — Persécuté de nouveau par le roi, il part pour Rome, p. 338. — Il veut se démettre de son siège, mais le Pape s'y refuse, p. 340. — Il réfute les Grecs au concile de Bari, et assiste à celui de Rome, p. 444. — Rappelé en Angleterre par le nouveau roi, il refuse de recevoir de sa main l'investiture de son archevêché. Ce qu'il en est de cette question des investitures, p. 343. — Suites de cette affaire (Voyez *Angleterre*). Activité de saint Anselme contre l'incontinence des clercs. Ses démêlés avec Thomas, archevêque d'York. Sa maladie et sa mort, l. 67, p. 369.
ANSELME (saint), fondateur du monastère de Fanan, près Modène, t. 5, l. 52, p. 36.
ANSELME de Laon, t. 6, l. 66, p. 278.
ANSELME, évêque de Havelberg. Ses précieux et remarquables dialogues touchant la doctrine et le rite des Grecs : *De l'unité et de la multiformité de l'Eglise ; de la procession du Saint-Esprit ; de la primauté du Pape* ; t. 6, l. 68, p. 567-572.
ANSFRID (saint), évêque d'Utrecht, t. 6, l. 62, p. 11.
ANTHELME (saint), évêque de Belley. Sa vie, t. 7, l. 69, p. 60. — Sa fermeté, sa charité et sa mort, p. 448.
ANTHÉMIUS, empereur d'Occident, t. 4, l. 41, p. 27.
ANTIGONE, roi des Juifs, t. 2, l. 22, p. 132.
ANTIOCHUS-EPIPHANE. Accomplissement des prophéties de Daniel sur Antiochus-Epiphane. Crapule et extravagances de ce prince. Infamies de Jason, de Ménélaüs et de leurs affidés. Prodiges dans le ciel. Fin malheureuse de Jason, t. 2, l. 21, p. 80-83. — Massacres et profanations d'Antiochus. Son édit. Servilité des Samaritains. L'abomination de la désolation dans Jérusalem et dans le temple. Martyre d'Eléazar et des sept Machabées. Jeux publics à Daphné et bassesses d'Antiochus, p. 83-86. — Belles actions de Mathathias. Ses avis à ses enfants et sa mort. Légitimité de sa résistance. De la résistance des individus et de la résistance des nations, p. 86-88. — Judas Machabée. Son éloge. Ses victoires sur les généraux d'Antiochus. Purification du temple. Victoires nouvelles sur les armées syriennes et leurs alliés, p. 88-94. — Echec d'Antiochus au temple d'Elymaïs. Sa fureur. Sa punition. Son repentir. Sa lettre aux Juifs. Sa mort, p. 94.
ANTIOCHUS (les autres), rois de Syrie (A voir même t. 2, l. 21 et 22).
ANTIOCHUS, moine. Ses écrits, t. 5, l. 48, p. 377.
ANTIPATER, iduméen, père d'Hérode, t. 2, l. 22, p. 431.
ANTISTHÈNES, philosophe grec, t. 2, l. 20, p. 39.
ANTOINE (saint), patriarche des cénobites. Sa naissance et son éducation. Il vend ses biens et s'exerce à la vie ascétique. Tentations qu'il éprouve, t. 3, l. 30, p. 50. — Ses austérités. Il s'établit dans un sépulcre, p. 51. — Attaques du démon contre lui. Il s'établit sur une montagne. Ses miracles. Ses disciples. Ses institutions, p. 52. — La persécution le fait sortir de son monastère. Il encourage les martyrs, p. 57. — Il rentre dans son monastère. Il guérit la fille d'un commandant. Il se retire sur une montagne au fond du désert. Il commande aux bêtes sauvages. Sa tentation. Sa visite à ses amis. Il fait jaillir une source et guérit des possédés. Son entretien avec des philosophes païens, p. 68. — Ses relations avec Ammon, p. 69. — Il reçoit saint Hilarion, p. 70. — Il vient à Alexandrie et anathématise Arius. Il guérit un possédé, l. 32, p. 106. — Lettre de l'empereur Constantin à saint Antoine, et sa réponse, p. 113. — Sa lettre à l'intrus Grégoire, p. 116. — Entrevue de saint Paul et de saint Antoine. Mort de saint Paul. Saint Antoine l'ensevelit dans une fosse creusée par des lions, p. 129. — Sa mort, l. 33, p. 464.
ANTOINE (saint) de Padoue. Ses commencements, t. 7, l. 72, p. 426. — Ses premières prédications, p. 431. — Suite et fin de sa vie, t. 8, l. 73, p. 44.
ANTOINE (saint) en Lithuanie, t. 8, l. 79, p. 583.
ANTOINE de Stronico (bienheureux), t. 9, l. 83, p. 387.
ANTOINE Nayrot (bienheureux), t. 9, l. 83, p. 372.
ANTOINE Roddi (bienheureux), t. 9, l. 83, p. 375.
ANTOINE Patrizzi (bienheureux), t. 8, l. 76, p. 431.
ANTOINE, triumvir avec Lépide et Octave, t. 2, l. 22, p. 120.

ANTOINE Caulias, patriarche de Constantinople, t. 5, l. 59, p. 415.

ANTOINE Pucci. Son discours au cinquième concile de Latran, t. 9, l. 83, p. 438.

ANTOINE-MARIE-ZACHARIE, de Crémone, fondateur de l'ordre des Barnabites, t. 9, l. 84, p. 555.

ANTOINE, carme. Son sermon au concile de Trente, t. 10, l. 85, p. 475.

ANTONELLI, cardinal, t. 12, l. 92, p. 109. — Antonelli et Louis-Napoléon, p. 148.

ANTONIN (l'empereur). Ses qualités et ses défauts. Célébrité de son époque, t. 2, l. 27, p. 388. — Preuves de la persécution sous son règne, p. 394. — Son décret en réponse aux plaintes des chrétiens d'Asie, p. 398. — Sa mort, p. 403.

ANTONIN (saint), archevêque de Florence. Ses commencements, t. 9, l. 84, p. 86. — Nommé archevêque de Florence, l. 82, p. 274. — Ses vertus, ses bonnes œuvres et ses écrits, l. 83, p. 370.

ANTONIN, évêque de Cirthe. Sa lettre, t. 4, l. 42, p. 54.

ANTONINE, femme de Bélisaire. Son caractère, t. 4, l. 45, p. 222.

AOD, juge d'Israël, tue Eglon. Légitimité philosophique de ce meurtre. Le catholique seul a droit d'en juger, t. 4, l. 40, p. 235.

APHRAATE (saint), solitaire. Sa réponse à l'empereur Valens. Ses miracles, t. 3, l. 35, p. 238.

APOLLINAIRE Claude (saint), évêque de d'Hiéraples. Son Apologie de la religion chrétienne et ses autres ouvrages, t. 2, l. 27, p. 434.

APOLLINAIRE (saint), évêque de Valens. Son exil. Ses miracles. Son rappel, t. 4, l. 43, p. 132.

APOLLINAIRE (les deux), père et fils, prêtre et évêque de Laodicée. Leurs ouvrages pour suppléer aux lettres païennes interdites par Julien l'Apostat, t. 3, l. 34, p. 493. — Erreurs de l'évêque. Il est réfuté par saint Athanase, l. 35, p. 245. — Par saint Grégoire de Nazianze, p. 255. — Sa condamnation par le pape saint Damase, p. 258, 259, 286.

APOLLON, disciple de saint Paul, t. 2, l. 25, p. 282.

APOLLONIE ou Apolline (sainte), vierge et martyre, t. 2, l. 29, p. 520.

APOLLONIUS (saint), sénateur romain. Son martyre, t. 2, l. 27, p. 435.

APOLLONIUS (saint), moine et diacre de Tyr. Son martyre, t. 3, l. 30, p. 56.

APOLLONIUS de Tyane. Ce qu'il faut en penser, t. 2, l. 25, p. 290.

APOLLONIUS, philosophe, précepteur de Marc-Aurèle. Sa vanité et son avarice, t. 2, l. 27, p. 404.

APOTRES. Election des douze apôtres par Jésus-Christ, t. 2, l. 23, p. 176. — Mission et instructions des douze apôtres. Réflexions à ce sujet, p. 186.

APPELLATIONS au Pape (Voyez *Papauté*).

APRIÈS, roi d'Egypte, t. 2, l. 18, p. 440.

ARABIE. L'Arabie était chrétienne, même dans sa littérature, un siècle avant Mahomet, t. 4, l. 44, p. 163.

ARBITRE (libre) d'après Aristote, t. 2, l. 20, p. 35. — Enseigné dans Origène, l. 28, p. 506.

ARBOGASTE, général barbare. Son insolence. Il fait assassiner Valentinien et proclame Eugène empereur, t. 3, l. 36, p. 333. — Sa mort, p. 338.

ARBRE de vie dans le paradis terrestre, t. 4, l. 2, p. 50.

ARCADE, empereur d'Orient, t. 3, l. 37, p. 340. — Ses lois, p. 365.

ARCHE de Noé et ses dimensions, t. 4, l. 3, p. 59. — Qu'elle était plus que suffisante pour remplir sa destination, p. 59. — Arche de Noé, figure de l'Eglise, p. 61. — Un mot sur cette maxime : *Hors de l'Eglise il n'y a point de salut*, p. 61.

ARCHE d'alliance. Description et dimension. Présence de Dieu au milieu d'Israël et des patriarches. Cérémonies relatives à l'arche, figuratives de la vie de Jésus-Christ, t. 4, l. 8, p. 177. — Signaux pour les campements, le départ, l'assemblée. Ordre de la marche, p. 179. — Marche d'Israël, figure de la vie du chrétien. Adoration de la croix, p. 179. — L'arche d'alliance dans le camp. Prise par les Philistins. Placée dans le temple de Dagon. Plaies des Philistins. Aveuglement des prêtres de Dagon. Renvoi de l'arche. Mort des Bethsamites indiscrets. L'arche dans la maison d'Aminadab, l. 40, p. 254. — Elle est transportée chez Obededom, puis à Jérusalem. Punition d'Oza. Cantique de David. Il danse devant l'arche, l. 14, p. 292. — L'arche d'alliance est transportée dans le temple de Salomon, l. 12, p. 345. — Après la ruine du temple par Nabuchodonosor, le prophète Jérémie enfouit l'arche d'alliance dans une caverne de la montagne de Nébo, jusqu'à sa manifestation future, l. 18, p. 427.

ARCHÉLAÜS, évêque de Mésopotamie. Sa conférence avec Manès, t. 2, l. 29, p. 572. — Sa lettre et son arrivée à Diodore, où il raconte l'histoire de Manès, p. 574.

ARCHILOQUE, poète grec, t. 2, l. 20, p. 46.

ARCHYTAS, philosophe grec, t. 2, l. 20, p. 26.

ARCUDIUS, savant grec catholique, t. 11, l. 87, p. 73.

ARDENTS (miracles des). Ce que c'est, t. 6, l. 68, p. 474.

ARÉTHAS (martyre de saint), prince arabe, de sa femme Rehoumy, de leurs enfants et d'un grand nombre d'Arabes chrétiens, t. 4, l. 44, p. 159.

ARGENS (le marquis d'), philosophe incrédule, d'une jeunesse dissolue, se convertit à la fin, t. 11, l. 89, p. 423.

ARGENTRÉ (Du Plessis d'), évêque de Tulle. Ses écrits, t. 11, l. 89, p. 504.

ARIALD (saint), prêtre de Milan, t. 6, l. 64, p. 106. — Son martyre, p. 129.

ARIANISME, ARIUS, ARIENS. — Caractère et conséquences de l'arianisme. Arius. Son portrait. Ses variations. Il commence à répandre sa doctrine, t. 3, l. 31, p. 76. — Tentatives inutiles de saint Alexandre. Excommunication d'Arius. Il s'attache à Eusèbe de Nicomédie. Lettre qu'il lui adresse. Imposture qu'elle contient, p. 77. — Sa lettre à saint Alexandre. Arius met sa doctrine en chansons. Ses équivoques, p. 78. — Concile des ariens. Division dans toute l'Eglise. Lettre de Constantin à Arius. Concile d'Alexandrie. Evêques ariens qui se trouvent au concile de Nicée, p. 81. — Arius y expose ses erreurs. Discussion entre les évêques catholiques et les évêques ariens, p. 82. — Confusion et mauvaise foi des ariens. Discussion sur le mot *consubstantiel*, p. 83. — Souscriptions frauduleuses de quelques ariens. Condamnation d'Arius et de ses sectaires, p. 84. — Lettres de l'empereur Constantin à toute l'Eglise pour la condamnation de l'hérésiarque, à Arius et à ses partisans, p. 86. — Rappel d'Arius. Machinations des ariens contre saint Eustache d'Antioche, l. 32, p. 105. — Saint Antoine anathématise Arius, p. 106. — Nouvelles intrigues des ariens. Conciliabule de Tyr. Confusion et fureur des ariens, p. 108. — Procédure inique contre le prêtre Macaire. Déposition d'Athanase et lettres mensongères du conciliabule, p. 110. — Réconciliation d'Arius par les évêques du conciliabule p. 111. — Fermeté de saint Alexandre de Constantinople contre la réhabilitation d'Arius. Menaces des ariens. Mort funeste d'Arius, p. 112. — L'arianisme à la cour. Nouvelles intrigues des ariens contre saint Athanase. Chaque parti en appelle au pape saint Jules, p. 114. — Ils déposent saint Athanase au conciliabule d'Antioche. Horreurs commises par les ariens à Alexandrie, p. 115. — Refus des ariens de se rendre au concile de Rome qu'ils ont demandé, p. 117. — Condamnation des ariens par Constant, p. 121. — Concile de Sardique. Tergiversations et retraite des ariens. Condamnations des ariens, p. 122. — Assemblée des ariens à Philippopolis. Leurs lettres et leurs violences. Machinations d'un

évêque arien contre les légats de Sardique, p. 125. — L'esprit de l'Eglise et l'esprit des ariens, p. 130. — Nouvelles intrigues des ariens contre saint Athanase. Leurs intrigues vaines auprès du pape Libère. Concile d'Arles, où dominent les ariens, qui demandent la condamnation d'Athanase, l. 33, p. 145. — Concile de Milan pour la réunion des ariens aux catholiques. Fermeté de Lucifer, d'Eusèbe de Verceil et de Denys, touchant la foi catholique et le soutien d'Athanase, p. 146. — Tentatives des ariens pour gagner le pape Libère, p. 150. — Ils gagnent Julien surnommé l'Apostat, p. 152. — Tentatives des ariens pour enlever Athanase de son siége d'Alexandrie. Ils se servent de Constance pour persécuter l'Eglise d'Alexandrie. Ils mettent à la place d'Athanase l'arien Georges de Cappadoce, p. 160. — Malgré l'arianisme, la foi demeure intègre parmi le peuple. Causes, p. 162. — Violences des évêques ariens à Alexandrie et à Constantinople, p. 163. — Concile de Rimini, qui maintient la foi catholique contre les ariens, p. 169. — Concile de Séleucie. Se montre de même. Conséquences sur le nombre respectif des catholiques et des ariens, p. 174. — Les légats du concile de Rimini se laissent séduire par les ariens, p. 172. — Les évêques, retenus forcément à Rimini et violentés par les ariens, obligent néanmoins les ariens à condamner l'arianisme. Indignes équivoques des ariens, p. 172. — Concile d'Alexandrie pour la réconciliation des ariens. Règlements, l. 34, p. 204. — Importunités inutiles des ariens auprès de Jovien, empereur, l. 35, p. 221. — Aversion des habitants de Samosate, pour les évêques ariens, p. 240. — Violences des ariens contre les catholiques et contre les moines à Alexandrie, p. 248. — Leur haine et leur violence contre saint Grégoire de Nazianze, l. 36, p. 267. — Leurs mouvements à Constantinople, p. 323. — Leurs émeutes et leur punition, l. 37, p. 375.

ARIOSTE (Louis) et ses poésies, t. 10, l. 84, p. 3.

ARISTIDE, philosophe chrétien d'Athènes. Son apologie du christianisme, t. 2, l. 27, p. 383.

ARISTIPPE, philosophe grec. Son sybaritisme, t. 2, l. 20, p. 39.

ARISTOBULE, prêtre des Juifs, t. 2, l. 21, p. 76. — Lettre que lui écrit Judas Machabée, p. 92.

ARISTOBULE, roi des Juifs. Son caractère. Conquête et conversion des Ituréens. Meurtre d'Antigone, t. 2, l. 22, p. 124. — Lutte passagère entre Aristobule et Hyrcan, p. 126. — Négociation des deux frères auprès de Pompée, vainqueur de Mithridate, p. 127. — Captivité d'Aristobule. Sa mort violente et celle de son fils Alexandre, p. 120.

ARISTOPHANE, poète grec. Ses Nuées, t. 2, l. 20, p. 14.

ARISTOTE, philosophe grec. Son époque et son origine. Il devient précepteur d'Alexandre, t. 2, l. 20, p. 27. — Son exil. Particularités de sa mort. Sa lettre à Alexandre, p. 28. — Sa classification des sciences. Ses ouvrages. Sa méthode. Sa doctrine : 1º Théories des substances : Dieu. Sa nature. Ses différents noms. La création. La Providence. Le monde. Les trois cieux. Erreurs d'Aristote et de ses imitateurs serviles sur la physique générale. Histoire naturelle des animaux, p. 29. — L'homme. Sa définition. Opposition des points de départ de Platon et d'Aristote. L'âme. Sa nature. Sa destinée, p. 30. — 2º Théorie de l'intelligence : les sensations. Les formes. Analogie entre les formes d'Aristote et les idées de Platon, p. 30. — Règles du raisonnement. Exemple de sa manière de procéder dans leur détermination, p. 31. — Le syllogisme, image de la trinité. La foi, fondement de la science. Le doute méthodique inventé par Aristote et défiguré par Descartes, p. 32. — La rhétorique. Ses rapports avec la dialectique. Sa définition. Les trois genres : la poétique. Ses rapports avec la rhétorique et la dialectique. Conditions actuelles de toute poétique raisonnable, p. 32.

— 3º Théorie de la volonté. Le souverain bien et les moyens d'y parvenir, d'après les doctrines catholiques. Morale d'Aristote. Ses défectuosités. Les trois parties. Dieu, fondement de la morale. Conséquences des raisonnements d'Aristote sur le souverain bien, p. 33. — Les quatre vertus. Nature de la vertu. Le libre arbitre, le droit naturel et le droit légal. Destination de l'homme à la société domestique et politique, et preuves, p. 35. — Naturalité de l'esclavage. Du traitement des esclaves. Chiffre énorme de la population esclave dans l'ancien monde païen, p. 36. — Argument contre la communauté des femmes et des biens. Les trois formes de gouvernement, p. 37. — Les sujets naturels du pouvoir : aptitude ou danger de ces formes, suivant le caractère des peuples. Causes de dégénération de chacune d'elles. Quelle est la meilleure des trois. Manque d'élévation de la politique d'Aristote. Immoralité de sa doctrine sur l'éducation des enfants, p. 38. — Egoïsme de la philosophie païenne, p. 39. — Succès d'Aristote comparés à ceux de saint Paul, l. 25, p. 275. — D'après les explications authentiques, mais peu connues, données par Descartes lui-même, son système philosophique sur la certitude s'accorde fort bien avec celui d'Aristote, t. 11, l. 87, p. 35 et 251.

ARIUS (Voyez Arianisme).

ARLES (conciles d') contre les donatistes en 314. Condamnation des donatistes. Lettre du concile au pape saint Sylvestre, t. 3, l. 31, p. 90. — Lettre de Constantin au concile, p. 91. — Canons de discipline, p. 93.

ARLES (royaume d'). Son érection, t. 5, l. 59, p. 392.

ARMÉNIENS, ARMÉNIE. — L'arche de Noé s'arrête sur les montagnes d'Arménie, t. 1, l. 3, p. 61. — De qui descendent les Arméniens, l. 4, p. 73. — Deux fils de Sennachérib, roi de Ninive, se sauvent en Arménie, l. 16, p. 374. — Vers le commencement du IVe siècle, la nation tout entière des Arméniens, avec son roi Tiridate, et par les soins de saint Grégoire l'Illuminateur, embrasse le christianisme, et puis le défend contre le césar Maximin Daïa, t. 3, l. 30, p. 57. — Election de saint Nersès, patriarche d'Arménie, l. 33, p. 159. — Envoyé en ambassade auprès de l'empereur Constance, il est exilé pour la foi, p. 177. — Infamies et captivité d'Arsace, roi d'Arménie; ravages et cruautés exercés en ce pays par les Perses; persécution de l'apostat Méroujan; exploits de Para et victoires du connétable Mouscheg sur les Perses, l. 35, p. 217. — L'empereur Valens fait assassiner le roi d'Arménie, p. 252. — Partage de l'Arménie entre les Perses et les Romains en deux royaumes, l. 36, p. 332. — Travaux apostoliques et littéraires de Sahag et de Mesrob, patriarches d'Arménie, l. 37, p. 384. — Persécution et pacification en Arménie, de la part des Perses, l. 38, p. 444. — Conquête de l'Arménie par les Perses; les Arsacides et les Mamigoniens, descendants d'une dynastie impériale de Chine. Persécution en Perse. Martyre de Philion. Machinations inutiles d'Izdegerd. Délivrance de l'Arménie et de l'Albanie. Perfidie de Vasag. Défaite et mort de Vartan. Disgrâce de Vasag. Souffrances et renvoi des captifs. Succession des patriarches arméniens, parmi lesquels un de la famille de Sennachérib, roi de Ninive, l. 40, p. 539-542. — Eglise d'Arménie. Patriarcat de Jude. Vexations essuyées par les catholiques. Destitution de Jude et substitution de Christophe. Intrigues et excommunication du nestorien Barsuma. Martyre de l'évêque Babou. Soulèvement des Arméniens. Défaite des Perses. Patriarcat de Jean Mantakouni. Nouvelle défaite des Perses. Revers des Arméniens. Martyre du prince Iazd. Nouveau revers des Arméniens. Exploits du mamigonien Vahan. Défaite du roi Pérosès par les Huns. Avénement d'Obalas. Traité de paix entre les Arméniens et les Perses. Honneurs rendus à Vahan par Obalas. Patriarcat de Babken. Son zèle contre les hérétiques. Chute d'Obalas. Tyrannie et déchéance momentanée de son successeur Cabad, t. 4, l. 42, p. 85-88.

— Léon l'Arménien, empereur de Constantinople, t. 5, l. 54, p. 439; l. 55, p. 167.; 470 et 477. — Les Manichéens en Arménie, l. 56, p. 234. — Histoire des Manichéens d'Arménie, l. 58, p. 346. — Sollicitude du pape saint Grégoire pour l'Eglise d'Arménie, t. 6, l. 65, p. 165. — Conférence de Théorien avec les évêques d'Arménie sur les points par où les Arméniens différaient des Grecs. Le succès en est heureux, t. 7, l. 69, p. 79. — Concile à Tarse sur le même sujet par Nersès, patriarche des Arméniens. Etat politique des Arméniens, p. 81. — Au XIIe siècle, les Arméniens se rapprochent du centre de l'unité. Leur état actuel. Leur fidélité héroïque en 1829; l. 70, p. 156. — Soumission filiale des Arméniens à l'Eglise romaine, sous Innocent III, l. 71, p. 272. — Réponse du patriarche des Arméniens au pape Grégoire IX, t. 8, l. 73, p. 1. — Les Arméniens soumis à l'Eglise romaine pendant le XIIIe siècle, l. 76, p. 254. — Rois catholiques d'Arménie. Histoire d'Orient, par l'arménien Hayton, l. 77, p. 369. — Sollicitude pastorale du pape Benoît XII pour l'Arménie. Réflexion sur l'obligation du serment. Les Arméniens se justifient en concile des erreurs qu'on leur impute, ou bien ils s'en corrigent, l. 79, p. 534. — Le nouveau pape Clément VI reçoit les ambassadeurs d'Arménie, et y envoie des légats pour avoir de plus amples explications, p. 537. — Fin du royaume d'Arménie, à la honte de l'Angleterre et de la France, t. 9, l. 80, p. 10. — Réunion des Arméniens, à qui le pape Eugène IV, avec l'approbation du concile œcuménique de Florence, donne un abrégé de la foi orthodoxe, l. 82, p. 264. — Le pape Paul V envoie des missionnaires et reçoit des ambassadeurs de tous les côtés, en particulier de la Chaldée et de l'Arménie, l. 87, p. 454. — Evêque latin à Babylone. Ecoles chrétiennes dans la Chaldée et l'Arménie, t. 11, l. 88, p. 78. — Les Arméniens catholiques. Pierre Mekhitar et les religieux mekhitaristes, l. 88, p. 343. — Etat religieux des Arméniens. Héroïsme des Arméniens catholiques de Constantinople en 1829. L'archevêque arménien de Van se convertit de l'hérésie au catholicisme, et attire par son exemple un grand nombre de ses compatriotes, t. 12, l. 94, p. 192. — Lettre de Pie IX sur les dissensions des Arméniens catholiques, t. 12, l. 92, p. 306.

ARMÉNIENS et Gomaristes, sectes calvinistes de Hollande, dont les seconds anathématisent et persécutent les premiers, t. 11, l. 87, p. 40.

ARNAUD de Bresce. Ses erreurs. Sa condamnation, t. 6, l. 68, p. 505. — Funestes effets de ses déclamations à Rome, p. 531; t. 7, l. 69, p. 13. — Il est exécuté par Frédéric Barberousse, p. 26.

ARNAULD (le Janséniste) publie son livre *De la fréquente communion*, pour éloigner les fidèles de l'eucharistie. Jugement qu'en porte saint Vincent de Paul, t. 11, l. 87, p. 6. — Il renouvelle l'explication jansénienne, p. 17.

ARNOBE. Sa conversion. Ses sept livres contre l'idolâtrie, t. 3, l. 30, p. 23.

ARNOLD de Winkelried, suisse d'Unterwald. Son dévouement, t. 9, l. 82, p. 199.

ARNON, archevêque de Salzbourg, travaille à la conversion des Huns et des Slaves, t. 5, l. 54, p. 105.

ARNOULFE (saint) ou Arnulfe, évêque de Metz, tige de la seconde race des rois francs, t. 4, l. 48, p. 403. — Il quitte la cour du roi Dagobert et se retire dans les Vosges, p. 406.

ARNOULFE, archevêque de Reims, de la seconde dynastie. Son affaire avec le roi Hugues Capet, chef de la troisième, t. 5, l. 62, p. 535.

ARNOULFE (saint), évêque de Soissons, t. 5, l. 65, p. 217.

ARNOUL ou Arnoulfe, évêque de Lisieux. Sa lettre remarquable au pape Alexandre III, t. 7, l. 69, p. 50. — Sa lettre aux évêques d'Angleterre. Eloge qu'il y fait de l'Eglise de France, p. 62.

ARNOUL ou Arnoulfe, empereur. Sa mort. Les seigneurs d'Allemagne reconnaissent pour roi son fils Louis. Les évêques en demandent la confirmation au Pape, t. 5, l. 59, p. 406.

ARNUSTE, archevêque de Narbonne. Son meurtre, t. 5, l. 59, p. 429.

ARROUN-AL-RASCHID, calife. Ses commencements. Ses guerres avec l'empereur Nicéphore. Il envoie des présents à Charlemagne. Son caractère. Ce qui le porte à se montrer quelquefois plus favorable aux chrétiens. Guerre civile entre ses deux fils, t. 5, l. 54, p. 96 et seqq.

ARSACE, roi d'Arménie, t. 3, l. 35, p. 217.

ARSACIDES, t. 3, l. 40, p. 539-542 (Voyez *Arménie*).

ARSÈNE (saint), précepteur d'Arcade, t. 3, l. 36, p. 291.

ARSÈNE, évêque mélécien. On accuse saint Athanase de l'avoir mis à mort. Il écrit à saint Athanase pour demander sa communion, t. 3, l. 32, p. 107. — Saint Athanase le présente au conciliabule de Tyr, p. 109. — Arsène vivant souscrit à la condamnation d'Athanase, accusé de sa mort, p. 110.

ARTAXERCÈS, roi de Perse, époux d'Esther, t. 4, l. 19, p. 468 et seqq.

ARTICLES (six) auxquels on peut réduire le gouvernement divin de l'humanité, t. 8, l. 77, p. 352.

ASA, fils d'Abiam, roi de Juda. Son zèle pour le vrai Dieu. Sa victoire sur l'Ethiopien Zara. Quel était ce Zara, t. 1, l. 14, p. 333. — Prophéties d'Azarias. Ferveur d'Asa et du peuple, p. 334. — Alliance d'Asa avec les Syriens. Ses violences contre le prophète Anani, p. 334.

ASCELIN. Il réfute les erreurs de Bérenger, t. 6, l. 63, p. 68.

ASCHOLE (saint), évêque de Thessalonique, baptise l'empereur Théodose, t. 3, l. 36, p. 271.

ASCLÉPAS de Gaze, chargé d'accusations, se rend à Rome, et reprend possession de son siège, t. 10, l. 85, p. 170.

ASELLE (sainte), vierge, t. 3, l. 36, p. 289.

ASIE. Commencement d'une grande révolution en Asie, qui continue encore, t. 7, l. 69, p. 154.

ASPAR. Emeute contre lui à Constantinople. Sa mort, t. 4, l. 44, p. 25.

ASPÉBÉTÈS, chef des Sarrasins, devenu chrétien avec toute sa tribu, et enfin évêque, t. 3, l. 38, p. 514.

ASSÉMANI (Joseph), savant maronite, nous fait connaître beaucoup de personnages savants et vertueux, tant parmi les Maronites que parmi les Chaldéens catholiques, t. 11, l. 87, p. 77.

ASSÉMANI (Elias), maronite. Son voyage au Caire. Il achète à grand prix quelques volumes dans un monastère de Syrie, t. 11, l. 88, p. 97.

ASSÉMANI (Joseph-Simon), docte maronite. Son voyage au Caire. Il achète au poids de l'or quelques précieux manuscrits dans le monastère de Scété, et compose la *Bibliothèque orientale*, t. 11, l. 88, p. 97.

ASSÉMANI (Etienne-Evode), archevêque, publie les *Actes des martyrs d'Orient et d'Occident*, t. 11, l. 88, p. 98.

ASSEMBLÉE nationale et constituante de France, t. 11, l. 90, p. 517 et seqq.

ASSEMBLÉE législative, t. 11, l. 90, p. 541 et seqq.

ASSOMPTION. Croyance du VIe siècle à l'assomption de la sainte Vierge, t. 4, l. 46, p. 283.

ASSUR et son royaume, t. 1, l. 4, p. 75.

ASSYRIENS. Leur empire (Voyez *Monarchie universelle des quatre grands empires*).

ASTOLFE, roi des Lombards, cherche à s'emparer de Rome et à s'assujétir l'Eglise romaine, t. 5, l. 52, p. 35. — Est forcé par Pepin de rendre à l'Eglise Ravenne et plusieurs autres villes, p. 41. — Il manque à tous ses serments, p. 42. — Dans une seconde expédition de Pepin, il est forcé de rendre toutes les places, p. 45. — Sa mort, l. 53, p. 64.

Astres. S'ils sont habités, t. 1, l. 4, p. 5. — S'ils sont animés, et comment, p. 14.

Astrologie et astronomie. L'Eglise catholique détruit l'astrologie et féconde l'astronomie, t. 1, l. 4, p. 45.

Athalaric, roi des Goths, t. 4, l. 44, p. 168-183.

Athalie, fille d'Achab et de Jézabel, et femme de Joram, roi de Juda, t. 4, l. 44, p. 337. — Elle égorge toute la maison de son fils Ochosias. Joas lui échappe. Il est sacré par Joïada. Mort d'Athalie, p. 350.

Athanaric, roi des Visigoths, t. 3, l. 36, p. 280.

Athanase (saint), évêque d'Alexandrie, docteur de l'Eglise. Son caractère. Son premier genre de vie. Son livre contre les païens. Croyance des trois premiers siècles à la divinité du Christ, t. 3, l. 31, p. 75. — Caractère et conséquence de l'arianisme, p. 76. — Le pape saint Sylvestre confirme le concile de Nicée contre Arius, p. 87. — Athanase, évêque d'Alexandrie, p. 88. — Conversion des Ethiopiens par les deux frères Edèse et Frumence, dont le dernier est sacré leur évêque par saint Athanase, p. 99. — Accusations ariennes et justifications successives de saint Athanase devant l'empereur Constantin, l. 32, p. 106. — Affaire du faux prêtre Ischyras et de l'évêque Arsène. Confusion des ennemis de saint Athanase, p. 107. — Nouvelles intrigues des ariens. Conciliabule de Tyr. Réclamation des orthodoxes. Confusion et fureur des ariens, p. 108. — Procédure inique contre le prêtre Macaire. Son innocence reconnue. Conduite indigne des évêques commissaires et de leurs soldats. Déposition d'Athanase par les ariens et lettres mensongères de leur conciliabule, p. 109. — Athanase et ses juges devant l'empereur Constantin. Athanase est exilé dans les Gaules, où il fait connaître la merveilleuse histoire de saint Antoine et la vie solitaire, p. 114. — Retour de saint Athanase après la mort de l'empereur. Nouvelles intrigues des ariens. Ambition d'Eusèbe de Nicomédie. Ses vaines intrigues contre Athanase auprès du pape saint Jules, auquel chaque parti appelle, p. 114. — Déposition d'Athanase au conciliabule d'Antioche. Diverses professions de foi des évêques y assemblés. Leurs canons disciplinaires, p. 115. — Intrusion de Grégoire à Alexandrie. Douleur des catholiques. Horreurs commises par les ariens. Retraite d'Athanase. Violences de Grégoire. Lettre circulaire d'Athanase, p. 116. — Lettre de saint Antoine à Grégoire. Punition de Balacius. Saint Athanase à Rome. Refus des ariens de venir au concile qu'ils avaient demandé, p. 117. — Autorité du Pontife romain dans toute l'Eglise, de l'aveu des Grecs. Lettre admirable que leur écrit le pape saint Jules, 118. — De l'aveu des Grecs, rien ne se peut conclure dans l'Eglise sans l'autorité du Pontife romain, p. 121. — Concile de Sardique. Tergiversation et retraite des ariens. Justification des innocents, en particulier de saint Athanase. Condamnation des ariens, p. 122. — Lettres et canons du concile qui reconnaît et explique le droit d'appellation au Pape, p. 124. — Rappel des exilés. Lettre de l'empereur Constance à saint Athanase. Lettre du pape saint Jules à l'Eglise d'Alexandrie, p. 126. — Autres lettres des évêques de Palestine à la même Eglise. Entrevue d'Athanase et de Constance. Circulaire de celui-ci, p. 127. — Effets du retour d'Athanase à Alexandrie. Rétractation d'Ursace et de Valens. Leur lettre à saint Athanase. Introduction de la vie monastique en Occident par saint Athanase, p. 128. — Démarches de l'empereur Constance auprès de saint Athanase, lors de la révolte de Magnence, l. 33, p. 144. — Nouvelles accusations des ariens contre saint Athanase, p. 145. — Nouvelles intrigues contre Athanase. Tentative inutile d'enlèvement contre lui. Persécution contre l'Eglise d'Alexandrie. Retraite d'Athanase. Sa visite aux monastères d'Egypte, p. 160. — Occupations de l'intrus Georges à Alexandrie. Ses persécutions contre les fidèles, p. 163. — Ecrits d'Athanase à son peuple. Son apologie, p. 164. — Lettre de saint Athanase à Lucifer, évêque de Cagliari, p. 175. — Lettre de saint Athanase aux solitaires sur la tyrannie de Constance. Ses autres lettres et traités contre les ariens, p. 176. — Violences de la population païenne d'Alexandrie. Lettres de Julien l'Apostat aux Alexandrins. Rentrée de saint Athanase. Concile d'Alexandrie, p. 204. — Règlement pour la réconciliation des ariens, p. 202. — Requête des païens contre saint Athanase. Ordre donné contre lui. Supplique des Alexandrins en faveur de leur évêque. Lettre que Julien leur adresse. Fuite de saint Athanase. Son stratagème pour échapper à ceux qui le poursuivent, p. 203. — Retour de saint Athanase. Lettres que lui adresse l'empereur Jovien. Importunités inutiles des ariens auprès de l'empereur, l. 35, p. 220. — Saint Athanase persécuté de nouveau sous l'empereur Valens, puis rappelé. Il excommunie le gouverneur de Libye, et saint Basile publie cette excommunication dans son diocèse, p. 231. — Lettre de saint Athanase au pape saint Damase contre les ariens, p. 232. — Sa lettre aux évêques d'Afrique, à même fin. Nécessité reconnue par saint Basile de recourir à l'Occident. Ses lettres à saint Athanase et à saint Mélèce, p. 233. — Profession de foi de Marcel d'Ancyre, adressée à saint Athanase, p. 234. — Saint Athanase approuve les ménagements de saint Basile envers les Macédoniens, p. 244. — Erreurs d'Appollinaire. Lettre de saint Athanase et son livre *De l'Incarnation du Christ*, où il réfute d'avance l'erreur des monothélites, p. 245. — Non-seulement Athanase prouve la divinité du Saint-Esprit dans plusieurs de ses ouvrages, tels que ses *Lettres à Sérapion*, son *Traité de l'Incarnation*, et particulièrement son *Traité de la Trinité et du Saint-Esprit*; mais il marque assez clairement qu'il le croyait procéder du Père et du Fils, p. 246. — Mort de saint Athanase. Son éloge, p. 247.

Athanase (saint), évêque de Naples, t. 5, l. 58, p. 349.

Athanase, patriarche de Constantinople, t. 8, l. 76, p. 281.

Athénagore. Son apologie du christianisme, t. 2, l. 27, p. 427. — Son livre *De la résurrection des morts*, p. 430.

Athènes. Son histoire. Ses institutions. Sa rivalité avec Sparte, t. 2, l. 21, p. 57. — Usurpation de Pisistrate, p. 59. — Prééminence d'Athènes. Siècle de Périclès. Alcibiade. Les trente tyrans, p. 60. — Dieu inconnu d'Athènes, l. 25, p. 277.

Attale, empereur éphémère de la main d'Alaric, t. 3, l. 37, p. 390.

Atticus. Son intrusion à Constantinople, t. 3, l. 37, p. 385. — Entreprise ambitieuse d'Atticus, repoussée et réprimée par la vigueur du Pape. Dissimulation semblable dans Fleury et dans les Grecs, l. 38, p. 439.

Attila. Son invasion en Occident. Délivrance de Troyes, de Paris et d'Orléans. Bataille de Châlons, t. 3, l. 40, p. 537. — Attila s'éloigne de l'Italie à la prière de saint Léon, p. 557.

Attilan (saint), évêque de Zamora, t. 5, l. 62, p. 569.

Atton de Verceil. Sa science et son zèle, t. 5, l. 60, p. 472.

Aubin, évêque d'Angers, t. 4, l. 45, p. 244.

Aubry (l'abbé). Sa vie. Ses écrits, t. 14, l. 89, p. 500.

Aubusson (frère d') défend la ville de Rhodes contre toutes les forces de Mahomet-II, t. 9, l. 83, p. 396.

Augsbourg (diète et confession d'). (Voir *Allemagne*).

Auguste, de triumvir devenu empereur, t. 2, l. 22, p. 120.

Augustin (saint), docteur de l'Eglise. Sa naissance, ses études et son libertinage. Il est ramené à des sentiments plus honnêtes par la lecture d'un ouvrage de Cicéron, t. 3, l. 36, p. 303. — Il devient manichéen. Pleurs et prières de sa mère pour sa conversion. Réponse

qu'elle reçoit d'un évêque. Il enseigne la grammaire et la rhétorique à Tagaste , écrit sur la beauté et la bienséance, découvre la corruption des manichéens et se dégoûte de leurs fables, p. 304. — Il enseigne à Rome, puis à Milan. Il suit les discours de saint Ambroise. Arrivée de sainte Monique, sa mère. Ses vertus, p. 305. — Ses amis Alypius et Nebridius à Milan. Il pense à se marier. Les écrits de Platon lui donnent sur Dieu des idées plus élevées et plus dignes. Il entrevoit le Verbe. Il commence à goûter l'Ecriture sainte, p. 306. — Pontinien, l'un de ses compatriotes, lui ayant raconté par hasard l'histoire de saint Antoine, il éprouve un violent combat au dedans de lui-même, qui se termine par sa conversion. Retiré à la campagne, il compose ses premiers ouvrages : 1° *contre les académiciens*, qui prétendaient que tout était obscur et douteux ; 2° *Traité de la vie heureuse*, pour montrer que la vie heureuse ne se trouve que dans la connaissance parfaite de Dieu ; 3° *Traité de l'ordre* de la Providence et de l'ordre des études ; 4° *Les Soliloques*, où il parle avec sa raison sur l'immortalité de l'âme ; 5° *De l'immortalité de l'âme* ; 6° *Traité de la grammaire;* 7° *De la musique*, p. 307. — Il est baptisé par saint Ambroise , qui fait son instruction sur les mystères, p. 308. — Il repart pour l'Afrique avec sa mère, qui meurt saintement à Ostie. Il compose à Rome ses deux livres : *De la morale et des mœurs de l'Eglise catholique ; de la morale et des mœurs des manichéens*, p. 309. — Essai et conversion de Constantius, un des principaux manichéens. Dialogue d'Augustin et d'Evodius sur l'âme, p. 310. — Les trois livres d'Augustin sur le *Libre arbitre*, contre les manichéens; à l'occasion de la question sur l'origine du mal, p. 311. — Augustin à Carthage ; il est témoin de la guérison miraculeuse de l'avocat d'Innocentius, l. 37, p. 340. — Saint Augustin, retiré à Tagaste , y achève son livre *De la musique*, pour montrer comment, de l'harmonie variable des sons et des nombres, l'esprit peut s'élever à l'harmonie immuable et éternelle de Dieu et des œuvres. Il y compose ses deux livres *De la Genèse*, pour réfuter les calomnies des manichéens contre l'Ancien Testament; son dialogue *Du Maître*, qui est Jésus-Christ; son livre *De la vraie religion*, qui ne se trouve que dans l'Eglise catholique, et qui existait dès l'origine du genre humain, p. 341. — Il est ordonné prêtre à Hippone. Monastère qu'il y fonde. Ses prédications. Sa lettre à Aurélius, évêque de Carthage, sur les intempérances que le peuple commettait aux fêtes des martyrs. Il réprime lui-même ces abus à Hippone, p. 342. — Son livre *De l'utilité de croire*, contre les manichéens, qui se vantaient faussement de n'employer que l'évidence de la raison. Il fait voir que la société humaine tout entière repose sur la croyance au témoignage ; combien plus la société divine, p. 343. — Son livre *Des deux âmes*, contre les manichéens, qui prétendaient que chaque homme en avait deux. Sa conférence avec le manichéen Fortunat, p. 344. — Son livre contre le manichéen Adimante. Grand nombre de donatistes en Afrique. Terreur que saint Augustin inspire à leurs évêques par ses instructions. Il est ordonné évêque d'Hippone. Son plan de conduite dans l'épiscopat, p. 345. — Lettre de saint Paulin à saint Augustin, p. 347. — Travaux de saint Augustin, obligé par saint Paul à juger les procès. Conversion du manichéen Firmus. Son livre *Du combat chrétien*, autrement, du Combat spirituel. Son écrit *De la croyance aux choses qu'on ne voit pas*, p. 359. — *De la manière de catéchiser les ignorants*. Son écrit contre la lettre de Manès. C'est là que saint Augustin dit : « Pour moi, je ne croirais point à l'Evangile, si l'autorité de l'Eglise catholique ne me le persuadait. » Ses trente-trois livres contre le manichéen Fauste. Ses deux livres à Simplicien , évêque de Milan. Ses *Confessions*, p. 360. — Ses livres *De la Trinité*. Division des donatistes. Livres de saint Augustin contre Parménien. *Du Baptême*, contre

Pétilien. Sa *Lettre pastorale*. Ses conférences avec les donatistes, p. 363. — Les plaintes des païens sur la chute de Rome occasionnent le grand ouvrage *De la Cité de Dieu*, par saint Augustin. Dévoiler à fond l'empire satanique des erreurs et des ténèbres ; faire connaître et aimer l'empire divin de la vérité et de la lumière ; étudier l'un et l'autre dans leur origine, leurs développements et leurs fins dernières ; initier ainsi aux mystères de la Providence divine, et donner la clé de l'histoire humaine : tel est l'objet de cet ouvrage, l. 38. p. 393-396. — Du nom de *dieux* au pluriel donné aux anges et aux saints par saint Augustin et saint Damase, p. 395. — Trinité radicale de la philosophie , signalée par saint Augustin, p. 395. — Conférence des donatistes et des catholiques à Carthage, sous la présidence du tribun saint Marcellin. Les évêques catholiques se montrent prêts à céder leurs sièges aux évêques donatistes, si ceux-ci reviennent à l'unité, p. 396. — Saint Augustin achève par ses écrits les résultats heureux de la conférence, p. 400. — Sa charité envers les opiniâtres mêmes, p. 401. — Sa lettre à Volusien , encore païen, 402. — Prodigieux changement que le christianisme avait opéré dans les idées publiques. Lettre de saint Augustin à Macédonius, magistrat, sur les intercessions des évêques, p. 403. — Sa lettre au jeune Dioscoré sur ses études. Albiné , Mélanie et Pinien à Tagaste et à Hippone, p. 404. — Martyre du tribun saint Marcellin. Saint Augustin apprend la vocation religieuse de la vierge Démétriade, p. 405. — Pélage et son hérésie. En quoi précisément elle consiste, p. 414. — Célestius, disciple de Pélage, condamné au concile de Carthage. Saint Augustin prêche et écrit contre le pélagianisme, p. 415. — Pélage écrit à saint Augustin et à la vierge Démétriade, p. 416. — Saint Augustin, par son traité *De la nature et de la grâce*, réfute un écrit de Pélage. Remarque importante pour bien saisir la controverse du pélagianisme. Saint Augustin répond à Hilaire de Sicile sur la grâce et le péché originel. Orose le consulte sur l'origine des âmes, p. 417. — Miracles que les reliques de saint Etienne opèrent à Mahon, Uzale, Calame et Hippone, p. 420. — Lettres synodales des conciles de Carthage et de Milève, avec une lettre particulière des principaux évêques d'Afrique, au pape Innocent, sur les erreurs du pélagianisme, p. 423. — Trois lettres en réponse du Pape, que saint Augustin regarde comme définitives : *La cause est finie*, p. 425. — Saint Augustin nommé légat du pape Zosime en Mauritanie, p. 431. — Les évêques d'Afrique ignorent les canons du concile de Sardique, cités néanmoins par Gratus, évêque de Carthage, qui y avait assisté, p. 435. — Saint Augustin écrit, contre le pélagien Julien d'Eclane, son traité *Du mariage et de la concupiscence*, ainsi que d'autres livres : ce qu'il laisse à désirer, p. 436. — Désagrément de saint Augustin au sujet d'Antoine de Fussale , p. 441. — Saint Augustin désigne son successeur. Il écrit ou achève plusieurs ouvrages. Origine et histoire du semi-pélagianisme, p. 442. — Saint Augustin écrit à cette occasion ses livres *De la grâce et du libre arbitre ; De la correction et de la grâce*, p. 443. — *De la prédestination des saints ; Du don de la persévérance*. Ce qui embrouillait le plus cette controverse, p. 444. — Moyens de l'éclaircir. Fin de l'affaire d'Apiarius. Lettre que les évêques d'Afrique écrivent à ce sujet au pape saint Célestin , p. 445. — Remarques sur cette lettre, p. 446. — Désolation de l'Afrique par les Vandales, occasionnée par la révolte du comte Boniface, provoquée elle-même par les perfides intrigues d'Aëtius, p. 447. — Jusqu'à quel point l'Afrique méritait ce châtiment. Hippone assiégée par les Vandales. Dernière maladie et mort de saint Augustin, p. 448.

AUGUSTIN (saint), apôtre de l'Angleterre. Sa mission du pape saint Grégoire. Sa réception par le roi Ethelbert. Sa promotion à l'épiscopat. Conversions qu'il opère,

t. 4, l. 47, p. 332-340. — Conférence entre saint Augustin et les évêques bretons. Miracle qu'il y opère. Entêtement des Bretons, p. 346. — Sa mort, p. 353.

Augustin d'Ancône. Sa doctrine sur l'autorité du Pape, t. 8, l. 79, p. 479.

Aunaire (saint), évêque d'Auxerre, t. 4, l. 46, p. 291.

Aurélien, empereur. Son règne honteux, t. 2, l. 28, p. 449. — Quoique païen, il reconnaît la primauté du Siége de Rome, l. 29, p. 570. — Il persécute les chrétiens, p. 574.

Aurifaber (Jean) transcrit un billet de Luther, où ce dernier condamne tout le luthéranisme, t. 10, l. 85, p. 484.

Australie. Etat du catholicisme en Australie, dans la première moitié du XIX⁰ siècle, t. 12, l. 94, p. 207.

Austrasie. C'est de l'Austrasie que sort le salut de la France, de l'Europe et du monde, t. 4, l. 54, p. 544.

Autharis, roi des Lombards, t. 4, l. 47, p. 309.

Auxence, évêque arien de Milan. Sa fourberie, t. 3, l. 35, p. 223. — Son excommunication, p. 232.

Auxilius. Ses écrits touchant les ordinations du pape Formose. Difficulté de la question, t. 5, l. 59, p. 403.

Aventures du petit-fils de saint Grégoire de Langres, t. 4, l. 44, p. 495.

Aveugle-né, guéri par Jésus-Christ, t. 2, l. 23, p. 207.

Aviau (d'), archevêque de Vienne, puis de Bordeaux.

B

Baal, idole des Phéniciens, le même que Bel, idole des Babyloniens. Le prophète Elie confond les prêtres de Baal, t. 4, l. 14, p. 334-336.

Baasa tue Nabad, roi d'Israël, et extermine toute la race de Jéroboam, t. 4, l. 14, p. 333. — Mission du prophète Jéhu. Endurcissement de Baasa. Sa mort. Extermination de toute sa race par Zambri. Troubles intérieurs du royaume d'Israël, p. 334.

Babel (tour de). Confusion des langues, t. 4, l. 4, p. 71. — Tradition à ce sujet chez les Grecs et les Américains, p. 71. — Nouvelle apparition de la Trinité dans le récit mosaïque de cet événement, p. 72. — Résultats et avantages de la confusion des langues, p. 72. — Analogies entre les premiers peuples et les premiers prédicateurs de l'Evangile, p. 72. — Comparaison et différence de ce qui eut lieu à la tour de Babel et à la Pentecôte, t. 2, l. 25, p. 254.

Babylone ou Babyloniens. Leur empire (Voyez Monarchie universelle des quatre grands empires).

Babylone, lieu d'exécution de la justice divine, t. 3, l. 34, p. 215. — Prophétie d'Isaïe sur Babylone, t. 4, l. 15, p. 364. — Prophétie de Jérémie sur la ruine de cette ville, l. 17, p. 443. — Description, siége et prise de Babylone par Cyrus, d'après Hérodote et Xénophon, l. 18, p. 447. — Accomplissement des prophéties sur la chute de Babylone, p. 448. — Prophéties d'Aggée et de Zacharie sur les désastres de Babylone. Révolte, siége et prise de Babylone par Darius, l. 19, p. 464. — Les vengeances de Dieu sur Babylone et ses miséricordes sur Israël, accomplies par les rois de Perse, t. 2, l. 24, p. 54.

Babylone ou Rome idolâtre, t. 2, l. 25, p. 263.

Babylone ou Bagdad : évêque latin dans cette ville au XVII⁰ siècle, t. 14, l. 87, p. 78.

Bacon (Roger), franciscain anglais du XIII⁰ siècle, génie extraordinaire. Ses œuvres et ses découvertes, t. 8, l. 74, p. 93.

Bacon (Jean de), le docteur résolu, t. 8, l. 79, p. 520.

Notice biographique sur ce digne prélat, t. 12, l. 94, p. 56. — Sa conduite vraiment épiscopale au concile impérial de 1844. Ses réflexions sur la marche du gouvernement des Bourbons vis-à-vis de l'Eglise et de son chef, p. 408. — Lettre vraiment épiscopale à Louis XVIII au sujet du concordat de 1846. Lettre à l'avocat Lainé, ministre de l'intérieur, qui ordonne aux professeurs de théologie la croyance des quatre articles de 1682, p. 440. — Lettre remarquable à l'abbé Frayssinous, sur ses Vrais principes de l'Eglise gallicane, p. 444. — Lettre à M. Duclaux, supérieur de Saint-Sulpice, sur l'injonction civile aux professeurs d'enseigner les quatre articles, p. 442. — Lettre analogue à l'avocat Corbière, devenu ministre de l'intérieur, p. 443.

Avit (saint), évêque de Vienne. Ses poèmes, t. 4, l. 42, p. 76. — Sa lettre à Clovis sur sa conversion, p. 90. — Croyance des catholiques du temps sur les prérogatives du Pontife romain. Lettre de saint Avit sur l'affaire du pape Symmaque, l. 43, p. 402. — Ecrits de saint Avit contre l'hérésie arienne. Ses entretiens avec le roi Gondebaud, p. 404. — Lettre de saint Avit au pape Hormisda relativement aux affaires d'Orient, p. 429. — Relations de saint Avit avec saint Viventiole, p. 434.

Avitus, élu empereur dans les Gaules, t. 4, l. 44, p. 42.

Azincourt (bataille d'), par laquelle Henri V, roi d'Angleterre, se voit maître de la France et de l'Angleterre, t. 9, l. 84, p. 56.

Bacon (le chancelier François). Examen de sa philosophie par Joseph de Maistre, t. 40, l. 87, p. 580. — Comparaison entre Bacon et Galilée par Hume. Tendance finale de Bacon dans ses œuvres, p. 585.

Baglivi (Georges), médecin, t. 44, l. 88, p. 406.

Bailly, théologien. Ensemble de la religion chrétienne et de l'Eglise catholique, dans ses traités de la religion et de l'Eglise catholiques, t. 44, l. 89, p. 485. — Ce que cet auteur laisse à désirer, p. 488.

Baïus. Ses erreurs et leur condamnation, t. 40, l. 86, p. 447.

Bajazet, sultan. Il menace de faire manger l'avoine à son cheval sur l'autel de Saint-Pierre, t. 9, l. 84, p. 63. — Il est vaincu et enfermé dans une cage de fer par Tamerlan, p. 64.

Balaam et Balac. Prédictions de celui-là et leur accomplissement. Ses détestables conseils. Leurs suites, t. 4, l. 8, p. 194.

Balacius (duc). Ses violences. Saint Antoine lui écrit. Sa punition, t. 3, l. 32, p. 447.

Balbin, empereur, t. 2, l. 28, p. 449.

Ballachi (bienheureux Simon), t. 8, l. 78, p. 435.

Baldeus, protestant. Témoignage qu'il rend à saint François Xavier, t. 40, l. 85, p. 222.

Bale (concile de) [Voir Conciles œcuméniques].

Ballerini (Pierre et Jérôme). Deux savants d'Italie. Leur biographie et leurs ouvrages, t. 44, l. 89, p. 352.

Balsamon. Bassesse de Théodore Balsamon, le plus savant des canonistes grecs. Ses ouvrages sur le droit canonique. Son texte de la donation de Constantin. Ses aveux sur l'autorité des Pontifes romains. Ses bévues et ses contradictions, t. 7, l. 74, p. 266 et seqq.

Baltassar, dernier roi de Babylone, défait Crésus, t. 4, l. 48, p. 443-447.

Baltus, jésuite. Ses ouvrages, t. 27, l. 44, p. 482.

Baltzer. Condamnation de ses écrits, t. 42, l. 92, p. 303.

Baluze. Son édition des Capitulaires des rois de France, t. 44, l. 88, p. 137.

BALZAC. Son ensemble de la religion chrétienne, t. 11, l. 89, p. 485.

BANDURI, savant bénédictin. Ses ouvrages, t. 11, l. 46, p. 108.

BAPTÊME. Doctrine de saint Ignace d'Antioche sur le baptême, t. 2, l. 27, p. 374. — Doctrine de saint Justin, p. 397. — Tertullien : *Traité du baptême*, l. 28, p. 483. — Tertullien : renoncement à Satan, p. 486. — Homélie de saint Hippolyte de Porto sur le baptême de Jésus-Christ, p. 494. — Du baptême, dans Origène, p. 507. — Sur le baptême des hérétiques, l. 29, p. 546. — Doctrine et canons du concile de Trente sur le sacrement de baptême, t. 10, l. 85, p. 200.

BARAC, général israélite. Sa victoire sur Sisara, t. 1, l. 10, p. 235.

BARADAT (saint), t. 3, l. 40, p. 497.

BARBADIGO (bienheureux), cardinal-évêque de Padoue, t. 11, l. 88, p. 109.

BARBARES. Les nations barbares commencent à exécuter la justice de Dieu sur le monde païen, t. 3, l. 35, p. 262 ; l. 37, p. 387 ; l. 38, p. 447. — Les Barbares démembrent l'empire romain tout vivant, t. 3, l. 39, p. 449, 504, 537 ; t. 4, l. 44, p. 11. — L'Eglise en fait des nations chrétiennes, à commencer par les Francs, l. 42, p. 76 et 88.

BARBARIE. Missionnaires envoyés dans ce pays par saint Vincent de Paul ; l'Eglise d'Afrique est ressuscitée dans les bagnes, t. 10, l. 87, p. 612.

BARBASCEMIN (saint), évêque de Perse et martyr, t. 3, l. 32, p. 444.

BARBEROUSSE, corsaire turc, dont François Ier, roi de France, s'était fait l'allié et le complice contre les chrétiens, t. 10, l. 84, p. 90.

BARCOS, neveu du janséniste Hauranne, soutient l'hérésie des deux chefs qui n'en font qu'un, t. 11, l. 87, p. 404.

BARDANE-PHILIPPE, empereur de Constantinople, t. 4, l. 54, p. 523 (Voir aussi *Bas-Empire*).

BARDAS, césar de Constantinople, t. 4, l. 57, p. 278. — Suite terrible de l'excommunication du Pape, p. 289 (Voir aussi *Bas-Empire*).

BARDESANE. Ses dialogues contre les hérétiques. Sa fermeté. Son apostasie, t. 2, l. 27, p. 416.

BARDON (saint), archevêque de Mayence, t. 6, l. 63, p. 42. — Sa mort, p. 74.

BARHADBESCIABAS (saint), diacre d'Arbèle. Son martyre, t. 3, l. 33, p. 177.

BARLAAM, moine grec du XIVe siècle. Ouvrage remarquable de l'abbé Barlaam sur les quatre caractères qui distinguent l'Eglise romaine des Eglises grecques, et qui l'ont ramené à la première, t. 8, l. 79, p. 592.

BARNABÉ et Paul à Antioche, t. 2, l. 25, p. 262. — Mission et voyage de Paul et de Barnabé, p. 263. — Séparation de Paul et de Barnabé. De la lettre attribuée à saint Barnabé, p. 274.

BARNABE, moine franciscain, fonde en Italie les *monts-de-piété*. Le dominicain Cajetan attaque cette institution. Décret rendu sur la dispute par le Ve concile de Latran, t. 9, l. 83, p. 442.

BARNABITES. Fondation de cet ordre à Milan, t. 9, l. 84, p. 558.

BARNAVE, révolutionnaire français, t. 11, l. 90, p. 541.

BARONIUS corrige le Martyrologe romain, t. 10, l. 86, p. 340. — Saint Philippe de Néri lui fait entreprendre les *Annales de l'Eglise*, p. 350. — Esprit de foi dans tous les deux, p. 353. — Religieuse confiance de Baronius au retour de l'Angleterre, p. 412.

BARRABBAS, insigne voleur que les Juifs préfèrent à Jésus-Christ, t. 2, l. 23, p. 233.

BARRAL, archevêque de Tours, t. 12, l. 91, p. 42.

BARRIÈRE. Exécution de Barrière, accusé d'avoir voulu assassiner Henri IV, t. 10, l. 86, p. 439.

BARRUEL, jésuite. Ses ouvrages, t. 11, l. 89, p. 382.

BARTHÉLEMY (la Saint-). Histoire du coup d'Etat de la Saint-Barthélemy. S'il y a eu préméditation. Si Charles IX l'ordonna dans les provinces. Nombre des victimes. Quelle part le clergé catholique y a eue. Qui est-ce qui peut condamner ou non ce coup d'Etat, t. 10, l. 86, p. 424.

BARTHÉLEMY (saint), ermite dans l'île de Farn, t. 7, l. 69, p. 137.

BARTHÉLEMY (le bienheureux), évêque de Vicence, t. 8, l. 75, p. 212.

BARTHÉLEMY des Martyrs, archevêque de Brague en Portugal, t. 10, l. 86, p. 377. — Il insiste au concile de Trente pour la réforme des cardinaux, p. 299.

BARUCH, le prophète, rejoint les captifs de Babylone, et rapporte à Jérusalem les vases du temple, t. 1, l. 18, p. 429.

BARULAS ou Barallaha (saint), enfant martyr, t. 3, l. 30, p. 186.

BAS-EMPIRE, OU EMPIRE GREC DE CONSTANTINOPLE. — Divisions et scandales à la cour de Constantinople, de 480 à 496, où commence proprement le Bas-Empire, t. 4, l. 42, p. 43. — Trahison d'Illus et d'Harmatius. Chute et mort de Basilisque. Rétablissement et perfidie de Zénon. Pacification de l'Eglise d'Orient par les soins de l'empereur et du Pape, p. 45. — Hénotique de Zénon. Son incohérence, p. 57. — Révolutions à Constantinople. Révolte et mort d'Illus et de Léonce, p. 59. — Affaires de Pierre Monge, de Timothée Elure et d'Acace de Constantinople, p. 60. — Ruse d'Odoacre à l'égard de Zénon. Entrevue de Théodoric, roi des Ostrogoths, avec Zénon. Sa marche sur l'Italie. Défaite d'Odoacre, p. 70. — Mort de Zénon. Couronnement d'Anastase. Son caractère, p. 71. — Ambassade de Théodoric à Anastase. Instructions du pape Gélase à l'empereur. Mauvaise foi des Grecs. Dignité de la conduite du Pape. Heureux fruits qu'elle produit. Lettres que lui écrivent les évêques de Dardanie, etc., p. 73. — Fourberie de l'empereur Anastase. Troubles excités par ses caprices hérétiques. Destruction des actes du concile de Chalcédoine. Libelle de l'empereur contre le pape Symmaque et réponse de celui-ci, p. 114. — Fureur d'Anastase contre les évêques Flavien d'Antioche et Elie de Jérusalem, etc., p. 120. — Lettre mémorable des évêques d'Orient au Pape, et réponse de celui-ci, p. 121. — Extravagances théologiques d'Anastase. Sédition à Constantinople. Bassesse de l'empereur. Insurrection de Vitalien. Traité avec l'empereur, p. 123. — Lettre d'Anastase au pape saint Hormisda. Instructions de celui-ci à ses légats. Réponse de l'empereur. Funestes résultats de la manie impériale. Soumission et lettres des évêques d'Epiro au Pape, et réponse de celui-ci, p. 125. — Nouvelle législation du Pape à Constantinople, p. 128. — Autres brouilleries en Orient. Mort de l'empereur Anastase, p. 135. — Origine et avénement de Justin. Son caractère, p. 137. — Démonstrations orthodoxes du peuple de Constantinople. Toutes les Eglises d'Orient souhaitent la réunion avec Rome, p. 137. — Réception des légats du Pape dans les villes de l'empire. Signature du mémorable formulaire du pape saint Hormisda par le patriarche Jean de Constantinople. Réunion de toutes les Eglises d'Orient avec l'Eglise romaine à la même condition, l. 43, p. 141. — Réflexions de Bossuet à ce sujet, p. 143. — Le Siége de Rome proclamé par toute la tradition comme le fondement de l'Eglise, l. 44, p. 144. — Succession des patriarches de Constantinople et d'Antioche. Leurs lettres au Pape, p. 145. — Conduite indigne de l'évêque Dorothée de Thessalonique, p. 146. — Obstacles suscités par des moines scythes, p. 147. — Honneurs que le pape Jean reçoit à Constantinople p. 166. — Tremblements de terre, inondations et incendies dans l'empire. Destruction d'Antioche. Douleur de Justin. Ses soins pour la reconstruction de la ville. Sa mort. Avénement de Justinien. Son portrait, p

169. — Conversion des Hérules, des Tzanes et de Gordas, roi des Huns. Enrôlement de plusieurs Perses de distinction dans les armées impériales. Travaux et législation de Justinien, p. 170. — Principes logiquement religieux de cette législation. Impossibilité de la permanence de l'esclavage et du divorce sous le règne du christianisme, p. 171. — Loi dégradante publiée par Justinien pour l'amour de sa femme Théodora. Sévérité de ce prince à l'égard des crimes contre les mœurs. Nouveau désastre d'Antioche, p. 172. — Peste dans l'empire. Justinien est sauvé de la fureur du peuple par Bélisaire, p. 173. — Concile de Rome contre les envahissements du siége de Constantinople, p. 183. — Ambassade de Justinien au pape Jean II, p. 189. — Nouvelles discussions en Orient. Zèle intempéré de Justinien, p. 189. — Incertitude dans l'histoire des évêques d'Alexandrie, p. 191. — Division des eutychiens, p. 190. — Lettre du pape Agapet à Justinien. Conquête de l'Afrique par Bélisaire, p. 203. — Etablissement de Justinien en Afrique, p. 204. — Loi en faveur des églises de ce pays. Les *Novelles*, p. 205. — Election de l'hérétique Anthime à Constantinople. Voyage du pape saint Agapet à Constantinople. Ses miracles. Sa fermeté et déposition d'Anthime. Election de Mennas, p. 206. — Nouvelles professions de foi de Justinien. Lettre encyclique du Pape aux évêques. Requêtes qui lui sont adressées par ceux d'Orient. Sa mort. Gloire de ses funérailles, p. 207. — Accomplissement de la prophétie de saint Jean sur la dévastation de Rome et par les Grecs et par les Barbares. Abolition du consulat. Malheurs de l'Italie, l. 45, p. 209-213. — Intrigues du diacre Vigile et de l'impératrice Théodora contre le pape Sylvère, p. 221-224. — Dissensions en Orient à l'occasion d'Origène. Edit de Justinien contre lui, p. 224. — Affaire des trois chapitres. Caractère et histoire de cette discussion, p. 224-239. — Disgrâce passagère et mort de Bélisaire. L'édit de Justinien. Ses violences contre le patriarche saint Eutychius. Fermeté des évêques. Mort de l'empereur, p. 247. — Avénement de Justin II. Adoucissements qu'il apporte aux souffrances du peuple et de l'Eglise. Sa perversion et sa tyrannie ultérieures. Il tombe en démence. Acte de vigueur du gouverneur de Constantinople. Adoption de Tibère II, p. 248. — Portrait de Tibère. Complot contre l'impératrice Sophie contre lui, l. 46, p. 251. — Jean le Scholastique. Ses ouvrages. Sa mort. Retour de saint Eutychius. Erreurs dont saint Grégoire le désabuse. Sa mort, p. 252. — Abandon de l'Italie à elle-même. Guerre avec les Perses. Election de Maurice. Mort de Tibère. Portrait du nouvel empereur, p. 253. — Concile à Constantinople. Prétentions de Jean le Jeûneur. Leur condamnation par le Pape. Nouvelles calamités en Italie, p. 293. — Lettre du pape saint Grégoire le Grand à l'impératrice pour le soulagement de la Sardaigne et de la Corse. Caractère de Maurice et comme particulier et comme empereur, l. 47, p. 304. — Lettre du Pape à Maurice contre les calomnies de Romanus. Vexations des Grecs, p. 312. — Affaires des Eglises d'Illyrie, de Thèbes, de Corinthe, de Corfou, p. 324. — Vigilance de saint Grégoire sur l'Eglise de Constantinople et contre les prétentions de Jean le Jeûneur. Mort et ouvrages de celui-ci, p. 325. — Election de Cyriaque et réponse du Pape à sa lettre synodale et son opposition à ses prétentions. Principe, modèle, moyen et but de l'Eglise catholique et de son unité. Correspondance amicale de saint Grégoire avec saint Euloge d'Alexandrie, p. 328. — Ses relations avec les autres patriarches. Grégoire d'Antioche, qui dispense en matière de serment, p. 329. — Conversions opérées par Grégoire d'Antioche. Saint Jean Climaque. Sa vie et ses œuvres, p. 332. — Saint Théodore Sicéote, p. 333. — Lettres de saint Grégoire relativement à une ordonnance de l'empereur, p. 335. — Ses lettres de piété à diverses personnes de la cour, p. 336.

— Indifférence de Maurice pour les avis du Pape. Son avarice. Exemple, p. 350. — Mécontentement des peuples. Proclamation de Phocas. Fuite de Maurice. Sa mort et celle de sa famille, p. 351. — Lettre de saint Grégoire à Phocas. Légation de Boniface à Constantinople. Plaintes du Pape contre les empereurs relativement à la simonie, p. 352. — Prophétie de Daniel touchant le mahométisme, l. 48, p. 355. — Comment Dieu punit les puissances coupables et les hérésies les unes par les autres. Saint Théodore Sicéote prédit la prochaine invasion du mahométisme. Fin tragique de l'empereur Phocas. Avénement d'Héraclius, p. 356. — Les Grecs et les Perses se ruinent les uns les autres. Prise de Jérusalem et de la croix par les Perses, p. 357. — Saint Jean l'Aumônier, p. 358. — Les saints Dorothée et Dosithée, p. 360. — Jean Philopon. Léon de Byzance. Héraclius, longtemps inactif et découragé, se réveille et remporte d'éclatantes victoires sur Chosroès, roi de Perse, p. 361. — Il fait la paix avec le fils de Chosroès, p. 362. — Les Grecs et les Perses affaiblis les uns par les autres, deviennent une proie facile aux sectateurs de Mahomet, p. 363. — Commencements, impostures et doctrine de Mahomet, p. 364-372. — D'autres séducteurs en Arabie. Guerre entre les Arabes et les Grecs. Héraclius s'enfuit de Syrie, p. 373. — Les Mahométans se rendent maîtres de Jérusalem, d'Antioche et de la Mésopotamie, p. 374. — L'Egypte tombe en leur pouvoir. Conduite peu sensée du patriarche Cyrus et de l'empereur Héraclius, p. 375. — Saint Anastase le Persan, p. 376. — Considération sur les mages de Perse. Ecrits du moine Antiochus, p. 379. — Ecrits de Jean Mosch. Esprit, méthode et écrits de saint Anastase le Sinaïte, p. 384. — Commencement du monothélisme. Zèle de saint Sophrone. Lettres inconsidérées du pape Honorius, p. 386-392. — *Ecthèse* de l'empereur Héraclius, p. 447. — Conduite honorable de l'Eglise romaine, du pape Sévérin et du pape Jean IV, qui rejettent l'*Ecthèse* et condamnent le monothélisme, p. 448. — L'empereur Héraclius désavoue l'*Ecthèse* avant sa mort, p. 449. — Famille impériale de Constantinople, l. 49, p. 449. — Exécutée par le sénat de cette ville. La bibliothèque d'Alexandrie brûlée par ordre du calife Omar, p. 420. — Fin du royaume de Perse, dont le dernier roi se réfugie à la Chine, p. 421. — Les Mahométans envahissent l'empire grec. L'empereur grec fait la guerre à l'Eglise et au Pape. Les patriarches monothélites Pyrrhus et Paul. Réponse du pape Théodore à ce dernier, p. 423. — Lettre du métropolitain de Chypre au même Pape. Etienne de Dore établi par le Pape son vicaire en Palestine. En quels termes les évêques d'Afrique écrivent au pape Théodore, p. 424. — L'abbé saint Maxime de Constantinople. Sa science et ses écrits. Ce qu'il dit du sens mystérieux des cérémonies ecclésiastiques et de l'autorité du Pape, p. 425. — Sa conférence avec Pyrrhus. Rétractation de celui-ci, p. 427. — Lettre de Paul, patriarche monothélite de Constantinople. *Type* de l'empereur Constant II. Rechute de Pyrrhus. Vigueur avec laquelle le pape Théodore le condamne, p. 430. — Le pape saint Martin tient un concile où il condamne le monothélisme et le *Type* de Constant. En quels termes les catholiques d'Orient y parlent au Pape, p. 431. — Lettres du pape saint Martin en Orient et en Occident. Sa lettre à l'empereur Constant, p. 434. — Le pape saint Martin institue des vicaires apostoliques dans tout l'Orient. Sa lettre au métropolitain de Thessalonique, p. 435. — Le pape saint Martin arrêté, emprisonné, exilé, martyrisé par l'empereur grec, p. 436-441. — Interrogatoires et exils de saint Maxime et de ses disciples les deux Anastase, p. 441. — Le peuple et le clergé de Rome rejettent la lettre synodale de Pierre, patriarche monothélite de Constantinople, p. 442. — Nouvel interrogatoire de saint Maxime, p. 443. — Son dernier interrogatoire et son martyre, p. 444.

— Fin de ses disciples, les deux saints Anastase, p. 445. — Arrivée et conduite de l'empereur Constant II en Italie et à Rome, p. 468. — Ses derniers actes et sa mort, p. 469. — En Orient, il se fait nuit; en Occident il se fait jour, l. 50, p. 470. — Commencement de l'empereur Constantin Pogonat, p. 492. — Il demande au Pape un concile œcuménique touchant le monothélisme, p. 493. — Lettres du pape saint Agathon, p. 494. — Treize premières sessions du sixième concile. Les Grecs convaincus d'avoir ajouté des pièces fausses aux actes du concile précédent, p. 496-500. — Remarque sur une omission dans les actes du sixième concile, p. 500. — Dernières sessions. Lettre du concile au pape saint Agathon, p. 501. — Edits de l'empereur et lettres du pape saint Léon II pour l'exécution des décrets du concile, p. 503. — Que penser de la condamnation du pape Honorius, p. 504. — L'empereur Pogonat envoie les cheveux de ses fils à Rome, p. 512. — Servilité sophistique du concile grec *in Trullo*, p. 514. — Manière dont est accueilli à Rome l'envoyé impérial de Constantinople, qui devait déporter le Pape, p. 517. — A Constantinople, Justinien II se voit détrôné et mutilé par Léonce, qui reçoit le même traitement de Tibère-Absimare, p. 518. — Aventures de Justinien *Nez-Coupé*. Echantillon de son gouvernement à Ravenne, l. 54, p. 520. — Voyage du pape Constantin à Constantinople. Honneurs avec lesquels il y est reçu, p. 521. — La haine de Justinien contre les Chersonnites est cause de sa ruine et de sa mort, p. 522. — L'empereur Bardane-Philippique commence une persécution contre le sixième concile. Faiblesse des évêques grecs. Fermeté de l'Eglise romaine et du peuple romain, p. 523. — Bardane déposé. Anastase II mis à sa place. Lettres de l'empereur et du patriarche de Constantinople au pape Constantin, p. 524. — Déposition des empereurs Anastase et Théodose. Commencement de Léon l'Isaurien, p. 525. — Commencement et absurdité de l'erreur des iconoclastes, que Léon l'Isaurien introduit chez les Grecs. Equivoque de certains mots en cette matière. Lettres catholiques de saint Germain, patriarche de Constantinople, sur ce sujet, p. 552. — Commencement de saint Jean Damascène. Il écrit merveilleusement bien en faveur des saintes images, p. 554. — Le pape saint Grégoire II écrit dans le même sens et à l'empereur et au patriarche de Constantinople. Pour se venger du Pape, l'empereur iconoclaste envoie le tuer ou le déposer, p. 557. — Effet que cela produit sur les peuples d'Italie. Comment Léon l'Isaurien répond à saint Jean Damascène. Comment le même Léon en use avec le patriarche saint Germain et avec les savants de Constantinople, p. 558. — Violence de sa persécution, p. 559. — Lettre remarquable que lui écrit le pape saint Grégoire II. Ce que le Pape était dès lors en Europe et dans le reste de l'humanité chrétienne, p. 560. — Si, et en quel sens le pape saint Grégoire II détacha l'Italie de l'empire de Constantinople, p. 563. — Inutiles efforts du pape saint Grégoire III pour ramener au bon sens l'empereur Léon l'iconoclaste, p. 567. — Mort de cet empereur, p. 569.

BAS-EMPIRE, *etc.* — Etat de l'Orient chez les Mahométans. Les califes s'y succèdent presque toujours par le meurtre, par le sang, par la trahison, t. 5, l. 52, p. 20. — Ce qu'étaient les Grecs au VIIIe siècle. Ce que serait devenu le monde, si les Mahométans ou les Grecs en étaient devenus les maîtres. Commencements de l'empereur Constantin Copronyme, p. 24. — Etat du christianisme en Syrie. Saint Jean Damascène. Son corps de doctrine ou *Source de la science*, p. 31. — Son *Traité des hérésies*. De quelle manière il combat les Mahométans, p. 32. — Sa profession de foi, p. 33. — Son ouvrage *De la foi orthodoxe*. Il y résume la tradition. Ce qu'il y dit de l'eucharistie. Son ouvrage *Des parallèles*. Il écrit en particulier contre les manichéens et d'autres hérétiques, p. 34. — Caractère de son esprit et de ses écrits. Il écrit aussi contre les iconoclastes, p. 35. — Persécution de l'empereur Copronyme contre les images des saints. Son conciliabule avec ses raisonnements absurdes, p. 39. — Saint Jean Damascène écrit contre cet iconoclaste, p. 40. — Ce que l'âme est au corps, l'Eglise l'est au monde. Les Mahométans et les Grecs en sont la preuve. Persécution des califes musulmans contre les chrétiens, l. 35, p. 46. — L'empereur grec Copronyme, pire que les successeurs de Mahomet. Commencements de saint Etienne d'Auxence. Fourberies cruelles de Copronyme pour le persécuter, p. 47. — Fléaux extraordinaires. Atrocités de Copronyme, même envers le patriarche Constantin, qui se damne pour lui plaire, p. 50. — Miracles, interrogatoires, prison et martyre de saint Etienne d'Auxence, p. 52. — Copronyme n'en devient que plus méchant. Ce que serait devenu le monde sous de pareils maîtres, p. 54. — L'empereur Copronyme est frappé de mort au milieu de ses persécutions. Son fils Léon, qui le suit dans son impiété, le suit dans la tombe, p. 75. — Avénement de Constantin V et d'Irène, sa mère. Mort et regrets du patriarche Paul. Election du patriarche Taraise, p. 76. — Lettres de l'empereur et du patriarche au Pape, demandant un concile général pour le rétablissement des saintes images et de l'union des églises. Etat des églises orientales sous l'oppression des Musulmans, p. 77. — Septième concile œcuménique. Lettre du patriarche Taraise au pape Adrien, p. 78. — Brouilleries de Constantin et d'Irène. Divorce et mariage scandaleux de Constantin, p. 86. — Fermeté de saint Platon et de saint Théodore Studite. Constantin détrôné et aveuglé par sa mère, p. 87. — Saint Théophane et sa *Chronographie*, p. 88. — Parallèle entre Charlemagne et Justinien, comme législateur, l. 54, p. 124. — L'empire grec, gouverné par des eunuques, dégénère de plus en plus. Avénement et caractère faux de l'empereur Nicéphore. Son traité avec Charlemagne. Ses guerres honteuses avec Aroun-al-Raschid, p. 130. — Caractère de ce calife. Ce qui le porte à se montrer quelque peu favorable aux chrétiens, p. 131. — Guerre civile entre ses deux fils. L'empereur Nicéphore se rend odieux et méprisable. Le patriarche Nicéphore, p. 132. — Trouble de l'Eglise de Constantinople au sujet d'un prêtre qui avait béni un mariage adultérin par ordre du prince. Abjecte servilité des prélats grecs. Fermeté invincible de saint Platon et de saint Théodore Studite. Persécution qu'ils souffrent à ce sujet, ainsi que les leurs, p. 133. — Lettres que saint Théodore écrit à ce sujet, notamment au pape saint Léon III. Remarques à cette occasion, p. 134. — L'empereur Nicéphore se livre aux manichéens. Sa rapacité provoque des conjurations. Ses honteuses expéditions contre les Bulgares, où il finit par périr avec son armée, p. 136. — Avénement de l'empereur Michel Curopalate. Le patriarche Nicéphore écrit au Pape. L'empereur Michel sévit contre les manichéens, p. 138. — Mort de saint Platon. Le monastère de Stude. L'empereur Michel détrôné par Léon l'Arménien, p. 139. — Léon l'Arménien, circonvenu par son ambition et par les fourberies de Théodote, recommence la guerre contre les images des saints, l. 55, p. 167. — Résistance du patriarche saint Nicéphore. L'empereur Léon se constitue juge de la foi et président d'un concile d'évêques courtisans, et s'emporte contre les évêques fidèles, p. 168. — Lettre de saint Théodore Studite, p. 169. — Insignes fourberies de l'empereur pour se défaire du patriarche, p. 170. — Le fourbe Théodote, fait patriarche de Constantinople. Fermeté de saint Théodore Studite pour les saintes images. Conciliabule des iconoclastes contre les images des saints, p. 171. — Persécutions contre les catholiques. Les évêques saint Michel de Synade, saint Théophylacte de Nicodémie, saint Euthymius de Sardis, saint Emilien de Cyzique, saint Georges de Mitylène. Les abbés saint Nicétas, saint Théophane

et d'autres, p. 172. — L'empereur, par Jean Lécanomante, en séduit pour un moment quelques-uns. Saint Nicétas répare publiquement sa faute, p. 173. — Saint Théodore Studite ne cesse d'écrire, de son exil, pour la cause de l'Eglise. Le patriarche de Jérusalem soutient la bonne cause, p. 174. — Le patriarche Théodote écrit au pape Pascal, qui encourage les catholiques par ses légats et ses lettres. Souffrances de saint Théodore Studite dans sa prison. Il ne laisse pas d'écrire de tous côtés pour la défense de la foi, p. 175. — Mort de saint Théophane. Fléaux publics. Léon l'Arménien est tué, p. 177. — Michel le Bègue règne à sa place et ne vaut guère mieux, p. 178. — Guerre civile à Constantinople. Conférence sur les saintes images, p. 182. — Michel le Bègue écrit en Occident des lettres calomnieuses contre les catholiques d'Orient. Les évêques de France, assemblés à Paris, s'y laissent tromper, p. 183. — Mort de saint Théodore Studite et du patriarche saint Nicéphore. Mort bien différente de l'empereur Michel le Bègue. Son indifférence touchant les ravages des Sarrasins, p. 206. — Son fils Théophile continue la persécution contre les saintes images et les peintres, p. 207. — Martyre qu'endurent saint Théodore et saint Théophane, légats des patriarches d'Orient, p. 208. — Souffrances et fermeté de saint Méthodius. Les catholiques, plus libres sous le joug des Musulmans que sous celui des Grecs. Effroyables guerres civiles parmi les Musulmans, au sujet de leurs califes ou papes, p. 209. — Le calife Almamoun, non moins cruel que les autres, mais protecteur des savants, p. 210. — Mort de Théophile l'iconoclaste, p. 211. — Etat de l'Orient au milieu du IXᵉ siècle. Fourberie du patriarche de Constantinople, Jean Lécanomante, l. 56, p. 228. — Election et conduite de saint Méthodius, p. 229. — Saint Joannice. Election et vertus de saint Ignace. L'impératrice sainte Théodora contribue à la conversion des Bulgares et des Khazars. Commencement des deux saints frères Méthodius et Cyrille, p. 230. — Les manichéens en Arménie. Martyre de quarante généraux chez les grecs Mahométans, p. 231. — Retraite de l'impératrice sainte Théodora. Conduite extravagante de son fils Michel l'Ivrogne. Ambition perfide et cruelle du césar Bardas, l. 57, p. 275. — Bardas, repris de son inceste public par saint Ignace, travaillé à le perdre, emploie à cet effet Grégoire, évêque déposé de Syracuse, mais surtout Photius. Esprit et caractère de ce dernier. Son intrusion. Ses premières fourberies et violences, p. 278. — Photius écrit et fait écrire au pape saint Nicolas Iᵉʳ. Réponses et légats du Pape, p. 279. — Persécution et conciliabule de Photius contre saint Ignace, qui en appelle au Pape. Les légats trahissent leur devoir, p. 280. — Saint Nicolas Studite, p. 283. — Le pape saint Nicolas déclare nul ce qu'on a fait contre saint Ignace. Ses lettres à l'empereur et à Photius, p. 284. — Bouffonneries sacrilèges de l'empereur. Fourberie insigne de Photius, p. 285. — Le pape saint Nicolas, ayant appris comme tout s'était passé, condamne ses légats et excommunie Photius. Utilité et opportunité de sa démarche, p. 286. — Lettre inconvenante de l'empereur. Réponse apostolique du saint Pape, p. 287. — Réflexion plus photienne que catholique de Fleury à ce sujet. Suite terrible de l'excommunication du Pape sur le césar Bardas. Violences de Photius contre ceux qui l'abandonnent, p. 289. — Conversion des Bulgares. Ils consultent le Pape, lui demandent des évêques et des prêtres. Le saint Pape répond à leur consultation et leur envoie des légats, p. 290. — Le pape saint Nicolas envoie de nouveaux légats à Constantinople avec de nouvelles lettres à l'empereur et d'autres personnages, p. 293. — Etat des chrétiens d'Orient sous les Musulmans. Progrès de la religion en Bulgarie, l. 57, p. 313. — Fourberie de Photius, peut-être unique dans l'histoire. Lettres pleines d'impostures qu'il écrit contre les Latins, en particulier pour pervertir les Bulgares, p. 314. — Lettres du pape saint Nicolas aux évêques d'Occident sur ce sujet, p. 315. — Révolution à Constantinople. Michel l'Ivrogne est tué. Basile le Macédonien règne seul. On découvre une nouvelle fourberie de Photius. Il est chassé et saint Ignace rétabli, p. 316. — Ecrit d'Enée de Paris touchant les Grecs, p. 321. — Ouvrage remarquable de Ratramne sur le même sujet, p. 322. — L'empereur Basile, le patriarche Ignace et Photius même envoient et écrivent au Pape pour la décision finale de leur affaire. Lettre remarquable de saint Ignace, p. 324. — Concile de Rome sur l'affaire de Photius, p. 325. — Adrien II envoie de nouveaux légats à Constantinople, avec des lettres et le formulaire du pape saint Hormisda, p. 326. — Huitième concile général, p. 327-334. — Canons remarquables de ce concile, surtout le vingt-sixième, omis par Fleury, p. 334. — Fin du concile et souscription des actes. Supercheries des Grecs et quant à la rédaction des actes, et quant à la soustraction des formulaires souscrits, p. 336. — Lettres du concile au Pape, aux patriarches et à tous les fidèles. Conséquence mémorable du huitième concile général, p. 336. — Suites du huitième concile général. Prétentions des Grecs sur la juridiction de la Bulgarie. Décision téméraire des légats d'Orient à ce sujet. Conduite peu impériale de l'empereur Basile envers les légats du Pape. Lettres et plaintes de celui-ci, l. 58, p. 344. — Incroyable chicane de l'empereur Basile à l'empereur Louis II. Réponse mémorable de ce dernier, omise par Fleury. On y voit de qui vient l'empire d'Occident, p. 348. — Lettres du pape Jean VIII à Constantinople, p. 355. — Jean VIII reçoit une ambassade de Constantinople, pour le rétablissement de Photius, après la mort de saint Ignace, p. 362. — Histoire, intrigues et artifices de Photius depuis sa condamnation par le huitième concile général, p. 363. — Mort de saint Ignace. Photius remonte sur le siége de Constantinople, et, de concert avec l'empereur Basile, envoie une ambassade solennelle au Pape, pour obtenir la confirmation de son rétablissement, p. 365. — Pourquoi et à quelles conditions le pape Jean VIII l'accorde, p. 366. — Effronterie avec laquelle Photius abuse des légats et des lettres du Pape, p. 357. — Informé des prévarications de ses légats et des fourberies de Photius, le pape Jean VIII les condamne publiquement et à Constantinople et à Rome. Injustice de Fleury à cet égard, p. 369. — Lettre sophistique de Photius contre la procession du Saint-Esprit. Malgré qu'il en ait, il convient que dix à vingt Pères de l'Eglise enseignent que le Saint-Esprit procède du Père et du Fils, p. 385. — Digne réponse du pape Etienne V à une lettre injurieuse de l'empereur Basile, dictée par Photius, p. 386. — Révolution complète occasionnée à Constantinople par un perroquet. Léon le Philosophe, succédant à Basile son père, chasse Photius. Le diacre Etienne, frère du nouvel empereur, est nommé patriarche. On demande pour lui la dispense et la communion du Pape, qui les accorde, p. 387-389. — Dans le schisme de Photius, tout signale la suprématie du Pontife romain, p. 389. — Le patriarche Etienne de Constantinople et ses deux successeurs, Antoine Cauléas et Nicolas le Mystique. Législation de Léon le Philosophe. Ses divers mariages. Affaire de ses quatrièmes noces, l. 59, p. 415. — Succession et conduite des califes musulmans, p. 417. — Parallèle entre l'Occident et l'Orient. Derniers moments de l'empereur Léon le Philosophe. Ecrits de lui ou qu'on lui suppose, p. 430. — Lettre remarquable à Omar, roi des Sarrasins. On y voit que les Grecs reconnaissaient alors que le Saint-Esprit procède du Fils comme du Père, et que les Mahométans adoraient encore de faux dieux. Extravagance de l'empereur Alexandre. Il meurt. Constantin Ducas appelé par les tuteurs de Constantin Porphyrogenète, et puis tué, p. 434. — Léon Phocas et Romain Lécapène. Ignorance et inconséquence du patriarche Nicolas le Mystique. Lettres de ce patriarche et des empereurs

au pape Jean X, lui demandant des légats pour pacifier l'Eglise de Constantinople. Le Pape l'accorde, p. 432. — Lettre mémorable, mais négligée jusqu'à présent, du patriarche Nicolas de Constantinople, à Siméon, roi des Bulgares, sur l'autorité du Pontife romain. Le pape Jean X, respecté et obéi de tout l'univers, p. 433. — Etat de l'église et de l'empire de Constantinople, sous Romain Lécapène et Constantin Porphyrogénète, etc., dans le Xe siècle, l. 60, p. 462. — Saint Luc le Jeune, p. 465. — Saint Paul de Latre, p. 466. — Travaux de Siméon, surnommé Métaphraste, décriés injustement, p. 468. — Etat des Eglises orientales sous la domination des Mahométans. Successions révolutionnaires des califes. Leur décadence, p. 469. — Ambassade de Luitprand à Constantinople, l. 61, p. 491. — Révolutions à Constantinople. Nicéphore tué par Zimiscès, son successeur, p. 493. — Saint Nicon Métanoîte, p. 494. — Exploits de l'empereur Zimiscès, p. 495. — L'empereur Othon II épousa une princesse grecque, p. 496. — Révolutions à Constantinople, aussi sanglantes que fréquentes, p. 527.

Bas-Empire, etc. — Le pape Jean XIX reçoit une ambassade de Constantinople, dont la demande excite des réclamations en Occident. Conduite probable du Pape en cette circonstance, t. 6, l. 63, p. 24. — Triste état de l'empire et de l'Eglise chez les Grecs, dans le XIe siècle, p. 79. — Parallèle entre l'Occident et l'Orient, p. 82. — Caractère et lettre schismatique de Michel Cérulaire, patriarche de Constantinople, p. 83. — Réponse vraiment apostolique que fait le pape saint Léon IX aux reproches ineptes de Michel Cérulaire, p. 84. — Pierre, nouveau patriarche d'Antioche, demande sa confirmation au saint Pape, p. 86. — Lettres de saint Léon IX à Michel Cérulaire et à l'empereur Monomaque, p. 87. — Légation du cardinal Humbert à Constantinople. Sa réponse à la lettre de Michel Cérulaire, l. 64, p. 90. — Sa réponse au moine grec Nicétas, qui reconnaît la vérité, p. 94. — Duplicité de la conduite de Michel Cérulaire envers les légats du Pape, qui l'excommunient, p. 93. — Lettres réciproques de Dominique, patriarche d'Aquilée, et de Pierre, patriarche d'Antioche. Correspondance entre Michel Cérulaire et Pierre d'Antioche sur les différends entre les Grecs et les Latins. Ignorance ou mauvaise foi de Michel, p. 94. — Mort de Constantin Monomaque et de l'impératrice Théodora. Déposition de Michel Stratiotique. Avénement d'Isaac Comnène, p. 95. — Mort de Michel Cérulaire. Son successeur Lichudès, subtilisé par l'empereur Isaac Comnène, p. 97. — La simonie légalisée chez les Grecs : ce qui en résulte pour le clergé, p. 98. — Soins du pape Alexandre II pour les Eglises grecques. Il envoie saint Pierre d'Anagni légat à Constantinople. L'empire grec se délabre de plus en plus, l. 64, p. 143. — Triste état de la Palestine et de Jérusalem sous l'oppression des Musulmans, p. 144. — Succession d'empereurs et de patriarches à Constantinople ; aventures et fin de l'empereur grec Romain Diogène, p. 145. — Belles réponses du bienheureux Samonas, archevêque de Gaze, aux objections d'un Sarrasin sur la sainte eucharistie, l. 65, p. 164. — Sollicitude du pape saint Grégoire VII pour l'Eglise de Jérusalem. Etat déplorable de l'empire de Constantinople, qui, attaqué au dehors par les Turcs, se ruine lui-même au dedans, p. 165. — L'empereur Michel Parapinace écrit au pape saint Grégoire VII, qui forme le projet d'aller au secours des chrétiens d'Orient, p. 166. — Le pape saint Grégoire VII excommunie Nicéphore Botoniate, usurpateur du trône impérial de Constantinople, p. 227. — De grandes choses se préparent en Occident pour le triomphe de la foi du Christ. Cette foi, mal conservée par les Grecs, est sur le point de succomber en Orient, sous le fer des Musulmans. L'empereur Alexis Comnène appelle à son secours tous les guerriers de l'Occident, l. 66, p. 298. — Première croisade, p. 299-333. — Grande peur du faible Alexis à la vue des croisés. Il fait prisonnier le comte de Vermandois, ce dont les croisés de Godefroi de Bouillon le font repentir, p. 344. — La ville de Nicée, sur le point d'être prise, se reud au déloyal Alexis, p. 342. — Le jeune prince de Danemarck et sa fiancée, trahis par les Grecs et tués par les Turcs, p. 348. — Une nombreuse armée de croisés périt en Asie Mineure sous le fer des Turcs. Mauvaise foi de l'empereur grec Alexis, p. 350. — Tableau de l'Orient à la suite de la première croisade, l. 67, p. 361 et seqq. — L'empereur Alexis Comnène prend fait et cause pour le pape Pascal II contre l'empereur d'Allemagne, Henri V. Zèle d'Alexis pour la vraie foi. — Exposé de l'hérésie des bogomiles, p. 386. — Artifice de l'empereur pour saisir Basile, leur chef. Supplice de ce malheureux. Compassion d'Alexis pour ses sectateurs, et ses efforts pour les ramener à la vérité, p. 387. — Alexis convertit les pauliciens. Constitution impériale par laquelle les églises photiennes abdiquent toute indépendance à l'égard du pouvoir impérial, p. 388. — Origine des chevaliers de Saint-Jean de Jérusalem. Statuts de cet ordre à la fois religieux et militaire, p. 391. — Sac d'Edesse en 1544. Seconde croisade prêchée par saint Bernard, l. 68, p. 531-584. — Précieux et remarquables dialogues d'Anselme de Havelberg, touchant la doctrine et le rite des Grecs : De l'unité et de la multiformité de l'Eglise ; de la procession du Saint-Esprit ; de la primauté du Pape, p. 567-572. — Conrad de Germanie, Louis de France et les Grecs du Bas-Empire. Témoignages peu suspects des historiens grecs eux-mêmes, p. 573. — Description de Constantinople par Odon de Deuil. Ce qui donna aux croisés l'idée de prendre Constantinople. Perfidie des Grecs. Leur trahison. Désastre de Conrad, p. 574. — Revers de l'armée française. Héroïque bravoure du roi Louis. Nouvelles fourberies des Grecs. Justice de Dieu sur ces traîtres, p. 575. — Nouvelles trahisons des Grecs. Captivité du roi de France, délivré par les Siciliens, p. 579.

Bas-Empire, etc. — Philosophes musulmans : à quoi se borne leur mérite, t. 7, l. 69, p. 24. — Le pape Adrien IV travaille à la réunion de Constantinople. Réponse favorable de l'archevêque de Thessalonique, se regardant comme uni à l'Eglise romaine, p. 29. — Jean Zonare. Divers conciles à Constantinople. Puissance de la république de Venise, p. 30. — L'empereur Manuel de Constantinople reconnaît Alexandre III pour pape légitime, malgré Frédéric Barberousse. Concile de Constantinople contre les erreurs d'un certain Démétrius, p. 77. — Conférences de Théorien avec les évêques d'Arménie, sur les points où les Arméniens différaient des Grecs. Le succès en est heureux, p. 79. — Ambassade de l'empereur grec au pape Alexandre, pour lui offrir son secours contre l'empereur Frédéric, p. 82. — Etat équivoque des Grecs de Constantinople, par rapport à l'Eglise romaine. Ouvrage de Hugues Etérien à ce sujet, p. 127. — Instruction du pape Alexandre III au sultan d'Icône, sur la doctrine chrétienne, p. 128. — Origine de la secte musulmane des assassins. Inclination d'un prince des assassins pour le christianisme. Conduite exécrable des Templiers en cette circonstance, p. 131. — Vers la fin du XIIe siècle, les Grecs se détachent de plus en plus du centre de l'unité et de la vie, par la perfidie et le meurtre. Massacre des Latins à Constantinople. Leurs représailles. Règne sanguinaire d'Andronic. Nouvelles révolutions. Isaac l'Ange, empereur. Fin cruelle d'Andronic. Ce qu'Andronic avait encore de bon. Il était plus humain envers les naufragés que son peuple, l. 70, p. 156. — Affaire des chrétiens de Palestine, p. 171. — Leur état toujours plus fâcheux, p. 171 et seqq. — Troisième croisade, p. 180-203. — Marche de l'empereur Frédéric Barberousse vers Constantinople pour la croisade. Piéges que lui tend l'empereur grec, Isaac l'Ange, d'intelligence avec Saladin ; il est obligé de combattre le sultan d'Icône, qui lui avait promis des

vivres ; il montre un courage héroïque et chrétien, et se noie en voulant passer une rivière, p. 189. — Etat de l'empire grec sous Isaac l'Ange et sous son frère Alexis, qui le détrône. Caractère de ces deux princes, l. 71, p. 265. — Le clergé grec, non moins dégénéré que les empereurs. Bassesse de Théodore Balsamon, le plus savant canoniste des Grecs, p. 266. — Ouvrages de Balsamon sur le droit canonique. Son texte de la donation de Constantin. Ses aveux sur l'autorité des Pontifes romains. Ses bévues et ses contradictions, p. 267. — Correspondance du pape Innocent III avec les empereurs Isaac l'Ange et Alexis. Son instruction pastorale au patriarche de Constantinople et à l'empereur, p. 268. — Nouvelles lettres du Pape à l'un et à l'autre, p. 271. — Efforts d'Innocent III pour la croisade de la Terre sainte, p. 273. — Arrivée des croisés à Venise. Leur embarras, parce qu'ils ne s'y trouvent pas tous, p. 281. — Le jeune Alexis survient et complique l'affaire. Les Vénitiens entraînent les croisés à la conquête de Zara, malgré eux et malgré le Pape, p. 282. — Les croisés se divisent à ce sujet, p. 283. — Le jeune Alexis se trouve au milieu des croisés, qui se divisent de nouveau par délicatesse de conscience. Leur réunion et leur marche sur Constantinople pour rétablir le jeune prince, p. 285. — Arrivée des croisés devant Constantinople. L'usurpateur Alexis s'enfuit. Isaac l'Ange est rétabli avec son fils, Alexis le jeune. Lettres des autres au Pape, p. 286. — Nouveau traité du jeune Alexis avec les croisés, qui l'accompagnent dans une expédition contre les Bulgares, p. 290. — Incendie et nouvelle révolution à Constantinople, laquelle oblige les croisés, malgré eux, à se rendre maîtres de la ville, p. 290. — Si dans cette prise de Constantinople il arrive plus de désordres que dans d'autres villes. Respect des croisés pour les reliques des saints, p. 293. — Baudouin de Flandre est élu empereur de Constantinople. Lettres du nouvel empereur et des autres croisés au Pape, p. 295. — Fin des deux usurpateurs Alexis et Murzufle, p. 297. — Lettres et conduite d'Innocent III touchant la conquête de Constantinople par les Latins. Ses soins pour l'établissement du nouveau patriarche et le règlement des affaires ecclésiastiques, p. 298. — Gentilshommes français, empereur, rois ou seigneurs en Grèce et en Asie. Théodore Lascaris, empereur grec de Bithynie. Alexis Comnène, empereur de Trébisonde. Les Vénitiens maîtres de plusieurs îles grecques, p. 355. — Les Grecs, ligués avec les Bulgares, font un massacre général des Latins. Désastre, captivité et mort de l'empereur Baudouin. Efforts du Pape pour diminuer ces malheurs et radoucir le roi des Bulgares, p. 357. — Les Grecs, plus maltraités par les Bulgares que par les Latins, reviennent à ceux-ci. Les Bulgares éprouvent des revers. Leur roi meurt. Punition providentielle de la ville qui avait commencé le massacre des Latins. Couronnement et premiers actes de l'empereur Henri, p. 360. — Correspondance de l'empereur Théodore Lascaris avec le pape Innocent III, p. 362. — Application du Pape à régler les affaires ecclésiastiques dans l'empire latin de Constantinople. Difficulté des circonstances. Etat maladif des Grecs, p. 363. — Peste, famine, tremblement de terre en Egypte, p. 365. — Touchante correspondance du patriarche d'Alexandrie et des pauvres chrétiens d'Egypte avec le pape saint Albert, patriarche de Jérusalem, p. 366. — Lettres du Pape pour les affaires de la Terre sainte. Jean de Brienne, roi de Jérusalem, p. 368. — Religieux du Mont-Carmel : règle que leur donne le patriarche Albert, p. 369. — Croisade d'enfants. Convocation d'un concile général. Prédication d'une nouvelle croisade. Election d'un patriarche de Constantinople, p. 370. — Règlements du concile de Latran et du Pape pour les églises de Grèce et d'Orient, p. 385. — Mort de l'empereur Henri de Constantinople. Aventures et mort de Pierre de Courtenai, son successeur, remplacé par son fils Robert. Sollicitude d'Honorius III pour le bien temporel et spirituel de l'empire latin, l. 72, p. 399. — Jean de Brienne, empereur français de Constantinople, l. 73, p. 541. — Lettres du pape Grégoire IX aux princes mahométans, p. 563. — Correspondance du patriarche grec, Germain, et du pape Grégoire sur la réunion, p. 564. — Conférences entre les Grecs et quatre religieux envoyés par le Pape, p. 566. — Soumission des jacobites, nestoriens, maronites, arméniens. Leur état actuel, p. 575. — Etat actuel des Grecs de Syrie. Quel pouvait être le but providentiel des croisades, p. 576.

BAS-EMPIRE, etc. — Réponse du patriarche des Arméniens au Pape, l. 73, t. 8, p. 1. — Réponse du patriarche des jacobites et des chrétiens orientaux et des nestoriens, p. 2. — Le pape Innocent IV écrit au souverain des Bulgares, des Tartares, des Musulmans, des Grecs et des Russes, p. 53. — Il publie plusieurs décrets, entre autres pour le secours de Constantinople, p. 56. — Velléités des Grecs pour se réunir à l'Eglise romaine, l. 74, p. 178. — Constantinople retombe en leur pouvoir. L'empereur Michel Paléologue fait crever les yeux au jeune empereur Jean Lascaris, son pupille. Le patriarche Arsène l'excommunie, p. 480. — Il fait déposer le patriarche. Schisme parmi les Grecs à ce sujet, p. 481. — Manuel Holobole, Georges Acropolite, Georges Pachymère, les seuls savants qu'il y eut alors parmi les Grecs. Stérilité de l'Orient auprès de l'Occident, p. 482. — Les divisions augmentent parmi les Grecs, avec trois patriarches de Constantinople au lieu d'un. A quoi ressemblait leur église, p. 483. — Michel Paléologue s'adresse au Pape pour la réunion. Lettre bien remarquable que lui répond Urbain IV, p. 484. — Nouvelle lettre de Michel Paléologue. Nouvelle réponse du Pape. Envoi de nonces apostoliques. Raisons politiques qui faisaient parler de la réunion à l'empereur grec, p. 487. — Conquêtes et domination des Tartares, p. 489. — Fin du dernier calife de Bagdad, en 1258, p. 494. — Ravages de Bibars, sultan des Mameluks, en Palestine, p. 492. — Périls croissants de la Terre sainte, p. 492. — Saint Louis, débarqué en Afrique, y reçoit les ambassadeurs de l'empereur grec Michel Paléologue, p. 200. — Affaires de Palestine et de Chypre. Décret du Saint-Siége pour régler les rapports ecclésiastiques entre les Grecs et les Latins de cette île, l. 75, p. 203. — Démarches de l'empereur Michel Paléologue auprès du pape saint Grégoire X et à Constantinople pour la réunion des Grecs avec l'Eglise romaine. Conversion de Jean Veccus à la doctrine complète de l'Eglise sur la procession du Saint-Esprit, p. 229. — Deuxième concile œcuménique de Lyon : arrivée des ambassadeurs grecs et des ambassadeurs tartares, p. 235. — Réunion des Grecs avec l'Eglise romaine, p. 236. — Chronique de l'évêque Grégoire Abulfarage, p. 254. — Etat religieux de l'Illyrie orientale, notamment de la Servie. Lettres du pape Nicolas IV à la reine de ce pays, p. 255. — Division des Grecs sur l'union avec les Latins. Jean Veccus devient patriarche de Constantinople à la place de Joseph. Lettres de l'empereur Michel et du nouveau patriarche au Pape. Exacte confession de foi de Jean Veccus sur la procession du Saint-Esprit. Son excommunication contre les schismatiques, p. 256. — La famille de l'empereur grec se divise contre elle-même au sujet de l'union. Instruction du pape Nicolas III à ses légats à Constantinople, p. 259. — Une nièce de l'empereur grec sollicite contre lui le sultan d'Egypte et les chrétiens d'Orient. Conduite artificieuse et pleine de menteries de l'empereur Michel, p. 262. — Ecrits remarquables de Nicéphore Blemmide, prouvant que le Saint-Esprit procède du Père et du Fils, p. 265. — Le patriarche Jean Veccus, dans un concile, convainc les schismatiques d'avoir effacé de saint Grégoire de Nysse un passage où il disait que le Saint-Esprit procède aussi du Fils. Remarque à ce sujet, p. 266. — Violences de l'empe-

reur Michel envers les opposants. Conspiration de l'empereur Michel et des Siciliens contre le roi Charles d'Anjou. Vêpres siciliennes. Excommunication et mort de l'empereur Michel, p. 267. — Son fils Andronic se déclare contre l'union, Jean Veccus se retire. Joseph, malade et mourant, est replacé sur le siége patriarcal. Les Grecs, divisés entre eux, se conduisent comme des gens tombés en enfance. Accusations contre Veccus, p. 269. — Grégoire, nouveau patriarche de Constantinople. Mouvement du parti des arsénites, p. 273. — Jean Veccus et ses deux archidiacres devant l'assemblée des schismatiques, p. 276. — Veccus réfute un écrit de Grégoire, qui finit par donner sa démission de patriarche, p. 279. — Son successeur, Athanase, devenu odieux par son zèle, donne une démission équivoque, p. 284. — Jean Cosme lui succède et en découvre un secret anathème, p. 282. — Mort de Jean Veccus, p. 283. — Ignorance avouée du clergé grec, particulièrement de ses patriarches. Les futurs exécuteurs de la vengeance divine contre la perfidie grecque s'avancent dans l'Asie Mineure, p. 284. — Permutation ou rechanges de patriarches à Constantinople par l'empereur Andronic, qui se voit lui-même supplanté par son petit-fils, l. 77, p. 370. — Dégradation et ignorance des évêques grecs, p. 378. — Le pape Clément VI reçoit les ambassadeurs d'Arménie, et y envoie des légats pour avoir de plus amples renseignements, t. 20, l. 79, p. 537. — Oppression des chrétiens en Egypte, dont vingt-deux meurent martyrs. Gouvernement des Mameluks. Les Turcs à la porte de Constantinople et de l'Europe, p. 538. — Facilités qu'auraient eues les chrétiens d'Europe, non-seulement pour se défendre, mais pour conquérir et civiliser le reste du monde. Pourquoi ils ne font rien, p. 539. — Le bienheureux Pierre Thomas, légat à Constantinople, évêque de Coron et de Négrepont, archevêque de Crète, légat en Lombardie, patriarche de Constantinople, apôtre et légat d'une croisade qui prend Alexandrie, meurt plein de vertus et faisant des miracles, p. 583. — Arrivée à Rome des ambassadeurs de Jean Paléologue, empereur de Constantinople. Succession des empereurs et des patriarches de Constantinople. Ce que c'est que les Palamites et leur oraison mystique. Importance qu'y attachent les empereurs grecs, p. 590. — Avances peu sincères des Grecs pour se réunir à l'Eglise romaine. Ouvrage remarquable de l'abbé Barlaam sur les quatre caractères qui distinguent l'Eglise romaine des églises grecques, et qui l'ont ramené à la première, p. 592. — Suite de la négociation des Grecs pour la réunion, jusqu'à l'arrivée des huit ambassadeurs impériaux à Rome en 1397, p. 594. — Progrès de la foi catholique en Bulgarie et les provinces environnantes par les prédications des frères Mineurs, p. 596. — L'empereur grec, Jean Paléologue, vient à Rome sous le pape Urbain V, et se réunit à l'Eglise romaine, p. 597.

BAS-EMPIRE, etc. — Commencements de Tamerlan. Etat toujours plus pitoyable de l'empire grec, t. 9, l. 80, p. 9. — Nouvelles propositions aux Grecs de se réunir à l'Eglise romaine. Quelques-uns en profitent. Soins de Grégoire XI pour éteindre le schisme grec en Candie, l. 13. — Etat de l'Orient. Le sultan Bajazet menace de faire manger l'avoine à ses chevaux à Saint-Pierre de Rome. Il est vaincu et mis dans une cage de fer par Tamerlan. Guerres effroyables de ce dernier, l. 81, p. 64. — Martin V reçoit les ambassadeurs de l'empereur grec Paléologue pour la réunion, p. 145. — Crise de la France, de l'empire grec et de l'Europe. Lutte entre le mahométisme et la chrétienté, l. 82, p. 146. — Négociations avec les Grecs pour la réunion, p. 237. — Négociations souvent contradictoires de Bâle et de Rome avec les Grecs. Ceux-ci, avec la plupart des évêques de Bâle, se rangent du côté du Pape, qui transfère le concile à Ferrare, p. 239. — L'empereur Jean Paléologue, le patriarche de Constantinople et un bon nombre de prélats grecs se mettent en route pour venir au concile de Ferrare, qui s'ouvre au jour indiqué, p. 241. — Arrivent à Ferrare l'empereur Jean Paléologue, le patriarche Joseph et les autres prélats grecs. Session d'ouverture, commune aux Latins et aux Grecs, p. 247. — Conférence particulière sur le purgatoire, où l'on se trouve d'accord, p. 248. — Première et seconde session, etc. Les Latins cherchent à entamer la question du Filioque. Le Grec Marc d'Ephèse cherche à l'esquiver par des questions préjudicielles. Dans la session sixième et les suivantes, les Latins, notamment André, archevêque de Colosse, traitent à fond et admirablement bien la question du Filioque et de la procession du Saint-Esprit, p. 249. — Le continuateur de Fleury altère les faits pour dépriser les Latins, tandis que le célèbre Bessarion, archevêque de Nicée, les admire, p. 250. — Dans les sessions onze et douze, les orateurs latins, surtout le cardinal Julien Césarini, traitent la question du Saint-Esprit, et réfutent les objections avec un génie aussi merveilleux qu'il est peu connu, p. 251. — Prodigieuse présence d'esprit avec laquelle le cardinal Julien répond à un très-long discours de Marc d'Ephèse, p. 252. — Les Grecs se découragent, parce que, suivant Bessarion, ils ne s'étaient pas attendus à tant de science et d'esprit de la part des Latins. Le concile transféré à Florence à cause de la peste. De la session dix-huit à vingt-trois, Jean de Montenegro, provincial des Dominicains, prouve très-doctement par les Pères grecs, particulièrement saint Epiphane, que le Saint-Esprit procède du Père et du Fils. Les Grecs, quoique convaincus d'avoir falsifié un passage de saint Basile, finissent néanmoins par se réjouir de voir que les Latins ne disaient pas deux causes du Fils et du Saint-Esprit, mais une seule, le Père, p. 253. — Isidore, métropolitain de Russie, est le premier à conseiller la réunion avec les Latins. Il est appuyé par Bessarion, métropolitain de Nicée, p. 255. — Les Grecs ne pouvant s'accorder entre eux, prient le pape Eugène IV de leur indiquer lui-même les moyens d'opérer la réunion. Il leur en propose quatre auxquels ils ne trouvent rien à dire; cependant ils lui en demandent encore un autre. Bessarion fait un discours mémorable en faveur de la réunion, p. 256. — Georges Scholarius en fait plusieurs dans le même sens, où il fait un grand éloge de la science des Latins, et un fort petit de celle des Grecs, p. 257. — Les esprits se rapprochent, les doutes s'éclaircissent. Les métropolitains de Russie, de Nicée, de Lacédémone, de Mitylène se déclarent formellement pour la réunion, p. 258. — Les autres s'y joignent, à l'exception de quatre. La formule proposée par les Grecs est approuvée par le Pape. On s'embrasse de part et d'autre. Mort du patriarche Joseph, après avoir écrit son acte de réunion avec l'Eglise romaine. Conférences sur les autres articles et sur la rédaction de la bulle de réunion, p. 259. — Session solennelle pour consommer la réunion et en promulguer la bulle, qui est souscrite par les députés des quatre patriarches et par les métropolitains de Grèce, de Trébisonde, d'Ibérie et de Russie, p. 260. — Philothée, patriarche d'Alexandrie, accède de grand cœur à la réunion, que le Pape notifie à toute la chrétienté. Les députés de Constantin, patriarche des Arméniens, arrivent à Florence avant le départ des Grecs, à qui le Pape accorde plus qu'il n'avait promis. Eugène IV fait une promotion de cardinaux, parmi lesquels Bessarion de Nicée, Isidore de Russie, Sbinco de Cracovie, p. 262. — Le roi de Bosnie envoie un ambassadeur à Rome abjurer les erreurs des manichéens, p. 268. — Les Grecs ressemblent beaucoup au peuple juif. Partis de Florence, où ils avaient tous signé l'acte de réunion, excepté Marc d'Ephèse, ils retournent tous au schisme, à l'exception d'un très-petit nombre, l. 83, p. 308. — Fidélité de Métrophanes de Cyzique, patriarche de Constantinople. Fidélité de Grégoire, protosyncelle.

Ses excellents écrits contre Marc d'Ephèse, pour la cause de l'union, p. 309. — Autre écrit remarquable, probablement du même. Supercherie honteuse de Marc d'Ephèse pour falsifier un texte de saint Basile, p. 310. — Mort funeste de Marc d'Ephèse, p. 314. — Grégoire protosyncelle, devenu patriarche de Constantinople, se retire à Rome. État déplorable de l'empire grec et de sa dernière dynastie impériale, qui prend pour arbitre le sultan Amurath. Commencements et caractère de Mahomet II. Constantin Dragasès, dernier empereur de Constantinople, demande des secours au pape Nicolas V, qui lui adresse, par le cardinal Isidore de Russie, une lettre prophétique, comme autrefois Jérémie au roi Sédécias, p. 312. — Suites de cette négociation, d'après Michel Ducas. Le peuple se laisse séduire par un faux prophète. Ceux mêmes qui consentent à l'union avec l'Eglise romaine ne le font pas sincèrement, p. 313. — Siége de Constantinople par Mahomet II. Les Grecs s'aveuglent et s'opiniâtrent dans le schisme, comme les Juifs au siége de Jérusalem par Vespasien, p. 314. — Prise de Constantinople par les Turcs. Mort du dernier empereur grec, p. 315. — Particularité remarquable et peu remarquée. Mahomet II s'assied sur l'autel de la grande église de Constantinople; comment il traite le grand-duc Notaras, qui avait dit : « J'aimerais mieux voir régner à Constantinople le turban de Mahomet que la tiare du Pape, » p. 316. — Aventures du cardinal grec Isidore de Russie. Les Grecs acceptent un patriarche de la main de Mahomet. Endurcissement des Grecs, semblable à celui des Juifs, p. 317.

Bas-Empire des intelligences en Europe, notamment en France, t. 10, l. 86, p. 449.

Basile le Macédonien, empereur de Constantinople, t. 5, l. 57, p. 346. — Incroyable chicane à l'empereur Louis II. Réponse mémorable de celui-ci ; on y voit d'où vient l'empire d'Occident, l. 58, p. 348 (Voir aussi Bas-Empire).

Basile (saint), évêque d'Amasée. Son martyre, t. 3, l. 34, p. 74.

Basile (saint), évêque de Césarée en Cappadoce, docteur de l'Eglise. Sa famille et ses premières études ; sa sainte amitié pour saint Grégoire de Nazianze, t. 3, l. 33, p. 456. — Leur éloignement d'un de leurs condisciples, Julien, depuis l'Apostat ; leur retour en Cappadoce, p. 457. — Voyage de saint Basile en Syrie et en Egypte. Il est ordonné lecteur, et choisit la vie solitaire, l. 34, p. 454. — Correspondance enjouée avec son ami Grégoire sur sa solitude. La philosophie et l'état monastique, p. 495. — Règles de saint Basile, particulièrement en ce qui regarde l'éducation des enfants, p. 496. — Les deux amis composent ensemble la Philocalie, ou recueil des plus beaux endroits d'Origène, et sont ordonnés prêtres l'un et l'autre, p. 497. — Fermeté de saint Basile contre les promesses et les menaces de l'empereur Valens, qui voulait le gagner à l'arianisme, l. 35, p. 230. — Il soulage les pauvres dans une famine, et perd sa sainte mère Emélie. Il est élu évêque de Césarée en Cappadoce ; son zèle à soutenir les actes de saint Athanase, p. 231. — Nécessité reconnue par saint Basile de recourir à l'Occident pour remédier aux maux de l'Orient. Ses lettres à saint Athanase et à saint Mélèce, p. 233. — Nouvelle lettre à saint Athanase. L'évêque de Rome doit user d'autorité pour guérir les maux de l'Orient, p. 234. — Lettre de saint Basile au pape saint Damase, et réponse de celui-ci ainsi que des évêques d'Occident ; autre lettre de saint Basile et des évêques d'Orient à ceux d'Occident, p. 235. — Fermeté de saint Basile contre les ariens, fiers de la faveur de l'empereur Valens ; ses réponses à Modeste, préfet du prétoire, p. 236. — Vénération de Valens dans l'église de Césarée, son entretien avec saint Basile ; il se voit forcé de le laisser en paix, p. 237. — Brutalité du gouverneur Eusèbe contre saint Basile. Le peuple l'arrache de ses mains, p. 239. — Maladie de saint Basile. Causes du peu de zèle des évêques de Cappadoce. Désagréments causés à saint Basile par Anthime, évêque de Tyane. Saint Basile nomme évêque de Sasime son ami Grégoire. Rupture de l'évêque Eustathe de Sébaste, p. 241. — Lettres de saint Basile aux évêques du Pont et aux principaux de Néocésarée, sur les calomnies répandues contre lui, p. 243. — Réputation du clergé de saint Basile. Répression, par saint Basile, de la simonie et de l'insouciance des chorévêques. Vagabondage du moine Glycérius, p. 244. — Conduite de saint Basile dans la réconciliation des Macédoniens : approbation que lui donne saint Athanase, p. 245. — Visite du saint Ephrem à saint Basile, p. 250. — Persécution de Valens contre les moines. Lettre que saint Basile leur adresse, p. 261. — Mort de saint Basile, ses funérailles, ses panégyristes, l. 36, p. 265.

Basilides (saint), soldat et martyr, t. 2, l. 28, p. 495.

Basilisque, empereur de Constantinople, t. 4, l. 41, p. 25 et 28 ; l. 42, 43-45 (Voir Bas-Empire).

Basseville, ayant outragé le peuple romain, est atteint mortellement, t. 41, l. 80, p. 578.

Bastille, prise par le peuple de Paris, t. 11, l. 90, p. 520.

Bathilde (sainte), reine de France, t. 4, l. 49, p. 458.

Baudouin, comte de Flandre, élu empereur latin de Constantinople, t. 7, l. 74, p. 278 et 295-357 (Voyez Bas-Empire et Croisades).

Baudouin II, empereur de Constantinople, offre la couronne d'épines à saint Louis, t. 7, l. 73, p. 557.

Baudouin de Lorraine, frère de Godefroi de Bouillon, prince d'Edesse, puis roi de Jérusalem, t. 6, l. 66, p. 345, 349 et 354 ; l. 67, p. 363 (Voyez Croisades).

Baudouin du Bourg, roi de Jérusalem, t. 6, l. 67, p. 365 (Voyez Croisades).

Baudouin III et Baudouin IV (Voyez Croisades).

Baudry, évêque de Noyon, t. 6, l. 67, p. 74.

Bavon (saint), t. 4, l. 49, p. 450.

Bayard (le chevalier), t. 10, l. 84, p. 8.

Bayle, protestant : Passage du calvinisme à l'incrédulité moderne. Son Dictionnaire est attaqué par Jurieu, t. 41, l. 88, p. 243. — L'athéisme ou le panthéisme du juif Spinosa, dernier terme du calvinisme de Jurieu et du scepticisme de Bayle, qui le réfute, p. 244.

Béatitudes (les huit), t. 2, l. 23, p. 74. — Sont l'abrégé du sermon de la Montagne, p. 76.

Béatrix (bienheureuse) de Vicence, t. 8, l. 75, p. 213.

Beaumont (de), archevêque de Paris, t. 11, l. 89, p. 386.

Beauregard, jésuite. Sa prédiction sur les désordres qu'enfantera la philosophie moderne, t. 44, l. 89, p. 484.

Bec (abbaye du). Son commencement, t. 6, l. 63, p. 65.

Bède. — Les bonnes études fleurissent en Angleterre par les soins du saint et savant Bède. Précis de ses travaux et de ses écrits, t. 4, l. 54, p. 526. — Manière dont il termine son Histoire ecclésiastique d'Angleterre, p. 535. — Lettre d'un de ses disciples sur sa sainte mort, p. 529.

Béelzébub. Quel était ce dieu, t. 4, l. 44, p. 344.

Bégards et Béguines hérétiques. Leur condamnation par le concile général de Vienne, t. 8, l. 77, p. 426.

Bégon, évêque de Toul, t. 41, l. 89, p. 497.

Béguines catholiques. Leur établissement par le prêtre Lambert, du diocèse de Liége, t. 7, l. 79, p. 420. — Leur institution en Flandre, t. 42, l. 94, p. 450.

Bélisaire. — Justinien est sauvé de la fureur du peuple par Bélisaire, t. 4, l. 44, p. 173. — Conquête de l'Afrique par Bélisaire, p. 203. — Conquête de la Sicile, p. 206. — Prise et sac de Naples par Bélisaire, l. 45, p. 209. — Retraite et avarice de Bélisaire, p. 212. — Sa disgrâce passagère et sa mort, 247.

Bellarmin, jésuite et cardinal : ses ouvrages, t. 10, l. 86, p. 393. — Controverse du roi d'Angleterre, Jac-

ques Ier, avec le Jésuite Bellarmin sur l'origine de la souveraineté. D'où vient la doctrine de l'absolutisme royale, l. 87, p. 574. — Au :ommencement du XVIIe siècle, les légistes français ignoraient tellement l'ancien droit français, qu'ils le condamnent dans le Jésuite Bellarmin, p. 596.

BELLUGA (de), cardinal, t. 11, l. 88, p. 109.

BELSUNCE, évêque de Marseille. Sainte vie de sa tante, Henriette de Foix, t. 11, l. 88, p. 267. — Conduite héroïque de l'évêque Belsunce et de son clergé pendant la peste de Marseille, p. 269. — Belsunce combat la peste du jansénisme et de l'incrédulité moderne; il est persécuté pour cela par le parlement janséniste de Provence, p. 271.

BÉLUS, personnage presque fabuleux, t. 1, l. 4, p. 76.

BEMBE ou Bembo, cardinal, t. 9, l. 83, p. 460.

BÉNÉDICTINS. Merveilleuse réformation dans leur ordre par un monastère ruiné de Padoue, t. 9, l. 81, p. 439. — Somnolence de l'ordre de Saint-Benoît, dans les XIIIe, XIVe et XVe siècle, l. 83, p. 389. — Réformation de Bénédictins en Lorraine, t. 10, l. 87, p. 537. — Etat général des Bénédictins en France, vers le commencement du XVIIIe siècle, t. 11, l. 88, p. 434. — Bénédictins de Lorraine, p. 440. — Les Bénédictins français se laissent surprendre aux artifices des jansénistes, et méconnaissent plus ou moins le caractère surnaturel de la grâce, l. 87, p. 24.

BÉNÉVOLE, chancelier de l'impératrice Justine : sa fermeté, t. 3, l. 36, p. 304.

BENJAMIN. Fraction de cette tribu. Guerre de Gabaa. Massacre des benjaminites. Les suites d'une première faute, t. 1, l. 10, p. 227.

BENNON (bienheureux), de Metz, t. 5, l. 60, p. 437.

BENNON (saint), évêque de Misnie, t. 6, l. 64, p. 148.

BENOIT (saint). Ses commencements. t. 4, l. 44, p. 174. — Sa règle. Son but. Eloge de la vie monastique. Hommages rendus à la règle de saint Benoît par plusieurs grands hommes, p. 176. — Rapports intimes de la vie religieuse avec le bonheur. Raisons du vœu de pauvreté. La législation criminelle et les punitions monastiques, p. 181. — Entrevue de saint Benoît avec le roi Totila, l. 45, p. 210. — Entrevue et mort de saint Benoit et de sainte Scholastique, p. 215.

BENOIT (saint) d'Aniane. Benoit de Maguelone quitte la cour de Charlemagne, et devient S. Benoit d'Aniane, le restaurateur de la discipline monastique, t. 5, l. 54, p. 405. — Il est chargé par l'empereur d'inspecter tous les monastères pour y rétablir une règle uniforme rédigée dans un concile d'Aix-la-Chapelle, t. 5, l. 55, p. 461. — Sa mort, p. 465.

BENOIT Biscop (saint), t. 4, l. 50, p. 472.

BENOIT (saint) de Philadelphie, franciscain originaire d'Ethiopie, t. 10, l. 86, p. 357.

BENOIT Ier, pape, envoie saint Grégoire en Angleterre, mais est obligé de le rappeler sur les réclamations du peuple romain, t. 4, l. 46, p. 251.

BENOIT II, t. 4, l. 50, p. 544.

BENOIT III. Son élection. Conduite blâmable des ambassadeurs de Louis II. Courage des évêques, qui les ramène à leur devoir, t. 5, l. 56, p. 274.—Il est consulté de l'Orient et de l'Occident. Rome centre de la littérature aussi bien que de la doctrine, l. 57, p. 274.

BENOIT IV. Il couronne empereur Louis, fils de Boson, t. 5, l. 59, p. 417.

BENOIT V. Ses vertus. Il est exilé par le premier empereur allemand à Hambourg, où il meurt saintement, t. 5, l. 61, p. 486.

BENOIT VI. Son court pontificat, t. 5, l. 61, p. 502.

BENOIT VII. Son élection et son pontificat, t. 5, l. 61, p. 503. — Sa mort, p. 540.

BENOIT VIII. Son élection, t. 6, l. 62, p. 13. — Il couronne empereur le roi saint Henri, p. 14. — Il défait les Sarrasins qui infestaient la Toscane, p. 15. — Son voyage en Allemagne, p. 16. — Sa mort, l. 63, p. 23.

BENOIT IX. Sa jeunesse augmente les maux de l'Eglise, t. 6, l. 63, p. 42. — Il se démet et se convertit sérieusement entre les mains du saint abbé Barthélemy de la Grotte-Ferrée, p. 52.

BENOIT X, antipape, t. 6, l. 64, p. 109. — Il se soumet au Pape légitimement élu, p. 110.

BENOIT XI (saint). Son élection. Ses commencements. Ses vertus, t. 8, l. 77, p. 397. — Ses relations avec Philippe le Bel et Charles de Valois. Bulle d'excommunication contre les auteurs et complices des excès commis contre Boniface VIII, p. 398. — Exécution mémorable de cette bulle par les événements. Mort du saint Pape, p. 399.

BENOIT XII. Son élection. Ses commencements. Ses belles qualités. Ses décrets pour réformer le clergé séculier et régulier, surtout en France, t. 8, l. 79, p. 523. — Son attention à ne choisir que d'excellents cardinaux. Lettres que lui envoie Pétrarque pour l'engager de venir à Rome, p. 527. — Bologne l'empêche de se rendre en Italie, p. 528. — On renouvelle la question : *Si les âmes justes voient Dieu après leur mort*. Benoit XII, qui l'avait éclaircie dans un ouvrage comme cardinal, la décide par une bulle comme Pape, p. 529. — Le roi Magnus de Suède le prie de lui confirmer la possession de la Scanie, attendu que le royaume de Danemarck n'a jamais appartenu à l'Empire, mais à l'Eglise romaine. Belle réponse de Benoit XII à certaines demandes du roi de France. Benoit XII reçoit l'hommage des rois d'Aragon pour la Sardaigne et la Corse, et du roi Robert pour le royaume de Naples. Sa lettre au nouveau roi d'Aragon, p. 531. — Soumission des villes et des princes d'Italie. Pénitence qu'il impose à l'un d'eux pour un meurtre d'évêque. Relations amicales de Benoit XII avec l'empereur de la Chine et plusieurs autres princes tartares, p. 533. — Sollicitude pastorale de Benoit XII pour l'Arménie. Les Arméniens se justifient en concile des erreurs qu'on leur impute, ou bien ils s'en corrigent, p. 534. — Sa mort, p. 537. — Ses efforts pour prévenir les calamités de la guerre entre la France et l'Angleterre, p. 543. — Ce qu'en pense Lingard, p. 545.

BENOIT XIII. Sa conduite comme religieux et cardinal. Ses efforts pour n'être pas élu Pape, t. 11, l. 88, p. 98. — Actes et règlements du concile provincial que Benoit XIII tient à Rome, p. 102. — Il approuve la sentence du concile d'Embrun contre l'évêque janséniste de Senez, p. 264. — Mort de Benoit XIII, l. 89, p. 335.

BENOIT XIII, pape d'Avignon, durant le schisme (Voir *Pierre de Lune*).

BENOIT XIV. Ses commencements, t. 11, l. 89, p. 338. — Résumé de son bullaire, sur les missions de l'Inde, les maronites, les coptes, les Grecs melquites, les Arméniens, les chrétiens d'Albanie et de Servie, p. 339. — Aux évêques de Pologne; sur le mariage de deux infidèles, dont l'un se convertit; en faveur de la liberté des indigènes d'Amérique et en faveur des pauvres de l'Etat pontifical, p. 341. — Son ouvrage de la béatification et de la canonisation des saints, p. 342. — Ses statuts synodaux, son traité *Du synode diocésain*, p. 343.

BÉRAULT-BERCASTEL. Ses écrits, t. 11, l. 89, p. 488.

BÉRENGER. Son erreur et son caractère, t. 6, l. 63, p. 65. — Réfuté par ses amis et condamné à Rome, p. 67. — Condamné au concile de Verceil. Réfuté par Ascelin et condamné par l'évêque de Liége, p. 68. — Condamné au concile de Paris, p. 69. — Il abjure son hérésie à Tours, l. 64, p. 99. — Il l'abjure de nouveau à Rome sous Nicolas II, p. 112. — Lanfranc et Guitmond écrivent contre ses erreurs, p. 139. — Nouvelles rétractations et fin de Bérenger, p. 215.

BÉRENGER, évêque d'Aussonne, sollicite et obtient du Pape le rétablissement de la métropole de Tarragone, t. 6, l. 66, p. 262.

Bergier, théologien. Plan de Bergier dans son *Traité de la Religion*, t. 11, l. 89, p. 489. — Règle de Bergier pour les trois espèces de certitude, et accord de cette règle avec celle de la foi catholique, p. 493. — Ce qui manque à Bergier, c'est de distinguer assez bien la fin naturelle et la fin surnaturelle de l'homme, p. 488.

Bernard (saint), abbé de Clairvaux, docteur de l'Eglise. Sa naissance. Son enfance. Ses premières études. Sa résolution d'embrasser la vie religieuse, et son prosélytisme, t. 6, l. 67, p. 398. — Noviciat de saint Bernard. Sa ferveur et sa charité. Il fonde le monastère de Clairvaux. Sa vie exemplaire. Ses souffrances. Ses miracles, p. 402. — Portrait de saint Bernard. Son établissement à Clairvaux, l. 68, p. 439. — Lettre de saint Bernard à son cousin Robert, retiré à Cluny, p. 444. — Lettre de saint Bernard aux Chartreux. Il va à Grenoble, p. 445. — Apologie réciproque de saint Bernard et de Pierre le Vénérable, abbé de Cluny. Leur sainte amitié, p. 446. — Lettre de saint Bernard à Suger, abbé de Saint-Denys, p. 450. — Lettre de saint Bernard à Henri, archevêque de Sens, p. 451. — Maladie de saint Bernard. Il assiste au concile de Troyes et donne la règle des Templiers, p. 456. — Saint Bernard fait reconnaître le pape légitime Innocent II au concile d'Etampes, p. 472. — Saint Bernard concilie au Pape le roi d'Angleterre, p. 473. — Efforts de saint Bernard pour ramener les évêques d'Aquitaine et le comte du Poitou à la reconnaissance du Pape légitime, p. 480. — Saint Bernard accompagne à Rome Innocent II, qui y couronne l'empereur Lothaire, p. 482. — Saint Bernard réconcilie avec l'empereur les princes Hohenstauffen, p. 483. — Saint Bernard poursuit la punition canonique de deux assassinats, p. 484. — Lettres de saint Bernard aux Milanais et au roi de France; il est l'âme du concile de Pise, p. 485. — Son voyage à Milan. Vénération des peuples pour sa personne. Ses miracles. Sa fuite de Milan, p. 486. — Il fonde le monastère de Caravalles. Lettres de saint Bernard au Pape et au peuple de Milan. Prérogatives de Rome, p. 488. — Retour du saint en France. Amour réciproque des religieux et de l'abbé de Clairvaux. Il accompagne en Aquitaine le légat du Pape. Conversion du duc Guillaume. Mort terrible de l'évêque Gérard. Pénitence de Guillaume. Sa fin édifiante, p. 489. — Retour de saint Bernard à Clairvaux. Ses sermons sur le *Cantique des cantiques*, p. 490. — Troisième voyage de saint Bernard en Italie, p. 497. — Conférence entre saint Bernard et le cardinal Pierre de Pise. Ses miracles à Salerne, p. 499. — Lettre de saint Bernard au prieur de Clairvaux, p. 501. — Le saint retourne à son monastère. Le roi Conrad écrit à saint Bernard, qui lui répond, p. 502. — Correspondance de Roger de Sicile avec saint Bernard, p. 504. — Saint Bernard confond Abailard au concile de Sens, p. 506. — Saint Bernard écrit plusieurs lettres à Rome sur le même sujet, p. 507. — Opuscule de saint Bernard en réponse à une consultation de Hugues de Saint-Victor, p. 518. — Lettre de saint Bernard sur l'institution de la fête de la Conception de la sainte Vierge, p. 520. — Autre lettre au Pape sur l'interdit jeté sur la France. Efforts qu'il fait pour calmer les esprits. Nouvelles lettres à ce sujet au pape Innocent II et au roi de France, p. 524. — Etonnement de saint Bernard à la nouvelle du sacre d'Eugène III, son ancien disciple, p. 528. — Lettres de saint Bernard aux Romains et au roi Conrad. Comment le saint abbé entendait et comment on doit entendre la politique, p. 531. — Les cinq livres de saint Bernard sur la *Considération*. Devoirs d'un Pape, p. 532. — La chrétienté s'ébranle à la voix de saint Bernard et du Pape. Assemblées de Bourges et de Vézelai. Miracles du saint. Il protège les Juifs et confond le moine Rodolphe, p. 538. — Saint Bernard parcourt l'Allemagne, prêchant la croisade. Ses succès. Ses miracles innombrables. Conséquence qu'on peut en tirer,

p. 542. — Saint Bernard accompagne Albéric, légat en Languedoc. Lettre du saint. Nouveaux miracles, p. 551. — Sermons de saint Bernard, où il réfute des hérétiques, p. 553. — Vénération et affection universelle pour saint Bernard. Sa maladie. Son dernier voyage. Ses derniers miracles. Sa dernière lettre, p. 584. — Mort du saint abbé. Dernier regard sur sa vie et sur ses bienfaits. Comment le Midi et le Nord, l'Orient et l'Occident s'unissent pour l'aimer et le bénir, p. 585.

Bernard (saint), de Menthon, t. 5, l. 64, p. 474.

Bernard (saint), évêque de Hildesheim, t. 5, l. 64, p. 520.

Bernard de Tiron. Ses grandes vertus, t. 6, l. 67, p. 373.

Bernard (bienh.) de Scammaca, t. 9, l. 83, p. 374.

Bernard (B.), margrave de Bade, t. 9, l. 83, p. 442.

Bernard (bienh.), de Corleone, t. 11, l. 88, p. 118.

Bernard (bienheureux), d'Offida, t. 11, l. 88, p. 119.

Bernardin de Sienne (saint). Prédication de saint Vincent Ferrier sur lui, t. 9, l. 84, p. 71. — Sa famille, ses vertus, surtout sa pureté, p. 132. — Sollicitude de son cousin Tobie pour lui. Il entre dans la confrérie de Notre-Dame, p. 133. — Ses avis sur la prédication. Ses miracles, p. 134. — Sa mort, l. 82, p. 275.

Bernardin de Feltre (bienheureux), franciscain, propage les monts-de-piété, t. 9, l. 83, p. 442.

Bernardin Ochin, moine apostat et marié, commence la deuxième réforme d'Angleterre, t. 10, l. 85, p. 240.

Berne. Histoire de l'apostasie de cette ville, t. 10, l. 84, p. 37.

Bernon (bienheureux), premier abbé de Cluny, fondé par Guillaume le Débonnaire, duc d'Aquitaine, t. 5, l. 59, p. 421; l. 60, p. 444.

Bernin (Le) ou Bernini, peintre, statuaire et architecte, t. 11, l. 88, p. 430.

Berruyer, jésuite. Son appréciation par le Jésuite Feller, t. 11, l. 88, p. 133.

Bersabias (St), martyr de Perse, t. 3, l. 32, p. 140.

Bertharide ou Pertharide, roi des Lombards. Ses aventures, t. 4, l. 49, p. 467.

Berthier, jésuite, t. 11, l. 89, p. 481.

Berthold (saint), t. 8, l. 75, p. 216.

Bertrand (St) de Comminges, év., t. 6, l. 67, p. 371.

Bertrand (Bx), patriarche d'Aquilée, t. 8, l. 79, p. 510.

Bertrandi (Pierre), év. d'Autun. Discours et traité sur l'origine et l'usage des juridictions, t. 8, l. 79, p. 555.

Berylle. Son hérésie et son retour, t. 2, l. 29, p. 519.

Bessarion, archevêque grec de Nicée. Son premier discours au concile de Florence. Second discours, t. 9, l. 82, p. 249. — Le continuateur janséniste de Fleury altère les faits du concile pour déprécier les Latins, tandis que Bessarion admire leur science, p. 250. — Les Grecs se découragent, parce que, suivant Bessarion, ils ne s'étaient pas attendus à tant de science et d'esprit de la part des Latins, p. 253. — Il appuie Isidore, métropolitain de Russie, qui conseille la réunion avec les Latins, p. 255. — Il fait un discours mémorable en faveur de la réunion, p. 256. — Il se déclare formellement pour la réunion, avec les métropolitains de Russie, de Lacédémone et de Mytilène, p. 258. — Il est nommé cardinal, p. 262. — Sa légation en France. Sa mort, l. 83, p. 393.

Bethel, pris par les tribus de Manassé et d'Ephraïm, t. 1, l. 10, p. 227.

Bethsabée, femme d'Urie, puis de David, t. 1, l. 12, p. 296.

Bèze (Théodore de), second chef du calvinisme. Quelles étaient ses mœurs, t. 10, l. 84, p. 103. — Ses relations avec saint François de Sales, l. 87, p. 520.

Bianchi de Lucques, franciscain. Son ouvrage *De la puissance et de la discipline de l'Eglise*, t. 11, l. 88, p. 186. — Sa biographie et ses écrits, l. 89, p. 354.

Bianchini, oncle et neveu, savants italiens, t. 11, l. 88, p. 404.

Bienvenu (bienheureux), t. 8, l. 73, p. 246.

Bienvenue Bojano (bienheureuse), t. 8, l. 78, p. 433.

Bercu-Jésus, martyr de Perse, t. 3, l. 32, p. 133.

Birger, fils de sainte Brigitte. Instruction que lui donne sa mère sur les devoirs du magistrat chrétien, t. 9, l. 80, p. 6.

Birin (saint) aide à la conversion des Northumbres, t. 4, l. 48, p. 413.

Bitonto (évêque de). Son discours à la première session du concile de Trente, et observations sur certaines critiques qu'on en a faites, t. 10, l. 85, p. 174.

Biren, seign russe. Sa cruauté, t. 11, l. 88, p. 345.

Blaise (saint), évêque de Sébaste en Arménie, t. 3, l. 31, p. 71.

Blois (Etats de), où Henri III fait assassiner le duc et le cardinal de Guise, t. 10, l. 86, p. 430.

Blosius ou Louis de Blois avait une intelligence assez rare du caractère surnaturel de la grâce, t. 11, l. 87, p. 25.

Blouët de Chamilly, archevêque de Tours, le modèle des bons pasteurs, t. 11, l. 89, p. 498.

Bochart, ministre huguenot, t. 11, l. 88, p. 254.

Boëce. Son origine. Ses études. Ses ouvrages. Dignités auxquelles il est promu, t. 4, l. 43, p. 93. — Sa magnanimité, p. 95. — Mort de Boëce. Son éloge. Honneurs rendus à sa tombe, l. 44, p. 166.

Boehm, Jacques, cordonnier saxon, entreprend de donner une autre forme au protestantisme, t. 11, l. 87, p. 42.

Bogomiles, espèce de manichéens, t. 4, l. 67 et 68, p. 386.

Bohèmes (Voyez Slaves et Allemagne).

Bohémond, prince de Tarente, puis d'Antioche, t. 6, l. 66, p. 340; l. 67, p. 361 (Voyez Croisades).

Bohusz, Stanislas, archevêque de Mohilow. Sa funeste influence. Moins pasteur du troupeau que loup ravisseur, t. 12, l. 91, p. 184.

Boileau, poète français, t. 11, l. 88, p. 227.

Boisgelin, archevêque d'Aix, t. 11, l. 90, p. 532.

Bolinbrock (milord), incrédule anglais, t. 11, l. 89, p. 450.

Bona, cardinal. Ses œuvres, t. 11, l. 88, p. 92.

Bonald. Vie et ouvrages de Louis de Bonald. Il lui manquait une connaissance plus exacte de la doctrine de l'Eglise sur la nature et la grâce, t. 12, l. 91, p. 133. — Mépris assez commun sur le sens de ces paroles de l'Apôtre : Rationabile obsequium vestrum. Rapport de M. de Bonald avec Napoléon et son frère Louis, roi de Hollande. Ses dernières années, p. 137.

Bonaparte (Napoléon). Ses commencements. Sa famille, t. 11, l. 90, p. 565. — Ses victoires en Italie, p. 577. — Sommaire de sa campagne d'Egypte, p. 588. — Il n'entre pas dans le système persécuteur du Directoire, p. 589. — Bonaparte, premier consul, p. 594. — Les Français rentrent en Allemagne et en Italie. Bataille de Marengo. Revenu à Paris, Bonaparte réorganise tout le gouvernement. Il gagne l'amitié de l'empereur Paul de Russie, qui est assassiné par les siens. Bonaparte lui-même est exposé aux coups d'assassins politiques, p. 594. — Bonaparte fait mouvoir quatre armées à la fois. Paix de Lunéville et d'Amiens. Négociations, conclusion et publication du concordat, p. 595. — Projets de Napoléon Bonaparte après le concordat avec Pie VII. Un émissaire corse du gouvernement anglais vient solliciter Napoléon de se déclarer chef de la religion en France, comme font chez eux les rois d'Angleterre et de Prusse, et l'empereur de Russie, t. 12, l. 91, p. 4. — Le gouvernement anglais n'ayant pu persuader à Napoléon de se faire gallican, pour rompre l'unité et la force de la France, entreprend de le faire assassiner par certains royalistes de Bretagne. Napoléon use de représailles. Vues de Napoléon. Il se fait élire empereur par le peuple français, et sacrer par le pape Pie VII, p. 5. — Napoléon se fait couronner roi d'Italie à

Milan, et transforme des républiques en royaumes, p. 6. — Le gouvernement anglais coalise l'Allemagne et la Russie contre Napoléon, qui fait sa campagne d'Austerlitz. L'empereur François de Lorraine quitte le titre d'empereur romain pour prendre celui d'empereur d'Allemagne. Napoléon métamorphose en rois les électeurs de Wurtemberg et de Bavière, nomme son frère Louis roi de Hollande, son frère Joseph roi de Naples, son beau-frère Murat grand-duc de Berg. Sur une notification d'un envoyé de Napoléon, l'empire germanique se dissout pour faire place à la confédération napoléonienne du Rhin. L'empereur François ne prend plus que le titre d'empereur d'Autriche. Les princes napoléoniens de l'Allemagne deviennent pires que jamais envers leurs populations, p. 8. — Le roi de Prusse, n'ayant pas voulu ratifier un premier traité avec Napoléon, est obligé d'en subir un autre beaucoup plus dur. Soutenu de la Russie, le roi de Prusse déclare la guerre en 1806 à Napoléon qui remporte les victoires d'Iéna, d'Eylau, de Friedland, et fait la paix à Tilsitt, ôte au roi de Prusse la moitié de ses Etats pour former un royaume de Westphalie à son frère Jérôme, crée roi l'électeur de Saxe avec le duché de Varsovie pour cadeau. Napoléon et Alexandre de Russie se partagent éventuellement le monde. L'empereur de Russie et le roi de Prusse pressent Napoléon de se déclarer pape dans ses Etats, comme eux dans les leurs. Napoléon s'y refuse, mais se promet de se servir du Pape pour arriver encore mieux à ses fins, p. 9. — L'Autriche déclare la guerre à Napoléon, occupé en Espagne, d'où il revient pour battre les Autrichiens à Eckmühl et à Wagram, et pour forcer leur empereur à lui donner en mariage une de ses filles, qu'il épouse, après avoir fait déclarer la nullité de son mariage avec la veuve de Beauharnais, p. 10. — Napoléon, mécontent de son frère Louis, supprime le royaume de Hollande, envoie son frère Joseph être roi d'Espagne, son beau-frère Murat, de Naples, et invente le sucre de betterave. Comment les Bourbons de Naples et d'Espagne, qui avaient trompé Pie VI pour le dépouiller de ses domaines, ont été récompensés par la Providence; et d'abord ceux de Naples. Comment les Bourbons d'Espagne, dominés par un favori nommé Godoy, facilitèrent à Napoléon l'invasion de leur royaume, p. 51. — Plan de conduite raisonné de Napoléon vis-à-vis de l'Eglise et du Pape. Exécution initiale de ce plan dans les Articles organiques. Négociations pour amener Pie VII à venir sacrer Napoléon en France, p. 14. — Pie VII oblige Napoléon à se marier ecclésiastiquement avec la veuve de Beauharnais. Cérémonies du couronnement, p. 17. — Mémoire demandé au Pape sur les charges de l'Eglise romaine. Réponse mémorable qu'y fait Napoléon, p. 20. — Pourquoi Pie VII ne partait pas de France. Réponse sublime qu'il fait à certaines insinuations, p. 21. — Lettre bien remarquable de Pie VII à Napoléon sur la demande en nullité du mariage de son frère Jérôme, p. 22. — Napoléon fait occuper despotiquement le port d'Ancône. Lettre que lui écrit à ce sujet Pie VII. Réponse inconvenante de Napoléon. Réplique digne du Pontife, 24. — Lettre impertinente de Napoléon au Pape, qui lui répond avec dignité, calme et affection, 25. — Présomption incroyable de Napoléon, qui regrette de ne pouvoir se dire fils de Jupiter, comme Alexandre de Macédoine, 26. — Napoléon remplace le cardinal-oncle, Fesch, dans l'ambassade de Rome, par le protestant et régicide Alquier. Remontrance assez téméraire du cardinal-oncle au Pape, Napoléon enlève au Pape les principautés de Bénévent et de Pontecorvo, pour des raisons fort curieuses, et les donne à un évêque marié et à un général protestant, p. 27. — Napoléon, pour réduire le Pape à quelque concession honteuse ou le peuple à la révolte, fait occuper militairement plusieurs villes et provinces des Etats-Romains; à quoi Pie VII répond avec un calme

et une confiance qui étonnent l'ambassadeur protestant et régicide. Vers la fin de 1807, Napoléon rend plusieurs décrets favorables au clergé et aux congrégations religieuses, p. 28. — Plaintes menaçantes de Napoléon contre le Pape. Lettre violente de Napoléon à son beau-fils Beauharnais contre le Pape. On y lit ces paroles prophétiques : « Que veut faire Pie VII en me dénonçant à la chrétienté? mettre mon trône en interdit, m'excommunier ? *Pense-t-il alors que les armes tomberont des mains de mes soldats.* Le bon Pie VII , à qui Beauharnais envoie cette lettre , ne la communique point aux cardinaux, tant elle lui paraît faire peu d'honneur à Napoléon , p. 29. — Conduite chrétiennement peu prévoyante de certains cardinaux. De toutes les violences et menaces de Napoléon, Pie VII *en appela au jugement de Dieu.* Prudence avec laquelle Pie VII évite le piége qui lui est tendu, lors du second mariage de Jérôme Bonaparte. Paroles de Bossuet sur la nécessité où se trouve l'Eglise romaine de conserver sa neutralité et l'indépendance de son domaine temporel. Le 2 février 1808, les troupes de Napoléon entrent dans Rome sous le commandement du général Miollis. Notification et protestation du Pape , p. 30. — Violences du général français, p. 31. — Napoléon enlève au Pape trois provinces sous des prétextes qu'on ne devinerait guère, p. 32. — Le général français se permet des violences jusque dans le palais du Pape. Le général français envoie prendre , dans le palais pontifical, Pacca, ministre du Pape. Pie VII s'y oppose de sa propre personne. Le 17 mai 1809 , par un décret daté de Vienne, Napoléon vole au Pape la ville de Rome et la déclare ville impériale, p. 33. — Le 10 juin, le général Miollis publie à Rome ce décret de spoliation. Le lendemain , on trouve affichée dans tous les lieux ordinaires la bulle pontificale de Pie VII, excommuniant tous les auteurs et fauteurs des spoliations qu'avait éprouvées le Saint-Siége, p. 34. — Dans la nuit du 5 au 6 juillet, le général Radet, ayant pour principal guide un voleur, enfonce la demeure du Pape, pour le conduire, disait-il, chez le général Miollis avec le cardinal Pacca, mais dans le fait pour le traîner en exil, p. 35. — Arrivée du Pontife prisonnier à la Chartreuse de Florence. Conduite d'une sœur de Napoléon envers le captif. Relation mensongère du général Miollis à Napoléon, p. 38. — Entretien de Napoléon , à Fontainebleau , avec l'abbé Emery , supérieur de Saint-Sulpice , sur les affaires de l'Eglise , p. 41. — Napoléon assemble une commission ecclésiastique , pour lui aider à se passer du Pape dans l'institution des évêques, p. 42. — Commission de prélats français. Ses réponses de courtisans plus que d'évêques aux questions de Napoléon, p. 44. — Conduite peu épiscopale des mêmes évêques dans l'affaire du divorce de Napoléon. Mariage de Napoléon avec l'archiduchesse Marie-Louise d'Autriche. Exil des plus dignes cardinaux, p. 45. — Napoléon entreprend de faire donner à ses évêques nommés les pouvoirs de vicaires capitulaires, contrairement au deuxième concile œcuménique de Lyon, qui défend à ces évêques tous les pouvoirs ainsi donnés. Lettres de Pie VII à ce sujet, p. 47. — Colère de Napoléon en voyant cette fermeté du Pape. Persécution contre les prélats les plus fidèles. Lettre ignoble et outrageuse du préfet Chabrol au Pape captif. Adresse mensongère du chapitre de Paris, qui sert à en provoquer de semblables en France et en Italie, p. 48. — Réponse peu honorable de la commission ecclésiastique à Napoléon , à qui elle conseille d'amener doucement les peuples à ses innovations contre le Pape. Napoléon, dans une audience solennelle à ses évêques de cour, déclame contre le Pape. Un vieux prêtre s'y rencontre, qui apprend le catéchisme aux évêques et à Napoléon, lequel se montre très-content, non pas des évêques, mais du vieux prêtre, qui meurt peu après, p. 49. — Ce que le cardinal Pacca conclut de là. Napoléon envoie au Pape une députation de trois évêques français,

qui rappelle les deux Eusèbe de l'arianisme , et qui conseillent à Napoléon d'amener le Pape par lassitude à ce qu'on voudra. Instructions impériales aux trois évêques. Leur rôle de tentateurs pour circonvenir le Pontife prisonnier, et l'amener à quelque concession déshonorante, p. 51. — Concile impérial de 1811 : évêques qui y sont appelés par Napoléon ; évêques qui y manquent. Loi et condition essentielles de tout concile légitime, proclamées dès le IVe siècle par le pape saint Jules et par les historiens grecs Socrate et Sozomène, p. 52. — Ce que, dans un cas semblable à celui de 1811, saint Avit de Vienne déclara, au nom de tous les évêques des Gaules, au commencement du VIe siècle. Première unique session du concile de 1811 ; présidence du cardinal-oncle; discours de l'évêque de Troyes; serment d'obéissance au Pape, p. 53. — Prétention du ministre civil des cultes à dominer l'assemblée, à quoi le cardinal-oncle prête les mains. Manifeste déclamatoire de Napoléon contre le Pape. Ce que firent, dans un cas semblable , les évêques de France et d'Italie en l'année 800, p. 54. — Seconde et troisième congrégations générales. Quatrième congrégation. Discussion sur l'adresse à Napoléon. Les évêques italiens se plaignent qu'on y parle des quatre articles de 1682. L'évêque de Chambéry, Dessoles , propose d'aller tous ensemble demander à Napoléon la liberté du Saint-Père. Dans la cinquième congrégation , l'évêque de Nantes lit l'adresse, en ajoutant qu'elle avait l'approbation de l'empereur. L'assemblée y ayant fait toutefois des changements, Napoléon n'en veut plus. Congrégation particulière où l'on traite des concessions arrachées au Pape par la députation à Savone, ainsi que des moyens de se passer de son autorité pour avoir des évêques, p. 55. — La majorité vote contre la compétence du concile à décider ces questions , et ne trouve point les concessions de Savone dans les formes. Napoléon, irrité, dissout le concile et emprisonne au donjon de Vincennes les évêques de Gand, de Tournay et de Troyes, p. 56. — Parallèle entre le concile de Paris, sous Napoléon, et celui de Rimini, sous l'empereur Constance. Disposition d'esprit de Napoléon. Après avoir dissous le concile dans un accès de colère , il prend les évêques un à un, et leur persuade d'approuver une série d'articles qui doivent être soumis au Pape par une députation, p. 57. — Avec la députation d'évêques de cour, on envoie au Pape cinq cardinaux, peu fidèles ou peu capables, pour le circonvenir. Notice sur le cardinal Roverella, qui trompe la confiance de Pie VII, et lui arrache des concessions préjudiciables à l'Eglise, 58. — Napoléon refuse d'accepter les concessions obtenues, et en demande d'autres, que le Pape refuse à son tour. Cause de cette variation de Napoléon. Le 9 mai 1812, il sort de son palais pour marcher contre la Russie, et fait déporter Pie VII de Savone à Fontainebleau, p. 59. — Orage épouvantable qui assaille l'armée française sur la frontière de la Russie, et en commence dès lors les revers. On remarque avec étonnement que Napoléon n'a plus la même vigueur de tête ni de corps. Bataille manquée de Smolensk. Bataille terrible de la Moscowa, où l'on ne reconnaît plus le génie de Napoléon. La cause secrète est un mal de bas étage, p. 60. — Les Français entrent à Moscou, et les Russes y mettent le feu. Les Français sortent de Moscou le 12 octobre 1812. Difficultés de leur retraite au milieu des tempêtes de neiges et de froid. Imprévoyance inexplicable des chefs. *Les armes tombent des mains engourdies du soldat,* p. 61. — Passage de la Bérésina, p. 62. — Un mot sur un commandant de la garde, Vaudeville, et sur le général Drouot, qui se trouvent à ce passage. Horreurs que les débris de l'armée française ont à souffrir, en particulier des Juifs de Vilna, p. 63. — Souffrances de Pie VII dans sa déportation de Savone à Fontainebleau, où il est obsédé par les cardinaux et les évêques de cour. Napoléon, revenu de Moscou à Paris,

renoue les négociations avec Pie VII, et finit par lui arracher un concordat provisoire, qu'il fait ensuite publier contre sa parole, p. 64. — Les cardinaux les plus dévoués au Saint-Père tombent d'accord que, pour sauver son honneur et les intérêts de l'Eglise, il doit adresser à Napoléon une rétractation nette et franche des concessions qu'on lui a arrachées par surprise. Pie VII le fait courageusement, et récupère aussitôt la sérénité de son âme et la santé du corps, p. 68. — Malgré son dépit, Napoléon dissimule. Il exile quelques cardinaux, déclare le concordat loi de l'empire, obligatoire pour tous les évêchés de France et d'Italie, p. 69. — Pie VII rédige une protestation contre l'un et l'autre décret, ainsi qu'une bulle pour la vacance éventuelle du Saint-Siége. Dernière campagne de Napoléon en Allemagne ; charité des prêtres et des fidèles envers les soldats qui en revenaient malades et mourants. Tentatives de Napoléon pour se rapprocher du Pape. Divers personnages employés à cette fin, p. 70. — Situation des évêques de Troyes, de Gand et de Tournay, ainsi que de leurs diocèses, p. 71. — Le 22 janvier 1814, par ordre de Napoléon, Pie VII part de Fontainebleau pour le Midi de la France, et les cardinaux sont emmenés en différentes villes, p. 72. — Le 4 avril, après sa campagne de France, Napoléon est contraint d'abdiquer à Fontainebleau, pour être confiné dans l'île d'Elbe. Voyage triomphal de Pie VII à travers la France et l'Italie, jusqu'à Rome, p. 73. — Voyage bien différent de Napoléon, de Fontainebleau à l'île d'Elbe. Son retour en France, p. 74. — Règne trimestriel de Napoléon. Il perd la bataille de Waterloo, est déporté à l'île Sainte-Hélène, et y meurt réconcilié avec Dieu et les hommes, p. 75. — Napoléon, qui résume tous les conquérants et tous les potentats du siècle, meurt les yeux tournés vers Rome. Détails édifiants sur sa mort. Sentiment de Napoléon sur la divinité de Jésus-Christ ; t. 2, l. 24, p. 252. — Parallèle entre Charlemagne et Napoléon, t. 5, l. 54, p. 124. — Résultat final de l'excommunication pour Napoléon, comme pour Frédéric II et sa dynastie, t. 8, l. 73, p. 59.

BONAPARTE (Louis-Napoléon) et Mgr Antonelli, t. 12, l. 92, p. 448. — Il donne sa démission de membre de l'Assemblée constituante, p. 272. — Il est élu président de la République française, p. 287. — Situation politique de la France, 306. — Coup d'Etat du 2 décembre. Espérance des catholiques, 307. — Rétablissement de l'Empire, 308 (Voyez *France* et *Napoléon III*).

BONAVENTURE (saint), docteur de l'Eglise. Sa naissance et sa vie, t. 8, l. 74, p. 123. — Il entreprend, avec son ami saint Thomas et d'autres, de concilier toutes les sciences, notamment la philosophie païenne avec la doctrine chrétienne, p. 90. — Saint Bonaventure, dans son *Itinéraire de l'âme vers Dieu*, saint Thomas, dans sa doctrine sur la grâce, l'auteur de l'*Imitation*, l'emportent sur Bossuet, Fénelon, Malebranche et Pascal, p. 116. — Saint Bonaventure, général de son ordre, celui des Franciscains, à la place de Jean de Parme, p. 144. — Mort de saint Bonaventure, l. 75, p. 238. — Il est canonisé par Sixte IV, t. 9, l. 83, p. 399.

BONAVENTURE (bienh.) Bonacorsi, t. 4, l. 78, p. 431.

BONAVENTURE (bienh.), Potenza, t. 11, l. 88, p. 119.

BONIFACE Ier (saint), pape. Son élection, t. 3, l. 38, p. 434. — Ses lettres dans les Gaules, p. 438. — Lettres du même Pape au sujet de Périgène, métropolitain de Corinthe. Le résultat, suivant le témoignage de l'historien grec Socrate. Maladie du pape saint Boniface. Affection que son peuple et l'empereur Honorius lui témoignent. Entreprise ambitieuse d'Atticus de Constantinople, repoussée et réprimée par la vigueur du Pape, p. 439. — Dissimulation semblable dans Fleury et dans les Grecs, p. 440. — Mort du pape saint Boniface, p. 441.

BONIFACE II. Son élection, t. 4, l. 44, p. 182. — Lettre de saint Césaire au Pape et réponse de celui-ci, p. 184. — Mort de Boniface II, p. 188.

BONIFACE III, t. 4, l. 48, p. 380.

BONIFACE IV, t. 4, l. 48, p. 380

BONIFACE V, t. 4, l. 48, p. 381.

BONIFACE VI. Il succède à Formose. Ce qu'en dit Flodoard, t. 5, l. 59, p. 402.

BONIFACE VII, t. 5, l. 64, p. 510.

BONIFACE VIII. Son élection. Il vient à Rome, t. 8, l. 76, p. 347. — Canonisation de saint Louis par Boniface VIII, p. 349. — Boniface VIII crée plusieurs cardinaux et publie le *Texte des décrétales*. Grand jubilé de 1300, p. 350. — Articles auxquels on peut réduire le gouvernement divin de l'humanité, l. 77, p. 352-358. — Conséquences qui découlent de là. Comment cette vérité a été comprise par les empereurs grecs de Constantinople, par les Barberousse d'Allemagne et certains rois de France, p. 358. — Quels hommes égarèrent ces souverains de France et d'Allemagne, p. 359. — Adolphe de Nassau et Albert d'Autriche élus empereurs d'Allemagne, recourent au Pape. Boniface confirme Albert après la mort d'Adolphe, 360. — Double élection au royaume de Hongrie. Boniface se déclare pour Charobert, p. 364. — Affaires de Danemarck pour l'archevêque de Lunden, p. 366. — Jean de Mont-Corvin, fait archevêque de Péking, p. 367-380. — Caractère de Boniface VIII. Précautions pour apprécier équitablement son démêlé avec Philippe le Bel. La première année de son pontificat, Boniface VIII procure la paix à la France avec l'Angleterre et travaille à la lui procurer avec toutes les autres puissances. Philippe le Bel est seul à résister. Boniface VIII défend d'imposer des taxes extraordinaires sur le clergé sans le consentement du Saint-Siége. Idées peu exactes de Bossuet à cet égard, p. 381. — Révolte schismatique des Colonne. Conduite irréprochable du Pape en cette affaire, p. 383. — Boniface VIII travaille avec succès à la pacification des villes d'Italie. Il ménage la paix entre le roi français de Naples et le roi aragonais de Sicile, p. 386. — Il nomme capitaine général de l'Eglise romaine Charles de Valois, frère de Philippe le Bel. Philippe le Bel protège les Colonne schismatiques et fait d'autres choses peu dignes d'un roi de France, manque de parole au comte de Flandre, viole le droit des gens à l'égard de deux envoyés du Saint-Siége, p. 387. — Lettre du Pape au roi. Pierre Flotte la tient cachée et lui en substitue une autre, p. 388. — Guillaume de Nogaret présente au roi un réquisitoire contre Boniface VIII, comme n'étant point Pape. Assemblée des prélats et barons, et réflexions du protestant Sismondi à ce sujet, p. 389. — Lettre du roi, de la noblesse et du clergé. Réponses des cardinaux et du Pape, p. 390. — Concile de Rome. Bulle *Unam sanctam* : sa conformité avec la tradition des Pères et des docteurs, p. 392. — Légation du cardinal Lemoine. Guillaume de Nogaret présente au roi une requête contre Boniface VIII, comme intrus et hérétique. Le roi, contre le droit des gens, arrête et emprisonne un courrier du légat. Dans une assemblée des trois ordres de l'Etat, Guillaume du Plessis accuse Boniface VIII d'impiété et d'hérésie. Il émet un appel schismatique au futur Pape légitime. Parallèle entre Philippe le Bel et l'arien Théodoric, entre les évêques de France du XIVe siècle et les évêques de France du VIe et du VIIIe, p. 394. — Derniers actes du pape Boniface VIII. Il est trahi par ses compatriotes d'Anagni, livré aux sicaires des Français et meurt, calomnié par les Gibelins et les gallicans, p. 395. — Négociations de Philippe le Bel et de Clément V, au sujet de Boniface VIII, p. 404. — Le concile œcuménique de Vienne déclare que Boniface VIII a été Pape catholique et indubitable, p. 421.

BONIFACE IX. Son élection et ses premières actions. Il propose des moyens de terminer le schisme d'Occident, t. 9, l. 81, p. 78. — La ville de Rome se soumet de toute manière à la souveraineté de Boniface IX. Dernières actions et mort de ce Pape, p. 81.

BONIFACE (saint), apôtre de l'Allemagne, t. 4, l. 51,

p. 538. — Il est fait évêque par le pape saint Grégoire II. Son serment apostolique. Lettres que le Pape écrit en sa faveur en France et en Allemagne. Lettre que lui donne de son côté Charles Martel, p. 540. — Belle lettre que lui écrit son ancien maître Daniel de Winchester sur la manière de convertir les païens, p. 541. — Réponse décrétale du Pape à sa consultation. Consultation de saint Boniface et réponse de l'évêque Daniel sur le même objet, p. 542. — Il écrit à Rome. Réponse que lui fait le pape saint Grégoire III. Travaux et correspondance de saint Boniface. Lettre que lui écrit une religieuse de ses parentes, p. 564. — Son troisième voyage à Rome. Il y enrôle les deux saints frères Willibalde et Wunebalde, p. 565. — Saint Boniface, légat du Pape, et secondé par Pepin et Carloman, rétablit la discipline en France et étend la religion en Allemagne, t. 5, l. 52, p. 2. — Saint Boniface fonde le monastère et l'école de Fulde, par saint Sturme, p. 7. — Saint Boniface fonde en Allemagne des monastères de religieuses par sainte Liobe, p. 8. — Divers abus et imposteurs que saint Boniface réprime en France et en Allemagne, par l'autorité du Pape, secondée de Pepin et de Carloman, p. 9. — Lettres de saint Boniface à Cuthbert, archevêque de Cantorbéry, à Ethelbald, roi des Merciens, qui profitent de ses avis, p. 11. — Diverses lettres du pape saint Zacharie à saint Boniface sur des affaires d'Allemagne, entre autres touchant le prêtre Vigile ou Virgile, p. 16. — Saint Boniface continue à régénérer l'Allemagne. Ses derniers travaux et son martyre, l. 53, p. 55. — Ses principaux disciples, p. 57.

Boniface (saint), martyr, et Aglaé, t. 3, l. 30, p. 43.

Boniface (saint), apôtre des Russes (Voyez *saint Brunon*).

Boniface, comte. Désolation de l'Afrique par les Vandales, occasionnée par la révolte du comte Boniface, provoquée elle-même par les perfides intrigues d'Aëtius, t. 3, l. 8, p. 447.

Boniface, marquis de Montferrat, généralissime de la troisième croisade, t. 7, l. 74, p. 281 et seqq. (Voir aussi *Croisades*).

Bonizon, évêque de Plaisance, martyrisé par les schismatiques, t. 6, l. 66, p. 260.

Bonnac, évêque d'Agen. Sa confession de foi à l'Assemblée nationale, t. 11, l. 90, p. 532.

Bonnetty et les quatre propositions opposées au traditionnaliste, t. 12, l. 92, p. 331.

Bon-Secours de Nancy : chapitre collégial fondé par les prêtres du diocèse pour les vieux prêtres émérites, t. 27, l. 89, p. 337.

Booz. Sa charité. Booz et les rois d'Homère. Ruth chez Booz. Rapports de cette démarche avec les mœurs du temps. Il épouse Ruth. Ses ancêtres et ses descendants, t. 1, l. 10, p. 27 et seqq.

Borgia (V. *César* et *Lucrèce Borgia*).

Borzivoy, duc des Bohêmes. Sa conversion, t. 5, l. 58, p. 362.

Bossuet (Jacques-Bénigne), évêque de Meaux. Sa biographie, t. 11, l. 88, p. 190. — Il censure Malebranche, p. 447. — Il réfute Ellies Dupin, p. 458. — Il réfute Richard Simon, p. 460. — Son opinion sur ce qu'il en est au fond des libertés de l'Eglise gallicane, p. 473. — Il confirme le récit de Fleury, p. 476. — Il entreprend, par ordre du roi, la défense de la Déclaration de 1682. Cinq propositions où il renferme tout ce qu'il dira sur le premier article. Remarques sur les deux premières propositions, p. 478. — Examen de la troisième, 480. — Principes étranges et embrouillements de Bossuet, p. 481. — Examen de la quatrième proposition, p. 482. — Examen de la cinquième et dernière proposition, 483. — Conclusion sur cette matière. Ce qu'il pense sur le premier article de la Déclaration de 1682, p. 486. — Sa controverse avec l'évêque de Tournay, p. 488. — Sa controverse avec Fénelon sur le quiétisme, p. 200. — Son amitié avec Fénelon. Il veut le sacrer archevêque de Cambrai. Il fait l'éloge des *Réflexions morales* du janséniste Quesnel, p. 205. — De là renaît la controverse sur le quiétisme, p. 206. — Il est moins rude aux jansénistes qu'à Fénelon. Exemples. Cause probable, p. 217. — Quelle est, dans la pensée de Bossuet, la grande preuve de la vraie religion et de la vraie Eglise, p. 249. — Quels sont, suivant Bossuet, les premiers principes de la raison humaine, p. 250. — Il oblige l'abbé de Rancé à publier son traité sur la sainteté et les devoirs de la vie monastique, p. 276. — Ses ouvrages de controverse. Il représente le parti catholique dans les négociations pour la réunion des protestants d'Allemagne avec l'Eglise romaine. Bossuet remarque deux circonstances importantes touchant la condamnation de Nestorius, t. 3, l. 39, p. 465. — Ce qu'il pense de la réponse du pape Zacharie à la consultation des Francs sur un changement de dynastie, t. 5, l. 52, p. 18. — Ses nombreuses méprises au sujet d'une lettre de saint Grégoire VII à l'évêque Herman de Metz, t. 6, l. 65, p. 238. — Ses paroles sur le martyre de saint Thomas de Cantorbéry, t. 7, l. 69, p. 110. — Son règne de Philippe le Bel, t. 8, l. 77, p. 380. — Il avait des idées peu exactes touchant les taxes extraordinaires sur le clergé, p. 383. — Ce qu'il dit sur le mystère de l'unité de l'Eglise catholique, t. 9, l. 84, p. 403. — Ses réflexions sur la profession de foi de Wiclef, p. 108. — Ce que c'est que le monde et l'Eglise, suivant Bossuet, t. 10, l. 87, p. 455. — Paroles de Bossuet sur la nécessité où se trouve l'Eglise romaine de conserver sa neutralité et l'indépendance de son domaine temporelle, t. 12, l. 94, p. 30.

Bossuet, évêque de Troyes. Sa biographie et ses erreurs, t. 11, l. 89, p. 397.

Bothwel. Son indigne conduite envers Marie Stuart, t. 10, l. 86, p. 406.

Bouchet, missionnaire jésuite, t. 11, l. 88, p. 334.

Boucicaut (le maréchal de), t. 9, l. 84, p. 50.

Bouddha. Le Dalaï-Lama, t. 1, l. 20, p. 497. — Origine des analogies entre les institutions, le culte et les doctrines bouddhistes et celles du catholicisme, p. 498. — Division doctrinale et lutte entre les bouddhistes et les brahmanistes, p. 499.

Bouddhisme, t. 1, l. 13, p. 312. — Son origine. Le lamaïsme, t. 8, l. 76, p. 251. — A quoi le lamaïsme et le bouddhisme paraissent appelés de nos jours, p. 252.

Bouillé (le marquis de), à Metz et à Nancy, t. 11, l. 90, p. 588.

Boulogne, évêque de Troyes. Son discours au concile de Paris en 1811, t. 12, l. 94, p. 53. — Il est emprisonné au donjon de Vincennes, pour s'être montré vraiment évêque, p. 56. — Suites de cette affaire, p. 71.

Bourbons (les) (Voyez *France*).

Bourcard (bienheureux), curé en Suisse, t. 9, l. 81, p. 437.

Bourdin, antipape, t. 6, l. 67, p. 444 et 431.

Bourg-Fontaine. Trame janséniste formée dans cette ville, t. 11, l. 87, p. 7.

Bourgogne. Erection de ce royaume, t. 5, l. 59, p. 393.

Bourgoin. Supplice de ce religieux, t. 10, l. 86, p. 434.

Bourguignons. Révolution politique chez eux, t. 4, l. 44, p. 32.

Bourzeis, janséniste, finit par se soumettre à la constitution d'Innocent X, t. 10, l. 87, p. 456 et seqq.

Bouvet, missionnaire jésuite en Chine, t. 11, l. 88, p. 320.

Brabant. Horrible supplice que les prédicants luthériens lui font souffrir pour avoir soutenu le calvinisme, t. 10, l. 86, p. 444.

Brahmanes. Impostures, puissance et pharisaïsme des brahmanes. Avilissement des pariahs. Division doctrinale et lutte entre les brahmanistes et les bouddhistes, t. 1, l. 20, p. 499.

BRAHMISME. Ce que le brahmisme et le bouddhisme de l'Inde ont de commun. Ce que le brahmisme a de particulier, t. 12, l. 91, p. 201.

BRAMANTE, peintre italien, t. 9, l. 83, p. 365.

BRETIGNY (traité de), mal compris du protestant Sismondi, t. 8, l. 79, p. 547.

BRÉVIAIRE. Le concile de Trente charge le souverain Pontife de la correction du Bréviaire, t. 10, l. 85, p. 329. — Correction du Bréviaire achevée sous Pie V. Ordonnance du saint Pape à ce sujet. On n'y pense point assez sérieusement, l. 86, p. 338.

BRIANT, évêque de Québec, t. 11, l. 89, p. 446.

BRIEUC (saint) prêche l'Evangile en Bretagne, t. 4, l. 45, p. 245.

BRIGITTE de Suède (sainte). Sa famille, sa naissance et ses commencements, t. 9, l. 80, p. 11. — Son mariage, ses enfants, son instruction à son fils Charles sur les devoirs de la chevalerie chrétienne, p. 5. — A son fils Birger sur les devoirs du magistrat chrétien. Sa vie dans le mariage et à la cour. Mort de son époux, p. 6. — Elle fonde des monastères et un nouvel ordre religieux. Elle a des révélations, p. 7. — Le docteur Mathias, le prieur Pierre, l'évêque Alphonse, ses directeurs et ses biographes. Jugement du cardinal Turrecremata sur les révélations de sainte Brigitte. Objets de ces révélations ou contemplations, p. 8. — Voyage et séjour de sainte Brigitte à Rome. Révélations qu'elle y a sur les Papes de son temps, p. 9. — Pèlerinage de sainte Brigitte à Jérusalem. Ses révélations prophétiques touchant le royaume de Chypre, p. 27. — Sa sainte mort. Avertissements prophétiques de sainte Brigitte au pape Grégoire XI, p. 28.

BRITO (Jean de), missionnaire jésuite. Son martyre, t. 11, l. 88, p. 331.

BRITWALD (saint), archevêque de Cantorbéry, t. 4, l. 50, p. 507.

BROGLIE (le prince Maurice de), évêque de Gand, emprisonné au donjon de Vincennes par Napoléon, pour s'être montré vraiment évêque au concile de 1811, t. 12, l. 91, p. 56. — Sa situation et celle de son diocèse en 1813, p. 71. — Il est persécuté par Guillaume de Nassau et meurt en exil, p. 149.

BROTIER, jésuite. Ses écrits, t. 11, l. 89, p. 481.

BRUMOY, savant jésuite, t. 11, l. 89, p. 481.

BRUNEHAUT et Frédégonde, t. 4, l. 48, p. 399. — Mort de Brunehaut et de sa race, p. 401.

BRUNET, lazariste, auteur du *Parallèle de religion*, t. 11, l. 89, p. 500.

BRUNETTO Latini, poète italien, t. 8, l. 74, p. 98.

BRUNO (saint), fondateur des Chartreux. Ses commencements, t. 6, l. 65, p. 217. — Parallèle entre les religieux contemplatifs et les philosophes, p. 219. — Saint Bruno appelé à Rome. Découragement de ses frères après son départ. Il fonde un nouveau monastère en Calabre. Belle description qu'il fait de cette solitude et de la vie solitaire. Sa mort. Ses écrits. Ses vertus, l. 66, p. 258. — Il prévient en songe Roger de Sicile contre la trahison des Grecs, p. 340.

BRUNON (saint), évêque de Toul (V. *Saint Léon IX*).

BRUNON (saint), autrement saint Boniface, apôtre des Russes et martyr, t. 5, l. 62, p. 11.

BRUNON (saint), archevêque de Cologne. Ses commencements, t. 5, l. 60, p. 461. — Sa mort, p. 487.

BRUNON (saint), évêque de Ségni, t. 6, l. 67, p. 381; l. 65, p. 231.

BRUNON, évêque d'Angers, renonce à l'hérésie de Bérenger, t. 6, l. 64, p. 99.

BRUNSWICK (Antoine-Ulrich, duc de) embrasse le catholicisme, t. 11, l. 88, p. 303. — *Item* ses deux petites-filles Elisabeth-Christine, p. 304; — Auguste-Dorothée, p. 303.

BUCER, un des novateurs luthériens. Ses variations et ses contradictions, t. 10, l. 85, p. 184?

BULGARES, BULGARIE. Leur conversion. Ils consultent le Pape; lui demandent des évêques et des prêtres. Le Pape répond à leur consultation et leur envoie des légats, t. 5, l. 57, p. 290. — Progrès de la religion en Bulgarie, p. 343. — *Item*, t. 8, l. 79, p. 596.

BULLET et ses écrits, t. 11, l. 89, p. 501.

BURCHARD (saint), premier évêque de Wurtzbourg, t. 5, l. 52, p. 12.

BURNET, historien anglais, peu sûr, t. 10, l. 85, p. 472 et seqq.

BUTTLER Alban. Ses ouvrages, t. 11, l. 89, p. 446.

BZOVIUS ou Bzowki, savant dominicain polonais, t. 11, l. 88, p. 113.

C

CABAD, roi des Perses, t. 4, l. 44, p. 158 et 165.

CADALOÜS, antipape, t. 6, l. 64, p. 123 et 149.

CAGLIOSTRO, jongleur du XVIIIᵉ siècle, t. 11, l. 89, p. 476.

CAÏN. Le traitement divin de l'homme malade. Naissance de Caïn et d'Abel. Illusion et désabusement d'Eve. Occupation et sacrifice des deux frères, t. 4, l. 3, p. 51. — Jalousie, endurcissement, fratricide, impénitence et châtiment de Caïn. Quel fut ce châtiment. Sa reproduction chez les anciens peuples à l'égard des meurtriers, p. 52. — Abel et Caïn, figure de Jésus-Christ et du peuple juif. Postérité de Caïn. Découverte. Polygamie, p. 53.

CAÏUS (saint), pape, t. 3, l. 30, p. 4.

CAJÉTAN, savant dominicain, t. 9, l. 33, p. 426 et 443.

CALAIS. Siége de cette ville, t. 8, l. 79, p. 545.

CALDERON, poète espagnol, t. 10, l. 87, p. 501.

CALENDRIER. Sa réformation achevée par Grégoire XIII, t. 10, l. 86, p. 339.

CALIFES. Leur succession en Orient depuis Mahomet jusqu'au VIIIᵉ siècle, t. 5, l. 52, p. 20. — Leur persécution contre les chrétiens, l. 53, p. 46. — Ils fondent plusieurs royaumes, et passent en Espagne, l. 54, p. 96. — Succession des califes en Orient après Aroun-al-Raschid. Effroyables guerres civiles parmi les Musulmans à ce sujet, l. 55, p. 209. — Succession et conduite des califes musulmans, de 886 à 922, l. 59 p. 417. — Leurs successions révolutionnaires, de 922 à 962. Leur décadence, l. 60, p. 469.

CALIXTE (saint), pape, t. 2, l. 28, p. 508.

CALIXTE II, pape, succède à Gélase II. Tient un concile à Toulouse. Envoie une députation à Henri V. Promesses réciproques de l'empereur et du Pape, t. 6, l. 67, p. 422. — Concile de Reims. Causes qui y sont apportées. Les conciles étaient, au moyen-âge, les grandes assises de l'Europe, p. 423. — Conférence du Pape et de l'empereur à Mouson. Fourberies et tergiversations de Henri V. Retour de Calixte à Reims. Décrets du concile. L'empereur y est excommunié et ses sujets déliés du serment de fidélité. Silence de Fleury et de Longueval sur ce dernier point, p. 425. — Entrevue du Pape et du roi d'Angleterre à Gisors. Déférence de Henri pour Calixte. Affaire du duc Robert. Réconciliation des rois de France et d'Angleterre par l'entremise du Pape, p. 427. — Entrée triomphante de Calixte II en Italie et à Rome. Son humanité envers l'antipape Bourdin. Rétablissement de l'ordre, p. 431. — Assemblée de Wurtzbourg. Diète célèbre de Worms. Conclusion de l'affaire des investitures. Paix entre le sacerdoce et l'empire, p. 432. — Premier concile général de Latran, p. 433. — Mort de Calixte II, p. 434.

Calixte III, pape. Il excita puissamment les chrétiens à se défendre contre les Turcs, t. 9, l. 83, p. 377. — Un roi de Perse et un roi tartare, à la sollicitation du Pape, prennent les armes contre les Turcs et les battent en Asie. Facilité qu'il y aurait eu pour les princes chrétiens d'en finir avec les Turcs. Le Pape soutient seul Scander-beg. Les Allemands, au lieu de faire une guerre d'épées aux Turcs, font une guerre de chicanes au Pape. Réponse d'Enéas Sylvius, p. 378. — Les abus sur l'emploi de l'argent pour les expéditions contre les Turcs ne venaient pas du Pape. Calixte III ordonne la révision du procès de Jeanne d'Arc, qui est déclarée innocente. Il institue la fête de la Transfiguration, et donne un archevêque à des peuples de la Perse et de la Géorgie, p. 379. — Mort du pape Calixte III, qui eût été un pape excellent s'il n'avait été plus oncle que pape, p. 380.

Calixtins, secte de hussites. Leurs cruautés effroyables, t. 9, l. 82, p. 207. — Ils réduisent leurs demandes à quatre articles de discipline, plus que de croyance, p. 210.

Callimaque, poëte grec, t. 2, l. 20, p. 46.

Calmet (dom), savant bénédictin de Lorraine. Ses ouvrages, t. 11, l. 88, p. 140.

Calvin, hérésiarque. Commencements de Jean Cauvin dit Calvin, t. 10, l. 84, p. 102. — Révélations sur les mœurs de ce patriarche du protestantisme français, p. 103. — Calvin, le patriarche du protestantisme français, se fait connaître par la manière dont il parle des apôtres et des fidèles du protestantisme allemand. Dans une peste, Calvin et les siens se font défendre ou dispenser par les magistrats d'aller voir les malades. Les prêtres catholiques s'y dévouent, parmi eux le savant Gabriel de Saconay, p. 104. — Quels furent, d'après Calvin lui-même, les causes et les fruits de sa réforme, p. 105. — Les principes de ces funestes résultats, y compris l'athéisme, se trouvent dans les écrits de Luther et de Calvin, particulièrement dans l'*Institution chrétienne* de ce dernier. Suite de la biographie de Calvin jusqu'au moment où il arrive à Genève, quand l'apostasie y est consommée, p. 106. — Calvin est expulsé de Genève avec Farel, puis rappelé en 1540. Le même, chargé de fabriquer un gouvernement ecclésiastique à Genève, ne trouve rien de mieux que l'inquisition d'Espagne, mais plus mesquine et plus tracassière, p. 113. — Calvin voue à la mort ceux qui lui sont contraires, p. 114. — Supplice de Michel Servet, approuvé par toutes les églises protestantes, p. 115. — Paroles sanguinaires de Calvin à propos du colloque de Poissy, l. 85, p. 302.

Calvinisme, calvinistes, huguenots, protestants français. — Le calvinisme, rompt l'unité de la France, et la divise en trois; les huguenots ou Français renégats sous les Bourbons, les politiques sous les Montmorency, les catholiques sous les princes de Lorraine, t. 10, l. 85, p. 254. — Les huguenots ou calvinistes français s'engagent à la révolte par le conseil de leurs prédicants. Leur conjuration d'Amboise réprimée par le duc de Guise, p. 261. — Variations serviles et sanglantes de l'Allemagne protestante entre le parti luthérien et le parti calviniste, notamment en Prusse, sous le moine apostat Albert de Brandebourg. Exécutions atroces, p. 263. — Bas-empire des intelligences en Europe, notamment en France, où les Français renégats ont à leur tête la famille des Bourbons, p. 446. — Solution à des questions bien importantes, p. 447. — Les huguenots Condé et Coligny prennent les armes contre leur patrie et pour s'emparer de la personne du roi. Leur complot est déjoué. Excès des huguenots à Poitiers et ailleurs, p. 419. — Le baron des Adrets se repent de ses atrocités. Ni Condé ni Coligny n'en font autant. Réponse du duc de Guise, François de Lorraine, à un protestant français ou calviniste qui cherchait à l'assassiner. Bataille de Dreux, gagnée par le duc de Guise. Il est assassiné par le protestant Poltrot, à la connais-

sance et avec l'assistance du protestant Coligny, de l'aveu du protestant Sismondi, conformément aux principes du protestantisme, p. 420. — Pacification d'Amboise en 1563. Les huguenots reprennent les armes en 1567 pour enlever le roi Charles IX et la reine sa mère, qui ne doivent leur salut qu'à la fidélité des Suisses, p. 421. — Paix boiteuse de Lonjumeau. La guerre civile recommence. La papesse Elisabeth d'Angleterre envoie des secours aux Français renégats. Coligny est repoussé de devant Poitiers par le jeune duc de Guise. Nouvelle paix en 1570, p. 422. — Histoire du coup d'état de la Saint-Barthélemy. S'il y a eu préméditation. Si Charles IX l'ordonna dans les provinces. Nombre des victimes. Quelle part le clergé catholique y a eue. Qui est-ce qui peut condamner ou non ce coup d'Etat, p. 424. — Quatrième et dernière guerre civile des huguenots, p. 426. — Ligue formelle des Français renégats ou des huguenots en 1573 pour la perversion de la France entière. Trois ans après, ligue sainte des Français fidèles ou catholiques pour la conservation de la France et de son ancienne foi, p. 428. — A la mort de Henri III, les seigneurs de la cour et de l'armée sont disposés à mourir plutôt que de reconnaître un roi huguenot. C'est là ce qui a conservé l'unité et la force de la France, p. 429. — L'Allemagne n'est plus une. Sa division plus violente entre les luthériens et les calvinistes, qu'entre les catholiques et les protestants, p. 441. — Tendance des calvinistes au mahométisme, p. 442. — Lutte entre le luthéranisme et le calvinisme en Allemagne. Décadence complète des sciences et des lettres. Scènes de barbarie légale comme on n'en a pas vu sous Marat et Robespierre, p. 443.

Cambyse, fils de Cyrus. Avénement, expédition, cruauté, inceste et mort de Cambyse, t. 1, l. 19, p. 462.

Camille de Lellis (saint), fondatr d'une congrégation pour le service des malades, t. 10, l. 86, p. 348 et 503.

Camisards des Cévennes. Leur fanatisme, leur cruauté, t. 11, l. 88, p. 243.

Camoëns, poëte du Portugal, t. 10, l. 86, p. 394.

Cana. Les noces de Cana. De l'intercession de la sainte Vierge, t. 3, l. 23, p. 467.

Canisius. Commencements, vertus, travaux littéraires et apostoliques du Jésuite Canisius, apôtre de l'Allemagne, t. 10, l. 85, p. 271. — L'empereur Ferdinand lui demande un catéchisme, p. 275. — Extraits de ce chef-d'œuvre, où est réfutée avec ensemble toute la prétendue réforme, p. 277. — Succès de Canisius à Augsbourg, p. 275. — Dernières actions et mort du Père Canisius. Son repas avec sa famille, l. 86, p. 449.

Canon pascal par Victorius sous le pape saint Léon, t. 4, l. 44, p. 4.

Canova, statuaire italien, t. 11, l. 89, p. 350.

Cantacuzène, empereur de Constantinople. Ses négociations avec le Pape pour la réunion, t. 8, l. 79, p. 594; t. 9, l. 80, p. 12 (Voir aussi *Bas-Empire*).

Cantique des Cantiques, de Salomon, t. 1, l. 13, p. 343.

Canus (Melchior), dominicain. Son mérite. Substance et parties principales de son livre *Des lieux théologiques*, t. 10, l. 84, p. 448. — Il est théologien du concile de Trente, l. 85, p. 189.

Canut (saint), roi de Danemarck. Sa vie et sa mort, t. 6, l. 65, p. 171. — Lettre qu'il reçoit du pape saint Grégoire VII, p. 173.

Canut, roi d'Angleterre, t. 5, l. 62, p. 568. — Lettre remarquable qu'il écrit de Rome à ses peuples d'Angleterre, de Danemarck, de Suède et de Norwége, t. 6, l. 63, p. 428.

Caprara, cardinal, t. 11, l. 90, p. 595; t. 12, l. 91, p. 43.

Capucins. Leur éloge par le protestant Menzel, t. 10, l. 86, p. 284.

Cara Mustapha, sultan manqué d'Occident, t. 11 l. 88, p. 314.

CARACALLA, empereur romain, t. 2, l. 28, p. 448.

CARAFFE, cardinal, bat les Turcs, t. 9, l. 83, p. 393.

CARAVAGE, peintre italien, t. 11, l. 88, p. 130.

CARLOMAN, fils de Charles-Martel, avec son frère Pepin, seconde saint Boniface, apôtre de l'Allemagne, t. 5, l. 52, p. 2. — Il quitte le monde et se fait moine, p. 14. — Son voyage et sa mort, p. 38.

CARLOSTADT, un des chefs de l'hérésie sacramentaire, t. 10, l. 84, p. 25-33.

CARMÉLITES déchaussées, réforme de sainte Thérèse, t. 10, l. 86, p. 361. — Martyre de seize Carmélites de Compiègne, t. 11, l. 90, p. 572.

CARMES auteurs contemporains de Léon X, t. 9, l. 83, p. 463. — Massacre aux Carmes, les 2 et 3 décembre 1792, t. 11, l. 90, p. 542.

CARRACHE (les), peintres italiens, t. 11, l. 88, p. 129.

CARRIER. Ses massacres à Nantes, t. 11, l. 90, p. 560.

CARRON (l'abbé). Son zèle pour les prêtres et les fidèles émigrés en Angleterre, t. 11, l. 90, p. 549.

CARTHAGE. Origine chananéenne des Carthaginois, t. 2, l. 22, p. 112. — Traité entre Rome et Carthage. Première guerre punique, p. 113. — Guerre des mercenaires à Carthage, p. 114. — Deuxième guerre punique. Annibal, p. 115. — Troisième guerre punique. Destruction de Carthage, p. 117. — Martyrs à Carthage, l. 28, p. 450-456. — Apostasies à Carthage, l. 29, p. 527. — Plusieurs martyrs à Carthage. État déplorable de cette l'Eglise, p. 528. — Lettre que lui écrit l'Eglise romaine, p. 529. — Schisme à Carthage, p. 532. — Concile de Carthage à ce sujet, p. 534. — Concile de Carthage sur le baptême des hérétiques, p. 547. — Schisme à Carthage par Donat et les donatistes, t. 3, l. 34, p. 88. — Concile de Carthage pour la réunion des schismatiques, l. 32, p. 131. — Conciles de Carthage et d'Afrique. Leurs canons, l. 37, p. 363. — Conférence des donatistes et des catholiques à Carthage, l. 38, p. 396. — Désolation de l'Afrique par les Vandales, p. 447. — Jusqu'à quel point l'Afrique méritait ce châtiment, p. 448. — Prise de Carthage par Genséric, l. 40, p. 504. — Conquête de Carthage et de l'Afrique par Bélisaire, t. 4, l. 44, p. 203. — Invasion de l'Afrique par les Mahométans, l. 49, p. 423.

CARUS, empereur romain, t. 2, l. 28, p. 450.

CASALANZ (saint Joseph de), fondateur des écoles chrétiennes, t. 10, l. 87, p. 500.

CASIMIR, roi de Pologne, rend une ordonnance pour réformer les abus de son royaume, et en demande la confirmation au Pape, t. 7, l. 69, p. 133.

CASIMIR (saint), prince de Pologne, t. 9, l. 83, p. 445.

CASSIEN (saint), martyr, t. 3, l. 30, p. 42.

CASSIEN, chef de l'hérésie des docètes, t. 2, l. 27, p. 445.

CASSIEN de Marseille, Scythe d'origine. Son voyage en Egypte et au désert de Scétis. Ses instituts et ses conférences, t. 3, l. 37, p. 351. — Cassien, par ordre du pape saint Célestin, compose son Traité de l'incarnation, l. 39, p. 464. — Ce qu'il y a d'incomplet sur la grâce dans sa treizième conférence, l. 40, p. 495.

CASSIODORE. Son origine. Ses qualités. Honneurs auxquels il est élevé. Sa retraite, t. 4, l. 43, p. 93. — Son heureuse influence sur le roi Athalaric, dont il est ministre, l. 44, p. 188. — Cassiodore, préfet du prétoire. Sa lettre au Pape et aux évêques. Lettre que lui écrit le pape Jean II au sujet des discussions en Orient sur la maternité divine de la Vierge, p. 489. Cassiodore embrasse la vie de moine. Ses travaux encyclopédiques. Son zèle pour la science et la piété, l. 45, p. 216.

CASTELLANE (M. de), évêque de Mende, massacré à Versailles, t. 11, l. 90, p. 549.

CATÉCHISME du concile de Trente, t. 10, l. 86, p. 329 et 337.

CATÉCHISME de Canisius, t. 10, l. 85, p. 275.

CATHÉDRALES gothiques. Leur sens mystérieux, t. 6, l. 62, p. 88.

CATHELINEAU, généralissime de la première Vendée, t. 11, l. 90, p. 537.

CATHERINE (sainte) de Sienne. Ses commencements. Sa famille. Grâces extraordinaires qu'elle reçoit de Dieu dès son enfance, t. 9, l. 80, p. 16. — Epreuves auxquelles la soumet sa famille pour la faire consentir à se marier. Catherine persiste à demeurer vierge, p. 17. — Laissée libre, elle entre dans le tiers-ordre de Saint-Dominique. Ses austérités. Ses tentations. Ses extases. Ses révélations, p. 18. — Ce qu'en pensait son confesseur et son biographe, Raymond de Capoue, p. 20. — Elle commence la vie active. Sa charité héroïque pour des malades délaissés, p. 21. — Elle ne vit plus que de la sainte communion. Grâces extraordinaires qu'elle reçoit, p. 22. — Grâce particulière de sainte Catherine pour convertir les plus grands pécheurs. Effets prodigieux de cette grâce, p. 23. — Elle retient dans la fidélité plusieurs villes d'Italie et prédit le grand schisme d'Occident, p. 24. — Le peuple de Florence envoie sainte Catherine de Sienne en ambassade au Pape. Grandes vues de sainte Catherine de Sienne sur les moyens de pacifier la chrétienté, p. 25. — Trois points sur lesquels elle insiste auprès du Pape. Meilleur gouvernement des provinces italiennes. Choix de pasteurs plus dignes. Retour du Pape à Rome, p. 26. — Conseils de sainte Catherine de Sienne au pape Grégoire XI, p. 30. — Ambassade de sainte Catherine de Sienne à Florence. Courage qu'elle y déploie. Elle finit par triompher de tous les obstacles et par faire accepter la paix, p. 32. — Salutaires conseils de la sainte au nouveau pape Urbain VI, t. 9, l. 81, p. 36. — Ses lettres lors des premiers symptômes du grand schisme d'Occident, p. 39. — Ses lettres aux cardinaux italiens, p. 40. — Lettre qu'elle écrit au roi de France, p. 41. — Ses prédictions sur des temps meilleurs, p. 44. — Dernières actions, extases et mort de sainte Catherine de Sienne, p. 74.

CATHERINE (sainte) de Suède, t. 9, l. 81, p. 77.

CATHERINE (sainte) de Bologne, t. 9, l. 83, p. 385.

CATHERINE (sainte) de Gênes, t. 9, l. 83, p. 470.

CATHERINE Mathéi (sainte), t. 9, l. 84, p. 569.

CATHERINE (sainte) de Ricci, t. 10, l. 86, p. 383.

CATHERINE (bienhse) de Cardonne, t. 10, l. 86, p. 373.

CATHERINE (bienhse) de Palenza, t. 9, l. 83, p. 467.

CATHERINE (bienhse) de Palma, t. 10, l. 86, p. 384.

CATHERINE de Médicis, reine de France, t. 10, l. 85, p. 255; l. 86, p. 418-430.

CATHERINE Bore, nonne apostate et femme ou concubine de l'hérésiarque Luther, t. 10, l. 84, p. 27.

CATHERINE, femme d'un soldat suédois, puis concubine du czar Pierre Ier, t. 11, l. 88, p. 314. — Enfin, impératrice de Russie, l. 89, p. 421.

CATHERINE II, impératrice de Russie. Ses adultères sur le trône et avant d'y monter. Ses crimes et ses favoris, t. 11, l. 89, p. 421. — Comparaison d'elle à Marie-Thérèse d'Autriche, p. 428. — Comment Catherine II tenait sa parole, t. 12, l. 91, p. 179.

CAVAIGNAC (le général), chef du Pouvoir exécutif en France, après les journées de Juin 1848, t. 12, l. 92, p. 273.

CAVALCHINI, prélat. Sa lettre admirable à Pie VII, t. 12, l. 91, p. 31.

CAVOUR, ministre piémontais. Son discours au parlement italien : vote qui déclare Rome capitale de l'Italie. Lettre que lui écrit M. de Montalembert à ce sujet, t. 12, l. 92, p. 357. — Sa mort, p. 358.

CAYLUS, évêque janséniste d'Auxerre, t. 11, l. 89, p. 398.

CEDWALL, roi de Wessex, se retire à Rome, t. 4, l. 50, p. 507.

CEILLIER (dom), bénédictin du Barrois. Ses ouvrages, t. 11, l. 88, p. 140.

CÉLESTIN Ier (saint), pape. Son élection, t. 3, l. 38, p. 441. — Lettre que lui écrivent les évêques d'Afrique sur l'affaire d'Apiarius. Remarque sur cette lettre, p. 445. — Saint Pallade, évêque des Écossais, saint Patrice, apôtre de l'Irlande, envoyés l'un et l'autre par le pape saint Célestin, l. 39, p. 456. — Nestorius écrit au pape saint Célestin, qui connaissait déjà ses erreurs par les plaintes des fidèles, p. 460. — Cassien, par l'ordre du Pape, compose son *Traité de l'Incarnation*, p. 461. — Nestorius écrit de nouveau au Pape. Saint Cyrille d'Alexandrie écrit à l'empereur Théodose et à ses sœurs, mais surtout au pape Célestin, p. 463. — Le Pape condamne la doctrine de Nestorius, et charge saint Cyrille de l'exécution. Il en écrit dans ce sens à Nestorius même et aux patriarches de l'Orient, p. 464. — Deux circonstances-importantes dans cette affaire, suivant Bossuet, p. 465. — Saint Cyrille notifie à Nestorius le jugement du Pape, p. 466. — Convocation du concile d'Éphèse, p. 467. — Instructions du Pape à ses légats, qui doivent présider au concile, et dont saint Cyrille est le principal, p. 469. — Rédaction mémorable de la sentence du concile, p. 472. — Seconde session du concile, où se trouvent les trois légats du Pape, p. 477. — Le concile écrit le tout au Pape, p. 479. — Le Pape écrit aux évêques des Gaules pour la défense de saint Augustin, p. 484. — Le pape saint Célestin félicite les évêques du concile d'Éphèse. Ses dernières lettres. Sa mort, p. 485.

CÉLESTIN II. Son élection, t. 6, l. 68, p. 526. — Sa mort, p. 527.

CÉLESTIN III. Il excommunie le duc Léopold d'Autriche, pour avoir vendu la personne du roi d'Angleterre à l'empereur Henri VI. La Providence appuie la sentence du Pontife. Lettres de la reine Éléonore pour invoquer l'autorité du Pape contre les geôliers de son fils Richard, t. 7, l. 70, p. 202. — La reine Ingelburge de France, que Philippe-Auguste vient de répudier, en appelle au pape Célestin III, qui prend sa cause en main, p. 203. — Mort du Pape, p. 214.

CÉLESTIN IV. Son élection et sa mort, t. 8, l. 73, p. 45.

CÉLESTIN V (saint), pape, auparavant Pierre de Mouron. Ses commencements. Il fonde un nouvel ordre religieux, t. 8, l. 76, p. 341. — Longue vacance du Saint-Siège après la mort de Nicolas IV, p. 342. — Élection de Pierre de Mouron, qui prend le nom de Célestin V, p. 343. — Son inexpérience lui fait commettre bien des fautes, p. 344. — Après avoir consulté longtemps Dieu et les hommes, il abdique, p. 347. — Ses derniers moments, p. 348.

CÉLIBAT ecclésiastique. Dans Origène, les prêtres de la nouvelle loi y sont obligés, t. 2, l. 28, p. 512. — Le célibat ecclésiastique est reconnu par Eusèbe de Césarée, t. 3, l. 31, p. 67. — Jusqu'où s'étendait l'obligation du célibat ecclésiastique au temps de saint Épiphane, l. 35, p. 251. — Le pape saint Sirice prive de toute fonction ecclésiastique les évêques, les prêtres et les diacres qui n'observent point le célibat, l. 36, p. 297. — Si l'Église force quelques-uns au célibat, t. 40, l. 85, p. 285.

CELSE (saint), martyr. Translation de ses reliques, t. 3, l. 37, p. 351.

CÉOLFRID (saint), t. 4, l. 51, p. 530.

CERDON, hérésiarque, t. 2, l. 27, p. 393.

CÉRINTHE, hérésiarque, t. 2, l. 26, p. 330.

CERVANTÈS, poète espagnol, t. 10, l. 87, p. 504.

CÉSAIRE (saint) d'Arles. Son origine. Sa charité précoce. Sa retraite au monastère de Lérins. Sa convalescence à Arles. Son ordination. Sa promotion au siège d'Arles. Ses institutions. Son exil et son rétablissement, t. 4, l. 43, p. 105. — Il est accusé et justifié. Sa charité envers les captifs. Il bâtit un monastère de religieuses. Leur règlement, p. 110. — Saint Césaire au tribunal de Théodoric. Sa charité et ses miracles. Son voyage à Rome. Son mémoire au pape Symmaque et rescrit de celui-ci. Fin de la contestation entre les deux églises d'Arles et de Vienne. Retour de saint Césaire en Gaule. Sa charité envers les captifs, p. 448. — Il écrit au pape Boniface II contre le semipélagianisme, l. 44, p. 484. — Lettre du pape Agapet à saint Césaire, p. 202. — Mort de saint Césaire, p. 215. — Mot remarquable de saint Césaire au saint pape Symmaque, t. 40, l. 85, p. 470.

CÉSAR, Rome incarnée, t. 2, l. 22, p. 119 et 434.

CÉSAR-AUGUSTE, t. 2, l. 22, p. 120.

CÉSAR BORGIA, t. 9, l. 83, p. 407 et 442.

CESLAS (saint), t. 7, l. 72, p. 446.

CEYLAN, évêque catholique dans cette île, t. 12, l. 94, p. 202.

CHAFFRE (saint). Son martyre, t. 4, l. 51, p. 546.

CHALDÉE, CHALDÉENS. — Connaissance du vrai Dieu, idolâtrie, astrologie et christianisme chez les Chaldéens, t. 4, l. 20, p. 502. — Réunion des Chaldéens avec l'Église romaine, t. 9, l. 82, p. 268. — Écoles chrétiennes établie en Chaldée au XVIIe siècle, t. 44, l. 87, p. 73. — État religieux des Chaldéens en 1847, t. 42, l. 91, p. 194.

CHALLONER, missionnaire apostolique en Angleterre. Ses ouvrages, t. 44, l. 89, p. 445.

CHAM, maudit dans son fils Chanaan, t. 4, l. 3, p. 63 (Voyez *Sem*).

CHANAAN et Chananéens. — Chanaan maudit de Noé, t. 4, l. 3, p. 63. — Crime des Chananéens, l. 7, p. 168. — Conduite de Dieu envers les individus, les nations et l'humanité coupables, et particulièrement envers les Chananéens. Colonies chananéennes. Ressemblance de leurs mœurs avec celles de la mère-patrie, l. 9, p. 212. — Condition de l'anéantissement et de la conservation des peuples chananéens, p. 213. — Guerres partielles des Israélites contre les Chananéens. Les tribus de Siméon et de Judas y préludent, l. 10, p. 226.

CHANDLER, missionnaire apostolique en Angleterre, t. 44, l. 89, p. 451.

CHANT ECCLÉSIASTIQUE. Travaux de Palestrina, t. 10, l. 86, p. 339.

CHAPITRE CATHÉDRAL. Ses devoirs pendant la vacance du siège, d'après le concile de Trente, t. 40, l. 85, p. 321.

CHARAUX, professeur de philosophie, docteur ès-lettres. Son jugement sur Fichte, Schelling et Hégel, t. 42, l. 94, p. 140. — Ses *Lettres* à Mgr Mermillod, évêque d'Hébron, coadjuteur de Genève, *sur la Philosophie et le Concile*, l. 92, p. 441.

CHARIBERT, roi de France, t. 4, l. 48 (V. *France*).

CHARLEMAGNE. Il est sacré roi avec son père Pépin et son frère Carloman par le pape Étienne II, t. 5, l. 52, p. 59. — Il vient au secours de l'Église romaine et assiège Didier dans Pavie, l. 53, p. 70. — Son pèlerinage à Rome, où il renouvelle la donation de son père. Une circonstance fait voir que le souverain de Rome était le Pape, p. 71. — Il oblige Didier de se rendre. Guerres sans cesse renaissantes dans la Saxe, que Charlemagne travaille à convertir au christianisme, pour les faire cesser, p. 72. — Il pleure la mort du pape Adrien. Ses premières relations avec le pape saint Léon III, p. 90. — Manière dont ce Pape est reçu en France et en Germanie par Charlemagne, qui offre la Saxe à l'Église romaine, p. 92. — Il se rend à Rome, p. 93. — Le pape saint Léon III rétablit l'empire romain en Occident dans la personne de Charlemagne. Caractère de ce rétablissement, p. 94. — Nabuchodonosor, Cyrus, Alexandre, César et Auguste travaillent à l'œuvre de Dieu sans y rien comprendre. Constantin comprend à moitié, Charlemagne tout à fait, l. 54, p. 95. — Il défend l'Église de Dieu au Midi contre le mahométisme, p. 96. — Il défend et étend la chrétienté au Nord contre les Saxons. État de la Saxe à la fin des guerres de Charlemagne, p. 97. — Ce que Charlemagne se proposait dans ses conquêtes, p. 98. — Mémorable diplôme de Charlemagne

touchant l'organisation ecclésiastique de Saxe, p. 402.
— Capitulaire de Charlemagne touchant la Saxe, p. 403.
— Charlemagne cultive les sciences et les savants, p.
409. — Il travaille à corriger les manuscrits et rétablit
les écoles déchues avec Alcuin, dont il est le principal
disciple, p. 443. — Travaux littéraires de Charlemagne.
En quel sens il s'appliquait à écrire. Combien de Jérôme
et d'Augustin il aurait voulu avoir, p. 444. — Charlemagne fonde à Osnabruck une école de lettres grecques
et latines, p. 446. — Charlemagne dans l'intérieur de
sa famille. Il examine lui-même les écoliers de son palais. Il termine une querelle entre les chantres romains
et français, p. 447. — Quel titre il prenait à la tête de
ses lois. Son instruction confidentielle sur la manière
dont ses ambassadeurs devaient parler au Pape. Combien il aimait le Pape et comment, p. 448. — Avec
combien de zèle il seconde le Pape pour réprimer l'erreur d'Elipand de Tolède et de Félix d'Urgel, p. 419.
Ce que Confucius, Platon et Cicéron ont imaginé de
plus parfait pour leur législation et société idéale, le
Christ l'a institué dans son Eglise, et Charlemagne en
fait la règle de sa législation, p. 423. — Parallèle entre
Charlemagne et Justinien, comme législateur. Parallèle
entre Charlemagne et Napoléon, p. 424. — Evêques des
Francs tentés d'aller à la guerre et pourquoi. Remède
qu'on y apporte. Ordonnances morales que Charlemagne y ajoute, p. 427. — Il est le premier à respecter
les lois de l'Eglise. Il consulte le Pape dans les cas douteux. Tendance de la législation de Charlemagne, p.
428. — Jugement de Montesquieu sur les lois et le gouvernement de Charlemagne, p. 429. — Son traité avec
Nicéphore, p. 431. — Testament de Charlemagne, confirmé par les évêques, les seigneurs et le Pape. Il y
partage l'empire entre trois de ses fils, y reconnaît l'é-
lection du peuple pour leurs descendants, leur recommande surtout la protection de l'Eglise romaine, p. 440.
— Charlemagne perd plusieurs de ses enfants. Il partage ses trésors entre les pauvres et les églises, p. 444.
— Deux mémoires qu'il adresse à l'assemblée des évêques et des seigneurs, p. 445. — Sa lettre sur ce sujet
à l'archevêque Odilbert de Milan. Trouble dans le monastère de Fulde, apaisé par Charlemagne, p. 446. —
Divers conciles pour la réforme générale des mœurs.
Précis de leurs règlements, p. 447. — Charlemagne,
voyant approcher sa fin, appelle son fils Louis, le déclare empereur du consentement de tous. Ils entendent
ensemble la messe et se disent adieu pour la dernière
fois. Charlemagne se prépare à la mort par un redoublement de prières et de bonnes œuvres. Il meurt en
chantant les dernières paroles du Sauveur sur la croix,
p. 450. — L'œuvre de Charlemagne ne meurt point avec
lui. Pourquoi son empire ne subsiste plus, l. 55, p. 452.
— Vision du moine Vétin touchant Charlemagne, p. 481.
    CHARLES-ALBERT, perd la bataille de Novarre et ab-
dique le trône de Piémont, t. 42, l. 92, p. 281.
    CHARLES MARTEL. Lettre qu'il donne à saint Boni-
face, apôtre de l'Allemagne, t. 4, l. 51, p. 540. — Comment il devient duc d'Austrasie, p. 544. — Mémorable
victoire qu'il remporte sur les innombrables Sarrasins,
p. 546. — Le pape saint Grégoire II recourt au prince
des Francs, Charles-Martel, contre l'empereur iconoclaste de Constantinople, qui envoie le tuer ou le déposer, p. 558. — Lettres honorables du saint Pape à
Charles-Martel et à la nation des Francs, p. 554-568.
— Mort de Charles-Martel, p. 569.
    CHARLES LE CHAUVE. Sa naissance. Pour le favori-
ser, son père bouleverse le partage fait et juré de l'empire, t. 5, l. 55, p. 497. — Difficultés de Charles avec
ses frères Lothaire et Louis pour le partage de l'empire,
l. 56, p. 247-220. — Caractère des trois frères. Ravages des Normands. Conduite de Charles en cette circonstance, p. 243. — Etat politique de la France sous
Charles le Chauve. Divisions et incapacité des princes,
l. 57, p. 305. — Charles le Chauve usurpe le royaume

de Lorraine sur son neveu l'empereur Louis, p. 339. —
Charles ne sait pas gouverner sa propre famille, p. 344.
— Le pape Jean VIII nomme empereur Charles le
Chauve. Concile de Pavie et de Pontyon à ce sujet, p.
350. — Charles le Chauve plus occupé à faire la guerre à
ses neveux qu'aux Normands et aux Sarrasins. Il meurt
en fuyant, p. 352.
    CHARLES LE SIMPLE, roi de France. — Eudes, comte
de Paris, élu roi de France en même temps que Charles
le Simple, auquel, en mourant, il engage les seigneurs
à se réunir, t. 4, l. 59, p. 393. — Conversion de Rollon,
chef des Normands, qui devient gendre du roi de
France, Charles le Simple, p. 427. — Le pape Jean X
déclare que le roi de France nomme les évêques par
l'autorité des Papes, p. 428.
    CHARLES IV ou le Bel, roi de France. — Il succède à
Philippe le Long en vertu de la loi salique et à l'exclusion des femmes. Correspondance affectueuse du nouveau roi et du pape Jean XXII, t. 8, l. 79, p. 462. —
Nouveau mariage du roi. Le Pape le pousse à se char-
ger de la croisade, p. 463. — Mort de Charles le Bel.
Prophétie d'un saint évêque à cet égard, p. 465. —
Jean XXII veut lui donner l'empire que se disputent
Louis de Bavière et Frédéric d'Autriche, p. 476.
    CHARLES V, roi de France. Sédition contre lui, en-
core dauphin, t. 8, l. 79, p. 546. — Il est couronné à
Reims, p. 548. — Il charge un docteur de détourner
Urbain V de retourner à Rome, p. 387. — Le roi de
France, Charles V, quitte le pape Urbain VI pour Robert de Genève, dit Clément VIII. Lettre que lui écrit
à ce sujet sainte Catherine de Sienne, t. 9, l. 84, p.
44. — Dernières actions, vertus et mort édifiante du
roi Charles V, p. 44.
    CHARLES VI. Analyse de son règne par Château-
briand, t. 9, l. 84, p. 48.
    CHARLES VII. Il désespère du salut de la France,
qui est sauvée par Jeanne d'Arc, t. 9, l. 82, p. 447 et
seqq. (Voir *Jeanne d'Arc et France*). — Caractère de
Charles VII, l. 83, p. 320. — Sa mort, p. 325.
    CHARLES VIII. Son règne et son caractère, t. 9, l.
83, p. 344.
    CHARLES IX. Situation critique de la cour de France
sous la minorité de Charles IX, t. 40, l. 86, p. 447. —
Charles IX n'échappe aux Huguenots que par la fidélité
des Suisses, p. 421. — Si Charles IX ordonna le coup
d'Etat de la Saint-Barthélemy dans les provinces, p.
425. — Son caractère, p. 426.
    CHARLES X, t. 42, l. 94, p. 416-419.
    CHARLES III, dit le Gros, empereur romain d'Alle-
magne, appelé et couronné par le pape Jean VIII, t. 5,
l. 58, p. 369.
    CHARLES IV, de Luxembourg. Son élection à l'em-
pire, t. 6, l. 79, p. 544. — Arrangement des affaires
d'Allemagne, p. 542. — L'empereur Charles IV à Rome,
p. 597.
    CHARLES V, empereur. Son édit contre Luther, t. 9,
l. 84, p. 575. — Les généraux de l'empereur Charles-
Quint, notamment le connétable de Bourbon, violent
la trêve de huit mois qu'ils viennent de signer avec le
pape Clément VII. Surprennent et saccagent Rome pendant neuf mois, avec bien plus de barbarie que n'avaient
fait pendant six jours les Goths d'Alaric. Ils assiégent
le Pape dans le château Saint-Ange; et Charles-Quint,
au lieu de blâmer ses généraux sans honneur, condamne
le Pape à une rançon; et tout cela prouvé par des auteurs protestants, t. 10, p. 44. — Ce que l'empereur
des Turcs, Soliman II, pensait de la conduite des princes chrétiens envers le Pape, p. 45. — François Ier fait
alliance avec les Turcs, pour leur livrer l'Italie. Le pape
Paul III prévient ce malheur par son entrevue à Nice
entre François Ier et Charles-Quint, p. 48. — Le Pape
et l'empereur Charles-Quint se réconcilient, p. 56. —
Interim de Charles-Quint relatif aux luthériens, l. 85,
p. 483. — Guerre civile en Allemagne. Victoires de

Charles-Quint sur les protestants, p. 191. — Sa conduite envers le Pape et le concile de Trente, p. 202. — Charles-Quint, trahi par son favori Maurice de Saxe, délaissé de la fortune, vaincu de la goutte, déçu dans tous ses projets, cède l'empire à son frère Ferdinand, ses états héréditaires avec le Nouveau-Monde à son fils Philippe II, et se retire au monastère de Saint-Just, où il célèbre ses propres obsèques et meurt, p. 236 (Voir aussi *Allemagne*).

Charles VI, dernier descendant mâle de Rodolphe de Habsbourg, t. 11, l. 89, p. 427.

Charles d'Anjou, roi de Sicile. Conditions auxquelles le pape Clément IV lui accorde la Sicile. Il est couronné à Rome, et livre une bataille à Mainfroi, lequel est tué sur place, t. 8, l. 74, p. 462. — Arrivée de Charles devant Tunis après la mort de saint Louis son frère, et traité avec le roi de Tunis, l. 75, p. 202. — Relations de Charles avec le pape Martin IV, l. 76, p. 247. — Conspiration contre Charles. Vêpres siciliennes, p. 267 et 340.

Charles le Mauvais, roi de Navarre, t. 8, l. 79, p. 546. — Sa mort, p. 550 et t. 9, p. 48.

Charles le Téméraire, dernier duc de Bourgogne, t. 9, l. 83, p. 329.

Charles de Bourbon, cardinal, proclamé roi sous le nom de Charles X, t. 10, l. 86, p. 430 et seqq.

Charles de Blois, duc de Bretagne. Ses vertus, ses aventures et sa mort, t. 8, l. 79, p. 544 et seqq.

Charles, fils de sainte Brigitte. Instruction que lui donne sa mère sur les devoirs de la chevalerie chrétienne, t. 9, l. 80, p. 6.

Charles V, duc de Lorraine, avec Sobieski de Pologne, sauve Vienne et l'Europe contre les Turcs, t. 11, l. 88, p. 310.

Charles le Bon (le bienheureux), comte de Flandre, t. 6, l. 68, p. 454.

Charles Borromée (saint). Famille et commencements du saint, t. 10, l. 85, p. 236. — Saint Charles détermine l'élection de saint Pie V, l. 86, p. 344. — Saint Charles Borromée à Milan. Ses austérités. Ses vertus. Ses travaux apostoliques. Il échappe miraculeusement à la mort. Il institue les *Oblats de saint Ambroise*. Sa charité dans la peste de Milan, p. 387.

Charles Fernand devient un prodige de science, quoique privé de la vue, t. 9, l. 83, p. 464.

Charobert, roi de Hongrie, t. 8, l. 77, p. 364.

Charte constitutionnelle des Francs en 822, t. 5, l. 56, p. 217.

Chartreux distingués par leur doctrine, t. 9, l. 83, p. 463.

Chateau *de l'âme*. Analyse de cet ouvrage de sainte Thérèse, t. 10, l. 86, p. 365.

Chateaubriand. Ce qu'il pense de la réponse du pape Zacharie à la consultation des Francs sur un changement de dynastie, t. 5, l. 52, p. 49. — Analyse qu'il fait du règne de Charles VI, t. 9, l. 84, p. 48. — Des missions du Paraguay, t. 10, l. 87, p. 494. — Chateaubriand nommé secrétaire d'ambassade, précède à Rome le cardinal Fesch, chargé de négocier le sacre de Napoléon, t. 12, l. 91, p. 44. — Notice biographique sur sa vie et ses œuvres, p. 138 et 139.

Chaumont de la Galaizière. Ses cruautés en Lorraine, t. 11, l. 89, p. 468.

Chénier. Comment, dans une tragédie de sa façon, il ment à l'histoire, en attribuant au clergé d'avoir pris part au coup d'État de la Saint-Barthélemy, t. 10, l. 86, p. 426.

Chérubins placés à l'entrée du paradis terrestre, t. 1, l. 2, p. 50. — Vus par le prophète Ezéchiel, l. 7, p. 446. — Vus par l'apôtre saint Jean, t. 2, l. 26, p. 343.

Chevalerie chrétienne, instituée dans un but de pacification et de civilisation, t. 6, l. 63, p. 39.

Chevaliers de Saint-Jean de Jérusalem. Leur origine.

Statuts de cet ordre à la fois religieux et militaire, t. 6, l. 67, p. 391.

Chihoangti, empereur de la Chine, persécuteur des anciens livres, t. 1, l. 20, p. 494.

Childeric, un des premiers rois des Francs, est chassé par eux du trône pour son inconduite, puis rappelé après son amendement, pour régner conjointement avec le Romain Syagrius. Conséquence que la royauté des Francs n'était ni héréditaire ni inamissible, t. 4, l. 42, p. 76.

Childebert, t. 4, l. 44 (Voir *France*).

Chilpéric, t. 4, l. 46 (Voir *France*).

Chine, Mongols, Tartares, Corée, Tong-King, Cochinchine. — Par où la Chine a été peuplée. Ses anciennes relations avec l'Occident. Noms sous lesquels elle y était connue, t. 1, l. 4, p. 73. — Anciennes traditions de la Chine sur Dieu et sur la création, l. 2, p. 38. — Sur la chute de l'homme, p. 41. — Sur le déluge, l. 3, p. 64. — Idéal d'une société parfaite, d'après Confucius, l. 7, p. 147. — Philosophes de la Chine, t. 20, p. 482. — Lao-tseu. Les maisons des sages en Chine. Idéal du sage d'après les antiques monuments de ce pays. Les maisons des faux sages. Tentatives de réforme de Lao-tseu. Son voyage en Occident. Idée du *Livre de la raison et de la vertu*, et du *Traité des récompenses et des peines*, p. 482. — Confucius. Ses voyages. Ses fortunes diverses. Son but. Son entretien avec Lao-tseu. Ses disciples. Son mode d'enseignement. Sa théorie sur le culte des esprits et des ancêtres, et sur la nature et les destinées de l'homme. Traditions dans les livres de Confucius et des autres sages, et symboles dans l'écriture chinoise, relatifs au Rédempteur et à sa naissance. Morale de Confucius. Son travail sur les cinq *Kings*. Leur dédicace, p. 485. — Livres des disciples de Confucius. Mencius : ses leçons aux princes. Un lettré prévient par son dévouement la destruction de ses ouvrages, p. 489. — Persécution de Chihoangti contre les anciens livres. Inefficacité de la philosophie en Chine. Extinction rapide du mouvement imprimé aux esprits par Confucius, Mencius et Tcheng-tséo. Dégénération profonde des disciples de Lao-tseu. État actuel de la Chine sous le point de vue moral. Ancienneté du christianisme en Chine, et preuves, p. 491. — A l'approche du Messie, l'empire chinois et l'empire romain se touchaient et se connurent sur les bords de la mer Caspienne, t. 2, l. 22, p. 444.

Chine, etc. — Dans le VIIe siècle de l'ère chrétienne, le dernier roi de Perse se réfugie à la Chine. Histoire du christianisme à la Chine, d'après le monument de Siganfou, t. 4, l. 49, p. 421. — En Chine, les révolutions sont plus fréquentes et plus cruelles qu'en Occident, durant le moyen-âge. Cause de ce fait, t. 5, l. 52, p. 25. — Méchanceté incroyable d'une femme chinoise, l'impératrice Wouché, p. 26. — État du christianisme à la Chine. Monument de Siganfou, p. 28. — Histoire de Kouotséy, chrétien et généralissime des troupes de l'empire chinois, p. 29. — Pendant la lutte séculaire, mais non sanglante, de la seconde et de la troisième dynastie chez les Francs, les révolutions sont aussi sanglantes que fréquentes chez les Grecs de Constantinople, les Mahométans de Bagdad, et surtout chez les peuples de la Chine, l. 61, p. 346. — Relations amicales du pape Alexandre III avec le grand khan des Tartares, le roi et prêtre Jean, qui était chrétien, étendait sa domination jusqu'à la Chine, et qui demandait et obtint une église à Jérusalem et à Rome, t. 7, l. 69, p. 132. — Origine des Tartares et des Mongols, suivant eux, l. 70, p. 151. — Vie et conquêtes de Ginguiskan, p. 152. — Relation du Franciscain Ruysbrock, envoyé par saint Louis chez les Tartares, t. 8, l. 74, p. 145. — Parallèle entre l'Europe chrétienne et l'Asie infidèle, ravagée par Ginguiskan et ses fils, t. 7, p. 474. — Quelles ont pu être les vues de la Providence dans les conquêtes des Tartares. Effets déjà réalisés,

p. 475. — Le pape Grégoire IX envoie des missionnaires chez les Tartares. Leur relation, t. 8, l. 73, p. 3. — Le pape Innocent IV écrit aux souverains des Tartares, p. 53. — Saint Louis reçoit en Chypre une ambassade des Tartares, et leur en envoie lui-même, p. 74. — Conquêtes et domination des Tartares. L'empereur Koublaï ou Chi-tsou, dont la Chine est une des provinces, l. 74, p. 189. — Ambassade de Ko blaï, empereur de la Chine, au pape Grégoire X, et du Pape à l'empereur, l. 75, p. 207. — Arrivée des ambassadeurs tartares au deuxième concile œcuménique de Lyon, p. 236. — Diverses ambassades de Koublaï, grand-khan des Tartares et empereur de la Chine, aux Pontifes romains. Diverses lettres de ceux-ci à Koublaï, ainsi qu'à d'autres princes, notamment à plusieurs reines chrétiennes parmi les Tartares, l. 76, p. 248. — Ce que, d'après Confucius, Platon et Cicéron, doit être un gouvernement pour atteindre à la perfection. Six articles auxquels on peut réduire le gouvernement divin de l'humanité, l. 77, p. 352. — Le Franciscain Jean de Mont-Corvin bâtit deux églises dans la capitale de la Chine, y enseigne les lettres grecques et latines, en est fait archevêque, avec plusieurs suffragants, l. 77, p. 367. État de l'archevêché de Péking et de ses suffragants, l. 79, p. 488. — Le pape Jean XXII érige plusieurs nouveaux évêchés parmi les Tartares, et écrit à leurs princes, p. 489. — Voyages du bienheureux Odoric de Frioul dans ces pays. Mort de Jean de Mont-Corvin, archevêque de Péking. Il a pour successeur le Franciscain Nicolas, auquel le Pape remet des lettres pour plusieurs princes tartares, p. 490. — Martyre de plusieurs missionnaires. Lettre du grand-kan des Tartares au Pape. Quatre princes chrétiens de la même nation envoient également au Pape des lettres et des ambassadeurs, p. 491. — Relations amicales du pape Benoît XII avec l'empereur de la Chine et plusieurs autres princes tartares, p. 533. — Le pape Urbain V envoie un nouvel archevêque à Péking, avec un grand nombre de frères Mineurs, pour évangéliser les Tartares, p. 596.

Chine (etc.) — Progrès de la foi catholique chez les nations tartares et autres, de l'Orient, par le zèle des religieux franciscains et dominicains, t. 9, l. 80, p. 12. — Les Portugais trouvent la route pour aller en Chine par mer, t. 83, p. 307. — Saint François Xavier entreprend le voyage et la conversion de la Chine, et meurt dans l'île de Sancian, t. 10, l. 85, p. 249. — La Providence rouvre la Chine aux missionnaires. Les Jésuites y entrent les premiers, les pères Ricci et Adam Schall, l. 87, p. 482. — Le catholicisme établi en Chine par les Jésuites français, au grand honneur de la France, t. 11, l. 88, p. 347. — Le père Verbiest et le père Couplet, p. 348. — Le père Intorcetta et le père Martini, p. 349, — Les pères Bouvet, Gerbillon, Visdelou et compagnie, p. 320. — Le père Prémare, p. 321. — Le père Parennin. Histoire d'une branche de la famille impériale de Chine, qui se convertit au christianisme et souffre la persécution, p. 322. — Histoire des difficultés sur les cérémonies chinoises, p. 325. — L'abbé Moye, fondateur des sœurs de la Providence en Lorraine et en Chine, p. 498. — État du christianisme en Corée et en Chine vers la fin du XVIIIᵉ siècle. Persécution qu'y souffrent les chrétiens, l. 89, p. 509. — Christianisme dans l'empire d'Anam, Tong-King et Cochinchine. La persécution y cesse sous le roi Gia-long, replacé sur le trône par l'évêque d'Adran, missionnaire français, p. 510. — Première moitié du XIXᵉ siècle. Grand nombre de martyrs dans le Tong-King et la Cochinchine, pendant la persécution de Minh-Menh et de son fils, t. 12, l. 91, p. 202. — État religieux et martyrs de la Corée, p. 204. — Martyrs de la Chine. État du catholicisme en ce pays, p. 205. — L'Angleterre fait la guerre à la Chine pour lui vendre du jus de pavots. Facilités plus grandes pour la prédication de l'É-

vangile, p. 206. — État des Missions, p. 254. — Massacre des Français en Chine, l. 92, p. 470.

Chosroès, fils de Cabad, roi de Perse. Guerre avec les Grecs. Perfidie de Chosroès. Sa cruauté envers l'évêque Candidus. Prise d'Antioche. Charité des habitants d'Édesse. Traité de paix entre les deux empires, t. 4, l. 45, p. 214.

Chosroès, fils d'Hormisdas et petit-fils du précédent, est rétabli sur le trône par l'empereur grec Maurice, et fait des donations à saint Sergius, t. 4, l. 47, p. 331. — Il entreprend contre les Grecs une guerre sanglante, s'empare de l'Arménie, de la Mésopotamie, de la Cappadoce, prend Jérusalem et emporte la vraie croix, l. 48, p. 357. — Il est défait plusieurs fois par Héraclius, et enfin mis à mort par l'ordre de Siroès, son fils aîné, p. 361.

Christ (le) (Voyez Jésus-Christ).

Christ (le), centre de la poésie et de la philosophie, t. 2, l. 20, p. 54. — Centre de toute l'histoire, p. 53.

Christianisme. Histoire naturelle du christianisme, autrement : « A raisonner d'après deux faits bien notoires, quelle est la manière la plus naturelle d'expliquer le catholicisme et son histoire ? » t. 2, l. 21, p. 243-252. — Premier fait : Jésus-Christ est un juif crucifié. Deuxième fait : L'univers adore Jésus-Christ. Explication de ces deux faits, p. 4. — État actuel du monde. Les dogmes indiqués ou soupçonnés par Platon et les anciennes traditions, aujourd'hui universellement connus et prêchés. La société idéale des anciens sages réalisée dans l'Église catholique. La morale antique, aujourd'hui perfectionnée, simplifiée et vivifiée. L'éloquence devenue dans la chaire chrétienne ce que Socrate désirait qu'elle fût. L'Europe, autrefois barbare, devenue la reine du monde, p. 242-245. — Contraste entre la grandeur, l'indestructibilité et la rapide réalisation de ces effets, et l'abjection, au point de vue humain, de la cause qui les a produits, p. 245-247. — Parallèle de la propagation du christianisme et celle du mahométisme. De l'explication prétendue naturelle donnée par Gibbon. Opinion de Bayle et de Jean-Jacques Rousseau, p. 247. — Impossibilités et contradictions dans l'établissement du christianisme au point de vue humain. Conciliation de tout au point de vue surnaturel. Conclusion. Les principaux faits de l'Évangile reconnus par les Mahométans, les païens et les Juifs, p. 248. — Passage de Josèphe relatif à Jésus-Christ, p. 249. — Que tout l'univers a attendu un Sauveur du côté de la Judée et à l'époque du Christ. Que depuis dix-huit cents ans l'univers n'attend plus. Conclusion. Preuve tirée du caractère intrinsèque de l'Évangile, p. 250. — Sentiment de Napoléon sur la divinité de Jésus-Christ, p. 252. — Le christianisme seul est une science véritable, t. 7, l. 69, p. 24.

Christian, margrave de Brandebourg. Sa conversion, t. 11, l. 87, p. 54.

Christine, reine luthérienne de Suède, abdique la couronne pour se faire catholique, t. 11, l. 87, p. 65.

Christine de Pisan, t. 9, l. 81, p. 47.

Christophe, pape, t. 6, l. 59, p. 448.

Christophe Colomb. Ses commencements, t. 9, l. 83, p. 283. — Sa découverte du Nouveau-Monde, p. 284. — Son retour en Espagne. Ses autres voyages. Sa mort, p. 287.

Chrodegang (saint), évêque de Metz. Son institution canoniale, t. 5, l. 53, p. 559.

Chrodin (duc). Sa charité, t. 4, l. 45, p. 243.

Chrodo, idole des Saxons, t. 5, l. 53, p. 70.

Chromace (saint), t. 8, l. 30, p. 4.

Chronologie. Du désaccord des divers textes de la Genèse sur les dates des premiers patriarches, t. 4, l. 3, p. 135. — Que les années des patriarches étaient des années comme les nôtres, p. 55. — Concordance pour l'époque du déluge, p. 68. — Époques où commence la certitude historique pour les principaux peuples de l'O-

riént et de l'Occident, t. 2, l. 20, pag. 5 et seqq.

CHRYSANTHE, philosophe païen, ami de Julien l'Apostat, t. 3, l. 33, p. 153 et 184.

CHRYSIPPE, philosophe grec. Ses subtilités puériles, t. 2, l. 20, p. 43.

CHRYSOSTOME (saint Jean), docteur de l'Eglise. Sa naissance. Sa première éducation, t. 3, l. 33, p. 158. — Idée que le rhéteur païen Libanius avait des talents oratoires de Chrysostome. Premières études, baptême et retraite de celui-ci. Vie solitaire de son ami Basile, auquel il adresse ses six livres *Du sacerdoce*, l. 36, p. 318. — Il rappelle son ami Théodore à la solitude, et embrasse lui-même la vie solitaire. Ses trois livres *De la défense de la vie monastique*. Sa comparaison d'un roi et d'un moine, p. 319. — Son retour à Antioche. Il est ordonné prêtre, p. 320. — Sédition à Antioche. Consternation des coupables. Discours de Jean Chrysostome, p. 312. — Discours de l'évêque Flavien en faveur d'Antioche, rapporté par saint Chrysostome, p. 316. — Election de saint Jean Chrysostome pour l'évêché de Constantinople. Courte opposition de Théophile d'Alexandrie. Pacification des Eglises d'Orient, ménagée auprès du Pape par saint Chrysostome et Théophile. Affection réciproque de saint Chrysostome et du peuple de Constantinople, l. 37, p. 355. — Prodiges et consternation à Constantinople. Tremblements de terre. Translation solennelle de reliques de saints. Légèreté de quelques fidèles. Zèle du saint pour les Goths de Constantinople. Ses efforts pour la réforme de son clergé et de son peuple, p. 356. — Disgrâce de l'eunuque Eutrope. Il se réfugie dans l'église, où saint Chrysostome le défend par son courage et son éloquence, p. 357. — Fermeté de saint Chrysostome à l'égard de Gaïnas, p. 358. — Persécution contre saint Chrysostome, qui ne trouve de soutien que dans le Pape. Accusation d'Eusèbe de Valentinople en Lydie contre Antonin d'Ephèse, p. 373. — Excommunication d'Eusèbe. Concile provincial d'Ephèse, présidé par saint Chrysostome. Déposition de six évêques simoniaques et de Géronce de Nicomédie. Intrigues de l'évêque Sévérien contre saint Chrysostome, qui l'avait nommé son remplaçant à Constantinople. Leur réconciliation. Emeute et punition des ariens à Constantinople. Fausses accusations de Théophile d'Alexandrie contre le prêtre Isidore. Son animosité et ses violences contre les moines, dont les principaux se réfugient à Constantinople et demandent justice à l'empereur, p. 375. — Arcade mande Théophile, pour être jugé par saint Chrysostome, qui refuse de prendre connaissance de l'affaire. Saint Ephiphane, excité par Théophile, vient à Constantinople et y brouille contre saint Chrysostome par ses préventions. Sa mort, p. 376. — Intrigues de Théophile à Constantinople. Exil et rappel de saint Chrysostome. Fuite de Théophile, p. 378. — Nouvel orage contre saint Chrysostome. Violences de la soldatesque, p. 379. — Lettres de saint Chrysostome et de Théophile au pape saint Innocent. Réponse du Pape à Théophile. Attentats contre saint Chrysostome. Son exil, p. 380. — Incendie à Constantinople. Violences contre les amis du saint. Lettre que lui adresse le Pape, p. 381. — Intrusion d'Acace à Constantinople et de Porphyre à Antioche. Lettre du Pape à saint Chrysostome et à son peuple. Vengeances du ciel sur les schismatiques, p. 382. — Maladie de saint Chrysostome. Plaintes du Pape à l'empereur Honorius. Ambassade à l'empereur Arcade, p. 384. — Intrusion d'Atticus à Constantinople. Traitement fait aux envoyés du Pape et d'Honorius. Leur fermeté. Leur renvoi. Exil de leurs collègues d'Orient, p. 385. — Persécution contre les amis de saint Chrysostome. Lettre du saint au Pape. Sa déportation. Sa mort, p. 386. — Le nom de saint Chrysostome remis dans les dyptiques à Constantinople et à Alexandrie, l. 38, p. 111. — Translation des reliques de saint Chrysostome de Comane à Constantinople, l. 40, p. 503. —

Ce que saint Chrysostome dit de saint Pierre, t. 10, l. 85, p. 169.

CHUSAN. Son oppression, t. 1, l. 10, p. 4.

CHUTE de l'homme. Le serpent chez les anciens peuples, dans l'Ecriture et dans l'histoire de l'Eglise catholique, t. 1, l. 2, p. 41. — Pourquoi la femme ne s'effraie point à la vue du serpent. Pourquoi le démon a choisi le corps du serpent pour s'incarner en quelque sorte, p. 42. — Artifice et finesse du serpent. Les paroles divines altérées dans les réponses de la femme. Promesses équivoques du serpent. Orgueil, curiosité, concupiscence de la femme, p. 43. — La chute d'Adam, et celle d'Aaron et de saint Pierre. Suite de la chute. Deux hommes en un seul. Que le récit de la chute n'est pas une allégorie, p. 44 (Voir encore *Péché originel, traditions primitives.*)

CHYPRE. — Révélations prophétiques de sainte Brigitte touchant le royaume de Chypre, t. 9, l. 80, p. 27. — Horrible traitement qu'il éprouve de la part des Mahométans, t. 10, l. 86, p. 400.

CIAMPINI, cardinal, t. 11, l. 88, p. 107.

CIBAR (saint), t. 4, l. 46, p. 288.

CICARELLA. Comment il raconte l'élection de Sixte-Quint, contrairement aux fables qu'on a débitées sur ce Pape, t. 10, l. 86, p. 396.

CICÉRON. — Idéal d'une société parfaite, d'après Confucius, Platon et Cicéron, t. 1, l. 7, p. 147; t. 8, l. 77, p. 352. — Sa réalisation dans l'Eglise catholique et son ébauche dans la constitution judaïque, t. 1, l. 7, p. 149. — Cicéron entrevoit la trinité scientifique de la philosophie de Platon et d'Aristote, t. 2, l. 20, p. 22, 27, 32. — Réflexion sur un passage de Cicéron relatif aux Juifs, l. 22, p. 131. — Inconséquence de Cicéron touchant la superstition et l'idolâtrie, l. 27, p. 365.

CIMABUÉ, peintre italien, t. 8, l. 79, p. 492.

CIMAROSA, musicien d'Italie, t. 11, l. 89, p. 357.

CINÉENS, descendants de Hobab, allié de Moïse, t. 1, l. 8, p. 182. — Leur partage dans la terre de Chanaan, l. 10, p. 226.

CIRCONCELLIONS. Origine de ces fanatiques donatistes. Leurs fureurs contre eux-mêmes et contre les autres. Présence d'esprit d'un jeune homme. Brutalité des donatistes, t. 3, l. 32, p. 130.

CIRCONCISION chez les Arabes, les Egyptiens et autres, t. 1, l. 4, p. 81.

CIRTHE. — Concile de traditeurs à Cirthe en 305, t. 3, l. 30, p. 43.

CITEAUX. — Histoire du monastère de Cîteaux jusqu'à l'arrivée de saint Bernard, t. 6, l. 67, p. 400. — Filiation de l'abbaye de Cîteaux, p. 402.

CLAIRE (sainte) d'Assise, t. 7, l. 74, p. 337.

CLAIRE (sainte) de Montefalco, t. 8, l. 78, p. 435.

CLAIRVAUX, fondé par S. Bernard, t. 6, l. 67, p. 402.

CLARA Gambacorti (bienheureuse), t. 9, l. 84, p. 430.

CLARA de Rimini (bienheureuse), t. 8, l. 78, p. 438.

CLASSIQUES (la question des). Mgr Gaume, M. Louis Veuillot, Mgr Dupanloup, t. 12, l. 92, p. 310.

CLAUDE, empereur. Son règne honteux, t. 2, l. 28, p. 449.

CLAUDE de Turin. Ses erreurs et ses excès. Réfutation qu'il provoque, t. 5, l. 55, p. 485.

CLAVER, jésuite, apôtre et serviteur des nègres esclaves, t. 10, l. 87, p. 494.

CLAVIGERO. Ce qu'il observe sur l'ancienne magnificence des Mexicains, t. 10, l. 85, p. 206. — A combien il estime le nombre des victimes humaines qu'ils offraient, p. 207.

CLÉMANGIS. Ce qu'il dit sur Clément VII et sur l'état de l'Eglise à cette époque, t. 9, l. 84, p. 79.

CLÉMENT (saint), pape. Ses épîtres aux Corinthiens et aux vierges, t. 2, l. 26, p. 333.

CLÉMENT II. Il couronne empereur Henri le Noir, t. 6, l. 63, p. 49. — Sa conduite et sa mort, p. 51.

CLÉMENT III. Son élection. Accord avec les Romains

au sujet de Tusculum. Envoie un légat en Palestine, t. 7, l. 70, p. 179.

CLÉMENT IV. Son élection. Sa lettre à ses parents. Conditions auxquelles il accorde la Sicile à Charles d'Anjou, t. 8, l. 74, p. 162. — Relations amicales entre le Saint-Siége et le roi d'Angleterre, Henri III, p. 467. — Lettre paternelle du Pape au prince royal pour le porter à la clémence. Heureux effets de la lettre, p. 170. — Mort de Clément IV, t. 8, l. 95, p. 203.

CLÉMENT V. Son élection. Divers récits à ce sujet, t. 8, l. 77, p. 400. — Il appelle les cardinaux en France. Son couronnement à Lyon. Vues rapetissées des Papes français, p. 401. — Clément V révoque la bulle *Clericis laicos*, mais non la bulle *Unam sanctam*. Il érige l'Université d'Orléans, p. 402. — Inconvénients du séjour du Pape en France, p. 403. — Négociations de Philippe le Bel et de Clément V au sujet de Boniface VIII, p. 404. — Affaire des Templiers, p. 405-448. — Au concile général de Vienne. Clément V supprime par provision l'ordre des Templiers, p. 448. — Constitutions de Clément V au même concile, p. 421. — Clément V tâche de remédier à la division des Franciscains, p. 422. — Serments de l'empereur Henri de Luxembourg au pape Clément V, qui couronne Robert roi de Naples, l. 78, p. 450. — Bulle remarquable du Pape à cinq cardinaux, pour couronner l'empereur en son nom, p. 452. — L'empereur, à peine couronné, oublie ses serments au Pape, fait la guerre au roi de Naples et meurt. Constitutions du Pape au sujet de l'empereur défunt, pag. 453. — Derniers actes et mort du pape Clément V, pag. 454.

CLÉMENT VI, pape. Son élection. Il reçoit les ambassadeurs d'Arménie et y envoie des légats pour avoir de plus amples explications, t. 8, l. 79, p. 537. — Louis de Bavière fait semblant de se réconcilier avec le Saint-Siége. Clément excommunie la ville de Magdebourg pour le meurtre de son archevêque Burcard, p. 539. — Les souverains de Poméranie et des pays environnants demandent et obtiennent d'être feudataires de l'Eglise romaine, p. 540. — Vains efforts de Clément VI pour pacifier la France et l'Angleterre, p. 543. — Sa charité dans la peste de 1348, p. 571. — Il réprime les persécutions contre les Juifs. Il réprime également les abus des flagellants, p. 572. — Derniers actes et mort de Clément VI, p. 574. — Il achète la ville d'Avignon et institue roi des îles Fortunées le prince Louis d'Espagne, p. 575. — Négociation des Grecs pour se réunir à l'Eglise romaine, p. 594.

CLÉMENT VII. Son élection, t. 10, l. 84, p. 5. — Il est assiégé dans le château Saint-Ange par les généraux de Charles-Quint, au mépris d'une trève qu'ils viennent de signer avec lui; et Charles-Quint le condamne à une énorme rançon, p. 11. — Position difficile du pape Clément VII vis-à-vis de Henri VIII d'Angleterre, p. 78. — Il consulte le collége des cardinaux, qui se prononce à la presque unanimité pour la validité du mariage de Catherine d'Aragon. Sur quoi le Pape prononce une sentence définitive, mais qui ne doit être publiée que plus tard. Avant qu'on pût savoir à Londres ce qui avait eu lieu à Rome, l'apostasie de l'Angleterre était consommée par la bassesse de son parlement, p. 83. — Négociations de Clément VII pour l'ouverture du concile de Trente, l. 85, p. 173.

CLÉMENT VII, autrement Robert de Genève, t. 9, l. 81, p. 40 et 79.

CLÉMENT VIII, modèle de vertu. Sa cordiale amitié avec saint Philippe de Néri, t. 10, l. 86, p. 388. — Négociations de Henri IV avec Clément VIII pour sa réconciliation avec l'Eglise catholique, p. 438. — Clément VIII reçoit solennellement Henri IV au sein de l'Eglise, en la personne de ses plénipotentiaires d'Ossat et du Perron, p. 440. — Portrait, par le protestant Ranke, du pape Clément VIII, et en général de la papauté moderne, p. 453.

CLÉMENT IX. Sa charité pour les pauvres et pour les malades, t. 11, l. 88, p. 91.

CLÉMENT X. Vertus de ce Pontife; d'après le protestant Schroeck, t. 11, l. 88, p. 93.

CLÉMENT XI. Son élection, son pontificat et ses vertus. Son zèle pour enrichir la bibliothèque Vaticane. t. 11, l. 88, p. 95. — Sa bulle *Unigenitus*, reçue par toute l'Eglise, condamne les principales erreurs du jansénisme, p. 257.

CLÉMENT XII. Sa conduite envers la république de Saint-Marin, envers les protestants convertis, les missions de la Chine et les maronites du Mont-Liban, t. 11, l. 89, p. 335.

CLÉMENT XIII. Eloge que font de lui des hommes non suspects. Son bullaire, t. 11, l. 89, p. 344.

CLÉMENT XIV. Ses commencements, t. 11, l. 89, p. 344. — Imposture de Caraccioli à son sujet. Saint Liguori l'assiste à la mort. Ce que ce saint homme pensait de la suppression des Jésuites, p. 344. — Histoire de cette suppression, d'après le protestant Sismondi, p. 458.

CLÉMENT d'Alexandrie. Ses commencements. Sa conversion, t. 2, l. 27, p. 440. — Sa méthode dans ses instructions publiques. Son *Avertissement* aux Grecs ou païens. Ses trois livres du *Pédagogue* ou gouverneur d'enfants, abrégé de la morale chrétienne, p. 441. — Clarté avec laquelle il y confesse la divinité de Jésus-Christ, p. 442. — Ses *Stromates* ou tapisseries. Quel en est le fond et le but, l. 28, p. 452. — Deux espèces de connaissances de Dieu, p. 454. — Rapports entre la sagesse et la philosophie, la philosophie et la rhétorique. Ce qu'il faut distinguer dans la philosophie, soit grecque, soit barbare. Ce que Clément appelle proprement philosophie, p. 454. — Ce qu'est la foi. De combien de sortes elle est. Rapports entre la science et la foi. Ce qu'est la foi dans la vie humaine, particulièrement dans les sciences, p. 455. — Comment Clément d'Alexandrie réfute les hérétiques. Ses ouvrages perdus. Ses hopotyposes. Multitude de martyrs de son temps, p. 456.

CLÉMENT d'Osimo (bienheureux), t. 8, l. 76, p. 321.

CLÉMENT de Saint-Elpide (bienh.), t. 8, l. 76, p. 322

CLEPH, roi des Lombards, t. 4, l. 45, p. 243.

CLERGÉ. Sur les ordinations et la conduite des clercs, dans le concile d'Elvire, t. 3, l. 30, p. 42.

CLET (saint), pape, t. 2, l. 26, p. 339.

CLODION, roi des Francs, t. 4, l. 42, p. 76.

CLODOMIR, roi des Francs, t. 4, l. 44, p. 457 et 498.

CLOTAIRE Ier, roi des Francs, t. 4, l. 44, p. 494 et seqq.; l. 45, p. 239-243; 245 et 247.

CLOTAIRE II, roi des Francs, t. 4, l. 45, p. 272.

CLOTILDE (sainte). Son mariage avec Clovis. Ses efforts pour le convertir, t. 4, l. 42, p. 76. — Sa retraite et sa mort, l. 44, p. 498.

CLOUD (saint). Sa retraite et sa mort, t. 4, l. 44, p. 498.

CLOVIS, roi des Francs. Défaite et mort de Syagrius. Le vase de Soissons. Son mariage avec Clotilde, t. 4, l. 42, p. 77. — Bataille de Tolbiac. Vœu de Clovis. Son baptême. Lettres du Pape et de saint Avit à Clovis. Accomplissement d'une prophétie d'Isaïe. La France et le catholicisme, p. 88. — Gondebaud, meurtrier de ses frères, est défait par Clovis, l. 43, p. 105. — Clovis, malade, fait venir saint Séverin. Entrevue de Clovis et d'Alaric, p. 109. — Guerre entre les Francs et les Visigoths. Lettre de saint Remi à Clovis. Piété de celui-ci. Bataille de Vouillé. Défaite et mort d'Alaric. Danger que court Covis. Il est créé patrice par l'empereur Anastase. Sa lettre-circulaire, p. 110. — Lettre du concile d'Orléans au roi, qui fonde un monastère dans cette ville, p. 111. — Actes sanguinaires de Clovis. Exemples semblables chez les autres nations. Mort de Clovis, p. 113.

COBBET, protestant anglais. Ses réflexions sur le martyre du cardinal Fisher. Courage de deux Franciscains Pleyto et Elstow, t. 10, l. 84, p. 84. — Son tableau

du règne et des dernières années de Henri VIII, p. 93.
— Sur la mort de Henri-VIII et l'avénement d'Edouard,
l. 85, p. 204. — Sur ce que le pape-roi Edouard signe
la mort de ses deux oncles, p. 243. — Sur les poursuites
légales de la reine Marie contre certains hérétiques,
entre lesquels Latimer et Cranmer, p. 249. — Sur le
gouvernement pontifical de la reine-papesse Elisabeth,
p. 240. — Ce que, de l'aveu du protestant Cobbet,
l'Angleterre protestante fit souffrir à l'Angleterre catholique sous la papesse Elisabeth, p. 419. — Services
rendus par les catholiques anglais à Elisabeth. Sa reconnaissance, suivant Cobbet, p. 414. — Parallèle, d'a-
près le protestant Cobbet, entre l'Angleterre catholique
au XVe siècle, et l'Angleterre protestante depuis Henri
VIII, sous le rapport du bien-être matériel, l. 84, p. 94.
    COCHINCHINE. Grand nombre de martyrs, t. 12, l. 91,
p. 202 (Voyez *Chine*).
    CODE Théodosien, t. 3, l. 40, p. 504. — Sa promul-
gation chez les Visigoths, t. 4, l. 43, p. 105.
    COLBERT, ministre de Louis XIV, t. 44, l. 88, p. 176.
    COLBERT, évêque janséniste de Montpellier, t. 44, l.
88, p. 264 ; l. 89, p. 397.
    COLETI (Nicolas), libraire-imprimeur en Italie, t. 44,
l. 88, p. 106.
    COLLETTE (sainte), t. 9, l. 82, p. 205.
    COLIGNY. Le protestant Coligny prend les armes con-
tre sa patrie et pour s'emparer de la personne du roi,
t. 40, l. 86, p. 419. — Le baron des Adrets se repent
de ses atrocités. Ni Condé ni Coligny n'en font autant.
Le duc de Guise est assassiné par le protestant Poltrot,
à la connaissance et avec l'assistance du protestant Coligny, de l'aveu du protestant Sismondi, conformément
aux principes du protestantisme, p. 420. — Coligny est
repoussé de devant Poitiers par le jeune duc de Guise,
p. 422.
    COLLÉGE Germanique et collége Romain fondés à Rome
par saint Ignace, le premier pour l'Allemagne, le second pour l'univers entier, t. 40, l. 86, p. 287.
    COLLINS, incrédule anglais, t. 44, l. 89, p. 450.
    COLOGNE. Les Jésuites aident efficacement à y réta-
blir le catholicisme, t. 40, l. 86, p. 448.
    COLLUTHE, prêtre schismatique d'Alexandrie, qui finit
par se reconnaître, t. 3, l. 34, p. 84.
    COLOMBAN (saint), t. 4, l. 47, p. 347 ; l. 48, p. 399,
401, 406.
    COLONE (Gilles), écrivain français, archevêque de
Bourges, t. 8, l. 79, p. 520.
    COMIDAS, docteur catholique chez les Arméniens. Son
martyre, t. 44, l. 88, p. 313.
    COMMODE, empereur, t. 2, l. 27, p. 435 ; l. 28, p. 448.
    COMMUNION catholique et communion épiscopale, t.
4, l. 42, p. 65. — Doctrine du concile de Trente touchant la communion sous les deux espèces et celle des
enfants, t. 40, l. 85, p. 305.
    COMMUNISME. Arguments d'Aristote contre la com-
munauté des femmes et des biens, t. 2, l. 20, p. 37.
    COMNÈNE (Alexis), empereur de Constantinople (Voyez
Bas-Empire.
    CONCILES ŒCUMÉNIQUES ET QUELQUES AUTRES QUI
S'Y RAPPORTENT PLUS DIRECTEMENT. — *Premier concile
œcuménique, premier de Nicée, avec le concile de Sardique.* — Le premier concile œcuménique est convoqué à Nicée en Bithynie, par l'empereur Constantin
et le pape saint Sylvestre. Principaux évêques catholiques et ariens qui s'y trouvèrent, t. 3, l. 34, p.
81. — Présidence du Pape, en la personne de l'évêque Osius de Cordoue, et des prêtres Viton et Vincent.
Conférences particulières. Arius y expose ses erreurs.
Discussion entre les évêques catholiques et les évêques
ariens. Séance publique. Arrivée de l'empereur, p. 82.
— Confusion et mauvaise foi des ariens. Discussion
sur le mot *consubstantiel*, et son adoption, p. 83. —
Symbole de Nicée. Souscriptions frauduleuses de quelques ariens. Condamnation d'Arius et de ses sectateurs.

Décret pour la célébration de la Pâque, p. 84. — Assoupissement du schisme de Mélèce en Egypte. Lettre
du concile à l'Eglise d'Alexandrie, p. 85. — Lettre de
l'empereur à toute l'Eglise, pour la condamnation de
l'hérésiarque, et à Arius et à ses partisans. Traitement
fait aux évêques par Constantin. Il refuse la juridiction
sur les évêques, p. 86. — Promulgation des ordonnances du concile par les principaux Pères. Confirmation
du concile de Nicée par le pape saint Sylvestre. Déguisement d'Eusèbe de Césarée dans sa lettre à son Eglise.
Déposition d'Eusèbe de Nicomédie et de Théognis, p.
87. — Lettre de l'empereur à l'Eglise de Nicomédie,
p. 88. — Sixième canon du concile de Nicée, sur les
priviléges de trois patriarches, p. 92. — Deux conciles à
tenir par an, pour examiner entre autres les excommunications prononcées par chaque évêque. Règlements
du concile de Nicée, ainsi que de ceux d'Arles et d'Ancyre, touchant les ordinations et les translations. Ceux
qui sont exclus des ordres par les conciles de Nicée et
de Néocésarée. Le concile de Nicée confirme indirectement la loi du célibat ecclésiastique, p. 93. — Canon
du concile de Nicée touchant les novatiens. Canon du
concile de Nicée touchant les paulianistes, p. 97. — Concile de Sardique, complémentaire du concile de Nicée
quant à la discipline. Il est convoqué par le pape Jules.
Grand nombre d'évêques qui s'y trouvent. Tergiversations et retraite des ariens, l. 32, p. 422. — Justification des innocents; condamnation des ariens, p. 423. —
Lettres du concile à l'Eglise d'Alexandrie, à tous les
évêques de l'Eglise catholique et au pape saint Jules,
qu'il faut tout rapporter au chef, c'est-à-dire au siége
de l'apôtre Pierre. Canons du concile qui reconnaissent et expliquent le droit d'appellation au Pape, p.
124. — Gratus, évêque de Carthage, qui avait assisté
au concile de Sardique, en parle dans un concile tenu
à Carthage l'année suivante. Assemblée des ariens à
Philippopolis, où ils se donnent faussement le nom de
concile de Sardique. Leurs lettres et leurs violences,
p. 125. — Machinations de l'évêque arien d'Antioche
contre les légats du vrai concile de Sardique, p. 126.
    *Deuxième concile œcuménique, premier de Constanti-
nople* (an 381). — Il ne fut œcuménique ni dans sa convocation ni même dans son intention. Le Pape saint
Damase en avait approuvé d'avance les décrets, qui ne
sont que l'exécution de ce qu'il avait réglé ou désiré
lui-même. Principaux évêques qui y assistèrent. Indignité de la plupart des autres, t. 3, l. 36, p. 275. —
Condamnation de Maxime. Election de saint Grégoire
de Nazianze. Mort et funérailles de saint Mélèce d'Antioche, p. 276. — Election de Flavien malgré les remontrances de saint Grégoire. Division des Egyptiens
et des Orientaux. Démission de saint Grégoire, p. 277.
— Son discours d'adieu. Election de Nectaire. Demande
en confirmation au pape Damase. Séparation des Macédoniens. Symbole et canons disciplinaires du concile de
Constantinople, p. 278. — Lettre synodale à l'empereur
Théodose, p. 279. — Lettre des évêques du concile de
Constantinople au Pape et aux évêques du concile de
Rome, et remarques sur cette lettre, p. 284.
    Troisième concile œcuménique, celui d'Ephèse (an 431).
— Nestorius et son hérésie en Orient, t. 3, l. 39, p.
457. — Saint Procluse de Constantinople, Eusèbe de
Dorylée et d'autres la combattent, p. 458. — Nestorius
persécute ses adversaires, qui se plaignent à l'empereur
Théodose le jeune. Saint Cyrille d'Alexandrie écrit à
Nestorius contre son erreur, p. 459. — Nestorius écrit
au pape saint Célestin, qui connaissait déjà ses erreurs
par les plaintes des fidèles, p. 460. — Cassien, par
ordre du Pape, compose son *Traité de l'Incarnation.*
Nestorius intrigue contre saint Cyrille d'Alexandrie,
qui lui écrit une seconde fois contre ses erreurs et en
reçoit une réponse, p. 461. — Nestorius écrit de nouveau au Pape, p. 462. — Saint Cyrille écrit à l'empereur Théodose et à ses sœurs, mais surtout au pape

Célestin, p. 463. — Le Pape condamne la doctrine de Nestorius, et charge saint Cyrille de l'exécution. Il en écrit dans ce sens à Nestorius même et aux patriarches d'Orient, p. 464. — Jean d'Antioche engage Nestorius à se soumettre. Deux circonstances importantes dans cette affaire, suivant Bossuet, p. 465. — Saint Cyrille notifie à Nestorius le jugement du Pape et écrit ses douze anathèmes, p. 466. — Convocation du concile d'Éphèse, p. 467. — Présomption de Nestorius, qui persiste dans ses erreurs et écrit douze contre-anathèmes. Marius Mercator les réfute, et saint Cyrille défend les siens, p. 467. — Instructions du Pape à ses légats qui doivent présider au concile, et dont saint Cyrille est le principal, p. 469. — Arrivée des évêques à Éphèse. Préliminaires du concile. Retards affectés de Jean d'Antioche, p. 470. — Ouverture du concile d'Éphèse. Les trois monitions ou citations à Nestorius, p. 471. — Nestorius est solennellement condamné. Rédaction mémorable de la sentence. Joie du peuple chrétien, p. 472. — Le concile notifie la sentence à Nestorius même et à tout le clergé de Constantinople, p. 473. — Le général Candidien, ami de Nestorius, trompe l'empereur Théodose, fait improviser un conciliabule à Jean d'Antioche, et prétend défendre aux Pères du concile de dire la messe, p. 474. — Seconde session du concile, où se trouvent les trois légats du Pape. Troisième session du concile, qui en écrit à l'empereur, au clergé et au peuple de Constantinople, p. 477. — Procédure du concile contre Jean d'Antioche dans la quatrième et la cinquième session, de quoi il écrit encore à l'empereur et au Pape, p. 479. — Sixième, septième et dernière session. Canons du concile, p. 480. — Intrigues de la cour impériale, déjouées par l'arrivée d'un mendiant. L'empereur, détrompé par saint Dalmace, fait venir les députés des deux partis, se déclare pour les catholiques et condamne Nestorius à l'exil, p. 481. — Maximien, nouvel évêque de Constantinople. Le pape saint Célestin félicite les évêques du concile d'Éphèse. Sa mort, p. 484. — Sixte III, le nouveau pape, écrit dans le même sens à tous les évêques du concile, et leur recommande de ménager la paix avec Jean d'Antioche. Grande division parmi les évêques d'Orient, mais qui se termine par une réconciliation générale, p. 486. — Le peu d'opposants recourent eux-mêmes à l'autorité du pape Sixte III, qui félicite avec effusion de cœur saint Cyrille d'Alexandrie et Jean d'Antioche de leur réconciliation sincère, p. 490.

Conciliabule d'Éphèse en faveur de l'hérésie d'Eutychès (an 448). — Hérésie d'Eutychès. Concile de Constantinople. Opiniâtreté et condamnation d'Eutychès. Lettre de saint Flavien de Constantinople au pape saint Léon. Date de cette lettre, t. 3, l. 40, p. 516. — Lettres d'Eutychès; de l'empereur Théodose le jeune et de Flavien au Pape, et réponses de celui-ci, p. 519. — Révision des actes du concile de Constantinople. Réponse de saint Pierre Chrysologue, évêque de Ravenne, aux lettres d'Eutychès, p. 521. — Intrigues des eutychiens et convocation du concile d'Éphèse. Lettres du Pape à Flavien, au concile et à l'empereur, p. 522. — Conciliabule d'Éphèse. Usurpations et tyrannie du pouvoir impérial. De la véracité des actes de ce concile, p. 523. — Défense d'Eutychès. Machinations, violences de Dioscore d'Alexandrie et des fauteurs d'Eutychès. Faiblesse des évêques. Absolution d'Eutychès. Déposition de saint Flavien de Constantinople et d'Eusèbe de Dorylée. Désordres excités par Dioscore, p. 526. — Fermeté des légats du Pape. Martyre de Flavien. Exil d'Eusèbe. Dangers courus par le légat Hilaire, p. 529. — Nouveaux actes de tyrannie de Dioscore. Confirmation du brigandage d'Éphèse par l'empereur, p. 530. — Lettres de Théodoret au Pape, au prêtre René, aux évêques d'Italie et au patrice Anatole, p. 531. — Condamnation du conciliabule d'Éphèse par le concile de Rome. Lettre du Pape et du concile. Lettre de Valentinien à l'empereur d'Orient. L'esprit de l'Église et l'esprit de la cour. Lettre du Pape au peuple de Constantinople, etc., p. 532. — Ordination d'Anatolius pour Constantinople. Sa demande en confirmation au Pape, qui exige de souscrire à la condamnation de l'hérésie d'Eutychès. Dépit de Dioscore, qui s'emporte jusqu'à excommunier le Pape, p. 534. — Mort de Théodose. Gouvernement de sa sœur Pulchérie. Elle épouse Marcien. Réception des lettres du Pape à Constantinople. Translation des reliques de saint Flavien, p. 535. — Lettres de l'empereur au Pape et du Pape à l'empereur, p. 536.

Quatrième concile œcuménique, celui de Chalcédoine (an 451). — Convocation du concile à Nicée en Bithynie. Instruction du pape saint Léon à ses légats, qui doivent y présider en son nom, t. 3, l. 40, p. 542. — Lettre dogmatique du Pape sur le mystère de l'Incarnation, contre les hérésies de Nestorius et d'Eutychès. Translation du concile à Chalcédoine, p. 543. — Première session. A la demande des légats et conformément aux ordres du Pape, Dioscore n'est admis au concile que comme accusé. Eusèbe de Dorylée et Théodoret le sont comme accusateurs, p. 544. — Lecture des actes du conciliabule d'Éphèse. Preuves des violences de Dioscore. Les évêques orientaux confessent avoir failli, et demandent pardon de leur faiblesse. Lecture des actes du concile de Constantinople sous saint Flavien. Tous les Pères de Chalcédoine, à la suite des légats du Pape, approuvent la doctrine de Flavien et quittent le côté de Dioscore, qui se trouve seul. Seconde session. Le concile ne veut pas de nouvelle formule de foi, mais seulement qu'on lise le Symbole, les écrits des Pères, avec la lettre du pape Léon à Flavien, après laquelle tout le monde s'écrie : *Pierre a parlé par Léon !* On accorde quelques jours à certains évêques pour lire tranquillement les passages des Pères. Troisième session, présidée par le légat Pascasin au nom du Pape. Procédure et jugement contre Dioscore, à la poursuite d'Eusèbe de Dorylée, ainsi que de plusieurs prêtres et laïques d'Alexandrie, p. 546. — Le concile en écrit à l'empereur Marcien. Quatrième session. Le concile use d'indulgence envers cinq archevêques qui avaient présidé avec Dioscore au faux concile d'Éphèse, mais qui étaient rentrés dans la communion du Siège apostolique, p. 548. — Les dix évêques d'Égypte présents au concile demandent en grâce, et le concile leur accorde, de ne souscrire que quand ils auront un archevêque à la place de Dioscore, p. 549. — Sur un conflit de juridiction entre Tyr et Béryte, le concile pose pour règle : *Les lois impériales ne peuvent rien contre les canons* : les canons des Pères doivent prévaloir. Cinquième session. Le concile adopte une définition de foi qui renferme le Symbole de Nicée et de Constantinople, les lettres de saint Cyrille contre Nestorius et la lettre du pape saint Léon à Flavien, p. 550. — L'empereur Marcien et l'impératrice Pulchérie au concile. Vingt-sept canons de discipline, p. 551. — Concordat entre Maxime d'Antioche et Juvénal de Jérusalem, sauf la ratification du Pape. Rétablissement de Théodoret. Rétablissement de l'évêque Ibas. Condamnation des actes du conciliabule d'Éphèse, p. 552. — Approbation de l'ordination de Maxime d'Antioche, attendu que le Pape l'a reçu à sa communion. Constitution d'une pension pour Domnus, ex-évêque d'Antioche. Affaire des évêques Bassien et Étienne d'Éphèse. Litige entre Nicomédie et Nicée. Efforts d'Anatolius de Constantinople pour transformer les privilèges honorifiques de son église en privilèges de juridiction. Opposition des légats du Pape. Vingt-huitième canon proposé dans ce but, p. 553. — Il renferme plus d'une inexactitude. Beaucoup d'évêques n'y souscrivent pas. Les légats s'y opposent, appuyés sur les ordres du Pape et sur les conciles précédents. Anatolius cite aussi des canons, mais qui ne parlent que de privilèges d'honneur

neur et de politesse. Les légats demandent que leur opposition soit insérée dans les actes du concile, qui reconnaît à la fin que le tout dépend du Pape, p. 554. — Le concile, l'empereur et Anatolius conjurent le Pape de ratifier ce qu'on a fait en faveur de l'Eglise de Constantinople, p. 555. — Le Pape, au contraire, casse et annule ce qu'on a fait sous ce rapport; mais il approuve et confirme les décrets du concile contre l'hérésie, p. 556. — Adhésion de l'Eglise d'Occident à la doctrine formulée dans la lettre de saint Léon à Flavien, t. 4, l. 41, p. 2.

Cinquième concile œcuménique, deuxième de Constantinople, sur les trois chapitres, autrement les écrits de Théodore de Mopsueste, d'Ibas et de Théodoret. — Affaire des trois chapitres. Caractère de cette discussion, t. 4, l. 43, p. 224. — Le pape Vigile à Constantinople. Opposition soulevée par son *Judicatum*, p. 225. — Convocation d'un concile. Mauvaise foi des Grecs. Fermeté du Pape et violences exercées sur sa personne. Sa sentence contre Théodore et Mennas. Mauvaise foi et brutalité de l'empereur Justinien, p. 226. — Lettre du clergé d'Italie aux ambassadeurs australasiens à Constantinople, p. 228. — Triomphe du Pape. Lettre de soumission des évêques. Fourberie de Justinien. Concile à Constantinople. Etat de la question. Refus du Pape d'assister au concile, p. 229. — Constitution du pape Vigile, p. 230. — Etrange réponse que lui adresse Justinien. Lecture dans le concile des lettres confidentielles du Pape à l'empereur, p. 232. — Edit sophistique de celui-ci contre Vigile. Une remarque de Fleury. Sentence imposée au concile, p. 233. — Protestation et exil du Pape. Supplique du clergé romain à l'empereur par l'entremise de Narsès. Retour de Vigile. Jugement définitif du Pape sur les trois chapitres, p. 234. — Remarques sur cette pièce, qui confère le caractère d'œcuménique à ce concile de Constantinople, p. 235.

Sixième concile œcuménique, troisième de Constantinople, contre le monothélisme, avec le concile ou conciliabule IN TRULLO. — Commencements du monothélisme, t. 4, l. 48, p. 386. — Saint Sophrone. Le pape Honorius se laisse circonvenir par les artifices de Sergius de Constantinople; et, sans enseigner ni approuver l'erreur, il la favorise par son inconsidération, p. 387. — Saint Sophrone montre plus de pénétration et plus de zèle, p. 390. — Le pape Honorius écrit sa seconde lettre aussi inconsidérément que la première, p. 391. — Dernière ressource de saint Sophrone dans ce péril de la foi, p. 392. — *Ecthèse* de l'empereur Héraclius, p. 417. — Conduite honorable de l'Eglise romaine, du pape Sévérin et du pape Jean IV, qui rejettent l'*Ecthèse* et condamnent le monothélisme, p. 418. — L'empereur Héraclius désavoue l'*Ecthèse* avant sa mort, p. 419. — Lettre du pape Jean IV pour la défense du pape Honorius, t. 4, l. 49, p. 419. — Pyrrhus et Paul, patriarches monothélites de Constantinople. Réponse du pape Théodore au dernier, p. 423. — Lettre du métropolitain de Chypre au même Pape. Etienne de Doré établi par le Pape son vicaire en Palestine. En quels termes les évêques d'Afrique écrivent au pape Théodore à l'occasion du monothélisme, p. 424. — Conférence de l'abbé saint Maxime avec Pyrrhus. Rétractation de celui-ci, p. 427. — Lettre de Paul, patriarche monothélite de Constantinople. *Type* de l'empereur Constant II. Rechute de Pyrrhus. Vigueur avec laquelle le pape Théodore le condamne, p. 430. — Le pape saint Martin tient un concile où il condamne le monothélisme et le *Type* de Constant. En quels termes les catholiques d'Orient y parlent au Pape, p. 431. — Lettres du pape Martin en Orient et en Occident. Sa lettre à l'empereur Constant, p. 434. — Le pape saint Martin institue des vicaires apostoliques dans tout l'Orient, p. 435. — Sa lettre au métropolitain de Thessalonique. Le pape saint Martin arrêté, emprisonné, exilé, martyrisé par l'empereur grec, p. 436-441. — Le peuple et le clergé de Rome rejettent la lettre synodale de Pierre, patriarche monothélite de Constantinople, p. 442. — L'empereur Constantin Pogonat demande au Pape un concile œcuménique touchant le monothélisme, l. 50, p. 493. — Divers conciles en Orient à ce sujet. Le pape saint Agathon, en envoyant ses légats à Constantinople, adresse à l'empereur deux lettres pleines de modestie, mais en même temps pleines d'autorité et de doctrine sur l'hérésie du monothélisme, p. 494. — Lettre au même empereur, de la part de saint Mansuet, archevêque de Milan. Réception des légats à Constantinople, p. 496. — Première et seconde session, où on lit les actes d'Ephèse et de Chalcédoine. Session troisième : on lit les actes du cinquième concile. Les monothélites convaincus d'avoir falsifié ces actes, et d'y avoir inséré deux écrits faussement attribués au pape Vigile, p. 497. — Les sessions depuis la quatrième jusqu'à la douzième y comprise : Lecture des lettres du pape Agathon; elles sont trouvées conformes aux conciles et aux Pères, et tout le concile y acquiesce. Macaire, patriarche monothélite d'Antioche, et ses partisans, convaincus d'avoir falsifié la doctrine et les paroles des saints Pères, sont condamnés comme hérétiques opiniâtres, et Macaire envoyé en exil, p. 498. — Treizième session, où il est parlé de la condamnation des lettres du pape Honorius. Remarque sur une omission dans les actes du sixième concile, p. 500. — Quatorzième session. On vérifie la fausseté des pièces ajoutées par les monothélites aux actes du cinquième concile. Sessions quinzième et seizième, p. 501. — Condamnation de Polychrone de Constantin, deux prêtres monothélites. Dix-septième et dix-huitième session. Rédaction et promulgation de la définition de foi. Le concile reconnaît que Pierre a parlé par Agathon. Lettre du concile au Pape, dont il reconnaît les lettres comme divinement inspirées par le chef suprême des Apôtres, p. 502. — Edits de l'empereur Constantin Pogonat pour l'exécution des décrets du concile. Lettre de l'empereur au nouveau pape saint Léon II, qui bientôt confirme les décisions du concile, p. 503. — Que penser de la condamnation du pape Honorius, p. 504.

Concile ou conciliabule IN TRULLO, dit aussi *quinisexte*, que les Grecs supposent le complément du cinquième et du sixième concile, quant à la discipline. Ce conciliabule enseigne implicitement l'hérésie des rebaptisants, p. 514. — Sens erroné qu'il donne au cinquième canon dit des Apôtres. Ce conciliabule renverse l'ancienne discipline, attestée par saint Epiphane relativement à la continence cléricale. Il conserve l'ancienne loi de la continence quant aux évêques, mais l'élude quant aux prêtres, et cela par des raisons absurdes et contradictoires. Bévue grossière ou mauvaise foi insigne du conciliabule sur le sens d'un canon du concile de Carthage. Tour incroyable de passe-passe, pour avoir l'air de confirmer l'ancienne loi de la continence, tout en la renversant, p. 515. — Dégradation irrémédiable du clergé grec par suite de ces innovations. Adulation sacrilège du conciliabule, qui asservit l'Eglise de Dieu au caprice de l'empereur, et fait à celui-ci un privilège de ce que Dieu a puni comme une impiété dans le roi Osias, de mettre la main à l'encensoir, p. 516. — Le conciliabule prétend mettre le siège de Constantinople immédiatement après celui de Rome, comme pour asservir également celui-ci au caprice de l'empereur ou du sultan. Ignorance et témérité du conciliabule dans le choix des canons. L'empereur Justinien II envoie les actes au pape Sergius, pour qu'il les confirmât par sa signature. Ce dernier refuse de les recevoir et même de les laisser lire. L'empereur envoie un officier pour déporter le Pape; mais l'officier, poursuivi par le peuple romain, ne trouve de salut que sous le lit du Pontife, p. 517. — Peu après, dans une révolution de Constantinople, Justinien II se voit couper le nez et la langue par son successeur Léonce, p. 518. — Conciliabule

des iconoclastes sous l'empereur Copronyme. Leurs raisonnements absurdes, t. 5, l. 52, p. 39.

Septième concile œcuménique, deuxième de Nicée, en 787, avec un mot sur le concile de Francfort. — L'empereur Constantin V et le patriarche Taraise écrivent au pape Adrien, demandant un concile général pour le rétablissement des saintes images et de l'union des églises. Taraise envoie des lettres et des députés aux patriarches d'Orient pour les inviter au concile. Etat des églises orientales sous l'oppression des Musulmans, t. 5, l. 53, p. 77. — Le concile est ouvert à Constantinople en 786, mais remis à Nicée l'année suivante. Lettre du Pape à l'empereur et à l'impératrice Irène, sa mère. Il prouve par la tradition et décide la question sur les saintes images, et réclame le maintien des prérogatives du Siége apostolique, p. 78. — Il demande en quel sens on donne à Taraise le titre de *patriarche universel* ou *œcuménique*. Lettre du Pape au patriarche Taraise. Interprétation assez singulière que les Byzantins donnent du titre d'*œcuménique* appliqué à leur patriarche. Première session du concile à Nicée. Réception de trois évêques iconoclastes, qui témoignent leur repentir, p. 79. — La réception de sept autres est remise à une session suivante, p. 80. — Seconde session : lecture des lettres du pape Adrien, qui sont approuvées de tout le concile. Troisième session : lettre de Taraise aux Orientaux, et réponse de ceux-ci. Ils observent que l'absence des Orientaux n'a pas porté préjudice au sixième concile, *vu principalement que le très-saint Pape de Rome y consentait et s'y trouvait par ses légats*, p. 81. — Session quatrième. Le concile consulte au long la tradition écrite des Pères sur la vénération des saintes images. Observation sur les mots dont se servent les Grecs pour exprimer l'adoration ou la vénération, p. 82. — La cinquième session fait voir, par la lecture de plusieurs pièces, que les iconoclastes n'ont fait qu'imiter les infidèles et certains hérétiques, p. 83. — Dans la sixième session, on lit la réfutation du conciliabule des iconoclastes en 754. Dans la septième, on lit la confession de foi du concile et les deux décrets touchant les images. Deux lettres du concile, l'une à l'empereur et à l'impératrice, l'autre au clergé de Constantinople. Différence des mots grecs *proskunèsis* et *latreia*. Huitième et dernière session du concile, à Constantinople, p. 84. — Canons disciplinaires. Réflexion déplacée de Fleury. Lettre du patriarche Taraise et du concile au pape Adrien, p. 85. — Le concile de Francfort, induit en erreur par une traduction fautive du septième concile général. Livres carolins. Manière dont y répond le pape Adrien, p. 89.

Huitième concile œcuménique, quatrième de Constantinople, en 869, pour l'extinction du schisme de Photius. — L'empereur Basile *le Macédonien*, le patriarche saint Ignace et Photius même envoient et écrivent au pape Adrien II pour la décision finale de leur affaire. Lettre remarquable de saint Ignace sur l'autorité du Pontife romain, t. 5, l. 57, p. 324. — Concile de Rome sur l'affaire de Photius, p. 325. — Adrien II envoie de nouveaux légats à Constantinople, avec des lettres et le formulaire du pape saint Hormisda, pour servir de règle dans la réception des évêques au concile. Entrée des légats à Constantinople, p. 326. — Première session. Vérification des pouvoirs des légats, tant de Rome que des patriarches d'Orient, p. 327. — Formulaire de réunion. Celui du pape Hormisda est lu et approuvé de tout le concile, avec ces propositions : *En vertu de la promesse de Jésus-Christ à saint Pierre, la religion catholique est toujours demeurée inviolable et sans tache dans le Siège apostolique, dans lequel est l'entière et vraie solidité de la religion chrétienne. Ceux-là sont séparés de l'Eglise catholique, qui ne sont pas d'accord avec le Saint-Siège*, p. 328. — Explication des légats de Rome et d'Orient sur la condamnation de Photius. Seconde session : le concile reçoit dix évêques repentants, et

onze prêtres, à condition de souscrire le formulaire apporté de Rome, p. 329. — Dans la troisième session, le concile refuse de recevoir les évêques qui refusent de souscrire le formulaire. Quatrième session : examen particulier de deux évêques, qu'on chasse de l'assemblée, parce qu'ils refusent de souscrire le formulaire de Rome. Cinquième session. Photius, amené au concile, y parodie hypocritement les paroles du Sauveur devant le sanhédrin. On lit les lettres de l'Eglise romaine sur son affaire. Les légats concluent que la promotion de Photius n'est pas recevable, la déposition d'Ignace injuste et irrégulière, et qu'il s'en faut tenir au jugement du pape Nicolas, confirmé par Adrien, p. 330. — Dans la sixième session, le concile reçoit la soumission de plusieurs évêques qui avaient embrassé le parti de Photius; mais il ne promet que la communion laïque à ceux de Photius. Métrophane de Smyrne répond aux exemples qu'ils alléguaient, entre autres à celui du prêtre Apiarius, p. 331. — Session septième : opiniâtreté de Photius et des photiens présents au concile, qui prononce anathème contre eux, p. 332. — Huitième session : on brûle les faux actes du conciliabule de Photius, et d'autres pièces mensongères de sa fabrique. Abjuration de plusieurs iconoclastes. Nouvelle excommunication de leurs chefs. Session neuvième : arrivée du légat d'Alexandrie, qui acquiesce à tout ce qui avait été fait. Pénitence de ceux qui avaient rendu faux témoignage contre Ignace par la suggestion de Photius, ou servi l'empereur Michel l'Ivrogne dans ses orgies sacriléges, p. 333. — Dixième et dernière session. Canons de discipline : *Les canons n'admettent dans les conciles que les évêques.* Conduite à tenir, lorsque dans un concile universel il s'élève un doute ou une question touchant l'Eglise romaine, p. 334. — Le vingt-sixième canon, que Fleury a jugé à propos d'omettre, non-seulement reconnaît le droit d'appellation, mais réserve directement aux patriarches, conséquemment au Pape dans tout l'Occident, le jugement des évêques. Lecture de la définition de foi. Souscription des actes à cinq exemplaires, l'un pour Rome, les autres pour les patriarches de Constantinople, d'Alexandrie, d'Antioche et de Jérusalem, p. 335. — Supercherie des Grecs et quant à la rédaction des actes, et quant à la soustraction des formulaires souscrits. Lettres du concile au Pape, aux patriarches et à tous les fidèles, p. 336. — Conséquence mémorable du huitième concile général, le dernier tenu en Orient, p. 337.

Concile universel de Latran, en 1116, mais qui n'est pas compté parmi les conciles œcuméniques. — Du vrai fond de l'affaire des investitures entre les Papes et les empereurs allemands, qui prétendaient, comme Néron et Caligula, être la loi suprême de l'Eglise et de l'univers, t. 6, l. 67, p. 376. — Henri V, roi d'Allemagne, en Italie. Ses cruautés et ses dévastations, p. 377. — Sa convention avec le pape Pascal II. Son arrivée à Rome. Sa fourberie. Captivité de Pascal. Indignation des Romains. Fuite du roi, qui traîne le Pape avec lui, p. 378. — Vexations de Henri contre les Romains. Privilége qu'il arrache à Pascal II. Son couronnement, p. 380. — En 1112, concile particulier de Latran qui annule le privilége extorqué au Pape par Henri V. Mission de Gérard, évêque d'Angoulême, auprès de l'empereur, p. 382. — Lettre du Pape à Henri. L'épiscopat, en Italie et en France, venge, dans ses conciles, l'Eglise et son chef contre les outrages de l'empereur allemand, p. 383. — L'empereur grec Alexis Comnène prend aussi fait et cause pour le Pape, p. 386. — Assemblées de Mayence et de Cologne. Concile universel de Latran, dans lequel Pascal II condamne le privilége que lui avait extorqué l'empereur, p. 411.

Neuvième concile œcuménique, premier de Latran, en 1123. — Odieuse conduite de l'empereur Henri V envers le nouveau pape Gélase II. Intrusion de l'antipape Bourdin. Humiliations et persécutions de Gélase. Sa

retraite en France, t. 6, l. 67, p. 414. — Députation du pape Calixte II à Henri V. Promesses réciproques de l'empereur et du Pape, p. 422. — Concile de Reims, p. 423. — Conférence du Pape avec l'empereur à Mouson. Fourberie et tergiversations d'Henri V. Retour de Calixte à Reims, p. 425. — Décrets du concile. L'empereur y est excommunié et ses sujets déliés du serment de fidélité. Silence de Fleury et de Longueval sur ce dernier point, p. 426. — Assemblée de Wurtzbourg. Diète célèbre de Worms. Conclusion de l'affaire des investitures. Paix entre le sacerdoce et l'empire allemand, p. 432. — Premier concile de Latran, pour la confirmation de cette paix, p. 433. — Canons de ce concile. Premiers états généraux de la chrétienté en Occident, p. 434.

Dixième concile œcuménique, deuxième de Latran (an 1139). — Il est convoqué et présidé par le pape Innocent II, pour extirper les désordres introduits par le schisme des antipapes Pierre de Léon et Victor. Condamnation des prélats schismatiques. Canons disciplinaires du Concile, t. 6, l. 68, p. 503. — Excommunication du roi Roger de Sicile, qui peu après se réconcilie avec le Pape et quitte le schisme, p. 504.

Onzième concile œcuménique, troisième de Latran, sous le pape Alexandre III (an 1179). — Diverses branches de manichéens, surtout dans le pays de Toulouse. Leurs doctrines destructives de toute société, soit domestique, soit publique. Les princes implorent le secours de l'Eglise contre eux, t. 7, l. 69, p. 441. — Pour remédier à ces désordres et à d'autres abus qu'avait pu introduire le schisme d'Allemagne, le pape Alexandre convoque le troisième concile général de Latran. Principaux évêques qui s'y trouvent. Canons ou règles pour l'élection du Pontife romain, p. 444. — Canons ou règles pour l'élection et la bonne conduite des autres évêques et prélats. Répression de certains abus dans les nouveaux ordres militaires des Templiers et des Hospitaliers. Divers règlements concernant les personnes et les choses ecclésiastiques, p. 445. — Ordre d'observer *la trêve de Dieu*. Défense d'imposer aux églises aucune charge. Défense d'établir de nouveaux péages sans l'autorité des souverains. Permis aux lépreux d'avoir des églises particulières, quand ils vivent ensemble en assez grand nombre. Défense aux chrétiens de porter aux Sarrasins des armes, etc. Défense aux Juifs et aux Sarrasins d'avoir chez eux des esclaves chrétiens. Le dernier canon excommunie les manichéens ou anarchistes doctrinaires et les Brabançons ou anarchistes effectifs, et autorise, et même exhorte à la guerre contre eux, p. 446. — Le Pape use d'indulgence envers ceux qui avaient été ordonnés par des schismatiques. Il nomme saint Laurent, archevêque de Dublin, son légat en Irlande, p. 447.

Douzième concile œcuménique, quatrième de Latran (an 1215). — Le pape Innocent III le convoque dès le mois d'avril 1213, pour le secours de la Terre sainte et pour la réformation de l'Eglise universelle, t. 7, l. 71, p. 370. — Ouverture du concile le 11 novembre 1215. Grand nombre de prélats. Discours du Pape, p. 383. — Dans le premier canon, dirigé contre les manichéens et autres hérétiques du temps, le concile expose et professe la foi chrétienne : l'unité de Dieu, la trinité des personnes, l'origine divine de l'Ancien Testament, l'incarnation du Verbe, l'unité de l'Eglise, la réalité du sacrifice chrétien, la *transsubstantiation* du pain et du vin au corps et au sang de Jésus-Christ, etc. Le mot de transsubstantiation était déjà usité précédemment. Dans le deuxième canon, il condamne certaines erreurs de l'abbé Joachim touchant la Trinité, p. 384. — Troisième canon. Les hérétiques mis au ban spirituel et temporel de la chrétienté. Raisons de cette loi. Règlements du concile et du Pape pour les Eglises de Grèce et d'Orient, p. 385. — Canons sur l'administration de la justice. Canons pour l'instruction chrétienne des fidèles et l'instruction théologique des clercs, pour opérer et assurer le bien, p. 387. Canons touchant les sacrements. Le propre prêtre. Les malades. Les empêchements du mariage. La clandestinité, p. 388. — Canons pour réformer divers abus. Canons pour rétablir la discipline dans les monastères, p. 389. — Quelque chose de mieux que des canons, p. 390. — Innocent III règle l'affaire du comte de Toulouse. Canons du concile touchant les Juifs et la croisade, p. 393.

Treizième concile œcuménique, premier de Lyon, en 1245. — Ce qu'étaient les césars païens. Qui a tiré le genre humain de leur tyrannie, t. 7, l. 73, p. 493. — Ce qu'était l'empire de Charlemagne à l'Eglise. Si la royauté et l'empire étaient alors héréditaires parmi les Francs et les autres peuples chrétiens, p. 494. — Les césars de Germanie ramenèrent l'idée païenne de l'empire. Sort qu'ils préparaient à l'humanité. Qui l'en a préservée, p. 495. — Ce qui serait arrivé si l'empereur Frédéric II eût été Charlemagne, p. 501. — Frédéric II, manquant à toutes ses promesses, cause la ruine de la croisade et encourt l'excommunication, que prononce d'ailleurs solennellement le pape Grégoire IX, p. 504. — Frédéric II, secrètement allié avec le sultan d'Egypte, fait la guerre au Pape, s'en va en Palestine avec peu de monde, dépouille le roi chrétien de Chypre. Son expédition n'est qu'une comédie pour amuser l'Europe. Chrétiens et Mahométans le jugent plus mahométan que chrétien, p. 505. — Guerres des impérialistes contre l'Eglise. Grégoire IX recommande la modération dans la défense, p. 510. — Grégoire IX, en excommuniant de nouveau Frédéric, délie ses sujets du serment de fidélité. Réconciliation de l'empereur avec le Pape, p. 511. — Baudouin II, empereur français de Constantinople, secondé par le Pape, mais contrarié par Frédéric II, t. 8, p. 12. — Manœuvres de Frédéric pour se rendre maître de la Sardaigne. Son gendre Ezzelin de Romano, surnommé *le Féroce*, p. 13. — Efforts de Grégoire IX pour pacifier l'Occident et procurer des secours à l'Orient, p. 17. — Au lieu de seconder le Pape, Frédéric le traverse, veut se servir de lui pour parvenir à la domination universelle; emprisonne le neveu du roi de Tunis allant à Rome pour recevoir le baptême, p. 19. — Lettre que lui en écrit le Pape, p. 20. — Duplicité et arrogance de Frédéric II, p. 22. — Son dessein de surprendre saint Louis, roi de France. Il corrompt le sénateur de Rome. Plaintes du Pape et réponses de l'empereur, p. 23. — Le Pape l'excommunie et délie ses sujets du serment de fidélité, p. 26. — Invectives de Frédéric contre le Pape. Il demande un concile général, p. 27. — Apologie de Grégoire IX. Impiétés qu'il reproche à Frédéric II. Elles sont attestées par les contemporains, p. 28. — Ses emportements contre le Pape et les fidèles catholiques, p. 29. — Dévouement des rois saint Ferdinand d'Espagne, Henri d'Angleterre et saint Louis de France, pour la cause de l'Eglise, p. 31. — Le Pape fait offrir la royauté d'Allemagne à un frère de saint Louis. Historiette de Matthieu Pâris à ce sujet. Quel était le droit de l'Allemagne et de l'Europe touchant les hérétiques, p. 32. — Droit allemanique sur l'élection et la puissance du roi de Germanie. Caractère simple et sublime de cette législation, p. 35. — Grégoire IX convoque le concile général que Frédéric II avait demandé, fait des prières publiques pour la cause de l'Eglise, tandis que Frédéric condamne à des peines atroces les catholiques dévoués, p. 37. — Frédéric II met tout en œuvre pour empêcher le concile qu'il a lui-même demandé. Courage apostolique des évêques de France, d'Angleterre et d'Espagne, dont plusieurs sont capturés et emprisonnés par Frédéric, p. 38. — Vigueur indomptable du pontife centenaire Grégoire IX. Lettres de saint Louis à Frédéric II pour la délivrance des évêques français, p. 40. — Frédéric II fait la guerre à l'Eglise, au lieu de défendre l'Europe contre les Tartares, qui ravagent la Russie et la Hon-

grio. Sa conduite envers le roi de Hongrie. Ses lettres pédantesques à d'autres princes, p. 41. — Sa rhétorique ne trompe pas tout le monde. Révélations curieuses de Matthieu Paris à ce sujet, p. 43. — Trahison d'un cardinal. Frédéric triomphe de la mort du Pape, mais Dieu commence à le frapper, p. 44. — Après la mort de Grégoire IX, Frédéric fait la guerre à l'Église comme devant. Accusé par l'Angleterre et la France d'empêcher l'élection du Pape, il en accuse les cardinaux, dont il retient quelques-uns en prison, p. 45. — Élection d'Innocent IV, p. 47. — Négociations pour la paix entre Innocent IV et Frédéric. Ce dernier attaque Viterbe pour la punir de son obéissance au Pape. Défense héroïque des habitants de cette ville, p. 48. — Un traité se conclut entre le Pape et Frédéric. Celui-ci cherche à surprendre le Pape, qui se sauve à Lyon, p. 49. — Innocent IV convoque le concile général de Lyon. La nation portugaise recourt à l'autorité du Pape pour remédier à l'incapacité de son roi, p. 52. — Le Pape écrit aux souverains des Bulgares, des Tartares, des Musulmans, des Grecs et des Russes. Ouverture du concile général. Ce que disent les ambassadeurs de Frédéric, p. 53. — Première session solennelle, p. 54. — Malgré beaucoup de prélats, le Pape accorde un délai aux ambassadeurs de Frédéric, lequel refuse d'en profiter. Accusations générales contre Frédéric. Ses ambassadeurs en laissent plusieurs sans réponse, p. 55. — Le Pape, terminant l'affaire du Portugal, y nomme un régent à la place du roi incapable. Il publie plusieurs décrets, entre autres pour le secours de Constantinople et pour la guerre contre les Tartares, p. 56. — L'ambassadeur de Frédéric appelle au Pape futur et à un concile plus général. Innocent IV, après avoir récapitulé les crimes de Frédéric II, le déclare déposé et le dépose, délie ses sujets du serment de fidélité et défend de lui obéir. Tous les prélats, avec le Pape, éteignent leurs cierges, en déposant l'empereur excommunié, p. 57. — Vaines subtilités de quelques modernes pour éluder l'autorité des actes et des auteurs contemporains. Remarques sur le langage de Matthieu Paris. Résultat final pour Frédéric II et sa dynastie, p. 58. — Résultat semblable, de nos jours, pour Napoléon. Colère de Frédéric quand il apprend sa déposition. La fille du duc d'Autriche refuse de l'avoir pour époux. Il publie contre le Pape plusieurs manifestes qui nuisent à lui seul, p. 59. — Le Pape, dans sa réponse, fait sentir aux princes que leur véritable danger était dans la politique ambitieuse et athée de Frédéric, p. 61. — Inconséquence de plus d'un auteur français sur ce point. Innocent maintient l'indépendance du royaume de Hongrie. Il envoie un légat en Norwége. Henri, landgrave de Thuringe, est élu roi des Romains. Il meurt, p. 63. — On élit à sa place Guillaume de Hollande. Lettre du Pape aux Siciliens, p. 64. — Mort funeste de Pierre des Vignes, conseiller de Frédéric II, p. 65. — Frédéric négocie avec le Pape, mais cherche à le surprendre. Zèle des princes français pour la défense du Pape, p. 67. — Honteux échec de Frédéric devant Parme. Mort funeste de Thaddée de Suesse, un de ses conseillers et ambassadeurs. Frédéric négocie avec le Pape, mais fait martyriser l'évêque d'Arezzo, et profaner les saintes images par les Sarrasins, p. 68. — Frédéric trahissait les chrétiens en faveur des Mahométans, p. 74. — Sa mauvaise renommée par tout le monde. Il meurt, après avoir fait venir des Sarrasins pour faire la guerre à l'Église, p. 87. — La famille de Frédéric s'extermine elle-même, l. 74, p. 153 et seqq.

Quatorzième concile œcuménique, deuxième de Lyon, en 1274. — Le pape saint Grégoire X reçoit une ambassade de l'empereur de la Chine, grand chef des Tartares, et lui en envoie une, t. 8, l. 75, p. 203. — Il convoque un concile général, p. 208. — Il l'indique à Lyon, et y invite jusqu'aux Tartares, p. 209. — Rodolphe, comte de Habsbourg, est élu empereur d'Occi-

dent, p. 222. — Mémoire de l'évêque d'Olmutz au Pape, sur les choses à réformer dans la chrétienté par le concile général, p. 223. — Mémoire très remarquable sur le même sujet, par Humbert de Romans, général des Dominicains. Son appréciation aussi juste qu'élevée des croisades, p. 224. — Sa lettre non moins remarquable aux religieux de son ordre, p. 228. — Démarches de l'empereur Michel Paléologue auprès du Pape et à Constantinople pour la réunion des Grecs avec l'Église romaine. Conversion de Jean Veccus à la doctrine complète de l'Église sur la procession du Saint-Esprit, p. 229. — Le pape saint Grégoire X à Lyon pour le concile général. Derniers moments et mort de saint Thomas d'Aquin, p. 232. — Vie sainte de Grégoire X, p. 234. — Le 7 mai 1274, il ouvre le concile en présence d'un très-grand nombre d'évêques, dont plusieurs saints, et en indique le but, savoir : le secours de la Terre sainte, la réunion des Grecs, la réformation des mœurs, p. 234. — Seconde session : on lit des constitutions touchant la foi. Le Pape reçoit des lettres qui annoncent la prochaine arrivée des ambassadeurs grecs pour la réunion. Session troisième : sermon de saint Pierre de Tarentaise. On publie douze constitutions touchant les élections des évêques et les ordinations des clercs. Arrivée et réception des ambassadeurs grecs, lesquels, à la messe solennelle du Pape, chantent trois fois l'article du Saint-Esprit *qui procède du Père et du Fils,* p. 235. — Arrivée et réception des ambassadeurs tartares. Quatrième session : réunion effective des Grecs avec l'Église romaine, p. 236. — Constitution apostolique pour la tenue du conclave et l'élection du Pape. Mort de saint Bonaventure, président du concile. Son éloge par saint Pierre de Tarentaise, p. 237. — Cinquième session : baptême d'un des ambassadeurs tartares. Lecture de plusieurs constitutions. Sixième et dernière session : fin du concile. Trente et un décrets du deuxième concile œcuménique de Lyon. Importance du quatrième, sur l'incapacité d'un élu à participer à l'administration avant que son élection soit confirmée ; et du douzième, contre l'extension de la régale, p. 238 et seqq. — Le pape saint Grégoire X approuve l'élection de Rodolphe de Habsbourg, et écrit en sa faveur, p. 240.

Quinzième concile œcuménique, à Vienne en France, en 1311. — Affaire des Templiers. Leur mauvaise renommée. Comment leur secret fut découvert, t. 8, l. 77, p. 405. — Philippe le Bel fait emprisonner tous les Templiers de ses États, et procéder contre eux par l'inquisiteur général de France. Principaux chefs d'accusations et de dépositions, p. 406. — Le pape Clément V arrête les procédures de l'inquisiteur et des évêques de France, et se réserve toute l'affaire, p. 407. — Le Pape, après avoir entendu lui-même soixante-douze Templiers, charge les conciles provinciaux de juger individuellement les Templiers de leur province, mais se réserve à lui-même la cause générale de l'ordre et de ses principaux membres, p. 408. — Interrogatoire des principaux Templiers à Chinon, p. 409. — Le Pape ordonne des informations juridiques partout, concernant cette affaire. Il en insère le détail dans la bulle de convocation du concile général de Vienne. Interrogatoire des principaux Templiers par les commissaires pontificaux à Paris, p. 410. — Résultat des dépositions juridiques. Ce qu'en conclut Wilke, un historien protestant des Templiers, p. 413. — Conduite irréprochable des commissaires pontificaux envers les défenseurs de l'ordre, p. 415. — Le concile provincial de Sens livre plusieurs Templiers au bras séculier, qui les exécute. Les commissaires pontificaux témoignent une grande peine de ces exécutions, et suspendent leur propre procédure. Rapport de ces commissaires au Pape. Résultat des informations et des procédures en Angleterre, en Espagne, en Italie et en Allemagne, p. 416. — Ouverture du concile général de Vienne. Le Pape y supprime par provision l'ordre des Templiers. Jugement de l'historien

protestant sur cette affaire, et sur la manière dont on y a procédé, p. 418. — Ce que le même auteur pense des soi-disant Templiers modernes. Destination des biens des Templiers. Sort de leurs personnes, p. 419. — Les commissaires du Pape condamnent à une prison perpétuelle le grand-maître et trois autres, lorsque tout à coup deux rétractent leurs dépositions antérieures. Les commissaires remettent l'affaire au lendemain ; mais, le soir même, Philippe le Bel fait brûler les deux relaps, dont un le grand-maître. Les deux autres sont renvoyés quelque temps après, p. 420. — Le concile œcuménique de Vienne déclare que Boniface VIII a été pape catholique et indubitable. Constitutions de Clément V au concile de Vienne. Mémoire d'un évêque anonyme sur les abus à corriger dans l'Eglise. Mémoire semblable de Guillaume Durand, évêque de Mende, p. 421. — Chose qui devrait se faire toujours. Division des Franciscains en Observantins et Conventuels. Clément V tâche d'y remédier au concile de Vienne, p. 422. — Bégards et Béguines condamnés au concile de Vienne, avec lesquels il ne faut pas confondre d'autres Béguines très-catholiques, p. 426. — Condamnation de Toucin, chef de faux apostoliques, p. 427. — Règlement du concile sur les exemptions des religieux, p. 428. — Autres règlements du concile œcuménique de Vienne, notamment pour l'étude des langues orientales, p. 429.

Concile de Pise, pour l'extinction du grand schisme d'Occident, en 1409. — Election d'Urbain VI, reconnu par tous les cardinaux et par toute l'Eglise, t. 9, l. 81, p. 34. — Salutaires conseils que sainte Catherine de Sienne donne au nouveau Pape. Urbain VI s'aliène les cardinaux français, qui jettent des doutes sur son élection et commencent le grand schisme d'Occident, p. 36. — Lettres qu'écrit à ce sujet sainte Catherine de Sienne. Manifeste des cardinaux français: Réponse d'un magistrat de Florence, p. 39. — Urbain VI crée de nouveaux cardinaux. Les cardinaux français font un autre Pape, sous le nom de Clément VII. Lettre de sainte Catherine de Sienne aux cardinaux italiens, p. 40. — Le roi de France, Charles V, quitte le pape Urbain VI pour Robert de Genève, dit Clément VII. Lettre que lui écrit à ce sujet sainte Catherine de Sienne, p. 44. — La plus grande partie de la chrétienté continue à reconnaître Urbain VI. Réponse mémorable de la nation anglaise aux cardinaux français et à la nation française. Réflexions, p. 42. — Prédictions consolantes de sainte Catherine de Sienne sur des temps qui viendront après les maux qu'elle avait annoncés, p. 43. — Nous commençons à voir l'accomplissement de ces prédictions, p. 44. — Comment des saints pouvaient se trouver dans les deux obédiences. Réflexions de saint Antonin, p. 70. — Défauts d'Urbain VI, ses vertus et sa mort, p. 77. — Election et premières actions de Boniface IX, p. 78. — Il propose des moyens de terminer le schisme. Mort de Robert de Genève, dit Clément VII. Son caractère. Ce que Clémangis dit de lui et de l'état de l'Eglise, p. 79. — Les cardinaux d'Avignon élisent Pierre de Lune sous le nom de Benoit XIII, qui manque à son serment de concourir à la réunion. La France se retire de son obédience, sans entrer dans celle de Boniface, p. 80. — La ville de Rome se soumet de toute manière à la souveraineté de Boniface IX. Dernières actions et mort de ce Pape. Pontificat d'Innocent VII, p. 81. — Election de Grégoire XII, p. 82. — Ses négociations avec Pierre de Lune pour la réunion ne paraissent pas sincères. Efforts des anciens cardinaux des deux obédiences pour procurer la réunion. Ils tiennent le concile de Pise et élisent Alexandre V, qui meurt peu après, p. 83. — Concile d'Udine, tenu par Grégoire XII. Les cardinaux de l'obédience d'Alexandre V lui donnent pour successeur Jean XXIII. Ses premières actions, p. 85.

Seizième concile œcuménique, à Constance, en 1414, pour l'extinction du grand schisme d'Occident et la réunion des trois obédiences, et pour l'extirpation des hérésies de Wiclef et de Jean Hus. — Etendue des trois obédiences. Ouverture du concile de Constance par Jean XXIII, t. 9, l. 81, p. 91. — Ordre des questions à traiter. Droit de suffrages. Manière de les recueillir. Le bienheureux Jean Dominique ; cardinal de Raguse, nonce de Grégoire XII à Constance, pour céder volontairement le pontificat en son nom, p. 92. — Le concile, sans mentionner pourtant le bel exemple des anciens évêques d'Afrique, penche et insiste de plus en plus pour que les trois Papes se démettent pour procurer l'union, p. 93. — Jean XXIII, qui a de la peine à y entendre, s'enfuit de Constance, p. 94. — Quatrième et cinquième session du concile. Scission entre les cardinaux et les autres Pères. Décrets fameux de ces deux sessions. Quel est le sens de ces décrets, p. 95. — Quelle autorité peuvent-ils avoir dans l'Eglise, p. 96. — De la sixième à la douzième session, les prélats de Constance procèdent contre Jean XXIII et finissent par le déposer, et il y acquiesce, p. 99. — Parallèle entre la conduite de l'empereur Sigismond et des prélats de Constance au XVe siècle, et la conduite du roi arien Théodorie et des évêques d'Italie et de France au commencement du VIe, p. 100. — La rigueur dont on use envers Jean XXIII est désapprouvée à la cour de France. Grégoire XII autorise le concile de Constance et y abdique par son ambassadeur, p. 101. — Voyage de l'empereur Sigismond en Espagne pour procurer la réunion. Le concile procède contre Pierre de Lune, dit Benoît XIII, et le dépose. Règlements du concile pour la tenue du conclave, p. 102. — Election de Martin V, qui réunit toute la chrétienté. Mystères de l'unité de l'Eglise catholique, d'après Bossuet, p. 103. — Les Pères de l'Eglise ont signalé quelque chose de plus intime encore dans l'unité de sa hiérarchie, p. 106. — Qu'est-ce qu'un hérétique? Quelle était l'hérésie de Wiclef, p. 107. — Son ignorance et ses blasphèmes réfutés d'avance par le formulaire du pape saint Hormisda, p. 108. — Les erreurs de Wiclef pénètrent en Bohême. Jean Hus et Jérôme de Prague répandent en Bohême les erreurs de Wiclef, p. 109. — Leurs violences contre le Pape qui les condamne et contre les catholiques, p. 110. — Jean Hus est cité au concile de Constance, auquel il en avait appelé lui-même, p. 111. — D'après ses propres paroles, il part de Prague et arrive à Constance sans sauf-conduit. Le sauf-conduit de l'empereur Sigismond est tout bonnement un passeport, qui ne pouvait le soustraire au tribunal où il était cité et où il avait appelé lui-même. Circonstances équivoques concernant l'époque précise où Jean Hus reçut ce passeport, p. 112. — Confiance de Jean Hus le long du chemin. Son arrivée à Constance. Il y est mis en arrestation, puis s'échappe de la ville, mais est repris et renfermé dans le palais pontifical, p. 113. — Jérôme de Prague, arrivé clandestinement à Constance, s'enfuit, et demande à se justifier devant le concile, sauf à subir la peine des hérétiques, si on peut le convaincre. Jean Hus parle de même, p. 114. — Double sens du mot *convaincre!* Abus qu'en font Jean Hus et Jérôme de Prague. Langage de Jean Hus, plein d'équivoques. Jean Hus est entendu plusieurs fois en audience publique par le concile, p. 115. — Jean Hus promet de se rétracter, puis refuse. Ses livres condamnés au feu. Lui-même condamné comme hérétique et livré au bras séculier. Substance de ses principaux écrits, p. 117. — Jérôme de Prague se rétracte, puis retombe. Sa condamnation. Le concile décide que la communion sous les deux espèces n'est pas nécessaire. Doctrine de Jean Petit sur le tyrannicide. Ce que le concile en condamne, p. 118. — Doctrine de Gerson, de Major et d'Almain sur l'origine et la responsabilité du pouvoir temporel, p. 119. — Doctrine des théologiens du concile de Constance sur le même sujet. Les mêmes idées au temps de Charlemagne, et dans les théologiens et les jurisconsultes, p. 120. — Caractère

différent du pouvoir spirituel. Mauvais raisonnements de Gerson et de ses semblables ; doivent être lus avec précaution. Le concile de Constance prononce déposition contre les rois , reines , etc., qui ne se conformeraient pas à certains de ses décrets, p. 121. — Deux bulles de Martin V pour la condamnation des erreurs. Son projet de réforme. Concordat de Martin V avec chaque nation. Ses articles généraux de réforme, p. 122. — Dénonciation de la doctrine de Jean de Falkenberg , déjà condamnée pour le fond dans celle de Jean Petit. Martin V défend , comme saint Gélase, d'appeler du Pape au concile p. 123. — En quel sens Martin V approuve les décisions de Constance. Fin du concile. Martin V va de Constance à Rome, p. 124. — Balthasar Cossa , autrefois Jean XXIII , vient se jeter à ses pieds et le reconnaît pour chef de l'Eglise. Mort de Pierre de Lune. Extinction des restes de son schisme, p. 125.

Concile, ensuite conciliabule de Bâle en 1531. — Martin V reçoit les ambassadeurs de l'empereur grec Paléologue pour la réunion ; indique un concile à Pavie, puis à Sienne , où il est encore interrompu, et indiqué à Bâle ; t. 9, l. 81, p. 145. — Commencement de la guerre des hussites sous le commandement de Ziska. Cruautés effroyables de ces sectaires , divisés en calixtins , taborites , orébites , adamites ou picards , l. 82, p. 206. — Mort de Ziska , p. 208. — Secte des orphelins. Négligence et mauvais exemple des archevêques de Prague. Martin V et Eugène IV travaillent à ramener les hussites, p. 209. — Le cardinal Julien les invite au concile de Bâle. Arrivée des députés hussites ou bohémiens à Bâle. Conférences des Bohémiens avec les commissaires du concile. Les calixtins se réduisent à quatre articles de discipline , plus que de croyance. Les députés s'en retournent en Bohême, p. 210. — Ambassade du concile à Prague. Nouvelles conférences avec les Bohémiens. Conclusion d'un concordat, p. 212. — Conduite équivoque de Roquesane, élu à l'archevêché de Prague. Le concile lui refuse sa confirmation, p. 213. — Etat de la Bohême après la mort de l'empereur Albert II , et sous l'administration de Georges Podiébrad , p. 214. — Légation d'Enéas Sylvius en Bohême pour ramener les hussites. Tableau qu'il en fait, p. 215. — Saint Jean de Capistran vient y travailler également et avec grand succès, p. 218. — Commencements un peu étranges du concile de Bâle , qui informe lui-même le pape Eugène IV du petit nombre de prélats qui s'y trouvent, p. 227. — Informé par le député même du concile du petit nombre de prélats , et pour faciliter la réunion des Grecs , Eugène IV déclare le concile de Bâle dissous, et en convoque un autre à Bologne , p. 228. — Les quatorze prélats de Bâle , parmi lesquels une demi-douzaine d'évêques , blâment hautement la résolution d'Eugène, se déclarent eux-mêmes concile œcuménique et supérieur au Pape, écrivent contre celui-ci de toutes parts, le somment de venir au concile, et s'emparent même du gouvernement de l'Eglise, p. 229. — Le pape Eugène IV envoie des nonces pour prévenir la rupture, p. 230. — Les prélats de Bâle , alors au nombre de trente, repoussent grossièrement les offres de conciliation du Pape, et par les arguments les plus pitoyables, p. 231. — Les prélats de Bâle commencent des procédures contre le Pape, p. 239. — Le pape Eugène IV fait de nouvelles tentatives pour prévenir la rupture. Les prélats de Bâle y répondent par des procédés toujours plus violents, p. 233. — Réconciliation telle quelle entre le Pape et les prélats de Bâle, qui font d'étranges raisonnements pour prouver la supériorité du concile sur le Pape, p. 236. — Négociations avec les Grecs pour la réunion, p. 237. — Le concile de Bâle avec quelques règlements utiles, en fait plusieurs d'intempestifs , d'indigestes, pour taquiner le Pape, p. 238. — Négociations souvent contradictoires de Bâle et de Rome avec les Grecs. Ceux-ci, avec la plupart des évêques de Bâle, se rangent du côté du Pape, qui transfère le concile à Ferrare, p. 239. — Le conciliabule de Bâle, où il ne restait presque plus d'évêques , se livre à des excès plus énormes les uns que les autres, jusqu'à déposer Eugène IV et faire un antipape, p. 242. —Analogie entre la *fête des Fous* et le concile de Bâle, p. 244.

Dix-septième concile œcuménique, continué à Florence, après avoir commencé à Ferrare, en 1439. — Le pape Eugène IV, pour faciliter la réunion des Grecs , transfère le concile de Bâle à Ferrare, t. 9, l. 82, p. 239. — L'empereur Jean Paléologue, le patriarche de Constantinople et un bon nombre de prélats grecs se mettent en route pour venir au concile de Ferrare , qui s'ouvre au jour indiqué, p. 242. — Vertus épiscopales du bienheureux Nicolas Albergati, président du concile. Vertus et travaux apostoliques de saint Laurent Justinien, évêque de Venise, p. 245. — Arrivée du pape Eugène à Ferrare et au concile, p. 246. — Arrivée de l'empereur Jean Paléologue, du patriarche Joseph et des autres prélats grecs. Session d'ouverture commune aux Latins et aux Grecs, p. 247. — Conférence particulière sur le purgatoire, où l'on se trouve d'accord, p. 248. — Session première et seconde, etc. : les Latins cherchent à entamer la question du *Filioque;* le Grec Marc d'Ephèse cherche à l'esquiver par des questions préjudicielles. Dans la session sixième et les suivantes , les Latins , notamment André , archevêque de Colosse , traitent à fond et admirablement bien la question du *Filioque* et de la procession du Saint-Esprit, p. 249. — Le continuateur de Fleury altère les faits pour dépriser les Latins , tandis que le célèbre Bessarion , archevêque de Nicée , les admire, p. 250. — Dans les sessions dix, onze et douze, les orateurs latins , surtout le cardinal Julien Césarini , traitent la question du Saint-Esprit, et réfutent les objections avec un génie aussi merveilleux qu'il est peu connu, p. 251. — Arrivée des ambassadeurs du duc de Bourgogne. Prodigieuse présence d'esprit avec laquelle le cardinal Julien répond à un très-long discours de Marc d'Ephèse, p. 252. — Les Grecs se découragent, parce que, suivant Bessarion, ils ne s'étaient pas attendus à tant de science et d'esprit de la part des Latins; le concile transféré à Florence à cause de la peste, p. 253. — De la session dix-huit à vingt-trois, Jean de Montenegro , provincial des Dominicains , prouve très-doctement par les Pères grecs , particulièrement saint Epiphane, que le Saint-Esprit procède du Père et du Fils ; les Grecs, quoique convaincus d'avoir falsifié un passage de saint Basile, finissent néanmoins par se réjouir de voir que les Latins ne disaient pas deux causes du Fils et du Saint-Esprit, mais une seule, le Père, p. 253. — Isidore, métropolitain de Russie, est le premier à conseiller la réunion avec les Latins. Il est appuyé par Bessarion, métropolitain de Nicée, p. 255. — Les Grecs, ne pouvant s'accorder entre eux, prient le Pape de leur indiquer lui-même les moyens d'opérer la réunion. Il leur en propose quatre auxquels ils ne trouvent rien à dire; cependant ils lui en demandent encore une autre. Bessarion fait un discours mémorable en faveur de la réunion, p. 256. — Georges Scholarius en fait plusieurs dans le même sens, où il fait un grand éloge de la science des Latins et un fort petit de celle des Grecs, p. 257. — Les esprits se rapprochent, les doutes s'éclaircissent; les métropolitains de Russie, de Nicée, de Lacédémone, de Mitylène , se déclarent formellement pour la réunion, p. 258. — Les autres s'y joignent, à l'exception de quatre. La formule proposée par les Grecs est approuvée par le Pape. On s'embrasse de part et d'autre. Mort du patriarche Joseph, après avoir écrit son acte de réunion avec l'Eglise romaine. Conférences sur les autres articles et sur la rédaction de la bulle de réunion, p. 259. — Session solennelle pour consommer la réunion et en promulguer la bulle, qui est souscrite par les députés des quatre patriarches, et par

les métropolitains de Grèce, de Trébisonde, d'Ibérie et de Russie, p. 260. — Philothée, patriarche d'Alexandrie, accède de grand cœur à la réunion que le Pape notifie à toute la chrétienté. Les députés de Constantin, patriarche des Arméniens, arrivent à Florence avant le départ des Grecs, à qui le Pape accorde plus qu'il n'avait promis. Eugène IV fait une promotion de cardinaux, parmi lesquels Bessarion de Nicée, Isidore de Russie, Sbinco de Cracovie, p. 262. — Le Pape, entouré des cardinaux, est comme Moïse, entouré des septante-deux sénateurs d'Israël. Le pape Eugène IV, avec l'approbation du concile œcuménique de Florence, condamne l'interprétation donnée par les prélats de Bâle aux décrets de Constance, p. 263. — Réunion des Arméniens à qui Eugène IV, avec l'approbation du concile œcuménique, donne un abrégé de la foi orthodoxe, p. 264. — Doutes mal fondés de certains théologiens sur l'œcuménicité du concile de Florence au moment de la réunion des Arméniens. Motif probable de ces doutes. Ambassadeurs du patriarche des Jacobites et de l'empereur d'Ethiopie, p. 265. — Autres ambassadeurs éthiopiens venus de Jérusalem. Discours remarquables des uns et des autres au pape Eugène IV. Plainte mémorable de l'Ethiopie au Saint-Siége, p. 266. — Lettre de créance de l'abbé éthiopien de Jérusalem. Réunion des jacobites avec l'Eglise romaine, p. 267. — Réunion des Syriens, des Chaldéens et des Maronites. Le roi de Bosnie envoie un ambassadeur à Rome pour abjurer les erreurs des Manichéens, p. 268. — Sage discours de l'ambassadeur de Charles VII, roi de France, à Eugène IV, sur les moyens d'éteindre le schisme de l'antipape de Ripaille. L'Allemagne, qui gardait une espèce de neutralité, se déclare tout à fait pour Eugène IV, contre l'assemblée de Bâle et l'antipape, p. 270. — Derniers moments et pieuse mort du pape Eugène IV, p. 276.

Dix-huitième concile œcuménique, cinquième de Latran, en 1512. — Election du pape Jules II, t. 9, l. 83, p. 411. — Il rétablit la liberté et l'indépendance de l'Eglise romaine contre les petits princes d'Italie, p. 412. — Il commence à rétablir la liberté de l'Italie et contre les princes du dedans et contre les princes du dehors, p. 418. — Son légat, Jean de Médicis, triomphe dans sa captivité, p. 419. — Politique mesquine de Louis XII, qui, battu par le Pape, s'en venge par des conventicules schismatiques et par d'ignobles calomnies contre le vieux Pontife, p. 420. — Les autres princes n'avaient pas plus de sens ni de conscience que Louis XII. Jules II et Michel-Ange, p. 421. — Convocation du cinquième concile général de Latran, pour la répression du schisme, la pacification entre les princes. Séance d'ouverture, etc., p. 422. — Discours de l'Augustin Egidius de Viterbe, sur les calamités de l'Eglise, p. 423. — Première session. Discours de Bernard, archevêque de Spalatro, sur l'unité et les dangers de l'Eglise. Manque de sens de Louis XII et de l'empereur Maximilien, se servant des cinq cardinaux schismatiques pour échafauder un conciliabule contre le chef de l'Eglise universelle, présidant le concile œcuménique. Bulle de Jules II contre cet attentat, p. 424. — Seconde session : discours de Cajétan, général des Dominicains, sur la sainteté de l'Eglise, p. 426. — Alliance du Pape avec le roi d'Angleterre, Henri VIII. Troisième session : discours remarquable d'Alexis, évêque de Melphi, sur l'unité invisible et vivante de l'Eglise, p. 427. — Ambassadeurs de l'empereur Maximilien et du roi d'Espagne. Bel exemple des rois de Dannemarck, de Norvége et d'Ecosse. A cet accord de l'humanité chrétienne, Louis XII préfère insensément quatre cardinaux schismatiques, que le Pape et le concile condamnent unanimement, p. 428. — Arrivée à Rome du prince Henri, fils du roi de Congo, en Afrique. Quatrième session : discours par Christophe Marcel, notaire apostolique, sur les devoirs du prince. Jules II condamne la Pragmatique-sanction de Bourges, et fait lire ses décrets sur la réforme de la cour pontificale, p. 429. — Cinquième session : discours de l'archevêque de Siponto, sur l'utilité du concile général. Bulles de Jules II, approuvées par le concile touchant l'élection du Pape, p. 431. — Dernière maladie et mort édifiante de Jules II, p. 430. — Election de Léon X ; ses commencements. Sixième session : discours de Simon, évêque de Modrusse en Croatie, sur les ravages des Turcs, p. 431. — Les Français battus en Italie par les Suisses. Belle conduite de Léon X dans ces conjonctures, p. 432. — Septième session du concile : discours de Balthasar del Rio, sur la nécessité d'une foi agissante, et sur les ravages des Turcs, p. 433. — Progrès de Sélim Ier. Ambassadeur de Russie au concile. Soumission de deux cardinaux schismatiques. Leur réintégration, p. 434. — Promotion de cardinaux. Huitième session : discours d'un chevalier de Rhodes, sur la milice chrétienne. Les idées les plus élevées de nos jours étaient les idées communes au concile de Latran, p. 435. — Louis XII, devenu plus sensé à force de revers, envoie une ambassade au Pape, renonce au conciliabule de Pise, et reconnaît le concile de Latran, p. 436. — Décret du Pape, approuvé par le concile, et condamnant certaines erreurs philosophiques, p. 437. — Pierre Pomponace ne mérite nullement le nom d'impie ou d'athée. Bulles de Léon X pour la pacification des princes et pour la réformation des officiers de la cour romaine. Mort de plusieurs cardinaux. Neuvième session : discours d'Antoine Pucci, clerc de la chambre apostolique, sur l'excellence de l'Eglise et les principaux motifs d'en achever la réforme, p. 438. — Ambassadeurs du Portugal et d'autres pays. Excuses des prélats français en retard. Réconciliation de plusieurs avec le Pape. Règlements pour la réforme de la cour romaine, p. 439. — Lettre de Léon X à David, roi des Abyssins. Efforts de Léon X pour réunir les princes chrétiens à la défense de l'Europe contre les Turcs. Mort de Louis XII. Avénement de François Ier. Politique étroite de l'un et de l'autre, p. 442. — Dixième session : décret sur les monts-de-piété, fondés par les Franciscains Barnabé et le bienheureux Bernardin de Feltre, et critiqués par le Dominicain Cajétan, p. 442. — Décret sur les exemptions ecclésiastiques, p. 444. — Décrets sur l'impression des livres et concernant les affaires de France, p. 445. — Les Papes, notamment Nicolas V et Léon X, favorisent généreusement et les livres et les bibliothèques et les savants, p. 446. — Universités italiennes. Colléges romains, p. 447. — Matthieu Schinner, évêque de Sion en Valais, et cardinal, p. 448. — Bataille de Marignan entre François Ier et les Suisses, p. 449. — Entrevue de François Ier et de Léon X à Bologne, 450. — Dévotion du roi et des Français pendant la messe du Pape, p. 451. — Léon X calomnié pour sa conduite entre François Ier et les Suisses, p. 452. — Onzième session du cinquième concile général de Latran : députés du patriarche des Maronites. Règles pour les prédicateurs. Concordat entre François Ier et Léon X, approuvé par le concile, p. 453. — Abus dans les élections, p. 455. — Bulle, approuvée par le concile, condamnant et abolissant la Pragmatique-sanction de Bourges, p. 456. — Bulle, approuvée par le concile, touchant les priviléges des religieux, p. 457. — Douzième et dernière session, p. 458.

Dix-neuvième concile œcuménique, celui de Trente, en 1545. — Ouverture du concile de Trente. Ce que c'est que le Pape, t. 10, l. 85, p. 169. — Ce qu'il a fait, p. 471. — Historiens du concile de Trente : Fra-Paolo et Pallavicin, p. 172. — Négociations de Clément VII pour l'ouverture du concile. Négociations plus heureuses de Paul III pour le même sujet, p. 173. — Discours préliminaire de Dominique Soto, sur le jugement dernier, concile vraiment universel. Séance d'ouverture. Discours de l'évêque de Bitonto, sur la nécessité du concile. Observation sur certaines critiques qu'on a

faites de ce discours. Sermon de frère Antoine, carme, sur la nature du royaume de Dieu. Seconde session : discours de l'évêque de Saint-Marc sur les maux de l'Eglise, auxquels le concile doit apporter remède, p. 475. — Exhortation des légats. Décret sur la manière de vivre en concile. Deux oppositions à ce décret, p. 476. — Discussions sur le titre de *représentant l'Eglise universelle*, et si l'on commencerait par le dogme ou la réforme. On décide de traiter à la fois les deux choses, p. 478. — Troisième session. Discours du Dominicain Antoine Polite, sur les obstacles que Satan pourra susciter au concile. Profession de foi de tout le concile, p. 479. — Dernières actions et mort de Luther, de Georges Spalatin et de Justus Jonas, p. 480. Caractère de Luther, suivant Pallavicin. — Caractère de la nation allemande, p. 482. — Après avoir promis de se soumettre au concile, les luthériens font la guerre à l'empereur. *Intérim* de Charles-Quint, p. 483. — Variations et contradictions de Bucer, d'Osiandre et de Flacius Illyricus, p. 484. — L'Eglise catholique au concile de Trente. Quatrième session : décret sur l'Ecriture sainte, p. 485. — Décret sur la réformation. De l'établissement et entretien des lecteurs en théologie et maîtres ès-arts libéraux, p. 486. — Décret sur la prédication, p. 487. — Le concile partagé en trois congrégations. Affaire de Vergerio, p. 488. — Insinuation mensongère de Fra-Paolo. Marc-Jérôme Vida, évêque de Crémone, p. 489. — Louis Lippoman, évêque de Vérone. Cinquième session : décret sur le péché originel. Réflexions à cet égard, p. 490. — Guerre civile en Allemagne. Victoires de Charles-Quint sur les protestants, p. 491. — Vivacité extrême d'un évêque à Trente. Sixième session : décret et canons sur la justification, p. 492. — Différence de Luther au concile, p. 498. — Chapitres de réformation sur la résidence ecclésiastique, p. 499. — Sagesse pratique du Pape et du concile. Septième session : doctrine et canons sur les sacrements en général, sur le baptême et la confirmation, p. 200. — Décrets de réformation ou de discipline, avec une clause remarquable. Translation et interruption du concile. Conduite de Charles-Quint envers le Pape et le concile, p. 202. — Politique peu honorable de la France. Reflet de la France dans Marot et Rabelais, p. 203. — Première cause de l'opposition que le concile de Trente rencontre en France, p. 204. — Mort et caractère de Paul III. Election de Jules III. Ses soins pour la reprise du concile, p. 223. — Politique peu française et peu franche du roi Henri II envers le concile et le Pape, p. 224. — Treizième session : doctrine et canons sur les sacrements de pénitence et d'extrême-onction, p. 225. — Décrets disciplinaires pour élever le pouvoir des évêques au-dessus des difficultés et des chicanes, dans la restauration ecclésiastique. Les causes majeures des évêques sont réservées directement au Pape, p. 234. — Seconde suspension du concile, p. 236. — Quel était l'esprit politique de l'Europe. Tâche difficile de l'Eglise, p. 238. — Election du pape Pie IV. Ses commencements, p. 295. — Famille et commencements de saint Charles Borromée, p. 296. Négociations du nouveau Pape pour la reprise du concile de Trente. Dix-septième et dix-huitième session, p. 298. — Insistance de l'archevêque de Brague pour la réformation des cardinaux. Réception des ambassadeurs. Joie du concile au sujet de la France, p. 299. — Colloque de Poissy. Sage conduite et excellent discours du Jésuite Laynès, p. 300. — Paroles sanguinaires de Calvin à ce propos. Le père Edmond Auger et d'autres Jésuites en France. Les Jésuites établissent un collège à Paris. Leur succès dans l'enseignement, d'après l'historien de l'Université, Boulay, d'Alembert et le protestant Ranke, p. 302. — Arrivée des ambassadeurs français à Trente. Dix-neuvième et vingtième session : discours et demandes des ambassadeurs français et de ceux de l'empereur. Les

Français donnent lieu à des plaintes, p. 303. — Vingt et unième session. Doctrine et canons touchant la communion sous les deux espèces et celle des enfants, p. 305. — Congrégations et préparations à la session suivante, p. 306. — L'Assyrie orientale, dans la personne de son patriarche Abd-Isu, se soumet au pape Pie IV, qui érige de nouveaux évêchés dans l'Amérique et dans l'Inde, p. 307. — Vingt-deuxième session : doctrine et canons touchant le saint sacrifice de la messe, p. 308. — Décret touchant les choses qu'il faut observer et éviter dans la célébration de la messe. Le concile réserve au Pape de permettre ou non l'usage du calice aux laïques, p. 310. — Arrivée du cardinal de Lorraine et des évêques français. Discussions sur l'origine immédiate de la juridiction épiscopale. Mort du cardinal de Mantoue et du cardinal Séripand, président du concile, p. 341. — Difficultés sur la préséance entre les ambassadeurs. Vingt-troisième session : doctrine et canons touchant le sacrement de l'ordre, p. 342. — Universalité historique et doctrinale de l'Eglise de Dieu. Conséquences que tire de là un politique anglais pour le bon gouvernement des Etats, p. 344. — Décrets des sessions vingt et unième, vingt-deuxième et vingt-troisième pour la réformation ecclésiastique, p. 345. — Décret mémorable pour l'établissement des séminaires. Réflexion à ce sujet, p. 346. — Discussion au sujet des mariages. On propose la réformation des princes. Ils ne veulent pas entendre de cette oreille. Ce qui est à conclure de là, p. 348. — Mot du Pape sur la pluralité des bénéfices. Vingt-quatrième session : doctrine et canons touchant le sacrement de mariage, p. 349. — Dix chapitres de réformation concernant le mariage, p. 320. — Vingt et un chapitres sur différents objets de réforme. Le seizième sur les devoirs du chapitre pendant la vacance du siège, p. 321. — Vingt-cinquième et dernière session : excellent résumé des travaux du concile par l'évêque de Nazianze, coadjuteur de Famagouste, p. 322. — Décret touchant le purgatoire. De l'invocation des saints, de la vénération et des reliques des saints et des saintes images, p. 326. — Decret de réformation touchant les religieux et les religieuses, p. 327. — Décret concernant la réformation générale. Chapitre contre le duel. Chapitre et exhortation aux princes, p. 328. — Le dernier chapitre porte : *Qu'en toutes choses l'autorité du Siège apostolique demeure en son entier.* Décret sur les indulgences. Du choix des viandes, des jeûnes et des fêtes. Du catalogue des livres prohibés, du catéchisme, du bréviaire et du missel, p. 329. — Le concile réserve au Pape les difficultés qui pourraient survenir touchant la réception et l'interprétation de ses décrets. Le concile demande au Pape la confirmation de ses décrets. Joie des Pères du concile d'en voir la fin. Leurs acclamations et leurs souscriptions, p. 330. — Heureux effets du concile de Trente par toute l'Eglise. D'où viennent l'unité et la force de l'Eglise catholique, l. 86, p. 334. — Pie IV confirme solennellement le concile de Trente. Il ordonne, ainsi que le concile lui-même, d'en recevoir et exécuter les décrets. Bien des catholiques ne font peut-être point assez attention à cette double ordonnance, p. 334. — Pour l'exécution et l'interprétation du concile, le Pape établit une congrégation permanente de huit cardinaux. Certains théologiens modernes ne respectent point assez ce tribunal canonique de l'Eglise. Pour précautionner les fidèles contre les mauvaises doctrines, Pie IV approuve le catalogue ou index des livres prohibés, avec les dix règles à suivre en cette matière. Sixte-Quint complète la mesure en instituant la congrégation de l'Index, p. 335. — Pour conserver la santé publique des âmes, Pie IV confirme et Sixte-Quint complète la congrégation du Saint-Office, ou de la Sainte-Inquisition, p. 336. — Pour couronner toutes ces mesures, Pie IV dresse la profession de foi. Cette profession de foi est expliquée dans le catéchisme du con-

cile de Trente, publié par Pie V, p. 337. — Correction du Bréviaire et du Missel, achevée sous Pie V. Ordonnance du saint Pape ce sujet. On n'y pense point assez sérieusement, p. 338. — Chant ecclésiastique. Travaux de Palestrina. Réformation du Calendrier, achevé sous Grégoire XIII, p. 339. — Correction du Martyrologe romain par Baronius, p. 340. — Sixte-Quint complète toutes ces mesures, en instituant la congrégation des Rites. Correction du Pontifical romain et du Cérémonial des évêques, achevée sous Clément VIII. Dernières actions de Pie IV, qui meurt entre les bras de saint Charles et de saint Philippe de Néri, p. 341. — Le concile de Trente s'est comme incarné dans le Pape et les cardinaux, pour la réforme de la chrétienté au dedans et sa défense au dehors, p. 399.

Vingtième concile œcuménique, dit concile du Vatican, à Rome (1868-1870). — Bulle de convocation du concile, p. 411. — Lettre de Pie IX aux Orientaux et aux schismatiques, p. 412. — Formation des commissions du Concile. Refus du patriarche grec de recevoir la lettre de convocation et réponse qu'il y fit, p. 416. — Mgr Plantier, évêque de Nîmes, réfute le patriarche grec dans son livre : *Les conciles généraux*. Accueil fait par les protestants à la lettre du Saint-Père, p. 417. — Impression générale produite dans le monde par la bulle de convocation, p. 419. — Mgr Dupanloup, dans sa *Lettre sur le futur concile*, rappelle ce que sont les conciles œcuméniques. Mgr Manning publie son *Instruction pastorale sur le Centenaire de saint Pierre et le Concile général*. Mgr Dechamps et son traité sur *l'Infaillibilité et le Concile général*. Les évêques de l'Allemagne, réunis à Fulda, par une lettre collective, prémunissent les fidèles contre les craintes que le concile pourrait soulever, p. 420. — Encyclique du 16 mars 1869, pour la célébration des *Noces d'or* de Pie IX, p. 426. — Lettre apostolique du Saint-Père, par laquelle il accorde à tous les fidèles du Christ l'indulgence plénière en forme de jubilé, à l'occasion du concile œcuménique, p. 427. — Mgr Maret, évêque de Sura, et son livre : *Du Concile et de la paix religieuse*, jugés par M. Laurentie, p. 429. — Dom Guéranger et Mgr Pie combattent les doctrines de Mgr l'évêque de Sura, p. 430. — Chute du Père Hyacinthe et du chanoine Dœllinger, p. 431. — Brefs du Saint-Père à Mgr Manning, à propos de la question : Si les non-catholiques seraient admis à présenter devant le concile les arguments qu'ils croyaient pouvoir être allégués à l'appui de leurs opinions, p. 432. — Mgr Dupanloup et ses *Observations sur la controverse soulevée*, etc. : résumé de cet ouvrage, p. 433. — Avertissement de Mgr Dupanloup aux rédacteurs du journal *l'Univers*. Lettre de Mgr Dechamps, à Mgr l'évêque d'Orléans, anéantissant les difficultés théologiques soulevées contre le projet de définition, p. 434. — Les adieux des évêques de France, à leur clergé, au moment du départ pour le concile, p. 439. — Dispositions de la philosophie contemporaine à l'égard du futur concile, p. 440. — Les philosophes français : M. Charaux : ses lettres à Mgr Mermillod sur *la Philosophie et le Concile*, p. 444. — Ouverture du concile, le 8 décembre 1868, p. 445. — Allocution du Saint-Père dans cette solennité, p. 446. — Discours d'ouverture prononcé par Mgr Passavalli, archevêque d'Isconium *in partibus*, et vicaire de la basilique du Vatican, p. 448. — Première congrégation générale : Constitution relative à l'élection du Pontife romain, p. 450. — Deuxième congrégation générale : Constitution relative aux censures *latæ sententiæ*, p. 452. — Election des membres des commissions dites *de Fide* et *de Disciplina*, et de celle *de Rebus ordinum regularium*. Deuxième séance publique du concile. Election des membres de la commission *de Rebus orientalis*. Polémique du Père Gratry, à propos de l'infaillibilité pontificale, p. 456. — Il est réfuté par M. Amédée de Margerie. Exposition artistique et industrielle à Rome. Nouvelle attitude du gouvernement français au moment où la rumeur publique annonçait la prochaine définition du dogme de l'infaillibilité personnelle, p. 457. — Troisième session solennelle du concile : détail sur cette cérémonie, p. 458. — Constitution dogmatique *sur la foi catholique*, p. 459. — Mgr Pluym est envoyé, en qualité de délégat apostolique, à Constantinople, pour arranger l'affaire occasionnée par les dissensions intestines des Arméniens-unis. *Postulatum* présenté au Saint-Père par un grand nombre d'évêques, p. 464. — Récit de la solennité pour la promulgation solennelle du chapitre *Infaillibilitate*, p. 465. — Traduction du texte de la constitution *De Ecclesia Christi*, p. 466. — Prorogation du concile du Vatican jusqu'au 11 novembre. Condamnation de libelles calomnieux contre le concile. Adhésion unanime de l'épiscopat à la définition de l'infaillibilité, p. 475. — La guerre entre la Prusse et la France ; désastre de la France ; chute de l'Empire, gouvernement de la Défense nationale, p. 476. — Les zouaves pontificaux et les Garibaldiens, p. 478. — Attentats du Piémont contre la liberté ecclésiastique. Circulaire du 20 août aux ambassadeurs piémontais, p. 479. — Nouvelle circulaire du 7 septembre, p. 480. — Mission du comte Ponza di San Martino. Sa visite au cardinal Antonelli, p. 481. — La lettre de Victor-Emmanuel et l'entrevue des ambassadeurs avec Pie IX, p. 482. — Lettre de Pie IX à Victor-Emmanuel. Invasion du territoire pontifical et attaque de Rome par les Piémontais, p. 483. — Capitulation de Rome. Attitude du gouvernement français et de la Défense nationale. Déplorable état des choses à Rome. Protestation du cardinal Antonelli aux membres du corps diplomatique, p. 484. — Lettre du Pape aux cardinaux, p. 485. — La comédie du plébiscite à Rome et le décret royal qui suivit. Encyclique du 1er novembre adressée aux évêques, p. 486. — Circulaire du 8 novembre par laquelle le cardinal Antonelli dément les récits du ministre italien sur les affaires de Rome, p. 490. — Démonstration des catholiques et inertie des gouvernements. Bref pontifical qui suspend le concile du Vatican, p. 492. — Conclusion, p. 493.

CONCORDAT entre François Ier et Léon X, approuvé par le cinquième concile général de Latran, t. 9, l. 83, p. 453.

CONCORDAT entre Napoléon et Pie VII, t. 11, l. 90, p. 595.

CONCORDAT avec la Bavière, t. 12, l. 91, p. 171.

CONCORDAT avec la Prusse, longuement négocié, puis mal exécuté, t. 12, l. 91, p. 152.

CONDÉ (le protestant) prend les armes contre sa patrie et, pour s'emparer de la personne du roi, t. 10, l. 86, p. 419. — Le baron des Adrets se repent de ses atrocités. Ni Conti ni Coligny n'en font autant, p. 420.

CONFESSION. La nécessité de confesser ses péchés pour en recevoir la pénitence et l'absolution, reconnue et prouvée par le philosophe Socrate, t. 2, l. 20, p. 45.

CONFIRMATION, sacrement. Doctrine et canons du concile de Trente sur le sacrement de confirmation, t. 10, l. 86, p. 200. — Règles de l'Eglise romaine sur l'administration de ce sacrement, dans la décrétale du pape Innocent Ier à Décentius, t. 3, l. 38, p. 422.

CONFUCIUS, philosophe chinois. Ses voyages. Ses fortunes diverses. Son but. Son entretien avec Lao-tseu. Ses disciples. Son mode d'enseignement, t. 1, l. 20, p. 485. — Sa théorie sur le culte des esprits et des ancêtres et sur la nature et les destinées de l'homme, p. 486. — Traditions dans les livres de Confucius et des autres sages, et symboles dans l'écriture chinoise, relatifs au Rédempteur et à sa naissance, p. 487. — Morale de Confucius. Son travail sur les cinq *Kings*. Leur dédicace. Livre des disciples de Confucius, p. 489. — Extinction rapide du mouvement imprimé aux esprits par Confucius, Mensius et Tcheng-tsée, p. 490. — Idéal d'une société parfaite d'après Confucius, Platon et Cicéron, l. 7, p. 147 ; t. 8, l. 77, p. 352. — Sa réa-

lisation dans l'Eglise catholique, et son ébauche dans la constitution judaïque, t. 1, l. 7, p. 149.

Congo. Le christianisme pénètre et se répand avec grand succès parmi les nègres du Congo. Dispositions actuelles des populations nègres de cette partie de l'Afrique, t. 11, l. 87, p. 89.

Conon, pape, t. 4, l. 50, p. 512.

Conrad (saint), archevêque de Salzbourg, t. 6, l. 67, p. 379 ; t. 7, p. 120.

Conrad (saint), prince de Bavière, t. 7, l. 71, p. 473.

Conrad d'Offida (bienheureux), franciscain, t. 8, l. 78, p. 436.

Conrad (bienheureux), du tiers-ordre de Saint-François, t. 8, l. 79, p. 509.

Conrad, roi d'Allemagne, qui désigne son ennemi pour son successeur, t. 5, l. 59, p. 425.

Conrad II ou le Salique. Son élection. Ses belles qualités, t. 6, l. 63, p. 19. — Législation féodale de Conrad pour l'Allemagne, p. 20. — Il est appelé en Italie, p. 22. — Couronné empereur par Jean XIX, p. 28. — Sa mort, p. 46.

Conrad III. Election et sacre de l'empereur Conrad. Opposition de Henri de Bavière. Sa mort. Lettre de Conrad à saint Bernard. Réponse de celui-ci, t. 6, l. 68, p. 509. — Démarches inutiles des révolutionnaires de Rome près de Conrad, p. 527. — Lettres de saint Bernard aux Romains et au roi Conrad, p. 531. — Cour plénière de l'empereur Conrad, p. 546. — Sa correspondance avec sainte Hildegarde, p. 564 et seqq. — Son départ pour la croisade, p. 573. — Désastre de Conrad, p. 575. — Tentatives des révolutionnaires à Rome. Leurs offres à Conrad. Guibald de Corbie, médiateur entre Conrad et le Pape. Projet de guerre contre le roi de Sicile. Mort de Conrad, 581.

Conrad, fils de Henri IV. Ses belles qualités. Il est chassé par son père, t. 6, l. 66, p. 295. — Il reçoit à Crémone le pape Urbain II, p. 301. — Sa mort, p. 352.

Conrad, fils de Frédéric II. La famille de Frédéric s'extermine elle-même. Relations de Conrad et de Mainfroi entre eux et avec le Pape. Mort de Conrad qui recommande son fils Conradin au Saint-Siége, t. 8, l. 74, p. 455.

Conrad de Thuringe se convertit en voyant la vie de sa belle-sœur sainte Elisabeth, t. 7, l. 73, p. 525.

Conrad (maître), directeur spirituel de sainte Elisabeth, t. 7, l. 72, p. 469 ; l. 73, p. 525.

Consalvi, cardinal, t. 11, l. 90, p. 595 ; t. 12, l. 91, p. 19-24, 68 et 76.

Constance-Chlore, créé césar, t. 3, l. 30, p. 9. — Renvoie de son palais les chrétiens apostats, p. 22. — Déclaré empereur, p. 38. — Sa mort, p. 40.

Constance, empereur romain. Son caractère. L'arianisme au palais, t. 3, l. 32, p. 113. — Massacre au palais, p. 114. — Lettres de Constance à saint Athanase, p. 126. — Son entrevue avec saint Athanase. Sa circulaire, p. 127. — Victoire de Constance sur Magnence, p. 143. — Démarches de Constance auprès de saint Athanase, p. 144. — Lettre du Pape à l'empereur, p. 145. — Edit de Constance, p. 146. — Requête de saint Hilaire à Constance, p. 162. — Constance à Rome, p. 165. — Nouvelle requête de saint Hilaire à Constance. Son livre contre lui, p. 174. — Livres de Lucifer à Constance. Lettres d'Athanase au même, p. 476. — Constance marche contre Julien. Sa mort, p. 480. — Constance demande à Julien l'élite de ses troupes. Deux lettres de Julien à Constance, l. 34, p. 481. — Il déchire Constance, dont la mort le tire de sa perplexité, p. 484.

Constant de Fabiano (bienh.), t. 9, l. 83, p. 373.

Constant Ier, empereur. Il condamne les Ariens, t. 3, l. 32, p. 124.

Constant II, empereur de Constantinople. Son type ou formulaire, t. 4, l. 49, p. 430. — Le pape saint Martin condamne le monothélisme et le type de Constant, p. 431. — Lettre du Pape à l'empereur, p. 435. — Le pape saint Martin arrêté, emprisonné, exilé, martyrisé par l'empereur grec, p. 436. — Persécution du même empereur contre saint Maxime et ses disciples, p. 444. — Arrivée et conduite de Constant II en Italie et à Rome, p. 468. — Ses derniers actes et sa mort, p. 469.

Constantin Ier. Son éducation à la cour de Dioclétien, t. 3, l. 30, p. 11. — Embûches de Galérius contre Constantin. Constantin empereur. Sa première ordonnance en faveur des chrétiens, p. 40. — Alliance de Constantin avec Maximin pour la défense de Rome. Il épouse Fausta, fille cadette de Maximin, p. 44. — Intrigues inutiles de Maximin contre Constantin, qui lui laisse la vie, p. 52. — Guerre de Daïa contre Constantin, qui renverse les statues de Maximien et de Dioclétien. Constantin aux portes de Rome, p. 58. — Apparition de la croix. Le *Labarum*. Triomphe de Constantin sur Maxence, p. 59. — Edits de Constantin et de Licinius en faveur des chrétiens, p. 60. — Faveur des chrétiens auprès de Constantin. Il relève les églises, l. 31, p. 62. — Démêlés de Constantin avec Licinius, qui persécute les chrétiens. Constantin le défait, p. 71. — Actes de cruauté de Constantin. Influence du christianisme dans sa législation, p. 72. — Sa conduite à l'égard des païens, p. 73. — Ses proclamations et ses ordonnances. Sa proclamation aux peuples d'Orient. Coups qu'il porte à l'idolâtrie en dévoilant l'intérieur des temples païens ou en les laissant crouler, p. 74. — Le paganisme persévère néanmoins dans les titres qu'il souffre qu'on lui donne, p. 75. — Lettre de Constantin à Arius et à saint Alexandre, p. 81. — Son arrivée au concile de Nicée, p. 82. — Sa lettre aux évêques et aux peuples pour la condamnation de l'hérésiarque. Traitement fait aux évêques, par Constantin, la vingtième année de son règne, p. 86. — Il refuse la juridiction sur les évêques, p. 87. — Lettre de Constantin à l'Eglise de Nicomédie, p. 83. — Les schismatiques de Carthage en appellent à la politique de l'empereur. Constantin remet tous les mémoires au Pape, qui assemble le concile de Latran, p. 89. — Nouvelle requête des donatistes à l'empereur, p. 90. — Lettre de Constantin au concile d'Arles. Condamnation des donatistes par l'empereur, p. 91. — Il envoie en exil Sylvain le traditeur, p. 92. — Mot de Constantin à un évêque novatien. Lois de Constantin relatives aux choses ecclésiastiques, p. 97. — Fondation et dotation d'églises à Rome par le pape saint Sylvestre et par Constantin. Il reçoit une ambassade des Ibériens, qui se convertissent, p. 98. — Son alliance avec Sapor, roi de Perse, p. 99. — Motifs de Constantin pour quitter Rome. Fondation et description de Constantinople, l. 32, p. 103. — Origine du revirement de l'empereur. Il rappelle Arius, Eusèbe et Théognis. Séduit par les machinations des Ariens, l'empereur envoie en exil saint Eustathe d'Antioche, Eutrope d'Andrinople et Asclépas de Gaze, p. 105. — Accusations et justifications successives de saint Athanase devant l'empereur, p. 106. — Athanase et ses juges devant l'empereur. Son exil, p. 111. — Lettre de l'empereur à saint Antoine. Maladie, baptême et mort de Constantin, p. 113.

Constantin II ou le Jeune. Il accueille saint Athanase exilé dans les Gaules, t. 3, l. 32, p. 111. — Il rétablit plusieurs évêques sur leurs siéges. — Sa mort tragique, p. 114.

Constantin III, proclamé empereur dans la Grande-Bretagne, t. 3, l. 37, p. 487.

Constantin IV ou Pogonat, empereur de Constantinople, t. 4, l. 50, p. 492. — Il demande au pape saint Agathon un concile œcuménique touchant le monothélisme, p. 493. — Ses édits pour l'exécution des décrets du concile. Lettre de l'empereur au pape saint Léon II, p. 503. — L'empereur Pogonat envoie les cheveux de ses fils à Rome, p. 512.

Constantin V ou Copronyme. Ses commencements,

t. 5, l. 52, p. 24. — Sa persécution contre les images des saints. Son conciliabule avec ses raisonnements absurdes, p. 39. — Il est pire que les successeurs de Mahomet. Ses fourberies cruelles pour persécuter saint Etienne d'Auxence, l. 53, p. 47. — Ses atrocités, même envers le patriarche Constantin, qui se damne pour lui plaire, p. 50. — Les miracles et le martyre de saint Etienne d'Auxence ne le rendent que plus méchant, p. 52-55. — Il est frappé de mort au milieu de ses persécutions, p. 75.

CONSTANTIN VI, fils d'Irène, empereur de Constantinople. Son avénement, t. 5, l. 53, p. 76. — Il demande au Pape un concile général pour le rétablissement des saintes images et de l'union des églises, p. 77. — Ses brouilleries avec sa mère l'impératrice Irène. Son divorce et mariage scandaleux, p. 86. — Il est détrôné et aveuglé par sa mère, p. 87.

CONSTANTIN Porphyrogénète et Constantin Ducas, t. 6, l. 59, p. 434.

CONSTANTIN Monomaque, t. 6, l. 64, p. 95.

CONSTANTIN Dragasès, dernier empereur de Constantinople. Il demande des secours au pape Nicolas V, qui lui adresse, par le cardinal Isidore de Russie, une lettre prophétique, comme autrefois Jérémie au roi Sédécias, t. 9, l. 83, p. 312. — Suite de la négociation, d'après Michel Ducas, p. 313. — Siége de Constantinople par Mahomet II. Prise de cette capitale par les Turcs. Mort du dernier empereur grec, p. 314 (Voir encore *Bas-Empire*).

CONSTANTIN, pape, t. 4, l. 51, p. 519. — Son voyage à Constantinople. Honneurs avec lesquels il y est reçu, p. 521. — Il rejette la lettre de l'empereur Bardane-Philippique. Fermeté du peuple romain en cette occasion, p. 523. — Lettres qu'il reçoit de l'empereur Anastase et du patriarche de Constantinople. Sa mort, p. 524.

CONSTANTIN, pape intrus. Sa condamnation, t. 5, l. 53, p. 65.

CONSTANTIN, patriarche des Arméniens, t. 9, l. 82, p. 262.

CONSTANTINOPLE. Description de cette ville par Odon de Deuil, t. 6, l. 68, p. 574. — Constantinople semble avoir le privilége d'enfanter ou du moins d'accréditer toutes les hérésies, t. 4, l. 48, p. 286. — Révolutions sanglantes et fréquentes chez les Grecs de Constantinople, t. 5, l. 64, p. 532. — Prise de Constantinople par les croisés d'Occident, t. 6, l. 68, p. 574. — Prise de Constantinople par Mahomet II, l. 83, p 315. — Les patriarches de Constantinople sous les Turcs, t. 11, l. 87, p. 74.

CONSTANTIUS, évêque de Milan. Son élection, t. 8, l. 47, p. 344. — Lettres que lui écrit le pape saint Grégoire le Grand, p. 344.

CONSTANTIUS, manichéen, ayant fait un essai sur la secte des manichéens, se convertit à la foi catholique, t. 3, l. 36, p. 340.

CONSTITUTION politique. Six articles auxquels on peut réduire la constitution fondamentale et divine de toute nation chrétienne, t. 8, l. 77, p. 352-358. — Idéal d'une société parfaite, d'après Confucius, Platon et Cicéron, t. 4, l. 7, p. 447. — Sa réalisation dans l'Eglise catholique et son ébauche dans la constitution judaïque, p. 449. — Idées de Platon sur la marche à suivre pour introduire dans l'humanité cette perfection sociale, réalisées par la Providence dans la formation et le développement progressif de l'Eglise catholique, et dans la restauration de l'homme spirituel, p. 450. — L'ancienne Egypte, constituée par castes, comme l'Inde, l. 6, p. 426. — Constitution judaïque. Egalité, l. 7, p. 464. — Ancienne constitution politique des Francs et de l'empire d'Occident, consentie par leur assemblée nationale, et confirmée par le Pape, tant sous Charlemagne que sous son fils Louis le Débonnaire, t. 5, l. 54, p. 140; l. 55, p. 159. — De qui vient l'empire d'Occident, l. 53, p. 94; l. 58, p. 348. — Les légats du pape Adrien importent dans l'Angleterre les principaux éléments de sa constitution politique, l. 55, p. 74. — L'Espagne chrétienne élabore sa constitution politique dans les conciles de Tolède, t. 4, l. 49, p. 446. — Droit allemanique sur l'élection et la puissance du roi de Germanie. Caractère simple et sublime de cette législation, t. 8, l. 73, p. 35.

CONSTITUTION civile du clergé. L'Assemblée nationale de 1790, violant la liberté des cultes, prétend imposer de force au clergé et au peuple catholique de France une constitution schismatique et jansénienne, menteusement appelée *civile*, t. 11, l. 90, p. 530.

CONTARINI, cardinal. Ce qu'il dit à propos de l'*intérim* de Charles-Quint, t. 10, l. 85, p. 484.

CONTENSON, théologien. Ses ouvrages, t. 11, l. 88, p. 141.

CONVENTION nationale de France, t. 11, l. 90, p. 350 et seqq.

CONVERSIONS plus remarquables. L'eunuque d'Ethiopie; saint Paul, t. 2, l. 25, p. 258. — Centurion Corneille, p. 259. — Denys l'Aréopagite, p. 276. — L'esclave Onésime, p. 305. — Minutius-Félix et ses deux amis, l. 28, p. 496. — Deux magiciens, l. 29, p. 525. — Néocésarée, p. 542. — Plusieurs personnages de Rome, p. 551. — Les Barbares, p. 562. — Conversions opérées par saint Sébastien, t. 3, l. 30, p. 2. — Conversion des païens dans l'empire; des Ibériens par une captive, l. 34, p. 98. — Des Ethiopiens par deux frères, p. 99. — Du fils d'un sacrificateur d'Antioche, l. 34, p. 497. — De saint Augustin, l. 37, p. 307. — Des Macédoniens à Synnade, l. 38, p. 411. — De Clovis et des Francs, t. 4, l. 42, p. 88. — De Sigismond et des Burgondes, l. 43, p. 458. — Du roi des Lazes; de l'Ethiopien Elisbaan, l. 44, p. 459. — De cinquante-cinq mille juifs arabes, p. 463. — Des Hérules, des Tzanes et de Gordas, roi des Huns, p. 470. — Des Suèves d'Espagne, l. 46, p. 254. — De Reccarède et des Visigoths, p. 260. — De Naaman, chef des Sarrasins, l. 47, p. 332. — Conversion de la nation anglaise, p. 339. — De l'Allemagne, par saint Boniface, l. 54, p. 538 et seqq. — Conversion de Witikind, t. 5, l. 53, p. 73. — De la Scandinavie par saint Anscaire, l. 55, p. 189. — Conversion des Bulgares, l. 57, p. 290 et 313. — Conversion des Serbes, Moraves et Bohêmes, l. 58, p. 361. — Conversion de Rollon, chef des Normands, l. 59, p. 427. — Conversion de Micislas, duc de Pologne. Conversion des Slaves par saint Adalbert, l. 61, p. 488. — Conversion des Russes, p. 525. — Conversion des Hongrois par leur roi saint Etienne, l. 62, p. 559 et seqq. — Conversion de la Poméranie par saint Otton de Bamberg, t. 6, l. 67, p. 434. — Conversion de plusieurs princes, etc., d'Allemagne, t. 11, l. 87, p. 64; l. 88, p. 302; t. 12, l. 94, p. 79.

CONVOYON (saint), t. 5, l. 56, p. 265.

COPERNIC, chanoine. Sa vie et sa science astronomique, t. 9, l. 83, p. 279.

CORBIE (Fondation de la Nouvelle), en Saxe, t. 5, l. 65, p. 465.

CORBINIEN (saint), t. 4, l. 51, p. 536.

CORÉ. Révolte et châtiment de Coré, Dathon et Abiron. Murmures et commencement de châtiment. Intercession d'Aaron, t. 1, l. 8, p. 186. — La verge d'Aaron. On la dépose pour souvenir dans le tabernacle, p. 187. — Etrange explication du châtiment de Coré, p. 188.

CORÉE. Etat du christianisme dans ce pays (Voyez *Chine* et *Japon*).

CORGNE (l'abbé). Ses écrits, t. 11, l. 89, p. 501.

CORNEILLE (saint), pape. Son élection, t. 2, l. 29, p. 533. — Sa reconnaissance par le concile de Carthage, et excommunication des hérétiques de cette dernière ville et de Rome, p. 534. — Ses lettres à saint Cyprien. p. 536. — Ses lettres à saint Denys d'Alexandrie et à Fabien d'Antioche contre le schisme de Novatien. Ses lettres à saint Cyprien sur les intrigues de Fortunat, p. 538. — Persécution de Gallus. Confession, exil et martyre de saint Corneille, p. 540.

CORNEILLE (Pierre et Thomas), poètes français, t. 11, l. 88, p. 223.

CORNEILLE de la Pierre, jésuite. Nul n'a résumé l'Ecriture, les Pères, la théologie avec une plus profonde intelligence de l'ordre surnaturel que ce Jésuite dans son commentaire sur Osée, t. 11, l. 87, p. 27.

CORNET (le docteur) réduit la doctrine de Jansénius à cinq propositions, t. 11, l. 87, p. 9 et 150.

CORRÉGE, peintre italien, t. 11, l. 88, p. 129.

CORSINI (saint André), t. 8, l. 79, p. 499.

CORTEZ (Fernand) fait la conquête du Mexique et y remplace les sacrifices humains par la civilisation chrétienne, t. 10, l. 85, p. 206. — Si aucune politique, philosophie ou religion moderne, peut blâmer ce conquérant aventureux, p. 212. — Sa vénération pour le clergé, p. 213.

COSCIA, cardinal, t. 11, l. 89, p. 335.

COSME et Damien (saints), t. 3, l. 30, p. 9.

COUPLET, missionnaire jésuite en Chine, t. 11, l. 88, p. 318.

COUSIN et la philosophie éclectique, t. 12, l. 91, p. 111 et 333.

COYAC (concile de) en Espagne. Ses canons, dont le dernier est un pacte entre le roi et la nation, t. 8, l. 63, p. 70.

CRACOW (le chancelier). Son effroyable supplice pour avoir soutenu le calvinisme contre le luthéranisme, t. 10, l. 86, p. 442.

CRANMER, premier évêque apostat d'Angleterre, ayant une seconde femme et luthérien dans le cœur, il est fait archevêque de Cantorbéry. Avec quelle hypocrisie il prononce le divorce entre Catherine d'Aragon et Henri VIII, déjà marié à une autre, t. 10, l. 85, p. 82. — Autres de ses actes, p. 205. — Son emprisonnement, p. 249.

CRASSUS ayant pillé le temple de Jérusalem, les Parthes le tuent et lui font couler de l'or dans la bouche, t. 2, l. 22, p. 130.

CRÉATION. La création du monde. Les six jours. La Trinité se découvre dans l'œuvre de la création. Cause matérielle de l'univers, t. 1, l. 1, p. 2. — Sa cause efficiente. Différence entre la manière d'être de Dieu et la manière d'être des créatures, p. 3. — Epoque de la création. Valeur des jours de Moïse. S'il y a eu plusieurs créations, p. 4. — Si la création des anges a précédé celle du monde matériel. Probabilités, p. 5. — Création des poissons et des oiseaux, p. 17. — Création des animaux terrestres, p. 23. — Création de l'homme, p. 26. — Excellence des œuvres de la création et de son ensemble. Sa double fin, p. 33. — Repos de Dieu, p. 34. (Voir encore Traditions primitives).

CRÉCY (bataille de), t. 8, l. 79, p. 544.

CRELL, condamné à mort pour avoir soutenu la doctrine de Calvin contre celle de Luther, t. 10, l. 86, p. 443.

CRESPIN et Crespinien (saints), t. 3, l. 30, p. 7.

CRÉSUS, roi de Lydie, est défait avec Baltassar, t. 1, l. 18, p. 447.

CRILLON (l'abbé de). Ses ouvrages, t. 11, l. 89, p. 501.

CRISPIN de Viterbe (bienheureux), t. 11, l. 89, p. 350.

CROISADES, ou expéditions militaires et religieuses pour défendre les peuples chrétiens et la civilisation chrétienne, contre les Mahométans et autres barbares ou infidèles. — Les Machabées en donnent l'exemple dans l'ancienne loi. Légitimité de leur résistance. Distinction à faire entre la résistance des individus et la résistance des nations, t. 2, l. 21, p. 86. — Les Arméniens suivent l'exemple des Machabées, dans la loi nouvelle, au commencement du quatrième siècle. Cette nation, ayant tout entière embrassé le christianisme, se défend les armes à la main contre l'empereur Maximin Daïa, qui voulait la faire revenir au culte des idoles, t. 3, l. 30, p. 57. — Charles Martel et Charlemagne, ces Machabées de l'Europe, font de même, quand ils expulsent les Mahométans ou Sarrasins de la terre libre et chrétienne de France (Voir les art. Charles Martel et Charlemagne). Dix siècles plus tard, la France achève l'œuvre de Charlemagne, en faisant la conquête de la Barbarie, ou de l'Afrique autrefois chrétienne, t. 12, l. 94, p. 119. — Les chrétiens d'Espagne récupèrent leur patrie sur les Sarrasins, par une croisade de huit siècles (Voir Espagne). Les chrétiens d'Espagne couronnent leur propre délivrance, par la découverte et la civilisation chrétienne du Nouveau-Monde, l'Amérique (Voir Espagne.)

CROISADES, etc. — Le pape Sylvestre II, Français de naissance, est le premier qui donne le signal pour la lutte armée de la chrétienté entière contre l'empire antichrétien et antidieu de Mahomet et de Hakem. C'est le devoir de la chrétienté, t. 5, l. 62, p. 573. — L'an 1074, le pape saint Grégoire VII forme le dessein d'aller lui-même au secours des chrétiens d'Orient, à la tête de leurs frères d'Occident, et il en écrit affectueusement au roi Henri IV d'Allemagne, t. 6, l. 65, p. 195. — En 1087, le pape Victor III, successeur de saint Grégoire VII, envoie une armée chrétienne en Afrique, où elle emporte d'assaut deux villes très-fortes, défait une armée de cent mille Sarrasins, oblige le roi de Tunis à rendre tous les captifs chrétiens et à se reconnaître lui-même tributaire du Saint-Siége, l. 66, p. 253. — Les Normands, établis en Italie et en Sicile, finissent par en expulser les Sarrasins, p. 255. — C'est le pape Urbain II, Français de naissance, qui prépare et détermine la première croisade générale de la chrétienté contre le mahométisme. Histoire de cette première croisade; jusqu'à la prise de Jérusalem et l'élection de Godefroi de Bouillon, duc de Lorraine, comme roi de Jérusalem, p. 298-334. — Suite de la première croisade jusqu'à la mort de Godefroi de Bouillon, p. 347. — Il a pour successeur dans le royaume de Jérusalem, son frère Baudouin, comte d'Edesse. Heureuse influence de la croisade en Europe, p. 349. — De la chrétienté et de ses combats. Idées mesquines et fausses de Fleury sur ce sujet. Réhabilitation, par la science actuelle, des Pontifes du moyen-âge. Témoignages remarquables de plusieurs protestants. La Papauté a préservé l'Europe catholique de la domination musulmane, l. 67, p. 360. — Tableau de l'Orient à la fin de la première croisade. Siége de Charan et défaite des chrétiens. Arrivée de Bohémond en Occident. Son retour en Orient. Ses projets. Sa mort, p. 361. — Différend de Tancrède et de Baudouin du Bourg. Prise de Tripoli et de Beyrouth. Arrivée de Sigur, prince de Norwége. Prise de Sidon, p. 362. — Mort de Tancrède. Son éloge. Invasion des hordes turques. Famine et tremblement de terre à Antioche. Expédition du roi Baudouin en Arabie et en Egypte, p. 363. — Sa mort. Portrait de ce guerrier. Ses efforts pour accroître la puissance chrétienne en Orient. Démêlés qu'il eut avec Daimbert, patriarche de Jérusalem, p. 364. — Sa coupable union avec Adélaïde de Sicile. Election de Baudouin du Bourg au trône de Jérusalem. Invasion des Musulmans dans la principauté d'Antioche, p. 365. — Défaite et mort de Roger. Baudouin II sauve Antioche. Captivité du roi Baudouin. Défaite des Sarrasins d'Egypte, p. 366. — Siége et prise de Tyr. Baudouin, rendu à la liberté, échoue devant Alep, mais triomphe à Damas, p. 367. — Sac d'Edesse en 1144, l. 68, p. 538. — La chrétienté s'ébranle à la voix de saint Bernard et du Pape. Assemblées de Bourges et de Vézelai. Miracles du saint, p. 537. — Saint Bernard parcourt l'Allemagne, prêchant la croisade. Ses succès. Ses miracles innombrables. Conséquences qu'on peut en tirer, p. 542. — Croisade contre les Slaves, p. 561. — Succès des croisés italiens, anglais et flamand. Prise de Lisbonne. Erreurs de Michaud à ce sujet, p. 572. — Conrad de Germanie, Louis de France et les Grecs du Bas-Empire. Témoignages peu suspects des historiens grecs eux-mêmes, sur la conduite perfide

des Grecs, p. 573. — Ce qui donna aux croisés l'idée de prendre Constantinople. Perfidie des Grecs. Leur trahison. Désastre de Conrad, p. 574. — Revers de l'armée française. Héroïque bravoure du roi Louis. Nouvelles fourberies des Grecs. Justice de Dieu sur ces traitres, p. 575. — Assemblée générale des croisés à Ptolémaïs. Siége de Damas. Triste issue de la deuxième croisade. Son résultat pour la chrétienté. Généreuse et sage pensée de Suger sur une nouvelle entreprise, p. 577. — Mémorables faits d'armes des croisés de Palestine. Inutiles efforts des Turcs devant Jérusalem. Prise d'Ascalon. Mort de Raymond d'Antioche. Captivité du roi de France, délivré par les Siciliens, p. 579.

CROISADES, etc. — Amauri, patriarche de Jérusalem. Mort de Baudouin III, t. 7, l. 69, p. 53. — Mort du patriarche Amauri en 1180. Triste état de la chrétienté en Palestine, p. 150. — Commencement d'une grande révolution en Asie, qui continue encore, l. 70, p. 152. — La Syrie et la Palestine, champ de bataille entre les Mahométans et les chrétiens, p. 153. — Commencements de Saladin. Faiblesse toujours plus grande du royaume de Jérusalem. Mauvaise conduite de Bohémond, prince d'Antioche, p. 154. — Affaires des chrétiens de Palestine. Leurs envoyés auprès du Pape et auprès des rois de France et d'Angleterre, p. 171. — Mort du roi Baudouin IV, p. 172. — Les chrétiens de Palestine perdent la bataille de Tibériade contre Saladin. Captivité du roi Lusignan, p. 174. — Saladin, après avoir pris plusieurs villes, échoue devant Tyr, par l'arrivée du marquis Conrad de Montferrat, p. 175. — Les chrétiens d'Ascalon ne rendent leur ville à Saladin que sous la condition que le roi Gui de Lusignan recouvrerait sa liberté. Saladin assiége et prend Jérusalem. Conduite damnable du dernier patriarche de Jérusalem en cette occasion, p. 176. — A la nouvelle de ce malheur, le roi Guillaume de Sicile prend le deuil et le cilice, le pape Urbain III meurt de douleur, p. 178. — Les rois de France et d'Angleterre se réconcilient et prennent la croix, p. 180. — L'empereur Frédéric Barberousse prend la croix à la diète de Mayence, des mains du légat, p. 181. — Départ du roi d'Angleterre, Richard Cœur-de-Lion, pour la croisade. Règlements et départ de Philippe-Auguste, roi de France, p. 184. — Marche de l'empereur Frédéric vers Constantinople. Piéges que lui tend l'empereur grec, Isaac l'Ange, d'intelligence avec Saladin. Est obligé de combattre le sultan d'Icône, qui lui avait promis des vivres. Montre un courage héroïque et chrétien. Se noie en voulant passer une rivière, p. 189-193. — Siége mémorable de Ptolémaïs ou Saint-Jean d'Acre par les chrétiens, en présence de Saladin et de toute son armée, p. 187. — Alternative de succès et de revers des chrétiens devant Ptolémaïs, p. 194. — Philippe-Auguste arrive devant la ville. Richard Cœur-de-Lion y arrive également; après avoir conquis en passant le royaume de Chypre. De quoi il s'agissait dans les plaines de Ptolémaïs. L'Europe sera-t-elle abrutie par le mahométisme, comme l'Asie et l'Afrique? Relations de politesse entre les chrétiens et les Musulmans, p. 196. — Arrangement pour la royauté de Jérusalem. Prise de Ptolémaïs par les chrétiens. Retour de Philippe-Auguste en Europe. Saladin peu fidèle à la capitulation. Les chrétiens marchent de Ptolémaïs vers Joppé. Batailles sans cesse renaissantes, p. 197. — Valeur prodigieuse de Richard. Terreur que son nom seul inspire aux Musulmans, p. 198. — Conrad, marquis de Tyr, est élu roi de Jérusalem. Peu après il est tué par deux assassins du Vieux de la Montagne, à la demande de Saladin. Henri, comte de Champagne, est élu à sa place, p. 199. — Richard, incertain s'il veut rester en Palestine ou revenir en Angleterre. Il n'en continue pas moins ses prodigieux exploits. Il conclut une trève de trois ans huit mois avec Saladin, et donne le royaume de Chypre à Gui de Lusignan, ex-roi de Jérusalem, p. 200. — Saladin meurt au milieu de ses projets de conquêtes. Ce qu'il était à la chrétienté et ce qu'a fait la troisième croisade, p. 201. — Etat des chrétiens en Palestine à la fin du XIIe siècle, p. 213. — Efforts du pape Innocent III pour la croisade de la Terre sainte, l. 71, p. 274. — Le curé Foulque de Neuilly. Succès de ses prédications, et pour la réforme des mœurs, et pour la croisade, p. 276. — Baudouin de Flandre et autres croisés du même pays. Leur éloge, p. 278. — Thibault de Champagne élu chef de la croisade. Négociation avec les Vénitiens pour le transport de l'armée, p. 279. — Mort de Thibault de Champagne. Boniface de Montferrat est élu à sa place pour généralissime. Légats nommés par le Pape. Préparatifs de la croisade, p. 280. — Arrivée des croisés à Venise. Leur embarras, parce qu'ils ne s'y trouvent pas tous, p. 281. — Le jeune empereur Alexis de Constantinople survient et complique l'affaire. Les Vénitiens entraînent les croisés à la conquête de Zara, malgré eux et malgré le Pape. Les croisés se divisent à ce sujet. Conduite du Pape en cette conjoncture, p. 282. — Le jeune Alexis se trouve au milieu des croisés, qui se divisent de nouveau par délicatesse de conscience. Leur réunion et leur marche sur Constantinople; pour rétablir le jeune prince, p. 285. — Arrivée des croisés devant Constantinople. L'usurpateur Alexis s'enfuit. Isaac l'Ange est rétabli avec son fils, Alexis le Jeune. Lettres des uns et des autres au Pape, p. 286. — Nouveau traité du jeune Alexis avec les croisés, qui l'accompagnent dans une expédition contre les Bulgares, p. 287. — Nouvelle révolution à Constantinople, qui oblige les croisés, malgré eux, à se rendre maîtres de la ville, p. 289. — Si dans cette prise de Constantinople il arrive plus de désordres que dans d'autres villes, p. 293. — Respect des croisés pour les reliques des saints, p. 294. — Baudouin de Flandre est élu empereur de Constantinople. Lettre du nouvel empereur et des autres croisés au pape Innocent III, p. 295. — Fin des deux usurpateurs Alexis et Murzufle, p. 297. — Lettres et conduite d'Innocent III, touchant la conquête de Constantinople par les Latins. Ses soins pour l'établissement du nouveau patriarche et le règlement des affaires ecclésiastiques, p. 298. — Croisade contre les manichéens du Languedoc, p. 318-327. — Le manichéisme, sataniquement subversif de toute religion, de toute morale, de toute justice, de toute société, p. 304. — Croisade du roi de France, Louis VIII, contre les manichéens du Languedoc. Il meurt martyr de la chasteté conjugale, p. 445. — Gentilshommes français, empereur, roi ou seigneurs en Grèce et en Asie, p. 355 et seqq. — Les Grecs, ligués avec les Bulgares, font un massacre général des Latins, p. 357. — Désastre, captivité et mort de l'empereur Baudouin, p. 358. — Efforts du Pape pour diminuer ces malheurs et radoucir le roi des Bulgares, p. 359. — Les Grecs, plus maltraités par les Bulgares que par les Latins, reviennent à ceux-ci. Les Bulgares éprouvent des revers. Leur roi meurt. Punition providentielle de la ville qui avait commencé le massacre des Latins. Couronnement et premiers actes de l'empereur Henri, p. 360. — Saint Albert, patriarche de Jérusalem, t. 17, l. 71, p. 366. — Lettres du Pape pour les affaires de la Terre sainte. Jean de Brienne, roi de Jérusalem, p. 368. — Croisade d'enfants. Prédication d'une nouvelle croisade. Election d'un patriarche de Constantinople, p. 370. — Canons du quatrième concile de Latran touchant les Juifs et la croisade, p. 393. — Mort de l'empereur Henri de Constantinople. Aventures et mort de Pierre de Courtenai, son successeur, remplacé par son fils Robert. Sollicitude d'Honorius III pour le bien spirituel et temporel de l'empire latin, l. 72, p. 399. — Soins du pape Honorius pour la croisade. Départ du roi André de Hongrie. Départ de Guillaume de Hollande et d'autres croisés d'Allemagne, qui remportent une grande victoire et font une importante conquête en Portugal sur les Mahométans d'Espagne, p. 401 (Voir encore art.

Espagne). — Affaires de la Terre sainte, p. 405. — Les croisés arrivent devant Damiette, l'assiégent et la prennent, p. 406. — L'empereur Frédéric II, manquant à toutes ses promesses, cause la ruine de la croisade et encourt l'excommunication, que prononce d'ailleurs solennellement Grégoire IX, l. 73, p. 504. — Frédéric II, secrètement allié avec le sultan d'Egypte, fait la guerre au Pape, s'en va en Palestine avec peu de monde, dépouille le roi chrétien de Chypre. Son expédition n'est qu'une comédie pour amuser l'Europe. Chrétiens et Mahométans le jugent plus mahométan que chrétien, p. 505-510. — Jean de Brienne, empereur français de Constantinople, p. 510. — Quel pouvait être le but providentiel des croisades, p. 576.

Croisades, *etc.* — Irruption des Corasmiens en Syrie, t. 8, l. 73, p. 9. — Etat des chrétiens de Palestine, p. 40. — Etat de l'empire français de Constantinople, défendu par le vieil empereur Jean de Brienne, p. 11. — Baudouin II, secondé par le Pape, mais contrarié par Frédéric II, p. 12. — Au concile général de Lyon, le pape Innocent IV publie plusieurs décrets pour le secours de Constantinople et pour la guerre contre les Tartares, p. 56. — Croisade de saint Louis. Sa captivité en Egypte. Son séjour en Palestine, p. 51 et 69 ; l. 74, p. 128. — Constantinople retombe entre les mains des Grecs, p. 180. — Croisade en Hongrie contre les Tartares, p. 192. — Seconde croisade de saint Louis. Sa sainte mort, p. 198-201. — Mémoire très-remarquable au pape saint Grégoire X, par Humbert de Romans, général des Dominicains. Son appréciation aussi juste qu'élevée des croisades, l. 75, p. 224. — Etat déplorable de la Terre sainte par la division et la corruption des chrétiens d'Orient, l'indifférence des chrétiens d'Occident. Les Papes seuls s'y intéressent. Les rois d'Aragon et de Sicile font une alliance traîtresse avec le sultan d'Egypte contre la chrétienté. Siége et perte de Ptolémaïs, ainsi que de toutes les colonies chrétiennes en Syrie. Le dernier patriarche de Jérusalem meurt victime de sa charité. Courage héroïque des religieuses de Sainte-Claire, l. 76, p. 326. — Les Turcs à la porte de Constantinople et de l'Europe. Facilités qu'auraient eues les chrétiens d'Europe, non-seulement pour se défendre, mais pour conquérir et civiliser le reste du monde. Pourquoi ils ne font rien, l. 79, p. 539. — Siége et prise de Constantinople par Mahomet II, qui s'assied sur le grand autel de Sainte-Sophie, t. 9, l. 83, p. 345. — Périls pour l'humanité de la part des politiques modernes. Après Dieu, ce sont les Papes qui la sauvent, p. 350. — Dégénération des chevaliers Teutoniques. Péril, de la part des Turcs, pour l'Europe divisée contre elle-même, et que les Papes devront sauver presque sans elle. Jean Huniade, vaivode de Transylvanie, p. 353. — Georges Castriot, autrement Scander-beg, prince d'Epire, p. 354. — Trève imprudente et nulle de Ladislas de Hongrie avec les Turcs, p. 355. — Bataille de Varna. Mort de Landislas. Huniade élu gouverneur de Hongrie, p. 356. — Suite des exploits de Scander-beg contre les Turcs, p. 357. — Le pape Calixte III excite puissamment les chrétiens à se défendre contre les Turcs. Huniade et saint Jean de Capistran remportent une victoire complète sur Mahomet II, et meurent tous deux quelque temps après, p. 377. — Un roi de Perse et un roi des Tartares, à la sollicitation du Pape, prennent les armes contre les Turcs et les battent en Asie. Facilité qu'il y aurait eu pour les princes chrétiens d'en finir avec les Turcs. Un seul prince, Scander-beg, défend l'Europe chrétienne. Il n'est soutenu que par un seul homme, le Pape. Une jeune fille sauve Mitylène contre les Turcs. Les Allemands, au lieu de faire une guerre d'épées aux Turcs, font une guerre de chicanes au Pape, p. 378. — Dispositions du pape Pie II pour la croisade, p. 381. — Derniers exploits et mort de Scander-beg, p. 390. — Les Turcs battus par le cardinal Caraffe et par le roi de Perse. Si les chrétiens avaient été unis, c'était fait des Turcs, p. 393. — Prise d'Otrante par les Turcs. Huit cents chrétiens y souffrent le martyre, p. 394. — Tandis que les plus grands princes mettent leur gloire à se tromper et à se trahir, les moines-soldats, connus sous le nom de frères ou chevaliers de Rhodes, aident le Pape à sauver l'Europe, p. 395. Fin sanglante de l'empire grec de Trébisonde. Prise de Lesbos et de Négrepont par Mahomet II. Martyre d'une jeune vierge, Anne Erizzo. Les chevaliers ou moines-soldats de Rhodes, commandés par frère d'Aubusson, défendent leur ville contre toutes les forces de Mahomet II, p. 396. — Mahomet II rassemble de nouveau une armée de trois cent mille hommes, et meurt. Efforts d'Innocent VIII pour pacifier les princes chrétiens et les réunir contre les Turcs, qui menacent l'Europe de plus en plus, p. 403. — Efforts de Léon X dans le même but, p. 442.

Croisades, *etc.* — Ce que l'empereur des Turcs, Soliman II, pensait de la conduite des princes chrétiens envers le Pape. Les chrétiens de Belgrade, les chevaliers de Rhodes, ne recevant aucun secours des princes d'Europe se voient réduits, après des prodiges de valeur, à capituler avec les Turcs, t. 10, l. 84, p. 15. — La première ambassade que François Ier envoie à Constantinople est pour supplier l'empereur des Turcs de faire la guerre aux chrétiens, p. 16. — En conséquence, Soliman II ravage la Hongrie, qui se divise contre elle-même, p. 17. — Siége de Vienne par Soliman, qui est obligé de le lever. Mort de son visir, l'apostat Ibrahim. François Ier fait alliance avec les Turcs pour leur livrer l'Italie. Le pape Paul III prévient ce malheur par son entrevue à Nice avec François Ier et Charles-Quint, p. 48. — François Ier continue à conspirer contre les chrétiens, avec les Turcs de Constantinople et les corsaires de Barbarie, qui s'en viennent avec les Français ravager les côtes de l'Italie et de la France méridionale. Tableau qu'en fait le protestant Sismondi, p. 19. — Fin de Soliman II. Sa législation et ses exemples. Amitié de Soliman pour Luther. Fraternité entre le luthéranisme et le mahométisme, démontrée par les doctrines et les faits, p. 21. — Les religieux militaires de Saint-Jean de Jérusalem, commandés par frère Lavalette et encouragés par le Pape, défendent glorieusement au siége de Malte l'Europe chrétienne contre toutes les forces mahométanes, l. 86, p. 399. — L'empire turc se soutient par les renégats ou chrétiens apostats. Horrible traitement qu'ils font éprouver au royaume de Chypre, et qu'ils préparent à toute l'Europe, p. 400. — L'Europe est sauvée par Pie V. Bataille et victoire de Lépante, p. 402. — L'Eglise unit et défend l'humanité chrétienne. L'hérésie la divise et la dissout, p. 403. — Le roi de Pologne, Sobieski, le duc Charles de Lorraine et le prince Eugène de Savoie, secondés par l'Allemagne catholique et par le Pape, sauvent l'Allemagne et l'Europe contre les Turcs, sans le concours de l'Allemagne protestante et au grand regret du roi de France, Louis XIV, allié des Turcs, t. 11, l. 88, p. 340. — Depuis cette époque, les Turcs commencent à s'humaniser. Histoire des chrétiens sous la domination des Turcs, p. 342. — Etat actuel des chrétiens en Turquie, p. 313. — Inclination et tendance de bien des Mahométans de Turquie et de Perse vers le catholicisme, t. 12, l. 91, p. 198. — Persuasion commune des Turcs, que la fin de leur empire est proche, et que c'est aux catholiques d'en recueillir les débris. Progrès du catholicisme à Constantinople et à Smyrne, p. 499. — Question des Lieux-Saints, p. 320. — Guerre entre la Turquie et la Russie. Caractère religieux de la guerre d'Orient. Siége et prise de Sébastopol par les armées alliées de France et de l'Angleterre. Sentiments religieux de l'armée française, p. 321.

Cromwell (Olivier). Le parlement anglais fait couper la tête au roi Charles Ier, t. 10, l. 87, p. 573. — L'Irlande catholique dévastée par Cromwell, parce

qu'elle reste fidèle aux Stuarts protestants. Cromwell fait vendre six mille prisonniers comme esclaves, p. 576. — Gouvernement de Cromwell et de son fils Richard, p. 577. — D'après les premiers principes du protestantisme, peut-on blâmer Cromwell et les autres régicides ? Conséquences naturelles de ces principes, p. 579.

Cromwell (Thomas). Henri VIII, désespérant de rompre son mariage avec sa femme légitime pour en épouser une autre, est tiré d'embarras par Thomas Cromwell, qui lui propose de se déclarer chef de l'Eglise d'Angleterre. Quel était ce patriarche de l'Eglise anglicane, t. 10, l. 84, p. 80. — Licoüs législatifs et nœuds coulants administratifs que Thomas Cromwell prépare au clergé anglais, p. 81. — Le roi-pape Henri VIII déclare le laïque Thomas Cromwell son vicaire général, sous qui le clergé anglais s'avilit toujours davantage, p. 85. — Moyens employés par le pape anglican et son vicaire pour voler les couvents anglais; et quelles en ont été les suites, p. 88. — Ce que c'est que le paupérisme, p. 89. — Chute et exécution de Thomas Cromwell, p. 91.

Culin, jupan de Bosnie, t. 7, l. 71, p. 244.

Cunégonde (sainte), impératrice, t. 5, l. 62, p. 559.

Cunégonde (sainte), princesse et clarisse en Pologne, t. 8, l. 78, p. 450.

Custine, général français, guillotiné le 27 août 1793, t. 11, l. 90, p. 561.

Cuthbert (saint), évêque de Lindisfarne, t. 4, l. 50, p. 505.

Cuthbert, archevêque de Cantorbéry. Lettre que lui écrit saint Boniface, t. 5, l. 52, p. 12.

Cyaxare, roi des Mèdes. Il massacre les Scythes, t. 4, l. 16, p. 394. — Il ruine Ninive, de concert avec Nabopolassar, roi de Babylone, p. 395.

Cyprien (saint), évêque de Carthage. Sa naissance. Sa conversion. Sa lettre à Donat, t. 2, l. 29, p. 549. — Son traité De la vanité des idoles. Ses trois livres Des témoignages. Son ordination. Son traité De la conduite des vierges. Sa promotion au siége de Carthage. Son caractère, p. 520. — Retraite de saint Cyprien au commencement de la persécution. Apostasies à Carthage. Emprisonnement de Rogatien. Lettres de saint Cyprien, p. 527. — Plusieurs martyrs. Etat déplorable de cette Eglise. Fermeté de l'Eglise romaine. Lettre qu'elle écrit à Carthage. Réponse de saint Cyprien, p. 528. — Affaire de la réconciliation des apostats entre les deux églises. Célérin, Caldonius. Témérité de Lucien. Réponse de saint Cyprien à la demande des apostats. Hérésie et vaines intrigues de Privat. Lettre de saint Cyprien aux confesseurs de Rome. Ordination de Célérin, Numidique et Aurélius, p. 529-532. — Schisme à Carthage. Excommunication des schismatiques. Lettre de saint Cyprien, p. 532. — Concile de Carthage. Reconnaissance du pape saint Corneille et excommunication des schismatiques de Rome et de Carthage. Règlements et traité de saint Cyprien sur les laps, p. 535. — Lettre du pape saint Corneille à saint Cyprien, qui répond au Pape, envoie aux confesseurs de Rome son traité De l'unité de l'Eglise, et écrit à l'évêque Antonien, p. 536. — Adoucissement apporté par saint Cyprien aux décrets relatifs aux laps. Intrigues de Privat, Fortunat et Félicissime à Carthage et à Rome. Lettre du Pape et réponse de saint Cyprien. De l'appel à Rome, p. 539. — Indulgence pratique de saint Cyprien dans la réconciliation des laps et des schismatiques. Lettres de saint Cyprien aux deux saints papes Corneille et Lucius, p. 540. — Traité de saint Cyprien sur la mortalité, p. 543. — Livre de saint Cyprien à Démétrien sur la cause des malheurs de l'empire; charité de Cyprien pour la rédemption des captifs. Son livre Des bonnes œuvres et De l'aumône, son commentaire sur l'Oraison dominicale. Ses lettres sur différents sujets de discipline, p. 544. — Sa lettre au pape saint Etienne sur Marcien d'Arles. Sa lettre et sa conduite touchant les évêques Basilides et Martial, p. 545. — Question du baptême des hérétiques. Erreurs et lettres de Cyprien à ce sujet. Concile de Carthage. Rescrit du Pape. Excentricités de Cyprien et de Firmilien. Pacification générale, p. 546. — Lettres de saint Cyprien aux confesseurs sous la persécution de Valérien, p. 555. — Lettre de saint Cyprien à son clergé. Sa retraite. Son martyre, p. 557.

Cyrille (saint), enfant martyr, t. 2, l. 29, p. 560.

Cyrille (saint), évêque de Jérusalem. Ses ouvrages. Son épiscopat. Miracle à Jérusalem, t. 3, l. 33, p. 154. — Lettres et consultations de Julien l'Apostat pour le rétablissement du temple de Jérusalem. Fermeté de saint Cyrille. Prodiges qui s'opposent à la réalisation de ce projet. Preuves de cet événement, l. 34, p. 208. — Logique de Julien. Ses objections, p. 210.

Cyrille (saint), évêque d'Alexandrie. Son élection. Emeute des Juifs, qui sont chassés d'Alexandrie; t. 3, l. 38, p. 409. — Saint Cyrille écrit à Nestorius et contre son erreur, l. 39, p. 459. — Nestorius intrigue contre saint Cyrille, qui lui écrit une seconde fois contre ses erreurs et en reçoit une réponse, p. 460. — Saint Cyrille écrit à l'empereur Théodose et à ses sœurs, mais surtout au pape Célestin, p. 463. — Le Pape condamne la doctrine de Nestorius, et charge saint Cyrille de l'exécution. Il en écrit dans ce sens à Nestorius même et aux patriarches de l'Orient, p. 464. — Deux circonstances importantes dans cette affaire, suivant Bossuet, p. 465. — Saint Cyrille notifie à Nestorius le jugement du Pape et écrit ses douze anathèmes, p. 466. — Instructions du Pape à ses légats, qui doivent présider au concile d'Ephèse, et dont saint Cyrille est le principal, p. 469 (Voir Conciles œcuméniques). — Sixte III félicite avec effusion de cœur saint Cyrille d'Alexandrie et Jean d'Antioche de leur réconciliation sincère, p. 490. — Mort et ouvrages de saint Cyrille, l. 40, p. 543.

Cyrille (saint), apôtre des Moraves, t. 5, l. 56, p. 230.

Cyriacopule, jeune Crétois, m., t. 11, l. 87, p. 76.

Cyrus, roi de Perse. Bonheur, piété filiale et modération de Cyrus. Organisation du royaume. Part qu'y prit Daniel, t. 1, l. 19, p. 451. — Avénement de Cyrus. Son édit pour le retour des Juifs et le rétablissement du temple, p. 453. — Restitution des objets du culte, p. 454. — Mort de Cyrus. Etendue et force de son empire. Discordance des historiens à son égard. Cyrus, figure de Jésus-Christ, p. 462; l. 16, p. 379. — Conquêtes de Cyrus, l. 18, p. 442. — Il poursuit ses conquêtes, p. 445.

Cyrus, patriarche d'Alexandrie. Se laisse entraîner dans le monothélisme par les artifices de Sergius de Constantinople, t. 4, l. 48, p. 386. — Il commet lui-même un faux pour soutenir l'erreur, p. 387.

D

DAGOBERT, roi d'Austrasie, puis de France. Ses efforts pour retenir auprès de lui saint Arnoulfe, évêque de Metz, qui voulait se retirer dans la solitude des Vosges, t. 4, l. 48, p. 406. — Cordialité merveilleuse de Dagobert et de saint Eloi, p. 409. — Dagobert publie une nouvelle édition de la *Législation des Francs*. Progrès de la douceur chrétienne qu'on y remarque, p. 440. — Confession et pénitence de Dagobert, p. 411.

DAIMBERT de Pise, élu patriarche de Jérusalem. Ses prétentions à la royauté, t. 6, l. 66, p. 349.

DALILA. Elle arrache le secret de Samson, t. 4, l. 40, p. 254.

DALMACE (saint), détrompe l'empereur Théodose touchant les intrigues contre les Pères du concile d'Ephèse, t. 3, l. 39, p. 481.

DAMAS. Destruction du royaume de Damas par le roi d'Assur, t. 4, l. 45, p. 366. — Siége de Damas dans la seconde croisade, t. 6, l. 68, p. 577. — Assassinat du Père Thomas, capucin, et de son domestique, en 1840, par les principaux Juifs de Damas, t. 12, l. 94, p. 228.

DAMASE (saint), pape. Son élection. Sédition et exil d'Ursin. Magnificence des Papes dès le IVᵉ siècle, t. 3, l. 35, p. 228. — Il assemble un concile à Rome, où Ursace, Valens et Auxence sont condamnés. Lettres de saint Damase aux évêques d'Illyrie et d'Orient, p. 232. — Lettre de saint Basile et réponse du Pape, p. 233-234. — Pierre d'Alexandrie se réfugie à Rome, p. 247. — Saint Damase, centre de l'Eglise malgré les efforts des hérétiques. Affaire de saint Paulin et de saint Mélèce. Le prêtre Vital à Rome. Lettre de Damase à saint Paulin, p. 258. — Vital, évêque apollinariste d'Antioche. Lettres de saint Jérôme au Pape. Concile de Rome. Condamnation d'Apollinaire, p. 259. — Intrigues d'Ursin contre le pape Damase. Concile de Rome. Ses réclamations à l'empereur, et rescrit de celui-ci, l. 36, p. 269. — Election de Nectaire au siége de Constantinople. Demande en confirmation au pape Damase, p. 277. — Lettres des évêques d'Italie à l'empereur Théodose sur l'ordination de Maxime, de Nectaire et de Flavien, p. 283. — Concile de Rome. Lettre des évêques du concile de Contantinople, et remarques sur cette lettre, p. 284. — Résultats du concile de Rome. Lettre du pape Damase aux évêques d'Orient, p. 286. — Travaux de saint Jérôme sur l'Ecriture sainte, à l'instigation du pape Damase et des dames romaines, p. 288. — Symmaque, préfet du prétoire, accusé, est secouru par le pape saint Damase, p. 295. — Mort de saint Damase. Ses dons aux églises de Rome, p. 296.

DAMASE II. Son court pontificat, t. 6, l. 63, p. 52.

DAMIEN et COSME (saints), frères et médecins, t. 3, l. 30, p. 9.

DAMIEN (saint Pierre). Ses commencements. Ses lettres au pape Grégoire VI, t. 43, l. 63, p. 46. — Ses écrits, p. 72. — Nommé cardinal par Etienne IX. Sa lettre à ses collègues, l. 64, p. 405. — Sa lettre au sujet de l'élection de Nicolas II, p. 409. — Légation et succès de saint Pierre d'Amien à Milan, p. 412. — Son désintéressement. Il aspire à entrer dans la solitude, p. 413. — Sa lettre à l'antipape Cadaloüs, p. 423. — Concile d'Osbor, où l'antipape est condamné, p. 424. — Son zèle pour le rétablissement de la discipline. Il écrit la vie de saint Rodolphe, évêque d'Eugubio, p. 425; — de saint Dominique le Cuirassé, p. 426. — Sa légation en France. Son séjour à Cluny, p. 132. — Sa lettre au roi de Germanie et à l'archevêque de Cologne, sur Cadaloüs de nouveau rejeté, et rentré dans Rome clandestinement. Ses plaintes amicales contre son ami Hilde-

brand, p. 149. — Il est envoyé comme légat à Henri IV relativement à la femme de celui-ci, p. 151. — Ses derniers actes et sa mort. Jugement de ses écrits, p. 154.

DAMIENS, poussé à l'assassinat de Louis XV par les discours entendus au parlement, t. 44, l. 89, p. 407.

DAN. Expédition de cette tribu, t. 4, l. 40, p. 232.

DANDOLO, doge de Venise, t. 7, l. 74, p. 279.

DANIEL (le prophète) et ses compagnons à la cour de Nabuchodonosor, roi de Babylone. Leur fidélité à la loi et leur récompense, t. 4, l. 47, p. 407. — Daniel délivre la chaste Suzanne, p. 408. — Songe de Nabuchodonosor. Sa fureur contre les Mages. Daniel les sauve et le lui explique. Les quatre grands empires et celui du Christ, p. 409. — Daniel explique le nouveau songe de Nabuchodonosor, l. 48, p. 440. — Il confond les prêtres de Bel qui sont exterminés avec leur dieu, et fait périr le dragon des Babyloniens, p. 442. — Vision de Daniel sur les quatre grands empires, et explication. Vision de Daniel sur l'empire et les successeurs d'Alexandre, et explication, p. 443. — Siége et prise de Babylone, vision et trouble de Baltassar. Explication de Daniel, p. 447. — Daniel prend part avec Cyrus à l'organisation du royaume, l. 49, p. 451. — Il est jeté dans la fosse aux lions. Sa conservation miraculeuse. Edit de Darius le Mède et sa conversion à ce sujet, p. 452. — Prière de Daniel. Un ange lui révèle l'époque de la venue du Christ. Preuves et explications de cette prophétie, p. 452. — Jeûnes et visions de Daniel. Les trois anges, des Perses, des Grecs et du peuple de Dieu. Histoire prophétique du royaume des Perses, de l'empire d'Alexandre, de sa division et des royaumes d'Egypte, de Syrie et de Juda. Explication, accomplissement et authenticité, p. 455. — Coup d'œil prophétique de Daniel sur la fin du monde. Analogie entre la durée des diverses persécutions, p. 456. — Mort et éloge de Daniel, p. 461. — Conquêtes d'Alexandre prédites par Daniel, t. 2, l. 21, p. 62. — Accomplissement des prophéties de Daniel. Accomplissement de ses prophéties sur la lutte entre l'Egypte et la Syrie, et en particulier sur Antiochus-Epiphanes, p. 80. — Prophéties de Daniel sur l'empire romain, l. 22, p. 406. — Les dix rois du prophète Daniel, t. 4, l. 44, p. 4. — Prophétie de Daniel touchant le mahométisme, l. 48, p. 355. — Ensemble et dénouement de l'histoire humaine, figurés par la statue prophétique de Nabuchodonosor et expliqués par Daniel, t. 42, l. 94, p. 4. — Accomplissement de cette prophétie jusqu'en 1848, p. 2.

DANIEL (saint), martyr de Perse, t. 3, l. 32, p. 440.

DANIEL Stylite (saint), t. 4, l. 44, p. 26; l. 42, p. 43.

DANIEL, évêque de Winchester. Belle lettre qu'il écrit à saint Boniface, son ancien disciple, sur la manière de convertir les païens, t. 4, l. 54, p. 544.

DANOIS, DANEMARCK (Voyez *Scandinavie*).

DANTE, poète italien, t. 8, l. 79, p. 492. — Son *Enfer* et son *Purgatoire*, p. 493. — Son *Paradis*, p. 494. — Dante, comparé avec Milton, t. 40, l. 87, p. 586.

DARIUS le Mède. Edit de Darius le Mède et de sa conversion, t. 4, l. 49, p. 452.

DARIUS, fils d'Hystaspes. Son avénement à l'empire, t. 4, l. 49, p. 463. — L'affaire de la construction du temple lui est renvoyée. Son édit en faveur des Juifs, p. 465. — Manière remarquable dont les rois de Perse parlent du vrai Dieu, p. 466. — Expédition et mort de Darius. Lettre de ce roi à Héraclite et réponse de ce philosophe, l. 20, p. 467.

DATHAN (Voyez *Coré*).

DATIF (saint), sénateur et martyr, t. 3, l. 30, p. 22.

Dauphin (le) , père de Louis XVI : ses grandes vertus et sa sainte mort, t. 11, l. 89, p. 379.

David, roi et prophète. Election divine et sacre de David. L'esprit de Dieu et l'esprit mauvais, t. 1, l. 11, p. 268. — David ange gardien de Saül. David arrive au camp d'Israël, et tue Goliath, p. 269. — Dispositions diverses de Saül et de son fils Jonathas à l'égard de David. Humilité, cantique et triomphe de David. Jalousie et attentat de Saül, p. 270. — Les hommes inspirés de Dieu et les hommes inspirés du démon. Mérob, fille aînée de Saül, promise et refusée à David. Il épouse Michol, et à quelles conditions. Nouveau sujet et accroissement de jalousie en Saül. Intervention de Jonathas et réintégration de David, p. 271. — Nouvelle victoire de David et nouvel attentat de Saül. David est sauvé par sa femme et s'enfuit vers Samuël. Alliance de David avec Jonathas, p. 272. — Fureur de Saül contre David, qui, averti par Jonathas, s'enfuit vers le grand-prêtre Achimélec; partage à ses gens les pains de proposition ; s'arme de l'épée de Goliath; se sauve ensuite chez les Philistins, puis dans la caverne d'Odollam, où il reçoit des renforts, et enfin à Maspha, où il lui en arrive de nouveaux, et dans la forêt de Hareth, p. 273. — David bat les Philistins et fuit dans le désert. Nouveau renfort et visite de Jonathas. David implore la providence de Dieu, p. 275. — Des imprécations contenues dans les psaumes. David trahi par les Ziphéens. Ses angoisses. Sa délivrance. Sa prière. Nouvelle persécution de Saül, magnanimité et prière de David, p. 277. — Grossièreté de Nabal et intercession d'Abigaïl. Mort de Nabal. David épouse Abigaïl, p. 279. — David, de nouveau trahi par les Ziphéens, épargne une seconde fois Saül, p. 280. — Les Philistins renvoient David, qui punit les Amalécites destructeurs de sa ville. Sa douceur. Suite de nouveaux renforts, p. 282. — David pleure la mort de Saül, punit l'Amalécite meurtrier de Saül, et vient à Hébron. Parallèle de la politique de Saül avec celle de David, p. 284. — Accomplissement en David des promesses de Dieu à Abraham et des prédictions de Jacob à Juda, l. 12, p. 287. — David récompense les habitants de Jabès-Galaad. Ses droits au trône. Rivalité d'Isboseth. Le combat des douze. Défaite d'Isboseth. Mort d'Azaël. Modération des deux partis, p. 287. — Abner, accompagné de Michol, passe du côté de David et meurt tué par Joab. Ambition de ces deux chefs. Imprécations et douleur de David, p. 288. — Les meurtriers d'Isboseth punis de mort. David reconnu roi par tout Israël, figure de Jésus-Christ reconnu par tout l'univers, p. 289. — Caractère de légitimité de sa royauté. Humilité et cantique de David, p. 290. — La Jérusalem de la terre et la Jérusalem du ciel. David s'empare de la forteresse de Sion et fait alliance avec Hiram, roi de Tyr, p. 291. — Irruption des Philistins. Les braves d'Israël. Défaite des Philistins. L'arche d'alliance est transportée chez Obededom, puis à Jérusalem. Punition d'Oza. Cantique de David. Il danse devant l'arche. Reproches et punition de Michol, p. 292. — David se construit un palais et veut bâtir un temple à Dieu. Salomon et Jésus-Christ. Cantique de David. Défaite des Philistins, des Moabites, des Syriens de Soba et de Damas, des Amalécites et des Iduméens. Félicitations et présents de Thoü, p. 294. — Vie privée de David. Administration du royaume. David recueille Miphiboseth, fils de Jonathas, p. 295. — Outrages faits aux ambassadeurs de David par le roi des Ammonites. Défaite des Ammonites et des Syriens, leurs alliés. Prise de leur roi. Réduction du pays. David adultère et meurtrier. Reproches du prophète Nathan et punition, p. 296. — Réflexions sur la chute de David. Son cantique à ce sujet, p. 297. — Inceste et mort d'Amnon. Fuite d'Absalom. Sa rentrée en grâce. Ses menées ambitieuses. Sa révolte. Fuite de David. Injures de Séméi. Patience de David. Infâmes conseils et suicide d'Achitophel. Péril et délivrance des fils du grand-prêtre.

Défaite et mort d'Absalom. Douleur de David. Il pardonne à ses adversaires et récompense les siens, p. 298. — Révolte des onze tribus. Meurtre d'Amasa. Mort de Séba et fin de la révolte, p. 301. — Expiation des cruautés de Saül envers les Gabaonites. Belle conduite de David envers les restes de Saül et de ses enfants. Défaite des Philistins. Danger que court David, p. 302. — Dénombrement illicite du peuple. La peste. Prière de David. Fin du fléau. David achète l'emplacement du temple, p. 303. — Intrigues d'Adonias. Plaintes de Bethsabé et de Nathan. Serment de David. Sacre de Salomon. Soumission d'Adonias. Discours et prière de David. Ses avis à Salomon, p. 304. — Sa mort. Son éloge. Sublimité de sa poésie, p. 306. — Ses psaumes, évangile prophétique, p. 307. — Accomplissement des prophéties de David sur la lutte et le triomphe de l'Eglise, t. 3, l. 31, p. 162.

David Bruce, roi d'Ecosse. Conseil que lui donne le pape Jean XXII, t. 8, l. 79, p. 468.

Débora, la prophétesse. Sa victoire sur Sisara. Son cantique, t. 1, l. 10, p. 235.

Débora, la nourrice de Rebecca, est ensevelie au pied de Béthel, t. 1, l. 4, p. 101.

Dechamps (Mgr), archevêque de Malines, et son traité sur l'Infaillibilité et le Concile général, t. 12, l. 92, p. 420. — Lettres de Mgr Dechamps, à Mgr l'évêque d'Orléans, anéantissant les difficultés théologiques soulevées contre le projet de définition, p. 434.

Déclaration gallicane de 1862. Ce qu'elle déclare et ce qu'elle ne déclare pas, t. 11, l. 88; § 3, p. 171.

Dèce. Sa persécution et sa mort, t. 2, l. 28, p. 449.

Décrétales (lettres) des Papes sur la foi et la discipline, pendant les huit premiers siècles. Première épître de saint Pierre, t. 2, l. 25, p. 262. — Seconde épître de saint Pierre, p. 316. — Epîtres du pape saint Clément aux Corinthiens et aux vierges, l. 26, p. 333. — Ordonnance du pape saint Victor sur la Pâque, l. 27, p. 444. — Lettres du pape saint Corneille à saint Cyprien, l. 29, p. 536 et seqq.; — à Denys d'Alexandrie et à Fabien d'Antioche, p. 538. — Rescrit du pape saint Etienne sur la question du baptême des hérétiques, p. 546. — Lettres du pape saint Jules, sur l'affaire de saint Athanase et de ses adversaires, t. 3, l. 32, p. 418, 421, 426. — Le pape Libère casse le concile de Rimini, l. 33, p. 477. — Lettre du pape saint Damase aux églises d'Illyrie et d'Orient sur l'affaire de Rimini et ses suites, l. 36, p. 232. — Lettre de saint Damase aux évêques d'Orient sur la condamnation d'Apollinaire, p. 286. — Lettre décrétale du pape saint Sirice à Himère de Tarragone, p. 296. — Autre lettre du même, p. 297. — Décrétale de saint Sirice aux évêques des Gaules, l. 37, p. 364. — Lettres du pape saint Innocent à Victrice de Rouen, à Exupère de Toulouse, aux évêques d'Espagne et au concile de Carthage, p. 372. — Décrétale du pape Innocent à l'évêque Décentius, l. 38, p. 422. — Lettre du pape Innocent sur le pélagianisme. Saint Augustin les regarde comme définitives, p. 425. — Lettre du pape saint Boniface dans les Gaules. — Lettres du même Pape au sujet de Périgène, métropolitain de Corinthe. Leur résultat suivant le témoignage de Socrate, p. 438. — Le pape saint Célestin condamne la doctrine de Nestorius, et charge saint Cyrille de l'exécuter. Il en écrit dans ce sens à Nestorius même et aux patriarches de l'Orient, l. 39, p. 461. — Deux circonstances importantes dans cette affaire ; suivant Bossuet, p. 465. — Saint Cyrille notifie à Nestorius le jugement du Pape, p. 466. — Le concile œcuménique d'Ephèse exécute le jugement du Pape, p. 472. — Le pape Célestin écrit aux évêques des Gaules pour la défense de saint Augustin, p. 484. — Lettres et décrétales du pape saint Léon à plusieurs évêques. Leur authenticité et leur doctrine touchant les appellations, l. 40, p. 505. — Règlement du Pape sur la suprématie des églises d'Arles et de Vienne, p. 511. — Lettre aux évêques de Sicile, p.

516. — Lettre dogmatique de saint Léon à Flavien sur l'hérésie d'Eutychès, p. 522. — Lettre où il condamne le conciliabule d'Éphèse, p. 532. — Saint Léon approuve ce qu'a fait le concile de Chalcédoine touchant la doctrine, mais il casse ce qu'il a tenté de faire pour favoriser l'ambition de l'évêque de Constantinople, p. 545. — Lettres disciplinaires de saint Léon à des évêques d'Occident, t. 4, l. 41, p. 348. — Plusieurs lettres et règlements du pape saint Gélase, l. 42, p. 78-84. — Lettre mémorable des évêques d'Orient au pape saint Symmaque, et réponse de celui-ci, l. 43, p. 421. — Formulaire du pape saint Hormisda pour la réunion des églises, p. 441. — Réflexions de Bossuet à ce sujet, p. 443. — Lettre encyclique du pape saint Agapit aux évêques d'Orient sur l'église de Constantinople, l. 44, p. 207. — Lettres de saint Grégoire le Grand, relatives aux églises de Dalmatie, d'Illyrie, de Thèbes, de Corinthe, de Corfou, l. 47, p. 321-324. — Confirmation par le Pape des établissements de la reine Brunehaut; confirmation où il prononce peine d'excommunication et de déposition contre toute personne, même roi, qui les violerait. Authenticité, sens et convenance de ce document, p. 348. — Lettres du pape saint Martin en Orient et en Occident, l. 49, p. 434. — Lettres du pape saint Agathon condamnant le monothélisme, l. 50, p. 494. — Réponse décrétale du pape saint Grégoire II à la consultation de saint Boniface, apôtre de l'Allemagne, l. 51, p. 512. — Lettres remarquables que le pape saint Grégoire II écrit à l'empereur Léon l'Iconoclaste. Ce que le Pape était dès lors en Europe et dans le reste de l'humanité chrétienne, p. 560. — Les Francs consultent le saint pape Zacharie sur un changement de dynastie. Réponse du Pape. Ce qu'en pensent Bossuet, Fénelon et Châteaubriand, t. 5, l. 52, p. 18. — Lettres du pape Adrien à l'empereur et au patriarche de Constantinople touchant le septième concile œcuménique pour le rétablissement des saintes images, l. 53, p. 78 et seqq. — Le pape saint Léon III rétablit l'empire romain en Occident, dans la personne de Charlemagne, à la fin du VIIIe siècle, p. 94.

DÉCRÉTALES (fausses). Ce qu'il en est de la fameuse collection du faux Isidore, d'après l'examen approfondi d'un savant d'Allemagne, le docteur Mœhler. Quelle est la nature, le but, l'époque de cette collection, ou plutôt de ce manuel de théologie; en quoi certaines de ses citations sont fausses, t. 6, l. 67, p. 372. — Que penser des doléances de Fleury sur les fausses décrétales et les nouvelles prétentions de la cour de Rome, t. 7, l. 69, p. 7. — Qui, de Fleury ou de Gratien, connaît le mieux et suit le plus fidèlement la doctrine des huit premiers siècles, touchant l'autorité de l'Eglise et de son chef, p. 8. — L'Espagne ne connaît point de fausses décrétales, t. 4, l. 48, p. 398.

DÉGENHARD (bienheureux), solitaire en Allemagne, t. 8, l. 78, p. 448.

DELPHINE (sainte) de Glandèves, t. 8, l. 78, p. 439.

DÉLUGE de Noé, t. 1, l. 1, p. 59. — Où Dieu a pu trouver toute l'eau nécessaire pour le déluge. Que les victimes du déluge ne le sont pas toutes de l'enfer, p. 60. — Fin du déluge, p. 61. — Assurances contre un nouveau déluge, p. 62. — Souvenir du déluge chez les indigènes d'Amérique, chez les Chinois, les Indiens, les Grecs, les Egyptiens même, les Chaldéens, les Assyriens, p. 64. — Concordance pour l'époque, p. 68. — Autres preuves du déluge, tirées de la géologie et de l'archéologie, p. 69.

DÉMÉTRIADE (sainte), vierge, t. 3, l. 38, p. 405.

DÉMÉTRIUS Soter, roi de Syrie. Usurpation de Démétrius. Menées ambitieuses d'Alcime. Embûches inutiles de Bacchides. Agression de Nicanor. Ses liaisons passagères avec Judas Machabée. Sa défaite. Ses menaces. Mort de Razias. Blasphème de Nicanor. Songe de Judas. Défaite, mort et punition de Nicanor. Alliance des Juifs et des Romains. Mort glorieuse et éloge de Judas. Affliction d'Israël, t. 2, l. 21, p. 95. — Election de Jonathas. Agression de Bacchides. Mort d'Alcime. Embûches inutiles et défaite de Bacchides. Traité de paix, p. 98. — Prétentions d'Alexandre Balas. Ses lettres et celles de Démétrius à Jonathas. Mort de Démétrius, p. 99.

DÉMÉTRIUS II, roi de Syrie, t. 2, l. 21, p. 101.

DÉMÉTRIUS, duc de Croatie, obtient du pape saint Grégoire VII le titre de roi et lui jure fidélité, t. 6, l. 65, p. 166.

DENYS (saint) l'Aréopagite, t. 2, l. 27, p. 378.

DENYS (saint) de Corinthe. Ses lettres aux églises de Lacédémone, d'Athènes, de Nicomédie, de Gortyne en Crète, d'Amastris dans le Pont, de Gnosse en Crète, t. 2, l. 27, p. 418. — Sa lettre à l'Eglise de Rome, p. 419.

DENYS (saint) d'Alexandrie. Sa prise et sa délivrance dans la persécution de Dèce, t. 2, l. 29, p. 523. — Sa réponse aux lettres de Novatien, p. 534. — Il écrit à Fabien d'Antioche contre le schisme de Novatien, p. 537. — Lettre qu'adresse sur le même sujet, à l'un et à l'autre, le pape saint Corneille, p. 538. — Lettre de saint Denys au pape saint Etienne sur la fin du schisme de Novatien, p. 546. — Exil de saint Denys d'Alexandrie. Conversions qu'il opère. Ses lettres au pape saint Sixte, p. 554. — Hérésie de Sabellius. Plaintes de quelques fidèles au Pape sur une lettre de saint Denys, à cause qu'il n'y employait pas le mot de consubstantiel. Concile de Rome à ce sujet. Justification de saint Denys et profession bien explicite de la divinité de Jésus-Christ, p. 564. — Ouvrage de saint Denys contre les millénaires, p. 565. — Lettres de Paul de Samosate à saint Denys, qui réfute ses erreurs et emploie les mots de consubstantiel et de théotocos, p. 567. — Mort de saint Denys, p. 569.

DENYS (saint), pape, t. 2, l. 29, p. 562.

DENYS (saint), évêque de Paris, t. 2, l. 29, p. 559.

DENYS (saint), évêque de Milan. Sa fermeté au concile de Milan, t. 3, l. 33, p. 147. — Il refuse de souscrire à la condamnation de saint Athanase. Son exil. Sa mort, p. 148. — Translation de ses reliques par saint Ambroise, l. 35, p. 254.

DENYS LE PETIT. Sa science. Ses vertus. Ses ouvrages, t. 4, l. 44, p. 187.

DENYS LE CHARTREUX, t. 9, l. 83, p. 462.

DENISE (sainte), vierge et martyre, t. 2, l. 29, p. 524.

DEO GRATIAS, évêque de Carthage. Son dévouement, t. 4, l. 41, p. 260.

DÉPORTATION des prêtres, notamment de ceux de la Meurthe, à la rade de Rochefort, p. 566. — Déportation des prêtres de Laval, p. 570.

DESCARTES. Sa vie, ses travaux et sa mort chrétienne, t. 11, l. 87, p. 32. — D'après des explications authentiques, mais peu connues, données par Descartes lui-même, son système philosophique sur la certitude s'accorde fort bien avec celui d'Aristote, comme avec celui de tout le monde catholique, et il n'y a plus de quoi se disputer là-dessus, p. 35. — Le doute méthodique inventé par Aristote et défiguré par Descartes ou plutôt par les cartésiens, t. 2, l. 20, p. 32.

DESÈZE, défenseur de Louis XVI, t. 11, l. 90, p. 551.

DESPOTISME. Origine anglicane du despotisme ou absolutisme royal, t. 10, l. 85, p. 205.

DESSOLES, évêque de Chambéry, t. 12, l. 91, p. 55.

DEUS DEDIT (saint), pape, t. 4, l. 48, p. 380.

DIDACE ou Diégo (saint), t. 9, l. 83, p. 386.

DIDEROT, t. 11, l. 89, p. 457.

DIDIER, abbé du Mont-Cassin, t. 6, l. 44, p. 143. — Il refuse de prêter serment de fidélité à Henri IV, déposé par Grégoire VII, l. 65, p. 244. — Devient pape sous le nom de Victor III (Voir ce nom).

DIDIER (saint), évêque de Cahors, t. 4, l. 48, p. 440.

DIDIER (saint) de Vienne. Son martyre, t. 4, l. 48, p. 400.

DIDIER, roi des Lombards, successeur d'Astolphe, a recours au pape Innocent II, t. 5, l. 53, p. 61. — Ses machinations, contre lesquelles le pape Paul réclame l'assistance de Pepin et des Francs, p. 63. — Ses intrigues pour brouiller les princes des Francs avec l'Eglise romaine, p. 68. — Il finit par faire autour de Rome une guerre cruelle. Il est assiégé dans Pavie par Charlemagne, p. 70. — Obligé de se rendre à Charlemagne, il est transféré à Corbie et y embrasse la vie monastique, p. 72.

DIDIUS-JULIANUS achète l'empire romain à l'encan, t. 2, l. 28, p. 448.

DIDYME, l'aveugle d'Alexandrie. Ses immenses connaissances. Ses relations avec saint Athanase et saint Antoine, t. 3, l. 33, p. 455. — Il a connaissance, par révélation, de la mort de Julien l'Apostat, l. 34, p. 245.

DIÉ ou Déodat (saint), t. 4, l. 50, p. 485.

DIEU. Ce qu'il est. Comment il se définit lui-même, t. 1, l. 1, p. 3. — Degré de connaissance que les païens avaient du vrai Dieu, suivant les Pères de l'Eglise, Minucius Félix, Irénée, Tertullien, Cyprien, Lactance, Arnobe, Justin, Aténagore, Clément d'Alexandrie, Origène, saint Augustin et saint Thomas, l. 2, p. 34. — Conciliation des passages et des sentiments qui semblent contraires à cet égard, p. 36. — Le Christ, Verbe de Dieu, source première et unique de tous les degrés de lumières qui se trouvent sur Dieu parmi les hommes, p. 35. — Ce que signifie le repentir de Dieu, l. 3, p. 58. — Source de lumière pour les nations ou les païens dans les voyages des Israélites, l. 4, p. 77. — Le nom de Dieu, l. 6, p. 128; l. 8, p. 181.

DIOCLÉTIEN. Election de Dioclétien. Agglomération des Barbares sur le Danube et l'Euphrate. Crise du vieux monde romain, t. 5, l. 28, p. 450. — Son élévation à l'empire. Il tue Aper, lutte contre Carin, son compétiteur à l'empire, et, devenu seul maître, s'adjoint Maximien; son avarice; sa fureur de bâtir; sa cruauté, t. 3, l. 30, p. 4. — Il vient à Rome et conserve au rang d'officier le chrétien Sébastien, qu'il prend en affection, p. 4. — Apprenant qu'il est chrétien, il le fait mourir. Il fait massacrer la légion thébaine, p. 6. — Il persécute les chrétiens en Orient. Il s'adjoint, outre Maximien dans les Gaules, deux autres personnages, Galérius et Constance, qu'il crée césars. Ils se partagent l'empire, p. 9. — Persécution contre les soldats chrétiens, p. 11. — Origine de la dernière persécution générale, p. 13. — Persécution à la cour, à Nicomédie, à Séleucie, à Antioche, en Arménie, en Palestine, à Tyr, en Egypte, p. 14; — en Mésopotamie, en Galatie, en Italie, en Afrique, en Lusitanie, en Sicile, en Espagne, en Germanie, en Pannonie, en Cilicie, p. 17-37. — Dioclétien se vante, par des inscriptions publiques, d'avoir aboli le christianisme, p. 37. — Maladie de Dioclétien, p. 38. — Galérius le force à lui céder l'empire. Sévère et Maximin Daïa, césars, p. 39. — Les statues de Maximien et de Dioclétien renversées par Daïa. L'exil de son épouse et de sa fille. Douleur et mort de Dioclétien, p. 58.

DIODORE, évêque de Tarse, t. 3, l. 33, p. 463.

DIOGÈNE et ANTISTÈNE, philosophes grecs. Singularité de leur vie, t. 2, l. 20, p. 39.

DIOSCORE succède à saint Cyrille dans le siége d'Alexandrie. Lettre que lui adresse le pape saint Léon pour confirmer son épiscopat, t. 3, l. 40, p. 513. — Poursuites de Dioscore contre Théodoret, p. 545. — Dioscore embrasse le parti et l'hérésie d'Eutychès contre saint Flavien de Constantinople, p. 522. — Conduite emportée et tyrannique de Dioscore dans le conciliabule ou brigandage d'Ephèse, p. 525. — Son emportement contre le Pape même, p. 535. — Jugement et condamnation de Dioscore au concile de Chalcédoine, p. 542 et seqq.

DIOSCORE le jeune, évêque d'Alexandrie, t. 4, l. 43, p. 136.

DIRECTOIRE, gouvernement de la Révolution française, t. 11, l. 90, p. 588 et seqq.

DISCIPLINE de l'Eglise catholique. Décrets du concile de Trente sur la réformation ou la discipline, avec une clause remarquable qui en signale le véritable esprit, t. 10, l. 85, p. 202. — Décrets disciplinaires du concile pour élever le pouvoir des évêques au-dessus des difficultés et des chicanes dans la restauration ecclésiastique. Les causes graves des évêques sont réservées directement au Pape, p. 234. — Décrets touchant les choses qu'il faut observer ou éviter dans la célébration de la messe. Le concile réserve au Pape de permettre ou non l'usage du calice aux laïques, p. 310. — Décrets des sessions vingt et unième, vingt-deuxième et vingt-troisième pour la réformation ecclésiastique, p. 315. — Décret mémorable pour l'établissement des séminaires. Réflexion à ce sujet, p. 316. — On propose la réformation des princes. Ils ne veulent pas entendre de cette oreille : ce qui est à conclure de là, p. 318. — Dix chapitres de réformation concernant le mariage, p. 320. — Vingt et un chapitres sur différents objets de réforme. Le seizième sur les devoirs du chapitre pendant la vacance du siége, p. 324. — Décret de réformation touchant les religieux et les religieuses, p. 327. — Décret concernant la réformation générale, p. 328. — Le dernier chapitre porte : *Qu'en toutes choses l'autorité du Siége apostolique demeure en son entier*, p. 329. — Pie IV confirme solennellement le concile de Trente. Il ordonne, ainsi que le concile lui-même, d'en recevoir et exécuter les décrets. Bien des catholiques ne font peut-être point assez attention à cette double ordonnance, l. 86, p. 334. — Pour l'exécution et l'interprétation du concile, le Pape établit une congrégation permanente de huit cardinaux. Certains théologiens modernes ne respectent point assez ce tribunal canonique de l'Eglise. Pour précautionner les fidèles contre les mauvaises doctrines, Pie IV approuve le catalogue ou index des livres prohibés, avec les dix règles à suivre en cette matière. Sixte-Quint complète la mesure en instituant la congrégation de l'Index, p. 335. — Pour conserver la santé publique dans les âmes, Pie IV confirme et Sixte-Quint complète la congrégation du Saint-Office ou de la Sainte-Inquisition, p. 336. — Pour couronner toutes ces mesures, Pie IV dresse la profession de foi. Cette profession de foi est expliquée dans le catéchisme du concile de Trente, publié par Pie V, p. 337. — Correction du Bréviaire et du Missel, achevée sous Pie V. Ordonnance du saint Pape à ce sujet. On n'y pense point assez sérieusement, p. 338. — Chant ecclésiastique. Réformation du calendrier, p. 339. — Correction du Martyrologe romain, p. 340. — Sixte-Quint complète toutes ces mesures en instituant la congrégation des Rites. Correction du Pontifical romain et du Cérémonial des évêques, achevée sous Clément VIII, p. 341 (Voyez encore *Droit canon*).

DIVINITÉ et consubstantialité du Verbe. Preuves de cette croyance depuis le commencement du second siècle jusqu'au concile de Nicée : dans la lettre de Pline à Trajan, t. 2, l. 27, p. 365; — dans les lettres de saint Ignace d'Antioche, p. 371; — dans la confession de la sainte martyre Symphorose, p. 384; — dans les écrits de saint Irénée, p. 387; — dans la première apologie de saint Justin, p. 394; — dans le dialogue de saint Justin avec Tryphon, p. 404; — dans le martyre de sainte Félicité et de ses enfants, p. 405; — dans la confession des saints Epipode et Alexandre, p. 426; — dans l'*Exhortation* de Clément d'Alexandrie, p. 439; — dans la confession de la martyre Donate, l. 28, p. 451; — dans les *Stromates* de Clément d'Alexandrie, p. 453; — dans les actes de sainte Perpétue, p. 458; — dans l'*Apologétique* de Tertullien, p. 463; — dans son livre contre Praxéas, p. 475; — dans le livre de saint Hippolyte contre Noët; — dans l'homélie de saint Hippolyte sur le baptême de Jésus-Christ, p. 494; — dans

les écrits d'Origène, p. 505; — dans les actes du martyre de saint Pionus et autres, l. 29, p. 523; — dans les actes des saints Lucien et Marcien, p. 525; — dans le mot *consubstantiel*, regardé par les fidèles comme l'expression propre de la croyance catholique sur la divinité du Christ; dans saint Denys d'Alexandrie, qui se sert de ce mot avec les fidèles et avec le pape saint Denys; dans l'apologie de saint Denys d'Alexandrie, p. 565; — dans son écrit contre Paul de Samosate, p. 567; — dans la lettre du concile d'Antioche contre Paul de Samosate, p. 568; — dans les homélies de saint Grégoire Thaumaturge, p. 569; — dans une lettre du pape Félix, p. 570.

DIVINITÉ de Jésus-Christ, confessée par les martyrs de Perse, en particulier saint Siméon, archevêque de Séleucie, t. 3, l. 32, p. 137.

DODWELL, ministre anglican. Ses erreurs. Jugement de Leibnitz sur cet auteur, t. 11, l. 88, p. 296.

DOLGOROUKI (les), nobles russes, t. 11, l. 88, p. 315.

DOMAT, jurisconsulte français. Ses bonnes idées, mais incomplètes et contradictoires, t. 11, l. 88, p. 162.

DOMINICAINS (les) propagent la religion catholique dans les nations slaves, tartares et autres de l'Orient, t. 9, l. 80, p. 12.

DOMINIQUE (saint), fondateur de l'ordre des Frères-Prêcheurs. Son arrivée en Languedoc avec l'évêque d'Osma. Leur histoire. Leurs travaux. Leur succès. Mort du premier, t. 7, l. 71, p. 344. — Travaux et succès ultérieurs de saint Dominique, p. 390. — Dévotion du saint Rosaire. Commencement de l'ordre des Frères-Prêcheurs ou des Dominicains, p. 392. — Rencontre à Rome de saint Dominique et de saint François, p. 393. — Règle de saint Dominique. Son ordre est approuvé par le Pape, p. 408. — Travaux, succès, miracles, fondations de saint Dominique, p. 409 et seqq. — Ses disciples saint Ceslas et saint Hyacinthe, p. 416. — Autres disciples de saint Dominique, p. 417. — Voyages de saint Dominique en France, en Espagne et en Italie, p. 419. — Nouveaux disciples de saint Dominique, qui veut réunir son ordre à celui de saint François. Il institue pareillement un tiers-ordre, p. 433. — Derniers travaux et mort de saint Dominique, p. 436.

DOMINIQUE (saint) le Cuirassé. Sa vie, t. 6, l. 63, p. 73.

DOMINIQUE, patriarche d'Aquilée. Ses lettres à Pierre, patriarche d'Antioche, t. 6, l. 64, p. 94.

DOMITIEN, empereur. Ses heureux commencements. Horreurs de ses dernières années, t. 2, l. 26, p. 339. — Persécution contre les chrétiens. Confession et exil de saint Jean, p. 340. — Mort de Domitien, p. 361.

DOMNINE (sainte), martyre à Egée, t. 3, l. 30, p. 9.

DOMNINE (sainte) d'Antioche. Son martyre et celui de ses deux filles, t. 3, l. 30, p. 46.

DOMNUS succède à Jean sur le siége d'Antioche, t. 3, l. 40, p. 513.

DONAT, évêque schismatique (Voyez *Donatistes*).

DONATIEN (saint) convertit son frère. Leur martyre, t. 3, l. 30, p. 6.

DONATISTES. Schisme à Carthage. Donat. Concile et lettres des schismatiques. Leur requête à Constantin. Concile de Latran. Condamnation de Donat, t. 3, l. 31, p. 88. — Promulgation à Carthage de la décision du Concile. Donat rentre dans la ville. Nouvelle requête des donatistes à l'empereur. Leur condamnation par le proconsul d'Afrique et le concile d'Arles. Retour de quelques schismatiques. Opiniâtreté des autres, p. 90. — Condamnation des donatistes par l'empereur, p. 91. — Exil des plus séditieux, p. 92. — Brutalité de Donat et émeute des donatistes contre Paul et Macaire, l. 32, p. 130. — Concile de Carthage pour la réunion des schismatiques, p. 131. — Rappel et violences des chefs donatistes sous Julien l'Apostat, l. 34, p. 191. — Les sept livres de saint Optat contre les donatistes, l. 35, p. 256. — Terreur que saint Augustin inspire aux évêques donatistes, l. 37, p. 345. — Division des donatistes. Plu-

sieurs ouvrages de saint Augustin sur leur schisme. Ses conférences avec eux, p. 364. — Conférence des donatistes et des catholiques à Carthage, l. 38, p. 396. — Saint Augustin achève par ses écrits les résultats heureux de la conférence. Sa charité envers les opiniâtres mêmes, p. 400.

DONUS, pape, t. 4, l. 50, p. 475.

DONUS II, pape. Son court pontificat, t. 5, l. 61, p. 502.

DORDRECHT. Synode de calvinistes qui s'anathématisent les uns les autres, t. 11, l. 87, p. 41.

DOROTHÉE et DOSITHÉE (les saints), t. 4, l. 48, p. 360.

DOROTHÉE, évêque de Thessalonique. Sa conduite indigne envers les légats du Saint-Siége. Sa lettre mensongère au Pape, t. 4, l. 44, p. 446.

DOTTI André (bienheureux), t. 8, l. 78, p. 434.

DOUTE. Le doute méthodique ou scientifique, inventé par Aristote, et défiguré par Descartes ou plutôt par les Cartésiens, t. 2, l. 20, p. 32.

DREUX-BRÉZÉ (Mgr de), évêque de Moulins, déféré au conseil d'Etat, t. 12, l. 92, p. 336.

DROGON (saint), patron des bergers, t. 7, l. 70, p. 211.

DROIT CANON, JURIDICTION, DISCIPLINE ECCLÉSIASTIQUE, HIÉRARCHIE. — Ensemble de la discipline ecclésiastique, d'après le concile œcuménique de Nicée, les conciles particuliers d'Arles, d'Ancyre, de Néocésarée et de Gangres, t. 3, l. 34, p. 92-96. — Origine de la juridiction ecclésiastique, et de la prééminence des siéges de Rome, d'Alexandrie et d'Antioche. Sens du sixième canon du concile de Nicée sur les priviléges des trois patriarches, p. 92. — Deux conciles à tenir par an, pour examiner entre autres les excommunications prononcées par chaque évêque. Règlements des conciles de Nicée, d'Arles et d'Ancyre, touchant les ordinations et les translations. Ceux qui sont exclus des ordres, par les conciles de Nicée et de Néocésarée, p. 93. — La loi et la pratique du célibat des clercs étaient notoires au commencement du IVe siècle, d'après le témoignage d'Eusèbe, de saint Epiphane, de saint Jérôme et du concile d'Elvire. Sens des canons de Gangres et d'Ancyre à cet égard. Raison morale du célibat ecclésiastique. Le concile de Nicée confirme indirectement la loi du célibat, p. 94. — Ce que, d'après le Père Thomassin, il faut penser de l'anecdote de Paphnuce, rapportée par l'historien Socrate. Raison qui pouvait empêcher le concile de Nicée de transformer en loi expresse la continence des clercs, déjà établie par une tradition apostolique, p. 95. — Divers règlements de ces conciles touchant la conduite des ministres de l'Eglise. Canons touchant la réconciliation des apostats et des pénitents. Canons relatifs à l'état militaire. Canons relatifs aux chrétiens remplissant des magistratures civiles. Canons relatifs au mariage. Règles concernant la réception des hérétiques, p. 96. — Canon relatif aux novatiens. Canon relatif aux paulianistes, p. 97 (Voyez encore *Discipline de l'Eglise*).

DROSTE-VISCHERING (Auguste de), archevêque de Cologne, n'ayant pas voulu aller contre le bref du Pape, est persécuté par le roi de Prusse, enlevé de son diocèse et emprisonné dans une forteresse. Cette persécution devient le salut de l'Eglise catholique en Allemagne, t. 12, l. 94, p. 155.

DROUOT (le général), t. 12, l. 94, p. 63.

DRUSES. Origine et religion mystérieuse des Druses, t. 12, l. 94, p. 193.

DRYDEN, poète anglais catholique, t. 11, l. 88, p. 290.

DUBELLOY, évêque de Marseille, puis archevêque de Paris, t. 11, l. 88, p. 271.

DUBOIS, cardinal. Ce qu'il en est, t. 11, l. 88, p. 260.

DUCANGE. Ses travaux historiques, t. 11, l. 88, p. 437.

DUEL. Peines que le concile de Trente porte contre le duel, t. 10, l. 85, p. 328.

DUGUESCLIN. Ses premiers exploits, t. 8, l. 79, p. 548. — Sa mort. Son caractère. Ses vertus, t. 9, l. 81, p. 47.

Dulau, archevêque d'Arles. Sa vie et son martyre, t. 11, l. 90, p. 142.

Dumouriez, général français, t. 11, l. 90, p. 544.

Dunin (Martin de), archevêque de Gnésen, est persécuté par le roi de Prusse, à cause de son obéissance au Pape, t. 12, l. 91, p. 155.

Duns Scot. Commentaires sur Aristote par Duns Scot, franciscain, t. 8, l. 73, p. 92.

Dunstan (saint). Ses commencements, t. 5, l. 60, p. 447. — Saint Dunstan, successeur de saint Odon à Cantorbéry, vient à Rome, où Jean XII l'établit son légat en Angleterre, p. 475. — Vertus épiscopales de saint Dunstan. Faute, pénitence et vertus du roi Edgar, l. 61, p. 503. — Dernières actions et mort de saint Dunstan, p. 508.

Dupanloup. — Procès de la famille de Msr Rousseau et du *Siècle* contre Msr Dupanloup; livre de ce prélat sur la *Souveraineté pontificale*, t. 12, l. 92, p. 349. — Msr Dupanloup, dans sa *Lettre sur le futur concile*, rappelle ce que sont les conciles œcuméniques, p. 420. — Msr Dupanloup et ses *Observations sur la controverse soulevée*, etc. : résumé de cet ouvrage, p. 433. — Avertissement de Msr Dupanloup aux rédacteurs du journal l'*Univers*, p. 434.

Duphot. Sa mort, provoquée par lui-même, sert de prétexte aux Français pour envahir Rome, t. 11, l. 90, p. 581.

Dupin (Ellies), docteur suspect et téméraire, a été réfuté par Bossuet, t. 11, l. 88, p. 158.

Dupuis. Tendance schismatique des avocats Pithou et Dupuis, condamnés par vingt-deux évêques de France, et même par Fleury, qui les imite, t. 11, l. 87, p. 5.

Dupuy. Le légiste Dupuy et autres parlementaires, plus favorables aux sectes qu'à l'Eglise, t. 11, l. 88, p. 165.

Durand, bénédictin, t. 11, l. 88, p. 135.

Durand, évêque de Meaux. Son traité sur l'origine et l'usage des juridictions, t. 8, l. 79, p. 557.

Durand, évêque de Mende. Ses écrits, t. 8, l. 79, p. 520.

Duras (Charles de), roi de Naples, puis de Hongrie, t. 9, l. 84, p. 65.

Duruy, ministre de l'instruction publique, et les cours publics pour l'enseignement supérieur des jeunes filles en France, t. 12, l. 92, p. 411.

Duserre, chef des Huguenots fanatiques, connus sous le nom de Camisards, t. 11, l. 88, p. 242.

Duval, docteur en théologie, ami de Vincent de Paul, t. 11, l. 88, p. 151.

Duvoisin, évêque de Nantes. Notice sur sa personne. Sur sa conduite dans la persécution de Napoléon contre Pie VII, t. 11, l. 91, p. 43 et seqq.

Dynastie française. Lutte séculaire entre la seconde et la troisième dynastie royale, chez les Francs. Elle se termine sans que, pendant tout ce temps, aucun meurtre politique se commette ni de part ni d'autre, t. 5, l. 61, p. 528.

E

Eau bénite. Suivant sainte Thérèse, rien ne chasse si efficacement les démons que l'eau bénite, t. 10, l. 86, p. 360.

Ebbon, archevêque de Reims, t. 5, l. 55, p. 155. — Avec la permission du Pape, il va prêcher la foi dans le Nord, p. 166. — Il seconde saint Anscaire dans la mission du Groënland, p. 191. — Il préside l'assemblée de Compiègne, où Louis le Débonnaire est mis en pénitence publique, p. 203. — Sa cause, après la réhabilitation de l'empereur, p. 212. — Il rentre dans son église de Reims, et ne mérite pas les reproches que généralement on lui fait, l. 56, p. 225. — Conduite des évêques français à son égard, p. 247. — Affaire des clercs d'Ebbon, l. 57, p. 303.

Ebérard, écrivain allemand, t. 8, l. 79, p. 520.

Eberhard (saint), archevêque de Salzbourg. Ses vertus, sa fermeté à reconnaître le pape Alexandre III, t. 7, l. 69, p. 56.

Ebion, chef d'hérétiques, t. 2, l. 26, p. 330.

Ebrard de Breteuil. Sa piété, t. 6, l. 64, p. 133.

Ecbert, moine, réfute les hérétiques manichéens, t. 6, l. 68, p. 553.

Ecclésiaste. Livre de Salomon, t. 1, l. 13, p. 322.

Ecclésiastique, livre de Jésus, fils de Sirac : ses enseignements, son objet, t. 2, l. 21, p. 76.

Ecdicius. Sa charité, t. 4, l. 44, p. 34.

Eckard ou d'Eccart, ami de Leibnitz, se fait catholique, t. 11, l. 88, p. 303.

Ecole progressive, t. 12, l. 91, p. 445.

Ecoles ou sectes de philosophie ancienne. Ecole cynique. Ecole cynéraïque, t. 2, l. 20, p. 39. — Ecole d'Élée. Ecole d'Héraclite, p. 8. — Ecole ionique. Ecole italique, p. 2. — Ecole de Socrate, p. 11; — de Platon, p. 22; — d'Epicure, p. 9. — Ecole Péripatéticienne, p. 27. — Ecole stoïcienne, p. 42.

Ecosse (Voyez *Angleterre*). — Etat de l'Ecosse catholique vers la fin du XVIIe siècle, t. 11, l. 88, p. 290.

Ecriture sainte. Catalogue par Méliton, évêque de Sardes, des divines Ecritures, complété par l'Eglise,

t. 2, l. 27, p. 419. — Autorité et antiquité des Ecritures par Tertullien, l. 28, p. 463; — par saint Justin, l. 27, p. 392. — Les hérétiques ne sont pas recevables à s'appuyer de l'Ecriture sainte, qui n'est point à eux, mais à l'Eglise ancienne, avec l'interprétation et la tradition vivante, l. 28, p. 480. — Editions de l'Ecriture par Origène, p. 500. — Quel est le vrai interprète de l'Ecriture sainte, t. 8, l. 79, p. 514. — Décret du concile de Trente sur l'Ecriture sainte, t. 10, l. 85, p. 485.

Ecthèse de l'empereur Héraclius, t. 4, l. 48, p. 447. — Conduite honorable de l'Eglise romaine, du pape Séverin et du pape Jean IV, qui rejettent l'*Ecthèse* et condamnent le monothélisme, p. 448. — L'empereur Héraclius désavoue l'*Ecthèse* avant sa mort, p. 449.

Edelnoth (saint), archevêque de Cantorbéry, t. 6, l. 63, p. 29.

Eden et le paradis terrestre. Sa situation. Sa culture et sa garde sont confiées à l'homme, t. 1, l. 1, p. 30.

Edesse. Fermeté des catholiques d'Edesse en la persécution de Valens, t. 3, l. 35, p. 239. — Baudouin de Lorraine devient prince d'Edesse, t. 6, l. 66, p. 316. — Sac d'Edesse par les Sarrasins mahométans, l. 68, p. 367.

Edgar, roi d'Angleterre. Sa faute, sa pénitence et ses vertus, t. 5, l. 61, p. 503.

Edgar, prince d'Angleterre, se réfugie avec sa sœur sainte Marguerite auprès de Malcolm, roi d'Ecosse, qui prend leur défense contre le roi Guillaume, t. 6, l. 6, p. 262.

Egdeworth de Firmont (l'abbé), dernier confesseur de Louis XVI, t. 11, l. 90, p. 554.

Edithe (sainte), sœur de saint Edouard, t. 5, l. 61, p. 508.

Edmer (le moine), ami et biographe de saint Anselme de Cantorbéry, t. 6, l. 66, p. 278. — Il est élu au siége de Saint-André en Ecosse, l. 67, p. 410.

Edmond (saint), roi et martyr, t. 5, l. 58, p. 374.

Edmond (saint) de Cantorbéry. Ses commencements,

t. 7, l. 72, p. 448. — Archevêque de Cantorbéry, l. 73, p. 533. — Ses dernières actions et sa mort, p. 539.

EDMOND AUGER, jésuite, t. 10, l. 85, p. 302.

EDMOND CAMPIAN, chef des missionnaires jésuites en Angleterre sous Elisabeth, t. 10, l. 86, p. 414.

EDOUARD (saint), martyr, roi d'Angleterre, t. 5, l. 61, p. 508.

EDOUARD (saint), le confesseur, roi d'Angleterre. Son règne, bizarrement apprécié par quelques historiens. Le pape saint Léon, pour un plus grand bien, le dispense de faire le pèlerinage de Rome, t. 6, l. 63, p. 61. — Affaires ecclésiastiques d'Angleterre sous son règne, l. 64, p. 117. — Les légats lui font connaître le mérite de saint Wulstan et le font élever sur le siège de Worchester. Pieuse lettre du roi Edouard au Pape, p. 118. — Mort du roi d'Angleterre, saint Edouard, p. 134.

EDOUARD Ier, roi d'Angleterre. Son expédition en Terre sainte, comme prince royal, t. 8, l. 75, p. 202 et seqq. — Son règne, l. 76 (Voir les détails, art. Angleterre). -

EDOUARD II, t. 8, l. 79 (Voir Angleterre).

EDOUARD III, t. 8, l. 79 (Voir Angleterre).

EDOUARD IV, t. 9, l. 83 (Voir Angleterre).

EDOUARD V, t. 9, l. 83 (Voir Angleterre).

EDOUARD VI. Son avénement au trône d'Angleterre, d'après le protestant Cobbet, t. 10, l. 85, p. 204. — Omission d'une cérémonie importante dans son inauguration. Origine anglicane de l'absolutisme royal ou du despotisme, p. 205. — Variations religieuses de l'Angleterre sous son règne, p. 239. — Il signe la mort de ses deux oncles. Ce que le protestant Cobbet dit à ce sujet. Sa mort. Comment ses maîtres tournaient contre l'Eglise sa haine contre l'idolâtrie, p. 243.

EGBERT, archevêque d'York. Son Pénitentiel. Son Pontifical. Cérémonies et prières pour le sacre des rois d'Angleterre, t. 5, l. 52, p. 13.

EGIDIUS ou Gille (le bienheureux), troisième disciple de saint François d'Assise, t. 7, l. 71, p. 332.

EGIDIUS de Viterbe, t. 9, l. 83, p. 423.

EGINHARD. Ses ouvrages, t. 5, l. 54, p. 116.

EGLISE CATHOLIQUE : SES CARACTÈRES DISTINCTIFS. — L'Eglise catholique est le commencement de toutes choses ; la plus grande autorité sur la terre, t. 1, Préface, p. ix. — L'Eglise catholique, société de Dieu, d'abord avec lui-même, puis avec les anges, et enfin avec les hommes, t. 1, l. 1, p. 1. — Elle détruit l'astrologie et féconde l'astronomie, p. 15. — Sa naissance. Elle est figurée par l'union d'Adam et d'Eve, p. 32. — ... par l'arche de Noé, l. 3, p. 61. — Hors de l'Eglise il n'y a point de salut. Un mot sur cette maxime, p. 61. — Isaac et Rebecca. Figure de l'Eglise. Esaü et Jacob, l. 4, p. 95. — Pharaon oppresseur des Israélites et les rois oppresseurs de l'Eglise, l. 6, p. 124. — Société parfaite dans l'Eglise. Idéal que se formaient d'une telle société Platon, Confucius, Cicéron, l. 7, p. 147. — L'Eglise réalise par son développement progressif la marche indiquée par Platon pour former une société parfaite, p. 150. — Caractères de l'Eglise catholique, suivant saint Ignace d'Antioche, t. 2, l. 27, p. 370. — L'Eglise catholique, suivant saint Irénée, est la fidèle dépositaire de la tradition universelle, p. 437. — Unité de l'Eglise catholique, p. 387. — La sainteté est inséparable de cette Eglise. Elle est universelle, p. 437. — Elle est apostolique, p. 438. — Les hérétiques ne sont pas recevables à s'appuyer de l'Ecriture, qui n'est point à eux, mais à l'Eglise ancienne, avec l'interprétation et la tradition vivante. Tertullien. Prescriptions, l. 28, p. 480. — L'Eglise, aussi ancienne que le monde, p. 505. — Doctrine d'Origène sur l'unité et l'autorité de l'Eglise, p. 508. — D'après saint Cyprien, la source de l'épiscopat est Jésus-Christ ; le canal, Pierre, l. 29, p. 531. — D'après le même, l'unité de l'Eglise est fondée sur Pierre, p. 536. — Unité de l'Eglise dans Clément d'Alexandrie, p. 456. — Suivant saint Epiphane,

l'Eglise catholique est de l'éternité et du commencement des siècles. Il fait voir que toutes les hérésies, y compris le paganisme, sont postérieures à l'Eglise catholique, t. 3, l. 35, p. 251. — Saint Philastre do Bresse enseigne également que le christianisme a commencé avec le monde et s'est perpétué par les patriarches. Doctrine de saint Pacien de Barcelone sur les caractères de l'Eglise, p. 255. — Doctrine de saint Optat de Milève sur les marques de l'Eglise véritable. La principale marque est la Chaire de saint Pierre, p. 256. — Pierre seul a reçu les clés pour les communiquer aux autres, p. 257.

EGLISE CATHOLIQUE. (histoire-universelle de l'). — Ensemble, t. 1, Préface, p. 9. — Suite et chronologie. Entre la création du premier homme et le commencement de l'ère chrétienne, on compte de 4000 à 6000 ans. La création du monde et de l'homme. Dans l'homme, il faut distinguer la nature et la grâce, t. 1, l. 1, p. 34. — Accord des anciennes traditions avec Moïse. Chute de l'homme. Promesse du Rédempteur, l. 2, p. 34-50. — Vie des premiers hommes. Le déluge, tombeau de l'ancien monde, qui en ressuscite un nouveau. Son époque : suivant le calcul le plus long, environ 3100 avant l'ère chrétienne ; suivant le calcul le plus court, 2349, l. 3, p. 51-69. — Confusion des langues. Dispersion des peuples. Abraham, Melchisédech et les autres patriarches, Isaac, Jacob et Joseph, figures du Christ et de son Eglise. Ismaël, père et type des Arabes ou Bédouins. La vocation d'Abraham est de 1721 avant l'ère chrétienne, l. 4, p. 70-111. — Job, patriarche de l'Idumée, figure et prophétie du Christ, l. 5, p. 112-122. — Les Israélites sortent de l'Egypte, l'an 1471 avant l'ère chrétienne. Moïse, la Pâque, la sortie d'Egypte, figures prophétiques de Jésus-Christ et de son Eglise, l. 6, p. 123-146. — Loi écrite. Ses rapports avec le passé, le présent et l'avenir, l. 7, p. 147-172. — De 1491 à 1451 avant l'ère chrétienne. Voyage dans le désert. Mort de Moïse. Epreuves de l'Eglise sur la terre, l. 8, p. 172-198. — De 1451 à 1424 avant l'ère chrétienne. Josué ou le Jésus du peuple d'Israël, figure du Jésus de l'humanité entière, l. 9, p. 199-224. — De l'an 1424 à l'an 1095 avant l'ère chrétienne. Les Juges. Institution de la royauté, l. 10, p. 225-261. — De l'an 1095 à l'an 1055 avant l'ère chrétienne. Saül, David, Jonathas, l. 11, p. 262-286. — De l'an 1055 à l'an 1014 avant l'ère chrétienne. David sur le trône, à la fois prophète et prophétie, l. 12, p. 287-309. — De l'an 1014 à l'an 975 avant l'ère chrétienne. Salomon, le temple, figures du Christ et de son Eglise, l. 13, p. 309-329. — De l'an 975 à l'an 758 avant l'ère chrétienne. Division d'Israël en deux royaumes. Elie, Elisée, Josaphat, Athalie, l. 14, p. 329-352. — De l'an 758 à l'an 721 avant l'ère chrétienne. Monarchie universelle. Les prophètes commencent à écrire l'histoire future du monde. Jonas, Isaïe, Amos, Osée, Michée. Fin du royaume d'Israël, l. 15, p. 353-366. — De l'an 721 à l'an 613 avant l'ère chrétienne. Ezéchias. Fin d'Isaïe. Tobie, Manassès, Judith. Ruines de Ninive, l. 16, p. 367-395. — De l'an 613 à l'an 588 avant l'ère chrétienne. Josias. Commencement de Jérémie. Captivité de Babylone. Nabuchodonosor voit en emblème l'histoire du monde. Daniel la lui explique. Ezéchiel dans la Mésopotamie. Ruine de Jérusalem et du temple, l. 17, p. 395-426. — De l'an 588 à l'an 538 avant l'ère chrétienne. Fin de Jérémie. Nabuchodonosor et son fils annoncent le vrai Dieu à tous les peuples de la terre. Daniel, historien des quatre grands empires, en particulier de l'empire romain. Chants lugubres d'Ezéchiel sur la ruine future de Tyr et de l'Egypte. Prise de Babylone par Cyrus, l. 18, p. 427-450. — De l'an 538 à l'an 442 avant l'ère chrétienne. Darius le Mède annonce à toute la terre le Dieu du ciel. Cyrus ordonne le rétablissement de son temple à Jérusalem, et renvoie les Juifs dans leur pays. Daniel prédit l'époque du Christ, la guerre des Perses avec les

Grecs, l'histoire des successeurs d'Alexandre. Artaxerce Longue-Main prend pour femme Esther, pour premier ministre Mardochée, envoie Esdras et Néhémias relever les murs de Jérusalem. Fin des Prophètes, l. 19, p. 451-482. — Les philosophes, les poètes et les historiens de la gentilité, l. 20, p. 482-508; t. 2, 1. — De l'an 442 à l'an 444 avant l'ère chrétienne. Accomplissement des prophéties sur l'empire des Perses et sur celui des Grecs. Machabées, t. 2, l. 21, p. 54-105. — De l'an 444 à l'an 7 avant l'ère chrétienne. Accomplissement des prophéties sur l'empire des Romains. Préparation du monde à l'avénement du Christ, l. 22, p. 106-142.

Église catholique, etc. — Jésus-Christ, t. 2, l. 23, p. 143-241. — Histoire naturelle du christianisme, autrement : A raisonner d'après deux faits bien notoires, quelle est la manière la plus naturelle d'expliquer le catholicisme et son histoire, l. 24, p. 241-252. — De l'an 29 à l'an 66 de l'ère chrétienne. Les apôtres fondent l'Église, l. 25, p. 252-321. — De l'an 66 à l'an 100 de l'ère chrétienne. Les Romains détruisent Jérusalem. Saint Jean prédit la ruine et le démembrement de l'empire romain, l. 26, p. 322-364. — De l'an 100 à l'an 197 de l'ère chrétienne. Rome idolâtre persécute l'Église. L'Église régénère le genre humain, l. 27, p. 365-446. — De l'an 197 à l'an 230 de l'ère chrétienne. Commencement de la vengeance de Dieu sur Rome idolâtre. L'Église, toujours persécutée, continue toujours la régénération du genre humain, l. 28, p. 447-513. — De l'an 230 à l'an 284 de l'ère chrétienne. Continuation de la vengeance de Dieu sur Rome idolâtre, et de la régénération du genre humain par l'Église toujours persécutée, l. 29, p. 514-575.

Église catholique, etc. — De l'an 285 à l'an 313 de l'ère chrétienne. Dernier combat entre Rome idolâtre et l'Église du Christ. Triomphe de l'Église, t. 3, l. 30, p. 1-61. — De l'an 313 à l'an 326 de l'ère chrétienne. Après avoir combattu pour l'unité de Dieu, l'Église combat pour la divinité du Christ et pour sa propre unité. Premier concile œcuménique, l. 31, p. 62-102. — De l'an 326 à l'an 346 de l'ère chrétienne. L'Église, personnifiée dans saint Athanase, n'a pas moins à souffrir de la légèreté et de l'inconstance de Constantin que de la cruauté de Sapor, roi des Perses, et trouve son salut dans la prééminence de l'évêque de Rome, le pape saint Jules, l. 32, p. 103-142. — De l'an 346 à l'an 361 de l'ère chrétienne. L'Église, persécutée par Constance et par Sapor, enfante ses plus grands docteurs, l. 33, p. 142-180. — De l'an 361 à l'an 363 de l'ère chrétienne. Julien l'Apostat. Preuve expérimentale que le paganisme et sa philosophie ne sont qu'inanité, et que le christianisme seul possède la vérité et la vie, l. 34, p. 181-215. — De la mort de Julien l'Apostat, 363, à celle de l'empereur Valens, 378. Les églises affligées d'Orient n'attendent leur salut que de l'Occident et de Rome ; et les nations barbares commencent à exécuter la justice de Dieu sur le monde païen, l. 35, p. 216-263. — De l'an 378 à l'an 393 de l'ère chrétienne. L'empereur Théodose et l'archevêque de Milan, saint Ambroise. Ce que c'est qu'un évêque, l. 36, p. 264-309. — De l'an 393 à l'an 410 de l'ère chrétienne. Rome païenne s'en va avec le vieux monde ; Rome chrétienne la remplace avec un monde nouveau, qu'éclairent à la fois saint Ambroise et saint Martin, saint Augustin et saint Jérôme, saint Paulin et Synésius, saint Chrysostome et saint Epiphane, l. 37, p. 310-391. — Du sac de Rome par Alaric, 410, à la mort de saint Augustin, 430. Dieu brise la ville et l'empire de Rome païenne pour en faire sortir Rome chrétienne, avec des nations et des royaumes chrétiens, l. 38, p. 392-449. — De l'an 430 à l'an 433 de l'ère chrétienne. L'Église catholique maintient sa doctrine de l'incarnation contre l'hérésie grecque de Nestorius. Concile d'Ephèse. Le pape Célestin. Autorité du Siége apostolique, l. 39, p. 449-490. — De l'an 433 à l'an 453 de l'ère chrétienne. L'Église maintient la doctrine de l'incarnation contre l'hérésie grecque d'Eutychès. Concile de Chalcédoine. Le pape saint Léon. Mort d'Attila, l. 40, p. 491-557.

Église catholique, etc. — De l'an 453 à l'an 480 de l'ère chrétienne. L'empire romain meurt en Occident. Il ne reste plus de société vivante que l'Église catholique, t. 4, l. 41, p. 1-37. — De l'an 480 à l'an 496 de l'ère chrétienne. L'Église catholique, désolée en Italie par les guerres des Hérules et des Ostrogoths, déchirée en Orient par les schismes des Grecs, persécutée en Afrique par la cruauté des Vandales, en Arménie par la politique des Perses, enfante dans les Gaules la première des nations chrétiennes, la nation française, l. 42, p. 37-94. — De l'an 496 à l'an 519 de l'ère chrétienne. Les Églises d'Occident, unies au Pontife romain, adoucissent les mœurs et les révolutions des peuples barbares ; les Églises d'Orient, désunies et désolées par leur servilisme politique, retrouvent l'union et la paix dans leur soumission au même Pontife, l. 43, p. 94-143. — De l'an 519 à l'an 536 de l'ère chrétienne. Autorité du Pape en Orient. Grand nombre de saints dans la Grande-Bretagne et dans l'Irlande. Une foule d'illustres Arabes souffrent la mort pour Jésus-Christ dans l'Arabie Heureuse. L'Église respire en Afrique. Ouvrages et martyre de Boëce. Législation de Justinien, qui l'énerve par son exemple et ses variations. Saint Benoît : sa législation plus parfaite que celle de Justinien, l. 44, p. 144-208. — De l'an 536 à l'an 574 de l'ère chrétienne. Le vieux monde s'écroule tout à fait en Occident, avec la vieille Rome, sous les coups de Totila ; le monde nouveau s'y forme et s'y propage par l'Église romaine et les moines, entre autres par le consul romain Cassiodore, l'un d'eux. Justinien et les Grecs, par leur manie incurable d'innover et de brouiller, entravent l'Occident dans sa régénération, et préparent l'Orient à une irrémédiable décadence, l. 45, p. 209-249. — De l'an 574 à l'an 590 de l'ère chrétienne. Commencements de saint Grégoire le Grand. Conversion des Visigoths d'Espagne. Etat de la religion parmi les Francs des Gaules, où fleurit saint Grégoire de Tours, l. 46, p. 250-293. — De l'an 590 à l'an 604 de l'ère chrétienne. Pontificat du pape saint Grégoire le Grand, l'apôtre et le civilisateur de la nation anglaise, l. 47, p. 294-354. — De la mort de saint Grégoire le Grand, 604, à la mort de l'empereur Héraclius, 641. — Accomplissement progressif des prophéties de Daniel sur les empires de la terre. Hérésie et empire antichrétien de Mahomet, enfant naturel des hérésies grecques. Saint Jean l'Aumônier. Saint Anastase Persan. Saint Anastase le Sinaïte. Le pape Honorius. Saint Sophrone de Jérusalem. Saint Isidore de Séville et autres saints d'Espagne. Grand nombre de saints en France. La nation anglaise continue à se civiliser par de saints moines. L'Occident grandit par la foi; l'Orient déchoit de plus en plus par l'hérésie, l. 48, p. 355-449. — De la mort de l'empereur Héraclius, 641, à la mort de l'empereur Constant II, 668. L'Orient continue à dépérir, l'Occident à se sanctifier : l'un par son peu d'union, l'autre par son union plus intime avec l'Église romaine. Fin du royaume de Perse. Le christianisme à la Chine. L'abbé saint Maxime de Constantinople. L'hérésie grecque du monothélisme condamnée par les papes Théodore et saint Martin. Le pape saint Martin martyrisé par l'empereur grec. Saints évêques et conciles d'Espagne. Grand nombre de saints et de monastères en France. Saints rois et saints évêques en Angleterre, l. 49, p. 449-469. — De la mort de l'empereur Constant II, 668, à la fin du VIIe siècle, 698. L'Angleterre catholique, par son union avec l'Église romaine, devient un asile des lettres et des arts, et une pépinière de saints et d'apôtres pour l'Allemagne. Grand nombre de saints en France, particulièrement en Austrasie. Saint Léger mis à mort par Ebroïn, et horriblement calomnié par un écrivain moderne. Election et règne de Wamba.

Conciles et saints d'Espagne. Formation de la nation des maronites. Le monothélisme condamné par le pape saint Agathon et par le sixième concile œcuménique. Servilité sophistique du concile grec *in Trullo*, l. 50, p. 470-518. — Des commencements du VIIIe siècle, à la mort de l'empereur Léon l'Isaurien, de Charles Martel et du pape saint Grégoire III, 741. La foi, l'humanité, le bon sens quittent de plus en plus l'Orient pour se fixer dans l'Occident et lui assurer l'empire du monde. L'Angleterre catholique, illustrée par la doctrine et la sainteté du vénérable Bède et de ses contemporains, travaille avec succès, secondée par les Francs d'Austrasie, à la conversion et civilisation de l'Allemagne païenne et barbare. Les Francs d'Austrasie et d'Aquitaine, sous la conduite de l'Austrasien Charles Martel, sauvent la France, l'Europe et l'humanité de la barbarie mahométane. Les Pontifes romains maintiennent en Occident, contre les empereurs iconoclastes de Contantinople, le bon sens et la foi catholiques, que saint Jean Damascène soutient au milieu des Musulmans, l. 51, p. 519-570.

EGLISE CATHOLIQUE, *etc.* — De l'an 741 à l'an 755 de l'ère chrétienne. Le monde achève de se constituer chrétiennement en Occident par l'indépendance même temporelle de l'Eglise romaine. Changement pacifique de dynastie chez les Francs. Révolutions fréquentes et meurtrières chez les Mahométans, les Grecs et les Chinois. Le modèle des héros à la Chine est un chrétien. Science de saint Jean Damascène, défendant la foi chrétienne contre les sectateurs de Mahomet et contre les Grecs iconoclastes, t. 5, l. 52, p. 4-45. — De l'indépendance temporelle de l'Eglise romaine, 755, au rétablissement de l'empire romain en Occident, par le pape saint Léon III, dans la personne de Charlemagne, 800. Cruelles folies de l'empereur grec Copronyme. Vie et martyre de saint Etienne d'Auxence. Derniers travaux et martyre de saint Boniface, apôtre de l'Allemagne. Institution canoniale de saint Chrodegand de Metz. Les rois lombards, voulant asservir l'Eglise romaine, ne font que compléter son indépendance, même temporelle, et se ruiner eux-mêmes. Charlemagne et Witikind. L'Eglise romaine donne les principaux éléments de leur constitution politique aux Anglais. Septième concile œcuménique! Charlemagne et ses amis contre les Grecs, les Musulmans de Bagdad et les peuples de la Chine, l. 64, p. 479-533. Adrien et saint Léon, lequel constitue en lui l'Europe chrétienne, et par là même le monde, l. 53, p. 46-94. — De l'an 800 à l'an 844 de l'ère chrétienne. Charlemagne et son siècle. Ce que c'est qu'un empereur catholique, l. 54, p. 95-454. — De la mort de Charlemagne, 814, à la mort de Louis le Débonnaire, 840. En Occident, sous les descendants de Charlemagne, la guerre civile est plus pacifique et plus honorable que la paix des empereurs grecs de Constantinople et des califes musulmans de Bagdad, l. 55, p. 452-217. — De la mort de Louis le Débonnaire, 840, à la mort de l'empereur Lothaire et du pape saint Léon IV, en 855. L'empire des Francs se désunit en plusieurs royaumes. L'Eglise seule maintient l'unité intellectuelle et sociale dans l'Occident et dans le reste du monde, l. 56, p. 217-273. — De la mort du pape saint Léon IV, 855, à la fin du huitième concile œcuménique, 870. En Occident, princes médiocres; en Orient, princes détestables. Ce qu'il y a de faux chez les Grecs se personnifie dans Photius : ce qu'il y a de bon, dans saint Ignace. Les papes saints Nicolas Ier et Adrien II soutiennent partout ce qu'il y a de bon et combattent ce qu'il y a de mauvais. Civilisation chrétienne des Scandinaves, des Bulgares et des Slaves. Martyrs en Espagne. Au huitième concile œcuménique, dernier d'Orient, les Grecs condamnent d'avance leur schisme à venir dans celui de Photius, l. 57, p. 273-337. — De la fin du huitième concile œcuménique, 870, à la seconde et dernière expulsion de Photius et son remplacement par le patriarche Etienne, en 886. Crise de l'humanité pour aboutir, en Occident, à l'âge viril; en

Orient, à la décrépitude. Despotisme de Hincmar de Reims. Ravages des Normands. Empereurs d'Occident meurent les uns sur les autres. Alphonse le Grand en Espagne. Alfred le Grand en Angleterre. Rome, centre et remède unique du monde chrétien. Esclavons continuent, Russes commencent à se convertir. L'Orient, troublé par les impostures et le schisme de Photius, cherche et trouve le remède à ses maux dans la soumission à l'Eglise romaine, l. 58, p. 338-389. — De la fin du schisme de Photius, 886, à la conversion des Normands, 922, et de la réunion de l'Eglise de Constantinople avec les légats du pape Jean X. Ce que l'on appelle *siècle de fer*, et ce qu'il en est, l. 59, p. 390-433. — De la conversion des Normands, 922, au couronnement de l'empereur Othon Ier, 962. Quarante ans du Xe siècle, l. 60, p. 434-478. — De la translation de l'empire d'Occident, 962, jusqu'à la translation finale de la royauté en France, de la seconde dynastie à la troisième, vers la fin du Xe siècle, 991. Les Papes transfèrent l'empire d'Occident aux princes d'Allemagne, dont le premier, cédant à de mauvais conseils, commence par faire un antipape. Grands et saints personnages par toute l'Eglise. La nonne Roswith, au fond de l'Allemagne, écrit, en latin élégant et correct, des comédies chrétiennes. Le moine Gerbert d'Aurillac étudie et enseigne les sciences, avec l'applaudissement de tous ses contemporains. Les Russes se convertissent avec leur grand-duc Wladimir. La troisième dynastie de France succède à la seconde d'une manière peut-être unique dans l'histoire. Révolutions beaucoup moins fréquentes et moins sanglantes chez les nations catholiques de l'Occident que chez les Grecs de Constantinople, les Musulmans de Bagdad et les peuples de la Chine, l. 61, p. 479-533. — De l'an 991, à l'an 1024. L'empereur saint Henri et son époque, l. 62, p. 533-579.

EGLISE CATHOLIQUE, *etc.* — *L'empereur saint Henri et son époque* (suite), t. 6, l. 62, p. 4-49. — De l'an 1024 à l'an 1054. Le pape saint Léon IX et son époque, l. 63, p. 49-88. — De l'an 1054 à l'an 1073. Les papes Victor II, Etienne IX, Nicolas II, Alexandre II et le cardinal Hildebrand. Vie intarissable et communicative de l'Eglise catholique, l. 64, p. 89-158. — De l'an 1073 à 1085. Le pape saint Grégoire VII. L'Eglise de Dieu maintient sa divine indépendance, avec la juste liberté des peuples chrétiens, contre le despotisme païen du roi teutonique, l. 65, p. 159-249. — De la mort du pape saint Grégoire VII, 1085, à la mort de Henri, ex-roi d'Allemagne, 1106. Les Papes défendent la chrétienté et contre le despotisme des rois allemands et contre l'invasion des peuples mahométans. Première croisade, l. 66, p. 250-359. — De la mort de Henri IV, ex-roi, ex-empereur d'Allemagne, 1106, à la mort de Henri V et l'extinction de leur dynastie, 1125. Les Papes continuent à défendre la chrétienté au dedans et au dehors, l. 67, p. 360-438. — De l'an 1124 à l'an 1153. L'esprit qui anime l'Eglise catholique se personnifie en saint Bernard, l. 68, p. 439-586. — § Ier. Saint Bernard réforme les mœurs cléricales et monastiques; en quoi il est secondé par plusieurs saints personnages, p. 439-468. — § II. La papauté trouve dans saint Bernard un puissant soutien, p. 468-504. — § III. Saint Bernard maintient contre Abailard la pureté de la foi catholique, illustrée par les travaux de Hugues de Saint-Victor et de quelques autres écrivains remarquables, p. 505-538. — § IV. Travaux apostoliques de saint Bernard. Deuxième croisade. Vénération des peuples pour le saint abbé. Sa mort, p. 538-586.

EGLISE CATHOLIQUE, *etc.* — De la mort de saint Bernard, 1153, à la mort du pape Alexandre III, 1181. L'Eglise de Dieu, en maintenant sa liberté et son indépendance contre les hommes qui mettent la force au-dessus de la vérité et de la justice, maintient la liberté et l'indépendance de tous les peuples chrétiens, t. 7, l. 69, p. 4-150. — § Ier. Pontificats d'Anastase IV et d'A-

drien IV, p. 1-46. — § II. Pontificat d'Alexandre III, p. 46-150. — De la mort du pape Alexandre III, 1181, à l'avénement du pape Innocent III, 1198. Caractère et mouvement général des différents peuples de l'univers à la fin du XII° siècle, l. 70, p. 151-214. — De l'an 1198 à l'an 1246. Pontificat d'Innocent III. Ce que c'était que le Pape au moyen-âge, l. 71, p. 215-395. — § Ier. Commencements d'Innocent III, p. 215-222. — § II. Sollicitude générale d'Innocent III sur tous les pays de l'Europe, p. 223-264. — § III. Sollicitude particulière d'Innocent III sur l'Orient, p. 265-300. — § IV. Sollicitude d'Innocent III pour défendre la chrétienté d'Occident contre la corruption de l'hérésie manichéenne, p. 300-326. — § V. Secours nouveau que Dieu envoie à son Eglise, p. 327-340. — § VI. Affaire de l'empire d'Allemagne et de Jean Sans-Terre, p. 340-355. — § VII. Affaires d'Orient, p. 355-373. — § VIII. Affaires d'Occident. Quatrième concile général de Latran, p. 373-395. — De la mort du pape Innocent III, 1246, à la mort du pape Honorius III, 1227. L'Esprit de Dieu, qui est toujours avec son Eglise, y réforme le clergé et le peuple, par saint Dominique et saint François, l. 72, p. 396-492. — De l'an 1227 à l'an 1250. Les Papes défendent et affermissent contre le césar allemand, Frédéric II, l'indépendance spirituelle de l'Eglise catholique, et, par suite, l'indépendance de tous les rois et peuples chrétiens, l. 73, p. 493-577. — § Ier. Pontificats de Grégoire IX et de Célestin IV, p. 493-577. — § II. Pontificat d'Innocent IV, t. 8, p. 45-88. — De l'an 1250 à l'an 1270. L'Eglise, après avoir triomphé de toutes les erreurs, organise l'accord de toutes les sciences par les travaux de saint Thomas et de ses contemporains, en même temps qu'elle subjugue l'admiration des siècles par les vertus de saint Louis, roi de France, l. 74, p. 89-201. — De l'an 1270 à l'an 1276. Le pape saint Grégoire X. Ses relations avec l'empereur de la Chine. Tient le deuxième concile œcuménique de Lyon, y réconcilie les Grecs avec l'Eglise romaine et confirme l'élection de Rodolphe de Habsbourg à l'empire d'Occident, l. 75, p. 202-243. — De la mort du pape saint Grégoire X, 1276, au jubilé séculaire de 1300. Pontificats d'Innocent V, d'Adrien V, de Jean XXI, de Nicolas III, Martin IV, Honorius IV, Nicolas IV, Célestin V, Boniface VIII. Relations du Saint-Siége avec l'empereur de la Chine. Les bouddhistes du Tibet empruntent à l'Eglise plusieurs de ses usages. Etat religieux des Russes, des Serves, des Grecs. Etat de l'Occident et de la Terre sainte. La sainte maison de Nazareth, l. 76, p. 244-351. — Du grand jubilé sous Boniface VIII, 1300, au concile œcuménique de Vienne, 1311. Constitution de la chrétienté. Origine de la confédération suisse. Etat du catholicisme en Chine. Dégénération des Grecs. Démêlé de Philippe le Bel avec Boniface VIII. Affaire des Templiers. Concile œcuménique de Vienne, l. 77, 352-429. — Du concile œcuménique de Vienne, 1311, à la mort de l'empereur Henri VII, du pape Clément V et du roi Philippe le Bel, 1314. Grand nombre de saints dans l'Eglise, malgré les troubles de l'Eglise, l. 78, p. 430-454. — De la mort de Clément V, 1314, à la mort d'Urbain V, 1370. Séjour des Papes à Avignon. Sort de la postérité de Philippe le Bel. Double élection dans l'empire d'Allemagne. Origine de la politique moderne. Baisse dans les idées et les caractères. Schisme de Louis de Bavière. Archevêque catholique à Péking. Correspondance de l'empereur de la Chine, chef des Tartares, avec le Pape. Etat des lettres et arts en Italie. Le Dante. L'Italie également féconde en saints. Relations filiales de l'Arménie avec le Pontife romain. La Poméranie demande à être fief de l'Eglise romaine. Mort funeste de Louis de Bavière. Guerre civile entre la France et l'Angleterre. Différence de la théologie mystique en Occident et en Orient, l. 79, p. 455-598.

EGLISE CATHOLIQUE, etc. — De l'an 1378 à l'an 1378. Pontificat de Grégoire XI. Vie de sainte Brigitte de Suède et de sainte Catherine de Sienne, t. 9, l. 80, p. 1-33. — De la mort de Grégoire XI, 1378, à la mort de Martin V, 1431. Grand schisme d'Occident. Concile de Constance. Réunion de toute l'Eglise sous le pape Martin V, l. 81, p. 34-145. — De l'an 1431 à l'an 1447. Du salut de la France par Jeanne d'Arc, à la réunion des chrétiens d'Orient avec l'Eglise romaine, sous le pape Eugène IV. Concile de Bâle. Concile œcuménique de Florence, l. 82, p. 146-277. — De l'an 1447, mort d'Eugène IV, à l'an 1517, cinquième concile général de Latran. Fin de ce qu'on appelle le moyen-âge. Commencement de l'âge moderne, l. 83, p. 277. — § Ier. Résultats inattendus et prodigieux des croisades. Invention de l'imprimerie. Découverte du Nouveau-Monde. Le cardinal Ximenès. Inquisition d'Espagne. Découvertes des Portugais dans l'Inde, p. 277-308. — § II. Rechute et obstination des Grecs dans le schisme. Ruine de leur empire et prise de Constantinople par les Turcs, p. 308-348. — § III. Etat de l'Allemagne, de la France, de l'Angleterre et du reste de l'Europe, gouvernée d'après les principes de la politique moderne, résumée par Machiavel, p. 348-350. — § IV. Soins des Pontifes romains pour sauver l'Europe, au dedans et au dehors. Grand nombre de savants, d'artistes et de saints en Italie, p. 350-422. — § V. Conquième concile général de Latran. Autres savants et saints personnages de cette époque, p. 422-512. — De l'an 1517, commencement de l'anarchie religieuse et intellectuelle en Allemagne, à 1545, commencement du concile œcuménique de Trente, l. 84, p. 513. — § Ier. Hérésies de Luther, jusqu'à sa condamnation par le pape Léon X, p. 513-552. — § II. Tandis que l'Allemagne se dégrade de toutes manières par l'hérésie, l'Italie et l'Espagne s'honorent en produisant des personnes et des œuvres saintes, p. 552-571. — § III. Suites des hérésies de Luther. Elles sont réfutées par le roi d'Angleterre, Henri VIII, p. 571-584. — § IV. Mort de Léon X. Adrien IV. François Ier, Charles-Quint. Leur caractère et leur conduite à l'égard de la chrétienté menacée par les Turcs, qui s'emparent de Belgrade et de Rhodes, t. 10, p. 1-21. — § V. Affinité entre le mahométisme et le luthéranisme. Le moine apostat, Luther se marie à une religieuse apostate, pendant que l'Allemagne nage dans le sang des paysans et des anabaptistes. Division entre Luther, Carlostadt et Zwingle, le faux prophète et séducteur de la Suisse, p. 21-47. — § VI. La Suède, le Danemarck et la Norwége, entraînés dans l'apostasie par les rois et les nobles. Efforts des papes Adrien VI et Clément VII pour empêcher l'apostasie de l'Allemagne, qui se brouille et se divise de plus en plus. Confession d'Augsbourg. Luther et Mélanchthon conseillent la bigamie au roi d'Angleterre et la permettent au landgrave de Hesse. Royaume des anabaptistes à Münster. Sont condamnés à l'extermination par les docteurs du protestantisme, p. 47-72. — § VII. L'Angleterre entraînée dans le schisme et l'hérésie par les passions impures et cruelles de son roi, et par la bassesse de son parlement, p. 72-95. — § VIII. Efforts de l'hérésie luthérienne pour pervertir la France. Ce qui sauve ce royaume. Genève forcée à l'apostasie par Berne. Commencements de Calvin. Ses hérésies, son gouvernement à Genève. Conséquences, p. 95-116. — § IX. Fin d'Erasme. Lieux théologiques de Melchior Canus. Saint Thomas de Villeneuve. Saint Ignace de Loyola : sa compagnie de Jésus. Premiers travaux et miracles de saint François Xavier dans l'Inde, p. 116-168. — Concile œcuménique de Trente, de l'an 1545 à l'an 1564. Ce que c'est que le Pape. Ce qu'il a fait, l. 85, p. 169. — § Ier. Les dix premières sessions, de 1545 à 1549, sous le pape Paul III, p. 169-202. — § II. Evénements contemporains en Europe, en Amérique et au Japon, p. 202-222. — § III. De l'an 1550 à 1554. Seconde reprise du concile de Trente. Session 11-16, sous Jules III, p. 223-236. — § IV. De la seconde suspension du concile

de Trente, 1551, à la mort de Paul IV, 1559. Suite de la révolution religieuse en Allemagne, en France et en Angleterre, p. 236-294. — § V. Promotion de Pie IV. Troisième reprise et fin du concile de Trente, p. 295-330. — De 1564, fin du concile de Trente, à 1605, mort du pape Clément VIII. Heureux effets du concile de Trente par toute l'Eglise. Grand nombre de saints en Italie et en Espagne. Funestes suites de l'apostasie protestante en Angleterre, en France et en Allemagne, l. 86, p. 334-453. — D'où viennent l'unité et la force de l'Eglise catholique, p. 334. — De 1605, mort du pape Clément VIII, pacification de la France, à 1650, pacification de l'Allemagne par le traité de Westphalie, et à 1660, mort de saint Vincent de Paul. Le monde et l'Eglise pendant le XVIIIe siècle. Ce que c'est qu'un prêtre, t. 40, l. 87, p. 455. — § Ier. Ce que c'est que le monde. Souffrances de l'Eglise au Japon. Elle envoie des missionnaires jésuites en Chine, p. 455-485. — § II. Le catholicisme produit de saints personnages et de saintes œuvres en Amérique et en Espagne, p. 485-511. — § III. Saints personnages et saintes œuvres en France, particulièrement en Savoie, en Lorraine et en Bretagne. Saint François de Sales, p. 511-553. — § IV. Saint Vincent de Paul. Etat de l'Angleterre et de la France, aux maux desquelles il porte remède, p. 553-616. — § V. Service éminent que Vincent de Paul rend à l'Eglise, par son zèle éclairé contre l'hérésie jansénienne. Commencements et caractère de cette hérésie, t. 11, p. 1-40. — § VI. Etat de l'Allemagne. Guerre de Trente-Ans. Paix de Westphalie. Conversion de protestants, p. 40-68. — § VII. Etat de la religion parmi les Russes, les Grecs et les autres peuples du Levant. Mort de saint Vincent de Paul, p. 68-89. — De 1560, mort de saint Vincent de Paul, à 1730, mort du pape Benoît XIII. L'Eglise et le monde pendant la seconde moitié du XVIIe siècle et dans les commencements du XVIIIe, l. 88, p. 90-334. — § Ier. En Italie, succession de bons Papes. Grand nombre de savants, de saints et d'artistes, p. 90-131. — § II. Arts, littérature, érudition en France, en Belgique et en Lorraine : érudition viciée dans plusieurs savants par des préjugés de gallicanisme et de jansénisme, p. 131-171. — § III. Qu'est-ce que les libertés de l'Eglise gallicane? Déclaration gallicane de 1682. Ce qu'elle déclare et ce qu'elle ne déclare pas. Défense qu'en entreprend Bossuet. Ce que pense Fénelon sur ces matières, p. 171-190. — § IV. Biographies de Bossuet et de Fénelon. Education du duc de Bourgogne. Controverse de Bossuet et de Fénelon sur le quiétisme, p. 190-217. — § V. Conduite de Bossuet envers les jansénistes. Politique de Louis XIV; elle séduit les littérateurs de son époque, excepté Fénelon. Influence de cette politique sur le clergé français, sur la conduite du roi envers le Pape et les autres souverains, p. 274-241. — § VI. Le fanatisme des Camisards et l'incrédulité moderne, enfants naturels du protestantisme. Lettres de Fénelon au duc d'Orléans. Premiers principes de la raison humaine. Œuvres de Huet. La confusion des idées, favorisée par les jansénistes, p. 242-254. — § VII. Premiers germes d'une dissolution politique et d'une dissolution religieuse en France. Fénelon meurt en combattant l'une et l'autre. Belsunce les combat à sa manière. La régénération de la France, préparée par l'abbé de Rancé et l'abbé de la Salle, p. 255-283. — § VIII. L'Angleterre protestante et l'Angleterre catholique. Etat du catholicisme en Ecosse. L'Irlande catholique martyrisée par l'Angleterre protestante, p. 284-292. — § IX. La réunion de l'Allemagne avec elle-même dans le catholicisme est emparée par le protestantisme anglais et hanovrien. Idées de Leibnitz, plus admirables que sa conduite en cette matière. L'Allemagne catholique, aidée de la Pologne, achève la série des croisades contre les Turcs, qui enfin commencent à s'humaniser, p. 293-313. — § X. Esprit gouvernemental de l'empire russe. Témoignages de l'Eglise russe en faveur des Pontifes romains. Etat du catholicisme en Chine, au Japon, dans l'Inde et en Corée, p. 313-334. — De 1730, mort du pape Benoît XIII, à 1788, mort de saint Alphonse de Liguori et de Louise de France, religieuse carmélite. L'Eglise et le monde pendant le XVIIIe siècle. Les portes de l'enfer s'efforcent de prévaloir contre l'Eglise du Christ, l. 89, p. 335. — § Ier. En Italie, succession de bons Papes. Saints et savants personnages, littérateurs et artistes distingués, p. 335-360. — § II. Vie, congrégation, écrits de saint Liguori, p. 360-373. — § III. Ce qu'il y avait de bon en France, surtout dans la famille royale, p. 373-393. — § IV. Ce qu'il y avait en France de chancreux : le jansénisme soutenu des parlements, p. 393-408. — § V. Philosophisme ou incrédulité moderne, p. 408-421. — § VI. Etat des trônes en Europe, particulièrement en Russie, en Prusse et en Pologne, p. 421-429. — § VII. Etat de l'Allemagne. Gouvernement révolutionnaire de Joseph II. Voyage de Pie VI à Vienne. Les BRIGANDS de Schiller, tableau fidèle de l'Europe intellectuelle et politique à cette époque, p. 429-443. — § VIII. Etat de l'Angleterre catholique et de l'Angleterre protestante. Formation des Etats-Unis d'Amérique, p. 443-452. — § IX. Décomposition sociale de la France et de l'Europe, par les nobles, les magistrats, les hommes de lettres soi-disant philosophes. Réunion de la Lorraine à la France. Suppression des Jésuites. Sociétés secrètes. Commencements du règne de Louis XVI, p. 452-478. — § X. Principes de vie et de guérison que renferme l'Eglise catholique, non-seulement pour elle, mais pour toutes les nations malades, particulièrement la France et l'Allemagne. Progrès et souffrances de la religion en Corée, en Chine et au-Tong-King. Sainte mort de Louise de France et de saint Alphonse de Liguori, p. 478-516. — La Révolution française et l'Eglise catholique, de 1789 à 1802, l. 90, p. 517-600. — De l'an 1802 à l'an 1848. Ensemble et dénouement de l'histoire humaine, t. 12, l. 91, p. 1-232. — Règne de Pie IX (1846-1870), l. 92, p. 233-494.

EGLISE ROMAINE. Sa primauté proclamée par saint Ignace d'Antioche. Il reconnaît Pierre et Paul pour les apôtres particuliers des Romains, t. 2, l. 27, p. 374. — Saint Polycarpe, évêque de Smyrne, à Rome, p. 399. — Hégésippe à Rome, où il dresse le catalogue des Papes, p. 400. — Lettre de saint Denys de Corinthe à l'Eglise de Rome, où il rappelle que saint Pierre et saint Paul y ont souffert le martyre, p. 418. — Saint Irénée, envoyé à Rome par les martyrs de Lyon, p. 426. — Lucius, roi de la Grande-Bretagne, envoie demander au pape Eleuthère des missionnaires pour l'instruire dans la foi, lui et son royaume, p. 434. — Pour confondre tous les hérétiques, d'après saint Irénée, il suffit de la tradition de l'Eglise romaine, p. 438. — Ordonnance du pape Victor sur la célébration de la Pâque, reçue dans les conciles d'Orient et d'Occident : il condamne Polycrate d'Ephèse, qui prétendait faussement que l'Evangile obligeait de la célébrer avec les Juifs, p. 444. — Théophile, évêque de Césarée en Palestine, assemble son concile, d'après la commission du pape Victor, pour régler le jour de la Pâque sur les lieux mêmes où le Sauveur du monde a vécu dans la chair, p. 445. — Témoignage de saint Hippolyte, évêque de Porto, que saint Pierre a été crucifié à Rome, l. 28, p. 495. — Fermeté de l'Eglise romaine au milieu de la plus rude persécution, l. 29, p. 529. — Elle donne aux autres l'exemple et le précepte de la conduite à tenir. Sagesse et constance du clergé de Rome dans les circonstances les plus difficiles, p. 530. — Eglise romaine, église principale, d'où est émanée l'unité sacerdotale, et auprès de qui l'infidélité ne peut trouver d'accès. Saint Cyprien, p. 539 (Voyez *Papauté* et *saint Pierre*).

EGLISE GALLICANE. *Discours* de Fleury *sur les libertés de l'Eglise gallicane*. Observations à ce sujet, t. 11,

l. 88, p. 171. — Ce qu'il en est au fond de ces libertés de l'Eglise gallicane. Opinion du comte de Maistre, de Fénelon, de Bossuet et de Fleury lui-même, p. 172. — Ce que ces libertés ont valu à l'Eglise. Conclusion. Texte de la Déclaration gallicane de 1682, p. 174. — Ce que nous apprend l'histoire au sujet de cette Déclaration. Affaire de la régale, p. 175. — Particularités que nous apprend Fleury sur l'assemblée de 1682. Bossuet confirme le récit de Fleury, p. 176. — Suite de cette affaire. Ce que décide le premier article de la Déclaration, ce qu'il ne décide pas et ce qui s'ensuit, p. 177. — Bossuet entreprend, par ordre du roi, la défense de la Déclaration. Cinq propositions où il renferme tout ce qu'il dira sur le premier article. Remarques sur les deux premières propositions, p. 178. — Examen de la troisième, p. 180. — Principes étranges et embrouillements de Bossuet, p. 181. — Examen de la quatrième proposition, p. 182. — Examen de la cinquième et dernière proposition, p. 183. — Conclusion sur cette matière, p. 185. — Ce que pense Fénelon sur le premier article de la Déclaration de 1682, ainsi que Bossuet lui-même et Massillon, p. 186. — Ce que Fénelon pense sur les trois derniers articles. Son traité *De l'autorité du souverain Pontife*, p. 187. — Controverse de Bossuet avec l'évêque de Tournay : ce qu'en pense Fénelon, qui la rapporte, p. 188. — Conséquence pratique à tirer de tout cela, p. 190.

EGLON. Il opprime Israël ; est tué par Aod. Légitimité philosophique de ce meurtre, t. 1, l. 10, p. 235.

EGYPTE, EGYPTIENS. La politique en Egypte et ailleurs, t. 1, l. 6, p. 123. — Sagesse de l'Orient et de l'Egypte, p. 125. — Constitution égyptienne. Castes. Doctrine des prêtres égyptiens, p. 126. — Supériorité de celle de Moïse, p. 127. — Double but général des plaies d'Egypte. Incroyable superstition des Egyptiens, p. 132. — Les dix plaies. But spécial de quelques-unes d'entre elles. Impuissance des magiciens. Conversions éphémères et rechutes successives de Pharaon, p. 133. — Submersion des Egyptiens dans la mer Rouge, p. 139 et seqq. — Les tombes des rois d'Egypte, p. 143. — Pourquoi les Egyptiens avaient les pasteurs en horreur au temps de Joseph, l. 4, p. 108. — Prophétie d'Isaïe contre l'Egypte, l. 16, p. 368. — Alliance du roi d'Egypte avec Ezéchias, p. 369. — Autres prophéties sur la chute de l'Egypte. Son importance dans l'histoire de la civilisation. Influence que les Hébreux ont exercée sur eux. Ses différents noms et leur origine. Sa fertilité et ses causes, l. 18, p. 436. — Ses monuments. Les zodiaques. Son idolâtrie et ses doctrines secrètes. Ses castes. Ses lois. Obscurité de son histoire, p. 437. — Prédictions et chants lugubres d'Ezéchiel sur la ruine, p. 438. — Triomphe, chute et mort d'Apriès, p. 440. — Egypte et Ethiopie. Antiquité et monuments de la sagesse égyptienne. Analogie des doctrines égyptiennes avec celles de l'Inde, l. 20, p. 506. — Prodigieuse multiplicité des livres d'Hermès, et de leur authenticité. Causes de l'idolâtrie égyptienne. Continuelles relations de l'Egypte et des pays voisins avec les Hébreux. Le christianisme dans ces contrées, p. 509.

EIGIL (saint), abbé de Fulde, t. 5, l. 55, p. 163.

ELÉAZAR. Martyre d'Eléazar et des sept Machabées, t. 2, l. 21, p. 84.

ELEUTHÈRE (saint), pape ; envoie des missionnaires en Angleterre, t. 2, l. 27, p. 434.

ELEUTHÈRE (saint), de Tournai, t. 4, l. 44, p. 200.

ELIACIM, grand-prêtre. Ses préparatifs de défense contre Holopherne, t. 1, l. 16, p. 387.

ELIASIB, grand-prêtre des Juifs. Sa négligence, t. 1, l. 19, p. 479.

ELIE, le prophète, annonce au roi Achab son châtiment. Il est nourri par des corbeaux ; multiplie les provisions de la veuve de Sarepta et ressuscite son fils ; va annoncer à Achab la fin de la sécheresse ; confond les prêtres de Baal ; fuit la colère de Jézabel ; est nourri par un ange ; jeûne pendant quarante jours et quarante nuits ; a, sur le mont Horeb, une vision figurative de l'histoire du monde et de l'individu, et s'adjoint Elisée, t. 1, l. 14, p. 335. — Elie annonce au roi Achab sa punition pour le meurtre de Naboth, p. 339. — Elie fait annoncer au roi Ochosias sa punition, fait tomber le feu du ciel sur les soldats envoyés pour le prendre, et va lui-même trouver le roi. Les enfants des prophètes. Enlèvement d'Elie, p. 342. — Elie passe le Jourdain à pied sec. Eloge d'Elie. De sa future venue et de celle d'Enoch, p. 342. — Lettre du prophète Elie, p. 344.

ELIE, patriarche de Jérusalem. Son épiscopat, t. 4, l. 42, p. 69. — Son exil. Sa vision. Sa mort, l. 43, p. 135 et 136.

ELIPAND, archevêque de Tolède. Son erreur, t. 5, l. 54, p. 179 ?

ELISABETH (sainte), mère de saint Jean-Baptiste. Sa stérilité ; sa fécondité miraculeuse, t. 2, l. 23, p. 146. — Elisabeth, remplie de l'Esprit-Saint, reconnaît en Marie la mère de Dieu, p. 149.

ELISABETH (sainte), de Schoenaug. Ses révélations, t. 7, l. 59, p. 135.

ELISABETH (sainte) de Hongrie ou de Thuringe. Sa naissance, t. 7, l. 71, p. 244. — Ses commencements, l. 72, p. 460. — Ses épreuves à la cour de Thuringe, p. 463. — Elle épouse le duc Louis de Thuringe. Vertus de ce prince, p. 464. — Vie sainte des deux époux. Mortification d'Elisabeth. Sa charité et son amour pour les pauvres. Sa grande dévotion et humilité, p. 465. — Comment sainte Elisabeth fut connue de saint François, p. 468. — Elle eut pour directeur maître Conrad de Marbourg, p. 469. — Sainte Elisabeth devenue mère. Comment le duc Louis protège le pauvre peuple, p. 470. — Famine en Thuringe ; charités d'Elisabeth, p. 471. — Suite de la vie de sainte Elisabeth. Apprend la mort de son époux, est chassée de sa maison, abandonnée des hommes, consolée de Dieu, refuse de se marier une seconde fois, reçoit les ossements de son époux, l. 73, p. 512. — Ses beaux-frères réparent leurs torts envers elle. Elle renonce à la vie du siècle, prend l'habit de saint François, refuse de rentrer dans le royaume de son père, pratique la pauvreté et la mortification, opère des miracles et meurt saintement, p. 518.

ELISABETH (sainte), reine de Portugal, t. 8, l. 76, p. 319 ; l. 78, p. 447.

ELISABETH Picenardie (la bienheureuse), t. 8, l. 75, p. 217.

ELISABETH (sainte), dite la Bonne, t. 9, l. 84, p. 437.

ELISABETH, reine d'Angleterre. Son avénement et son apostasie, t. 10, l. 85, p. 257. — Gouvernement pontifical de la reine papesse, d'après le protestant Cobbet, p. 259. — Suites de l'apostasie de l'Angleterre. Sa papesse Elisabeth, avec ses maris et ses bâtards, ses emportements et sa tyrannie, l. 86, p. 403. — Le fait le plus mémorable du règne de la papesse Elisabeth, c'est un régicide, c'est le meurtre de Marie Stuart, reine d'Ecosse, p. 404. — Ce que, de l'aveu du protestant Cobbet, l'Angleterre protestante fit souffrir à l'Angleterre catholique, sous la papesse Elisabeth, p. 440. — Services rendus par les catholiques anglais à Elisabeth. Sa reconnaissance, d'après Cobbet, p. 411. — Supplice de Marguerite Middleton, pour avoir gardé un prêtre catholique comme instituteur de ses enfants, p. 412. — Martyre des missionnaires catholiques en Angleterre. Traite des Noirs par l'Angleterre protestante et la papesse Elisabeth, p. 414. — Elle envoie des secours aux français renégats, p. 422.

ELISABETH, impératrice de Russie. Ses désordres, t. 11, l. 89, p. 421.

ELISABETH de France, sœur de Louis XVI, t. 11, l. 90, p. 556.

ELISBAAN, roi d'Ethiopie. Sa victoire sur le juif Dimion. Sa conversion au christianisme, t. 3, l. 44, p.

459. — Sa nouvelle invasion, ses exploits. Sa retraite dans un monastère, p. 462.

ÉLISÉE, le prophète. Elie se l'adjoint. Il hérite du manteau d'Elie, t. 4, l. 44, p. 337. — Il assainit les eaux de Jéricho. Vengeance du ciel sur les enfants de Bethel, p. 342. — Elisée demande un joueur de harpe. De la musique dans ses rapports avec l'inspiration divine. Il fournit de l'eau aux armées combinées de Juda, d'Israël et d'Edom, p. 343. — Elisée multiplie l'huile de la veuve; obtient à la Sunamite un fils qu'il ressuscite ensuite; assainit la nourriture des enfants des prophètes; multiplie les pains, p. 345. — Elisée guérit Naaman de la lèpre. Quel était le dieu Remnon. Idolâtrie politique. Elisée punit de la lèpre le mensonge de Giézi, p. 346. — Elisée fait un miracle sur le Jourdain, déjoue les ruses des Syriens contre Israël, et frappe d'aveuglément les troupes qu'ils envoient contre lui. Détresse de Samarie. Fureur du roi Joram contre Elisée. Prédictions du prophète et accomplissement, p. 347. — Elisée annonce la famine. La Sunamite lui rend témoignage devant Joram. Ses prédictions sur Benadad et Hazaël, p. 348. — Siége de Ramoth par les rois d'Israël et de Juda. Mission du roi Jéhu, p. 349. — Prédictions d'Elisée. Remarque sur l'époque du *livre des Rois*. Mort d'Élisée. Son éloge. Le contact de ses ossements ressuscite un cadavre, p. 350.

ÉLOI (saint). Ses vertus, t. 4, l. 48, p. 408. — Son élévation à l'épiscopat, l. 49, p. 456. — Ses dernières actions et sa mort, p. 458.

ELPHÈGE (saint), archevêque de Cantorbéry, martyrisé par les Danois, t. 5, l. 62, p. 565.

ELVIRE (concile d') en Espagne. Ses canons, t. 3, l. 30, p. 42.

ELZÉAR (saint), comte de Sabran, t. 8, l. 78, p. 439.

EMBRUN (concile d'), t. 44, l. 88, p. 261.

EMERIC (saint), t. 6, l. 63, p. 30.

EMERY (l'abbé), supérieur de Saint-Sulpice. Sa vie et ses ouvrages, t. 44, l. 89, p. 544. — Entretien de l'abbé Emery avec Napoléon, à Fontainebleau, sur les affaires de l'Eglise, t. 42, l. 94, p. 44. — Dans une audience solennelle, il répond à Napoléon en vrai docteur de l'Eglise, et meurt peu après, p. 49.

EMIGRATION des peuples depuis la confusion des langues, t. 2, l. 28, p. 450.

EMIGRÉS français. Conduite du clergé, et conduite de la noblesse, t. 44, l. 90, p. 538.

EMILIE (bienheureuse) Bicchieri, t. 8, l. 78, p. 433.

EMILIEN, empereur, t. 2, l. 28, p. 449.

EMILIEN (saint), évêque de Cyzique, t. 5, l. 55, p. 472.

EMMAÜS. Les deux disciples d'Emmaüs, t. 2, l. 23, p. 232.

EMMÉRAN (saint), t. 4, l. 50, p. 510.

EMPÉDOCLE, philosophe grec, t. 2, l. 20, p. 6.

EMPIRES (les quatre grands) : Assyriens ou Babyloniens, Mèdes et Perses, Grecs, Romains (Voyez *Monarchie universelle*).

ENAC. Ce qu'était Enac ou plutôt ses descendants, t. 4, l. 8, p. 485.

ENCRATIDE (sainte), vierge et martyre, t. 3, l. 30, p. 24.

ENCYCLOPÉDIE que Voltaire, d'Alembert et Diderot bâtissent comme une autre tour de Babel : leurs aveux à cet égard, t. 44, l. 89, p. 456.

ENÉE, évêque de Paris. Son écrit touchant les Grecs, t. 5, l. 57, p. 324.

ENFER. Dieu est bon; donc il y a un enfer; Dieu est infiniment bon, donc il y a un enfer éternel, t. 4, l. 4, p. 34; t. 42, l. 94, p. 422. — Socrate, le plus sage des Grecs, croit à l'enfer et au purgatoire, et en prouve l'existence dans un de ses dialogues; t. 2, l. 20, p. 21. — Les poètes, comme le plus sage des philosophes, proclament l'enfer avec ses peines éternelles, p. 48. — Celse, philosophe épicurien dans le livre même qu'il écrivit contre le christianisme dit ces mots : « Les chrétiens ont raison de penser que ceux qui vivent sainte-

ment seront récompensés après leur mort, et que les méchants subiront des supplices éternels. Du reste, ce sentiment leur est commun avec tout le monde, » t. 2, l. 27, p. 389. — Raymond Martini prouve que le mot *scheol* de la Bible hébraïque signifie proprement enfer, et non pas simplement une fosse, t. 8, l. 79, p. 549. — Jésus-Christ rappelle fréquemment aux hommes les peines de l'enfer et leur éternité, t. 2, l. 23, p. 477 et 484; mais surtout p. 496, 222 et 223. — Description que sainte Thérèse fait de l'enfer après la vision qu'elle en a eue, et conséquence qu'elle tire de là, t. 40, l. 86, p. 360.

ENGELBERT (saint), archevêque de Cologne, t. 7, l. 72, p. 485.

ENNEMI. Quel est le plus grand ennemi de Dieu. Comment le Sauveur nous apprend à le combattre. Bien des historiens ne le comprennent pas, t. 7, l. 74, p. 327.

ENNODIUS (saint), évêque de Pavie. Son apologie du pape Symmaque, t. 4, l. 43, p. 404.

ENOCH. Sa future venue avec Elie, t. 4, l. 44, p. 342.

EOBAN d'Utrecht (saint), t. 5, l. 53, p. 56.

EON de l'Etoile. Ses extravagances, t. 6, l. 68, p. 547.

ÉPHÈSE (concile d') (Voyez *Conciles œcuméniques*).

EPHRAÏM, fils de Joseph, mais adopté par Jacob, t. 4, l. 4, p. 440.

EPHREM (saint). Sa naissance. Ses inclinations pour la religion chrétienne. Il s'attache à saint Jacques de Nisibe. Ses vertus. Il assiste au concile de Nicée. Il sauve la ville de Nisibe avec saint Jacques, t. 3, l. 33, p. 458. — Il embrasse la vie monastique. Ses ouvrages, p. 459. — Sa visite à saint Basile, t. 7, l. 35, p. 250. — Sa charité, son humilité, sa mort, l. 36, p. 265.

EPICTÈTE, philosophe grec. Son manuel, t. 2, l. 20, p. 44; l. 29, p. 542.

EPICURE, philosophe grec. Bassesse de sa philosophie, de sa conduite et preuves, t. 2, l. 20, p. 39. — Ses doctrines déclamatoires sur la justice, l'amitié, la divinité, le monde, l'homme, la vertu, la vérité, la science, p. 40. — Impossibilité pratique de l'indolence épicurienne. Opposition entre le sens commun et la doctrine d'Epicure, p. 44.

EPIPHANE (saint), archevêque de Salamine. Son *Ancorat*, où il enseigne que le Saint-Esprit procède du Père et du Fils. Sa réfutation des hérésies, t. 3, l. 35, p. 254. — De sa lettre contre les images, l. 37, p. 368. — Il va à Constantinople. Sa conduite en cette ville. Sa mort, p. 376.

EPIPHANE (saint), évêque de Pavie. Il réconcilie l'empereur Athémius et Ricimer. Son portrait et son histoire, t. 4, l. 44, p. 24. — Charité de saint Epiphane, l. 42, p. 74. — Loi tyrannique de Théodoric, abolie par l'entremise de saint Epiphane. Ambassade du saint auprès du roi Gondebaud, p. 75.

EPIPHANE, patriarche de Constantinople, t. 4, l. 44, p. 445 et 483.

EPIPHANE. L'historien Epiphane, ainsi que Socrate et Sozomène, déclare nul tout ce qui a été fait dans un concile d'Antioche, *parce que la règle ecclésiastique défend de rien décider, de s'assembler en concile et de faire aucun canon sans le consentement de l'évêque de Rome*, t. 40, l. 85, p. 470.

ÉQUICE (saint), t. 4, l. 44, p. 482.

ERARIC, roi des Goths, t. 4, l. 45, p. 240.

ERASME, littérateur. Ses commencements, t. 9, l. 83, p. 466. — Bel esprit, superficiel, mauvais plaisant, d'une littérature plus païenne que chrétienne, n'a jamais rien compris au fond de la théologie, dont il se raille, surtout à la distinction entre la grâce et la nature. Il ne peut être consulté avec fruit que comme un dictionnaire de synonymes latins dans leur acception païenne, t. 40, l. 84, p. 446.

ERDULF, roi des Northumbres, rétabli sur le trône par l'autorité du pape saint Léon III, t. 5, l. 52, p. 20.

ERE chrétienne. Sa date, t. 2, l. 23, p. 463.

Eric, roi de Danemarck, t. 6, l. 66, p. 341.

Eric (saint), roi de Suède. Sa vie, t. 6, l. 68, p. 561.

Eric, roi de Suède, t. 7, l. 71, p. 240.

Esaü, autrement Edom, père des Iduméens. Particularités qui accompagnent la naissance d'Esaü et de Jacob. Différence de leurs caractères. Esaü vend son droit d'aînesse. Avantages que conférait ce droit, t. 1, l. 4, p. 93. — Prédictions relatives à Esaü, p. 95. — Son entrevue avec Jacob, p. 100. — Il va habiter les bords de la mer Rouge. Traditions païennes à ce sujet, p. 102.

Eschyle, poëte grec, t. 3, l. 20, p. 47.

Esdras, le prophète, travaille à la restauration de l'Etat et de l'Eglise dans la Judée, t. 1, l. 49, p. 470.

Eskil, archevêque de Lunden en Danemarck, abdique pour aller mourir moine auprès du tombeau de saint Bernard, t. 7, l. 69, p. 133.

Espagne et Portugal, *depuis la chute de l'empire romain*. — L'Espagne ravagée, au commencement du cinquième siècle, par les Alains, les Suèves et les Vandales, qui s'en partagent le pays, t. 3, l. 37, p. 389. — Les Visigoths, autre peuple de Germanie, y entrent après les Suèves, l. 39, p. 449.

Espagne, *etc*. — Extinction de l'empire romain en Espagne, l'année 477, t. 4, l. 41, p. 30. — *Concile de Tarragone*, en 516, l. 43, p. 132; — *de Gironne*, règlements envoyés par le pape saint Hormisda à Jean de Tarragone, p. 133. — Concile de Lérida et de Valence, l. 44, p. 151. — Amalaric reconnu roi des Visigoths en Espagne, l'an 526, p. 169. — *Concile de Tolède*. — Les séminaires. Lettre de Montan aux fidèles de Palentia, p. 185. — Expédition de Childebert en Espagne, p. 193. — Autre expédition de Childebert en Espagne, l. 45, p. 239. — Saint Léandre. Sa famille. Sa retraite. Son élection au siége de Séville, l. 46, p. 254. — Etat politique de l'Espagne. Conversion des Suèves à l'occasion de la guérison miraculeuse du fils de leur roi, et par le ministère de saint Martin de Dume, p. 254. — *Conciles de Lugo et de Brague*. Forme d'une vie honnête, adressée par saint Martin de Dume au roi Miron, p. 255. — Succession des rois visigoths. Persécution de Galsuinde contre Ingonde. Conversion d'Herménigilde. Persécution de Lévigilde contre les catholiques à cette occasion. Il arme contre son fils. Légitimité de la résistance de celui-ci, p. 256. — Imposture et confusion d'un évêque arien. Abandon et fuite d'Herménigilde. Sa captivité. Son martyre, p. 257. — Exil et ouvrages de saint Léandre, p. 258. — Exil et règle de saint Jean de Biclar. Conversion secrète et mort de Lévigilde, p. 259. — Avénement de Reccarède. Sa conversion et celle des Visigoths. Révolte et exil de quelques ariens. Concile de Tolède. Confirmation de ses décrets par le roi, p. 260. — Constitution naturelle d'une nation chrétienne : discours d'actions de grâces de saint Léandre, p. 261. — Concile de Séville : réponses du pape saint Grégoire le Grand aux lettres de saint Léandre, de Licinius et du roi Reccarède, l. 47, p. 300. — Mort de saint Léandre et de Reccarède, p. 353. — Les rois et évêques d'Espagne, durant le septième siècle, travaillent de concert à y établir de bonnes lois, dans les conciles de Tolède, l. 48, p. 392. — Forme de tenir ces conciles, p. 394. — Saint Isidore de Séville et ses œuvres, particulièrement ses *Origines* ou *Etymologies*, p. 395. — L'Espagne ne connaît point la collection des fausses décrétales, p. 398. — Saint Fructueux de Brague, saint Eugène et saint Ildéfonse de Tolède, l. 49, p. 446. — *Conciles de Tolède*, de 641 à 668, p. 442. — Election et règne de Wamba en Espagne. *Conciles de Tolède et de Brague*, l. 50, p. 487. — Ecrits de saint Julien de Tolède, p. 488. — Maladie de Wamba, et son abdication occasionnée par l'artifice d'un Grec, p. 490. — Douzième et treizième conciles de *Tolède*, p. 491. — Conciles d'Espagne au sujet du sixième concile œcuménique, p. 511. — Quinzième, seizième et dix-septième conciles de *Tolède*, p. 513. — Les Visigoths, amollis par un long repos, gouvernés et corrompus par une dynastie grecque, laissent envahir l'Espagne par les Sarrasins. Leur nationalité se réfugie, sous la protection de la sainte Vierge, dans le creux d'une montagne, l. 51, p. 543. — C'est de l'Austrasie que sort le salut de la France, de l'Espagne et du monde, p. 544.

Espagne, *etc*. — Etat des chrétiens d'Espagne, dans la première moitié du huitième siècle, t. 5, l. 52, p. 14. — Erreur d'Elipand de Tolède et de Félix d'Urgel, l. 54, p. 119. — Trois petits royaumes chrétiens dans le nord de l'Espagne, au commencement du neuvième siècle, l. 55, p. 232. — Plusieurs martyrs en Espagne, sous les Musulmans, p. 233. — Autres martyrs en Espagne. Leur justification par saint Euloge, l. 57, p. 309. — Reliques des martyrs d'Espagne transportées en France, p. 340. — Martyre de saint Euloge, p. 313. — Alphonse le Grand en Espagne, l. 58, p. 381. — Correspondance d'Alphonse le Grand avec les chanoines de Saint-Martin de Tours, pour rebâtir l'église du saint brûlée par les Normands, l. 59, p. 414. — Etat de l'Espagne au commencement du dixième siècle. Relation du pape Jean X avec saint Sisenand de Compostelle. Saint Gennade d'Astorga, p. 429. — Saint Pélage, martyr de Cordoue, p. 430. — Restaurations de monastères en France et en Espagne, l. 60, p. 446. — Lutte des Mahométans et des chrétiens en Espagne. Victoire de ceux-ci. Ambassade de saint Jean de Vandières, au nom du roi Othon, près d'Abdérame III, roi de Cordoue. Sa noble fermeté, p. 470. — Etat des monastères et des études en Espagne, p. 472. — Etat politique et religieux de l'Espagne, dans la seconde moitié du dixième siècle. L'évêque saint Rudesinde et sa parente sainte Ségnorine, l. 61, p. 509. — Etat des chrétiens d'Espagne au commencement du onzième siècle. Après plusieurs revers, ils remportent une éclatante victoire sur les infidèles. Saint Froïlan, évêque de Léon. Saint Attilan, évêque de Zamora, l. 62, p. 569.

Espagne, *etc*. — Concile de Coyac en Espagne. Ses canons, dont le dernier est un pacte entre le roi et la nation, t. 6, l. 63, p. 70. — Conciles dans le midi de la France et le nord de l'Espagne, l. 64, p. 100. — Progrès des chrétiens en Espagne. Divers conciles en ce pays, p. 119. — Conciles dans la Gaule méridionale et en Espagne. Association de prières et de bonnes œuvres entre les rois de Léon et le monastère de Cluny, p. 142. — Soins du pape saint Grégoire VII pour délivrer l'Espagne du joug des infidèles, y rétablir la pureté de la foi et la discipline, l. 65, p. 160. — Succès des princes chrétiens d'Espagne contre les infidèles, à la fin du onzième siècle. Bernard, archevêque de Tolède, vient à Rome et reçoit du Pape le *pallium*. Bérenger, évêque d'Aussohne, sollicite auprès du Pape le rétablissement de la métropole de Tarragone. Ce rétablissement est confirmé par le Pape. Divers règlements du concile de Léon, l. 66, p. 260. — Revers et succès d'Alphonse VI sur les Sarrasins d'Espagne. Mort de ce prince et dissensions qui la suivent. Le comte Raymond de Barcelone défait les Sarrasins. Vie de saint Oldegaire, l. 67, p. 375. — Prise de Saragosse par les chrétiens, p. 376. — Succès des Espagnols contre les Maures ou Sarrasins, dans la première moitié du douzième siècle, l. 68, p. 478. — Le roi d'Aragon, Ranimire, et Raymond, comte de Barcelone, p. 497. — Charte *d'oblation et d'assurance à saint Pierre*, envoyée au Pape par le roi de Portugal, Alphonse Henriquez. Réflexions à ce sujet, p. 527. — Succès des croisés italiens, anglais et flamands en Espagne. Prise de Lisbonne. Erreurs de Michaud à ce sujet, p. 572.

Espagne, *etc*. — Nouveaux ordres militaires en Espagne : de Calatrava, d'Alcantara, d'Evora et d'Avis, de Saint-Michel, de Saint-Jacques, t. 7, l. 69, p. 43-45. — Le pape Adrien IV prend sous sa protection spéciale le comte de Barcelone, roi d'Aragon, p. 45. — Progrès des chrétiens en Espagne, à la fin du douzième siècle,

l. 70, p. 212. — Sous le pape Innocent III, Pierre d'Aragon vient se faire couronner à Rome, et rend son royaume tributaire du Saint-Siége, l. 71, p. 233. — Progrès des chrétiens d'Espagne. Victoire mémorable des rois de Castille, d'Aragon et de Navarre, sur les Sarrasins, à Navès de Tolosa, p. 234. — Arrivée en Languedoc de deux Espagnols, l'évêque d'Osma et saint Dominique. Leur histoire, leurs travaux, leurs succès contre les manichéens. Mort du premier, p. 314 et seqq. — Suite de l'histoire de saint Dominique, p. 390-393; l. 72, p. 408-418; 449 et 549. — L'archevêque Rodrigue de Tolède au quatrième concile général de Latran, l. 71, p. 382. — Départ de Guillaume de Hollande et d'autres croisés d'Allemagne, qui remportent une grande victoire et font une importante conquête en Portugal sur les Mahométans d'Espagne, l. 72, p. 401. — Saint Ferdinand, roi de Castille, p. 402. — Rodrigue Ximenès, archevêque de Tolède. Luc, évêque de Tuy, p. 403. — Piété et conquêtes de saint Ferdinand, roi de Castille, secondé par l'archevêque Rodrigue de Tolède et par le pape Grégoire IX. Sa sainte mort, l. 73, p. 557. — Le roi Jacques d'Aragon fait la conquête de Majorque et de Valence. Saint Raymond Nonnat, p. 562.

ESPAGNE, etc. — Au concile général de Lyon, le pape Innocent IV, terminant l'affaire du Portugal, y nomme un régent à la place du roi incapable, t. 8, l. 73, p. 56. — Mort de saint Ferdinand, roi de Castille. Actions peu royales de Jacques d'Aragon, l. 74, p. 165. — Actions peu royales d'Alphonse, roi de Portugal. Alphonse X, roi de Castille, dit le Sage, p. 166. — Etat des églises d'Espagne. Statuts synodaux de Valence et de Girone, p. 167. — Plaintes contre Alphonse, roi de Portugal. Remontrances que lui fait le pape saint Grégoire X, l. 75, p. 209. — Derniers moments de saint Raymond de Pegnafort. Avertissements paternels du pape saint Grégoire X aux rois de Castille, d'Aragon et de Portugal, p. 211. — Guerre et défis entre Charles d'Anjou et Pierre d'Aragon pour la Sicile. Suite et arrangement de cette affaire, l. 76, p. 310. — Mort d'Alphonse le Sage, roi de Castille. Plaintes et excommunication contre le roi Denys de Portugal, qui répare ses torts. Vertus de sainte Elisabeth, reine de Portugal, p. 319; t. 8, l. 78, p. 447. — Science biblique de Paul, évêque de Burgos, l. 79, p. 511. — Science prodigieuse du Dominicain espagnol, Raymond Martini, et de plusieurs de ses confrères dans l'hébreu et l'arabe, la Bible, le Talmud et l'Alcoran. Leurs travaux pour la conversion des Mahométans et surtout des Juifs, p. 515. — Raymond Martini ou des Martins écrit son Poignard de la foi, *Pugio fidei*, pour réfuter tout ensemble les Mahométans et les Juifs par leurs propres livres, p. 516. — Martini prouve, par l'Ecriture et par la tradition de la Synagogue, que Dieu est un et trine, que le Messie est Fils de Dieu, et que le Saint-Esprit est Dieu, comme le Père et le Fils, p. 517. — Martini prouve que tout a été fait pour le Messie, et qu'il rétablira tout, p. 518. — Martini prouve que le mot *scheol* signifie proprement enfer, et non pas simplement une fosse. Martini prouve que les scribes se sont permis d'altérer jusqu'à dix-huit passages importants de l'Ecriture, entre autres celui-ci : *Ils ont percé mes mains et mes pieds*, p. 519. — Autres docteurs ou écrivains en Espagne, p. 520. — Le pape Benoit XII reçoit l'hommage des rois d'Aragon pour la Sardaigne et la Corse, et du roi Robert pour le royaume de Naples. Sa lettre au nouveau roi d'Aragon, p. 531. — Croisade en Espagne. Victoire mémorable des chrétiens sur les Mahométans, p. 532. — Mort de Charles le Mauvais, roi de Navarre. Vices et mort de Pierre le Cruel, roi de Castille et de Léon, p. 550. — Le pape Clément VI institue roi des iles Fortunées le prince Louis d'Espagne, p. 575.

ESPAGNE, etc. — Efforts, souvent heureux, du pape Grégoire XI pour concilier les différends politiques en Espagne, à Naples et ailleurs, t. 9, l. 80, p. 11. — Bel exemple d'un prince espagnol pour la conversion de ses esclaves mahométans. Traditions diverses sur la mort de Charles le Mauvais, roi de Navarre, l. 81, p. 48. — Etat de l'Espagne et du Portugal, sur la fin du quatorzième siècle. Découverte du prince Henri de Portugal sur l'Océan et en Afrique, p. 66. — Commencements de saint Vincent Ferrier, p. 67. — Ses travaux apostoliques, miracles et vertus, p. 70. — Ses derniers travaux et sa mort, p. 123. — Pierre de Lune, dit Benoit XIII, p. 80, 83, 102 et 123. — Les Espagnols achèvent d'expulser les Mahométans. Exploits de Ferdinand et d'Isabelle. Prise de Grenade, l. 83, p. 282. — Commencements de Christophe Colomb, p. 283. — Sa découverte du Nouveau-Monde, p. 284. — Son retour en Espagne. Ses autres voyages. Sa mort. Améric Vespuce, p. 287. — Etat intellectuel du Nouveau-Monde, lors de sa découverte. Ses traditions religieuses, p. 288. — Proclamation des conquérants espagnols dans le Nouveau-Monde, p. 289. — Politique différente des Anglais dans l'Inde. Histoire du moine et cardinal Ximenès. Ses grandes œuvres, p. 290.—Il convertit les Mahométans de Grenade, p. 293.—Inquisition royale établie en Espagne par Ferdinand et Isabelle. L'inquisition se trouve dans toute société, dans la loi de Moïse, dans le gouvernement divin de l'univers, dans l'Eglise catholique, p. 295. — Pourquoi des inquisiteurs à titre spécial, p. 296. — Raisons et caractère de l'inquisition royale d'Espagne, d'après un auteur protestant. Ne pas confondre le cardinal Jean de Torquemada avec l'inquisiteur Thomas de Torquemada. Vie et écrits du premier, p. 297. — Vie et administration du second. Les Juifs font assassiner Pierre d'Artois, un des inquisiteurs et sont obligés de quitter l'Espagne, à moins de se convertir au christianisme, p. 298. — Règlements constitutifs de l'inquisition royale d'Espagne. Quelle était sa nature. Sa ressemblance avec d'autres tribunaux, p. 299. — Résultat général de l'inquisition d'Espagne. Son apologie par Voltaire, p. 300. — Expédition et conquêtes du cardinal Ximenès en Afrique, p. 301.—A la mort du roi Ferdinand, Ximenès est nommé régent de Castille. Sagesse avec laquelle il règle l'état des Indiens dans le Nouveau-Monde, desquels le Dominicain Las-Casas s'était fait l'avocat, p. 303. — Réflexion sur cette affaire. Humanité industrieuse de Ximenès pour guérir la reine Jeanne, dite la Folle. Mort du cardinal Ximenès, p. 306. — Premières découvertes des Portugais en Afrique. Bulle du pape Eugène IV au prince Henri de Portugal, sur ce sujet. Découvertes ultérieures des Portugais en Afrique et dans l'Inde, p. 307. — Déclaration du pape Nicolas V en faveur des Juifs convertis d'Espagne, p. 351. — Le pape Alexandre VI prévient par une bulle les collisions entre l'Espagne et le Portugal, touchant leurs découvertes ou conquêtes dans le Nouveau-Monde et ailleurs, p. 408. — Progrès des Portugais dans l'Inde. Grand caractère et vertus chrétiennes d'Albukerque, surnommé *le Grand* et le Mars portugais, p. 461. — Saint Jean de Sahagun, ermite de Saint-Augustin, p. 468. — Commencements de la vie de sainte Thérèse, écrite par elle-même, p. 477 et seqq. — Sainte Thérèse et sainte Catherine de Gênes l'emportent incomparablement sur Platon et Socrate, p. 512. — Saint Jean de Dieu, instituteur des frères de la Charité, l. 84, p. 560. — Saint Pierre d'Alcantara, franciscain, établit une réforme plus sévère, p. 563. — Ses relations avec sainte Thérèse. Sa mort, p. 567.

ESPAGNE, etc. — Le Dominicain espagnol Melchior Canus. Mérite, substance et parties principales de son livre *Des lieux théologiques*, t. 10, l. 84, p. 148. — Vie de saint Thomas de Villeneuve, religieux augustin et archevêque de Valence. Ses vertus, ses extases, ses pieuses industries pour réformer le clergé et le peuple, sa sainte mort, p. 123. —Vie et institut de saint Ignace de Loyola, p. 129.—Voyages et missions de saint François-Xavier, p. 161 et seqq. — Fernand Cortèz fait la

conquête du Mexique et y remplace les sacrifices humains par la civilisation chrétienne, l. 85, p. 206. — Conquête du Pérou par François Pizarre, p. 211. — Si aucune politique, philosophie ou religion moderne, peut blâmer ces conquérants aventureux. Témoignage du protestant Robertson sur la conduite des missionnaires catholiques dans le Nouveau-Monde, p. 212. — Premier synode au Mexique. Propagation de la foi, érection d'évêchés au Mexique, au Pérou, au Brésil. Saint Louis Bertrand, de l'ordre de Saint-Dominique, apôtre du Nouveau-Monde, p. 213. — Travaux apostoliques de saint François Xavier au Japon, p. 215. — Il entreprend le voyage et la conversion de la Chine, meurt dans l'île de Sancian, p. 219. — Miracles qu'il opère après sa mort. Sa canonisation. Le crucifix miraculeux de saint François Xavier est encore conservé en la chapelle du château (note). Procès-verbal de l'ouverture de son tombeau, le 12 octobre 1859 (note), p. 221. — Respect qu'il inspire aux Mahométans et aux païens. Témoignage que lui rendent les protestants. Qu'en conclure? Projet du saint. La Providence y dispose les peuples, p. 222. — Charles-Quint, trahi par son favori Maurice de Saxe, délaissé de la fortune, vaincu de la goutte, déçu dans tous ses projets, cède l'Empire à son frère Ferdinand, ses Etats héréditaires avec le Nouveau-Monde à son fils Philippe II, et se retire au monastère de Saint-Just, où il célèbre ses propres obsèques et meurt, p. 236. — Marie, reine d'Angleterre, épouse Philippe II, p. 245. — Saint Jean de la Croix, coopérateur de sainte Thérèse dans la réforme des Carmes. Epreuves et travaux qu'il endure. Ses ouvrages. La philosophie et la poésie pourraient y apprendre plus d'une merveille dont elles ne se doutent guère, p. 366. — La bienheureuse Catherine de Cardone, p. 373. — Le vénérable Jean d'Avila. Ses travaux. Ses écrits. Sa manière d'accorder le libre arbitre avec la grâce, p. 375. — Louis de Grenade, dominicain. Ses œuvres. Estime qu'en faisait saint François de Sales, p. 376. — Barthélemy des Martyrs, archevêque de Brague en Portugal, p. 277. — Saint François de Borgia, p. 390 et 403. — Son ami, le poète Garcilaso de la Véga. Louis Camoëns, poète du Portugal, p. 394. — Le Jésuite espagnol Suarès. Ses œuvres de théologie. Le Jésuite et cardinal Tolet, et ses ouvrages, p. 394. — Saint Turibe, archevêque de Lima dans le Pérou. Il se conforme en tout au concile de Trente, fonde des séminaires, tient lui-même des synodes et des conciles provinciaux. Substance de leurs décrets, l. 87, p. 485. — Sainte Rose de Lima, p. 489. — Conversion et civilisation chrétiennes des sauvages du Paraguay par les Jésuites espagnols. Les réductions ou villages chrétiens, p. 491. — Le Jésuite Claver, apôtre et serviteur des nègres esclaves, p. 494. — Le bienheureux Simon de Roxas, religieux trinitaire. Le bienheureux Jean-Baptiste de la Conception opère une réforme dans cet ordre, sous le nom de *Trinitaires déchaussés*, p. 496. — Le bienheureux Michel des Saints de la même réforme. La bienheureuse Marie-Anne de Jésus, de l'ordre de la Merci, p. 498. — Saint Jean de Prado, martyr, franciscain. Le bienheureux Jean de Ribera, archevêque de Valence, p. 499. — Saint Joseph Casalanz, fondateur des écoles chrétiennes, p. 500. — Gouvernement et caractère des rois Philippe II, Philippe III, Philippe IV. Le poète Lope de Véga, devenu prêtre et fonctionnaire de l'inquisition, ne cesse pas d'être le poète chéri de la nation espagnole, qui s'amuse noblement avec lui, ainsi qu'avec les poètes Calderon et Michel Cervantès, p. 501. — Les peintres espagnols Zurbaran et Murillo obtiennent le prix sur tous les peintres de l'Europe, p. 502. — Avec des poètes et des peintres, l'Espagne a des historiens célèbres, p. 503. — Le Dominicain Roccaberti, archevêque de Valence, t. 11, l. 88, p. 112. — Le bienheureux Joseph Oriol, prêtre de Barcelone, p. 122. — Guerre de la succession d'Espagne, p. 240. — Commune dégéné-

ration des maisons régnantes en Europe, pendant le XVIIIe siècle, l. 89, p. 452. — Les rois dégénérés de Portugal et d'Espagne expulsent les Jésuites de leurs Etats. Destruction des Jésuites, en ses différentes phases, d'après le protestant Sismondi, p. 458. — Les protestants Schlosser, Schoell et Stark jugent cet événement de la même manière que Sismondi, p. 464. — Pie VI, menacé par les Français, joué par les rois de Naples et d'Espagne, l. 90, p. 579.

ESPAGNE, *etc.* — Succession ou remplacement sur les trônes d'Espagne et de Portugal, de 1802 à 1848, t. 12, l. 91, p. 4. — Napoléon, mécontent de son frère Louis, supprime le royaume de Hollande, envoie son frère Joseph être roi d'Espagne, et son beau-frère Murat, roi de Naples. Comment les Bourbons de Naples et d'Espagne, qui avaient trompé Pie VI pour le dépouiller de ses domaines, ont été récompensés par la Providence; et d'abord ceux de Naples. Comment les Bourbons d'Espagne, dominés par un favori nommé Godoy, facilitèrent à Napoléon l'invasion de leur royaume, p. 11. — Conduite plus noble du peuple espagnol, notamment du peuple et de la garnison de Sarragosse, p. 13. — Premier siége de Sarragosse. Des députés espagnols viennent féliciter le pape Pie VII sur sa résistance à Napoléon, p. 33. — A l'entrée de Grenoble, Pie VII, captif, trouve agenouillée sur la route et bénit avec effusion, la garnison prisonnière de Sarragosse, p. 39. — En 1814, Ferdinand IV, roi d'Espagne, rentre dans son royaume, d'accord avec Napoléon, p. 76. — L'Espagne et le Portugal se réconcilient de plus en plus avec Rome, centre vivant de l'unité catholique. Guerre de succession en Espagne, p. 148. — Concordat avec l'Espagne, l. 92, p. 297. — Le concordat violé et réconciliation du gouvernement espagnol avec le Saint-Siége, p. 327. — Guerre de l'Espagne contre le Maroc, p. 362. — Persécution dans la Nouvelle-Grenade, p. 374. — Révolution en Espagne : déchéance de la reine Isabelle, p. 420. — Oppression du catholicisme dans ce pays, p. 421. — En Espagne, le Pouvoir, sorti de la Révolution triomphante, veut imposer le serment politique aux évêques et à tous les prêtres; protestation de l'épiscopat; les princes étrangers refusent de s'asseoir sur le trône d'Isabelle la Catholique; Don Enrique de Bourbon tombe sous l'épée de son cousin, le duc de Montpensier, p. 469.

ESPRIT-SAINT (Voir *Saint-Esprit*).

ESSLINGER, de Zurich, ministre protestant, devient prêtre catholique. Ses travaux littéraires, t. 12, l. 91, p. 88.

ESTHER, devient l'épouse du roi de Perse et lui révèle une conspiration, t. 1, l. 19, p. 469. — Sa prière dans le péril; son intercession près du roi, p. 472.

ETATS GÉNÉRAUX de France en 1789, t. 11, l. 90, p. 517.

ETHELWOLD (saint), évêque de Winchester, t. 5, l. 61, p. 506 et 508.

ÉTHIOPIE, ABYSSINIE, ETHIOPIENS, ABYSSINS. — Conversion de l'Ethiopie par deux enfants captifs, t. 3, l. 34, p. 299. — Ambassadeurs du patriarche des Jacobites et de l'empereur d'Ethiopie au concile de Florence. Autres ambassadeurs éthiopiens venus à Florence. Discours remarquable des uns et des autres au pape Eugène IV. Plainte mémorable de l'Ethiopie au Saint-Siége, t. 9, l. 82, p. 266. — Lettre de créance de l'abbé éthiopien de Jérusalem, p. 267. — David, roi d'Abyssinie ou d'Ethiopie, envoie une ambassade solennelle rendre obéissance au pape Clément VII, t. 10, l. 85, p. 291. — Son fils et successeur Claude obtient du pape Jules III treize Jésuites, dont un patriarche et deux évêques, p. 292. — Etat du christianisme en Ethiopie ou Abyssinie, dans la seconde moitié du XVIe siècle et dans la première du XVIIe, t. 11, l. 87, p. 79. — Etat religieux de l'Ethiopie au XIXe siècle : ses tendances au catholicisme. Plusieurs peuplades chrétiennes

découvertes par deux voyageurs français, les frères d'Abbadie, t. 12, l. 94, p. 221.

Etienne (saint), premier martyr. Son élection, son zèle et sa puissance. Son discours dans le sanhédrin. Son martyre, t. 2, l. 25, p. 257. — Invention de ses reliques. Miracles qu'elles opèrent, t. 3, l. 38, p. 420.

Etienne (saint), pape. Son élection, t. 2, l. 29, p. 540. — Lettre que lui écrit saint Cyprien, sur Marcien d'Arles, p. 545. — Lettre que lui écrit saint Denys d'Alexandrie, sur la fin du schisme de Novatien, p. 546. — Rescrit du pape saint Etienne, sur la question du baptême des hérétiques, p. 550. — Miracle et martyre de saint Etienne, p. 554.

Etienne II, pape, succède à saint Zacharie. Il résiste à Astolfe, roi des Lombards, qui cherche à s'emparer de Rome, t. 5, l. 52, p. 35. — Il implore le secours des Francs, p. 36. — Il reçoit l'ambassade de Pepin. Il se rend en France, p. 37. — Il est consulté sur divers points de discipline. Sa maladie et guérison miraculeuse à Saint-Denys, p. 38. — Il sacre de nouveau Pepin et ses deux fils, p. 39. — Il écrit des lettres à Pepin et à tous les Francs, p. 43. — Didier, successeur d'Astolfe, a recours à lui. Il écrit en sa faveur à Pepin. Sa mort, l. 53, p. 64.

Etienne III, pape. Son élection, t. 5, l. 53, p. 65. — Tient un concile, p. 66. — Sa mort, p. 69.

Etienne IV fait le voyage de France, t. 5, l. 55, p. 454. — Sa mort, p. 456.

Etienne V. Vertus de ce Pape. Une de ses prédications, t. 5, l. 58, p. 383. — Digne réponse à une lettre impérieuse de l'empereur Basile, dictée par Photius, p. 386. — Sage gouvernement d'Etienne V au milieu de tant de gouvernements anciens et nouveaux en Europe, l. 59, p. 394. — Sa mort, p. 397.

Etienne VI. Sa correspondance avec Foulque de Reims, t. 5, l. 59, p. 402. — Sa conduite étrange envers Formose défunt, p. 403.

Etienne VII. Son court pontificat, t. 5, l. 60, p. 436.

Etienne VIII. Sa conduite dans l'affaire de Reims, t. 5, l. 69, p. 454. — Sa mort, p. 457.

Etienne IX. D'abord Frédéric de Lorraine, moine au Mont-Cassin, en est élu abbé, t. 6, l. 64, p. 403. — Elu pape sous le nom d'Etienne IX. Ses premiers actes, p. 404. — Il nomme cardinal-évêque d'Ostie saint Pierre Damien, p. 105. — Derniers actes et sainte mort d'Etienne IX, p. 108.

Etienne (saint) d'Auxence. Ses commencements. Fourberies cruèlles de Copronyme pour le persécuter, t. 5, l. 53, p. 47. — Ses miracles, interrogatoire, prison et martyre, p. 52.

Etienne (saint), fondateur de l'ordre de Grandmont, t. 6, l. 65, p. 483.

Etienne (saint), abbé de Citeaux. Sa vie, t. 6, l. 67, p. 404.

Etienne (saint) d'Obazine, t. 6, l. 68, p. 565.

Etienne (saint), évêque de Die en Dauphiné, t. 7, l. 74, p. 307.

Etienne (saint), duc et apôtre de Hongrie. Il reçoit du pape Sylvestre II le titre de roi, t. 5, l. 62, p. 559. — Il met le royaume de Hongrie sous la protection de la sainte Vierge, qui en est appelée la Dame. Ses charités dans les contrées les plus lointaines. Ses exploits guerriers. Sa législation, p. 564. — Son instruction à son fils Eméric, p. 562. — Sa mort, t. 6, l. 63, p. 30.

Etienne III, roi de Hongrie. Par les exhortations du légat d'Alexandre III, il rend une ordonnance pour réformer les abus du royaume, t. 7, l. 69, p. 133.

Etienne, roi d'Angleterre, t. 6, l. 68, p. 494 (Voir Angleterre).

Etienne, patriarche de Constantinople. On demande pour lui la dispense et la communion du Pape, qui les accorde, t. 5, l. 58, p. 387.

Etienne, comte de Blois, part pour la croisade, t. 6, l. 66, p. 309.

Etienne, évêque de Senlis, t. 6, l. 68, p. 453.

Etre suprême. La Convention, par l'organe de Robespierre, fait décréter que « le peuple français reconnaît l'existence de l'Etre suprême et l'immortalité de l'âme, » t. 44, l. 90, p. 567.

Eucharistie. Jésus annonce l'institution de l'eucharistie, avec la réalité de son Corps et de son Sang. Le fond du mystère de l'eucharistie est le fond même du mystère de la grâce, t. 2, l. 23, p. 189. — Transsubstantiation naturelle, par la végétation, de la terre et de l'eau au pain et au vin; transsubstantiation naturelle, par la nutrition, du pain et du vin au corps et au sang de l'homme; transsubstantiation surnaturelle, par la consécration, du pain et du vin au corps et au sang de Jésus-Christ, p. 190. — Ce mystère est facile à concevoir pour qui aime beaucoup, p. 491. — Institution de l'eucharistie. L'eucharistie, accomplissement et figure, p. 224. — Doctrine de saint Ignace d'Antioche sur le sacrement de l'eucharistie et le sacrifice de la messe, l. 27, p. 376. — Doctrine de saint Justin, p. 397. — Sacrifice de la messe, dans saint Irénée, p. 439. — Tertullien. Manière de prendre ce sacrement, l. 28, p. 486. — De la communion et du sacrifice, dans Origène, p. 507. — Témoignages bien exprès de saint Anastase le Sinaïte touchant la présence réelle, t. 4, l. 48, p. 382. — Décrets et canons dogmatiques du concile de Trente sur l'eucharistie, t. 10, l. 85, p. 225.

Eucher (saint), évêque de Lyon, t. 3, l. 39, p. 454.

Eucher (saint), évêque d'Orléans, t. 8, l. 54, p. 548.

Eude ou Odon (saint), archevêque de Cantorbéry, t. 5, l. 60, p. 447.

Eudes, duc d'Aquitaine. Ses victoires contre les Sarrasins. Il seconde Charles Martel à la bataille de Poitiers, t. 4, l. 54, p. 545.

Eudes, comte de Paris, est élu roi de France en même temps que Charles le Simple, auquel, en mourant, il engage les seigneurs à se réunir, t. 5, l. 59, p. 393.

Eudes, fondateur des Eudistes, t. 11, l. 88, p. 150.

Eudoxie, impératrice, t. 4, l. 44, p. 4.

Eugend (saint), t. 4, l. 43, p. 430.

Eugène, pape. Son élection, t. 4, l. 49, p. 441. — Son éloge, p. 445.

Eugène II. Son élection, t. 5, l. 55, p. 180. — Prudence qu'il lui fallait avec les évêques de France qui se laissent tromper par les iconoclastes, p. 483. — Ses règlements dans le concile de Rome, p. 494. — Sa mort, p. 492.

Eugène III. Sacre d'Eugène III, qui reçoit une députation des évêques d'Arménie. Etonnement de saint Bernard à la nouvelle de l'élection de son ancien disciple, t. 6, l. 68, p. 528. — Eugène III rentre dans Rome, qu'il quitte bientôt après, p. 531. — Saint Bernard lui adresse les cinq livres De la Considération. Devoirs d'un Pape, p. 532. — Examen que fait le Pape, au concile de Trèves, des révélations de sainte Hildegarde, p. 562. — Séjour d'Eugène III à Clairvaux. Il s'arrête à Citeaux et retourne à Rome, p. 564. — Le légat du pape Eugène III érige quatre évêchés en Irlande, p. 567. — Lettre de Frédéric de Souabe au Pape. Concordat entre l'un et l'autre. Mort d'Eugène III, p. 583.

Eugène IV, pape. Il travaille avec le pape Martin V à ramener les hussites, t. 9, l. 82, p. 215. — Son élection et ses commencements, p. 218. — Le concile de Bâle l'informe du petit nombre de prélats qui se trouvent au concile, p. 227. — Informé par le député même du concile du petit nombre de prélats, et pour faciliter la réunion des Grecs, Eugène IV déclare le concile de Bâle dissous, et en convoque un autre à Bologne, p. 228. — Les quatorze prélats de Bâle, parmi lesquels une demi-douzaine d'évêques, blâment hautement la résolution d'Eugène, se déclarent eux-mêmes concile œcuménique et supérieur au Pape, écrivent contre ce-

lui-ci de toutes parts, le somment de venir au concile et s'emparent même du gouvernement de l'Eglise, p. 229. — Le pape Eugène IV envoie des nonces pour prévenir la rupture, p. 230. — Les prélats de Bâle, alors au nombre de trente, repoussent grossièrement les offres de conciliation du Pape, et par les arguments les plus pitoyables, p. 231. — Les prélats de Bâle commencent des procédures contre le Pape, p. 232. — Le pape Eugène IV fait de nouvelles tentatives pour prévenir la rupture, p. 233. — Les prélats de Bâle y répondent par des procédés toujours plus violents. Réconciliation telle quelle entre le Pape et les prélats de Bâle, qui font d'étranges raisonnements pour prouver la supériorité du Concile sur le Pape, p. 236. — Plusieurs règlements intempestifs, indigestes, du concile pour taquiner le Pape, p. 238. — Le Pape transfère le concile à Ferrare, p. 239. — Le concile de Bâle va jusqu'à déposer Eugène IV et faire un antipape, p. 242. — Arrivée du pape Eugène IV à Ferrare et au concile, p. 246. — Il transfère le concile de Ferrare à cause de la peste, p. 252. — Les Grecs, ne pouvant s'accorder entre eux, prient le Pape de leur indiquer lui-même les moyens d'opérer la réunion. Il leur en propose quatre auxquels ils ne trouvent rien à dire; cependant ils lui en demandent encore un autre, p. 256. — La formule de réunion proposée par les Grecs est approuvée par le Pape, p. 259. — Philothée, patriarche d'Alexandrie, accède de grand cœur à la réunion que le Pape notifie à toute la chrétienté. Le Pape accorde plus aux Grecs qu'il ne leur avait promis. Eugène IV fait une promotion de cardinaux parmi lesquels Bessarion de Nicée, Isidore de Russie, Sbinco de Cracovie, p. 262. — Le pape Eugène IV, avec l'approbation du concile œcuménique de Florence, condamne l'interprétation donnée par les prélats de Bâle aux décrets de Constance, p. 263. — Réunion des Arméniens à qui Eugène IV, avec l'approbation du Concile œcuménique, donne un abrégé de la foi orthodoxe, p. 264. — Ambassadeurs du patriarche des Jacobites et de l'empereur d'Éthiopie, p. 265. — Autres ambassadeurs éthiopiens venus de Jérusalem. Discours remarquables des uns, et des autres au pape Eugène IV. Plainte mémorable de l'Éthiopie au Saint-Siége, p. 266. — Lettre de créance de l'abbé éthiopien de Jérusalem, p. 267. — Réunion des Syriens, des Chaldéens et des Maronites. Le roi de Bosnie envoie un ambassadeur à Rome abjurer les erreurs des manichéens. Etat de l'Italie, de la Sardaigne, de la Corse et de l'Espagne vis-à-vis du Saint-Siége, p. 268. — *Pragmatique-sanction* de Bourges. Défaut de cet acte, p. 269. — Sage discours de l'ambassadeur de Charles VII à Eugène IV sur les moyens d'éteindre le schisme de l'antipape de Ripaille. Eugène IV crée gonfalonier ou généralissime de l'Eglise romaine, le dauphin de France, p. 270. — L'Allemagne, qui gardait une espèce de neutralité, se déclare tout à fait pour Eugène IV, contre l'assemblée de Bâle et l'antipape, p. 271. — Derniers moments et pieuse mort du pape Eugène IV, p. 276.

Eugène (saint), évêque de Carthage. Ses vertus, son épiscopat, t. 4, l. 42, p. 47.

Eugène, empereur, t. 3, l. 36, p. 337.

Eugène (le prince) délivre Vienne avec Jean Sobieski, t. 11, l. 88, p. 311.

Eulalie (sainte), vierge et martyre, t. 3, l. 30, p. 25.

Euler, mathématicien d'Allemagne. Son attachement au christianisme, prouvé par ses écrits, t. 11, l. 89, p. 504.

Euloge (saint) d'Alexandrie. Correspondance amicale entre lui et le pape saint Grégoire le Grand, t. 4, l. 47, p. 328. — Lettre que lui écrit le saint Pape sur la conversion de l'Angleterre, p. 344.

Euloge (saint), prêtre d'Espagne. Il justifie les martyrs en Espagne, t. 5, l. 57, p. 309. — Son propre martyre, p. 313.

Eunape et les philosophes de son temps, t. 3, l. 36, p. 327.

Euphémie (sainte), vierge et martyre, t. 5, l. 53, p. 51.

Euphémius, patriarche de Constantinople, t. 4, l. 42, p. 65. — Son indiscrétion et son exil, p. 84.

Euplius (saint), martyr, t. 3, l. 30, p. 26.

Eurice (saint), t. 8, l. 44, p. 191.

Europe. Esprit politique de l'Europe au XVIe siècle. Tâche difficile de l'Eglise, t. 10, l. 85, p. 238. — Les religieux militaires de Saint-Jean de Jérusalem, commandés par frère Lavalette et encouragés par le Pape, défendent glorieusement, au siége de Malte, l'Europe chrétienne contre toutes les forces mahométanes, l. 86, p. 399. — L'Europe est sauvée par le pape Pie V. Bataille de Lépante, p. 402. — Bas-empire des intelligences en Europe, p. 416.

Eusèbe (saint), pape, t. 3, l. 30, p. 59.

Eusèbe (saint), évêque de Verceil. Son origine. Sa promotion à l'épiscopat de Verceil. Ses austérités. Le pape Libère lui confie, avec Lucifer, la mission d'aller auprès de l'empereur Constance, t. 3, l. 33, p. 145. — Il refuse de souscrire à la condamnation d'Athanase. Son exil, p. 147. — Lettre de Libère à Eusèbe de Verceil, p. 148. — Sa lettre aux églises d'Italie. Ses souffrances dans son exil, p. 164. — Son retour, p. 202.

Eusèbe (saint) de Samosate. Son exil, t. 3, l. 35, p. 240. — Son martyre, l. 36, p. 266.

Eusèbe, évêque de Nicomédie. Il prend parti pour Arius. Ses indignités. Lettre qu'Arius lui adresse. Sa lettre à saint Alexandre, t. 3, l. 34, p. 77. — Il refuse de souscrire au Symbole de Nicée. Sa ruse pour souscrire à la foi et non à l'anathème, p. 84. — Déposition d'Eusèbe de Nicomédie. Son exil, p. 87. — Lettre de Constantin à l'Eglise de Nicomédie, p. 88. — Rappel d'Eusèbe. Il veut se venger de ceux qui ont combattu Arius. Son voyage à Jérusalem. Concile d'Antioche. Il ourdit des machinations contre Eustathe d'Antioche et saint Athanase, p. 105. — Ambition d'Eusèbe de Nicomédie. Ses vaines intrigues contre Athanase auprès du pape saint Jules, auquel chaque parti appelle, p. 111. — Il devient précepteur de Julien, dit l'Apostat, l. 33, p. 152.

Eusèbe de Césarée. Sa *Préparation* et sa *Démonstration évangélique*, t. 3, l. 34, p. 65. — Obscurité de ses idées sur la divinité du Christ. *Chronique* et *Histoire ecclésiastique* d'Eusèbe, p. 67. — Explication de certaines de ces réticences touchant ceux qui renièrent la foi dans la persécution de Dioclétien, l. 30, p. 42. — Ses livres contre Marcel, et réponse de Marcel, l. 32, p. 112. — Son déguisement dans sa lettre à son église, p. 87. — Sa mort, p. 114.

Eusèbe de Dorylée combat l'hérésie de Nestorius, t. 3, l. 39, p. 458.

Eustache (saint) en Lithuanie, t. 8, l. 79, p. 583.

Eustathe (saint), évêque d'Antioche, t. 3, l. 34, p. 82 et 105.

Eustochie (bienheureuse), t. 9, l. 83, p. 388.

Euthymius (saint), abbé en Palestine, t. 4, l. 44, p. 45.

Eutrope, ministre d'Arcade. Sa disgrâce, t. 3, l. 37, p. 357.

Eutropia, femme de Maximien-Hercule. Son pèlerinage aux lieux saints. Sa lettre à son gendre Constantin, t. 3, l. 34, p. 404.

Eutychès. Hérésie d'Eutychès. Concile de Constantinople. Opiniâtreté et condamnation d'Eutychès. Lettre de saint Flavien au Pape. Date de cette lettre, t. 3, l. 40, p. 516. — Lettres d'Eutychès, de l'empereur et de Flavien au Pape, et réponse de celui-ci, p. 519. — Révision des actes du concile. Réponse de saint Pierre Chrysologue aux lettres d'Eutychès, p. 521. — Intrigues des eutychiens et convocation du concile d'Ephèse. Lettres du pape saint Léon à Flavien, au concile et à l'empereur, p. 522. — (Pour la suite, voir Conciliabule

d'Ephèse et Concile œcuménique de Chalcédoine, art. *Conciles œcuméniques*).

EUTYCHIUS (saint), patriarche de Constantinople. Violences de Justinien contre lui, t. 4, l. 45, p. 247. — Son retour. Erreurs dont saint Grégoire le désabuse, l. 46, p. 252. — Sa mort, p. 253.

EVA (Gabriel), maronite, abbé du Mont-Liban, envoyé à Rome, t. 11, l. 88, p. 97.

ÉVAGRE (saint), évêque de Constantinople, exilé par Valens, t. 3, l. 35, p. 229.

EVALD (saint), missionnaire apostolique en Germanie, t. 4, l. 50, p. 540.

EVANGILE, EVANGÉLISTES. — Commencement de l'évangile de saint Jean. Les emblèmes des quatre évangélistes, t. 2, l. 23, p. 43. — Les principaux faits de l'Evangile reconnus par les Mahométans, les païens et les Juifs, l. 24, p. 248. — Preuve tirée du caractère intrinsèque de l'Evangile, p. 250.

ÉVARISTE (saint), pape, t. 2, l. 27, p. 379.

EVE. Formation d'Eve ou de la première femme. Naissance de l'Eglise. Union d'Adam et d'Eve, du Christ et de l'Eglise, et des trois personnes divines. Monogamie. Indissolubilité du mariage, t. 4, l. 4, p. 32. — Harmonie, dans Adam et Eve, de la chair et de l'esprit, p. 33. — (Voir encore les articles : *Chute de l'homme*, *Péché originel*, *Traditions primitives*).

EVÊQUES. Décret disciplinaire du concile de Trente pour élever le pouvoir des évêques au-dessus des difficultés et des chicanes, dans la restauration ecclésiastique. Les causes graves des évêques sont réservées directement au Pape, t. 40, l. 86, p. 234. — Leurs droits et leurs devoirs leur sont enseignés par saint Paul, dans ses épîtres à Tite et à Timothée, t. 2, l. 25, p. 310. — Le respect et l'obéissance qu'on doit aux évêques se voient dans les épîtres de saint Ignace, martyr, disciple des apôtres, l. 27, p. 374.

EVILMÉRODACH, roi de Babylone, t. 4, l. 18, p. 442.

EVRE (saint), ami de saint Paulin de Nole, t. 3, l. 37, p. 347.

EXPILLY, évêque schismatique du département du Finistère, t. 11, l. 90, p. 534.

EXPOSITION *des principes sur la Constitution civile du clergé*, t. 11, l. 90, p. 532.

EXPOSITION universelle des arts et de l'industrie, en 1867, à Paris, t. 12, l. 92, p. 405.

EXÉGÈSE (l') protestante et rationaliste en Allemagne : Paulus, t. 12, l. 91, p. 141.

EXTRÊME-ONCTION. Sacrement rappelé dans l'épître de saint Jacques, t. 2, l. 25, p. 310. — Doctrine et canons du concile de Trente sur le sacrement d'extrême-onction, t. 10, l. 85, p. 232. — Règles de l'Eglise romaine sur l'administration de ce sacrement dans la décrétale du pape Innocent Ier à Décentius, t. 3, l. 38, p. 423.

EXUPÉRIE (sainte). Sa conversion et son martyre, t. 2, l. 29, p. 552.

EZÉCHIAS, roi de Juda. Sa piété. Restauration du culte. Défaite des Philistins. Délivrance du pays du joug des Assyriens, t. 4, l. 16, p. 367. — Alliance d'Ezéchias avec le roi d'Egypte. Reproches d'Isaïe et prédictions contre l'Egypte, p. 368. — Menaces et blasphèmes de Sennachérib. Prière d'Ezéchias, p. 370. — Maladie d'Ezéchias. Dieu lui promet la santé et confirme sa promesse par un miracle. Cantique d'Ezéchias, p. 377. — Il montre ses trésors aux ambassadeurs du roi de Babylone. Prédictions menaçantes d'Isaïe sur Juda et Babylone, p. 378. — Mort d'Ezéchias. Cyrus et Ezéchias, figures de Jésus-Christ, p. 379.

EZÉCHIEL, le prophète. Vision d'Ezéchiel. Son application à l'univers, aux grands empires, au peuple de Dieu, à l'Eglise catholique, t. 4, l. 17, p. 416. — Justification des jugements de Dieu sur les justes et les pécheurs, les pères et les enfants, p. 447. — Prophéties en action sur le siége de Jérusalem, p. 448. — Des bouffonneries d'un impie moderne à ce sujet. Nouvelle vision d'Ezéchiel et nouvelle prophétie en action sur la captivité de Sédécias, p. 419. — Révolte et alliance de Sédécias avec le roi d'Egypte. Prédiction, par Ezéchiel et Jérémie, de la défaite des deux rois, p. 420. — Siége de Jérusalem. Révélation en est faite à Ezéchiel, ainsi que de sa ruine, p. 421. — Chants lugubres d'Ezéchiel sur Tyr, t. 2, l. 48, p. 435. — Prédictions et chants lugubres d'Ezéchiel sur la ruine de l'Egypte, p. 438.

EZZELIN de Romano, surnommé *le Féroce*, gendre de Frédéric II, t. 8, l. 73, p. 43. — Sa fin, l. 74, p. 452.

F

FABIEN (saint), pape. Son élection merveilleuse, t. 2, l. 28, p. 510.

FABIOLE, veuve, t. 3, l. 36, p. 289.

FABRE, oratorien janséniste, continuateur de Fleury, altère les faits du concile de Florence pour dépriser les Latins, tandis que le célèbre Bessarion, archevêque de Nicée, les admire, t. 9, l. 82, p. 350.

FABRE (de l'Aude), président du Tribunal, complimente Pie VII lors de son voyage à l'occasion du sacre de Napoléon, t. 12, l. 91, p. 46.

FABRETTI, antiquaire italien, t. 11, l. 88, p. 106.

FALCONIÉRI (sainte Julienne), t. 8, l. 79, p. 501.

FAMAGOUSTE. Prise de cette ville par le visir Mustapha, t. 10, l. 86, p. 404.

FANATISME. Ce que c'est. Celui des Camisards, t. 11, l. 88, p. 242.

FAUSTE, de Riez, t. 4, l. 42, p. 40.

FAZIUS (bienheureux) de Vérone, t. 8, l. 75, p. 221.

FÉDÉRATION du 14 juillet 1790, t. 11, l. 89, p. 527.

FÉLICITÉ (sainte), martyre avec ses sept fils, t. 2, l. 27, p. 405.

FÉLICITÉ (sainte), martyre, compagne de sainte Perpétue, t. 2, l. 28, p. 456.

FÉLIX Ier (saint), pape, t. 2, l. 29, p. 570.

FÉLIX II. Son élection, t. 3, l. 33, p. 450. — Son expulsion, p. 466.

FÉLIX III. Son élection. Un mémoire lui est présenté par le patrice Basile, t. 4, l. 42, p. 64. — Concile de Rome au sujet de Pierre Monge. Lettre du Pape à l'empereur de Constantinople et à Acace. Emprisonnement, chute et excommunication des légats, p. 62. — Condamnation d'Acace. Chute et excommunication du légat Tutus, p. 63. — Obstination et tyrannie d'Acace. Condamnation nouvelle des perturbateurs de l'Eglise d'Orient, p. 64. — Mort de Pierre le Foulon et d'Acace. Election de Fravitta à Constantinople. Sa perfidie et sa mort. Lettre du Pape relativement à son ordination, etc., p. 65. — Lettre de Félix III aux évêques d'Afrique, p. 69. — Sa mort, p. 72.

FÉLIX IV, t. 4, l. 44, p. 482.

FÉLIX (saint) de Nole, t. 2, l. 29, p. 526.

FÉLIX (saint), évêque de Tibiure en Afrique, martyr, t. 3, l. 30, p. 22.

FÉLIX (saint) de Cantalice, t. 10, l. 86, p. 353.

FÉLIX, évêque d'Urgel. Ses erreurs, t. 5, l. 54, p. 119-122.

FELLER (l'abbé), ancien jésuite. Ses écrits, t. 11, l. 89, p. 502.

FÉNELON. Sa biographie, t. 11, l. 88, p. 192. — Il

porte un jugement sévère sur l'édition bénédictine de saint Augustin. Les défauts qu'il y rencontre, p. 138. — Il réfute les écrits de Nicolas Malebranche, p. 147. — Il censure la théologie de Louis Habert, p. 161. — Son opinion sur ce qu'il en est au fond des libertés de l'Eglise gallicane, p. 172. — Ce qu'il pense sur le premier article de la Déclaration de 1682, p. 186. — Ce qu'il pense sur les trois derniers articles, p. 187. — Son traité *De l'autorité du souverain Pontife*. Ce qu'il pense de la controverse de Bossuet avec l'évêque de Tournai, controverse qu'il rapporte lui-même, p. 188. — Ses premières années. Ses premiers écrits : *Traité de l'éducation des filles ; Du ministère des pasteurs*. Ses missions dans le Poitou et la Saintonge, p. 192. — Il est chargé de l'éducation du duc de Bourgogne. Ensemble et suite de ses écrits pour cette éducation, p. 195. — Succès de cette éducation. Sa controverse avec Bossuet sur le quiétisme. Différentes espèces de quiétisme. Celui de madame Guyon, p. 200. — Son amitié avec Bossuet, qui veut absolument le sacrer archevêque de Cambrai. Il n'approuve pas les *Réflexions morales* du janséniste Quesnel, p. 205. — Il publie ses *Maximes des Saints*. L'affaire portée à Rome. Ecrits de part et d'autre. Esprit prodigieux de Fénelon. Sa soumission au jugement du Pape, plus honorable que la victoire de Bossuet, p. 206. — Sa douleur à la mort du duc de Bourgogne. Sa correspondance avec le duc d'Orléans sur la religion, p. 247. — Quelle est, dans la pensée de Fénelon, la grande preuve de la vraie religion et de la vraie Eglise, p. 249. — Quels sont, suivant Fénelon, les premiers principes de la raison humaine, p. 250. — Lorsque certains parlements et évêques jansénistes défendaient de reconnaître la sainteté de Grégoire VII et d'en dire l'office, Fénelon se montre dans toute cette affaire comme un véritable Père de l'Eglise. Il instruit le Pape de l'état des choses et des personnes touchant le jansénisme, p. 263. — Il combat cette hérésie jusqu'à sa mort par de savantes instructions pastorales, p. 264. — Derniers moments, derniers écrits et pieuse mort de Fénelon, p. 266. — Ce que Fénelon pense de la réponse du pape Zacharie à la consultation des Francs sur un changement de dynastie, t. 5, l. 52, p. 48.

FÉODALITÉ. Du système féodal et de la formation des communes, t. 6, l. 67, p. 393.

FERDINAND (saint), roi de Castille, t. 7, l. 72, p. 402. — Sa piété. Ses conquêtes. Sa sainte mort, l. 73, p. 559.

FERDINAND et ISABELLE, rois d'Espagne. Les Espagnols achèvent d'expulser les Mahométans. Prise de Grenade, t. 9, l. 83, p. 282. — Découverte du Nouveau-Monde par Christophe Colomb, p. 284. — Son retour et ses voyages. Sa mort, p. 287. — Etat intellectuel du Nouveau-Monde lors de sa découverte. Ses traditions religieuses, p. 288. — Proclamation des conquérants espagnols dans le Nouveau-Monde, p. 289. — Politique différente des Anglais dans l'Inde. Conversion des Mahométans de Grenade par le cardinal Ximenès, p. 290. — Inquisition royale établie en Espagne par Ferdinand et Isabelle, p. 295. — Les Juifs font assassiner un des inquisiteurs et sont obligés de quitter l'Espagne, à moins de se convertir au christianisme, p. 299. — Résultat général de l'inquisition d'Espagne, p. 300. — Expédition et conquêtes du cardinal Ximenès en Afrique, p. 304. — Mort du roi Ferdinand, p. 303.

FERDINAND Ier, empereur, t. 10, l. 85, p. 236. — Sa lettre à saint Ignace, p. 275. — Ses différends avec Paul IV, p. 294.

FERDINAND II, empereur d'Allemagne, sauve Vienne, t. 11, l. 87, p. 47. — Il est élu empereur à Francfort par tous les électeurs, p. 49. — Son activité. Il expulse l'hérésie protestante de la Bohême, p. 50. — Il use de son droit de réformation contre l'hérésie et en Bohême et en Autriche. Vues qui l'animaient dans l'usage de ce droit que nul protestant ne pouvait lui contester, p. 51. — Vues de Ferdinand II pour rétablir l'unité nationale de l'Allemagne. Causes qui font manquer cette réunion nationale de l'Allemagne, p. 52. — Seconde période de la guerre de Trente-Ans, qui recommence au jubilé séculaire de la confession d'Augsbourg. Les protestants d'Allemagne appellent à leur secours le roi de Suède, Gustave-Adolphe. Prise et incendie de Magdebourg. Conduite louable, mais calomniée, du comte de Tilly dans cette occasion, p. 54. — Sa mort et celle de Gustave-Adolphe, p. 55.

FERRARE (concile de) et de Florence (Voir *Conciles œcuméniques*).

FERRIÈRE, légiste, t. 11, l. 88, p. 164.

FESCH, cardinal, oncle de Napoléon. Son ambassade à Rome pour amener Pie VII à venir sacrer Napoléon en France, t. 12, l. 91, p. 14. — Se montre peu conciliant envers le cardinal Consalvi, p. 24. — Sa remontrance assez téméraire au Pape, p. 27. — Préside le concile impérial de 1811, où il se montre généralement plus cardinal-oncle que cardinal-prêtre, p. 53 et seqq. — Attentions bienveillantes de Pie VII pour la mère de Napoléon et le cardinal Fesch, p. 74.

FÊTES. Ce que dit là-dessus le concile de Trente, t. 10, l. 85, p. 329.

FÊTES de juin 1867 pour le centenaire de saint Pierre et la canonisation de vingt-cinq bienheureux : annonce du Concile du Vatican, t. 12, l. 92, p. 404.

FEU. Marque de la souveraineté de l'homme, t. 1, l. 4, p. 28.

FEUTRIER, évêque-ministre. L'évêque Feutrier de Beauvais, ministre royal des cultes sous Charles X, ôte, en 1828, aux évêques de France, la liberté de confier l'enseignement des écoles ecclésiastiques aux hommes qu'ils jugeraient le plus à propos. Les évêques de France protestent contre cette persécution de leur collègue, mais finissent presque tous par ployer sous sa main impérieuse, t. 12, l. 91, p. 118.

FIDÈLE (saint) de Sigmaring, capucin et martyr, t. 10, l. 87, p. 506.

FIDÉISME (le) de M. Bautain, t. 12, l. 91, p. 141.

FIESQUE : leur origine, t. 8, l. 73, p. 48 ; l. 76, p. 244, et l. 83 (Voir *sainte Catherine de Gênes*).

FILIBERT (saint), abbé de Jumièges, t. 4, l. 50, p. 485.

FLUES. Concile de Flues en 881. Ses actes, t. 5, l. 58, p. 372.

FIN naturelle et fin surnaturelle de l'homme. Eclaircissement sur cette matière, t. 11, l. 89, p. 437.

FIRMILIEN. Ses excentricités au sujet du baptême des hérétiques, t. 2, l. 29, p. 549.

FIRMIN (saint), évêque et martyr, t. 3, l. 30, p. 7.

FISHER, cardinal, évêque de Rochester. Sa science. Ses vertus, t. 10, l. 84, p. 73. — Son martyre, p. 84.

FITZ-WILLIAM, politique anglais. Conséquences qu'il tire de l'universalité historique et doctrinale de l'Eglise de Dieu, t. 10, l. 85, p. 314.

FITZ-JAMES, évêque janséniste d'Auxerre, t. 11, l. 89, p. 396.

FLACCUS Illyricus, sectaire protestant d'Allemagne, t. 10, l. 85, p. 185.

FLAGELLANTS. Leurs dévotions. Erreurs qui s'y mêlent, t. 8, l. 75, p. 221. — Leurs abus réprimés par le Pape, l. 79, p. 573.

FLAVIEN, prêtre d'Antioche, y entretient la foi parmi les catholiques, t. 3, l. 33, p. 163. — Il est élu évêque d'Antioche malgré les remontrances de saint Grégoire de Nazianze et les arrangements convenus, l. 36, p. 276. — Lettres des évêques d'Italie sur son ordination, p. 283. — Mission de Flavien auprès de Théodose après la sédition d'Antioche, p. 314.

FLAVIEN (saint) de Constantinople. Son élection, t. 3, l. 40, p. 514. — Il condamne l'hérésie d'Eutychès et en écrit au pape saint Léon, p. 516. — Il est martyrisé par les eutychiens du conciliabule d'Ephèse, p. 525.

FLÉCHIER. Portrait qu'il nous trace des magistrats de son temps, t. 11, l. 87, p. 5.

FLEURY, cardinal, précepteur et ministre de Louis XV, t. 11, l. 88, p. 255.

FLEURY, avocat, puis abbé. Ses ouvrages. Manière diverse dont son histoire est accueillie par les catholiques et par les protestants. Raisons de cette différence. Observations sur ses autres écrits, t. 11, l. 88, p. 464. — Son *Discours sur les libertés de l'Eglise gallicane.* Observation à ce sujet, p. 471. — Son opinion sur ce qu'il en est au fond de ces libertés de l'église gallicane, p. 474. — Particularités qu'il nous apprend sur l'assemblée de 1682, p. 476. — Remarque de Fleury sur l'édit sophistique de Justinien contre le pape Vigile, t. 4, l. 45, p. 233. — Jugement de Fleury sur les lettres d'Etienne II à Pepin et à tous les Francs. Fleury est redressé par lui-même, t. 5, l. 52, p. 44. — Sa réflexion déplacée au sujet du deuxième concile de Nicée, l. 53, p. 85. — Ses fausses idées sur les fausses décrétales, l. 54, p. 125. — Réflexion plus photienne que catholique de Fleury au sujet d'une lettre inconvenante de Michel l'Ivrogne au pape saint Nicolas et de la réponse apostolique de ce Pape, l. 57, p. 289. — Réflexion peu sensée de Fleury au sujet de l'affaire de Rothade de Soissons, p. 304. — Il omet le vingt-sixième canon, le plus remarquable du huitième concile général, p. 335. — Il omet la réponse mémorable de l'empereur Louis II à Basile, empereur de Constantinople, dans la chicane qu'amena celui-ci, l. 58, p. 349. — Injustice de Fleury à l'égard du pape Jean VIII, p. 369. — Fleury voudrait faire du Pape un prêtre étranger dans l'Eglise, t. 6, l. 62, p. 18. — Lettre d'un évêque henricien à Louis de Thuringe. Réponse par un évêque catholique. Fleury, censeur du catholique et apologiste du schismatique, qui pourtant lui-même change ensuite de sentiments, l. 66, p. 288. — Fleury garde le silence sur ce qu'au concile de Reims l'empereur Henri V fut excommunié et ses sujets déliés du serment de fidélité par le pape Calixte II et par le concile, l. 67, p. 426. Que penser des doléances de Fleury sur les fausses décrétales et les nouvelles prétentions de la cour de Rome, t. 7, l. 69, p. 7. — Qui, de Fleury ou de Gratien, connaît le mieux et suit plus fidèlement la doctrine des huit premiers siècles, touchant l'autorité de l'Eglise et de son chef, p. 8. — Réflexions peu judicieuses de Fleury sur une lettre de Pierre de Blois au sujet de la décime saladine, l. 70, p. 180.

FLODOARD. Caractère et mérite de cet auteur, t. 5, l. 59, p. 391.

FLORENCE (concile de) (Voir *Conciles œcuméniques*).

FLORUS, diacre de Lyon. Son traité *De l'élection des évêques,* t. 5, l. 55, p. 166. — Ses regrets sur le partage de l'empire des Francs entre les trois fils de Louis le Débonnaire, l. 56, p. 220. — Florus, au nom de l'Eglise de Lyon, combat et condamne le jansénisme de Gothescalc, p. 257.

Foi: Qu'est-ce qu'on entend par la foi, suivant Canisius, t. 10, l. 85, p. 278. — Conciliation, suivant Bergier, entre la raison et la foi, entre la philosophie et la théologie, t. 11, l. 89, p. 494.

Foix (Henriette de), tante de Belsunce. Sa sainte vie, t. 11, l. 88, p. 277.

FONTANES, président du Corps législatif, adresse un discours au pape Pie IX, lors de son voyage en France pour le sacre de Napoléon, t. 12, l. 91, p. 45.

FONTANEY, jésuite missionnaire en Chine, t. 11, l. 88, p. 320.

FONTANINI, savant italien, t. 11, l. 88, p. 401.

FONTENAY (bataille de). Ses suites et son caractère, t. 5, l. 56, p. 248.

FORANNE (saint), t. 5, l. 60, p. 441.

FORMOSE, pape. Il devient pape. Que penser de l'ensemble de sa conduite, t. 5, l. 59, p. 397. — Sa correspondance avec Foulque de Reims, p. 398. — Relations de ce Pape avec l'Angleterre, p. 399. — Décision conciliante de ce Pape touchant l'archevêché de Hambourg. Position difficile de ce Pape entre l'empereur Gui et le roi Bérenger, p. 401. — Serment restrictif que le peuple romain prête à l'empereur Arnoulfe, p. 402. — Conduite étrange d'Etienne VI envers Formose défunt. Ecrits d'Auxilius touchant les ordinations de Formose. Difficulté de la question, p. 403 et seqq.

FORNARI (la bienheureuse Marie-Victoire), fondatrice des Annonciades célestes, t. 10, l. 87, p. 504.

FORTUNAT (Venance). Ses études. Son pèlerinage à Tours. Son séjour près de sainte Radegonde. Ses ouvrages, t. 4, l. 46, p. 284.

FOULQUE (saint), archevêque de Reims, t. 5, l. 58, p. 383. — Sa correspondance avec le pape Formose, l. 59, p. 398; — avec Etienne VI, p. 402. — Martyre de saint Foulque de Reims, p. 440.

FOULQUE, curé de Neuilly. Succès de ses prédications et pour la réforme des mœurs et pour la croisade, t. 7, l. 71, p. 276 et seqq. — Sa mort, p. 284.

FOULQUE, évêque de Toulouse, t. 7, l. 71, p. 310.

FOULQUE Nerra, comte d'Anjou, t. 5, l. 62, p. 579.

FOURIER (le bienheureux Pierre). Sa congrégation religieuse pour l'instruction de la jeunesse en Lorraine, t. 11, l. 89, p. 448.

FOUQUIER-TAINVILLE. Ses exécutions à Paris, t. 11, l. 90, p. 559.

Fous (Fête des). Sa suppression dans l'Eglise de Paris, t. 7, l. 71, p. 277.

Fox (Georges), cordonnier, auteur de la secte fanatique des *quakers* ou *trembleurs,* t. 11, l. 88, p. 285.

FRANC-MAÇONNERIE, t. 11, l. 89, p. 465. — Parenté probable avec les manichéens du moyen-âge, t. 7, l. 71, p. 300.

FRANCS, FRANÇAIS, FRANCE: — Histoire du royaume des Francs et Français. Invasion des Francs dans les Gaules. Clodion, Mérovée, Childéric. La royauté des Francs n'est pas héréditaire ni inamissible. Dévouement de sainte Geneviève. Clovis. Défaite et mort de Syagrius. Le vase de Soissons. Clotilde: son mariage avec Clovis; ses efforts pour le convertir, t. 4, l. 42, p. 76-78. — Bataille de Tolbiac. Vœu de Clovis. Son baptême. Saint Vaast et saint Remi. Lettres du pape Anastase II et de saint Avit de Vienne à Clovis. Accomplissement d'une prophétie d'Isaïe. La France et le catholicisme, p. 88-90. — Parabole du levain appliquée au christianisme et à l'humanité, l. 43, p. 91. — Gondebaud, roi des Burgondes, meurtrier de ses frères. Il est défait par Clovis et sauvé par la ruse d'Aridius. Sa législation, p. 105. — Clovis malade fait venir saint Séverin. Entrevue de Clovis, roi des Francs, et d'Alaric, roi des Visigoths. Lettre de saint Remi à Clovis, p. 109. — Piété de celui-ci. Saint Maixent. Bataille de Vouillé. Défaite et mort d'Alaric. Danger que court Clovis. Il est créé patrice par l'empereur Anastase de Constantinople. Sa lettre circulaire, p. 110. — Défaite des Francs par les Ostrogoths. Charité de saint Césaire d'Arles envers les captifs, p. 111. — Causes de la fusion rapide des deux races franque et gauloise, p. 113. — Origine des Gaulois, Celtes ou Galates. Leur descendance de Japhet, t. 4, l. 4, p. 73. — Leurs émigrations ou invasions en Italie, en Grèce et en Asie. Bataille qu'ils perdent dans la Babylonie, t. 2, l. 21, p. 110. — Cinquième invasion des Gaulois en Italie. Ils s'emparent de Rome. Terreur qu'ils inspirent aux Romains, jusqu'à ce qu'ils leur aient appris à les vaincre par plus de constance, p. 111. — Actes sanguinaires de Clovis, roi des Francs. Exemples semblables chez les autres nations. Mort de Clovis, t. 4, l. 43, p. 143. — Grégoire de Tours et les historiens des beaux temps de la littérature, p. 144. — Partage du royaume des Francs entre les fils de Clovis. Ils défont Sigismond de Bourgogne. Meurtre de ce prince et d'une partie de sa famille par Clodomir. Défaite et mort de celui-ci, l. 44, p. 157. — Saint Remi, l'apôtre des Francs. Sa mort. Expédition de Childebert en Espagne, p. 193. — Paganisme dans les mœurs des

rois germains. Expédition de Teuderic ou Thierry en Thuringe et en Auvergne, et de Childebert et de Clotaire en Bourgogne, p. 194. — Usurpation des rois dans la nomination des évêques. Saint-Nicet, évêque de Trèves, p. 496. — Mort de Thierry : son caractère. Avénement de Théodebert : son caractère. Opposition de saint Nicet aux désordres de la cour. Bienfaisance du roi envers les habitants de Verdun, p. 497. — Mort de Clodomir. Luxure de Clotaire. Meurtre des enfants de Clodomir. Retraite et mort de sainte Clotilde et de saint Cloud, p. 498. — Concile d'Orléans. Fermeté des évêques Injuriosus et Léon. Concile de Clermont. Lettre des évêques à Théodebert, p. 199. — Partage de la France entre Childebert et Clotaire. Expédition de Childebert en Espagne, l. 45, p. 239. — Rupture et réconciliation entre Lothaire et son fils Chramne, p. 243. — Mort de Childebert. Clotaire seul roi des Francs, p. 445. — La constitution en faveur de la religion. Révolte, défaite et mort de Chramne, p. 446. — Mort de Clotaire. Partage de la France entre ses fils, p. 447. — Turpitudes de Cháribert, roi de Paris. Sa brutalité dans les affaires ecclésiastiques. Sa mort. Scandales à la cour de Gontram, roi de Bourgogne. Intrigues de Frédégonde à celle de Chilpéric, roi de Neustrie, l. 46, p. 263. — Sagesse de Sigebert, roi d'Austrasie. Son mariage avec Brunehaut, et celui de Chilpéric avec Galsuinde. Meurtre de cette princesse et élévation de Frédégonde. Expédition de Sigebert et de Gontram contre Chilpéric. Intervention de saint Germain de Paris. Assassinat de Sigebert. Proclamation de Childebert, son fils. Exil de Brunehaut. Son mariage avec Mérovée, fils de Chilpéric, p. 264. — Fuite et mort de Mérovée. Tyrannie de Chilpéric. Vengeance du ciel sur sa famille, p. 265. — Assassinat de Clovis et d'Andovère, fils et femme de Chilpéric. Nouvelles horreurs de Frédégonde à l'occasion de la mort de son troisième fils. Mariage de Rigonthe avec Lévigilde. Désolation dans Paris. Ravages exercés par le cortége de la princesse. Assassinat de Chilpéric, p. 266. — Odieux caractère de ce prince. Frédégonde et son fils, Clotaire II sous la tutelle de Gontram. Bienfaits de l'administration de celui-ci. L'aventurier Gundevald, p. 267. — Altercation entre Gontram et les envoyés de Childebert. Donation que Gontram fait à ce prince de son royaume. Concile de Mâcon. Affabilité de Gontram. Ses fautes. Son manque d'énergie pour le maintien de la discipline militaire. Guerre contre les Visigoths, p. 268. — Gontram échappe aux émissaires de Frédégonde. Supplice de deux assassins qu'elle envoie pour poignarder Childebert. Querelles de Frédégonde avec sa fille Rigonthe. Meurtre de l'évêque Prétextat et emprisonnement d'un seigneur franc. Poursuite de cette affaire par l'évêque Leudowald et Gontram, p. 270. — Propositions de paix de Reccarède. Union de Childebert et de Gontram. Explications entre les deux rois, p. 274. — Peste à Marseille et à Lyon. Reconnaissance de Clotaire comme fils de Chilpéric. Son baptême. Mort et éloge de Gontram, p. 272. — Utilité des asiles à cette époque. Conciles assemblés par Gontram. Ses fondations, p. 273. — Vie édifiante de la reine Ingonde. Piété de sa fille Adelberge ou Berthe, p. 276. — Le pape Pélage II appelle les Francs et les Grecs au secours de Rome contre les Lombards. Saint Aunaire. Les Francs en Italie, p. 294. — Election du roi des Lombards, Autharis. Invasion des Francs. Election d'Agilulfe. Paix avec les Francs, l. 47, p. 309. — Constitution du roi Childebert II d'Austrasie. Lettres du pape saint Grégoire à ce prince et à Brunehaut. Mort de Childebert, Théodebert, Thierry et Clotaire II. Mort de Frédégonde. Exil de Brunehaut, p. 339. — Confirmation par le Pape des établissements de Brunehaut, avec peine de déposition contre tout roi, etc., qui donnerait atteinte à cette constitution. Authenticité, sens et convenance de ce document, p. 348. — Frédégonde et Brunehaut, l. 48, p. 399. — Mort de Brunehaut, de sa race, par Clotaire II. Concile ou assemblée nationale de Paris, dans laquelle se dresse une sorte de charte constitutionnelle du royaume, p. 401. — Saint Arnoulfe, tige de la seconde race des rois francs, p. 403. — Il quitte la cour du roi Dagobert d'Austrasie et se retire dans les Vosges, p. 406. — Dagobert publie une nouvelle édition de la législation des Francs. Progrès de la douceur chrétienne qu'on y remarque, p. 410. — Confession et pénitence de Dagobert, p. 411. — Le roi saint Sigisbert d'Austrasie, l. 49, p. 450. — Saint Vulfolède, archevêque de Bourges. Lettre que lui écrit le roi saint Sigisbert. Réflexion à ce sujet, p. 456. — La reine sainte Bathilde, p. 459. — Révolutions politiques en France sur le déclin de la première dynastie, l. 50, p. 476. — Politique cruelle et perfide d'Ebroïn envers saint Léger, p. 479. — Horrible calomnie du génevois Sismondi contre le même saint Léger, p. 481. — Le duc Pepin et sa famille, issue de saint Arnoulfe. Pepin gouverne sagement toute la France et ses rois, p. 486. — Lettre de Charles Martel à saint Boniface, apôtre de l'Allemagne, l. 51, p. 540. — C'est de l'Austrasie que sort le salut de la France, de l'Espagne et du monde, p. 544. — Grandes, mais insuffisantes victoires du duc Odon ou Eudes d'Aquitaine contre les Mahométans qui envahissent le midi de la France, p. 545. — La France envahie par Abdérame, d'un côté jusqu'à Sens, de l'autre jusqu'à Poitiers. Mémorable victoire que Charles Martel, secondé par Eudes, remporte sur les innombrables Sarrasins, p. 546. — Pour se vénger du pape saint Grégoire II, l'empereur iconoclaste de Constantinople, Léon l'Isaurien, envoie le tuer ou le déposer. Effet que cela produit sur les peuples d'Italie, p. 557. — Le saint Pape recourt au prince des Francs, Charles Martel, p. 558. — Lettres honorables du pape saint Grégoire III à Charles Martel et à la nation des Francs, p. 658. — Mort de Charles Martel, p. 569.

FRANCE, etc. — Saint Boniface, légat du pape, et secondé par Pepin et Carloman, fils de Charles Martel, rétablit la discipline en France et étend la religion en Allemagne, t. 5, l. 52, p. 2 et 9. — Le prince Carloman quitte le monde et se fait moine, p. 14. — Pepin, au nom des Francs, consulte le pape saint Zacharie. Réponse de celui-ci, p. 16. — Les Francs consultent le même Pape sur un changement de dynastie. Réponse du Pape. Ce qu'en pensent Bossuet, Fénelon et Châteaubriand, p. 18. — Pepin se montre digne d'être roi. Etat général de l'Occident, p. 19. — Astolfe, roi des Lombards, cherche à s'emparer de Rome et à s'assujétir l'Eglise romaine. Le pape Etienne II lui résiste et implore le secours des Francs, p. 35. — Réponse et ambassade du roi Pepin. Le Pape se rend en France. Comment il y est reçu, p. 37. — Voyage et mort de Carloman, frère de Pepin, p. 38. — Le Pape sacre de nouveau Pepin et ses deux fils, p. 39. — Le roi Pepin, arrivé en Italie, force le roi Astolfe de rendre à l'Eglise romaine Ravenne et plusieurs autres villes, p. 41. — Comment le docte Père Thomassin juge cet événement. Astolfe manque à tous ses serments, p. 42. — Lettres que le Pape en écrit à Pepin et à tous les Francs, p. 43. — Que penser de ces lettres. Fléury redressé par lui-même, p. 44. — Pepin dans une seconde expédition contre Astolfe, fait donation à l'Eglise romaine de vingt-deux villes, et complète ainsi l'indépendance même temporelle de cette Eglise, p. 45. — Le roi Pepin achève d'expulser les Mahométans de la France et de la réunir en un seul royaume, l. 53, p. 57. — Conciles pour y rétablir la discipline. Influence des pèlerinages ou voyages de dévotion, p. 58. — Mort d'Astolfe. Didier, son successeur, a recours au pape Etienne II, qui écrit en sa faveur au roi Pepin. Lettres amicales du pape Paul à Pepin, p. 61. — Lettres du Pape à Pepin au sujet de l'empereur de Constantinople, qui, pour le gagner, lui envoie les premières orgues. Autres lettres honorables du même Pape à Pepin et aux Francs,

pour réclamer leur assistance contre les machinations du roi Didier des Lombards, p. 63. — Intrigues de Didier pour brouiller les princes des Francs avec l'Eglise romaine, p. 68. — Prudence du pape Adrien pour déjouer les manœuvres du roi Didier, p. 69. — Précautions du nouveau Pape contre le roi Didier, qui finit par faire autour de Rome une guerre cruelle. Charlemagne, qui était entré en Saxe, vient au secours de l'Eglise romaine, et assiége Didier dans Pavie, p. 70. — Pélerinage de Charlemagne à Rome, où il renouvelle la donation de son père. Une circonstance fait voir que le souverain de Rome était le Pape, p. 71. — Didier, obligé de se rendre à Charlemagne, est transféré à Corbie et y embrasse la vie monastique. Guerres sans cesse renaissantes dans la Saxe, que Charlemagne travaille à convertir au christianisme, pour les faire cesser, p. 72. — Conversion de Witikind, chef des Saxons, p. 73. — Moins de sympathies entre les Grecs et les Francs qu'entre les Grecs et les Lombards, p. 88. — Mort du pape Adrien, pleuré par Charlemagne. Le pape saint Léon III. Ses premières relations avec Charlemagne, p. 90. — Le pape saint Léon III, maltraité et aveuglé par les séditieux de Rome, se trouve miraculeusement guéri et se rend en France, p. 91. — Manière dont le Pape est reçu en France et en Germanie par Charlemagne, qui offre la Saxe à l'Eglise romaine, p. 92. — Retour de Léon III à Rome. Charlemagne s'y rend lui-même. Déclaration unanime du clergé de France et d'Italie touchant le jugement du Pape, qui se justifie par son serment, p. 93. — Le pape saint Léon III rétablit l'empire romain dans la personne de Charlemagne. Caractère de ce rétablissement : le nouvel empereur romain est le défenseur armé de l'Eglise, p. 94. — Nabuchodonosor, Cyrus, Alexandre, César et Auguste travaillent à l'œuvre de Dieu sans y rien comprendre. Constantin comprend à moitié, Charlemagne tout à fait, l. 54, p. 95. — Charlemagne défend l'Eglise de Dieu au midi contre le mahométisme, p. 96. — Charlemagne défend et étend la chrétienté au nord contre les Saxons. Etat de la Saxe à la fin des guerres de Charlemagne, p. 97. — Ce que Charlemagne se proposait dans ses conquêtes, p. 98. — Les malheurs des Saxons leur avaient été prédits, p. 99. — Mémorable diplôme de Charlemagne touchant l'organisation ecclésiastique de la Saxe, p. 102. — Capitulaire de Charlemagne touchant la Saxe, p. 103. — Charlemagne cultive les sciences et les savants, p. 109. — Alcuin s'occupe avec Charlemagne à corriger et à restituer les manuscrits. Il s'occupe, avec Charlemagne, à rétablir les écoles déchues, p. 113. — Alcuin enseigne lui-même à la cour de Charlemagne. Son principal disciple est Charlemagne lui-même. Travaux littéraires de Charlemagne. En quel sens il s'appliquait à écrire, p. 114. — Charlemagne fonde à Osnabruck une école de lettres grecques et latines, p. 116. — Charlemagne dans l'intérieur de sa famille. Il examine lui-même les écoliers de son palais. Il termine une querelle entre les chantres romains et français, p. 117. — Quel titre il prend à la tête de ses lois. Son instruction confidentielle sur la manière dont ses ambassadeurs devaient parler au Pape. Combien il aimait les Papes, et comment, p. 118. — Avec combien de zèle il seconde le Pape pour réprimer l'erreur d'Elipand de Tolède et de Félix d'Urgel, p. 119. — Ce que Confucius, Platon et Cicéron ont imaginé de plus parfait pour leur législation et société idéale, le Christ l'a institué dans son Eglise, et Charlemagne en fait la règle de sa législation, p. 123. — Parallèle entre Charlemagne et Justinien, comme législateurs. Parallèle entre Charlemagne et Napoléon, p. 124. — Fausses idées de Fleury touchant les fausses décrétales, p. 125. — Evêques de France tentés d'aller à la guerre, et pourquoi. Remède qu'on y apporte. Ordonnances morales que Charlemagne y ajoute, p. 127. — Charlemagne est le premier à respecter les lois de l'Eglise. Il

consulte le Pape dans les cas douteux. Tendance de la législation de Charlemagne, p. 128. — Jugement de Montesquieu sur les lois et le gouvernement de Charlemagne, p. 129. — Traité de l'empereur Nicéphore de Constantinople avec Charlemagne, p. 131. — Testament de Charlemagne, confirmé par les évêques, les seigneurs et le Pape. Il y partage l'empire entre trois de ses fils, y reconnaît l'élection du peuple pour leurs descendants, leur recommande surtout la protection de l'Eglise romaine, p. 140. — Charlemagne perd plusieurs de ses enfants. Il partage ses trésors entre les pauvres et les églises, p. 144. — Deux mémoires qu'il adresse à l'assemblée des évêques et des seigneurs, p. 145. — Sa lettre sur ce sujet à l'archevêque Odilbert de Milan. Réponses de cet archevêque et de plusieurs autres. Troubles dans le monastère de Fulde, apaisé par Charlemagne, p. 146. — Divers conciles pour la réforme générale des mœurs, p. 147. — Charlemagne, voyant approcher la mort, appelle son fils Louis, le déclare empereur du consentement de tous. Ils entendent ensemble la messe et se disent adieu pour la dernière fois. Charlemagne se prépare à la mort par un redoublement de prières et de bonnes œuvres. Il meurt en chantant les dernières paroles du Sauveur sur la croix, p. 150. — L'œuvre de Charlemagne ne meurt point avec lui. Pourquoi son empire ne subsiste plus. Caractère de Louis le Débonnaire, et commencements de son règne, l. 55, p. 152. — Sa bienveillance pour les chrétiens réfugiés d'Espagne. Il se prive de deux hommes les plus capables, saint Adalard et le comte Vala, p. 153. — Le nouveau pape, Etienne IV, fait le voyage de France, p. 154. — Avénement de son successeur, saint Pascal. Objet de sa légation à l'empereur, p. 156. — Décret confirmatif de l'empereur Louis touchant les donations faites à l'Eglise romaine. Sens de ce décret, p. 157. — Ce qu'il y a de faux et de vrai dans la donation de Constantin, p. 158. — Charte peu connue, mais très-importante, de l'empereur Louis, sur l'unité et la division de l'empire, l'élection de l'empereur et des rois, les rapports entre eux et avec l'assemblée générale des Francs. Charte délibérée, consentie, jurée par tous les états de l'empire, et confirmée par le Pape, p. 159. — Révolte et punition de Bernard, roi d'Italie. L'empereur, devenu veuf, épouse Judith, princesse de Bavière, p. 163. — Calamités publiques. L'empereur accorde une amnistie. Règlement de l'assemblée de Thionville, p. 164. — L'empereur Louis, dans l'assemblée d'Attigny, témoigne publiquement se repentir de ses fautes, se réconcilie avec ses frères et déploie du zèle pour la réformation des abus, p. 166. — Confirmation de la charte de constitution et de partage. Lothaire, désigné empereur, en reçoit le nom par le sacre du Pape. L'empereur Louis termine pacifiquement une révolution chez les Wilzes, p. 167. — Voyage de l'empereur Lothaire à Rome. Restriction du serment que les Romains lui prêtent. Ordonnances et actes qu'il fait. Leur portée, p. 180. — Asssemblée d'Aix-la-Chapelle pour chercher les causes des maux publics. Conciles tenus en conséquence, p. 194. — L'empereur Louis bouleverse le partage fait et juré de l'empire, pour favoriser son nouveau fils Charles le Chauve, p. 197. — Mauvaise renommée de Bernard, comte de Barcelone, favori de l'empereur et plus encore de l'impératrice. Soulèvement général en 830. Louis ne conserve que le nom d'empereur. Revirement de l'opinion publique en faveur de Louis. Réaction, p. 198. — Le duc Bernard supplanté par un moine. Louis se défie des Français et se livre aux Germains, à l'instigation de Judith de Bavière, qui lui fait faire un nouveau partage, cause d'un nouveau soulèvement, p. 199. — Plaintes que lui adresse à ce sujet l'archevêque Agobard, et que le protestant Sismondi reconnaît fondées. Le pape Grégoire IV accompagne l'empereur Lothaire en France, pour réconcilier Louis avec ses fils. Il oblige l'abbé Vala de venir le joindre pour profiter de

ses conseils. Les armées sont en présence près de Colmar. Paroles téméraires des évêques de Louis au Pape, p. 200. — Réponse qu'y fait Grégoire, p. 201. — Plaintes du père, et réponses des fils. Le Pape va auprès du père, puis revient auprès des fils, sans avoir pu rétablir la paix. Le père se voit abandonné des siens, et se rend auprès de ses fils, qui le reçoivent avec respect, p. 202. — L'empire est unanimement déchu de la main du père. Le Pape s'en retourne à Rome tout triste, et pourquoi. Manifeste de l'archevêque Agobard, au nom de Lothaire. Assemblée de Compiègne, où Louis est mis en pénitence publique. Vices qu'on reprocha dès lors à cet acte, p. 203. — Contre-révolution en faveur de Louis. Ces révolutions moins sanglantes qu'ailleurs. A qui principalement on le doit. Cette époque, plus honorable que honteuse, p. 205. — Bonnes qualités de Louis le Débonnaire, p. 211. — Sa versatilité dans le partage de l'empire. Seconde réhabilitation de Louis le Débonnaire. Cause de l'archevêque Ebbon de Reims. Réflexions à ce sujet, p. 212. — Assemblées ou conciles d'Aix-la-Chapelle et de Thionville. Conduite de Lothaire, p. 215. — Apparition d'une comète. Eclipse de soleil. Ce qu'en pensait l'astronome de Louis, et ce que Louis en conclut, p. 216. — Dernière maladie et mort de Louis le Débonnaire, p. 217. — Charte constitutionnelle des Francs. Conséquence qu'en tire Lothaire. Opposition de ses deux frères, Louis de Germanie et Charles le Chauve. Bataille de Fontenay, ses suites et son caractère, l. 56, p. 217. — Entrevue et alliance de Louis de Germanie et de Charles le Chauve à Strasbourg. Commencement de la langue française, p. 219. — Partage de l'empire entre les trois frères. Origine de la Lorraine. Regrets du diacre Florus sur ce partage, p. 220. — Invasions et ravages des Normands, p. 221. — Incursions des Sarrasins, p. 222. — Arrivée à Rome de Louis, fils de Lothaire. Discussion sur la part de l'empereur à l'élection du Pape. Serment que le pape Sergius consent que les Romains prêtent à l'empereur p. 223. — Ebbon, archevêque de Reims, rentre dans son église, et ne mérite pas les reproches que généralement on lui fait, p. 228. — Position des évêques parmi les Francs, p. 226. — Caractère des trois fils de Louis le Débonnaire. Ravages des Normands. Conduite de Charles le Chauve en cette circonstance, particulièrement envers le duc Bernard, p. 243. — Aux autres incursions se joint une incursion de loups. Unité de l'Eglise au milieu des divisions de l'empire, p. 244. — Le pape saint Léon IV sacre empereur Louis fils de Lothaire, p. 266. — L'empereur Louis II à Rome. Election du pape Benoit III. Conduite blâmable des ambassadeurs de Louis II; courage des évêques, qui les ramène à leur devoir, p. 271. — Mort de l'empereur Lothaire. — Son caractère, p. 272. — Divorce du roi Lothaire. Faiblesse de son royaume. Prévarications du légat Rodoalde. Fermeté apostolique du pape Nicolas dans toute cette affaire, l. 57, p. 296. — Autres faits où le Pape soutient la morale publique contre les scandales des princes. Affaire de Rothade de Soissons, p. 300. — Conduite loyale de Hincmar de Reims. Réflexion peu sensée de Fleury, p. 301. — Conduite toujours apostolique du Pape, p. 302. — Affaires des clercs d'Ebbon, qui ne fait pas moins d'honneur au Pape ni plus à Hincmar, p. 303. — Etat politique de la France sous Charles le Chauve. Divisions et incapacité des princes. Ravages des Normands, p. 305. — Exploits de Robert le Fort, tige de la troisième dynastie de France, p. 308. — Affaire et mort du roi Lothaire, p. 321. — Charles le Chauve usurpe le royaume de Lorraine sur son neveu l'empereur Louis, l. 58, p. 339. — Charles le Chauve ne sait pas gouverner sa propre famille; le Pape seul se conduit sagement, p. 341. — Incroyable chicane de l'empereur grec Basile à l'empereur Louis II. Réponse mémorable de ce dernier, omise par Fleury. On y voit de qui vient

l'empire d'Occident, p. 348. — L'empereur Louis II surpris par le duc de Bénévent. Mort de Louis II. Le pape Jean VIII nomme empereur à sa place Charles le Chauve. Conciles de Pavie et de Pontyon à ce sujet, p. 350. — Charles le Chauve, plus occupé à faire la guerre à ses neveux qu'aux Normands et aux Sarrasins. Il meurt en fuyant, p. 352. — Louis le Bègue, roi de France. Prétentions de Hugues, bâtard du roi Lothaire, p. 354. — Le pape Jean VIII, tracassé à Rome par Lambert, duc de Spolète, vient en France. Concile de Troyes : le Pape y supplée à la législation des Goths; Il refuse de couronner la seconde femme de Louis le Bègue, p. 357. — Le pape Jean VIII fait tout ce qu'il peut pour trouver à l'Occident un empereur convenable après la déchéance de Charles le Gros. Difficultés de sa position. Les Normands continuent leurs ravages, p. 370. — Paris défendu par son comte et par son évêque, p. 371-373. — Erection du royaume d'Arles, l. 59, p. 392. — Eudes, comte de Paris, élu roi de France en même temps que Charles le Simple, auquel, en mourant, il engage les seigneurs à se réunir. Erection du royaume de Bourgogne, p. 393. — Mort du pape Etienne V, après avoir couronné empereur Gui, duc de Spolète, p. 397. — Position difficile du pape Formose entre deux empereurs couronnés de sa main, Lambert de Spolète et Arnoulfe de Germanie. Serment restrictif que le peuple romain prête à l'empereur Arnoulfe, p. 401. — Mort de l'empereur Arnoulfe; les seigneurs d'Allemagne reconnaissent pour roi son fils Louis; les évêques en demandent la confirmation au Pape, p. 406. — Le pape Benoit IV couronne empereur Louis, fils de Boson, p. 417. — Le pape Jean X sacre empereur le roi Bérenger et chasse en peu de temps les Sarrasins d'Italie, p. 421. — Conversion de Rollon, chef des Normands, qui devient gendre du roi de France, Charles le Simple. Ordre merveilleux qu'il établit parmi les Normands, p. 427. — Le pape Jean X déclare que le roi de France nomme les évêques par l'autorité du Pape, p. 428. — Lutte entre la seconde et la troisième dynastie de France. Les vainqueurs font pénitence de leur victoire. Motifs du pape Jean X en cette rencontre, l. 60, p. 434. — Affaire de France et de Reims, p. 456. — Le pape Jean XII réprimo la tyrannie d'un seigneur de France. Avec un roi de quinze ans, Lothaire, et un comte de Paris de dix, son cousin Hugues Capet, la France est tranquille, p. 476. — La lutte séculaire entre la seconde et la troisième dynastie royale chez les Francs se termine sans que, pendant tout ce temps, aucun meurtre politique se commette ni de part ni d'autre. Sage conduite en ceci du pape Jean XV, l. 61, p. 528. — Longue affaire entre le nouveau roi Hugues Capet et l'archevêque de Reims, Arnoulfe, de l'ancienne dynastie, l. 62, p. 535. — Mort de Hugues Capet, p. 546. — Le pape Grégoire V condamne le mariage illicite du roi Robert, qui se soumet et répare sa faute, p. 551. — Piété, bonté, charité merveilleuse du roi Robert, p. 552.

FRANCE, etc. — Paix entre les rois, guerre contre les seigneurs, qui trouveront le remède dans les croisades, t. 6, p. 4. — Entrevue cordiale de l'empereur saint Henri et du roi Robert de France. Pèlerinage du roi Robert à Rome, p. 18. — Derniers moments et pieuse mort du roi Robert de France, l. 63, p. 34. — Le pape saint Léon IX, malgré l'inconséquence du roi Henri de France et les intrigues des prélats coupables, vient à Reims, et y tient un concile qui commence efficacement la réforme du clergé, p. 56. — Mort du roi de France Henri Ier, l. 64, p. 117. — Sollicitude du pape saint Grégoire VII pour le royaume de France. Réflexion à ce sujet, l. 65, p. 177. — Plaintes contre le jeune Philippe, roi de France. Méprises de certains auteurs sur les dispositions de saint Grégoire VII envers la France, p. 185. — Fermeté épiscopale du bienheureux Yves de Chartres contre la passion adultère du

roi Philippe, l. 66, p. 279. — Réflexions du comte de Maistre sur la conduite des Papes à l'égard du mariage des princes. Double adultère du roi Philippe. Il tâche de séduire les évêques. Fermeté inébranlable et en même temps discrétion d'Yves de Chartres, p. 284. — Mort de la reine Berthe. Suite de l'affaire du roi, qui envoie des députés à Rome pour essayer de surprendre son pardon, l. 66, p. 284. — Philippe Ier excommunié de nouveau par Urbain au concile de Clermont, l. 67, p. 303. — Conduite plus scandaleuse que jamais du roi de France. Héroïque intrépidité des légats apostoliques et des évêques au concile de Poitiers. Le roi finit par s'amender tout de bon, p. 337. — Le pape Pascal II se rend en France. Belle conduite de Philippe Ier et de son fils à son égard, l. 67, p. 368. — Lettres de saint Hugues, abbé de Cluny, à Philippe Ier. Mort de ce prince. Ses qualités et ses vices. Sacre de Louis VI, p. 371. — Réconciliation des rois de France et d'Angleterre par l'entremise du pape Calixte II, p. 426. — Le pape Innocent II reconnu pape légitime au concile d'Etampes, d'après le jugement de saint Bernard. Il se retire en France et y tient divers conciles, l. 68, p. 472. — Concile de Reims. Sacre de Louis le Jeune, p. 475. — Lettre de saint Bernard au roi de France, p. 485. — Maladie du roi de France. Sa profession de foi. Mariage de son fils Louis avec Éléonore de Guyenne. Mort de Louis le Gros, p. 496. — Troubles en France à l'occasion d'un nouvel évêque de Bourges et du divorce du comte de Vermandois. Interdit jeté sur le royaume. Lettre de saint Bernard au Pape. Excommunication du comte de Vermandois. Déprédations du roi Louis en Champagne. Incendie de Vitry; Projet de paix. Efforts de saint Bernard pour calmer les esprits. Nouvelles lettres à Innocent II et au roi de France. Inutilité de ces négociations, p. 521 et seqq. — Réconciliation du roi Louis avec l'Église, le comte de Champagne et l'archevêque de Bourges, p. 526. — Conrad de Germanie, Louis de France et les Grecs du Bas-Empire pendant la deuxième croisade, p. 573. — Revers de l'armée française. Héroïque bravoure du roi Louis, p. 575. — La reine Éléonore et son oncle Raymond d'Antioche, p. 576.

FRANCE, etc. — Relations assez singulières entre les cours d'Angleterre et de France, t. 7, l. 69, p. 47. — Relations affectueuses du pape Adrien IV avec le roi de France, Louis le Jeune, p. 43. — Succès en France des légats d'Alexandre III, p. 52. — L'Angleterre et la France reconnaissent Alexandre plus solennellement encore au concile de Toulouse, p. 65. — Alexandre III arrive à Montpellier en France, p. 67. — Ruses de Frédéric Barberousse pour attirer à son schisme le roi de France. Elles ne lui réussissent pas, p. 70. — Les deux rois de France et d'Angleterre rendent en personne les plus grands honneurs au pape Alexandre, p. 72. — Belle conduite du roi de France, Louis le Jeune, dans l'affaire de saint Thomas de Cantorbéry, p. 93-97 et 99. — Légation de saint Pierre de Tarentaise pour réconcilier les rois d'Angleterre et de France, p. 116. — Pèlerinage du roi de France, Louis le Jeune, à Saint-Thomas de Cantorbéry, Il obtient la guérison de Philippe-Auguste, son fils, qu'il fait couronner à son retour, p. 118. — Diverses branches de manichéens, surtout dans le pays de Toulouse; leurs doctrines destructives de toute société. Les princes implorent le secours de l'Eglise contre eux, p. 141. — Mort du roi Louis le Jeune, p. 149. — Philippe-Auguste expulse les Juifs de France, l. 70, p. 165. — Calamités causées en France par les Albigeois et les Cotteraux, p. 166. — Les rois de France et d'Angleterre se réconcilient et prennent la croix, p. 180. — La guerre éclate de nouveau entre les rois d'Angleterre et de France. Son résultat, p. 181. — Règlements et départ de Philippe-Auguste pour la troisième croisade, p. 184. — Philippe-Auguste arrive devant Ptolémaïs, p. 196. — Retour de

Philippe-Auguste en Europe, p. 197. — Philippe-Auguste répudie la reine Ingelburge. Elle en appelle au Pape qui prend sa cause en main, p. 203. — Comment le protestant Hurter apprécie la conduite du pape Innocent III dans l'affaire du divorce de Philippe-Auguste. Différentes démarches et lettres du Pape dans cette affaire, où il finit par réussir, l. 71, p. 254. — Parenté probable entre les manichéens du moyen-âge et les modernes francs-maçons. Parenté originelle de toutes les erreurs et de toutes les sectes, p. 300. — Le manichéisme, sataniquement subversif de toute religion, de toute morale, de toute justice, de toute société, p. 301. — Premiers soins d'Innocent III pour arrêter ce mal et y porter remède. Vie plus édifiante dans le clergé, plus de zèle à instruire les peuples, p. 302. — La France septentrionale préservée par de bons évêques, p. 305. — Fâcheux état de la France méridionale, p. 308. — Efforts d'Innocent III pour y porter remède, p. 309 et seqq. — Croisade contre les manichéens du Languedoc, p. 318-327. — Jean Sans-Terre, roi d'Angleterre, en guerre avec le roi de France. Innocent III s'interpose comme pape. Sa lettre à Philippe-Auguste. Réflexions peu judicieuses de Fleury à cet égard, p. 341. — Victoire de Bouvines remportée par le roi de France, Philippe-Auguste, p. 353. — Gentilshommes français, empereur, roi ou seigneurs en Grèce et en Asie, p. 355. — Etat du Languedoc. Le prince Louis de France y exécute la croisade, p. 376. — Prétentions de Louis de France sur le royaume d'Angleterre. Il envoie des ambassadeurs à Rome. Le pape Innocent III réfute ses prétentions, mais témoigne une grande affection pour sa personne, p. 394. — Paix entre Louis de France et le nouveau roi d'Angleterre, le jeune Henri III, l. 72, p. 397. — Charité de la France pour la rédemption des captifs, p. 440. — Mort de Philippe-Auguste. Précautions du pape Honorius III et du roi de France, Louis VIII, contre les manichéens du Languedoc, p. 441. — Mort de Raymond VI, comte de Toulouse. Dispositions de son fils, p. 442. — Soins du Pape pour concilier les différends entre la France et l'Angleterre, ainsi que les affaires du Languedoc, p. 443. — Croisade de Louis VIII contre les manichéens du Languedoc. Il meurt martyr de la chasteté conjugale, p. 445. — Premières années et éducation de Louis IX, autrement saint Louis, p. 447. — Commencement du règne de saint Louis. Régence virile de sa mère. Soumission du comte de Toulouse, Raymond VII, l. 73, p. 540. — Pour la première fois, saint Louis parle des libertés de l'Eglise gallicane. Ce qu'il entendait par là. Règlements du concile de Toulouse pour l'extirpation de l'hérésie. Autres actes dans le même but, p. 541. — Saint Louis, entré dans sa majorité, concilie beaucoup d'affaires, p. 551. — Vertus chrétiennes de saint Louis. Il épouse Marguerite de Provence, p. 556. — Fondations pieuses de saint Louis. La couronne d'épines; la sainte chapelle, p. 557. — Son amour pour son peuple, ses lois contre les usuriers et les blasphémateurs; ses talents et exploits militaires, sa valeur au pont de Taillebourg, sa cour plénière à Saumur, p. 559.

FRANCE, etc. — Dévouement des rois saint Ferdinand d'Espagne, Henri d'Angleterre et saint Louis de France, pour la cause de l'Eglise, contre Frédéric II, t. 8, l. 73, p. 31. — Le Pape fait offrir la royauté d'Allemagne à un frère de saint Louis. Historiette de Matthieu Pâris à ce sujet, p. 32. — Lettre de saint Louis à Frédéric II pour la délivrance des évêques français, p. 40. — Maladie extrême de saint Louis. Il prend la croix, p. 51. — Le bienheureux frère Gilles. Son entretien avec saint Louis, p. 65. — Préparatifs de saint Louis pour la croisade. Le sire de Joinville. Dispositions générales des croisés, p. 69. — Histoire de cette première croisade de saint Louis, p. 72. — Occupations de saint Louis en Palestine. Y apprend la mort de sa mère. Son retour en France, l. 74, p. 128. —

Etablit une bibliothèque dans son palais. Aime les religieux de Saint-François et de Saint-Dominique, p. 431. — Paix et amitié chrétienne avec le roi d'Angleterre, p. 432. — Sûreté et bon ordre à Paris, p. 433. — Réforme de la législation. Tendance des légats français. Fermeté de saint Louis à faire exécuter la loi, p. 434. — Interdit toutes les guerres privées. Choisi pour arbitre entre le roi et les barons d'Angleterre, p. 436. — Louis jugeant lui-même au bois de Vincennes. Sa charité pour les pauvres, p. 437. — Louis dans sa vie privée, p. 438. — Parallèle entre saint Louis et Frédéric II, p. 450. — Saint Louis prend de nouveau la croix, p. 493. — Ce qu'il en est de la Pragmatique-sanction attribuée à saint Louis, p. 494. — Fait important à cet égard, rapporté par Joinville, p. 495. — A la prière du saint roi Louis, le pape Alexandre IV étend l'inquisition à toute la France, p. 496. — Ardent désir du saint roi de France pour la conversion du roi de Tunis. La bienheureuse Isabelle, sœur du saint roi. Saint Louis fait son testament et part pour la dernière croisade, p. 498. — Il arrive sur la terre d'Afrique et tombe malade, p. 499. — Il reçoit les ambassadeurs de l'empereur grec, Michel Paléologue. Il donne sa dernière instruction à son fils aîné et à son successeur, p. 200. — Sa dernière instruction à sa fille Isabelle, reine de Navarre. Il meurt en prédestiné. Réflexions de Joinville pour les descendants du roi, p. 201. — Suites de la mort de saint Louis devant Tunis, t. 75, p. 202. — Divers conciles en France. Soins du légat Simon pour l'Université de Paris, t. 76, p. 303. — Troubles domestiques à la cour de Philippe le Hardi, p. 304. — Canonisation du roi saint Louis par le pape Boniface VIII, p. 349. — Caractère de Boniface VIII. Précautions pour apprécier équitablement son démêlé avec Philippe le Bel. Règne de Philippe le Bel, d'après Bossuet, t. 77, p. 380. — Démêlé de ce roi avec Boniface VIII, jusqu'à la mort du Pape, p. 381. — Suites de ce démêlé sous le pape saint Benoît XI, p. 397-399. — Négociations de Philippe le Bel et de Clément V, au sujet de Boniface VIII, p. 404. — Affaire des Templiers, p. 405. — Derniers actes et mort du roi Philippe le Bel, t. 78, p. 454. — Révolutions de cour à la mort de Philippe le Bel et à l'avénement de Louis le Hutin, qui meurt et laisse le trône à Philippe le Long, t. 79, p. 457. — Mort de Philippe le Long. Charles le Bel lui succède, comme lui-même avait succédé à Louis le Hutin, en vertu de la loi salique et à l'exclusion des femmes. Correspondance affectueuse du nouveau roi avec le pape Jean XXII, p. 462. — Mort de Charles le Bel, dernier fils de Philippe le Bel. Prophétie d'un saint évêque à cet égard, p. 465. — Philippe de Valois succède au dernier fils de Philippe le Bel, p. 469. — Guerre irréconciliable entre la France et l'Angleterre. Quelle en est la cause permanente, p. 542. — Phases principales de cette guerre. Efforts des Papes pour en prévenir les calamités, p. 547. — Conférences, sous Philippe de Valois, entre les évêques et les magistrats, sur les rapports entre l'Eglise et le gouvernement français, p. 550-557. — Harangue de l'envoyé de Charles V pour détourner le pape Urbain V de retourner d'Avignon à Rome, p. 587.

FRANCE, etc. — Fin du royaume d'Arménie, à la honte de l'Angleterre et de la France, t. 9, l. 80, p. 10. — Guerre civile entre la France et l'Angleterre pour une femme qui a tué son mari, p. 11. — Les cardinaux français, après avoir élu et longtemps reconnu le pape Urbain VI, en font un autre sous le nom de Clément VII; et commencent ainsi le grand schisme d'Occident, l. 84, p. 40. — Le roi de France, Charles V, quitte le pape Urbain VI pour Robert de Genève, dit Clément VII; lettre que lui écrit à ce sujet sainte Catherine de Sienne, p. 41. — Réponse mémorable de la nation anglaise aux cardinaux français et à la nation française. Réflexions, p. 42. — Dernières actions, vertus et mort édifiante du roi Charles V, p. 44. — La France se retire de l'obédience de Pierre de Lune sans entrer dans celle de Boniface IX, p. 80. — Commencements de Charles VI. Analyse de son règne par Châteaubriand, p. 48. — Henri V d'Angleterre gagne la bataille d'Azincourt, se voit maître de l'Angleterre et de la France, et meurt dans la force de l'âge, p. 56. — Doctrine de Gerson, de Major et d'Almain sur l'origine et la responsabilité du pouvoir temporel, p. 119. — Crise de la France, l. 82, p. 146. — Hostilité entre les princes français d'Angleterre et ceux de France, envenimée par la postérité de Philippe le Bel. La France réduite à deux doigts de sa perte, p. 446. — Son roi, Charles VII, en désespère. Histoire de Jeanne d'Arc, qui sauve la France, et envers qui la France ne s'est pas encore acquittée de tout son devoir, p. 447. — Pragmatique-sanction de Bourges. Défaut de cet acte, p. 269. — Sage discours de l'ambassadeur de Charles VII à Eugène VI, sur les moyens d'éteindre le schisme de l'antipape de Ripaille. Eugène IV crée généralissime de l'Eglise romaine le dauphin de France, p. 270. — Dégénération des rois de France, comparés à leurs ancêtres, notamment à saint Louis. Caractère du roi Charles VII. Son fils, Louis XI, praticien accompli de la politique moderne, qui est déjà vieille. Conséquences naturelles de cette politique en France et ailleurs, l. 83, p. 320. — Commencements de Louis XI, p. 321. — Tableau de la littérature française à cette époque, par le protestant Sismondi. Réflexion à ce sujet, p. 322. — Conduite de Philippe le Bon, duc de Bourgogne. Mort de Charles VII, avénement de Louis XI. Parallèle entre l'un et l'autre, p. 325. — Sacre du nouveau roi à Reims. Ses premiers actes, p. 326. — Ligue des princes français contre le roi Louis XI, p. 327. — Conduite honorable de Louis XI en ces conjonctures; il profite de ses fautes; ses vues pour l'unité de la France, que les princes français cherchent toujours à démembrer, p. 328. — Projets ambitieux du nouveau duc de Bourgogne, Charles le Téméraire. Il promet au roi d'Angleterre de lui livrer la France, p. 329. — Son histoire, jusqu'à sa mort devant Nancy, p. 333-337. — Louis XI profite de l'occasion pour punir certains princes français qui trahissaient la France et son roi, p. 338. — Louis XI réunit la Provence à la France. Si la politique moderne a des reproches à lui faire sur les moyens qu'il emploie, p. 339. — Dernières années et mort de Louis XI. Règne et caractère de son fils Charles VIII, p. 344. — Avénement de Louis XII. Il fait déclarer nul son mariage avec sa femme, sainte Jeanne de Valois, qui fonde les Annonciades. Précis du règne de Louis XII, qui a pour successeur François Ier, p. 342. — Politique de Mahomet II et des autres gouvernements. L'Italien Machiavel ne fait que résumer cette politique dans son livre Des principautés, p. 347. — Si les gouvernements et les diplomates modernes font autrement que Machiavel ne dit, p. 350. — Louis XI fait serment d'abolir la Pragmatique-sanction de Bourges, et l'exécute par une lettre au pape Pie II, p. 384. — Affaire de la Pragmatique-sanction en France, p. 391. — Politique mesquine de Louis XII, qui, battu par le pape Jules II, s'en venge par des conventicules schismatiques et par d'ignobles calomnies contre le vieux Pontife, p. 420. — Manque de sens de Louis XII dans son opposition au Pape, p. 424 et 428. — A force de revers, il devient plus sensé, p. 436. — Mort de Louis XII. Avénement de François Ier. Politique étroite de l'un et de l'autre, p. 442. — Bataille de Marignan entre François Ier et les Suisses, p. 449. — Entrevue de François Ier et de Léon X à Bologne, p. 450. — Dévotion du roi et des Français pendant la messe du Pape, p. 454. — Concordat entre François Ier et Léon X, approuvé par le concile de Latran, p. 453. — Bulle, approuvée par le concile, condamnant et abolissant la Pragmatique-sanction de Bourges, p. 456. — Suites du concordat en France, p. 458.

FRANCE, etc. — François Ier et sa mère, Louise de Savoie, t. 10, l. 84, p. 5. — Grandes choses que le roi de France aurait pu faire et que François Ier ne fait pas ; ce qu'il fait en place, dominé par les femmes, les courtisanes et la politique héritée de Philippe le Bel, p. 7. — Vie et mort du chevalier Bayard. Mort de la pieuse reine de France ; conduite indigne de son mari, p. 8. — François Ier perd la bataille de Pavie et y est fait prisonnier. Ce qu'il en est du billet : *Madame, tout est perdu, fors l'honneur*. Négociations pour la paix. Manière peu loyale dont François Ier la signe, p. 9. — Nouvellement marié, il prend pour concubine publique la femme d'un autre et en fait une duchesse. Conduite peu honorable de François Ier dans l'exécution du traité de Madrid, p. 10. — La première ambassade que François Ier envoie à Constantinople est pour supplier l'empereur des Turcs de faire la guerre aux chrétiens, p. 16. — François Ier fait alliance avec les Turcs pour leur livrer l'Italie. Le pape Paul III prévient ce malheur par son entrevue à Nice entre François Ier et Charles-Quint, p. 18. — François Ier continue à conspirer contre les chrétiens avec les Turcs de Constantinople et les corsaires de Barbarie. Tableau que le protestant Sismondi fait de leurs ravages, p. 19. — Efforts de l'hérésie luthérienne pour pervertir la France. Ce qui sauva ce royaume, p. 95 et seqq. — Conduite peu honorable de la France pendant le concile de Trente. Reflet de la France dans Marot et Rabelais, l. 85, p. 203. — Première cause de l'opposition que le concile de Trente rencontre en France, p. 204. — Politique peu française et peu franche du roi Henri II envers le concile et le pape Jules III, p. 224. — Etat critique de la France. Trois partis. François de Lorraine, duc de Guise, lieutenant-général du royaume, p. 254. — Suites funestes en France de la politique française. Conjuration d'Amboise, p. 264. — Colloque de Poissy. Paroles sanguinaires de Calvin à ce propos, p. 300. — Arrivée des ambassadeurs français à Trente, p. 303. — Arrivée du cardinal de Lorraine et des évêques français, p. 341. — La France devient stérile en saints, et pourquoi, l. 86, p. 352. — Bas-empire des intelligences en Europe, notamment en France. Les Français renégats ou huguenots, ayant à leur tête la famille des Bourbons, p. 416. — Les Français *politiques*, ayant à leur tête la famille des Montmorency. La France catholique, ayant à sa tête la famille de Lorraine. Solution à des questions bien importantes. Situation critique de la cour de France après la mort de François II et sous la minorité de Charles IX. Suite des événements jusqu'à la paix de 1570, p. 417. — Histoire du coup d'Etat de la Saint-Barthélemy, p. 424. — Caractère des trois jeunes rois : Charles IX, Henri de Pologne, depuis Henri III, et Henri de Béarn, depuis Henri IV, p. 426. — Ligue des Français renégats pour la perversion de la France ; ligue des Français catholiques pour sa conservation. Lutte entre ces deux ligues, jusqu'à la pacification finale par le retour de Henri IV au catholicisme, p. 428 et seqq. — Amitié de saint François de Sales pour le roi de France, Henri IV, l. 87, p. 522. — Quelle était la politique des rois de France depuis Philippe le Bel. Conséquences qui sortent de là, p. 590. — Quelles furent en particulier la politique et la conduite de Henri IV, p. 591. — Les protestants peuvent-ils, d'après leurs principes, blâmer le régicide de Ravaillac. Piété personnelle de Henri IV. Ce que saint François de Sales pensait de la vocation providentielle de ce prince et de sa mort, p. 593. — Caractère de Louis XIII. Ce que Henri eût été et eût fait avec la politique de saint Louis et de Charlemagne. Au moyen-âge, il n'y avait ni despotisme d'un chacun ni despotisme d'un seul. Preuves par l'histoire de France, p. 594. — Ignorance des légistes français à cet égard. Vrais sentiments du clergé dans la harangue du cardinal Du Perron, p. 596. — Ministère de Richelieu. Guerres civiles en France, suite naturelle de l'hérésie protestante et aussi de la politique gouvernementale, p. 598. — De quelle manière les Français font la guerre en Lorraine. Politique de Louis XIV à cet égard, p. 600. — Saint Vincent de Paul, sauveur de la Lorraine contre la guerre, la peste et la famine, p. 601. — Il assiste Louis XIII à la mort, p. 610. — Hérésie jansénienne. Ses commencements. Son caractère, p. 614.

FRANCE, etc. — Erudition en France, viciée dans plusieurs savants par des préjugés de gallicanisme et de jansénisme, t. 11, l. 88, p. 131-170. — Qu'est-ce que les libertés de l'Eglise gallicane ? Déclaration gallicane de 1682. Ce qu'elle déclare et ce qu'elle ne déclare pas. Défense qu'en entreprend Bossuet. Ce que pense Fénelon sur ces matières, p. 174-190. — Biographies de Bossuet et de Fénelon. Education du duc de Bourgogne. Controverse de Bossuet et de Fénelon sur le quiétisme, p. 190-216. — Conduite de Bossuet envers les jansénistes. Politique de Louis XIV ; elle séduit les littérateurs de son époque, excepté Fénelon. Influence de cette politique sur le clergé français, sur la conduite du roi envers le Pape et les autres souverains, p. 217-244. — Le fanatisme des Camisards et l'incrédulité moderne, enfants naturels du protestantisme, p. 243. — Lettres de Fénelon au duc d'Orléans, p. 247. — Premiers principes de la raison humaine, p. 250. — Œuvres de Huet, p. 254. — La confusion des idées, favorisée par les jansénistes, p. 253. — Premiers germes d'une dissolution politique et d'une dissolution religieuse en France, p. 255. — Fénelon meurt en combattant l'une et l'autre. Belsunce les combat à sa manière. La régénération de la France, préparée par l'abbé de Rancé et l'abbé de la Salle, p. 255 et seqq. — Ce qu'il y avait de bon en France pendant le XVIIIe siècle, surtout dans la famille royale, l. 89, p. 373. — Ce qu'il y avait en France de chancreux : le jansénisme soutenu des parlements, p. 393. — Philosophisme ou incrédulité moderne, p. 408. — Décomposition sociale de la France et de l'Europe par les nobles, les magistrats, les hommes de lettres soi-disant philosophes. Réunion de la Lorraine à la France. Suppression des Jésuites. Sociétés secrètes. Commencements du règne de Louis XVI, p. 452. — Principes de vie et de guérison que renferme l'Eglise catholique, non-seulement pour elle, mais pour toutes les nations malades, particulièrement la France et l'Allemagne, p. 478. — La Révolution française et l'Eglise catholique, de 1789 à 1802, l. 90, p. 517 et seqq.

FRANCE, etc. — De 1802 à 1848. Ensemble et dénouement de l'histoire humaine, t. 12, l. 91, p. 1 et seqq.

FRANCE, etc. — De 1848 à 1870. Le monopole de l'Université en France et l'agitation catholique, t. 12, l. 92, p. 147. — Triomphe du rationalisme et progrès du communisme en France, p. 259. — Etudes du clergé, p. 260. — Revendication de la liberté de l'enseignement, p. 264. — Abandon du gallicanisme : affaire du chapitre de Saint-Denys : condamnation de deux écrits gallicans. Symptômes précurseurs de la révolution de 1848, p. 263. — L'opposition parlementaire et les banquets réformistes, p. 264. — Révolution de Février, p. 265. — Sentiments religieux dans le peuple. Attitude des évêques. Folies révolutionnaires et communistes, p. 266. — Ledru-Rollin et ses commissaires, p. 267. — Le 16 et le 17 mars. Désordres dans la province, p. 268. — La formation de l'Assemblée constituante : ses premiers actes. Conduite sage et patriotique du clergé au milieu de ces événements. Attentats contre la liberté de l'Eglise : M. Emmanuel Arago et M. Carnot : protestations des évêques, p. 269. — Vaines tentatives pour séduire le clergé inférieur. Bref pontifical du 18 mars, sur les rapports de l'Eglise avec l'Etat, en France, p. 270. — Le clergé dans les comices électoraux et à l'Assemblée constituante. Tendances inquiétantes de M. Carnot contre la liberté d'enseignement, p. 271. — Elections réactionnaires. Démission du prince Louis-Napoléon Bonaparte. Les amis et les

ennemis de la liberté religieuse. Dissolution des ateliers nationaux, p. 272. — Journées de Juin. Dévouement de l'archevêque de Paris. Le général Cavaignac, chef du pouvoir exécutif, p. 273. — Constitution de la République française. Contre-coup de la révolution de Février en Angleterre, en Hollande, en Belgique, en Autriche, dans les petits Etats de l'Allemagne, en Prusse, p. 274. — Les journaux catholiques français et le libéralisme : condamnation de l'abbé Chantôme, p. 286. — Louis-Napoléon Bonaparte, président de la République française, p. 287. — Influence des catholiques en France : loi du 15 mars 1850 sur l'enseignement, p. 293. — Evêchés institués dans les colonies françaises d'Amérique et d'Afrique, p. 300. — Le P. Libermann : la congrégation du Saint-Cœur de Marie et du Saint-Esprit. Martyre de M. Bonnard, p. 304. — Situation politique de la France, p. 306. — Coup d'Etat du 2 décembre. Espérances des catholiques, p. 307. — Rétablissement de l'Empire. Division parmi les catholiques de France touchant le nouvel empire, p. 308. — Condamnation du *Manuel du droit canonique*, de M. l'abbé Lequeux. *Observations* de M. Delacouture. Mémoire anonyme *sur la situation de l'Eglise gallicane*, p. 309. — Condamnation de la *Théologie* de Bailly. L'*Univers* censuré par Mgr Sibour. Question des Classiques : Mgr Gaume, M. Louis Veuillot, Mgr Dupanloup, p. 310. — Question de la presse laïque : Donoso Cortès, M. Louis Veuillot, p. 312. — Encyclique du Pape sur les divisions des catholiques en France : apaisement, p. 313. — Triste fin de la secte de Vintras. Le P. Lacordaire; le P. de Ravignan; le P. Félix. Conciles provinciaux; grandes solennités religieuses : sainte Theudosie à Amiens, p. 314. — Le pèlerinage de la Salette. Les Petites-Sœurs des pauvres. Les religieuses de la Sainte-Famille de Villefranche de Rouergue. Le P. Muard et les Bénédictins-Prêcheurs, p. 315. — Le nouvel Oratoire, p. 316. — Question des Lieux-Saints, p. 320. — Guerre entre la Turquie et la Russie. Caractère religieux de la guerre d'Orient. Siége et prise de Sébastopol par les armées alliées de la France et de l'Angleterre. Sentiments religieux de l'armée française, p. 321. — Congrès de Paris : le Piémont : hostilité de son gouvernement contre l'Eglise : son rôle en Italie. Note du comte de Cavour sur le gouvernement pontifical : lord Palmerston, p. 322. — Alarmes de la France. Justification du gouvernement pontifical : organisation de l'administration : libertés municipales : législation, p. 323. — Rapport de M. de Rayneval, ambassadeur français, sur les améliorations introduites par Pie IX, p. 324. — Pie IX protége les sciences et les arts. Les véritables causes de l'agitation dans les Etats-Romains. Baptême du Prince Impérial, fils de Napoléon III, p. 325. — Les prédicateurs du carême aux Tuileries : le P. de Ravignan, le P. Ventura, p. 326. — Les quatre propositions opposées au traditionalisme et M. Bonnetty, p. 331. — Affaire de l'*Univers jugé par lui-même*. Assassinat de Mgr Sibour. Les dernières années et la mort de Lamennais, p. 332. — Les écrivains révolutionnaires. Caractère philosophique et littéraire de cette époque. Deux instructions de Mgr Pie sur les principales erreurs du temps présent. M. Cousin. M. Jules Simon, p. 333. — *Terre et Ciel*, par M. J. Reynaud, p. 334. — M. Ernest Renan. M. Taine. M. Michelet; M. Edgar Quinet, p. 335. — Les philosophes catholiques : le P. Gratry, et M. l'abbé Gorini. *Œuvres des écoles d'Orient*. Notre-Dame d'Afrique. Notre-Dame de Lourdes. Erection de l'évêché de Laval et d'un archevêché à Rennes; institution du chapitre de Saint-Denys. Mgr de Moulins déféré au conseil d'Etat. Attentats des révolutionnaires contre la vie de Napoléon III : Mazzini et l'Angleterre, p. 336. — Vente des biens hospitaliers. Voyage de Napoléon III en Bretagne, p. 337. — Présages de guerre et de révolution, p. 338. — Propositions de la Grande-Bretagne : déclaration de la guerre entre la France et l'Autriche. Le Saint-Siége n'a aucune part dans les causes de la guerre. Déchaînement des ennemis de l'Eglise : la *Question romaine*, par M. About; brochure l'*Allemagne et l'Italie*. Encyclique du 27 avril. Déclarations rassurantes de Napoléon III et de ses ministres, p. 339. — Sécurité du gouvernement pontifical. Esprit de l'armée française. Victoires de la France en Italie. Premières usurpations du Piémont dans les duchés de l'Italie centrale, p. 340. — Conspirations et révoltes dans les légations. Allocution du 17 juin au sacré collége. Encyclique du 18 juin. Allocution consistoriale du 20 juin. Bataille de Solférino. Nouveaux attentats du Piémont : note du cardinal Antonelli aux représentants des puissances étrangères, p. 341. — Situation difficile de Napoléon III. Paix de Villafranca : traité de Zurich, p. 342. — Actions de grâces célébrées par le Pape et par les évêques. Le Piémont cherche à éluder les conventions de Villafranca : manœuvres révolutionnaires dans les duchés et dans les légations. Protestations du Pape et des évêques français. Réponse de Napoléon III au cardinal Donnet, p. 343. — Les volontaires français de Castelfidardo attaqués par l'administration française. Invention des journaux contre Mgr de Mérode. Attaques contre la société de Saint-Vincent-de-Paul et faveurs accordées aux sociétés secrètes par le gouvernement français : protestations des évêques, p. 358. — Restauration des monuments religieux en France, p. 359. — Influence du progrès des voies de communication sur les missions : rôle de la France. Nouvelle guerre de Chine : traités de 1860, p. 360. — Persécution et guerre de Cochinchine : martyre de M. Théophane Vénard, p. 361. — Massacre des Maronites du Liban : expédition française de Syrie entravée par l'Angleterre. Reconstruction de la coupole du Saint-Sépulcre, p. 362. — Le gouvernement français tracasse les évêques et favorise les ennemis de la religion. *Vie de Jésus*, par M. Ernest Renan, p. 370. — Le positivisme : M. Littré. La liturgie lyonnaise. Les élections de 1863 en France, p. 371. — Evénements du Mexique depuis 1856 jusqu'en 1867, p. 374. — Le gouvernement français, les missionnaires catholiques, les méthodistes et les partis à Madagascar, p. 375. — Convention du 15 septembre avec l'Italie. p. 382. — La situation : projet d'un congrès. Brochure : *Le Pape et le Congrès*; note du *Journal de Rome*. Réponse du Pape au général de Goyon, p. 344. — Lettre antérieure de Napoléon III. Encyclique du 19 janvier 1860, p. 345. — Opinion des conservateurs, des catholiques, des évêques; suppression de l'*Univers*, p. 346. — Abandon du projet de congrès : dépêche injurieuse de M. Thouvenel. Propositions anglaises acceptées par le gouvernement impérial; principe de non-intervention, p. 347. — Projet du vicariat de Victor-Emmanuel dans les Romagnes rejeté par Rome et par Turin, p. 348. — Attaques contre le clergé en France. Procès de la famille de Mgr Rousseau et du *Siècle* contre Mgr Dupanloup : livre de ce prélat sur la *Souveraineté pontificale*. Projet d'une armée fournie au Pape par les puissances autres que la France et l'Autriche et d'un subside des Etats catholiques : refus du gouvernement pontifical, p. 349. — Résolution du Pape : M. de Lamoricière, Mgr de Mérode, les volontaires pontificaux et le denier de saint Pierre. Déclaration du parlement piémontais et de M. de Cavour, p. 350. — Mouvements révolutionnaires dans la Sicile et dans l'Italie centrale : protestation du cabinet des Tuileries, p. 351. — Entrevue de Napoléon III et des envoyés piémontais à Chambéry. Invasion du territoire pontifical par les Piémontais. Vaine protestation et faiblesse ou duplicité du cabinet des Tuileries. Fausse sécurité du gouvernement pontifical et de son armée. Marche des Piémontais et préliminaires de la bataille, p. 352. — Bataille de Castelfidardo. Siége et reddition d'Ancône : indigne conduite de l'armée piémontaise, p. 353. — Entrevue de Varso-

vie : memorandum français. Allocution consistoriale du 28 septembre. Hommages rendus aux victimes de Castelfidardo, p. 354. — Triste situation des Marches et de l'Ombrie. Brochures ; celle de M. Cayla ; celle de M. de la Guéronnière : réfutations diverses. Un mandement de l'évêque de Poitiers attaqué par le ministre de l'intérieur et déféré au conseil d'Etat, p. 355. — Démonstration de l'Italie en faveur de la Papauté. Discussion de la question romaine en France au Sénat et au Corps législatif, p. 356. — Instruction de Mgr Gerbet sur les diverses erreurs du temps présent. Lettre de M. de Montalembert à M. de Cavour, p. 357. — Le royaume d'Italie proclamé et reconnu par toutes les puissances, excepté par le Pape. Embarras du nouveau royaume : mort de M. de Cavour ; maladie de M. Thouvenel, p. 358. Erection de l'évêché d'Alger en archevêché, p. 395. — Funestes effets de la politique révolutionnaire en Europe. La Prusse et l'unité allemande : Napoléon III, l'Italie, l'Autriche, Bismark, p. 398. — Guerre de l'Autriche et de la Prusse contre le Danemark, p. 399. — Guerre de la Prusse contre l'Autriche, p. 400. — Résultats de cette guerre en Allemagne. Conduite de la Prusse à l'égard de la France après la guerre, p. 401. — Puissance morale de Pie IX, p. 402. — Evacuation de Rome par les troupes françaises : situation à Rome, p. 403. — Fêtes de juin 1867 pour le centenaire de saint Pierre et la canonisation de vingt-cinq bienheureux : annonce du concile, p. 404. — Exposition universelle des arts et de l'industrie, en 1867, à Paris, p. 405. — L'*Internationale* et le congrès de Genève, p. 406. — Encyclique du 17 octobre, p. 408. — Bataille de Mentana. Séance du 4 décembre à la Chambre des députés, à Paris : MM. Thiers, Jules Favre, Rouher et Berryer, p. 409. — Vote de la loi sur la garde nationale mobile, p. 410. — M. Duruy et les cours publics pour l'enseignement supérieur des jeunes filles en France, p. 411. — Mgr Plantier, évêque de Nîmes, réfute le patriarche grec dans son livre : *Les Conciles généraux*, p. 417. — Impression générale produite dans le monde par la bulle de convocation, p. 419. — Mgr Dupanloup, dans sa *Lettre sur le futur Concile*, rappelle ce que sont les conciles œcuméniques, p. 420. — Les clubs en France : réunions libres de la salle du *Pré-aux-Clercs*, p. 421 ; — du *Vieux-Chêne* et du *Vaux-Hall*, p. 423. — Attitude des gouvernements en présence du futur concile, p. 427. — Les élections de mai 1869 en France. Réformes introduites : concession du régime parlementaire, p. 428. — Mgr Maret, évêque de Sura, et son livre : *Du Concile et de la paix religieuse*, jugés par M. Laurentie, p. 429. — Dom Guéranger et Mgr Pie combattent les doctrines de Mgr l'évêque de Sura, p. 430. — Chute du Père Hyacinthe et du chanoine Dœllinger, p. 431. — Mgr Dupanloup et ses *Observations sur la controverse soulevée*, etc. : résumé de cet ouvrage, p. 433. — Avertissement de Mgr Dupanloup aux rédacteurs du journal *l'Univers*. Lettre de Mgr Dechamps, à Mgr l'évêque d'Orléans, anéantissant les difficultés théologiques soulevées contre le projet de définition, p. 434. — Les adieux des évêques de France, à leur clergé, au moment du départ pour le concile, p. 439. — Dispositions de la philosophie contemporaine à l'égard du futur concile, p. 440. — Les philosophes français : M. Charaux : ses lettres à Mgr Mermillod sur *la Philosophie et le Concile*. M. l'abbé Thomas, vicaire général de Verdun : ses *Origines du christianisme*, p. 444. — Polémique du Père Gratry, à propos de l'infaillibilité pontificale, p. 456. — Il est réfuté par M. Amédée de Margerie. Nouvelle attitude du gouvernement français au moment où la rumeur publique annonçait la prochaine définition du dogme de l'infaillibilité personnelle, p. 457. — En France, décadence du gouvernement impérial ; affaire Troppmann ; affaire de Pierre Bonaparte, cousin de Napoléon III, avec Victor Noir ; les dîners gras du Vendredi saint et l'académicien Sainte-

Beuve ; sénatus-consulte modifiant la constitution de 1852, p. 469. — Dissensions de la France avec la Prusse à propos du prince Léopold de Hohenzollern-Sigmaringen, auquel Prim avait offert le trône d'Espagne. Notification du refus du roi de Prusse de recevoir l'ambassadeur français, p. 470. — Adhésion de NN. SS. l'archevêque de Paris, et des évêques d'Orléans et de Sura aux actes du concile. Condamnation de libelles calomnieux contre le concile. Adhésion unanime de l'épiscopat à la définition de l'infaillibilité, p. 475. — La guerre entre la Prusse et la France ; désastre de la France ; chute de l'Empire, gouvernement de la Défense nationale, p. 476. — Les zouaves pontificaux et les Garibaldiens, p. 478. — Circulaire du 20 août aux ambassadeurs piémontais, p. 479. — Nouvelle circulaire du 7 septembre, p. 480. — La lettre de Victor-Emmanuel et l'entrevue des ambassadeurs avec Pie IX, p. 482. — Lettre de Pie IX à Victor-Emmanuel. Invasion du territoire pontifical et attaque de Rome par les Piémontais, p. 483. — Capitulation de Rome. Attitude du gouvernement français et de la Défense nationale. Déplorable état des choses à Rome. Protestation du cardinal Antonelli aux membres du corps diplomatique, p. 484. — Lettre du Pape aux cardinaux, p. 485. — Encyclique du 1er novembre adressée aux évêques, p. 486. — Circulaire du 8 novembre par laquelle le cardinal Antonelli dément les récits du ministre italien sur les affaires de Rome, p. 490. — Démonstration des catholiques et inertie des gouvernements, p. 492.

François d'Assise (saint). Les commencements de sa vie, t. 7, l. 71, p. 328. — Ses premiers disciples, p. 332. — Premiers travaux auxquels il les emploie. Instructions qu'il leur fait, p. 334. — Règle qu'il établit. Il va trouver le pape Innocent qui lui donne une approbation verbale, p. 335. — Ses rapports avec frère Léon et sainte Claire, p. 336. — Indécis entre la vie contemplative et la vie active, il se décide pour la vie apostolique. Instructions qu'il fait à ses frères. Sa lettre à tous les chrétiens, p. 339. — Il envoie des frères en Espagne et à Maroc. Blâme les somptueux édifices dans son ordre, p. 340. — Sa rencontre à Rome avec saint Dominique, p. 393. — Il envoie ses disciples prêcher par tout le monde ; choisit le cardinal Hugolin pour protecteur de son ordre, dont il tient le deuxième chapitre général, l. 72, p. 421. — Il se présente au sultan d'Egypte, p. 427. — Ses prédications en Italie. Instructions à ses frères, p. 428. — Il envoie de nouveau de ses religieux en Allemagne. Progrès qu'ils y font, p. 429. — Institution du tiers-ordre de Saint-François, p. 432. — Comment il connut sainte Elisabeth de Hongrie, p. 468. — Dernières actions de saint François d'Assise. Ses stigmates, p. 486. — Affection surnaturelle de saint François pour toutes les créatures, p. 487. — Son invitation à toutes les créatures de louer Dieu, p. 490. — Ses souffrances. Son testament. Sa sainte mort, p. 492.

François de Paule (saint), fondateur de l'ordre des Minimes. Sa vie, t. 9, l. 83, p. 400.

François Xavier (saint), un des six premiers compagnons de saint Ignace, t. 10, l. 84, p. 141. — Voyage de Paris à Venise, p. 145. — François Xavier part pour l'Inde et le Japon, p. 151. — Son voyage de Rome, par Lisbonne, à Goa, p. 161. — Ses travaux et succès apostoliques à Goa même, p. 162. — Ses travaux, ses succès, ses miracles parmi les Paravas, sur la côte de la Pêcherie. Endurcissement des brames, p. 163. — Ses voyages, ses travaux, ses miracles dans le royaume de Travancor, dans l'île de Ceylan, à Méliapor et en d'autres lieux, p. 165. — Il convertit un Japonais et forme le projet d'aller prêcher l'Evangile au Japon, p. 167. — Ses travaux apostoliques au Japon, l. 85, p. 215. — Il entreprend le voyage et la conversion de la Chine, meurt dans l'île de Sancian, p. 219. — Miracles qu'il opère après sa mort. Sa cano-

nisation, p. 221. — Respect qu'il inspire aux Mahométans et aux païens. Témoignages que lui rendent les protestants. Qu'en conclure. Projet du saint. La Providence y dispose les peuples, p. 222.

FRANÇOIS de Borgia (saint). Ses commencements, t. 10, l. 86, p. 390. — Il quitte le monde, se fait Jésuite, et devient supérieur général de la compagnie, p. 392. — Sa mort, p. 403.

FRANÇOIS Régis (saint), jésuite, t. 10, l. 87, p. 544.

FRANÇOIS de Sales (saint). Ses commencements jusqu'à sa prêtrise, t. 10, l. 87, p. 511. — Son premier ouvrage, l'*Etendard de la croix*, p. 513. — Il entreprend la conversion des protestants du Chablais et y réussit. Ses relations avec Théodore de Bèze, p. 516. — Episcopat de saint François de Sales. Ses quatre-vingts discours de controverse. Son trente-neuvième sur les prérogatives du Pape, avec les réflexions du comte de Maistre, p. 521. — Son amitié pour le roi Henri IV et le seigneur Deshayes, p. 522. — Ses ordonnances épiscopales. Il érige l'Université de Thonon, donne des constitutions aux Ermites de la montagne du Voiron, p. 523. — Son *Introduction à la vie dévote*. Comment elle fut reçue et comment le saint parle de ses détracteurs, p. 525. — Son *Traité de l'amour de Dieu*. Ensemble de cet ouvrage, p. 526. — Fondation de l'ordre de la Visitation par le saint évêque de Genève et sainte Françoise de Chantal, p. 531. — Liaison de saint François de Sales et de saint Vincent de Paul. Dernières actions et sainte mort de François, p. 608.

FRANÇOIS Venimbeni (le bienheureux), t. 8, l. 78, p. 437.

FRANÇOIS de Posadas (le bienheureux), t. 11, l. 88, p. 443.

FRANÇOIS Girolamo (saint), jésuite, t. 11, l. 88, p. 414.

FRANÇOIS Ier, roi de France. Son avénement. Politique étroite de François Ier et de son prédécesseur, t. 9, l. 83, p. 442. — Bataille de Marignan entre François Ier et les Suisses, p. 449. — Entrevue de François Ier et de Léon X à Bologne, 450. — Dévotion du roi des Français pendant le messe du Pape, p. 451. — Concordat entre François Ier et Léon X, approuvé par le cinquième concile général de Latran, p. 453 — Suites du concordat en France, p. 458. — François Ier et sa mère, Louise de Savoie, t. 10, l. 84, p. 5. — Grandes choses qu'il eût pu faire et qu'il ne fit pas. Ce qu'il fait en place, p. 7. — Mort de sa pieuse épouse. Sa conduite indigne, p. 8. — François Ier perd la bataille de Pavie et y est fait prisonnier. Ce qu'il en est du billet : *Madame, tout est perdu fors l'honneur*. Négociations pour la paix. Manière peu loyale dont François Ier la signe, p. 9. — Nouvellement marié, il prend pour concubine publique la femme d'un autre et en fait une duchesse. Sa conduite peu honorable dans l'exécution du traité de Madrid, p. 10. — La première ambassade qu'il envoie à Constantinople est pour supplier l'empereur des Turcs de faire la guerre aux chrétiens, p. 16. — François fait alliance avec les Turcs pour leur livrer l'Italie. Paul III prévient ce malheur par son entrevue à Nice entre François Ier et Charles-Quint, p. 18. — Il continue de conspirer avec les Turcs et les corsaires de Barbarie, qui ravagent les côtes d'Italie et de France, p. 19. — Sa mort, l. 85, p. 203.

FRANÇOIS II, t. 10, l. 85, p. 254.

FRANÇOIS II, roi de Naples : les Piémontais s'emparent de son royaume ; le pape Pie IX lui donne l'hospitalité, t. 12, l. 92, p. 355.

FRANÇOIS de Lorraine, duc de Guise, lieutenant général du royaume, t. 10, l. 85, p. 256. — Il réprime la conjuration d'Amboise, p. 262. — Il est à la tête de la France catholique, l. 86, p. 417. — Son triumvirat avec Anne de Montmorency et le maréchal de Saint-André. Rencontre fortuite de Wassy entre les catholiques et les protestants, d'après des protestants mêmes,

p. 418. — Réponse du duc de Guise, François de Lorraine, à un protestant qui cherchait à l'assassiner. Bataille de Dreux, gagnée par le duc de Guise. Il est assassiné par le protestant Poltrot, à la connaissance et avec l'assistance du protestant Coligny, de l'aveu du protestant Sismondi, conformément aux principes du protestantisme, p. 419.

FRANÇOIS de Neufchâteau, président du Sénat français, adresse un discours au pape Pie VII, à son arrivée à Paris, pour le sacre de Napoléon, t. 12, l. 91, p. 25.

FRANÇOISE (sainte), dame romaine. Sa vie. Ses vertus. Ses miracles. Ses révélations sur l'enfer, le purgatoire et le paradis. Elle fonde la congrégation des Oblates, t. 9, l. 82, p. 249.

FRANÇOISE de Chantal (sainte). Ses commencements, jusqu'au moment où elle quitte le monde, t. 10, l. 87, p. 529. — Elle fonde l'ordre de la Visitation avec saint François de Sales, p. 531. — Ses derniers moments et sa mort, p. 609.

FRAVITTA. Son élection au siége de Constantinople. Sa perfidie. Lettres du Pape relativement à son ordination. Sa mort, t. 4, l. 42, p. 65.

FRAYSSINOUS. Absence d'idées nettes et orthodoxes sur la grâce et la nature, dans les écrits apologétiques de M. de la Luzerne et dans les conférences de l'abbé Frayssinous. Inconvénients de cette absence, ainsi que d'autres ouvrages des mêmes auteurs, t. 11, l. 91, p. 107. — Influence fâcheuse des opinions antiromaines sur la marche du gouvernement des Bourbons vis-à-vis de l'Eglise et de son chef, p. 108. — L'abbé Frayssinous publie ses *Vrais principes de l'Eglise gallicane*. Lettre remarquable que lui écrit à ce sujet l'archevêque de Bordeaux, p. 111. — L'abbé F. de Lamennais ayant publié son ouvrage *De la religion considérée dans ses rapports avec l'ordre politique et civil*, l'abbé Frayssinous, comme ministre royal des cultes, défère cet ouvrage à quatorze évêques de cour, qui adressent leur déclaration doctrinale non pas au pape Léon XII, mais au roi Charles X, p. 115. — Quel est, d'après l'interprétation de Bossuet et des quatorze évêques, le fond du premier article de la Déclaration gallicane, et comment il sert à justifier le meurtre de Louis XVI, celui du duc d'Enghien et enfin l'expulsion de Charles X en 1830, p. 116. — Autres méprises de la part des quatorze évêques. L'abbé Frayssinous, ministre royal des cultes, demande aux évêques des provinces de souscrire la déclaration de 1826. Grande diversité dans les réponses, que le *Journal officiel* donne toutes pour des adhésions complètes. Réflexions d'un évêque à ce sujet. M. Frayssinous s'élève à la tribune parlementaire contre la propagation des doctrines ultramontaines. A quoi il parut deux réponses. M. Frayssinous essaie de créer une nouvelle Sorbonne *pour être la gardienne des maximes françaises*. Son projet avorte. La France n'a pas une seule faculté canonique de théologie, p. 117.

FRÉDÉGONDE. Ses intrigues à la cour de Chilpéric. Son élévation, t. 8, l. 46, p. 264. — Elle fait assassiner Clovis et Andovère. Nouvelles horreurs qu'elle commet à l'occasion de la mort de son troisième fils, p. 265. — Elle fait assassiner Chilpéric. Frédégonde et Clotaire II sous la tutelle de Gontram, p. 266. — Elle envoie des émissaires pour tuer Gontram. On conduit au supplice deux assassins qu'elle avait envoyés pour poignarder Childebert. Ses querelles avec sa fille Rigonthe. Elle fait assassiner l'évêque Prétextat et empoisonne un seigneur franc. Gontram et l'évêque Leudowald poursuivent cette affaire, p. 270. — Sa mort, l. 47, p. 339.

FRÉDÉRIC (le bienheureux), abbé de Mariengarten en Frise, t. 7, l. 69, p. 137.

FRÉDÉRIC Ier ou Barberousse. Election de Frédéric de Souabe. Sa lettre au Pape. Concordat entre l'un et l'autre, t. 6, l. 68, p. 583. — Sa première expédition en Italie. Sa conduite peu généreuse envers la ville de

Tortone, t. 7, l. 69, p. 25. — Négociations de Frédéric avec le Pape au sujet de son couronnement comme empereur, p. 26. — Réponse de Frédéric à la harangue des Romains. Couronnement de Frédéric suivi d'une bataille avec les Romains, p. 27. — Affaires des Tiburtins. Frédéric retourne en Allemagne après avoir ruiné la ville de Spolète. Il se trompe en croyant, par ses rigueurs sanglantes, dompter les Italiens, p. 28. — Singulière punition infligée par l'empereur à quelques seigneurs. Frédéric fait une querelle d'Allemand au pape Adrien IV au sujet d'une lettre, p. 31. — Vrai fond de cette querelle. Tendance de Frédéric à la domination universelle. Son manifeste contre le Pape, p. 33. — Seconde expédition de Frédéric en Italie. Les légats du Pape expliquent aux Allemands le mot qu'ils avaient pris de travers, p. 35. — Règlement de Frédéric sur la discipline militaire, p. 36. — Frédéric assiége les Milanais. Traité entre les deux partis. Frédéric assemble la diète de Roncaille pour y faire valoir son titre de maître du monde, par les arguments des légistes et des épées, p. 37. — Manière barbare dont il use de son prétendu droit, notamment envers la ville de Crême, p. 38. — Lettre brutale de Frédéric au Pape. Il raisonne comme les Bédouins et les Juifs, p. 40. — Suite du différend entre Frédéric et Adrien IV, p. 42. — Mesures de Frédéric pour avoir un Pape à sa dévotion, p. 45. — Frédéric se pose comme juge dans l'élection d'Alexandre III. Il reconnaît l'antipape élu par deux cardinaux, p. 49. — Conciliabule impérial de Pavie, p. 54. — Lettres de l'empereur et de son conciliabule en faveur de l'antipape, qu'il ordonne de reconnaître sous peine de bannissement. Frédéric est excommunié avec son antipape, p. 55. — Conciliabule impérial de Lodi: Cruelle vengeance de Frédéric sur Milan, p. 66. — Ruses de Frédéric Barberousse pour attirer à son schisme le roi de France. Elles ne lui réussissent pas, p. 70. — Frédéric, après la mort de l'antipape Octavien, lui reconnaît pour successeur l'un des deux cardinaux schismatiques qui restaient encore, p. 82. — Efforts de l'empereur Frédéric pour prendre Rome et y introduire son antipape. Il est obligé à se retirer honteusement, p. 86. — Pour se tirer du milieu des Lombards, Frédéric fait semblant de vouloir reconnaître le pape Alexandre, p. 87. — Frédéric est obligé de lever le siége d'Alexandrie, p. 121. — Il veut surprendre les Milanais, qui le battent complètement, p. 122. — Frédéric pense sérieusement à se réconcilier avec le pape Alexandre III. Histoire détaillée de cette réconciliation à Venise. Circonstances fabuleuses, p. 123-147. — Paix de Constance entre Frédéric et les villes ou républiques des Lombards, l. 70, p. 168. — Conférence du pape Lucius III et de Frédéric à Vérone. Conciliation de plusieurs affaires particulières, p. 169. — Entreprises équivoques de Frédéric. Son fils s'annonce encore plus mal. Le différend se termine par un concordat, p. 172. — Frédéric prend la croix, à la diète de Mayence des mains du légat, p. 181. — Marche de Frédéric vers Constantinople. Piéges que lui tend l'empereur grec Isaac l'Ange, d'intelligence avec Saladin. Est obligé de combattre le sultan d'Icône, qui lui avait promis des vivres. Montre un courage héroïque et chrétien. Se noie en voulant passer une rivière, p. 189. — Consternation que cause sa mort, non-seulement dans son armée, mais dans toute l'Europe chrétienne, p. 193.

Frédéric II. Sollicitude d'Innocent III pour le royaume de Sicile et son roi mineur Frédéric, t. 7, l. 74, p. 228. — Situation de l'Allemagne à la mort de l'empereur Henri VI. Triple élection de Frédéric de Sicile, de Philippe de Souabe et d'Othon de Saxe. Les trois compétiteurs recourent au Pape, p. 248. — Dispositions et engagements de Frédéric II envers le Saint-Siége; l'an 1215, p. 382. — Conduite équivoque de Frédéric II, depuis la mort d'Othon IV, l. 72, p. 454. — Lois de Frédéric II contre les hérétiques, p. 455. — Efforts du pape Honorius III et négligence de Frédéric II pour procurer du secours aux croisés de Damiette, qui sont obligés de capituler, p. 479. — Conduite peu loyale de Frédéric II envers son beau-père, Jean de Brienne, et envers l'Eglise. Ses constitutions contre les hérétiques. Sa correspondance avec le Pape, qui le réconcilie avec les Lombards et avec son beau-père, p. 481. — Ce qui serait arrivé si Frédéric II eût été Charlemagne, l. 73, p. 501. — L'empereur Frédéric II, manquant à toutes ses promesses, cause la ruine de la croisade et encourt l'excommunication, que prononce d'ailleurs solennellement Grégoire IX, p. 504. — Frédéric II, secrètement allié avec le sultan d'Egypte, fait la guerre au Pape, s'en va en Palestine avec peu de monde, dépouille le roi chrétien de Chypre. Son expédition n'est qu'une comédie pour amuser l'Europe. Chrétiens et Mahométans le jugent plus Mahométan que chrétien, p. 505. — Guerres des impérialistes contre l'Eglise, p. 510. — Grégoire IX, en excommuniant de nouveau Frédéric II, délie ses sujets du serment de fidélité. Réconciliation de l'empereur avec le Pape, p. 514. — Baudouin II, empereur français de Constantinople, secondé par le Pape, mais contrarié par Frédéric II, t. 8, p. 12. — Manœuvres de Frédéric pour se rendre maître de la Sardaigne. Son gendre Ezzelin de Romano, surnommé le Féroce, p. 13. — Efforts de Grégoire IX pour pacifier l'Occident et procurer des secours à l'Orient, p. 17. — Au lieu de seconder le Pape, Frédéric le traverse, veut se servir de lui pour arriver à la domination universelle; emprisonne le neveu du roi de Tunis, allant à Rome pour recevoir le baptême, p. 19. — Lettre que lui en écrit le Pape, p. 20. — Duplicité et arrogance de Frédéric II, p. 22. — Son dessein de surprendre saint Louis. Il corrompt le sénateur de Rome. Plaintes du Pape. Réponses de l'empereur, p. 23. — Le Pape l'excommunie et délie ses sujets du serment de fidélité, p. 26. — Invectives de Frédéric contre le Pape. Il demande un concile général, p. 27. — Apologie de Grégoire IX. Impiétés qu'il reproche à Frédéric II. Elles sont attestées par les contemporains, p. 28. — Ses emportements contre le Pape et les fidèles catholiques, p. 29. — Grégoire IX convoque le concile général que Frédéric II avait demandé, fait des prières publiques pour la cause de l'Eglise, tandis que Frédéric condamne à des peines atroces les catholiques dévoués, p. 37. — Frédéric II met tout en œuvre pour empêcher le concile qu'il a lui-même demandé. Courage apostolique des évêques de France, d'Angleterre et d'Espagne, dont plusieurs sont capturés et emprisonnés par Frédéric, p. 38 (Voir la suite et la fin de cette affaire aux articles *Allemagne* et *Conciles œcuméniques*, premier de Lyon).

Frédéric II ou d'Autriche, t. 8, l. 79, p. 470 et seqq. (Voir *Allemagne*).

Frédéric III ou IV, t. 8, l. 83, p. 348 (Voir *Allemagne*).

Frédéric Ier, roi de Prusse, t. 11, l. 89, p. 422.

Frédéric-Guillaume Ier, roi de Prusse. Son avarice. Sa dureté envers ses sujets. Ses débauches. Tableau de son règne par Voltaire, t. 11, l. 89, p. 422.

Frédéric II, roi de Prusse. Ses mœurs. Religion ou irréligion du roi et pape prussien Frédéric II, t. 11, l. 89, p. 424. — Convives de Frédéric II, p. 425. — Inhumanité de Frédéric II envers le peuple, p. 426.

Frohschommer. Condamnation de ses écrits, t. 12, l. 92, p. 365.

Froilan (saint), évêque de Léon, t. 5, l. 62, p. 569.

Fructueux de Tarragone (saint). Son martyre et celui de ses deux diacres, t. 2, l. 29, p. 558.

Fructueux de Brague (saint), t. 4, l. 49, p. 446.

Frumence (saint), apôtre de l'Ethiopie. Histoire de son arrivée en Ethiopie avec son frère Edèse. Leurs emplois auprès du roi. Frumence devient gouverneur de l'Ethiopie. Il propage la religion chrétienne, t. 3, l. 34, p. 99. — Ses rapports avec saint Athanase, évêque

d'Alexandrie, qui le crée évêque d'Ethiopie, p. 100.

Fulbert de Chartres (le bienheureux), t. 6, l. 62, p. 2. — Ses lettres. Son traité remarquable contre les Juifs. Sa fermeté dans l'épiscopat, p. 3.

Fulcran de Lodève (saint), t. 13, l. 5, p. 577.

Fulde. Monastère de Fulde, fondé par saint Sturme sous l'autorité de saint Boniface, t. 5, l. 52, p. 7. — Charlemagne y apaise des troubles, l. 54, p. 146. — Nouveau trouble dans ce monastère, qui cesse par la déposition de l'abbé qui en était cause, l. 55, p. 163. — Fulde érigé en évêché par Pie VII, t. 12, l. 91, p. 158.

Fulgence (saint). Sa famille. Sa retraite. Il est pris et tourmenté par les Ariens. Sa douceur envers son persécuteur. Son départ pour l'Egypte. Son séjour en Sicile. Son voyage à Rome, t. 4, l. 43, p. 96. — Saint Fulgence retourne en Afrique. Son ordination. Son humilité. Il est ordonné évêque. Sa manière de vivre dans l'épiscopat. Son exil. Considération que lui donne sa science auprès des autres évêques, p. 97. — Son voyage à Carthage, où il est mandé par le roi. Son livre à Donat *De la foi orthodoxe*. Il réfute un écrit du roi Thrasamond. Son retour en Sardaigne. Manière dont il gouverne son monastère. Sa lettre aux Carthaginois. Son traité *De la rémission des péchés*. Ses trois livres à Maxime. Ses lettres à diverses personnes. Son traité de l'*Incarnation et de la Grâce*, en réponse aux moines scythes, l. 44, p. 47. — — Son *Traité sur la Grâce*. Ses institutions. Son humilité aux conciles de Junque et de Suffète, p. 149. — Ses livres contre Fabien, contre Fastidiosus, *De la Foi, de la Trinité*. Sa lettre au comte Régin. Sa maladie. Sa mort. Ses funérailles, p. 186.

G

Gabaonites. Stratagème des Gabaonites pour n'être pas exterminés par les enfants d'Israël. Condition de l'anéantissement et de la conservation des peuples chananéens, t. 1, l. 9, p. 210. — Cruauté de Saül sur les Gabaonites, l. 11, p. 275. — Expiation de cette cruauté sur sa race, l. 11, p. 302.

Gabriel. L'ange Gabriel révèle au prophète Daniel l'époque de la venue du Christ. Preuves et explications de cette prophétie, t. 1, l. 19, p. 452. — Les trois anges des Perses, des Grecs et du peuple de Dieu, ce dernier probablement Gabriel, p. 455. — L'ange Gabriel annonce au prêtre Zacharie la naissance du précurseur, t. 2, l. 23, p. 146. — L'ange Gabriel annonce à Marie la naissance du Sauveur, p. 147.

Gaétan de Thienne (saint), fondateur des Théatins, t. 9, l. 84, p. 552.

Galanti (Hippolyte), fondateur de l'*ordre de la doctrine chrétienne*, t. 10, l. 87, p. 503.

Galanus, savant théatin, t. 11, l. 88, p. 110.

Galba, empereur, t. 2, l. 26, p. 326.

Galdin (S.), archevêque de Milan, t. 7, l. 60, p. 84.

Galérius, empereur. Sa basse extraction. Il est créé césar et adopté pour fils par Dioclétien, qui partage l'Orient avec lui. Son caractère, t. 3, l. 30, p. 9. — Persécution de Galérius. Son expédition contre Narsès, p. 11. — Il pousse Dioclétien à entreprendre une persécution générale contre les chrétiens, p. 13. — Ses intrigues, p. 14. — Il force Dioclétien à lui céder l'empire. Projets de Galérius, ses cruautés et ses exactions, p. 38. — Ses embûches contre Constantin. Son dépit, lorsqu'à la mort de Constance, Constantin est nommé empereur, p. 39. — Il marche contre Rome. Il est forcé de lever le siège de Rome, p. 40. — Nouvelles exactions de Galérius. Sa maladie. Son édit en faveur des chrétiens, p. 53. — Sa mort, p. 54.

Galiani, naturaliste italien, t. 11, l. 89, p. 338.

Galilée. L'Italien Galilée, contemporain du chancelier Bacon, t. 10, l. 87, p. 582. — Comparaison entre Galilée et Bacon par Hume, p. 585.

Gallicanisme (Voyez *Déclaration gallicane* de 1682).

Gallien, empereur. Son infamie. Guerres civiles, pestes, invasions des Barbares et de Sapor. Sa mort, t. 2, l. 28, p. 449.

Gallitzin. Conversion de la princesse Gallitzin et de son fils, qui se fait prêtre et missionnaire en Amérique, t. 11, l. 89, p. 505.

Gallus, empereur, t. 2, l. 28, p. 449, et l. 29, p. 540.

Gallus, césar. Sa mort, t. 3, l. 33, p. 146.

Galvani, physicien italien, t. 11, l. 89, p. 354.

Gamaliel. Son discours dans le sanhédrin, t. 2, l. 25, p. 256. — Découverte de ses reliques, avec celles de saint Etienne, t. 3, l. 38, p. 420.

Gamme. Invention de la gamme musicale par Gui d'Arezzo, t. 6, l. 63, p. 24. — Affinité mystérieuse de la gamme musicale avec d'autres phénomènes de la nature, p. 25.

Gangres (concile de), l'an 324, t. 3, l. 31, p. 94.

Garcilaso de la Véga, poète espagnol, ami de saint François de Borgia, t. 10, l. 86, p. 394.

Gardiner, évêque et chancelier d'Angleterre, t. 10, l. 85, p. 254.

Garibaldi (Voir *Pie IX*).

Gauchat (l'abbé). Ses ouvrages, t. 11, l. 89, p. 501.

Gaulois, Celtes, Galates, Cimbres ou Cimmériens. — Leur origine. Leurs invasions en Italie. Terreurs qu'ils inspiraient aux Romains, t. 2, l. 22, p. 111.

Gault (Jean-Baptiste), évêque de Marseille. Sa sainte mort, t. 11, l. 88, p. 267.

Gautier (saint), abbé en Limousin, t. 6, l. 64, p. 133.

Gautier Sans-Avoir (Voyez *Première croisade*).

Gauzelin (saint), évêque de Toul, t. 5, l. 60, p. 440.

Géants, avant le déluge, t. 1, l. 3, p. 57.

Gédéon. Un ange lui apparaît et lui prouve sa puissance. Gédéon renverse l'autel de Baal. Preuves de sa mission. Réduction successive de l'armée israélite. Gédéon dans le camp ennemi. Ordre pour le combat. Défaite et poursuite des Madianites. Susceptibilité des Ephraïmites. Prise et mort des chefs madianites. Les anciens de Socoth punis de leurs refus. Désintéressement de Gédéon, qu'on veut faire roi. Sa mort, t. 1, l. 10, p. 240.

Gélase, pape. Son élection. Sa correspondance avec Euphémius de Constantinople, t. 4, l. 42, p. 72. — Ambassade de Théodoric à l'empereur Anastase. Instruction du Pape à l'empereur. Mauvaise foi des Grecs. Dignité de la conduite du Pape. Heureux fruits qu'elle produit. Lettres que lui écrivent les évêques de Dardanie, etc., p. 73. — Vigilance du pape Gélase contre le pélagianisme. Ses règlements disciplinaires. Ses lettres. Catalogue des livres canoniques, des Pères faisant autorité, et des livres prohibés. Œuvres liturgiques du pape Gélase. Son caractère. Concile de Rome. Rétractation et réintégration du légat Misène. Lettres du Pape aux évêques de Dardanie et à l'empereur. Son traité *De l'anathème*. Sa réponse à ses accusateurs relativement aux *Lupercales*, p. 78 et 84. — Mort du pape Gélase, p. 85. — Dans sa lettre aux évêques de Dardanie, le pape Gélase défend d'appeler du Pape au concile, t. 9, l. 81, p. 123. — Ce qu'il dit des premiers sièges de l'Eglise catholique, t. 10, l. 85, p. 169.

Gélase II, pape. Son élection. Violences des Frangipane à son égard, t. 6, l. 67, p. 413. — Odieuse conduite de l'empereur Henri V envers le nouveau Pape. Intrusion de l'antipape Bourdin. Humiliations et persé-

cution de Gélase. Sa retraite en France, p. 414. — Gélase propose à saint Norbert de rester auprès de lui et lui confère d'amples pouvoirs pour la prédication, p. 415. — Mort de Gélase II, p. 422.

GELÉE (Claude), dit le Lorrain, peintre, t. 11, l. 88, p. 431.

GÉNÉALOGIES. Les deux généalogies de saint Matthieu et de saint Luc. Leur explication, t. 2, l. 23, p. 164.

GENÈS (saint), greffier à Arles. Son martyre, t. 3, l. 30, p. 7.

GENÈS (saint), comédien. Sa conversion et son martyre, t. 3, l. 30, p. 37.

GENEVIÈVE de Nanterre (sainte), t. 2, l. 39, p. 455. — Dévouement de sainte Geneviève, t. 4, l. 42, p. 76.

GENNADE, patriarche de Constantinople, écrit au pape saint Léon, t. 4, l. 41, p. 17.

GENNADÉ (saint), évêque d'Astorga, t. 5, l. 59, p. 429.

GENRE humain. Trois âges dans la vie du genre humain, à chacun desquels la Providence modifie sa manière d'agir à l'égard de l'homme : 1° l'enfance ou la vie de famille, jusqu'au déluge ; 2° l'adolescence ou le partage en nations, jusqu'à Jésus-Christ ; 3° l'âge mûr ou l'unité dans l'Église catholique, jusqu'à la fin, t. 1, l. 4, p. 70. — Quelle est la partie intelligente du genre humain, t. 1, *Préface* de la 1re édition, p. ix.

GENSÉRIC, roi des Vandales, à l'instigation du comte Boniface, désole l'Afrique, t. 3, l. 38, p. 447. — Jusqu'à quel point l'Afrique méritait ce châtiment. Hippone assiégé par les Vandales, p. 448. — Genséric pille la ville de Rome, t. 4, l. 41, p. 10. — Genséric fait la paix avec l'empire, p. 29. — Sa mort, l. 42, p. 47.

GENTIL (bienheureux), franciscain, martyr, t. 8, l. 79, p. 509.

GENTILE de Ravenne (la bienheureuse), t. 9, l. 84, p. 560.

GENTILITÉ. Les philosophes, les poètes et les historiens de la gentilité, t. 2, l. 20, p. 1-54. — Les philosophes, t. 2, p. 1-45. — Les poètes, t. 2, p. 46. — Les historiens, p. 52.

GEOFFROI, abbé de Vendôme, se dépouille de tout pour soulager Urbain II dans son dénuement, t. 6, l. 66, p. 296.

GEORGES de Mitylène (S.), évêque, t. 5, l. 55, p. 172.

GEORGES, év. intrus d'Alexandrie, t. 3, l. 33, p. 163.

GEORGES Acropolite, Grec, auteur d'une chronique, t. 8, l. 74, p. 482.

GEORGES Pachimère, écrivain grec, t. 8, l. 74, p. 482.

GEORGES de Trébizonde, littérateur grec, t. 9, l. 83, p. 359.

GEORGES Gémiste, surnommé Pléthon, t. 9, l. 83, p. 362.

GEORGES Podiébrad, administrateur ou roi de la Bohême, t. 9, l. 82, p. 211.

GEORGES Ier, roi d'Angleterre. Ses mœurs. Sa mort étrange, t. 11, l. 89, p. 443.

GEORGES II, t. 11, l. 89, p. 443.

GEORGES III, t. 11, l. 89, p. 443.

GEORGES IV, t. 11, l. 89, p. 443.

GÉRARD Groot ou le Grand, fondateur des clercs et des frères de la vie commune, qui s'occupent principalement à la transcription des livres, t. 8, l. 79, p. 553.

GÉRARD de Brogne (saint), t. 5, l. 60, p. 441.

GÉRARD de Chonad en Hongrie (saint), t. 6, l. 63, p. 44. — Son martyre, p. 64.

GÉRARD de Toul (saint), t. 5, l. 60, p. 442.

GÉRARD (l'abbé), auteur du *Comte de Valmont* et autres ouvrages, t. 11, l. 89, p. 504.

GÉRARD, évêque d'Angoulème, t. 6, l. 67, p. 382 ; l. 68, p. 490.

GÉRAULD (saint), comte d'Aurillac, t. 5, l. 59, p. 441.

GERBERT. Science du moine Gerbert d'Aurillac, qui fabrique un télescope et un orgue à vapeur, t. 5, l. 61, p. 524. — Sa conduite peu honorable dans la longue affaire entre le roi Hugues Capet et l'archevêque Ar-

noulfe de Reims, de l'ancienne dynastie, l. 62, p. 535. — Il devient archevêque de Ravenne, p. 551. — Enfin pape sous le nom de Silvestre II (*Voir ce nom*).

GERBERT (Martin), bénédictin allemand. Ses écrits, t. 11, l. 89, p. 503.

GERBET (instructions de Mgr) sur les diverses erreurs du temps présent, t. 12, l. 92, p. 357.

GERBILLON, missionnaire jésuite, t. 11, l. 88, p. 320.

GERDIL, cardinal. Sa vie, ses vertus, ses écrits, t. 11, l. 89, p. 353.

GERHOH de Reichersperg (le bienh.), t. 7, l. 69, p. 136.

GERLACH (bienheureux), ermite en Belgique, t. 7, l. 69, p. 136.

GERMAIN d'Auxerre (saint). Ses commencements, t. 3, l. 39, p. 451. — Il est envoyé avec saint Loup de Troyes dans la Grande-Bretagne pour y combattre des restes de pélagianisme, p. 455. — Leur succès, p. 456. — Second voyage de saint Germain en Angleterre. Il justifie sainte Geneviève. Ses miracles. Son dévouement et sa charité. Son voyage à Ravenne. Sa mort et ses funérailles, l. 40, p. 544.

GERMAIN de Paris (saint). Son élection. Dangers auxquels il échappe dans son enfance. Son éducation. Ses prophéties. Ses miracles. Sa charité. Donations que lui fait le roi Childebert, t. 4, l. 45, p. 242. — Il détourne Clotaire de ses desseins sur sainte Radegonde, p. 247. — Son intervention entre Gontram et Chilpéric, l. 46, p. 264.

GERMAIN (saint), patriarche de Constantinople. Ses lettres au sujet de l'erreur des iconoclastes, t. 4, l. 54, p. 552. — Comment l'empereur Léon l'Isaurien en use à son égard, p. 559.

GERMAINS. Commencement du christianisme chez les Goths, les Sarmates et les Germains, t. 2, l. 29, p. 562 (Voir *Allemagne*).

GERSON. Doctrine de Gerson, de Major et d'Almain, sur l'origine et la responsabilité du pouvoir temporel, t. 9, l. 81, p. 119. — Caractère différent du pouvoir spirituel. Mauvais raisonnements de Gerson et de ses semblables ; doivent être lus avec précaution, p. 121.

GERTRUDE (sainte) en France, t. 4, l. 49, p. 451. — Ses miracles, l. 50, p. 486.

GERTRUDE (sainte) en Saxe. Ses *Révélations*, t. 8, l. 78, p. 448.

GERVAIS et Protais (saints). Leur martyre à Milan. Saint Ambroise découvre leurs reliques, t. 3, l. 30, p. 28.

GERVIN (saint), t. 6, l. 65, p. 484.

GIA-LONG, empereur ou roi d'Anam, Tongking et Cochinchine, est replacé sur le trône par un prêtre français, missionnaire apostolique, évêque d'Adran, t. 11, l. 90, p. 540.

GIÉZI. Son mensonge puni de la lèpre, t. 1, l. 14, p. 346.

GILBERT de Sempringham (saint), t. 7, l. 69, p. 95. — Il assiste au chapitre général de Citeaux, t. 6, l. 68, p. 564.

GILBERT de la Porée, évêque de Poitiers. Ses erreurs. Sa soumission, t. 6, l. 68, p. 546.

GILBERT Becket, père de saint Thomas de Cantorbéry, t. 7, l. 69, p. 16.

GILBERT Borromée, père de saint Charles, t. 10, l. 85, p. 296.

GILBERT, poète lorrain, t. 11, l. 89, p. 500.

GILDAS (saint), surnommé le Sage, t. 4, l. 45, p. 245.

GILDON. Sa révolte. Sa tyrannie. Sa mort, t. 3, l. 37, p. 354.

GILLES (le bienheureux frère). Son entretien avec saint Louis, t. 8, l. 73, p. 65.

GINGUISKAN. Sa vie et ses conquêtes, t. 7, l. 69, p. 152.

GIOBERTI (l'abbé) et les sectaires de l'Italie, t. 12, l. 92, p. 233.

GIOTTO, peintre italien, t. 8, l. 79, p. 492.

GISÈLE, sœur de Charlemagne, demandée en mariage par l'empereur de Constantinople, se fait religieuse et meurt abbesse de Chelles, t. 5, l. 53, p. 69.

Gisiler, archevêque de Magdebourg, t. 5, l. 64, p. 544.

Gizzi, cardinal secrétaire d'Etat sous le pontificat de Pie IX, t. 12, l. 92, p. 238.

Glycérius, empereur éphémère, t. 4, l. 44, p. 27.

Gnostiques. Leur doctrine. Leurs écoles et leurs chefs principaux, t. 2, l. 27, p. 380.

Godefroi (saint), évêque d'Amiens. Sa belle conduite dans la formation des communes, t. 6, l. 67, p. 396. — Ses commencements, l. 66, p. 336.

Godefroi de Bouillon. Sa naissance, t. 6, l. 64, p. 103. — Il part pour la première croisade à la tête d'une armée nombreuse et bien disciplinée. La Hongrie et la Bulgarie lui donnent un libre passage, l. 66, p. 309. — Il arrive à Constantinople, p. 311. — Siége de Nicée. Passage à travers l'Asie, p. 312. — Antioche, p. 317. — Siége de Jérusalem. Valeur et piété de Godefroi, p. 328. — Il est élu roi de Jérusalem. Son humilité, p. 334. — Force prodigieuse de Godefroi, p. 348. — Sa maladie et sa mort, p. 349 (Voir aussi *Croisades*).

Godric (saint), abbé de Croyland, t. 5, l. 62, p. 567.

Godric (saint), ermite, t. 7, l. 69, p. 68. — Ses prédications à saint Thomas de Cantorbéry, p. 104.

Goethe, poète et littérateur allemand, t. 11, l. 89, p. 505, et t. 12, l. 91, p. 7.

Goldoni, poète italien, t. 11, l. 89, p. 353.

Goliath, le géant, tué par David, t. 4, l. 44, p. 269.

Golindouche, surnommée la martyre vivante, t. 4, l. 47, p. 332.

Gondebaud, roi des Burgondes ou Bourguignons, t. 4, l. 42, p. 74; l. 45, p. 405.

Gondi, cardinal de Retz, t. 10, l. 87, p. 606.

Gondelbert ou Gombert (saint), évêque de Sens, solitaire dans les Vosges, t. 4, l. 50, p. 485.

Gonsalve (bienheureux), ermite de Saint-Augustin, t. 9, l. 83, p. 467.

Gonsalve de Cordoue, t. 9, l. 83, p. 283 et 301-342.

Gontram, roi des Burgondes ou Bourguignons, fils de Clotaire Ier. Scandales à sa cour, t. 4, l. 46, p. 263. — Il se ligue avec Sigebert contre Chilpéric. Il prend Frédégonde et Clotaire II sous sa tutelle. Bienfaits de son administration, p. 267. — Altercation entre Gontram et Childebert. Il donne son royaume à Childebert. Il ordonne la réunion d'un concile à Mâcon. Son affabilité. Ses fautes. Son manque d'énergie pour le soutien de la discipline militaire. Guerre contre les Visigoths, p. 268. — Il échappe aux émissaires de Frédégonde. Gontram réunit les évêques pour punir les auteurs du meurtre de Prétextat. Union de Gontram avec Childebert. Explications entre eux, p. 270. — Sa belle conduite pendant la peste de Marseille et de Lyon, p. 272. — Mort et éloge de Gontram. Conciles assemblés par lui. Ses fondations, p. 273.

Gorcum. Les martyrs de Gorcum en Hollande, t. 10, l. 86, p. 354.

Gordien (les), empereurs, t. 2, l. 28, p. 449.

Gordius de Césarée (saint), t. 3, l. 30, p. 56.

Gorgias, sophiste grec. Sa pernicieuse doctrine, réfutée par Socrate, t. 2, l. 20, p. 10.

Gorini (l'abbé), t. 12, l. 92, p. 336.

Goths. Commencement du christianisme chez les Goths, les Sarmates et les Germains, t. 2, l. 29, p. 562. — Leur invasion dans l'empire romain sous Valens, t. 3, l. 35, p. 262.

Gothescalc (saint), prince et apôtre des Slaves, t. 6, l. 64, p. 120. — Son martyre, p. 148.

Gothescalc, moine. Son caractère et ses erreurs. Raban écrit contre Gothescalc, mais il se méprend sur un point, t. 5, l. 56, p. 253. — Idée qu'il donne des erreurs de Gothescalc, après l'avoir interrogé. Hincmar de Reims se méprend sur le même point que Raban de Mayence. Gothescalc profite de cette méprise pour embrouiller la question et dissimuler le point capital, p. 254. — Ecrits de Loup de Ferrière à ce sujet. Ratramne traite la matière avec profondeur et exactitude, p. 255.

— Scot Erigène l'embrouille. Saint Prudence de Troyes le réfute, p. 256. — Le diacre Florus, au nom de l'Eglise de Lyon, combat et condamne le jansénisme de Gothescalc. Excellente lettre d'Amolon, archevêque de Lyon, qui cite les paroles mêmes de Gothescalc et le réfute solidement, p. 257.

Gotti, cardinal, t. 11, l. 88, p. 111.

Goyon (le général) et Pie IX, t. 12, l. 92, p. 344.

Grâce. Distance qu'il y a de la nature humaine à la grâce divine, de l'ordre naturel à l'ordre surnaturel, t. 1, l. 1, p. 28. — Supériorité de l'humanité régénérée sur l'humanité primitive, p. 47. — Doctrine de la grâce dans Origène, t. 2, l. 28, p. 507. — Ce qu'est la grâce de Dieu, d'après la doctrine de l'Eglise, t. 3, l. 38, p. 414. — Remarque importante pour bien saisir la controverse du pélagianisme, p. 417. — Ce qui embrouillait le plus la controverse du semi-pélagianisme. Moyens de l'éclaircir, p. 444. — Doctrine de saint Thomas sur la grâce et la nature, l'ordre naturel et l'ordre surnaturel, le péché originel et ses effets, t. 8, l. 74, p. 106. — Embrouillements de Malebranche et de Bailly sur cette matière. Combien est plus nette et plus belle la doctrine de saint Thomas sur la grâce, le péché, l'incarnation, p. 109. — Mensonge des jansénistes quand ils se disent disciples de saint Thomas. Opposition entre leur doctrine et la sienne, t. 11, l. 87, p. 19. — Si les jansénistes invoquent tant saint Augustin, c'est pour abuser d'une de ses méprises, p. 20. — Les jansénistes et les pélagiens commencent par la même erreur et agissent avec la même politique, p. 22. — Le système du jésuite Molina sur la *Concorde du libre arbitre avec la grâce et la prédestination*, n'ayant pas été condamné par l'Eglise, c'est une injustice et une témérité de le taxer de pélagianisme ou de semi-pélagianisme, p. 23. — Les Bénédictins et les Oratoriens français se laissent surprendre aux artifices des jansénistes, et méconnaissent plus ou moins le caractère surnaturel de la grâce, si bien exposé par saint Thomas. Exemple de Malebranche, p. 24. — On trouve une intelligence plus vraie dans le Bénédictin Louis de Blois, et dans l'Oratorien Jean Le Jeune, p. 25. — Cette intelligence de l'ordre surnaturel se trouve plus complètement dans le Père Saint-Juré, jésuite. Mais nul n'a résumé là-dessus l'Ecriture, les Pères et la théologie avec une plus profonde intelligence que le Jésuite Corneille de la Pierre dans son commentaire sur Osée, p. 27. — Un autre Jésuite, le Père Surin, peut lui être comparé, p. 30.

Gratien, empereur, partage l'Occident avec son frère Valentinien. Son caractère, t. 3, l. 35, p. 260. — S'associe Théodose et lui donne l'Orient, l. 36, p. 264. — Son rescrit contre les séditieux, p. 269. — Demande qu'il fait à saint Ambroise, p. 270. — Son édit contre les priscillianistes, p. 283. — Sa mort, p. 291.

Gratien, moine du XIIe siècle. Gratien et son *Décret* ou corps de droit canon. Que penser des doléances de Fleury sur les fausses décrétales et les nouvelles prétentions de la cour de Rome, t. 7, l. 69, p. 7. — Qui, de Fleury ou de Gratien, connaît le mieux et suit le plus fidèlement la doctrine des huit premiers siècles, touchant l'autorité de l'Eglise et de son chef, p. 8.

Gratry (le Père), t. 12, l. 92, p. 335.

Grecs. Origine des Grecs. Parallèle de leur caractère avec celui des Orientaux. Bases de l'unité grecque. Athènes et Sparte. Leur histoire; leur institution. Opposition de leur caractère; leur rivalité, t. 2, l. 21, p. 57. — Usurpation de Pisistrate, p 59. — Prééminence d'Athènes. Siècle de Périclès. Alcibiade. Les trente tyrans, p. 60. — Retraite des dix mille, p. 61. — Expédition d'Agésilas en Asie. Pacification de la Grèce. Darius-Codoman. Portrait et premiers exploits d'Alexandre. Ses conquêtes prédites par Daniel. Son expédition en Asie et en Afrique. Défaite et mort de Darius. Alexandre pénètre dans l'Inde. Sa mort. Taches qui déshonorent sa vie. Partage de son empire. Mas-

sacre, de sa famille. Accomplissement des prophéties de Daniel, p. 62. — Les Juifs dans le monde grec. Bienfaits de la domination grecque en Afrique et en Asie, p. 69 (Pour les Grecs du Bas-Empire , voyez *Bas-Empire*). — Etat actuel des Grecs catholiques en Syrie, en Palestine et en Egypte, t. 7, l. 70, p. 155; t. 12, l. 91, p. 192. — Leur histoire, de 1453 à 1760, t. 11, l. 87, p. 71-86. — Etat du catholicisme dans le royaume de Grèce, t. 12, l. 91, p. 224.

Grégoire le Grand (saint), pape, apôtre et civilisateur de la nation anglaise. Sa naissance. Ses rapides progrès dans les sciences. Honneurs auxquels il est élevé, t. 8, l. 46, p. 250. — Sa retraite. Ses austérités. Son zèle pour l'observation de la discipline. Sa mission en Angleterre et son rappel. Sa légation à Constantinople. Il désabuse saint Eutychius de ses erreurs, p. 252. — Ses commentaires sur Job, p. 253. — Son élection malgré son opposition. Son exhortation au peuple romain, attaqué par la peste. Sa profession de foi, sa lettre synodale. Ses plaintes sur son élévation, l. 47, p. 294. — Son *Pastoral*, p. 296. — Il réforme sa maison. Sa charité, p. 298. — Réponse de saint Grégoire aux lettres de saint Léandre, de Licinius et du roi Reccarède. Il force les défenseurs du patrimoine de saint Pierre à l'exactitude, p. 300. — Ses lettres relatives à l'Eglise d'Afrique. Son zèle pour la répression des donatistes et l'affermissement de cette église, p. 302. — Sa lettre à l'impératrice Constantine pour le soulagement de la Sardaigne et de la Corse. Autres démarches du Pape relativement à la Sardaigne. Il écrit à l'évêque Janvier, p. 304. — Sa sollicitude pour la Corse. Ses lettres relatives à la Sicile, p. 306. — Tableau qu'il fait des malheurs de l'Italie, p. 308. — Ses précautions pour les villes d'Italie. Domaine de l'Eglise de Rome sur plusieurs de ces villes, telles que Callipolis, Otrante, p. 310. — *Dialogues* de saint Grégoire, p. 311. — Son zèle pour la paix. Sa justification dans l'affaire de Malchus, p. 312. — Sa lettre à Maurice contre les calomnies de Romanus, p. 313. — Il excommunie un de ses détracteurs à Ravenne. Zèle de Grégoire pour le salut de l'Italie, p. 314. — Son opposition aux prétentions de Jean de Ravenne et leçons qu'il lui donne, p. 315. — Ses conseils à son successeur Marinien, p. 316. — Ses soins pour l'Eglise de Naples, de Milan, p. 317. — Ses lettres aux évêques schismatiques, à Théodelinde et à Constantius, sur l'affaire des trois chapitres. Ses avis à celui-ci. Ses démarches pour faire cesser le schisme d'Istrie, p. 319. — Ses lettres relatives à l'Eglise de Dalmatie. Sa fermeté à l'égard de Maxime de Salone, p. 321. — Ses soins, son zèle dans les affaires des Eglises d'Illyrie, de Thèbes, de Corinthe, de Corfou, p. 324. — Sa vigilance sur l'Eglise de Constantinople et contre les prétentions de Jean le Jeûneur, p. 325. — Il répond à la lettre synodale de Syriaque et s'oppose à ses prétentions. Sa correspondance amicale avec saint Euloge d'Alexandrie, p. 328. — Ses relations avec les autres patriarches, p. 329. — Sa lettre relativement à une ordonnance de l'empereur, p. 335. — Ses lettres de piété à diverses personnes de la cour, p. 336. — Il réunit divers conciles à Rome. Son *Sacramentaire*, p. 337. — Son zèle pour la répression de la superstition. Ses lettres à saint Virgile d'Arles et aux évêques des Gaules, p. 338. — Ses lettres à Childebert et à Brunehaut. Il envoie saint Augustin pour la conversion de l'Angleterre. Lettre qu'il écrit à saint Euloge à l'occasion des succès de saint Augustin, p. 339. — Il envoie saint Laurent pour soutenir saint Augustin en Angleterre, p. 340. — Ses lettres à saint Ethérius de Lyon, saint Didier de Vienne, Sérénus de Marseille, saint Arige de Gap, p. 341. — Son amitié avec ce même saint Arige, p. 342. — Ses lettres à Brunehaut, à Ethelbert, à saint Augustin, p. 343. — Il fait encore partir Mellitus pour l'Angleterre. Il lui écrit pour lui donner sa règle de conduite, p. 345. — Ses démarches pour la convocation d'un concile dans les Gaules, p. 347. — Il confirme les établissements de Brunehaut, p. 348. — Sa lettre à Phocas. Il envoie le diacre Boniface en légation à Constantinople, p. 352. — Ses plaintes contre les empereurs relativement à la simonie. Sa réponse à Théodelinde. Sa mort. Son portrait, ses ouvrages, p. 353.

Grégoire II (saint), pape. Son instruction à l'évêque Martinien, pour la Bavière, t. 4, l. 51, p. 525. — Il ordonne saint Boniface évêque, reçoit son serment et écrit en sa faveur des lettres en France et en Allemagne, p. 540. — Sa réponse décrétale à une consultation du même saint, p. 542. — Il envoie saint Pétronax rétablir le monastère du Mont-Cassin, p. 549. — Il rétablit d'autres monastères et tient un concile, p. 550. — Lettres qu'il écrit en faveur des saintes images à l'empereur et au patriarche de Constantinople. Tentative que fait l'empereur inconoclaste Léon l'Isaurien pour l'assassiner ou le déposer, p. 557. — Effet que cela produit sur les peuples d'Italie. Il a recours à Charles Martel, p. 558. — Lettres remarquables qu'il écrit à Léon l'Isaurien. Ce que le Pape était dès lors en Europe et dans le reste de l'humanité chrétienne, p. 560. — Comment et en quel sens il détacha l'Italie de l'empire de Constantinople, p. 563.

Grégoire III (saint) , pape. Sa réponse à saint Boniface , apôtre de l'Allemagne, t. 4, l. 51, p. 563. — Ses inutiles efforts pour ramener au bon sens l'empereur Léon l'iconoclaste , p. 567. — Lettres honorables qu'il écrit à Charles Martel et à la nation des Francs, p. 568. — Sa mort, p. 569.

Grégoire IV, pape. Son élection, t. 5, l. 55, p. 192. — Il accompagne Lothaire en France pour réconcilier Louis avec ses fils. Il oblige l'abbé Vala de venir le joindre pour profiter de ses conseils, p. 200. — Paroles téméraires des évêques de Louis au Pape. La réponse qu'il fait, p. 201. — Il va auprès du père, puis revient auprès des fils sans avoir pu rétablir la paix, p. 202. — Il s'en retourne à Rome tout triste, et pourquoi, p. 203. — Sa mort, l. 56, p. 223.

Grégoire V, pape, premier Allemand élevé au souverain pontificat. Il couronne Othon III empereur, t. 5, l. 62, p. 546. — Son respect pour saint Nil, p. 548. — Il condamne le mariage illégitime du roi Robert, qui se soumet et répare sa faute, p. 551. — Sa mort, p. 554.

Grégoire VI, pape. Son élection. Il remédie aux maux de l'Eglise, t. 6, l. 63, p. 46. — Son abdication. Comment jugée alors, p. 48.

Grégoire VII , pape. Commencement du cardinal Hildebrand , depuis saint Grégoire VII, t. 6, l. 63, p. 52. — Le cardinal Hildebrand, au nom de l'Eglise romaine , nomme le pape Victor II, l. 64, p. 89. — Légat en France, miracle sur un évêque simoniaque, p. 98. — A Cluny, à Tours, où Bérenger abjure son erreur. Il réforme la discipline en France, p. 99. — Les Romains, d'après l'ordre du Pape défunt , s'en remettent de l'élection au cardinal Hildebrand , qui choisit Nicolas II , p. 109. — Il reçoit les plaintes amicales de saint Pierre Damien contre lui, p. 150. — Décret d'élection du pape Grégoire VII. Ce que disent de lui les plus judicieux historiens du temps, l. 65, p. 159. — Ce que son élection inspire à lui et à d'autres. Elle est ratifiée par le roi de Germanie. Lettre qu'il reçoit de l'abbé Guillaume de Metz. Ses lettres à diverses personnes sur son élection. Ses soins pour délivrer l'Espagne du joug des infidèles, y rétablir la pureté de la foi et la discipline, p. 160. — Sa sollicitude pour les pauvres églises d'Afrique, p. 162. — Sa sollicitude pour l'Eglise de Jérusalem et pour l'Eglise d'Arménie, p. 165. — Il reçoit une lettre de l'empereur Michel Parapinace et forme le projet d'aller au secours des chrétiens d'Orient. Il donne à Démétrius, duc de Croatie, à Michel, prince des Slaves, le titre de roi; ils lui jurent fidélité, p. 166. — Avantages de cet ordre de choses. Le fils de Démétrius, roi des Russes, demande à tenir du Pape le royaume

paternel. Singulières doléances de certains auteurs à cet égard, p. 167. — Son action sur la Pologne. Son action sur la Hongrie défigurée par certains auteurs, p. 168. — Son action sur la Bohême, p. 169. — Lettres du Pape à saint Canut, roi de Danemarck, et à son père, p. 171. — Ses lettres aux rois de Norwége, de Suède et des Visigoths, p. 174. — Ses lettres à Guillaume le Conquérant; réflexion sur un étonnement de ce prince, p. 175. — Sa correspondance avec Lanfranc, p. 176. — Sa sollicitude pour le royaume de France; réflexion à ce sujet, p. 177. — Légation de Hugues de Die en France, p. 177-183. — Méprises de certains auteurs sur les dispositions de Grégoire VII envers la France, p. 185. — Ses rapports avec la Sardaigne, bien mal interprétés par certains auteurs, p. 186. — Le roi de Germanie, Henri IV, lui confesse ses injustices, notamment envers l'Eglise de Milan, p. 187. — Il tâche de calmer les seigneurs allemands et saxons irrités contre Henri IV. Il envoie des légats en Allemagne, qui veulent tenir un concile pour la réforme du clergé; les évêques s'y opposent sous prétexte de la nouveauté du fait. Ancienneté de cette nouveauté, p. 189. — Ses lettres au clergé, aux peuples et aux seigneurs d'Allemagne, pour le maintien et l'exécution de la loi du célibat ecclésiastique, p. 194. — Lettre paternelle au roi Henri IV où il lui communique son dessein d'aller lui-même au secours des chrétiens d'Orient, p. 195. — Concile de Rome, qui renouvelle les canons contre les investitures, p. 196. — Dans le même concile, le Pape excommunie certains conseillers du roi de Germanie; affaires scandaleuses de Bamberg et de Fulde, p. 197. — Conjuration de Guibert et de Cencius contre le pape saint Grégoire VII, p. 198. — Ses lettres à Henri IV sur ses secrètes menées, p. 199. — Sur les plaintes des Saxons, il mande à Henri qu'il ait à se justifier, sous peine d'encourir l'excommunication, p. 201. — Il est déposé dans un conciliabule tenu par Henri. Les évêques simoniaques de Lombardie souscrivent à cet attentat schismatique, p. 202. — Henri engage les Romains à la révolte. Il fait notifier au saint Pape, en plein concile, sa déposition. Les évêques fidèles veulent aussitôt déposer le roi lui-même; mais le saint pape Grégoire VII s'y oppose et renvoie la sentence au lendemain, où cette sentence, vivement demandée, est prononcée en présence de 110 évêques, p. 203. — Le décret du concile est notifié à toute l'Allemagne, par des lettres où le Pape rend compte de la conduite du roi. Caractère de la sentence pontificale, p. 205. — Terribles châtiments que Dieu exerce sur les principaux coupables, dont un grand nombre reviennent à l'obéissance, p. 206. — Lettre du saint Pontife à Herman, évêque de Metz. Observations à cet égard. Grégoire VII ne veut permettre aux Saxons d'élire un nouveau roi que dans le cas où Henri ne voudrait pas revenir à de meilleurs sentiments. Diète générale à Tribur, près de Mayence. On fait signifier à Henri les conditions qu'il doit accomplir s'il veut conserver la couronne. Quelques notes d'un écrivain protestant à ce sujet, p. 207. — Le Pape se met en route pour la diète d'Augsbourg, où cette affaire doit se terminer définitivement; mais, apprenant l'arrivée de Henri en Italie, il se retire au château de Canosse, où il reçoit les rétractations de plusieurs évêques et seigneurs allemands, p. 208. — Henri, craignant de perdre la couronne, vient y demander aussi l'absolution de son excommunication. Le Pape la lui accorde, et prend ensuite la sainte eucharistie en témoignage de la pureté de ses intentions : ce que le roi n'ose faire, p. 213. — Quelques réflexions à ce sujet, p. 214. — Déposition de Johenée de Dol. Divers conciles en France, p. 216. — Le roi Henri, excité par de mauvais conseils, rompt la paix conclue; il essaie même de s'emparer de la personne du Pape, p. 220. — Les légats du Pape à la diète de Porcheim engagent de sa

part les seigneurs allemands à différer l'élection d'un nouveau roi, mais inutilement. Le duc de Souabe Rodolphe est élu. Réflexions d'un auteur contemporain à ce sujet, p. 221. — Les deux rois appellent au Pape, qui leur demande sûreté de part et d'autre pour se rendre à la diète d'Allemagne, où il jugera ce différend, p. 222. — La Corse se met sous la protection de l'Eglise romaine. Lettre du Pape à l'Eglise d'Aquilée, p. 22°. — Henri viole la trève convenue. Le Pape convoque à Rome le concile que les deux princes avaient demandé pour terminer leur différend; mais il n'y veut rien décider avant l'envoi de nouveaux légats sur les lieux, p. 224. — Grégoire VII proscrit avec anathème la coutume barbare de piller les naufragés. L'Italie méridionale est ravagée par les Normands, sous la conduite de Robert Guiscard. Profonde affliction du saint Pontife au milieu de tant de maux, p. 225. — Il appelle près de lui Othon de Cluny, qui sera Urbain II. Dans un nouveau concile de Rome, on arrête une diète générale en Allemagne, du consentement des deux partis, p. 226. — Le Pape excommunie les Normands qui avaient pillé le Mont-Cassin; l'empereur Nicéphore Botoniate, ainsi que Guibert, archevêque de Ravenne, p. 227. — Plaintes des Saxons sur la lenteur du Pape, qui se justifie. Henri ne veut plus avoir recours qu'à la voie des armes. Dans un septième concile tenu à Rome, sur de nouvelles plaintes portées contre lui, le saint pape Grégoire se voit obligé de prononcer contre lui la sentence de déposition, p. 228. — Principaux personnages qui ont secondé le Pape en cette grande affaire, p. 230. — Lettre de direction spirituelle que le saint pape Grégoire VII écrit à la comtesse Mathilde, p. 231. — Conciliabule de Mayence et de Brixen, où Henri fait déposer le pape saint Grégoire VII et élire Guibert, archevêque excommunié et déposé de Ravenne, p. 233. — Lettres de saint Grégoire aux évêques de Calabre et de Pouille au sujet du schisme; et à Herman de Metz sur le pouvoir des Papes à l'égard des rois, p. 234. — Nombreuses méprises de Bossuet au sujet de cette lettre. Quel était et quel est encore le vrai point de la dispute dans cette grande lutte entre l'Eglise de Dieu et ses adversaires, p. 235. — Victoire et mort de Rodolphe de Souabe, p. 239. — Lettre de saint Grégoire à ses légats d'Allemagne à l'occasion de l'élection de Herman de Lorraine. Formule du serment que doit prêter le nouveau roi, p. 240. — Henri vient assiéger Rome à plusieurs reprises. Contre la foi du serment, il fait arrêter plusieurs députés qui se rendaient au concile de Rome, p. 241. — Grandeur d'âme de saint Grégoire, admirée des protestants eux-mêmes. Henri gagne le peuple de Rome et entre dans la ville. Il fait introniser l'antipape Guibert sous le nom de Clément III, et en reçoit la couronne impériale. Saint Grégoire assiégé au château Saint-Ange, p. 243. — Henri se retire à l'approche de Robert Guiscard, p. 244. — Saint Grégoire, délivré, se rend à Salerne, p. 245. — Ses derniers moments. Sa mort. Justice que lui rend un historien protestant, p. 246. — Sa pensée dominante lui survit pour l'accomplissement des grands desseins de la Providence sur les royaumes de ce monde, au-dessus desquels doit s'élever l'Eglise du Christ, selon la prophétie de Daniel à Nabuchodonosor, l. 66, p. 250. — Le pape Benoit XIII ayant ordonné d'insérer l'office de Grégoire dans le Bréviaire comme d'un saint, certains parlements et certains évêques jansénistes de France décrétèrent que Grégoire VII n'était pas saint et qu'on ne devait pas réciter son office, t. 11, l. 88, p. 263.

Grégoire VIII. Son élection. Son zèle pour le recouvrement de la Terre sainte. Ses lettres pleines de cordialité. Il meurt, t. 7, l. 70, p. 478.

Grégoire IX. Son élection, t. 7, l. 73, p. 496. — Les Russes demandent des missionnaires apostoliques pour les instruire. Les Norwégiens soumettent au Pape l'élection de leur roi. Les Poméraniens se placent sous

la protection du Saint-Siége. Ce qui serait arrivé si Frédéric II avait été Charlemagne, p. 504. — Lettres et actes de Grégoire IX pour la croisade, p. 502. — L'empereur Frédéric II, manquant à toutes ses promesses, cause la ruine de la croisade et encourt l'excommunication, que prononce d'ailleurs solennellement Grégoire IX, p. 504. — Guerres des impérialistes contre l'Eglise. Grégoire IX recommande la modération dans la défense, p. 540. — Grégoire IX, en excommuniant de nouveau Frédéric II, délie ses sujets du serment de fidélité. Réconciliation de l'empereur avec le Pape, p. 544. — Lettres de Grégoire IX pour la réforme des monastères, p. 533. — Concile de Londres, tenu par le légat Othon, pour la réforme du clergé. Consultation au Pape. Sa réponse, p. 536. — Le pape Grégoire IX confirme l'Université de Toulouse, p. 542. — Autres actes du Pape et des évêques pour extirper l'hérésie dans le Languedoc, y réformer les mœurs et retenir le comte de Toulouse dans le devoir, p. 543. — Troubles et périls de l'Université de Paris, laquelle se voit protégée, rétablie et réglée par les soins paternels du pape Grégoire IX, p. 544. — Eloge que le Pape fait de l'Eglise de France, p. 545. — Les seigneurs de France se plaignent des évêques au Pape. Réponse remarquable de Grégoire IX, p. 549. — Le pape Grégoire IX parvient à gagner Pierre de Dreux, p. 555. — Il seconde saint Ferdinand, roi de Castille, p. 559. — Lettres de Grégoire IX aux princes mahométans, p. 563. — Grégoire IX établit un évêque à Maroc. Correspondance du patriarche grec Germain et du pape Grégoire sur la réunion, p. 564. — Réponse que le Pape reçoit du patriarche des Arméniens, t. 8, p. 4. — ... Du patriarche des Jacobites, et des chrétiens orientaux et des nestoriens, p. 2. — Les Russes demandent au Pape un légat pour les instruire. Leur duc lui demande le titre de roi. Le Pape envoie des missionnaires chez les Tartares. Leur relation, p. 3-8. — Correspondance amicale de plusieurs sultans avec le Pape, p. 8. — Baudouin II, empereur français de Constantinople; secondé par le Pape, mais contrarié par Frédéric II, p. 42. — Efforts de Grégoire IX pour pacifier l'Occident et procurer des secours à l'Orient, p. 47. — Au lieu de seconder le Pape, Frédéric le traverse, veut se servir de lui pour parvenir à la domination universelle; emprisonne le neveu du roi de Tunis allant à Rome pour recevoir le baptême, p. 49. — Lettre que lui en écrit le Pape, p. 20. — Frédéric corrompt le sénateur ou gouverneur de Rome. Plaintes du Pape. Réponses de l'empereur, p. 23. — Le Pape l'excommunie et délie ses sujets du serment de fidélité, p. 26. — Invectives de Frédéric II contre le Pape. Il demande un concile général, p. 27. — Apologie de Grégoire IX. Impiétés qu'il reproche à Frédéric II. Elles sont attestées par les contemporains, p. 28. — Le Pape fait offrir la royauté d'Allemagne à un frère de saint Louis. Historiette de Matthieu Páris à ce sujet, p. 32. — Grégoire IX convoque le concile général que Frédéric II avait demandé. Vigueur indomptable du pontife centenaire Grégoire IX, p. 37. — Mort du pape Grégoire IX. Sa collection des décrétales par saint Raymond de Pegnafort. Son portrait, p. 44.

Grégoire X (saint). Son origine. Son élection au trône pontifical, t. 8, l. 75, p. 206. — Ambassade de l'empereur de la Chine au Pape et du Pape à l'empereur, p. 207. — Premiers actes du Pape. Convocation du concile de Lyon. Thomas de Léontine nommé patriarche de Constantinople, Mort de Henri, fils de Richard, roi d'Angleterre, p. 208. — Plaintes contre Alphonse, roi de Portugal. Remontrances que lui fait le Pape, p. 209. — Efforts du Pape pour pacifier l'Italie, p. 240. — Mémoire de l'évêque d'Olmütz au Pape sur les choses à réformer dans la chrétienté par le concile général, p. 223. — Autre mémoire de Humbert de Romans, p. 224. — Démarches de l'empereur Michel Paléologue auprès du Pape pour la réunion de l'Eglise

grecque à l'Eglise romaine, p. 229. — Conversion de Veccus, p. 230. — Départ du Pape pour le concile de Lyon, p. 232. — Vie sainte de Grégoire X, p. 234. — Sessions du concile. Constitution sur la tenue du conclave, p. 235. — Clôture et décrets du deuxième concile général de Lyon, p. 238. — Importance du quatrième décret, sur l'incapacité d'un élu à participer à l'administration avant que son élection soit confirmée, p. 238. — Importance du douzième, contre l'extension de la régale, p. 239. — Le Pape approuve l'élection de Rodolphe de Habsbourg et écrit en sa faveur, p. 240. — Avertissements paternels du Pape aux rois de Castille, d'Aragon et de Portugal, p. 241. — Entrevue du pape saint Grégoire X et de Rodolphe de Habsbourg à Lausanne, p. 242. — Derniers actes du Pape. Sa mort, p. 243.

Grégoire XI, pape. Son élection, t. 9, l. 80, p. 9. — Ses efforts souvent heureux pour concilier les différends politiques en Espagne, à Naples, en Allemagne, p. 44. — Grâce à ses soins et au zèle des religieux Franciscains et Dominicains, la religion catholique fait de grands progrès chez les diverses nations slaves, tartares et autres de l'Orient, p. 42. — Nouvelles propositions aux Grecs de se réunir à l'Eglise romaine. Soins de Grégoire XI pour éteindre le schisme grec en Candie. Plusieurs conciles provinciaux sous ce Pape, p. 43. — Arrangement provisoire pour certains bénéfices d'Angleterre, p. 44. — La ville de Florence contre Grégoire XI. Il jette l'interdit sur cette ville, p. 24. — Le peuple de Florence envoie sainte Catherine de Sienne en ambassade au Pape. Grandes vues de sainte Catherine de Sienne pour pacifier la chrétienté, p. 25. — Trois points sur lesquels elle insiste auprès du Pape. Meilleur gouvernement des provinces italiennes. Choix de pasteurs plus dignes. Retour du Pape à Rome, p. 26. — Avertissements prophétiques de sainte Brigitte au pape Grégoire XI, p. 28. — Grégoire XI annonce son prochain retour à Rome et s'y prépare. Conseils que lui donne sainte Catherine de Sienne, p. 30. — Grégoire XI quitte Avignon et arrive à Rome, p. 34. — Il envoie sainte Catherine de Sienne en ambassade aux Florentins, p. 32. — Ses derniers actes et sa mort, p. 33.

Grégoire XII, Ange Corrario, pape romain. Son élection. Ses négociations avec Pierre de Lune, dit Benoît XIII, pour la réunion ne paraissent pas sincères, t. 9, l. 84, p. 82. — Il tient le concile d'Udine, p. 85. — Il autorise le concile de Constance et y abdique par son ambassadeur, p. 404.

Grégoire XIII. Son élection et sa mort, t. 40, l. 86, p. 395. — Il réforme le calendrier, p. 339. — Il publie une nouvelle édition du Martyrologe romain, p. 340. — Il condamne les erreurs de Michel Baïus. Son portrait, d'après le protestant Ranke, p. 447. — Il fonde à Rome le collége grec. Grand nombre de personnages qui sortent de là : archevêques, évêques et savants, p. 44; l. 87, p. 73. — Lettres et ambassade de deux rois et d'un prince chrétiens du Japon au pape Grégoire XIII, t. 40, p. 466.

Grégoire XIV. Son court pontificat, t. 40, l. 86, p. 397. — Il lance un monitoire contre Henri IV, p. 436.

Grégoire XV. Son pontificat. Ses constitutions pour le conclave et pour la Propagande, t. 40, l. 87, p. 459.

Grégoire XVI. Ses deux encycliques sur des matières de doctrine, t. 42, l. 94, p. 434. — Grégoire XVI se plaint au gouvernement prussien d'une convention clandestine et anticanonique touchant les mariages mixtes, p. 454. — Allocutions de Grégoire XVI sur la persécution du gouvernement prussien contre les archevêques de Cologne et de Gnésen, p. 455. — Manifeste du pape Grégoire XVI sur le système de perversion de l'empereur Nicolas vis-à-vis des Polonais et des Russes catholiques, p. 482. — Observations sur un bref aux évêques de Pologne. Exposé que fait le Pape des maux que l'Eglise catholique souffrait en Russie, p.

183. — Le czar, secondé par trois évêques apostats, persécute les populations catholiques avec plus de violences et d'astuce. Constance héroïque de plusieurs de ces populations, p. 184. —Long martyre des religieuses basiliennes, de Minsk et d'ailleurs, sous la conduite de l'abbesse Macrine, p. 186. —Evasion de quatre d'entre elles, en particulier de l'abbesse, qui vient à Paris et à Rome dévoiler les mystères de la persécution moscovite, p. 191. — Grégoire XVI érige un vicariat apostolique au Japon et dans l'archipel de Lieou-Kieou (*note*), t. 11, l. 88, p. 334. — Réforme qu'il accomplit dans ses Etats, t. 12, l. 94, p. 448.

Grégoire Thaumaturge (saint). Sa naissance, t. 2, l. 28, p. 514. — Ses études. Il est introduit par Origène, p. 515. — Intrigues contre Grégoire. Lettre que lui adresse Origène. Son baptême. Sa retraite, p. 516. —Sa vision et son symbole. Sa promotion au siége de Néocésarée. Ses miracles à un temple d'idoles et dans sa ville épiscopale, p. 517. — Nombreuses conversions qu'il opère. Il dessèche un lac, arrête un débordement. Il consacre Alexandre le Charbonnier, évêque de Comane, et punit la tromperie de deux juifs, p. 518. — Délivrance miraculeuse de saint Grégoire Thaumaturge, p. 522. —Son retour à Néocésarée. Conversion qu'il opère. Il fait cesser la peste, p. 542. — Différence de conduite des chrétiens et des païens dans une peste qui ravage l'empire, p. 543. — Canons pénitentiaux de saint Grégoire Thaumaturge, p. 564. — Mort de Grégoire Thaumaturge. Ses sermons et ses anathèmes, p. 569.

Grégoire (saint), évêque de Nazianze, père de saint Grégoire de Nazianze. Sa conversion. Ses vertus. Son élévation à l'épiscopat, t. 3, l. 33, p. 454. — Il ordonne son fils Grégoire malgré lui. Sa fermeté touchant l'ordination d'Eusèbe, l. 34, p. 497. — Sa lettre à l'empereur. Son courage en défendant son Eglise contre Julien. Ses austérités, p. 498.

Grégoire de Nazianze (saint), docteur de l'Eglise. Sa famille. Sa vision. Ses premières études, t. 3, l. 33, p. 454. — Grégoire en Palestine, puis à Athènes. Il essuie en route une tempête, p. 155. — Sa sainte amitié avec saint Basile. Leur éloignement d'un de leur condisciple, Julien, depuis l'Apostat, p. 456. — Leur retour en Cappadoce, p. 157. — Correspondance enjouée des deux amis sur la solitude de Basile, p. 491. — Ils composent ensemble la *Philocalie* ou recueil des plus beaux endroits d'Origène, et sont ordonnés prêtres l'un et l'autre, p. 497. — Les deux discours de saint Grégoire contre Julien l'Apostat, l. 35, p. 218. — Epreuves de saint Grégoire sous l'empereur Valens, p. 230. — Saint Grégoire fait évêque de Sasime par saint Basile, p. 241. — Promotion de saint Grégoire de Nazianze à l'archevêché de Constantinople. Haine et violence des Ariens contre lui. Sa manière de vivre. Triomphe de son éloquence, p. 267. — Impostures et ordinations frauduleuses du cynique Maxime. Humilité de saint Grégoire. Fuite de Maxime. Triomphe de Théodose. Fuite de l'évêque arien de Constantinople, et installation de saint Grégoire à Sainte-Sophie, p. 274. — Concile de Constantinople. Principaux évêques qui y assistèrent. Indignité de la plupart des autres. Condamnation de Maxime. Election de saint Grégoire, p. 275. — Mort et funérailles de saint Mélèce. Election de Flavien d'Antioche, malgré les remontrances de saint Grégoire, p. 276. — Division des Egyptiens et des Orientaux. Démission de saint Grégoire. Son discours d'adieu, p. 277. — Eloignement de saint Martin et de saint Grégoire pour les conciles. Retraite, austérité et poésies de saint Grégoire. Sa lettre contre les Apollinaristes, p. 285. — Election d'Eulalius au siége de Nazianze. Lettre de saint Grégoire de Nazianze à saint Grégoire de Nysse à ce sujet, p. 286. — Poésies et mort de saint Grégoire de Nazianze, l. 37, p. 351.

Grégoire de Nysse (saint). Sa famille, t. 3, l. 33, p. 455. — Sa visite à sainte Macrine, sa sœur, l. 36, p. 266. — Lettre que lui écrit saint Grégoire de Nazianze, p. 285. — Sa mort, l. 37, p. 351. — Ce qu'il dit de saint Pierre, t. 10, l. 85, p. 469.

Grégoire de Tours (saint). Sa famille. Ses études. Sa guérison miraculeuse. Son ordination. Son pèlerinage au tombeau de saint Martin. Sa guérison. Son élection à Tours. Il guérit de nouveau d'une maladie par la puissance de saint Martin, t. 4, l. 46, p. 278. — Sa fermeté contre Chilpéric. Il menace Ruccolin, qui est puni, p. 279. — Sa fermeté dans l'affaire de Prétextat. Il excommunie son calomniateur Leudaste, p. 280. — Il convertit Agilane, p. 281. — Ses ouvrages. Jugement de son histoire des Francs, p. 282. — De sa prétendue crédulité, p. 284. — Grégoire de Tours et les historiens des beaux siècles de la littérature, l. 43, p. 114.

Grégoire de Langres (saint), t. 4, l. 43, p. 131.

Grégoire d'Agrigente (saint), t. 4, l. 47, p. 308.

Grégoire d'Utrecht (saint), disciple de saint Boniface, t. 5, l. 54, p. 100.

Grégoire Celli (le bienheureux), t. 8, l. 76, p. 322.

Grégoire, év. intrus d'Alexandrie, t. 3, l. 32, p. 116.

Grégoire, évêque de Constantinople. Son élection, t. 8, l. 76, p. 273. — Ecrit contre Jean Veccus et en reçoit une réponse, p. 279. — Donne sa démission, p. 280.

Grégoire, protosyncelle. Ses écrits contre Marc d'Ephèse, t. 9, l. 83, p. 309. — Devenu patriarche de Constantinople, il se retire à Rome, p. 312.

Grégoire de Rimini, écriv. d'Italie, t. 8, l. 79, p. 518.

Grégoire (Henri), curé d'Embermesnil, porte-étendard du schisme à l'Assemblée nationale, évêque civilement constitutionnel de Loir-et-Cher, accusateur de Louis XVI, qu'il condamne sans appel au peuple, t. 11, l. 90, p. 532 et seqq.

Gretzer, savant Jésuite. Ses controverses, t. 11, l. 88, p. 299.

Griffet, Jésuite, t. 11, l. 89, p. 481.

Grimaldi, Jésuite, t. 11, l. 88, p. 293.

Grimlaïc, prêtre. Sa règle des solitaires, t. 5, l. 59, p. 399.

Groenland ou Amérique septentrionale, connu dès Charlemagne et Louis le Débonnaire, faisait partie de la mission de saint Anscaire, archevêque de Hambourg et légat apostolique dans la Scandinavie, t. 5, l. 55, p. 490.— Dans une bulle de 1056, le pape Victor II compte le Groënland ou Amérique septentrionale parmi les pays chrétiens confiés à l'archevêque de Hambourg, alors Adalbert, l. 64, p. 104. — Des députés du Groënland venaient demander des missionnaires à cet archevêque, et il leur en envoyait, p. 420.

Gropper. Comment il s'efforce de conserver la foi dans l'archevêché de Cologne. Il est appelé à rédiger l'*Interim* de Charles-Quint, t. 10, l. 86, p. 483.

Grotius. Ses doctrines modérées et même catholiques, t. 11, l. 87, p. 62. — Ses ouvrages de controverse, l. 88, p. 298.

Grandier (Urbain). Affaire de Loudun, t. 10, l. 87, p. 600.

Gualbert (saint), fondateur de Vallombreuse. Son zèle contre la simonie et les simoniaques, notamment l'évêque simoniaque de Florence, t. 6, l. 64, p. 126.

Guatimozin, reconnu empereur par les Mexicains, mais vaincu par Fernand Cortez, t. 10, l. 85, p. 240.

Guébéhard (saint), archevêque de Salzbourg, t. 6, l. 64, p. 448, l. 66, p. 287.

Guelfe, duc de Bavière, défenseur du Saint-Siége, t. 6, l. 66, p. 286.

Guénard, Jésuite, t. 11, l. 89, p. 482.

Guénée (l'abbé). Ses écrits, t. 11, l. 89, p. 500.

Guerchin, peintre italien, t. 11, l. 88, p. 430.

Guérin (saint), frère de saint Léger, t. 4, l. 50, p. 479.

Guhsciatazades (saint), martyr de Perse. Son apostasie. Son repentir. Sa fermeté. Son martyre, t. 3, l. 32, p. 137.

Gui d'Arrezzo, inventeur de la gamme musicale, t. 6, l. 63, p. 24.

Gui de Crême, antipape sous le nom de Pascal III, t. 7, l. 69, p. 82. — Sa mort, p. 88.

Gui, duc de Spolète, couronné empereur par le pape Etienne V, t. 5, l. 59, p. 397.

Gui de Lusignan, roi de Jérusalem, t. 7, l. 70, p. 474 et seqq. — Devient roi de Chypre, p. 200.

Guibert de Gemblours (saint), t. 5, l. 60, p. 441.

Guibert, archevêque de Ravenne. Il conspire contre le pape saint Grégoire VII, t. 6, l. 65. p. 198. — Il est excommunié, p. 227. — Les schismatiques en font un antipape, p. 233. — Il est intronisé par l'empereur excommunié et déposé, Henry IV, qui reçoit la couronne de sa main, p. 243. — Conciliabule de Mayence, p. 246. — Guibert, maître d'une partie de Rome, l. 66, p. 252. — Ecrit adressé à Guibert par saint Anselme de Lucques pour le ramener à l'unité, p. 259. — Guibert chassé de Rome, p. 287. — Sa mort, p. 352.

Guichardin (François), t. 7, l. 83, p. 370.

Guido René, ou Le Guide, peintre, t. 11, l. 88, p. 129.

Guigues rédige les usages des Chartreux, t. 6, l. 67, p. 390.

Guillaume du Désert (saint). Guillaume, duc d'Aquitaine, quitte le monde et la cour de Charlemagne, son ami, et devient le moine saint Guillaume du Désert, t. 5, l. 54, p. 107.

Guillaume (saint), abbé en Danemarck, t. 7, l. 69, p. 134.

Guillaume (saint) et son fils saint Pérégrin d'Antioche, t. 7, l. 69, p. 210.

Guillaume (saint), évêque de Bourges, t. 7, l. 74, p. 305.

Guillaume (saint), évêque de Saint-Brieuc, t. 7, l. 73, p. 554.

Guillaume de Hirsau (bienheureux) institue les frères Convers et les Oblats. Sa grande charité, t. 6, l. 66, p. 289.

Guillaume (l'abbé) de Metz. Sa lettre au nouveau pape Grégoire VII, t. 6, l. 66; p. 160.

Guillaume de Champeaux, t. 6, l. 66, p. 278.

Guillaume, évêque de Worchester, t. 7, l. 73, p. 538.

Guillaume de Champagne, archevêque de Reims, t. 7, l. 69, p. 448.

Guillaume, docteur de Paris, nommé archevêque de Péking par le pape Urbain V, t. 8, l. 79, p. 596.

Guillaume V, duc d'Aquitaine. Ses vertus, t. 6, l. 62, p. 1.

Guillaume, duc d'Aquitaine. Sa conversion. Sa pénitence. Sa fin édifiante, t. 6, l. 68, p. 489.

Guillaume de Hollande part pour la Terre sainte avec plusieurs autres croisés d'Allemagne. Ils font une importante conquête en Portugal sur les Mahométans d'Espagne, t. 7, l. 72, p. 401.

Guillaume le Bon, roi de Sicile, t. 7, l. 70, p. 178.

Guillaume le Mauvais, roi de Sicile, t. 7, l. 69, p. 28.

Guillaume le Conquérant, duc de Normandie, puis roi d'Angleterre. Excommunication de Guillaume, duc de Normandie, pour son mariage avec sa parente. Lanfranc, prieur du Bec, lui obtient dispense du Pape, t. 6, l. 64, p. 446. — Guerre entre l'Anglais Harold et le Normand Guillaume pour la succession d'Angleterre, p. 134. — Lettres du pape saint Grégoire au roi d'Angleterre, Guillaume le Conquérant. Réflexions sur un étonnement de ce prince, p. 175. — Caractère de Guillaume le Conquérant. Sa dernière guerre. Sa dernière maladie. Sa mort. Ses funérailles, t. 11, l. 66, p. 265.

Guillaume le Roux, roi d'Angleterre, remporte une victoire sur Malcolm, roi d'Ecosse, t. 6, l. 66, p. 264. — Sa rapacité, cause de la longue vacance du siége de Cantorbéry, p. 268. — Saint Anselme y ayant été nommé, Guillaume lui suscite des querelles de Normand. Conduite des évêques et des seigneurs d'Angleterre, p. 274. — Réconciliation entre le roi et l'archevêque, p. 273. — Nouvelles prétentions de Guillaume le Roux contre saint Anselme, p. 338. — Il essaie de se justifier auprès du Pape, p. 342. — Sa mort, p. 343.

Guillaume de Nogaret, accusateur et persécuteur du pape Boniface VIII, t. 8, l. 77, p. 389.

Guillotin, t. 11, l. 89, p. 477.

Guiscard (Robert). Il se rend vassal de l'Eglise romaine, t. 6, l. 64, p. 144. — Origine du royaume de Naples, p. 115. — Sous la conduite de Robert Guiscard, les Normands désolent l'Italie méridionale, l. 65, p. 225. — Grégoire VII excommunie les Normands qui avaient pillé le Mont-Cassin, p. 227. — Réconciliation de Robert Guiscard, p. 231. — Robert Guiscard délivre le pape saint Grégoire VII, p. 245.

Guitmond. Son traité contre les erreurs de Bérenger, t. 6, l. 64, p. 144.

Guizot. Son jugement sur la politique de Pie IX, t. 12, l. 92, p. 250.

Gunther (saint), ermite, t. 6, l. 63, p. 30.

Gunther. La congrégation de l'Index condamne ses ouvrages; il se soumet à sa sentence, t. 12, l. 92, p. 329.

Gustave-Adolphe, roi de Suède, appelé à leur secours par les protestants d'Allemagne. Ses exploits. Sa mort, t. 11, l. 87, p. 54.

Guttemberg, Fust et Schœffer inventent l'imprimerie, t. 9, l. 83, p. 284.

Guy (le bienheureux), t. 8, l. 75, p. 215.

Guyon (madame), t. 11, l. 88, p. 202 et seqq.

H

Habacuc, le prophète. Ses prophéties menaçantes contre Juda et ses vainqueurs, t. 4, l. 47, p. 404.

Habert (Isaac) est le premier à s'élever publiquement contre l'hérésie du jansénisme, t. 11, l. 87, p. 9.

Habert (Louis). Sa théologie, t. 11, l. 88, p. 464.

Halinard, archevêque de Lyon. Les Romains le demandent pour Pape, t. 6, l. 63, p. 51.

Haller (Charles-Louis de), patricien de Berne. Sa conversion. Ses écrits, t. 12, l. 91 p. 86.

Hallier, docteur en théologie, t. 11, l. 88, p. 451.

Hamann, savant prussien converti au catholicisme, t. 11, l. 89, p. 358.

Hanani. Violences du roi Aza contre ce prophète, t. 1, l. 14, p. 339.

Hananias, faux prophète. Ses impostures et sa mort, t. 4, l. 17, p. 412.

Hardouin, Jésuite. Ses œuvres. Son érudition. Jugement qu'en porte le Jésuite Feller, t. 11, l. 88, p. 133.

Harlay, archevêque de Paris. Examen de la doctrine de madame Guyon, t. 11, l. 88, p. 204.

Harold, compétiteur de Guillaume le Conquérant pour le trône d'Angleterre, t. 6, l. 64, p. 134.

Hartwic, archevêque de Brême, rétablit les évêchés ruinés par les Barbares, t. 6, l. 68, p. 562.

Hauranne (Jean du Verger de), auteur de l'hérésie jansénienne. Cet hérésiarque découvre le fond de son cœur à saint Vincent de Paul, croyant le séduire. Conduite du saint à son égard, t. 11, l. 87, p. 1. — Notice sur sa vie. Ses liaisons avec Jansénius, la famille Arnauld et Port-Royal. Son livre De la Question royale. Ses lettres, p. 3. — Il renouvelle la doctrine de Luther, Calvin, Wicleff, Jean Hus, Richer et Antoine de Domi-

nis. Portrait qu'un magistrat contemporain nous fait de la secte jansénienne, p. 4. — Il compose, pour éloigner les fidèles de la sainte communion, *Le Chapelet secret du Saint-Sacrement*. Echantillon de sa doctrine et de son style, p. 7.

Haüy (l'abbé), savant minéralogiste, t. 11, l. 90, p. 548.

Haydn, musicien d'Allemagne. Sa biographie. Ses compositions, t. 11, l. 89, p. 357.

Haye (de la) ambassadeur de Louis XIV à Constantinople. Outrages qu'il endure sans que Louis XIV en exige aucune réparation, t. 11, l. 88, p. 233.

Hayer (Hubert), Récollet, auteur de plusieurs ouvrages estimés, t. 11, l. 89, p. 482.

Hayton. Histoire d'Orient par l'Arménien Hayton, t. 8, l. 77, p. 369.

Hazael, roi de Syrie. Prédictions d'Elisée à son égard, t. 4, l. 14, p. 348. — Il ravage le royaume d'Israël, p. 350; — et celui de Juda, p. 351.

Hébert, supérieur des Eudistes, t. 11, l. 90, p. 544.

Hedwige (sainte), duchesse de Pologne, t. 7, l. 72, p. 473.

Hégésippe (saint) à Rome. Ses ouvrages, t. 2, l. 27, p. 400.

Hieton, évêque de Bâle, t. 5, l. 55, p. 482.

Hélène (sainte), mère de Constantin. Sa piété. Son pèlerinage aux saints lieux. Elle fait abattre un temple et une idole de Vénus. Invention de la Sainte-Croix. Elle fonde l'église du Saint-Sépulcre, ainsi que celle de l'Ascension. Sa mort, t. 3, l. 31, p. 102.

Héli, le grand-prêtre. Sa judicature, t. 4, l. 10, p. 253. — Mauvaise conduite de ses fils. Sa faiblesse à leur égard. Vision de Samuël à ce sujet. Résignation d'Héli. Défaite d'Israël par les Philistins. Mort des enfants d'Héli, de leur père et de la femme de Phinées. Qualités et défauts d'Héli, p. 254.

Héliodore, ministre du roi de Syrie. Son sacrilége et sa punition, t. 2, l. 21, p. 75.

Héliogabale, empereur, t. 2, l. 28, p. 248.

Helmstadt. Université protestante remarquable par ses opinions modérées, t. 11, l. 87, p. 61. — Sa décision favorable au catholicisme, p. 63.

Henri Ier, roi de France. Son inconséquence vis à vis du pape saint Léon IX, t. 6, l. 63, p. 57. — Sa mort, l. 64, p. 117.

Henri II, roi de France. Politique peu honorable, t. 10, l. 85, p. 203. — Politique peu française et peu franche du roi Henri II envers le concile de Trente et le Pape, p. 224. — Sa mort, p. 254.

Henri III, roi de France. Son caractère, t. 10, l. 86, p. 426. — Il se rend méprisable par ses goûts frivoles et son inconduite, p. 427. — Il fait assassiner aux Etats de Blois le duc Henri de Guise et le cardinal de Lorraine, p. 430. — La Sorbonne et le parlement de Paris prononcent sa déchéance. Il s'aliène de plus en plus la confiance des Français fidèles. A la veille de livrer un assaut général à la ville de Paris, il est tué par Jacques Clément, p. 431.

Henri IV, roi de France. Il intercepte une lettre qu'un ministre de Genève écrivait à un calviniste de Paris, t. 10, l. 85, p. 172. — Son caractère, l. 86, p. 426. — Il abandonne le catholicisme, reste quelque temps sans aucune religion, puis redevient huguenot, p. 427. — Il change de principes politiques, et adopte l'absolutisme anglican lorsqu'il est devenu plus proche héritier de Henri III, p. 428. — Il est excommunié comme hérétique par le pape Sixte-Quint, p. 429. — Ses engagements et ses promesses, lorsqu'il voit les seigneurs de la cour et de l'armée disposés à mourir plutôt que de reconnaître un roi huguenot, p. 433. — Il est sur le point d'être pris par le duc de Mayenne. Ses guerres contre le duc de Mayenne. Il assiége Paris, saccage les faubourgs, est repoussé plusieurs fois, et obligé par le duc de Parme à lever le siége, p. 434. — Ses négociations secrètes.

Il est obligé de lever le siége de Rouen, p. 436. — Il fait profession de la foi catholique à Saint-Denys. Fin de sa lutte contre la France, p. 437. — Ses négociations avec le Pape pour obtenir la ratification de son absolution provisionnelle, p. 438. — Exécution de Barrière, accusé, et de Jean Chastel, convaincu d'avoir voulu assassiner Henri IV, p. 439. — Il est reçu solennellement au sein de l'Eglise, par le pape Clément VIII, en la personne de ses plénipotentiaires d'Ossat et du Perron, p. 440. — Ce qui lui manquait pour régénérer la France. A qui cette œuvre est réservée, p. 441. — Sa politique. Sa conduite, l. 87, p. 591. — Sa piété personnelle. Ce que saint François de Sales pensait de la vocation providentielle de ce prince et de sa mort. Ce qu'il eût fait avec la politique de Charlemagne et de saint Louis, p. 594. — Ce prince fait l'apologie des Jésuites. Il en choisit un des plus distingués, le Père Coton, pour confesseur, t. 11, p. 30.

Henri Ier, roi d'Angleterre. Il rappelle saint Anselme, et veut ensuite le forcer à recevoir de lui l'investiture de son archevêché, t. 6, l. 66, p. 343. — Robert de Normandie se désiste de ses prétentions à la couronne d'Angleterre, p. 345. — Arrangement définitif avec saint Anselme, p. 346. — Son entrevue avec le Pape à Gisors. Déférence de Henri pour Calixte II. Sa réconciliation avec le roi de France par l'entremise du Pape, l. 67, p. 426. — Mort de Henri Ier d'Angleterre. Jugement sur ce prince. Ses exactions, sa perfidie et sa violence. Ce qu'il faut penser de sa tempérance et de sa chasteté, l. 68, p. 492.

Henri II, roi d'Angleterre, écrit au pape Adrien IV, Anglais de naissance, t. 7, l. 69, p. 13. — Henri II demande et le Pape lui accorde l'autorisation de conquérir l'Irlande, p. 15. — Relations assez singulières entre les cours d'Angleterre et de France, p. 17. — Le roi d'Angleterre rend en personne les plus grands honneurs au pape Alexandre III, p. 72. — Différend du roi d'Angleterre avec saint Thomas de Cantorbéry, au sujet des coutumes royales, p. 88. — Caractère violent et artificieux du roi Henri II. Le roi fait citer l'archevêque à Northampton, p. 90. — Persécutions du roi d'Angleterre contre tous les parents et amis du saint archevêque, p. 91. — Mesures violentes et astucieuses du roi d'Angleterre pour intimider le pape Alexandre III, qui n'en est que plus ferme, p. 95. — Le roi, qui avait défendu l'appellation au Pape, appelle lui-même au Pape contre l'archevêque, p. 96. — Le roi d'Angleterre menace l'ordre de Citeaux, qui n'ose plus continuer l'hospitalité au saint archevêque, p. 97. — Conférence des rois d'Angleterre et de France et du saint archevêque de Cantorbéry dans le Maine, p. 99. — Le roi d'Angleterre agit contre saint Thomas auprès des Italiens. Le roi d'Angleterre reçoit deux nonces du Pape. Leur belle conduite, p. 101. — Violences du roi d'Angleterre. Le roi Henri affecte quelque velléité de se réconcilier avec l'archevêque, p. 102. — Le roi d'Angleterre est pressé par Alexandre III d'accomplir ses promesses, p. 103. — Le roi d'Angleterre fait sacrer son fils par l'archevêque d'York, contre le droit de l'archevêque de Cantorbéry, et malgré la défense du Pape. Réconciliation du roi et de l'archevêque de Cantorbéry, p. 104. — Conduite peu honorable de l'archevêque d'York et des officiers du roi. Conduite bien différente du peuple, p. 108. — Efforts du roi pour se disculper du meurtre de saint Thomas, p. 110. — L'évêque de Winchester, sur son lit de mort, prédit de grandes calamités au roi, qui passe en Irlande, où se tient un concile, p. 112. — Le roi Henri II reçoit l'absolution des légats, et jure avec son fils de tenir du Pape le royaume d'Angleterre, p. 113. — Les fils de Henri II se révoltent contre leur père, qui en écrit au Pape comme à son suzerain, p. 115. — Pénitence de Henri II au tombeau de saint Thomas de Cantorbéry. Il en est merveilleusement récompensé, p. 117. — Les envoyés des chrétiens de la Palestine auprès de Henri II,

p. 174. — Les rois de France et d'Angleterre se réconcilient et prennent la croix, p. 180. — La guerre éclate de nouveau entre les rois d'Angleterre et de France. Le fils aîné du premier meurt. Henri II, obligé de combattre son second fils Richard, se voit abandonné des siens et forcé de subir toutes les conditions du roi de France. Il meurt après avoir maudit ses fils, et trouve à peine qui veuille l'enterrer, p. 181.

Henri III, roi d'Angleterre. Il succède, âgé de neuf ans, à Jean Sans-Terre, son père, triomphe des barons rebelles et de Louis de France, par son innocence et la protection du Saint-Siége. Paix qu'il fait avec le roi de France. Soins paternels du pape Honorius III pour lui, t. 7, l. 72, p. 397. — Son caractère, l. 73, p. 534. — Son dévouement pour la cause de l'Eglise, t. 8, p. 31. — Paix et amitié chrétienne avec le roi saint Louis de France, l. 74, p. 132. — Relations amicales avec le Saint-Siége. Lutte entre Henri III et ses barons. Elle se termine à l'avantage du roi. Lettre paternelle du Pape au prince royal pour le porter à la clémence. Heureux effets de la lettre, p. 167. — Mort du roi, l. 75, p. 208.

Henri IV, roi d'Angleterre, détrône son prédécesseur Richard II, le fait mourir de faim, et, après un règne plein de troubles et de révolte, meurt lui-même frappé de Dieu, t. 9, l. 84, p. 54.

Henri V, roi d'Angleterre, étouffe une nouvelle insurrection des Lollards, t. 9, l. 84, p. 55. — Il gagne la bataille d'Azincourt, se voit maître de la France et de l'Angleterre, et meurt dans la force de l'âge, p. 56.

Henri VI, roi d'Angleterre. Depuis le supplice de Jeanne d'Arc, les Plantagenet d'Anjou, rois d'Angleterre, divisés en deux branches, se font l'une à l'autre une guerre d'extermination, t. 9, l. 83, p. 343.

Henri VII. Avénement des Tudor. Règne de Henri VII, t. 9, l. 83, p. 346.

Henri VIII, n'étant que prince royal, épouse, avec dispense du Pape, Catherine d'Aragon, t. 9, l. 83, p. 422. — Commencements de son règne, p. 346. — Il fait alliance avec le Pape, p. 427. — Il réfute très-solidement les blasphèmes de Luther et fait hommage de son travail au Pape, l. 84, p. 579-584. — Il écrit aux princes d'Allemagne sur les emportements de Luther, t. 10, p. 73. — Il répond à Luther par une réfutation solide des principales erreurs et assertions de cet hérésiarque, p. 75. — Dominé par sa passion, il cherche à faire rompre son mariage avec Catherine d'Aragon pour épouser Anne de Boulen. Circonstances inconnues du temps de Bossuet, p. 77. — Il sollicite des réponses favorables dans les universités. Désespérant de pouvoir vaincre les difficultés, il est tiré d'embarras par Thomas Cromwell, qui lui propose de se déclarer chef de l'Eglise en Angleterre. Quel était ce patriarche de l'Eglise anglicane, p. 80. — Henri épouse secrètement Anne, assurant au prêtre que le Pape venait de prononcer en sa faveur, p. 82. — Martyre de plusieurs Chartreux. Henri VIII, roi-pape d'Angleterre, déclare le laïque Thomas Cromwell son vicaire général. Avilissement du clergé anglais et du parlement, p. 85. — Moyens qu'ils emploient tous deux pour voler les couvents anglais. Suites. Ce que c'est que le paupérisme, p. 86. — Ménage du premier pape anglican, p. 89. — Fin d'Anne de Boulen. Henri épouse une troisième femme qui lui donne un fils en mourant ; en conséquence, il déclare illégitimes ses deux filles Marie et Elisabeth, p. 90. — Il fait périr du dernier supplice la comtesse de Salisbury, mère du cardinal Polus. Henri épouse Anne de Clèves, la répudie et se marie ensuite avec Catherine Howard. Il réglemente la foi des Anglais, et fait périr tous ceux qui ne croient pas à son infaillibilité, p. 91. — Il intente un procès à saint Thomas de Cantorbéry pour s'emparer des richesses de son église et de son tombeau, p. 92. — Il coupe la tête à une cinquième femme et en épouse une autre qui faillit avoir le même sort. Sa mort. Tableau de son règne et de ses dernières années, par Cobbet et Lingard, p. 93. — Le jugement que porte sur lui le protestant Cobbet, l. 85, p. 204.

Henri Ier ou l'Oiseleur, roi de Germanie, désigné par le roi Conrad, dont il était l'ennemi, t. 5, l. 59, p. 425. — Son épouse, sainte Mathilde, p. 426. — Gouvernement de Henri l'Oiseleur. Ses victoires contre les Hongrois. Son zèle pour la conversion des infidèles. Sa mort, l. 60, p. 452.

Henri II (saint), roi de Germanie, t. 5, l. 62, p. 559. — Ses vertus et ses exploits, t. 6, p. 8. — Il est couronné empereur par le pape Benoit VIII, p. 14. — Il érige un évêché à Bamberg, qu'il soumet immédiatement à l'Eglise romaine, p. 40. — Il renouvelle le diplôme d'Othon Ier en faveur des domaines temporels de l'Eglise romaine. Il passe à Cluny, fait vœu d'obéissance entre les mains du bienheureux Richard de Verdun, qui lui ordonne de continuer à gouverner l'empire, p. 44. — Son entrevue avec saint Héribert de Cologne. Sa dernière expédition en Italie, p. 46. — A la demande du Pape, saint Henri transforme des canons de divers conciles en lois civiles de l'empire, p. 47. — Entrevue cordiale de l'empereur saint Henri et du roi Robert de France, p. 48. — Mort de l'empereur saint Henri après une dernière entrevue avec Robert, p. 49.

Henri III ou le Noir. Son élection, t. 6, l. 63, p. 46. — Son couronnement comme empereur par le pape Clément II, p. 49. — Sa mort, l. 64, p. 103.

Henri IV, roi de Germanie. Faute que commettent les électeurs en l'élisant. Situation de l'empire. Victor II lui réconcilie plusieurs seigneurs, t. 6, l. 64, p. 103. — Ce qui aurait pu arriver dès lors si les rois de Germanie avaient eu l'esprit et le zèle de Charlemagne, p. 120. — Imprudence d'avoir choisi un enfant pour roi de Germanie : ferments de discorde, p. 121. — Désordres et violences dans les Eglises d'Allemagne, p. 122. — La cour de Germanie fait un antipape, Cadaloüs de Parme, p. 123. — Condamné à Osbor, p. 124. — Lettre de saint Pierre Damien à Henri IV touchant Cadaloüs, p. 149. — Divers événements à la cour de Germanie, p. 150. — Fin du schisme. Vices de Henri IV. Il veut répudier sa femme, p. 151. — Saint Pierre Damien envoyé légat à ce sujet. Le roi obligé de garder sa femme malgré lui. Retraite de l'impératrice Agnès. Affaires épiscopales de Bamberg et de Constance, p. 152. — Mort d'Adalbert, archevêque de Brême, p. 154. — Fermentation en Allemagne causée par les violences et les injustices du roi. Ce que devenaient les évêchés et les abbayes entre les mains de ce prince. Annon de Cologne se retire de la cour. Le roi s'abandonne à tous ses mauvais penchants, p. 156. — Plaintes au Saint-Siége contre Henri IV. Le roi cité à Rome pour donner satisfaction. Mort d'Alexandre II, p. 158. — Il ratifie l'élection de Grégoire VII, l. 65, p. 159. — Il confesse à saint Grégoire ses injustices, p. 187. — Les seigneurs allemands et saxons, irrités de ses vexations, veulent élire Rodolphe de Souabe. Saint Grégoire tâche de les calmer, promettant de leur faire rendre justice, p. 188. — Lettres paternelles qu'il reçoit de Grégoire VII, p. 195. — Concile de Rome où le Pape excommunie certains conseillers du roi de Germanie, p. 197. — Henri, dans le temps même qu'il complote contre Grégoire (par Guibert et Cencius), lui écrit des lettres amicales et use cruellement de sa victoire sur les Saxons, p. 199. — Henri assemble un conciliabule où il dépose Grégoire VII, p. 202. — Il engage les Romains à la sédition, est excommunié lui-même, p. 203. — Henri abandonné, p. 207. — Il va en Italie, à Canosse, p. 212. — Il est absous. Il rompt la paix conclue, p. 220. — Election de Rodolphe de Souabe, p. 221. — Les deux rois appellent au Pape, p. 222. — Henri viole la trève convenue. Nouvelles négociations, p. 224. — Henri ne veut plus avoir recours qu'à la voie des armes. Saint Grégoire prononce contre lui la sentence

de déposition, p. 228. — Grande colère de Henri. Il assemble un conciliabule à Mayence, puis un second à Brixen, où il fait déposer le pape saint Grégoire VII par quelques évêques simoniaques et fait élire Guibert, archevêque excommunié et déposé de Ravenne, p. 233. — Henri est vaincu dans une grande bataille par Rodolphe, qui est blessé mortellement et meurt, p. 239. — On élit pour son successeur Herman de Lorraine, comte de Luxembourg, p. 240. — Henri vient assiéger Rome à différentes reprises. Contre la foi du serment, il fait arrêter plusieurs députés qui se rendaient au concile de Rome, p. 244. — Henri gagne le peuple de Rome et entre dans la ville. Il fait introniser Guibert (Clément III) et en reçoit la couronne impériale. Il assiége saint Grégoire au château Saint-Ange. Henri se retire à l'approche de Robert Guiscard, p. 244. — Mort de saint Grégoire à Salerne, p. 246. — Election de Victor III, l. 66, p. 252. — L'ex-roi Henri persiste dans son obstination ; Urbain II, p. 253. — Les schismatiques détournent Henri d'un accommodement, p. 286. — Les schismatiques reprennent les armes. Henri attaque le duc Guelphe, époux de Mathilde, p. 288. — Conduite scandaleuse et cruelle de Henri à l'égard de ses deux épouses, Berthe et Adélaïde. Il chasse son fils Conrad. Quelle idée on avait partout de Henri, p. 295. — Assemblée d'Ulm et concile de Constance. Toute l'Allemagne est frappée d'une grande mortalité qui produit d'excellents effets spirituels, p. 297. — Pascal II, p. 342. — Obstination de Henri IV. Mort de Guibert, du jeune Conrad, p. 351. — Couronnement de Henri V, p. 354. — Lettre de Henri IV au Pape. Assemblée de Mayence. Henri IV y renonce à l'empire. Députation envoyée au Pape, p. 355. — Henri IV se repent de son repentir, p. 356. — Sa lettre à son fils. Manifeste du jeune roi et des seigneurs. Le vieux Henri appelle au pape Pascal II. Il meurt à Liége, p. 358. — Joie universelle de sa mort chez les catholiques, p. 359.

HENRI V, de Germanie. Il est couronné. Il revient à l'obédience du Pape. Concile en Thuringe. Ses efforts pour ramener son père à l'unité, t. 6, l. 66, p. 354. — Henri IV renonce à l'empire, p. 355. — Lettre de Henri IV à son fils. Manifeste du jeune roi et des seigneurs. Le vieux Henri en appelle à Pascal II. Sa mort, p. 358. — Henri V d'Allemagne. Ses prétentions au sujet des investitures, l. 67, p. 367. — Henri V en Italie : ses cruautés, ses dévastations, p. 377. — Sa convention avec le Pape. Son arrivée à Rome. Sa fourberie. Indignation des Romains. Fuite du roi, qui traîne le Pape avec lui, p. 378. — Vexations de Henri contre les Romains. Priviléges qu'il arrache à Pascal II. Son couronnement, p. 380. — Henri perd son privilége par le concile de Latran, p. 382. — Il reçoit une lettre du Pape, p. 383. — Henri V à Rome. Refus du clergé de le couronner, p. 412. — Députation du Pape à Henri V. Promesses réciproques du Pape et de l'empereur, p. 422. — Conférence du Pape avec Henri V à Mouson. Fourberie et tergiversations de Henri V. Dans le concile de Reims, l'empereur est excommunié et ses sujets déliés du serment de fidélité, p. 425. — Paix entre le sacerdoce et l'empire, p. 432. — Mort de Henri V, p. 438.

HENRI VI, roi de Germanie et empereur, achète du duc Léopold d'Autriche le roi d'Angleterre, Richard Cœur de Lion, et le revend aux Anglais, t. 7, l. 70, p. 204. — Politique peu honorable de l'empereur Henri VI, p. 212. — Sa mort, p. 214.

HENRI VII ou de Luxembourg. Son élection, t. 8, l. 77, p. 364. — Ses serments au pape Clément V, l. 78, p. 450. — Sa belle conduite en Italie, p. 451. — Bulle remarquable du Pape à cinq cardinaux, pour couronner l'empereur en son nom, p. 452. — L'empereur, à peine couronné, oublie ses serments au Pape, fait la guerre au royaume de Naples et meurt. Faux bruits à ce sujet.

Constitutions du Pape au sujet de l'empereur défunt, p. 453.

HENRI, empereur français de Constantinople, t. 7, l. 74, p. 278 et 357. — Sa mort, p. 399.

HENRI de Portugal, roi guerrier et amateur des sciences. Il appelle de célèbres navigateurs, t. 9, l. 81, p. 66.

HENRI Darnley, roi d'Ecosse, époux de Marie Stuart, t. 10, l. 86, p. 405.

HENRI le Balafré, duc de Guise. Ce qu'il était, ainsi que sa famille. Henri III le fait assassiner aux états de Blois, t. 10, l. 86, p. 430.

HENRI (saint), évêque d'Upsal, t. 6, l. 68, p. 561.

HENRI de Trévise (le bienheureux), journalier, t. 6, l. 78, p. 437.

HENRI, archevêque de Sens, reçoit une lettre de saint Bernard, sur les devoirs de l'épiscopat, t. 6, l. 68, p. 451.

HENRI, fils et frère du roi de France, moine et puis évêque, t. 6, l. 68, p. 583.

HENRI de Marbourg, de l'ordre des Frères-Prêcheurs, t. 7, l. 72, p. 416.

HENRI de Gorcum. Ce qu'il dit sur Jeanne d'Arc, t. 9, l. 82, p. 472.

HENRIETTE de Foix, tante de l'évêque de Marseille, Mgr. Belsunce, t. 11, l. 88, p. 267.

HENRIETTE de France, fille de Louis XV, t. 11, l. 89, p. 377.

HENRIQUEZ (Alphonse), roi de Portugal, envoie au pape Lucius II une charte d'oblation et d'assurance à Saint-Pierre. Réflexions à ce sujet, t. 6, l. 68, p. 527.

HÉRACLITE, philosophe grec. Ses idées sur l'essence de la sagesse, le destin, l'ensemble et les variations des êtres, l'esprit et la matière, l'autorité du sens commun. Son obscurité, t. 2, l. 20, p. 8. — Lettre du roi Darius et réponse de ce philosophe, p. 9.

HÉRACLIUS, empereur. Son avénement au trône. Sous son règne comme sous le précédent, les Grecs et les Perses se ruinent les uns par les autres. Prise de Jérusalem et de la vraie croix par les Perses, t. 4, l. 48, p. 357. — Victoires d'Héraclius sur Chosroès, roi de Perse. Elles sont suivies d'un traité de paix entre Héraclius et les fils du monarque persan, p. 364. — Il est attaqué par les Musulmans, leur abandonne la Syrie et se retire à Constantinople. Il se laisse enlever bientôt après Jérusalem et l'Egypte. Sa conduite peu sensée dans les affaires de ce dernier pays, p. 373. — Devenu partisan du monothélisme, il soutient cette hérésie de tout son pouvoir et s'érige fort mal à propos en théologien, p. 386. — Un édit nommé Ecthèse, composé par Sergius, paraît sous son nom. Ce que c'est que cet écrit, qui est envoyé à Rome et condamné. L'empereur, à cette nouvelle, désavoue cet écrit et en nomme l'auteur. Sa mort, p. 447.

HÉRÉSIES, HÉRÉTIQUES EN GÉNÉRAL. — Origine des hérésies. Tertullien, Prescriptions, t. 2, l. 28, p. 479. — L'auteur des hérésies, p. 481. — Les hérétiques ne sont pas recevables à s'appuyer de l'Ecriture, qui n'est point à eux, mais à l'Eglise ancienne, avec l'interprétation et la tradition vivante, p. 478. — Conduite des hérétiques, p. 481. — Zèle de saint Ignace d'Antioche contre les hérésies et les hérétiques, l. 27, p. 270. — Ce que c'est qu'un hérétique, t. 9, l. 81, p. 107. — Sagesse des saints et sagesse des hérétiques, l. 82, p. 206. — Règles et exemples de controverse contre les hérétiques, par saint Anastase le Sinaïte, t. 4, l. 48, p. 381. — Saint Epiphane, dans son Histoire et réfutation des hérésies, en compte jusqu'à son temps quatre-vingts, dont vingt avant Jésus-Christ, parmi lesquelles l'hérésie des païens ou idolâtres, t. 3, l. 35, p. 254. — Toutes les hérésies anciennes se transforment en philosophisme ou incrédulité moderne, et celle-ci en l'anarchie sociale, qui attaque présentement, et les empires, et les royaumes,

et la famille, et la propriété, t. 11, l. 89, p. 408 ; t. 12, l. 91, p. 230.

HERMANN de Lorraine, comte de Luxembourg, est élu pour succéder à Rodolphe de Souabe contre Henri IV, t. 6, l. 65, p. 240. — Formule du serment qu'il doit prêter, p. 241.

HERMANN, archevêque de Cologne, se laisse entraîner par les luthériens, t. 10, l. 85, p. 183.

HERMAN (le bienheureux), solitaire en Allemagne, t. 8, l. 78, p. 448.

HERMAS. Son témoignage sur la mort de saint Pierre et de saint Paul à Rome, t. 2, l. 25, p. 319. — Ses livres intitulés *Le Pasteur*, l. 26, p. 339.

HERMELAND de Noyon (saint), t. 4, l. 50, p. 485.

HERMÈS, philosophe presque fabuleux de l'Egypte. Prodigieuse multiplicité des livres d'Hermès et de leur authenticité, t. 1, l. 20, p. 507.

HERMÉSIANISME (l'), t. 12, l. 91, p. 140.

HÉRODE, roi des Juifs. Hérode roi de la part des Romains. Le sceptre sort de Juda , t. 2, l. 22, p. 132. — Retour d'Hyrcan à Jérusalem. Pontificat du prêtre Ananel. Reproches et tentatives d'Alexandra, p. 133. — Pontificat et mort violente d'Aristobule. Comparition d'Hérode devant Antoine. Sa fureur jalouse contre Mariamne. Sa victoire contre les Arabes, p. 134. — Succès de ses démarches auprès d'Auguste , devenu empereur. Reproches et mort héroïque de Mariamne, p. 135. — Remords et maladie d'Hérode. Mort violente d'Alexandra et de Cortobare. Servilité et impopularité d'Hérode. Sa barbarie envers les complices d'une conjuration ourdie contre lui , p. 136. — Villes et édifices qu'il construit. Son mariage avec une seconde Mariamne. Ses essais pour apaiser l'irritation du peuple, p. 137. — Ses travaux au temple de Jérusalem. Son voyage à Rome. Ses flatteries envers Agrippa. Sa magnificence envers les étrangers , p. 438.· — Ses profanations aux tombeaux des rois de Juda. Sa jalousie ombrageuse contre ses enfants. Son expédition contre les Arabes, p. 139. — Sa justification devant Auguste. Il met à mort ses deux fils. Extinction de la race des Machabées. Approche du Messie. — Consommation de la grande unité matérielle des peuples, p. 140. — Attente universelle du Messie , surtout chez les Juifs , répandus alors dans tout le monde romain, p. 141. — Famille d'Hérode. Sa conduite envers les mages, l. 23, p. 154. — Il fait massacrer les saints Innocents. Sa cruauté. Sa mort, p. 157.

HÉRODOTE. Description , siége et prise de Babylone , d'après Hérodote et Xénophon, t. 4, l. 18, p. 448. — Centre de l'histoire d'Hérodote, t. 2, l. 20, p. 53.

HERVÉE, archevêque de Reims, consulté sur la conversion des Normands , consulte à son tour le Pape , t. 5, l. 59, p. 410.

HÉSIODE, poète grec. Le chaos et la création dans Hésiode. L'innocence primitive , la chute et le déluge dans Hésiode et Ovide, t. 2, l. 20, p. 47. — La morale dans Hésiode et les tragédies grecques, p. 48.

HÉSYCHIUS, disciple de saint Hilarion, t. 3, l. 35, p. 250.

HIÉROCLEZ, gouverneur de Bithynie , persécute les chrétiens sous Dioclétien, t. 3, l. 30, p. 44. — Son ouvrage *Philalethès* ou ami de la vérité , contre les chrétiens ; p. 45.

HILAIRE (saint), pape. Son élection. Ses lettres et réponses à Léonce d'Arles. Affaires d'Hermès , d'Auxanius, de Mamert, de Silvain, d'Irénée, t. 4, l. 41, p. 20. — Fermeté et mort du pape saint Hilaire, p. 23.

HILAIRE de Poitiers (saint). Son origine. Ses études. Motifs de sa conversion. Son zèle. Son élection. Saint Martin s'attache à saint Hilaire, t. 3, l. 33, p. 457. — Requête de saint Hilaire à Constance. Son exil, p. 162. — Les douze livres de saint Hilaire sur la Trinité , p. 165. — Son livre *Des Synodes* , p. 168. — Il assiste au concile de Séleucie, p. 171. — Requête de saint Hilaire à Constance. Son livre contre lui. Son retour en Gaule,

p. 174. — Son écrit contre Auxence , évêque arien de Milan , l. 35 , p. 224.

HILAIRE d'Arles (saint) , t. 3, l. 39, p. 453. — Suprématie de saint Hilaire. Conciles qu'il préside. Condamnation de saint Hilaire à Rome. Lettre du Pape et constitution de l'empereur aux évêques de Gaule. Pénitence, mort et funérailles de saint Hilaire , l. 40, p. 507.

HILARION (saint). Sa conversion. Sa retraite près de saint Antoine, puis en Palestine. Ses austérités. Il accomplit certaines prophéties d'Isaïe, t. 3, l. 31, p. 70. — Il convertit des Sarrasins. Ses nombreux disciples. Ses miracles, l. 32, p. 130. — Sa célébrité, l. 33, p. 162. — Ses voyages, ses miracles, sa mort et enlèvement de son corps par saint Hésychius, son disciple , l. 35, p. 250.

HILDEBERT (le bienheureux), évêque du Mans, t. 6, l. 66, p. 336. — Son zèle pour réparer les ravages de l'hérétique Henri , l. 67, p. 389.

HILDEBERT, archevêque de Tours. Ses écrits, t. 6, l. 68, p. 479.

HILDEGARDE (sainte). Ses merveilleuses révélations. Le pape Eugène III les examine au concile de Trèves. Elle a des correspondances avec le Pape , le roi d'Allemagne et d'autres nobles personnages, t. 6, l. 68, p. 562. — Ses derniers moments et ses ouvrages, t. 7, l. 69, p. 135.

HILDEMARE (le bienheureux), t. 6, l. 66, p. 335.

HILDUIN, abbé de Saint-Denys, t. 5, l. 55, p. 214.

HIDULFE, évêque de Trèves, fondateur de l'abbaye de Moyen-Moutier, t. 4, l. 50, p. 485.

HILLEL , patriarche juif à Tibériade. Son origine. Sa conversion. Son baptême. Son trésor, t. 3, l. 31, p. 400.

HILSUINDE (sainte), épouse de saint Ansfrid, t. 6, l. 62, p. 11.

HINCMAR de Reims. Ses commencements et son élection, t. 5, l. 56, p. 245. — Il se méprend sur le même point que Raban de Mayence à l'égard des erreurs de Gothescalc, p. 254. — Il ne revient pas de sa méprise, p. 259. — Synode et statuts diocésains de cet archevêque , p. 262. — Sa conduite envers les clercs d'Ebbon , p. 264. — Il reçoit le *pallium* du pape saint Léon IV, p. 268. — Conduite peu loyale de Hincmar dans l'affaire de Rothade de Soissons , l. 57, p. 300. — Sa conduite artificieuse par rapport à l'usurpation du royaume de Lorraine par Charles le Chauve , l. 58, p. 340. — Sa conduite tyrannique envers son neveu Hincmar de Laon. Observation à cet égard, p. 342. — Sa mort. Jugement de son caractère et de ses écrits. Fausse application qu'il fait et qu'on peut faire de certains canons de l'Eglise d'Afrique, p. 374.

HINCMAR de Laon. Sa requête contre Hincmar de Reims, son oncle, t. 5, l. 58, p. 359.

HIPPOLYTE (saint), premier évêque de Porto. Son cycle, t. 2, l. 28, p. 491. — Sa lettre à l'impératrice Sévéra. Sa démonstration contre les Juifs. Ses livres de l'antechrist. Ses livres contre Noët, p. 492. — Ses livres contre Béron. Ses livres sur la cause de l'univers, p. 493. — Ses livres sur le jeûne du samedi ; sur la communion quotidienne ; de l'origine du bien et du mal ; sur les œuvres des dix jours. Ses hymnes et ses commentaires sur l'Ecriture sainte. Son homélie sur la Théophanie , p. 494. — Sa notice sur les lieux où ont prêché les apôtres. Origène est un de ses disciples, p. 495. — Martyre de saint Hippolyte et de ses compagnons, l. 29, p. 544-563.

HIPPOLYTE (saint), prêtre. Son martyre, t. 2, l. 29, p. 544.

HIPPOLYTE, solitaire à Rome. Ses travaux apostoliques. Son martyre et celui de ses compagnons, t. 2, l. 29, p. 554.

HIPPOLYTE Galanti (saint) , t. 10, l. 87, p. 503.

HIRAM, roi de Tyr. Son alliance avec David, t. 4, l. 12, p. 291 ; — avec Salomon, l. 13, p. 348.

HISTOIRE et HISTORIEN. Histoire. Ce que c'est, t. 1,

Préface, p. ix. — L'histoire formant un corps complet dans Moïse et les Prophètes, et ne se trouvant chez les auteurs profanes qu'à l'état de fragments qui ne peuvent être ramenés à l'unité que dans Moïse, les Prophètes et le Christ, l. 2, p. 34. — Les historiens de la Gentilité, t. 2, l. 20, p. 52. — Epoques où commence la certitude historique pour les principaux peuples de l'Orient et de l'Occident : les Chinois, les Japonais, les Géorgiens, le Arméniens, les Tibétains, les Perses, les Arabes, les Hindous, les Mongols et les Turcs, p. 52. — Division de l'histoire ancienne chez les Grecs et les Romains. Absence d'unité historique chez les païens. Le Christ centre de toute l'histoire. Les historiens grecs et latins, p. 53. — L'unité historique constituée par la révélation, p. 54. — Histoire prophétique du royaume des Perses, de l'empire d'Alexandre, de sa division et des royaumes d'Égypte, de Syrie et de Juda. Explication, accomplissement et authenticité, t. 1, l. 19, p. 455. — Discordance des historiens à l'égard de Cyrus, p. 462. — Passage de l'empire du monde des Babyloniens aux Perses. Nécessité des données de la révélation pour l'intelligence de l'histoire, p. 449. — Souveraineté de l'action divine dans la vie du genre humain. Moyens de conversion chez les Gentils. Justice et miséricorde de Dieu dans les punitions des peuples. Cantique des captifs d'Israël, l. 48, p. 450. — Consommation de la grande unité matérielle des peuples. Attente universelle du Messie, surtout chez les Juifs répandus alors dans tout le monde romain, t. 2, l. 22, p. 441. — Disposition principale pour bien étudier l'histoire, t. 5, l. 62, p. 534. — Principes généraux pour bien juger l'histoire et la politique moderne, t. 10, l. 86, p. 334 (Voir encore *Monarchie universelle* et *Histoire universelle de l'Eglise catholique*).

HISTOIRE universelle de l'Eglise catholique (Voir *Eglise catholique*).

HISTOIRE des quatre grands empires (Voir *Monarchie universelle*).

HISTOIRE particulière de chaque nation principale (Voir l'article de la nation comme *Allemagne*, *Angleterre*, *Chine*, *Espagne*, *France*, etc.).

HOBAB, allié de Moïse, père des Cynéens et des Réchabites, t. 1, l. 8, p. 482.

HOCHE, général français, t. 11, l. 90, p. 590.

HOLOPHERNE. Son expédition. Sa date, t. 1, l. 16, p. 387. — Préparatifs du grand-prêtre Eliacim. Réponse d'Achior aux questions d'Holopherne. Il est recueilli par les Israélites, p. 388. — Holopherne devant Béthulie. Détresse des assiégés. Ils veulent se rendre, p. 389. — Judith se rend près d'Holopherne, qui, séduit par sa beauté et par ses discours, accède à tous ses désirs. Elle lui coupe la tête et rentre dans la ville, p. 390.

HOLSTEIN (Luc), en latin *Holstenius*, savant d'Allemagne, converti du protestantisme, t. 11, l. 87, p. 67.

HOLZHAUSER, bon prêtre d'Allemagne, t. 11, l. 87, p. 67.

HOMÈRE, poète grec. Le chaos et la création dans Homère, t. 2, l. 20, p. 47.

HOMME. L'homme en général. Sa création. Caractères qui le distinguent de toutes les créatures antérieures. L'homme, intelligence incarnée, roi de la nature et point d'union entre les esprits et les corps. Harmonie de son corps avec ce qui l'entoure, et de ses parties entre elles, t. 1, l. 1, p. 26. — Le corps humain, image de l'univers. Sa dignité. Ascension progressionnelle de l'existence et de la vie depuis les minéraux jusqu'à l'âme. L'âme et le corps, image de Dieu et du monde, p. 27. — Perfectibilité, privilége exclusif de l'homme. Le feu, marque de sa souveraineté, p. 28. — L'âme, image de la Trinité divine. Ses hautes destinées et dans l'ordre de la nature et plus encore dans l'ordre de la grâce et de la gloire, p. 29. — L'Eden et le paradis terrestre. Sa position, sa culture et sa garde confiées au premier homme, p. 30. — Commandements de Dieu à l'homme. Pourquoi il n'est pas parlé de la loi naturelle. Pourquoi Dieu sanctionne les commandements qu'il fait à l'homme, et ne sanctionne que ceux-là. Libre arbitre, p. 33 (Voir encore *Adam*, *Traditions primitives*). — Chute de l'homme, l. 2, p. 44. — Qu'il ne faut point en exagérer les suites, p. 48. — Que la persévérance ne nous eut pas rendus impeccables, p. 49. — L'homme chassé du paradis terrestre, p. 50. — Traitement divin de l'homme malade, l. 3, p. 51. — Que l'homme ne dominait point sur l'homme avant le déluge, p. 58. — Trois âges dans la vie du genre humain, à chacun desquels la Providence modifie sa manière d'agir à l'égard de l'homme 1° l'enfance ou la vie de famille, jusqu'au déluge ; 2° l'adolescence ou le partage en nations, jusqu'à Jésus-Christ ; 3° l'âge mûr ou l'unité dans l'Eglise catholique, jusqu'à la fin, l. 4 ; p. 70. — Jusqu'à quel point l'homme est-il malade? Suivant l'hérésiarque Zwingle, il ne l'est pas du tout, suivant l'hérésiarque Luther, il est incurable. Ce qu'il en est réellement d'après le concile de Trente, t. 10, l. 85, p. 190.

HOMOBON (S.), marchand à Crémone, t. 7, l. 70, p. 209.

HONGROIS, HONGRIE. — Invasion des Hongrois en Bavière et en Italie, t. 5, l. 59, p. 407. — Leur irruption sur les bords du Rhin et dans le royaume de Lorraine, l'an 925, l. 60, p. 435. — Leur défaite par Henri l'Oiseleur, p. 452. — Leur conversion, par le zèle de saint Etienne, leur apôtre et leur premier roi, l. 62, p. 559. — Révolution en Hongrie contre la religion, mais qui tourne pour, t. 6, p. 64. — Action du pape saint Grégoire VII sur la Hongrie, défigurée par certains auteurs, l. 65, p. 168. — Soins du pape Innocent III pour la Hongrie, t. 7, l. 71, p. 243. — Sainte Elisabeth de Hongrie, l. 72 et l. 73. — Croisade en Hongrie contre les Turcs, t. 8, l. 74, p. 192. — Troubles de Hongrie par l'inconduite du jeune roi Ladislas. Efforts du pape Nicolas III et de ses successeurs pour y porter remède, l. 76, p. 292. — Prétendants pour succéder à Ladislas, p. 295. — Double élection ou prétention au royaume de Hongrie. Le pape Boniface VIII se déclare pour Charobert, sous qui la Hongrie parvient à son plus haut point de splendeur, l. 77, p. 364. — Piété du roi Charobert, l. 79, p. 534. — Successions sanglantes sur les trônes de Hongrie et de Naples, du XIV° au XV° siècle, t. 9, l. 81, p. 65. — A la mort de l'empereur Sigismond, les Hongrois se divisent entre deux rois, l. 82, p. 243. — Trève imprudente et nulle de Ladislas de Hongrie avec les Turcs, l. 83, p. 355. — Bataille de Varna. Mort de Ladislas. Huniade élu gouverneur de Hongrie, p. 356. — Les nobles hongrois se dévouent à la cause de Marie-Thérèse d'Autriche, t. 11, l. 89, p. 427.

HONORAT (saint) est élu évêque de Verceil et ordonné par saint Ambroise, t. 3, l. 37, p. 352.

HONORAT (saint), fondateur du monastère de Lérins, puis archevêque d'Arles, t. 3, l. 39, p. 452.

HONORIUS, empereur en Occident. Lois d'Honorius et d'Arcade. Destruction des idoles, t. 3, l. 37, p. 365. — Il reçoit des plaintes du pape Innocent, et envoie une ambassade à Arcade, p. 384. — Sous Honorius, l'Espagne est ravagée par les Germains, qui se partagent le pays, p. 389. — Intrigues et insolences de ces courtisans, p. 390. — Il condamne Pélage et Célestius à des peines civiles, l. 38, p. 432. — Sa mort. Usurpation et mort de Jean, p. 441.

HONORIUS Ier, pape. Ses premiers actes annoncent un heureux pontificat, t. 4, l. 48, p. 384. — Circonvenu par les artifices de Sergius de Constantinople, sans enseigner ni approuver l'erreur, il la favorise par son inconsidération, p. 387. — Sa seconde lettre est écrite aussi inconsidérément que la première, p. 390. — Sa mort, p. 447. — Il est défendu par le pape Jean IV, l. 49, p. 449. — Sa condamnation dans un concile tenu à Constantinople, l. 50, p. 252. — Ce qu'on doit penser de cette condamnation, p. 504.

Honorius II. Son élection, t. 6, l. 67, p. 434. — Soumission générale de la chrétienté au pape Honorius II, l. 67, p. 468. — Il meurt, p. 469.

Honorius III. Sa promotion, t. 7, l. 72, p. 396. — Protection qu'il accorde au jeune Henri III, p. 398. — Sa sollicitude pour le bien temporel et spirituel de l'empire latin, p. 400. — Soins de ce Pape pour la croisade, p. 401. — Son zèle pour propager le christianisme en Prusse, en Livonie, Courlande, Danemarck, Suède et Norwége, p. 404. — Précautions qu'il prend contre les manichéens du Languedoc, p. 441. — Il cherche à concilier les différends entre la France et l'Angleterre, ainsi que les affaires du Languedoc, p. 443. — Il s'efforce de pacifier l'Italie, p. 456. — Il reçoit une lettre de la reine de Géorgie, p. 478. — Efforts qu'il fait pour procurer du secours aux croisés de Damiette, qui sont obligés de capituler, p. 479. — Appel que fait à sa charité paternelle le patriarche d'Alexandrie, p. 480. — Sa correspondance avec Frédéric II. Il le réconcilie avec les Lombards et avec son beau-père, p. 482. — Sa mort, l. 73, p. 496.

Honorius IV. Son court pontificat, t. 8, l. 76, p. 247. — Envoi de deux archevêques pour négocier une trève entre le roi de France et Alphonse d'Aragon, p. 343.

Hooke (docteur) s'accorde avec Massillon, Balsac, Bailly sur l'ensemble de la religion chrétienne et de l'Eglise catholique, t. 11, l. 89, p. 487. — Il ne distingue point assez bien la fin naturelle et la fin surnaturelle de l'homme, p. 488.

Hormisda (saint), pape. Son élection, t. 4, l. 43, p. 423. — Lettre de l'empereur Anastase au Pape. Instructions de celui-ci à ses légats. Réponse de l'empereur. Funestes résultats de la manie impériale. Soumission et lettres des évêques d'Epire au Pape et réponses de celui-ci, p. 425. — Nouvelle légation du Pape à Constantinople. Instructions nouvelles aux légats relativement à l'intrus Timothée. Traitement fait aux légats par l'empereur, p. 428. — Lettre de saint Avit au Pape relativement aux affaires de l'Eglise d'Orient, et réponse de celui-ci, p. 429. — Règlements envoyés par le Pape à Jean de Tarragone, p. 433. — Supplique des moines syriens au Pape et sa réponse, p. 434. — Lettre de l'empereur Justin au Pape, au sujet de la réunion. Légation du Pape à Constantinople, p. 437-441. — Réception des légats dans les villes de l'empire. Signature du mémorable formulaire de saint Hormisda par le patriarche Jean de Constantinople. Réunion de toutes les Eglises d'Orient avec l'Eglise romaine à la même condition, p. 441. — Réflexions de Bossuet à ce sujet, p. 443. — Le siége de Rome proclamé par toute la tradition comme le fondement de l'Eglise, l. 44, p. 444. — Lettre du patriarche Epiphane au Pape et réponse de celui-ci. Légation du patriarche à Rome, p. 445. — Conduite indigne de Dorothée de Thessalonique envers les légats du Pape. Instruction que Hormisda leur adresse. Lettre mensongère de Dorothée au Pape, p. 446. — Réponse du Pape aux questions de l'évêque Possessor sur les écrits de Fauste de Riez. Opposition violente du moine Maxime, p. 149.

Hospice (saint). Ses prédications. Ses miracles. Sa mort, t. 4, l. 46, p. 290.

Hôtel-Dieu de Paris. Dévouement des filles de cet hospice dans la peste de 1348, t. 8, l. 79, p. 571.

Houchard, général français, t. 11, l. 90, p. 562.

Houteville (l'abbé). Ses ouvrages, t. 11, l. 89, p. 504.

Howard, dominicain anglais et cardinal, t. 11, l. 88, p. 444.

Hubert (S.), évêque de Maëstricht, t. 4, l. 51, p. 149.

Huet, évêque d'Avranches. Ses œuvres. Ce qu'il pense sur les premiers principes de la raison humaine, t. 11, l. 88, p. 254. — Sa correspondance avec Leibnitz, p. 298.

Hugolin, cardinal, ami de saint François d'Assise, t. 7, l. 72, p. 421.

Hugues (saint), moine, t. 5, l. 59, p. 422.

Hugues (saint), abbé de Cluny, t. 6, l. 63, p. 50. — Il est parrain d'un fils de l'empereur Henri le Noir, p. 71. — Sa lettre à Philippe Ier, l. 67, p. 371. — Sa mort, p. 373.

Hugues (saint), évêque de Grenoble, t. 6, l. 65, p. 217. — Sa mort, l. 68, p. 474.

Hugues (saint), évêque de Lincoln. Histoire de sa vie et de ses vertus, t. 7, l. 70, p. 204. — Sa mort, l. 71, p. 307.

Hugues Capet, roi de France. La lutte séculaire entre la seconde et la troisième dynastie, chez les Francs, se termine sans que, pendant tout ce temps, aucun meurtre politique se commette ni de part ni d'autre, t. 5, l. 61, p. 528. — Longue affaire entre le nouveau roi Hugues Capet et l'archevêque Arnoulfe, de l'ancienne dynastie, l. 62, p. 535. — Saint Abbon de Fleury adresse un recueil de canons aux rois Hugues et Robert, dans lequel il ne cite aucune fausse décrétale, p. 543. — Mort de Hugues Capet, p. 546.

Hugues, duc de Bourgogne, embrasse la vie monastique à Cluny, au grand regret du pape saint Grégoire VII, qui le croyait plus utile au royaume de France comme prince, t. 6, l. 65, p. 485.

Hugues de Provence, roi d'Italie, t. 5, l. 60, p. 437. — Son mauvais gouvernement le fait chasser, p. 473.

Hugues, évêque de Die, t. 6, l. 65, p. 177. — Zèle qu'il déploie en France, comme légat du pape saint Grégoire VII, p. 188.

Hugues Etérien. Son ouvrage au sujet de l'état équivoque des Grecs de Constantinople, par rapport à l'Eglise romaine, t. 7, l. 69, p. 427.

Hugues de Saint-Victor. Son ouvrage sur les Etudes. Sa Somme de Sentences. Son admirable traité Des sacrements de la foi chrétienne. Ses Commentaires sur l'Ecriture sainte, et autres opuscules. Sa mort, t. 6, l. 68, p. 515.

Huguenots (Voir Calvinistes).

Humanité. Crise qu'elle subit vers la fin du IXe siècle, pour aboutir en Occident à l'état viril, en Orient à la décrépitude, t. 5, l. 58, p. 338. — Ce qui fait que l'humanité est une, t. 7, l. 71, p. 248. — L'Eglise catholique unit l'humanité et la défend, l'hérésie la divise et la dissout, t. 10, l. 86, p. 403. — Quels sont les articles fondamentaux de son gouvernement divin. Réflexions à cet égard, p. 444.

Humbert, cardinal. Sa légation à Constantinople. Sa réponse à la lettre de Michel Cérulaire. Sa réponse au moine grec Nicétas, qui reconnaît la vérité. Il excommunie Michel Cérulaire, t. 5, l. 64, p. 90 et seqq.

Hume. Sa comparaison entre Galilée et François Bacon, t. 10, l. 87, p. 585.

Hunéric, roi des Vandales, renouvelle la persécution contre les catholiques d'Afrique, t. 4, l. 42, p. 47. — Nouveau décret de persécution. Mort de Hunéric, p. 50.

Huniade (Jean), vayvode de Transylvanie, t. 9, l. 83, p. 353. — Il continue de faire la guerre aux Turcs, p. 355. — Bataille de Varna. Il est nommé gouverneur de Hongrie, p. 356. — Huniade et saint Jean Capistran remportent une victoire complète sur Mahomet II et meurent tous deux quelque temps après, p. 377.

Hunnius (Ulric), savant protestant, converti au christianisme, t. 11, l. 87, p. 60.

Huns ou Avares. Leur invasion en Lombardie, t. 4, l. 48, p. 379.

Hurter. Vie, travaux et conversion de Frédéric Hurter, président du consistoire de Schaffhouse, t. 12, l. 91, p. 89.

Hus (Jean), prêtre hérétique qui embrasse la doctrine de Wiclef, t. 9, l. 81, p. 84. — Il fait pénétrer les erreurs de Wiclef en Bohême, p. 109. — Ses violences contre l'archevêque de Prague, les catholiques et le Pape, qui le condamne avec Jérôme de Prague,

p. 440. — Il est cité au concile de Constance, auquel il avait appelé lui-même, p. 441. — D'après ses propres paroles, il part de Prague et arrive à Constance sans sauf-conduit. Le sauf-conduit de Sigismond est tout bonnement un passeport qui ne pouvait le soustraire au tribunal où il était cité. Circonstances équivoques concernant l'époque précise où Jean Hus reçut ce passeport, p. 442. — Confiance de Jean Hus le long du chemin. Il est mis en arrestation à Constance, puis s'échappe de la ville, mais est repris et renfermé dans le palais pontifical, p. 443. — Il demande à se justifier devant le concile, sauf à subir la peine des hérétiques, si on peut le convaincre, p. 444. — Il attache un double sens au mot *convaincre*. Son langage plein d'équivoques. Il est entendu plusieurs fois en-audience publique par le concile, p. 445. — Il promet de se rétracter, puis refuse. Ses livres condamnés au feu. Lui-même condamné comme hérétique et livré au bras séculier. Substance de ses principaux écrits. Jugement sur ce personnage, p. 447.

Hussites, partisans de Jean Hus, fameux sectaire.

Commencement de la guerre des hussites sous le commandement de Ziska. Cruautés effroyables de ces sectaires divisés en Calixtins, Taborites, Orébites, Adamites ou Picards, t. 3, l. 82, p. 206. — Mort de Ziska, p. 208. — Secte des Orphelins. Martin V et Eugène IV travaillent à les ramener, p. 209. — Julien les invite au concile de Bâle. Leur arrivée à Bâle. Leurs conférences avec les commissaires du concile. Les Calixtins se réduisent à quatre articles de discipline, plus que de croyance. Les députés s'en retournent en Bohême, p. 240. — Ambassade du concile à Prague. Nouvelles conférences avec les Bohémiens. Conclusion d'un concordat, p. 212. — Æneas Sylvius et saint Jean de Capistran travaillent à ramener les hussites, p. 215.

Hyacinthe (saint). Ses commencements, t. 7, l. 72, p. 416. — Ses travaux dans la Cumanie. Sa mort, t. 8, l. 75, p. 243.

Hyacinthe Mariscotti (sainte), vierge, t. 10, l. 87, p. 505.

Hyacinthe (chute du Père) de l'ordre du Carmel, et celle du chanoine Dœllinger, t. 12, l. 92, p. 434.

I

Ibas. Affaire d'Ibas, évêque d'Edesse, t. 3, l. 40, p. 545. — Il est déposé au brigandage d'Éphèse, p. 530. — Rétabli au concile de Chalcédoine, p. 552.

Ibériens. Leur conversion au christianisme par une captive. Ils envoient une ambassade à Constantin pour lui demander des évêques, t. 3, l. 34, p. 98.

Iconoclastes. Commencements et absurdité de l'erreur des iconoclastes, que Léon l'Isaurien introduit chez les Grecs. Equivoque de certains mots en cette matière. Lettres catholiques de saint Germain, patriarche de Constantinople, sur ce sujet, t. 4, l. 51, p. 552. — Cette erreur est réfutée merveilleusement par saint Jean Damascène, p. 554. — Lettres du pape saint Grégoire II à l'empereur et au patriarche de Constantinople sur le même sujet. Moyens qu'emploie Léon l'Isaurien pour faire triompher cette erreur, p. 557. — Comment le même empereur répond à saint Jean Damascène, p. 558. — Comment il en use avec le patriarche saint Germain, et avec les savants de Constantinople. Violence de la persécution de l'empereur iconoclaste contre les catholiques, p. 559. — Lettres remarquables qu'écrit le pape saint Grégoire II à Léon l'Isaurien, p. 560. — Inutiles efforts du pape saint Grégoire III pour ramener au bon sens l'empereur iconoclaste et rendre la paix à l'Eglise par l'extinction de cette erreur, p. 567. — L'empereur Constantin Copronyme continue la guerre de son père contre les images des saints. Ses impiétés contre l'enfantement de la sainte Vierge, t. 5, l. 52, p. 24. — Saint Jean Damascène écrit contre cette hérésie. Copronyme l'anathématise, p. 35. — Les persécutions de l'empereur Copronyme contre les images des saints. Son conciliabule avec ses raisonnements absurdes, p. 39. — Saint Jean Damascène écrit contre lui, p. 40. — Copronyme se montre pire que les successeurs de Mahomet dans sa persécution contre les moines catholiques. Ses fourberies contre saint Etienne d'Auxence, l. 53, p. 47. — Ses atrocités envers le patriarche Constantin, qui se damne pour lui plaire, p. 50. — Martyre de saint Etienne d'Auxence, p. 52. — Copronyme est frappé de mort au milieu de ses persécutions. Son fils Léon le suit dans son impiété, p. 75. — L'empereur Constantin V demande au Pape un concile général, p. 77. — Ouverture et sessions du VII⁰ concile œcuménique, p. 78. — Canons de ce concile, p. 85. — Le concile de Francfort induit en erreur sur ce concile. Livres Carolins, p. 89. — Léon l'Arménien recommence la guerre contre les images des saints, l. 55, p. 167. — Il se constitue juge de la foi et président d'un concile, p. 468. — Lettre de saint Théodore Studite, p. 469. — Les fourberies de Léon pour se défaire du patriarche saint Nicéphore, p. 470. — Fermeté de saint Théodore Studite pour les saintes images. Conciliabule des iconoclastes, p. 471. — Persécutions contre les catholiques, p. 472. — L'empereur en séduit pour un moment quelques-uns. Saint Nicétas répare publiquement sa faute, p. 473. — Saint Théodore Studite ne cesse d'écrire, dans son exil, pour la cause de l'Eglise. Le patriarche de Jérusalem soutient la bonne cause, p. 474. — Le patriarche Théodote écrit au pape Pascal, qui encourage les catholiques par ses légats et ses lettres. Souffrances de saint Théodore Studite, qui ne laisse pas d'écrire pour la défense de la foi, p. 475. — Mort de saint Théophane. Léon l'Arménien est tué. Michel le Bègue règne à sa place, et ne vaut guère mieux, p. 477. — Conférences sur les saintes images, p. 182. — Michel le Bègue écrit en Occident des lettres calomnieuses contre les catholiques d'Orient. Les évêques de France, assemblés à Paris, s'y laissent tromper, p. 483. — Lettres et ambassade de l'empereur Louis au Pape, p. 484. — Erreurs et excès de Claude de Turin, p. 485. — On redouble de respect pour les reliques des saints, p. 187. — Mort de Michel le Bègue, p. 206. — Son fils Théophile continue la persécution contre les images, p. 207. — Martyre de saint Théodore et saint Théophane, p. 208. — Souffrances et fermeté de saint Méthodius, p. 209. — Mort de Théophile l'Iconoclaste, p. 211. — Extension de la fête de tous les saints à la demande de l'empereur Louis, p. 214.

Idolatrie. Paganisme. — Définition de l'idolâtrie. Qu'elle n'exclut pas l'adoration du vrai Dieu. L'idolâtrie dans la famille d'Abraham, t. 1, l. 4, p. 76. — Degré de connaissance que les païens avaient du vrai Dieu, suivant les Pères de l'Eglise, l. 2, p. 34. — Source de lumière pour les nations ou les païens dans les voyages des Israélites, l. 4, p. 77. — Dangers des habitudes païennes pour l'esprit et pour le cœur, l. 7, p. 467. — Sacrifices humains chez les peuples idolâtres. Gladiateurs, p. 468. — La superstition et l'impudicité protégées, au moins en public, par les législateurs et les philosophes païens, et battues en brèche, ainsi que la cruauté, par les institutions mosaïques, p. 469. — Confrontation de l'idolâtrie avec les vérités dont elle est l'abus. Ses deux causes principales. Caractères des œuvres du démon et caractères des œuvres de Dieu. Persévérance de l'idée et de l'adoration du vrai Dieu au sein de

l'idolâtrie. Quatre degrés dans la connaissance de Dieu. Existence des vrais adorateurs de Dieu parmi les nations, l. 43, p. 323. — L'idolâtrie spirituelle, p. 328. — Idolâtrie politique, l. 44, p. 346.

IGNACE d'Antioche (saint). Son épiscopat et son martyre, t. 2, l. 27, p. 369. — Ses lettres aux Romains et à d'autres églises, p. 371. — Résumé de sa théologie, p. 372. — Actes de son martyre, p. 376.

IGNACE (saint), patriarche de Constantinople. Son élection et ses vertus, t. 5, l. 56, p. 230. — Le césar Bardas, repris de son inceste public par saint Ignace, travaille à le perdre, l. 57, p. 278 et seqq. — Persécution et conciliabule de Photius contre saint Ignace, qui en appelle au Pape, p. 280. — Le pape saint Nicolas déclare nul tout ce qu'on a fait contre saint Ignace, p. 284. — Photius est chassé, et saint Ignace rétabli, p. 316. — L'empereur Basile, le patriarche Ignace et Photius même envoient et écrivent au Pape pour la décision finale de leur affaire. Lettre remarquable de saint Ignace, p. 324. — Mort de saint Ignace, l. 58, p. 365.

IGNACE de Loyola (saint). Sa vie, depuis sa conversion jusqu'à son départ de Manrèse pour le pèlerinage de la Terre sainte. Ses Exercices spirituels, t. 10, l. 84, p. 429. — Histoire de son pèlerinage, p. 437. — Ses bonnes œuvres, ses épreuves à Barcelone, Alcala et Salamanque, p. 438. — Ses études à Paris. Epreuve à laquelle il est exposé, p. 440. — Il recrute six compagnons avec lesquels il jette les fondements de la compagnie de Jésus, le 15 août 1534, p. 441. — Autres œuvres du zèle de saint Ignace, p. 443. — Après avoir donné Venise pour rendez-vous à ses compagnons, il va en Espagne. Fruits de salut qu'il y opère. Voyage de ses compagnons de Paris à Venise, p. 145. — Ce qui leur arriva près de Constance, p. 146.—Leur occupation à Venise avec saint François Xavier et saint Ignace, p. 147. — Ils vont tous à Rome se présenter à Paul III. Calomniés en son absence, ils sont justifiés à son retour. Leur compagnie est approuvée. Ils se séparent pour évangéliser de divers côtés. Simon Rodriguez et François Xavier partent pour les Indes. Le premier reste en Portugal, le second part seul, p. 148. — Election de saint Ignace comme supérieur général de la compagnie de Jésus. Ses occupations à Rome. Son esprit. Il écrit les constitutions de son ordre. Comment. Quels en sont l'esprit, le but et l'ensemble, p. 452. — On y voit tout l'opposé de Luther et de Calvin. Raisons de l'autorité du général. Précautions pour qu'il n'en abuse, p. 455. — Heureux tempérament de la vie active et de la vie contemplative. Discrétion dans le reste, p. 456. — Les six états dans la compagnie, p. 457. — Importance des exercices et des règles spirituelles de saint Ignace, p. 458. — Sagesse des règles de saint Ignace sur l'enseignement de la théologie, plus encore sur l'enseignement de la philosophie, p. 459. — Premiers colléges établis par la compagnie de Jésus, p. 460. — Elle envoie des missionnaires par tout l'univers. Principaux saints qui existaient lors de saint Ignace, p. 464. — Il fonde à Rome le collège Germanique, l. 85, p. 287. — Il y fonde encore le collège Romain pour l'univers entier, p. 289. — Il procure des missionnaires à l'Eglise, dans toutes les parties du monde, p. 294. — Ses dernières actions et sa mort, p. 293.

ILDEFONSE (Voir Hildefonse).

ILDIBAD, roi des Goths, t. 4, l. 45, p. 210.

ILLUMINISME de Weishaupt, t. 44, l. 89, p. 465.

ILLUS. Sa trahison, t. 4, l. 42, p. 45 et seqq. — Sa révolte et sa mort, p. 59.

IMAGES (saintes). Ce que dit le concile de Trente touchant les saintes images, t. 40, l. 85, p. 326.

IMELDA (bienheureuse), t. 8, l. 79, p. 510.

IMMACULÉE-CONCEPTION (jubilé de l'), t. 42, l. 92, p. 346. — Commission de théologiens pour la définition du dogme de l'Immaculée-Conception. Sentiment des fidèles, des évêques et des cardinaux, p. 347. — Cérémonie de la promulgation, p. 348.

IN (Paul), député des chrétiens de Corée à l'évêque de Péking, t. 44, l. 89, p. 510.

INA, roi de West-Saxons, se retire à Rome, t. 4, l. 50, p. 507.

INACHUS. Rapports de ce nom avec celui d'Enac. Ce qu'il était, t. 4, l. 8, p. 485.

INCARNATION du Verbe. Preuves de cette croyance dans le commencement du second siècle jusqu'au concile de Nicée : dans les lettres de saint Ignace d'Antioche, t. 2, l. 27, p. 372; —dans un dialogue de Lucien, p. 389; — dans la première apologie de saint Justin, p. 395; —dans la seconde apologie de saint Justin, p. 414; — dans l'Exhortation de Clément d'Alexandrie, p. 492; — dans l'Apologétique de Tertullien, l. 28, p. 464; —dans son livre contre Praxéas, p. 475; — dans son livre De la chair du Christ, contre Marcion, p. 476; — dans le livre de saint Hippolyte contre Noël, p. 492; — dans le livre du même contre Béron, p. 493; — dans les écrits d'Origène, p. 506; — dans l'apologie de saint Denys d'Alexandrie, l. 29, p. 564; — dans son écrit contre Paul de Samosate, p. 567; — dans la lettre du concile d'Antioche contre Paul de Samosate, p. 568, 570; — dans les homélies de saint Grégoire Thaumaturge, p. 569; — dans une lettre du pape Félix, p. 570.

INCRÉDULES : Destutt de Tracy, Volney, t. 42, l. 94, p. 443.

INDE. — Par quelles races d'hommes l'Inde a été peuplée, t. 4, l. 4, p. 73. — Anciennes traditions de l'Inde sur Dieu, sur le premier homme et la première femme. Sur la chute de l'homme et la rédemption, l. 2, p. 41. — Sur le déluge, l. 3, p. 65. — Les philosophes de l'Inde, t. 3, l. 20, p. 43-504. — Toute-puissance morale des philosophes dans l'Inde. Richesse littéraire et pauvreté historique de ce pays, p. 493. — Le déluge selon les Indiens, p. 494. — Exagération de l'idée de Dieu dans leurs doctrines sur la création, l'union avec Dieu, et les moyens d'y parvenir, et l'état des âmes après la mort, p. 494. — But de tout le système doctrinal des Indiens. Deux méthodes générales pour y parvenir. Réduction de toute la philosophie indienne à trois points de départ, puisée dans la seconde méthode, p. 496. — Les neuf incarnations de Vichnou. Bouddha. Le Dalaï-Lama, p. 497. — Origine des analogies qui existent entre les institutions, le culte et les doctrines bouddhistes et celles du catholicisme, p. 498. — Impostures, puissance et pharisaïsme des brahmanes. Avilissement des pariahs. Division doctrinale et lutte entre les brahmanistes et les bouddhistes. Etendue et extravagances prodigieuses des livres sacrés de l'Inde. Obscurantisme des Indiens à l'égard des Védas, p. 499; — Leur ignorance crasse dans les sciences. Leur idolâtrie, leur superstition et leur dépravation morale, p. 500. — Facilité pour les Indiens de connaître la vraie doctrine par les juifs, les apôtres et les missionnaires, p. 504. — Traditions sur l'histoire primitive du monde, dans les grands poèmes de l'Inde, t. 2, l. 20, p. 46. — La certitude de l'histoire indienne ne commence qu'au XIIe siècle de l'ère chrétienne, p. 52. — Alexandre pénètre dans l'Inde, l. 24, p. 64. — Les peuples de l'Inde envoient en Egypte demander saint Pantène pour leur annoncer l'évangile, l. 27, p. 440. — Origine et histoire de la hiérarchie lamaïque du bouddhisme dans les montagnes du Tibet, t. 8, l. 76, p. 251. — Jugement d'Abel Rémusat sur le bouddhisme. A quoi le bouddhisme ou le lamaïsme paraît appelé de nos jours, p. 252. — Découvertes des Portugais dans l'Inde, t. 9, l. 83, p. 307. — Voyage de saint François Xavier de Rome, par Lisbonne, à Goa, dans l'Inde, t. 40, l. 84, p. 461. — Ses travaux et succès apostoliques à Goa même, p. 162. — Ses travaux, ses succès, ses miracles parmi les Paravas, sur la côte de la Pêcherie. Endurcissement des brahmes, p. 163. — Ses voyages, ses travaux, ses

miracles, dans le royaume de Travancor, dans l'île de Ceylan, à Méliapor et en d'autres lieux, p. 165. — Travaux, souffrances et succès des missionnaires jésuites dans le Maduré. Le Père Bouchet. Difficultés sur les rites malabares dans l'Inde, t. 11, l. 88, p. 331. — Ce que le brahmisme et le bouddhisme de l'Inde ont de commun. Ce que le brahmisme a de particulier. En quoi le bouddhisme diffère du brahmisme. Emprunts qu'il a faits à l'Eglise catholique dans les siècles passés, et facilités à le faire, t. 12, l. 94, p. 204. — Evêchés catholiques dans le Tibet, l'Indoustan, le Bengale et l'île de Ceylan, p. 202. — Prédiction de saint Vincent de Paul touchant l'Inde, t. 10, l. 87, p. 642.

INDEX (congrégation de l'). Sixte-Quint, en l'instituant, complète la mesure que Pie IV avait prise en approuvant le catalogue ou index des livres prohibés, avec les dix règles à suivre en cette matière, pour précautionner les fidèles contre les mauvaises doctrines, t. 10, l. 86, p. 335. — Le concile de Trente avait chargé le souverain Pontife de faire ce catalogue, p. 329.

INDULGENCES. Ce que c'est que les indulgences. C'était une coutume ancienne dans l'Eglise que d'en accorder, t. 9, l. 84, p. 520. — Léon X en accorde à l'occasion de l'achèvement de la basilique de Saint-Pierre. Des exercices de l'indulgence. Des grâces qui y sont annexées, p. 521. — Luther les attaque par quatre-vingt-quinze thèses. Le Dominicain Tetzel réfute Luther par cent six propositions orthodoxes, p. 522. — Réfutation du sermon de Luther contre les indulgences, par le même, p. 524. — Réponse sophistique de Luther, p. 532. — Décret du concile de Trente sur les indulgences; t. 10, l. 85, p. 329.

INGONDE, femme du roi Charibert. Sa vie édifiante, t. 4, l. 46, p. 276.

INNOCENT Ier (saint), pape. Son élection, t. 3, l. 37, p. 374. — Sa décrétale à saint Victrice de Rouen. Avec l'aide de saint Pierre, par qui a commencé l'apostolat et l'épiscopat chrétien, il lui rappelle les règles que tout évêque catholique doit observer. Les causes majeures seront dévolues au Saint-Siège suivant l'ordonnance du concile de Sardique et la coutume. Sa décrétale à saint Exupère de Toulouse, sur la continence des clercs, la communion et la pénitence, etc. Il déclare qu'il faut accorder la pénitence et la communion à tous ceux qui la demandent à la mort, p. 372. — Ses lettres aux évêques d'Espagne et à ceux d'Afrique, p. 373. — Lettres de saint Chrysostome et de Théophile d'Alexandrie au Pape. Réponse du Pape à Théophile. L'Eglise romaine ne connaît que les canons de Nicée, p. 380. — Lettres du pape Innocent à saint Chrysostome, p. 381. — Les amis de saint Chrysostome, persécutés en Orient, se réfugient à Rome, d'où le Pape lui écrit, ainsi qu'à son clergé et à son peuple, p. 382. — Plaintes du pape Innocent à l'empereur Honorius. Ambassade de cet empereur et du Pape à l'empereur Arcade, sur la persécution de saint Chrysostome. Fermeté des ambassadeurs, p. 384. — Dernières lettres de saint Chrysostome au Pape, p. 386. — Saint Alexandre, évêque d'Antioche, ayant réuni tous les catholiques de cette ville, en informe le Pape, qui confirme l'autorité de l'Eglise d'Antioche sur toutes celles d'Orient, attendu qu'elle est le premier siége du premier des apôtres, p. 410. — Décrétale du pape Innocent à Décentius, évêque d'Eugubio. Toutes les églises, particulièrement celles d'Occident, doivent suivre les règles de l'Eglise romaine. Il indique ces règles, notamment sur les sacrements de confirmation et d'extrême-onction, p. 422. — Lettre du concile de Carthage au pape Innocent, sur le pélagianisme. Lettre du concile de Milève au même Pape, sur la même hérésie, p. 423. — Lettre particulière des cinq principaux évêques au même, sur le même sujet, p. 424. — Le Pape, dans ses réponses aux deux conciles, rappelle les règles anciennes sur l'autorité du Saint-Siége dans toutes les affaires de l'Eglise, établit som-

mairement la doctrine catholique sur la grâce, et excommunie Pélage et Célestius, avec leurs adhérents, p. 425. — Sur ces rescrits du Pape, saint Augustin conclut : La cause est finie, paroles que Fleury traduit d'une manière peu fidèle. Mort du pape Innocent Ier, p. 426.

INNOCENT II, pape. — Il succède à Honorius II, t. 6, l. 68, p. 469. — Il est reconnu Pape légitime au concile d'Etampes d'après le jugement de saint Bernard. Il se retire en France et y tient divers conciles, p. 472. — Innocent II, reconnu en Allemagne, y fait un voyage. Son séjour à Saint-Denys et à Paris, p. 473. — Innocent II, accompagné de saint Bernard, retourne à Rome. Il y couronne l'empereur Lothaire, p. 482. — Voyage du pape Innocent à Pise, où il convoque un concile général, p. 485. — Innocent II entre dans Rome, p. 504. — Lettre du Pape au sujet de la condamnation d'Abailard, p. 510. — Mort d'Innocent II, p. 526.

INNOCENT III. Sa famille, t. 7, l. 74, p. 215. — Ses études à l'Université de Paris, p. 217. — Son pèlerinage à Saint-Thomas de Cantorbéry et son séjour à Bologne. Ses premiers emplois et ses premiers écrits, p. 218. — Il est élu pape. Sa résistance, son intronisation, son sermon dans cette circonstance, p. 224. — Il écrit au roi d'Angleterre Richard Cœur-de-Lion, p. 223. — Sa sollicitude pour la réforme de son palais, du gouvernement de Rome et des alentours, p. 224. — Sa sollicitude pour les autres provinces d'Italie. Sa sollicitude pour le royaume de Sicile et son roi mineur Frédéric, p. 228. — Sa sollicitude pour l'Espagne sur le mariage des princes, p. 231. — Il couronne Pierre d'Aragon. La part qu'il prend dans la guerre contre les Sarrasins, p. 235. — Sa sollicitude sur la Norwége, la Suède, le Danemarck et l'Islande, p. 238. — Il envoie en Prusse des religieux de l'ordre de Citeaux. Succès qu'il en obtient dans ce pays, dans la Livonie et l'Esthonie, p. 242. — Soins qu'il prodigue à la Hongrie, p. 243; — à la Servie et à la Bosnie, p. 244; — à la Bulgarie, dont le souverain lui demande le titre de roi, p. 248. — Il est pris comme arbitre entre les trois compétiteurs qui se disputent le trône d'Allemagne. Sa décision, p. 249. — Sa conduite à l'égard du divorce de Philippe-Auguste. Ses démarches, ses lettres dans cette affaire, où il finit par réussir, p. 254. — Efforts qu'il fait pour pacifier l'Allemagne, p. 259. — Sa correspondance avec Isaac l'Ange et Alexis Comnène. Son instruction pastorale au patriarche de Constantinople et à l'empereur, p. 268. — Il reçoit la soumission filiale des Arméniens, p. 272. — Son caractère et en général celui de la papauté, p. 273. — Ses efforts pour la croisade de la Terre sainte, p. 274. — Il protége les Juifs alors persécutés en Europe, p. 278. — Il nomme des légats pour la quatrième croisade, p. 281. — Sa conduite au milieu des difficultés qui entravent cette sainte entreprise, p. 283. — Manifeste qu'il adresse à l'armée sur son coupable retard, p. 284. — Conduite qu'il tient à l'égard de la conquête de Constantinople par les Latins. Ses soins pour l'établissement du nouveau patriarche et le règlement des affaires ecclésiastiques, p. 298. — Sa lettre aux habitants de Metz sur une traduction de l'Ecriture sainte en langue vulgaire, p. 303. — Soins qu'il prend pour extirper l'hérésie manichéenne des Etats de l'Eglise, p. 304. Ses efforts pour arrêter la dissolution qui règne dans le midi de la France, p. 308. — Il s'interpose dans les démêlés de Jean Sans-Terre avec le roi de France, p. 341. — Il cherche à diminuer les malheurs des croisés et à radoucir le roi des Bulgares, p. 359. — Sa correspondance avec Théodore Lascaris, p. 362. — Il règle les affaires ecclésiastiques dans l'empire latin de Constantinople, p. 363. — Sa touchante correspondance avec le patriarche d'Alexandrie et les pauvres chrétiens d'Egypte, p. 366. — Ses lettres pour les affaires de la Terre sainte, p. 368. — Il convoque le quatrième concile de Latran, p. 370. — Son discours à l'ouverture du concile, p. 383. — Il ré-

fute les prétentions de Louis de France sur le royaume d'Angleterre, et témoigne une grande affection pour sa personne, p. 394. — Sa mort. Son éloge, p. 395.

INNOCENT IV. Son élection, t. 8, l. 73, p. 47. — Négociations pour la paix entre Innocent IV et Frédéric II. Ce dernier attaque Viterbe pour la punir de son obéissance au Pape. Défense héroïque des habitants de Viterbe, p. 48. — Un traité est conclu entre le Pape et Frédéric. Celui-ci cherche à surprendre le Pape, qui se sauve à Lyon, p. 49. — Innocent IV convoque le concile général à Lyon. La nation portugaise recourt à l'autorité du Pape pour remédier à l'incapacité de son roi, p. 52. — Le Pape écrit aux souverains des Bulgares, des Tartares, des Musulmans, des Grecs et des Russes. Ouverture du concile général, p. 53. — Malgré beaucoup de prélats, le Pape accorde un délai aux ambassadeurs de Frédéric, lequel refuse d'en profiter, p. 55. — Le Pape, terminant l'affaire du Portugal, y nomme un régent à la place du roi incapable. Il publie plusieurs décrets, entre autres pour le secours de Constantinople et pour la guerre contre les Tartares, p. 56. — L'ambassadeur de Frédéric appelle au Pape futur et à un concile plus général. Innocent IV, après avoir récapitulé les crimes de Frédéric II, le déclare déposé et le dépose, délie ses sujets du serment de fidélité et défend de lui obéir. Tous les prélats, avec le Pape, éteignent leurs cierges, en déposant l'empereur excommunié, p. 57. — Vaines subtilités de quelques modernes pour éluder l'autorité des actes et des auteurs contemporains. Remarques sur le langage de Matthieu Pâris. Résultat final pour Frédéric II et sa dynastie, p. 58. — Résultat semblable, de nos jours, pour Napoléon. Colère de Frédéric quand il apprend sa déposition. La fille du duc d'Autriche refuse de l'avoir pour époux. Il publie contre le Pape plusieurs manifestes qui nuisent à lui seul, p. 59. — Le Pape, dans sa réponse, fait sentir aux princes que leur véritable danger était dans la politique ambitieuse et athée de Frédéric, p. 61. — Inconséquence de plus d'un auteur français sur ce point. Innocent IV maintient l'indépendance du royaume de Hongrie. Il envoie un légat en Norwége, p. 63. — Lettre du Pape aux Siciliens, p. 64. — Frédéric négocie avec le Pape, mais cherche à le surprendre. Zèle des princes français pour la défense du Pape, p. 67. — Frédéric négocie avec le Pape, mais fait martyriser l'évêque d'Arezzo, et profaner les saintes images par les Sarrasins, p. 68. — Eloge que le pape Innocent IV fait de la ville de Lyon, en la quittant l'an 1251, l. 74, p. 151. — Relations de Conrad et de Mainfroi entre eux et avec le Pape. Mort de Conrad, qui recommande son fils Conradin au Saint-Siége, p. 155. — Mort d'Innocent IV, p. 457. — Innocent IV envoya frère Laurent comme légat pour la réunion des Grecs et des autres schismatiques, et lui adressa divers règlements, l. 75, p. 203.

INNOCENT V. Court pontificat d'Innocent V, auparavant Pierre de Tarentaise, t. 9, l. 76, p. 245.

INNOCENT VI, pape. Son élection. Règlements intéressés des cardinaux dans le conclave, t. 8, l. 79, p. 575. — Mesures du nouveau Pape pour la réforme de la cour romaine. Ses injonctions à Richard, primat d'Irlande, par rapport aux ordres mendiants, p. 576. — Sa mort, p. 582. — Négociations des Grecs pour se réunir à l'Eglise romaine, p. 594. — Révélations de sainte Brigitte sur ce Pape, t. 9, l. 80, p. 9.

INNOCENT VII. Son pontificat, t. 9, l. 84, p. 81.

INNOCENT VIII. Son élection. Diversité des historiens sur sa jeunesse. Efforts du Pape pour pacifier les princes chrétiens et les réunir contre les Turcs, qui menacent l'Europe de plus en plus, t. 9, l. 83, p. 403. — Guerres peu honorables pour le royaume de Naples. Sollicitude pastorale d'Innocent VIII pour tous les pays du monde. Sa mort, p. 404.

INNOCENT IX. Son court pontificat, t. 10, l. 86, p. 397.

INNOCENT X. Son pontificat. Népotisme, vice dans les Papes, vertu dans les princes : pourquoi, t. 10, l. 87, p. 461. — Innocent X condamne les cinq propositions de Jansénius. Sa constitution est reçue sans opposition en France, t. 11, p. 9. — Lettre mémorable que l'assemblée du clergé écrit au Pape, p. 11.

INNOCENT XI ou Benoit Odescalchi. Vertus de ce pontife, rapportées par le protestant Schroeck. Sa bienfaisance envers les pauvres. Bulle qui réprime le népotisme. Ses querelle avec Louis XIV et le clergé français, t. 11, l. 88, p. 93. — Fait tous ses efforts pour engager les princes chrétiens à délivrer l'Autriche de l'invasion des Turcs commandés par Tékeli, p. 309.

INNOCENT XII. Pontificat et vertus d'Innocent XII. Son éloge par Schroeck et Muratori, t. 11, l. 88, p. 94.

INNOCENT XIII. Pontificat et vertus d'Innocent XIII. Son éloge par des hommes non suspects, t. 11, l. 88, p. 98. — Il adresse deux brefs au roi de France et au régent, p. 258.

INNOCENT (saint), évêque du Mans, t. 4, l. 45, p. 240.

INNOCENTS (les saints). Leur massacre, t. 2, l. 23, p. 157.

INQUISITION. Sous un nom ou sous un autre, l'inquisition existe dans toute société qui veut sa propre conservation. Elle doit donc exister dans la société universelle, t. 7, l. 70, p. 170. — Constitution du pape Lucius instituant, avec le concert des princes, une inquisition contre les hérésies manichéennes qui attaquaient tout ensemble et la foi chrétienne et l'ordre social, p. 468. — A la prière du roi saint Louis, le pape Alexandre IV étend l'inquisition à toute la France, t. 8, l. 74, p. 196. — Règlement du pape Nicolas IV pour l'inquisition des hérétiques en Provence, l. 77, p. 308. — Inquisition royale établie en Espagne, à la fin du XVe siècle, par Ferdinand et Isabelle. L'inquisition se trouve dans toute société, dans la loi de Moïse, dans le gouvernement divin de l'univers, dans l'Eglise catholique, t. 9, l. 83, p. 295. — Pourquoi des inquisiteurs à titre spécial, p. 296. — Raisons et caractère de l'inquisition royale d'Espagne, d'après un auteur protestant. Ne pas confondre le cardinal Jean de Torquemada avec l'inquisiteur Thomas de Torquemada. Vie et écrits du premier, p. 297. — Vie et administration du second. Les Juifs font assassiner Pierre d'Arbuès un des inquisiteurs et sont obligés de quitter l'Espagne, à moins de se convertir au christianisme, p. 298. — Règlements constitutifs de l'inquisition royale d'Espagne. Quelle était sa nature, sa ressemblance avec d'autres tribunaux, p. 299. — Résultat général de l'inquisition d'Espagne. Son apologie par Voltaire, p. 300. — Pour précautionner les fidèles contre les mauvaises doctrines, Pie IV approuve le catalogue ou index des livres prohibés, avec les dix règles à suivre en cette matière. Sixte-Quint complète la mesure, en instituant la congrégation de l'Index, t. 10, l. 86, p. 335. — Pour conserver la santé publique dans les âmes, Pie IV confirme et Sixte-Quint complète la congrégation du Saint-Office ou de la Sainte-Inquisition, p. 336. — Le grand-inquisiteur en France, c'est le peuple français, l. 85, p. 260.

INSECTES ailés. Leur gouvernement, leur industrie, leurs métamorphoses, leur coopération aux desseins de la Providence, t. 1, l. 1, p. 21.

INTERNATIONALE (l') et le congrès de Genève, t. 12, l. 92, p. 406.

ITTORCETTA, missionnaire jésuite en Chine, t. 11, l. 88, p. 319.

INVENTION de la Sainte-Croix, t. 3, l. 31, p. 102.

IRÈNE, athénienne, impératrice de Constantinople, épouse de l'empereur Léon. Son avénement avec son fils Constantin, t. 5, l. 53, p. 76. — Ses brouilleries avec Constantin, p. 86. — Elle fait détrôner et aveugler son fils Constantin, p. 87. — Sa chute, son exil et sa mort, l. 54, p. 430.

IRÉNÉE (saint), évêque de Lyon. Ses commencements.

Disciple de saint Polycarpe, évêque de Smyrne, t. 2, l. 27, p. 408. — Il est envoyé à Rome, au pape Eleuthère, par les martyrs de Lyon, p. 426. — Ses cinq livres contre les hérésies, p. 436 et seqq. — L'unité de Dieu, créateur du ciel et de la terre, proclamée par tous les siècles et tous les hommes. L'Eglise catholique est la fidèle dépositaire de cette tradition universelle. La sainteté est inséparable de cette Eglise. Cette Eglise est *universelle*, p. 437. — Elle est *apostolique*. Pour confondre tous les hérétiques, il suffit de la tradition de l'Eglise romaine. Succession des Papes jusqu'au temps de saint Irénée, p. 438. — Portrait des hérétiques et de leurs victimes. Doctrine d'Irénée sur l'eucharistie et le sacrifice de la messe, p. 439. — Son parallèle entre Eve et Marie, p. 440. — Martyre de saint Irénée et de son peuple, l. 28, p. 492.

IRÉNÉE (saint), évêque de Sirmium, t. 3, l. 30, p. 29.

IRLANDE. (Voyez *Angleterre*).

ISAAC, le patriarche. Il est prédit, t. 1, l. 4, p. 84.— Sa naissance et sa circoncision, p. 96. — Sacrifice d'Isaac, figure de celui de Jésus-Christ, p. 88. — Traditions à ce sujet en Grèce et en Phénicie, p. 89. — Message d'Eliézer. Rebecca, p. 90. — Mariage d'Isaac. Isaac et Rebecca, figure de Jésus-Christ et de son Eglise, p. 94. — Particularités qui accompagnent la naissance d'Esaü et de Jacob. Station d'Isaac chez les Philistins, p. 93. — Querelles à propos de puits. Alliance avec Abimélech. Puissance d'Isaac. Genre de formation des premières royautés. Simplicité antique, p. 94. — Jacob surprend la bénédiction de son père. Prédictions relatives à Esaü. Isaac et Rebecca, Esaü et Jacob, figures de Jésus-Christ et de son Eglise, des Juifs et des Gentils, p. 95. — Jacob arrive près d'Isaac. Mort d'Isaac, p. 102.

ISAAC (saint), évêque de Beth-Séleucie, t. 3, l. 32, p. 435.

ISAAC, évêque de Ninive, t. 4, l. 44, p. 464.

ISAAC le Grand (saint), évêque d'Edesse, t. 4, l. 44, p. 465.

ISAAC, moine. Sa prédiction funèbre à l'empereur Valens, t. 3, l. 35, p. 263.

ISAAC COMNÈNE, t. 6, l. 64, p. 97 (Voyez *Bas-Empire*).

ISAAC l'Ange, t. 7, l. 70, p. 156-402 et l. 74 (Voir *Bas-empire*).

ISABELLE de France (bienheureuse), sœur de saint Louis, t. 8, l. 74, p. 198.

ISAÏE, le prophète. Sa vision. Ses chants prophétiques, t. 4, l. 15, p. 357. — Objet de la mission d'Isaïe, p. 358. — Abominations du roi Achaz punies par les ravages des rois d'Israël et de Syrie. Les deux rois devant Jérusalem. Assurances de Dieu à Achaz. Annonce du Messie et preuves. Caractères figuratifs des enfants d'Isaïe. Achaz demande la protection du roi d'Assur. Isaïe annonce la vengeance divine sur Assur, Achaz et Babylone, et prophétise le Messie, p. 361. — Alliance d'Ezéchias avec le roi d'Egypte. Reproches d'Isaïe. Prophétie contre l'Egypte et sur la future réunion de tous les peuples, l. 46, p. 367. — Menaces et blasphèmes de Sennachérib. Prières d'Ezéchias. Prédictions d'Isaïe contre les Assyriens, p. 370. — Maladie d'Ezéchias. Dieu lui promet la santé et confirme sa promesse par un miracle. Cantique d'Ezéchias, p. 377. — Ezéchias montre ses trésors aux ambassadeurs du roi de Babylone. Prédictions menaçantes d'Isaïe sur Juda et Babylone, p. 378. — Isaïe prédit l'empire de Cyrus. Cyrus et Ezéchias, figures de Jésus-Christ, p. 379. — Prophéties d'Isaïe sur le Messie. Son évangile, sa passion, son Eglise, la vocation des Gentils et la réprobation des Juifs, et accomplissement, p. 384. — Mort violente d'Isaïe, p. 385.

ISAURIENS. Emeute contre eux à Constantinople, t. 4, l. 44, p. 28.

ISBOSETH, fils de Saül. Sa rivalité contre David. Sa défaite, t. 4, l. 42, p. 287. — Les meurtriers d'Isboseth punis de mort par David, p. 289.

ISCHYRAS, faux prêtre. Osius de Cordoue lui défend d'exercer les fonctions de prêtre, qu'il s'était arrogées. Les curés se plaignent à Athanase contre lui. Il se rétracte et demande la communion de saint Athanase. Il écrit et signe sa propre rétractation, t. 3, l. 34, p. 107. — Il reçoit le nom d'évêque au conciliabule de Tyr, p. 110.

ISIDORE de Séville (saint) et ses œuvres, particulièrement ses *Origines* ou Etymologies, t. 4, l. 48, p. 395-398.

ISIDORE (saint), laboureur. Sa vie, t. 6, l. 68, p. 477.

ISIDORE, prêtre d'Alexandrie, tracassé par l'évêque Théophile, t. 3, l. 37, p. 376.

ISIDORE, métropolitain de Russie, est le premier à conseiller la réunion avec les Latins. Il est appuyé par Bessarion, t. 9, l. 82, p. 255. — Il se déclare formellement pour la réunion, p. 258. — Il souscrit à la bulle du Pape, p. 259. — Il est créé cardinal par le pape Eugène IV, p. 262. — Il est envoyé comme légat à Constantin Dragasès, l. 83, p. 312. — Aventures de ce cardinal grec, p. 347.

ISIDORE MERCATOR ou Faux Isidore. Ce qu'il en est de sa fameuse collection de décrétales, t. 6, l. 67, p. 372.

ISLANDE et GROENLAND. Saint Anscaire, archevêque de Hambourg, est nommé légat du pape Grégoire IV jusque dans le Groënland ou l'Amérique septentrionale, qui dès lors était connu, t. 5, l. 55, p. 190. — Bulle remarquable du pape Victor II, où il compte l'Islande et le Groënland parmi les pays chrétiens. Un évêque d'Islande, l. 64, p. 404. — Progrès du christianisme dans le Groënland, p. 120.

ISMAEL. Prédiction de sa naissance et de son caractère, t. 4, l. 4, p. 80. — Renvoyé avec sa mère. Ses descendants, p. 87.

ISRAÉLITES ou JUIFS. — Les Israélites ou les Juifs sont le premier peuple que Dieu appelle du milieu de la Gentilité et de l'idolâtrie, dans la personne de leur ancêtre Abraham, t. 4, l. 4, p. 76. — Ils sont les frères des Ismaélites, les Agaréniens, Sarrasins, par Abraham et Agar, p. 80. — Ils sont parents des Moabites et des Ammonites, par Lot, p. 86. — Ils sont les frères puînés des Iduméens, par Esaü ou Edôm, frère aîné de Jacob, p. 93. — D'où vient à Jacob le nom d'Israël, p. 101. — Les descendants de Jacob ou les Israélites, en Egypte, dans la terre de Gessen, p. 109. — La politique en Egypte et ailleurs. Les Israélites opprimés. Leurs travaux, l. 6, p. 123. — Les sages-femmes égyptiennes. Submersion des enfants mâles. Pharaon oppresseur des Israélites, et les rois oppresseurs de l'Eglise, p. 124. — Moïse, la Pâque, la sortie d'Egypte, figures prophétiques de Jésus-Christ et de son Eglise, p. 124-146. — Loi écrite. Ses rapports avec le passé, le présent et l'avenir, l. 7, p. 147-172. — Voyage dans le désert. Mort de Moïse. Epreuves de l'Eglise sur la terre, l. 8, p. 172-198. — Josué ou le Jésus du peuple d'Israël, figure du Jésus de l'humanité entière, l. 9, p. 199-225. — Les Juges. Institutions de la royauté, l. 10, p. 225-261. — Saül, David, Jonathas, l. 44, p. 262-286. — David sur le trône, à la fois prophète et prophétie, l. 12, p. 287-309. — Salomon, le temple, figures du Christ et de son Eglise, l. 13, p. 309. — De 975 à 758 av. J.-C., division d'Israël en deux royaumes : royaume de Juda, capitale Jérusalem, avec le temple de Dieu et le vrai culte; royaume particulier d'Israël, capitale Samarie, avec le schisme et le culte des veaux d'or. Prédications et miracles des prophètes Elie et Elisée pour ramener Israël à Dieu. Josaphat, roi de Juda. Athalie, fille d'Achab, meurtrière de ses propres enfants, l. 44, p. 329-352. — De 758 à 724, les prophètes de Juda et d'Israël commencent à écrire l'histoire future du monde. Jonas, Isaïe, Amos, Osée, Mi-

chée. Fin du royaume d'Israël, l. 15, p. 352-366. — De 721 à 613. Ézéchias. Fin d'Isaïe. Tobie, Manassès, Judith. Ruine de Ninive, l. 16, p. 367-395. — De 613 à 588. Josias. Commencements de Jérémie. Captivité de Babylone. Nabuchodonosor voit en emblème l'histoire du monde. Daniel la lui explique. Ezéchiel dans la Mésopotamie. Ruine de Jérusalem et du temple, l. 17, p. 395-426. — De 588 à 538. Fin de Jérémie. Nabuchodonosor et son fils annoncent le vrai Dieu à tous les peuples de la terre. Daniel, historien des quatre grands empires, en particulier de l'empire romain. Chants lugubres d'Ezéchiel sur la ruine future de Tyr et de l'Egypte. Prise de Babylone par Cyrus, l. 18, p. 427-451.— De 538 à 442. Darius le Mède annonce à toute-la terre le Dieu du ciel. Cyrus ordonne le rétablissement de son temple à Jérusalem, et renvoie les Juifs dans leur pays. Daniel prédit l'époque du Christ, la guerre des Perses avec les Grecs, l'histoire des successeurs d'Alexandre. Artaxerce Longuemain prend pour femme Esther, pour premier ministre Mardochée, envoie Esdras et Néhémias relever les murs de Jérusalem. Fin des prophètes, l. 19, p. 451-482.

ISRAÉLITES. — De 442 à 144. Accomplissement des prophéties sur l'empire des Perses et sur celui des Grecs. Jésus, fils de Sirac, auteur de l'*Ecclésiastique*. Les Macchabées. Alliance des Juifs avec les Spartiates et les Romains, t. 2, l. 21, p. 54-105. — De 144 à 7. Accomplissement des prophéties sur l'empire des Romains. Rétablissement de la royauté chez les Juifs. Conversion des Iduméens et des Ituréens. Les Sadducéens, les Pharisiens et les Esséniens. Prise de Jérusalem par Pompée. Pillage du temple par Crassus. Règne de l'Iduméen Hérode. Préparation du monde à l'avénement du Christ, l. 22, p. 106-142. — Accomplissement des prophéties en Jésus-Christ, par sa naissance, sa vie, sa mort, sa résurrection, et par l'établissement de son Eglise, l. 23, p. 143-241. — Jésus-Christ est un juif crucifié. L'univers adore Jésus-Christ. Explication de ces deux faits, l. 24, p. 241-252. — Persécutions des Juifs qui ont rejeté et crucifié le Messie ou Christ venu, contre les Juifs qui le reconnaissent et l'adorent, et qui pour cela sont appelés chrétiens, l. 25, p. 254-258. — Révolutions politiques en Judée. Martyre de saint Jacques. Pierre délivré par un ange. Mort misérable d'Agrippa, p. 262. — Paul, de persécuteur devenu apôtre, est persécuté par les Juifs endurcis, p. 269, 296, 301. — Les Romains détruisent Jérusalem. Destinée temporaire des quatre grands empires et de la société des Hébreux. Prédictions funèbres de Jésus, fils d'Ananus, et autres pronostics sinistres, l. 26, p. 322. — Cause de l'obstination des Juifs, p. 323. — Les grands-prêtres et les gouverneurs romains en Judée. Révolte et désastre des Juifs. Fuite des chrétiens, p. 324. — Invasion de Vespasien. Toubles-intérieurs et siége de Jérusalem, p. 326. — Nouvelles horreurs à Jérusalem. Continuation du siége par Titus. Cruautés exercées sur les Juifs par les assiégeants, p. 327. — Une mère dévore son enfant. Jésus et Marie pour les chrétiens et pour les Juifs. Incendie du temple. Prise et destruction de la ville, p. 328. — Ruine de la synagogue. Ebion, Ménandre, Cérinthe et les Nicolaïtes, p. 330. — Révélations touchant la punition du peuple Juif, la punition de l'empire romain et la glorification de l'Eglise. Accomplissement, p. 344-364. — Intrigues des Juifs contre les chrétiens sous Trajan. Martyre de saint Siméon, évêque de Jérusalem, l. 27, p. 368. — Révolte des Juifs sous Trajan. Horreurs qu'ils commettent, désastres qu'ils éprouvent, p. 379. — Nouvelles révoltes des Juifs sous Adrien. Leurs causes et leurs résultats. Persécution des révoltés contre les chrétiens. Succession des évêques à Jérusalem, p. 386. — Compilation du Talmud par les rabbins. Version de la Bible par le juif Aquila, p. 387. — Dialogue de S. Justin avec le juif Tryphon. Livres de Tertullien contre les Juifs, l. 28, p. 472.

ISRAÉLITES.— Baptême du patriarche juif Hillel à Tibériade. Endurcissement prolongé et baptême de l'apôtre Joseph. Il bâtit des églises dans la Judée, t. 3, l. 31, p. 100. — Lettres et consultations de Julien l'Apostat pour le rétablissement du temple de Jérusalem. Fermeté de l'évêque saint Cyrille. Prodiges qui s'opposent à la réalisation du projet. Preuves de cet événement, l. 34, p. 208. — Travaux de saint Jérôme sur l'Ecriture sainte, à l'instigation du pape Damase et des dames romaines, l. 36, p. 288. — Saint Jérôme prend des leçons d'un Juif, p. 311. — Emeute des Juifs, qui sont chassés d'Alexandrie, l. 38, p. 409.

ISRAÉLITES. — Victoire de l'Ethiopien Elisbaan sur le juif Dimion, et sa conversion. Horribles représailles des Juifs arabes. Ils font un grand nombre de martyrs, t. 4; l. 44, p. 159. — Législation du roi chrétien des Arabes, Abraham. Conversion de cinquante-cinq mille Juifs, ses sujets, par le zèle du saint évêque Grégentius. L'Arabie était chrétienne, même dans sa littérature, un siècle avant Mahomet, p. 163. — Histoire de l'enfant juif miraculeusement conservé dans la fournaise, l. 46, p. 384. — Les premiers disciples que gagne Mahomet, sont quelques Juifs de Médine, qui lui en gagnent beaucoup d'autres, l. 48, p. 365.

ISRAÉLITES. — Intrigues des Juifs de Lyon. Réclamation de l'archevêque Agobard. Blasphèmes et fables qu'il leur reproche, t. 5, l. 55, p. 196. — Les Juifs excitent le calife Hakem à ruiner l'église du Saint-Sépulcre à Jérusalem, qui est rebâtie par sa mère, l. 62, p. 573.

ISRAÉLITES.—Traité remarquable du bienheureux Fulbert de Chartres contre les Juifs, t. 6, l. 62, p. 3. — Traité de controverse contre les Juifs, par Samuël de Maroc, rabbin converti, l. 65, p. 463. — Une troupe indisciplinée de croisés allemands se jette sur les Juifs, et périt parmi les Hongrois et les Bulgares, l. 66, p. 307. — Traité de Pierre le Vénérable contre les Juifs. Ce qu'on doit penser des fables et de la morale du Talmud, l. 68, p. 556. — L'activité intellectuelle des chrétiens pendant le XIIe siècle se communique même aux Juifs. Les rabbins Iarchi, Kimchi, Aben-Ezra, Maïmonide, t. 7, l. 69, p. 23. — Découverte récente sur Maïmonide, p. 24. — Dans le XIIe siècle, les Juifs sont accusés et convaincus d'avoir crucifié des enfants chrétiens, l. 70, p. 163. — Ces crimes sont autorisés, commandés même par le Talmud. Preuves par deux rabbins convertis. Fait analogue arrivé de nos jours, p. 164. — Philippe-Auguste expulse les Juifs de France, p. 165. — Emeutes contre les Juifs en Angleterre, p. 483. — Le pape Innocent III protége les Juifs. Leur état en Europe, l. 71, p. 278. — Canons du quatrième concile général de Latran touchant les Juifs et la croisade, p. 393. — Historiette de Matthieu Páris sur le Juif-Errant, l. 73, p. 531. — Les Juifs maltraités pendant le XIIIe siècle, recourent au pape Grégoire IX, qui les protége, t. 8, p. 34. — Enfants chrétiens, femme chrétienne tués par les Juifs, vers la fin du XIIIe siècle, l. 74, p. 196. — Grandes plaintes contre les Juifs. Martyre de saint Werner, l. 76, p. 300. — Miracle à Paris dans la maison d'un Juif, p. 302. — Dans le XIVe siècle, de nouveaux pastoureaux persécutent les Juifs en France, l. 79, p. 461. — Nicolas de Lyre ou Lyran. Sa *Sainte Bible*. Ses trois prologues et ses sept règles pour l'interprétation de l'Ecriture, p. 512. — Science biblique de Paul, évêque de Burgos, p. 514. — Science prodigieuse du Dominicain Raymond Martini, et de plusieurs de ses confrères, dans l'hébreu et l'arabe, la Bible, le Talmud et l'Alcoran. Leurs travaux pour la conversion des Mahométans et surtout des Juifs, p. 515. — Raymond Martini ou des Martins écrit son *Poignard de la foi*, *Pugio fidei*, pour réfuter tout ensemble les Mahométans et les Juifs par leurs propres livres, p. 516. — Martini prouve par l'Ecriture et par la tradition de la Synagogue que Dieu est un et trine,

que le Messie est Fils de Dieu, et que le Saint-Esprit est Dieu comme le Père et le Fils, p. 517. — Martini prouve que tout a été fait pour le Messie et qu'il rétablira tout, p. 518. — Martini prouve que le mot *scheol* signifie proprement enfer, et non pas simplement une fosse. Martini prouve que les scribes se sont permis d'altérer jusqu'à dix-huit passages importants de l'Ecriture, entre autres celui-ci : *Ils ont percé mes mains et mes pieds*, p. 519. — Sous le rapport de cette érudition sacrée, notre siècle pourrait-il soutenir la comparaison avec le treizième et le quatorzième? p. 520. — Persécutions contre les Juifs, réprimées par le pape Clément VI, p. 572. — Les Juifs espagnols font assassiner un fonctionnaire de l'inquisition royale, et sont obligés de quitter l'Espagne, à moins de se convertir au christianisme, t. 9, l. 83, p. 298. — Les Grecs ressemblent beaucoup au peuple Juif, p. 308. — Endurcissement des Grecs, semblable à celui des Juifs, p. 317. — Saint André, jeune enfant, martyrisé par les Juifs en Tyrol. Saint Simon, autre enfant, martyrisé par les Juifs à Trente. Miracle sur une sainte hostie, vendue par un voleur à un Juif, dans le Brandebourg, p. 376. — L'athéisme ou le panthéisme du juif Spinosa. Dernier terme du calvinisme de Jurieu et du scepticisme de Bayle, qui le réfute, t. 11, l. 88, p. 244. — Affinité du spinosisme avec la politique moderne, p. 246. — Etat religieux des Juifs. Principes homicides de leur Talmud. Assassinat du Père Thomas, Capucin, et de son domestique, par les principaux Juifs de Damas. Conduite des Juifs d'Europe à cette occasion, t. 12, l.

94, p. 223. — Evêque luthéro-calviniste à Jérusalem : ce qui provoque l'envoi d'un patriarche catholique, Coup d'œil des prophètes sur la conversion des infidèles et sur l'endurcissement des Juifs, p. 224. — Quartier des Juifs à Rome. Conversion d'Alphonse Ratisbonne, p. 225.

ISRAEL (royaume d'). Son commencement, t. 4, l. 14, p. 329. — Son dépérissement, l. 15, p. 361. — Sa réduction totale par Salmanasar. Transmigration du roi Osée et des habitants en Assyrie. Populations nouvelles du pays d'Israël. Leur conversion. Ses motifs. Ses résultats imparfaits. Le Pentateuque samaritain, p. 366.

ITALIE (Voyez *Rome et l'Italie*).

ITHACE, évêque. Sa requête à l'empereur Maxime contre les priscillianistes, t. 3, l. 36, p. 293. — Ses sectateurs obtiennent protection de Maxime, p. 321. — Il est condamné par le pape saint Sirice, p. 329.

IWAN ou Jean III et IV affranchissent les Russes du joug des Tartares, t. 11, l. 87, p. 69.

IWAN VI, czar de Russie, détrôné. Assassiné par Catherine II, t. 11, l. 89, p. 121.

IVES de Chartres (Voyez *Yves*).

IZDEGERD Ier, roi de Perse, persécute les chrétiens de son royaume. Saint Maruthas, évêque de Mésopotamie et ambassadeur de Constantinople, obtient que la persécution cesse, t. 3, l. 37, p. 383. — La persécution recommence, particulièrement sous son fils Bahram ou Vararanes, l. 38, p. 413.

IZDEGERD II persécute les chrétiens plus qu'aucun de ses prédécesseurs, t. 4, l. 40, p. 539 et seqq.

J

JABIN opprime Israël, t. 4, l. 40, p. 235.

JACOB, le patriarche, autrement Israël. Particularité de sa naissance. Différence de son caractère avec celui d'Esaü. Il achète le droit d'aînesse, t. 4, l. 4, p. 93. — Il surprend la bénédiction de son père. Esaü et Jacob, figures des Juifs et des Gentils, p. 95. — Fuite de Jacob. Vision de l'échelle et ses significations. La pierre de Jacob chez les païens, p. 96. — Jacob au service de Laban. Il épouse Lia et Rachel. Fécondité de l'une et stérilité de l'autre. Leurs femmes supplémentaires. Naissance de Joseph, p. 97. — La famille chez les patriarches et chez les païens. Transaction entre Jacob et Laban. Stratagèmes de Jacob. Son retour. Ce qu'étaient les téraphims de Laban, p. 98. — Il est poursuivi par Laban. Leur alliance, p. 99. — Frayeur de Jacob à l'approche d'Esaü. Lutte contre un ange; d'où le nom d'Israël. Son entrevue avec Esaü, p. 100. — Enlèvement de Dina. Pillage des Sichémites. Jacob construit un autel à Béthel. Il prend le nom d'Israël. Nouvelle promesse de la terre de Chanaan. Naissance de Benjamin, et mort de Rachel, p. 101. — Inceste de Ruben avec Bala. Jacob arrive près d'Isaac. Douleur de Jacob à la perte de Joseph, p. 102. — Nouvelle affliction à l'occasion de Thamar. Conséquences pratiques, p. 103. — Jacob en Egypte. p. 107. — Il bénit Ephraïm et Manassé. Suprématie d'Ephraïm, p. 110. — Prophéties de Jacob sur chacun de ses fils. Juda et le Messie. Mort de Jacob. Sa sépulture en Chanaan, p. 111.

JACOB, margrave de Baden-Dourlac, se convertit au catholicisme, t. 11, l. 87, p. 43.

JACOBITES : leur réunion avec l'Eglise romaine, t. 9, l. 82, p. 267.

JACQUERIE (guerre de la), t. 8, l. 79, p. 546.

JACQUES le Majeur (saint). Son martyre, t. 2, l. 25, p. 262.

JACQUES le Mineur (saint). Son martyre. Son épître catholique. Sa liturgie, t. 2, l. 25, p. 308.

JACQUES (saint), martyre en Perse, t. 3, l. 32, p. 141.

JACQUES (saint), évêque de Nisibe. Il reçoit le jeune Ephrem. Il assiste au concile de Nicée. Il sauve la ville de Nisibe, assiégée par les Perses, t. 3, l. 33, p. 458. — Ses prières. Sa mort, p. 460.

JACQUES le Syrien (saint), t. 3, l. 40, p. 497.

JACQUES de Sarug (saint), évêque de Batné en Mésopotamie, t. 4, l. 44, p. 164.

JACQUES de Varasc ou Voragine (bienheureux), archevêque de Gênes, t. 8, l. 76, p. 339.

JACQUES d'Ulm (bienheureux), t. 9, l. 81, p. 129.

JACQUES de La Marche (saint), t. 9, l. 83, p. 379.

JACQUES d'Esclavonie (saint), t. 9, l. 83, p. 388.

JACQUES de Vitri, évêque d'Acre. Ce qu'il dit des frères Mineurs, t. 7, l. 72, p. 428.

JACQUES (l'abbé) et ses ouvrages, t. 11, l. 89, p. 501.

JACQUES, roi d'Aragon, fait la conquête de Majorque et de Valence, t. 7, l. 73, p. 162 (Voir *Espagne*).

JACQUES Ier, roi d'Angleterre. Sa controverse avec le Jésuite Bellarmin sur l'origine de la souveraineté, t. 10, l. 87, p. 571. — Doctrines d'Ecosse sous son règne. Mœurs de Jacques Ier et de sa cour. Conséquences de sa prétention à être roi absolu au temporel et pape absolu au spirituel, p. 572.

JAGELLON, roi de Pologne. Amitié et sévérité de Sbinco, évêque de Cracovie, à son égard, t. 9, l. 82, p. 214.

JAHEL, femme de Haber le Cinéen, tue Sisara, général des Chananéens. Légitimité de son action, t. 4, l. 40, p. 236.

JANIN (Nicolas), de la congrégation de Saint-Vannes, t. 11, l. 89, p. 482.

JANNOCE Manetto, t. 9, l. 83, p. 357.

JANSÉNISME, JANSÉNISTES, JANSÉNIUS. — L'hérésiarque Hauranne découvre le fond de son cœur à saint Vincent de Paul, croyant pouvoir le séduire. Conduite du saint à son égard, t. 11, l. 87, p. 10. — Notice sur Jean du Verger de Hauranne. Ses liaisons avec Jansénius, la famille Arnauld et Port-Royal. Son livre *De la*

question royale. Ses lettres, p. 3. — Sa doctrine n'est autre que celle de Luther, Calvin, Wiclef, Jean Hus, Richier et Antoine de Dominis. Portrait qu'un magistrat contemporain fait de la secte jansénienne. Barcos, neveu de Hauranne, soutient l'hérésie des deux chefs, qui n'en font qu'un, p. 4. — Duplicité jansénienne dans Pascal et Nicole. Tendance schismatique de l'avocat janséniste Simon Vigor. Observation de Fleury. Tendance schismatique des avocats Pithou et Dupuis, condamnés par vingt-deux évêques de France, et même par Fleury, qui les imite. Portrait que l'évêque Fléchier trace des magistrats de son temps, p. 5. — Pour éloigner les fidèles de la sainte communion, le docteur Arnauld publie son livre *De la fréquente communion*. Jugements qu'en porte saint Vincent de Paul, p. 6. — Hauranne compose dans le même but le *Chapelet secret du Saint-Sacrement*. Echantillon de sa doctrine et de son style. Projet de Bourg-Fontaine, p. 7. — Biographie de Jansénius. Ses dispositions équivoques, même à la mort. Son peu de délicatesse en fait de probité. Publication de son *Augustinus*. Premières condamnations que cet ouvrage subit, p. 8. — A Paris, Isaac Habert est le premier à s'élever publiquement contre la nouvelle hérésie. Le docteur Cornet réduit la doctrine du livre de Jansénius à cinq propositions qu'il dénonce à la faculté de théologie. Plus de quatre-vingts évêques déferent le même livre au Pape, et lui demandent un jugement. Onze évêques lui écrivent en sens contraire. Innocent X condamne les cinq propositions de Jansénius. La doctrine de cet hérésiarque se réduit à nier le libre arbitre de l'homme et à faire Dieu même auteur du péché, à l'exemple et à la suite de Hobbes, Spinosa, Luther, Calvin, Wiclef, Manès et Mahomet, p. 9. — La constitution d'Innocent est reçue sans opposition en France. Lettre mémorable que l'assemblée du clergé écrit au Pape. Ce que saint Vincent de Paul écrit là-dessus à un de ses missionnaires, p. 11. — Lettres mémorables du même saint à plusieurs évêques, p. 12. — Son zèle pour faire condamner l'erreur. Sa charité pour ramener les errants. Retour sincère de trois d'entre eux, p. 15. — Duplicité des jansénistes. Tant que les cinq propositions ne sont pas condamnées, ils les soutiennent véritables et contenues dans le livre de Jansénius. Après la condamnation, ils soutiennent le contraire en public, mais toujours la même chose entre eux. Le Pape condamne l'explication janséniste, p. 46. — Arnauld la renouvelle dans sa lettre à un duc et pair. La faculté de théologie censure deux propositions de ces lettres, p. 47. — Nouvelle subtilité des jansénistes. Ils prétendent que l'Eglise n'est infaillible que sur les questions de *droit*, et non sur les *faits dogmatiques*, par exemple, si telle proposition de tel livre est hérétique ou non. Syllogisme des jansénistes pour échapper à l'autorité de l'Eglise et au formulaire de soumission qu'elle prescrit, p. 48. — Ce syllogisme soutenu et diversifié par Pascal et Nicole dans les *Lettres provinciales*. Ce qu'il en est de ces lettres. Mensonge des jansénistes quand ils se disent disciples de saint Thomas. Opposition entre leur doctrine et la sienne, p. 19. — Si les jansénistes invoquent tant saint Augustin, c'est pour abuser d'une de ses méprises. Impudence avec laquelle ils altèrent la sainte Ecriture elle-même, p. 20. — Ils falsifient et calomnient de même les Pères, notamment saint Augustin. Raisonnement qu'ils font pour cela, p. 21. — Sophisme des jansénistes pour décrier la morale des Jésuites. A quoi se réduit la morale janséniste. Les jansénistes et les pélagiens commencent par la même erreur et agissent avec la même politique, p. 22. — Le système du Jésuite Molina sur la *concorde du libre arbitre avec la grâce et la prédestination*, n'ayant pas été condamné par l'Eglise, c'est une injustice et une témérité de le taxer de pélagianisme ou de semi-pélagianisme, p. 23. — Les Bénédictins et les Oratoriens de France se laissent surprendre aux artifices des jansénistes, et méconnaissent plus ou moins le caractère surnaturel de la grâce si bien exposé par saint Thomas. Exemple de Malebranche, p. 24. — L'oratorien Quesnel, second chef de la secte jansénienne. Ses *Réflexions morales*, condamnées par la bulle *Unigenitus*, l. 88, p. 149. — Equivoques et restrictions mentales des jansénistes. Ils sont mystifiés à leur tour, p. 154. — Le jansénisme contribue particulièrement à la confusion des idées. Ses principales erreurs condamnées par la bulle *Unigenitus*, qui est reçue par toute l'Eglise, p. 253. — Subtilité diabolique du jansénisme, qui en impose à plus d'une personne, l. 89, p. 393. — Le diacre janséniste Pâris. Prétendus miracles sur son tombeau. Diverses espèces de convulsionnaires jansénistes, p. 394. — Principaux fauteurs du jansénisme, p. 396. — Schisme janséniste de Hollande. La *Boîte à Perrette*, p. 399. — Efforts des jansénistes pour gagner la reine de France. Miracle qu'ils opèrent clandestinement sur son fils, p. 400. — Persécution des parlements de France contre l'Eglise catholique. Ces parlements commencent dès lors la révolution française, p. 401. — L'Assemblée nationale de 1790, violant la liberté des cultes, prétend imposer de force au clergé et au peuple catholique de France une constitution schismatique et jansénienne, menteusement appelée civile, l. 90, p. 530. — Pie VI assure la pureté de la foi par un jugement solennel contre le synode janséniste de Pistoie, p. 576. — Les évêques jansénistes de Hollande, t. 12, l. 92, p. 328.

JAPHET (Voyez *Sem*).

JAPON ET CORÉE. — Où commence la certitude de l'histoire pour le Japon, t. 2, l. 20, p. 52. — Saint François Xavier convertit un Japonais et forme le projet d'aller prêcher l'évangile au Japon, t. 10, l. 84, p. 467. — Travaux apostoliques de saint François Xavier au Japon, l. 85, p. 245. — Notice sur le Japon et le caractère de ses habitants, l. 87, p. 402. — Histoire du christianisme au Japon depuis saint François Xavier. Conversion merveilleuse de plusieurs Japonais, p. 463. — Femme esclave, premier martyr au Japon. Conversion et zèle apostolique de plusieurs princes et autres Japonais au milieu des révolutions politiques : on aurait pu en faire des prêtres et des évêques, p. 464. — Lettres et ambassade de deux rois et d'un prince chrétien du Japon au pape Grégoire XIII, p. 466. — Nouvelles révolutions politiques. Annonce d'une persécution. Réflexions sur ce qu'on aurait pu faire et qu'on n'a pas fait pour consolider le christianisme au Japon, p. 467. — La persécution déclarée par l'empereur Taïcosama, qui se fait adorer lui-même comme dieu. Arrestation de neuf religieux, trois Jésuites, six Franciscains. Empressement des chrétiens, même des enfants, à se préparer au martyre, p. 469. — Martyre de vingt-six chrétiens du Japon, parmi eux trois enfants, p. 471. — Le persécuteur Taïcosama, qui s'était bâti des temples à lui-même, meurt en 1598. Ses successeurs excités à la persécution par les protestants de Hollande et d'Angleterre. Les Japonais se convertissent par milliers, p. 472. — Martyre de deux seigneurs japonais, Jean Minami, Simon Taquenda, avec la femme et le jeune fils de Minami, la mère et la femme de Taquenda. Leur exécuteur lui-même se convertit, p. 473. — Conversion d'un roi deux fois apostat. Sainteté d'une de ses nièces, p. 474. — Nombre des chrétiens en 1605. Ils se multiplient de jour en jour. Persévérance merveilleuse de plusieurs Japonais qui, depuis longtemps, n'avaient pas vu de prêtres. Martyre de deux gentilshommes et de leurs deux fils, l'un de douze, l'autre de sept ans, p. 475. — Les protestants de Hollande et d'Angleterre font recommencer la persécution dans le Japon. Constance d'une dame coréenne, p. 476. — En 1613, martyre de huit chrétiens par le feu. La vierge Madeleine, p. 477. — En 1614, difficulté sur la juridiction ecclésiastique après la mort de l'évêque du Japon. Remède qu'on

aurait pu y apporter. En la même année, l'usurpateur Quixasu bannit tous les missionnaires, fait démolir les églises, et ordonne à tous les chrétiens du Japon d'apostasier sous peine de mort. Les déserts se peuplent de seigneurs et de nobles chrétiens. Le général Ucundono arrive aux Philippines avec plus de mille exilés, p. 478.—Lettres admirables du roi de Tamba et du prince Thomas. Martyre de plusieurs chrétiens japonais, ainsi que du Père Spinola, missionnaire, p. 479. — Histoire ecclésiastique ou martyrologe du Japon et de la Corée, de 1622 à la fin du XVIIe siècle, t. 44, l. 88, p. 332. Etat du christianisme en Corée vers la fin du XVIIIe siècle, l. 89, p. 509. — Etat religieux et martyrs de la Corée dans la première moitié du XIXe siècle, t. 12, l. 91, p. 204. — L'île de Hongkong, position favorable pour pénétrer en Corée et au Japon, p. 206. — Le Japon, l. 92, p. 362. — Canonisation des martyrs du Japon, p. 364. — Persécution et martyrs en Corée, p. 388. — Persécution et confesseurs de la foi au Japon, p. 395.

JAZDUNDOCTE (sainte). Sa charité et son martyre, t. 3, l. 32, p. 444.

JEAN-BAPTISTE (saint). Il est prédit par les prophètes. Vision de son père Zacharie. Présages de sa haute destinée, t. 2, l. 23, p. 146. — Sa naissance, sa circoncision et ses premières années, p. 150. — Prédication de Jean-Baptiste. Il baptise Jésus-Christ, p. 162. — Confession de Jean-Baptiste, p. 166. — Nouvelle confession de Jean-Baptiste, p. 170. — Il envoie une ambassade à Jésus-Christ. Son éloge, p. 480. — Mort de saint Jean-Baptiste, p. 188. — Du baptême de saint Jean-Baptiste, p. 216. — Insuffisance du baptême donné par saint Jean-Baptiste, l. 25, p. 282.

JEAN-BAPTISTE de la Conception, réformateur des Trinitaires déchaussés, t. 40, l. 87, p. 496.

JEAN l'Evangéliste (saint). Sa vocation par Jésus-Christ, t. 2, l. 23, p. 473. — Il assiste à la transfiguration de Notre Seigneur, p. 194. — Indignation des apôtres contre Jacques et Jean, à cause de leur ambition, p. 242. — Marie confiée à Jean, p. 236. — Pierre et Jean mis en prison. Leur fermeté, l. 25, p. 255. — Confession et exil de saint Jean, l. 26, p. 340. — Vision de saint Jean dans l'île de Patmos, p. 344. — Commencement de son évangile, l. 23, p. 443. — Lettres aux sept églises d'Asie, l. 26, p. 342. — Révélation touchant la punition du peuple juif, la punition de l'empire romain et la glorification de l'Eglise. Accomplissement, p. 344. — Saint Jean ramène à Dieu un jeune homme égaré. Ses miracles. Son administration, p. 364. — Son évangile. Ses épîtres. Ses dernières recommandations, p. 362.

JEAN Ier (saint), pape. Il succède à saint Hormisda. Sa fermeté devant les fureurs de Théodoric. Honneurs qu'il reçoit à Constantinople, t. 4, l. 44, p. 465. — Théodoric le fait jeter en prison, où il meurt de faim et de soif. Miracle opéré à ses funérailles, p. 468.

JEAN II. Son élection. Décret contre les simoniaques, t. 4, l. 44, p. 188. — Lettre de Cassiodore au Pape et aux évêques. Ambassade de Justinien au Pape. Nouvelles dissensions en Orient sur la maternité divine de la Vierge. Lettre du Pape à Cassiodore à ce sujet, p. 189. — Mort du pape Jean II, p. 202.

JEAN III, t. 4, l. 45, p. 247.

JEAN IV. Sa conduite honorable. Il rejette l'Ecthèse d'Héraclius et condamne le monothélisme, t. 4, l. 48, p. 418. — Lettre qu'il écrit pour la défense d'Honorius, l. 49, p. 449. — Sa mort, p. 423.

JEAN V. Court pontificat, t. 4, l. 50, p. 542.

JEAN VI. Toutes les troupes d'Italie viennent à son secours contre les émissaires de l'empereur grec. Il emploie les trésors de l'Eglise romaine pour racheter les captifs, t. 4, l. 51, p. 519.

JEAN VII. Le roi des Lombards restitue au Saint-Siège les Alpes cotiennes. Conséquence de ce fait, t. 4, l. 51, p. 519.

JEAN VIII, pape. Il succède à Adrien II. Jugement que Muratori en porte. Il nomme empereur Charles le Chauve après la mort de Louis II, t. 42, l. 58, p. 350. — Position difficile de ce Pape. Ses lettres à Constantinople, p. 355. — Tracassé à Rome par Lambert, duc de Spolète, il vient en France, p. 357. — Au concile de Troyes, ce Pape supplée à la législation des Goths, p. 358. — Il refuse de couronner la seconde femme de Louis le Bègue, p. 360. — Il reçoit une lettre des princes de Servie et de Moravie, et il y répond, p. 364. — Il reçoit une ambassade de Constantinople pour le rétablissement de Photius après la mort de saint Ignace, p. 362. — Il fait tout ce qu'il peut pour trouver à l'Occident un empereur. Difficultés de sa position, p. 370. — Sa mort, p. 382.

JEAN IX tient un concile à Rome, un autre à Ravenne, t. 5, l. 59, p. 404. — Mort de l'empereur Arnoulfe. Les seigneurs d'Allemagne reconnaissent pour roi son fils Louis. Les évêques en demandent la confirmation au Pape. Plaintes des évêques d'Allemagne au Pape contre les Moraves; paraissent peu fondées, p. 406. — Hervée de Reims, consulté sur la conversion des Normands, consulte à son tour le Pape, p. 440. — Mort de Jean IX. Ses derniers actes, p. 444.

JEAN X. Il devient Pape. Son éloge par Flodoard et un autre contemporain. Quelle foi peut mériter Luitprand qui dit le contraire, t. 5, l. 59, p. 423. — Il sacre empereur le roi Bérenger, et chasse en peu de temps les Sarrasins d'Italie, p. 424. — Il termine le trouble de l'église de Liége. Il déclare que le roi de France nomme des évêques par l'autorité des Papes, p. 428. — Il accorde à Nicolas le Mystique, patriarche de Constantinople, des légats pour pacifier l'église de Constantinople, p. 432. — Ce Pape respecté et obéi de tout l'univers : ce qu'il se proposait; motifs de sa conduite dans la lutte entre la seconde et la troisième dynastie de France, l. 60, p. 434. — Sa mort, p. 436.

JEAN XI, pape. Sa promotion. Que penser des anecdotes de Luitprand sur sa naissance, t. 5, l. 60, p. 436.

JEAN XII succède au pape Agapit II. Saint Dunstan de Cantorbéry vient à Rome, où le pape Jean XII l'établit son légat en Angleterre, t. 5, l. 60, p. 475. — Jean XII réprime la tyrannie d'un seigneur de France, p. 476. — Le pape Jean XII invite le roi Othon à venir à Rome, et l'y couronne empereur. Serment que lui fait Othon, p. 477. — Diplôme du nouvel empereur concernant les possessions temporelles de l'Eglise romaine. Sens de ce diplôme. Rapports naturels entre le Pape et l'empereur, entre l'Eglise et l'empire, p. 478. — Ce qu'étaient ou devaient être les empereurs d'Occident. Les Francs le comprennent mieux que les Allemands. Le pape Jean XII, à la prière de l'empereur Othon, érige l'église de Magdebourg en métropole, l. 61, p. 479. — Le premier empereur allemand se brouille avec le Pape légitime, l'expulse de Rome et fait un antipape. Que penser de sa conduite et de celle de ses quarante évêques impériaux, p. 480. — Concile du pape Jean XII contre l'antipape Léon VII et les autres schismatiques. Mort du Pape, p. 485.

JEAN XIII succède à Benoît V, t. 5, l. 61, p. 487. — Il érige l'église de Prague en métropole, p. 488. — Couronne empereur Othon II, sur la demande de son père Othon Ier, p. 491. — Nouveaux évêchés en Italie, p. 496. — Mort de Jean XIII, p. 502.

JEAN XIV. Court pontificat, t. 5, l. 61, p. 540.

JEAN XV, élu, mais non consacré, t. 5, l. 61, p. 540.

JEAN XV ou XVI, t. 5, l. 61, p. 510. — Sage conduite du pape Jean XV dans la lutte séculaire entre la seconde et la troisième dynastie de France, p. 528-532. — Sa conduite honorable dans l'affaire entre le nouveau roi Hugues Capet et l'archevêque Arnoulfe de l'ancienne dynastie, l. 62, p. 535-544. — Mort du pape Jean XV. Sa lettre remarquable à tous les fidèles, p. 546.

JEAN XVII. Court pontificat, t. 5, l. 62, p. 574.

Jean XVIII. Court pontificat, t. 5, l. 62, p. 574.

Jean XIX, pape. Son élection, t. 6, l. 63, p. 23. — Il reçoit une ambassade de Constantinople, dont la demande excite des réclamations en Occident. Conduite probable du Pape en cette circonstance, p. 24. — Il couronne empereur Conrad, p. 28. — Sa réponse à quelques plaintes d'évêques, p. 36. — Il fait quelques efforts pour guérir les maux de l'Eglise. Il meurt, p. 44.

Jean XXI. Court pontificat, t. 8, l. 76, p. 245.

Jean XXII, pape. Son élection. Fable de Villani à cet égard. Sa promotion mal entendue de huit cardinaux, t. 8, l. 79, p. 458. — Ses lettres et avertissements paternels aux rois de France, d'Angleterre et de Naples. Il canonise saint Louis, évêque de Toulouse, et en écrit à la mère du saint, p. 459. — Erige plusieurs églises cathédrales et métropolitaines. Ses soins pour faire fleurir les bonnes études, particulièrement dans l'Université de Paris. Il dissuade pour le moment les rois de France et d'Angleterre de la croisade qu'ils voulaient entreprendre, p. 460. — Il condamne les entreprises des pastoureaux et se défend contre leurs attaques, tout en protégeant les Juifs, p. 461. — Sa correspondance affectueuse avec Charles le Bel, p. 462. — Il engage le roi de France à faire une croisade. Mémoires et mouvements du vénitien Sanuto auprès du Pape au sujet des affaires de la Terre sainte, p. 463. — Guerres civiles d'Angleterre, prévenues par la médiation du Pape. Mémoire des Irlandais au Pape contre le gouvernement oppressif de l'Angleterre, p. 465. — Le Pape recommande au roi d'y porter remède. Edouard II le promet, et la guerre cesse. Efforts du Pape pour concilier les différends et prévenir les guerres entre Edouard II et Robert Bruce, p. 466. — Edouard III lui demande des conseils. Il lui en donne d'excellents, p. 467. — Lettres de Jean XXII pour cimenter la paix entre l'Ecosse et l'Angleterre, p. 468. — Il consent au rétablissement de la royauté en Pologne, p. 471. — Pendant les luttes des deux concurrents à l'empire, il offre le titre de vicaire impérial en Italie à Robert, roi de Naples, dont le principal ennemi est la famille des Visconti, p. 474. — Négociations peu loyales de Louis de Bavière avec le Pape, p. 475. — Diverses bulles de Jean XXII contre Louis de Bavière, qui s'arrange avec Frédéric d'Autriche pour partager l'empire entre eux, tandis que le Pape cherche à le donner au roi de France, p. 476. — Bulles de Jean XXII contre les hérétiques Marsile et Jean, p. 478. — Lettres de Jean XXII aux Romains, p. 480. — Louis de Bavière, à Rome, se fait couronner par des évêques schismatiques et prétend déposer le Pape, p. 482. — Hardiesse de Jacques Colonne, qui, alors même, publie à Rome une bulle du Pape contre Louis de Bavière. Le soi-disant empereur Louis de Bavière fait un soi-disant pape du moine Pierre de Corbario, p. 483. — Dès ce moment, les affaires de Louis de Bavière vont de mal en pis, p. 484. — Son prétendu pape est fait prisonnier et se soumet au Pape légitime, p. 486. — Décrets de Jean XXII sur la question qui divisait les frères Mineurs, p. 487. — Etat de l'archevéché de Péking et de ses suffragants, p. 488. — Jean XXII érige plusieurs nouveaux évêchés parmi les Tartares et écrit à leurs princes, p. 489. — Mort de Jean de Mont-Corvin, archevêque de Péking. Il a pour successeur le Franciscain Nicolas auquel le Pape remet des lettres pour plusieurs princes tartares, p. 490. — Lettre du grand khan des Tartares au Pape. Quatre princes chrétiens de la même nation envoient également au Pape des lettres et des ambassadeurs, p. 491. — Sa mort. Il condamne l'interprétation que Jean de Polliac donnait au canon *Utriusque sexûs*, p. 521. — Opinion de Jean XXII, comme particulier, sur la vision béatifique. Est improuvée par lui-même, comme pape, p. 522. — Situation de Bologne à sa mort, p. 528.

Jean XXIII ou Balthasar Cossa, pape romain. Il intrigue pour son élection, t. 9, l. 84, p. 85. — Il ouvre le concile de Constance, p. 94. — Il s'enfuit du concile pour empêcher l'union, p. 94. — Sa déposition, à laquelle il acquiesce, p. 99. — La rigueur dont on use à son égard est désapprouvée à la cour de France, p. 404. — Il condamne les hérétiques Jean Hus et Jérôme de Prague, p. 110. — Il vient se jeter aux pieds de Martin V et le reconnaît pour chef de l'Eglise, p. 125.

Jean d'Acri (bienh.), Capucin, t. 11, l. 89, p. 349.

Jean d'Egypte (S.). Sa prédication, t. 3, l. 36, p. 336.

Jean de Ninive (saint), t. 4, l. 44, p. 465.

Jean Climaque (S.). Sa retraite. Sa manière de vivre. Ses ouvrages ascétiques. Sa mort, t. 4, l. 47, p. 332.

Jean l'Aumônier (saint), t. 4, l. 48, p. 358.

Jean Damascène (saint). Commencement de ce saint. Il écrit merveilleusement bien en faveur de saintes images, t. 4, l. 51, p. 554. — Comment l'empereur Léon l'Isaurien lui répond, p. 558. — Son corps de doctrine ou *Source de la science*, t. 5, l. 52, p. 31. — Son *Traité des hérésies*. De quelle manière il combat les Mahométans, p. 32. — Sa profession de foi, p. 33. — Son ouvrage *De la foi orthodoxe*. Il y résume la tradition. Ce qu'il y dit de l'eucharistie. Son ouvrage *Des parallèles*. Il écrit en particulier contre les manichéens et d'autres hérétiques, p. 34. — Caractère de son esprit et de ses écrits. Il écrit contre les iconoclastes, p. 35. — Il écrit contre l'empereur iconoclaste Copronyme, p. 40.

Jean de Vandières (saint), t. 5, l. 60, p. 438. — Son ambassade au nom du roi Othon près d'Abdérame III, roi de Cordoue. Sa noble fermeté, p. 470.

Jean de Parme (saint), t. 5, l. 64, p. 501.

Jean Gualbert (saint), t. 6, l. 63, p. 54.

Jean de Lithuanie (saint), t. 8, l. 79, p. 583.

Jean Népomucène (saint), t. 9, l. 84, p. 58.

Jean Colombini (saint), fondateur des Jésuates, t. 8, l. 79, p. 504.

Jean de Capistran (saint). Sa famille. Ses études. Il quitte le monde et prend l'habit de Franciscain. Ses vertus, t. 9, l. 84, p. 135. — Il va travailler en Bohême et avec grand succès, l. 82, p. 248. — Il aide Huniade à remporter la victoire sur les Turcs, commandés par Mahomet II. Mort de Jean de Capistran, l. 83, p. 377.

Jean de Dieu (saint), instituteur des frères de la Charité, t. 9, l. 84, p. 560.

Jean de Kenti (S.), prêtre polonais, t. 9, l. 83, p. 445.

Jean de Sahagun (saint), t. 9, l. 83, p. 468.

Jean de Prado (saint), martyr, t. 40, l. 87, p. 499.

Jean de la Croix (saint), coopérateur de sainte Thérèse dans la réforme des Carmes. Epreuves et travaux qu'il endure. Ses ouvrages. La philosophie et la poésie pourraient y apprendre plus d'une merveille dont elles ne se doutent guère, t. 10, l. 86, p. 366.

Jean-Joseph de la Croix (saint), t. 11, l. 89, p. 348.

Jean de Lodebau (bienheureux), t. 8, l. 75, p. 245.

Jean de Pinna (bienheureux), t. 8, l. 75, p. 246.

Jean Ptolémée (bienheureux), fondateur des Olivétains, t. 8, l. 79, p. 503.

Jean de Ribéra (bienheureux), archevêque de Valence, t. 10, l. 87, p. 499.

Jean-Dominique (bienheureux), frère Prêcheur, restaurateur de la vie régulière en Italie. Il reçoit saint Antonin dans son monastère, t. 9, l. 84, p. 86. — Il devient cardinal-archevêque de Raguse. Sa famille. Son noviciat. Ses progrès dans les études, p. 87. — Il va à Constance pour céder le pontificat au nom de Grégoire XII, p. 92 et seqq.

Jean Liccis (bienheureux), t. 9, l. 83, p. 374.

Jean de Dukla (bienheureux), t. 9, l. 83, p. 387.

Jean Marinon (bienheureux), t. 40, l. 86, p. 385.

Jean d'Avila (vénérable). Ses travaux. Ses écrits. Sa manière d'accorder le libre arbitre avec la grâce, t. 40, l. 86, p. 375.

Jean de Salisbury, depuis évêque de Chartres. Ses études. Ses entretiens avec le pape Adrien IV, t. 7, l. 69, p. 44. — Il adresse à Thomas Becket, chancelier

d'Angleterre, son *Polycratique* ou amusements des courtisans. Ce que c'est. Sa doctrine sur la tyrannicide, p. 18. — Il lui adresse aussi sa *Métalogique*, p. 20. — Son jugement sur le conciliabule impérial de Pavie, p. 63. — Il est élu évêque de Chartres, p. 144. — Il meurt, p. 149.

JEAN de Vicence (frère), t. 8, l. 73, p. 16.

JEAN de Mont-Corvin. Le Franciscain Jean de Mont-Corvin rapporte au pape Nicolas IV que le khan des Tartares, empereur de la Chine, était favorablement disposé pour le christianisme, t. 8, l. 76, p. 250. — Jean de Mont-Corvin bâtit deux églises dans la capitale de la Chine, à Péking, y enseigne les lettres grecques et latines, en est fait archevêque avec plusieurs suffragants, l. 77, p. 367. — Etat de l'archevêché de Péking et de ses suffragants, l. 79, p. 488. — Jean XXII érige plusieurs nouveaux évêchés parmi les Tartares, et écrit à leurs princes, p. 489. — Mort de Jean de Mont-Corvin, archevêque de Péking. Il a pour successeur le Franciscain Nicolas, auquel le Pape remet des lettres pour plusieurs princes tartares, p. 490.

JEAN Trithème, t. 9, l. 83, p. 461.

JEAN Philopon, t. 4, l. 48, p. 361.

JEAN de Montenégro, provincial des Dominicains. De la session dix-huit à vingt-trois du concile de Florence, il prouve très-doctement par les Pères grecs, particulièrement saint Epiphane, que le Saint-Esprit procède du Père et du Fils. Il convainc les Grecs d'avoir falsifié un passage de saint Basile, et leur montre que les Latins ne reconnaissent pas deux causes du Fils et du Saint-Esprit, mais une seule, le Père, t. 9, l. 82, p. 253.

JEAN de Torquemada. Sa vie et ses écrits, t. 9, l. 83, p. 297.

JEAN le Scholastique et ses ouvrages, t. 4, l. 46, p. 253.

JEAN de Biclar. Son exil. Sa règle, t. 4, l. 46, p. 259.

JEAN de Gand. Ses hérésies, t. 8, l. 79, p. 476. — Bulle de Jean XXII contre lui, p. 478.

JEAN d'Antioche engage Nestorius à se soumettre à la condamnation de sa doctrine par le pape saint Célestin, t. 3, l. 39, p. 465. — Concile d'Ephèse. Retards affectés de Jean d'Antioche, p. 470. — Le général Candidien, ami de Nestorius, fait improviser un conciliabule par Jean d'Antioche, p 474. — Procédures du concile véritable contre Jean d'Antioche, p. 479. — Le pape Sixte III recommande aux évêques du concile de ménager Jean d'Antioche. Grande division parmi les évêques d'Orient, mais qui se termine par une réconciliation générale, p. 486-490. — Sixte III félicite avec effusion de cœur saint Cyrille d'Alexandrie et Jean d'Antioche de leur réconciliation sincère, p. 490.

JEAN Talaïa d'Alexandrie, t. 4, l. 42, p. 57. — Son voyage à Rome, p. 60.

JEAN de Constantinople, t. 4, l. 43, p. 136. — Signe le formulaire du pape saint Hormisda, p. 144.

JEAN Lécanomante, patriarche de Constantinople. Sa fourberie et sa déposition, t. 5, l. 56, p. 228.

JEAN Veccus, patriarche de Constantinople. Sa conversion, t. 8, l. 76, p. 230. — Etat des Grecs avant le patriarcat de Jean Veccus, p. 256. — Son élection. Lettres de l'empereur Michel et du nouveau patriarche au Pape, p. 257. — Exacte confession de foi de Jean Veccus sur la procession du Saint-Esprit, p. 258. — Son excommunication contre les schismatiques, p. 259. — Conduite artificieuse et pleine de menteries de l'empereur Michel, p. 262. — Jean Veccus, dans un concile, convainc les schismatiques d'avoir effacé de saint Grégoire de Nysse un passage, p. 266. — Remarque à ce sujet, p. 267. — Jean Veccus se retire du patriarcat. Joseph est replacé sur le siège, p. 274. — Accusations contre Jean Veccus. Exil, p. 272. — Jean Veccus et ses deux archidiacres devant l'assemblée des schismatiques, p. 276. — Il réfute un écrit du patriarche Grégoire, p. 277. — Mort de Jean Veccus, p. 283.

JEAN Cosme, patriarche de Constantinople. Son élec-

tion, t. 8, l. 76, p. 282. — Découverte d'un anathème d'Athanase, p. 283. — Dégradation et ignorance des évêques grecs, l. 77, p. 378.

JEAN Argyropule, t. 9, l. 83, p. 362.

JEAN Hyrcan, roi et grand-prêtre des Juifs. Traité de paix et d'alliance entre les Syriens et Jean Hyrcan. Nouvelle indépendance de la Judée. Abaissement des Samaritains. Conversion des Iduméens. Renouvellement de l'alliance entre les Juifs et les Romains. Troubles de Syrie. Défaite d'Antiochus de Cyzique. Conquête de la Samarie et de la Galilée par Jean Hyrcan. Lettre des Juifs de Palestine à ceux d'Egypte, t. 2, l. 22, p. 121. — Lutte passagère entre Aristobule et Hyrcan, p. 126. — Faveur d'Hyrcan et des Juifs auprès de César, p. 130. — Mutilation et captivité d'Hyrcan, p. 131. — Retour d'Hyrcan à Jérusalem, p. 132.

JEAN Otter, Suédois, savant orientaliste, se fait catholique en 1727, et passe en France, t. 11, l. 88, p. 303.

JEAN Paléologue, empereur grec de Constantinople, t. 9, l. 83, p. 312 (Voir *Bas-Empire*).

JEAN de Brienne, roi de Jérusalem, t. 7, l. 71, p. 369 ; l. 72, p. 481. — Puis empereur français de Constantinople, l. 73, p. 511 (Voir *Bas-Empire*).

JEAN II, dit le Bon, roi de France. Continuation de la guerre avec l'Angleterre. Bataille de Poitiers. Captivité du roi Jean, t. 8, l. 79, p. 545. — Sédition contre le dauphin. Guerre de la Jacquerie, p. 546. — Traité de Bretigny mal compris du protestant Sismondi, p. 547. — Sa mort, p. 548. — Sa visite au pape Urbain V, p. 583 (Voir aussi *France*).

JEAN Sans-Terre, roi d'Angleterre. Il succède à son frère Richard Cœur-de-Lion et refuse d'exécuter ses dernières volontés, t. 7, l. 71, p. 250. — Ses luttes avec le roi de France. Le Pape s'interpose, p. 344. — Il se brouille avec Innocent III pour l'élection à l'archevêché de Cantorbéry. Il résiste à une troisième élection faite par le Pape. Lettres qu'il en reçoit. Suites graves de cette affaire, p. 344. — Il implore l'alliance du sultan de Maroc, qui le méprise, p. 348. — Il finit, du conseil de ses barons, par se déclarer vassal du Saint-Siége avec plus de solennité que n'avaient fait ses prédécesseurs, p. 349. — Différend qui s'élève entre lui et les barons d'Angleterre. Le Pape le soutient et lève l'interdit du royaume, p. 352. — Ayant fait une trève avec la France, il trouve chez lui la guerre civile et la révolte. Sage conduite d'Innocent III dans cette conjoncture difficile, p. 377. — La guerre qu'il a à soutenir contre les barons révoltés. Il lutte contre les prétentions de Louis de France, prétentions qui sont réfutées par le Pape, p. 394. — Il meurt, l. 72, p. 397 (Voir aussi *Angleterre*).

JEAN II, roi de Portugal. Son expédition en Afrique, t. 9, l. 84, p. 66.

JEANNE de Valois (sainte) fonde les *Annonciades*, t. 9, l. 83, p. 342.

JEANNE Sodérini (bienheureuse), t. 8, l. 79, p. 502

JEANNE Scopello (bienh.), carmélite, t. 9, l. 83, p. 464.

JEANNE (fable de la papesse), t. 5, l. 56, p. 272.

JEANNE D'ARC. Sa famille. Son histoire depuis sa naissance jusqu'à son départ de Vaucouleurs, t. 9, l. 82, p. 447. — Son voyage à travers la France. Son arrivée auprès de Charles VII. Interrogatoires qu'on lui fait subir, p. 453. — Elle marche sur Orléans, et en fait lever le siège aux Anglais, p. 459. — Ce que l'on pensait d'elle en Allemagne et ailleurs, p. 467. — Autres exploits de Jeanne à Jargeau, à Patay, etc., p. 469. — Elle conduit Charles VII à Reims, p. 471. — Sa lettre au duc de Bourgogne. Après le sacre du roi, elle demande à se retirer, sa mission étant finie, mais ne peut l'obtenir. Ce que Henri de Gorcum, théologien hollandais, écrivait alors de Jeanne d'Arc, p. 472. — Occupations de Jeanne d'Arc depuis le sacre de Charles VII. Toujours pieuse, chaste, compatissante, elle n'est point crédule, p. 473. — Elle est avertie par ses saintes qu'elle

serait prise, et l'est en effet devant Compiègne, p. 475.
— Conduite peu honorable des Français et des Anglais
en cette conjoncture, p. 477. — Anglais et Français
font à Jeanne d'Arc un des procès les plus iniques, et
la condamnent à être brûlée, malgré son appel au Pape.
p. 478-491. — Ses derniers moments et son martyre, p.
492. — Sort de ses principaux ennemis. Accomplissement de ses prédictions, p. 495. — Révision du procès
de Jeanne d'Arc et réhabilitation de sa mémoire par
ordre du Pontife romain, p. 496. — Combien l'Angleterre et la France sont coupables envers Jeanne d'Arc,
et qu'elles n'ont pas encore réhabilité leur propre honneur, p. 497. — Depuis le supplice de Jeanne d'Arc, les
Plantagenet d'Anjou, rois d'Angleterre, divisés en
deux branches, se font l'une à l'autre une guerre d'extermination, l. 83, p. 343.—Le pape Calixte III ordonne
la révision du procès de Jeanne d'Arc, qui est déclarée
innocente, p. 379. — Impudents mensonges de Voltaire
contre Jeanne d'Arc, t. 11, l. 89, p. 420.

Jéchonias, roi de Juda. Son impiété. Menaces divines. Sa captivité. Pillage du temple et du palais, t. 1,
l. 17, p. 411. — Son élargissement, l. 18, p. 441.

Jéhu, roi d'Israël. Sa mission. Massacre de Joram,
de Jésabel, des fils d'Achab, de sa maison, de ses partisans, d'Ochozias, roi de Juda, des prêtres et des adorateurs de Baal, t. 1, l. 14, p. 348. — Jéhu, adorateur
des veaux d'or. Hazaël ravage son royaume. Sa mort,
p. 349.

Jephté. Son élection comme juge. Son ambassade
aux Ammonites. Son vœu. Humiliation des Ammonites.
La fille de Jephté. Susceptibilité et massacre des Ephraïmites. Mort de Jephté, t. 1, l. 10, p. 246.

Jérémie, le prophète. Sa naissance. Sa mission, t.
1, l. 17, p. 395. — Impénitence des grands et du peuple. Exhortation de Jérémie. Annonce et justification
de la vengeance de Dieu et de la destruction du temple.
Douleur de Jérémie, p. 398. — Il pleure la mort de Josias, p. 399. — Conspiration et persécution contre Jérémie, p. 400. — Son emprisonnement. — Ses
prophéties en action et autres, devant le roi, les prêtres, les magistrats, le peuple, sur les malheurs futurs
de Jérusalem. Il échappe à la mort, p. 402. — Prophéties menaçantes de Jérémie sur les envahissements et la
chute de Babylone, p. 405. — Fidélité et récompense
des Réchabites. Baruch lit devant le peuple les prophéties de Jérémie, p. 406. — Nabuchodonosor à Jérusalem. Commencement de la captivité de Babylone. Nouvelles tentatives de Jérémie. Fureurs de Joakim. Arrêt
de Dieu contre lui, p. 407. — Révolte et mort violente
de Joakim. Impiété de Jéchonias. Menaces divines. Sa
captivité. Pillage du temple et du palais. Nouvelle
transmigration, p. 411. — Impiété et endurcissement
de Sédécias. Prophéties de Jérémie. Impostures et mort
d'Hananias, p. 412. — Lettres de Jérémie aux Juifs
captifs. Annonce de la fin de la captivité, de la ruine de
Babylone et de l'établissement de l'Eglise. Fureurs et
punition de Séméïas, p. 413. — Révolte et alliance
de Sédécias avec le roi d'Egypte. Prédiction, par Ezéchiel et Jérémie, de la défaite des deux rois. Marche de
Nabuchodonosor. Conversion passagère de Sédécias. Le
sort des flèches, p. 420. — Prédiction de Jérémie sur la
ruine de Jérusalem. Son emprisonnement. Sa prophétie
en action sur la fin de la captivité. Elargissement de
Jérémie. Sa nouvelle prédiction sur la ruine de Jérusalem. Sa flagellation et son emprisonnement. Retraite des Egyptiens, p. 421. — Renouvellement des
prédictions de Jérémie. Il est descendu dans une fosse
et sauvé par un Ethiopien. Son entretien secret avec le
roi. Fuite, prise et aveuglement de Sédécias, p. 422. —
Prise et incendie de la ville et du temple. Massacre et
réduction en esclavage de la population. Délivrance de
Jérémie par les Assyriens, p. 423. — Ses lamentations,
p. 423-426. — Lettre pastorale de Jérémie. Il enfouit
les objets du culte, l. 18, p. 427. — De la manifestation

future de l'arche. Jérémie recueille les restes des Juifs.
Trahison et fuite d'Ismaël. Les Juifs de Palestine se retirent en Egypte malgré les menaces de Jérémie. Menaces de Dieu contre l'Egypte. Idolâtrie des Juifs réfugiés, p. 428. — Reproches inutiles et mort de Jérémie.
Jérémie, figure de Jésus-Christ, p. 429.

Jéricho. Siége de cette ville par les enfants d'Israël.
Prise et destruction de Jéricho, t. 1, l. 9, p. 207. — Anathème de Josué contre qui la rebâtirait, p. 208. — Accomplissement des malédictions de Josué sur cette ville,
l. 14, p. 334.

Jéroboam Ier, roi d'Israël. Le prophète Ahias de Silo
l'avertit des desseins de Dieu sur lui, t. 1, l. 13, p. 324.
— Il est élu roi d'Israël par dix tribus. Politique athée
de Jéroboam, l. 14, p. 330. — Ses liaisons avec le roi
d'Egypte. Un prophète est envoyé à Jéroboam. Justice
de Dieu sur l'un et sur l'autre, p. 331. — Prophétie
d'Ahias, de Silo, sur Jéroboam, sa famille et son peuple, p. 332. — Mort de Jéroboam, p. 333.

Jéroboam III, roi d'Israël. Ses victoires sur les Syriens, t. 1, l. 14, p. 352.

Jérôme (saint), docteur de l'Eglise. Ses commencements, t. 3, l. 33, p. 158. — Amitié primitive de saint
Jérôme et de Rufin. Saint Jérôme dans le désert. Ses
austérités et ses études, particulièrement celle de l'hébreu, t. 3, l. 35, p. 249. — Lettre de saint Jérôme au
pape saint Damase : s'il faut dire trois hypostases, et
avec lequel des trois évêques d'Antioche il doit communiquer. *Si quelqu'un est uni à la chaire de Pierre, il est
des miens*, p. 257. — Saint Jérôme vient à Constantinople pour entendre saint Grégoire de Nazianze expliquer les Ecritures, l. 36, p. 268. — Travaux de saint Jérôme sur l'Ecriture sainte, à l'instigation du pape saint
Damase et des dames romaines, p. 288. — Ses disciples,
sainte Marcelle, sainte Paule et ses enfants. Les veuves
Léa et Fabiole. La vierge Aselle. Livre de saint Jérôme
contre Helvidius : *Que Marie est toujours demeurée
vierge*, p. 289. — Sa lettre à la vierge Eustochium ou
Julie, sur *les devoirs des vierges chrétiennes, et les défauts qu'elles doivent éviter*. Réponse du saint à ses détracteurs, p. 290. — Départ de saint Jérôme pour l'O-
rient. Sa visite à Didyme et aux monastères d'Egypte.
Il prend des leçons d'un juif, p. 311. — Livres de saint
Jérôme contre Jovinien, en faveur de la virginité, p.
329. — Mésintelligence et réconciliation entre le prêtre
Rufin et saint Jérôme, p. 376. — Ecrits de saint Jérôme
contre Rufin, p. 371. — Pélage, arrivé en Palestine, y
est combattu par saint Jérôme, l. 38, p. 415. — Derniers moments de saint Jérôme. Lettre qu'il reçoit du
pape Innocent. Sa mort, p. 422.

Jérôme Emiliani (saint), fondateur des Somasques,
t. 9, l. 84, p. 555.

Jérôme de Prague, un des principaux adeptes de
Jean Hus, t. 9, l. 84, p. 109. — Il est condamné avec
Jean Hus, p. 110. — Arrivé clandestinement à Constance, il s'enfuit et demande à se justifier devant le concile, sauf à subir la peine des hérétiques, si on peut le
convaincre, p. 114. — Il attache deux sens au mot *convaincre*, p. 115. — Il se rétracte, puis retombe. Sa condamnation, p. 118.

Jérusalem. Cette ville est prise par les enfants de
Benjamin sur les Jébuséens, qui continuent d'y demeurer avec eux, t. 1, l. 10, p. 227. — La Jérusalem de la
terre et la Jérusalem du ciel. David s'empare de la forteresse de Sion, ou citadelle de Jérusalem, l. 12, p. 291.
— L'arche d'alliance transportée à Jérusalem, p. 292. —
Temple de Jérusalem. Part que les nations ont eue à la
construction de ce temple, l. 13, p. 345. — Pourquoi
Dieu s'est fait bâtir un temple, p. 348. — Prophéties de
Jérémie sur les malheurs et la ruine de Jérusalem, l. 17,
p. 400 et 421. — Siége de Jérusalem. Révélation en est
faite à Ezéchiel, ainsi que de sa ruine, p. 421. — Prise
et incendie de la ville et du temple par les Chaldéens,
p. 422. — Edit de Cyrus pour le rétablissement du tem-

ple, l. 19, p. 453. — Fondation du nouveau temple, p. 454. — L'affaire de la construction du temple renvoyée à Darius, p. 465. — Dédicace du nouveau temple , p. 466. — Prière de Néhémias à Dieu pour le rétablissement de Jérusalem, p. 475. — Reconstruction des murailles malgré les persécutions des peuples voisins, p. 476. — Multiplication du peuple et renaissance de Jérusalem. Dédicace des murailles du temple, p. 479. — Alexandre de Macédoine à Jérusalem, l. 41, p. 69 et seqq. — Ptolémée-Philopator à Jérusalem et dans le temple : punition de son sacrilége, p. 73. — Héliodore à Jérusalem et dans le temple : punition de son sacrilége, p. 75. — L'abomination et la désolation à Jérusalem et dans le temple, p. 83 et seqq. — Purification du temple par Judas Machabée, p. 88. — Prise de Jérusalem par Pompée, dont la fortune décline dès lors, l. 22, p. 128. — Pillage du temple par Crassus, p. 130. — Jésus-Christ pleure sur Jérusalem, t. 2, l. 23, p. 214 ; — annonce la ruine de Jérusalem et la fin du monde, p. 220 et seqq. — Premier concile de Jérusalem, l. 25, p. 272. — Siége de Jérusalem par Vespasien, l. 26, p. 326. — Troubles et horreurs à Jérusalem. Continuation du siége par Titus. Cruautés exercées sur les Juifs par les assiégeants, p. 327. — Une mère dévore son enfant. Jésus et Marie pour les chrétiens et pour les Juifs, p. 328. — Incendie du temple. Prise et destruction de la ville, p. 326-330. — Elle est ruinée plus complètement par Adrien, de qui elle reçoit le nom païen d'Ælia Capitolina, l. 27, p. 386. — Elle est restaurée par Constantin et sainte Hélène, t. 3, l. 31, p. 102. — Prise de Jérusalem par les Perses, t. 4, l. 48, p. 357. — Prise de Jérusalem par les Mahométans, p. 374. — Prise de Jérusalem par les chrétiens enrôlés sous l'étendard de la croix, t. 6, l. 66, p. 328. — Prise de Jérusalem par le mahométan Saladin, originaire de la Chaldée, t. 7, l. 70, p. 176.

JÉSUITES. — Fondation de leur société, le 15 août 1534, en la personne de saint Ignace de Loyola, saint François Xavier et leurs compagnons, t. 10, l. 84, p. 129-143. — Leurs occupations, jusqu'à l'élection de saint Ignace comme supérieur général de la compagnie, p. 143. — Il écrit les constitutions de son ordre. Comment. Quels en sont l'esprit, le but et l'ensemble, p. 152. — On y voit tout l'opposé de Luther et de Calvin. Raisons de l'autorité du général. Précautions pour qu'il n'en abuse pas, p. 155. — Heureux tempérament de la vie active et de la vie contemplative. Discrétion dans le reste, p. 156. — Les six états dans la compagnie. Le prodigieux égarement de Luther fait voir combien il faut être sur ses gardes pour n'être pas la dupe de l'esprit de ténèbres, p. 157. — Importance des exercices et des règles spirituelles de saint Ignace, p. 158. — Sagesse des règles de saint Ignace sur l'enseignement de la théologie, plus encore sur l'enseignement de la philosophie. On n'y fait pas assez attention, p. 157. — Premiers colléges établis par la compagnie de Jésus, p. 160. — Elle envoie des missionnaires par tout l'univers, en particulier saint François Xavier dans l'Inde et au Japon, p. 161. — Le Jésuite Canisius, apôtre de l'Allemagne, l. 85, p. 274 et seqq. — Fondation du collége Germanique à Rome par saint Ignace, p. 287. — Fondation par le même du collége Romain, pour l'univers entier, p. 289. — Saint Ignace procure des missionnaires à l'Eglise, dans toutes les parties du monde, notamment en Ethiopie, où il le Pape institue un Jésuite patriarche, et deux autres évêques, p. 294. — Le Jésuite Laynèz, p. 292. — Sa sage conduite et son excellent discours au colloque de Poissy, p. 300. — Le Père Edmond Auger et d'autres Jésuites en France. Les Jésuites établissent un collége à Paris. Leur succès dans l'enseignement, d'après l'historien de l'Université Boulay, d'Alembert et le protestant Ranke, p. 302. — Collection des Vies des Saints, par les Jésuites ou Bollandistes, l. 86, p. 351. — Les Jésuites saint Stanislas Kostka, saint Louis de Gonzague et saint François de Borgia, p. 389 et seqq. — Les Jésuites Bellarmin, Suarès, Tolet et leurs ouvrages, p. 383. — Lâche cruauté que, de l'aveu du protestant Sismondi, le parlement de Paris exerce contre les Jésuites, à propos d'un attentat sur Henri IV, p. 439. — Les Jésuites aident efficacement à la restauration du catholicisme en Pologne, à Mayence à Cologne, à Paderborn et en Suisse, p. 447. — La Providence rouvre la Chine aux missionnaires : les Jésuites y entrent les premiers ; les Pères Ricci et Adam Schall, l. 87, p. 482. — Conversion et civilisation chrétiennes des sauvages du Paraguay par les Jésuites. Les réductions ou villages chrétiens, p. 494. — Le Jésuite Claver, apôtre et serviteur des nègres esclaves, p. 494. — Etat général de la compagnie de Jésus dans le XVIIᵉ siècle, p. 543. — Le Jésuite saint François Régis, p. 544 ; — le Jésuite Julien Maunoir, p. 550. — Controverse du roi Jacques Iᵉʳ avec le Jésuite Bellarmin sur l'origine de la souveraineté. D'où vient la doctrine de l'absolutisme royal, p. 571. — Sophisme des jansénistes, pour décrier la morale des Jésuites. Le système du Jésuite Molina n'ayant pas été condamné par l'Eglise, c'est une injustice et une témérité de le taxer de pélagianisme ou de semi-pélagianisme, t. 11, p. 22. — Intelligence remarquable de l'ordre surnaturel de la grâce dans les Jésuites Saint-Jure, Corneille de la Pierre et Surin, p. 27. — Position des Jésuites en France. Henri IV se fait leur apologiste, et choisit le Père Coton pour son confesseur, p. 30. — Le Jésuite Spée élève la voix contre les procédures iniques des magistrats d'Allemagne, dans la poursuite des prétendus sorciers et sorcières, p. 57. — Le Jésuite saint François Girolamo, l. 88, p. 444 ; — les Jésuites Ségneri, oncle et neveu, p. 446. — Travaux immenses des Jésuites belges, p. 431. — Travaux littéraires des Jésuites français, p. 432. — Le Jésuite allemand Athanase Kircher, et ses trente-deux ouvrages, p. 293 ; — les Jésuites Véron, Gretzer, Pichler, Scheffmacher, p. 298. — Le catholicisme établi en Chine par les Jésuites français, au grand honneur de la France, p. 347 et seqq. — Travaux, souffrances et succès des missionnaires Jésuites dans le Maluré, p. 331. — Destruction des Jésuites, en ses différentes phases, d'après le protestant Sismondi, l. 89, p. 458. — Les protestants Schlosser, Schoell et Starck jugent cet événement de la même manière que Sismondi, p. 464. — Ce que saint Liguori pensait de cette suppression des Jésuites, p. 467. — La société des Jésuites, supprimée sur les instances menaçantes des souverains catholiques, est conservée à la demande de deux souverains hérétiques, Frédéric de Prusse et Catherine de Russie, p. 478. — Services que les Jésuites rendent à l'Eglise dans leur dispersion, en particulier le Jésuite italien Muzzarelli, p. 480. — Les Jésuites français Neuville, Beauregard, Berthier et plusieurs autres, p. 484.

JÉSUS-CHRIST, VERBE DE DIEU, MESSIE, FILS DE DIEU FAIT HOMME. — C'est lui qui crée le ciel et la terre, t. 1, l. 1, p. 2. — Jésus-Christ et son Eglise figurés par Adam et Eve, p. 32. — Le Christ, Verbe de Dieu, source première et unique de tous les degrés de lumière qui se trouvent sur Dieu parmi les hommes, l. 2, p. 37. — Jésus-Christ promis à nos premiers parents après leur chute, p. 47. — Jésus-Christ et Marie. Jésus-Christ figuré par Abel, l. 3, p. 53. — Jésus-Christ, figuré par Noé, p. 56. — Jésus-Christ et l'eucharistie, figurés par Melchisédech et son sacrifice, l. 4, p. 79. Sacrifice de Jésus-Christ, figuré par celui d'Isaac, p. 88. — Jésus-Christ et son Eglise, figurés par Isaac et Rebecca, p. 94. — Jésus-Christ, figuré par le patriarche Joseph, p. 107. — Jésus-Christ, prédit par Jacob, p. 111. — Jésus-Christ figuré par Job, l. 5, p. 122. — Jésus-Christ, figuré par Moïse priant, les bras étendus, l. 7, p. 154. — Jésus-Christ figuré par tous les sacrifices de l'ancienne loi, p. 157. — La mort et l'ascension de Jésus-Christ, figurées par les cérémonies de la

fête de l'Expiation, p. 159. — La restauration de Jésus-Christ, figurée par l'année du jubilé, p. 160. — Jésus-Christ, le Verbe, se dévoile aux élus d'Israël, p. 172. — Jésus-Christ, figuré par Moïse intercédant pour le peuple, l. 8, p. 174. — Jésus-Christ, le Verbe, se laisse voir de Moïse, p. 177. — Vie de Jésus-Christ figurée par les cérémonies relatives à l'arche, p. 178. — Jésus-Christ, figuré par le serpent d'airain, p. 190. — Jésus-Christ, figuré par Josué, l. 9, p. 224. — Jésus-Christ reconnu roi par tout l'univers, figuré par David reconnu roi par tout Israël, l. 12, p. 289. — Jésus-Christ et Salomon, p. 294. — Jésus-Christ prédit et chanté par David, p. 308. — Jésus-Christ et son Eglise, figurés par Salomon et le temple, l. 13, p. 309. — Jésus-Christ, figuré par le prophète Jonas, l. 15, p. 356. — Règne de Jésus-Christ prédit par Isaïe, p. 358. — Jésus-Christ prédit par Isaïe au roi Achaz, p. 362. — Autre prédiction du même prophète sur Jésus-Christ. Jésus-Christ annoncé par le prophète Michée, p. 365. — Jésus-Christ figuré par Cyrus et Ezéchias, l. 16, p. 321 ; l. 19, p. 462. — Jésus-Christ, son Evangile, sa passion, son Eglise, prédits par Isaïe, l. 16, p. 384. — Empire de Jésus-Christ, montré à Nabuchodonosor et expliqué par Daniel, l. 17, p. 411. — Jésus-Christ, figuré par le prophète Jérémie, l. 18, p. 429. — L'époque de la venue de Jésus-Christ est révélée à Daniel, l. 19, p. 452. — Prophéties d'Aggée et de Zacharie sur Jésus-Christ et son Eglise, p. 463. — Jésus-Christ figuré par le grand-prêtre Jésus et de nouveau prédit par Zacharie, p. 465. — Prophéties de Zacharie sur diverses circonstances de la Passion de Jésus-Christ, p. 467. — Double avénement de Jésus-Christ prédit par le prophète Malachie, p. 481.

JÉSUS-CHRIST, etc. — Le Christ, centre de la poésie et de la philosophie, t. 2, l. 20, p. 51. — Le Christ, centre de toute l'histoire, p. 52. — Attente universelle du Messie ou du Christ, surtout chez les Juifs, l. 22, p. 141. — Vie de Jésus-Christ, d'après les quatre évangiles. Le Verbe. Son éternelle génération. Différences qui distinguent son être de celui des créatures, l. 23, p. 143. — Part qu'il a prise à la création de l'univers. Son pouvoir vivifiant et illuminant, et vie de toutes choses en lui-même. Son rayonnement dans le monde moral et engourdissement coupable des hommes. Eminentes prérogatives de ceux qui l'écoutent. Son incarnation et caractères qui la distinguent des manifestations précédentes de la divinité, p. 144. — Son annonciation à Marie, p. 147. — Naissance de Jésus-Christ. Vision et adoration des pasteurs, p. 153. — La circoncision. Adoration des mages, p. 154. — La présentation au temple, p. 155. — La fuite en Egypte. Le massacre des innocents. Retour en Judée. Du titre de Nazaréen donné à Jésus-Christ, p. 157. — Jésus-Christ parmi les docteurs au temple de Jérusalem. Sa vie cachée, p. 159. — Baptême de Jésus-Christ, p. 162. — Date de l'ère chrétienne, p. 163. — Les deux généalogies de saint Matthieu et de saint Luc. Leur explication. Jeûne et tentation de Jésus-Christ, p. 164. — Confession de Jean-Baptiste. Premiers disciples de Jésus-Christ, p. 166. — Les noces de Cana. De l'intercession de la sainte Vierge, p. 167. — Jésus-Christ chasse les vendeurs du temple, et annonce aux Juifs sa résurrection, p. 468. — Entretien avec Nicodème, p. 469. — Nouvelle confession de Jean-Baptiste, p. 170. — Entretien avec la Samaritaine au puits de Jacob. Guérison du fils de l'officier de Capharnaüm, p. 171. — Jésus-Christ commence sa prédication. Vocation de Pierre, d'André et des deux fils de Zébédée. Les grands et les petits dans le royaume de Jésus-Christ, p. 172. — Délivrance du possédé dans la synagogue de Capharnaüm. Guérison de la belle-mère de Simon. Nouvelles prédications. Guérisons et délivrances. La pêche miraculeuse, symbole de l'histoire de l'Eglise, p. 172. — Guérison d'un lépreux. Délivrance spirituelle et physique d'un paralytique, p. 173. — Vo-

cation de saint Matthieu. Réponse aux accusations des pharisiens. Guérison du paralytique de la piscine, p. 174. — Persécutions des Juifs et justifications de Jésus-Christ, p. 175. — Il justifie ses disciples, qui arrachaient les épis le jour du sabbat. Guérison de l'homme à la main desséchée. Prédications et guérisons nouvelles. Election des douze apôtres. Sermon sur la montagne. p. 176. — Guérison d'un lépreux. Le centurion de Capharnaüm. Résurrection du fils de la veuve de Naïm, p. 180. — Réponse aux envoyés de Jean-Baptiste. Eloge de Jean-Baptiste. Malédiction des villes incrédules. La Madeleine, p. 184. — Guérison d'un possédé aveugle et muet. Réponse aux calomnies jalouses des pharisiens. Ce que c'est que le péché contre le Saint-Esprit, et en quel sens il est irrémissible, p. 182. — La mère et les frères de Jésus-Christ. Paraboles du semeur, du bon grain et de l'ivraie, de la semence, du grain de sénevé, du levain, du trésor, de la perle et du filet, p. 183. — Pourquoi Jésus-Christ ne parlait aux Juifs qu'en paraboles. Jésus-Christ apaise une tempête, et délivre le possédé du pays des Géraséniens, p. 184. — Guérison de la fille de Jaïr, de l'hémorrhoïsse, de deux aveugles et du possédé muet, p. 185. — Incrédulité des habitants de Nazareth. Missions et instructions des douze apôtres, p. 186. — Réflexions à ce sujet. Mort de Jean-Baptiste, p. 187. — Multiplication des pains, p. 188. — Jésus-Christ marche sur les eaux et annonce l'institution de la Pâque chrétienne, p. 189. — Incrédulité de quelques-uns de ses disciples. Réflexions sur l'Eucharistie, p. 190. — Réfutation des reproches des Pharisiens. Quelles sont les choses qui souillent. Pourquoi Jésus-Christ condamnait avec tant de force les vaines traditions des pharisiens, p. 191. — La chananéenne exaucée. Guérison d'un sourd et muet, p. 192. — Nouvelle multiplication des pains. Réponse aux demandes indiscrètes des Sadducéens et des Pharisiens. Le levain des Pharisiens. Guérison d'un aveugle. Confession de Pierre et promesse de Jésus-Christ, p. 193. — Jésus-Christ annonce sa passion à ses disciples. Nécessité et bonheur du renoncement à soi-même. La transfiguration ; remarques y relatives, p. 194. — Guérison d'un possédé. Jésus-Christ annonce de nouveau à ses disciples sa passion et sa résurrection, p. 195. — Miracle pour le paiement du tribut. L'humilité enseignée aux apôtres. Anathème contre le scandale, p. 196. — La conversion des pécheurs. But de l'incarnation. Autorité de l'Eglise. Parabole du débiteur insolvable. La douceur enseignée aux apôtres, p. 197. — Nécessité du renoncement absolu. Election et instructions de soixante-douze disciples. Quelle est la chose qui doit le plus nous réjouir. Puissance du Fils. Facilité du joug de l'Evangile. Parabole du Samaritain. Marthe et Marie. La vie active et la vie contemplative, p. 198. — L'oraison dominicale. Nécessité de la persévérance dans la prière. Anathème contre les Pharisiens et les docteurs de la loi, p. 199. — Quel est celui qu'il faut craindre. Providence de Dieu. Autorité judiciaire de Jésus-Christ. Inutilité de l'avarice et des soucis matériels. Nécessité de la vigilance, p. 200. — La charité et la division apportées sur la terre par Jésus-Christ. Obligation de la paix de conscience. Parabole du figuier stérile. Secte de Judas de Gaulon. Impénitence des Juifs. Guérison de la femme infirme. Petit nombre des élus, p. 201. — Plaintes de Jésus-Christ sur l'endurcissement de Jérusalem, et annonce de sa passion. Guérison d'un hydropique. Parabole des premières et des dernières places. Exhortation au désintéressement dans l'invitation aux festins. Parabole du festin du père de famille, figurative de l'histoire de l'Eglise, p. 202. — Ne pas entreprendre plus qu'on ne peut faire. Le pasteur qui a perdu une brebis et la femme qui a perdu une dragme. Parabole de l'enfant prodigue et de l'économe infidèle, p. 203. — Indissolubilité du mariage. Abus de la Synagogue à cet égard. Trois sortes d'eunuques, p. 204. — Parabole du mauvais riche et de Lazare. Anathème

contre le scandale. Puissance de la foi. Nous ne sommes que des serviteurs inutiles. Jésus-Christ à la fête des Tabernacles. Scission des Juifs relativement à lui. Il prêche dans le temple, p. 205. — Discussion à son égard parmi le peuple. On envoie inutilement des archers pour le prendre. La femme adultère. Jésus-Christ lumière du monde. Véracité de son témoignage; p. 206. — Sa mission. La vraie liberté. Les enfants de Dieu et les enfants du démon. Jésus-Christ antérieur à Abraham. Il échappe aux Juifs. L'aveugle-né, p. 207. — Le vrai pasteur et le larron. Le bon pasteur et le mercenaire. Jésus-Christ annonce de nouveau aux Juifs sa résurrection, p. 208. — Les dix lépreux. Futur avénement du Christ. Parabole du juge inique et de la veuve, et du Pharisien et du Publicain. Jésus-Christ déclare aux Juifs sa divinité, et échappe à leur poursuite, p. 209. — Il impose les mains aux petits enfants. Moyens d'arriver à la perfection. Difficulté pour les riches d'entrer dans le royaume de Dieu. Promesses aux apôtres et à leurs imitateurs. Parabole des ouvriers et du père de famille, p. 210. — Résurrection de Lazare. L'assemblée des princes des prêtres et des pharisiens contre Jésus-Christ, p. 211. — Jésus-Christ annonce de nouveau à ses apôtres sa passion et sa résurrection. Ambition des fils de Zébédée. La grandeur dans l'Eglise chrétienne, p. 212. — L'aveugle de Jéricho. Jésus-Christ chez Zachée. Parabole des talents. Guérison de deux aveugles. Marie répand du parfum sur les pieds de Jésus-Christ. Murmures de Judas, p. 213. — Réponse de Jésus-Christ. Le jour des Rameaux. Jésus-Christ pleure sur Jérusalem. Il guérit des boiteux et des aveugles. Murmures des princes des prêtres et réponse de Jésus-Christ. Il annonce ses souffrances et leurs effets, p. 214. — Incrédulité de la plus grande partie des Juifs. Véracité et sanction de la parole de Jésus-Christ. Le figuier stérile, image de la Synagogue, p. 215. — Jésus-Christ chasse les vendeurs du temple. Puissance de la foi. Nécessité du pardon des offenses pour obtenir miséricorde. Le baptême de Jean. Eloignement des Juifs du royaume de Dieu. Parabole des vignerons homicides, p. 216. — La pierre angulaire. Parabole du festin des noces. Du tribut dû à César, p. 217. — Réponse aux objections des Sadducéens contre la résurrection. La résurrection, regardée dans l'Ecriture comme une suite de l'immortalité de l'âme. Quel est le plus grand de tous les commandements, p. 218. — Le Christ, fils et seigneur de David. Faire ce que disent les Pharisiens et non ce qu'ils font. Anathème de Jésus-Christ contre eux, p. 219. — Corruption imminente de la Synagogue. Le denier de la veuve. Prédiction de la destruction du temple. Signes de la fin du monde, p. 220. — Annonce des persécutions et de la ruine de Jérusalem. Les faux prophètes à venir. Exhortation à la vigilance. Rapports et différences entre la ruine de Jérusalem et la fin du monde, p. 221. — Le serviteur négligent. Les vierges sages et les vierges folles. Parabole des talents, p. 222. — Séparation des bons et des méchants au jugement dernier. Conseil des princes des prêtres pour prendre Jésus-Christ. Trahison de Judas. Célébration de la Pâque, p. 223. — Lavement des pieds. Institution de l'eucharistie. L'eucharistie, accomplissement et figure, p. 224. — Jésus-Christ annonce la trahison de Judas. La grandeur dans l'Eglise chrétienne. Indéfectibilité promise à Pierre, p. 225. — La charité mutuelle recommandée aux chrétiens. Jésus-Christ annonce à Pierre sa chute. Union des hommes à Dieu le Père par le Fils, p. 226. — Unité et vie de tous en Jésus-Christ. Recommandation nouvelle de la charité. Haine du monde pour le maître et les disciples, p. 227. — Le monde convaincu par le Saint-Esprit. Promesses du Saint-Esprit. Relation des trois personnes divines. La persécution annoncée de nouveau, p. 228. — Exhortation à la prière et à la confiance. Protestation de Pierre et des disciples, p. 229. — Prière de Jésus-Christ à son Père. Jésus-Christ au jardin des Olives, p. 230. — Son agonie. Baiser de Judas. Jésus-Christ se livre aux archers. Dévouement de Pierre. Guérison de Malchus. Fuite des disciples. Jésus-Christ chez Anne et chez Caïphe, p. 231. — Chute et repentir de Pierre. Jésus-Christ chez Pilate. Les deux royautés de Jésus-Christ, p. 232. — Il est renvoyé de Pilate à Hérode et d'Hérode à Pilate. On lui préfère Barabbas, p. 233. — La flagellation. Le couronnement d'épines, p. 234. — Jésus-Christ est chargé de sa croix. Les saintes femmes de Jérusalem. Pourquoi il refuse de boire. Le crucifiement. Accomplissement des figures et des prophéties. Inscription de la croix. Les vêtements de Jésus-Christ sont tirés au sort. Blasphèmes des prêtres et du peuple. Le bon larron, p. 235. — Marie confiée à Jean. Eclipse de soleil. Le psaume vingt et unième. Jésus-Christ est abreuvé de fiel et de vinaigre. Sa mort. Prodiges qui suivent sa mort. Conversion du centurion. Un soldat perce le côté de Jésus-Christ, p. 236. — Sa sépulture. On met une garde à son tombeau. Jésus-Christ dans les limbes. Tremblement de terre. Les saintes femmes et les deux apôtres au sépulcre, p. 237. — Apparition de Jésus-Christ à Marie-Madeleine et aux autres femmes. Artifices des prêtres pour cacher la résurrection de Jésus-Christ. Les deux disciples à Emmaüs, p. 238. — Jésus-Christ au milieu des apôtres. Il leur communique le pouvoir de remettre les péchés. Incrédulité de Thomas. La pêche miraculeuse. Investiture de saint Pierre, p. 239. — Nouvelle apparition aux apôtres en Galilée. Leur mission. Promesse du Saint-Esprit, p. 240. — Ascension de Jésus-Christ, p. 241.

JÉSUS-CHRIST, etc. — Que conclure de ces deux faits : Jésus-Christ est un juif crucifié, et l'univers adore Jésus-Christ, l. 24, p. 244. — Passage de Josèphe relatif à Jésus-Christ, p. 249. — Sentiment de Napoléon sur la divinité de Jésus-Christ, p. 252. — Jésus-Christ convertit Saul sur le chemin de Damas, l. 25, p. 258. — Pierre, sortant de Rome, rencontre Jésus-Christ, p. 316. — Jésus et Marie pour les chrétiens et pour les Juifs, l. 26, p. 328. — Théologie de saint Ignace d'Antioche sur la divinité et l'incarnation de Jésus-Christ, l. 27, p. 372. — L'empereur Adrien veut élever des temples à Jésus-Christ, p. 388. — L'empereur Alexandre Sévère veut mettre Jésus-Christ au rang des dieux, l. 28, p. 501. — Origène, témoin fidèle de la tradition sur la divinité et l'incarnation de Jésus-Christ, p. 505. — Emploi du mot *consubstantiel* pour exprimer la divinité de Jésus-Christ, longtemps avant le concile de Nicée, l. 29, p. 565 et 570. — Après avoir combattu pour l'unité de Dieu, l'Eglise combat pour la divinité de Jésus-Christ, t. 3, l. 34, p. 72. — Croyance des trois premiers siècles à la divinité du Christ, p. 75. — Sa divinité, confessée par un jeune enfant, l. 30, p. 16; — par le martyr Philéas, p. 17; — par toute une ville de martyrs, p. 18; — par le martyr Théodote d'Ancyre, p. 21; — par Félix, évêque et martyr en Afrique, et par quarante autres martyrs d'Afrique, p. 22; — par Arnobe, dans son apologie, p. 23; — par le martyr Euplius, p. 26; — par la martyre sainte Afre, p. 28; — par le martyr Théodore, p. 45; — par le martyr Quirin, p. 53; — par le prêtre et martyr Lucien, p. 57; — par Lactance, dans ses écrits, l. 34, p. 63; — par Eusèbe de Césarée, malgré lui. La divinité de Jésus-Christ prouvée aux païens par saint Athanase, p. 75. — L'éternelle et consubstantielle divinité du Fils, enseignée par Alexandre, évêque d'Alexandrie, p. 77 et seqq. — Solennellement professée par le concile œcuménique de Nicée dans son acte de foi, p. 84.

JÉSUS, fils de Josédec, grand-prêtre, figure de Jésus-Christ, t. 1, l. 19, p. 465.

JÉSUS, fils de Sirac. L'*Ecclésiastique*. Ses enseignements et son objet, t. 2, l. 21, p. 79.

JÉTHRO, beau-père de Moïse. Son arrivée parmi les

enfants d'Israël. Son orthodoxie. Création des juges, t. 1, l. 7, p. 154.

JEÛNES. Ce que dit là-dessus le concile de Trente, t. 10, l. 85, p. 329. — Catéchisme de Canisius sur cette matière, p. 284.

JÉZABEL, femme d'Achab, fait lapider Naboth, pour avoir sa vigne, t. 1, l. 14, p. 339. — Sa mort, p. 349.

JOAB, général de David, tue Abner. Ambition de ces deux chefs, t. 1, l. 12, p. 288. — Intrigues et mort de Joab sous Salomon, l. 13, p. 309.

JOACHAZ, roi d'Israël. Ses crimes. Ravages d'Hazaël et désolation du royaume d'Israël. Pénitence de Joachaz et pardon, t. 1, l. 14, p. 351.

JOACHAZ, roi de Juda. Son impiété, sa captivité et sa mort, t. 1, l. 17, p. 400.

JOACHIM, abbé de Calabre, t. 7, l. 70, p. 185.

JOACHIM Pélacani (bienheureux), de l'ordre des Servites, t. 8, l. 78, p. 430.

JOAKIM, roi de Juda, tributaire de Néchao. Témoignage d'Hérodote. Impiété de Joakim. Conspiration et persécution contre Jérémie, t. 1, l. 17, p. 401 et seqq. — Prédiction, fuite et mort du prophète Urias, p. 403. — Nouvelles tentatives de Jérémie. Fureurs de Joakim. Arrêt de Dieu contre lui, p. 407. — Révolte et mort violente de Joakim, p. 411.

JOANNICE (saint), t. 5, l. 56, p. 230.

JOAS, roi de Juda, échappe au massacre de son aïeule Athalie. Il est sacré par le grand-prêtre Joïada. Mort d'Athalie. Destruction des autels et des prêtres de Baal, t. 1, l. 14, p. 350. — Perversion de Joas. Il fait mourir le grand-prêtre Zacharie. Ravages d'Hazaël, Joas assassiné, p. 351.

JOAS, roi d'Israël. Prédictions que lui fait Elisée. Ses victoires sur les Syriens, t. 1, l. 14, p. 351. — Il bat et fait prisonnier Amasias, roi de Juda, et pille Jérusalem, p. 352.

JOATHAM, fils de Gédéon. Son apologue, t. 1, l. 10, p. 244.

JOATHAM, roi de Juda. Bonheur de son règne, t. 1, l. 15, p. 361.

JOB. Ce que c'était. Son époque, t. 1, l. 5, p. 112. — Ses biens remis à la discrétion de Satan. Ses malheurs et sa résignation. Sa personne remise à la discrétion de Satan. Ses souffrances et sa résignation, p. 113. — Il venge Dieu des clameurs de sa femme. Visité par trois rois ses amis. Il maudit le jour de sa naissance, p. 114. — Reproches d'Eliphaz. Réponse de Job, p. 115. — Reproches de Baldad. Réponse, humilité et prière de Job. Reproches de Sophar. Réponse de Job, et sa foi en la résurrection, p. 115 et 116. — Instance d'Eliphaz et réponse de Job. — Invectives de Baldad. Plaintes, désirs et espérances de Job, p. 117. — Preuves de sa croyance à la résurrection. Ses trois amis continuent à sermonner et Job à leur répondre, p. 118. — Ses protestations. Il fait le tableau de sa prospérité première, en opposition avec sa misère présente, et prouve son innocence par l'exposé de sa vie passée. Reproches d'Eliu à Job et à ses amis, p. 119. — Dieu répond à Job et lui représente sa supériorité sur l'homme. Job s'humilie. Dieu continue, p. 120. — Réponse de Job. Réprimande de Dieu à ses trois amis. Rétablissement de Job dans sa prospérité première. Quelle sagesse était l'objet des recherches de Job, p. 121. — Comment nous arrive cette sagesse. Doctrine du livre de Job. Job, figure de Jésus-Christ, p. 122.

JOËL, le prophète. Ses prophéties menaçantes contre Juda et ses vainqueurs, t. 1, l. 17, p. 404 et seqq.

JOÏADA ou Joad, grand-prêtre. Il sacre Joas, t. 1, l. 14, p. 350.

JOINVILLE (le sire de), ami et biographe de saint Louis. Ses préparatifs à la croisade, t. 8, l. 73, p. 69. — Son embarquement et sa navigation, p. 73. — Ses aventures en Egypte, l. 74, p. 81. — Fait important, quant à la Pragmatique-sanction, rapporté par Join-ville, p. 195. — Réflexions de Joinville pour les descendants du saint roi, p. 201.

JONAS, le prophète. Son époque. Sa mission. Sa fuite. Sa punition. Sa prière. Sa délivrance. Sa nouvelle mission. Pénitence des Ninivites. Leur pardon. Plaintes de Jonas et réponse de Dieu. Réflexions sur la conversion de Ninive, t. 1, l. 15, p. 354. — Jonas, figure de Jésus-Christ, p. 356.

JONAS (saint), martyr de Perse. Il encourage les chrétiens persécutés. Son interrogatoire. Ses tortures. Son martyre, t. 3, l. 32, p. 133.

JONATHAS, fils de Saül, pénètre chez les Philistins. Leur déroute. Jonathas, anathème à son insu. Sa délivrance, t. 1, l. 11, p. 264. — Ses dispositions à l'égard de David, p. 270. — Il intercède pour David auprès de son père, p. 271. — Son alliance avec David, qu'il avertit du péril, p. 272. — Il va trouver David dans le désert, p. 276. — Sa mort, pleurée par David, p. 284.

JONATHAS Machabée. Election de Jonathas. Aggression de Bacchides. Mort d'Alcime. Embûches inutiles et défaite de Bacchides. Traité de paix, t. 2, l. 21, p. 98. — Lettres de Démétrius et d'Alexandre Balas à Jonathas. Mort de Démétrius. Honneurs rendus à Jonathas, p. 99. — Victoire de Jonathas sur Apollonius, p. 100. — Faveur de Jonathas auprès de Démétrius, p. 101. — Lettre d'Antiochus à Jonathas, qui défait les généraux de Démétrius. Nouvelle victoire de Jonathas, p. 102. — Sa captivité. Massacre de Jonathas et de ses deux fils par Tryphon. Leur sépulture, p. 103. — Paix entre Simon et Démétrius, p. 104.

JORAM, frère d'Ochosias, roi d'Israël. Sa conduite. Il marche avec Josaphat contre Moab, t. 1, l. 14, p. 343. — Détresse de Samarie. Fureur de Joram contre Elisée. Prédictions du prophète et accomplissement, p. 347. — Elisée annonce la famine. La Sunamite lui rend témoignage devant Joram. Siége de Ramoth par les rois d'Israël et de Juda. Mission du roi Jéhu, p. 348. — Massacre de Joram, de Jézabel, des fils d'Achab, de sa maison, de ses partisans, d'Ochozias, roi de Juda, des prêtres et des adorateurs de Baal, p. 349.

JORAM, fils de Josaphat, roi de Juda. Son impiété. Il fait mourir ses frères. Révolte des Iduméens. Lettre du prophète Elie. Ravages des Philistins et des Arabes. Mort de Joram, t. 1, l. 14, p. 344.

JOSAPHAT, roi de Juda. Ses précieuses qualités. Gloire de son règne. Il marie à Athalie son fils Joram, t. 1, l. 14, p. 337. — Il marche avec Achab contre les Syriens, malgré les avertissements du prophète Michée. Le prophète Jéhu reproche à Josaphat son alliance avec Achab, p. 340. — Josaphat marche avec Joram d'Israël contre Moab, p. 343. — Invasion des Moabites et des Ammonites. Prière de Josaphat. Les ennemis s'exterminent les uns les autres, p. 344.

JOSAPHAT (saint), archevêque de Polock et martyr, t. 11, l. 87, p. 510, et l. 11, p. 76.

JOSEPH, le patriarche. Sa naissance, t. 1, l. 4, p. 97. — Songes de Joseph. Jalousie de ses frères. Ils le vendent, p. 102. — Joseph acheté par Putiphar. Sa chasteté. Il est mis en prison. Il explique les songes du grand échanson et du grand panetier, puis ceux de Pharaon, p. 103. — Puissance de Joseph. Années d'abondance. Naissance de Manassé et d'Ephraïm, p. 105. — Années de disette. Les frères de Joseph en Egypte. Captivité de Siméon, p. 106. — Joseph se fait connaître à ses frères. Joseph, figure de Jésus-Christ et de son Eglise, p. 107. — Sous quel Pharaon Joseph vint en Egypte. Joseph soumet toute l'Egypte à Pharaon, p. 109. — Joseph rassure ses frères à la mort de Jacob leur père. Sa propre mort, p. 111. — Sépulture de Joseph, l. 9, p. 224.

JOSEPH (saint), époux de la sainte Vierge. Ses inquiétudes et sa vision, t. 2, l. 23, p. 151. — Marie et Joseph à Bethléhem, p. 153. — La fuite en Egypte, p. 157. — Epoque de la mort de saint Joseph, p. 160.

Joseph (saint), apôtre juif, conseiller du célèbre Hillel. Il surprend le baptême de Hillel. Jésus-Christ lui apparaît plusieurs fois pour sa conversion. Son endurcissement. Il fait lui-même un miracle, t. 3, l. 31, p. 400. — Il est envoyé en Cilicie. Il étudie le christianisme. Son amitié avec Constantin. Son baptême. Il fait bâtir des églises en Judée. Nouveau miracle qu'il fait, p. 401.

Joseph d'Arimathie (saint), t. 2, l. 23, p. 236.

Joseph Casalanz (saint), t. 10, l. 87, p. 500.

Joseph de Cupertino (saint), t. 11, l. 88, p. 117.

Joseph de Léonissa (saint), t. 10, l. 87, p. 506.

Joseph, patriarche de Constantinople, contemporain de Jean Veccus, t. 8, l. 75 et 76 (Voir Bas-Empire).

Joseph, patriarche de Constantinople, meurt au concile de Florence, après avoir souscrit la réunion avec l'Eglise romaine, t. 9, l. 82 (Voir Conciles œcuméniques et Bas-Empire).

Joseph II, empereur d'Allemagne. Son peu de sagesse et de prudence. Ses innovations téméraires et funestes dans l'ordre civil et l'ordre religieux. Il soutient contre le Pape le livre schismatique de Fébronius, t. 11, l. 89, p. 429. — On s'oppose à ses innovations en Allemagne, p. 433. — Joseph II continue ses innovations révolutionnaires. Il est sur le point de rompre ouvertement avec le Saint-Siége, p. 437. — Quatre archevêques d'Allemagne favorisent les innovations schismatiques de Joseph II. Congrès schismatique de leurs députés à Ems. Remarques du protestant Jean de Muller et du protestant Starck à cet égard, p. 438. — Les innovations de Joseph II lui font perdre la Belgique, p. 441.

Josèphe, historien juif, gouverneur des deux Galilées, contre les Romains. Il se rend à eux, t. 2, l. 26, p. 325. — Passage de Josèphe, relatif à Jésus-Christ, l. 24, p. 249.

Josias, roi de Juda. Sa piété. Naissance de Jérémie, t. 1, l. 17, p. 395. — Sa mission. Arrêts prophétiques de Sophonie sur Juda et les peuples voisins, p. 396. — Découverte du livre de Moïse. Prédictions de la prophétesse Olda contre Jérusalem et sur Josias. Josias renouvelle l'alliance entre Dieu et le peuple, et poursuit l'œuvre de la destruction des idoles. Etendue de l'idolâtrie en Juda. Célébration de la Pâque, p. 397. — Impénitence des grands et du peuple. Exhortation de Jérémie. Annonce et justification de la vengeance de Dieu et de la destruction du temple. Douleur de Jérémie, p. 398. — Psammétique, roi en Egypte. Siége d'Azot: Eloignement des Scythes. Néchao : ses entreprises, son expédition contre Babylone, p. 399. — Opposition de Josias. Sa blessure. Sa mort. Son éloge, p. 400.

Josué combat dans la plaine, pendant que Moïse prie sur la montagne, t. 1, l. 7, p. 154. — Opposition de Caleb et de Josué aux récits décourageants des autres explorateurs. Ils sont tous deux exceptés de l'arrêt porté contre tout le peuple, l. 8, p. 185. — Il succède à Moïse, p. 194. — Ses espions chez Rahab. Convention et délivrance. Ordre du jour pour le passage du Jourdain. Passage du fleuve. Monuments commémoratifs, l. 9, p. 206. — Vision de Josué. Ordre du jour pour le siége de Jéricho. Prise et destruction de la ville, p. 207. — Echec de Haï. Achan lapidé. Prise de Haï, p. 208. — Il élève un autel sur le mont Hébal. Nouvelle promulgation de la loi. Promesses et menaces. Leur accomplissement, p. 209. — Il se laisse surprendre aux artifices des Gabaonites. Condition de l'anéantissement et de la conservation des peuples chananéens. Défaite et mort des cinq rois ennemis de Gabaon. Pluie de pierres : ce qu'elle avait de merveilleux. Josué arrête le soleil. But de ce miracle. Son souvenir chez les autres peuples, p. 210. — Prise de villes et défaite des rois chananéens, p. 211. — Héritage de Josué, p. 218. — Josué congédie les guerriers de Ruben, de Gad, Manassé, qui construisent un autel. Mouvement à cet égard, p. 221. — Promesses, menaces et avis de Josué. Sa mort et son tombeau, p. 222. — Eloges de Josué. Conséquences pratiques, p. 224.

Josué le Stylite, t. 4, l. 44, p. 465.

Jotapien, empereur, t. 2, l. 28, p. 440.

Jourdain. Passage du Jourdain par le peuple d'Israël. Monuments commémoratifs, t. 1, l. 9, p. 206.

Jourdain de Saxe (bienheureux), général des Dominicains, t. 7, l. 72, p. 437.

Joux. Conversion de Pierre de Joux, ancien pasteur de Genève, puis président du consistoire de Nantes. Ses Lettres sur l'Italie, t. 12, l. 91, p. 91.

Jovien, empereur. Son élection. Son portrait. Acte d'idolâtrie qui préluda à son règne. Son armée étant dans la plus grande détresse, il est forcé de conclure la paix avec les Perses, t. 3, l. 35, p. 246. — Il proclame la tolérance politique et fait des lois en faveur des chrétiens, p. 219. — Il écrit des lettres à saint Athanase et le mande à Antioche, p. 230. — Il n'écoute pas les importunités des ariens contre saint Athanase, p. 221. — Sa mort, p. 222.

Jovinien, hérétique. Ses erreurs. Livres de saint Jérôme contre lui, t. 3, l. 36, p. 329.

Juan d'Autriche (don). Le saint pape Pie V le nomme généralissime des troupes croisées. Il remporte sur les Turcs la célèbre victoire de Lépante, t. 10, l. 85, p. 412. — Il est assassiné par les soins d'un ministre d'Élisabeth d'Angleterre, p. 410.

Judas-Machabée. Son éloge. Ses victoires sur les généraux d'Antiochus. Purification du temple. Victoires nouvelles sur les armées syriennes et leurs alliés, t. 2, l. 24, p. 88. — Lettre de Judas à Aristobule. Sa date, p. 91. — Victoire de Judas sur les Iduméens. Défaite miraculeuse de Timothée et de Lysias. Conclusion de paix, p. 92. — Reprise des hostilités. Nouvelles victoires de Judas. Prières pour les morts. Siége de la forteresse de Sion. Invasion d'Eupator. Supplice de Ménélaüs. Mort héroïque d'Eléazar. Nouveau traité de paix, p. 93. — Liaisons passagères de Nicanor avec Judas. Songe de Judas. Mort glorieuse et éloge de Judas, p. 96.

Judas (le traître). Ses murmures, t. 2, l. 23, p. 213. — Sa trahison annoncée par Jésus-Christ, p. 225. — Il trahit Jésus-Christ par un baiser, p. 231. — Son repentir et son désespoir, p. 232.

Jude (saint). Son épître, t. 2, l. 26, p. 332.

Judée. Stérilité actuelle de la Judée et ses causes. Preuves et causes de son ancienne fertilité. Infériorité de l'Egypte, t. 1, l. 9, p. 219 (Voir Israélites).

Judith, veuve de Béthulie. Son discours aux anciens du peuple, qui voulaient se rendre à Holopherne, t. 2, l. 16, p. 389. — Sa prière, p. 390. — Elle se rend près d'Holopherne, qui, séduit par sa beauté et ses discours, accède à tous ses désirs, p. 391. — Elle lui coupe la tête et rentre dans la ville. Son discours au peuple et à Achior. Fuite et massacre des Assyriens, p. 392. — Récompense et cantique de Judith. De la légitimité des moyens employés par Judith, p. 393.

Judith, princesse de Bavière, épouse l'empereur Louis, t. 5, l. 55, p. 463. — Sa mauvaise renommée, p. 498. — A son instigation, l'empereur Louis se défie des Français, se livre aux Germains et fait un nouveau partage de l'empire, p. 499.

Juénin. Sa théologie justement condamnée, t. 11, l. 86, p. 449.

Jugement dernier, t. 2, l. 23, p. 223. — Le jugement après la mort, reconnu et professé par Socrate, l. 20, p. 15.

Juges (les) en Israël. Idée de cette nouvelle période historique. Conduite du peuple d'Israël en Palestine, image de la conduite des chrétiens. Coup d'œil sur l'histoire des juges, t. 1, l. 10, p. 225. — Guerres partielles contre les Chananéens. Les tribus de Judas et de Siméon y préludent. Prise et traitement d'Adonibésec. Prise de Jérusalem. Partage des Cinéens. Soumission

partielle des Philistins, p. 226. — Inaction de la tribu de Benjamin. Prise de Béthel par les tribus de Manassé et d'Ephraïm. La femme du lévite, p. 227. — Guerre de Gabaa. Massacre des Benjaminites. On fournit des femmes à ceux qui restent. Les suites d'une première faute, p. 228. — Relations illicites avec les Chananéens. Punition annoncée. Temple domestique de Michas, p. 230. — Expédition de la tribu de Dan, p. 231. — Du gouvernement des juges. Prévarication, oppressions et délivrances successives. Oppression de Chusan, p. 233. — Judicature d'Othoniel. Oppression d'Eglon. Il meurt par les mains d'Aod. Légitimité philosophique de ce meurtre, p. 234. — Que le catholique seul a droit d'en juger. Judicature de Samgar. Oppression de Jabin. Victoire de Barac et de Débora, p. 235. — Mort de Sisara. Légitimité de l'action de Jahel. Cantique de Débora, p. 236. — Oppression des Madianites. Délivrance par Gédéon, p. 240. — Abimélech, fratricide et roi à Sichem. Un mot sur les premiers rois, p. 243. — Apologue de Jonatham. Révolte contre Abimélech. Destruction de Sichem et de sa tour, p. 244. — Mort violente d'Abimélech. Judicature de Thola et de Jaïr. Merveille de leur gouvernement. Oppression des Ammonites et des Philistins, p. 246. — Délivrance par Jephté, p. 246. — Judicature d'Abesan, d'Aïalon et d'Abdon, p. 248. — Judicature de Samson, p. 249. — Simultanéité des juges en Israël. Judicature du grand-prêtre Héli, p. 253 et seqq. — Judicature de Samuel. Le peuple lui demande un roi, p. 256 et seqq.

Juhel de Mayenne, transféré de Tours à Reims, t. 7, l. 73, p. 552.

Juifs. Édit d'Artaxerxès, roi des Perses en leur faveur, t. 1, l. 19, p. 469. — Aman veut les exterminer, p. 471 (Voyez *Israélites*).

Jules Ier (saint), pape. Son élection au souverain pontificat, t. 3, l. 32, p. 442. — Vaines intrigues d'Eusèbe de Nicomédie auprès du pape saint Jules contre saint Athanase. Chaque parti en appelle au Pape, p. 444. — Autorité du Pontife romain, de l'aveu des Grecs. Lettre admirable que leur écrit saint Jules, p. 448. — Lettre du pape saint Jules à l'Eglise d'Alexandrie, p. 426. — Sa mort, l. 33, p. 445.

Jules II, pape. Son élection, t. 9, l. 83, p. 411. — Il rétablit la liberté et l'indépendance de l'Eglise romaine, contre les petits princes d'Italie, à commencer par César Borgia, p. 412. — Jules II commence à rétablir la liberté de l'Italie, et contre les princes du dedans et contre les princes du dehors, p. 418. — Son légat Jean de Médicis triomphe dans sa prison, p. 419. — Politique mesquine de Louis XII, qui, battu par le Pape, s'en venge par des conciliabules schismatiques et par d'ignobles calomnies contre le vieux Pontife, p. 420. — Les autres princes n'avaient pas plus de sens ni de conscience que Louis XII. Jules II et Michel-Ange, p. 421. — Jules II accorde à Henri VIII la dispense pour se marier avec la veuve de son frère et proscrit les duels. Il convoque le cinquième concile général de Latran et en fait l'ouverture, p. 422. — Il assiste à la session première et lance une bulle contre la conduite des princes qui veulent échafauder un conciliabule, p. 423. — Suite du concile. Alliance du Pape avec Henri VIII, p. 427. — Arrivée à Rome du prince Henri, fils du roi de Congo en Afrique. Bulle du pape Jules II touchant l'élection du Pape, p. 429. — Dernière maladie et mort édifiante de Jules II, p. 430.

Jules III, pape, cardinal-évêque de Palestrine, sous le nom de Jean-Marie del Monte d'Arezzo, premier légat du pape Paul III, prononce le discours d'ouverture du concile de Trente, t. 10, l. 85, p. 169. — Il donne l'exemple de la réformation, p. 478. — Son élection au Saint-Siège. Ses soins pour la reprise du concile, p. 223. — Il érige San-Salvador en évêché, p. 213. — Conduite du roi Henri II à son égard, p. 224. — Il suspend le concile de Trente, p. 236. — Il nomme le cardinal Polus son légat en Angleterre, p. 247. — Il établit un patriarche dans l'empire d'Ethiopie. Sa mort. Il ne répond pas à la haute idée qu'il avait fait concevoir du cardinal, p. 252. — Il encourage le collége Germanique, fondé à Rome par saint Ignace, p. 287.

Jules-César, t. 2, l. 22, p. 419. — Sa mort, p. 432.

Jules-Africain. Ses rapports avec Origène. Ses ouvrages, t. 3, l. 28, p. 502.

Julie della Rena (bienheureuse), t. 8, l. 79, p. 503.

Julien l'Apostat. Son caractère. Ses maîtres. Causes de son apostasie, t. 3, l. 33, p. 152. — Il se livre au philosophe Maxime. Son hypocrisie. Il est nommé césar, p. 153. — Sa conduite dans les Gaules. Constance lui demande l'élite de ses troupes contre les Perses. Une révolution qui éclate à Paris le proclame empereur. Contradictions de Julien sur les causes et les moyens de cette révolution, l. 34, p. 181. — Ses deux lettres à Constance. Superstitions et hypocrisie de Julien. Julien ayant perdu sa femme, reste veuf avec une chasteté fort équivoque, p. 182. — Ayant réussi dans sa marche sur Sirmium, il adresse au sénat de Rome et au peuple d'Athènes des manifestes où il déclare son apostasie et déchire Constance, p. 183. — Sa perplexité, dont il est tiré par la mort de Constance. Son entrée à Constantinople. Procédures contre les ministres du défunt empereur. Réforme grotesque du palais. Tenue de Julien. Invitation à Maxime et à Chrysanthe de venir à la cour. Promotion de Chrysanthe au souverain pontificat. Arrivée de Maxime, p. 184. — Accueil fait par Julien aux philosophes. Installation des idoles au palais. Zèle ridicule de Julien pour les cérémonies idolâtriques, p. 185. — Son discours sur le culte de Cybèle. Sa crédulité. Accomplissement en lui d'une prophétie de l'*Apocalypse*, p. 186. — Plan d'attaque de Julien contre le christianisme. Ses efforts pour relever le paganisme. Il n'y voit d'autre moyen que de contrefaire le christianisme. Incohérence de ses idées et de ses raisonnements à cet égard, p. 187. — Ses artifices pour surprendre les chrétiens. Prévarication d'un grand nombre de ceux-ci. Disgrâce de Jovien et de Valentinien, p. 188. — Vexations et mauvaises plaisanteries de l'empereur contre les chrétiens, p. 189. — Cruautés exercées sur l'évêque d'Aréthuse et les chrétiens d'Ascalon et de Gaze, p. 190. — Attention de Julien à attiser les dissensions entre les chrétiens. Rappel des chefs donastistes, p. 191. — Défense aux chrétiens d'étudier les lettres humaines. Ridicules sophismes de Julien à ce sujet, p. 192. — Il gagne Ecébole. Fermeté de Prohérèse, p. 193. — Ambassades adressées à Julien. Son zèle idolâtrique dans son voyage à Antioche. Il fait mettre à mort le prêtre Basile, p. 198. — Entrée de Julien à Antioche. Nouveaux témoignages de son ardeur pour le culte des idoles, p. 199. — Lettre séditieuse de Julien aux habitants de Bostre, p. 200. — Ses cruautés. Violences de la population païenne d'Alexandrie. Sa lettre aux Alexandrins, p. 201. — Requête des païens à l'empereur contre saint Athanase. Ordre donné contre lui. Supplique des Alexandrins en faveur de leur évêque. Lettre que Julien leur adresse, p. 203. — Découverte d'un bœuf Apis. Fléaux dans l'empire, p. 204. — Préparatifs superstitieux à la guerre des Perses. L'oracle d'Apollon se tait, à cause des reliques de saint Babylas. Colère de l'empereur. Confession de Théodore et de Publie. Incendie du temple et de l'idole de Daphné, p. 205. — Colère et vexations de Julien contre les chrétiens. Profanations et châtiments de trois seigneurs apostats. Présages funèbres pour Julien, p. 206. — Ses nouveaux artifices contre les chrétiens. Martyre de deux de ses gardes. Population de son palais. Combat satyrique entre Julien et le peuple d'Antioche. Le *Misopogon* et les *Césars* de Julien, p. 207. — Lettres et consultations pour le rétablissement du temple de Jérusalem. Fermeté de saint Cyrille. Prodiges qui s'opposent à la réalisation du projet. Preuves

de cet événement, p. 208. — Logique de Julien. Ses objections. Preuves contre les hérétiques. Causes de la confiance de Julien en marchant contre les Perses, p. 210. — Taxe imposée aux chrétiens. Inefficacité de l'éloquence impériale à Bérhée. Satisfaction de Julien à Batné, p. 211. — Pronostics sinistres. Sacrifice du prince à Carres. Témérité de Julien. Victoire sur les Perses. Nouveaux pronostics funèbres. Julien rejette les offres de Sapor. Réponse satyrique des habitants de Ctésiphon. Julien se laisse séduire par les espions de Sapor. Il brûle sa flotte. Embarras de l'armée, p. 212. — Vision et frayeur de Julien. Sa blessure. Circonstance de sa mort. Jugement sur Julien, p. 213. — Abattement des païens. Joie des chrétiens. Sacrifices humains faits par Julien, p. 214. — Révélation faite de sa mort à saint Sabas et à Didyme. Babylone, lieu d'exécution de la justice divine. Mort du paganisme avec Julien l'Apostat, p. 215. — Sa sépulture, l. 35, p. 219.

JULIEN (saint), solitaire. Ses miracles à Antioche et à Cyr, t. 3, l. 35, p. 239.

JULIEN de Tolède (S.), et ses écrits, t. 4, l. 50, p. 488.

JULIEN Césarini, cardinal. Au concile de Ferrare ou de Florence, il traite la question du Saint-Esprit et réfute les objections avec un génie aussi merveilleux qu'il est peu connu, t. 9, l. 82, p. 251. — Prodigieuse présence d'esprit avec laquelle il répond à un très-long discours de Marc d'Ephèse, p. 252. — Il se trouve au commencement du concile de Bâle comme légat en Allemagne, p. 227. — Il prêche la guerre contre les Turcs, l. 83, p. 353. — Il annule le traité avec les Turcs. Sa mort, p. 357.

JULITTE (sainte). Son origine. Son martyre et celui de son enfant à Tarse. Leurs reliques sont recueillies, t. 3, l. 30, p. 37.

JUMIÈGE (monastère de). Sa restauration par le duc de Normandie, qui veut s'y faire moine, t. 5, l. 60, p. 443.

JURIDICTION ecclésiastique. Sa source. Sa hiérarchie (Voir Papauté, Eglise catholique, Droit canon).

JURIEU, prédicant huguenot. Son fanatisme. Il attaque le Dictionnaire de Bayle, t. 11, l. 88, p. 243. — Dernier terme de son calvinisme, p. 245.

JUST (saint) souffre le martyre avec son frère Pasteur, t. 3, l. 30, p. 26.

JUST (saint) de Lyon, t. 3, l. 36, p. 284.

JUSTE-LIPSE, converti à la foi catholique par la vue de la démoralisation irrémédiable du protestantisme, t. 10, l. 87, p. 42.

JUSTIFICATION. Décret et canons du concile de Trente sur la justification chrétienne, t. 10, l. 85, p. 192.

JUSTIN (saint), père de l'Eglise et martyr. Sa conversion, t. 3, l. 27, p. 390. — Son exhortation aux Grecs, p. 391. — Son apologie, p. 394. — Saint Justin en Asie, p. 400. — Son dialogue avec Tryphon, p. 401.

— Ses discussions avec Crescent, p. 409. — Seconde apologie de saint Justin, p. 440. — Son martyre et ses ouvrages, p. 412.

JUSTIN Ier, empereur de Constantinople. Son origine. Son avénement à l'empire. Son caractère. Il écrit au Pape au sujet de la réunion, t. 4, l. 43, p. 137. — Dans l'affaire de l'élection de l'évêque d'Antioche, il fait exiler les évêques hérétiques, l. 44, p. 145. — Sa franchise maintient la paix entre Cabad, roi des Perses, et l'empire des Romains, p. 158. — Sa douleur à la destruction d'Antioche par un tremblement de terre. Ses soins pour la reconstruction de cette ville. Sa mort, p. 169.

JUSTIN II, empereur de Constantinople. Son avénement. Adoucissements qu'il apporte aux souffrances du peuple et de l'Eglise. Sa perversion et sa tyrannie ultérieures. Il tombe en démence, t. 4, l. 45, p. 248. — Il adopte Tibère, p. 249.

JUSTINE, impératrice, persécute saint Ambroise, t. 3, l. 36, p. 299.

JUSTINIANI, jeune noble, martyrisé à Chio, avec dix-huit compagnons, t. 11, l. 87, p. 73.

JUSTINIEN Ier, empereur de Constantinople. Son avénement. Son portrait, t. 4, l. 44, p. 169. — Ses travaux et sa législation. Principes logiquement religieux de cette législation, p. 170. — Loi dégradante qu'il publie pour l'amour de sa femme Théodora. Sa sévérité à l'égard des crimes commis contre les mœurs, p. 172. — Il est sauvé de la fureur du peuple par Bélisaire, p. 173. — Son ambassade au Pape. Son zèle intempéré, p. 189. — Son établissement en Afrique, p. 204. — Sa loi en faveur des églises d'Afrique. Les Novelles, p. 205. — Ses nouvelles professions de foi. Son édit contre Origène, l. 45, p. 224. — Sa mauvaise foi et sa brutalité contre le Pape, p. 227. — Sa fourberie envers le même Pape, p. 229. — Son étrange réponse au pape Vigile, p. 232. — Il envoie Vigile en exil, p. 234. — Son édit erroné. Ses violences contre le patriarche saint Eutychius. Sa mort, p. 247.

JUSTINIEN II, empereur de Constantinople. Concile in Trullo. Il veut faire enlever le Pape de Rome. Il est détrôné et mutilé, t. 4, l. 50, p. 514-518. — Ses aventures. Il remonte sur le trône de Constantinople. Echantillon de son gouvernement à Ravenne, l. 51, p. 520. — Manière honorable dont il reçoit le pape Constantin à Constantinople, p. 521. — Sa haine contre les Chersonnites est cause de sa ruine et de sa mort, p. 522.

JUSTUS Jonas, t. 10, l. 85, p. 480.

JUVÉNAL, évêque de Jérusalem. Sa faiblesse au conciliabule d'Ephèse, t. 3, l. 50, p. 527 et seqq. — Reconnaît et répare sa faute au concile de Chalcédoine. Variations de Juvénal, l. 41, p. 544 et seqq. — Lettre du pape saint Léon à Juvénal de Jérusalem, Maxime d'Antioche et Théodoret de Cyr, t. 4, p. 7. — Mort et successeur de Juvénal, p. 47.

K

KADROÉ (saint), t. 5, l. 60, p. 441.

KANT (Emmanuel), philosophe prussien. Sa doctrine, t. 11, l. 89, p. 466.

KATERCAMP (l'abbé), historien allemand, t. 11, l. 89, p. 509.

KENULPHE, roi des Merciens. Ses relations avec le Pape, t. 5, l. 54, p. 429.

KEYTAN (Nicolas), jésuite japonais. Son martyre, t. 11, l. 88, p. 333.

KHANG-HI, empereur chinois, favorable aux chrétiens, t. 11, l. 88, p. 320.

KIEN-LONG, empereur chinois, persécuteur des chrétiens, t. 11, l. 89, p. 510.

KIERSY. Il s'y tient en 853 un concile, qui se méprend sur les erreurs de Gothescalc, t. 5, l. 56, p. 260.

KILIEN (saint) prêche l'Evangile dans l'intérieur de la Germanie, t. 4, l. 50, p. 510.

KIOWIE. Les Russes de cette province plus souvent catholiques que ceux de Moscou. Succession de leurs métropolitains, t. 11, l. 87, p. 68.

KIRCHER (Athanase), jésuite. Sa vie, ses trente-deux ouvrages, t. 11, l. 88, p. 293.

KLOPSTOCK, poète allemand, t. 12, l. 91, p. 7.

KOUBLAI ou Chi-tsou, empereur tartare et conquérant de la Chine, t. 8, l. 74, p. 189. — Son ambassade au pape saint Grégoire X, et celle du Pape en Chine, l. 75, p. 207.

KOUOTSEY, chrétien et généralissime des troupes de l'empire chinois dans le VIIIe siècle, t. 5, l. 52, p. 29.

KRANTZ (Albert), t. 9, l. 83, p. 462.

L

Laban. Il prend Jacob à son service, t. 1, l. 4, p. 97. — Il transige avec Jacob. Ce qu'étaient ses téraphims, p. 98. — Il poursuit Jacob. Leur alliance, p. 99.

Labbe, savant jésuite, t. 11, l. 88, p. 132.

Laborosoarchod, roi de Babylone, t. 1, l. 18, p. 43.

Labre (le vénérable Benoit), t. 11, l. 89, p. 448.

Lacordaire. — Les conférences de Notre-Dame et le Père Lacordaire : rétablissement de l'ordre des Dominicains en France, t. 12, l. 92, p. 260. — L'émeute du 15 mai 1849 : violation de l'Assemblée nationale : retraite de Lacordaire, p. 271. — Le P. Lacordaire et les Dominicains, p. 286.

Lacour (Didier de), réformateur des Bénédictins en Lorraine, t. 10, l. 87, p. 537.

Lachambre (l'abbé). Ses ouvrages, t. 11, l. 89, p. 501.

Lactance. Ses traités : *De la mort des persécuteurs; De l'ouvrage de Dieu; De la colère de Dieu; Ses institutions divines*, t. 3, l. 31, p. 63. — Il fait l'éducation de Crispus, fils de Constantin, p. 65.

Laderchi, historiographe italien, t. 11, l. 88, p. 105.

Ladislas de Gielniow (le bienheureux), t. 9, l. 83, p. 389.

Ladislas Loctéc sollicite auprès du pape Jean XXII et obtient le rétablissement de la royauté en Pologne, t. 8, l. 79, p. 471.

Ladislas III, roi de Hongrie. Troubles excités par son inconduite. Efforts des Papes pour y porter remède, t. 8, l. 76, p. 292.

Ladislas, roi de Hongrie et de Pologne, fait la guerre aux Turcs avec Huniade, son général, t. 9, l. 83, p. 353. — Il continue la guerre et bat les Turcs sur la Morava, p. 354. — Trêve imprudente et nulle de Ladislas avec les Turcs, p. 355. — Bataille de Varna. Mort de Ladislas, p. 356.

Ladvocat (l'abbé). Ses écrits, t. 11, l. 89, p. 500.

Laërce (Diogène), historien ou biographe des anciens philosophes, t. 11, l. 89, p. 408.

La Fontaine (Jean), poète français, t. 11, l. 88, p. 228.

La Galaisière, premier évêque de Saint-Dié, t. 11, l. 89, p. 497.

Lagides en Egypte. Le canon de Ptolémée. De leurs surnoms, t. 2, l. 21, p. 66.

Laharpe (Jean-François de). Notice sur cet écrivain, t. 11, l. 89, p. 500.

Lainé, ministre de l'intérieur sous Louis XVIII, s'érige en pape civil, et ordonne aux professeurs de théologie la croyance aux quatre articles de 1682, t. 12, l. 94, p. 110.

Lamaisme (Voyez *Boudhisme*).

Lamartine. Son jugement sur la politique de Pie IX, t. 12, l. 92, p. 250.

Lamballe (princesse de), princesse de Savoie, martyrisée dans la prison de la Force, t. 11, l. 90, p. 548.

Lambeck ou Lambécius, savant protestant, se convertit au catholicisme, t. 11, l. 87, p. 60.

Lambert (saint), évêque de Maëstricht, t. 4, l. 50, p. 478. — Ses dernières actions et sa mort, l. 51, p. 549.

Lambert, évêque d'Arras, t. 6, l. 66, p. 286.

Lamennais (l'abbé Félicité-Robert de). *Tradition de l'Eglise sur l'institution des évêques*, par les deux frères Jean et Félicité de Lamennais. Résumé de cet ouvrage, t. 12, l. 94, p. 100. — Notice sur les deux frères, p. 101. — Congrégation de Frères d'école fondée par l'abbé Jean de Lamennais. Ensemble de bonnes œuvres en Bretagne pour l'éducation et l'édification chrétiennes, p. 102. — *De la religion considérée dans ses rapports avec l'ordre politique et civil*, par l'abbé F. de Lamennais. Résumé de cet ouvrage, p. 115. — Il est déféré par l'avocat Corbière au tribunal de police correctionnelle, qui déclare *correctionnellement*, en 1826, que la Déclaration de 1682 est une loi de l'Etat, malgré la charte, qui reconnaissait la liberté de tous les cultes. Le même ouvrage est déféré par l'abbé Frayssinous à quatorze évêques de cour, qui adressent leur déclaration doctrinale, non pas au pape Léon XII, mais au roi Charles X, p. 116. — Apparition du premier volume de l'*Essai sur l'indifférence en matière de religion*, et enthousiasme qu'il excite. Apparition du second volume. Doutes qu'il soulève. L'auteur de cette histoire expose à M. F. de Lamennais comment il comprend le fond de son livre. M. de Lamennais lui répond qu'il l'a parfaitement compris, p. 123. — Autres observations sur le deuxième volume de l'*Essai*. Ce qu'il manquait de part et d'autre pour bien s'entendre, p. 124. — Avec le consentement de son évêque, l'auteur de cette histoire se réunit à l'abbé F. de Lamennais, alors persécuté pour la cause de l'Eglise romaine. En 1828, il refuse, et pourquoi, d'adopter et même d'écrire un plan combiné de philosophie et de théologie dicté par M. F. de Lamennais, et se propose d'en combattre formellement la tendance, p. 126. — Observations et anecdoctes sur l'*Essai de philosophie catholique*, par M. F. de Lamennais. Occasion et but de l'opuscule *De la grâce et de la nature*. M. F. de Lamennais en adopte les idées en 1832. Ce que M. F. de Lamennais eut à souffrir de la part de certains amis de circonstance, p. 127. — Observations sur une censure de treize évêques, p. 128. — Occasion et but de *La religion méditée*. Lettre de 1835 à M. F. de Lamennais sur ses *Paroles d'un croyant* et ses *Troisièmes mélanges*, p. 129. — Anecdote sur la publication des *Paroles d'un croyant*. Les deux encycliques de Grégoire XVI sur ces matières. Lettre explicative du cardinal Pacca à M. F. de Lamennais, p. 131. — Tous les anciens amis de M. F. de Lamennais se soumirent aux encycliques de Grégoire XVI, en particulier l'auteur de cette histoire, p. 132. — Insoumission de M. F. de Lamennais à la seconde encyclique. Son caractère et causes de ses égarements, d'après l'*Ami de la religion*, p. 133. — Ses derniers moments, t. 12, l. 92, p. 332.

Lamentations de Jérémie, t. 1, l. 17, p. 423.

Lamoricière (le général de). Voir *Pie IX*.

Landon, pape, t. 5, l. 59, p. 423.

Lanfant, jésuite, prédicateur célèbre, t. 11, l. 89, p. 482. — Sa mort ou plutôt son martyre, l. 90, p. 541.

Lanfranc (le bienheureux). Ses commencements, t. 6, l. 63, p. 65. — Lanfranc, prieur du Bec, obtient une dispense du pape Nicolas II pour le mariage de Guillaume de Normandie, l. 64, p. 116. — Il devient archevêque de Cantorbéry, p. 136. — Son différend avec l'archevêque d'York, p. 137. — Sa correspondance avec le pape Alexandre, p. 138. — Ses écrits contre les erreurs de Bérenger, p. 139. — Sa correspondance avec Grégoire VII, l. 65, p. 176. — Sa réponse à un cardinal schismatique dans l'affaire de Henri IV, p. 244. — Sa mort, l. 66, p. 268.

Lao-Tseu, philosophe chinois. Les maisons des sages en Chine. Idéal du sage d'après les antiques monuments de ce pays. Les maisons des faux sages. Tentatives de réforme de Lao-Tseu, t. 2, l. 2, p. 482. — Son voyage en Occident. Idée du *Livre de la raison et de la vertu* et du *Traité des récompenses et des peines*, p. 483. — Son entretien avec Confucius, p. 485. — Dégénération profonde des disciples de Lao-Tseu, p. 491.

Lapouskin (Eudoxie), épouse légitime de Pierre Ier, czar de Russie, t. 11, l. 88, p. 314.

La Salle (le vénérable Jean-Baptiste de), fondateur des Frères des écoles chrétiennes, t. 11, l. 88, p. 279.

Lasco, duc de Moldavie, redevient catholique, t. 9, l. 80, p. 12.

Las-Casas, dominicain, se fait l'avocat des Indiens du Nouveau-Monde, t. 9, l. 83, p. 304.

Latour-Dupin-Montauban, premier évêque effectif de Nancy, t. 11, l. 89, p. 497.

Latimer, prêtre apostat et évêque anglican. Poursuites légales, t. 10, l. 85, p. 50.

Latiozi Pérégrin (le bienh.), t. 8, l. 79, p. 508.

Latran (1er concile général de), t. 6, l. 67, p. 411. — Second concile général de Latran, l. 68, § 2, p. 503. — Troisième concile général de Latran, t. 7, l. 69, § 2, p. 444. — Quatrième concile général de Latran, l. 71, § 3, p. 383-390. — Cinquième concile général de Latran, t. 9, l. 83, § 5, p. 422-458 (Voir *Conciles œcuméniques*).

Launoy, docteur suspect et téméraire, t. 11, l. 88, p. 457.

Laurent (saint), diacre de Rome et martyr, t. 2, l. 29, p. 556.

Laurent Justinien (saint), évêque de Venise. Sa famille, ses vertus, t. 9, l. 84, p. 88. — Son ouvrage : *Le bouquet d'amour*. Il quitte le monde, p. 89. — Il est fait prêtre. Ses occupations, p. 90. — Ses vertus et ses travaux, l. 82, p. 245. — Ses œuvres, sa mort, l. 83, p. 352.

Laurent (saint), archevêque de Dublin, t. 7, l. 69, p. 70. — Légat du Pape en Irlande. Sa mort, p. 147.

Laurent de Cantorbéry (saint), t. 4, l. 48, p. 4.

Laurent de Brindes (bienheureux), supérieur général des Capucins et négociateur diplomatique, t. 10, l. 87, p. 507.

Laurent Valla, t. 9, l. 83, p. 360.

Laurent, antipape, t. 4, l. 43, p. 95.

Lavalette (frère), supérieur des religieux militaires de Saint-Jean de Jérusalem, défend l'Europe chrétienne, au siége de Malte, contre toutes les forces mahométanes, t. 10, l. 86, p. 399.

Law. Son système de finances, t. 11, l. 88, p. 285.

Laynez, jésuite. Ses commencements. Il succède à saint Ignace. Son excellent discours au colloque de Poissy, t. 10, l. 86, p. 302.

Layruels, réformateur des Prémontrés, t. 10, l. 87, p. 533.

Léa (sainte), veuve, t. 3, l. 36, p. 289.

Léandre (saint). Sa famille. Sa retraite, son élection au siége de Séville, t. 4, l. 46, p. 258. — Exil et ouvrages de saint Léandre, p. 258. — Avec le roi Reccarède, il convertit la nation des Visigoths, p. 260. — Son discours à la fin du concile de Tolède, p. 262. — Réponses que le pape saint Grégoire fait à ses lettres, l. 47, p. 300. — Mort de saint Léandre, p. 353.

Lebon (Joseph), prêtre apostat et révolutionnaire à Arras, t. 11, l. 90, p. 560.

Lebrun, peintre français, t. 11, l. 88, p. 431.

Lebrun, oratorien français, t. 11, l. 88, p. 141.

Lebwin (saint), apôtre de la Saxe, t. 5, l. 54, p. 99.

Lecointe, oratorien français. Ses travaux historiques, t. 11, l. 88, p. 137.

Lecomte, missionnaire jésuite, t. 11, l. 88, p. 320.

Lecourrayer, génovéfain français. Son apostasie, t. 11, l. 88, p. 461.

Lefrançois (l'abbé). Ses ouvrages, t. 11, l. 89, p. 504.

Leczinska (Marie), reine de France, t. 11, l. 88, p. 373. — Ses enfants, leurs qualités et leurs vertus, p. 347.

Léger ou Léodegaire (saint), évêque d'Autun, t. 4, l. 50, p. 476. — Politique perfide et cruelle d'Ebroïn à son égard, p. 479. — Horrible calomnie du Génevois Sismondi contre saint Léger, p. 481. — Ses derniers moments, son martyre et ses miracles, p. 483.

Leibnitz. Sa biographie, t. 11, l. 88, p. 295. — Ce qu'il pense de Puffendorf, de Locke, de Shaftesbury, de Dodwel, de Whiston et de Vanini. Il prévoit et prédit que les mauvaises doctrines vont faire une révolution générale en Europe, p. 296. — Ce qui le met en état de le prévoir, p. 297. — Ce qu'il pense qu'on doit faire pour y porter remède. Sa correspondance avec Huet, p. 298. — Il est le défenseur du catholicisme. Exposition de sa doctrine sur la religion, même sur la subordination entre le temporel et le spirituel. Il est plus romain que beaucoup de catholiques, p. 299. — Il représente le parti protestant dans les négociations pour la réunion des protestants d'Allemagne avec l'Église romaine. Ce qui fait manquer la réunion. Sa conduite peu loyale en cette affaire, p. 303.

Leidrade, archevêque de Lyon. Sa lettre à Charlemagne, t. 5, l. 54, p. 112.

Le Jeune, oratorien, dit le *Père Aveugle*. Ses sermons. Ses avis aux prédicateurs, t. 11, l. 87, p. 25.

Lellis (saint Camille de), fondateur d'un ordre de clercs pour le service des malades, t. 10, l. 87, p. 503.

Lemontey. Ce que deviennent l'épiscopat et le clergé de France sous Louis XIV, d'après l'académicien Lemontey, t. 11, l. 88, p. 232.

Le Nain de Tillemont. Ses préventions janséniennes. Ses ouvrages, t. 11, l. 88, p. 273.

Léofric (saint), t. 5, l. 62, p. 567.

Léon Ier (saint) ou le Grand, pape. Son élection. Ses prédications. Ses lettres et décrétales à plusieurs évêques. Leur authenticité et leur doctrine touchant les appellations, t. 4, l. 40, p. 505. — Précautions qu'il prend contre les manichéens. Procédures contre les priscillianistes d'Espagne, p. 506. — Lettre du Pape aux évêques de Gaule relativement à saint Hilaire d'Arles. Autorité que l'empereur Valentinien III reconnaît à la décision du Pape, p. 510. — Règlement du Pape sur la suprématie des Eglises d'Arles et de Vienne, p. 511. — Lettre que le pape saint Léon adressa à Dioscore d'Alexandrie pour confirmer son épiscopat, p 513. — Lettre du Pape aux évêques de Sicile. Lettre de saint Flavien de Constantinople au Pape sur l'hérésie d'Eutychès. Date de cette lettre, p. 516. — Lettre d'Eutychès, de l'empereur Théodose et de Flavien au Pape, et réponses de celui-ci, p. 519. — Lettre du Pape à Flavien, au concile convoqué à Ephèse et à l'empereur, p. 522. — Condamnation du conciliabule d'Ephèse par le concile de Rome. Lettre du Pape et du concile. Lettre du Pape au peuple de Constantinople, p. 532. — Ordination d'Anatolius et de Maxime. Leur demande en confirmation au Pape. Dépit de Dioscore, p. 534. — Réception des lettres du Pape à Constantinople, p. 535. — Lettres de l'empereur Marcien au Pape et du Pape à l'empereur, p. 536. — Lettre canonique du pape saint Léon au concile de Chalcédoine. Adhésion du concile à la lettre du Pape, p. 542 et seqq. — Saint Léon approuve ce qu'a fait le concile touchant la doctrine, mais il casse ce qu'il a tenté de faire pour favoriser l'ambition de l'évêque de Constantinople, p. 545. — Attila s'éloigne de l'Italie à la prière de saint Léon, p. 547. — Adhésion de l'Eglise d'Occident à la doctrine formulée dans la lettre de saint Léon à Flavien, t. 4, l. 41, p. 2. — Lettres de Protérius d'Alexandrie à saint Léon, et réponse du Pape, p. 3. — Lettres de saint Léon aux Pères de Chalcédoine, à l'impératrice Eudocie et aux moines schismatiques de la Palestine, p. 6. — Lettres du Pape à Juvénal de Jérusalem, Maxime d'Antioche et Théodoret, p. 7. — Troubles excités en Egypte et à Constantinople par les eutychiens. Félicitations et exhortations du Pape à l'empereur Léon et aux évêques d'Orient. Requêtes des catholiques et des hérétiques d'Egypte à l'empereur. Condamnation de l'intrus Timothée Elure par toute l'Eglise orientale. Lettre du Pape à l'empereur. Exil de Timothée. Autres lettres du Pape aux catholiques d'Egypte et au clergé de Constantinople, p. 14-17. — Lettre du patriarche Gen-

nade au Pape, p. 47. — Lettres disciplinaires du Pape à des évêques d'Occident. Sa mort, p. 48.

Léon II (saint). Il succède au pape saint Agathon. Lettre que lui écrit l'empereur. Réponse du Pape, ainsi que ses lettres en Espagne, t. 4, l. 50, p. 503. — Sa mort, p. 514.

Léon III (saint), pape. Il rétablit Ernulf, roi des Nothumbres, t. 5, l. 52, p. 20. — Ses premières relations avec Charlemagne, t. 5, l. 53, p. 90. — Maltraité et aveuglé par des séditieux à Rome, se trouve miraculeusement guéri et se rend en France, p. 94. — Manière dont il est reçu en France et en Germanie par Charlemagne, qui offre la Saxe à l'Eglise romaine, p. 92. — Son retour à Rome. Déclaration unanime du clergé de France et d'Italie touchant le jugement du Pape qui se justifie par son serment, p. 93. — Il rétablit l'empire romain en Occident dans la personne de Charlemagne. Caractère de ce rétablissement, p. 94. — Son voyage en France, sans qu'on en sache la cause, l. 54, p. 129. — Sa mort, l. 55, p. 154.

Léon IV (saint), pape. Son élection. Dans les circonstances où Rome se trouvait alors, le nouveau Pape suffit à tout, t. 5, l. 56, p. 266. — Il accorde le *pallium* à Hincmar de Reims et sacre empereur Louis, fils de Lothaire, p. 268. — Il fait la dédicace de la cité Léonine, repeuple la ville de Porto et en restaure d'autres. Il tient un concile à Rome et bâtit une nouvelle ville pour y réfugier les habitants de Centumcelles, p. 269. — Mort de ce saint Pape, p. 271.

Léon V, pape. Son court pontificat. Ce qu'en dit Flodoard, t. 5, l. 59, p. 448.

Léon VI, pape. Son court pontificat, t. 5, l. 60, p. 436.

Léon VII, pape. Ses vertus, t. 5, l. 60, p. 449. — Sa réponse à l'archevêque de Lorch, p. 454.

Léon VIII, t. 5, l. 61, p. 484-487.

Léon IX (saint), pape (Pour ses commencements voyez *Brunon de Toul*). Son élection. Son voyage à Rome et ses premiers actes, t. 6, l. 63, p. 52. — Le pape saint Léon IX, malgré l'inconséquence du roi Henri de France et les intrigues des prélats coupables, vient à Reims, y consacre l'église de Saint-Remi au milieu d'une multitude infinie de peuple, et tient un concile qui commence efficacement la réforme du clergé, p. 56. — Il dispense saint Edouard d'Angleterre du pèlerinage de Rome, p. 61. — Il procède contre les évêques de Bretagne au concile de Rome, p. 64. — Saint Léon à Toul, p. 71. — Son dernier voyage en Allemagne, p. 73. — Dévotion de saint Léon IX. Il compâtit aux maux de l'Eglise mourante d'Afrique, p. 78. — Sa réponse vraiment apostolique aux reproches ineptes de Michel Cérulaire, p. 83. — Ses lettres à Michel Cérulaire et à l'empereur Monomaque. Dernière maladie du pape saint Léon IX. Il bénit lui-même sa tombe et meurt, p. 87.

Léon X. Son élection. Ses commencements. Il fait continuer le concile de Latran, t. 9, l. 83, p. 431. — Indulgences de Léon X relatives à l'achèvement de la basilique de Saint-Pierre. Le commissaire général est un Franciscain; le commissaire particulier pour les provinces du Rhin est un prêtre séculier. Ses instructions n'ont rien de répréhensible, l. 84, p. 521. — Lettre de Luther au pape Léon X avec une défense de ses quatre-vingt-quinze propositions touchant les indulgences, p. 533. — Le 9 novembre 1518, Léon X confirme la doctrine de l'Eglise romaine et excommunie quiconque soutiendrait le contraire, p. 535. — Il s'efforce de ramener Luther, qui se joue de lui et de ses nonces, surtout dans sa correspondance particulière. Luther adresse au Pape son sermon de la liberté chrétienne, p. 540. — Ses emportements contre Rome et les évêques, p. 542. — Léon X condamne irrévocablement les erreurs de Luther, et provisoirement sa personne, p. 544. — Parallèle de la constitution de

Léon X contre Luther avec la constitution de Léon Ier contre Eutychès, au temps d'Attila, p. 547. — La bulle de Léon X contre Luther est reçue en Angleterre avec une soumission religieuse. Le roi Henri VIII réfute très-solidement les blasphèmes de l'hérésiarque, et fait hommage de son travail au Pape, p. 579-584. — L'approbation prétendue des poésies d'Arioste réduite à sa juste valeur par le protestant Roscoë. Reproche à Léon X d'aimer trop la chasse. Sa conduite politique envers les princes jugée et justifiée par Roscoë, t. 10, p. 3. — Belle conduite de Léon X à la défaite des Français par les Suisses, t. 9, l. 83, p. 432. — Soumission de deux cardinaux schismatiques, p. 434. — Promotion de cardinaux, p. 435. — Louis XII, devenu plus sensé à force de revers, envoie une ambassade au Pape, renonce au conciliabule de Pise et reconnaît le concile de Latran, p. 436. — Décret du Pape approuvé par le concile et condamnant certaines erreurs philosophiques, p. 437. — Bulles de Léon X pour la pacification des princes et pour la réformation des officiers de la cour romaine. Mort de plusieurs cardinaux, p. 438. — Réconciliation de plusieurs prélats français avec le Pape. Règlement pour la réformation de la cour romaine, p. 439. — Lettre de Léon X à David, roi des Abyssins, Efforts qu'il fait pour réunir les princes chrétiens à la défense de l'Europe contre les Turcs, p. 442. — Les Papes, et notamment Nicolas V et Léon X, favorisent généreusement et les livres et les bibliothèques et les savants, p. 446. — Universités italiennes, collège romain, p. 447. — Entrevue du roi François Ier et du pape Léon X à Bologne, p. 450. — Léon X calomnié pour sa conduite envers François Ier et les Suisses, p. 452. — Concordat entre François Ier et Léon X approuvé par le dixième concile général de Latran, p. 453. — Abus dans les élections, p. 455. — Bulle approuvée par le concile condamnant et abolissant la Pragmatique-sanction de Bourges, p. 456. — Bulle approuvée par le concile touchant les privilèges des religieux, p. 457. — Fin du concile de Latran, p. 458. — Conspiration de quelques cardinaux pour empoisonner le Pape, qui en nomme de plus dignes, p. 460. — Mort de Léon X. Regrets du peuple romain. Portrait de Léon X par le protestant anglais Roscoë et par le catholique Audin, t. 40, l. 84, p. 1.

Léon XI. Son court pontificat, t. 10, l. 87, p. 457.

Léon XII. Epoques de son élection et de sa mort, t. 12, l. 91, p. 3. — Jugement qu'il porte, comme particulier, sur l'apparition de la croix à Migné, p. 114.

Léon de Thrace, empereur de Constantinople, t. 4, l. 41, p. 13.

Léon l'Isaurien. Son élévation à l'empire, t. 4, l. 54, p. 525. — Il introduit chez les Grecs l'erreur absurde des iconoclastes, p. 552. — Lettre que lui écrit le pape saint Grégoire II. Pour se venger du Pape, il envoie le tuer ou le déposer, p. 557. — Comment il répond à saint Jean Damascène, p. 558. — Comment il en use avec le patriarche saint Germain et avec les savants de Constantinople. Violence avec laquelle il persécute les catholiques, p. 559. — Lettres remarquables que lui écrit le pape saint Grégoire II, p. 560. — Inutiles efforts de saint Grégoire III pour le ramener au bon sens, p. 567. — Sa mort, p. 569.

Léon l'Arménien, empereur. Il détrône l'empereur Michel, t. 5, l. 54, p. 139. — Il recommence la guerre contre les images des saints, l. 55, p. 167. — Il se constitue juge de la foi et président d'un concile d'évêques courtisans et s'emporte contre les évêques fidèles, p. 168. — Ses fourberies pour se défaire du patriarche, p. 170. — Il tient un conciliabule des iconoclastes, p. 171. — Ses persécutions contre les catholiques, p. 172. — Il en séduit pour un moment quelques-uns, p. 173. — Fléaux publics. L'empereur est tué, p. 177.

Léon le Philosophe. Il succède à Basile, son père, et chasse Photius, t. 5, l. 58, p. 387. — Sa législation.

Ses divers mariages. Affaire de ses quatrièmes noces, l. 59, p. 445. — Derniers moments de cet empereur. Ecrits de lui ou qu'on lui attribue, p. 430.

Léon, fils de Copronyme, le suit dans son impiété, t. 5, l. 53, p. 76.

Léon de Byzance, littérateur grec, t. 4, l. 48, p. 361.

Léon (frère), disciple intime de saint François d'Assise, t. 7, l. 74, p. 336.

Léon, évêque d'Ostie. Sa chronique du Mont-Cassin, t. 6, l. 67, p. 331.

Léonard d'Arezzo, historien de Florence, t. 9, l. 83, p. 358.

Léonard de Vinci, peintre italien, t. 9, l. 83, p. 365.

Léonard de Port-Maurice (bienheureux), t. 11, l. 89, p. 351.

Léonce, de Bordeaux, t. 4, l. 45, p. 239.

Léonissa (S. Joseph de), capucin, t. 10, l. 87, p. 506.

Léopold (S.), margrave d'Autriche, t. 6, l. 68, p. 545.

Léopold Ier, empereur. Bons exemples de la maison d'Autriche, en particulier de l'empereur Léopold, t. 11, l. 87, p. 546.

Léopold, duc de Lorraine. Tableau de son règne, par Voltaire, t. 11, l. 89, p. 468.

Léopold, duc de Toscane. Ses téméraires innovations avec le janséniste Ricci, t. 11, l. 89, p. 432.

Léopold, évêque de Bamberg. Son opuscule sur le zèle des anciens princes de Germanie, t. 8, l. 79, p. 557.

Léothéric de Sens. Son erreur, t. 6, l. 62, p. 4.

Lépante. Victoire que les chrétiens y remportent sur les Mahométans, t. 10, l. 86, p. 402.

Lépreux. Ils empoisonnent les fontaines sous Philippe le Long, t. 8, l. 79, p. 462.

Léridant (l'avocat) et son Examen de deux questions sur le mariage, t. 12, l. 91, p. 406.

Lérins. Martyre d'un grand nombre de moines de ce monastère, t. 4, l. 51, p. 546.

Lescure (de), surnommé le Saint du Poitou, général vendéen, t. 11, l. 90, p. 538.

Lessing, poète allemand, t. 11, l. 88, p. 503.

Lesueur, peintre français, t. 11, l. 88, p. 431.

Léti (Grégorio). Ce qu'il faut penser de ses romans, intitulé Histoires, t. 10, l. 86, p. 395.

Lettres. Etat des lettres vers la fin du Xe siècle, t. 5, l. 51, p. 521. — Histoire des lettres au XIIe siècle, t. 6, l. 67, p. 396 et seqq. — Activité intellectuelle des chrétiens pendant ces siècles, t. 7, l. 69, p. 22. — Des religieux franciscains et dominicains du XIIIe siècle entreprennent de concilier toutes les sciences, notamment la philosophie païenne avec la doctrine chrétienne, t. 8, l. 87, p. 90. — Nombreuses erreurs des modernes sur la prétendue ignorance ou crédulité des docteurs du moyen-âge, p. 93. — Sous le rapport de l'érudition sacrée, notre siècle pourrait-il soutenir la comparaison avec le XIIIe et le XIVe, t. 8, l. 79, p. 520.

Lévi, troisième fils de Jacob. Sa tribu consacrée au sacerdoce et au ministère du tabernacle et du temple. Fonctions des simples lévites relativement au tabernacle, t. 1, l. 8, p. 484. — Fonctions des prêtres et des lévites. Leur position sociale et réciproque, p. 480. — Trois mille hommes mis à mort par les lévites en la prévarication du veau d'or. Comment cette exécution pouvait s'allier avec leur caractère, p. 475. — Les lévites ne reçoivent point de partage en la terre de Chanaan, mais seulement des villes pour y demeurer, l. 9, p. 248.

Lévigilde, roi des Visigoths d'Espagne. Sa persécution contre les catholiques, à l'occasion de la conversion de son fils saint Herménigilde. Il arme contre son fils, qui était roi, t. 4, l. 46, p. 256. — Sa conversion secrète et sa mort, p. 259.

Lhomond (l'abbé), t. 11, l. 90, p. 548.

Li, jeune seigneur coréen devient catholique et apôtre de sa nation, t. 11, l. 89, p. 509.

Libánius. Son plaidoyer fictif sur la sédition d'Antioche, t. 3, l. 36, p. 348.

Libentius (saint), archevêque de Brême, t. 5, l. 61, p. 540.

Libère, pape. Sa promotion au souverain pontificat. Son origine. Vaines intrigues des ariens auprès de Libère contre Athanase. Il assemble un concile où l'on soutient Athanase. Sa lettre à l'empereur, t. 3, l. 33, p. 145. — Lettre du pape Libère à saint Eusèbe de Verceil et aux autres exilés. Tentatives des ariens pour le gagner. Son enlèvement. Son interrogatoire. Son exil, p. 148. — Vénération des contemporains pour Libère. Election de Félix, p. 151. — Députation des dames romaines pour le retour de Libère. Sédition parmi le peuple. Retour triomphal de Libère et expulsion de Félix. De la prétendue chute du pape Libère, p. 166. — Preuves que le pape Libère n'est pas tombé, p. 167. — Irrégularités des conciles de Rimini et de Séleucie, parce que Libère n'y est point appelé, p. 169. — Le pape Libère casse le concile de Rimini, p. 178. — Sa lettre aux semi-ariens après leur retour à l'unité, l. 35, p. 227. — Sa mort, p. 228.

Licinius, empereur. Il est nommé César, t. 3, l. 30, p. 52. — Traité entre Licinius et Daïa, p. 55. — Edits de Licinius et de Constantin en faveur des chrétiens. Vision et victoire de Licinius contre Maximin Daïa, p. 60. — Démêlés de Licinius avec Constantin. Ses vexations et sa persécution contre les chrétiens. Défaite de Licinius par Constantin, l. 34, p. 74. — Sa mort, p. 72.

Lidwine (bienheureuse), t. 9, l. 84, p. 143.

Liemar, archevêque de Brême, t. 6, l. 64, p. 455.

Ligue. Ligue formelle des Français renégats ou des huguenots en 1573, pour la perversion de la France entière. Trois ans après, ligue sainte des Français fidèles ou catholiques pour la conservation de la France et de son ancienne foi, t. 10, l. 86, p. 428. — Le duc de Mayenne, chef de la ligue, est sur le point de prendre Henri IV, p. 434. — Etats généraux de la ligue à Paris. Fermeté de Mayenne pour conserver à la France son unité, avec une dynastie française, p. 436. — Véritable esprit de la ligue, se manifestant dans ses chefs et dans la masse du peuple, p. 439. — Soumission et fidélité du duc de Mayenne à Henri IV, réconcilié avec l'Eglise. Conclusion, p. 440.

Liguori (saint Alphonse de). Commencement de sa vie, t. 11, l. 88, p. 424. — Sa vie de prêtre. Il commence sa congrégation de missionnaires pour les pauvres gens de la campagne, p. 360. Son épiscopat, p. 364. — Ses croix au sujet de sa congrégation, p. 366. Ensemble de la tradition catholique, p. 367. — Ensemble et esprit des ouvrages de saint Liguori, p. 368. — Sa Théologie morale, p. 269. — Ce qu'il en est du probabilisme. Si Liguori est trop indulgent, p. 370. — Ecrits de saint Liguori contre le jansénisme et autres nouveautés, p. 374. — Dernières épreuves, miracles et pieuse mort de ce saint, l. 89, p. 514.

Lin (saint), pape, t. 2, l. 26, p. 324.

Lingard, auteur d'une histoire d'Angleterre. Sa réflexion sur l'intervention des Papes entre Edouard et Philippe de Valois, t. 8, l. 79, p. 545. — Fait la même observation que Cobbet d'une omission importante dans le sacre d'Edouard VI, t. 10, l. 85, p. 205. — Ce qu'il dit d'une loi affreuse de ce gouvernement à l'égard des pauvres, p. 243.

Linus, poète grec, t. 2, l. 20, p. 46.

Liobe (sainte), t. 5, l. 52, p. 8.

Lippoman (Louis), évêque de Vérone. Sa vie et ses ouvrages, t. 10, l. 85, p. 190.

Litta. Notice sur le cardinal Litta. Ses lettres sur les quatre articles du clergé de France, t. 12, l. 91, p. 46.

Littérature. La littérature populaire chez les païens et chez les chrétiens, t. 4, l. 46, p. 283. — L'Arabie était chrétienne, même dans sa littérature, un siècle avant Mahomet, l. 44, p. 463. — Littérature française du XIVe et du XVe siècle appréciée par le protestant

Sismondi. Réflexion à ce sujet, t. 9, l. 83, p. 322.

Livin, évêque, poète irlandais, t. 4, l. 49, p. 451.

Locke. Jugement de Leibnitz sur cet auteur anglais, t. 11, l. 88, p. 296. — Combien le protestantisme a faussé et obscurci l'intelligence de Locke, p. 287 et seqq.

Loi de Moïse ou Loi écrite, ses rapports avec le passé, le présent et l'avenir. — Idéal d'une société parfaite, d'après Confucius, Platon et Cicéron, t. 1, l. 7, p. 147. — Sa réalisation dans l'Eglise catholique, et son ébauche dans la constitution judaïque, p. 149. — Idées de Platon sur la marche à suivre pour introduire dans l'humanité cette perfection sociale, réalisées par la Providence dans la formation et le développement progressif de l'Eglise catholique, et dans la restauration de l'homme spirituel. Voyage dans le désert, p. 150. — Les eaux d'amertume. Murmures. Le bois qui les édulcore, figure de la croix, p. 151. — Les douze fontaines et les soixante-dix palmiers d'Elim, figure des douze apôtres et des soixante-douze disciples. Famine au désert. Murmures. Les cailles ; la manne : manière de la recueillir ; sa description, p. 152. — L'ambroisie des païens. Manne conservée dans le tabernacle. La manne, ligure de l'eucharistie. Disette d'eau au désert de Raphidim. Murmures. Moïse frappe le rocher. L'Ancien Testament, figure du Nouveau, p. 153. — Réalisation complète de tous deux dans le ciel. Attaque des Amalécites. Josué combat dans la plaine et Moïse prie sur la montagne. La foi et les œuvres. Défaite des ennemis. Prédiction de leur futur anéantissement. Moïse, les bras étendus, figure de Jésus-Christ. Arrivée de Jéthro. Son orthodoxie, p. 154. — Création des juges. Campement au pied du Sinaï. Propositions de Dieu à Israël et acceptation, p. 155. — Ordre du jour pour la promulgation de la loi. Aspect du Sinaï. Moïse sur la montagne. Dieu proclame les dix commandements. Frayeur du peuple. Moïse reste seul avec Dieu, p. 156. — Identité de la loi mosaïque avec la loi primitive. Germes de la loi d'amour. Toute l'histoire antérieure à la loi, préface de la loi et comment. Précision plus grande dans la célébration des sacrifices, figurant tous le sacrifice du Christ et l'immolation que l'homme spirituel fait de lui-même à Dieu, p. 157. — Unité dans le feu sacré, dans le lieu et dans le sacerdoce. Unité du sacerdoce depuis l'origine du monde. Les trois grandes fêtes judaïques, époque de réunion au lieu où résidait le tabernacle. La Pâque et la Pentecôte chrétiennes, p. 158. — Cérémonies de la fête de l'expiation, figure de la mort et de l'ascension de Jésus-Christ, p. 159. — Le sabbat ; l'année sabbatique ; l'année du jubilé, figure de la restauration opérée par le Christ, p. 160. — Commandement de la piété envers les parents, du respect pour les vieillards et de la soumission à l'autorité. Constitution judaïque. Egalité, p. 161. — Lois sur les meurtriers. Villes de refuge, p. 162. — Parallèle entre la loi mosaïque et la législation des païens, relativement à l'infanticide, le meurtre des esclaves, la haine, le droit des gens, le droit de la guerre, l'enrôlement des citoyens, la vie militaire, p. 163. — Loi sur l'usage des animaux. Du mariage. Que la polygamie et le divorce sont un désordre. Leurs funestes effets, prévenus en partie par la loi mosaïque, p. 164. — Les différentes alliances d'Abraham, figures des différentes phases de l'alliance de Dieu avec les hommes. L'homme, fermier de Dieu sur la terre. Lois sur la propriété. Parallèle de ces lois avec les lois romaines, p. 165. — Charité envers les pauvres. Sagesse et humanité des lois pénales sur le vol, la diffamation, les voies de fait. Défense du vol, même en désir, p. 167. — Dangers des habitudes païennes pour l'esprit et pour le cœur, p. 168. — Sacrifices humains chez les peuples idolâtres. Gladiateurs, p. 169. — Crime des Chananéens en particulier. Défense des sacrifices humains. La superstition et l'impudicité protégées, au moins en public, par les législateurs et les philosophes païens, et battues en brèche, ainsi que la cruauté, par les institutions mosaïques, p. 170. — Alliance de Dieu avec Israël. Pourquoi Dieu ne donne à sa loi qu'une sanction temporelle, p. 171. — Le Verbe de Dieu se dévoile aux élus ou représentants d'Israël. Moïse en communication avec Dieu au haut de la montagne, p. 172. — Des rapports entre les deux puissances, d'après la tradition universelle. Conséquences, l. 9, p. 199. — Principes théocratiques de la constitution hébraïque. Témoignages des hommes et témoignages de Dieu à cet égard, p. 202. — Continuité du sacerdoce et interruption du pouvoir civil en Israël, p. 204. — Explication de l'état présent des choses, p. 205. — Nouvelle promulgation de la loi sur le mont Hébal. Promesses et menaces : leur accomplissement, p. 209.

Lollards, sectateurs de Wiclef, en Angleterre, t. 9, l. 81, p. 52. — Nouvelle insurrection, p. 55.

Lombards (Voyez Rome et l'Italie).

Loménie de Brienne, archevêque de Toulouse. Comment Voltaire et d'Alembert parlent de lui, t. 11, l. 89, p. 473. — Maux qu'il fait et prépare à la religion, p. 474. — Maux qu'il prépare à la famille royale, p. 475.

Lorette. Histoire de la sainte maison de Lorette, t. 8, l. 76, p. 332.

Lorraine. — Origine de cette province, t. 5, l. 56, p. 220. — La famille de Lorraine se met à la tête de la France catholique pour lui conserver son unité, t. 10, l. 86, p. 417. — De quelle manière les Français font la guerre en Lorraine sous Louis XIV, t. 10, l. 87, p. 600. — La Lorraine ravagée par Louis XIV, restaurée par son duc, Léopold, puis réunie forcément à la France, qui en ruine de nouveau le pauvre peuple, t. 11, l. 89, p. 467. — Zèle en Lorraine pour l'instruction de la jeunesse : plusieurs congrégations religieuses fondées dans ce but, p. 418.

Lot. Les anges chez Lot, t. 1, l. 4, p. 83. — Crimes et châtiments des Sodomites. Lot sort de la ville. Désobéissance et punition de la femme de Lot. La mer Morte, p. 84. — Lot se conduit moins bien qu'Abraham, p. 86. — Enfantement incestueux de Moab et d'Ammon. Histoire de leurs descendants, p. 86.

Lothaire, empereur. En reçoit le nom par le sacre du Pape, t. 5, l. 55, p. 167. — Son voyage à Rome. Restriction du serment que les Romains lui prêtent. Ordonnances et actes qu'il fait : leur portée, 180. — Il revient en France accompagné du pape Grégoire IV, p. 200. — Manifeste de l'archevêque Agobard, fait en son nom. Il tient l'assemblée de Compiègne, où Louis, son père, est mis en pénitence publique, p. 203. — Sa conduite dans l'assemblée de Thionville, p. 215. — Conséquence qu'il tire de la charte constitutionnelle des Francs. Opposition de ses deux frères, l. 56, p. 217. — Sa mort. Son caractère, p. 272.

Lothaire II, d'Allemagne. Son élection impériale, t. 6, l. 68, p. 459. — Son couronnement à Rome par Innocent II. Sa réconciliation avec les princes de Hohenstauffen par saint Bernard, p. 483. — Sa mort, p. 499.

Lothaire, roi de Lorraine. Son divorce. Faiblesse des évêques de son royaume. Prévarication du légat Rodoalde. Fermeté apostolique du pape saint Nicolas dans toute cette affaire, t. 5, l. 57, p. 296. — Conclusion, et mort du roi Lothaire, p. 321.

Lothringer (l'abbé), t. 11, l. 90, p. 557.

Louis le Débonnaire. Il est déclaré empereur par son père Charlemagne, t. 5, l. 54, p. 150. — Son caractère et le commencement de son règne, l. 55, p. 152. — Sa bienveillance pour les chrétiens réfugiés d'Espagne. Il se prive de deux hommes les plus capables, saint Adalard et le comte Vala, p. 153. — Son décret confirmatif touchant les donations faites à l'Eglise romaine, p. 157. — Sa charte sur l'unité et la division de l'empire, l'élection de l'empereur et des rois, les rapports entre eux et avec l'assemblée générale des Francs, p. 159. —

Il charge saint Benoît d'Aniane d'inspecter les monastères, p. 161. — Révolte et punition du roi d'Italie. Devenu veuf, l'empereur épouse Judith, princesse de Bavière, p. 163.—Calamités publiques. L'empereur accorde une amnistie. Assemblée de Thionville, p. 164. — Dans l'assemblée d'Attigny, il témoigne publiquement se repentir de ses fautes, se réconcilie avec ses frères, et déploie du zèle pour la réformation des abus, p. 166. — Confirmation de la charte de constitution et de partage. Lothaire, désigné empereur, en reçoit le nom par le sacre du Pape. Louis termine pacifiquement une révolution chez les Wilzes, p. 167. — Ses lettres et ambassade au Pape, p. 184. — Il tient une assemblée à Aix-la-Chapelle pour chercher les causes des maux publics, p. 194. — Il bouleverse le partage fait et juré de l'empire pour favoriser son nouveau fils Charles le Chauve, p. 197. — Soulèvement général. Louis ne conserve que le nom d'empereur. Revirement de l'opinion publique en sa faveur. Révision, p. 198. — Il se défie des Français et se livre aux Germains, à l'instigation de Judith de Bavière, qui lui fait faire un nouveau partage, cause d'un nouveau soulèvement, p. 199. — Les plaintes de l'archevêque Agobard à ce sujet, p. 200. — Ses plaintes et les réponses de ses fils. Le Pape va auprès de Louis, puis revient auprès des fils, sans avoir pu rétablir la paix. Louis se voit abandonné des siens, et se rend auprès de ses fils, qui le reçoivent avec respect, p. 202. — L'empire est unanimement jugé déchu de sa main. Assemblée de Compiègne, où il est mis en pénitence publique, p. 203. — Contre-révolution en sa faveur, p. 205. — Ses bonnes qualités, p. 211. — Sa versatilité dans le partage de l'empire. Sa seconde réhabilitation, p. 212. — Extension de la fête de tous les saints, p. 214. — Assemblée d'Aix-la-Chapelle et de Thionville, p. 215. — Apparition d'une comète. Éclipse de soleil. Ce qu'en pensait l'astronome de Louis, et ce que Louis en conclut, p. 246. — Sa dernière maladie et sa mort, p. 217.

Louis II, empereur. Arrivée à Rome de Louis, fils de Lothaire. Discussion sur la part de l'empereur à l'élection du Pape. Serment que le pape Sergius consent que les Romains prêtent à l'empereur, t. 5, l. 56, p. 223. — Il est sacré empereur par le pape saint Léon IV, p. 268. — Son séjour à Rome. Conduite blâmable de ses ambassadeurs dans l'élection de Benoît, le courage des évêques les ramène à leur devoir, p. 271. — Ses relations avec le pape saint Nicolas Ier, l. 57, p. 274. — Charles le Chauve usurpe le royaume de Lorraine sur son neveu l'empereur Louis II, l. 58, p. 339. — Incroyable chicane de l'empereur grec Basile à l'empereur Louis II. Réponse mémorable de ce dernier, omise par Fleury. On y voit de qui vient l'empire d'Occident, p. 348. — L'empereur Louis II, surpris par le duc de Bénévent. Mort de Louis II, p. 350.

Louis II ou le Bègue, roi de France, t. 5, l. 58, p. 354.

Louis III et son frère Carloman, t. 5, l. 58, p. 370.

Louis IV dit d'Outre-mer, t. 5, l. 60, p. 414.

Louis V, t. 5, l. 64, p. 528.

Louis VI, dit le Gros, roi de France. Son sacre. Contestations de l'archevêque de Reims à ce sujet, t. 6, l. 67, p. 371. — Sa réconciliation avec le roi d'Angleterre par l'entremise du pape Calixte II, p. 427. — Il reçoit une lettre de saint Bernard, l. 68, p. 435. — Maladie du roi de France. Sa profession de foi. Sa mort, p. 496.

Louis VII, dit le Jeune, roi de France. Son sacre, t. 6, l. 68, p. 475. — Ses déprédations en Champagne. Lettre qu'il reçoit de saint Bernard, p. 523. — Sa réconciliation avec l'Eglise, le comte de Champagne et l'archevêque de Bourges, p. 526. — Louis de France, Conrad de Germanie et les Grecs du Bas-Empire. Témoignage non suspect des historiens grecs eux-mêmes, p. 573. — Héroïque bravoure de Louis, p. 575. — Sa captivité. Sa délivrance par les Siciliens, p. 585. — Il

se sépare d'Eléonore, son épouse. Relations entre les cours de France et d'Angleterre, t. 7, l. 69, p. 17. — Relations affectueuses du Pape avec Louis le Jeune, p. 43. — Le roi de France, comme celui d'Angleterre, rend personnellement les plus grands honneurs au pape Alexandre III, p. 72. — Belle conduite de Louis le Jeune à l'égard de saint Thomas de Cantorbéry, p. 93. — Le roi de France, Louis le Jeune, se montre vraiment roi et vraiment chrétien, p. 97. — Conférence des rois de France, d'Angleterre et de saint Thomas, dans le Maine, p. 99. — Le roi de France reconnaît la prudence et le bon droit de l'archevêque, p. 100. — Pèlerinage du roi de France, Louis le Jeune, à saint Thomas de Cantorbéry. Il obtient la guérison de Philippe-Auguste, son fils, qu'il fait couronner à son retour, p. 118. — Mort de Louis le Jeune, p. 149.

Louis VIII. Il exécute sa croisade en Languedoc, t. 7, l. 71, p. 376. — Ses prétentions sur le royaume d'Angleterre. Il envoie des ambassadeurs à Rome. Le pape Innocent III réfute ses prétentions, tout en témoignant une grande affection pour sa personne, p. 394. — La paix avec Henri III roi d'Angleterre, l. 72, p. 397. — Précautions qu'il prend de concert avec Innocent III contre les manichéens du Languedoc, p. 441. — Croisade qu'il exécute contre eux. Il meurt martyr de la chasteté conjugale, p. 445.

Louis IX ou saint Louis. Premières années et éducation de Louis IX, t. 7, l. 72, p. 447. — Commencements du règne de saint Louis. Régence virile de sa mère. Soumission du comte de Toulouse, Raymond VII, l. 73, p. 540. — Pour la première fois, saint Louis parle des libertés de l'Eglise gallicane. Ce qu'il entendait par là, p. 541. — Saint Louis, entré dans sa majorité, concilie tous les différends entre les seigneurs et les évêques, p. 551. — Vertus chrétiennes de saint Louis. Il épouse Marguerite de Provence, p. 556. — Fondations pieuses de saint Louis. La couronne d'épines; la sainte Chapelle, p. 557. — Son amour pour son peuple. Ses lois contre les usuriers et les blasphémateurs. Ses talents et exploits militaires. Sa valeur au pont de Taillebourg, p. 558. — Sa cour plénière à Saumur, p. 559. — Dessein de Frédéric II de surprendre saint Louis, t. 8, p. 23. — Dévouement de saint Louis pour la cause de l'Eglise, p. 31. — Lettres de saint Louis à Frédéric II pour la délivrance des évêques français, p. 40. — Maladie extrême de saint Louis. Il prend la croix, p. 51. — Entretien de saint Louis avec le frère Gilles, p. 65. — Préparatifs de saint Louis pour la croisade, p. 69. — Derniers apprêts et départ, p. 72. — Séjour de saint Louis en Chypre. Y reçoit une ambassade des Tartares, leur en envoie lui-même, p. 74. — Saint Louis débarque en Egypte et prend Damiette, p. 76. — Relâchement et corruption des croisés à Damiette, p. 77. — L'armée s'avance vers le Caire. Combat de la Massoure. Conduite et mort du comte d'Artois, p. 78. — Position critique de l'armée chrétienne attaquée par les Sarrasins et par la maladie. Courage héroïque de saint Louis, p. 79. — Par suite d'une trahison, il devient captif avec son armée. Sa résignation, p. 81. — Etat et disposition de la reine Marguerite à Damiette. Souffrances du roi et des autres captifs. Encouragement mystérieux que la Providence leur envoie. Sultan massacré. Saint Louis sur le point d'être élu sultan par les Sarrasins émerveillés de sa vertu. Il recouvre la liberté et arrive en Palestine, p. 82-86. — Nouveaux avertissements mystérieux que la Providence donne aux croisés. Renommée du saint roi en Orient, même auprès du Vieux de la montagne, p. 87. — Occupations de saint Louis en Palestine. Y apprend la mort de sa mère. Son retour en France, l. 74, p. 128. — Etablit une bibliothèque dans son palais. Aime les religieux de saint François et de saint Dominique, p. 131. — Paix et amitié chrétienne avec le roi d'Angleterre, p. 132. — Sûreté et bon ordre à Paris, p.

133. — Réforme de la législation. Tendance des légistes français. Fermeté de saint Louis à faire exécuter la loi, p. 134. — Interdit toutes les guerres privées. Choisi pour arbitre entre le roi et les barons d'Angleterre, p. 136. — Louis jugeant lui-même au bois de Vincennes. Sa charité pour les pauvres, p. 137. — Louis dans sa vie privée, p. 438. — Parallèle entre Louis et son contemporain, Frédéric II, p. 150. — Saint Louis prend de nouveau la croix. Beaucoup de membres du clergé se montrent moins généreux que le prince. Réprimande sévère que leur adresse le Pape, p. 193. — Ce qu'il en est de la Pragmatique-sanction attribuée à saint Louis, p. 195. — Fait important à cet égard, rapporté par le sire de Joinville. A la prière du roi saint Louis, le pape Alexandre IV étend l'inquisition à toute la France, p. 196. — Ardent désir du saint roi de France pour la conversion du roi de Tunis. La bienheureuse Isabelle, sœur du saint roi. Saint Louis fait son testament et part pour la dernière croisade, p. 498. — Il arrive sur la terre d'Afrique, et tombe malade, p. 499. — Il reçoit les ambassadeurs de l'empereur Michel Paléologue. Il donne sa dernière instruction à son fils aîné et son successeur, p. 200. — Sa dernière instruction à sa fille Isabelle, reine de Navarre. Il meurt en prédestiné. Détails de l'évêque de Tunis sur ses derniers moments. Réflexions de Joinville pour les descendants du saint roi, p. 204. — Suites de la mort de saint Louis devant Tunis, l. 75, p. 202. — Sa canonisation par le pape Boniface VIII, l. 76, p. 349.

Louis X, dit LE HUTIN. Révolutions de cour à la mort de Philippe le Bel et à l'avénement de Louis le Hutin, qui meurt et laisse le trône à Philippe le Long, t. 8, l. 79, p. 457.

Louis XI, fils de Charles VIII, praticien accompli de la politique moderne, qui est déjà vieille. Conséquences naturelles de cette politique en France et ailleurs, t. 9, l. 83, p. 320. — Commencements de Louis XI, p. 321. — Son sacre à Reims. Ses premiers actes, p. 326. — Ligue des princes français contre le roi Louis, p. 327. — Conduite honorable de Louis XI en ces conjonctures. Il profite de ses fautes. Ses vues pour l'unité de la France, que les princes français cherchent toujours à démembrer, p. 328. — Louis XI à Péronne. Ses démêlés avec Charles le Téméraire, p. 329. — Louis XI profite des guerres extérieures de Charles le Téméraire, pour punir certains princes français qui trahissaient la France et son roi, p. 338. — Louis XI réunit la Provence à la France. Si la politique moderne a des reproches à lui faire sur les moyens qu'il emploie, p. 339. — Dernières années et mort de ce roi, p. 341.

Louis XII. Avénement de Louis XII. Il fait déclarer nul son mariage avec sa femme, Jeanne de Valois. Précis du règne de Louis XII, t. 9, l. 83, p. 342. — Politique mesquine de Louis XII, qui, battu par le pape Jules II, s'en venge par des conventicules schismatiques et par d'ignobles calomnies contre le vieux Pontife, p. 420. — Les autres princes n'avaient pas plus de sens ni de conscience que Louis XII, p. 421. — Manque de sens de Louis XII et de l'empereur Maximilien, se servant de cinq cardinaux schismatiques pour échafauder un conciliabule contre le chef de l'Eglise universelle, présidant le concile œcuménique de Latran. Bulle de Jules II contre cet attentat, p. 424. — A l'accord de l'humanité chrétienne, y compris l'empereur Maximilien, Louis XII préfère insensément quatre cardinaux schismatiques, que le Pape et le concile condamnent unanimement, p. 428. — Les Français battus en Italie par les Suisses. Belle conduite de Léon X dans ces conjonctures, p. 432. — Louis XII, devenu plus sensé à force de revers, envoie une ambassade au Pape, renonce au conciliabule de Pise, et reconnaît le concile de Latran, p. 436. — Mort de Louis XII. Avénement de François Ier. Politique étroite de l'un et de l'autre, p. 442.

Louis XIII. Son caractère, t. 40, l. 87, p. 594. — Saint Vincent de Paul l'assiste à la mort, p. 640. — (Pour le reste, voyez France).

Louis XIV. Sa politique; elle n'est pas celle de saint Louis, mais de Frédéric Barberousse et de Machiavel, tant pour la théorie que pour la pratique, t. 44, l. 88, p. 222. — Ses moyens de séduction. Les adultères de ce prince imités par la noblesse, chantés et divinisés par Molière et Quinault, p. 229. — Son caractère, d'après Fénelon. Ses brouilleries avec les Papes, jugées par le protestant Sismondi, p. 233. — Histoire de la révocation de l'édit de Nantes. Ni la dame de Maintenon, ni le Pape n'approuvaient les mesures de rigueur qu'on y employa, p. 234. — Nouveaux démêlés de Louis XIV avec le pape Innocent XI, d'après le récit non suspect du protestant Sismondi. Louis XIV enlève au Pape Avignon et le comtat Venaissin. Extrémités schismatiques auxquelles se portent les magistrats et les évêques pour plaire au roi et contrarier le Pape, p. 236. — Guerres de Louis XIV. L'Europe se ligue enfin contre lui. Il fait sa paix avec le Pape, p. 239. — Guerre de la succession d'Espagne, p. 240. — Histoire intérieure de la famille royale de France. Mort de Louis XIV. Il refuse de secourir Vienne, assiégée par les Turcs. Politique de Louis XIV quant à la guerre de Lorraine. Qu'est-ce que les libertés de l'Eglise gallicane ? Déclaration gallicane de 1682. Ce qu'elle déclare et ce qu'elle ne déclare pas. Défense qu'en entreprend Bossuet. Ce que pense Fénelon sur ces matières, t. 44, l. 88, § 3, p. 474 et seqq.

Louis XV. Commune dégénération des maisons régnantes en Europe, y compris surtout Louis XV, pendant le XVIIIe siècle, t. 44, l. 89, p. 452. — Démoralisation croissante de la France nobiliaire sous Louis XV. Elle n'est blâmée que par le peuple, p. 453. — Les parlements contribuent pour leur part à cette décomposition de la France. Pour augmenter et perpétuer la confusion intellectuelle, Voltaire, d'Alembert et Diderot bâtissent l'*Encyclopédie*, comme une autre tour de Babel. Leurs aveux à cet égard, p. 456. — Montesquieu favorise l'esprit superficiel et irréligieux de son siècle pour capter ses applaudissements. Aveux qui lui échappent en faveur de la religion chrétienne, p. 457. — Destruction des Jésuites, en ses différentes phases, d'après le protestant Sismondi et autres, p. 458. — Sociétés secrètes, franc-maçonnerie, illuminisme de Weishaupt, secondé par l'obscurantisme philosophique de Wolf et de Kant, aident à la décomposition sociale en France et en Allemagne, p. 465. — Les parlements de France deviennent proprement révolutionnaires, en se prétendant le parlement, à quoi les rois avaient donné lieu en supprimant les états généraux, p. 466.

Louis XVI. Etat de la France à son avénement. Ses vertus célébrées par les philosophes eux-mêmes et par Frédéric II, t. 44, l. 89, p. 471. — Louis XVI est entouré de philosophes qui préludent à l'anarchie sociale. Mort de Voltaire, p. 472. — Les parlements, rétablis par Louis XVI, se brouillent avec ses ministres. Les ministres du roi ne s'accordent pas plus entre eux qu'avec les parlements. Un des pires de ces ministres est l'archevêque de Toulouse, Loménie de Brienne. Maux qu'il fait et prépare à la religion, p. 473. — Maux qu'il prépare à la famille royale. L'abbé de Vermond. L'évêque de Strasbourg, prince de Rohan. Affaire du collier, p. 475. — Jongleries de Cagliostro et de Mesmer. Esprit et mœurs des princes de la famille royale. Assemblées des notables, p. 476. — Etats généraux, l. 90, p. 547. — Louis XVI consent à l'éloignement des troupes, fait un voyage dans la capitale, y adopte la révolution ; mais ses frères émigrent à l'étranger, p. 520. — La cour songe à conduire le roi dans une place de guerre. La population de Paris va le ramener de Versailles dans sa capitale, p. 524. — Louis XVI approuvé ce qu'a fait l'Assemblée. On reconnaît par l'examen des dépenses secrètes de la cour que ja-

mais Louis XVI ne s'est écarté pour lui-même de la plus stricte économie, p. 526. — Louis XVI consulte le Pape, qui lui répond que la constitution civile du clergé renferme le schisme, et le renvoie pour tout le reste aux deux archevêques de son conseil. Ceux-ci le portent à ratifier par sa signature la constitution civile du clergé, signalée comme schismatique par le Pape, p. 531. — Les souverains songent moins à délivrer Louis XVI qu'à s'agrandir aux dépens de la France. Louis XVI veut émigrer lui-même; il est arrêté à la frontière et ramené à Paris, p. 540. — L'Assemblée législative décrète la déportation des prêtres fidèles. Louis XVI refuse d'y souscrire et devient ainsi un confesseur de la foi chrétienne, p. 541. — Louis XVI, avec sa famille, enfermé au couvent du Temple, changé en prison, p. 542. — La Convention décrète l'abolition de la royauté et la mise en jugement de Louis XVI. Robespierre soutient que, moralement, juridiquement et constitutionnellement, Louis XVI est innocent; mais que, politiquement, il doit mourir, p. 550. — Louis XVI, traduit devant la Convention, est condamné à mort sans appel au peuple et exécuté le 21 janvier 1793, p. 554. — Le pape Pie VI, comme docteur particulier, qualifie de martyre la mort de Louis XVI, p. 575.

Louis XVII. Sa mort, t. 11, l. 90, p. 555.

Louis XVIII. Sa mort, t. 12, l. 91, p. 3. — Faiblesse, aveuglement et négligence des ministres de Louis XVIII, p. 75. — A quelles conditions, de la part des alliés, Louis XVIII rentre à Paris. Il amnistie les royalistes qui l'avaient suivi à Gand. Ce que les souverains alliés font payer à la France, p. 76. — Influence fâcheuse des opinions antiromaines sur la marche du gouvernement des Bourbons, vis-à-vis de l'Eglise et de son chef, p. 103-113 (Pour tous ces articles, voir encore *France*).

Louis de Bavière, élu empereur concurremment avec Frédéric d'Autriche. Les Suisses, ses partisans, vainquent l'autre parti à Morgarten, t. 8, l. 79, p. 470. — Il entre en guerre avec son compétiteur, qui le vainc d'abord, Louis est défait à son tour, p. 472. — Ses négociations peu loyales avec le Pape, p. 475. — Diverses bulles de Jean XXII contre Louis de Bavière, qui s'arrange avec Frédéric d'Autriche pour partager l'empire entre eux, tandis que le Pape cherche à le donner au roi de France, p. 476. — Conduite de Louis de Bavière en Italie, jugée par le protestant Sismondi, p. 481. — Louis de Bavière, à Rome, se fait couronner par des évêques schismatiques, et prétend déposer le Pape, p. 482. — Hardiesse de Jacques Colonne, qui, alors même, publie à Rome une bulle du Pape contre Louis de Bavière. Le soi-disant empereur Louis de Bavière fait un soi-disant pape du moine Pierre de Corbario, p. 483. — Dès ce moment les affaires de Louis de Bavière vont de mal en pis, p. 484. — Son prétendu pape est fait prisonnier, et se soumet au Pape légitime, p. 486. — Louis de Bavière fait semblant de se réconcilier avec le Saint-Siège, envoie Jean de Bohême en Italie, puis se tourne contre lui, p. 539. — Mort funeste de Louis de Bavière, p. 540. — Il soutient Edouard III dans sa fuite avec Philippe de Valois, p. 543.

Louis de Thuringe, époux de sainte Elisabeth. Vie qu'il mène dans le mariage, t. 7, l. 72, p. 466. — Protection qu'il accorde au pauvre peuple, p. 470.

Louis, prince d'Espagne. Le pape Clément VI l'institue roi des Iles Fortunées, t. 8, l. 79, p. 575.

Louis (saint), évêque de Toulouse. Ses vertus, t. 8, l. 76, p. 316. — Le pape Jean XXII, après l'avoir canonisé, en écrit à sa mère, l. 79, p. 459.

Louis Bertrand (saint), apôtre du Nouveau Monde, t. 10, l. 85, p. 213.

Louis de Gonzague (saint), t. 10, l. 86, p. 390.

Louis de Grenade. Ses œuvres. Estime qu'en faisait saint François de Sales, t. 10, l. 86, p. 376.

Louise de France, religieuse carmélite, t. 11, l. 89, p. 377. — Ses dernières années et sa sainte mort, p. 513.

Loup (saint), évêque de Troyes. Son origine. Son élection à l'évêché de Troyes, t. 3, l. 39, p. 452. — Saint Loup, évêque de Troyes, est envoyé avec saint Germain en Grande-Bretagne pour y combattre les restes du pélagianisme, p. 445. — Succès de saint Loup et de saint Germain, en Bretagne, p. 456.

Loup, abbé de Ferrières. Ses plaintes et son histoire, t. 5, l. 56, p. 247. — Ses écrits au sujet des erreurs de Gothescalc, p. 255.

Lubin (saint), évêque de Chartres, t. 4, l. 45, p. 244.

Luc (saint), évangéliste. Généalogie de Jésus-Christ par saint Luc, comparée à celle de saint Matthieu. Explication, t. 2, l. 23, p. 164. — Son évangile, l. 25, p. 284.

Luc le Jeune (saint), solitaire, t. 5, l. 60, p. 465.

Luc, évêque de Tuy en Espagne, t. 7, l. 72, p. 403.

Lucar (Cyrille), patriarche de Constantinople, condamné par les Grecs parce qu'il voulait introduire les erreurs calviniennes, t. 11, l. 87, p. 74.

Luce ou Lucie (sainte) de Syracuse, t. 3, l. 30, p. 27.

Luce ou Lucius de Venise (la bienheureuse), t. 9, l. 84, p. 437.

Lucide rétracte ses erreurs sur la prédestination, au concile d'Arles, t. 4, l. 42, p. 40.

Lucien, philosophe. Ce qu'il dit des chrétiens. Tableau qu'il fait des philosophes, ses confrères, t. 2, l. 27, p. 389.

Lucien le Magicien (saint). Sa conversion et son martyre, t. 2, l. 29, p. 525.

Lucien (saint), prêtre d'Antioche. Ses ouvrages, son martyre, t. 3, l. 30, p. 57.

Lucien de Carthage. Sa témérité touchant la réconciliation des apostats, t. 2, l. 29, p. 529.

Lucifer, évêque de Cagliari. Le pape Libère l'envoie à l'empereur Constance, t. 3, l. 33, p. 145. — Il refuse de souscrire à la condamnation d'Athanase, p. 147. — Son exil, p. 148. — Son retour d'exil. Sa précipitation retarde pour un moment la pacification de l'Eglise d'Antioche. Schisme des lucifériens, p. 202. — Il est honoré comme saint par l'île de Sardaigne, p. 203.

Lucile (sainte). Son baptême. Sa guérison miraculeuse. Son martyre, t. 2, l. 29, p. 552.

Lucius, pape. Son élection, son exil et son rappel. Lettre que lui adresse saint Cyprien, t. 2, l. 29, p. 540.

Lucius II, pape. Son élection, t. 6, l. 68, p. 527. — Ses efforts pour pacifier l'Italie septentrionale, p. 528.

Lucius III, pape. Il nomme un légat et réconcilie l'Ecosse. Sa correspondance avec Saladin et son frère, t. 7, l. 70, p. 467. — Conduite des Romains envers le Pape, p. 468. — Conférences de Lucius III et de l'empereur Frédéric Barberousse à Vérone. Conciliation de plusieurs affaires particulières. Constitution du Pape instituant, de concert avec les princes, une inquisition contre les hérésies manichéennes, qui attaquaient tout ensemble et la foi chrétienne et l'ordre social, p. 469. — Sous un nom ou sous un autre, l'inquisition existe dans toute société qui veut sa propre conservation. Elle doit donc exister dans la société universelle, p. 470. — Mort du pape Lucius III, p. 472.

Lucius, évêque arien d'Alexandrie. Son intrusion, t. 3, l. 35, p. 248. — Humiliation qu'il reçoit de Moïse, évêque des Sarrasins ou Ismaélites, p. 249.

Lucius d'Andrinople, chargé d'accusations, se rend à Rome, et puis reprend possession de son siège, t. 10, l. 85, p. 170.

Lucrèce Lenzuoli dite *Borgia*. Son histoire, d'après les auteurs contemporains et le protestant Roscoë, t. 9, l. 83, p. 406. — Observation d'Audin à ce sujet, p. 407.

Ludger (saint), évêque, t. 5, l. 54, p. 401.

Luitprand, roi des Lombards, t. 5, l. 52, p. 4.

Luitprand, évêque de Crémone. Sa valeur testimoniale comme historien, t. 5, l. 59, p. 390. — Ses anecdotes sur la naissance de Jean XI, l. 60, p. 436.

— Il est envoyé par Otton à Constantinople, p. 491.

LUL (saint), évêque de Mayence, t. 5, l. 54, p. 100.

LUMIÈRE. La lumière intelligible et la lumière sensible, t. 1, l. 1, p. 7. — Apparition du soleil et de la lune. Vitesse de la lumière. Les sept rayons. Le rayonnement physique et le rayonnement spirituel. Le nombre sept. Réfraction, p. 12.

LUNÉVILLE (paix de), le 9 février 1801, entre la France et l'Autriche, t. 11, l. 90, p. 595.

LUTHER (Martin). Position mémorable de l'Eglise de Dieu en 1517, t. 9, l. 84, p. 513. — Etat inquiétant de l'Angleterre, de la France, de l'Allemagne et des royaumes du Nord, en particulier de la nation allemande, De l'Eglise et de l'Europe à la naissance de Luther. Son entrée chez les Augustins, p. 514. — Ses inquiétudes de conscience. Erreur qu'on lui suggère et qu'il adopte, pour se rassurer. Principe de ses égarements, p. 515. — Ses rapports continuels avec le diable. Il devient professeur à l'université de Wittemberg. Son voyage à Rome. Ce qu'il pensait alors de Rome et de l'Italie, p. 546. — Il est reçu docteur en théologie. Serment qu'il fait en cette qualité. Dès 1516 et avant la querelle des indulgences, Luther publie quatre-vingt-neuf thèses contre les scholastiques et contre le libre arbitre, où il soutient entre autres que les bonnes œuvres sont autant de péchés, p. 517. — Ce que c'est que les indulgences. Indulgence de Léon X, p. 520.— Le commissaire général est un Franciscain ; le commissaire particulier, pour les provinces du Rhin, est un prêtre séculier : ses instructions n'ont rien de répréhensible. Le commissaire subdélégué pour la Saxe est le dominicain Tetzel. Ses instructions aux curés, qu'on a encore, sont calmes et dans la mesure convenable, p. 521. — Piqué de voir son confessionnal désert, Luther publie à la Toussaint, en 1517, quatre-vingt-quinze thèses contre les indulgences, où il se condamne lui-même, p. 522. — Tetzel y oppose cent dix propositions orthodoxes, p. 523. — Les écoliers de l'université de Wittemberg les brûlent sur la place publique. Luther persiste dans ses erreurs et les prêche dans un sermon. Tetzel, citant les propres termes de Luther, en fait une réfutation calme et méthodique, en vingt articles, p. 524. — Réponse superficielle et sophistique de Luther à Tetzel, p. 532. — Luther dévoile sa propre hypocrisie et impiété dans une lettre à Spalatin. Sa lettre à Léon X avec une défense de ses quatre-vingt-quinze propositions touchant les indulgences, p. 533. — Lettre semblable à l'évêque de Brandebourg. Dans une conférence à Heidelberg, en 1518, Luther soutient ses quatre-vingt-dix-neuf thèses contre la doctrine de l'Eglise romaine sur le libre arbitre, la grâce, la foi, la justification et les bonnes œuvres. Luther, déféré à Rome, est cité et comparaît à Augsbourg devant le cardinal Cajétan. Il refuse de se rétracter, appelle, le 16 octobre 1518, au Pape mieux informé, p. 534. — Le 9 novembre, Léon X confirme la doctrine de l'Eglise romaine et excommunie quiconque soutiendrait le contraire, p. 535. — Luther, qui n'était pas nommé dans la bulle de Léon X, appelle du Pape au concile général. Il soutient opiniâtrément ses erreurs plus graves et premières contre le libre arbitre, p. 536. — Réfutation qu'en fait le Dominicain Priérias, p. 537. — Réponse emportée contre la réfutation de ses articles par le Dominicain Priérias. Il répond d'une manière semblable à Jérôme Emser. Sa dispute avec les frères Mineurs de Saxe sur le libre arbitre, p. 538. — Abus qu'il fait de saint Augustin, p. 539. — Luther est condamné par les docteurs de Louvain, auxquels il s'en était rapporté. Ses ignobles emportements contre eux. Léon X s'efforce de ramener Luther, qui se joue de lui et de ses nonces, surtout dans sa correspondance particulière, p. 540. — Luther adresse au Pape son sermon de la liberté chrétienne. Ses emportements contre Rome et les évêques, p. 542. — Son pamphlet à la noblesse allemande, personnifiée dans Ulrich de Hutten,

p. 543. — Le pape Léon X condamne irrévocablement les erreurs de Luther, et provisoirement sa personne, p. 544. — Parallèle de la constitution de Léon X contre Luther avec la constitution de Léon Ier contre Eutychès, au temps d'Attila, p. 547. — Furieux emportements de Luther contre la bulle qui le condamne, p. 548. — Il la brûle sur la place de Wittemberg, avec les décrétales, le droit canon, les écrits de saint Thomas et d'autres écrivains catholiques. Son livre De la captivité de Babylone, contre les sacrements. Il se donne le titre d'ecclésiaste, p. 549. — Imposture incroyable de Luther et de Mélanchthon pour accréditer, comme une révélation divine, une caricature infâme dans l'Allemagne protestante, qui, après trois siècles, y croit encore, p. 550. — Conduite diverse de l'Eglise et des princes dans l'anarchie religieuse de Luther. Les barons allemands à la diète de Worms en 1521. Discours que leur fait le nonce Aléandro, p. 571. — Luther devant la diète de Worms. Son interrogatoire. Il est congédié à des conditions qu'il viole. Son Credo, en 1521, p. 573. — Son enlèvement simulé en route. Sa retraite à la Wartbourg. Ce qu'il y fait. Conférence de Luther avec le diable, racontée par lui-même. Edit impérial de Charles-Quint contre Luther, p. 575. — Sa condamnation par la Faculté de Paris, qu'il avait prise pour juge, p. 577. — La bulle de Léon X contre Luther est reçue en Angleterre avec une soumission religieuse. Le roi Henri VIII réfute très-solidement les blasphèmes de l'hérésiarque, et fait hommage de son travail au Pape, p. 579-584. — Amitié de Soliman pour Luther. Fraternité entre le luthéranisme et le mahométisme, démontrée par les doctrines et les faits, t. 10, p. 21. — Ignoble impiété avec laquelle Luther parle de Dieu, du Christ, de Moïse, de l'Ecriture sainte, qu'il mutile à son gré, p. 22. — Avant lui il y a eu beaucoup de versions allemandes de la Bible, p. 24. — Quel fut l'effet général du luthéranisme sur les mœurs des populations allemandes, d'après le témoignage des prédicants luthériens Jacques Schmidel, Gaspard Fabert et André Musculus. Anarchie intellectuelle entre Luther et Carlostadt. Leur défi à l'auberge de l'Ourse-Noire, à Orlemonde, p. 25. — Toutes les têtes semblaient vouloir se mettre à l'envers. Conférences théologiques de Luther avec les municipaux et les cordonniers d'Orlemonde, p. 26. — Histoire de la nonne fugitive, Catherine de Bore, que le moine Luther prend pour sa femme. Quelques-uns de leurs entretiens familiers. Leur exemple, précédé et suivi par d'autres, p. 27. — Dispute de Luther avec Storck et Muncer, chefs des anabaptistes. Guerre effroyable des anabaptistes et des paysans. Luther, qui les y a poussés par sa doctrine, pousse ensuite les nobles à les exterminer, p. 28. — Luther combat les zwingliens et les sacramentaires, p. 34. — Les deux sectes prouvent, l'une contre l'autre, que l'Eglise catholique possède seule la vérité entière. Accablement de Luther, déploré par Mélanchthon. Variations irrémédiables des sectaires. Fermeté immuable de la foi catholique, p. 35. — Variations de Luther au sujet de la guerre contre les Turcs, p. 57. — Le landgrave de Hesse demande à Luther et aux autres docteurs du protestantisme, et ceux-ci lui accordent, d'avoir deux femmes à la fois, p. 66. — Réponses de Luther au roi d'Angleterre. Henri VIII écrit aux princes d'Allemagne sur les emportements de Luther, p. 72. — Lettre artificieuse d'excuses de Luther au roi d'Angleterre, p. 74. — Le prodigieux égarement de Luther fait voir combien il faut être sur ses gardes, pour n'être pas la dupe de l'esprit de ténèbres, p. 157. — Dernières actions et mort de Luther, l. 85, p. 180. — Caractère de Luther, suivant Pallavicin, p. 182. — Différence qu'il y a entre lui et le concile de Trente, p. 490. — Principe de ses égarements, p. 498. — Différence de ses catéchismes avec celui de Canisius, p. 277.

LUTHÉRIENS. Synode luthérien de Hambourg contre

es anabaptistes, qu'il ordonne d'exterminer, t. 10, l. 84, p. 70. — En condamnant les anabaptistes, les luthériens se condamnent eux-mêmes et justifient toutes les rigueurs de l'Eglise catholique contre eux, p. 72. — Après avoir promis de se soumettre au concile, les luthériens font la guerre à l'empereur Charles-Quint, l. 85, p. 183. — Variations sanglantes et serviles de l'Allemagne protestante entre le parti luthérien et le parti calviniste. Exécutions atroces, p. 263. — Pourquoi les protestants d'Allemagne ne rougissent pas de cette partie de leur histoire, p. 270. — L'Allemagne n'est plus une. Sa division plus violente entre les luthériens et les calvinistes, qu'entre les catholiques et les protestants, p. 444. — Lutte entre le luthéranisme et le calvinisme en Allemagne. Décadence complète des sciences et des lettres. Scènes de barbarie légale comme on en n'a pas vu en France sous Marat et Robespierre, p. 443.

Luxeuil. Le monastère de Luxeuil, au VIIe siècle, est un séminaire de saints évêques, de saints religieux, de saints missionnaires, t. 4, l. 48, p. 404.

Luzerne (cardinal de la). Ses écrits, t. 41, l. 89, p. 501 ; t. 42, l. 91, p. 106.

Lyon (premier concile général de), t. 7, l. 73, § 2, p. 52. — Deuxième concile général de Lyon, l. 75, p. 235. — La liturgie lyonnaise, t. 42, l. 92, p. 371 (Voir *Conciles œcuméniques*).

Lyssias, tribun, délivre saint Paul des mains des Juifs, t. 2, l. 25, p. 296.

M

Mabillon, savant bénédictin, t. 41, l. 88, p. 135.

Macaire, prêtre catholique d'Alexandrie, persécuté par les ariens, t. 3, l. 34, p. 408 et 410.

Macbeth, roi d'Ecosse, fait en personne le pèlerinage de Rome, t. 6, l. 63, p. 63.

Maccalan (saint), t. 5, l. 60, p. 444.

Macédoniens. Leur séparation de la foi de Nicée, t. 3, l. 36, p. 378. — Leur conversion inattendue à Synnade, l. 38, p. 444.

Macédonius, patriarche intrus de Constantinople à la place de saint Paul, t. 3, l. 32, p. 424.

Macédonius, patriarche de Constantinople, exilé par Anastase, t. 4, l. 43, p. 445. — Sa mort, p. 437.

Machabées. Martyre des sept Machabées, t. 3, l. 24, p. 85. — Extinction de la race des Machabées. Approche du Messie. Consommation de la grande unité matérielle des peuples. Attente universelle du Messie, surtout chez les Juifs répandus alors dans tout le monde romain, l. 22, p. 440.

Machiavel. Sa politique n'est pas autre que celle de Mahomet II et des autres princes. Il ne fait que résumer cette politique dans son livre *Des principautés*. Substance de cet ouvrage, t. 9, l. 83, p. 347. — Si les gouvernements et les diplomates modernes font autrement que Machiavel ne dit, p. 350. — Mort chrétienne de Nicolas Machiavel, p. 370. — Sa dernière lettre; t. 40, l. 84, p. 44.

Macrin, empereur, t. 2, l. 28, p. 448.

Macrine (sainte), t. 3, l. 36, p. 265.

Madagascar. Missionnaires envoyés dans cette île par saint Vincent de Paul, t. 40, l. 87, p. 642.

Madeleine (sainte). Découverte de son tombeau à Sainte-Baume. Observations historiques et critiques à ce sujet, t. 8, l. 76, p. 306.

Madeleine Panatieri (bienheuse), t. 9, l. 83, p. 375.

Madianites. Leur extermination, et pourquoi, t. 4, l. 8, p. 493.

Magdebourg, prise et incendiée dans la guerre de Trente-Ans, t. 41, l. 87, p. 54.

Magdebourg (centuriateurs de). Leur but était de recueillir tout ce qu'il pouvait y avoir de défavorable à l'Eglise romaine, t. 40, l. 85, p. 264. — Pour les réfuter, saint Philippe de Néri fait entreprendre à Baronius les annales de l'Eglise, l. 86, p. 350.

Mages. Adoration des Mages, t. 2, l. 23, p. 454.

Maggio, savant théatin, t. 41, l. 88, p. 410.

Magliabecchi, savant italien, t. 41, l. 88, p. 408.

Magloire (saint), t. 4, l. 45, p. 244.

Magnence, empereur romain. Son histoire jusqu'à sa proclamation à l'empire, le 48 janvier 358. Sa révolte. Il envoie une ambassade à Constance pour conclure une alliance. Combats qu'il livre à Constance. Victoire de Constance sur lui. Sa fuite. Ses cruautés. Sa mort, t. 7, l. 33, p. 443 et seqq.

Magnétisme animal, t. 41, l. 89, p. 476.

Magnus, roi de Suède, prie le pape Benoit XII de lui confirmer la possession de la Scanie, attendu que le royaume de Danemarck n'a jamais appartenu à l'empire, mais à l'Eglise romaine, t. 8, l. 79, p. 531.

Mahanès (saint). Son arrestation, son martyre, t. 3, l. 32, p. 135.

Mahomet, Mahométisme, Musulmans, etc. — Aspébétès, chef des Sarrasins, devenu chrétien avec toute sa tribu, et enfin évêque, t. 3, l. 38, p. 414. — Réponse spirituelle qu'un prince catholique d'Arabes fit vers l'an 515 à des évêques hérétiques, t. 4, l. 43, p. 424. — L'Arabie était chrétienne, même dans sa littérature, un siècle avant Mahomet, l. 44, p. 463. — Victoire d'Elisbaan, roi d'Ethiopie, sur le juif Dimion dans l'Yémen, et sa conversion au christianisme catholique. Horribles représailles des Juifs arabes. Martyre en 524, de saint Aréthas ; prince arabe, de sa femme Rehoumy, de leurs enfants et d'un grand nombre d'Arabes chrétiens, p. 459. — Invasion nouvelle et exploits d'Elisbaän. Sa retraite dans un monastère, p. 162. — Législation d'Abraham, roi chrétien des Arabes. Conversion de cinquante-cinq mille Juifs, ses sujets, par le zèle du saint évêque Grégentius, p. 463. — Histoire édifiante d'un petit Arabe qui confesse Jésus-Christ à l'âge de quatre ans, et plus tard est envoyé ambassadeur à l'empereur Justinien, p. 459. — Conversion de Naaman, chef des Sarrasins ou Arabes du désert, l. 47, p. 332. — Prophétie de Daniel touchant le mahométisme, l. 48, p. 355. — Comment Dieu punit les puissances coupables et les hérésies les unes par les autres. Saint Théodore Sicéote prédit la prochaine invasion du mahométisme, p. 356. — Les Grecs et les Perses, affaiblis les uns par les autres, deviennent une proie facile aux sectateurs de Mahomet, p. 363. — Origine et premières années de Mahomet. Ses prétendues visions; il se donne pour prophète, p. 364. — Ecrit à l'empereur chrétien d'Abyssinie. Gagne quelques Juifs de Médine. Son prétendu voyage nocturne dans le ciel. Traits sataniques de cet imposteur, p. 365. — Nature immonde du paradis de Mahomet, p. 366. — Sa fuite à Médine en 622. Il y invente un chapitre de l'Alcoran pour justifier son inceste. Ses cruautés, justifiées par autant de chapitres de l'Alcoran, p. 367. — Son caractère et celui de sa religion, c'est d'être homicide. Son prétendu miracle de la lune. Fait Dieu auteur de tous les crimes. Traite avec les Chor[a]chite, p. 368. — Est empoisonné par une fille juive. Ecrit aux souverains étrangers. S'empare de la Mecque. A des idées basses de Dieu, p. 369. — Ses pitoyables raisonnements pour soutenir qu'il a été prédit dans l'Evangile. Son embarras quand on lui demande des preuves de sa mission. Caractère pitoyable de l'Alcoran et de ce qu'il dit à ce sujet, p. 370. — Morale immorale de Mahomet, qui ne

fait que singer le christianisme, p. 374. — Sa mort et les suites, p. 372. — Son premier calife, Aboubècre, réunit les feuillets épars de l'Alcoran. D'autres séducteurs en Arabie. Guerre entre les Arabes et les Grecs. L'empereur Héraclius s'enfuit de Syrie, p. 373. — Les Mahométans se rendent maîtres de Jérusalem, d'Antioche et de la Mésopotamie, p. 374. — L'Egypte tombe en leur pouvoir, p. 375. — La bibliothèque d'Alexandrie brûlée par ordre du calife Omar, p. 420. — Fin du royaume de Perse, dont le dernier roi se réfugie à la Chine, p. 421. — Les Mahométans envahissent l'empire grec. L'empereur grec fait la guerre à l'Eglise et au Pape, p. 423. — En Orient, il se fait nuit. Les Mahométans envahissent l'Afrique, l. 50, p. 470. — Les Visigoths, amollis par un long repos, gouvernés et corrompus par une dynastie grecque, laissent envahir l'Espagne par les Sarrasins. Leur nationalité se réfugie, sous la protection de la sainte Vierge, dans le creux d'une montagne, p. 543. — C'est de l'Austrasie que sort le salut de la France, de l'Espagne et du monde, p. 544. — Grandes, mais insuffisantes victoires du duc Odon ou Eudes d'Aquitaine, contre les Mahométans qui envahissent le midi de la France, p. 545. — La France envahie par Abdérame, d'un côté jusqu'à Sens, de l'autre jusqu'à Poitiers. Mémorable victoire que Charles-Martel, secondé par Eudes, remporte sur les innombrables Sarrasins. Vrai commencement des expéditions chrétiennes, nommées plus tard croisades, p. 546.

Mаномет, *etc.* — Etat des chrétiens d'Espagne, t. 5, l. 52, p. 14. — Etat de l'Orient chez les Mahométans. Les califes s'y succèdent presque toujours par le meurtre, par le sang, par la trahison, p. 20. — Ce que serait devenu le monde, si les Mahométans ou les Grecs en étaient devenus les maîtres, p. 24. — Etat du christianisme en Syrie, p. 31. — De quelle manière saint Jean Damascène combat les Mahométans, p. 32. — Ce que l'âme est au corps, l'Eglise l'est au monde. Les Mahométans et les Grecs en sont une preuve. Persécution des califes contre les chrétiens, l. 53, p. 46. — L'empereur grec Copronyme, pire que les successeurs de Mahomet, p. 47. — Etat des églises orientales sous l'oppression des Mahométans, vers la fin du huitième siècle, p. 77. — Charlemagne défend l'Eglise de Dieu au midi contre le mahométisme, l. 54, p. 96. — Guerres honteuses de l'empereur grec Nicéphore avec le calife Aroun-al-Raschid. Caractère de ce calife. Ce qui le porte à se montrer quelque peu favorable aux chrétiens, p. 131. — Guerre civile entre ses deux fils, p. 132. — Indifférence de l'empereur grec, Michel le Bègue, touchant les ravages des Sarrasins, l. 55, p. 206. — Les catholiques, plus libres sous le joug des Musulmans que sous celui des Grecs. Effroyables guerres civiles parmi les Musulmans, au sujet de leurs califes ou papes, p. 209. — Le calife Almamoun, non moins cruel que les autres, mais protecteur des savants, p. 210. — Incursions des Sarrasins en France, durant le neuvième siècle, l. 56, p. 222. — Martyre de quarante généraux grecs, chez les Mahométans, p. 231. — Christianisme et martyrs en Espagne, sous les Musulmans, p. 232. — Le pape saint Léon IV bâtit une ville et en repeuple d'autres, pour défendre Rome et l'Italie contre les Sarrasins, l. 56, p. 262. — Martyrs en Espagne sous les Sarrasins. Leur justification par saint Euloge, l. 57, p. 309. — Reliques des martyrs d'Espagne transportées en France, p. 310. — Martyre de saint Euloge en Espagne. Etat des chrétiens d'Orient sous les Musulmans, p. 313. — L'empereur Charles le Chauve, plus occupé à faire la guerre à ses neveux qu'aux Normands et aux Sarrasins, l. 58, p. 352. — Succession et conduite des califes musulmans à la fin du IXe et au commencement du Xe siècle, l. 59, p. 417. — Lettre remarquable à Omar, roi des Sarrasins. On y voit que les Grecs reconnaissaient alors que le Saint-Esprit pro-

cède du Fils comme du Père, et que les Mahométans adoraient encore de faux dieux, p. 431. — Etat des églises orientales sous la domination des Mahométans, pendant le Xe siècle. Successions révolutionnaires des califes. Leur décadence, l. 60, p. 469. — Lutte des Mahométans et des chrétiens en Espagne. Victoire de ceux-ci. Ambassade de saint Jean de Vandières au nom du roi Othon, près d'Abdérame III, roi de Cordoue. Sa noble fermeté, p. 470. — Pendant le Xe siècle, les révolutions sont aussi sanglantes que fréquentes chez les Grecs de Constantinople, les Mahométans de Bagdad et les peuples de la Chine, l. 61, p. 532. — Etat des chrétiens en Espagne. Après plusieurs revers, ils remportent une éclatante victoire sur les infidèles, l. 62, p. 569. — Secte mahométane des hakémites, les druses, qui reconnaissent le calife Hakem pour la divinité. Monstruosité qui se reproduit en d'autres siècles et sous d'autres formes, p. 570. — Le pape Silvestre II est le premier qui donne le signal pour la lutte armée de la chrétienté entière contre l'empire antichrétien et antidieu de Mahomet et de Hakem. C'est le devoir de la chrétienté. Les Juifs excitent Hakem à ruiner l'église du Saint-Sépulcre à Jérusalem, qui est rebâtie par sa mère, p. 573.

Mаномет, *etc.* — Succès des Pisans contre les Mahométans de Sardaigne, t. 6, l. 63, p. 75. — Le saint pape Léon IX compatit aux maux de l'église mourante d'Afrique, p. 78. — Progrès des chrétiens en Espagne, l. 64, p. 119. — Triste état de la Palestine et de Jérusalem sous l'oppression des Musulmans, dans le XIe siècle. Commencement des Turcs Seldjoukides, p. 144. — Soins du pape saint Grégoire VII pour délivrer l'Espagne du joug des infidèles, l. 65, p. 160. — Sa sollicitude pour les pauvres églises d'Afrique, p. 162. — Belles réponses du bienheureux Samonas, archevêque de Gaze, aux objections d'un Sarrasin sur la sainte eucharistie, p. 164. — Sollicitude du pape saint Grégoire VII pour l'église de Jérusalem. Etat déplorable de l'empire de Constantinople, qui, attaqué au dehors par les Turcs, se ruine lui-même au dedans, p. 165. — Le pape saint Grégoire VII forme le projet d'aller lui-même au secours des chrétiens d'Orient. Il communique son dessein au roi Henri IV d'Allemagne, p. 195. — Expédition heureuse contre les Sarrasins d'Afrique, par les soins du pape Victor III, l. 66, p. 253. — La Sicile tout entière reprise aux Sarrasins par le comte Roger, à qui le pape Urbain donne la légation de l'île, p. 255. — Succès des princes chrétiens d'Espagne contre les infidèles, p. 260. — De grandes choses se préparent en Occident pour le triomphe de la foi du Christ. Cette foi, mal conservée par les Grecs, est sur le point de succomber en Orient sous le fer des Musulmans. Alexis Comnène appelle à son secours tous les guerriers de l'Occident, p. 298. — Pierre l'Ermite. Son pèlerinage à Jérusalem. Son entretien avec le patriarche. Il remet au Pape les lettres du patriarche, et commence à prêcher la croisade, p. 299. — Grand concile à Plaisance. Plusieurs guerriers s'y engagent d'aller au secours des chrétiens d'Orient, p. 300 et seqq. — Concile de Clermont. Premier objet principal : *La trêve de Dieu;* second objet principal : *La guerre de Dieu.* Cri de guerre : *Dieu le veut.* La croix, symbole militaire, p 301-305. — La première croisade, p. 305-334. — Suites de la première croisade, p. 347. — De la chrétienté et de ses combats. Idées mesquines et fausses de Fleury sur ce sujet. Réhabilitation, par la science actuelle, des Pontifes du moyen-âge. Témoignages remarquables de plusieurs protestants. La papauté a préservé l'Europe catholique de la domination musulmane, l. 67, p. 360. — Tableau de l'Orient à la fin de la première croisade, p. 361. — Invasion des hordes turques, p. 363. — Invasion des Musulmans dans la principauté d'Antioche, etc., p. 366. — Revers et succès d'Alphonse VI sur les Sarrasins d'Espagne, p. 374. — Le comte Raymond de Barcelone

défait par les Sarrasins, p. 375. — Prise de Sarragosse par les chrétiens. Conservation de la religion chrétienne en Afrique, p. 376. — Succès des Espagnols contre les Maures, dans le XII° siècle, l. 68, p. 478. — Sac d'Edesse en 1144. Prédication de la seconde croisade, par saint Bernard, p. 538. — Succès des croisés italiens, anglais et flamands en Espagne. Prise de Lisbonne. Erreurs de Michaud à ce sujet, p. 572. — Résultat de la seconde croisade en Orient, p. 573. — Première traduction de l'Alcoran en latin, due aux soins de l'abbé de Cluny, Pierre le Vénérable. Son ouvrage contre les Musulmans, p. 577.

MAHOMET, etc. — Philosophes musulmans : Averroès, etc. A quoi se borne leur mérite, t. 7, l. 69, p. 24. — Instruction apostolique du pape Alexandre III, au sultan d'Icône, sur la doctrine chrétienne, p. 128. — Origine de la secte musulmane des Assassins. Inclination d'un prince des Assassins pour le christianisme, p. 131. Conduite exécrable des Templiers en cette circonstance. Mort du roi Amauri de Jérusalem, p. 132. — Mort du patriarche Amauri de Jérusalem. Triste état de la chrétienté en Palestine, p. 150. — La Syrie et la Palestine, champ de bataille entre le mahométisme et les chrétiens, l. 70, p. 153. — Commencements de Saladin. Faiblesse toujours plus grande du royaume de Jérusalem. Mauvaise conduite de Bohémond, prince d'Antioche, p. 154. — Correspondance du pape Lucius III avec Saladin et son frère, p. 167. — Affaire des chrétiens de Palestine. Mort du roi Baudouin IV, p. 171. — Les chrétiens perdent la bataille de Tibériade contre Saladin. Captivité du roi Lusignan, p. 174. — Saladin, après avoir pris plusieurs villes, échoue devant Tyr, par l'arrivée du marquis Conrad de Montferrat, p. 175. — Les chrétiens d'Ascalon ne rendent leur ville à Saladin que sous la condition que le roi Gui de Lusignan recouvrerait la liberté. Saladin assiége et prend Jérusalem. Conduite damnable du dernier patriarche de Jérusalem en cette occasion, p. 176. — A la nouvelle de ce malheur, le roi Guillaume de Sicile prend le deuil et le cilice, le pape Urbain III meurt de douleur, p. 178. — Les rois de France et d'Angleterre se réconcilient et prennent la croix, p. 180 ; — ainsi que Frédéric Barberousse, p. 181. — Siège mémorable de Ptolémaïs ou Saint-Jean-d'Acre par les chrétiens, en présence de Saladin et de toute son armée, p. 187. — Sort de Frédéric Barberousse, trahi par les Grecs, p. 189. — Alternative de succès et de revers des chrétiens devant Ptolémaïs. Origine de l'ordre militaire et hospitalier des chevaliers Teutoniques. Saint Jean de Matha et saint Félix de Valois, fondateurs des Trinitaires pour la rédemption des captifs, p. 194. — Philippe-Auguste, roi de France, Richard Cœur-de-Lion, devant Ptolémaïs. De quoi il s'agissait dans les plaines de Ptolémaïs. Relations de politesse entre les chrétiens et les Musulmans, p. 196. — Prise de Ptolémaïs par les chrétiens. Saladin peu fidèle à la capitulation, p. 197. — Suite et résultat de la troisième croisade, p. 201. — Progrès des chrétiens en Espagne, p. 212. — Etat des chrétiens en Palestine, p. 213. — Nouveaux progrès des chrétiens d'Espagne. Victoire mémorable des rois de Castille, d'Aragon et de Navarre sur les Sarrasins, à Navès de Tolosa, l. 71, p. 234. — Guillaume de Hollande et d'autres croisés d'Allemagne remportent une grande victoire et font une importante conquête en Portugal, sur les Mahométans d'Espagne, l. 72, p. 401. — Les croisés arrivent devant Damiette, l'assiégent et la prennent, p. 406. — Parallèle entre l'Europe chrétienne et l'Asie infidèle, ravagée par Ginguiskan et ses fils, p. 474. — Quelles ont pu être les vues de la Providence dans les conquêtes des Tartares. Effets déjà réalisés, p. 475. — Efforts du pape Honorius III et négligence de l'empereur Frédéric II pour procurer du secours aux croisés de Damiette, qui sont obligés de capituler, p. 479. — Frédéric II, secrètement allié avec le sultan d'Egypte, fait la guerre au Pape, s'en va en Palestine avec peu de monde, dépouille le roi chrétien de Chypre. Son expédition n'est qu'une comédie pour amuser l'Europe. Chrétiens et Mahométans le jugent plus mahométan que chrétien, l. 73, p. 505. — Quel pouvait être le but providentiel des croisades, p. 576.

MAHOMET, etc. — Le pape Grégoire IX envoie des missionnaires chez les Tartares, t. 8, l. 73, p. 3. Correspondance amicale de plusieurs sultans avec le Pape, p. 8. — Irruption des Corasmiens en Syrie, p. 9. — Etat des chrétiens en Palestine, p. 10. — Le pape Innocent IV écrit aux souverains des Bulgares, des Tartares, des Musulmans, des Grecs et des Russes, p. 53. — Croisade de saint Louis en Egypte et en Palestine. Il est sur le point d'être élu sultan par les Sarrasins émerveillés de sa vertu, p. 69-88. — Conquêtes et domination des Tartares, l. 74, p. 189. — Fin du dernier calife de Bagdad, en 1258, p. 191. — Ravages de Bibars, sultan des mameluks, en Palestine. Croisade en Hongrie contre les Tartares, p. 192. — Seconde croisade de saint Louis. Il meurt sur la terre d'Afrique, p. 198 et seqq. — Les futurs exécuteurs de la vengeance divine contre la perfidie grecque, les Ottomans, s'avancent dans l'Asie Mineure, l. 76, p. 284. — Science prodigieuse du Dominicain Raymond Martini, et de plusieurs de ses confrères, dans l'hébreu et l'arabe, la Bible, le Talmud, l'Alcoran. Leurs travaux pour la conversion des Mahométans et surtout des Juifs, l. 79, p. 515. — Raymond Martini ou des Martins écrit son Poignard de la foi, Pugio fidei, pour réfuter tout ensemble les Mahométans et les Juifs par leurs propres livres, p. 516. — Martini prouve, par l'Ecriture et par la tradition de la Synagogue, que Dieu est un et trine, que le Messie est fils de Dieu, que le Saint-Esprit est Dieu comme le Père et le Fils, p. 517. — Martini prouve que tout a été fait pour le Messie et qu'il rétablira tout, p. 518. — Martini prouve que le mot scheol signifie proprement enfer, et non pas simplement une fosse, et que les scribes se sont permis d'altérer jusqu'à dix-huit passages importants de l'Ecriture, entre autres celui-ci : Ils ont percé mes mains et mes pieds, p. 519. — Sous le rapport de cette érudition sacrée, notre siècle pourrait-il soutenir la comparaison avec le XIII° et le XIV°, p. 520. — Croisade en Espagne. Victoire mémorable des chrétiens sur les Mahométans. Oppression des chrétiens en Egypte, dont vingt-deux meurent martyrs. Gouvernement des mameluks. Les Turcs à la porte de Constantinople et de l'Europe, p. 532. — Facilités qu'auraient eues les chrétiens d'Europe, non-seulement pour se défendre, mais pour conquérir et civiliser le reste du monde : pourquoi ils ne le font pas, p. 539.

MAHOMET, etc. — Bel exemple d'un prince espagnol pour la conversion de ses esclaves mahométans, t. 9, l. 80, p. 13. — Etat de l'Orient vers la fin XIV° siècle. Le sultan Bajazet menace de faire manger l'avoine à ses chevaux à Saint-Pierre de Rome. Il est vaincu et mis dans une cage de fer par Tamerlan. Guerres effroyables de ce dernier, l. 81, p. 64. — Crise de la France, de l'empire grec et de l'Europe. Lutte entre le mahométisme et la chrétienté, l. 82, p. 146. — Les Espagnols achèvent d'expulser les Mahométans. Exploits de Ferdinand et d'Isabelle. Prise de Grenade, l. 83, p. 282. — Le cardinal Ximenès convertit les Mahométans de Grenade, p. 293. — Etat déplorable de l'empire grec et de sa dernière dynastie impériale, qui prend pour arbitre le sultan Amurath. Commencements et caractère de Mahomet II. Constantin Dragasès, dernier empereur de Constantinople, demande des secours au pape Nicolas V, qui lui adresse, par le cardinal Isidore de Russie, une lettre prophétique, comme autrefois Jérémie au roi Sédécias, p. 312. — Suites de cette négociation, d'après Michel Ducas. Le peuple se laisse séduire par un faux prophète. Ceux mêmes qui consentent à l'union avec l'Eglise romaine ne le font pas sincèrement, p. 313.

— Siége de Constantinople par Mahomet II. Les Grecs s'aveuglent, s'opiniâtrent dans le schisme, comme les Juifs au siége de Jérusalem par Vespasien, p. 314. — Prise de Constantinople par les Turcs. Mort du dernier empereur grec, p. 345. — Particularité remarquable et peu remarquée : Mahomet II s'assied sur l'autel de la grande église de Constantinople. Comment Mahomet II traite le grand-duc Notaras, qui avait dit : J'aimerais mieux voir régner à Constantinople le turban de Mahomet que la tiare du Pape, p. 346. — Les Grecs acceptent un patriarche de la main de Mahomet II. Endurcissement des Grecs, semblable à celui des Juifs, p. 347. — Politique de Mahomet II et des autres gouvernements, p. 347. — Périls pour l'humanité de la part des politiques modernes, p. 350. — Dégénération des chevaliers Teutoniques. Péril, de la part des Turcs, pour l'Europe divisée contre elle-même, et que les Papes devront sauver presque sans elle. Jean Huniade, vayvode de Transilvanie, p. 353. — Georges Castriot, autrement Scander-beg, prince d'Epire, p. 354. — Trève imprudente et nulle de Ladislas de Hongrie avec les Turcs, p. 355. — Bataille de Varna. Mort de Ladislas. Huniade élu gouverneur de la Hongrie, p. 356. — Suites des exploits de Scander-beg contre les Turcs. Ce qui serait advenu, si les Grecs avaient été plus sincères dans leur union avec l'Eglise romaine, p. 357. — Le nouveau pape Calixte III excite puissamment les chrétiens à se défendre contre les Turcs. Huniade et saint Jean de Capistran remportent une victoire complète sur Mahomet II, et meurent tous deux quelque temps après, p. 377. — Un roi de Perse et un roi des Tartares, à la sollicitation du Pape, prennent les armes contre les Turcs et les battent en Asie. Facilité qu'il y aurait eu pour les princes chrétiens d'en finir avec les Turcs. Un seul prince, Scander-beg, défend l'Europe chrétienne. Il n'est soutenu que par un seul homme, le Pape. Une jeune fille sauve Mitylène contre les Turcs, p. 378. — Congrès de Mantoue sous le pape Pie II, pour la défense de la chrétienté contre les Turcs, p. 381. — Pie II reçoit une ambassade de l'empereur de Trébisonde, du roi de Perse et de plusieurs princes d'Orient qui se montrent prêts à combattre les Turcs, p. 384. — Il écrit à Mahomet II. Il prend la résolution de se mettre lui-même à la tête de la croisade, et meurt, p. 385. — — Derniers exploits et mort de Scander-beg, p. 390. — Sixte IV envoie des légats pour procurer la défense de la chrétienté contre les Turcs. Mauvais succès de ces légations. Les Turcs battus par le cardinal Caraffe et par le roi de Perse. Si les chrétiens avaient été unis, c'était fait des Turcs, p. 393. — Prise d'Otrante par les Turcs. Huits cents chrétiens y souffrent le martyre, p. 394. — Tandis que les plus grands princes mettent leur gloire à se tromper et à se haïr, les moines-soldats, connus sous le nom de frères ou chevaliers de Rhodes, aident le Pape à sauver l'Europe, p. 395. — Fin sanglante de l'empire de Trébisonde. Prise de Lesbos et de Négrepont par Mahomet II. Martyre d'une jeune vierge. Les chevaliers ou moines-soldats de Rhodes, commandés par frère d'Aubusson, défendent leur ville contre toutes les forces de Mahomet II, p. 396. — Mahomet II rassemble de nouveau une armée de trois cent mille hommes, et meurt, p. 398. — Efforts d'Innocent VIII pour pacifier les princes chrétiens et les réunir contre les Turcs, qui menacent l'Europe de plus en plus, p. 403. — Progrès de Sélim Ier, p. 434. — Efforts du pape Léon X pour réunir les princes chrétiens à la défense de l'Europe contre les Turcs, p. 442.

Mahomet, etc. — Ce que l'empereur des Turcs, Soliman II, pensait de la conduite des princes chrétiens envers le Pape. Les chrétiens de Belgrade, les chevaliers de Rhodes, ne recevant aucun secours des princes d'Europe, se voient réduits, après des prodiges de valeur, à capituler avec les Turcs, t. 10, l. 84, p. 15. — La première ambassade que François Ier, roi de France

envoie à Constantinople est pour supplier l'empereur des Turcs de faire la guerre aux chrétiens, p. 16. — En conséquence, Soliman II ravage la Hongrie, qui se divise contre elle-même, p. 17. — Siége de Vienne par Soliman, qui est obligé de le lever. Mort de son visir, l'apostat Ibrahim. François Ier fait alliance avec les Turcs, pour leur livrer l'Italie. Le pape Paul III prévient ce malheur par son entrevue à Nice entre François Ier et Charles-Quint, p. 48. — François Ier continue à conspirer contre les chrétiens, avec les Turcs de Constantinople et les corsaires de Barbarie, qui s'en viennent avec les Français ravager les côtes de l'Italie et de la France même. Tableau qu'en fait le protestant Sismondi, p. 19. — Fin de Soliman II. Sa législation et ses exemples. Amitié de Soliman pour Luther. Fraternité entre le luthéranisme et le mahométisme, démontrée par les doctrines et les faits, p. 21. — Les princes apostats de l'Allemagne refusent de marcher contre les Turcs au secours de la Hongrie, p. 56. — Variations de Luther au sujet de la guerre contre les Turcs, p. 57. — Les religieux militaires de Saint-Jean de Jérusalem, commandés par frère Lavalette et encouragés par le Pape, défendent glorieusement au siége de Malte l'Europe chrétienne contre toutes les forces musulmanes, l. 86, p. 399. — L'empire turc se soutient par les renégats ou chrétiens apostats. Horrible traitement qu'ils font éprouver au royaume de Chypre, et qu'ils préparent à toute l'Europe, p. 400. — L'Europe est sauvée par le saint pape Pie V. Bataille et victoire de Lépante, p. 401. — Tendance des calvinistes au mahométisme, p. 441. — Le roi de Pologne, Sobieski, le duc Charles de Lorraine et le prince Eugène de Savoie, secondés par l'Allemagne catholique et par le Pape sauvent l'Allemagne et l'Europe contre les Turcs, sans le concours de l'Allemagne protestante et au grand regret du roi de France, Louis XIV allié des Turcs, t. 44, l. 88, p. 340. — Depuis cette époque, les Turcs commencent à s'humaniser. Histoire des chrétiens sous la domination des Turcs, p. 342. — Etat actuel des chrétiens en Turquie, p. 343. — Etat du christianisme en Egypte. Dispositions actuelles des gouvernements de l'Egypte et de Constantinople envers le catholicisme. Dénouement probable de l'histoire humaine, l. 87, p. 86. — Inclination et tendance de bien des mahométans de Turquie et de Perse vers le catholicisme, t. 42, l. 94, p. 498. — Persuasion commune des Turcs que la fin de leur empire est proche, et que c'est aux catholiques à en recueillir les débris. Progrès du catholicisme à Constantinople et à Smyrne, p. 499. — Les Lazaristes en Orient. La Syrie. L'ambassadeur du sultan à Rome. Un patriarche catholique à Jérusalem, l. 92, p. 252. — L'envoyé du Saint-Siége à Constantinople. Lettre apostolique aux Orientaux, p. 253. — Le fanatisme musulman. Reconstruction de la coupole du Saint-Sépulcre. Sollicitude de Pie IX pour les chrétiens d'Orient : réunion des Bulgares à l'Eglise romaine, p. 362.

Mahomet II, t. 9, l. 83 (Voir les détails dans l'article précédent).

Mai (le cardinal Angelo), t. 42, l. 92, p. 236.

Maimonide, savant rabbin, t. 7, l. 69, p. 24.

Maintenon (madame de). Son histoire, t. 44, l. 88, p. 231. — Sa part aux affaires du quiétisme, p. 240.

Maistre (Joseph de). Grands services rendus à l'Eglise catholique par le comte Joseph de Maistre. Résumé de son ouvrage Du Pape, t. 42, l. 94, p. 402. — Résumé de son ouvrage De l'Eglise gallicane, p. 405. — Son observation sur l'Histoire de Bossuet, par M. de Bausset, p. 106. — Son examen et jugement de Locke, t. 44, l. 88, p. 487. — Ses réflexions sur les prohibitions de l'Eglise touchant le mariage des princes, t. 9, l. 74, p. 234. — Ses observations sur la conduite des Papes à cet égard, t. 6, l. 66, p. 281. — Jugement qu'il porte du parlement de Paris au dix-septième siècle, t. 44, l. 88, p. 464. — Son opinion sur ce qu'il en est des

libertés de l'Eglise gallicane , p. 172. — Pour quelle raison il demande si et en quel sens Bossuet est l'auteur de la *Défense de la Déclaration gallicane*, p. 217. — Son jugement sur l'Eglise russe, p. 347.

MAIXENT (saint), t. 5, l. 43 , p. 110.

MAJOR. Sa doctrine sur l'origine et la responsabilité du pouvoir temporel, t: 9, l. 82, p. 119.

MAJORIEN , empereur, t. 4, l. 44 , p. 43.

MAL de la coulpe, mal de la peine. Socrate prouve que c'est un plus grand mal et un plus grand malheur de commettre l'injustice que de la souffrir, et de n'être point puni de ses crimes que d'en être puni, t. 2, l. 20, p. 15.

MALACHIE , le prophète. Ses reproches aux Juifs sur différents abus , et ses prophéties sur l'Eucharistie, Jean-Baptiste et le double avénement de Jésus-Christ. Suite des prophètes. Union des deux Testaments par Malachie et Jean-Baptiste, t. 1, l. 19, p. 480.

MALACHIE d'Irlande (saint). Sa naissance. Sa vie domestique. Sa piété. Son apostolat. Il rebâtit le monastère de Bangor. Il est sacré évêque , puis archevêque, t. 6, l. 67, p. 405. — Sa sollicitude pour l'église d'Armagh. Son voyage à Rome. Sa visite à Clairvaux. Sa légation en Angleterre. Eclatant miracle, l. 68, p. 520. — Voyage de saint Malachie. Sa mort à Clairvaux, p. 566.

MALCOLM , roi d'Ecosse , t. 6, l. 66, p. 262.

MALEBRANCHE. Ses ouvrages. Dangers de ses écrits, t. 11, l. 88, p. 117. — S'est trompé sur la nature de la grâce, l. 87, p. 24.

MALESHERBES , défenseur de Louis XVI, t. 11, l. 90, p. 551.

MALO (saint), t. 4, l. 45, p. 245.

MALPIGHI , t. 11, l. 88, p. 106.

MALTE. Sa glorieuse défense par les religieux militaires de Saint-Jean de Jérusalem contre toutes les forces ottomanes, t. 10, l. 86, p. 399.

MAMACHI, savant italien , t. 11, l. 89, p. 353.

MAMERT (saint) institue les Rogations à Vienne, t. 4, l. 42, p. 38.

MAMERT Claudien. Sa science. Son traité sur la nature de l'âme, t. 4, l. 42, p. 39.

MAMIGONIENS, branche d'une dynastie impériale de Chine, émigrée et naturalisée en Arménie, t. 3, l. 40, p. 539.

MANAHEM, roi d'Israël, t. 1, l. 15, p. 61.

MANASSÉ, fils de Joseph, t. 1, l. 4, p. 105. — Bénédiction qui lui est donnée par Jacob, qui l'adopte pour son fils, p. 110.

MANASSÈS, roi de Juda. Ses abominations. Menaces divines. Endurcissement de Manassès. Sa captivité. Son repentir. Son rétablissement. Sa persévérance. Sa mort. Accomplissement des prophéties d'Isaïe, t. 1, l. 16, p. 385.

MANÈS, MANICHÉISME. — Lettre de Manès à Marcel et son arrivée à Charres en Mésopotamie, t. 2, l. 29, p. 7. — Conférence entre Manès et l'évêque saint Archélaüs. Réfutation du manichéisme, p. 72. — Fuite de Manès. Sa conférence à Diodore. Premier auteur de sa doctrine, p. 74. — Manès s'enfuit de Diodore, et est mis à mort par le roi de Perse dont il avait fait mourir le fils, p. 75.

MANICHÉENS, GNOSTIQUES, ALBIGEOIS, CATHARES. — Ils apparaissent en Espagne sous le nom de Priscillianistes. Leurs erreurs. Concile de Sarragosse et édit de Gratien contre eux. Leur mauvaise réussite à Rome et à Milan. Succès de leurs artifices en Gaule, t. 3, l. 36, p. 282. — Requête d'Ithace à l'empereur Maxime contre les priscillianistes. Opposition de saint Martin. Exécution et exil des priscillianistes, p. 293. — Saint Augustin , jeune, est séduit par les manichéens, p. 304. — Augustin, revenu de ses égarements, écrit deux livres sur la morale et les mœurs de l'Eglise catholique, et celle des manichéens, p. 309. — Lois de Théodose contre les manichéens, p. 324. — Saint Augustin écrit contre le manichéisme son livre *De l'utilité de croire* et *Des deux âmes*, l. 37, p. 343. — Sa conférence avec le manichéen Fortunat. Son livre contre le manichéen Adimante, p. 344. — Saint Augustin réfute la lettre de Manès, et le manichéisme dans ses trente-trois livres contre Fauste, p. 360. — Précautions que le pape saint Léon prend contre les manichéens à Rome. Procédure contre les priscillianistes d'Espagne, l. 40, p. 506. — Les manichéens sont exterminés en Perse et exilés de l'empire romain, t. 4, l. 44, p. 165. — Saint Jean Damascène écrit en particulier contre les manichéens, t. 5, l. 52, p. 34. — L'empereur Nicéphore se livre à eux, l. 54, p. 136. — L'empereur Michel Curopolate sévit contre eux, p. 138. — Les manichéens en Arménie, l. 56, p. 234. — Histoire des manichéens d'Arménie, l. 57, p. 346. — Manichéens découverts à Orléans et ailleurs, et punis suivant les lois, t. 6, l. 62, p. 5. — Exposé de l'hérésie des bogomiles, secte de manichéens, l. 67, p. 386. — Artifice de l'empereur Alexis pour saisir Basile, leur chef, p. 387. — Alexis convertit les pauliciens, autre secte de manichéens, p. 338. — Histoire abrégée du manichéisme. Il se reproduit dans le midi de la France sous le nom de pétrobrusiens, henriciens, albigeois, bulgares, l. 68, p. 447. — Ouvrage de Pierre le Vénérable sur ces hérésies, p. 549. — Réfutation des hérétiques par le moine Ecbert, et sermons de saint Bernard sur le même sujet, p. 553. — Diverses branches de manichéens, surtout dans le pays de Toulouse. Leurs doctrines destructives de toute société. Les princes implorent le secours de l'Eglise contre eux, t. 7, l. 69, p. 441. — Calamités causées en France par les albigeois et les cottereaux, l. 70, p. 166. — Constitution du pape Lucius instituant, de concert avec les princes, une inquisition contre les hérésies manichéennes, qui attaquaient tout ensemble et la foi chrétienne et l'ordre social, p. 169. — Parenté probable entre les manichéens du moyen-âge et les modernes francs-maçons. Parenté originelle de toutes les erreurs et de toutes les sectes, l. 71, p. 300. — Le manichéisme, sataniquement subversif de toute religion, de toute morale , de toute justice, de toute société, p. 301. — Premiers soins d'Innocent III pour arrêter ce mal et y porter remède, p. 302. — Soins du Pape pour extirper l'hérésie manichéenne dans les Etats de l'Eglise. Martyre de saint Pierre Parenzo, p. 304. — La France septentrionale préservée de l'hérésie par ses bons évêques, p. 305. — Fâcheux état de la France méridionale, p. 308. — Efforts d'Innocent III pour y porter remède, p. 309. — Arrivée en Languedoc de l'évêque d'Osma et de saint Dominique, p. 311. — Assassinat du légat, le bienheureux Pierre de Castelnau, p. 345 et seqq. — Croisade contre les manichéens du Languedoc, p. 348 et seqq. — Les chefs de la croisade choisissent le comte Simon de Montfort pour seigneur de Carcassonne et de leurs autres conquêtes, p. 321 et seqq. — Erreurs manichéennes de quelques membres de l'Université de Paris, qui se reproduisent au XIX⁰ siècle, p. 374. — Le comte de Toulouse fait mourir son frère, parce qu'il s'est déclaré pour les catholiques. Le prince Louis de France exécute sa croisade en Languedoc, p. 376. — Les hérétiques mis au ban spirituel et temporel de la chrétienté, par le troisième canon du quatrième concile général de Latran. Raisons de cette loi, p. 385. — Précautions du pape Honorius III et du roi de France, Louis VIII, contre les manichéens du Languedoc, p. 441. — Croisade de Louis VIII contre les manichéens du Languedoc, p. 445. — Actes de Grégoire IX et des évêques, pour extirper l'hérésie dans le Languedoc, t. 7, l. 73, p. 543. — Quel était le droit de l'Allemagne et de l'Europe touchant les hérétiques, t. 8, l. 32. — Exécution de ces lois contre certains manichéens, p. 33. — Le roi de Bosnie envoie un ambassadeur à Rome abjurer les erreurs des manichéens, t. 9, l. 82, p. 268.

MANNING (Mgr), archevêque de Westminster, publie son *Instruction pastorale sur le Centenaire de saint Pierre et le Concile général*, t. 12, l. 92, p. 420. — Bref du Saint-Père à Mgr Manning, à propos de la question : Si les non-catholiques seraient admis à présenter devant le concile les arguments qu'ils croyaient pouvoir être allégués à l'appui de leurs opinions, p. 432.

MANSFELD (le comte de), recommence la guerre de Trente-Ans d'une manière atroce, t. 11, l. 87, p. 51.

MANSI, archevêque de Lucques. Ses ouvrages, t. 11, l. 89, p. 352.

MANUEL, empereur de Constantinople, reconnaît Alexandre III pour pape légitime, t. 7, l. 69, p. 77. — Ambassade de Manuel au pape Alexandre III, pour lui offrir son secours contre l'empereur Frédéric-Barberousse, p. 82. — Manuel meurt, p. 149.

MANUEL HOLOBOLE, grec instruit du XIIIe siècle, t. 8, l. 74, p. 182.

MANUEL, révolutionnaire de France, t. 11, l. 90, p. 545.

MARAT, huguenot de Suisse, révolutionnaire de France, t. 11, l. 90, p. 525.

MAROT. Jugement sur ses écrits, t. 10, l. 85, p. 203.

MAHBOEUF, évêque de Rennes, t. 6, l. 67, p. 371.

MARC (saint). Son évangile, t. 2, l. 25, p. 268. — Fonde l'église d'Alexandrie, t. 10, l. 85, p. 170.

MARC (saint), pape, t. 3, l. 34, p. 112.

MARC et MARCELLIEN (saints), martyrs, t. 3, l. 3, p. 3 et 5.

MARC, évêque d'Aréthuse. Cruautés exercées sur lui par Julien l'Apostat, t. 3, l. 34, p. 190.

MARC d'Éphèse, Grec. Au concile de Ferrare, les Latins cherchant à entamer la question du *Filioque*, il cherche à l'esquiver par des questions préjudicielles, t. 9, l. 82, p. 249. — Le cardinal Julien Césarini répond admirablement bien à un très-long de ses discours, p. 252. — Marc d'Éphèse refuse d'entrer dans l'union faite avec les Latins et les Grecs à Florence, l. 83, p. 308. — Réfutation des écrits de Marc d'Éphèse, contre l'union, par Grégoire, protosyncelle, p. 309. — Supercherie honteuse de Marc d'Éphèse pour falsifier un texte de saint Basile. Mort de Marc d'Éphèse, p. 311.

MARC-AURÈLE, empereur. Correctifs à son éloge, t. 2, l. 20, p. 44. — Preuves de la persécution sous son règne, l. 27, p. 403. — L'armée romaine sauvée en Germanie par les prières d'une légion chrétienne, p. 420. — Nouvelle persécution. Martyrs en Gaule. Lettre des chrétiens de Lyon et de Vienne sur le martyre de saint Pothin, sainte Blandine et un grand nombre d'autres, p. 421. — Mort de Marc-Aurèle, p. 435.

MARCEL (saint), pape, t. 3, l. 30, p. 58.

MARCEL II, pape. Légat de Paul III au concile de Trente, t. 10, l. 85, p. 169. — Son sentiment sur la matière qu'on devait traiter d'abord dans le concile, p. 478. — Son court pontificat, p. 253.

MARCEL (saint), centurion, se déclare chrétien et souffre le martyre, t. 3, l. 30, p. 12.

MARCEL (saint), diacre et martyr, t. 2, l. 29, p. 551.

MARCEL (saint), évêque d'Apamée et martyr, t. 3, l. 36, p. 328.

MARCEL, de Charres en Mésopotamie. Sa charité, t. 2, l. 29, p. 571.

MARCEL, évêque d'Ancyre. Il refuse de souscrire à la condamnation de saint Athanase dans le concile de Tyr, t. 3, l. 32, p. 109. — Sa déposition par les Ariens ; livres d'Eusèbe contre lui et réponse de Marcel, p. 412. — Il est rétabli sur son siège, p. 114 ; — par l'autorité du pape saint Jules, p. 117. — Adresse sa profession de foi à saint Athanase, l. 35, p. 234.

MARCELLE (sainte), t. 3, l. 36, p. 289.

MARCELLIN (saint), tribun. Son martyre, t. 3, l. 38, p. 405.

MARCELLINE (sainte), sœur de saint Ambroise, t. 3, l. 36, p. 323.

MARCELLO, poète et musicien italien, t. 11, l. 89, p. 356.

MARCIEN. De magicien devenu martyr, t. 2, l. 29, p. 525.

MARCIEN, empereur, t. 3, l. 40, p. 535. — Sa lettre au pape saint Léon et réponse du Pape, p. 536. — Éloge de Marcien. Sa mort, t. 4, l. 41, p. 4.

MARCION. Ses hérésies, t. 2, l. 27, p. 393.

MARCOLIN (bienheureux), t. 9, l. 81, p. 128.

MARDOCHÉE. Esther révèle au roi une conspiration que Mardochée a découverte contre sa personne royale, t. 1, l. 19, p. 469. — Fureurs d'Aman contre Mardochée, p. 471. — Humiliation d'Aman et gloire de Mardochée. Élévation de Mardochée, p. 474.

MARET (Mgr), évêque de Sura, et son livre : *Du concile et de la paix religieuse*, jugés par M. Laurentie, t. 12, l. 92, p. 429. — Dom Guéranger et Mgr Pie, évêque de Poitiers, combattent les doctrines de Mgr l'évêque de Sura, p. 430.

MARGUERITE (sainte), reine d'Écosse, sœur du prince Edgard ; se retire chez Malcolm, d'Écosse. Ses grandes vertus. Elle épouse Malcolm. Éducation de ses enfants. La religion refleurit en Écosse avec les beaux-arts. Elle apprend, au lit de la mort, la mort de son époux et de son fils. Sa canonisation, t. 6, l. 66, p. 262.

MARGUERITE de Louvain (bienheureuse), servante, t. 7, l. 72, p. 460.

MARGUERITE de Hongrie (bienhse), t. 8, l. 75, p. 215.

MARGUERITE de Météla (bienhse), t. 8, l. 78, p. 434.

MARGUERITE d'Ombrie (bienhse), t. 9, l. 81, p. 442.

MARGUERITE de Savoie (bienhse), t. 9, l. 83, p. 313.

MARGUERITE de Ravenne (bienhse), t. 9, l. 84, p. 559.

MARGUERITE Middleton, catholique anglaise, martyrisée, t. 10, l. 86, p. 412.

MARIAGE. Unité et indissolubilité primitive du mariage, t. 1, l. 4, p. 32. — Que la polygamie et le divorce sont un désordre ; leurs funestes effets prévenus en partie par la loi mosaïque, l. 7, p. 164. — Jésus-Christ rétablit l'indissolubilité et l'unité primitive du mariage, t. 2, l. 23, p. 204. — Saint Paul rappelle aux Corinthiens cette unité et indissolubilité divine de l'union conjugale, l. 25, p. 286. — Doctrine de saint Ignace d'Antioche sur le sacrement de mariage, l. 27, p. 375. — Tertullien dans les deux livres à sa femme, l. 28, p. 482. — Tertullien : *Exhortation à la chasteté*, adressée à un veuf, p. 483. — Les manichéens condamnaient le mariage, t. 7, l. 69, p. 141. — Canon du quatrième concile général de Latran touchant les sacrements, le propre prêtre, les empêchements de mariage, la clandestinité, l. 71, p. 388. — Discussions, dans le concile de Trente, au sujet des mariages, t. 10, l. 85, p. 348. — Doctrines et canons du concile de Trente touchant le sacrement de mariage, p. 349. — Dix chapitres de réformation concernant le mariage, p. 320. — Si le mariage est permis à tout le monde, p. 284.

MARIAMNE, femme d'Hérode. Fureur jalouse d'Hérode contre cette femme, t. 2, l. 22, p. 134. — Reproches et mort héroïque de Mariamne, p. 136. — Une seconde Mariamne devient l'épouse d'Hérode, p. 137.

MARIANA, jésuite, et autres historiens célèbres d'Espagne, t. 10, l. 87, p. 503.

MARIE, la sainte Vierge. Marie et Jésus-Christ relativement à Eve et Adam, t. 1, l. 1, p. 47. — La sainte Vierge, prédite par Isaïe, l. 15, p. 362. — L'annonciation, t. 2, l. 23, p. 147. — Eve et Marie. De la dévotion à la sainte Vierge, p. 148. — La visitation, p. 149. — Perpétuelle virginité de Marie, p. 152. — Marie et Joseph à Bethléhem. La sainte famille, p. 153. — La purification, p. 155. — Marie et Joseph conduisent l'enfant Jésus au temple, p. 159. — Les noces de Cana. De l'intercession de la sainte Vierge, p. 167. — La mère et les frères de Jésus-Christ, p. 183. — Marie

confiée à Jean. Marie au cénacle, l. 25, p. 252. — La sainte Vierge continue à demeurer à Jérusalem, p. 264. — Ce que saint Irénée dit de la sainte Vierge, dès le second siècle, l. 27, p. 439. — On la trouve appelée Théotocos ou Mère de Dieu par les saints Pères, dès le IIIe siècle, et longtemps avant le concile d'Ephèse, l. 29, p. 567.

MARIE de l'Incarnation (bienhse), t. 10, l. 87, p. 533.

MARIE d'Oignies (sainte), t. 7, l. 69, p. 208.

MARIE, reine d'Angleterre. Son avénement, t. 10, l. 85, p. 244. — Elle épouse le prince d'Espagne Philippe II, p. 245. — Ses poursuites légales contre certains hérétiques, entre lesquels Latimer et Cranmer, d'après le protestant Cobbet, p. 249. — Sa mort, p. 251.

MARIE, sœur de Moïse, t. 4, l. 6, p. 124-440 ; l. 8, p. 184-488.

MARIE, vierge et martyre en Perse, t. 3, l. 32, p. 144.

MARIE-ANNE de Jésus (bienhse), t. 10, l. 87, p. 498.

MARIE-ANTOINETTE, reine de France. Sa mort, t. 11, l. 90, p. 557.

MARIE-BARTHÉLEMIE Bagnési (bienheureuse), t. 10, l. 86, p. 383.

MARIE-JOSÈPHE de Saxe, épouse du Dauphin, et mère de Louis XVI, t. 11, l. 89, p. 381. — Mariée à son cousin-germain, le duc d'Angoulème, elle meurt sur le sol étranger, au château de Frosdorf, p. 557.

MARIE-MADELEINE (sainte). Découverte de son tombeau à la Sainte-Beaume, t. 8, l. 76, p. 306.

MARIE-MADELEINE de Pazzi (Ste), t. 10, l. 86, p. 379.

MARIE Stuart ou de Lorraine, quitte la France après la mort de François II son époux, t. 10, l. 85, p. 254. — Histoire de sa mort. Régicide affreux commis avec préméditation par l'Angleterre protestante sous la papesse Elisabeth, l. 86, p. 404 et seqq.

MARIE-THÉRÈSE de France, fille de Louis XVI, t. 11, l. 90, p. 556.

MARIE-THÉRÈSE d'Autriche. Elle se défend seule contre les souverains de l'Europe, qui veulent la dépouiller, t. 11, l. 89, p. 427. — Ses grandes qualités, ses vertus. Comparaison d'elle à Catherine II. Ce qu'elle pense du partage de la Pologne, p. 428.

MARIN, empereur, t. 2, l. 28, p. 449.

MARIN (saint), martyr à Césarée, t. 2, l. 29, p. 562.

MARIN, pape. Son court pontificat, t. 5, l. 58, p. 383.

MARIN ou Martin II, pape, t. 5, l. 58, p. 382.

MARIN II ou Martin III, pape, t. 5, l. 60, p. 457.

MARIUS Mercator réfute les anathèmes de Nestorius, t. 3, l. 39, p. 407.

MABON (saint), t. 4, l. 50, p. 493.

MARONITES. Formation de la nation des Maronites, t. 4, l. 50, p. 493. — Ils se réunissent complètement à l'Eglise romaine : leur état actuel, t. 7, l. 70, p. 155. — Leur réunion sous Eugène IV, au concile de Florence, t. 9, l. 82, p. 268. — Travaux de plusieurs savants maronites, t. 11, l. 88, p. 97. — Etat religieux des Maronites en 1848, t. 12, l. 91, p. 193.

MARSEILLE. Ancienneté de son église. Ses saints évêques Belsunce et Gault, t. 11, l. 88, p. 267.

MARSILE de Padoue. Ses hérésies. Bulle de Jean XXII contre lui, t. 8, l. 79, p. 476 et 478.

MARSILE Ficin, chanoine, traducteur de Platon, t. 9, l. 83, p. 362.

MARTÈNE, savant bénédictin, t. 11, l. 88, p. 135.

MARTHE et MARIE. La vie active et la vie contemplative, t. 2, l. 23, p. 198.

MARTIN (saint), pape, tient un concile où il condamne le monothélisme et le Type de Constant. En quels termes les catholiques d'Orient y parlent au Pape, t. 4, l. 49, p. 431. — Lettres du pape saint Martin en Orient et en Occident. Sa lettre à l'empereur Constant, p. 434. — Le pape saint Martin institue des vicaires apostoliques dans tout l'Orient, p. 435. — Sa lettre au métropolitain de Thessalonique. Le pape saint Martin arrêté, emprisonné, exilé, martyrisé par l'empereur grec, p. 436.

MARTIN IV, pape. Les Romains choisissent Martin IV pour leur sénateur, t. 8, l. 73, p. 246. — Excommunication de l'empereur Michel, p. 267. — Bulle contre Pierre d'Aragon, p. 344. — Sa mort, p. 347.

MARTIN V, pape. Son élection réunit toute la chrétienté, t. 9, l. 81, p. 103. — Il condamne les erreurs de Jean Hus et de Jérôme de Prague. Ses deux bulles à ce sujet. Son projet de réforme et ses concordats avec chaque nation, p. 122. — Il défend, comme saint Gélase, d'appeler des Papes au concile, p. 123. — En quel sens Martin V approuve les décisions de Constance. Il va de Constance à Rome, p. 124. — Il fait faire des obsèques très-solennelles à Grégoire XII. Mort de Pierre de Lune, dit Benoît XIII. Extinction de son schisme, p. 125. — Martin V reçoit les ambassadeurs de l'empereur Paléologue pour la réunion, indique un concile à Pise, puis à Sienne et enfin à Bâle. Il confirme les universités de Louvain et de Rostock. Sa mort, p. 445. — Martin V et Eugène IV travaillent à ramener les Hussites, l. 82, p. 209.

MARTIN (saint), de Tours. Son origine. Son intrépidité. Sa charité. Il s'attache à saint Hilaire de Poitiers, t. 3, l. 33, p. 157. — Il convertit un voleur et ses parents, p. 158. — Son élection. Sa manière de vivre dans l'épiscopat. Son monastère. Sa visite à Valentinien. Il fait détruire l'autel des faux martyrs et plusieurs temples païens. Ses miracles, l. 35, p. 253. — Son éloignement pour les conciles, l. 36, p. 285. — Sa conduite à la table de l'empereur Maxime et de l'impératrice, p. 292. — Il s'oppose à ce que l'on verse le sang des hérétiques, p. 293. — Sa mort, p. 265. — On reporte ses reliques d'Auxerre à Tours. Miracles qui s'opèrent à cette translation, t. 5, l. 58, p. 373.

MARTIN (saint), évêque de Dume, convertit les Suèves, t. 4, l. 46, p. 254. — Adresse au roi Miron la Forme d'une vie honnête, p. 256.

MARTINI Raymond, Dominicain. Science prodigieuse de ce personnage et de plusieurs de ses confrères dans l'hébreu et l'arabe, la Bible, le Talmud et l'Alcoran. Leurs travaux pour la conversion des Mahométans et surtout des Juifs, t. 8, l. 79, p. 515. — Il écrit son Poignard de la foi ou Pugio fidei pour réfuter tout ensemble les Mahométans et les Juifs par leurs propres livres, p. 516. — Il prouve par l'Ecriture et par la tradition de la Synagogue, que Dieu est un et trine, que le Messie est Fils de Dieu, et que le Saint-Esprit est Dieu comme le Père et le Fils, p. 517. — Il prouve que tout a été fait pour le Messie et qu'il rétablira tout, p. 518. — Il prouve que le mot scheol signifie proprement enfer et non pas simplement une fosse. Il prouve que les scribes se sont permis d'altérer jusqu'à dix-huit passages importants de l'Ecriture, entre autres celui-ci : Ils ont percé mes mains et mes pieds, p. 519. — Sous le rapport de cette érudition sacrée, notre siècle pourrait-il soutenir le parallèle avec le XIIIe et le XIVe, p. 520.

MARTINI, missionnaire Jésuite, t. 11, l. 88, p. 319.

MARTYR. Ce que ce mot signifie au juste, t. 10, l. 85, p. 248. — Multiplicité des martyrs sous Trajan, t. 2, l. 27, p. 366. — Martyrs en Gaule, p. 421. — Les douze martyrs scyllitains à Carthage, l. 28, p. 450. — Martyre de saint Irénée de Lyon et de son peuple, p. 491. — Martyrs à Alexandrie. Plusieurs martyrs à Smyrne, l. 29, p. 522 ; — à Lampsaque, p. 524 ; — à Carthage, p. 528. — Trois amis martyrs à Césarée, p. 560. — Martyrs d'Ostie, p. 563. — La légion thébaine, t. 3, l. 30, p. 6. — Martyrs en Belgique, en Angleterre et en Gaule, p. 7. — Martyrs en Asie, p. 9. — Martyrs de Tyr. Nombreux martyrs en Egypte, p. 16. — Autres martyrs en Syrie et ailleurs, p. 17. — Martyrs d'Occident, p. 22. — Martyrs d'Espagne, p. 24. — Autres martyrs d'Italie, p. 28. — Martyrs en Thrace, p. 29. — Martyrs de Cappadoce, p. 45. — Martyrs et confesseurs de Palestine, p. 46. — Autres martyrs à Alexandrie et en Syrie, p. 56. — Les quarante martyrs

de Sébaste, l. 31, p. 71. — Martyrs de Perse, l. 32, p. 133. — Martyre de deux cent soixante-quinze prisonniers romains, l. 35, p. 218. — Autres martyrs en Perse, l. 38, p. 443. — Martyrs et confesseurs en Afrique sous les Vandales ariens, t. 4, l. 42, p. 47-50. — Martyre du prince Aréthas et d'un grand nombre d'Arabes chrétiens, par les Juifs, l. 44, p. 159. — Martyrs en France, sous les Sarrasins, l. 54, p. 546. — Martyrs à Constantinople, sous les iconoclastes, t. 5, l. 55, p. 207-209. — Martyrs de quarante généraux grecs chez les Mahométans, l. 56, p. 234. — Martyrs en Espagne sous les Musulmans, p. 232. — Autres martyrs en Espagne, l. 57, p. 309. — Frères Mineurs martyrs à Maroc et à Ceuta, t. 7, l. 72, p. 421. — Martyre de plusieurs missionnaires, t. 8, l. 79, p. 491. — Vingt-deux martyrs en Egypte, p. 538. — Huit cents chrétiens souffrent le martyre à Otrante, par la main des Turcs, t. 9, l. 83, p. 394. — Martyre de Thomas Morus, du cardinal Fisher et de plusieurs Chartreux en Angleterre, sous Henri VIII, t. 10, l. 84, p. 83 et 84. — Martyrs de Gorcum en Hollande, l. 86, p. 354. — Martyrs en Angleterre, sous la persécution d'Elisabeth, p. 411. — Martyrs au Japon, l. 87, p. 464 et 469. — Plusieurs Grecs martyrisés pour la foi catholique, t. 11, l. 87, p. 72. — Martyrologe du Japon et de la Corée, de 1622 à la fin du XVIIe siècle, l. 88, p. 332. — Martyrs et confesseurs en Chine et au Tongking, l. 89, p. 509. — Martyrs et confesseurs en France, l. 90, p. 542. — Plus de cent quarante martyrs en Corée, p. 558. — Martyre de quatorze prêtres qui avaient été contraints de rester à Laval, p. 570 ; — de onze religieuses ursulines à Valenciennes, et de seize Carmélites de Compiègne, p. 572 ; — de quarante-deux religieuses à Orange, p. 573 ; — du peuple de la Vendée, p. 575. — Martyrs et confesseurs en Russie, au XIXe siècle, t. 12, l. 91, p. 183. — Grand nombre de martyrs dans le Tongking et la Cochinchine, pendant la persécution de Minh-Menh et de son fils, p. 202. — Martyrs de la Corée, p. 204. — Martyrs de la Chine, p. 205. — Martyre du Père Thomas, Capucin, et de son domestique, par les principaux Juifs de Damas, p. 223. — Martyre de M. Bonnard, l. 92, p. 301. — Persécution et guerre de Cochinchine : martyre de M. Théophane Vénard, p. 361. — Nouvelle persécution contre les chrétiens en Chine : martyre de M. Mabileau, p. 424. — Massacre de plusieurs chrétiens dans le district de Yéou-yang, p. 425. — Nouveau massacre des Français à Tien-tsin (Chine), p. 470.

Maruthas (saint). Sa mission. Haine des mages contre lui. Sa faveur auprès d'Izdegerde. Ses ouvrages, t. 3, l. 37, p. 383.

Massillon, plus remarquable par la forme du style que pour l'exactitude de la doctrine morale, t. 11, l. 89, p. 483. — Son épiscopat. Il présente assez bien l'ensemble de la religion chrétienne, p. 484.

Mathathias, père des Machabées. Belles actions de Mathathias. Ses avis à ses enfants et sa mort. Légitimité de sa résistance. De la résistance des individus et de la nation, t. 2, l. 21, p. 86.

Mathew (le Père), capucin, institue les *Sociétés de tempérance* en Angleterre et en Irlande, t. 12, l. 91, p. 96.

Mathias (saint), apôtre. Son élection, t. 2, l. 25, p. 253.

Mathias. Règne de cet empereur, t. 11, l. 87, p. 44.

Mathias, biographe de Ste Brigitte, t. 9, l. 80, p. 8.

Mathilde (sainte), reine de Germanie, t. 5, l. 59, p. 426. — Ses vertus, l. 60, p. 462. — Ses dernières actions et sa mort, l. 64, p. 489.

Mathilde (la comtesse). Son caractère, t. 6, l. 65. p. 231. — Elle reçoit saint Grégoire VII à Canosse, p. 212. — Lettre que lui écrit saint Grégoire VII, p. 231. — Les schismatiques se jettent sur ses terres et sont vaincus, p. 215. — Elle se marie à Guelfe de Bavière,

l. 66, p. 287. — Elle renouvelle la donation de ses biens à l'Eglise romaine, p. 353.

Mattei (Notice sur le cardinal), t. 12, l. 91, p. 45.

Matthieu (saint), apôtre et évangéliste. Explication des deux généalogies, t. 2, l. 23, p. 164. — Sa vocation, p. 174. — Son évangile, l. 25, p. 261.

Matthieu d'Agrigente (bienh.), t. 9, l. 81, p. 136.

Matthieu Carrieri (bienheureux), t. 9, l. 83, p. 374.

Matthieu de Montmorency, un des chefs de la troisième croisade, t. 7, l. 71, p. 280 et 286.

Matthieu Pâris. Son autorité est très-médiocre. Son historiette du Juif-Errant, t. 7, l. 73, p. 531.

Matthieu Schinner, év. et cardinal, t. 9, l. 83, p. 448.

Matthieu de Thermes, t. 8, l. 76, p. 321.

Mauclerc, docteur de Paris. Son ouvrage *De la Monarchie divine*, t. 11, l. 88, p. 452.

Maunoir, jésuite. Etablissements de maisons pour des retraites, t. 10, l. 87, p. 550.

Maupertuis, astronome français, t. 11, l. 89, p. 425.

Maurice, empereur. Son élection. Son portrait, t. 4, l. 46, p. 253. — Caractère de Maurice comme particulier et comme empereur, l. 47, p. 304. — Prédiction de saint Théodore Sicéote à Maurice. Sa révélation sur la mort de ce prince. Lettres du pape saint Grégoire relativement à une ordonnance de l'empereur, p. 335. — Indifférence de Maurice pour les avis du Pape. Son avarice et exemple, p. 350. — Mécontentement des peuples. Proclamation de Phocas. Fuite de Maurice. Sa mort et celle de sa famille, p. 354.

Maurice de Saxe, favori de Charles-Quint, le trahit, t. 10, l. 85, p. 236.

Maurille, archevêque de Rouen, t. 6, l. 64, p. 100.

Maury. Notice sur le cardinal Maury, t. 12, l. 91, p. 42. — Lettre que lui écrit Pie VII pour avoir accepté les pouvoirs de vicaire capitulaire de Paris, p. 47. — Se conduit peu honorablement dans la persécution de Napoléon contre le Pape, p. 44 et seqq.

Maxence. Il est nommé césar. Son caractère, t. 3, l. 30, p. 38. — Il est proclamé empereur à Rome, p. 40. — Les troupes envoyées contre lui passent sous ses étendards, p. 44. — Jalousie de Maximien contre Maxence, p. 52. — Victoire de Maxence sur Alexandre. Il rend la liberté aux chrétiens, p. 55. — Alliance de Maxence avec Daïa, p. 58. — Sa tyrannie dans Rome. Sa défaite et sa mort, p. 59.

Maxime (saint), de Constantinople. Sa science, ses écrits, ce qu'il dit du sens mystérieux des cérémonies ecclésiastiques et de l'autorité du Pape, t. 4, l. 49, p. 423. — Sa conférence avec Pyrrhus suivie de la rétractation de celui-ci, p. 427. — Ses interrogatoires et ses exils, p. 441. — Ses deux derniers interrogatoires et son martyre, p. 443.

Maxime (saint), martyr, t. 2, l. 29, p. 551.

Maxime (saint), évêque de Nole, t. 2, l. 29, p. 526.

Maxime, évêque d'Antioche, t. 3, l. 40, p. 534.

Maxime, évêque de Toulouse. Ses vertus, t. 4, l. 42, p. 43.

Maxime, le cynique. Ses impostures. Son élection frauduleuse au siége de Constantinople. Sa fuite, t. 3, l. 36, p. 273. — Il est condamné, p. 275. — Lettres des évêques d'Italie sur son ordination, p. 283.

Maxime, philosophe païen. Il travaille à l'apostasie de Julien. Ses mystères. Il conduit et dirige Julien. Lui prédit l'empire, t. 3, l. 33, p. 153. — Il est invité de venir à la cour avec Chrysanthe. Leurs délibérations superstitieuses. Arrivée de Maxime, p. 184. — Accueil qui lui est fait, p. 185.

Maxime, empereur. Sa révolte contre Gratien. Il partage l'Occident avec Valentinien, t. 3, l. 36, p. 291. — Saint Martin à sa table, p. 292. — Ithace lui présente une requête contre Priscillien et ses sectateurs. Maxime fait exécuter Priscillien et exile ses sectateurs, p. 293. — Lettre que lui envoie le pape Sirice, p. 297. — Ambassade de saint Ambroise près de lui. Il ac-

corde protection aux Ithaciens, p. 321. — Son invasion en Italie, p. 322. — Sa défaite. Son interrogatoire. Sa mort, p. 323.

MAXIME, empereur éphémère, t. 4, l. 44, p. 40.

MAXIMIEN-HERCULE, empereur romain, pris pour collègue par Dioclétien. Sa basse extraction. Son caractère. Son avarice. Sa cruauté. Sa luxure, t. 3, l. 30, p. 4. — Il marche contre les Bagaudes par l'ordre de Dioclétien. Il fait massacrer la légion thébaine, p. 6. — Son séjour en Belgique, où il persécute les chrétiens, p. 7. — Il vient à Marseille. Persécution, p. 8. — Pendant que Dioclétien adopte Galérius pour césar, Maximien adopte Constance Chlore, avec lequel il partage l'Occident, p. 9. — De concert avec Dioclétien, il prend part à la dernière persécution générale, p. 22-37. — Il abdique l'empire avec Dioclétien, p. 38. — Il reprend l'empire, p. 40. — Jalousie de Maximien contre Maxence. Sa fuite. Licinius, césar. Intrigues inutiles de Maximien contre Constantin, qui lui laisse la vie. Ses nouvelles tentatives et sa mort, p. 52.

MAXIMILIEN (S.), soldat et martyr, t. 3, l. 30, p. 44.

MAXIMILIEN de Bavière, prince très-catholique, t. 40, l. 86, p. 446.

MAXIMILIEN Ier, empereur d'Allemagne, t. 9, l. 83, p. 349.

MAXIMILIEN II, t. 40, l. 86, p. 445.

MAXIMIN (saint), évêque de Trèves, t. 3, l. 32, p. 412.

MAXIMIN DAIA. Son origine. Il est créé césar par Galérius, t. 3, l. 30, p. 39. — Alliance de Maximin et de Constantin, p. 40. — Sa tyrannie, p. 49. — Il se proclame auguste, p. 53. — Son traité avec Licinius. Persécution des chrétiens par Daïa. Ses calomnies contre Jésus-Christ et les chrétiens, p. 55. — Sa fureur contre les Arméniens qui embrassent le christianisme. Guerre contre eux. La peste et la famine dans l'empire, p. 57. — Avarice et débauches de Daïa. Il exile Valérie, fille de Dioclétien et femme de Galérius. Il est vaincu par Licinius, qui est protégé par Dieu, p. 60. — Maximin Daïa publie un édit en faveur des chrétiens. Il s'empoisonne et meurt à Tarse, p. 61.

MAXIMIN (les deux), empereurs, t. 2, l. 28, p. 448. — Persécution de Maximin Ier, l. 29, p. 515.

MAYENCE. Les jésuites aident efficacement à y rétablir le catholicisme, t. 40, l. 86, p. 448.

MAYENNE (duc de), chef de la ligue sainte des Français catholiques, est sur le point de prendre Henri IV. Guerre qu'il soutient contre ce roi, t. 40, l. 86, p. 434. — Sa fermeté pour conserver à la France son unité, avec une dynastie française, p. 436. — Sa soumission et sa fidélité. Conclusion qu'on en tire, p. 440.

MAYEUL (saint) de Cluny, t. 5, l. 60, p. 459. — Il est nommé abbé de Cluny, l. 64, p. 500. — Il refuse la papauté, p. 502. — Derniers travaux de saint Mayeul pour rétablir la discipline monastique. Sa mort, l. 62, p. 544.

MAZARIN, cardinal, t. 40, l. 87, p. 599 ; t. 44, l. 88, p. 246.

MAZZINI et les révolutionnaires italiens, t. 42, l. 92, p. 233 (Voir *Pie IX*).

MECHTILDE (sainte), t. 8, l. 78, p. 448.

MÉDARD (saint), t. 4, l. 44, p. 244.

MÈDES. De leur empire, t. 4, l. 46, p. 386. — Rétablissement de leur empire, p. 394 (Voir *Monarchie universelle* des quatre grands empires).

MÉDICIS (les), amis et patrons des sciences, des lettres et des arts, t. 9, l. 83, p. 364. — Cosme de Médicis, p. 362. — Laurent de Médicis, p. 364 et seqq. — Ce qu'il faudrait pour bien juger les platoniciens de cette époque, p. 364.

MÉEN (saint), t. 4, l. 45, p. 244.

MÉGASTHÈNES. Son témoignage sur l'expédition de Nabuchodonosor en Afrique et en Europe, t. 4, l. 48, p. 440 ; — et sur ce qui est arrivé à ce prince, p. 441.

MÉGINRADE (saint) d'Einsidlen, t. 5, l. 60, p. 437.

MEINDARTZ, évêque janséniste à Utrecht, t. 44, l. 89, p. 407.

MEINHARD (frère). Ses travaux et ceux des évêques pour la culture de la Prusse, t. 8, l. 76, p. 295.

MEINWERC (saint), év. de Paderborn, t. 6, l. 62, p. 42.

MEKHITAR, arménien catholique, établit les religieux Mekhitaristes, t. 44, l. 88, p. 313.

MÉLAINE (saint), évêque de Rennes, t. 4, l. 43, p. 444.

MÉLANCHTHON. Imposture incroyable de Luther et de Mélanchthon pour accréditer comme une révélation divine, une caricature infâme dans l'Allemagne protestante qui, après trois siècles, y croit encore, t. 9, l. 84, p. 550. — Mélanchthon se rapproche des catholiques sur l'autorité du Pape et des évêques ; et il s'en serait rapproché davantage s'il avait été libre, t. 40, l. 84, p. 63. — Sa restriction en leur faveur. De concert avec Luther et Bucer il accorde au landgrave de Hesse la permission d'avoir deux femmes à la fois, p. 66. — Sa honte des excès de Luther, l. 85, p. 480. — Il est appelé par Hermann, archevêque de Cologne, pour réformer son diocèse, p. 483. — Ce qu'il écrit à l'empereur à propos de son intérim, p. 484. — Il penche pour le calvinisme. Sa mort, p. 264.

MÉLANIE (sainte), en Egypte. Sa visite à saint Pambon et à ses disciples, t. 3, l. 35, p. 249. — Sa charité envers les confesseurs de la foi et les pèlerins. Ses voyages en Italie, l. 37, p. 368.

MÉLAS (saint), évêque. Son exil, t. 3, l. 35, p. 248.

MELCHISÉDECH et son sacrifice, figures de Jésus-Christ et de l'eucharistie, t. 4, l. 4, p. 79.

MÉLÈCE d'Antioche (saint). Il est exilé en Arménie par Valens, t. 3, l. 35, p. 239. — Son affaire avec saint Paulin, p. 258. — Ses funérailles, l. 36, p. 276.

MÉLÈCE, évêque schismatique. Commencements et cause du schisme mélécien, t. 3, l. 34, p. 75. — Assoupissement du schisme de Mélèce. Sa mort à Lycopolis, p. 85. — Canon du concile de Nicée touchant le schisme de Mélèce, p. 92.

MÉLITON (saint), évêque de Sardes en Lydie, t. 2, l. 27, p. 449. — Son catalogue des divines Ecritures, p. 420. — Son apologie du christianisme à l'empereur Marc-Aurèle, p. 434.

MELLIT (saint), premier évêque de Londres, t. 4, l. 48, p. 412.

MÉNANDRE, hérésiarque, t. 2, l. 26, p. 330.

MÉNANDRE, poète grec, t. 2, l. 20, p. 47.

MENCIUS ou Meng-tseu, philosophe chinois. Ses leçons aux princes, t. 4, l. 20, p. 489. — Un lettré prévient par son dévouement la destruction de ses ouvrages. Extinction rapide du mouvement imprimé aux esprits par Confucius, Mencius et Tcheng-tsée, p. 490.

MENNAS. Il est élu à Constantinople après la déposition d'Anthime, t. 4, l. 44, p. 207. — Le pape Vigile lui écrit, l. 45, p. 223. — Le même Pape porte une sentence contre lui, p. 227.

MENSURIUS, évêque de Carthage. Sa ruse pour cacher les saintes Ecritures. Sa lettre à Second, évêque de Tigise et primat de Numidie, t. 3, l. 30, p. 22.

MENZEL, historien protestant. Eloge qu'il fait des Capucins, t. 40, l. 86, p. 446. — On ne fera le plus souvent que résumer la substance de sa nouvelle histoire des Allemands depuis la réformation jusqu'à l'acte d'alliance, l. 85, p. 264. — Ce qu'il dit des luttes sanglantes et serviles du parti calviniste et du parti luthérien en Allemagne et en Prusse, et pourquoi les protestants n'en rougissent pas, p. 263. — Ce qu'il dit de la funeste influence de la réforme en Allemagne sur les sciences et les arts, l. 86, p. 443. — A qui, d'après lui, a profité la révolution religieuse de l'Allemagne. Son jugement sur Maximilien II et sur ses successeurs, p. 444. — Menzel nous montre les mœurs et l'éducation des futurs pasteurs protestants dans les universités allemandes du XVIIe siècle, t. 44, l. 87, p. 44. — Le même historien nous trace le tableau de l'effroyable mi-

sère de l'Allemagne pendant la deuxième période de la guerre de Trente-Ans, p. 56. — Ce qu'il dit de Leibnitz, l. 88, p. 308.

MENZIKOFF, favori du czar Pierre Ier, t. 11, l. 88, p. 315.

MER Morte, t. 1, l. 1, p. 85.

MER Rouge. Passage de la mer Rouge par les Israélites. Submersion des Egyptiens, t. 1, l. 6, p. 139. — Traditions sur ce passage, chez les Arabes riverains, les anciens Ichthyophages, les Grecs et les Egyptiens, p. 140. — Le passage de la mer Rouge, rappelé par les Philistins et les Ammonites, p. 142.

MERS. Formation des mers. Incorruptibilité de leurs eaux. Leur utilité, t. 1, l. 1, p. 9.

MESMER. Ses jongleries, t. 11, l. 89, p. 476.

MESSE. Décret du concile de Trente touchant les choses qu'il faut observer et éviter dans la célébration de la sainte messe. t. 10, l. 85, p. 310.

MESSIE (Voyez *Jésus-Christ*).

MÉTASTASE, poète italien, t. 11, l. 89, p. 355.

MÉTELLUS de Toul (Hugues), t. 6, l. 68, p. 515.

MÉTHODISTES ou Wesléyens, diverses sectes plus ou moins fanatiques, t. 11, l. 88, p. 285.

MÉTHODIUS (saint), évêque de Tyr. Ses ouvrages. Son traité *de la Résurrection*; traité du *Libre arbitre*; *des créatures*; de la *Pythonisse*; *des Martyrs*; *Banquet des vierges*, t. 3, l. 30, p. 48. — Son martyre, p. 49.

MÉTHODIUS (saint), apôtre des Moraves. Ses commencements, t. 5, l. 56, p. 230. — Ce saint apôtre des Moraves est mandé à Rome par Jean VIII, qui ensuite le renvoie avec honneur, l. 58, p. 361.

MÉTHODIUS (saint) de Constantinople. Ses souffrances et sa fermeté, t. 5, l. 55, p. 209. — Sa conduite comme patriarche, l. 56, p. 229.

MÉTRAS (saint), martyr, t. 2, l. 29, p. 520.

MÉTROPHANES, évêque de Constantinople, t. 9, l. 83, p. 309.

METTRIE (la). Sa vie. Ses ouvrages. Jugement qu'en porte Voltaire, t. 11, l. 89, p. 424.

MEXICO, érigé en archevêché par Paul III, t. 10, l. 85, p. 213.

MEXIQUE (le), conquis par Fernand Cortéz qui y remplace les sacrifices humains par la civilisation chrétienne, t. 10, l. 85, p. 206. — Premier synode du Mexique. Propagation de la foi, érection d'évêchés au Mexique, au Pérou, au Brésil, p. 213. — Evénements du Mexique depuis 1856 jusqu'en 1867, t. 12, l. 92, p. 374.

MEZZA-BARBA, légat de Clément XI en Chine, t. 11, l. 88, p. 330.

MEZZOFANTI, cardinal, surnommé la *Pentecôte vivante*, t. 12, l. 92, p. 235.

MICESLAS, duc de Pologne. Sa conversion, t. 5, l. 61, p. 488.

MICHAËLIS, orientaliste célèbre, t. 11, l. 89, p. 503.

MICHAS. Son temple domestique, t. 1, l. 10, p. 230. — Ce qu'il conseille aux guerriers de la tribu de Dan, p. 231.

MICHAUD. Méprise de sa part, t. 6, l. 68, p. 572.

MICHÉE, le prophète, t. 1, l. 15, p. 358. — Sa prophétie sur le Messie, p. 365.

MICHEL Curopolate, empereur de Constantinople. Son avénement. Il sévit contre les manichéens, t. 5, l. 54, p. 138. — Il est détrôné par Léon l'Arménien, p. 139.

MICHEL le Bègue, empereur de Constantinople, règne à la place de Léon l'Arménien et ne vaut guère mieux, t. 5, l. 55, p. 178. — Il écrit en Occident des lettres calomnieuses contre les catholiques de l'Orient, p. 183. — Sa mort, son indifférence touchant les ravages des Sarrasins, p. 206.

MICHEL III l'Ivrogne. Conduite extravagante de ce prince, t. 5, l. 57, p. 276. — Ses bouffonneries sacriléges, p. 285. — Lettre inconvenante qu'il écrit au saint pape Nicolas Ier, p. 287. — Sa mort dans une révolution arrivée à Constantinople, p. 316.

MICHEL Paléologue, proclamé empereur, avec Jean Lascaris, son pupille, auquel il fait ensuite crever les yeux, t. 8, l. 74, p. 180. — Le patriarche Arsène l'excommunie. Il fait déposer le patriarche. Schisme parmi les Grecs à ce sujet, p. 181. — Michel Paléologue s'adresse au Pape pour la réunion. Lettre bien remarquable que lui répond Urbain IV, p. 184. — Nouvelle lettre de Michel Paléologue. Nouvelle réponse du Pape. Envoi de nonces apostoliques. Raisons politiques qui faisaient parler de la réunion à l'empereur grec, p. 187. — Ambassade de Michel Paléologue au roi saint Louis, p. 200. — Démarches de l'empereur auprès du Pape et à Constantinople pour la réunion des Grecs à l'Eglise romaine, l. 75, p. 229. — Il engage le patriarche Joseph à déposer sa dignité, p. 231. — Lettre au concile de Lyon, p. 235. — Réunion des deux églises, p. 236. — Lettre au Pape, p. 257. — La famille de l'empereur se divise contre elle-même au sujet de l'union, p. 259. — Lachanas devient roi de Bulgarie, de porcher qu'il était. Instruction du pape Nicolas III à ses légats à Constantinople, p. 260. — Une nièce de l'empereur grec sollicite contre lui le sultan d'Egypte et les chrétiens d'Orient. Conduite artificieuse de l'empereur, p. 262. — Violences de l'empereur contre les schismatiques opposants, et sa conspiration contre Charles d'Anjou, roi de Sicile, p. 267. — Témoignage de Pachymère sur l'excommunication de l'empereur, p. 268. — Mort de Michel, p. 270.

MICHEL (saint), évêque de Synade, t. 5, l. 55, p. 172.

MICHEL des saints (le bienheureux), t. 10, l. 87, p. 498.

MICHEL, prince des Slaves, reçoit du pape saint Grégoire VII le titre de roi, et lui jure fidélité, t. 6, l. 65, p. 166.

MICHEL Parapinace (l'empereur) écrit au pape saint Grégoire VII, qui forme le projet d'aller au secours des chrétiens d'Orient, t. 6, l. 65, p. 166.

MICHEL Cérulaire, patriarche de Constantinople. Son caractère et sa lettre schismatique, t. 6, l. 63, p. 83. — Ses reproches ineptes, p. 89. — Réponse du cardinal Humbert à sa lettre. Duplicité de sa conduite envers les légats du Pape, qui l'excommunient. Sa correspondance avec Pierre d'Antioche sur les différends entre les Grecs et les Latins. Son ignorance ou sa mauvaise foi. Sa mort, l. 64, p. 90 et seqq.

MICHEL de l'Hôpital, chancelier de France, catholique équivoque, t. 10, l. 86, p. 417.

MICHEL, prêtre du diocèse de Nancy. Son récit de la déportation des prêtres à la rade de Rochefort, t. 11, l. 90, p. 567.

MICHEL-ANGE, t. 9, l. 83, p. 365.

MICHELET et ses ouvrages, t. 12, l. 92, p. 335.

MICHELINE de Pesaro (bienhse), t. 8, l. 79, p. 540.

MICHOL, fille de Saül, épouse de David. Manière dont elle sauve son époux, t. 1, l. 11, p. 271. — Elle se raille de David qui danse devant l'arche, et elle en est punie, l. 12, p. 294.

MIDDLETON (Marguerite), catholique anglaise, martyrisée sous Elisabeth, t. 10, l. 86, p. 412.

MIGNARD, peintre français, t. 11, l. 88, p. 131.

MILAN. Conduite courageuse de ses habitants, t. 7. l. 69, p. 36. — Les Milanais assiégés par l'empereur Frédéric Barberousse. Traité entre les deux partis, p. 37. — Cruelle vengeance de Frédéric Barberousse sur Milan, p. 66. — Milan est rétabli par les Lombards, p. 83. — Les Milanais battent complètement Frédéric Barberousse qui voulait les surprendre, p. 122.

MILLES (saint), évêque de Suse. Il frappe de paralysie l'orgueilleux évêque de Séleucie, Papas, t. 3, l. 32, p. 131. — Sa jeunesse, sa promotion au siége épiscopal de Suse. Il quitte cette ville à cause de sa corruption et de son impénitence. Il lui annonce sa punition du ciel.

Saint Milles en Palestine. Ses miracles, p. 132. — Son martyre, p. 139.

MILTIADE (saint). Son apologie du christianisme, t. 2, l. 27, p. 431.

MILTIADE ou Mélchiade (saint), pape. Il préside le concile de Latran, 2 octobre 313, contre les donatistes. Il condamne Donat, t. 3, l. 31, p. 89. — Sa douceur dans la condamnation de Donat. Sa mort, p. 90.

MILTON comparé avec le Dante, t. 10, l. 87, p. 586.

MINAMI, seigneur japonais, martyr avec sa femme et son jeune fils, t. 10, l. 87, p. 473.

MINARD (le président) assassiné par les huguenots, t. 10, l. 85, p. 261.

MINEURS (frères). Question qui les divisait du temps de Jean XXII, t. 8, l. 79, p. 487. — Progrès de la foi catholique en Bulgarie et les provinces environnantes par les prédications des frères Mineurs. Urbain V en envoie un grand nombre pour évangéliser les Tartares, p. 596. — Progrès de la foi catholique chez les diverses nations slaves, tartares et autres de l'Orient par leur zèle, t. 9, l. 80, p. 420.

MINUCIUS-FÉLIX. Sa conversion. Son dialogue, t. 2, l. 28, p. 496.

MIOLLIS (le général) se prête à Napoléon pour persécuter le pape Pie VII, le dépouiller par la violence, s'emparer de sa personne comme d'un voleur, et le traîner d'une prison dans une autre, t. 12, l. 91, p. 30 et seqq. — Relation menteuse du général Miollis à Napoléon, p. 38.

MIPHIBOSETH, fils de Jonathas, recueilli par David, t. 1, l. 12, p. 295.

MIRACLES. Sa définition. Moyens de le reconnaître. Miracles du paganisme. Si le miracle altère le plan de la Providence, t. 1, l. 6, p. 131.

MIRACLES DE JÉSUS-CHRIST. — Aux noces de Cana, il change l'eau en vin, t. 2, l. 23, p. 167. — Guérison du fils de l'officier de Capharnaüm, p. 171. — Délivrance d'un possédé dans la synagogue de Capharnaüm. Guérison de la belle-mère de Simon. Autres guérisons et délivrances, p. 172. — La pêche miraculeuse, symbole de l'histoire de l'Eglise. Guérison d'un lépreux. Délivrance spirituelle et physique d'un paralytique, p. 173. — Guérison du paralytique de la piscine, p. 174. — Guérison de l'homme à la main desséchée. Autres guérisons en grand nombre, p. 176. — Guérison d'un lépreux. Le centurion de Capharnaüm et son serviteur malade. Résurrection du fils de la veuve de Naïm, p. 180. — Guérison d'un possédé aveugle et muet, p. 182. — Jésus-Christ apaise une tempête et délivre le possédé du pays des Géraséniens, p. 184. — Guérison de l'hémorrhoïsse. Résurrection de la fille de Jaïr, p. 185. — Guérison de deux aveugles et du possédé muet, p. 186. — Multiplication des cinq pains d'orge et des deux poissons, p. 188. — Jésus-Christ marche sur les eaux et permet à Pierre de venir à lui. Guérison de malades par l'attouchement de sa robe, p. 189. — La Chananéenne et sa fille malade, figure de la gentilité entière. Guérison d'un sourd et muet, p. 192. — Multiplication des sept pains et de quelques petits poissons. Guérison d'un aveugle, p. 193. — La transfiguration, p. 194. — Guérison d'un possédé, p. 195. — Miracle pour le paiement du tribut destiné à l'entretien du temple, p. 196. — Guérison de la femme infirme, p. 204. — Guérison d'un hydropique, p. 202. — L'aveugle-né, p. 207. — Les dix lépreux, p. 209. — Résurrection de Lazare, p. 211. — L'aveugle de Jéricho. Guérison de deux aveugles, p. 213. — Le jour des Rameaux, Jésus guérit les aveugles et les boiteux dans le temple. Voix du ciel, à l'occasion des Gentils qui demandent à voir Jésus, p. 214. — Dessèchement instantané du figuier stérile, p. 215. — Guérison de Malchus, p. 235. — Prodiges qui suivent la mort de Jésus-Christ, p. 236. — Apparition de Jésus ressuscité à Marie-Madeleine et aux autres femmes. Les deux disciples à Emmaüs, p. 238. — Jésus-Christ au milieu des apôtres. Incrédulité de Thomas. La pêche miraculeuse, p. 239. — Nouvelle apparition aux apôtres en Galilée, p. 240. — L'ascension, p. 241. — Les principaux de ces faits sont reconnus par les Mahométans, les païens et les Juifs, l. 24, p. 248.

MISSEL. Correction du Missel achevée sous Pie V. Ordonnance du saint Pape à ce sujet. On n'y pense point assez sérieusement, t. 10, l. 86, p. 338. — Le concile de Trente en avait chargé le souverain Pontife, p. 329.

MISSIONS. Influence du progrès des voies de communication sur les missions : rôle de la France. Le Dahomé, Nouvelle-Calédonie, Tonga, Sénégal, Chine, t. 12, l. 92, p. 360. — Persécution en Cochinchine : martyre de M. Théophane Vénard, p. 361. — Le Japon, p. 362. — Le gouvernement français, les missionnaires catholiques, les méthodistes et les partis à Madagascar, p. 375. — Missions de l'île de Ceylan et de l'Océanie centrale, p. 390. — Préfecture apostolique de Zanguebar, p. 391. — Missions des Etats-Unis d'Amérique, p. 392. — Missions de la Chine : martyre de M. Mabileau, p. 421. — Massacre de plusieurs chrétiens dans le district de Yéou-yang, p. 425. — Décret de la Sacrée Congrégation de la Propagande, délimitant les missions du nord de l'Europe, p. 428. — Missions africaines : lettre de M. Cordioux, supérieur, présentant le tableau des trois grandes stations du vicariat apostolique de Dahomé, p. 428.

MOAB et Ammon, fils de Lot, pères des Moabites et des Ammonites. Enfantement incestueux de Moab et d'Ammon. Histoire de leurs descendants, t. 1, l. 4, p. 86. — Les Moabites et les Ammonites épargnés par les enfants d'Israël, l. 8, p. 190.

MODOAL de Trèves (saint), t. 4, l. 46, p. 405.

MOINES, SOLITAIRES, CÉNOBITES. — La vie active et la vie contemplative, t. 3, l. 23, p. 199. — Ce qu'un moine chrétien est à la philosophie grecque. Saint Paul, premier anachorète, t. 3, l. 30, p. 49. — Saint Antoine, patriarche des Cénobites, p. 50 et seqq. — Saint Antoine en Egypte, saint Pacôme dans la Thébaïde, saint Hilarion en Palestine, accomplissent une prédiction d'Isaïe, l. 31, p. 70. — Introduction de la vie monastique par saint Athanase, l. 32, p. 128. — La philosophie et l'état monastique, l. 34, p. 194. — Saint Benoît, patriarche de la vie cénobitique en Occident. Il fonde le monastère du Mont-Cassin, t. 4, l. 44, p. 474. — Sa règle. Son but. Eloge de la vie monastique. Hommage rendu à la règle de saint Benoît par plusieurs grands hommes, p. 476. — Rapports intimes de la vie religieuse avec le bonheur. Raison du vœu de pauvreté. La législation criminelle et les punitions monastiques, p. 481. — Cassiodore, de consul et de préfet, devenu moine, établit dans son monastère l'ensemble des études divines et humaines qu'on a depuis appelé Université. Ses ouvrages encyclopédiques, l. 45, p. 216. — La nation anglaise christianisée et civilisée par des moines, l. 47, p. 339. — Le moine Théodore, devenu archevêque de Cantorbéry et secondé par d'autres moines, implante en Angleterre les sciences, les lettres et les arts, avec la discipline de l'Eglise, l. 50, p. 474. — L'Allemagne, christianisée et civilisée par des moines anglais, p. 562. — Particulièrement par le moine anglais Winfrid, appelé autrement saint Boniface, l. 51, p. 538.

MOINES, etc. — Saint Boniface fonde le monastère et l'école ou université de Fulde par le moine Sturme, t. 5, l. 52, p. 7. — Le moine anglais Alcuin s'occupe, avec Charlemagne, à corriger et à restituer les manuscrits et à rétablir les écoles déchues, l. 54, p. 113. — La Scandinavie, le Danemarck, la Suède, la Norwége christianisés et civilisés par des moines, notamment par le moine saint Anscaire, l. 55, p. 189; l. 56, p. 240. — Monastère de Saint-Gall en Suisse, pépinière de saints et savants personnages, l. 59, p. 408. — Dans le X° siècle, science et littérature de la nonne allemande Ros-

with, qui écrit en vers latins le panégyrique des Othon et huit poèmes, et en prose latine six ou sept comédies chrétiennes, l. 61, p. 524. — A la même époque, science du moine Gerbert d'Aurillac, qui fabrique un télescope et un orgue à vapeur, p. 524. — Saint Bruno, fondateur des Chartreux, t. 6, l. 65, p. 247. — Parallèle entre les religieux contemplatifs et les philosophes, p. 249. — — Moines-soldats de Saint-Jean de Jérusalem, l. 67, p. 394. — Saint Norbert fonde les Prémontrés, p. 427. — Moines-soldats du Temple, l. 68, p. 458. — Moines-soldats de Calatrava, d'Alcantara, d'Evora et d'Avis, de Saint-Michel, de Saint-Jacques, t. 7, l. 69, p. 43 et seqq. — Moines hospitaliers et militaires de Sainte-Marie, dits chevaliers Teutoniques. Moines Trinitaires, pour la rédemption des captifs, l. 70, p. 194. — Saint François, patriarche des frères Mineurs, l. 71, p. 328 et seqq. — Religieux du Mont-Carmel, p. 369. — Commencement des frères Prêcheurs, p. 392. — Moines de la Merci, pour la rédemption des captifs, l. 72, p. 439.

MOINES, etc. — Au XIIIᵉ siècle, quelques moines organisent l'accord de toutes les sciences, t. 8, l. 74, p. 69-118. — Commencement des Servites, l. 75, p. 218. — Frères de la vie commune, pour la transcription des livres, t. 9, l. 83, p. 465. — Fondation des Théatins, pour l'instruction du peuple et le service des malades, l. 84, p. 552; — des Somasques, pour soigner les orphelins et instruire les pauvres, p. 555; — des Barnabites, pour l'exercice du saint ministère, p. 558; — des frères de la Charité, pour le service des malades, p. 560; — des Ursulines, pour l'instruction des jeunes filles, p. 567; — des Jésuites, t. 10, p. 129-148. — Saint Camille de Lellis fonde une congrégation pour le service des malades, l. 86, p. 348. — Les Oratoriens de saint Philippe de Néri, p. 350. — Le bienheureux Pierre Fourier fonde la congrégation de Notre-Dame, pour l'instruction des jeunes filles, l. 87, p. 536. — Saint Vincent de Paul, la congrégation des Prêtres de la mission, p. 560; — la congrégation des sœurs de Charité, p. 567. — Les Trappistes, t. 11, l. 88, p. 271. — Les frères des écoles chrétiennes, p. 279. — Les religieux mekhitaristes, pour l'instruction catholique de la nation arménienne, p. 313. — Les missionnaires du Saint-Rédempteur ou de Saint-Liguori, pour les pauvres gens de la campagne, t. 11, l. 89, p. 360. — Les sœurs de la Doctrine chrétienne, pour les écoles des jeunes filles; les sœurs de la Providence, en Lorraine et en Chine, pour les écoles les plus pauvres, p. 498. — Les Passionistes, pour la conversion des nations septentrionales, surtout de l'Angleterre, t. 12, l. 91, p. 97. — Les frères de la Charité, institués par l'abbé Rosmini, pour des missions semblables, p. 98. — Les Maristes de Lyon, les Oblats de Marie, fondés à Marseille, les missionnaires du Saint-Cœur de Marie, et autres congrégations récentes, pour la propagation de la foi par toute la terre, p. 230. — Les Lazaristes en Orient, l. 92, p. 252. — Rétablissement des Dominicains en France, par le P. Lacordaire, p. 260.

MOÏSE. Naissance, exposition, délivrance et éducation, t. 4, l. 6, p. 124. — Supériorité de sa doctrine sur celle des prêtres d'Egypte. Sa science et ses exploits. Il tue un Egyptien. Sa fuite en Madian. Son mariage. Sa postérité. Son genre de vie, p. 127. — Moïse auprès du buisson ardent. Sa baguette, p. 128. — Il est le sujet d'une tragédie grecque, p. 429. — Il retourne en Egypte. Circoncision de son fils. Rencontre d'Aaron. Il va trouver Pharaon. Plaintes d'Israël contre Moïse, et de Moïse à Dieu, p. 130. — Son triomphe sur les magiciens de Pharaon, p. 131. — Son cantique sur le passage de la mer Rouge, p. 439. — Moïse frappe le rocher, l. 7, p. 153. — Il prie sur la montagne, pendant que Josué combat dans la plaine, p. 154. — Moïse sur la montagne de Sinaï; il y reste seul avec Dieu, p. 156. — Moïse en communication avec Dieu au haut de la montagne, p. 172. — Moïse médiateur, figure de Jésus-Christ, l. 8, p. 174. — Il brise les tables de la loi et le veau d'or, p. 175. — Dévouement de Moïse. Intimité de Moïse avec Dieu. Le Verbe se laisse voir de Moïse. La vision de Moïse et la vision d'Elie, p. 176. — Jeûne de Moïse. Rayonnement de la face de Moïse. Ce que figuraient la destruction des premières tables et le voile de Moïse, p. 177. — Plaintes de Moïse sur le fardeau intolérable dont il est chargé. Son désintéressement, p. 182. — Moïse frappe deux fois le rocher. Sa punition, p. 188. — Son exhortation à Josué, son successeur, et au peuple. Prédictions, promesses, p. 194. — Cantique, mort et éloge de Moïse, p. 196.

MOLANUS, abbé luthérien de Lokkum, prend part aux négociations pour la réunion des protestants d'Allemagne avec l'Eglise romaine, t. 11, l. 88, p. 304.

MOLIÈRE divinise et chante les adultères de Louis XIV, t. 11, l. 88, p. 230.

MOLINA, Jésuite. Son système sur la concorde du libre arbitre avec la grâce n'ayant pas été condamné par l'Eglise, c'est une injustice et une témérité de le taxer de pélagianisme ou de semi-pélagianisme, t. 11, l. 87, p. 23.

MOLKENBUHR (Marcellin de). Ses écrits, t. 11, l. 89, p. 503.

MONARCHIE UNIVERSELLE DES QUATRE GRANDS EMPIRES. — De 758 à 721 avant l'ère chrétienne. Grand mouvement politique et intellectuel chez les principales nations. Les prophètes. Les poètes. Les philosophes. Analogie entre le nombre des prophètes historiens du monde et celui des nations influentes, et coïncidence entre l'apparition de ces prophètes et le commencement de la certitude historique et des différentes ères. Les grands empires et leurs capitales. L'Asie occidentale, berceau de l'idée de la domination universelle, t. 1, l. 45, p. 353-356.

Premier empire : celui des Assyriens, Babyloniens, Chaldéens, autrement de Ninive et de Babylone. — Ninive fondée par Assur, fils de Sem, t. 1, l. 4, p. 75. — Au VIIIᵉ siècle avant l'ère chrétienne, Dieu y envoie le prophète Jonas prêcher la pénitence. Etendue et population de Ninive à cette époque. Conversion des Ninivites, l. 45, p. 354. — Les rois de Ninive Teglath-Phalazar et Salmanasar diminuent et enfin détruisent le royaume d'Israël, dont ils emmènent les habitants captifs, parmi eux le saint homme Tobie, p. 366. — Invasion de Sennachérib, roi de Ninive, en Egypte et en Judée. Son armée exterminée par un ange devant Jérusalem, l. 16, p. 369. — Saosduchin, autrement Nabuchodonosor, roi de Ninive, prend la ville d'Ecbatanes, capitale des Mèdes, et tue leur roi, p. 386. — Il envoie son généralissime Holopherne pour subjuguer tous les peuples de l'Occident. Il échoue devant Béthulie, par la main de Judith. Prédictions de Sophonie et de Nahum contre Ninive, p. 387-395. — Ruine de Ninive par Cyaxare, roi des Mèdes, et Nabopolassar, roi de Babylone, p. 395. — Les débris fossiles de Ninive et de son empire sont transportés à Paris, non loin du tombeau de Napoléon, le dernier des conquérants, t. 12, l. 91, p. 229. — Babel ou Babylone, fondée par les trois races de Sem, Cham et Japhet, avant leur séparation. Origine de son nom, t. 1, l. 4, p. 74. — Son premier roi est Nemrod, petit-fils de Cham, p. 75. — Ezéchias montre ses trésors aux ambassadeurs du roi de Babylone. Prédictions menaçantes d'Isaïe sur Juda et Babylone, l. 16, p. 378. — Expédition de Néchao, roi d'Egypte, contre Babylone, l. 17, p. 399. — Prophéties de Jérémie sur les envahissements de Babylone et sur sa chute, p. 405. — Commencement du règne de Nabuchodonosor, associé à l'empire par son père Nabopolassar. Jérémie continue ses prédictions, p. 405. — Nabuchodonosor à Jérusalem. Commencement de la captivité de Babylone. Daniel et ses compagnons à la cour de Nabuchodonosor. Leur fidélité à la loi et leur récompense, p. 407. — Chasteté de Susanne. Sa délivrance par Daniel, p. 408. — Travaux exécutés par Nabuchodonosor dans Baby-

lone. Son songe. Sa fureur contre les mages, p. 409.— Daniel les sauve et le lui explique. Les quatre grands empires et celui du Christ, p. 410. — Jérémie annonce la fin de la captivité, la ruine de Babylone et l'établissement de l'Eglise, p. 413. — Nabuchodonosor marche contre Jérusalem et l'assiége, p. 420. — Prise et incendie de la ville et du temple, p. 422. — Les trois jeunes Hébreux dans la fournaise de Babylone. Leur délivrance miraculeuse et leur élévation dans l'empire. Ordre de Nabuchodonosor à ce sujet, l. 48, p. 431. — Destruction de Tyr par Nabuchodonosor, p. 433. — Expédition de Nabuchodonosor à travers l'Afrique et l'Europe. Témoignage de Mégasthènes. Songe de Nabuchodonosor. Explication de Daniel. Nabuchodonosor changé en bête. Sa réhabilitation. Son édit à ce sujet, p. 440. — Témoignage de Mégasthènes. Conversion et mort de Nabuchodonosor. Evilmérodach, successeur de Nabuchodonosor, élargit Jéchonias, roi captif de Juda, p. 441. — Daniel confond les prêtres de Bel ou Baal, qui sont exterminés avec leur dieu, et fait périr le dragon des Babyloniens. Il est jeté dans la fosse aux lions. Sa conservation miraculeuse et sa délivrance. Mort de ses ennemis et d'Evilmérodach, p. 442. — Nériglissor. Ses préparatifs contre les Mèdes. Sa défaite. Sa mort. Laborosoarchod. Nitocris. Baltassar. Vision de Daniel sur les quatre grands empires, et explication, p. 443. — Conquêtes de Cyrus. Vision de Daniel sur l'empire et les successeurs d'Alexandre, et explication, p. 445. — Cyrus poursuit ses conquêtes. Défaites de Crésus et de Baltassar. Description, siége et prise de Babylone, d'après Hérodote et Xénophon, p. 447. — Récit de Daniel. Vision et trouble de Baltassar. Explication de Daniel. Accomplissement des prophéties sur la chute de Babylone, p. 448. — Connaissance du vrai Dieu, idolâtrie, astrologie et christianisme chez les Chaldéens, l. 20, p. 502.

Deuxième empire : celui des Mèdes et des Perses. — Les Mèdes descendent de Madaï, fils de Japhet, les Perses ou Elamites, d'Elam, fils de Sem, t. 1, l. 4, p. 73. — Chodorlahomor, roi d'Elam ou de Perse, battu par Abraham. Isaïe prédit le conquérant Cyrus, roi de Perse, l. 16, p. 379. — L'empire des Mèdes, à peine formé, est subjugué par le Nabuchodonosor de Ninive, p. 386. — Rétablissement de l'empire des Mèdes et massacre des Scythes par Cyaxare, p. 394. — Ruine de Ninive par Cyaxare et Nabopolassar, p. 395. — Les quatre grands empires dans le songe de Nabuchodonosor de Babylone, l. 17, p. 409. — Vision de Daniel sur les quatre grands empires, l. 48, p. 443. — Conquêtes de Cyrus, p. 445. — Défaite de Crésus et de Baltassar. Prise de Babylone, d'après Hérodote et Xénophon, p. 447. — Récit de Daniel, p. 448. — Passage de l'empire du monde des Babyloniens aux Perses. Nécessité des données de la révélation pour l'intelligence de l'histoire, p. 449. — Souveraineté de l'action divine dans la vie du genre humain. Moyens de conversion chez les Gentils. Justice et miséricorde de Dieu dans la punition des peuples. Cantique des captifs d'Israël, p. 450. — Bonheur, piété filiale et modération de Cyrus. Organisation du royaume. Part qu'y prit Daniel, l. 49, p. 451. — Il est jeté dans la fosse aux lions. Sa conservation miraculeuse. Edit de Darius le Mède et sa conversion à ce sujet, p. 452. — Avénement de Cyrus. Son édit pour le retour des Juifs et le rétablissement du temple, p. 453. — Jeûne et vision de Daniel. Les trois anges des Perses, des Grecs et du peuple de Dieu, p. 455. — Histoire prophétique du royaume des Perses, de l'empire d'Alexandre, de sa division et des royaumes d'Egypte, de Syrie et de Juda. Explication, accomplissement et authenticité, p. 456. — Mort de Cyrus. Etendue et force de son empire. Discordance des historiens à son égard. Cyrus, figure de Jésus-Christ. Avénement, expédition, cruauté, inceste et mort de Cambyses. Règne du faux Smerdis, p. 462. — Avénement de Darius,

fils d'Hystaspe. Prophéties d'Aggée et de Zacharie sur le Christ et son Eglise et sur les désastres de Babylone, p. 463. — Révolte, siége et prise de Babylone, p. 464. — L'affaire de la construction du temple de Jérusalem est renvoyée à Darius. Son édit en faveur des Juifs, p. 465. — Manière remarquable dont les rois de Perse parlent du vrai Dieu. Zoroastre, p. 466. — Expédition et mort de Darius. Expédition gigantesque de Xerxès, p. 467. — Sa mort violente. Son caractère. Avénement sanglant d'Artaxerxès. Ses qualités. Premiers actes de son règne, p. 468. — Disgrâce de Vasthi. Mardochée. Esther : elle devient l'épouse du roi et lui révèle une conspiration découverte par Mardochée. Edit du roi en faveur des Juifs, p. 469. — Départ d'une nouvelle colonie sous la conduite d'Esdras. Fureurs d'Aman contre Mardochée, et les suites, p. 470. — Fonctions de Néhémias à la cour de Perse. Sa prière à Dieu pour le rétablissement de Jérusalem. Il obtient congé du roi, p. 475. — Voyage de Néhémias en Perse. Sa mort et celle d'Artaxerxès, p. 478. — Durée de l'empire des Assyriens et de celui des Perses. La vengeance de Dieu sur Babylone et l'Egypte, et ses miséricordes sur Israël, accomplies par les rois de Perse, t. 2, l. 21, p. 54. — Origine et principales tribus des Mèdes et des Perses. Excellence de la constitution politique et morale des anciens Perses, p. 55. — Sa dégénération et ses causes. Douceur relative de leur gouvernement. Religion éclairée de leurs rois. Protection qu'ils accordaient aux lettres, p. 56. — Causes de la guerre des Perses contre les Grecs. Expéditions de Darius et de Xerxès : leur résultat, p. 59. — Expédition d'Agésilas en Asie. Pacification de la Grèce. Darius-Codoman, p. 62. — Défaites et mort de Darius, p. 63. — Les doctrines et les philosophes chez les Perses, t. 1, l. 20, p. 503.

Troisième empire : celui des Grecs. — Origine des Grecs. Parallèle de leur caractère avec celui des Orientaux. Bases de l'unité grecque, t. 2, l. 21, p. 57. — Athènes et Sparte. Leur histoire. Leurs institutions. Opposition de leur caractère. Leur rivalité, p. 58. — Usurpation de Pisistrate. Causes de la guerre des Perses. Expéditions de Darius et de Xerxès. Leur résultat, p. 59. — Prééminence d'Athènes. Siècle de Périclès. Alcibiade. Les trente tyrans, p. 60. — Retraite des dix mille, p. 61. — Expédition d'Agésilas en Asie. Pacification de la Grèce. Darius-Codoman, p. 62. — Sous l'emblème de quel métal le troisième empire est figuré dans la statue prophétique de Nabuchodonosor, t. 1, l. 17, p. 409. — Daniel prévoit le même empire sous l'image d'un léopard avec quatre ailes, l. 48, p. 443. — Il le voit encore d'avance sous l'emblème d'un bouc avec quatre cornes, p. 447. — Les trois anges des Perses, des Grecs et du peuple de Dieu, l. 49, p. 455. — Histoire prophétique du royaume des Perses, de l'empire d'Alexandre, de sa division. Explication, accomplissement et authenticité, p. 456. — Portrait et premiers exploits d'Alexandre. Ses conquêtes prédites par Daniel. Son expédition en Asie et en Afrique. Défaites et mort de Darius. Alexandre pénètre dans l'Inde. Sa mort. Taches qui déshonorent sa vie. Partage de son empire. Massacre de sa famille. Accomplissement des prophéties de Daniel, t. 2, l. 21, p. 62. — Les Lagides en Egypte. Le canon de Ptolémée. De leurs surnoms, p. 66. — Les Séleucides en Syrie. Succession des rois de Syrie. Mort sanglante et courte durée de la plupart d'entre eux. Pompeuse vanité de leurs surnoms. Bienfaits de la domination grecque en Afrique et en Asie, p. 67. — Etat de la Judée. Alexandre à Jérusalem. Jalousie, révolte et punition des Samaritains. Les Juifs dans le monde grec. Lettre du roi de Sparte. Le canon des Ecritures. La traduction des Septante et son anniversaire, p. 69. — Relations des Juifs, particulièrement des Machabées, avec les rois grecs de Syrie et d'Egypte, et enfin avec les Romains, p. 72. — Philosophes et philosophie des Grecs, t. 2, l. 20, p. 1. —

Poètes des Grecs, p. 45. — Historiens des Grecs, p. 52.
Quatrième empire : Empire romain, avec la dizaine de royaumes issus de ses débris. — Sous l'emblème de quel métal l'empire romain est figuré dans la statue prophétique de Nabuchodonosor, t. 1, l. 17, p. 407. — Daniel le voit encore sous l'image d'une bête effroyable, ayant dix cornes, dont l'une en abbat trois. Durée de cet empire, et sa part dans l'ensemble de l'histoire humaine, t. 2, l. 22, p. 106. — Origine de Rome, p. 107. — Les rois, p. 108. — La république. Histoire de la constitution romaine. Secousses intestines. Lutte contre l'oroena. Ravages des Gaulois. Réduction des Samnites. Guerre de Pyrrhus, p. 109. — Origine chananéenne des Carthaginois, p. 112. — Première guerre punique. Les Romains sur mer. Régulus, p. 113. — Guerre des mercenaires à Carthage, p. 114. — Seconde guerre punique. Annibal. Son invasion en Italie. Succès de Lévinus en Macédoine, de Marcellus en Italie et en Sicile, des Scipion en Espagne et en Afrique. Conclusion de la paix, p. 115. — Victoires de la république sur Persée de Macédoine et Antiochus de Syrie. Troisième guerre punique. Destruction de Carthage, de Corinthe et de Numance, p. 117. — Différences qui distinguent l'empire romain des trois grands empires précédents. Mission de Rome païenne. Son accomplissement successif dans l'histoire de sa vie extérieure, et ses instruments dans la nature et les variations de sa constitution et le caractère de sa conquête. Marius, Sylla ; les premiers triumvirs : Pompée, Crassus et Jules-César ; les seconds : Lépide, Antoine et Octave, qui devient César-Auguste, p. 118 — Mission parallèle et supérieure du peuple juif, p. 120. — Négociations d'Aristobule et d'Hyrcan, deux frères et princes des Juifs, auprès de Pompée, vainqueur de Mithridate, roi du Pont. Captivité d'Aristobule. Prise de Jérusalem. Pompée dans le temple. Son indifférence pour la vérité et déclin de sa puissance. La Judée tributaire. Facilité pour les Romains de connaître la vérité, p. 127. — Pillage du temple par Crassus, qui peu après est tué par les Parthes. Mort violente d'Aristobule et de son fils Alexandre. Faveur d'Hyrcan et des Juifs auprès de César. Réflexion sur un passage de Cicéron relatif aux Juifs, p. 130. — Consommation de la grande unité matérielle des peuples. La Chine et l'empire romain se touchent sur la mer Caspienne. Attente universelle du Messie, surtout chez les Juifs, répandus alors dans tout le monde romain, p. 141. — Edit de César-Auguste pour le recensement de toute la terre. Marie et Joseph à Bethléhem. Naissance de Jésus-Christ, l. 23, p. 152. — Infamie domestique et publique des empereurs romains, Auguste, Tibère, Caligula, Claude, Néron. Abjection servile du sénat, l. 25, p. 266. — Dépérissement de la philosophie. Inconséquences, désirs et tentatives de Sénèque, précepteur de Néron, p. 267. — Néron met le feu à Rome, et persécute les chrétiens, p. 313. — Destinée temporaire des quatre grands empires et de la société des Hébreux, l. 26, p. 322. — Extravagances et mort de Néron. Galba, Othon et Vitellius, empereurs. Election de Vespasien, p. 326. — Prise et destruction de Jérusalem, p. 328. — Titus. Heureux commencements de Domitien. Horreurs de ses dernières années, p. 339. — Mort de Domitien. Nerva, empereur, p. 364. — La politique, cause des persécutions contre le christianisme. Preuves tirées de la manière d'agir des sages de Rome, l. 27, p. 365. — Multiplicité des martyrs sous Trajan. Correspondance de Trajan et de Pline, p. 366. — Débauches, travaux publics, expéditions et mort de Trajan. Adrien, empereur, son caractère, p. 379. — Turpitudes et extravagances d'Adrien, p. 383. — Débauches et cruautés d'Adrien dans ses dernières années, p. 385. — Adrien veut élever des temples à Jésus-Christ. Mort d'Adrien. Antonin, empereur. Ses qualités et ses défauts, p. 388. — Mort d'Antonin. Marc-Aurèle, empereur. Correctifs à son éloge, p. 403. — Mort de Marc-Aurèle. Commode, seul empereur, p. 435. — Débauches, cruautés, extravagances et mort violente de Commode. Election et assassinat de Pertinax. L'empire vendu à Didius Julianus, qu'on assassine ensuite. Guerre civile. Sévère, empereur. Sa tyrannie et sa mort. Cruautés et mort violente de Caracalla. Règne et mort violente de Macrin. Election, barbarie, impudicité, extravagances et fin malheureuse d'Héliogabale. Règne et assassinat d'Alexandre Sévère ; des Gordien, de Puppien, Balbin, Philippe, Jotapien et Marin. Mort violente des deux Maximin. Persécution de Dèce. Son expédition et sa mort malheureuse. Mort violente de Gallus et d'Emilien. Captivité et supplice de Valérien. Infamie de Gallien. Guerres civiles, pestes, famines, invasions des Barbares et de Sapor. Assassinat de Gallien et de Quintillus. Règnes heureux de Claude, Tacite, Aurélien, Probus, Carus, et mort violente des trois derniers et du Numérien. Election de Dioclétien, l. 28, p. 447. — Agglomération des Barbares sur le Danube et l'Euphrate. Crise du vieux monde romain, p. 450. — L'empereur Alexandre Sévère veut mettre Jésus-Christ au rang des dieux, p. 504. — Christianisme et pénitence de l'empereur Philippe, l. 29, p. 519. — Vengeance de Dieu sur l'empereur Valérien et sur l'empire, p. 560. — Orgueil et crédulité des philosophes et extravagance de la philosophie du temps, p. 561. — Supériorité de connaissances des chrétiens sur les philosophes païens, p. 564.

MONARCHIE UNIVERSELLE, etc. — Dioclétien. Il tue Aper, lutte contre Carin, et s'adjoint Maximien. Son avarice, sa fureur de bâtir, sa cruauté. Avarice, cruauté plus grande encore, et luxure de Maximien, t. 3, l. 30, p. 1. — Création de deux césars : Constance Chlore et Galérius : leur caractère, p. 9. — Christianisme de Prisca et de Valérie, femme et fille de Dioclétien. Persécution de Galérius. Son expédition contre Narsès, roi de Perse, et celle de Dioclétien contre Achillée, maître de l'Egypte, p. 11. — Délibérations et consultations de Dioclétien. Destructions des églises. Intrigues de Galérius. Etendue et rigueur de la persécution, p. 13. — Ecrits de deux philosophes, l'un Hiéroclès, contre la religion chrétienne, p. 14. — Constance Chlore renvoie de son palais les apostats, p. 22. — Dioclétien se vante, par des inscriptions publiques, d'avoir aboli le christianisme, p. 37. — Maladie de Dioclétien. Galérius le force à lui céder l'empire. Sévère et Maximin Daïa, césars, p. 38. — Projets de Galérius. Ses cruautés et ses exactions, p. 39. — Ses embûches contre Constantin. Mort de Constance Chlore. Constantin, empereur. Dépit de Galérius. Maxence proclamé empereur à Rome, p. 40. — Les troupes envoyées contre lui passent sous ses étendards. Maximien reprend l'empire. Mort de Sévère. Alliance de Maximin et de Constantin. Galérius est forcé de lever le siège de Rome, p. 41. — Tyrannie de Maximin Daïa, p. 49. — Jalousie de Maximien-Hercule contre Maxence. Sa fuite. Licinius, césar. Intrigues inutiles de Maximien contre Constantin, qui lui laisse la vie. Ses nouvelles tentatives et sa mort, p. 52. — Daïa se proclame auguste. Exactions de Galérius. Maladie de ce dernier, p. 53. — Son édit en faveur des chrétiens, p. 54. — Mort de Galérius. Traité entre Daïa et Licinius. Persécution de Daïa. Calomnies contre Jésus-Christ et les chrétiens, p. 55. — Les Arméniens défendent leur religion contre Daïa, p. 57. — Avarice et débauches de Daïa. Exil de Valérie. Daïa déclare la guerre à Constantin, qui renverse les statues de Maximien et de Dioclétien. Douleur et mort de celui-ci. Alliance de Daïa et de Maxence, p. 58. — Constantin aux portes de Rome. Apparition de la croix. Le *labarum*. Tyrannie de Maxence dans Rome. Sa défaite et sa mort. Triomphe de Constantin, p. 59. — Edits de Constantin et de Licinius en faveur des chrétiens. Vision et victoire de Licinius contre Maximin

Daïa. Maximin Daïa lui-même publie un édit en faveur des chrétiens, p. 60. — Il s'empoisonne et meurt à Tarse. Extermination de toute la race des persécuteurs, p. 61. — Lutte et triomphe de l'Eglise, prédits par David, l. 31, p. 62. — Joie des chrétiens. Leur faveur auprès de Constantin, p. 63. — Mort du césar Crispus, fils de Constantin, et élève de Lactance, p. 65. — Démêlés de Licinius avec Constantin. Ses vexations et sa persé-cution contre les chrétiens. Les quarante martyrs de Sébaste, p. 71. — Défaite de Licinius par Constantin. Actes de cruautés de Constantin, p. 72. — Influence du christianisme dans sa législation, p. 73. — Persé-vérance du paganisme dans les titres donnés aux empereurs, p. 74. — Motifs de Constantin pour quitter Rome. Fondation et description de Constantinople, l. 32, p. 103. — Maladie, baptême et mort de Constantin, p. 113. — Massacre au palais. Caractère de Constance. L'arianisme à la cour. Mort tragique de Constantin le Jeune, par les embûches de son frère Constant, p. 114. — Révolte de Magnence, qui fait tuer Constant. Court empire de Népotien. Proclamation et déposition de Vé-tranion. Victoire de Constance sur Magnence, qui se tue lui-même, l. 33, p. 143. — Le césar Gallus mis à mort par ordre de l'empereur Constance, son cousin, p. 146. — Caractère et maîtres de Julien, frère de Gal-lus. Causes de son apostasie, p. 152. — Il se livre au philosophe Maxime. Son hypocrisie. Il est nommé césar, p. 153. — Constance à Rome, p. 165. — Requête de saint Hilaire à Constance. Son livre contre lui, p. 174. — Livres de Lucifer à Constance. Lettre d'Athanase au même, p. 175. — Constance marche contre Julien. Sa mort, p. 180. — Conduite de Julien l'Apostat dans les Gaules. Constance lui demandant l'élite de ses trou-pes contre les Perses, une révolution éclate à Paris qui proclame Julien empereur. Contradictions de Julien sur les causes et les moyens de cette révolution, l. 34, p. 481. — Ses deux lettres à Constance. Superstitions et hypocrisie de Julien. Julien, ayant perdu sa femme, reste veuf, avec une chasteté fort équivoque, p. 182. — Ayant réussi dans sa marche sur Sirmium, il adresse au sénat de Rome et au peuple d'Athènes des manifestes où il déclare son apostasie et déchire Constance, p. 183. — Sa perplexité, dont il est tiré par la mort de Cons-tance. Son entrée à Constantinople. Procédure contre les ministres du défunt empereur. Réforme grotesque du palais. Tenue de Julien. Invitation aux philosophes Maxime et Chrysanthe de venir à la cour. Leurs déli-bérations superstitieuses, p. 184. — Refus de Chrysan-the et sa promotion au pontificat des idoles dans sa province. Arrivée de Maxime. Accueil fait par Julien aux philosophes. Installation des idoles au palais. Zèle ridicule de Julien pour les cérémonies idolâtriques, p. 185. — Son discours sur le culte de Cybèle. Sa crédu-lité. Accomplissement en lui d'une prophétie de l'Apo-calypse ; p. 186. — Plan d'attaque de Julien contre le christianisme. Ses efforts pour relever le paganisme. Il n'y voit d'autre moyen que de contrefaire le christia-nisme. Incohérence de ses idées et de ses raisonnements à cet égard, p. 487. — Ses artifices pour surprendre les chrétiens. Prévarication d'un grand nombre de ceux-ci. Disgrâce de Jovien et de Valentinien, p. 489. — Vexa-tions et mauvaises plaisanteries de l'empereur contre les chrétiens. Cruautés exercées sur l'évêque d'Aréthuse et les chrétiens d'Ascalon et de Gaze. Attention de Ju-lien à attiser les dissensions entre les chrétiens, p. 490. — Rappel et violences des donatistes, p. 491. — Dé-fense aux chrétiens d'étudier les lettres humaines. Ri-dicules sophismes de Julien à ce sujet, p. 492. — La philosophie et l'état monastique, p. 493. — Ambassades adressées à Julien. Son zèle idolâtrique dans son voyage à Antioche. Entrée de Julien à Antioche, p. 498. — Nouveaux témoignages de son ardeur pour le culte des idoles, p. 499. — Lettre séditieuse de Julien aux habi-tants de Bostre, p. 200. — Ses cruautés. Violences de la populace païenne d'Alexandrie. Lettre de Julien aux Alexandrins, p. 201. — Découverte d'un bœuf Apis. Fléaux dans l'empire, p. 204. — Préparatifs supersti-tieux à la guerre des Perses. Incendie du temple et de l'idole de Daphné, p. 205. — Colère et vexations de Ju-lien contre les chrétiens. Profanation et châtiment de trois seigneurs apostats. Présages funèbres de Julien, p. 206. — Ses nouveaux artifices contre les chrétiens. Martyre de deux de ses gardes. Population de son pa-lais. Combat satyrique entre Julien et le peuple d'An-tioche. Le *mésopogon* et les *césars* de Julien, p. 207. — Lettres et consultations pour le rétablissement du tem-ple de Jérusalem. Fermeté de saint Cyrille, p. 208. — Prodiges qui s'opposent à la réalisation du projet. Preu-ves de cet événement, p. 209. — Logique de Julien. Ses objections. Preuves contre les hérétiques, p. 210. — Causes de la confiance de Julien en marchant contre les Perses. Taxe imposée aux chrétiens. Inefficacité de l'éloquence impériale à Berhée. Satisfaction de Julien à Batné, p. 211. — Pronostics sinistres. Sacrifice du prince à Carres. Témérité de Julien. Victoire sur les Perses. Nouveaux pronostics funèbres. Julien rejette les offres de Sapor. Réponse satyrique des habitants de Ctésiphon. Julien se laisse séduire par les espions de Sapor, et brûle sa flotte, p. 212. — Embarras de l'ar-mée. Vision et frayeur de Julien. Sa blessure. Circons-tance de sa mort, p. 213. — Jugement sur Julien. Abat-tement des païens. Joie des chrétiens. Sacrifices humains faits par Julien. Révélation faite de sa mort à saint Sa-bas et à Didyme, p. 214. — Babylone, lieu d'exécution de la justice divine. Mort du paganisme avec Julien l'A-postat, p. 215. — Election de Jovien. Son portrait. De l'acte d'idolâtrie qui préluda à son règne. Détresse de l'armée romaine, l. 35, p. 216. — Elle veut passer le Tigre. Traité de paix avec les Perses. Nécessité pour Jovien d'en accepter les conditions, p. 217. — Sépulture de Julien. Les deux discours de saint Grégoire contre lui. Tolérance politique proclamée par Jovien, p. 219. — Ses lois en faveur des chrétiens. Retour de saint Athanase. Lettres que Jovien lui adresse, p. 220. — Mort de Jovien. Election de Valentinien. Il s'adjoint Valens. Recherche des magiciens à l'occasion d'une maladie des deux empereurs. Partage de l'empire, p. 222. — Liberté religieuse accordée par Valentinien. Ses lois, p. 223. — Révolte de Procope. Action singu-lière d'Arinthée. Défaite et mort de Procope, p. 226. — Sévérité excessive et perfidie de Valentinien. Son divorce, p. 229. — Arianisme de Valens. Persécution contre les catholiques, p. 230. — Fermeté de saint Ba-sile. Ses réponses au préfet Modeste. Vénération de l'empereur Valens dans l'église de Césarée. Son entre-tien avec saint Basile. Il se voit forcé de le laisser en paix, p. 236. — Exil de saint Mélèce. Vexations contre les catholiques d'Antioche. Réponses du solitaire Aphraates à Valens, p. 238. — Liberté religieuse des hérétiques, des Juifs et des païens sous Valens. Cons-piration tramée par des magiciens. Exécution des com-plices, p. 251. — Valens fait assassiner le roi d'Arménie. Valentinien fait tuer le roi des Quades. Ses cruautés, p. 252. — Mort de Valentinien. Caractère de son fils Gra-tien, p. 260. — Persécution de Valens contre les moi-nes. Lettre que saint Basile leur adresse. Invasion des Goths. Fin de la persécution, p. 261. — Les Goths. Leur ambassade à Valens. Conduite atroce des Ro-mains. Soulèvement et ravages des Goths. Générosité de Trajan et de Térence. Prédiction funèbre du moine Isaac. Défaite et mort de Valens, p. 262. — Péril où se trouve l'empire. Gratien s'adjoint Théodose et lui donne l'Orient, l. 36, p. 264. — Demande de Gratien à saint Ambroise, p. 270. — Succès, maladie et baptême de Théodose. Loi *Cunctos populos* et autres. Influence du christianisme sur la législation de Théodose, p. 271. — Lois contre les hérétiques et les apostats. Justice, douceur et bonne foi de Théodose. Le Goth Athanaric

à la cour de Constantinople, p. 280. — Saint Arsène, précepteur d'Arcade, fils de Théodose. Mécontentement excité par Gratien. Révolte de Maxime, p. 291. — Fuite et assassinat de Gratien. Ambassade de saint Ambroise. Partage de l'Occident entre Maxime et Valentinien le Jeune, p. 292. — Persécution de l'impératrice Justine, mère du jeune Valentinien, contre saint Ambroise, p. 299. — Douceur de Théodose. Vertus de l'impératrice Flaccille, p. 312. — Sédition d'Antioche. Ses suites, p. 313. — Ambassade de saint Ambroise près de Maxime, p. 321. — Invasion de Maxime en Italie. Valentinien implore le secours de Théodose. Conseils que lui donne celui-ci, p. 322. — Défaites, interrogatoire et mort de Maxime. Générosité de Théodose. Mouvements des ariens à Constantinople. Nouvelles tentatives des sénateurs païens auprès de Théodose. Opposition de saint Ambroise. Sa liberté épiscopale envers l'empereur, p. 323. — Théodose à Rome. Abus qu'il y corrige. Ses lois contre les Manichéens. Son discours au sénat pour le retirer de l'idolâtrie, p. 324. — Massacre de Thessalonique. Lettre de saint Ambroise à Théodose. Il l'arrête à la porte de l'église. Pénitence de l'empereur. Son absolution. Grandes qualités de Valentinien le Jeune. Insolence d'Arbogaste. Assassinat et funérailles de l'empereur, p. 333. — Election d'Eugène. Préparatifs de Théodose. Nouvelles lois qu'il promulgue. De sa prétendue persécution, p. 335. — Superstition d'Eugène. Lettre que lui écrit saint Ambroise, p. 336. — Marche de Théodose. Sa vision. Défaite et mort d'Eugène et d'Arbogaste, p. 337. — Clémence de Théodose. Il partage l'empire entre ses deux fils, Arcade et Honorius, sous la protection de Stilichon. Son testament. Sa mort. Son oraison funèbre par saint Ambroise, p. 338. — Nécessité de la chute de l'empire romain et de la transformation de Rome. Dégénération des Romains de cette époque. Souffrances du petit peuple, l. 37, p. 340. — Ambition et mort de Rufin. Intrigues d'Eutrope. Révolte, tyrannie et mort de Gildon, p. 354. — Assassinat de Mascezil par Stilichon, p. 355. — Disgrâce d'Eutrope. Son exil. Fermeté de Jean Chrysostome à l'égard de Gaïnas, p. 357. — Lois des deux empereurs. Destruction des idoles, p. 365. — Invasion d'Alaric en Italie, et des Maures en Afrique. Massacre de Rhadagaise, et de ses barbares. Ravages des Germains dans les Gaules. Proclamation de Constantin dans la Grande-Bretagne. Intrigues et mort de Stilichon, p. 387. — Rome se rachète du pillage. Ravages des Germains en Espagne. Les vainqueurs se partagent ce pays. Intrigues et insolences des courtisans d'Honorius, p. 389. — Alaric intronise Attale. Siége de Ravenne. Chute d'Attale, p. 390. — Sac de Rome par Alaric. Respect des Goths pour le christianisme. Fermeté de quelques femmes chrétiennes. Mort d'Alaric, p. 391. — Chute parallèle de Rome païenne et de Babylone, p. 392. — Les plaintes des païens occasionnent l'*Abrégé d'histoire universelle* d'Orose, ainsi que le grand ouvrage *De la cité de Dieu*, par saint Augustin, p. 393. — Empereurs éphémères qui tombent les uns sur les autres, p. 404. — La princesse sainte Pulchérie, à l'âge de quinze ans, gouverne sagement l'empire d'Orient et l'empereur, p. 411. — Avénement remarquable de l'impératrice Eudocie, p. 412. — Mort de l'empereur Honorius. Usurpation et mort de Jean. Valentinien III, empereur, p. 441. — Désolation de l'Afrique par les Vandales, occasionnée par la révolte du comte Boniface, provoquée elle-même par les perfides intrigues d'Aëtius, p. 447. — Jusqu'à quel point l'Afrique méritait ce châtiment, p. 448. — L'empire romain, qui dégénère de plus en plus, se voit démembrer tout vivant par les Vandales, les Suèves, les Alains, les Francs, les Huns, l. 39, p. 449. — Le *Code théodosien*. Prise de Carthage par Genséric. Impuissance de l'empire. Incursions des Barbares, l. 40, p. 504. — Tremblement de terre et bouleversement dans l'empire, p. 514. — Faiblesse de l'empereur Théodose le Jeune. Bassesse de sa conduite vis-à-vis d'Attila, p. 524. — Mort de Théodose le Jeune. Gouvernement de Pulchérie. Marcien : il épouse Pulchérie. Invasion d'Attila dans les Gaules. Délivrance de Troyes, de Paris et d'Orléans. Bataille de Châlons, p. 535. — Attila s'éloigne de l'Italie, à la prière du pape saint Léon. Sa mort, p. 557.

Monarchie universelle, *etc.* — Les dix rois du prophète Daniel. Puissance de l'Eglise, t. 4, l. 41, p. 1. — Mort de l'impératrice Pulchérie. Ambition et mort d'Aëtius. Assassinat de Valentinien III. Election et mort de Maxime. Pillage de Rome par Genséric. Dévouement de l'évêque de Carthage, p. 10. — Persécution en Afrique. Incursions des Vandales. Impénitence des chrétiens, p. 11. — Election de l'empereur Avitus. Révolte de Ricimer. Défaite et mort d'Avitus, p. 12. — Eloge de Marcien. Sa mort. Election de l'empereur Léon en Orient et de Majorien en Occident. Qualités et mort de celui-ci, p. 13. — Proclamation et mort de l'empereur Sévère. Election de l'empereur Anthémius. Sidoine Apollinaire, p. 23. — Rupture entre l'empereur Anthémius et son gendre le Suève-Goth Ricimer. Leur réconciliation par la médiation de saint Epiphane de Pavie, p. 24. — Divisions à la cour de Constantinople. Trahison de Basilisque. Complot contre Zénon. Emeute contre Aspar. Sa mort, p. 25. — Pillage de Rome par Ricimer. Proclamation de l'empereur Glycérius. Il est détrôné par Julius Népos, p. 27. — Emeute à Constantinople. Proclamation de Léon II. Mort de Léon Ier. Proclamation de Zénon l'Isaurien. Son caractère et celui de sa famille. Sa fuite. Proclamation de Basilisque. Ses vices, p. 28. — Paix entre l'empire et Genséric par la négociation du sénateur Sévère, p. 29. — Extinction de l'empire en Espagne, p. 30. — Révolution politique chez les Bourguignons, p. 33. — Cession de l'Auvergne à Euric, roi des Visigoths, p. 36. — Usurpation du patrice Oreste, ancien secrétaire d'Attila. Il proclame empereur son jeune fils Romulus Augustulus. Mort de Julius Népos. Oreste et son jeune fils sont défaits par lo Rugien Odoacre, qui met fin à l'empire romain en Occident, et donne une pension au dernier empereur Romulus Augustulus, p. 36. — Raisons et caractères providentiels de la chute de l'empire romain. La dizaine de royaumes se formant de ses débris. L'Eglise, refuge des peuples, l. 42, p. 37.

Monde matériel. Sa création, t. 1, l. 1, p. 34. — Fin du monde. Rapport et différences entre la ruine de Jérusalem et la fin du monde, t. 2, l. 23, p. 220. — Comparaison entre le monde païen et le monde chrétien sous le rapport intellectuel, l. 24, p. 242. — Le monde et l'Eglise, l. 25, p. 320.

Mongols. Origine des Tartares et des Mongols, suivant eux, t. 7, l. 70, p. 152 (Voyez *Chine*).

Monique (sainte), mère de saint Augustin, t. 3, l. 36, p. 304. — Sa mort, p. 309.

Monothélisme (Voyez *Eutychès* et Concile de Chalcédoine dans *Conciles œcuméniques*).

Montalembert (comte de). Son jugement sur la politique de Pie IX, t. 12, l. 92, p. 250 (Voir *Pie IX*).

Montan. Son ambition. Sa hérésie, t. 2, l. 27, p. 447. — La question du montanisme portée à Rome, p. 426.

Montazet, archevêque janséniste de Lyon, t. 11, l. 89, p. 390.

Mont-Corvin, archevêque de Péking, au XIIIe siècle, t. 8, l. 79, p. 488. — Sa mort, p. 490.

Montézuma, empereur du Mexique, t. 10, l. 85, p. 206.

Montésquieu. Ses ouvrages. Il favorise l'esprit superficiel et irréligieux de son siècle pour capter ses applaudissements. Aveux qui lui échappent en faveur de la religion chrétienne, t. 11, l. 89, p. 457. — Son jugement sur les lois et le gouvernement de Charlemagne, t. 5, l. 54, p. 129.

Montfort (le comte Simon de), chef de la croisade contre les manichéens du Languedoc. Son portrait par le protestant Hurter, t. 7, l. 71, p. 321. — Difficulté de sa position. Son héroïque valeur. Sa prodigieuse victoire, p. 324. — Ses dernières actions et sa mort, l. 72, p. 419.

Montlosier (M. de) prend la défense de l'épiscopat français dans le sein de l'Assemblée nationale, t. 11, l. 90, p. 528.

Morale d'Aristote. Ses défectuosités, t. 3, l. 20, p. 33. — Ses trois parties. Dieu, fondement de la morale. Conséquences des raisonnements d'Aristote sur le souverain bien. Les quatre vertus, p. 34. — Nature de la vertu. Le libre arbitre. Le droit naturel et le droit légal, p. 35. — *Théologie morale* de saint Liguori, t. 11, l. 89, p. 369. — Si Liguori est trop indulgent, p. 370.

Moreau, historien, t. 11, l. 89, p. 475.

Moreau, général français, t. 11, l. 90, p. 590.

Morin, oratorien français, t. 11, l. 88, p. 441.

Mort. Ce qu'est la mort, suivant Socrate, t. 2, l. 20, p. 17.

Mortara (affaire), t. 12, l. 92, p. 338.

Morus (Thomas), chancelier d'Angleterre. Ses grandes qualités, t. 10, l. 83, p. 73. — Ses dernières actions et son martyre pour la foi catholique, p. 83.

Mosch (Jean), t. 4, l. 45, p. 381.

Motte (de la), évêque d'Amiens, t. 11, l. 89, p. 387.

Motte (comtesse de la), aventurière et faussaire, t. 11, l. 89, p. 476.

Moye (l'abbé), fondateur des sœurs de la Providence en Lorraine et en Chine, t. 11, l. 89, p. 498.

Mozart, musicien, t. 11, l. 89, p. 357.

Muller (Jean de), historien protestant. Sa réponse au livre d'Eybel, t. 11, l. 89, p. 437.

Murat, beau-frère de Napoléon Ier, qui le fait grand-duc de Berg, t. 12, l. 91, p. 8 ; — roi de Naples, p. 11. — Conduite sublime de Pie VII avec Murat, roi de Naples, p. 73. — Fin du roi Murat, p. 75.

Muratori, t. 11, l. 89, p. 351. — Jugement qu'il porte du pape Jean VIII, t. 5, l. 58, p. 350. — Une de ses découvertes, l. 59, p. 394.

Murillo, peintre espagnol, t. 10, l. 87, p. 502.

Murzufle ou Alexis Ducas. Son caractère, sa conduite. Il est salué empereur de Constantinople. Sa fuite, t. 7, l. 71, p. 294 et seqq. — Sa mort, 299.

Musique. Des rapports de la musique avec l'inspiration divine, t. 1, l. 14, p. 343. — Ce que c'est que la musique, t. 11, l. 89, p. 355.

Musulmans. (Voyez *Mahomet*).

Muzarelli, savant jésuite. Ses travaux, t. 11, l. 89, p. 480.

N

Naaman. Elisée le guérit de sa lèpre, t. 1, l. 14, p. 346.

Nabal. Sa grossièreté envers David. Intercession d'Abigaïl. Mort de Nabal, t. 1, l. 11, p. 279.

Naboth. Sa vigne lui est enlevée par Achab. Sa mort, t. 1, l. 14, p. 339.

Nabopolassar, roi de Babylone, détruit Ninive, de concert avec Cyaxar, roi des Mèdes, t. 1, l. 16, p. 391.

Nabuchodonosor, roi de Babylone. Son invasion dans la Judée. Nabuchodonosor à Jérusalem. Commencement de la captivité de Babylone. Daniel et ses compagnons à la cour de Nabuchodonosor, t. 1, l. 17, p. 407. — Travaux exécutés par Nabuchodonosor à Babylone. Songe de Nabuchodonosor. Sa fureur contre les images, p. 409. — Daniel les sauve et le lui explique. Les quatre grands empires et celui du Christ, p. 410. — Marche de Nabuchodonosor contre la Judée et l'Egypte, p. 420. — Nabuchodonosor donne l'ordre de jeter trois jeunes Hébreux dans la fournaise : leur délivrance miraculeuse; leur élévation à l'empire. Ordre du roi à ce sujet, l. 18, p. 432. — Nabuchodonosor détruit Tyr, p. 433. — Expédition de Nabuchodonosor à travers l'Afrique et l'Europe. Témoignage de Mégasthènes. Songe de Nabuchodonosor : explication de Daniel, p. 440. — Nabuchodonosor changé en bête; sa réhabilitation. Son édit à ce sujet. Témoignage de Mégasthènes. Conversion et mort de Nabuchodonosor, p. 441.

Nadab, fils d'Aaron. Sa mort, t. 1, l. 8, p. 180.

Nadab, fils et successeur de Jéroboam, roi d'Israël. Il est tué par Baasa, qui extermine toute la maison de Jéroboam, t. 1, l. 14, p. 333.

Nahum, le prophète. Ses prédictions contre Ninive, t. 1, l. 16, p. 393.

Nancy. Notice sur cette ville, t. 11, l. 89, p. 497. — Emeute militaire à Nancy, l. 90, p. 528.

Naples (Voyez *Rome et l'Italie*).

Napoléon (Voyez *Bonaparte*).

Napoléon III. Coup d'Etat du 2 décembre. Espérances des catholiques, p. 307. — Rétablissement de l'empire. Division parmi les catholiques de France touchant le nouvel empire, p. 308. — Baptême du Prince Impérial, fils de Napoléon III, p. 325. — Les prédicateurs du carême aux Tuileries : le P. de Revignan, le P. Ventura, p. 326. — Attentats des révolutionnaires contre la vie de Napoléon III, p. 336. — Son voyage en Bretagne, p. 337. — Déclarations rassurantes de Napoléon III et de ses ministres, p. 339. — Bataille de Solférino, p. 341. — Situation difficile de Napoléon III. Paix de Villafranca : traité de Zurich, p. 342. — Réponse de Napoléon III au cardinal Donnet, p. 343. — Lettre de Napoléon III à Pie IX, p. 345. — Son entrevue avec les envoyés piémontais à Chambéry, p. 352. — La Prusse et l'unité allemande : Napoléon III, l'Italie, l'Autriche, Bismarck, p. 388. — En France, décadence du gouvernement impérial, affaire Troppmann; affaire de Pierre Bonaparte, cousin de Napoléon III, avec Victor Noir ; les dîners gras du Vendredi saint et l'académicien Sainte-Beuve ; sénatus-consulte modifiant la constitution de 1852, p. 469. — La guerre entre la Prusse et la France ; désastres de la France ; chute de Napoléon ; gouvernement de la Défense nationale, p. 476 (Voyez *Bonaparte*, *Louis-Napoléon* ; *France* et *Pie IX*).

Narcisse (S.), évêque de Jérusalem, t. 2, l. 28, p. 504.

Narcisse (S.), évêque et martyr, t. 3, l. 30, p. 28.

Narsès. Reprise de Rome par l'eunuque Narsès, t. 4, l. 45, p. 212. — Révolte de Narsès. Invasion des Lombards, p. 213. — Supplique du clergé romain à l'empereur Justinien par l'entremise de Narsès, pour le retour du pape Vigile, p. 234.

Natalis. Sa confession, sa chute et son retour miraculeux, t. 2, l. 28, p. 508.

Nathan, le prophète. Reproches qu'il fait à David, t. 1, l. 12, p. 296. — Nom qu'il donne de la part de Dieu à Salomon, p. 297. — Part qu'il prend au sacre de Salomon, p. 304.

Navès de Tolosa. Célèbre victoire des rois de Castille, d'Aragon et de Navarre sur les Sarrasins, t. 7, l. 71, p. 238.

Nazaire (saint), martyr. Translation de ses reliques par saint Ambroise, t. 3, l. 37, p. 5.

Nazaréen. Du titre de Nazaréen donné à Jésus-Christ, t. 2, l. 23, p. 158.

Néchao, roi d'Egypte. Ses entreprises, son expédi-

tion contre Babylone, t. 4, l. 47, p. 399. — Joachim , son tributaire, p. 404.

Nécrologie et succession des Papes et des princes, de 1447 à 1517, t. 9, l. 83, p. 277. — De 1802 à 1848, t. 12, l. 91, p. 4-231.

Nectaire, archevêque de Constantinople. Son élection. Demande en confirmation au pape Damase, t. 3, l. 36, p. 278. — Lettres des évêques d'Italie sur son ordination, p. 283. — Changement de la discipline pénitentiaire à Constantinople, p. 332. — Sa mort , t. 7, l. 37, p. 355.

Néercassel (de), év. de Castorie, t. 11, l. 89, p. 398.

Néhémias. Fonction de Néhémias à la cour de Perse. Sa prière à Dieu pour le rétablissement de Jérusalem. Il obtient congé du roi. Reconstruction des murailles de Jérusalem malgré les persécutions des voisins, t. 4, l. 19, p. 475. — Conversion des usuriers, p. 476. — Intrigue des ennemis de Néhémias pour le perdre. Célébration des fêtes mosaïques. Rénovation de l'alliance de Dieu avec les Hébreux, p. 477. — Invention du feu sacré, p. 478. — Multiplication du peuple et renaissance de Jérusalem. Dédicace des murailles. Voyages de Néhémias en Perse. Abus en Israël et négligence du grand-prêtre Eliasib. Mort d'Artaxerxès et de Néhémias, p. 479.

Némésius (saint). Son baptême, son martyre, t. 2, l. 29, p. 552.

Nemrod, premier roi, t. 4, l. 4, p. 75.

Néocésarée (concile de), t. 3, l. 34 (Voir à la suite du premier concile de Nicée dans les Conciles œcuméniques).

Népotien, empereur éphémère, t. 3, l. 33, p. 243.

Nériglissor, roi de Babylone, t. 2, l. 48, p. 443.

Néot (saint), abbé en Angleterre, t. 5, l. 58, p. 375.

Néron incendie Rome, persécute les chrétiens, t. 2, l. 25, p. 313. — Nouvelle persécution, p. 315. — Extravagance et mort de Néron, l. 26, p. 326.

Nersès (saint), patriarche d'Arménie. — Son origine. Ses dignités. Son élection au patriarcat d'Arménie. Son exil, t. 3, l. 33, p. 440 et seqq.

Nerva, empereur, t. 2, l. 26, p. 364.

Nestorius et son hérésie en Orient, t. 3, l. 39, p. 457. — Saint Proclus, Eusèbe de Dorylée et d'autres la combattent, p. 458. — Nestorius persécute ses adversaires, qui se plaignent à l'empereur Théodose. Saint Cyrille d'Alexandrie écrit à Nestorius et contre son erreur, p. 459. — Nestorius écrit au pape saint Célestin, qui connaissait déjà ses erreurs par les plaintes des fidèles, p. 460. — Nestorius intrigue contre saint Cyrille d'Alexandrie, qui lui écrit une seconde fois contre ses erreurs et en reçoit une réponse, p. 461. — Nestorius écrit de nouveau au Pape, p. 463. — Le Pape condamne la doctrine de Nestorius, et charge saint Cyrille de l'exécution. Il en écrit dans ce sens à Nestorius même et aux patriarches de l'Orient, p. 464. — Jean d'Antioche engage Nestorius à se soumettre. Deux circonstances importantes, suivant Bossuet, p. 465. — Saint Cyrille notifie à Nestorius le jugement du Pape et écrit les douze anathèmes, p. 466. — Convocation du concile d'Ephèse. Présomption de Nestorius, qui persiste dans ses erreurs et écrit douze contre-anathèmes, p. 467. — Les trois monitions ou citations du concile à Nestorius, p. 471. — Nestorius est solennellement condamné. Rédaction mémorable de la sentence. Joie du peuple chrétien , p. 472. — Le concile notifie la sentence à Nestorius même et à tout le clergé de Constantinople , p. 473. — L'empereur, détrompé par saint Dalmace , se déclare pour les catholiques et condamne Nestorius à l'exil, p. 481. — Exil et mort de Nestorius, l. 40, p. 502 (Voir encore Bas-Empire, et Concile d'Ephèse dans les Conciles œcuméniques).

Neuville , Jésuite. Sa prédiction sur les désordres que la philosophie moderne enfantera, t. 11, l. 89, p. 481.

Névolon (bienheureux), t. 8, l. 76, p. 344.

Newton. Sa biographie. Caractère de son esprit, t. 11, l. 88, p. 287.

Nicaise de Vœrd devient un prodige de science, quoique privé de la vue dès son bas-âge, t. 9, l. 83, p. 464.

Nicanor, général du roi de Syrie. Son aggression, son blasphème, sa défaite, sa mort et sa punition, t. 2, l. 21, p. 96.

Nicée (premier concile général), t. 3, l. 34 (Voir Conciles œcuméniques).

Nicée (deuxième concile général), t. 5, l. 53 (Voir Conciles œcuméniques).

Nicéphore (saint). Sa charité et son martyre, t. 2, l. 29, p. 559.

Nicéphore (saint), patriarche de Constantinople, t. 5, l. 54, p. 432. — Troubles de l'Eglise de Constantinople au sujet d'un prêtre qui avait béni un mariage adultérin par ordre du prince, p. 433. — Il écrit au Pape, p. 438. — Sa résistance à l'empereur Léon, qui recommence la guerre contre les images des saints, l. 55, p. 468. — Fourberies de l'empereur pour se défaire de lui, p. 470. — Sa mort, p. 206.

Nicéphore, empereur grec. Son avénement et son faux caractère. Son traité avec Charlemagne. Ses guerres honteuses avec Aroun-al-Raschid, t. 5, l. 54, p. 430. — Il se rend odieux et méprisable, p. 432. — Il se livre aux manichéens. Sa rapacité provoque des conjurations. Ses honteuses expéditions contre les Bulgares, où il finit par périr avec son armée, p. 436 (Voir Bas-Empire).

Nicéphore tué par Zimiscès, son successeur, t. 5, l. 61, p. 493 (Voir Bas-Empire).

Nicéphore Botoniate, empereur grec, t. 6, l. 65, p. 227 (Voir Bas-Empire).

Nicéphore Blemmide, auteur grec. Ses écrits prouvent que le Saint-Esprit procède du Père et du Fils, t. 8, l. 76, p. 265.

Nicétas (saint), abbé. Il est séduit un moment par les iconoclastes, et répare publiquement sa faute, t. 5, l. 55, p. 472.

Nicétas, moine grec, reconnaît la vérité catholique, d'après la réponse du cardinal Humbert, t. 6, l. 64, p. 91.

Nicodème. Son entretien avec Jésus-Christ, t. 2, l. 23, p. 169.

Nicolaïtes : leur secte, t. 2, l. 26, p. 334.

Nicolas Ier (saint), pape. Il succède à Benoît III. Ses relations avec l'empereur Louis II et les peuples de la Romagne, t. 5, l. 57, p. 274. — Il déclare nul ce qu'on a fait contre saint Ignace, patriarche de Constantinople. Ses lettres à l'empereur et à Photius, p. 284. — Ayant appris la conduite de Photius auquel il avait envoyé des légats, et la conduite de ceux-ci, il condamne ses légats et excommunie Photius. Utilité et opportunité de sa démarche, p. 286. — Réponse apostolique de ce saint Pape à une lettre inconvenante de l'empereur d'Orient, p. 287. — Il envoie de nouveaux légats à Constantinople, avec de nouvelles lettres à l'empereur et aux autres personnages, p. 293. — Fermeté apostolique de ce Pape dans l'affaire du divorce du roi Lothaire, p. 299. — Ce Pape soutient encore la morale publique contre les scandales d'autres princes. Conduite toujours apostolique de ce Pape dans l'affaire de Rothade de Soissons, p. 300. — Lettres de ce Pape aux évêques d'Occident au sujet de lettres pleines d'impostures que Photius avait écrites contre les Latins, p. 315. — Il termine la controverse sur la prédestination, controverse qu'avaient soulevée les écrits de Gothescalc, p. 304. — Mort de ce saint Pape. Son éloge, p. 347. — Zèle des catholiques et d'Adrien II, pour la mémoire de Nicolas Ier, p. 319.

Nicolas II, pape, choisi par Hildebrand. Concile do Rome, t. 6, l. 64, p. 109. — Règlement solennel touchant l'élection du pontife romain, p. 110. — Origine

des abus en cette matière. Effets des anathèmes de l'E-glise. Autres canons du même concile, p. 111. — Nouvelle abjuration de Bérenger, p. 112. — Zèle de Nicolas II pour la réforme de l'Eglise de France, p. 115 et seqq. — Affaire d'Angleterre, p. 117; — d'Espagne, p. 119; — de Slavie et de Germanie, p. 120. — Mort de Nicolas II, p. 123.

Nicolas III, pape. — Projets du Pape avec Rodolphe de Habsbourg, t. 8, l. 76, p. 245 et 246. — Instruction du Pape à ses légats à Constantinople, p. 260. — Arrivée des nonces, p. 263. — Heureux efforts du Pape et de ses légats pour pacifier l'Italie, p. 289. — Efforts de Nicolas III et de ses successeurs pour porter remède aux troubles de Hongrie, p. 292. — Plaintes contre Philippe le Hardi pour avoir permis les tournois en France, p. 305. — Règlement sur l'inquisition des hérétiques en Provence, p. 308. — Bulle sur la vacance des siéges épiscopaux. Plusieurs ecclésiastiques refusent des prélatures. Gauthier de Bruges est nommé évêque de Poitiers, p. 307.

Nicolas IV, pape. — Ambassadeurs d'Abaga, de Koublaï à divers Papes, t. 8, l. 76, p. 248. — Etat religieux de l'Illyrie orientale, notamment de la Servie. Lettre du Pape à la reine de ce pays, p. 255. — Fondation de l'Université de Montpellier, p. 310. — Bulle à Alphonse d'Aragon, p. 315. — Derniers actes et mort du Pape, p. 331. — Vacance du Saint-Siége, p. 343.

Nicolas V, auparavant Thomas de Sarzane, est élu Pape. Les restes du conciliabule de Bâle se soumettent. Le pape Nicolas confirme le concordat germanique, t. 9, l. 83, p. 351. — Sa déclaration en faveur des Juifs convertis d'Espagne. Jubilé de 1450. Saint Laurent Justinien, premier patriarche de Venise, p. 352. — Couronnement à Rome de l'empereur Frédéric III ou IV, p. 353. — Relations du pape Nicolas V avec les Grecs, p. 312. — Le pape Nicolas V sauve et multiplie les trésors littéraires des Grecs et des Latins, p. 357. — Sainte mort du pape Nicolas V, p. 358. — Erreur de croire que la restauration des sciences, lettres et arts n'a commencé en Italie qu'après la prise de Constantinople. Erreur plus grande encore de croire que cette restauration est due à la révolution religieuse de Luther, p. 360.

Nicolas de Myre (saint). Translation de ses reliques, t. 6, l. 66, p. 257.

Nicolas Studite (saint), t. 5, l. 57, p. 279.

Nicolas de Tolentin (saint), t. 8, l. 76, p. 322.

Nicolas Pullia (bienheureux), t. 8, l. 75, p. 214.

Nicolas de Prusse (bienheureux), t. 9, l. 84, p. 151.

Nicolas Albergati (bienheureux). Ses progrès dans le monde. Il se fait Chartreux, puis devient évêque de Bologne, t. 9, l. 84, p. 143. — Ses vertus, l. 82, p. 245. — Sa mort, p. 275.

Nicolas de Flue (bienheureux), t. 9, l. 82, p. 199. — Ses parents. Sa grande dévotion. Il reçoit une médaille d'or, lors d'une bataille où il commanda, p. 200. — Ses visions. Il se sépare de sa famille. Sa vie miraculeuse de solitaire. Nombreux témoignages, p. 201. — Il sauve la Suisse. Sa sainte mort, l. 83, p. 416.

Nicolas de Cusa, cardinal et astronome, t. 9, l. 83, p. 278.

Nicolas Factor (bienheureux), t. 10, l. 86, p. 355.

Nicolas de Longobardi (B.), t. 11, l. 88, p. 414.

Nicolas Pérégrin, t. 6, l. 66, p. 297.

Nicolas de Lyre ou Lyran. Sa *Sainte Bible*. Ses *Trois prologues* et ses *Sept règles* pour l'interprétation de l'Ecriture, t. 8, l. 79, p. 512.

Nicolas le Mystique, patriarche de Constantinople, t. 5, l. 79, p. 445. — Ignorance et inconséquence de ce patriarche, p. 432.

Nicolas, empereur de Russie, persécute l'Eglise catholique en Russie et en Pologne, t. 12, l. 94, p. 182.

Nicole, écrivain janséniste. Sa duplicité, t. 11, l. 87, p. 5 et 19 (Voir *Jansénisme*).

Nicon Métanoïte (saint), t. 5, l. 61, p. 491.

Nicosie. Prise de cette ville par les Turcs, t. 10, l. 86, p. 401.

Nicostrate (saint). Touché de la guérison miraculeuse de Zoé, son épouse, il se convertit. Son baptême, t. 3, l. 30, p. 2. — Il se retire chez le pape saint Caïus. Son martyre, p. 5.

Nihus (Barthold), savant protestant, se convertit au catholicisme, t. 11, l. 87, p. 60.

Nil (saint), préfet de Constantinople, puis moine au Mont-Sinaï, et son fils Théodule, t. 3, l. 38, p. 406.

Nil de Calabre (saint), t. 5, l. 61, p. 543. — Il reçoit la visite de l'empereur Othon III, l. 62, p. 550. — Ses dernières actions et sa mort, p. 574.

Nil, archimandrite grec. Ce qu'il dit de saint Pierre, t. 10, l. 85, p. 469.

Nilammon (saint), t. 3, l. 37, p. 378.

Ninive. Mission qu'y fait le prophète Jonas. Pénitence de ses habitants, t. 1, l. 15, p. 354. — Prédictions de Tobie contre Ninive, l. 16, p. 377. — Prédictions de Sophonie et de Nahum contre la même ville, p. 393. — Ruine de Ninive par Cyaxare et Nabopolassar, p. 395.

Ninus. On ne sait rien de certain sur lui, t. 1, l. 4, p. 75.

Nitocris, reine de Babylone, t. 1, l. 18, p. 443.

Noailles (cardinal de), archevêque de Paris. Encore évêque de Châlons, il approuve les *Réflexions morales* du janséniste Quesnel, t. 11, l. 88, p. 205. — Derniers moments et mort du cardinal, p. 262.

No-Ammon. Quelle était cette ville, t. 1, l. 16, p. 394.

Nobilibus (Robert de), missionnaire Jésuite, neveu du cardinal Bellarmin et proche parent du pape Marcel II, est auteur de l'*Ezour Védam*, que Voltaire attribue à l'antique brahme Chumountou, t. 11, l. 88, p. 231.

Noblesse : abolition de ses titres par l'Assemblée nationale, t. 11, l. 90, p. 527.

Nobletz (Michel le), missionnaire en Bretagne, t. 10, l. 87, p. 548.

Noé, figure de Jésus-Christ. Ses trois fils, t. 1, l. 3, p. 56. — Les enfants de Dieu et les enfants des hommes. Leurs alliances. Leur corruption. Menaces de Dieu. Incrédulité des hommes. Les géants, p. 57. — Que l'homme ne dominait point sur l'homme avant le déluge. Ce que signifie le repentir de Dieu. Arrêt de mort contre toutes les créatures qui couvraient la face de la terre, excepté Noé et sa famille, p. 58. — L'arche et ses dimensions. Qu'elle était plus que suffisante pour remplir sa destination. Qu'il est fort douteux que sa construction ait duré cent ans. Noé entre dans l'arche. Le déluge, p. 59. — Où Dieu a pu trouver toute l'eau nécessaire. Que les victimes du déluge ne le sont pas toutes de l'enfer, p. 60. — L'arche, figure de l'Eglise. Un mot sur cette maxime : Hors de l'Eglise il n'y a point de salut. Fin du déluge. Sacrifice de Noé, p. 61. — Bénédiction de l'homme. Confirmation de sa royauté. La chair permise comme nourriture. Prohibition du sang. Droit de vie et de mort remis à la société. Que le pouvoir religieux est antérieur au pouvoir civil. Assurances contre un nouveau déluge, p. 62. — Coup d'œil sur le partage de la terre entre les enfants de Sem, Cham et Japhet. Noé plante la vigne. Malédiction de Cham dans son fils Chanaan. Caractères des trois races, p. 63. — Souvenir du déluge chez les indigènes d'Amérique, chez les Chinois, les Indiens, les Grecs, les Egyptiens même, les Chaldéens, les Assyriens, p. 64. — Concordance pour l'époque, p. 68. — Autres preuves du déluge, tirées de la géologie et de l'archéologie, p. 69. — Postérités des trois fils de Noé. Peuples qui en descendent et pays qu'ils habitent. La vérité du récit biblique confirmée par la science moderne, l. 4, p. 73. — Epoque et durée de la dispersion. Origine des anciennes traditions, p. 74.

Noémi va habiter en Moab. Mort de son mari et de ses fils. Piété filiale de Ruth. Elle va glaner dans le champ de Booz. Charité de Booz. Booz et les rois d'Homère. Ruth chez Booz. Rapports de cette démarche avec les mœurs du temps. Le rédempteur de Noémi cède son droit à Booz. Cérémonie de la concession. Ruth épouse Booz. Naissance d'Obed. Ancêtres et descendants de Booz, t. 1, l. 10, p. 237.

Nogaret (Guillaume de), ministre de Philippe le Bel. Ses attentats contre le pape Boniface VIII, t. 8, l. 77, p. 389 et seqq. — Il est excommunié par le pape Benoît XI, p. 398.

Nominoé, duc ou gouverneur de Bretagne. Son histoire, t. 5, l. 56, p. 264.

Nonotte (l'abbé) et ses ouvrages, t. 11, l. 89, p. 482.

Norbert (saint). Sa jeunesse vertueuse. Son relâchement et sa vie mondaine. Sa conversion miraculeuse. Son élévation à la prêtrise. Ses efforts pour réformer le chapitre de Santen. Persécutions qu'il s'attire. Ferveur de sa foi. Accusation de ses ennemis contre lui au concile de Fritzlar. Sa pauvreté volontaire. Son arrivée près du Pape, qui veut le retenir près de lui. Fermeté de Norbert. Le Pape lui confère d'amples pouvoirs pour la prédication. Travaux apostoliques du saint. Conversions innombrables et miraculeuses qu'il opère à Orléans, Valenciennes et dans le diocèse de Liége, t. 6, l. 67, p. 415-422. — Saint Norbert à Reims. Accueil qu'il reçoit du concile. Il se fixe à Prémontré. Son prosélytisme. Caractère de son institut. Sa merveilleuse propagation. Le saint fonde des établissements de religieuses de son ordre. Il convertit la ville d'Anvers. Sa conduite envers Thibaut de Champagne, p. 427. — Saint Norbert à Spire. Il est nommé archevêque de Magdebourg. Ses travaux, l. 68, p. 459.

Normands. Invasion et ravages qu'ils font en France, t. 5, l. 56, p. 224-243; l. 57, p. 308; l. 58, p. 370 et 373. — Invasions et ravages qu'ils font en Angleterre, p. 374. — Conversion de Rollon, chef des Normands, qui devient le gendre du roi de France, Charles le Simple. Ordre merveilleux qu'il établit parmi les Normands, l. 59, p. 427. — Etablissement des Normands en Italie, t. 6, l. 62, p. 45. — Leur état en Italie, l. 63, p. 76. — Bataille de Dragonara. Les Normands défont les Italiens et les Allemands. Le saint pape Léon IX se rend au milieu des vainqueurs, qui se déclarent vassaux de l'Eglise romaine et deviennent plus humains, p. 77.

Northumbres. Leur conversion et celle de leur roi, t. 4, l. 48, p. 413.

Notaras, grand-duc de l'empire grec. Prédiction que lui fait Grégoire, dernier patriarche catholique de Constantinople, t. 9, l. 83, p. 312. — Comment Mahomet II traite le grand-duc Notaras, qui avait dit : « J'aimerais mieux voir régner à Constantinople le turban de Mahomet que la tiare du Pape, » p. 316.

Nothburge (sainte), servante en Tyrol, t. 8, l. 78, p. 449.

Notre-Dame des Vertus à Ligny-en-Barrois, t. 7, l. 72, p. 403.

Novat, artisan de schisme à Carthage, t. 2, l. 29, p. 533.

Novatien. Son schisme à Rome, son hérésie, son ordination frauduleuse et ses lettres, t. 2, l. 29, p. 533. — Réponse de saint Denys d'Alexandrie, p. 534. — Condamnation des novatiens au concile de Rome, p. 536. — Saint Denys d'Alexandrie écrit à Fabien d'Antioche sur le schisme de Novatien, p. 537. — Saint Corneille écrit sur le même sujet à l'un et à l'autre, p. 538. — Lettre de saint Denys d'Alexandrie au pape saint Etienne, sur la fin du schisme de Novatien, p. 547.

Numance. Destruction de cette ville, t. 2, l. 22, p. 118.

Numérien, empereur. Son règne honteux et sa mort violente, t. 2, l. 28, p. 450.

Numidique, ordonné prêtre à Carthage, après avoir confessé la foi, t. 2, l. 29, p. 232.

O

Obed, ancêtre de David. Sa naissance, t. 1, l. 10, p. 240.

Obédience. Etendue des trois obédiences dans le schisme d'Occident, t. 9, l. 84, p. 94. — Comment des saints pouvaient se trouver dans deux obédiences. Ce que dit saint Antonin là-dessus, p. 70.

Obéissance. Dernière pensée de saint Ignace sur cette vertu, t. 10, l. 85, p. 293.

Oblates. Congrégation fondée par sainte Françoise, dame romaine, t. 9, l. 82, p. 226.

Océan, figure de l'Eglise, t. 8, l. 78, p. 450.

Océanie. Le catholicisme dans l'Océanie occidentale, t. 12, l. 94, p. 207; — dans l'Océanie orientale, p. 212.

Ocellus, philosophe grec. Ses belles idées sur l'union conjugale, t. 2, l. 20, p. 5.

Occident (empire d'). Ce qu'étaient ou devaient être les empereurs d'Occident. Sa translation aux princes d'Allemagne, t. 5, l. 61, p. 479. — Parallèle entre l'Occident et l'Orient dans le XIe siècle, t. 6, l. 63, p. 82.

Ochozias, fils d'Achab, roi d'Israël. Ses crimes. Il consulte Beelzébub. Elie lui fait annoncer sa punition, fait tomber le feu du ciel sur ses soldats envoyés pour le prendre et va lui-même trouver le roi, t. 4, l. 44, p. 341.

Ochozias, roi de Juda, mis à mort par Jéhu, roi d'Israël, t. 4, l. 44, p. 50.

O'Connel (Daniel), obtient l'émancipation des catholiques d'Angleterre, t. 12, l. 94, p. 93. — Il meurt dans son pèlerinage de Rome, p. 228.

Octavien, antipape, élu par deux cardinaux. Sa mort, t. 7, l. 69, p. 46-82.

Octavius. Sa conversion. Son dialogue avec Cécilius Natalis, t. 2, l. 28, p. 496.

Oddin Barotto (bienheureux), curé en Piémont, t. 9, l. 84, p. 137.

Oderic ou Odoric de Frioul (bienheureux), t. 8, l. 78, p. 437. — Ses voyages en Chine, l. 79, p. 490.

Odilbert, archevêque de Milan, t. 5, l. 54, p. 146.

Odilon, duc de Bavière, veut se soustraire à la domination des Francs, t. 5, l. 54, p. 7.

Odilon (saint), abbé de Cluny, disciple et successeur de saint Mayeul, t. 5, l. 62, p. 542. — Charité de saint Odilon dans une famine, t. 6, l. 63, p. 35. — Mort de saint Odilon. Caractère de ses écrits. Instituteur de la fête des Trépassés, p. 50.

Odoacre reçoit la bénédiction de saint Séverin, t. 4, l. 41, p. 34. — Il défait Oreste, et met fin à l'empire romain en Occident, p. 36. — Ruse d'Odoacre à l'égard de Zénon. Son expédition en Allemagne. Rentré en Italie, il est défait par Théodoric, chef des Ostrogoths, l. 42, p. 70. — Nouvelle défaite d'Odoacre. Siége et reddition de Ravenne. Mort d'Odoacre, p. 71.

Odon de Cluny (saint). Ses commencements et ses premiers travaux, t. 5, l. 60, p. 444. — Divers voyages de saint Odon à Rome. Sa mort et ses écrits, p. 450.

Odon ou Eude (saint), archevêque de Cantorbéry, t. 5, l. 60, p. 447.

Odon ou Oudart de Tournay, t. 6, l. 66, p. 278.

Offa, roi des Merciens, dans un pèlerinage à Rome, établit le denier de saint Pierre, t. 5, l. 54, p. 428.

Oiseaux aquatiques, domestiques, etc. Merveilles de

l'histoire des oiseaux. Oiseaux voyageurs, t. 4, l. 4, p. 49. — Dieu bénit les oiseaux, p. 23.

OLAÜS ou Olaf (saint), roi de Norwége, t. 5, l. 62, p. 564. — Sa mort, t. 6, l. 63, p. 30.

OLAÜS Magnus, archevêque d'Upsal, un des Pères du concile de Trente, t. 40, l. 84, p. 50; l. 85, p. 169.

OLDA, prophétesse. Ses prédictions contre Jérusalem et sur Josias, t. 4, l. 47, p. 397.

OLDCASTLE, chef de l'insurrection des Lollards, t. 9, l. 84, p. 56.

OLDEGAIRE (saint), évêque de Tarragone, t. 6, l. 67, p. 375.

OLYBRIUS, empereur éphémère, t. 4, l. 41, p. 27.

OLYMPIUS (saint). Sa conversion miraculeuse. Son martyre, t. 2, l. 29, p. 553.

OLYMPIUS, philosophe, ennemi de Plotin, t. 2, l. 29, p. 561.

OMAR, deuxième successeur de Mahomet, fait brûler la bibliothèque d'Alexandrie, t. 4, l. 49, p. 420 (Voir *Mahométans, Mahométisme*).

ONÉSIME, disciple de saint Paul. Sa conversion, t. 2, l. 25, p. 303.

ONIAS, prêtre des Juifs. Faveur d'Onias et de ses fils à la cour des Ptolémée, t. 2, l. 22, p. 423.

OPOULOU, île du grand Océan. Le catholicisme dans l'île d'Opoulou, t. 42, l. 44, p. 214.

OPTAT (saint), évêque de Milève. Ses livres contre les donatistes, t. 3, l. 35, p. 458. — Ce qu'il dit de saint Pierre, t. 40, l. 85, p. 169.

ORAISON d'union. Pourquoi, d'après sainte Thérèse, plusieurs âmes ne passent pas plus avant dans la vie spirituelle, t. 40, l. 85, p. 358.

ORATORIENS français (les), se laissent surprendre aux artifices des jansénistes, et méconnaissent plus ou moins le caractère surnaturel de la grâce, si bien exposé par saint Thomas, t. 44, l. 87, p. 23.

ORDRE, sacrement. Doctrine de saint Ignace d'Antioche sur le sacrement de l'ordre, t. 2, l. 27, p. 375. — Origène, sur l'élection, l'ordination, les devoirs, la conduite des évêques et des prêtres, l. 28, p. 508. — Doctrine et canons du concile de Trente sur le sacrement de l'ordre, t. 40, l. 85, p. 342. — Comment cette question est traitée dans le catéchisme de Canisius, p. 283.

ORDRES religieux, militaires, hospitaliers en Occident. Ordre de saint Benoît, t. 4, l. 44, p. 474-182. — Ordre de saint Bruno ou des Chartreux, t. 6, l. 65, p. 217.— Ordre de Citeaux, l. 66, p. 334. — Ordre religieux et militaire de Saint-Jean de Jérusalem, l. 67, p. 394. — Ordre des Prémontrés, p. 427. — Ordre religieux et militaire des Templiers, l. 68, p. 458. — Nouveaux ordres militaires en Espagne : de Calatrava, d'Alcantara, t. 7, l. 69, p. 43 ; — d'Evora et d'Avis, de Saint-Michel, de Saint-Jacques, p. 44. — Ordre des Humiliés, en Lombardie, l. 70, p. 45. — Ordre militaire et hospitalier des chevaliers Teutoniques et des Trinitaires pour la rédemption des captifs, p. 494. — Ordre apostolique de Saint-François, l. 74, p. 335 et seqq. — Ordre du Carmel, p. 369. — Ordre des frères Prêcheurs ou Dominicains, p. 392 ; l. 72, p. 439. — Ordre des Minimes, t. 9, l. 83, p. 400. — Ordre des Théatins, pour l'instruction du peuple et le service des malades, l. 84, p. 552; — des Somasques, pour soigner les orphelins et instruire les pauvres, p. 555 ; — des Barnabites, pour l'exercice du saint ministère, p. 558; — des frères de la charité, pour le service des malades, p. 560. — Congrégation des Ursulines, pour l'instruction des jeunes filles, p. 567 ; — des Jésuites, pour toutes les œuvres de charité chrétienne, t. 40, p. 429 et seqq. — Congrégation de saint Camille de Lellis, pour le service des malades, l. 86, p. 348. — Les Oratoriens de saint Philippe de Néri, pour la sanctification de la ville de Rome, p. 350. — Congrégation du bienheureux Pierre Fourier, pour l'instruction des jeunes

filles, p. 536. — Deux congrégations de saint Vincent de Paul, pour toutes les œuvres de la charité chrétienne, p. 560-567. — Les Trappistes, pour les œuvres d'une vie pénitente et laborieuse, t. 44, l. 88, p. 274. Les frères des écoles chrétiennes. Les religieux mekhitaristes, pour l'instruction catholique de la nation arménienne, p. 279. — Les Rédemptoristes de saint Liguori, pour les pauvres gens de la campagne, l. 89, p. 360. — Les Sœurs de la doctrine chrétienne, pour l'instruction des jeunes filles. Les Sœurs de la Providence, pour les écoles les plus pauvres, p. 498. — Les Passionistes, pour la conversion des nations septentrionales, t. 42, l. 91, p. 97. — Les frères de l'abbé Rosmini, pour des missions semblables, p. 98. — Plusieurs autres congrégations récentes, pour la propagation de la foi par toute la terre, p. 230. — Les Lazaristes en Orient, l. 92, p. 252. — Rétablissement des Dominicains en France, p. 260. — Le P. Libermann : la congrégation du Saint-Cœur de Marie et du Saint-Esprit, p. 304. — Les Petites-Sœurs des pauvres. Les religieuses de la Sainte-Famille de Villefranche de Rouergue. Le P. Muard et les Bénédictins-Prêcheurs, p. 345. — Le nouvel Oratoire, p. 346.

ORÉBITES. Secte de hussites, t. 9, l. 82, p. 209.

ORESTE, empereur éphémère. Sa défaite par Odoacre, t. 4, l. 44, p. 36.

ORIENT d'Auch (saint), t. 3, l. 39, p. 455.

ORIENT. Etat de l'Orient vers l'an 840, t. 5, l. 56, p. 228. — Etat des chrétiens d'Orient sous les Musulmans, l. 57, p. 343. — Parallèle entre l'Orient et l'Occident, à la fin du IXᵉ siècle, l. 59, p. 430. — Le même parallèle au commencement du XIᵉ, t. 6, l. 63, p. 82. — Triste état de l'Orient à cette époque, p. 79 et seqq. — Etat de l'Orient à la fin de la première croisade, l. 67, p. 364. — Etat de l'Orient au XIVᵉ et XVᵉ siècle, t. 9, l. 84, p. 63. — Etat actuel de l'Orient, t. 42, l. 94, p. 492 et seqq.

ORIGÈNE, père de l'Eglise. Zèle et génie précoces d'Origène. Ses leçons à Alexandrie, t. 2, l. 28, p. 452. — Il est un des disciples de saint Hippolyte, premier évêque de Porto. Austérité et disciples martyrs d'Origène, p. 495. — Courage d'Origène dans la persécution, p. 496. — Origène se fait eunuque. Son voyage à Rome, p. 499. — Il étudie l'hébreu. Ses travaux sur l'Ecriture sainte. Il convertit Ambroise. Sa grande réputation. Son voyage en Arabie et en Palestine, p. 500. — Son retour à Alexandrie. Son séjour auprès de Mammée, mère de l'empereur Alexandre-Sévère, p. 501. — Ses commentaires sur l'Ecriture sainte. Son voyage en Grèce. Son ordination en Palestine. Ses rapports avec Jules-Africain. Fourberies de quelques hérétiques, p. 502. — Orage contre Origène à Alexandrie. Qualités et défauts de ses ouvrages. Ses erreurs, p. 503. — Origène, témoin fidèle de la tradition sur la règle de la foi, l'antiquité de l'Eglise, le dogme de la Trinité, la divinité de Jésus-Christ ; sur l'origine du mal, sur le péché originel, sur la doctrine de la grâce et des sacrements, sur le chef visible de l'Eglise, etc., p. 504. — Origène en Palestine. Ses lettres à ses amis. Promotion à l'épiscopat de deux de ses disciples. Il enseigne à Césarée. Il instruit et convertit Grégoire le Thaumaturge, l. 29, p. 514. — Lettre d'Origène aux confesseurs Ambroise et Protoctète. Son *Traité de la Prière*. Sa retraite en Cappadoce. Son séjour en Grèce. Son retour en Palestine, p. 515. — Lettre d'Origène à Grégoire Thaumaturge, p. 516. — Il écrit à l'empereur Philippe et à sa femme. Il ramène de l'hérésie à la foi l'évêque Bérylle de Bostres et d'autres hérétiques, p. 519. — Confession d'Origène en la persécution de Dèce, p. 522. — Mort d'Origène. Son livre *contre Celse*. Idée d'Origène sur les rapports entre la raison et la foi, la philosophie et la religion, et sur la manière de conduire de l'une à l'autre, p. 544.

ORINGA ou Chrétienne (bienhʳˢᵉ), t. 8, l. 78, p. 435.

ORIOL (bienheureux), prêtre, t. 11, l. 88, p. 122.

ORLÉANS. Passage de la famille d'Orléans sur le trône de saint Louis. Notice sur la princesse Marie d'Orléans, notamment sur sa mort édifiante, t. 12, l. 91, p. 119. — Notice sur le dernier duc d'Orléans, et sa mort tragique, p. 120. — Expulsion inattendue de la famille d'Orléans, p. 121.

OROSE. Son abrégé d'histoire universelle occassionné par les plaintes des païens, t. 3, l. 38, p. 393. — Il consulte saint Augustin sur l'origine des âmes, p. 417. — Il se trouve avec Pélage à un concile de Jérusalem, où l'on décide de renvoyer la question au Pontife romain, p. 418.

ORPHÉE, poète. L'unité et les attributs de Dieu dans Orphée, t. 2, l. 20, p. 46.

ORPHELINS. Secte de hussites. t. 9, l. 82, p. 209.

ORSI, cardinal. Ses ouvrages, t. 11, l. 89, p. 351.

OSÉE le prophète. Circonstances prophétiques de sa vie conjugale. Matière de ses prophéties, t. 1, l. 15, p. 359.

OSÉE, dernier roi d'Israël, t. 1, l. 15, p. 361. — Il est emmené en captivité avec tout le peuple, p. 366.

OSIANDRE, un des chefs du protestantisme allemand. Ses variations, t. 10, l. 85, p. 184.

OSIUS, évêque de Cordoue. Il préside le concile général de Nicée en qualité de légat, t. 3, l. 34, p. 81. — Il avait assisté au concile d'Elvire, p. 42. — Tentatives de l'empereur Constance auprès d'Osius. Sa réponse. Chute d'Osius. Scandale qu'elle cause, l. 33, p. 150.

OSMAN, fils d'un sultan de Constantinople, devient frère Prêcheur, t. 11, l. 88, p. 112.

OSMOND (S.), évêque de Salisbury, t. 5, l. 66, p. 273.

OSSAT. C'est en sa personne que le pape Clément VIII reçoit solennellement Henri IV au sein de l'Eglise, t. 10, l. 86, p. 440.

OSWALD (saint) achève avec saint Aïdan la conversion des Northumbres, t. 4, l. 48, p. 415.

OSWALD (saint), de Worchester, t. 5, l. 61, p. 506.

OTFRID, moine du IXe siècle, traduit l'Evangile en vers tudesques, t. 5, l. 57, p. 312.

OTHMAN, troisième successeur de Mahomet. Il est égorgé. Révolution de successions. Commencement du schisme des schiites et des sonnites, t. 5, l. 52, p. 20.

OTHMAR (saint), abbé de Saint-Gall, t. 5, l. 53, p. 59.

OTHONIEL. Sa judicature, t. 1, l. 10, p. 234.

OTHON ou Otton, empereur romain, t. 2, l. 26, p. 326.

OTHON ou Otton Ier, empereur allemand d'Occident. Son élection et son couronnement, t. 5, l. 64, p. 453. — Il envoie une ambassade à Abdérame III, roi de Cordoue, p. 470. — Il n'obtient point d'Agapit II la permission de venir à Rome. Couronnement d'Othon, comme empereur, par le pape Jean XII, à Rome. Son serment au Pape, p. 477. — Il obtient de Jean XII l'érection de l'église de Magdebourg en métropole, p. 479. — Il se brouille avec le pape légitime, l'expulse de Rome et fait un antipape. Que penser de sa conduite et de celle de ses quarante évêques impériaux, p. 480. — Il demande le couronnement de son fils Othon II et l'obtient de Jean XIII, p. 489. — Sa sollicitude au sujet des moines de Saint-Gal, p. 490 (Voir encore Allemagne).

OTHON ou Otton II. Il est couronné empereur par Jean XIII, t. 5, l. 64, p. 491. — Il épouse une princesse grecque, p. 496. — Il fait élire roi son fils Othon III et meurt, p. 510 (Voir aussi Allemagne).

OTHON ou Otton III, empereur. Son élection, t. 5, l. 64, p. 510. — Il va visiter saint Nil et pratique des austérités secrètes, l. 62, p. 550. — Il fait un pèlerinage au tombeau de saint Adalbert de Prague, p. 555. — Son dernier voyage et sa mort en Italie, p. 556 (Voir aussi Allemagne).

OTHON de Saxe ou Otton IV. Il se dispute l'empire d'Allemagne avec Frédéric de Sicile et Philippe de Souabe, t. 7, l. 71, p. 249. — Le Pape se prononce en sa faveur, p. 251. — Les hostilités continuent entre les trois compétiteurs, p. 262. — Il est reconnu de tout le monde, p. 264. — A peine empereur, il oublie ses serments à l'Eglise. Il est déposé spirituellement et temporellement, et meurt sans postérité et sans gloire, p. 340. — Détails sur sa mort et son repentir, l. 72, p. 451.

OTHON de Bamberg (saint). Otton, nommé par l'ex-roi Henri IV à l'évêché de Bamberg. Quelques mots sur la vie de ce prélat. Il demande l'investiture au Pape, t. 6, l. 66, p. 353. — Seconde lettre de saint Otton au Pape. Il va à Rome. Le Pape lui donne, malgré son refus, la consécration épiscopale, p. 356. — Bonnes œuvres d'Otton. Sa lointaine réputation. Lettre que lui écrit Boleslas, roi de Pologne. Il va porter la foi aux Poméraniens. Son entrevue avec le duc de Poméranie. Succès de sa mission à Piritz. Baptême par immersion. Touchante conversion des Stétinois. La Poméranie tout entière devient chrétienne. Retour d'Otton à Bamberg, l. 67, p. 434. — Le saint évêque retourne en Poméranie. Ses travaux. Il est rappelé à Bamberg, l. 68, p. 463.

OTHON (S.), solitaire en Allemagne, t. 8, l. 78, p. 443.

OTHON, évêque de Frisingue. Ses commencéments, t. 6, l. 68, p. 546. — Mot significatif d'Otton sur la pensée de Frédéric Barberousse, t. 7, l. 69, p. 26. — Sa mort. Ses ouvrages, p. 36.

OTHON, légat en Angleterre, tient un concile à Londres pour la réforme du clergé. Consultation au Pape. Sa réponse, t. 7, l. 73, p. 536.

OTHON et Barnim, son fils, ducs de Poméranie, demandent et obtiennent d'être feudataires de l'Eglise romaine, t. 8, l. 79, p. 540.

OUEN (saint). Ses vertus, t. 4, l. 48, p. 408. — Sa promotion à l'évêché de Rouen, l. 49, p. 452. — Ses dernières actions et sa mort, l. 50, p. 484.

OVANDO accueille Fernand Cortèz, son parent, t. 10, l. 85, p. 206.

OVERBERG (l'abbé Bernard), instituteur des maîtres et maîtresses d'école en Westphalie, et sa méthode, t. 11, l. 89, p. 506.

OVIDE, poète latin. Le chaos et la création dans Ovide. L'innocence primitive, la chute et le déluge dans le même poète, t. 2, l. 20, p. 47.

OXENSTIERN, chancelier de Suède, malgré la paix conclue entre l'empereur et plusieurs princes d'Allemagne, continue la guerre de Trente-Ans, de concert avec le duc de Weimar et moyennant une alliance avec la France, t. 11, l. 87, p. 56.

OXFORD. Son Université refleurit au XIIe siècle par Robert Pullus, t. 6, l. 68, p. 530. — Au XIXe siècle, les Universités exclusivement protestantes d'Oxford et de Cambridge commencent à fournir à l'Eglise catholique des néophytes, des prêtres et des missionnaires, t. 12, l. 91, p. 98.

OZA. Sa punition, t. 1, l. 12, p. 292.

OZANAM (Frédéric) et les conférences de Saint-Vincent de Paul : les œuvres charitables, t. 12, l. 92, p. 262.

P

PACCA, cardinal. Réflexions du cardinal Pacca sur le choix des cardinaux qui accompagnèrent Pie VI à Vienne et Pie VII à Paris, t. 12, l. 94, p. 15. — Le général Miollis envoie prendre, dans le palais pontifical, le cardinal Pacca, ministre du Pape. Pie VII s'y oppose de sa propre personne, p. 33. — Le cardinal est enlevé de Rome avec le Pape, p. 35. — Réflexions du cardinal sur cet événement, p. 36. — Le cardinal Pacca est emprisonné pendant trois ans et demi à Fénestrelle dans les Alpes, p. 40. — Jugement que porte le cardinal Pacca sur les réponses de certains évêques français aux questions de Napoléon, p. 44. — Ce que le même cardinal conclut du dernier entretien de l'abbé Emery avec Napoléon, p. 151.

PACHÉCO, cardinal. Sa demande au concile de Trente relativement à l'Immaculée-Conception de la sainte Vierge, t. 10, l. 85, p. 191.

PACIEN (saint) de Barcelone. Ses ouvrages, t. 3, l. 35, p. 255.

PACIFIQUE de Saint-Sévérin, t. 11, l. 88, p. 120.

PACIFIQUE de Cérédano (bienh.), t. 9, l. 83, p. 387.

PACÔME (saint). Ses commencements, t. 3, l. 34, p. 70. — Sa vie dans le désert, l. 35, p. 224.

PAISIELLO, musicien italien, t. 11, l. 89, p. 356.

PAGANISME. Saint Epiphane fait voir que le paganisme est postérieur à l'Eglise catholique et n'a commencé que du temps d'Abraham, t. 3, l. 35, p. 251. — Saint Philastre de Bresse enseigne la même chose, p. 255. — Coups portés au paganisme dans l'empire romain par Constantin. Le paganisme persévère dans les titres donnés aux empereurs, l. 31, p. 74. — Efforts de Julien l'Apostat pour relever le paganisme dans l'empire, l. 34, p. 187. — Mort du paganisme avec Julien l'Apostat, p. 215 (Voir encore Gentilité).

PALAMITES. Ce que c'est, et leur oraison mystique. Importance qu'y attachent les empereurs grecs, t. 8, l. 79, p. 590.

PALDON (saint), t. 4, l. 51, p. 550.

PALÉOLOGUE (Jean), empereur de Constantinople, t. 8, l. 79 et 80; t. 9, l. 82 (Voir Bas-Empire).

PALÉOLOGUE (Manuel), t. 9, l. 84 (Voir Bas-Empire).

PALESTINE. Etat actuel des catholiques en Palestine, t. 7, l. 70, p. 155 (Voir Judée).

PALESTRINA. Ses travaux sur le chant ecclésiastique, t. 10, l. 86, p. 339.

PALISSOT, poète lorrain, t. 11, l. 89, p. 500.

PALADE (saint), évêque des Ecossais, envoyé par le pape saint Célestin, t. 3, l. 39, p. 456.

PALLAVICIN, historien du concile de Trente. Témoignage qu'il rend à Clément VII, t. 10, l. 85, p. 172. — Ce qu'il pense de Luther, p. 482.

PAMBON (saint), t. 3, l. 35, p. 249.

PANNONIE (abbé de la), chanoine de Cahors, massacré aux Carmes, à Paris, t. 11, l. 90, p. 546.

PANPHILE (saint), prêtre de Césarée, ses études, ses ouvrages, son martyre, t. 3, l. 30, p. 47.

PANTÈNE (saint), philosophe chrétien, prêche l'Evangile dans les Indes et y envoie des missionnaires, t. 2, l. 28, p. 440.

PAOLO (Fra), d'abord Pierre Sarpi, plus calviniste que catholique. Son histoire du concile de Trente est plutôt un libelle qu'une histoire, t. 10, l. 86, p. 172. — Une de ses insinuations mensongères, p. 189.

PAPAUTÉ ou PRIMAUTÉ DE L'EGLISE CATHOLIQUE. Unité du sacerdoce depuis l'origine du monde, t. 4, l. 7, p. 158. — Jésus-Christ destine la primauté de son Eglise à Pierre, t. 2, l. 23, p. 167, 173 et 176. — Jésus-Christ la promet formellement à Pierre, p. 193. — Jésus-Christ lui promet en même temps l'indéfectibilité de la foi, p. 226. — Jésus-Christ investit effectivement Pierre de la primauté de toute l'Eglise, p. 229. — Pierre en exercice de cette primauté. Il est le premier à convertir les Juifs, l. 25, p. 253. — Il est le premier à convertir les Gentils, p. 260. — Il fonde l'Eglise d'Antioche et ensuite celle de Rome, p. 265. — Le siége de Rome, juge en dernier ressort, p. 273. — Cette primauté reconnue par saint Ignace d'Antioche, l. 27, p. 374. — Cette primauté proclamée souveraine par saint Irénée de Lyon, p. 438. — Dès le second siècle, le pape saint Victor exerce cette primauté par toute l'Eglise, en Asie, en Palestine, dans la question de la Pâque, p. 444. — Tertullien reconnaît que Jésus-Christ a donné les clés à Pierre et par lui à toute l'Eglise, l. 28, p. 487. — Dès le temps de Tertullien, on donnait à l'évêque de Rome les titres d'APOSTOLIQUE, DE PAPE, DE SOUVERAIN PONTIFE, D'ÉVÊQUE DES ÉVÊQUES, p. 491. — La primauté de saint Pierre proclamée par Origène, p. 508. — Cette primauté reconnue par saint Cyprien comme le fondement de l'Eglise, l. 29, p. 536. — De l'appel à Rome, p. 539. — Primauté du siége de Rome reconnue par l'empereur Aurélien, p. 570. — Présidence du pape saint Silvestre au premier concile œcuménique de Nicée, t. 3, l. 31, p. 81. — Confirmation du même concile par le Pape, p. 87. — Sixième canon de ce concile, p. 92. — Autorité du Pontife romain dans toute l'Eglise de l'aveu des Grecs. Lettre admirable que leur écrit le pape saint Jules, l. 32, p. 118. — De l'aveu des Grecs, rien ne peut se conclure dans l'Eglise sans l'autorité du Pontife romain, p. 121. — Lettres et canons du concile de Sardique, qui reconnaît et explique le droit d'appellation au Pape, p. 122. — La primauté du Pape, enseignée par saint Optat de Milève, l. 35, p. 256; — par saint Jérôme, p. 258. — Le concile œcuménique d'Ephèse reconnaît l'autorité souveraine du Pape dans la sentence même contre Nestorius, l. 39, p. 479. — Le pape saint Léon approuve ce qu'a fait le concile œcuménique de Chalcédoine touchant la doctrine, mais il casse ce qu'il a tenté de faire pour favoriser l'ambition de l'évêque de Constantinople, l. 40, p. 545. — Croyance des catholiques à la fin du Ve siècle sur les prérogatives du Pontife romain. Lettre de saint Avit, évêque de Vienne, au nom des évêques de la Gaule, t. 4, l. 43, p. 102. — Tous les évêques orientaux reconnaissent l'autorité souveraine du Pontife romain dans leur lettre au pape saint Symmaque, p. 121. — Toutes les Eglises d'Orient se réunissent avec l'Eglise romaine, en signant le mémorable formulaire du pape saint Hormisda, p. 141. — Réflexions de Bossuet à ce sujet, p. 143. — Le Siége de Rome proclamé par toute la tradition comme le fondement de l'Eglise, l. 44, p. 144. — Confirmation par le pape saint Grégoire des établissements de la reine Brunehaut. Authenticité, sens et convenance de ce document, l. 47, p. 348. — En quels termes les évêques d'Afrique écrivent au pape Théodore pendant le VIIe siècle, l. 49, p. 424. — En quels termes les catholiques d'Orient parlent au pape saint Martin, dans le concile de Rome contre le monothélisme, p. 431. — Le pape saint Martin institue des vicaires apostoliques dans tout l'Orient, p. 435. — Ce que le Pape était en Europe et dans le reste de l'humanité chrétienne vers le milieu du VIIIe siècle, l. 51, p. 560. — Le pape saint Zacharie, consulté par la nation des Francs sur un changement de dynastie. Réponse du Pape. Ce qu'en pense Bossuet, Fénelon et Châteaubriand, t. 5, l. 52, p. 48. — Manière dont le pape saint Léon II est reçu en France et en Germanie par Char-

lemagne, qui offre la Saxe à l'Eglise romaine, l. 53, p. 92. — Déclaration unanime du clergé de France et d'Italie touchant le jugement du Pape, qui se justifie par son serment, p. 93. — Le pape saint Léon III rétablit l'empire romain en Occident, dans la personne de Charlemagne. Caractère de ce rétablissement, p. 94. — Testament de Charlemagne, confirmé par les évêques, ses seigneurs et le Pape. Il y partage l'empire entre trois de ses fils, y reconnaît l'élection du peuple pour leurs descendants, leur recommande surtout la protection de l'Eglise romaine, l. 54, p. 140. — Décret confirmatif de l'empereur Louis touchant les donations faites à l'Eglise romaine. Sens de ce décret, l. 55, p. 157. — Ce qu'il y a de faux et de vrai dans la donation de Constantin, p. 158. — Charte peu connue, mais très-importante, de l'empereur Louis, sur l'unité et la division de l'empire, l'élection de l'empereur et des rois, les rapports entre eux et avec l'assemblée générale des Francs. Charte délibérée, consentie, jurée par tous les états de l'empire et confirmée par le Pape, p. 159. — Canons remarquables du huitième concile général, dernier de Constantinople et d'Orient, surtout le canon vingt-sixième, omis par Fleury, sur la réserve des causes majeures au Pape, l. 57, p. 334. — Conséquence mémorable du huitième concile général, p. 336. — Incroyable chicane de l'empereur grec Basile à l'empereur Louis II. Réponse mémorable de ce dernier, omise par Fleury. On y voit de qui vient l'empire d'Occident, l. 58, p. 348. — Dans le schisme de Photius, tout signale la suprématie du Pontife romain, p. 389. — Les seigneurs d'Allemagne reconnaissent pour roi Louis, fils de l'empereur Arnoulfe. Les évêques en demandent la confirmation au Pape, l. 59, p. 406. — Lettre mémorable, mais négligée jusqu'à présent, du patriarche Nicolas de Constantinople à Siméon, roi des Bulgares, sur l'autorité du Pontife romain, p. 433. — Diplôme de l'empereur Othon Ier concernant les possessions temporelles de l'Eglise romaine. Sens de ce diplôme. Rapports naturels entre le Pape et l'empereur, entre l'Eglise et l'empire, l. 60, p. 478. — Etat de la chrétienté à la fin du dixième et au commencement du onzième siècle. L'Europe devient un seul homme, dont l'Eglise romaine ou la Papauté est chargée de faire l'éducation, l. 62, p. 534. — Le pape Silvestre II accorde à saint Etienne, duc et apôtre de Hongrie, le titre de roi, p. 559. — Le pape Silvestre II est le premier qui donne le signal pour la lutte armée de la chrétienté entière contre l'empire antichrétien et antidieu de Mahomet et de Hakem. C'est le devoir de la chrétienté, p. 573. — Le saint roi Henri couronné empereur par le pape Benoît VIII. Réflexion de Glaber à ce sujet. L'empereur saint Henri renouvelle le diplôme d'Othon Ier en faveur des domaines temporels de l'Eglise romaine, l. 6, p. 14. — Robert Guiscard se rend vassal de l'Eglise romaine pour ses conquêtes en Italie. Origine du royaume de Naples, l. 64, p. 114. — Démétrius, duc de Croatie, et Michel, prince des Slaves, obtiennent du pape saint Grégoire VII le titre de roi, et lui jurent fidélité. Avantages de cet ordre de choses, l. 65, p. 166. — Le fils de Démétrius, roi des Russes, demande à tenir du Pape le royaume paternel. Singulières doléances de certains auteurs à cet égard. Action du pape saint Grégoire VII sur la Pologne, p. 467. — Son action sur la Hongrie, défigurée par certains auteurs, p. 468. — Action du saint Pape sur la Bohême, p. 169. — Quels sont les principaux paroissiens du Pape. Lettre du pape saint Grégoire au roi de Danemarck et à son père, p. 173; — aux rois de Norwége, de Suède et des Visigoths, p. 174. — Lettres du même Pape au roi d'Angleterre, Guillaume le Conquérant. Réflexions sur un étonnement de ce prince, p. 175. — Sollicitude de saint Grégoire VII pour le royaume de France. Réflexion à ce sujet, p. 177. — La Saxe avait été donnée à l'Eglise romaine par Charlemagne. Rapports de saint Grégoire VII avec la Sardaigne, bien mal interprétés par certains auteurs, p. 186. — La Corse se met sous la protection de l'Eglise romaine, p. 223. — Lettre de saint Grégoire VII à Herman, évêque de Metz, sur le pouvoir des Papes à l'égard des rois. Nombreuses méprises de Bossuet au sujet de cette lettre, p. 234. — Quel était et quel est encore le vrai point de la question dans cette grande lutte entre l'Eglise de Dieu et ses adversaires, p. 238. — Justice que rend à Grégoire VII un historien protestant, p. 246. — Réflexions d'Othon de Frisingue sur les rapports entre l'Eglise de Dieu et les empires de l'homme, l. 66, p. 250. — Les Papes défendent la chrétienté et contre le despotisme des rois allemands et contre l'invasion des peuples mahométans. Première croisade, p. 250-359. — La comtesse Mathilde renouvelle la donation de ses biens à l'Eglise romaine, p. 353. — De la chrétienté et de ses combats. Idées mesquines de Fleury sur ce sujet. Réhabilitation, par la science actuelle, des Pontifes du moyen-âge. Témoignages remarquables de plusieurs protestants. La Papauté a préservé l'Europe catholique de la domination musulmane, l. 67, p. 360. — Charte d'*oblation et d'assurance à saint Pierre*, envoyée au pape Lucius II par le roi de Portugal, Alphonse Henriquez. Réflexions à l'adresse des Romains du XIXe siècle, p. 527. — Devoirs d'un Pape d'après saint Bernard, p. 532. — Au XIIe siècle, le roi d'Angleterre demande et le Pape lui accorde l'autorisation de conquérir l'Irlande. Quels droits tout le monde reconnaissait alors au Pape, t. 7, l. 69, p. 15. — Le pape Adrien IV prend sous sa protection spéciale le comte de Barcelone, roi d'Aragon, p. 45. — Le roi d'Angleterre, Henri II, jure avec son fils de tenir du Pape le royaume d'Angleterre, p. 113. — Les fils de Henri II se révoltent contre leur père, qui en écrit au Pape comme à son seigneur suzerain, p. 115. — En quels termes la reine Eléonore invoque l'autorité du Pape contre les geôliers de son fils, le roi Richard, l. 70, p. 202.

Papauté, etc. — De 1198 à 1246 : *Pontifical d'Innocent III. Ce que c'était que le Pape au moyen-âge*, t. 7, l. 71, p. 215 et seqq. — Pierre d'Aragon vient se faire couronner à Rome, et rend son royaume tributaire du Saint-Siége, p. 233. — Soins du Pape pour la Bulgarie, dont le souverain lui demande le titre de roi, p. 248. — Caractère universel de la Papauté, p. 273. — Le roi d'Angleterre, Jean Sans-Terre, du conseil de ses barons, se déclare vassal de l'Eglise romaine, avec plus de solennité que n'avaient fait ses prédécesseurs, p. 349. — Ce qu'étaient les césars païens. Qui a tiré le genre humain de leur tyrannie, l. 73, p. 493. — Les césars de Germanie ramènent l'idée païenne de l'empire. Sort qu'ils préparaient à l'humanité. Qui l'en a préservée, p. 495. — De 1227 à 1250. Les Russes demandent des missionnaires apostoliques pour les instruire. Les Norwégiens soumettent au Pape l'élection de leur roi. Les Poméraniens se placent sous la protection du Saint-Siège, p. 501. — Les Russes demandent au Pape un légat pour les instruire; leur duc lui demande le titre de roi, t. 8, p. 3. — La nation portugaise recourt à l'autorité du Pape pour remédier à l'incapacité de son roi, p. 52. — Le Pape nomme un régent en Portugal, à la place du roi incapable, p. 56. — Innocent IV maintient l'indépendance du royaume de Hongrie, p. 63. — Un légat apostolique, depuis Urbain IV, donne une charte constitutionnelle à la Prusse, l. 74, p. 175. — Constitution divine de la chrétienté. Conséquences qui découlent de là, l. 77, p. 352-358. — Ce qu'étaient les Papes au moyen-âge, d'après Frédéric de Schlégel, p. 380. — Rétablissement de la royauté en Pologne, avec le consentement du Pape, l. 79, p. 471. — Le roi Magnus de Suède prie le pape Benoît XII de lui confirmer la possession de la Scanie, attendu que le royaume de Danemarck n'a jamais appartenu à l'empire, mais à l'Eglise romaine. Benoît XII reçoit.

l'hommage des rois d'Aragon pour la Sardaigne et la Corse, et du roi Robert pour le royaume de Naples, p. 531. — Les souverains de Poméranie et des pays environnants demandent et obtiennent d'être feudataires de l'Église romaine, p. 540. — Le pape Clément VI institue roi des îles Fortunées le prince Louis d'Espagne, p. 575. — Le Pape, entouré des cardinaux, est comme Moïse, entouré des septante-deux sénateurs d'Israël, t. 9, l. 82, p. 263. — De l'an 1447 à 1517. Soins des Pontifes romains pour sauver l'Europe au dedans et au dehors, l. 83, § 4, p. 350 et seqq. — Pie II reçoit une ambassade des Spartiates, qui demandent à être vassaux de l'Église romaine, p. 384. — Le duc de la Russie Blanche demande au pape Sixte IV le titre de roi, avec un légat pour corriger ce qui aurait besoin de correction, p. 399. — Alexandre VI prévient par une bulle les colisions entre l'Espagne et le Portugal, touchant leurs découvertes ou conquêtes du Nouveau Monde et ailleurs, p. 408. — Révolutions dans le royaume de Naples, fief de l'Église romaine, p. 409. — Ce que c'est que le Pape, ce qu'il a fait, t. 10, l. 85, p. 469. — Le concile de Trente réserve directement au Pape des causes graves des évêques, p. 234. — Le dernier chapitre du concile porte : *Qu'en toutes choses l'autorité du Siège apostolique demeure en son entier*, p. 329. — Le concile réserve au Pape les difficultés qui pourraient survenir touchant la réception et l'interprétation de ses décrets. Le concile demande au Pape la confirmation de ses décrets, p. 330. — D'où vient l'unité et la force de l'Église catholique, p. 331. — L'Europe est sauvée des Turcs par le saint pape Pie V. Bataille et victoire de Lépante, l. 86, p. 402. — Portrait de la Papauté moderne, par le protestant Ranke, p. 453. — Après une guerre de trente ans, l'Allemagne fait la paix avec elle-même, grâce aux efforts du Pape, mais aux dépens de l'Église, t. 11, l. 87, p. 58. — *De l'autorité du souverain Pontife*, par Fénelon, l. 88, p. 187. — Le vrai genre humain, c'est l'union des peuples dans l'Église catholique, dont le Christ a établi l'unité sur saint Pierre et ses successeurs, l. 90, p. 529. — *Du Pape*, par le comte de Maistre, t. 12, l. 91, p. 102. — En 1830, les catholiques de France s'en tiennent à la décision du Pape sur la conduite à tenir dans la révolution de cette année-là, p. 419. — Primauté du Pontife romain reconnue par les Grecs au temps de Photius et de saint Ignace de Constantinople. Cette même primauté reconnue et proclamée par les Russes. Témoignages de l'Église russe, cités en 1841 par l'archevêque Rhutène-Uni de Léopol et de Halicz, p. 473 (Voir aussi *Vingtième concile œcuménique* et *Pie IX*).

PAPE. Entouré des cardinaux, le Pape est comme Moïse entouré des septante-deux sénateurs d'Israël, t. 9, l. 82, p. 263 (Voir *Papauté*).

PAPIAS (saint), t. 2, l. 27, p. 378.

PARABOLES de Jésus-Christ. Parabole du semeur, t. 2, l. 23, p. 183. — Pourquoi Jésus-Christ ne parlait aux Juifs qu'en paraboles, p. 184. — Paraboles du bon grain et de l'ivraie ; de la semence ; du grain de sénevé ; du levain ; du trésor caché ; du marchand de perles ; du filet jeté dans la mer, p. 184 ; — du débiteur insolvable, p. 197 ; — du Samaritain, p. 198 ; — du figuier stérile, p. 201 ; — des premières et dernières places ; du festin du père de famille, p. 202 ; — du pasteur qui a perdu une brebis, de la femme qui a perdu une drachme, de l'enfant prodigue, p. 203 ; — de l'économe infidèle, p. 204 ; — du mauvais riche et de Lazare, p. 205 ; — du juge inique et de la veuve, du pharisien et du publicain, p. 209 ; — des ouvriers et du père de famille, p. 210 ; — des talents confiés à dix serviteurs, p. 213 ; — des vignerons homicides, p. 216 ; — du festin des noces, p. 217 ; — des vierges sages et des vierges folles, et des talents confiés aux trois serviteurs, p. 222.

PARADIS terrestre. Sa position. Sa culture et sa garde confiées à l'homme innocent, t. 1, l. 1, p. 30.

PARALLÈLE entre l'Europe chrétienne et l'Asie infidèle, ravagée par Ginguiskan et ses fils, t. 7, l. 72, p. 474. — Parallèle entre les docteurs du XIIIe siècle et ceux du XIVe, t. 8, l. 79, p. 512.

PARDOU (saint), t. 4, l. 51, p. 547.

PARENNIN, missionnaire jésuite en Chine, t. 11, l. 88, p. 322. — Sa lettre à Fontenelle, p. 317.

PARIAHS de l'Inde. Leur avilissement, t. 4, l. 20, p. 499.

PARIS. Concile ou assemblée nationale de Paris, dans laquelle se dresse une sorte de charte constitutionnelle du royaume. Les affranchis sont placés sous la protection des évêques, t. 4, l. 48, p. 404.

PÂRIS, diacre janséniste. Prétendus miracles sur son tombeau. Diverses espèces de convulsionnaires, t. 11, l. 89, p. 394.

PARKER, prétendu archevêque de Cantorbéry, tige de tout l'épiscopat anglican. Nullité de son ordination, t. 11, l. 88, p. 284.

PARLEMENT d'Angleterre. Son étrange versatilité, t. 10, l. 85, p. 247.

PARLEMENTS de France. Leur esprit jansénien et révolutionnaire, t. 11, l. 89, p. 401 et 466.

PARMÉNIDE, philosophe grec. Ses idées sur l'unité de Dieu, t. 2, l. 20, p. 7.

PARMESAN (le), peintre italien, t. 11, l. 88, p. 130.

PASCAL (saint), pape. Son avénement. Objet de sa légation à Louis le Débonnaire, t. 5, l. 55, p. 456. — Il confirme la charte délibérée, consentie, jurée par tous les états de l'empire, p. 459. — Lothaire, désigné empereur, en reçoit le nom par le sacre du Pape, p. 467. — Mort du pape saint Pascal, p. 480.

PASCAL II. Son élection, t. 6, l. 66, p. 342. — Arrangement de saint Anselme avec le roi d'Angleterre sur la question des investitures, p. 345. — Lettre qu'il reçoit des princes croisés, p. 347. — Obstination de Henri IV. Mort de Guibert. Ses successeurs, p. 351. — Concile de Rome. Lettre du pape Pascal II à l'archevêque de Gnésen, p. 352. — La comtesse Mathilde renouvelle la donation de ses biens à l'Église romaine, p. 353. — Henri V, nommé par son père, revient à l'obéissance du Pape légitime. Ses efforts pour ramener son père à l'unité, p. 354. — Lettre que Pascal reçoit de Henri IV. Assemblée de Mayence. Henri IV renonce à l'empire. Députation au Pape, p. 355. — Lettre de saint Othon au Pape. Il vient à Rome, et reçoit la consécration épiscopale. Pascal donne le *pallium* à Brunon de Trèves, p. 356. — Le vieux Henri appelle à Pascal. Mort de Henri IV, p. 358. — Son voyage en Allemagne, l. 67, p. 367. — Pascal se rend en France. Belle conduite de Philippe Ier et de son fils à son égard. Motifs de ce voyage. Son entrevue à Châlons-sur-Marne avec les ambassadeurs du roi d'Allemagne. Sa fermeté, p. 368. — Retour de Pascal II à Rome. Du vrai fond de l'affaire des investitures, p. 376. — Convention du Pape avec Henri V d'Allemagne. Captivité de Pascal. Il est traîné en Allemagne dans la fuite d'Henri V, p. 377. — Henri V arrache à Pascal II un privilége, p. 380. — Pascal ôte l'abbaye du Mont-Cassin à saint Brunon de Ségni, p. 381. — Pascal annule au concile de Latran le privilége extorqué par Henri V, p. 382. — Il écrit une lettre à Henri V. Lettre de Pascal II au roi d'Angleterre, p. 383. — Autre lettre remarquable du même au même sur la constitution de l'Église, p. 408. — Pascal II condamne, dans le concile universel de Latran, le privilége que lui avait extorqué l'empereur, p. 411. — Retraite du Pape à cause d'une sédition dans Rome, p. 412. — Mort de Pascal II, p. 413.

PASCAL Baylon (saint), t. 10, l. 86, p. 355.

PASCAL (Blaise). Duplicité janséninenne dans Pascal et Nicole, t. 11, l. 87, p. 5. — Syllogisme des jansénistes pour échapper à l'autorité de l'Église et au formulaire de soumission qu'elle prescrit, p. 18. — Ce qu'il en est

de Pascal et de ses *Lettres provinciales*, au jugement même de jansénistes et de Voltaire, p. 19. — Pascal, même dans ce qu'il semble avoir dit de plus sublime, reste bien au-dessous de saint Bonaventure, et tombe dans le faux, t. 8, l. 74, p. 116.

PASCASE RADBERT (saint). Son traité *Du corps et du sang du Seigneur*, t. 5, l. 55, p. 192.— Ses autres écrits, l. 56, p. 251.

PASSIONEI, cardinal, t. 11, l. 88, p. 109.

PASTEUR (saint), martyr, t. 3, l. 30, p. 26.

PASTOUREAUX, t. 8, l. 79, p. 464.

PATIENT (saint). Sa charité, t. 5, l. 44, p. 32.

PATRICE (saint), apôtre de l'Irlande, envoyé par le pape Céleslin, t. 3, l. 39, p. 456.

PATRIMOINES de Saint-Perre et leurs défenseurs ou régisseurs, dès le VIe siècle, t. 4, l. 47, p. 298.

PAUL (saint), apôtre, auparavant Saul de Tarse. Sa conversion, t. 2, l. 25, p. 258. — Son voyage en Arabie. Sa venue à Jérusalem *pour voir Pierre*. Sens de ces paroles. Ses premières études à Tarse, p. 259. — Paul et Barnabé à Antioche, p. 262. — Mission et voyage de Paul et de Barnabé, p. 263. — Paul convertit Sergius Paulus et aveugle Elymas. Il prêche à Antioche de Pisidie et à Icône. Persécution des Juifs, p. 269. — Il guérit un boiteux, et refuse les honneurs divins. Nouvelles persécutions des Juifs. Son retour à Antioche et son voyage à Jérusalem, p. 270. — Question de la circoncision des Gentils. Conduite variable de saint Pierre à cet égard. Saint Paul le réprimande, p. 271. — Paul au premier concile de Jérusalem, qui le nomme un de ses légats pour publier et faire observer les décrets, p. 272.— Séparation de Paul et de Barnabé. Nouvel apostolat de Paul dans l'Asie Mineure. Paul passe en Macédoine, p. 274. — Ses prédications à Philippes, Thessalonique, Bérée. Ses succès comparés à ceux d'Aristote, p. 275. — Saint Paul devant l'Aréopage d'Athènes. Sa conduite comparée à celle de Socrate, p. 276. — Du Dieu inconnu d'Athènes. Saint Paul à Corinthe. Ses succès comparés à ceux des sept sages. La première épître aux Thessaloniciens : elle respire une charité toute céleste, p. 277. — Lettres de saint Paul comparées à celles de Platon. Seconde épitre aux Thessaloniciens, pour les rassurer contre certaine crainte, p. 279. — Souffrances de saint Paul, p. 280. — Vœu de Paul. Evangile de saint Luc, son disciple, p. 281. — Paul repasse dans l'Asie Mineure. Prédications d'Apollon. Insuffisance du baptême de Jean. Travaux, miracles et tribulations de Paul à Ephèse. Juifs exorcistes maltraités par le démon, p. 282. — Epitre aux Galates, pour les prémunir contre certains hérétiques, p. 283. — Première épitre aux Corinthiens, pour les réprimander de certains désordres, et répondre à leurs consultations, p. 284. — Sédition excitée par l'orfèvre Démétrius, p. 290. — Paul repasse en Macédoine. Arrivée de Tite. Seconde épitre aux Corinthiens, pour achever le bien qu'avait commencé la première, p. 291. — Voyage à Corinthe. Epitre aux Romains. Juifs et Gentils ne peuvent se glorifier qu'en la grâce et miséricorde de Dieu, p. 293. — Vrai sens de ces paroles : *Rationabile obsequium vestrum*. Départ de Paul pour Jérusalem. Il ressuscite un mort à Troade. Ses adieux aux anciens d'Ephèse. Prédictions d'Agab. Arrivée à Jérusalem, p. 294. — Paul est retiré des mains des Juifs par le tribun Lysias. Son discours aux Juifs et dans le sanhédrin. Il est conduit à Césarée et se défend devant Félix, p. 296. — Il est de nouveau jugé par Festus, et en appelle à César, p. 298. — Sa justification devant Agrippa, p. 299. — Son voyage à Rome. Il fait naufrage sur la côte de Malte. Ses miracles dans cette île, p. 300. — Son arrivée à Rome. Son discours aux Juifs de cette ville. Incrédulité de la plupart d'entre eux, p. 301. — Charité des Philippiens pour saint Paul. Epitre pleine de tendresse qu'il leur écrit, p. 302. — Conversion d'Onésime et épître à Philémon. Epitre aux Colossiens : Jésus-Christ sur toutes choses, p. 303. — Epitre aux Ephésiens : grandeur ineffable de Jésus-Christ, p. 305. — Epitre aux Hébreux : grandeur de Jésus-Christ au-dessus des anges, des patriarches et des prophètes. Excellence de son sacerdoce. Vertu de son sacrifice. Changement de la loi par l'avénement du Pontife éternel, p. 306. — Voyage de Paul en Crète, en Palestine, en Asie et en Macédoine. Epitres à Tite et à Timothée : devoirs des pasteurs, p. 310. — Saint Paul emprisonné à Rome, p. 313. — Seconde épitre à Timothée, p. 314. — Martyre de saint Pierre et de saint Paul. Leurs reliques et leurs images, p. 348. — Témoignage de saint Clément d'Hermas, p. 319.

PAUL Ier (saint), pape, frère et successeur d'Etienne II. Ses lettres amicales à Pepin, t. 5, l. 53, p. 61. — Il écrit à Pepin au sujet de l'empereur grec, qui, pour le gagner, lui envoya les premières orgues. Il réclame l'assistance des Francs contre les machinations de Didier, roi des Lombards, p. 63. — Sa mort, p. 65.

PAUL II, pape. Son élection. Ses premiers actes, t. 9, l. 83, p. 389. — Soins du Pape pour le royaume de Bohême, p. 390. — Affaire de la Pragmatique-sanction en France. Pèlerinage de l'empereur Frédéric IV à Rome, p. 391. — Troubles de Castille apaisés par le Pape. Derniers actes et mort de Paul II, p. 392.

PAUL III. Il succède au pape Clément VII. Ses négociations pour l'ouverture du concile de Trente, t. 24, l. 85, p. 173. — Son éloge par l'évêque de Bitonto. Il convoque le concile à Mantoue, puis à Vienne, puis enfin à Trente, p. 174. — Il est d'avis que le concile s'occupe de la pratique de la résidence plutôt que de décider si elle est de droit divin ou ecclésiastique, p. 199. — Sa sagesse pratique, p. 200. — Conduite de Charles-Quint à son égard, p. 202. — Il érige Cuseo en évêché ainsi que Mexico, p. 213. — Il envoie un évêque aux Arméniens. Il promet un nonce et des présents à Claude, roi d'Ethiopie, p. 222. — Sa mort, son caractère, p. 223.

PAUL IV. Son avénement, ses vertus, ses défauts, t. 10, l. 85, p. 253. — Il reçoit l'obédience de l'Angleterre, p. 254. — Il refuse des secours au collége Germanique fondé à Rome par saint Ignace, p. 288. — Il lui accorde cependant la dotation promise par Jules III, et donne à cette maison les priviléges des universités, p. 290. — Ses dernières actions et sa mort, p. 294.

PAUL V. Sommaire de son pontificat. Il envoie des missionnaires et reçoit des ambassades de tous les côtés, en particulier de la Chaldée et de l'Arménie, t. 10, l. 87, p. 457.

PAUL (saint), premier ermite, t. 2, l. 29, p. 522; t. 3, l. 30, p. 50. — Il est visité par saint Antoine et meurt, l. 34, p. 129.

PAUL de Constantinople (saint), chargé d'accusations, se rend à Rome et puis reprend possession de son siége, t. 10, l. 85, p. 170. — Son exil, t. 3, l. 32, p. 121. — Son martyre, l. 33, p. 144. — Translation de ses reliques, t. 7, l. 36, p. 280.

PAUL de Latre (saint), t. 5, l. 60, p. 466.

PAUL d'Arezzo (bienheureux), archevêque de Naples, t. 10, l. 86, p. 385.

PAUL de Léon (saint), t. 4, l. 45, p. 245.

PAUL Warnefride, diacre lombard. Ses ouvrages, t. 5, l. 54, p. 109.

PAUL de Burgos. Sa science biblique, t. 8, l. 79, p. 514.

PAUL de Sainte-Foi, seigneur japonais, converti par saint François Xavier, retourne avec lui au Japon, t. 10, l. 85, p. 245.

PAUL de Samosate, hérétique. Ses infamies, t. 2, l. 29, p. 566. — Lettres que lui écrivent les évêques, et ses déguisements, p. 568. — Sa condamnation, p. 570.

PAUL, patriarche monothélite de Constantinople, t. 4, l. 49, p. 423. — Lettre qu'il écrit au Pape, p. 427. — Il persuade à Constant II de publier le *Type*, p. 430.

Paul, patriarche de Constantinople, souscrit à l'hérésie des iconoclastes, puis en meurt de regret, t. 5, l. 53, p. 76.

Paule (sainte), t. 3, l. 36, p. 289. — Son pèlerinage en Palestine. Son voyage en Egypte. Sa retraite à Bethléhem, p. 314.

Paulin de Trèves (saint). Il refuse de souscrire à la condamnation de saint Athanase. Son exil. Sa mort, t. 3, l. 33, p. 145.

Paulin d'Antioche (saint). Son affaire avec saint Mélèce et lettres du pape saint Damase, t. 3, l. 35, p. 258.

Paulin de Nole (saint). Ses commencements, t. 3, l. 37, p. 347. — Son ordination. Sa retraite à Nole, p. 348. — Sa mort, l. 39, p. 454.

Paulin (saint) convertit les Northumbres et leur roi, t. 4, l. 48, p. 413.

Paulin, patriarche d'Aquilée, t. 5, l. 54, p. 109. — Combat l'erreur d'Elipand de Tolède et de Félix d'Urgel, p. 419.

Paulin de Périgueux. Ses écrits, t. 4, l. 42, p. 43.

Pauline (sainte). Sa conversion miraculeuse et son martyre, t. 2, l. 29, p. 554.

Pauvres. Charité envers les pauvres dans la loi de Moïse, t. 4, l. 7, p. 167.

Peccam, archevêque de Cantorbéry. Constitutions de l'archevêque. Sa lettre au roi sur l'autorité et les droits de l'Eglise, t. 8, l. 76, p. 297. — Ses soins pour la pacification et le bon gouvernement du pays, p. 299. — Condamnation de quelques propositions, p. 300.

Péché originel. Ses preuves dans la croyance de tous les peuples et des philosophes. Son pourquoi. Récit mosaïque de l'arrêt divin prononcé contre l'homme coupable, et de la promesse du Rédempteur, t. 4, l. 2, p. 45. — Nos premiers parents se sauvent de Dieu. Sincérité de leur aveu et son peu d'humilité. Malédiction exclusive du serpent, p. 46. — Marie et Jésus-Christ. Supériorité de l'humanité régénérée sur l'humanité primitive. Correspondance de la réparation avec la chute. Châtiment imposé à l'homme et à la femme. Leur pénitence, p. 47. — Qu'il ne faut point exagérer les suites de la chute, p. 48. — Que la persévérance de nos premiers parents ne nous eût pas rendus impeccables. Bouleversements physiques qui suivent la malédiction de la terre, p. 49. — L'homme chassé du paradis terrestre. L'arbre de vie. Les chérubins, p. 50. — Le traitement divin de l'homme malade, l. 3, p. 51. — Décret du concile de Trente sur le péché originel, et réflexion à cet égard, t. 10, l. 85, p. 190 (Voir encore *Chute de l'homme* et *Traditions primitives*).

Peiresc, savant, t. 11, l. 88, p. 293.

Pélage Ier, pape. Son élection. Il réprime les récalcitrants à la décision du pape Vigile. Ses lettres à ce sujet, t. 4, l. 45, p. 236. — Prérogatives qu'il accorde à Sapaudus, évêque d'Arles, p. 238.

Pélage II, pape, appelle les Francs et les Grecs au secours de Rome, t. 4, l. 46, p. 291. — Ses lettres aux évêques schismatiques d'Istrie. Résultat de ces lettres, p. 292. — Il condamne les prétentions de Jean le Jeûneur, p. 293.

Pélage (saint), martyr de Cordoue, t. 5, l. 59, p. 430.

Pélage, Pélagiens, Pélagianisme. Commencements de Pélage et de Célestius, son disciple, t. 3, l. 38, p. 414. — En quoi consiste précisément l'hérésie de Pélage. Célestius condamné au concile de Carthage. Saint Augustin prêche et écrit contre le pélagianisme, p. 415. — Pélage, arrivé en Palestine, y est combattu par saint Jérôme. Pélage écrit à saint Augustin et à la vierge Démétriade, p. 416. — Saint Augustin, par son traité *De la nature et de la grâce*, réfute un écrit de Pélage. Remarque importante pour bien saisir la controverse du pélagianisme. Saint Augustin répond à Hilaire de Sicile sur ces matières. Orose et Pélage se trouvent à un concile de Jérusalem, où l'on décide de renvoyer la question au Pontife romain, p. 417. — Concile de Dios-

polis, où Pélage déguise ses sentiments et les condamne de bouche, p. 418. — Lettres synodales des conciles de Carthage et de Milève, avec une lettre particulière des principaux évêques d'Afrique, au pape Innocent, sur les erreurs du pélagianisme, p. 423. — Trois lettres en réponse du Pape que saint Augustin regarde comme définitives, p. 425. — Le pape Zozime, à cause de la soumission de Pélage et de Célestius à l'autorité du Saint-Siége, se montre favorable, non pas à leur doctrine, mais à leur personne, pour les ramener charitablement, p. 428. — Par affection pour les évêques d'Afrique, Zosime leur envoie toutes les pièces de cette affaire, et les rassure sur sa condescendance, p. 429. — Le pape Zosime ayant reconnu le peu de sincérité de Pélage et de Célestius, les condamne solennellement, p. 431. — Concile de Carthage sur le même sujet, p. 432. — Dix-huit évêques pélagiens sont déposés, entre autres Julien d'Eclane, p. 433. — Saint Augustin écrit contre Julien d'Eclane son traité *Du mariage et de la concupiscence,* ainsi que d'autres livres. Ce qu'il laisse à désirer, p. 436. — Saint Germain d'Auxerre et saint Loup de Troyes sont envoyés dans la Grande-Bretagne pour y combattre des restes de pélagianisme, l. 39, p. 455. — Second voyage de saint Germain en Angleterre à même fin, l. 40, p. 511. — Les jansénistes et les pélagiens commencent par la même erreur et suivent la même politique, t. 11, l. 87, p. 22.

Pélagie (Ste), vierge et martyre, t. 3, l. 30, p. 46.

Pèlerinages. Les lointains pèlerinages du XIe siècle continuent d'adoucir les mœurs guerrières de l'Occident, t. 6, l. 63, p. 39. — Pèlerinages annuels de saint Brunon, depuis saint Léon IX, de Toul à Rome, p. 41. — Prodigieuse affluence de pèlerins à Rome pour le jubilé de 1350, t. 8, l. 79, p. 574.

Pénitence, Sacrement, Confession. Doctrine de saint Ignace d'Antioche sur le sacrement de pénitence, t. 2, l. 27, p. 374. — Tertullien, *Traité de la pénitence,* l. 28, p. 484. — Confession au prêtre, dans Origène, p. 507. — Confession secrète ou publique, dans Origène, p. 511. — Divers degrés de pénitence publique à Néocésarée sous saint Grégoire Thaumaturge, l. 29, p. 564. — Doctrines et canons du concile de Trente sur le sacrement de pénitence, t. 10, l. 85, p. 228. — Comment le catéchisme de Canisius traite de cette matière, p. 282.

Penn (Guillaume), chef de quakers ou convulsionnaires anglais, t. 11, l. 88, p. 285.

Pentateuque Samaritain, t. 1, l. 15, p. 366.

Pepin, duc d'Austrasie, et sa famille, t. 4, l. 50, p. 486.

Pepin, roi des Francs, avec son frère Carloman, seconde saint Boniface dans le rétablissement de la discipline en France et l'extension de la religion en Allemagne, t. 5, l. 52, p. 2. — Il consulte le Pape sur des points de discipline, p. 16. — Il est sacré roi des Francs suivant la sanction du Pontife romain, p. 18. — Il expulse les Sarrasins des Gaules et se montre digne d'être roi, p. 19. — Il vient au secours du pape Eugène II contre les attaques d'Astolfe, roi des Lombards, p. 36. — Il est de nouveau sacré avec ses deux fils par le pape Eugène II, p. 39. — Il force Astolfe de rendre à l'Eglise romaine Ravenne et plusieurs autres villes, p. 41. — Dans une seconde expédition contre Astolfe, il fait donation à l'Eglise romaine de vingt-deux villes, et complète ainsi l'indépendance même temporelle de cette Eglise, p. 45. — Il achève d'expulser les Mahométans de la France, et de la réunir en un seul royaume, l. 53, p. 57. — Il assemble un concile à Verneuil, p. 58. — Lettres amicales du pape Paul à Pepin, p. 61. — Lettres du même Pape à Pepin au sujet de l'empereur grec. Autres lettres du Pape à Pepin pour réclamer l'assistance contre Didier, p. 63. — Sa mort, p. 66.

Péréfixe, précepteur de Louis XIV, t. 11, l. 88, p. 205.

PÉRÉGRIN, philosophe cynique. Son apostasie. Sa mort extravagante, t. 2, l. 27, p. 409.

PÉRÉGRIN Latiozi (saint), t. 8, l. 75, p. 219.

PÈRES de l'Eglise (les) ont signalé quelque chose de plus intime dans l'unité de sa hiérarchie que ne fait Bossuet, t. 9, l. 81, p. 106. — Impression et réimpression de leurs œuvres, t. 11, l. 88, p. 136.

PERGOLÈSE, musicien italien, t. 11, l. 89, p. 356.

PÉRICLÈS, orateur grec. Siècle de Périclès, t. 2, l. 21, p. 60.

PÉROU, conquis par François Pizarre, t. 10, l. 85, p. 211. — Si aucune politique, philosophie ou religion moderne peut blâmer cette conquête, p. 212.

PERPÉTUE (sainte). Actes de son martyre écrits par elle-même, t. 2, l. 28, p. 456.

PERRON (du), cardinal, t. 10, l. 86, p. 436 et seqq. — Il expose les vrais sentiments du clergé français dans sa célèbre harangue aux Etats généraux de 1614, l. 87, p. 596.

PERSÉCUTION. Ce que signifient au juste *persécution et martyre*. Les démons en enfer, les malfaiteurs dans les bagnes sont-ils persécutés et martyrs ? t. 10, l. 85, p. 248. — Persécution de l'Angleterre catholique par l'Angleterre protestante, l. 86, p. 410; t. 11, l. 88, p. 284. — Persécution des chrétiens au Japon, t. 10, l. 87, p. 469 et seqq.; t. 11, l. 88, p. 332. — L'Irlande catholique martyrisée par l'Angleterre protestante, p. 291. — Persécution des chrétiens en Chine, l. 89, p. 509. — Persécution contre les catholiques en France, l. 90, p. 535 et seqq. — Persécution contre les catholiques en Russie, t. 12, l. 91, p. 183. — Persécution contre les chrétiens du Tonking et de la Cochinchine, p. 202. — Les catholiques opprimés en Russie, t. 12, l. 92, p. 320. — L'Eglise persécutée au Mexique, p. 328. — Persécution et martyrs en Corée, p. 388. — Persécution et martyrs au Thibet, p. 390. — Nouvelle persécution contre les chrétiens en Chine, p. 424.

PERSÉE, roi de Macédoine, t. 2, l. 22, p. 117.

PERSE. Empire des Perses et des Mèdes (Voir *Monarchie universelle des quatre grands empires*).

PERSES, royaume ou empire des Perses depuis l'ère chrétienne. Incursions des Perses dans l'empire romain, sous Valérien; empereur persécuteur, qui est pris par eux, retenu captif et enfin écorché, t. 2, l. 29, p. 560. — Sapor est forcé de lever le siége de Nisibe, t. 3, l. 32, p. 135. — Nouveau siége de Nisibe par les Perses. Leur retraite par les prières de saint Jacques, l. 33, p. 158. — Les Perses triomphent des Romains sous Julien l'Apostat, l. 34, p. 242 et seqq. — Traité de paix avec les Romains, l. 35, p. 216. — Les Perses ravagent l'Arménie, p. 217. — Les Perses et les Romains partagent l'Arménie entre eux, l. 36, p. 332. — Conquête de l'Arménie par les Perses, l. 40, p. 539. — Guerre entre les Perses et les Arméniens, t. 4, l. 42, p. 85. — Guerre des Perses avec l'empire grec, l. 43, p. 114 et seqq. — Extermination des manichéens en Perse, l. 44, p. 165. — Enrôlement de plusieurs Perses de distinction dans les armées impériales, p. 170. — Guerre des Grecs contre les Perses. Perfidie de Chosroès. Sa cruauté envers l'évêque Candidus. Prise d'Antioche. Charité des habitants d'Edesse. Traité de paix entre les deux empires, l. 45, p. 211. — Nouvelle guerre des Grecs avec les Perses, l. 46, p. 253. — Révolutions en Perse. Rétablissement de Chosroès par le secours de l'empire grec. Ses donations à saint Sergius, l. 47, p. 331. — Les Grecs et les Perses se ruinent les uns les autres. Prise de Jérusalem et de la croix par les Perses, l. 48, p. 357. — Victoires d'Héraclius sur Chosroès, roi de Perse, p. 361. — Il fait la paix avec le fils de Chosroès, p. 362. — Les Grecs et les Perses, affaiblis les uns par les autres, deviennent une proie facile pour les sectateurs de Mahomet, p. 363. — Fin du royaume de Perse, dont le dernier roi se réfugie à la Chine, l. 49, p. 421.

PERSE chrétienne. Eglise de Perse pendant le IVe siècle. Papas, évêque de Séleucie, frappé de paralysie, t. 2, l. 32, p. 131. — Saint Milles, sa promotion au siége de Suse. Corruption et impénitence de cette ville. Sa destruction par Sapor. Saint Milles en Palestine. Ses miracles, p. 132. — Sapor. Sa persécution contre les chrétiens. Martyre de deux frères de Beth-Asa, p. 133. — Saint Siméon, archevêque de Séleucie. Fin de la persécution. Sapor est forcé de lever le siége de Nisibe. Reprise de la persécution. Martyre de Sapor, Isaac, Mahanis, Abraham et Siméon, p. 135. — Redoublement de la persécution. Lettre de saint Siméon au roi. Menaces du roi et réponses de l'archevêque. Son martyre et celui de Guhsciatazades et de cent autres chrétiens avec Phusikius. Edit de Sapor contre les chrétiens, p. 138. — Martyre des trois sœurs de saint Siméon, de saint Milles et de ses deux disciples, de saint Barsabias et de ses moines, et d'un mage converti, p. 139. — Vision de saint Sadoth. Son martyre et celui de cent vingt-huit personnes de son église, du prêtre Daniel, de la vierge Verda, de cent vingt chrétiens de Séleucie, de saint Barbascemin et de ses compagnons, p. 140. — Nouvel édit de Sapor. Martyre de saint Jacques et de sa sœur Marie, et de cinq vierges exécutées par leur pasteur devenu apostat. Caractère doublement satanique de la persécution de Sapor, p. 141. — Siége de Nisibe par les Perses. Leur retraite par les prières de saint Jacques, l. 33, p. 156. — Martyre de saint Barhadbesciabas, diacre de l'église d'Arbèle, p. 177. — Persécution d'Izdegerd, roi de Perse. Martyre de saint Maharsapor, Hormisdas, Suenès, Benjamin et Jacques, l. 38, p. 413. — Aspébétès, chef des Sarrasins, devenu chrétien avec toute sa tribu, et enfin évêque. Réponse généreuse de Théodose le Jeune à Bahram. Noble conduite d'Acace, évêque d'Amid, p. 414. — Persécution en Perse sous Izdegerd II. Martyre de Phétion, l. 40, p. 539. — L'évêque Siméon de Beth-Arsam en Perse, t. 4, l. 44, p. 163. — Saint Jacques de Sarug, évêque de Batné en Mésopotamie. Isaac, évêque de Ninive. Saint Isaac le Grand, d'Edesse. Josué le Stylite. L'auteur de la chronique d'Edesse. Saint Jean de Ninive, p. 164. — Extermination des manichéens en Perse, p. 165. — Saint Anastase le Persan, l. 48, p. 376. — Considérations sur les mages de Perse, p. 379. — Inclination et tendance de bien des Mahométans de Turquie et de Perse vers le catholicisme, au XIXe siècle, t. 12, l. 94, p. 269.

PERTINAX, empereur, t. 2, l. 28, p. 447.

PÉRUGIN, peintre italien, t. 9, l. 83, p. 365.

PESTE. Terrible peste par tout le monde au XIVe siècle. Charité des religieuses de l'hôtel-Dieu à Paris, et du pape Clément VI, t. 8, l. 79, p. 571. — Peste de Marseille. Conduite héroïque de l'évêque Belsunce et de son clergé, t. 11, l. 88, p. 269.

PÉTAU, savant jésuite. Ce qu'il laisse à désirer, t. 11, l. 88, p. 132.

PETIT-DIDIER, deux frères savants, l'un bénédictin, l'autre jésuite, t. 11, l. 88, p. 440.

PETIT (Jean). Sa doctrine sur le tyrannicide. Ce que le concile de Constance en condamne, t. 9, l. 84, p. 118.

PETITPIED, fabricant de mandements pour les évêques jansénistes, t. 11, l. 89, p. 398.

PÉTRARQUE, poète, t. 8, l. 79, p. 498. — Sa lettre au cardinal d'Albi, et ses lettres à Benoît XII pour l'engager de venir à Rome, p. 527. — Lettre de Pétrarque à Urbain V, p. 582. — Pétrarque lui écrit plusieurs lettres pour l'engager à reporter le Saint-Siége en Italie, p. 586.

PÉTRONAX (saint) rétablit le monastère du Mont-Cassin, t. 4, l. 51, p. 549.

PEY (l'abbé). Sa vie et ses ouvrages, t. 11, l. 89, p. 504.

PEZ, savant bénédictin allemand, t. 11, l. 88, p. 136.

PHACEIA, roi d'Israël, t. 1, l. 15, p. 361.

PHARAON, roi d'Egypte, oppresseur des Israélites, t.

4, l. 6, p. 124. — Moïse et Aaron vont le trouver. Surcroît d'oppression, p. 130. — De l'endurcissement de Pharaon. Triomphe de Moïse sur les magiciens de Pharaon, p. 131. — Conversions éphémères et rechutes successives de Pharaon, p. 133. — Pharaon poursuit les Israélites, après les avoir laissés partir, p. 139. — Si Pharaon survécut au désastre de la mer Rouge, et lequel régnait alors, p. 142.

PHÉNICIENS (les). Les Phéniciens : leurs colonies ; leurs relations avec les Juifs, t. 4, l. 18, p. 432. — Tyr. Oracle des différents prophètes et chants lugubres d'Ezéchiel sur cette ville, p. 433. — Son histoire, p. 435. — Sa destruction par Nabuchodonosor, p. 436.

PHÉTION (S.), martyr en Perse, t. 3, l. 40, p. 539-542.

PHILAGATHE, antipape, t. 5, l. 62, p. 548.

PHILASTRE (saint), évêque de Bresce. Son *Traité des Hérésies*, t. 3, l. 35, p. 255.

PHILÉAS, évêque en Egypte, t. 3, l. 30, p. 17.

PHILELPHE, savant italien, t. 9, l. 83, p. 350.

PHILÉMON (saint), reçoit une épître de saint Paul, t. 2, l. 25, p. 303.

PHILÉMON (saint), de joueur de flûte devenu martyr, t. 3, l. 30, p. 56.

PHILIPPE (S.), apôtre. Sa vocation, t. 2, l. 23, p. 167.

PHILIPPE (saint), diacre, baptise l'eunuque de la reine d'Ethiopie, t. 2, l. 25, p. 258.

PHILIPPE (saint), évêque d'Héraclée et martyr, t. 3, l. 30, p. 30.

PHILIPPE Béniti ou Bénizi (saint). Trait de son enfance. Il entre dans l'ordre des Servites. Sa mort, t. 8, l. 75, p. 218 et seqq.

PHILIPPE de Néri (saint), t. 10, l. 86, p. 347. — Il aide saint Camille de Lellis à fonder la congrégation des Clercs réguliers pour le service des malades, p. 348. — Il fonde l'hôpital de la Trinité. Ses travaux apostoliques à Rome, accompagnés de miracles, p. 349. — Ses conférences spirituelles dans un oratoire : d'où naît sa congrégation de l'Oratoire. Pour réfuter les centuriateurs de Magdebourg, il fait entreprendre à Baronius les *Annales de l'Eglise*, p. 350. — Son esprit de foi, p. 352. — Cordiale amitié que Clément VIII a pour lui, p. 398.

PHILIPPE de Plaisance (bienh.), t. 8, l. 70, p. 322.

PHILIPPE, empereur romain, t. 2, l. 28, p. 449. — Sa pénitence. Lettre que lui adresse Origène, p. 519.

PHILIPPE Ier, roi de France. Son sacre, t. 6, l. 64, p. 115. — Plaintes contre lui, t. 65, p. 178. — Hugues de Die, p. 180. — Yves de Chartres. Sa fermeté épiscopale contre la passion adultère de Philippe, l. 66, p. 279. — Double adultère de Philippe Ier. Il tâche de séduire les évêques, p. 281. — Mort de Berthe. Suite de l'affaire du roi qui envoie des députés à Rome pour essayer de surprendre son pardon, p. 284. — Préparation de la croisade. Concile de Clermont. Philippe excommunié de nouveau, p. 302. — Urbain II lève l'excommunication du roi, p. 305. — Conduite plus scandaleuse que jamais du roi de France. Il finit par s'amender tout de bon, p. 337. — Première croisade. (Voir à l'article *Croisades*). — Sa belle conduite à l'égard du pape Pascal II, l. 67, p. 368. — Il reçoit une lettre de saint Hugues, abbé de Cluny. Sa mort, ses qualités et ses vices, p. 374.

PHILIPPE II ou PHILIPPE-AUGUSTE, couronné roi de France, t. 7, l. 69, p. 148. — Philippe-Auguste expulse les Juifs de France. — Les envoyés des chrétiens de la Palestine auprès de Philippe-Auguste, l. 70, p. 174. — Les rois de France et d'Angleterre se réconcilient et prennent la croix, p. 180. — La guerre éclate de nouveau entre les rois d'Angleterre et de France, p. 181. — Règlements et départ de Philippe-Auguste pour la croisade, p. 184. — Philippe-Auguste arrive devant Ptolémaïs, p. 196. — Retour de Philippe-Auguste en Europe, p. 197. — Philippe-Auguste répudie la reine Ingelburge. Elle en appelle au pape Célestin III, qui prend sa cause en main, p. 203. — Comment le protestant Hurter apprécie la conduite d'Innocent III dans l'affaire du divorce de Philippe-Auguste. Différentes lettres et démarches du Pape dans cette affaire, où il finit par réussir, l. 74, p. 254. — Jean Sans-Terre, roi d'Angleterre, en guerre avec le roi de France. Innocent III s'interpose comme Pape. Sa lettre à Philippe-Auguste. Réflexions peu judicieuses de Fleury à cet égard, p. 341. — Victoire de Bouvines, remportée par le roi de France, p. 353.

PHILIPPE III ou le Hardi. Trève conclue avec le roi de Tunis. Arrivée de Philippe à Rome, t. 8, l. 75, p. 202. — Sa rentrée en France. Miracle à Paris dans la maison d'un Juif. Divers conciles de France, l. 76, p. 302. — Soins du légat Simon pour l'Université de Paris, p. 303. — Fondation du collège d'Harcourt, p. 304. — Différends entre quelques chapitres et quelques évêques, conciliés par l'intervention du légat. Troubles domestiques à la cour du roi, p. 305. — Plaintes du Pape contre le roi qui avait permis les tournois au lieu de pousser la croisade. Découverte du corps de sainte Marie-Madeleine à la Sainte-Beaume, p. 306.

PHILIPPE IV, dit le Long, roi de France. Il monte sur le trône, t. 8, l. 79, p. 457. — Il reçoit des lettres et des avertissements paternels du pape Jean XXII, p. 459. — Il veut entreprendre une croisade ; mais, sur les avis du même Pape, il l'abandonne, p. 460. — Il sévit contre les pastoureaux, p. 461. — Il sévit contre les lépreux, et meurt, p. 462.

PHILIPPE LE BEL. Négociations avec Alphonse d'Aragon, t. 8, l. 76, p. 315. — Précautions pour apprécier équitablement le démêlé de Philippe le Bel avec Boniface VIII. Règne de Philippe le Bel, d'après Bossuet, l. 77, p. 380. — Il résiste à la paix que Boniface VIII veut lui procurer avec les puissances. Défense du pape Boniface VIII d'imposer des taxes extraordinaires sur le clergé sans le consentement du Saint-Siége, p. 384. — Le Pape ménage la paix entre le roi français de Naples et le roi aragonais de Sicile, p. 386. — Charles de Valois nommé capitaine général de l'Eglise romaine. Philippe le Bel protége les Colonne schismatiques. Arrestation de l'évêque de Pamiers, p. 387. — Pierre Flotte à Rome, p. 388. — Bulle *Ausculta fili*. Accusations de Guillaume de Nogaret contre le Pape. Assemblées des prélats et barons, p. 389 et 394. — Lettres du roi, de la noblesse et du clergé, p. 390. — Bulle *Unam sanctam*, p. 392. — Parallèle entre Philippe le Bel et l'arien Théodoric, entre les évêques de France du XIVe siècle et ceux du VIe et du VIIIe, p. 394. — Boniface VIII, trahi par ses compatriotes d'Anagni, est livré aux sicaires français, p. 395. — Relations du roi avec Benoît XI, p. 398. — Révocation de la bulle *Clericis laicos*, p. 402. — Entrevue de Clément V avec Philippe le Bel, p. 405. — Affaire des Templiers. Comment leur secret fut découvert, p. 405. — Emprisonnement des Templiers. Procédure de l'inquisiteur général de France, p. 406. — Concile général de Vienne, p. 418. — Philippe le Bel fait brûler deux relaps des Templiers, p. 420. — Derniers actes et mort de Philippe le Bel, l. 78, p. 454. — Révolution de cour à sa mort, l. 79, p. 457.

PHILIPPE VI de Valois, roi de France. Il succède au dernier fils de Philippe le Bel. Edouard III, roi d'Angleterre, petit-fils de celui-ci par sa mère Isabelle, prétend au trône de France, mais finit par rendre hommage à Philippe de Valois, t. 8, l. 79, p. 469. — Belle réponse du pape Benoit XII à certaines demandes de Philippe, p. 531. — Guerre irréconciliable entre la France et l'Angleterre, p. 542. — Phases principales de cette guerre. Efforts du Pape pour en prévenir les calamités, p. 543. — Guerre pour le duché de Bretagne. Bataille de Crécy, p. 544. — Siége de Calais. Réflexions de Lingard sur l'intervention des Papes. Mort de Philippe de Valois, p. 545. — Conférences sous Philippe de Valois entre les évêques et les magistrats sur les

rapports entre l'Eglise et le gouvernement français, p. 550. — Résultats de ces conférences, p. 555.

PHILIPPE, duc de Bourgogne. Lettre qu'il reçoit de Jeanne d'Arc, t. 9, l. 82, p. 172. — Il vendit Jeanne aux Anglais, p. 177. — Sa conduite morale, l. 83, p. 325.

PHILIPPE, duc d'Orléans, frère unique de Louis XIV, t. 11, l. 88, p. 246.

PHILIPPE, duc d'Orléans, régent de France. Sa correspondance avec Fénelon, t. 11, l. 88, p. 246.

PHILIPPE d'Orléans, dit Philippe Egalité, vote la mort de son parent et de son roi Louis XVI, puis meurt repentant sous la guillotine, t. 11, l. 90, p. 557.

PHILIPPE Ier, roi d'Espagne, t. 9, l. 83, p. 303.

PHILIPPE II. Charles-Quint, son père, lui cède ses Etats héréditaires avec le Nouveau Monde, t. 10, l. 85, p. 236. — Il épouse la reine Marie d'Angleterre, p. 245. — Son gouvernement et caractère, l. 87, p. 504.

PHILIPPE III. Gouvernement et caractère, t. 10, l. 87, p. 504.

PHILIPPE IV. Gouvernement et caractère, t. 10, l. 87, p. 504.

PHILIPPE V, roi Bourbon d'Espagne, t. 11, l. 88, p. 241.

PHILIPPE de Souabe dispute l'empire d'Allemagne à Othon de Saxe, t. 7, l. 71, p. 248. — Il meurt assassiné, p. 263.

PHILIPPE BERRUYER, archevêque de Bourges, t. 7, l. 73, p. 555.

PHILIPPE DE MAISIÈRES fait célébrer en Occident la fête de la Présentation de la sainte Vierge, t. 9, l. 80, p. 413.

PHILOLAÜS, philosophe grec. Passage de ce philosophe sur le péché originel, t. 2, l. 20, p. 6.

PHILOROME (saint), martyr, t. 3, l. 30, p. 17.

PHILOSOPHES et Philosophie. Les philosophes, les poètes et les historiens de la gentilité, t. 1, l. 20, p. 482-508; t. 2, p. 1-54. — Les philosophes et philosophies de la gentilité, t. 1, p. 482-508; t. 2, p. 4-54. — Les philosophes et philosophies de la Chine, p. 482. — Les philosophes et philosophies de l'Inde, p. 493. — Les philosophes et philosophies de la Chaldée et de la Perse, p. 502. — Les philosophes et philosophies de l'Egypte et de l'Ethiopie, p. 506. — Les philosophes et philosophies de la Grèce et de l'Italie, t. 2, l. 20, p. 1. — Epoque et durée des philosophes. Corporations philosophiques et philosophes principaux. Sagesse des Hébreux, t. 1, p. 482. — Sources et caractère propre de la philosophie grecque, t. 2, p. 1. — Parallèle de la stérilité des efforts tentés par les philosophes avec la puissance d'action des apôtres du christianisme, p. 22. — Egoïsme de la philosophie païenne, p. 39. — Stérilité de la philosophie stoïcienne. Dégénération des doctrines académiques en scepticisme, p. 44. — Incapacité absolue de la philosophie et crapule des philosophes païens. Réunion de toutes les vérités et de toutes les erreurs dans la philosophie humaine. Conditions requises pour en faire le triage. Les vérités extraites par les Pères de l'Eglise et les erreurs par les hérétiques et les incrédules, p. 45. — Incrédulité des poètes et des philosophes en matière d'idolâtrie. Le Christ, centre de la philosophie, p. 51. — Unité et trinité scientifique de la philosophie totale, réalisée par Platon et Aristote, reconnue en eux par Cicéron et saint Augustin, et fondée dans l'essence même des choses, p. 22. — Entre les divers systèmes philosophiques sur la certitude, lequel adopter, t. 11, l. 88, p. 252.

PHILOSOPHIE. — La philosophie séparée de la foi. Hégel, t. 12, l. 91, p. 140; — la philosophie socratique : Charles Charaux, p. 140; — la philosophie matérialiste : Cabanis, Broussais, Lavater et Galle, p. 142 et 143; — la philosophie écossaise : Thomas Reid et Dugald-Stewart, p. 143; — la philosophie éclectique : Cousin, Jouffroy, p. 144 et 145. — Dispositions de la philosophie contemporaine à l'égard du Concile du Vatican, l. 92, p. 440.

PHILOSOPHISME ou incrédulité moderne. Rapport de la philosophie du XVIIIe siècle avec les hérésies antérieures, en particulier avec le protestantisme, t. 11, l. 89, p. 408. — Portrait des philosophes modernes et de leur philosophie, par Rousseau et Voltaire, leurs chefs, p. 409.

PHILOTHÉE, patriarche d'Alexandrie, accède de grand cœur à la réunion que le pape Eugène IV notifie à toute la chrétienté, t. 9, l. 82, p. 262.

PHOCAS, proclamé empereur, t. 4, l. 47, p. 351. — Lettre que lui écrit le pape saint Grégoire, p. 352. — Sa fin tragique, l. 48, p. 356.

PHOCYLIDE, poète grec. Son résumé de la morale, t. 2, l. 20, p. 48.

PHOTIN, évêque arien de Sirmium. Sa condamnation et sa déposition, t. 3, l. 33, p. 144.

PHOTIUS. Caractère et esprit de Photius. Son intrusion. Ses premières fourberies et violences, t. 5, l. 57, p. 278. — Il écrit et fait écrire au pape saint Nicolas Ier. Réponses et légats du Pape, p. 279. — Persécution et conciliabule de Photius contre saint Ignace, qui en appelle au Pape. Les légats trahissent leur devoir, p. 280. — Fourberie insigne de Photius, p. 285. — Violences de Photius contre ceux qui l'abandonnent, p. 289. — Autre fourberie de Photius, peut-être unique dans l'histoire. Lettres pleines d'impostures qu'il écrit contre les Latins, en particulier pour pervertir les Bulgares, p. 314. — On découvre une nouvelle fourberie de Photius. Il est chassé, p. 316. — L'empereur Basile, le patriarche Ignace et Photius même envoient et écrivent au Pape pour la décision finale de leur affaire. Lettre remarquable de saint Ignace, p. 324. — Concile de Rome sur l'affaire de Photius, p. 325. — Adrien II envoie de nouveaux légats à Constantinople avec des lettres et le formulaire du pape saint Hormisda, p. 326. — Huitième concile général, qui condamne Photius et ses adhérents, p. 327. — Jean VIII reçoit une ambassade de Constantinople, pour le rétablissement de Photius, après la mort de saint Ignace, p. 362. — Histoire, intrigues et artifices de Photius depuis sa condamnation par le huitième concile général, p. 363. — Après la mort de saint Ignace, Photius remonte sur le siège de Constantinople, et, de concert avec l'empereur Basile, envoie une ambassade solennelle au Pape; pour obtenir la confirmation de son rétablissement, p. 365. — Pourquoi et à quelles conditions le pape Jean VIII l'accorde, p. 366. — Effronterie avec laquelle Photius abuse des légats et des lettres du Pape, p. 367. — Il est condamné publiquement à Constantinople et à Rome par le pape Jean VIII, informé des prévarications de ses légats et des fourberies de Photius, p. 369. — Lettre sophistique de Photius contre la procession du Saint-Esprit. Malgré qu'il en ait dit, il convient que dix à vingt Pères de l'Eglise enseignent que le Saint-Esprit procède du Père et du Fils, p. 385. — Digne réponse du pape Etienne V à une lettre injurieuse de l'empereur Basile, dictée par Photius, p. 386. — Révolution complète occasionnée à Constantinople par un perroquet. Léon le philosophe, succédant à Basile, son père, chasse Photius. Le diacre Etienne, frère du nouvel empereur, est nommé patriarche. On demande pour lui la dispense et la communion du Pape, qui les accorde, p. 387. — Dans le schisme de Photius, tout signale la suprématie du Pontife romain, p. 389.

PHUSIKIUS (saint), martyr en Perse, t. 3, l. 32, p. 138.

PIAZZI, astronome, de l'ordre des Théatins, t. 11, l. 89, p. 354.

PIC de la Mirandole. Sa science et sa piété, t. 9, l. 83, p. 360.

PICARDS ou Adamites. Secte de hussites, t. 9, l. 82, p. 206.

PICARDIE, ravagée par les guerres de la Fronde et secourue par saint Vincent de Paul, t. 10, l. 86, p. 606.

PICCINI, musicien, t. 11, l. 89, p. 357.

Pichler, jésuite. Ses ouvrages de controverse, t. 11, l. 88, p. 299.

Pie, évêque de Poitiers. Ses deux instructions sur les principales erreurs du temps présent, t. 12, l. 92, p. 333. — Un mandement de l'évêque de Poitiers attaqué par le ministre de l'intérieur et déféré au conseil d'Etat, p. 355 (Voir *Pie IX*).

Pie (saint), pape, t. 2, l. 27, p. 399.

Pie II, auparavant Ænéas Sylvius. Sa légation en Bohême pour ramener les hussites. Tableau qu'il en fait, t. 9, l. 82, p. 215. — Il défend le pape Calixte III contre les Allemands, l. 83, p. 378. — Règlement des cardinaux en conclave, p. 380. — Ænéas Sylvius élu pape sous le nom de Pie II. Premiers actes de son pontificat. Congrès de Mantoue pour la défense de la chrétienté contre les Turcs, p. 381. — Pie II condamne les appellations du Pape au futur concile, p. 383. — Il rétracte ce qu'il avait écrit comme particulier en faveur du concile de Bâle. Louis XI fait serment d'abolir la Pragmatique-sanction de Bourges, et l'exécute par une lettre au Pape. Pie II reçoit les députés des patriarches d'Orient et une ambassade des Spartiates, qui demandent à être vassaux de l'Eglise romaine, et une ambassade de l'empereur de Trébisonde, du roi de Perse et de plusieurs princes d'Orient qui se montrent prêts à combattre les Turcs, p. 384. — Il écrit à Mahomet II, et prend la résolution de se mettre lui-même à la tête de la croisade et meurt, p. 385.

Pie III. Son élection et sa mort, t. 9, l. 83, p. 411.

Pie IV accorde des aumônes au collège Germanique fondé à Rome par saint Ignace, t. 10, l. 85, p. 287. — Il reçoit une lettre de l'empereur Ferdinand Ier à ce sujet. Il adresse un bref à Philippe II qui empêchait de sortir d'Espagne l'argent destiné à cet établissement, p. 290. — Son élection. Procès des neveux de son prédécesseur. Ses commencements, p. 295. — Ses négociations pour la reprise du concile de Trente, p. 298. — Il reçoit la soumission de l'Assyrie orientale dans la personne de son patriarche Abd-Isu. Il érige de nouveaux évêchés dans l'Amérique et dans l'Inde, p. 307. — Le concile lui réserve de permettre ou non l'usage du calice aux laïques, p. 311. — Ce qu'il dit sur la pluralité des bénéfices, p. 319. — Le concile de Trente lui réserve les difficultés qui pourraient survenir touchant la réception et l'interprétation de ses décrets. Le concile demande au Pape la confirmation de ses décrets, p. 330. — Il confirme solennellement le concile de Trente. Il ordonne, ainsi que le concile lui-même, d'en recevoir et exécuter les décrets. Bien des catholiques ne font peut-être point assez attention à cette double ordonnance, l. 86, p. 334. — Il établit une congrégation permanente de huit cardinaux. Certains théologiens modernes ne respectent point assez ce tribunal canonique. Pour précautionner les fidèles contre les mauvaises doctrines, il approuve le catalogue ou index des livres prohibés, avec les dix règles à suivre en cette matière, p. 335. — Il confirme la congrégation du Saint-Office ou de la Sainte-Inquisition, p. 336. — Il dresse la profession de foi qui est expliquée dans le catéchisme du concile de Trente, p. 337. — Dernières actions de Pie IV, qui meurt entre les bras de saint Charles et de saint Philippe de Néri, p. 341. — Il donne un secours considérable d'argent au frère Lavalette, p. 399.

Pie V (saint). Ses commencements, t. 10, l. 86, p. 341. — Commissaire général du saint office, il convertit Sixte de Sienne, p. 342. — Sa conduite comme évêque et comme cardinal, p. 343. — Il résiste longtemps à son élection, qui avait été déterminée par saint Charles. Ses premiers actes comme Pape. Règlement de sa maison, p. 344. — Ses édits contre les courtisanes et les juifs usuriers. Il convertit un rabbin. Ses mesures pour réprimer le brigandage, p. 345. — Son désintéressement. Hommage unique qu'il accepte. Comment il punit l'auteur d'une pasquinade sur son compte. Sa bonté

pour ceux qui l'avaient obligé et même pour ceux qu l'avaient désobligé. Un seigneur allemand de ce temps-là fait son éloge, ainsi que celui de la population romaine, p. 346. — Il force le bienheureux Paul d'Arezzo à accepter d'abord une ambassade en Espagne, puis l'évêché de Plaisance et le cardinalat, p. 385. — Il éteint l'ordre des Humiliés, à cause d'une tentative d'assassinat sur la personne de saint Charles Borromée faite par les membres de cet ordre, p. 388. — Sa mort, p. 395. — Il sauve l'Europe entière par la victoire de Lépante due à ses soins, p. 402. — Sa béatification et sa canonisation, p. 403.

Pie VI ou Jean-Ange Braschi. Commencements de Pie VI. Comment il est jugé par des écrivains protestants et autres. Ses travaux pour le bien de son peuple, t. 11, l. 89, p. 347. — Son voyage à Vienne. Différence de la manière dont il est reçu par le peuple et par l'empereur. Témoignages et sentiments d'autres protestants, p. 436. — Réponse de Pie VI à Louis XVI qui le consulte sur la constitution civile qu'on voulait imposer au clergé de France, l. 90, p. 531. — Pie VI, comme docteur particulier, qualifie de martyre la mort de Louis XVI, p. 575. — Charité de Pie VI envers les prêtres exilés de France. Il assure la pureté de la foi par un jugement solennel contre le synode janséniste de Pistoie, p. 576. — Position de Pie VI, p. 577. — Pie VI menacé par les Français, joué par les rois de Naples et d'Espagne, p. 579. — Il est emmené par les Français. Sa captivité en Toscane, p. 582. — Comment la Providence pourvoit au dénuement du Pape et des missions, p. 583. — Pie VI est transféré de Toscane à Briançon dans les Alpes, puis à Grenoble et enfin à Valence, où il meurt, p. 584.

Pie VII, pape. Election à Venise du pape Pie VII. Ses commencements. Son discours sur la liberté. Il entre paisiblement à Rome, t. 11, l. 90, p. 592. — Négociation, conclusion et publication du concordat avec la France, p. 595. — Projets de Napoléon Bonaparte après le concordat avec Pie VII, t. 12, l. 91, p. 4. — Il se fait élire empereur par le peuple français, et sacrer par le pape Pie VII, p. 5. — Réception du Pape en France de la part des populations. Ce qui lui arrive à Châlon-sur-Saône, p. 6. — Plan de conduite raisonnée de Napoléon vis-à-vis de l'Eglise et du Pape. Exécution initiale de ce plan dans les *articles organiques*. Négociations pour amener Pie VII à venir sacrer Napoléon en France. A Florence, d'après le conseil d'un agent anglais, on supplie le Pape de ne pas aller plus loin. Pie VII s'y refuse, p. 11. — Réflexions du cardinal Pacca sur le choix des cardinaux qui accompagnèrent Pie VI à Vienne et Pie VII à Paris. Arrivée du Pape à Fontainebleau. Discours que lui adressent les présidents du Sénat, du Corps législatif et du Tribunat, p. 15. — Conduite peu respectueuse de quatre évêques constitutionnels, particulièrement de Lecoz de Besançon. — Pie VII oblige Napoléon à se marier ecclésiastiquement avec la veuve Beauharnais. Cérémonies du couronnement, p. 17. — Séjour du Pape à Paris. Pourquoi il ne partait pas de France, p. 18. — Réponse sublime qu'il fait à certaines insinuations. Son retour à Rome, p. 20. — Lettre bien remarquable de Pie VII à Napoléon, sur la demande en nullité du mariage de son frère Jérôme, p. 22. — Pie VII donne le chapeau de cardinal à un frère de l'empereur d'Autriche. Le cardinal Fesch, ambassadeur de France à Rome, où le Pape favorisait son neveu Lucien Bonaparte, se montre peu conciliant envers le cardinal Consalvi, principal ministre de Pie VII. — Napoléon fait occuper despotiquement le port d'Ancône. Lettre que lui écrit à ce sujet Pie VII. Réponse inconvenante de Napoléon. Réponse digne du Pontife, p. 24. — Lettre impertinente de Napoléon au Pape, qui lui répond avec dignité, calme et affection, p. 25. — Napoléon remplace le cardinal-oncle, dans l'ambassade de Rome, par le protestant et régicide Al-

quier. Remontrance assez téméraire du cardinal-oncle au Pape. Napoléon enlève au Pape les principautés de Bénévent et de Pontecorvo, pour des raisons fort curieuses, et les donne à un évêque marié et à un général protestant, 27. — Napoléon, pour séduire le Pape à quelque concession honteuse ou le peuple à la révolte, fait occuper militairement plusieurs villes et provinces des Etats Romains; à quoi Pie VII répond avec un calme et une confiance qui étonnent l'ambassadeur protestant et régicide. Pie VII canonise cinq bienheureux, p. 28. — Plaintes menaçantes de Napoléon contre le Pape. Lettre violente de Napoléon à son beau-fils Beauharnais contre le Pape, qui ne la communique point aux cardinaux, tant elle lui paraît inconvenante, p. 29. — De toutes les violences et menaces de Napoléon, Pie VII *en appelle au jugement de Dieu*. Prudence avec laquelle Pie VII évite le piége qui lui est tendu, lors du second mariage de Jérôme Bonaparte. Le 2 février 1808, les troupes de Napoléon entrent dans Rome sous le commandement du général Miollis. Notification et protestation du Pape, p. 30. — Pie VII se considère dès lors comme prisonnier. Violences du général français, qui expulse de Rome la plupart des cardinaux, entre autres le prélat Cavalchini, gouverneur de Rome. Lettre admirable de celui-ci au Pape, p. 31. — Napoléon enlève au Pape trois provinces, sous des prétextes qu'on ne devinerait guère. Pie VII érige l'évêché de Baltimore en métropole, et crée quatre évêques suffragants dans les Etats-Unis d'Amérique. Etat de cette lointaine église jusqu'en 1815. Décret de la congrégation des Rites, qui déclare *vénérable* Marie-Clotilde de France, reine de Sardaigne et sœur de Louis XVI, p. 32. — Le général français se permet des violences jusque dans le palais du Pape. Présent que font à Pie VII les pêcheurs transtévérins. Premier siége de Saragosse. Des députés espagnols viennent féliciter le Pape sur sa résistance. Une frégate anglaise s'offre à le transporter en Sicile. Le général français envoie prendre, dans le palais pontifical, Pacca, ministre du Pape. Pie VII s'y oppose de sa propre personne. Le 17 mai 1809, par un décret daté de Vienne, Napoléon vole au Pape la ville de Rome et la déclare ville impériale, p. 33. — Le 10 juin, le général Miollis publie à Rome ce décret de spoliation. Le lendemain, on trouve affichée dans tous les lieux ordinaires la bulle pontificale de Pie VII, excommuniant tous les auteurs et fauteurs des spoliations qu'avait éprouvées le Saint-Siége, p. 34. — Dans la nuit du 5 au 6 juillet, le général Radet, ayant pour principal guide un voleur, enfonce la demeure du Pape, pour le conduire, disait-il, chez le général Miollis avec le cardinal Pacca, mais dans le fait pour le traîner en exil, p. 35. — Dénuement où se trouvent le Pape et le cardinal captifs. Réflexions du cardinal Pacca sur cet événement, p. 36. — Divers incidents de cette déportation de Pie VII. Dévotion des populations italiennes pour sa personne, p. 37. — Arrivée du Pontife prisonnier à la Chartreuse de Florence. Conduite d'une sœur de Napoléon envers le captif. Relation menteuse du général Miollis à Napoléon, p. 38. — Suite de la déportation du Pape. La dévotion, l'enthousiasme du peuple augmentent à mesure qu'il approche de la France. A l'entrée de Grenoble, il trouve agenouillée sur la route et bénit avec effusion la garnison prisonnière de Saragosse, p. 39. — Le cardinal Pacca est emprisonné pendant trois ans et demi à Fénestrelle, dans les Alpes. Le Pape, à travers les populations accourues et agenouillées sur son passage, est déporté par Valence, Avignon, Aix, Nice, à Savone, où le préfet Chabrol se fait son geôlier, p. 40. — Déportation de la plupart des cardinaux à Paris, p. 41. — Napoléon assemble une commission ecclésiastique, pour lui aider à se passer du Pape dans l'institution des évêques, p. 42. Position difficile du Pape, privé de ses conseillers et exposé aux tromperies de certains prélats courtisans. Réponse ferme du Pape prisonnier au cardinal Caprara et à d'autres prélats, p. 43. — Lettre de Pie VII au cardinal Maury, qui avait accepté les pouvoirs de vicaire capitulaire de Paris. Lettres semblables à l'abbé d'Astros, véritable vicaire capitulaire de Paris, et à l'archidiacre de Florence, p 47. — Colère de Napoléon en voyant cette fermeté du Pape. Persécution contre les prélats fidèles. Lettre inconvenante du préfet Chabrol au Pape captif. Adresse mensongère du chapitre de Paris, qui sert à en provoquer de semblables en Italie, p. 48. — Réponses peu honorables de la commission ecclésiastique à Napoléon, à qui elle conseille d'amener doucement les peuples à ses innovations contre le Pape, p. 49. — Napoléon, envoie au Pape une députation de trois évêques français, qui rappellent les deux Eusèbe de l'arianisme, et qui conseillent à Napoléon d'amener le Pape par lassitude à ce qu'on voudra. Instructions impériales aux trois évêques. Leur rôle de tentateurs pour circonvenir le Pontife prisonnier, et l'amener à quelque concession déshonorante, p. 51. — Concile impérial de 1811, p. 52. — Après avoir dissous le concile dans un accès de colère, Napoléon prend les évêques un à un, et leur persuade d'approuver une série d'articles qui doivent être soumis au Pape par une députation, p. 57. — Avec la députation d'évêques de cour, on envoie au Pape cinq cardinaux, peu fidèles ou peu capables, pour le circonvenir. Notice sur le cardinal Roverella, qui trompe la confiance de Pie VII et lui arrache des concessions préjudiciables à l'Eglise, p. 58. — Napoléon refuse d'accepter les concessions obtenues, et en demande d'autres, que le Pape refuse à son tour. Cause de cette variation de Napoléon. Le 9 mai 1812, il sort de son palais pour marcher contre la Russie, et fait déporter Pie VII de Savone à Fontainebleau, p. 59. — Souffrances de Pie VII dans sa déportation de Savone à Fontainebleau, où il est obsédé par les cardinaux et les évêques de cour. Napoléon, revenu de Moscou à Paris, renoue les négociations avec Pie VII et finit par lui arracher un concordat provisoire, qu'il fait ensuite publier contre sa parole, p. 64. — Sentiments et conduite peu honorables de plusieurs évêques de France et d'Italie envers le Pape, p. 66. Le cardinal Pacca, venu de Fénestrelle à Fontainebleau, trouve Pie VII dans un état d'affliction alarmante, à cause de la concession funeste qu'on lui a arrachée sous le nom de concordat de Fontainebleau, p. 67. — Les cardinaux les plus dévoués au Saint-Père tombent d'accord que, pour sauver son honneur et les intérêts de l'Eglise, il doit adresser à Napoléon une rétractation nette et franche des concessions qu'on lui a arrachées par surprise. Pie VII le fait courageusement, et récupère aussitôt la sérénité de son âme et la santé de son corps, p. 68. — Malgré son dépit, Napoléon dissimule. Il exile quelques cardinaux. déclare le concordat loi de l'empire, obligatoire pour tous les évêchés de France et d'Italie, p. 69. — Pie VII rédige une protestation contre l'un et l'autre décret, ainsi qu'une bulle pour la vacance éventuelle du Saint-Siége. Après sa dernière campagne en Allemagne, Napoléon cherche à se rapprocher du Pape. Divers personnages employés à cette fin, p. 70. Le 22 janvier 1814, par ordre de Napoléon, Pie VII part de Fontainebleau pour le midi de la France, et les cardinaux sont emmenés en différentes villes, p. 72. — Le 4 avril, après sa campagne de France, Napoléon est contraint d'abdiquer à Fontainebleau, pour être confiné dans l'île d'Elbe. Voyage triomphal de Pie VII à travers la France. Conduite sublime de Pie VII avec Joachim Murat, roi de Naples, p. 73. — Lettre affectueuse de Lucien Bonaparte à Pie VII sur son retour. Entrée de Pie VII à Ancône. Ses attentions bienveillantes pour la mère de Napoléon et le cardinal Fesch. Entrée de Pie VII à Rome. Sa bonté envers des personnages coupables, p. 74. — Conduite de Pie VII pendant les Cent

Jours, p. 57. — Restitution au Saint-Siége de ses possessions territoriales. Préséance accordée à ses nonces parmi les ambassadeurs, p. 76. — Influence fâcheuse des opinions antiromaines sur la marche du gouvernement des Bourbons vis-à-vis de l'Eglise et de son chef, p. 108. — Nouveau concordat du 25 août 1816, qui n'est point exécuté, p. 109. — Autre concordat du 11 juin 1817, qui augmente la confusion dans les affaires ecclésiastiques de France, par l'impéritie du roi Louis XVIII et de ses ministres, p. 110. — Remède provisoire que Pie VII apporte à ces incohérences du gouvernement français, p. 111. — Bulle de Pie VII pour organiser la province ecclésiastique du Rhin. Concordat de la Bavière. Nouvelle organisation ecclésiastique par Pie VII, du nouveau royaume de Pologne en 1818, sous l'empereur Alexandre, p. 182.

Pie VIII. Réponse du pape Pie VIII aux évêques de Prusse sur les mariages mixtes, t. 12, l. 91, p. 153.

Pie IX. — *Première période* de son règne : *Pie IX et la Révolution italienne* (1846-1850). — Caractère du règne de Pie IX, t. 12, l. 92, p. 232. — Son histoire jusqu'à son élévation au pontificat, p. 233. — Le sacré collége. Le cardinal Mezzofanti, p. 235. — Le cardinal Angelo Maï. Inauguration des réformes administratives, p. 236. — Décret d'amnistie. Les manifestations populaires, p. 237. — Le cardinal Gizzi, secrétaire d'Etat. Projet d'écoles pour la classe ouvrière. Encycliques du 9 et du 22 novembre 1846, p. 238. — Consistoire du 21 décembre. Tentatives d'émeute à Rome, p. 239. — Continuation des réformes. Opinion d'un journal hostile à l'Eglise, p. 240. — Edit du 15 mars sur la presse, p. 241. — Circulaire du 19 avril pour la formation d'un comité consultatif en matière d'administration. Amour du Pape pour les sciences et les arts. Ecoles pour la classe ouvrière. Consistoire du 11 juin. Institution d'un conseil des ministres, p. 242. — Anniversaire de l'élection de Pie IX. Institution de l'ordre chevaleresque de Pie IX. Notification du secrétaire d'Etat contre les tendances et les menées révolutionnaires, p. 243. — Faux bruits et nouvelles menées. Les troubles du 17 juillet et la garde civique, p. 244. — Le Père Ventura, p. 245. — Occupation de Ferrare par les Autrichiens. Négociations, p. 246. — Mouvements dans toute l'Italie. Un représentant anglais à Rome, p. 247. — Les Autrichiens se retirent de Ferrare. Les tendances révolutionnaires à Rome et les protestations du Pape. Réunion de la consulte d'Etat. Contre-coup des révolutions de l'Italie. p. 248. — Jugement de Lamartine, de M. de Montalembert et de M. Guizot sur la politique de Pie IX, p. 250. — Gouvernement spirituel. Les ordres religieux. Les missions, p. 251. — Les Lazaristes en Orient. La Syrie. L'ambassadeur du sultan à Rome. Un patriarche catholique à Jérusalem, p. 252. — L'envoyé du Saint-Siége à Constantinople. Lettre apostolique aux Orientaux, p. 253. — Les missions de la Chine, p. 254. — Affaire de Monseigneur Groof, vicaire apostolique des Indes orientales. Les îles de Banka et de Billiton. La Nouvelle-Calédonie; l'Océanie centrale, p. 255. — L'évêché d'Alger. Les Etats-Unis, l'Orégon, le Canada. La Pologne et la Russie : concordat. La Suède, p. 256. — Affaire de l'évêché de Rottenbourg, p. 257. — Négociations avec l'Espagne. La Belgique et la Hollande. Situation en Angleterre : la question de l'ambassade. Misère de l'Irlande : encyclique du Pape, p. 258. — Affaire de l'évêché de Saint-Gall. Mission de Monseigneur Luquet en Suisse, p. 259. — Retour à la liturgie romaine : Monseigneur Parisis, et le Père dom Guéranger, p. 262. — Abandon du gallicanisme : affaire du chapitre de Saint-Denys ; condamnation de deux écrits gallicans, p. 263. — Attentats contre la liberté de l'Eglise : M. Emmanuel Arago et M. Carnot : protestations des évêques, p. 269. — Vaines tentatives pour séduire le clergé inférieur. Bref pontifical du 18 mars, sur les rapports de l'Eglise avec l'Etat, en France, p.

270. — Le *Pius Verein*, ou Association de Pie IX. Conciles provinciaux et assemblées des évêques en Allemagne. Attentats du Piémont contre la liberté religieuse. Soulèvement de la Lombardie : guerre de Charles-Albert contre l'Autriche, p. 276. — Agitation à Rome et dans toute l'Italie : prudence et sages conseils de Pie IX, p. 277. — La politique intérieure à Rome : mouvements révolutionnaires. Pellegrino Rossi et la constitution donnée par le Pape, p. 278. — Projets des révolutionnaires en Italie. Allocution du 29 avril : justification de la conduite du Pape : refus de déclarer la guerre à l'Autriche : condamnation des plans révolutionnaires, p. 279. — Nouveaux troubles : changement de ministère : fermeté de Pie IX. Efforts du Pape pour rétablir la paix : lettre à l'empereur d'Autriche, p. 280. — Revers de Charles-Albert : bataille de Novare : rétablissement de la domination autrichienne en Italie, p. 281. — Etat des esprits à Rome : ouverture des chambres : ministère Mamiani. Changement de ministère : assassinat de Rossi, p. 282. — Journée du 16 novembre, p. 283. — Le Pape se retire à Gaëte. Protestations contre les actes du gouvernement révolutionnaire de Rome et contre l'établissement de la République romaine, p. 284. — Malheureuse situation de Rome. Le Pape, dans l'exil, continue de s'occuper du gouvernement de toutes les Eglises. Encyclique du 2 février 1849, touchant le dogme de l'Immaculée-Conception, p. 285. — Denier de Saint-Pierre. Conciles provinciaux dans le royaume de Sardaigne en France. Les journaux catholiques français et le libéralisme : condamnation de l'abbé Chantôme. Le P. Lacordaire et les Dominicains, p. 286. — Louis-Napoléon Bonaparte, président de la République française. Situation des puissances catholiques. Circulaire du 18 février 1849, demandant l'intervention armée de ces puissances pour le rétablissement du pouvoir temporel du Pape. Congrès de Gaëte. Encyclique du 30 avril 1849, contenant l'histoire et la justification des actes du pontificat de Pie IX comme souverain temporel, p. 287. — Siége de Rome par les Français : fâcheuse tendance de leur gouvernement : prise de Rome, p. 288. — Reconnaissance du Pape envers les Français : le colonel Niel. Reconnaissance de Rome et du sacré collége : cérémonies religieuses, p. 289. — Condamnation de plusieurs prêtres, du P. Ventura, de Rosmini, de Gioberti. Encyclique du 8 décembre 1849, aux évêques d'Italie, p. 290. — Exigences inadmissibles du gouvernement français : lettre malheureuse du Président. *Motu proprio* du 14 septembre. Heureux résultat de la discussion du mois d'octobre à l'Assemblée des représentants en France, p. 291. — Rentrée du Pape à Rome. Allocution du 20 mai 1850. Triomphe de la Papauté, p. 292. — Influence des catholiques en France : loi du 15 mars 1850 sur l'enseignement. Lettre du nonce aux évêques de France sur l'application de cette loi, p. 293. — Nouveaux attentats du Piémont contre les droits de l'Eglise, p. 294.

Deuxième période : Pie IX pendant la trève de l'Immaculée-Conception (1850-1859). — Caractère de cette période. Rétablissement de la hiérarchie catholique en Angleterre, p. 395. — *Appel au peuple anglais* par le cardinal Wiseman. Bill contre les évêques catholiques, p. 296. — Procès d'Achilli contre le P. Newman. Concile provincial de Westminster. Concordat avec l'Espagne. Concordat avec la Toscane, p. 297. — Concordat avec la république de Guatimala et avec celle de Costa-Rica. Le Pérou : condamnation du docteur Vigil, p. 298. — Attentats du gouvernement de la Nouvelle-Grenade contre l'Eglise : exil de Mgr Mosquera, archevêque de Bogota : admirable conduite du clergé et des fidèles : protestation du Pape, p. 299. — Les Etats-Unis : conversion du docteur Ives, évêque protestant de la Caroline du Nord. L'île de Cuba. Evêchés institués dans les colonies françaises d'Amérique et d'Afrique, p. 300. — Rétablissement de la hiérarchie catholique en Hollande,

p. 301. — Erreurs du professeur piémontais Nuytz, p. 302. — Lettre du Pape à Victor-Emmanuel sur les affaires religieuses dans le Piémont, p. 303. — Décrets contre la liberté d'enseignement en Prusse. Les droits de l'Eglise violés dans le Haut-Rhin : Mgr de Vicari, p. 304. — Intolérance protestante en Suède. Manifeste catholique en Portugal. Le schisme de Goa. Lettre du Pape sur les dissensions des Arméniens catholiques, p. 306. — Condamnation du *Manuel du droit canonique*, de M. l'abbé Lequeux. *Observations* de M. Delacouture. Mémoire anonyme *sur la situation de l'Eglise gallicane*, p. 309. — Condamnation de la *Théologie* de Bailly. L'*Univers* censuré par Mgr Sibour. Question des Classiques : Mgr Gaume, M. Louis Veuillot, Mgr Dupanloup, p. 310. — Question de la presse laïque : Donoso Cortès, M. Louis Veuillot, p. 312. — Encyclique du Pape sur les divisions des catholiques en France : apaisement, p. 313. — Sollicitude de Pie IX pour le salut des âmes et l'administration des choses spirituelles. Divers décrets du Pape touchant la liturgie et la discipline. Jubilé de l'Immaculée-Conception, p. 316. — Commission de théologiens pour la définition du dogme de l'Immaculée-Conception. Sentiment des fidèles, des évêques et des cardinaux, p. 317. — Cérémonie de la promulgation, p. 318. — Allocution pontificale sur les erreurs et les dangers du temps présent, p. 319. — Joie des catholiques. Le concordat de 1848 violé et les catholiques opprimés en Russie. Question des Lieux-Saints, p. 320. — Guerre entre la Turquie et la Russie. Caractère religieux de la guerre d'Orient. Siége et prise de Sébastopol par les armées alliées de la France et de l'Angleterre. Sentiments religieux de l'armée française, p. 321. — Congrès de Paris : le Piémont : hostilité de son gouvernement contre l'Eglise : son rôle en Italie. Note du comte de Cavour sur le gouvernement pontifical : lord Palmerston, p. 322. — Alarmes de la France. Justification du gouvernement pontifical : organisation de l'administration : libertés municipales : législation, p. 323. — Rapport de M. de Rayneval, ambassadeur français, sur les améliorations introduites par Pie IX, p. 324. — Pie IX protége les sciences et les arts. Les véritables causes de l'agitation dans les Etats-Romains. Baptême du Prince Impérial, fils de Napoléon III, p. 325. — Concordat avec l'Autriche. Bref pontifical aux évêques d'Autriche : le progrès de la foi, p. 326. — Le concordat violé en Espagne. Réconciliation du gouvernement espagnol avec le Saint-Siége. Situation religieuse de la Suisse. L'abbé Mermillod et Notre-Dame de Genève, p. 327. — L'Eglise persécutée au Mexique. Mauvaise situation des républiques méridionales du Nouveau-Monde. Les évêques jansénistes de Hollande. Intolérance des libéraux belges, p. 328. — Concordat avec le Portugal. Concordat avec le Wurtemberg et avec le grand-duché de Bade. Condamnation et soumission de Günther. Condamnation des partisans opiniâtres de Günther. Le spiritisme : décision de la Pénitencerie et de l'Inquisition, p. 329. — Divers décrets sur la liturgie et la profession religieuse. Les quatre propositions opposées au traditionalisme et M. Bonnetty, p. 331. — Affaire de *l'Univers jugé par lui-même*, p. 332. — Caractère philosophique et littéraire de cette époque. Deux instructions de Mgr Pie sur les principales erreurs du temps présent, p. 333. — Erection de l'évêché de Laval et d'un archevêché à Rennes; institution du chapitre de Saint-Denys. Mgr de Moulins déféré au conseil d'Etat, p. 336. — Missions de l'Afrique : l'Angleterre dans les Indes ; persécution en Chine, guerre et traité de paix. Voyage de Pie IX dans ses Etats. Condamnation de deux visionnaires, p. 337. — Affaire Mortara, p. 338.

Troisième Période : *Pie IX et l'unité italienne* (1859-1868). — Présages de guerre et de révolution, p. 338. — Propositions de la Grande-Bretagne : déclaration de la guerre entre la France et l'Autriche. Le Saint-Siége n'a aucune part dans les causes de la guerre. Déchainement des ennemis de l'Eglise : *la Question romaine*, par M. About ; brochure *l'Allemagne et l'Italie*. Encyclique du 27 avril. Déclarations rassurantes de Napoléon III et de ses ministres, p. 339. — Sécurité du gouvernement pontifical. Esprit de l'armée française. Victoires de la France en Italie. Premières usurpations du Piémont dans les duchés de l'Italie centrale, p. 340. — Conspirations et révoltes dans les légations. Allocution du 17 juin au sacré collége. Encyclique du 18 juin. Allocution consistoriale du 20 juin. Bataille de Solférino. Nouveaux attentats du Piémont : note du cardinal Antonelli aux représentants des puissances étrangères, p. 341. — Situation difficile de Napoléon III. Paix de Villafranca : traité de Zurich, p. 342. — Actions de grâces célébrées par le Pape et par les évêques. Le Piémont cherche à éluder les conventions de Villafranca : manœuvres révolutionnaires dans les duchés et dans les légations. Protestations du Pape et des évêques français. Réponse de Napoléon III au cardinal Donnet, p. 343. — La situation : projet d'un congrès. Brochure : *Le Pape et le Congrès*; note du *Journal de Rome*. Réponse du Pape au général de Goyon, p. 344. — Lettre antérieure de Napoléon III. Encyclique du 19 janvier 1860, p. 345. — Opinion des conservateurs, des catholiques, des évêques ; suppression de *l'Univers*, p. 346. — Abandon du projet de congrès : dépêche injurieuse de M. Thouvenel. Lettre de Victor-Emmanuel au Pape, et réponse de Pie IX. Propositions anglaises acceptées par le gouvernement impérial ; principe de non-intervention, p. 347. — Projet du vicariat de Victor-Emmanuel dans les Romagnes rejeté par Rome et par Turin. Annexions. Projet de confier l'occupation des Etats-Romains au roi de Naples : nouvel insuccès. Bulle d'excommunication. Nouvelle lettre de Victor-Emmanuel au Pape ; réponse de Pie IX, p. 348. — Attaques contre le clergé en France. Procès de la famille de Mgr Rousseau et du *Siècle* contre Mgr Dupanloup : livre de ce prélat sur la *Souveraineté pontificale*. Projet d'une armée fournie au Pape par les puissances autres que la France et l'Autriche et d'un subside des Etats catholiques : refus du gouvernement pontifical, p. 349. — Résolution du Pape : M. de Lamoricière, Mgr de Mérode, les volontaires pontificaux et le denier de Saint-Pierre. Déclaration du parlement piémontais et de M. de Cavour, p. 350. — Mouvements révolutionnaires dans la Sicile et dans l'Italie centrale : protestation du cabinet des Tuileries. Lettre de Mazzini. Duplicité du cabinet de Turin. Premiers succès de Garibaldi en Sicile et dans le royaume de Naples, p. 351. — Entrevue de Napoléon III et des envoyés piémontais à Chambéry. Invasion du territoire pontifical par les Piémontais. Vaine protestation et faiblesse ou duplicité du cabinet des Tuileries. Fausse sécurité du gouvernement pontifical et de son armée. Marche des Piémontais et préliminaires de la bataille, p. 352. — Bataille de Castelfidardo. Siége et reddition d'Ancône : indigne conduite de l'armée piémontaise, p. 353. — Entrevue de Varsovie : memorandum français. Allocution consistoriale du 28 septembre. Hommages rendus aux victimes de Castelfidardo, p. 354. — Les Piémontais s'emparent du royaume de Naples : Pie IX donne l'hospitalité à François II. Triste situation des Marches et de l'Ombrie. Brochures : celle de M. Cayla ; celle de M. de la Guéronnière : réfutations diverses. Un mandement de l'évêque de Poitiers attaqué par le ministre de l'intérieur et déféré au conseil d'Etat, p. 355. — Démonstration de l'Italie en faveur de la Papauté. Discussion de la question romaine en France au Sénat et au Corps législatif, p. 356. — Allocution consistoriale du 18 mars, sur la fausse civilisation et sur la situation de l'Italie. Instruction de Mgr Gerbet sur les diverses erreurs du temps présent. Le parlement italien : discours de M. de Cavour ; vote qui déclare Rome capitale de l'Italie. Lettre de M. de Montalembert à M. de Cavour,

p. 357. — Le royaume d'Italie proclamé et reconnu par toutes les puissances, excepté par le Pape. Embarras du nouveau royaume : mort de M. de Cavour; maladie de M. Thouvenel. Les volontaires français de Castelfidardo attaqués par l'administration française. Invention des journaux contre Msr de Mérode. Déplorable situation de l'Italie : allocution consistoriale du 30 décembre, p. 358. — Divers actes de la Papauté, p. 359. — Reconstruction de la coupole du Saint-Sépulcre. Sollicitude de Pie IX pour les chrétiens d'Orient : réunion des Bulgares à l'Église romaine, p. 362. — Violation du concordat dans le grand-duché de Bade. Condamnation de Baltzer. Condamnation de Frohschammer. L'ontologisme et les sept propositions de l'Inquisition romaine. L'ontologisme, le traditionalisme et l'université de Louvain, p. 363. — Amour des Romains pour le Pontife-Roi. Canonisation des martyrs du Japon, p. 364. — Allocution consistoriale du 9 juin, p. 367. — Déclaration des évêques, p. 368. — Manifestations populaires au retour des évêques. Equipée de Garibaldi : Aspromonte, p. 369. — Le gouvernement français tracasse les évêques et favorise les ennemis de la religion, p. 370. — Déplorable situation de l'Italie : encyclique du 10 août 1863. Congrès de Munich, p. 373. — Evénements du Mexique depuis 1856 jusqu'en 1867, p. 374. — Le gouvernement français, les missionnaires catholiques, les méthodistes et les partis à Madagascar, p. 375. — Evénements de Pologne depuis 1856 jusqu'en 1868 : protestations du Pape en faveur de ce pays, et dévouement des Polonais pour le Pape, p. 376. — Msr Mermillod, évêque auxiliaire de Genève. Protestation du Pape contre les spoliateurs, p. 381. — Pie IX félicite l'évêque de Mondovi de combattre les lois iniques du Piémont. Convention du 15 septembre. L'encyclique Quanta cura et le Syllabus, p. 382. — Le libéralisme catholique et l'encyclique, p. 383. — Le jubilé de 1865, p. 385. — Décrets de béatification, p. 386. — Funestes effets de la politique révolutionnaire en Europe. La Prusse et l'unité allemande : Napoléon III, l'Italie, l'Autriche, Bismark, p. 398. — Guerre de l'Autriche et de la Prusse contre le Danemarck, p. 399. — Guerre de la Prusse contre l'Autriche, p. 400. — Résultats de cette guerre en Allemagne. Conduite de la Prusse à l'égard de la France après la guerre, p. 401. — Puissance morale de Pie IX, p. 402. — Evacuation de Rome par les troupes françaises : situation à Rome, p. 403. — Fêtes de juin 1867 pour le centenaire de saint Pierre et la canonisation de vingt-cinq bienheureux : annonce du concile, p. 404. — Exposition universelle des arts et de l'industrie, en 1867, à Paris, p. 405. — L'Internationale et le congrès de Genève, p. 406. — Garibaldi et le gouvernement italien. Encyclique du 17 octobre, p. 408. — Bataille de Mentana. Séance du 4 décembre à la Chambre des députés, à Paris : MM. Thiers, Jules Favre, Rouher et Berryer, p. 409.

Quatrième période : Pie IX et le concile du Vatican (1868-1870). — Bulle de convocation du Concile, p. 411. — Lettres de Pie IX aux Orientaux et aux schismatiques, p. 412. — Formation des commissions du Concile. Refus du patriarche grec de recevoir la lettre de convocation et réponse qu'il y fit, p. 416. — Msr Plantier, évêque de Nîmes, réfute le patriarche grec dans son livre : Les Conciles généraux. Accueil fait par les protestants à la lettre du Saint-Père, p. 417. — Impression générale produite dans le monde par la bulle de convocation, p. 419. — Msr Dupanloup, dans sa Lettre sur le futur Concile, rappelle ce que sont les conciles œcuméniques. Msr Manning publie son Instruction pastorale sur le Centenaire de saint Pierre et le Concile général. Msr Dechamps et son traité sur l'Infaillibilité et le Concile général. Les évêques de l'Allemagne, réunis à Fulda, par une lettre collective, prémunissent les fidèles contre les craintes que le concile pourrait soulever, p. 420. — Encyclique du 16 mars 1869, pour la célébration des Noces d'or de Pie IX, p. 426. — Lettre apostolique du Saint-Père, par laquelle il accorde à tous les fidèles du Christ l'indulgence plénière en forme de Jubilé, à l'occasion du Concile œcuménique. Attitude des gouvernements en présence du futur concile, p. 427. — Décret de la Sacrée Congrégation de la Propagande, délimitant les missions du nord de l'Europe, p. 428. — Msr Maret, évêque de Sura, et son livre : Du Concile et de la paix religieuse, jugés par M. Laurentie, p. 429. — Dom Guéranger et Msr Pie combattent les doctrines de Msr l'évêque de Sura, p. 430. — Chute du Père Hyacinthe et du chanoine Dœllinger, p. 431. — Bref du Saint-Père à Msr Manning, à propos de la question : Si les non-catholiques seraient admis à présenter devant le concile les arguments qu'ils croyaient pouvoir être allégués à l'appui de leurs opinions, p. 432. — Msr Dupanloup et ses Observations sur la controverse soulevée, etc. : résumé de cet ouvrage, p. 433. — Avertissement de Msr Dupanloup aux rédacteurs du journal l'Univers. Lettre de Msr Dechamps, à Msr l'évêque d'Orléans, anéantissant les difficultés théologiques soulevées contre le projet de définition, p. 434. — Les adieux des évêques de France, à leur clergé, au moment du départ pour le concile, p. 439. — Dispositions de la philosophie contemporaine à l'égard du futur concile, p. 440. — Les philosophes français : M. Charaux ; ses lettres à Msr Mermillod sur la Philosophie et le Concile, p. 441. — Ouverture du concile le 8 décembre 1868, p. 445. — Allocution du Saint-Père dans cette solennité, p. 446. — Discours d'ouverture prononcé par Msr Passavalli, archevêque d'Isconium in partibus, et vicaire de la basilique du Vatican, p. 448. — Première congrégation générale : Constitution relative à l'élection du Pontife romain, p. 450. — Deuxième congrégation générale : Constitution relative aux censures latæ sententiæ, p. 452. — Election des membres des commissions dites de Fide et de Disciplinâ, et de celle de Rebus ordinum regularium. Deuxième séance publique du concile. Election des membres de la commission de Rebus Orientalis. Polémique du Père Gratry, à propos de l'infaillibilité pontificale, p. 456. — Il est réfuté par M. Amédée de Margerie. Exposition artistique et industrielle à Rome. Nouvelle attitude du gouvernement français au moment où la rumeur publique annonçait la prochaine définition du dogme de l'infaillibilité personnelle, p. 457. — Troisième session solennelle du concile : détail sur cette cérémonie, p. 458. — Constitution dogmatique sur la foi catholique, p. 459. — Msr Pluym est envoyé, en qualité de délégat apostolique, à Constantinople, pour arranger l'affaire occasionnée par les dissensions intestines des Arméniens-unis. Postulatum présenté au Saint-Père par un grand nombre d'évêques, p. 464. — Récit de la solennité pour la promulgation solennelle du chapitre Infaillibilitate, p. 465. — Traduction du texte de la constitution De Ecclesia Christi, p. 466. — En Espagne, le Pouvoir, sorti de la Révolution triomphante, veut imposer le serment politique aux évêques et à tous les prêtres; protestation de l'épiscopat; les princes étrangers refusent de s'asseoir sur le trône d'Isabelle la Catholique; Don Enrique de Bourbon tombe sous l'épée de son cousin, le duc de Montpensier. En France, décadence du gouvernement impérial; affaire Troppmann; affaire de Pierre Bonaparte, cousin de Napoléon III, avec Victor Noir; les dîners gras du Vendredi saint et l'académicien Sainte-Beuve; sénatus-consulte modifiant la constitution de 1852, p. 469. — Dissensions de la France avec la Prusse à propos du prince Léopold de Hohenzollern-Sigmaringen, auquel Prim avait offert le trône d'Espagne. Notification du refus du roi de Prusse de recevoir l'ambassadeur français, p. 470. — Prorogation du concile du Vatican jusqu'au 11 novembre. Condamnation de libelles calomnieux contre le concile. Adhésion unanime de l'épisco-

pat à la définition de l'infaillibilité, p. 475. — La guerre entre la Prusse et la France ; désastre de la France ; chute de l'Empire, gouvernement de la Défense nationale, p. 476. — Les zouaves pontificaux et les Garibaldiens, p. 478. — Attentats du Piémont contre la liberté ecclésiastique. Circulaire du 20 août aux ambassadeurs piémontais, p. 479. — Nouvelle circulaire du 7 septembre, p. 480. — Mission du comte Ponza di San Martino. Sa visite au cardinal Antonelli, p. 481. — La lettre de Victor-Emmanuel et l'entrevue des ambassadeurs avec Pie IX, p. 482. — Lettre de Pie IX à Victor-Emmanuel. Invasion du territoire pontifical et attaque de Rome par les Piémontais, p. 483. — Capitulation de Rome. Attitude du gouvernement français et de la Défense nationale. Déplorable état des choses à Rome. Protestation du cardinal Antonelli aux membres du corps diplomatique, p. 484. — Lettre du Pape aux cardinaux, p. 485. — La comédie du plébiscite à Rome et le décret royal qui suivit. Encyclique du 1er novembre adressée aux évêques, p. 486. — Circulaire du 8 novembre par laquelle le cardinal Antonelli dément les récits du ministre italien sur les affaires de Rome, p. 490. — Démonstration des catholiques et inertie des gouvernements. Bref pontifical qui suspend le concile du Vatican, p. 492. — Conclusion, p. 493.

Pierre (saint), apôtre, vicaire de Jésus-Christ. Jésus lui change son nom de Simon en celui de Pierre, et pourquoi, t. 2, l. 23, p. 467. — Vocation de Pierre à l'apostolat. Jésus loge dans la maison de Simon et guérit sa belle-mère. Jésus monte dans la barque de Pierre et lui fait faire une pêche miraculeuse, p. 472. — Jésus choisit les douze apôtres et Pierre le premier, p. 476. — Jésus envoie ses douze apôtres, dont Pierre est dit positivement le premier, p. 486. — Pierre marche sur les eaux pour aller à Jésus, mais il hésite, p. 489. — A la suite du sermon sur l'eucharistie, Pierre confesse que Jésus est le Christ, le Fils du Dieu vivant, p. 490. — Confession de foi plus solennelle de Pierre et promesse de Jésus-Christ, p. 193. — Pierre est réprimandé de son attachement trop humain à la personne de Jésus. Pierre est témoin de la transfiguration de Jésus-Christ sur la montagne, p. 194. — Jésus-Christ, après avoir fait entendre qu'il ne devait pas le tribut, le paie pour lui et pour Pierre, p. 196. — Jésus envoie Pierre et Jean pour lui préparer la Pâque, p. 223. — Pierre au lavement des pieds, p. 224. — Indéfectibilité promise à Pierre. Jésus prédit à Pierre sa chute, p. 226. — Protestation de Pierre et de tous les autres disciples, p. 229. — Dévouement de Pierre au jardin des Olives, p. 230. — Chute et repentir de saint Pierre, p. 231. — La chute d'Adam et celle d'Aaron et de saint Pierre, t. 1, l. 2, p. 44. — L'ange recommande aux saintes femmes d'aller dire aux disciples et à Pierre que le Seigneur est ressuscité. Pierre et Jean au sépulcre. Pierre court une seconde fois au sépulcre, et peu après le Seigneur lui apparaît, t. 2, l. 23, p. 238. — Confession d'amour de saint Pierre. Jésus l'investit à sa place de l'autorité suprême de pasteur, p. 239. — La primauté de Pierre. Pierre, dans le cénacle, propose l'élection d'un nouvel apôtre, qu'il aurait pu faire lui seul, l. 25, p. 253. — Le jour de la Pentecôte, Pierre annonce le premier l'évangile et la résurrection de Jésus-Christ aux pèlerins ou députés de toutes les nations de la terre. Pierre guérit un boiteux à la porte du temple. Sa seconde prédication, p. 254. — Pierre et Jean mis en prison. Leur fermeté. Punition d'Ananie et de Saphire, p. 255. — La seule ombre de saint Pierre guérit les malades. Pierre et les autres apôtres sont mis en prison et délivrés par un ange. Leur constance devant le sanhédrin. Ils sont battus de verges, p. 256. — Pierre, à Samarie, condamne Simon le magicien, p. 258. — Paul converti par Jésus-Christ même, vient à Jérusalem pour voir Pierre, p. 259. — Pierre guérit le paralytique Enée, ressuscite la veuve Tabithe et baptise le centurion Cornélius. Il rend compte de sa conduite, p. 260. — Episcopat de saint Pierre à Antioche et à Rome, p. 261. — Saint Pierre en prison. Il est délivré par un ange. Ses liens deviennent l'objet d'une fête, p. 262. — Première épître de saint Pierre. Excellence de la vocation chrétienne. Devoirs qui en sont la suite, p. 263. — Saint Pierre et Sénèque, p. 268. — Pierre, après avoir fondé l'église et le siège d'Antioche, capitale de l'Orient, fixe son siège à Rome, capitale du monde, en particulier de l'Occident, envoie son disciple Marc fonder en son nom le siège et l'église d'Alexandrie, capitale d'Egypte et du Midi, p. 268. — Pierre, spécialement chargé de la conversion des Juifs ; Paul de celle des Gentils. Paul, dans l'intérêt de ses pupilles, reproche à Pierre de trop ménager les siens relativement à la circoncision et autres points semblables, p. 271. — Pierre au concile de Jérusalem, p. 272. — Victoire de Pierre sur Simon le magicien. Nouvelle persécution. Pierre, sortant de Rome, rencontre Jésus-Christ, p. 315. — Seconde épître de saint Pierre. Avertissements généraux à tous les fidèles. Il juge les épîtres de saint Paul et les range parmi les Ecritures divines, p. 316. — Martyre des deux apôtres. Leurs reliques et leurs images. Témoignage de saint Clément et d'Hermas, p. 348.

Pierre de Lampsaque (saint), t. 2, l. 29, p. 524.

Pierre (saint), exorciste, t. 3, l. 30, p. 28.

Pierre (saint), évêque d'Alexandrie. Ses règlements pour la réconciliation des laps, t. 3, l. 30, p. 44. — Pierre d'Alexandrie, choisi par saint Athanase pour son successeur. Persécuté par les ariens, il s'enfuit à Rome, l. 35, p. 247. — Son retour à Alexandrie, p. 264.

Pierre Chrysologue (saint), répond à la lettre d'Eutychès, t. 3, l. 40, p. 521.

Pierre de Majume (saint), martyr, t. 5, l. 52, p. 31.

Pierre de Damas (saint), martyr, t. 5, l. 52, p. 31.

Pierre Damien (saint). Lettres remarquables qu'il écrit au pape Grégoire VI, t. 6, l. 63, p. 46. — Ses commencements, p. 47. — Ses écrits, p. 72. — Nommé cardinal, il écrit une lettre à ses collègues, l. 64, p. 105. — Sa lettre sur l'usurpation de l'antipape Benoît, qui se soumet, p. 109. — Légation et succès du saint à Milan, p. 112. — Son désintéressement. Il aspire à rentrer dans la solitude, p. 113. — Lettre que Pierre Damien écrit à l'antipape Cadaloüs, p. 123. — Par le zèle du saint, l'antipape est condamné par ceux qui l'ont fait, p. 124. — Zèle de Pierre Damien pour le rétablissement de la discipline. Il écrit la vie de saint Rodolphe, évêque d'Eugubio, p. 125. — Il écrit la vie de saint Dominique l'Encuirassé, encore vivant, p. 126. — Légation de saint Pierre Damien en France. Son séjour à Cluny, p. 135. — Lettre au roi de Germanie et à l'archevêque de Cologne, touchant l'antipape Cadaloüs, p. 149. — Plaintes amicales contre son ami, le saint cardinal Hildebrand, p. 150. — Pierre, légat auprès du roi Henri IV, pour lui faire garder sa femme, p. 151. — Derniers actes et mort de saint Pierre Damien. Jugements de ses écrits, p. 154.

Pierre d'Anani (saint), légat à Constantinople, t. 6, l. 64, p. 144.

Pierre le Vénérable. Apologie réciproque de saint Bernard et de Pierre le Vénérable, abbé de Cluny. Leur sainte amitié, t. 6, l. 68, p. 446. — Lettre de Pierre le Vénérable à Héloïse à l'occasion d'Abailard mort à Cluny, p. 511. — Ouvrage de Pierre le Vénérable sur les hérésies des pétrobrusiens, henriciens et des albigeois, p. 549. — Traité de Pierre le Vénérable contre les Juifs. Ce qu'on doit penser des fables et de la morale du Talmud, p. 556. — Première traduction de l'Alcoran en latin, due aux soins de l'abbé de Cluny. Son ouvrage contre les Musulmans, p. 557. — Mort de Pierre le Vénérable, t. 7, l. 69, p. 20.

Pierre Acotanto (bienh.), à Venise, t. 7, l. 70, p. 210.

Pierre (saint), archevêque de Tarentaise. Ses vertus

et ses miracles. Il reconnaît Alexandre III avec tout l'ordre de Cîteaux, malgré l'empereur Frédéric Barberousse, t. 7, l. 69, p. 58. — Légation de saint Pierre de Tarentaise, de la part du pape Alexandre III, pour réconcilier les rois d'Angleterre et de France. Ses derniers miracles et sa mort, p. 116.

Pierre Nolasque (saint), fondateur de l'ordre de la Merci pour la rédemption des captifs, t. 7, l. 72, p. 439.

Pierre Parenzo (saint), martyr, t. 7, l. 71, p. 304.

Pierre de Castelnau (bienheureux), légat du Pape en Languedoc, t. 7, l. 74, p. 309. — Il est assassiné par les hérétiques albigeois, p. 345.

Pierre de Vérone (saint), t. 8, l. 74, p. 153.

Pierre de Mouron, t. 8, l. 76 (Voir *Célestin V*).

Pierre Pascal (saint), martyr, t. 8, l. 78, p. 445.

Pierre Pétrone (bienh), chartreux, t. 8, l. 79, p. 507.

Pierre de Luxembourg (saint), évêque de Metz, t. 9, l. 81, p. 61.

Pierre Armengol (saint), t. 8, l. 78, p. 445.

Pierre Thomas (bienheureux), de l'ordre des Carmes. Sa vie, sa science, ses vertus et ses légations, t. 8, l. 79, p. 579. — Le bienheureux Pierre Thomas, légat à Constantinople, évêque de Coron et de Négrepont, archevêque de Crète, légat en Lombardie, patriarche de Constantinople, apôtre et légat d'une croisade qui prend Alexandrie, meurt plein de vertus et faisant des miracles, p. 583.

Pierre de Palerme (bienheureux), t. 9, l. 81, p. 431.

Pierre de Moliano (bienheureux), t. 9, l. 83, p. 388.

Pierre d'Alcantara (saint), t. 9, l. 84, p. 563.

Pierre Fourier (bienheureux), curé de Mattaincourt, instituteur réformateur de congrégations religieuses, t. 10, l. 87, p. 536.

Pierre Aldobrandin, moine de Vallombreuse, subit l'épreuve du feu, pour convaincre de simonie l'évêque de Florence, t. 6, l. 64, p. 128.

Pierre l'Ermite. Son pèlerinage à Jérusalem. Son entretien avec le patriarche. Il remet au Pape les lettres du patriarche, et commence à prêcher la croisade, t. 6, l. 66, p. 299. — Concile de Clermont, p. 301. — Il se met à la tête d'une armée avec Gauthier Sans-Avoir. Leurs aventures, p. 306. — Leur armée est taillée en pièces près de Nicée, p. 308. Suite de la croisade (Voir à l'article *Première croisade*).

Pierre Lombard, dit le *Maître des sentences*, évêque de Paris. Ses vertus, t. 7, l. 69, p. 3. — Son *Corps de théologie*. Ses autres ouvrages, p. 4.

Pierre de Celle. Ses commencements, son mérite et ses ouvrages, t. 7, l. 69, p. 20.

Pierre de Blois. Sa lettre sur la levée de la dîme saladine. Réflexions peu judicieuses de Fleury sur cette lettre, t. 7, l. 70, p. 180; — Lettres qu'il écrit au nom de la reine Éléonore pour invoquer l'autorité du Pape contre les geôliers de son fils Richard Cœur-de-Lion, p. 202.

Pierre d'Ailly, créé cardinal par Jean XXIII, t. 9, l. 81, p. 85.

Pierre d'Arbuès, inquisiteur d'Espagne, est assassiné par des Juifs, t. 9, l. 83, p. 298. — Sa canonisation par Pie IX, p. 299 (*note*).

Pierre d'Antioche demande sa confirmation au saint pape Léon IX, t. 6, l. 63, p. 86. — Ses lettres à Dominique d'Aquilée. Sa correspondance avec Michel Cérulaire, l. 44, p. 94.

Pierre le Foulon, eutychien intrus dans le siége d'Antioche. Sa fuite, t. 4, l. 41, p. 28. — Il retourne à Antioche, l. 42, p. 45. — Sa mort, p. 65.

Pierre du Chemin (saint), t. 8, l. 78, p. 445.

Pierre Monge, eutychien intrus dans le siége d'Alexandrie, t. 4, l. 42, p. 46 et 58. — Tyrannie de Pierre Monge à Alexandrie, p. 60. — Concile de Rome à son sujet, p. 62. — Sa mort, p. 66.

Pierre, fils du roi d'Aragon, franciscain, excite le pape Urbain V à reporter le Saint-Siége en Italie, t. 8, l. 79, p. 586.

Pierre le Cruel, roi de Castille et de Léon, t. 8, l. 79, p. 550.

Pierre des Vignes, conseiller et ministre de Frédéric contre l'Eglise. Sa mort funeste, t. 8, l. 73, p. 65.

Pierre de Colmieu, évêque d'Avranches, t. 7, l. 73, p. 551.

Pierre de Dreux, surnommé Mauclerc. Ses brouilleries avec les évêques de Bretagne, t. 7, l. 73, p. 552. — Le pape Grégoire IX parvient à le gagner, p. 555.

Pierre Pomponace ne mérite nullement le nom d'*impie ou d'athée*, t. 9, l. 83, p. 438.

Pierre d'Osma. Condamnation de neuf de ses propositions. Il se soumet, t. 9, l. 83, p. 400.

Pierre de Léon, antipape, t. 6, l. 68, p. 469 et 501.

Pierre de Lune, se disant le pape Benoît XIII, t. 9, l. 81, p. 80 et 83. — Le concile de Constance procède contre Pierre de Lune, dit Benoît XIII, et le dépose, p. 402. — Mort de Pierre de Lune, p. 125.

Pierre d'Aragon vient se faire couronner à Rome, et rend son royaume tributaire du Saint-Siége, t. 7, l. 74, p. 233. — Il contribue à la victoire mémorable des chrétiens d'Espagne sur les Sarrasins, à Navès de Tolosa, p. 234. — Sa conduite peu franche dans la croisade contre les manichéens du Languedoc. Il est vaincu et tué à Muret, p. 322 et seqq.

Pierre IV d'Aragon. Benoît XII reçoit l'hommage des rois d'Aragon pour la Sardaigne et la Corse, et du roi Robert pour le royaume de Naples. Sa lettre au nouveau roi d'Aragon, t. 8, l. 79, p. 531.

Pierre Ier, dit le Grand, czar et pape de Russie, avec sa concubine Catherine, dite sa femme. Civilisation religieuse et morale de tous les deux, t. 11, l. 88, p. 343. — Histoire curieuse, sinon édifiante, de ce premier pape de la Russie schismatique, t. 12, l. 91, p. 176; t. 11, l. 89, p. 421.

Pierre II, czar de Russie, t. 11, l. 89, p. 421; t. 12, l. 91, p. 176.

Pierre III, étranglé par les émissaires de sa femme, la czarine-papesse Catherine II, t. 11, l. 89, p. 421.

Pierre Martyr, moine apostat et marié, commence la prétendue réforme d'Angleterre, t. 10, l. 85, p. 240.

Piétistes, secte protestante, dont le chef est Spener, t. 11, l. 87, p. 42.

Pigneau de Behaine, évêque d'Adran, ambassadeur de l'empereur d'Annam près de Louis XVI, t. 11, l. 89, p. 512.

Pise (concile de), où est élu Alexandre V, t. 9, l. 81, p. 83 (Voir aussi *Conciles œcuméniques*).

Pisistrate, politique grec. Son usurpation, t. 2, l. 21, p. 59.

Pithou (Pierre et François), légistes français, plus favorables aux sectes qu'à l'Eglise, t. 11, l. 88, p. 164. — Tendance schismatique de Pierre Pithou, condamnée par vingt-deux évêques de France et même par Fleury qui l'imite, l. 87, p. 5.

Pizarre (François). Sa conquête du Pérou, t. 10, l. 85, p. 244. — Si aucune politique, philosophie ou religion moderne peut le blâmer, p. 242.

Plaies d'Egypte. Double but de ces plaies. Incroyable superstition des Egyptiens, t. 1, l. 6, p. 132. — Les dix plaies. But spécial de quelques-unes d'entre elles, p. 133 et seqq.

Platon (saint), moine grec du VIIIe siècle. Sa fermeté contre les scandales de l'empereur, et souffrances qu'il endure à ce sujet, t. 5, l. 53, p. 87; l. 54, p. 133. — Sa mort, p. 139.

Platon, philosophe grec, chef de l'Académie. Idéal d'une société parfaite, d'après Confucius, Platon et Cicéron, t. 1, l. 7, p. 147; t. 8, l. 77, p. 352. — Sa réalisation dans l'Eglise catholique, et son ébauche dans la constitution judaïque, t. 1, l. 7, p. 149. — Idées de Platon sur la marche à suivre pour introduire dans l'humanité cette perfection sociale, réalisées par la Providence dans la formation et le développement pro-

gressif de l'Eglise catholique, et dans la restauration de l'homme spirituel, p. 150. — Académie. Son époque. Son origine. Connaissances de Platon. Ses voyages. Ses rapports avec les Juifs. Son influence. Il réunit les trois espèces de connaissances, qui forment une seule et même sagesse, essentiellement une et trine; t. 2, l. 20, p. 23. — Sa doctrine, théologie, cosmogonie. Théorie de la science et de la vertu, p. 24. — Argumentation contre le sensualisme intellectuel et moral. Admirable sommaire de toute la morale, dans ses *Dialogues*, p. 25. — Inconséquence de Platon, p. 27. — Opposition des points de départ de Platon et d'Aristote. Analogie entre les formes d'Aristote et les idées de Platon, p. 30. — Leur philosophie à tous deux forme toujours une trinité scientifique, p. 28.

PLESSIS d'Argentré (Charles du) et ses ouvrages, t. 11, l. 89, p. 501.

PLOTIN, philosophe païen. Sa vanité et ses niaiseries, t. 2, l. 29, p. 561.

PLINE l'Ancien. Incohérence de ses idées sur Dieu, la Providence, l'âme, la superstition, t. 2, l. 27, p. 365.

PLINE le Jeune. Son insouciance pour la vérité, t. 2, l. 27, p. 365. — Sa lettre à Trajan, et réponse de celui-ci : l'un et l'autre reconnaissent l'innocence des chrétiens, et néanmoins les mettent à mort, p. 366.

PLUCHE (l'abbé) et ses ouvrages, t. 11, l. 89, p. 504.

PLUQUET (l'abbé) et ses ouvrages, t. 11, l. 89, p. 501.

POÉSIE. Le Christ centre de la poésie et de la philosophie, t. 2, l. 20, p. 52. — Le parnasse de la poésie chrétienne est le Tabor. Le parnasse de la poésie française fut la cour de Louis XIV, t. 11, l. 88, p. 229.

POÈTES (les) de la gentilité. Traditions sur l'histoire primitive du monde dans les grands poèmes de l'Inde, t. 2, l. 20, p. 45. — Dogmes de l'unité, de la trinité, de l'omniprésence divine dans les hiéroglyphes de l'Egypte. L'unité et les autres attributs de Dieu, proclamés par Orphée, Linus, Simonide, Archiloque, Callimaque, Eschyle, Sophocle, Euripide, Ménandre, Cléanthe, Aratus et autres, p. 46. — Le chaos et la création dans Homère, Hésiode et Ovide. Les anges gardiens dans Eschyle. L'innocence primitive, la chute et le déluge dans Hésiode et Ovide ; les effets de la chute remarqués par les poètes, p. 47. — Le jugement, l'enfer, le purgatoire, le paradis, le péché originel, la résurrection des corps dans les mêmes poètes. Le Rédempteur dans les poèmes de l'Inde, les livres de la Sibylle, les vers de Virgile et le Prométhée d'Eschyle. La morale dans Phocylide, Hésiode et les tragédies grecques, p. 48. — Conformité du style et des mœurs de la Bible avec les plus anciens auteurs grecs, p. 49. — Accord des auteurs sacrés et profanes sur l'origine orientale des peuples et de la civilisation, et l'origine, et les suites de l'idolâtrie, p. 50. — Incrédulité des poètes et des philosophes en matière d'idolâtrie. Le Christ, centre de la poésie et de la philosophie, p. 51.

POÉTIQUE d'Aristote. Ses rapports avec la rhétorique et la dialectique. Conditions naturelles de toute poétique raisonnable, t. 2, l. 20, p. 31.

POGGE (le), t. 9, l. 83, p. 358.

POISSONS. Création des poissons et des oiseaux. Merveille de l'histoire des poissons. Animaux microscopiques. La destruction, mère de la vie. Poissons volants, t. 1, l. 1, p. 17. — Dieu bénit les poissons, p. 23.

POISSY. Colloque de Poissy entre les catholiques et les huguenots de France, t. 10, l. 85, p. 300.

POLIGNAC (cardinal). Ses écrits, t. 11, l. 89, p. 501.

POLITIQUE d'Aristote. Destination de l'homme à la société domestique et politique, et preuves. Naturalité de l'esclavage, suivant Aristote, t. 2, l. 20, p. 35. — Du traitement des esclaves. Chiffre énorme de la population esclave dans l'ancien monde païen, p. 36. — Argument contre la communauté des femmes et des biens. Des trois formes de gouvernements, p. 37. — Les sujets naturels du pouvoir. Aptitude ou dangers de ces formes suivant le caractère des peuples. Causes de la dégénération de chacune d'elles. Quelle est la meilleure des trois. Manque d'élévation de la politique d'Aristote. Immoralité de sa doctrine sur l'éducation des enfants, p. 38. — Egoïsme de la philosophie païenne, p. 39.

POLITIQUE moderne. Principes généraux pour la juger, t. 10, l. 86, p. 414.

POLLIAC. Jean XXII condamne l'interprétation que Jean de Polliac donnait au canon *Utriusque sexus*, t. 8, l. 79, p. 521.

POLLION (saint), diacre et martyr, t. 3, l. 30, p. 30.

POLOGNE. Son état moral et politique vers la fin du XVIIIe siècle. Sa ruine, par la méchanceté d'une femme et la lâcheté d'un homme, t. 10, l. 89, p. 480. — Evénements de Pologne depuis 1856 jusqu'en 1868 : protestations du Pape en faveur de ce pays, et dévouement des Polonais pour le Pape, t. 12, l. 92, p. 376 (Voyez *Slaves*).

POLTROT, assassin du duc de Guise, à la connaissance et avec l'assistance du protestant Coligny, de l'aveu du protestant Sismondi, conformément aux principes du protestantisme, t. 10, l. 86, p. 420 (Voyez aussi *France*).

POLUS, cardinal anglais. Ses commencements. Sa vieille mère, la comtesse de Salisbury, mise à mort par Henri VIII, t. 10, l. 84, p. 94. — Légat du pape Paul III au concile de Trente, l. 85, p. 169. — Son exhortation à tous les Pères du concile, lue par Ange Massarelli, p. 176. — Sa légation en Angleterre, p. 247. — Sa mort et ses ouvrages, p. 252 (V. aussi *Angleterre*).

POLYCARPE (saint), évêque de Smyrne. Son épître aux Philippiens, t. 2, l. 27, p. 377. — Le christianisme et le paganisme à cette époque, p. 378. — Conversions que saint Polycarpe opère à Rome. Son voyage à Rome. Question de la Pâque entre lui et le pape saint Anicet, p. 399. — Martyre de saint Polycarpe et autres, p. 406.

POLYCARPE (saint), prêtre de Rome. Il baptise un grand nombre de nouveaux convertis, t. 3, l. 30, p. 3. — Le pape saint Caïus l'envoie en Campanie avec les chrétiens qui s'y retirent, afin de les fortifier et de les soutenir, p. 4.

POMÈRE (l'abbé). Ses écrits, t. 4, l. 42, p. 43.

POMÉRANIE. Elle se convertit tout entière à la prédication de saint Othon de Bamberg, t. 6, l. 67, p. 434 ; l. 68, p. 463. — En 1330, les souverains de Poméranie et des pays environnants demandent et obtiennent du pape Jean XXII d'être feudataires de l'Eglise romaine, t. 8, l. 79, p. 540 (Voir aussi *Prusse*).

POMPÉE, un des premiers triumvirs romains, t. 2, l. 22, p. 119. — Vainqueur de Mithridate, il écoute les deux derniers Machabées, Jean Hyrcan et Aristobule, s'empare du second, prend Jérusalem, et entre dans le temple. Son indifférence pour la vérité et déclin de sa puissance, p. 126-130.

POMPIGNAN, archevêque de Vienne. Ses écrits, t. 11, l. 89, p. 501. — Fâcheux conseils qu'il donne à Louis XVI, l. 90, p. 531.

PONCE, abbé de Cluny, y cause de grands troubles. Sa mort, t. 6, l. 68, p. 444.

PONS de Laraze se convertit et fonde l'abbaye de Salvanès, t. 6, l. 68, p. 491.

PONTBRIAND (l'abbé de) et ses ouvrages, t. 11, l. 89, p. 504.

PONTIEN (saint), pape, t. 2, l. 28, p. 510.

PONTIFES romains. Inconséquence des protestants à blâmer les mœurs peu cléricales de quelques Pontifes romains. Trois sur plus de deux cent cinquante. Ce qu'il faut en conclure, t. 5, l. 59, p. 391. — Lettre mémorable, mais négligée jusqu'à présent, du patriarche Nicolas de Constantinople à Siméon, roi des Bulgares, sur l'autorité des Pontifes romains, p. 433 (Voir *saint Pierre, Papauté, Papes*).

POPE, poète anglais catholique, t. 11, l. 88, p. 290.

POPELINIÈRE. Témoignage que le protestant La Po-

pelinière rend au duc de Guise relativement à la Saint-Barthélemy, t. 10, l. 86, p. 425.

POPPON (saint), abbé de Stavélo, t. 6, l. 63, p. 43.

PORPHYRE, philosophe païen des plus superstitieux, t. 2, l. 29, p. 561.

PORSENNA. Lutte des Romains contre ce roi, t. 2, l. 22, p. 109.

PORTALIS, conseiller d'Etat sous le Consulat, viole le concordat, fait adopter, par le Corps législatif, les articles organiques, condamnés ensuite par Pie VII, t. 11, l. 90, p. 600.

PORTUGAL. Concordat de Pie IX avec le Portugal, t. 12, l. 92, p. 329 (Voir *Espagne*).

POSITIVISME (le) : M. Littré, t. 12, l. 91, p. 371.

POTAMIÈNE, vierge et martyre, t. 2, l. 28, p. 495.

POTHIER, célèbre jurisconsulte, t. 11, l. 88, p. 163.

POTHIN (saint), évêque de Lyon, t. 2, l. 27, p. 423.

POUSSIN, peintre, t. 11, l. 88, p. 431.

PRAGUE (Voyez *Allemagne*).

PRAGMATIQUE-SANCTION de Bourges. Défaut de cet acte, t. 9, l. 82, p. 269.

PRÉDICATION. Décret du concile de Trente sur cette matière, t. 10, l. 85, p. 487.

PRÉMARE, missionnaire jésuite en Chine, t. 11, l 88, p. 321.

PRESSE laïque (la question de la). Donoso Cortès, M. Louis Veuillot, t. 12, l. 92, p. 342.

PRÊTRES catholiques de France. Leur déportation, t. 11, l. 90, p. 566.

PRINCES. Le concile de Trente propose la réformation des princes. Ils ne veulent pas entendre de cette oreille. Ce qui est à conclure de là, t. 10, l. 85, p. 348. — Chapitre et exhortation du concile aux princes, p. 328.

PRISCILLIANISTES. Les priscillianistes en Espagne. Leur origine. Leurs erreurs. Concile de Sarragosse et édit de Gratien contre eux. Leur mauvaise réussite à Rome et à Milan. Succès de leurs artifices en Gaule, t. 3, l. 36, p. 282. — Leur exécution et leur exil par ordre de Maxime, p. 293.

PRIVAT, hérétique, t. 2, l. 29, p. 531.

PROBUS, empereur. Son règne honteux et sa mort violente, t. 2, l. 28, p. 450.

PROBUS (saint), martyr, t. 3, l. 30, p. 34.

PROCLUS (saint) combat l'hérésie de Nestorius, t. 3, l. 39, p. 458. — Devenu patriarche de Constantinople, il continue le même bien, l. 40, p. 502. — Sa mort, p. 511.

PROCOPE (saint), martyr, t. 3, l. 30, p. 15.

PROCOPE, empereur éphémère de Constantinople, t. 3, l. 35, p. 226.

PROCOPE (les deux), chefs des hussites, t. 9, l. 82, p. 209.

PROHÉRÈSE, professeur chrétien. Sa fermeté contre Julien l'Apostat, t. 3, l. 33, p. 152.

PROPHÈTES, HOMMES INSPIRÉS ET ENVOYÉS DE DIEU POUR ANNONCER L'AVENIR, DEPUIS LE COMMENCEMENT DU MONDE JUSQU'A JÉSUS-CHRIST. — Les quatre grands prophètes : Isaïe, t. 4, l. 45 et 46 ; — Jérémie, l. 48 ; — Ezéchiel, l. 47 et 48 ; — Daniel, l. 47, 48 et 49. — Les petits prophètes : Osée, t. 4, l. 45, p. 359 ; — Joël, l. 47, p. 404 ; — Abdias prophétise contre l'Idumée ; Jonas, l. 45, p. 354 ; — Amos, p. 359 ; — Michée, p. 358, 365 ; — Nahum, l. 46, p. 393 ; — Sophonie, p. 393 ; l. 47, p. 396 ; — Aggée, l. 49, p. 463 ; — Zacharie, p. 63 ; — Malachie, l. 49, p. 507. — *Autres prophètes* : Hénoch, t. 4, l. 3, p. 55 ; — Noé, p. 57, 63 ; — Abraham, Isaac, Jacob, l. 4, p. 76 ; — Job, l. 5, p. 122 ; — Moïse, l. 6, 7 et 8 ; — Josué, l. 9, p. 207 ; — Balaam, l. 8, p. 191 et seqq. ; — Gédéon, l. 10, p. 240 et seqq ; — Samuel, p. 254 et 257 ; l. 11, p. 268 ; — David, dans ses psaumes, l. 12, p. 304 ; — Ahias de Silo, l. 13, p. 321 ; l. 14, p. 332 ; — Azarias, Hanani, Jéhu, p. 331 ; — Elie, p. 335 et seqq ; — Elisée, p. 343 ; — Urias, l. 17, p. 403 ; — Baruch, p.

407 ; — Zacharie, père de saint Jean-Baptiste, t. 2, l. 23, p. 146. — Les prophètes. Etendue de leur mission. Leurs titres comme historiens et poètes. Leur philosophie. Unité de leur doctrine. Leur éloge, t. 4, l. 11, p. 262. — Ils commencent à écrire l'histoire future du monde. Leur analogie avec les historiens des autres nations, l. 14, p. 353.

PROPHÉTIES PRINCIPALES, DEPUIS LE COMMENCEMENT DU MONDE JUSQU'A JÉSUS-CHRIST. — A nos premiers parents, sur les suites de leur désobéissance, et sur le Rédempteur à venir, t. 1, l. 2, p. 45-48 ; — à Caïn, sur les suites de son crime, l. 3, p. 52 ; — à Noé, sur la punition du genre humain par le déluge, p. 58. — Sur la malédiction de Cham dans son fils Chanaan, et sur le caractère des trois races humaines, p. 63. — Sur la confusion des langues, l. 4, p. 71. — A Abraham, sur la multiplication et la bénédiction de sa race, p. 77, 79, 80, 84 et 88 ; — à Isaac, sur ses fils Esaü et Jacob, p. 95. — De Jacob, sur chacun de ses fils, notamment sur Juda et le Messie, p. 111. — De Job, sur le Rédempteur et la résurrection, l. 5, p. 122. — A Moïse, sur la rédemption du peuple d'Israël, l. 6, p. 129 ; l. 7 et 8. — A Josué, sur la conquête de la terre promise, l. 9, p. 210. — A Gédéon, sur la délivrance du peuple d'Israël, l. 10, p. 240. — A Samuel, sur la punition du grand-prêtre Héli et de ses deux fils, p. 253. — A Samuel, sur la royauté de Saül, p. 257. — A Samuel, sur la royauté de David, l. 11, p. 268. — A David, dont les psaumes sont un évangile prophétique, l. 12, p. 304. — A Salomon, sur les suites de sa chûte, l. 13, p. 321. — A Jéroboam et au royaume d'Israël, sur la punition de son apostasie, l. 14, p. 332. — Du prophète Elie, sur les crimes et la punition d'Achab et de sa famille, p. 335 et seqq. — Du prophète Elisée, sur les rois d'Israël, p. 343. — De Jonas, sur Ninive, l. 15, p. 354. — D'Isaïe, sur le Messie, sa passion, son Eglise, la vocation des Gentils, la réprobation des Juifs, la destinée de Babylone et des royaumes voisins, l. 16. — D'Osée et d'Amos, sur la réprobation temporaire des Juifs, et leur conversion finale, l. 15, p. 359. — De Michée, sur le lieu où naitra le Sauveur, p. 365. — De Sophonie et de Nahum, sur la destruction de Ninive, l. 16, p. 393. — De Jérémie, sur Babylone, sur Juda et d'autres peuples, l. 47 et 48. — D'Ezéchiel, sur la ruine de Jérusalem, de Tyr et de l'Egypte, l. 47 et 48. — De Daniel, sur l'ensemble et la suite de la monarchie universelle, les Assyriens, les Perses, les Grecs, les Romains, remplacée par l'empire du Christ, l. 19. — D'Aggée, sur la gloire du second temple, où doit entrer le Messie, p. 463. — De Zacharie, sur diverses circonstances de la passion de Jésus-Christ et sur la conversion du monde, p. 467. — De Malachie, sur le sacrifice de l'eucharistie, la prochaine arrivée du Christ dans le second temple ; son double avénement, et sur son précurseur, saint Jean-Baptiste, p. 480.

PROSPER (saint), t. 3, l. 39, p. 453 ; l. 40, p. 494.

PROTAGORAS, sophiste grec. Sa doctrine pernicieuse, t. 2, l. 20, p. 10 et 25.

PROTÉRIUS, évêque d'Alexandrie. Division dans cette église relativement à l'élection de *Protérius*. Lettres de celui-ci à saint Léon, et réponses du Pape, t. 4, l. 41, p. 3.

PROTESTANTS, PROTESTANTISME. Protestants vaincus par Charles-Quint, t. 10, l. 85, p. 491. — Témoignages qu'ils rendent à saint François Xavier, p. 222. — Ils obtiennent un sauf-conduit pour assister au concile de Trente, p. 227. — Variations sanglantes et serviles des protestants d'Allemagne entre le parti luthérien et le parti calviniste, notamment en Prusse sous le moine apostat Albert de Brandebourg. Exécutions atroces, p. 263. — Pourquoi les protestants d'Allemagne ne rougissent pas de leur histoire, p. 270. — Le protestantisme n'a produit aucune collection de Pères, de conciles, de vies des saints. Ce n'est qu'une entreprise de démoli-

tion, p. 352. — Conversion de plusieurs protestants instruits, p. 270; t. 44, l. 87, p. 59. — Le protestantisme divise et dissout l'humanité chrétienne, t. 10, p. 403. — Conduite de l'Angleterre protestante à l'égard de l'Angleterre catholique sous la papesse Elisabeth, l. 86, p. 440. — Leur conduite respective, p. 413. — Rencontre fortuite de Vassy entre les catholiques et les protestants français d'après des protestants mêmes, p. 418. — Division plus violente entre les luthériens et les calvinistes d'Allemagne qu'entre les catholiques et les protestants, p. 441. — Leur zèle pour le mal excite le zèle des catholiques pour le bien, p. 446. — Ils ne peuvent blâmer le régicide Jacques Clément, p. 431. — Le protestantisme, cause de la guerre de Trente-Ans. Tableau effroyable de cette guerre par le protestant Menzel, d'après les auteurs contemporains, t. 11, p. 56. — Combien le protestantisme a faussé, obscurci l'intelligence de Locke, de Bull, et surtout de Newton, l. 88. p. 287. — Conversion de plusieurs protestants distingués d'Allemagne, princes, princesses et autres, p. 302. — Rapport de la philosophie du XVIIIᵉ siècle avec le protestantisme, l. 89, p. 408 (Voir aussi *Allemagne*, *Angleterre* et *France*). — D'où vient le nom de *protestants*. A quoi se réduit la profession générale du protestantisme, et quelles en sont les conséquences, t. 10, l. 84, p. 58. — Unité discordante des protestants à la conférence de Marpourg en 1529, p. 59. — Discordance des protestants, lorsqu'il leur fallut confesser publiquement leur créance à Augsbourg, p. 60. — En condamnant les anabaptistes, les protestants se condamnent eux-mêmes et justifient toutes les rigueurs de l'Eglise contre eux, p. 72. — L'intolérance protestante aux Etats-Unis : enlèvement des enfants, t. 12, l. 92, p. 393. — Accueil fait par les protestants à la lettre du Saint-Père, pour la convocation du concile du Vatican, p. 447.

Protogène (saint), t. 3, l. 35, p. 240.

Proverbes de Salomon, t. 4, l. 13, p. 312.

Providence de Dieu dans la création du monde, t. 4, l. 4, p. 34; — dans le règne minéral, p. 10; — dans le règne végétal, p. 11; — dans la création des poissons, p. 17; — des oiseaux, p. 19; — des insectes ailés, p. 21; — des animaux terrestres, p. 23; — dans la création et la destination de l'homme, p. 26. — Que la Providence générale de Dieu sur tous les peuples est antérieure à sa providence spéciale sur le peuple juif. Que l'une n'empêche pas l'autre, l. 4, p. 75. — Source de lumière pour les nations ou les païens dans les voyages des Israélites, p. 77. — Providence de Dieu sur les peuples étrangers à Israël, l. 5, p. 112. — Conduite de Dieu envers les individus, les nations et l'humanité coupables, et particulièrement envers les Chananéens, l. 9, p. 212. — Motifs de la conservation momentanée de certaines peuplades, p. 214. — Souveraineté de l'action divine dans la vie du genre humain. Moyens de conversion chez les Gentils. Justice et miséricorde de Dieu dans la punition des peuples, l. 18, p. 450. — Quelles ont pu être les vues de la Providence dans les conquêtes des Tartares. Effets déjà réalisés, t. 7, l. 72, p. 475.

Prudence, poète, t. 3, l. 40, p. 493.

Prudence. Accord de la prudence et de la simplicité chrétienne, t. 10, l. 85, p. 253.

Prusse. — Saint Otton, évêque de Bamberg, va porter la foi aux Poméraniens. Son entrevue avec le duc de Poméranie. Succès de sa mission à Piritz. Touchante conversion des Stétinois. La Poméranie tout entière devient chrétienne, t. 6, l. 67, p. 434. — Le saint évêque de Bamberg rentre dans la Poméranie pour convertir le reste des infidèles et ramener à la foi ceux qui s'en étaient écartés. Ses travaux et ses succès, l. 68, p. 463. — Progrès du christianisme en Prusse, Livonie, Esthonie, t. 7, l. 74, p. 242. — Le légat apostolique, depuis Urbain IV, donne une charte constitutionnelle à la Prusse, t. 8, l. 74, p. 175. — Etat de la religion en Lithuanie et Livonie. Fondation de Kœnigsberg, p. 477. — Travaux de frère Meinhard et des évêques pour la culture de la Prusse, l. 76, p. 295. — L'an 1330, les souverains de Poméranie et des pays environnants demandent et obtiennent du pape Jean XXII d'être feudataires de l'Eglise romaine, l. 79, p. 540. — Le bienheureux Nicolas de Prusse, t. 9, l. 81, p. 241. — Dégénération des chevaliers Teutoniques, l. 83, p. 253. — Apostasie et mariage sacrilège du moine Albert de Brandebourg, qui vole le duché de Prusse à l'ordre de Sainte-Marie et à l'Eglise romaine dont ce duché était un fief, t. 10, l. 84, p. 27. — Variations sanglantes et serviles de l'Allemagne protestante entre le parti luthérien et le parti calviniste, notamment en Prusse, sous le moine apostat Albert de Brandebourg. Exécutions atroces, l. 85, p. 263. — Pourquoi les protestants d'Allemagne ne rougissent pas de cette partie de leur histoire, p. 270. — L'Allemagne n'est plus une. Sa division plus violente entre les luthériens et les calvinistes qu'entre les catholiques et les protestants, l. 86, p. 441. — Tendance des calvinistes au mahométisme, p. 442. — Lutte entre le luthéranisme et le calvinisme en Allemagne. Décadence complète des sciences et des lettres. Scènes de barbarie légale comme on n'en a pas vu en France sous Marat et Robespierre, p. 443. — A qui a profité la révolution religieuse de l'Allemagne, p. 445.

Prusse. — L'électeur luthérien de Brandebourg se déclare calviniste. Inconséquence des luthériens, qui le trouvent mauvais. Mœurs et éducation des futurs pasteurs protestants dans les universités allemandes, t. 11, l. 87, p. 44. — Le calvinisme allemand, plus révolutionnaire que le luthéranisme, p. 45. — Première scène de la guerre de Trente-Ans. Révolution protestante de Prague, p. 46. — Seconde période de la guerre de Trente-Ans. Conversion du margrave Christian de Brandebourg, p. 54. — Tableau effroyable de cette guerre par le protestant Menzel, d'après les relations contemporaines, p. 56. — Enfin, grâce aux efforts du Pape, la paix se fait en 1648, mais aux dépens de l'Eglise, dont les princes protestants ont volé les biens; mais aux dépens des populations allemandes, qui, bien loin d'obtenir quelque chose de plus, perdent même ce qu'elles avaient sous le catholicisme; mais aux dépens de l'empire, qui n'existe plus que de nom. De là une clause remarquable et trop peu remarquée, p. 58. — Mœurs des trois premiers rois de Prusse, l. 89, p. 422. — Religion ou irréligion du roi et pape prussien Frédéric II. Convives de Frédéric II, p. 423. — Inhumanité de Frédéric II envers le peuple, p. 426. — La Prusse, avec la Russie et l'Autriche, consomme en 1792 le meurtre de la Pologne, et songe moins à délivrer Louis XVI qu'à s'agrandir aux dépens de la France, l. 90, p. 540. — L'armée prussienne est expulsée de la France, p. 550.

Prusse. — Succession sur le trône de Prusse, de 1802 à 1848, t. 12, l. 91, p. 4. — Situation des esprits et des choses en Prusse et en Autriche, au commencement du XIXᵉ siècle, p. 6. — Tendance révolutionnaire de l'Allemagne princière et gouvernementale, notamment de la Prusse, p. 7. — Le roi de Prusse, n'ayant pas voulu ratifier un premier traité avec Napoléon, est obligé d'en subir un autre beaucoup plus dur. Le roi de Prusse, soutenu de la Russie, déclare la guerre en 1806 à Napoléon, qui remporte les victoires d'Iéna, d'Eylau, de Friedland, fait la paix à Tilsit et ôte au roi de Prusse la moitié de ses Etats. Le roi de Prusse et l'empereur de Russie pressent Napoléon de se déclarer pape dans ses Etats comme eux dans les leurs, p. 9. — Comment en 1815 l'Allemagne fut distribuée entre les trente-huit princes plus puissants, p. 76. — Les rois de Prusse seront punis par la Providence de leur conduite peu loyale envers l'Eglise catholique. Concordat longuement négocié, puis mal exécuté, p. 452. — Frédéric-Guillaume III et son fils, ayant épousé des femmes catholiques, les contraignent à l'apostasie. Ils emploient des moyens

semblables pour pervertir les catholiques des provinces et persécuter les protestants qui reviennent au catholicisme. Réponse du pape Pie VIII aux évêques de Prusse sur les mariages mixtes, p. 153. — Au lieu de communiquer aux évêques la réponse du Pape, le gouvernement prussien, de concert avec l'archevêque Spiegel de Cologne, lui substitue une instruction anticatholique que les évêques signent aveuglément. Grégoire XVI s'étant plaint de cette convention clandestine, le gouvernement prussien et son ambassadeur soutiennent, par les plus impudents mensonges, que cette convention n'existait pas, p. 154. — L'évêque de Trèves, sur son lit de mort, ayant dévoilé au Pape toute cette trame d'iniquité? l'ambassadeur prussien assure au Pape que le nouvel archevêque de Cologne suivait cependant l'instruction désavouée par l'évêque de Trèves, ce qui était encore un gros mensonge. Le nouvel archevêque de Cologne, Auguste de Droste-Vischering, n'ayant pas voulu exécuter la convention clandestine contrairement au bref du Pape, est persécuté, enlevé de son diocèse et emprisonné dans une forteresse, aussi bien que l'archevêque de Gnésen. Conduite peu honorable des Hermésiens dans ces circonstances. La persécution contre les deux archevêques fidèles devient le salut de l'Eglise catholique en Allemagne, Ecrits de Goerrès. Allocutions de Grégoire XVI. Le nouveau roi de Prusse est obligé de cesser la persécution. Ses vains efforts pour réunir entre eux les protestants de Prusse, p. 155. — Il se voit menacé sur son trône par la révolution protestante de 1830. *Le protestantisme se dissolvant lui-même*, par un docteur protestant. Résumé de cet ouvrage. Parallèle entre le catholicisme et le protestantisme. Toutes les sociétés humaines sont mourantes: Partout on travaille à renverser ce qui existe, p. 156. — Dissolution du protestantisme, énergie des catholiques, t. 12, l. 92, p. 256. — Contre-coup de la révolution de février, p. 274. — Vaines tentatives en faveur de l'unification de l'Allemagne sous la domination de la Prusse: triomphe de l'Autriche, p. 275. — Funestes effets de la politique révolutionnaire en Europe. La Prusse et l'unité allemande : Napoléon III, l'Italie, l'Autriche, Bismark, p. 398. — Guerre de l'Autriche et de la Prusse contre le Danemarck, p. 399. — Guerre de la Prusse contre l'Autriche, p. 400. — Résultats de cette guerre en Allemagne. Conduite de la Prusse à l'égard de la France après la guerre, p. 401. — Puissance morale de Pie IX, p. 402. — Dissensions de la France avec la Prusse à propos du prince Léopold de Hohenzollern-Sigmaringen, auquel Prim avait offert le trône d'Espagne. Notification du refus du roi de Prusse de recevoir l'ambassadeur français, p. 470. — La guerre entre la Prusse et la France; désastre de la France; chute de l'Empire; gouvernement de la Défense nationale, p. 476.

PSAMMÉTIQUE, roi d'Egypte, t. 1, l. 17, p. 399.
PTOLÉMÉE Araunus, t. 2, l. 21, p. 72.
PTOLÉMÉE Evergète, roi d'Egypte, t. 2, l. 21, p. 72.
PTOLÉMÉE Philadelphe, t. 2, l. 21, p. 72.
PTOLÉMÉE Philopator, t. 2, l. 21, p. 73.
PTOLÉMÉE Epiphanes, t. 2, l. 21, p. 74.
PTOLÉMÉE Philométor, t. 2, l. 21, p. 76.
PUFFENDORF. Jugement de Leibnitz sur cet auteur, t. 11, l. 88, p. 296.
PUISSANCES. — Que le pouvoir religieux est antérieur au pouvoir civil, t. 1, l. 3, p. 62. — Des rapports entre les deux puissances, d'après la tradition universelle. Conséquences, l. 9, p. 199. — Principes théocratiques de la constitution hébraïque. Témoignages des hommes et témoignage de Dieu à cet égard, p. 202. — Continuité du sacerdoce et interruption du pouvoir civil en Israël, p. 204. — Explication de l'état présent des choses, p. 205. — A quelle condition la puissance souveraine fut accordée à Simon Machabée et à ses descendants, t. 2, l. 21, p. 104.
PULCHÉRIE (sainte), sœur de Théodose le Jeune, gouverne sagement l'empire et l'empereur, t. 3, l. 38, p. 444; t. 4, l. 40, p. 535. — Sa mort, t. 4, l. 44, p. 40 (Voir *Bas-Empire*).
PUPIEN, empereur, t. 2, l. 28, p. 449.
PURGATOIRE. Le purgatoire, avec ses fautes expiables et ses peines purifiantes, reconnu et professé par Socrate, t. 2, l. 20, p. 21. — Purgatoire : prière pour les morts; dans les actes de sainte Perpétue, l. 28, p. 459; — dans Tertullien, p. 487. — Décret du concile de Trente sur le purgatoire, t. 10, l. 85, p. 326. — Doctrine du catéchisme de Canisius sur cette matière, p. 282.
PURIFICATION de la sainte Vierge. Prophétie et cantique de Siméon. Anne la prophétesse, t. 2, l. 23, p. 155.
PYRRHON, philosophe grec. Nature et limites de son scepticisme. Différents noms des pyrrhoniens, t. 2, l. 20, p. 42.
PYRRHUS, roi d'Epire, t. 2, l. 22, p. 113.
PYRRHUS, patriarche monothélite de Constantinople, t. 4, l. 49, p. 423. — Sa conférence avec saint Maxime. Sa rétractation, p. 427. — Sa rechute. Sa condamnation par le pape saint Théodore et par le concile de Latran, p. 431.
PYTHAGORE, philosophe grec. Son époque. Ses voyages. Ses relations avec les Hébreux. Règles de son institut philosophique, t. 2, l. 20, p. 2. — Sa doctrine sur Dieu et la création. Ce que c'est que son idée éternelle et son âme du monde, p. 3. — Justesse de ses idées sur le système du monde. Modification qu'il apporte à la dénomination de sage. Son autorité parmi les siens. Ses impostures et ses bizarreries sur la métempsycose. Ses principaux disciples, p. 5.

Q

QUADRAT (saint). Son apologie du christianisme à l'empereur Adrien; t. 2, l. 27, p. 383.
QUAKERS ou Trembleurs. Leur secte fanatique, t. 11, l. 88, p. 285.
QUESNEL, second chef de l'hérésie jansénienne. Ses *Réflexions morales* condamnées par la bulle *Unigenitus*, t. 11, l. 88, p. 449.
QUINAULT, pour plaire à Louis XIV, chante et divinise ses adultères, t. 11, l. 88, p. 430.
QUINET (Edgar), et sa philosophie, t. 12, l. 9, p. 335.
QUINTE (sainte). Son martyre, t. 2, l. 29, p. 520.

QUINTILLUS, empereur éphémère, assassiné, t. 2, l. 28, p. 449.
QUINZANI (la bienheureuse Stéphanie). Sa vie, t. 9, l. 84, p. 569.
QUIRIN (saint), évêque de Siscia en Pannonie. Son martyre, t. 3, l. 30, p. 53.
QUIRINI, cardinal, entre dans l'ordre de Saint-Benoît. Ses voyages, t. 11, l. 88, p. 107.
QUIXASU, usurpateur au Japon, et auteur d'une grande persécution contre les chrétiens, t. 10, l. 88, p. 482.

R

RABAN Maur (bienheureux), successeur de saint Eigil dans le monastère de Fulde. Son origine et son premier ouvrage, t. 5, l. 55, p. 163. — Sa vie et ses écrits, comme archevêque de Mayence. Son concile, l. 56, p. 248. — Il écrit contre Gothescalc, mais il se méprend sur un point, p. 253. — Idée qu'il donne des erreurs de Gothescalc après l'avoir interrogé, p. 254. — Sa charité dans une famine, p. 264.

RABELAIS. Jugement sur ses écrits par Labruyère, t. 10, l. 85, p. 203.

RACES. Caractères des trois races humaines, t. 1, l. 3, p. 63.

RACHEL, femme de Jacob, t. 1, l. 4, p. 97 et 101.

RACINE (Jean), poète français, t. 11, l. 88, p. 224.

RACINE (Louis), fils du précédent, t. 11, l. 88, p. 224.

RADBOD (saint), évêque d'Utrecht, t. 5, l. 59, p. 409.

RADEGONDE (sainte). Ses vertus. Doutes sur la légitimité de sa retraite, t. 4, l. 44, p. 204. — Saint Germain détourne le roi Clotaire de ses desseins sur sainte Radegonde, l. 45, p. 247.

RADEGONDE ou Radiane (sainte), simple servante toute sa vie, t. 9, l. 81, p. 137.

RADET (le général) se prête à Napoléon pour enfoncer la demeure du pape Pie VII, s'emparer de sa personne comme d'un voleur et le traîner en exil, t. 12, l. 91, p. 35.

RAGGIA. Vie sainte de Marie Raggia, de l'île de Chio, t. 11, l. 87, p. 76.

RAISON. Conciliation entre la raison et la foi, entre la philosophie et la théologie, t. 11, l. 89, p. 494.

RANCÉ (l'abbé de), réformateur de la Trappe. Sa vie, ses premières années, ses rares talents, t. 11, l. 88, p. 271. — Réforme de la Trappe, p. 275. — L'abbé de Rancé compose et Bossuet l'oblige à publier son traité : *De la sainteté et des devoirs de la vie monastique*, p. 276. — Le bénédictin Mabillon écrit contre l'ouvrage de l'abbé de la Trappe. Que penser de cette controverse, p. 277. — Bénédictions que Dieu répand sur les Trappistes. Derniers moments de l'abbé de Rancé, p. 278.

RANIMIRE, roi d'Aragon, moine, puis roi, t. 6, l. 67, p. 497.

RAOUL, archevêque de Cantorbéry. Son voyage à Rome, t. 6, l. 67, p. 407.

RAPHAEL (l'ange), guide de Tobie, t. 1, l. 16, p. 371.

RAPHAEL d'Urbin, peintre italien, t. 9, l. 83, p. 365.

RAPPORTS entre la raison et la foi dans l'ouvrage d'Origène contre Celse, t. 2, l. 29, p. 541.

RAPPORTS (des) naturels entre les deux puissances, d'après la Tradition universelle. Occasion et but de cet ouvrage, t. 12, l. 91, p. 127.

RATCHIS, roi des Lombards, quitte le monde et se fait moine, t. 5, l. 52, p. 45.

RATHIER, évêque de Vérone, t. 5, l. 59, p. 429. — Son caractère et ses aventures, l. 60, p. 473. — Ses écrits, l. 61, p. 499.

RATRAMNE, moine. Son histoire. Mérite de ses ouvrages. Il est d'accord avec saint Pascase Radbert, t. 5, l. 56, p. 251. — Il traite la question embarrassante des erreurs de Gothescalc avec profondeur et exactitude, p. 255. — Ouvrage remarquable de Ratramne touchant les Grecs, l. 57, p. 322.

RAVAILLAC, assassin de Henri IV. Peut-il être blâmé par les protestants d'après leurs principes? t. 10, l. 87, p. 592.

RAVIGNAN (le P. de), jésuite, t. 12, l. 91, p. 264.

RAYMOND (saint) de Pegnafort. Ses commencements, t. 7, l. 72, p. 438. — Il compile la collection des décrétales de Grégoire IX, t. 8, l. 73, p. 44. — Derniers moments de saint Raymond de Pegnafort, l. 75, p. 241.

RAYMOND (saint) Nonnat, t. 7, l. 73, p. 562.

RAYMOND Lulle. Vie, travaux, écrits et martyre de Raymond Lulle, t. 8, l. 76, p. 323.

RAYMOND de Capoue, biographe de sainte Catherine de Sienne, t. 9, l. 80, p. 20.

RAYMOND, comte de Barcelone défait les Sarrasins, t. 6, l. 67, p. 375. — Il devient roi d'Aragon, l. 68, p. 499.

RAYMOND d'Antioche, t. 6, l. 68, p. 580.

RAYMOND VI, comte de Toulouse. Accusé d'être l'instigateur d'un meurtre commis sur un légat du Pape : il conjure l'orage qui s'amoncelait contre lui par sa soumission, sa pénitence et ses engagements, t. 7, l. 71, p. 347. — Il conduit la croisade du Languedoc contre les manichéens, p. 348. — Sa conduite peu franche à l'égard de Simon de Montfort, p. 322. — Il fait mourir son frère parce qu'il s'est déclaré pour les catholiques, p. 376. — Sa mort, l. 72, p. 442.

RAYMOND VII, dernier comte de Toulouse. Ses dispositions à la mort de son père, t. 7, l. 72, p. 442. — Soumission de Raymond VII envers saint Louis, l. 73, p. 540. — Règlement du concile de Toulouse pour l'extirpation de l'hérésie, p. 541. — Nouveaux statuts du comte de Toulouse à la même fin. Le pape Grégoire IX confirme l'Université de Toulouse, p. 542. — Autres actes du Pape et des évêques, pour extirper l'hérésie dans le Languedoc, y réformer les mœurs et retenir le comte de Toulouse dans le devoir, p. 543. — Mort de Raymond VII, t. 8, p. 77.

RAYNEVAL, ambassadeur français. Son rapport sur les améliorations introduites par Pie IX dans le gouvernement des Etats-Romains, t. 12, l. 92, p. 324.

RAYNIER (bienh.), capucin, t. 10, l. 86, p. 354.

REBECCA. Message d'Eliézer. Rebecca, t. 1, l. 4, p. 90. — Isaac et Rebecca, figures de Jésus-Christ et de son Eglise, p. 94. — Isaac et Rebecca, Esaü et Jacob, figures de Jésus-Christ et de son Eglise, des Juifs et des Gentils, p. 95.

RECCARÈDE. Son avénement. Sa conversion et celle des Visigoths. Il envoie en exil quelques évêques ariens révoltés. Il confirme les décrets du concile de Tolède. Constitution naturelle d'une nation chrétienne proposée par Reccarède, t. 4, l. 46, p. 260. — Il propose la paix aux rois francs, p. 371. — Sa mort, l. 47, p. 353 (Voir *Espagne*).

RÉCHABITES, branche des Cinéens, descendants de Hobab, allié de Moïse, t. 1, l. 8, p. 182. — Leur fidélité et leur récompense, l. 17, p. 406.

RÉFORMATION catholique de la discipline et des mœurs (Voyez *Concile de Trente*, t. 10, et *Conciles œcuméniques*).

RÉFORME protestante (Voyez *Protestantisme*).

RÉGINON, abbé, t. 5, l. 59, p. 429.

RÉGIOMONTANUS, évêque de Ratisbonne. Sa vie et sa science astronomique, t. 9, l. 83, p. 278.

RÉGNIER (l'abbé) et ses écrits, t. 11, l. 89, p. 504.

RÉGULUS, t. 2, l. 22, p. 443.

RELIGIEUX et Religieuses. Décret du concile de Trente touchant la réformation des religieux, ainsi que celle des religieuses, t. 10, l. 85, p. 327 (Voir aussi *Moines*).

RELIGION (Voyez *Eglise catholique*).

RELIQUES. Doctrine du concile de Trente touchant les reliques des saints, t. 10, l. 85, p. 326. — Vénération des premiers fidèles pour les reliques de saint Pierre et de saint Paul, t. 2, l. 25, p. 319; — de saint Ignace d'Antioche, l. 27, p. 376; — de saint Poly-

carpe, p. 408; — du martyr Valens, de sept vierges et de Théodote, t. 3, l. 30, p. 18; — de saint Vincent, diacre, p. 24; — de Taraque, Probus et Andronic, p. 36; — de sainte Julitte et de son enfant, p. 37; — du martyr Boniface, p. 43; — de saint Babylas, l. 34, p. 205; — de saint Etienne, l. 38, p. 420.

REMACLE (S.), évêque de Maëstricht, t. 4, l. 49; p. 454.

REMBERT (saint), archevêque de Hambourg, t. 5, l. 57, p. 296.

REMI (saint), évêque de Reims, instruit et baptise le roi Clovis, t. 4, l. 43, p. 89. — Lettre de saint Remi à Clovis, l. 43, p. 109. — Saint Remi. Son testament. Il convertit un évêque arien. Il perd la vue. Ses disciples. Sa mort, l. 44, p. 193. — Translation de ses reliques, t. 5, l. 59, p. 447.

REMI (saint), évêque de Rouen, t. 5, l. 53, p. 59.

REMI (saint), de Lyon. Excellentes remarques qu'il fait au sujet des erreurs de Gothescalc, t. 5, l. 56, p. 259.

REMMON. Quel était ce dieu, t. 4, l. 44, p. 346.

RÉMUS, t. 2, l. 22, p. 408 (V. *Romulus*).

RENAN et sa *Vie de Jésus*, t. 42, l. 92, p. 335.

RENAUDIE (La), huguenot. Comment sa conspiration d'Amboise échoua, t. 40, l. 85, p. 262.

RENÉ II, duc de Lorraine. Ses aventures et ses belles qualités, t. 9, l. 83, p. 334. — Il commande les Suisses à Morat, p. 335. — Il récupère la Lorraine sur les Bourguignons forcés de rendre Nancy, p. 336. — Siége et bataille de Nancy. Postérité du duc de Lorraine, p. 337.

RÉPUBLIQUE française (Voyez *Bonaparte*).

RÉSIDENCE. Chapitre du concile de Trente sur la résidence ecclésiastique, t. 40, l. 85, p. 499.

RÉSURRECTION. Mort et résurrection annuelles de l'écrevisse et de tous les animaux de son espèce. Résurrection plus merveilleuse encore des polypes d'eau douce et des animaux microscopiques, t. 4, l. 4, p. 47. — Mort, résurrection et transfiguration de toutes les espèces de chenilles, p. 22. — Ferme croyance de Job à sa résurrection future, l. 5, p. 448. — Réponse aux objections des Sadducéens contre la résurrection des morts. La résurrection est regardée dans l'Ecriture comme une suite de l'immortalité de l'âme, t. 2, l. 23, p. 248. — Saint Paul prouve non-seulement la résurrection des morts par celle de Jésus-Christ, mais encore la manière par les résurrections naturelles, l. 25, p. 289. — Traité d'Athénagore : *De la résurrection des morts*, l. 27, p. 430. — Tertullien : *De la résurrection de la chair*, l. 28, p. 478. — Dans Minutius Félix, p. 497. — *Traité* de saint Méthodius *de la résurrection*, t. 3, l. 30, p. 48.

RÉVÉLATIONS, MANIFESTATIONS OU ÉPIPHANIES PRINCIPALES DE DIEU A L'HOMME JUSQU'A JÉSUS-CHRIST. — A nos premiers parents, t. 4, l. 4, p. 34; l. 2, p. 45 et 47; — aux deux premiers frères, Abel et Caïn, l. 3, p. 52; — à Hénoc, p. 54; — à Noé et à sa famille, p. 57 et 62; — à Abraham, l. 4, p. 77, 80, 82, 86 et 88; — à Pharaon, p. 78; — à Lot, p. 84; — à Agar, p. 80, 86 et 94; — à Abimélech, roi de Gérare, p. 86; — à Isaac, p. 88 et 95; — à Jacob, p. 96, 400 et 407; — à Joseph, p. 402 et 403; — à Job, l. 5, p. 420 et seqq.; — à Moïse, l. 6, p. 428; — à tout le peuple d'Israël, et par là même aux autres peuples, pendant quarante ans, l. 7 et 8, p. 430-446; — à Balaam de Mésopotamie, p. 494 et seqq. — à Josué, l. 9, p. 207; — à Gédéon, l. 40, p. 240; — aux parents de Samson, p. 249; — à Samuel, p. 254; — à tout le peuple, p. 262. — Manifestation habituelle de Dieu, consulté par le grand-prêtre, dans l'arche d'alliance, *passim*. — A David, l. 44, p. 268; l. 42, p. 292 et 303, et dans ses psaumes, évangile prophétique, p. 304. — Salomon, l. 43, p. 344, 349 et 324. — Au prophète Ahias, de Silo, l. 3, p. 324; l. 44, p. 332; — à Jéroboam, p. 334; — aux prophètes Azarias, Hanani et Jéhu, p. 334; — au prophète Elie, p. 335;

— à plusieurs prophètes, p. 338; — au prophète Michée, p. 340; — au prophète Elisée, p. 342; — au prophète Jonas, l. 45, p. 354; — au prophète Isaïe, l. 45 et 46; — au prophète Michée, l. 45, p. 358; — aux prophètes Osée et Amos, p. 359; — au prophète Sophonie, l. 46, p. 393; l. 47, p. 395; — au prophète Nahum, p. 394; — au prophète Jérémie, l. 47 et 48; — au prophète Urias, l. 47, p. 403; — aux prophètes Joël et Habacuc, p. 404; — au prophète Baruc, p. 406; — au prophète Daniel, l. 47, 48 et 49; — au prophète Ezéchiel, l. 47 et 48; — aux prophètes Aggée et Zacharie, l. 49, p. 463; — au prophète Malachie, p. 480; — au roi d'Egypte et à tout le peuple, t. 2, l. 24, p. 73; — à Héliodore et à tout le peuple, p. 76; — à tout le peuple de Jérusalem, p. 83; — plusieurs fois aux Machabées, p. 88-98; — à Zacharie, père de Jean-Baptiste, l. 23, p. 446; — à la sainte Vierge, p. 447; — à saint Joseph, p. 454; — au vieillard Siméon, p. 456; — aux pasteurs de Bethléhem, p. 453; — aux mages d'Orient, p. 454; — aux docteurs dans le temple, p. 459; ensuite à tout le peuple dans la Judée; enfin à tout l'univers dans l'Eglise catholique.

RÉVOCAT (saint), martyr, t. 2, l. 28, p. 456.

RÉVOLUTION française. Sa lutte avec l'Eglise catholique, t. 44, l. 90, p. 547 et seqq.

REYNAUD et son ouvrage : *Terre et ciel*, t. 42, l. 92, p. 334.

RHÉTORIQUE d'Aristote. Ses rapports avec la dialectique, ses définitions. Les trois genres, t. 2, l. 20, p. 34. — La grande utilité de la rhétorique, comme le prouve Socrate, c'est de persuader à soi et aux autres de faire le bien, et, si on a fait le mal, d'aller s'en accuser pour en recevoir la pénitence et l'absolution, p. 54.

RICCI, missionnaire jésuite en Chine, t. 40, l. 87, p. 483.

RICCI (Scipion), évêque janséniste de Pistoie, t. 44, l. 89, p. 432.

RICCIOLI, jésuite astronome, t. 44, l. 88, p. 294.

RICHARD (bienheureux), abbé de Saint-Vannes de Verdun, t. 5, l. 62, p. 577; t. 6, p. 44.

RICHARD (saint), évêque de Chichester, t. 7, l. 73, p. 534; t. 8, l. 74, p. 455.

RICHARD de Saint-Victor et ses écrits, t. 6, l. 68, p. 548.

RICHARD Cœur-de-Lion, roi d'Angleterre, t. 7, l. 70 et l. 74 (Voir *Angleterre*).

RICHARD II, roi d'Angleterre, t. 9, l. 84, p. 54 (Voir *Angleterre*).

RICHARD III, t. 9, l. 83, p. 346 (Voir *Angleterre*).

RICHARD, comte de Cornouailles, élu roi de Germanie avec Alphonse de Castille. Aventures de Richard, t. 8, l. 74, p. 454.

RICHARD Simon, théologien suspect et téméraire, t. 44, l. 88, p. 460.

RICHELIEU (cardinal), t. 40, l. 87, p. 598.

RICHELIEU (duc de), t. 44, l. 89, p. 453.

RICHER, t. 44, l. 87, p. 4.

RICIMER, t. 4, l. 44, p. 42 et 27.

RICULFE, évêque de Soissons. Ses instructions à ses curés, t. 5, l. 59, p. 396.

RIENZO (Colas). Représentation grotesque qu'il fait à Rome de l'histoire humaine, t. 8, l. 79, p. 576.

RIGOBERT (S.), évêque de Reims, t. 8, l. 54, p. 548.

RIGONTHE, fille de Frédégonde, t. 4, l. 46, p. 366.

RIMINI (concile de), contre les ariens. Formule de foi des anoméens. Irrégularité de sa convocation, t. 3, l. 33, p. 469. — Le concile de Rimini, tant qu'il est libre, maintient la foi contre les ariens, p. 470. — Les députés du concile de Rimini à la cour se laissent séduire et sont désavoués par le concile encore libre. Les évêques, retenus forcément à Rimini et violentés dans leur conduite, obligent les ariens à condamner l'arianisme. Indignes équivoques des ariens, p. 472. — Le

pape Libère casse le concile de Rimini. Rétractation pacifique des évêques, p. 178.

Ripa (Matthieu), fondateur d'une congrégation de prêtres pour la Chine, t. 11, l. 89, p. 336.

Riquier (saint), t. 4, l. 48, p. 404.

Rites. Congrégation des Rites instituée par Sixte-Quint, t. 10, l. 85, p. 344.

Robert (saint), fondateur de la Chaise-Dieu, t. 6, l. 63, p. 71. — Sa mort, l. 64, p. 133.

Robert (saint), premier fondateur des abbayes de Molesme et de Cîteaux, t. 6, l. 65, p. 183.

Robert d'Arbrissel (bienheureux) fonde le double monastère de Fontevrault, t. 6, l. 66, p. 334.

Robert Pullus fait refleurir l'Université d'Oxford. Sa lettre à saint Bernard. Ses ouvrages, t. 6, l. 68, p. 530.

Robert Sorbon, fondateur du collége de Sorbonne, t. 8, l. 74, p. 140.

Robert de Genève, dit Clément VII, commence le grand schisme d'Occident, t. 9, l. 84, p. 40. — Sa mort. Son caractère. Ce que Clémangis dit de lui et de l'état de l'Eglise, p. 79.

Robert Grosse-Tête, évêque de Lincoln, t. 7, l. 73, p. 534.

Robert Wanschopp, primat d'Irlande, assiste au concile de Trente, t. 10, l. 85, p. 469.

Robert Persons, chef des missionnaires jésuites en Angleterre, martyrisés sous Elisabeth, t. 10, l. 86, p. 444.

Robert le Fort, tige de la troisième dynastie de France, t. 5, l. 57, p. 308.

Robert, roi de France. Son mariage illégitime est condamné par Grégoire V. Il se soumet et répare sa faute, t. 5, l. 62, p. 551. — Sa piété, sa bonté et sa charité merveilleuses, p. 552. — Son entrevue cordiale avec l'empereur saint Henri. Son pèlerinage à Rome. Sa dernière entrevue avec saint Henri, t. 6, p. 19. — Derniers moments et pieuse mort de Robert de France, l. 63, p. 34.

Robert de Normandie, un des chefs de la première croisade, t. 6, l. 66, p. 309 (Voyez Croisades). — Il se désiste de ses prétentions à la couronne d'Angleterre, p. 345.

Robert de Flandre, un des chefs de la première croisade, t. 6, l. 66, p. 309 (Voyez Croisades).

Robert, roi de Naples. Il est couronné par Clément V, pape. Henri de Luxembourg lui fait la guerre, t. 8, l. 78, p. 450. — Il reçoit des lettres et des avertissements paternels de Jean XXII, l. 79, p. 459. — Pendant les luttes de Louis de Bavière et de Frédéric d'Autriche, le Pape le nomme vicaire impérial en Italie. Ses démêlés avec la famille des Visconti, p. 474. — Il rend hommage au pape Benoît XII pour le royaume de Naples, p. 534.

Robert Bruce, roi d'Ecosse. Il bat Edouard II, t. 8, l. 79, p. 465. — Sa lettre au pape Jean XXII, pour l'exhorter à engager Edouard II à se contenter de ses domaines, p. 466. — Il repousse Edouard III, qui tente d'envahir l'Ecosse, p. 468. — Sa lettre à Jean XXII pour obtenir le titre de roi, et réponse de ce Pape. Mort de Robert Bruce, p. 468.

Robertson, historien protestant. Témoignage qu'il rend à la conduite des missionnaires catholiques dans le Nouveau-Monde, t. 10, l. 85, p. 212.

Robespierre, entretenu, comme élève de rhétorique, au collége Louis-le-Grand, par l'évêque et les chanoines d'Arras; il harangue Louis XVI et Marie-Antoinette à leur première entrée à Paris, t. 11, l. 89, p. 471. — A la Convention, Robespierre soutient que, moralement, juridiquement et constitutionnellement, Louis XVI est innocent, mais que, politiquement, il doit mourir, p. 550. — Robespierre, et dans les clubs et à la Convention, soutient hautement et fait décréter l'existence de Dieu et l'immortalité de l'âme, avec des principes d'ordre, p. 562. — Rupture entre la Convention et la commune de Paris, qui est pour Robespierre. Celui-ci succombe avec plusieurs autres, p. 564.

Roboam, roi de Juda. Demande du peuple à Roboam. Son refus injurieux. Séparation de dix tribus. Election de Jéroboam. Précautions prises par les deux rois, t. 1, l. 14, p. 329. — La séparation politique est suivie de la séparation religieuse. Emigration des prêtres, des lévites et d'une partie du peuple hors du royaume d'Israël. Jérusalem demeure le centre du vrai culte, p. 330. — Chute de Roboam. Invasion de Sésac. Quel était ce roi d'Egypte. Ses liaisons avec Jéroboam, p. 331.

Roccaberti, archev. de Valence, t. 11, l. 88, p. 112.

Roch (saint), t. 8, l. 78, p. 444.

Rochefoucauld (les deux frères de la), évêques de Saintes et de Beauvais, massacrés aux Carmes, t. 11, l. 90, p. 544.

Rodolphe (S.), évêque d'Eugubio, t. 6, l. 64, p. 125.

Rodolphe de Souabe. Les seigneurs allemands et saxons, irrités contre Henri IV, veulent élire Rodolphe, t. 6, l. 65, p. 189. — Nouvelle tentative d'élection, p. 208. — Il est enfin élu, p. 220. — Il en appelle au Pape avec Henri, p. 222. — Négociations, p. 224 et 230. — Victoire et mort de Rodolphe. Ses qualités, 239.

Rodolphe, comte de Habsbourg. Trait de piété et origine du comte, t. 8, l. 75, p. 222. — Son élection au trône impérial, p. 223. — Le Pape approuve l'élection de Rodolphe, p. 240. — Entrevue de l'empereur et du Pape à Lausanne, p. 242. — Belles qualités et victoires de Rodolphe de Habsbourg, l. 76, p. 285. — Relations de Rodolphe avec les Papes, p. 288. — Ses efforts pour pacifier l'Allemagne. Afflictions domestiques, p. 290. — Conciles tenus en Allemagne pour la réforme du clergé et du peuple. Divers actes de la vie de l'empereur et sa mort, p. 291.

Rodolphe. Il mène sur le trône une vie privée, t. 10, l. 86, p. 446.

Rogatien (saint), t. 2, l. 29, p. 527.

Roger, archevêque de Sens. Sa réponse à Pierre de Cugnières, t. 8, l. 79, p. 551.

Roger de Sicile (le comte), conquiert cette île sur les Sarrasins, y rétablit des évêchés avec le pape Urbain II, qui, pour le récompenser de son zèle, lui donne la légation de l'île, t. 6, l. 66, p. 255.

Roger de Sicile (le roi). Sa défaite. Son excommunication et sa réconciliation. Sa correspondance avec saint Bernard, t. 6, l. 68, p. 504. — Ses conquêtes, p. 545.

Roger, prince d'Antioche, t. 6, l. 67, p. 366.

Roger Bacon: Ses œuvres, t. 8, l. 74, p. 93.

Rohan (cardinal de), sous Louis XVI, t. 11, l. 89, p. 476; l. 90, p. 534.

Rohrbacher. Circonstances providentielles qui l'ont amené à écrire cette Histoire, t. 12, l. 91, p. 122 et seqq. — Observations sur les principales critiques de cette histoire, t. 1, pièces justificatives, p. xiij.

Rois. Royauté en Israël. Gédéon ne veut pas être roi d'Israël, et pour quel motif, t. 1, l. 10, p. 242. — Abimélech, le premier qui fut roi en Israël. Un mot sur les premiers rois, p. 244. — Inconvénients de la royauté humaine. La souveraineté de droit, propriété exclusive de Dieu. Suzeraineté de Dieu sur les rois d'Israël. Conditions de la légitimité d'une royauté humaine, d'après la Tradition. Obligation plus grande pour les rois d'observer la loi divine, d'après le Chou-King. Quelle était la loi du royaume proclamée par Samuel, p. 258. — Obstacles au despotisme chez les Hébreux, l. 11, p. 262. — Parallèle de la politique de Saül avec celle de David, p. 284. — Caractères de légitimité de la royauté de David, l. 12, p. 290. — Accomplissement des promesses de Dieu à Abraham, et des prédictions de Jacob à Juda, touchant la royauté, p. 287.

Rois. Livres des rois. Remarque sur ce livre, t. 1, l. 14, p. 354.

Rollon. Conversion de ce fameux chef des Normands. Il devient le gendre du roi de France, Charles le Simple. Ordre merveilleux qu'il établit parmi les Normands, t. 5, l. 59, p. 427.

Romain, pape, t. 5, l. 59, p. 404.

Romain (saint), diacre et martyr, t. 3, l. 30, p. 46.

Romain (saint), abbé de Condat, t. 3, l. 40, p. 540.

Romain Lécapène, empereur de Constantinople, t. 5, l. 59, p. 432 (Voir *Bas-Empire*).

Romain Diogène, empereur de Constantinople, t. 6, l. 64, p. 445 (Voir *Bas-Empire*).

Romanow. Avénement de la famille Romanow sur le trône de Russie, t. 44, l. 87, p. 70.

Romaric (saint), t. 4, l. 48, p. 403.

Rome avant l'ère chrétienne. Durée de la domination romaine comparée avec celle des trois autres grands empires. Sa part dans l'ensemble de l'histoire humaine, t. 2, l. 22, p. 407. — Origine de Rome, p. 408. — Les rois, p. 409. — La république. Histoire de la constitution romaine. Secousses intestines. Lutte contre Porsenna. Ravages des Gaulois. Réduction des Samnites. Guerre de Pyrrhus, p. 440. — Traité entre Rome et Carthage. Première guerre punique. Les Romains sur mer. Régulus, p. 443. — Seconde guerre punique. Annibal. Son invasion en Italie. Succès de Lévinus en Macédoine, de Marcellus en Italie et en Sicile, des Scipion en Espagne et en Afrique. Conclusion de la paix, p. 445. — Victoire de la république sur Persée et Antiochus. Troisième guerre punique. Destruction de Carthage, de Corinthe et de Numance, p. 447. — Différences qui distinguent l'empire romain des trois grands empires précédents. Mission de Rome païenne. Son accomplissement successif dans l'histoire de sa vie extérieure, et ses instruments dans la nature et les variations de sa constitution et le caractère de sa conquête, p. 448. — Mission parallèle et supérieure du peuple Juif, p. 420. — Renouvellement de l'alliance entre les Juifs et les Romains, p. 421. — Négociation d'Aristobule et d'Hyrcan près de Pompée, vainqueur de Mithridate, p. 427. — Prise de Jérusalem par Pompée. Il entre dans le temple. Son indifférence pour la vérité, et déclin de sa puissance. La Judée tributaire. Facilité pour les Romains de connaître la vérité, p. 428. — Pillage du temple par Crassus. Faveur d'Hyrcan et des Juifs auprès de César, p. 430. Mort violente de César. Fin de la république. Hérode, roi de la part des Romains, p. 432.

Rome païenne et Rome chrétienne, *jusqu'à la décadence de l'empire.* — Rome païenne, incarnée dans Néron, persécute Rome chrétienne, et crucifie son premier Pape, saint Pierre, t. 2, l. 25, p. 343-348. — La politique cause des persécutions. Preuves tirées de la manière d'agir des sages de Rome, l. 27, p. 365. — Conciles de Rome sur la question de la Pâque, p. 444. — Résurrection de l'humanité par l'Eglise et malgré Rome idolâtre, p. 446. — Crise du vieux monde romain, p. 450. — Concile de Rome. Condamnation des novatiens. Réconciliation des confesseurs schismatiques, l. 29, p. 536. — De l'appel à Rome, p. 539. — Primauté du Siége de Rome, reconnue par Aurélien, p. 570.

Rome et l'Italie, *depuis la décadence et la chute de l'empire romain.* — De l'an 497 à l'an 230. Commencement de la vengeance de Dieu sur Rome idolâtre, Débauches, extravagances et mort violente de Commode. Election et assassinat de Pertinax. L'empire vendu à Didius Julianus, qu'on assassine ensuite. Guerre civile. Sévère, empereur. Sa tyrannie et sa mort. Cruautés et mort violente de Caracalla. Règne et mort violente de Macrin. Election, barbarie, impudicité, extravagances et fin malheureuse d'Héliogabale. Règne et assassinat d'Alexandre Sévère. Des Gordiens, de Pupien, Balbin, Philippe, Jotapien et Marin. Mort violente des deux Maximin. Persécution de Dèce. Son expédition et sa mort malheureuse. Mort violente de Gallus et d'Emilien. Captivité et supplice de Valérien.

Infamie de Gallien. Guerres civiles, pestes, famines, invasions. Des Barbares et de Sapor. Assassinat de Gallien et de Quintillus. Règnes heureux de Claude, Tacite, Aurélien, Probus, Carus, et mort violente des trois derniers et de Numérien. Election de Dioclétien, ci-devant esclave, t. 2, l. 28, p. 447. — Agglomération des Barbares sur le Danube et l'Euphrate. Crise du vieux monde romain, p. 450.

Rome et l'Italie, *etc.* — De l'an 285, à l'an 343. Dioclétien tue Aper, lutte contre Carin, et s'adjoint à Maximien. Son avarice. Sa fureur de bâtir. Sa cruauté. Avarice, cruauté plus grande encore, et luxure de Maximien, t. 3, l. 30, p. 4. — Création de deux césars. Leur caratère, p. 9. — Persécution de Galérius, p. 44 et 13. — Dioclétien se vante, par des inscriptions publiques, d'avoir aboli le christianisme, p. 37. — Galérius le force à lui céder l'empire. Sévère et Maximin Daïa, césars. Ses embûches contre Constantin, p. 38. — Maxence proclamé empereur à Rome. Maximien reprend l'empire. Mort de Sévère. Alliance de Maximin et de Constantin. Galérius est forcé de lever le siége de Rome, p. 40. — Jalousie de Maximien contre Maxence. Licinius césar. Mort de Maximien, p. 52. — Daïa se proclame auguste. Exaction de Galérius. Sa maladie. Sa mort. Traité entre Daïa et Licinius. Persécution de Daïa, p. 53-56. — Avarice et débauches de Daïa. Mort de Dioclétien. Alliance de Daïa et de Maxence. Constantin aux portes de Rome. Tyrannie de Maxence dans Rome. Sa défaite et sa mort, p. 58. — Maximin Daïa s'empoisonne et meurt à Tarse. Extermination de toute la race des persécuteurs, p. 61. = De l'an 326 à l'an 364. Motifs de Constantin pour quitter Rome, l. 32, p. 403. — Mort tragique de Constantin le Jeune, p. 443. — A cause du Pape, Rome chrétienne est le centre de toutes les affaires ecclésiastiques, p. 447-421 et 422. — Révolte de Magnence. Meurtre de Constant. Court empire de Népotien. Proclamation et déposition de Vétranion, l. 33, p. 443. — Mort de Gallus. Constance à Rome, p. 446. — Constance marche contre Julien. Sa mort, p. 480. — Mort du paganisme avec Julien l'Apostat, l. 34, p. 245. = De l'an 363 à l'an 378, *les nations barbares commencent à exécuter la justice de Dieu sur le monde païen,* l. 35. — Magnificence des Papes dès le IVe siècle, p. 228. — Le Pape saint Damase, centre de l'Eglise universelle, malgré les efforts des hérétiques, p. 258. — Mort de Valentinien, p. 260. — Persécution de Valens contre les moines. Invasion des Goths, p. 261. — Défaite et mort de Valens, p. 263. Péril où se trouve l'empire. Gratien s'adjoint Théodose et lui donne l'Orient, l. 36, p. 264. — Révolte de Maxime. Fuite et assassinat de Gratien, p. 294. — Invasion de Maxime en Italie. Valentinien II implore le secours de Théodose, p. 322. — Défaites, interrogatoire et mort de Maxime, p. 323. — Plaidoyer de Symmaque et d'autres sénateurs de Rome en faveur du paganisme, p. 294 et 323. — Assassinat de l'empereur Valentinien par le Franc Arbogaste, p. 333. — Election de l'empereur Eugène, p. 335. — Sa superstition, p. 336. — Défaite et mort d'Eugène et d'Arbogaste, p. 337. — Fin de Théodose, p. 338. = De l'an 393 à l'an 410. *Rome païenne s'en va avec le vieux monde. Rome chrétienne la remplace avec un monde nouveau,* l. 37. — Nécessité de la chute de l'empire romain et de la transformation de Rome. Dégénération des Romains à cette époque. Souffrances du petit peuple, p. 340. — Invasion du Goth Alaric en Italie, et des Maures en Afrique. Massacre de Rhadagaise et de ses Barbares. Ravages des Germains dans les Gaules. Proclamation de Constantin dans la Grande-Bretagne. Intrigues et mort de Stilichon, p. 387. — Rome se rachète du pillage. Ravages des Germains en Espagne. Les vainqueurs se partagent le pays, p. 389 — Intrigues et insolences des courtisans d'Honorius. Alaric intronise Attale. Siége de Ravenne. Chute d'At-

tale, p. 390. — Sac de Rome par Alaric. Respect des Goths pour le christianisme. Mort d'Alaric, p. 391. — De l'an 410 à l'an 430. *Dieu brise la ville et l'empire de Rome païenne, pour en faire sortir Rome chrétienne, avec des nations et des royaumes chrétiens*, l. 38. — Chute parallèle de Rome païenne et de Babylone, p. 392. — Empereurs éphémères qui tombent les uns sur les autres, p. 404. — Mort de l'empereur Honorius. Usurpation et mort de Jean, p. 441. — Désolation de l'Afrique par les Vandales, occasionnée par la révolte du comte Boniface, provoquée elle-même par les perfides intrigues d'Aëtius, p. 447. — L'empire romain, qui dégénère de plus en plus, se voit démembrer tout vivant par les Vandales, les Suèves, les Goths, les Alains, les Francs, les Huns, l. 39, p. 449. — Prise de Carthage par Genséric. Impuissance de l'empire. Incursion des Barbares, p. 504. — Invasion d'Attila dans les Gaules, p. 537. — Attila s'éloigne de l'Italie, à la prière du pape saint Léon, et meurt, p. 557.

ROME ET L'ITALIE, etc. — De l'an 453 à l'an 480. *L'empire romain meurt en Occident. Il ne reste plus de société vivante que l'Eglise catholique*, t. 4, l. 41. — Les dix rois du prophète Daniel. Puissance de l'Eglise, p. 1. — Ambition et mort d'Aëtius. Assassinat de Valentinien III. Election et mort de Maxime. Pillage de Rome par Genséric, p. 10. — Election d'Avitus. Révolte de Ricimer. Défaite et mort d'Avitus, p. 12. — Election de Majorien. Sa mort, p. 13. — Proclamation et mort de Sévère. Election d'Anthémius, p. 23. — Rupture entre l'empereur et Ricimer. Leur réconciliation par la médiation de saint Epiphane, évêque de Pavie, p. 24. — Pillage de Rome par Ricimer. Proclamation d'Olybrius. Sa mort et celle d'Anthémius et de Ricimer. Proclamation de Glycérius. Il est détrôné par Julius Népos, p. 27. — Extinction de l'empire en Espagne, p. 30. — Usurpation d'Oreste. Sa défaite par Odoacre. Mort de Népos. Fin de l'empire d'Occident, p. 36. — Raisons et caractères providentiels de la chute de l'empire romain. L'Eglise, refuge des peuples, l. 42, p. 37. — Marche de l'Ostrogoth Théodoric sur l'Italie. Défaite d'Odoacre, p. 70. — Invasion de Gondebaud. Les évêques commencent à bâtir des forteresses, et pourquoi. Nouvelle défaite d'Odoacre. Siége et reddition de Ravenne. Mort d'Odoacre, p. 71. — Règne heureux et administration paternelle de Théodoric. Vices qui déshonorent la fin de sa vie, l. 43, p. 92. — Croyance des catholiques du temps sur les prérogatives du Pontife romain. Lettre de saint Avit, p. 102. — Autorité du Pape dans tout l'Orient, p. 143. — Le siége de Rome proclamé par toute la tradition comme le fondement de l'Eglise, l. 44, p. 143. — Fureur de Théodoric. Fermeté du pape Jean. Honneur qu'il reçoit à Constantinople, p. 165. — Terreur et mort de Théodoric. Avénement d'Athalaric au trône d'Italie, p. 168. — Heureuse influence de Cassiodore sur Athalaric, p. 188. — Troubles chez les Goths d'Italie. Conquête de la Sicile par Bélisaire. Bassesse du roi Théodat vis-à-vis de Justinien, et sa tyrannie vis-à-vis du pape saint Agapet, p. 206. — De l'an 536 à l'an 574. *Le vieux monde s'écroule tout à fait en Occident, avec la vieille Rome, sous les coups de Totila. Le monde nouveau s'y forme et s'y propage par l'Eglise romaine et les moines, entre autres par le consul romain Cassiodore, l'un d'eux*, l. 45. — Accomplissement de la prophétie de saint Jean sur la dévastation de Rome. Mauvaise foi de Théodat, p. 209. — Prise et sac de Naples par Bélisaire. Proclamation de Vitigès. Suite de la guerre et malheurs de l'Italie. Prise de Vitigès. Election et mort d'Ildibad et d'Eraric. Proclamation de Totila. Abolition du consulat. Ravages des Grecs en Italie. Entrevue de Totila avec saint Benoît. Humanité de ce roi barbare, p. 210. — Reprise de Rome par les Goths. Abandon et dépérissement de cette ville. Un diacre de l'Eglise romaine sauve les derniers débris du sénat romain, p. 211. — Retraite et avarice de Bélisaire. Succès et mort de Totila. Reprise de Rome par Narsès. Massacre des Romains par les Goths. Election et mort de Téias. Ravage des Allemands, p. 212. — Révolte de Narsès. Invasion des Lombards. Crimes de Rosemonde. Tyrannie de Cleph. Gouvernement des ducs. Malheurs de l'Italie, p. 243. — Abandon de l'Italie à elle-même, de la part des empereurs de Constantinople, l. 46, p. 253. — Exhortation du nouveau Pape, saint Grégoire le Grand, au peuple romain attaqué de la peste, l. 47, p. 294. — Les patrimoines de saint Pierre et leurs défenseurs, p. 298. — Tableau que fait saint Grégoire des malheurs de l'Italie, p. 308. — Election du roi des Lombards, Autharis. Invasion des Francs. Election d'Agilulfe. Paix avec les Francs, p. 309. — Précaution de saint Grégoire pour la sûreté des villes d'Italie. Domaine de l'Eglise de Rome sur plusieurs de ces villes. Expédition d'Agilulfe contre Rome. Souffrances des peuples, p. 310. — Continuation de la guerre. Paix entre les deux nations. Zèle de Grégoire pour le salut de l'Italie, p. 314. — Ses soins pour l'église de Naples et pour celle de Milan, p. 317. — De l'an 644 à l'an 668. *Le pape saint Martin institue des vicaires apostoliques dans tout l'Orient*, t. 4, l. 49, p. 435. — En Lombardie, le roi Rotharis fait écrire les lois nationales. Aventures du roi Bertharide, p. 467. — Arrivée et conduite de l'empereur grec Constant II en Italie et à Rome, p. 468. — Ses derniers actes et sa mort, p. 469. — L'empereur grec Constantin Pogonat envoie les cheveux de ses fils à Rome, l. 50, p. 512. — Manière dont est accueilli à Rome l'envoyé de Justinien II, qui devait déporter le Pape à Constantinople, p. 517. — Echantillon du gouvernement des Grecs à Ravenne, l. 51, p. 520. — Du temps de Jean VII, le roi des Lombards restitue au Saint-Siége les Alpes Cotiennes. Conséquence de ce fait, p. 519. — Voyage du pape Constantin à Constantinople. Honneurs avec lesquels il y est reçu, p. 521. — Le pape saint Grégoire II écrit en faveur des saintes images et à l'empereur et au patriarche de Constantinople. Pour se venger du Pape, l'empereur Léon l'iconoclaste envoie le tuer ou le déposer. Effet que cela produit sur les peuples d'Italie, p. 557. — Lettre remarquable qu'écrit à l'empereur iconoclaste le pape saint Grégoire II. Ce que le Pape était dès lors en Europe et dans le reste de l'humanité chrétienne, p. 560. — Si, et en quel sens le pape saint Grégoire II détacha l'Italie de l'empire de Constantinople, p. 563.

ROME ET L'ITALIE, etc. — De 741 à 755. *Le monde achève de se constituer chrétiennement en Occident par l'indépendance temporelle de l'Eglise romaine*, t. 5, l. 52. — Le saint pape Zacharie amène à la paix le roi Luitprand et se voit le refuge des peuples d'Italie, p. 1. — Ratchis, roi des Lombards, quitte le monde et embrasse la vie religieuse, avec sa femme et sa fille, p. 15. — Les Francs consultent le même pape Zacharie sur un changement de dynastie, p. 18. — Une des révolutions les plus petites et des plus grandes. Astolfe, roi des Lombards, cherche à s'emparer de Rome et à s'assujétir l'Eglise romaine. Le pape Etienne II lui résiste et implore le secours des Francs, p. 35. — Le roi des Francs, Pepin, arrive en Italie, force le roi Astolfe de rendre à l'Eglise romaine Ravenne et plusieurs autres villes, p. 44. — Comment le docte Père Thomassin juge cet événement. Pepin dans une seconde expédition contre Astolfe, fait donation à l'Eglise romaine de vingt-deux villes, et complète ainsi l'indépendance même temporelle de cette Eglise, p. 45. — Ce que l'âme est au corps, l'Eglise romaine l'est au monde. Les Mahométans et les Grecs en sont une preuve, l. 53, p. 46. — Mort d'Astolfe. Didier, son successeur, a recours au pape Etienne II, qui écrit en sa faveur au roi Pepin. Mort du pape Etienne, p. 61. — Lettres amicales de son frère et successeur Paul à Pepin. Comment il y parle du peuple romain, p. 62. — Précautions du pape

Adrien contre le roi Didier, qui finit par faire autour de Rome une guerre cruelle. Charlemagne, qui était entré en Saxe, vient au secours de l'Eglise romaine et assiége Didier dans Pavie, p. 70. — Pèlerinage de Charlemagne à Rome, où il renouvelle la donation de son père. Une circonstance fait voir que le souverain de Rome était le Pape, p. 71. — Didier, dernier roi des Lombards, obligé de se rendre à Charlemagne, est transféré à Corbie, où il embrasse la vie monastique, p. 72. — Le pape saint Léon III, maltraité et aveuglé par des séditieux à Rome, se trouve miraculeusement guéri et se rend en France, p. 91. — Manière dont ce Pape est reçu en France et en Germanie par Charlemagne, qui offre la Saxe à l'Eglise romaine, p. 92. — Retour de Léon III à Rome. Il y rétablit l'empire romain en Occident dans la personne de Charlemagne, p. 93. — Caractère de ce rétablissement, p. 94. — Quel titre Charlemagne prend à la tête de ses lois. Son instruction confidentielle sur la manière dont ses ambassadeurs devaient parler au Pape, l. 54, p. 118. — Testament de Charlemagne, confirmé par les évêques, les seigneurs et le Pape, p. 140. Charte constitutionnelle de l'empire romain des Francs confirmée par le Pape, l. 55, p. 159. — Décret confirmatif de l'empereur Louis touchant les donations faites à l'Eglise romaine. Sens de ce décret, p. 157. — Ce qu'il y a de faux et de vrai dans la donation de Constantin, p. 158. — Sédition à Rome. Mort du pape saint Pascal. Election d'Eugène II. Voyage de l'empereur Lothaire à Rome. Restriction du serment que les Romains lui prêtent. Ordonnances et actes qu'il fait. Leur portée, p. 180. — Arrivée à Rome de Louis, fils de Lothaire. Discussion sur la part de l'empereur à l'élection du Pape. Serment que le pape Sergius consent que les Romains prêtent à l'empereur, l. 56, p. 223. — Le pape saint Léon IV fait la dédicace de la cité Léonine, repeuple la ville de Porto et en restaure d'autres. Il tient un concile à Rome et bâtit une nouvelle ville pour y réfugier les habitants de Centumcelles, p. 269. — Benoît III, consulté de l'Orient et de l'Occident. Rome, centre de la littérature aussi bien que de la doctrine. Relations du pape saint Nicolas Ier avec l'empereur Louis II et les peuples de la Romagne, l. 57, p. 274. = De 870 à 886. *Rome, centre et remède unique du monde chrétien*, l. 58. — Crise de l'humanité. Etat de l'Italie, p. 338. — L'empereur Louis II surpris par le duc de Bénévent, p. 350. — Le pape Jean VIII, tracassé à Rome par Lambert, duc de Spolète, vient en France, p. 357. — Le pape Jean X chasse les Sarrasins d'Italie, l. 59, p. 424. — Mauvais gouvernement de Hugues de Provence, roi de Lombardie. Il est chassé, l. 60, p. 473. — Aventures de sainte Adélaïde, qui épouse le roi Othon d'Allemagne, p. 474. — Le roi Othon n'obtient point du pape Agapit II la permission de venir à Rome, p. 475. — Le pape Jean XII invite le roi Othon à Rome et l'y couronne empereur. Serment que lui fait Othon, p. 477. — Diplôme du nouvel empereur concernant les possessions temporelles de l'Eglise romaine. Sens de ce diplôme. Rapports naturels entre le Pape et l'empereur, entre l'Eglise et l'empire, p. 478. — Les Papes transfèrent l'empire d'Occident aux princes d'Allemagne. Ce qu'étaient ou devaient être les empereurs d'Occident. Les Francs le comprennent mieux que les Allemands, l. 61, p. 479. — Le premier empereur allemand se brouille avec le Pape légitime, l'expulse de Rome et fait un antipape, p. 480. — Voyage de l'empereur à Rome et en Italie. Le pape Jean XIII couronne empereur Othon II, sur la demande de son père Othon Ier, p. 490. — Etat de la chrétienté à la fin du Xe siècle et au commencement du XIe. L'Europe devient un seul homme, dont l'Eglise romaine est chargée de faire l'éducation, l. 62, p. 534. — Le pape Silvestre II accorde le titre de roi à saint Etienne, duc et apôtre de Hongrie, p. 559. — Le pape Silvestre II est le premier qui donne le signal pour la lutte armée de la chrétienté entière contre l'empire antichrétien et antidieu de Mahomet et de Hakem, p. 570.

ROME ET L'ITALIE, *etc.* — L'empereur saint Henri renouvelle le diplôme d'Othon Ier en faveur des domaines temporels de l'Eglise romaine. Le pape Benoit VIII défait les Sarrasins qui infestaient la Toscane, t. 6, p. 14. — Etablissement des Normands en Italie, p. 15. — Le duc Guillaume d'Aquitaine sollicité d'accepter la couronne de Lombardie. Sa correspondance à ce sujet avec l'évêque de Verceil, l. 63, p. 21. — Sur la destinée de l'Italie, p. 22. — Conrad, couronné empereur par le pape Jean XIX, p. 28. — Clément II couronne empereur Henri le Noir. Election, voyage à Rome et premiers actes de saint Léon IX, p. 52. — Etat des Normands en Italie, p. 76. — Bataille de Dragonara. Les Normands défont les Italiens et les Allemands. Le saint pape Léon IX se rend au milieu des vainqueurs, qui se déclarent vassaux de l'Eglise romaine et deviennent plus humains, p. 77. — Les Romains, d'après l'ordre du pape défunt Etienne IX, s'en remettent de l'élection au cardinal Hildebrand, qui choisit Nicolas II, l. 64, p. 109. — Robert Guiscard se rend vassal de l'Eglise romaine pour ses conquêtes en Italie. Origine du royaume de Naples, p. 114. — Le pape saint Grégoire VII, italien d'origine, résiste au roi de Germanie Henri IV, qui veut asservir la Papauté, et, avec elle, Rome, l'Italie, la chrétienté entière, l. 65, p. 159-246. — Quel était et quel est encore le vrai point de la question dans cette grande lutte entre l'Eglise de Dieu et ses adversaires, p. 238. — La comtesse Mathilde, p. 231 et 245. — L'Italie méridionale désolée par les Normands, sous la conduite de Robert Guiscard, p. 225. — Réconciliation de Robert Guiscard avec le Pape, p. 234. — Il fait sortir de Rome le roi de Germanie Henri IV et délivre le pape saint Grégoire VII, p. 245. — Les Papes défendent la chrétienté et contre le despotisme des rois allemands et contre l'invasion des peuples Mahométans. Première croisade, l. 66, p. 250-359. — Le comte Roger ayant conquis la Sicile tout entière sur les Sarrasins, le pape Urbain lui donne la légation de l'île, p. 255. — Le pape Urbain II érige en archevêché l'église de Pise, à laquelle il donne l'île de Corse, p. 296. — Grand concile de Plaisance. Urbain II y prépare la grande expédition pour secourir les chrétiens d'Orient. Il reçoit au concile l'impératrice Praxède, et puis est reçu lui-même à Crémone par le jeune roi Conrad, p. 300. — Heureuse influence de la croisade en Europe, p. 351. — La comtesse Mathilde renouvelle la donation de ses biens à l'Eglise romaine, p. 353. — Mort de Henri IV de Germanie. Joie universelle de sa mort chez les catholiques, p. 359. — *Les Papes continuent à défendre la chrétienté au dedans et au dehors*, l. 67. — De la chrétienté et de ses combats. Idées mesquines et fausses de Fleury sur ce sujet. Réhabilitation, par la science moderne, des Pontifes du moyen-âge. Témoignages remarquables de plusieurs protestants. La Papauté a préservé l'Europe de la domination musulmane, p. 360. — Retour de Pascal II à Rome. Du vrai fond de l'affaire des investitures. Henri V en Italie. Ses cruautés et ses dévastations, p. 376. — Sa convention avec le Pape. Son arrivée à Rome. Sa fourberie. Captivité de Pascal. Indignation des Romains. Fuite du roi, qui traine le Pape avec lui, p. 377. — Vexations de Henri contre les Romains. Privilége qu'il arrache à Pascal II. Son couronnement, p. 380. — L'épiscopat, en Italie et en France, venge, dans ses conciles, l'Eglise et son chef contre les outrages de l'empereur, p. 383. — Sédition dans Rome. Retraite du Pape. Henri V à Rome. Refus du clergé de le couronner, p. 442. — Mort de Pascal II. Election de Jean de Gaëte, sous le nom de Gélase II. Violences des Frangipane à son égard, p. 443. — Odieuse conduite de l'empereur Henri envers le nouveau Pape. Intrusion de l'antipape Bourdin. Humiliations et persécutions de Gélase. Sa retraite en France, p. 414. — En-

trée triomphante du pape Calixte II en Italie et à Rome, p. 430. — Conclusion de l'affaire des investitures. Paix entre le sacerdoce et l'empire, p. 432. — Innocent II, accompagné de saint Bernard, retourne à Rome. Il y couronne l'empereur Lothaire, l. 68, p. 482. — Lettres de saint Bernard au Pape et au peuple de Milan. Prérogatives de Rome, p. 488. — Troubles à Rome. Mort d'Innocent. Election de Célestin II, p. 526. — Mort de Célestin. Election de Lucius II. Démarches inutiles des révolutionnaires de Rome près du roi Conrad. Charte *d'oblation et d'assurance à saint Pierre*, envoyée au Pape par le roi de Portugal, p. 527. — Efforts du Pape pour pacifier l'Italie septentrionale, p. 528. — Funestes effets des déclamations insensées d'Arnaud de Bresce à Rome. Le pape Eugène III rentre dans Rome, qu'il quitte bientôt après. Lettres de saint Bernard aux Romains et au roi Conrad, p. 531. — Portrait que saint Bernard fait des Romains du XIIe siècle, dans son quatrième livre sur la *Considération* au pape Eugène, p. 532.

Rome et l'Italie, etc. — *L'Eglise de Dieu, en maintenant sa liberté et son indépendance contre les hommes qui mettent la force au-dessus de la vérité et de la justice, maintient la liberté et l'indépendance de tous les peuples chrétiens*, t. 7, l. 69, p. 1-8. — Discours séditieux d'Arnaud de Bresce à Rome, p. 12. — Etat politique de l'Italie, p. 24. — Première expédition de Frédéric Barberousse en ce pays. Sa conduite peu généreuse envers la ville de Tortone, p. 25. — Mot significatif d'Othon de Frisingue sur la pensée de Frédéric. Négociations de Frédéric avec le pape Adrien, au sujet de son couronnement comme empereur. Harangue des Romains à Frédéric. Sa réponse. Couronnement de Frédéric, suivi d'une bataille avec les Romains, p. 26. — Affaire des Tiburtins. Frédéric retourne en Allemagne après avoir ruiné la ville de Spolète. Il se trompe en croyant, par ses rigueurs sanglantes, dompter les Italiens. Guillaume le Mauvais, roi de Sicile. Ses relations avec le Pape, p. 28. — Tendance de Frédéric Barberousse à la domination universelle, p. 33. — Seconde expédition de Frédéric en Italie, p. 35. — Conduite courageuse des Milanais, p. 36. — Ils sont assiégés par l'empereur. Traité entre les deux partis. Frédéric assemble la diète de Roncaille pour y faire valoir son titre de maître du monde, par les arguments des légistes et des épées, p. 37. — Manière barbare dont il use de son prétendu droit, notamment envers la ville de Crème, p. 38. — Lettres brutales de Frédéric au Pape. Il raisonne comme les Bédouins et les Juifs, p. 40. — Mesures de Frédéric pour avoir un Pape à sa dévotion, p. 45. — Alexandre III est élu par tous les cardinaux, excepté trois, desquels deux font du troisième un antipape, p. 46. — Frédéric se pose comme juge de cette affaire, qui n'avait pas besoin d'être jugée, et il se déclare pour l'antipape, p. 49. — Conciliabule impérial de Pavie. Ses actes, remplis de faussetés manifestes, p. 54. — Conciliabule impérial de Lodi, p. 96. — Cruelle vengeance de Frédéric sur Milan. Alexandre III arrive à Montpellier, en France, p. 67. — Les Romains rappellent le pape Alexandre. Les Lombards se liguent contre l'empereur Frédéric. Retour du pape Alexandre à Rome. Les Lombards rétablissent la ville de Milan. Ce qui les y détermina, p. 83. — Les Lombards fondent une nouvelle ville, et, en l'honneur du pape Alexandre, la nomment *Alexandrie*, p. 87. — Défense héroïque des habitants d'Ancône, assiégés par une armée d'impérialistes, p. 120. — Frédéric Barberousse, obligé de lever le siége d'Alexandrie, p. 121. — Pendant les négociations pour la paix, il veut surprendre les Milanais, qui le battent complétement, p. 122. — Il pense sérieusement à se réconcilier avec le pape Alexandre. Histoire de cette réconciliation à Venise. Circonstances fabuleuses, p. 123-127. — Retour du pape Alexandre à Rome, sur la

prière du peuple et du sénat, p. 127. — Conduite des Romains envers le pape Lucius III. Paix de Constance entre Frédéric Barberousse et les villes ou républiques des Lombards, l. 70, p. 168. — Accord entre Clément III et les Romains au sujet de Tusculum, p. 179. — Mort de Guillaume le Bon, roi de Sicile. Il a pour successeur Tancrède, p. 185. — Sollicitude d'Innocent III pour la réforme de son palais, du gouvernement de Rome et des alentours, l. 71, p. 224. — Sollicitude d'Innocent III pour les autres provinces d'Italie, p. 226; — pour le royaume de Sicile et son roi mineur Frédéric, p. 228. — Pierre d'Aragon vient se faire couronner à Rome, et rend son royaume tributaire du Saint-Siége, p. 233.

Rome et l'Italie, etc. — De 1227 à 1250, *les Papes défendent et affermissent, contre le césar allemand Frédéric II, l'indépendance spirituelle de l'Eglise catholique, et, par suite, l'indépendance temporelle de tous les rois et peuples chrétiens*, t. 8, l. 73. — Frédéric II attaque Viterbe pour la punir de son obéissance au pape Innocent IV. Défense héroïque des habitants de Viterbe, p. 48. — Résultat final pour Frédéric II et sa dynastie, p. 55. — Lettre du Pape aux Siciliens, p. 64. — Fin d'Ezzelin de Romano, surnommé le Féroce, l. 74, p. 152. — Origine des Gibelins et des Guelfes en Italie, p. 153. — Affaires de Sicile, p. 158 et seqq. — Efforts du pape saint Grégoire X pour pacifier l'Italie, l. 75, p. 210. — Grand nombre de saints en Italie, p. 210 et seqq. — Dévotion des flagellants en Italie. Erreurs qui s'y mêlent en Allemagne, p. 222. — De 1276 à 1300. *Courts pontificats de sept Papes consécutifs. Fautes qu'ils commettent de rendre incertaine la constitution du conclave*. Les Romains choisissent le pape Martin IV pour leur sénateur, l. 76, p. 244. — Vêpres siciliennes, p. 267. — Les suites, p. 310. — Heureux efforts de Nicolas III et de ses légats pour la pacification de l'Italie, p. 289. — Histoire de la sainte maison de Lorette, p. 232-238. — Révolte schismatique des Colonne. Conduite irréprochable de Boniface VIII en cette affaire, l. 77, p. 383. — Boniface VIII travaille avec succès à pacifier les villes d'Italie. Il ménage la paix entre le roi français de Naples et le roi aragonais de Sicile, p. 386. — Derniers actes du pape Boniface VIII. Il est trahi par ses compatriotes d'Anagni, livré aux sicaires des Français, et meurt, calomnié par les Gibelins et les gallicans, p. 395. — De 1314 à 1314. *Grand nombre de saints dans l'Eglise, particulièrement en Italie*, l. 78, p. 430-448. — Serments de Henri de Luxembourg au pape Clément V, qui couronne Robert roi de Naples, p. 450. — Bulle remarquable du Pape à cinq cardinaux, pour couronner l'empereur en son nom, p. 452. — Mœurs des Papes d'Avignon. Longue vacance du Saint-Siége, causée par qui, l. 79, p. 455. — Guerre entre les deux compétiteurs à l'empire, p. 472. — Etat de l'Eglise dans cet intervalle, p. 474. — Conduite de Louis de Bavière en Italie, jugée par le protestant Sismondi, p. 481. — Artistes, poètes et saints d'Italie, p. 492-512. — Lettres de Pétrarque à Benoît XII pour l'engager de venir à Rome, p. 527. — Situation de Bologne à la mort de Jean XXII. Elle empêche le nouveau Pape de se rendre en Italie, p. 528. — Benoît XII reçoit l'hommage des rois d'Aragon pour la Sardaigne et la Corse, et du roi Robert pour le royaume de Naples. Sa lettre au nouveau roi d'Aragon, p. 531. — Soumission des villes et des seigneurs d'Italie. Pénitence que le Pape impose à l'un d'eux pour un meurtre d'évêque, p. 533. — Prodigieuse affluence de pèlerins à Rome pour le jubilé de 1350, p. 574. — Représentation grotesque de l'histoire humaine à Rome, par Colas Rienzo, p. 576. — Le pape Urbain V pense à reporter le Saint-Siége en Italie. Il y est excité par le Franciscain Pierre, fils du roi d'Aragon. Pétrarque lui écrit plusieurs lettres dans le même but, p. 586. — Arrivée d'Urbain V en Italie et à Rome, p. 589. — Le pape Urbain V, pour

procurer plus efficacement la paix entre la France et l'Angleterre, se transporte à Avignon et y meurt, p. 598.

ROME ET L'ITALIE, *etc.* — Grâce particulière de sainte Catherine de Sienne pour convertir les plus grands pécheurs. Effets prodigieux de cette grâce, t. 9, l. 80, p. 23. — Elle retient dans la fidélité plusieurs villes d'Italie et prédit le grand schisme d'Occident, p. 24. — Le peuple de Florence envoie sainte Catherine de Sienne en ambassade au Pape. — Grandes vues de sainte Catherine de Sienne sur les moyens de pacifier la chrétienté, p. 25. — Trois points sur lesquels elle insiste auprès du Pape. Meilleur gouvernement des provinces italiennes. Choix de pasteurs plus dignes. Retour du Pape à Rome, p. 26. — Grégoire XI quitte Avignon et arrive à Rome, p. 30. — Ambassade de sainte Catherine de Sienne à Florence, courage qu'elle y déploie. Elle finit par triompher de tous les obstacles et par faire accepter la paix, p. 32. — *Grand schisme d'Occident.* Concile de Constance. Réunion de toute l'Eglise sous le pape Martin V, qui fixe de nouveau le Saint-Siége à Rome, t. 9, l. 81, p. 1-144. — La ville de Rome se soumet de toute manière à la souveraineté de Boniface IX, p. 81. — Etat de l'Italie, de la Sardaigne, de la Corse et de l'Espagne, à la suite des conciles de Bâle et de Florence, l. 82, p. 268. — De 1447 à 1517. *Soins des Pontifes romains pour sauver l'Europe au dedans et au dehors.* Grand nombre de savants, d'artistes et de saints en Italie, l. 83, p. 350. — Le pape Nicolas V sauve et multiplie les trésors littéraires des Grecs et des Latins, p. 355. — Erreurs à ce sujet, p. 360. — Jules II commence à rétablir la liberté de l'Italie, et contre les princes du dedans et contre les princes du dehors, p. 418. — Son légat, Jean de Médicis, triomphe dans la captivité, p. 419. — Les Papes, notamment Nicolas V et Léon X., favorisent généreusement et les livres et les bibliothèques et les savants. Universités italiennes; collége Romain, p. 446. — De 1517 à 1545. *Tandis que l'Allemagne se dégrade de toutes manières par l'hérésie, l'Italie et l'Espagne s'honorent en produisant des personnes et des œuvres saintes,* l. 84, p. 552-574. — Fondation du collége Germanique à Rome par saint Ignace, t. 10, l. 85, p. 287. — Fondation par saint Ignace du collége Romain pour l'univers entier, p. 289. — Eloge du pape Pie V et de la population romaine, par un seigneur allemand de ce temps-là, p. 346. — Saint Philippe de Néri, apôtre particulier de Rome, p. 347 et seqq. — Le Tasse. Sa *Jérusalem délivrée,* p. 394. — L'Europe est sauvée par Pie V. Bataille et victoire de Lépante, p. 402. — Etat moral de la ville de Rome et de la cour romaine, d'après le protestant Ranke, p. 452. — Portrait, par le même, du pape Clément VIII, et en général de la Papauté moderne, p. 453. — L'Italien Galilée, contemporain de l'Anglais Bacon, l. 87, p. 582. — Comparaison entre Galilée et Bacon par Hume, p. 585. — Parallèle entre le Dante et Milton, p. 586. — Le pape Grégoire VIII fonde à Rome le collége Gréc. Grand nombre de personnages illustres qui sortent de là, t. 11, p. 73. — De 1560 à 1730. *En Italie, succession de bons Papes. Grand nombre de savants, de saints et d'artistes,* l. 88, p. 90-129. — Témoignages incroyables de l'Eglise russe en faveur de l'autorité suprême des Pontifes romains, p. 346. — De 1730 à 1788. *En Italie, succession de bons Papes. Saints et savants personnages, littérateurs et artistes distingués,* l. 89. — Vie, congrégation, écrits de saint Liguori, p. 360. — Sa mort, p. 514. — De 1789 à 1802. Position de Pie VI vis-à-vis de la révolution française. Victoires de Bonaparte en Italie, l. 90, p. 577. — Conduite de certains Français à Rome. Mort de Basseville, p. 578. — Pie VI, menacé par les Français, joué par les rois de Naples et d'Espagne, p. 579. — La mort de Duphot, provoquée par lui-même, sert de prétexte aux Français pour envahir Rome. Les Français établissent à Rome une république avec sept consuls et emmènent Pie VI en Toscane, p. 581. — Protestation des officiers français contre la conduite du général Masséna à Rome. Captivité et mort de Pie VI, p. 582-588. Election à Venise du pape Pie VII. Il entre paisiblement à Rome, p. 592. — Les Français rentrent en Allemagne et en Italie. Bataille de Marengo, p. 594.

ROME ET L'ITALIE, *etc.* — Succession de Pontifes romains et de souverains temporels, t. 12, l. 94, p. 3. — Napoléon se fait couronner roi d'Italie à Milan, et transforme des républiques en royaumes, p. 6. — Conduite réciproque du pape Pie VII et de l'empereur Napoléon, p. 44-59, 64-74. — Restitution au Saint-Siége de ses possessions territoriales. Préséance accordée à ses nonces parmi les ambassadeurs. Distributions de l'Allemagne et de l'Italie entre les princes, p. 76. — *Lettres sur l'Italie,* par le protestant Pierre de Joux, p. 91. — L'Italie depuis 1815 jusqu'en 1846, p. 117. — Succession des papes. — De 1846 au 20 octobre 1870. *Règne de Pie IX jusqu'à la suspension du concile du Vatican.* Tentatives révolutionnaires comprimées par l'Autriche. Louis-Napoléon et Mgr Antonelli. Le *memorandum.* Réformes accomplies par Grégoire XVI. L'encyclique *Mirari vos,* p. 148. — Quartier des Juifs à Rome. Le collége de la Propagande, p. 225. — Rome centre vivant de l'unité catholique, p. 226. — Napoléon, qui résume tous les conquérants et potentats du siècle, meurt les yeux tournés vers Rome, p. 229. — Evacuation de Rome par les troupes françaises : situation à Rome, p. 403. — Attentats du Piémont contre la liberté ecclésiastique. Circulaire du 20 août aux ambassadeurs piémontais, p. 479. — Nouvelle circulaire du 7 septembre, p. 480. — Mission du comte Ponza di San Martino. Sa visite au cardinal Antonelli, p. 481. — La lettre de Victor-Emmanuel et l'entrevue des ambassadeurs avec Pie IX, p. 482. — Lettre de Pie IX à Victor-Emmanuel, Invasion du territoire pontifical et attaque de Rome par les Piémontais, p. 483. — Capitulation de Rome. Attitude du gouvernement français et de la Défense nationale. Déplorable état des choses à Rome. Protestation du cardinal Antonelli aux membres du corps diplomatique, p. 484. — Lettre du Pape au cardinaux, p. 485. — La comédie du plébiscite à Rome et le décret royal qui suivit. Encyclique du 1er novembre adressée aux évêques, p. 486. — Circulaire du 8 novembre par laquelle le cardinal Antonelli dément les récits du ministre italien sur les affaires de Rome, p. 490. — Démonstration des catholiques et inertie des gouvernements. Bref pontifical qui suspend le concile du Vatican, p. 492 (Voir *Pie IX*).

ROMILDE, duchesse de Frioul. Ses quatre fils et ses quatre filles, t. 4, l. 48, p. 379.

ROMUALD (saint). Ses commencements, t. 5, l. 61, p. 518. — Son zèle, p. 550. — Dernières actions et mort de saint Romuald, t. 6, l. 63, p. 25.

ROMULUS, t. 2, l. 22, p. 408.

ROMUS, t. 2, l. 22, p. 108.

ROQUESANE élu à l'archevéché de Prague. Sa conduite équivoque, t. 9, l. 82, p. 213.

ROSE de Viterbe (sainte), t. 8, l. 74, p. 153.

ROSE de Lima (sainte), t. 10, l. 87, p. 489.

ROSELINE de Villeneuve (sainte), t. 8, l. 78, p. 444.

ROSEMONDE. Ses crimes, t. 4, l. 45, p. 243.

ROSSI Pellegrino et la constitution donnée par le Pape, t. 12, l. 92, p. 278. — Il est assassiné sur les escaliers du palais de la chambre des représentants, p. 282.

ROSTAING (bienh.), archevêque d'Arles, t. 8, l. 76, p. 309.

ROSWITH (la nonne). Sa science et sa littérature. Elle écrit en vers latins le panégyrique des Othon et huit poèmes, et en prose latine six ou sept comédies chrétiennes, t. 5, l. 61, p. 521.

ROTHARIS, roi des Lombards, fait écrire les lois nationales de son peuple, t. 4, l. 49, p. 467.

ROTROU, fondateur de la Trappe, t. 11, l. 83, p. 273.

Rousseau (Jean-Jacques). Portrait des philosophes modernes et de leur philosophie, par Rousseau et Voltaire, leurs chefs, t. 11, l. 89, p. 409. — Biographie de Jean-Jacques Rousseau, p. 410. — Ce qu'il dit de la religion catholique, p. 412. — Ce qu'il dit du protestantisme. Ce qui manque à Jean-Jacques Rousseau. D'où peut venir son incohérence, p. 414. — Incohérence de ce qu'il dit sur les miracles, p. 415. — Jugement de la *Biographie universelle* sur Rousseau, p. 416.

Royer-Collard et les doctrinaires, t. 12, l. 9, p. 143.

Roze (chevalier), compagnon de Belsunce dans la peste de Marseille, t. 11, l. 88, p. 269.

Rubens, peintre, t. 11, l. 83, p. 431.

Ruchard, docteur, se soumet à la condamnation de seize de ses propositions, t. 9, l. 83, p. 400.

Rudesinde (saint), évêque, t. 5, l. 61, p. 509.

Rufin, ministre d'Arcade, t. 3, l. 37, p. 353.

Rufin, auteur ecclésiastique. Son amitié primitive avec saint Jérôme, t. 3, l. 35, p. 249. — Ses travaux, ses voyages et sa correspondance. Sa mésintelligence et sa réconciliation avec saint Jérôme, l. 37, p. 366. — Sa traduction de l'*Apologie* d'Origène et de son livre *Des principes*. Ses traverses à cet égard, p. 369. — Lettre du pape Anastase à ce sujet. Apologie que publie Rufin, p. 370. — Ecrits de saint Jérôme contre lui. Sa traduction de l'*Histoire ecclésiastique* d'Eusèbe, p. 371.

Rupert (saint), évêque de Salzbourg, t. 4, l. 51, p. 536.

Rupert de Tui. Ses traités sur les Offices divins, sur la Trinité et ses œuvres. Ses commentaires sur l'Ecriture sainte et ses autres ouvrages, t. 6, l. 68, p. 513.

Rurice de Limoges. Ses œuvres, t. 4, l. 42, p. 40.

Rurick fonde l'empire russe. Révolutions politiques jusqu'à l'avénement des Romanow, t. 10, l. 87, p. 68 (Voir *Slaves*).

Rusbrock (Jean), auteur ascétique, t. 8, l. 79, p. 577. — Il combat solidement les quiétistes de son temps, p. 561.

Russes. Commencement de leur conversion, t. 5, l. 58, p. 347. — Etat des Russes vis-à-vis de Rome au XIIIe siècle. Fausse collection de droit canonique pour indisposer le clergé russe contre le Pontife romain, t. 8, l. 76, p. 254 (Voir *Slaves*).

Russie. Histoire abrégée de la Russie, t. 11, l. 88, p. 313. — Etat de la Russie au XVe et XVIe siècle, t. 9, l. 83, p. 347. — Son état religieux et moral d'aujourd'hui, t. 12, l. 91, p. 173 et 226 (Voir *Slaves*).

Ruth, la Moabite. Elle suit sa belle-mère Noémi, va glaner dans les champs de Booz, son rédempteur, qui l'épouse, t. 1, l. 10, p. 237.

Ruth (livre de). Sa date. Jugement de Voltaire sur ce livre et réflexions, t. 1, l. 10, p. 240.

Ruysbrock, Franciscain, envoyé par saint Louis chez les Tartares. Sa relation, t. 8, l. 74, p. 445.

S

Saba. Où était situé ce royaume. La reine de Saba vient visiter Salomon, t. 4, l. 13, p. 320.

Sabas (saint), solitaire, connaît par révélation la mort de Julien l'Apostat, t. 3, l. 34, p. 214.

Sabas (saint), évêque des Goths, t. 3, l. 35, p. 262.

Sabas (saint), abbé en Palestine. Naissance et retraite. Plaintes inutiles de quelques faux frères contre lui. Son ordination. Ses règlements pour ses disciples arméniens, t. 4, l. 42, p. 68. — Saint Sabas devant l'empereur Anastase, l. 43, p. 120. — Requête des saints Sabas et Théodore à l'empereur, p. 135.

Sabbat. Le jour du sabbat. L'année sabbatique. L'année du jubilé, figure de la restauration opérée par le Christ, t. 1, l. 7, p. 160.

Sabellius. Son hérésie, t. 2, l. 29, p. 564.

Sabin (S.), év. d'Assise, et martyr, t. 3, l. 30, p. 22.

Sabin de Plaisance (saint), t. 3, l. 36, p. 284.

Sabinien (saint), pape, t. 4, l. 48, p. 380.

Sabran, premier évêque de Nancy, t. 11, l. 89, p. 497.

Sacerdoce. Unité du sacerdoce depuis l'origine du monde, t. 1, l. 7, p. 158. — Le sacerdoce antérieur au pouvoir civil, l. 3, p. 62. — Sacerdoce de Melchisédech, figure de celui du Christ, l. 4, p. 79. — David prédit le sacerdoce éternel du Christ, l. 12, p. 307.

Saconay (l'abbé de) attaque Calvin et le réfute victorieusement. Son dévouement dans la peste de Lyon, t. 10, l. 84, p. 105.

Sacrements. Doctrine et canons du concile de Trente sur les sacrements en général, t. 10, l. 85, p. 200. — Résumé et condamnation des erreurs de Luther sur les sacrements, par la Faculté de théologie de Paris, que Luther avait prise pour juge, t. 9, l. 84, p. 578.

Sacrifice d'Abel, figure de celui de Jésus-Christ, t. 1, l. 3, p. 52. — Sacrifice de Noé, p. 61. — Sacrifice de Melchisédech, figure de celui de Jésus-Christ, p. 79. — Sacrifice d'Isaac, figure de celui de Jésus-Christ, p. 88. — La loi de Moïse introduit une précision plus grande dans la célébration des sacrifices, figurant tous les sacrifices du Christ et l'immolation que l'homme spirituel fait de lui-même à Dieu, p. 157. — Sacrifices humains chez les peuples idolâtres. Gladiateurs. Crime des Chananéens en particulier. Défense des sacrifices humains, p. 168. — David prédit le sacrifice du Christ, comme devant remplacer tous les autres, l. 12, p. 308. — Le prophète Malachie annonce d'une manière plus précise encore le sacrifice de la loi nouvelle, l. 19, p. 480. — Saint Paul atteste l'existence de ce sacrifice de la nouvelle loi, t. 2, l. 25, p. 507. — Témoignage de saint Ignace d'Antioche, l. 27, p. 370. — Témoignage de saint Justin, p. 397. — Témoignage de saint Irénée, p. 439. — Témoignage d'Origène, l. 28, p. 507. — Témoignage d'Eusèbe de Césarée, t. 3, l. 31, p. 66. — Doctrine et canons du concile de Trente touchant le saint sacrifice de la messe, t. 10, l. 85, p. 308. — Décret touchant les choses qu'il faut observer et éviter dans la célébration de la messe, p. 310.

Sadducéens (les), les pharisiens et les esséniens, t. 2, l. 22, p. 123.

Sadoc (saint), martyr, et ses compagnons, t. 8, l. 75, p. 244.

Sadolet, évêque de Carpentras, t. 9, l. 83, p. 460.

Sadoth (saint), évêque de Séleucie en Perse. Sa vision. Son martyre et celui de cent vingt-huit personnes de son Eglise, t. 3, l. 32, p. 140.

Sagesse. A quoi l'on peut reconnaître la sagesse d'en-haut et la sagesse d'en-bas, t. 11, l. 87, p. 39.

Sagesse (la), livre de Salomon, t. 4, l. 13, p. 322.

Sahac ou Isaac, patriarche d'Arménie. Ses travaux et ceux de Mesrob, son coadjuteur, t. 3, l. 37, p. 384. — A cause de la persécution, il se retire sur le territoire romain, l. 38, p. 414.

Saint-Esprit. Se manifeste au baptême de Jésus-Christ, t. 2, l. 23, p. 162. — Saint-Esprit, créateur du nouvel homme, p. 175. — Le Saint-Esprit reçoit du Père et du Fils, parce qu'il procède de l'un et de l'autre. Comment le Saint-Esprit convaincra le monde, p. 227. — Promesse du Saint-Esprit aux apôtres et à l'Eglise, p. 228. — L'Esprit-Saint demeure éternellement avec les apôtres, p. 227. — Il leur enseignera toutes choses, p. 228. — On exigeait la confession expresse de sa divinité dès le IVe siècle, t. 3, l. 35, p. 224. — La question est décidée, d'après le Grec Sozomène,

par le jugement de l'Eglise romaine, p. 227. — Saint Épiphane, dans son *Ancorat*, non-seulement prouve la divinité et la consubstantialité du Saint-Esprit, mais répète jusqu'à dix fois qu'il procède du Père et du Fils, p. 254. — Après le concile de Nicée, celui de Rome ajoute ce qui regarde le Saint-Esprit. Dans une profession de foi que devaient souscrire tous ceux qui voulaient être dans la communion romaine, le pape saint Damase prononce anathème contre celui qui ne confesse pas sincèrement l'éternelle et consubstantielle divinité du Saint-Esprit, p. 259. — Malgré qu'il en ait dit Photius convient que dix à vingt Pères de l'Eglise enseignent que le Saint-Esprit procède du Père et du Fils, t. 5, l. 58, p. 385. — Au concile de Florence, les docteurs latins prouvent aux Grecs, avec une science prodigieuse de la Tradition et des Pères, que le Saint-Esprit procède du Père et du Fils, comme d'un seul principe, t. 9, l. 82, p. 249 et seqq.

SAINTS. Doctrine du concile de Trente sur l'invocation, la vénération et les reliques des saints, et les saintes images, t. 10, l. 85, p. 326. — Explication de cette doctrine dans le catéchisme de Canisius, p. 278.

SAINT-AULAIRE, évêque de Poitiers. Sa confession de foi devant l'Assemblée nationale, t. 11, l. 90, p. 533.

SAINT-DENYS. Ses tombeaux des rois, sont violés par la France révolutionnaire, et leurs ossements jetés dehors, t. 11, l. 90, p. 557.

SAINT-DIÉ. Erection de son évêché, t. 11, l. 89, p. 493.

SAINT-JURE, Jésuite. Sa doctrine plus complète sur la grâce que celle de l'oratorien Le Jeune, t. 11, l. 87, p. 27.

SAINT-LAMBERT, littérateur, t. 11, l. 89, p. 500.

SAINTE-MARTHE (messieurs de), famille de savants, t. 11, l. 88, p. 137.

SAINT-GALL. Monastère qui, au IXᵉ et au Xᵉ siècle, est une pépinière de saints et savants personnages, t. 5, l. 59, p. 408.

SAINT-GERMAIN-DES-PRÉS, monastère fondé par Childebert, t. 4, l. 45, p. 245.

SAINT-PIERRE (l'abbé). Ses écrits philanthropiques, t. 11, l. 88, p. 301.

SAINT-SIMON (duc de). Auteur de mémoires, t. 11, l. 88, p. 247.

SALABERGE (sainte), t. 4, l. 49, p. 455.

SALADIN. Ses commencements, t. 7, l. 70, p. 454. — Saladin, après avoir gagné la bataille de Tibériade et après avoir pris plusieurs villes en Palestin, échoue devant Tyr, par l'arrivée du marquis Conrad de Monferrat, p. 475. — Saladin reçoit la ville d'Ascalon à condition que le roi Gui de Lusignan, qu'il avait fait prisonnier dans la bataille de Tibériade, recouvrerait sa liberté. Saladin assiége et prend Jérusalem. Conduite damnable du dernier patriarche de cette ville en cette occasion, p. 476. — Saladin et toute son armée devant Ptolémaïs. Siége mémorable de cette ville par les chrétiens, p. 487. — Alternative de succès et de revers des chrétiens devant Ptolémaïs, p. 494. — De quoi il s'agissait dans la plaine de Ptolémaïs. Relations de politesse entre les chrétiens et les Musulmans, p. 496. — Arrangement pour la royauté de Jérusalem. Prise de Ptolémaïs par les chrétiens. Saladin, peu fidèle à la capitulation, p. 497. — Saladin meurt au milieu de ses projets de conquêtes. Ce qu'il était à la chrétienté, p. 501.

SALES (saint François de) (Voyez *François*).

SALETTE (la) et son pèlerinage, t. 12, l. 92, p. 315.

SALMANASAR, roi d'Assyrie, réduit totalement le royaume d'Israël, t. 4, l. 45, p. 366.

SALOMÉ (la bienheureuse), t. 8, l. 75, p. 246.

SALOMON, fils de David, roi des Juifs. Sa naissance, t. 4, l. 42, p. 297. — Son sacre. Avis que lui donne son père, p. 304. — Le règne de Salomon, accomplissement et figure. Demande ambitieuse d'Adonias, l. 13, p. 309.

— Sa mort et celle de Joab. Exil du grand-prêtre Abiathar. Le souverain sacerdoce retourne à la branche aînée de la famille d'Aaron. Mort de Séméi. Salomon épouse la fille du roi d'Egypte, p. 310. — Il demande à Dieu la sagesse. Jugement de Salomon. Ses soins pour la sécurité de son royaume. Prospérité de ses peuples. Sa cour. Sa puissance, p. 311. — Sa sagesse. Renommée de Salomon chez les anciens et chez les modernes. Ses ouvrages : *Les Proverbes*, p. 312. — *Le Cantique des cantiques*, p. 313. — Traité avec Hiram, roi de Tyr, pour la construction du temple. Nombre, emploi et salaire des ouvriers étrangers et indigènes. Où Salomon avait puisé toutes ses ressources, p. 314. — Commencement et époque de la construction du temple : son emplacement, sa description, son achèvement, p. 315. — Sa dédicace, p. 316. — Part que les nations ont eue à la construction du temple, p. 317. — Pourquoi Dieu s'est fait bâtir un temple, p. 318. — Salomon fait construire un palais pour lui, et un autre pour sa femme. Description de ces édifices. Nouvelle vision de Salomon. Il élève des murs autour de Jérusalem, bâtit plusieurs villes, soumet le reste des Chananéens et construit une flotte pour le commerce, p. 319. — Visite de la reine de Saba. Où était situé ce royaume, p. 320. — Gloire de Salomon ; sa chute. Dieu lui annonce sa punition. Jéroboam est averti des desseins de Dieu sur lui. Il évite les embûches de Salomon. Révolte des Iduméens et des Syriens de Soba, p. 321. — Mort de Salomon. Durée de son règne. Si Salomon est sauvé. Le livre de l'*Ecclésiaste* ; celui de la *Sagesse*, p. 322.

SALOMON, évêque de Constance. Son mérite, t. 5, l. 59, p. 409.

SALVIEN, prêtre de Marseille, t. 3, l. 39, p. 453.

SALVIUS (saint), évêque d'Albi, t. 4, l. 46, p. 286.

SALZMANN, littérateur de l'Allemagne, t. 12, l. 91, p. 7.

SAMARITAINE. Entretien de Jésus-Christ avec la Samaritaine au puits de Jacob, t. 2, l. 23, p. 171.

SAMARITAINS (les). Origine des Samaritains, t. 4, l. 45, p. 366. — Leur jalousie et leur intrigue contre les Juifs, l. 49, p. 455. — Persécution des Samaritains. Le faux Smerdis encourage les Samaritains, p. 462. — Jalousie, révolte et punition des Samaritains, t. 2, l. 24, p. 70. — Leur servilité, p. 84.

SAMGAR. Sa judicature, t. 1, l. 10, p. 235.

SAMSON, juge d'Israël. Sa naissance. Ce que c'était qu'un nazaréen. Samson va demander et obtient en mariage une Philistine. Il tue un lion. Ses noces. Enigme et dénouement. De l'esprit de Dieu. Les renards de Samson et leur souvenir chez les Romains. Samson livré aux Philistins. La mâchoire d'âne et sa source miraculeuse. Les portes de Gaza. Dalila. Vaines épreuves sur les causes de la force de Samson. Elle lui arrache son secret. Samson prisonnier chez les Philistins. Sa mort glorieuse. De l'hercule des païens. Des deux colonnes du temple des Philistins, t. 1, l. 10, p. 249-253.

SAMSON (saint) en Bretagne, t. 4, l. 45, p. 244.

SAMUEL, juge d'Israël : sa naissance, sa jeunesse dans le temple, sa vision sur les enfants d'Héli, t. 1, l. 10, p. 253. — Gouvernement de Samuel. Prévarication de ses deux fils. Le peuple demande un roi. Remontrances de Samuel, p. 257. — Il sacre roi Saül, p. 258. — Quelle était la loi du royaume proclamée par Samuel. Samuel entre en jugement avec le peuple. Avertissements et menaces, et leur écho dans le *Chou-King*, p. 260. — Réprimande de Samuel à Saül, l. 11, p. 264. — Samuel envoie Saül contre les Amalécites, puis lui annonce sa réprobation pour n'avoir pas été fidèle, p. 266. — Samuel donne l'onction royale à David, p. 268. — Mort de Samuel, p. 278.

SAMUEL de Maroc, rabbin converti. Son traité de controverse avec les Juifs, t. 6, l. 65, p. 163.

SANCHONIATHON. Ce que l'on en sait, t. 1, l. 10, p. 243.

SANDOVAL (le P. de), jésuite, t. 10, l. 87, p. 395.

SANHÉDRIN. Les soixante-dix anciens ou sénateurs, t. 1, l. 8, p. 182. — Sanhédrin, ou conseil suprême de la nation juive. Sa création, l. 14, p. 340.

SANUTO, Vénitien. Ses mémoires et ses mouvements au sujet des affaires de la Terre sainte, t. 8, l. 79, p. 163.

SAN-SALVADOR, érigé en évêché par Jules III, t. 10, l. 85, p. 213.

SANZ, évêque chinois, martyrisé, t. 11, l. 89, p. 510.

SAPOR (saint), évêque de Beth-Nictor en Perse, martyr, t. 3, l. 32, p. 135.

SAPOR II, roi de Perse : son couronnement, sa naissance. Il envoie une ambassade à Constantin le Grand, t. 3, l. 32, p. 133. — Il fait détruire la ville de Suse, p. 132. — Il persécute les chrétiens de Perse. Martyre de plusieurs chrétiens. Fin de la persécution, p. 433-135. — Il est forcé de lever le siège de Nisibe. Reprise de la persécution. Redoublement de la persécution, p. 135. — Lettre de saint Siméon à Sapor. Menaces du roi et réponse du saint. Nouveaux martyrs, p. 136. — Edit de Sapor contre les chrétiens. Autres martyrs, p. 138. — Nouvel édit du roi. Nouveaux martyrs, p. 141. — Caractère doublement satanique de la persécution de Sapor, p. 142. — Sapor envoie des ambassadeurs à Julien l'Apostat, qui rejette leurs offres. Les espions de Sapor trompent Julien, qui brûle sa flotte, l. 34, p. 212. — Les Perses vainqueurs. Blessures et mort de Julien, p. 213. — Sapor est vaincu par le connétable d'Arménie, Mouschegh, de la famille impériale de Chine, l. 35, p. 217. — Il persécute les chrétiens, p. 218.

SAPRICE d'Antioche refuse de pardonner et apostasie, t. 2, l. 29, p. 559.

SARAGOSSE. Prise de cette ville par les chrétiens sur les infidèles, t. 6, l. 67, p. 376. — Siège et défense de Saragosse sous Napoléon Ier, t. 12, l. 91, p. 13.

SARDIQUE (concile de), t. 3, l. 32, p. 122-125 (Voir *Conciles œcuméniques*).

SAREPTA (la veuve de) reçoit Elie, qui multiplie ses provisions et ressuscite son fils, t. 1, l. 14, p. 335.

SARMATES. Commencement du christianisme chez les Goths, les Sarmates et les Germains, t. 2, l. 29, p. 562.

SARPI, autrement Fra-Paolo, protestant travesti en moine, t. 10, l. 85, p. 172.

SARRASINS. D'où vient ce nom et ce qu'il veut dire, t. 4, l. 48, p. 373. — Incursions des Sarrasins en France, t. 5, l. 56, p. 222. — Leur défaite en Toscane par le pape Benoît VIII, t. 6, l. 62, p. 45.

SATUR (saint), martyr, compagnon de sainte Perpétue, t. 2, l. 28, p. 458.

SATURNIN (saint), autre compagnon de sainte Perpétue, t. 2, l. 28, p. 456 et seqq.

SATURNIN (saint), évêque de Toulouse et martyr, t. 2, l. 29, p. 559.

SATURNIN (saint), prêtre et martyr avec ses quatre enfants, t. 3, l. 30, p. 22.

SATYRE (saint), frère de saint Ambroise, t. 3, l. 36, p. 269.

SAÜL à la recherche des ânesses de son père. Il est sacré roi par Samuel. Marques de l'approbation divine. Saül proclamé roi, t. 1, l. 10, p. 257. — Premier acte de royauté de Saül. Défaite des Ammonites. Nouvelle acceptation du peuple. Samuel entre en jugement avec lui. Avertissements et menaces, et leur écho dans le *Chou-King*, p. 260. — Les Israélites en présence des Philistins. Leurs craintes. Saül usurpe les fonctions du sacerdoce. Rareté des armes en Israël, suite de l'oppression des Philistins. Jonathas pénètre chez les Philistins. Leur déroute. Saül les poursuit. Défauts de Saül. Ses nouvelles victoires, p. 263. — Expédition de Saül contre les Amalécites. Sa prévarication ; sa réprobation. Les Saüls anciens et modernes, p. 266. — David, ange gardien de Saül, p. 269. — Dispositions diverses de Saül et de son fils Jonathas à l'égard de David. Jalousie et attentat de Saül contre David, p. 270. — Les hommes inspirés de Dieu et les hommes inspirés du démon. Nouveau sujet et accroissement de jalousie en Saül, p. 271. — Nouvelle victoire de David et nouvel attentat de Saül. Ce qui arrive à Saül et à ses envoyés. Saül, Balaam et les pharisiens, p. 272. — Fureur de Saül contre David, p. 273. — Cruauté de Saül sur Achimélec et sa famille, sur la ville de Nobé et sur les Gabaonites, p. 275. — Nouvelle persécution de Saül, magnanimité et prière de David. Retour de Saül à de meilleurs sentiments, p. 277. — David, de nouveau trahi par les Ziphéens, épargne une seconde fois Saül. Repentir de Saül, p. 280. — Irruption des Philistins. Saül consulte une pythonisse et reçoit son arrêt de mort, p. 281. — Défaite des Israélites. Mort de Saül et de ses fils. Les habitants de Jabès-Galaad reprennent aux Philistins le corps de Saül, p. 283. — Parallèle de la politique de Saül avec celle de David, p. 284. — Expiation des cruautés de Saül envers les Gabaonites, l. 12, p. 302.

SAVANTS parmi les ermites de Saint-Augustin, t. 9, l. 83, p. 466. — Autres savants en Espagne, en Angleterre, en France, en Allemagne, t. 8, l. 79, p. 520. — En Italie, p. 521.

SAVONAROLE, dominicain de Florence, t. 9, l. 83, p. 366 et seqq.

SBINCO, évêque de Cracovie. Son amitié et sa sévérité pour Jagellon, roi de Pologne, t. 9, l. 82, p. 244. — Il est nommé cardinal par le pape Eugène IV, p. 262.

SCANDER-BEG ou Georges Castriot, prince d'Epire, t. 9, l. 83, p. 354. — Suite des exploits de Scander-beg contre les Turcs. Ce qui serait advenu si les Grecs avaient été sincères dans leur union avec l'Eglise romaine, p. 357. — Scander-beg seul défend l'Europe chrétienne. Il n'est soutenu que par un seul homme, le Pape. Une jeune fille sauve Mytilène contre les Turcs, p. 378. — Derniers exploits et mort de Scander-beg, p. 390.

SCANDINAVIE, DANEMARCK, SUÈDE, NORWÉGE, ISLANDE, GROËNLAND. — Ebbon, archevêque de Reims, avec la mission du Pape, et accompagné de Halitgar, évêque de Cambrai, va prêcher la foi dans le Nord, particulièrement aux Danois, t. 5, l. 55, p. 466. — Saint Anscaire va prêcher l'Evangile dans le Danemarck, p. 189. — Il est envoyé en Suède. Saint Anscaire est nommé archevêque de Hambourg, et légat du pape Grégoire IV jusque dans le Groënland ou l'Amérique septentrionale, qui dès lors était connu, p. 190. — L'archevêque Ebbon de Reims seconde saint Anscaire, p. 191. — Saint Anscaire continue son apostolat dans le nord de l'Europe. Il envoie des prêtres en Suède, prêche lui-même en Danemarck, l. 56, p. 240. — Derniers travaux de saint Anscaire, archevêque de Hambourg. Il a pour successeur saint Rembert, l. 57, p. 294. — Invasions et ravages des Normands ou hommes du Nord, l. 56, p. 224 et 243 ; l. 57, p. 305 ; l. 58, p. 370, 373 et 374. — Conversion de Rollon, chef des Normands, l. 59, p. 427. — Sollicitude du pape Sergius pour la conversion du Nord, p. 448. — Zèle de Henri l'Oiseleur et de l'archevêque Unni de Brême pour la conversion des Danois, l. 60, p. 452. — Adaldague, archevêque de Hambourg. Etat de la religion dans le Nord, p. 455. — Etat de la religion dans la Scandinavie, pendant le Xe siècle. Saint Libentius, archevêque de Brême, l. 61, p. 510. — Saint Olaüs, roi de Norwége. Saint Sifride, apôtre de la Suède. Suénon, roi de Danemarck, revient au christianisme. Invasions des Danois en Angleterre, p. 564. — Saint Elphège, archevêque de Cantorbéry, martyrisé par les Danois, p. 565. — Le Danois Canut, roi d'Angleterre, p. 568.

SCANDINAVIE, etc. — Mort de saint Libentius, archevêque de Brême et de Hambourg. Il a pour successeur Unvan, qui ramène à la religion les Slaves révoltés, t. 6, p. 72. — Lettre remarquable que le roi Cunut lo

Grand écrit de Rome à ses peuples d'Angleterre, de Danemarck, de Suède et de Norwége, l. 63, p. 28. — Mort du saint roi Olaüs, roi de Norwége, p. 30. — Archevêques de Hambourg pendant le XI° siècle, p. 42. — Suénon, roi de Danemarck et de Suède, se soumet au Pape touchant son mariage. Adalbert, archevêque de Hambourg, p. 63. — Bulle remarquable du pape Victor II, où il compte l'Islande et le Groënland parmi les pays chrétiens. Un évêque d'Islande, l. 64, p. 104. — Progrès du christianisme chez les Slaves, par les soins de leur prince, saint Gothescalc, ainsi que dans les autres pays du Nord, même en Groënland. Ce qui aurait pu arriver dès lors, si les rois de Germanie avaient eu l'esprit et le zèle de Charlemagne, p. 120. — Martyre du prince slave saint Gothescalc. Défection des Slaves, p. 148. — Mort d'Adalbert, archevêque de Brême. Son caractère. Son zèle pour les missions du Nord. Il a Liemar pour successeur, p. 154. — Adam de Brême, auteur d'une histoire ecclésiastique. État de la religion dans le Nord. Pénitence du roi Suénon de Danemarck, p. 155. — Vie et mort de saint Canut, roi de Danemarck, l. 65, p. 171. — Lettres du pape saint Grégoire VII à ce saint roi, ainsi qu'à son père, p. 173. — Quels sont les principaux paroissiens du Pape. Lettres du pape saint Grégoire VII aux rois de Norwége, de Suède et des Visigoths, p. 174. — Eric, roi de Danemarck, p. 341. — Arrivée de Sigur, prince de Norwége, parmi les croisés de Syrie. Prise de Sidon, l. 67, p. 362. — Croisade contre les Slaves. Saint Henri, évêque d'Upsal, et saint Éric, roi de Suède, l. 64, p. 564. — Hartwic, archevêque de Brême, rétablit les évêchés ruinés par les Barbares. Saint Vicelin, évêque d'Oldenbourg, p. 562.

SCANDINAVIE, etc. — Le roi Waldemar de Danemarck, t. 7, l. 69, p. 74. — Il demande au pape Alexandre III la canonisation de son père saint Canut. Canonisation de sainte Hélène, martyre en Suède. Conversion de l'île de Rugen par les soins du roi Waldemar. Ce qu'était l'idole Santovit, p. 75. — Foulque, évêque d'Esthonie. Lettres du Pape en sa faveur. Lettres du pape à l'archevêque d'Upsal et à ses suffragants pour la répression de plusieurs abus, p. 76. — Autres lettres du pape Alexandre pour les royaumes du Nord, qui lui restent soumis malgré Frédéric Barberousse, p. 77. — Abdication d'Eskil, archevêque de Lunden en Danemarck, pour aller mourir moine auprès du tombeau de saint Bernard. Il est remplacé par Absalom, évêque de Rotschild, que le Pape oblige d'accepter, p. 133. — Saint Guillaume, abbé en Danemarck, p. 134. — Sollicitude du pape Innocent III sur la Norwége, la Suède, le Danemarck et l'Islande, l. 74, p. 238. — Progrès du christianisme en Prusse, Livonie, Esthonie, p. 242. — Zèle du pape Honorius III pour propager le christianisme en Prusse, en Livonie, Courlande, Danemarck, Suède et Norwége, p. 404.

SCANDINAVIE, etc. — Le pape Innocent IV envoie un légat en Norwége, t. 8, l. 73, p. 63. — Dans les royaumes du Nord, le Danemarck, la Norwége, la Suède, le pape Clément IV et les évêques travaillent, d'un commun accord, à réprimer les violences, à radoucir les mœurs et à calmer les guerres, l. 74, p. 172. — État de la Suède pendant le XIII° siècle, l. 76, p. 295. — Affaires de Danemarck pour l'archevêque de Lunden, sous le pape Boniface VIII, l. 77, p. 366. — Le roi Magnus de Suède prie le pape Jean XXII de lui confirmer la possession de la Scanie, attendu que le royaume de Danemarck n'a jamais appartenu à l'empire, mais à l'Eglise romaine, l. 79, p. 534. — Le pape Urbain V reçoit la visite de trois rois, et donne à celui de Danemarck une part spéciale aux bonnes œuvres de l'Eglise romaine, p. 533.

SCANDINAVIE, etc. — Famille de sainte Brigitte de Suède. Naissance et commencements de sainte Brigitte, t. 9, l. 80, p. 4. — Son mariage. Ses enfants. Son instruction à son fils Charles, sur les devoirs de la chevalerie chrétienne, p. 5; — à son fils Birger, sur les devoirs du magistrat chrétien. Sa vie dans le mariage, à la cour. Mort de son époux, p. 6. — Elle fonde des monastères et un nouvel ordre religieux. Elle a des révélations, p. 7. — Le docteur Mathias, le prieur Pierre, l'évêque Alphonse, ses directeurs et biographes. Jugement du cardinal Turrecremata sur les révélations de sainte Brigitte. Objets de ces révélations ou contemplations, p. 8. — Voyage et séjour de sainte Brigitte à Rome. Révélations qu'elle a eues sur les Papes de son temps, p. 9. — Pèlerinage de sainte Brigitte à Jérusalem. Ses révélations prophétiques touchant le royaume de Chypre, p. 27. — Sa sainte mort. Avertissements prophétiques de sainte Brigitte au pape Grégoire XI, p. 28. — Sainte Catherine de Suède, l. 81, p. 77. — Révolutions presque continuelles dans la Scandinavie pendant le XV° siècle, l. 83, p. 347. — Pèlerinage à Rome du roi de Danemarck pendant le jubilé de 1475, p. 399. — Bel exemple des rois de Danemarck et de Norwége, relativement au pape Jules II et au cinquième concile général de Latran, p. 428. — État inquiétant, en 1517, de l'Angleterre, de la France, de l'Allemagne et des royaumes du Nord, en particulier de la nation allemande, l. 84, p. 514. — État de la Scandinavie jusqu'au commencement du XVI° siècle, t. 10, p. 47. — Christiern II, surnommé le Néron du Nord, commence l'apostasie du Danemarck, qui est achevée par son oncle Frédéric et par son neveu Christiern III, p. 48. — La Suède, jusqu'alors catholique et libre, perd tout ensemble sa foi et sa liberté par la ruse et la violence de l'usurpateur Gustave Ericson, p. 49. — Olaüs Magnus, archevêque d'Upsal, fidèle catholique, est auteur d'une histoire des Goths et des Suédois, p. 50. — Guerre de Trente-Ans. Les protestants d'Allemagne appellent à leur secours le roi de Danemarck, Christiern IV, et le roi de Suède, Gustave-Adolphe, t. 11, l. 87, p. 52 et seqq. — Mort de Gustave-Adolphe, p. 55. — Malgré la paix conclue entre l'empereur et plusieurs princes d'Allemagne, le Suédois Oxenstiern et l'Allemand Bernard, duc de Wémar, continuent la guerre, moyennant une alliance avec la France, p. 58. — Conversion de Christine de Suède, fille de Gustave-Adolphe, laquelle, pour cet effet, abdique la couronne, p. 65. — Décadence et annulation politique de la Suède luthérienne, l. 88, p. 347. — Conversion au catholicisme du savant Zoëga, luthérien de Danemarck, l. 89, p. 358. — Succession sur les trônes de Suède et de Danemarck, de 1802 à 1848, t. 12, l. 91, p. 4. — Conversion de la princesse Charlotte de Danemarck, p. 80.

SCARRON, premier mari de la femme clandestine de Louis XIV, t. 11, l. 88, p. 234.

SCHALL (Adam), missionnaire jésuite en Chine, t. 10, l. 87, p. 484. — Habile astronome, t. 11, l. 88, p. 317.

SCHEFFLER, poète allemand, se convertit à Breslau, t. 10, l. 87, p. 597, et t. 11, p. 60.

SCHEFFMACHER, jésuite alsacien, a fait d'excellents écrits de controverse, t. 11, l. 88, p. 298.

SCHIITES. Schisme mahométan, t. 5, l. 52, p. 20.

SCHILLER. Tableau que le poète Schiller trace de l'Allemagne dans deux de ses drames, en particulier dans ses Brigands, t. 11, l. 89, p. 505. — Sa tendance au catholicisme, p. 505.

SCHISME, Schismatiques. — Zèle de saint Ignace d'Antioche contre les schismatiques, t. 2, l. 27, p. 373. — Schisme à Carthage. Excommunication des schismatiques, l. 29, p. 532. — Schisme de Novatien à Rome, p. 533. — Condamnation des Novatiens. Réconciliation des confesseurs schismatiques, p. 536. — Saint Denys d'Alexandrie écrit contre le schisme, ainsi que le pape saint Corneille, p. 537. — Fin du schisme de Novatien, p. 546. — Schisme de Mélèce à Alexandrie, l. 31, p. 75. — Assoupissement du schisme de Mélèce, p. 85. — Schisme des donatistes à Carthage et en Afrique,

p. 88-92. — Fureur des donatistes circoncellions , l. 32, p. 130. — Rappel et violence des chefs donatistes sous Julien l'Apostat, l. 34, p. 191. — Terreur que saint Augustin inspire aux évêques donatistes, l. 37, p. 345. — Division des donatistes. Ecrits et conférences de saint Augustin pour les ramener, p. 362. — Conférence des donatistes et des catholiques à Carthage , l. 38, p. 396. — Schisme des lucifériens, non de Lucifer, l. 34, p. 202. — Schisme d'Istrie, t. 4, l. 46, p. 292 ; l. 47, p. 320. — Schisme des Grecs (Voyez *Bas-Empire*). Grand schisme d'Occident (Voyez Concile de Constance, dans les *Conciles œcuméniques*). Schisme de la révolution française, t. 11, l. 90, p. 132 et seqq. — Lettres de Pie IX aux Orientaux et aux schismatiques ; pour les engager à assister au concile du Vatican, t. 12, l. 92, p. 112. — Refus du patriarche grec de recevoir la lettre de convocation et réponse qu'il y fit, p. 116.

SCHLÉGEL (Frédéric de). Sa conversion. Son génie. Ses nombreux ouvrages, t. 12, l. 91, p. 83. — Ce qu'étaient les Papes au moyen-âge d'après Frédéric de Schlégel, t. 8, l. 77, p. 380.

SCHMIDELIN cherche à établir une dictature générale dans les églises protestantes, t. 10, l. 86, p. 443.

SCHNEIDER (Jean-Georges), prêtre apostat et révolutionnaire à Strasbourg, t. 11, l. 90, p. 564.

SCHOLASTIQUE (sainte), sœur de saint Benoît, t. 5, l. 45, p. 215.

SCHOLASTIQUE. Sur le mot et la méthode scholastique, t. 7, l. 69, p. 1. — Ce que c'est que cette méthode, et ce qu'on peut penser des reproches qu'on lui fait. Quand a commencé cette méthode en théologie ? Quelle est l'autorité des docteurs de l'école ? p. 2. — Différence entre les sophistes et les docteurs de l'Eglise, p. 3.

SCHOLARIUS, savant grec au concile de Ferrare ou de Florence , t. 9, l. 82, p. 257.

SCHOTT, jésuite allemand , t. 11, l. 88, p. 295.

SCIENCE. La foi, fondement de la science suivant Aristote, t. 2, l. 20, p. 32.

SCIOPPIUS et autres protestants revenus à la foi catholique, t. 11, l. 87, p. 42.

·SCIPION (les) en Espagne et en Afrique, t. 2, l. 22, p. 116.

SÉBA. Sa révolte. Sa mort, t. 1, l. 12, p. 301.

SÉBASTE. Quarante martyrs de Sébaste sous Licinius, t. 3, l. 31, p. 74.

SÉBASTIEN (saint). Son origine. Sa charité et son zèle. Miracles et conversions qu'il opère. Guérison miraculeuse de Tranquillin et de Chromace, t. 3, l. 30, p. 2. — Faveur de Sébastien auprès des empereurs, p. 4. — Confession et martyre de saint Sébastien , p. 6.

SÉBASTIEN Maggi (bienheureux), t. 9, l. 83, p. 374.

SÉBASTIEN d'Apparitio (bienh.), t. 10, l. 86, p. 357.

SÉBASTIEN, roi de Portugal, t. 10, l. 86, p. 377 (Voir *Espagne* et *Portugal*).

SÉCHÉNIAS, fils de Jéhiel, propose de faire alliance avec le Seigneur pour renvoyer toutes les femmes étrangères et ceux qui étaient nés d'elles, t. 1, l. 49, p. 470.

SECOND, évêque de Tigise en Numidie, t. 3, l. 30, p. 22 et 43 ; l. 31, p. 88.

SÉDÉCIAS, dernier roi de Juda. Son impiété et son endurcissement. Prophéties de Jérémie. Imposture et mort d'Hananias, t. 1, l. 18, p. 412. — Prophétie d'Ezéchiel sur la captivité de Sédécias, p. 419. — Révolte et alliance de Sédécias avec le roi d'Egypte. Prédiction, par Ezéchiel et Jérémie , de la défaite des deux rois. Marche de Nabuchodonosor. Conversion passagère de Sédécias. Le sort des flèches , p. 420. — Entretiens secrets de Sédécias avec Jérémie. Fuite, prise et aveuglement de Sédécias, p. 422.

SÉDULIUS, poète, t. 3, l. 40, p. 493.

SÉGNERI, oncle et neveu, jésuites italiens, t. 11, l. 88, p. 116.

SÉGNORINE (sainte), abbesse en Espagne, t. 5, l. 64, p. 509.

SÉLEUCIDES (les) en Syrie. Succession des rois de Syrie. Mort sanglante et courte durée du règne de la plupart d'entre eux. Pompeuse vanité de leurs surnoms, t. 2, l. 21, p. 67.

SÉLEUCIE (concile de) contre les ariens, t. 3, l. 33, p. 170.

SÉLEUCUS Philopator, t. 2, l. 20, p. 75.

SÉLIM Ier, t. 9, l. 83, p. 434 (V. *Mahométans, Turcs*).

SÉLIM II, t. 10, l. 86, p. 400 (V. *Mahométans, Turcs*).

SECTES religieuses : Châtel, Vintras, Pierre Michel, t. 12, l. 91, p. 167.

SELLUM, roi d'Israël, t. 1, l. 15, p. 361.

SEM, Cham et Japhet, les trois fils de Noé, t. 1, l. 3, p. 56. — Coup d'œil sur le partage de la terre entre leurs enfants, p. 63. — Analogies entre les premiers peuples et les premiers prédicateurs de l'Evangile, l. 4, p. 72. — Postérité des trois fils de Noé. Peuples qui en descendent et pays qu'ils ont habités. La vérité du récit biblique confirmée par la science moderne, p. 73.

SÉMÉI outrage David, t. 1, l. 12, p. 299. — David lui pardonne, p. 304. — Sa mort, l. 13, p. 310.

SEMI-ARIENS. Leur exil par Valens. Leur retour à l'unité. Lettre que le pape Libère leur adresse, t. 3, l. 35, p. 227.

SÉMINAIRES. Décret mémorable du concile de Trente pour l'établissement des séminaires. Réflexion à ce sujet , t. 10, l. 85, p. 316.

SEMI-PÉLAGIENS. Origine et histoire du semi-pélagianisme. Saint Augustin écrit à cette occasion ses livres : *De la grâce et du libre arbitre ; De la correction et de la grâce; De la prédestination des saints ; Du don de la persévérance*, t. 3, l. 28, p. 442. — Ce qui embrouillait le plus cette controverse. Moyens de l'éclaircir, p. 444.

SÉMIRAMIS. Son histoire est peu sûre, t. 1, l. 4, p. 75.

SEMPRONIUS (saint), martyr, t. 2, l. 29, p. 552.

SENNACHÉRIB, roi d'Assyrie ou de Ninive. Son invasion. Témoignages des auteurs profanes. Mensonge patriotique des prêtres égyptiens, t. 1, l. 16, p. 369. — Menaces et blasphèmes de Sennachérib. Prières d'Ezéchias. Prédictions d'Isaïe contre les Assyriens. Ravages de l'ange exterminateur dans leur camp. Fuite et mort de Sennachérib. Témoignage des auteurs sacrés et profanes, p. 370.

SÉNÈQUE, philosophe latin. Opposition de sa conduite avec ses opinions , t. 2, l. 20, p. 43. — Probabilité de son initiation à la connaissance de la vraie doctrine , p. 44. — Comparaison de saint Pierre avec Sénèque, l. 25, p. 268.

SÉNOCH (le reclus). Sa retraite. Ses mortifications. Ses miracles. Sa mort , t. 4, l. 46, p. 287.

SEPTANTE (les). Traduction de l'Ecriture par les Septante, et son anniversaire, t. 2, l. 21, p. 72.

SEPTIME-SÉVÈRE, empereur. Commencement de sa persécution, t. 2, l. 28, p. 450.

SÉRAPHINS (les) dans la vision d'Isaïe, t. 1, l. 15, p. 357.

SÉRAPHIN de Montgranario (saint), franciscain, t. 10, l. 86, p. 358.

SÉRAPHINE (bienheureuse), t. 9, l. 83, p. 387.

SÉRAPION (saint), martyr, t. 2, l. 29, p. 521.

SÉRÉNIUS Granianus, proconsul d'Asie. Ses lettres en faveur des chrétiens, t. 2, l. 27, p. 384.

SÉRÉNUS (saint), jardinier et martyr, t. 3, l. 30, p. 53.

SERGE (saint) , t. 8, l. 76, p. 254.

SERGIUS, pape, t. 4, l. 50, p. 512.

SERGIUS II, pape. Son élection, t. 5, l. 56, p. 223. — Sa mort, p. 266.

SERGIUS III, pape. Ce qu'en disent Flodoard, le diacre Jean et son épitaphe. Si l'assertion inconsistante de Luitprand peut l'emporter sur ces trois témoins. Sa sollicitude pour la conversion du Nord, t. 5, l. 59, p. 418.

SERGIUS IV, pape. Son court pontificat, t. 5, l. 62, p. 574. — Sa mort, t. 6, p. 43.

Sergius (saint), martyr. Le roi Chosroès de Perse lu fait des donations, t. 4, l. 47, p. 332.

Sergius Paulus, proconsul, converti par saint Paul, t. 2, l. 25, p. 269.

Sergius, patriarche monothélite de Constantinople. Son origine. Il contribue puissamment à répandre l'hérésie d'Eutychès sous le nom de *monothélisme*. Il fabrique une prétendue lettre du patriarche Mennas au pape Vigile. L'empereur Héraclius devient un de ses prosélytes. Son habileté à déguiser le venin de son erreur et à la répandre, t. 4, l. 48, p. 386. — Sa dispute avec saint Sophrone. Lettre fallacieuse qu'il écrit au pape Honorius. Il est réfuté par saint Sophrone, p. 387. — L'*Ecthèse* d'Héraclius est son ouvrage. Ce que c'est que cet édit. Il le fait approuver par les évêques d'Orient et l'envoie à Rome. Sa mort, p. 417. — Il est condamné dans un concile tenu à Saint-Jean de Latran, l. 49, p. 432.

Sergius, métropolitain de Chypre. Sa lettre au pape Théodore, t. 4, l. 49, p. 424.

Sergius, trésorier du Siège apostolique, contribue à la déposition de l'antipape Constantin, t. 5, l. 53, p. 65. — Il est envoyé par le pape Etienne III vers Pépin, p. 66. — Sa mort pour la défense des droits de l'Eglise de Rome, p. 68.

Sermon sur la montagne, t. 2, l. 23, p. 476.

Séripand, cardinal, au concile de Trente, t. 10, l. 85, p. 299 et seqq.

Serpent. Le serpent chez les anciens peuples, dans l'Ecriture et dans l'histoire de l'Eglise catholique, t. 4, l. 2, p. 41. — Pourquoi Eve ne s'effraie point à la vue du serpent. Pourquoi le démon a choisi le corps du serpent pour s'incarner en quelque sorte, p. 42. — Artifices et finesse du serpent. Promesses équivoques du serpent, p. 43. — Malédiction exclusive du serpent, p. 46. — Les serpents envoyés contre les murmurateurs d'Israël. Le serpent d'airain, figure de Jésus-Christ, t. 4, l. 8, p. 490.

Servais de Layruels, réformateur des Prémontrés, t. 10, l. 87, p. 537.

Servet. Vie, erreurs et supplice de Michel Servet. Les églises protestantes approuvent son supplice. Conséquences qui résultent de là, t. 9, l. 84, p. 115.

Servites. Origine de l'ordre des Servites, t. 8, l. 75, p. 218.

Sésac. Son évasion dans le royaume de Juda. Quel était ce roi d'Egypte. Ses liaisons avec Jéroboam, roi d'Israël, t. 4, l. 44. p. 334.

Sésostris, roi d'Égypte. Pourquoi l'Ecriture n'en parle pas, t. 4, l. 6, p. 143.

Seth. Abel renaît dans Seth et Jésus-Christ dans son Eglise. Postérité de Seth. Enlèvement d'Hénoch, t. 4, l. 3, p. 54.

Sévère, empereur, t. 2, l. 28, p. 448.

Sévère, empereur éphémère d'Occident, t. 4, l. 44, p. 23.

Sévère. Intrusion du moine Sévère au siège d'Antioche. Opposition des évêques. Tentatives inutiles de Sévère auprès d'Elie de Jérusalem et du prince arabe Almondar, t. 4, l. 43, p. 424.

Séverin, pape. Sa conduite honorable. Il rejette l'*Ecthèse* d'Héraclius et condamne le monothélisme, t. 4, l. 48, p. 418.

Sévérin de Norique (saint). Son origine présumée, ses prédications et ses miracles, t. 4, l. 44, p. 33. — Sa mort, l. 42, p. 70.

Sévérin d'Agaune (saint). Ses entretiens avec Clovis. Ses miracles. Sa mort, t. 4, l. 43, p. 109.

Sfondrate (Nicolas). (Voyez *Grégoire XIV*).

Shaftesbury. Jugement de Leibnitz sur cet auteur, t. 44, l. 88, p. 296 et 450.

Shakespeare, surnommé le Sophocle anglais, est au moins poétiquement catholique, t. 44, l. 88, p. 290.

Sherlock, auteur anglais. Ses écrits, t. 44, l. 89, p. 454.

Siagrius (saint), t. 5, l. 53, p. 71.

Sibour (Mgr) et le peuple de Paris, t. 42, l. 92, p. 274. — Il est assassiné par un prêtre dans l'église de Saint-Etienne-du-Mont, p. 332.

Sicile (royaume de). (Voir *Pie IX*).

Sidoine-Apollinaire (saint), t. 4, l. 44, p. 23. — Il est élu évêque de Clermont. Ses lettres à saint Loup de Troyes. Son éloge, p. 30. — Il fait élire Simplicius à Bourges, p. 32. — Emprisonnement de saint Sidoine par Euric, roi des Visigoths, p. 36.

Siècle de fer. Si les quarante ans que comprend le cinquante-neuvième livre de cette Histoire méritent ce nom de siècle de fer. D'où vient l'accusation. Siècles d'ignorance : où ils se trouvent, t. 5, l. 59, p. 390.

Siége apostolique (Voyez *Papauté*).

Sifride (saint), apôtre de la Suède, t. 5, l. 62, p. 564.

Sigan-fou. Histoire du christianisme à la Chine, d'après le monument de Sigan-fou, capitale du pays au septième siècle, t. 4, l. 49, p. 424 ; t. 5, l. 52, p. 28.

Sigebert, mari de Brunehaut. Sa sagesse. Son expédition avec Gontram. Son assassinat, t. 4, l. 46, p. 264.

Sigefroi, archevêque de Mayence, aide Henri IV à tyranniser la Saxe et la Thuringe, t. 6, l. 64, p. 456. — Sa conduite peu épiscopale, l. 65, p. 493.

Sigisbert (saint), roi d'Austrasie. Grand nombre de saints à sa cour, t. 4, l. 49, p. 450.

Sigismond, empereur. Parallèle entre sa conduite et celle du roi arien Théodoric au commencement du VIe siècle, t. 9, l. 84, p. 100. — Son voyage en Espagne pour faire cesser le schisme, p. 102. — Passeport qu'il donne à Jean Hus, p. 112. — Sa mort, l. 82, p. 213 (Voir aussi *Allemagne*).

Sigismond, roi des Burgondes. Sa conversion. Son voyage à Rome et sa lettre au Pape, t. 4, l. 43, p. 149. — Il devient meurtrier de son fils Sigeric. Sa pénitence. Il est défait par les fils de Clovis, mis à mort avec une partie de sa famille, l. 44, p. 157 (Voir *France*).

Sigismond III, roi de Pologne, t. 10, l. 86, p. 447. (Voir *Slaves*).

Sigismond, électeur de Brandebourg, se déclare calviniste. Inconséquences des luthériens qui le trouvent mauvais, t. 44, l. 87, p. 44 (Voir *Prusse*).

Sigonagne (l'abbé) et ses écrits, t. 44, l. 89, p. 500.

Sigur, prince de Norwége. Son arrivée en Orient, t. 6, l. 67, p. 362.

Silvestre (saint), pape. Sa présidence au concile de Nicée, t. 3, l. 34, p. 81. — Il confirme le concile, p. 87. — Fondation et dotation d'églises à Rome par saint Silvestre et Constantin, p. 98. — Mort de saint Silvestre, l. 32, p. 444.

Silvestre II, pape, auparavant Gerbert (Voir ce nom). Son élection. Sa lettre en faveur d'Arnoulfe de Reims, t. 5, l. 62, p. 554. — Il accorde à saint Etienne, duc et apôtre de Hongrie, le titre de roi, p. 559. — Il donne le premier le signal pour la lutte armée de la chrétienté entière contre l'empire antichrétien et antidieu de Mahomet et de Hakem, p. 573. — Mort de Silvestre II, p. 574.

Siméon, frère de Joseph, retenu en Egypte, t. 4, l. 4, p. 106.

Siméon (le saint vieillard). Sa prophétie et son cantique, t. 2, l. 23, p. 455.

Siméon (saint), évêque de Jérusalem et martyr, t. 2, l. 27, p. 368.

Siméon Stylite (saint). Vocation et vision de saint Siméon Stylite. Sa retraite et ses austérités. Sa réputation. Ses miracles en faveur des pauvres. Conversions qu'il opère. Son humilité, t. 3, l. 40, p. 497. — Sa mort et ses funérailles, t. 4, l. 44, p. 47.

Siméon (saint), archevêque de Ctésiphon, martyr. Son origine, t. 3, l. 32, p. 434. — Sapor lui écrit, p. 435. — Siméon refuse d'exécuter la sentence de persécution. Fureur et lettre de Sapor. Il refuse d'adorer les idoles. Son interrogatoire. Son martyre, p. 436.

Siméon, évêque de Beth-Arsam en Perse, t. 4, l. 44, p. 463.

Siméon, surnommé Métaphraste. Ses travaux décriés injustement, t. 5, l. 60, p. 468.

Simon Ballachi (bienheureux), t. 8, l. 78, p. 435.

Simon Machabée. Election de Simon. Massacre de Jonathas et de ses deux fils par Tryphon. Leur sépulture. Usurpation de Tryphon. Paix entre Simon et Démétrius. Indépendance de la Judée. Nouveaux succès et tranquillité du règne de Simon. Ambassade à Rome et à Sparte. Monument public en mémoire du gouvernement de Simon. Inauguration de Simon dans l'autorité souveraine et ses conditions, t. 2, l. 21, p. 403. — Lettre d'Antiochus-Sidètes à Simon. Défaite de Cendebée par les fils de Simon. Meurtre de Simon par Ptolémée, l. 22, p. 420.

Simon le Cyrénéen, t. 2, l. 23, p. 235.

Simon (saint), jeune enfant, martyrisé par les Juifs à Trente, t. 9, l. 83, p. 376.

Simon Stock (saint), t. 8, l. 75, p. 246.

Simon, comte de Crépi (bienh.), t. 6, l. 65, p. 184.

Simon de Lipnikza (bienheureux), t 10, l. 86, p. 355.

Simon de Roxas (bienheureux), t. 10, l. 87, p. 496.

Simon le magicien, t. 2, l. 25, p. 258. — Vaincu à Rome par saint Pierre, p. 345.

Simon, évêque de Modrusse, au concile de Latran, t. 9, l. 83, p. 434.

Simon, comte de Montfort. Il prend la résolution de partir une seconde fois pour les croisades, t. 7, l. 71, p. 277. — Il s'oppose aux desseins de quelques croisés qui veulent attaquer Constantinople, p. 283. — Les chefs de la croisade le choisissent pour seigneur de Carcassonne et de leurs autres conquêtes. Son portrait par le protestant Hurter. Observations à ce sujet, p. 321. — Sa position difficile. Valeur héroïque qu'il déploie. Sa prodigieuse victoire à Muret sur le roi d'Aragon, p. 324. — Ses dernières actions. Sa mort, l. 72, p. 449.

Simon (Jules), philosophe moderne, t. 12, l. 92, p. 333.

Simonide, poète grec, t. 2, l. 20, p. 46.

Simplicité. Accord de la simplicité avec la prudence chrétienne, t. 10, l. 85, p. 253.

Simplicius, pape. Son élection, t. 4, l. 44, p. 23. — Sa lettre à Acace de Constantinople, l. 42, p. 43. — Autre lettre du Pape à Acace et à Zénon, au sujet de Jean Talaïa d'Alexandrie, p. 57. — Mort et éloge du pape Simplicius, p. 61.

Sinaï. Aspect du Sinaï au jour de la promulgation de la loi, t. 1, l. 7, p. 156.

Sirice (saint), pape. Son élection. Sa lettre à Himère de Tarragone. Autorité et devoir du Pontife romain. Il défend de rebaptiser les ariens. Réserve le baptême solennel des adultes aux cinquante jours de la Pâque à la Pentecôte, mais ordonne de baptiser en tout temps les petits enfants, et même les adultes qui seraient en péril, t. 3, l. 36, p. 296. — Les pénitents publics devaient renoncer à la milice, même après leur pénitence. Le Pape prive de toute fonction ecclésiastique les évêques, les prêtres et les diacres qui n'observent point le célibat, et il donne des règles pour les ordinations. L'empereur Maxime appelle le Pape Seigneur apostolique et bien-aimé Père, p. 297. — Lettre de Sirice à son légat en Illyrie, Anysius de Thessalonique. Autre lettre du Pape aux évêques d'Italie sur les ordinations, les devoirs des prêtres et des diacres. L'origine de l'apostolat et de l'épiscopat a commencé par le Christ. Aucun évêque ne doit être ordonné à l'insu du Saint-Siége. Cette décrétale est envoyée et reçue en Afrique, p. 208. — Autre décrétale à toutes les Eglises, sur les ordinations. Saint Sirice veut que ceux qui doivent être ordonnés évêques se présentent à lui, quelque éloignés qu'ils soient, afin qu'il put juger par lui-même s'ils étaient dignes de l'épiscopat et s'ils avaient les suffrages du peuple, p. 209. — Décrétale de Sirice aux évêques de Gaule sur la continence des clercs, les ordinations, les vierges. Sa mort, p. 364.

Sirmium (concile de). Il condamne et dépose Photin, évêque arien de cette ville. Ses vingt-sept canons, t. 3, l. 33, p. 144.

Sirmond, savant jésuite, t. 11, l. 88, p. 132.

Siroès, roi de Perse, t. 4, l. 48, p. 362.

Sisara. Sa défaite et sa mort, t. 1, l. 10, p. 235.

Sisenand (saint), évêque de Compostelle. Ses relations avec le pape Jean X, t. 5, l. 59, p. 429.

Sismondi, protestant de Genève, auteur d'une histoire des Français. Horrible calomnie qu'il fait contre saint Léger, évêque d'Autun, t. 4, l. 50, p. 483. — Son témoignage sur le pontificat de Grégoire X, t. 8, l. 75, p. 243. — Ses curieuses observations sur l'ambition de la cour de Rome, l. 76, p. 228. — Ses réflexions sur l'assemblée des prélats et des barons en France, l. 77, p. 390. — Son jugement sur la conduite de Louis de Bavière en Italie, l. 79, p. 484. — Il a mal compris le traité de Bretigny, p. 547. — De l'aveu du protestant Sismondi, le duc de Guise est assassiné par le protestant Poltrot, à la connaissance et avec l'assistance du protestant Coligny, conformément aux principes du protestantisme, t. 10, l. 86, p. 420. — Lâche cruauté que, de son aveu, le parlement de Paris exerce contre les Jésuites, à propos des tentatives d'assassinat sur Henri IV, p. 439. — Sismondi avoue que c'est le peuple français en masse qui a repoussé la religion de Calvin, p. 417. — Comment il juge les brouilleries de Louis XVI avec les Papes, t. 11, l. 88, p. 233.

Sisinnius, pape, t. 4, l. 51, p. 549.

Sixte ou Xiste Ier (saint), pape, t. 2, l. 27, p. 385.

Sixte II (saint), pape et martyr, t. 2, l. 29, p. 562.

Sixte III écrit une lettre de félicitation aux évêques du concile d'Ephèse, et leur recommande de ménager la paix avec Jean d'Antioche. Grande division parmi les évêques d'Orient, mais qui se termine par une réconciliation générale, t. 3, l. 39, p. 486. — Le peu d'opposants recourent eux-mêmes à l'autorité du pape Sixte III, qui félicite avec effusion de cœur saint Cyrille d'Alexandrie et Jean d'Antioche de leur réconciliation sincère, p. 490. — Lettre du Pape à Théodoret et à Périgène, l. 40, p. 503.

Sixte IV, pape. Son élection. Il envoie des légats pour procurer la défense des chrétiens contre les Turcs, t. 9, l. 83, p. 392. — Légation du cardinal Bessarion en France. Sa mort. Mauvais succès de ses légations. Les Turcs battus par le cardinal Caraffe et par le roi de Perse. Si les chrétiens avaient été unis, c'était fait des Turcs, p. 393. — Tandis que les plus grands princes mettent leur gloire à se tromper et à se trahir, les moines-soldats, ou chevaliers de Rhodes, aident le Pape à sauver l'Europe, p. 395. — Divers actes de Sixte IV, p. 398. — La reine de Bosnie donne son royaume au Saint-Siége. Pèlerinage à Rome du roi de Danemarck pendant le jubilé de 1475. Le duc de la Russie-Blanche demande au Pape le titre de roi avec un légat pour corriger ce qu'il y aurait à corriger chez les Russes. Le Pape reçoit également une ambassade de l'empereur d'Ethiopie. Malheur de Sixte IV d'aimer trop ses proches. Un de ses neveux participe à l'assassinat de Julien de Médicis, p. 399. — Condamnation de neuf propositions de Pierre d'Osma, qui se soumet. Condamnation de seize propositions du docteur Ruchrad, qui se soumet également, p. 400. — Mort de Sixte IV, p. 403.

Sixte-Quint. Vraie histoire de sa vie et de son pontificat. Par quelle voie il parvient au cardinalat, t. 10, l. 86, p. 395. — Son élection d'après un auteur contemporain. Il établit la sûreté publique, p. 396. — En même temps qu'il renouvelle Rome par de superbes monuments, il établit la célèbre bibliothèque du Belvédère, il revoit lui-même les épreuves d'une édition de la Vulgate, et met tous ses soins à l'administration temporelle de ses Etats, aussi bien qu'au gouverne-

ment général de l'Eglise catholique, p. 397. — Il excommunie Henri de Navarre et le prince de Condé. Il refuse à Henri III d'abolir le décret de la Sorbonne sur sa déchéance. Il institue la congrégation de l'Index, p. 335. — Il complète la congrégation du Saint-Office ou de la Sainte-Inquisition, p. 336. — Il institue la congrégation des Rites, p. 341.

Sixte de Sienne. Sa conversion et ses ouvrages; t. 10, l. 86, p. 342.

Slaves, Russes, Polonais, Moraves, Bohèmes. — Commencements des deux saints frères Méthodius et Cyrille, apôtres des Slaves, t. 5, l. 56, p. 230. — Commencement de la conversion des Russes, l. 58, p. 347. — Le pape Jean VIII reçoit une lettre des princes de Servie et de Moravie. Il y répond, fait venir à Rôme leur apôtre saint Méthodius et le renvoie avec honneur, p. 361. — Conversion de Borzivoy, duc des Bohêmes, p. 362. — Plaintes des évêques d'Allemagne au pape Jean IX contre les Moraves : paraissent peu fondées, l. 59, p. 406. — Mort de saint Venceslas, duc de Bohême, l. 60, p. 455. — Conversion de Micislas, duc de Pologne. Saint Adalbert, archevêque de Magdebourg, apôtre des Slaves et des Russes. Le pape Jéan XIII érige l'église de Prague en métropole, l. 61, p. 488. — Progrès de la religion chez les Russes, sous leur duc Wladimir, p. 525. — Saint Brunon, autrement saint Boniface, apôtre des Russes et martyr, t. 6, l. 62, p. 11. — Saint Libentius, archevêque de Brême et de Hambourg, a pour successeur Unvan, qui ramène à la religion les Slaves révoltés, p. 12. — Etat déplorable de la Pologne dans le XIe.siècle. Dispense extraordinaire du Pape pour le roi Casimir, l. 63, p. 44. — Progrès du christianisme chez les Slaves, par les soins de leur prince, saint Gothescalc, ainsi que dans les autres pays du Nord, même en Groënland, l. 64, p. 120. — Martyre du prince slave Gothescalc. Défection des Slaves, p. 148. Démétrius, duc de Croatie, et Michel, prince des Slaves, obtiennent du pape saint Grégoire VII le titre de roi et lui jurent fidélité, l. 65, p. 166. — Avantages de cet ordre de choses. Le fils de Démétrius, roi des Russes, demande à tenir du Pape le royaume paternel. Singulières doléances de certains auteurs à cet égard, p. 167. — Action du pape saint Grégoire VII sur la Pologne, p. 168. — Saint Othon de Bamberg. Lettre que lui écrit Boleslas de Pologne. Sa mission en Poméranie, l. 67, p. 434. — Le saint retourne en Poméranie, l. 68, p. 463. — Croisade contre les Slaves, p. 561. — Casimir, roi de Pologne, par les exhortations du légat d'Alexandre III, rend une ordonnance pour réformer les abus du royaume, et en demande la confirmation au Pape, t. 7, l. 69, p. 133. — Progrès du christianisme en Livonie et dans les pays environnants, l. 70, p. 211. — Progrès du christianisme en Prusse, Livonie, Esthonie, l. 71, p. 242. — Saint Ceslas et saint Hyacinthe, Polonais, l. 72, p. 446. — Les Russes demandent des missionnaires pour les instruire. Les Norwégiens soumettent au Pape l'élection de leur roi. Les Poméraniens se placent sous la protection du Saint-Siége, l. 73, p. 501.

Slaves, etc. — Les Russes demandent au pape Grégoire IX un légat pour les instruire. Leur duc lui demande le titre de roi, t. 8, p. 3. — Le pape Innocent IV écrit aux souverains des Tartares et des Russes, p. 53. — Règlement du légat apostolique en Pologne, XIIIe siècle. Le même légat, depuis Urbain IV, donne une charte constitutionnelle à la Prusse, l. 74, p. 175. — Etat de la religion en Lithuanie et Livonie. Fondation de Kœnigsberg, p 177. — Pendant le XIIIe siècle, les Russes plus soumis qu'hostiles à l'Eglise romaine. Fausse collection de droit canonique pour indisposer le clergé russe contre le Pontife romain, l. 76, p. 254. — Etat religieux de l'Illyrie orientale, notamment de la Servie. Lettres du pape Nicolas IV à la reine de ce pays, p. 255. — Piété des rois Casimir de Pologne et Charo-

bert de Hongrie, l. 79, p. 531. — Les saints Antoine, Jean et Eustache de Lithuanie. Le pape Urbain V fond. l'Université de Cracovie, p. 583.

Slaves, etc. — Progrès de foi catholique chez les diverses nations Slaves, Tartares et autres de l'Orient, par le zèle des religieux franciscains et dominicains, t. 9, l. 80, p. 12. — Sbinco, évêque de Cracovie. Son amitié et sa sévérité pour Jagellon, roi de Pologne, l. 82, p. 214. — Au concile de Florence, Isidore, métropolitain de Russie, est le premier à conseiller la réunion avec les Latins, p. 255. — Il se déclare formellement pour la réunion, p. 258. — Il souscrit la bulle de réunion, avec les métropolitains de Grèce, de Trébisonde et d'Ibérie, p. 260. — Il est fait cardinal par Eugène IV, avec Sbinco de Cracovie, p. 262. — Aventure du cardinal grec Isidore de Russie, à la prise de Constantinople par les Mahométans, l. 83, p. 347. — Etat de la Russie dans le XVe siècle, p. 347. — Le bienheureux Jean de Dukla, saint de Pologne, p. 387. — Saint Jacques d'Esclavonie. Le bienheureux Ladislas de Gielniow, p. 388. — Le duc de la Russie-Blanche demande au pape Sixte IV le titre de roi, avec un légat pour corriger ce qui aurait besoin de correction chez les Russes, p. 399. — Saint Casimir, prince de Pologne et saint Jean de Kenti, prêtre polonais, p. 415. — Les Russes de Kiowie plus souvent catholiques que ceux de la Moscovie. Succession de leurs métropolitains. Révolutions politiques. Avénement de la famille Romanow, t. 11, l. 87, p. 68. — Martyre de saint Josaphat, archevêque de Polosck, p. 76. — Le roi de Pologne, Sobieski, le duc Charles de Lorraine et le prince Eugène de Savoie, secondés par l'Allemagne catholique et le Pape, sauvent l'Allemagne et l'Europe contre les Turcs, sans le concours de l'Allemagne protestante et au grand regret du roi de France, Louis XIV, allié des Turcs, t. 11, l. 88, p. 310. — Histoire abrégée de la Russie, p. 313. — Le czar Pierre Ier, dit le Grand, avec sa concubine Catherine, dite sa femme. Civilisation religieuse et morale de tous les deux, p. 314. — Témoignages incroyables de l'Eglise russe en faveur de l'autorité suprême des Pontifes romains, p. 316. — Réflexions du comte de Maistre à ce sujet, p. 317. — Etat des trônes en Europe pendant le XVIIIe siècle. Sur le trône de Russie, de Pierre Ier à Catherine II, une dynastie régicide et adultère, l. 89, p. 424. — Sympathie de Voltaire et compagnie pour cette dynastie russe, p. 422. — Etat moral et politique de la Pologne. Sa ruine, par la méchanceté d'une femme et la lâcheté d'un homme, p. 426. — Mort du roi Stanislas Leczinski et de la reine sa femme, p. 470. — La société des Jésuites, supprimée sur les instances menaçantes des souverains catholiques, est conservée à la demande de deux souverains hérétiques, Frédéric de Prusse et Catherine de Russie, p. 478. — Les souverains songent moins à délivrer Louis XVI qu'à s'agrandir aux dépens de la France, l. 90, p. 540. — L'empereur Paul de Russie est assassiné par les siens, p. 594.

Slaves, etc. — De tous les pays du monde, le plus à plaindre, quant à son état religieux et moral, c'est la Russie, dont les quatre cinquièmes sont esclaves. Commencement du christianisme chez les Slaves ou Esclavons, par la prédication des saints Cyrille et Méthodius, établis évêques par le pape Jean VIII. Primauté du Pontife romain reconnue par les Grecs au temps de Photius et de saint Ignace de Constantinople. Cette même primauté reconnue et proclamée par les Russes. Témoignages de l'Eglise russe, cités en 1841 par l'archevêque Ruthène-Uni, de Léopol et de Harlicz, t. 11, l. 91, p. 473. — L'antique métropole de Kiow persévère dans l'unité catholique. La métropole de Moscou, après avoir acheté d'un patriarche intérimaire de Constantinople la dignité patriarcale, en est dépouillée par Pierre Romanow, qui fonde l'église schismatique et la papauté russe, p. 473. — Histoire curieuse,

sinon édifiante, des premiers papes et papesses russes, p. 176. — Valeur morale du clergé schismatique de Russie. Etat de dégradation des popes russes. Ses causes, p. 177. — Proclamations théâtrales du gouvernement russe sur l'instruction du clergé et du peuple, p. 478. — Etat religieux de la Pologne, lorsqu'elle fut partagée entre la Prusse, l'Autriche et la Russie. Les souverains de Russie garantissent à leur portion de la Pologne catholique ses droits religieux. Comment ces souverains tiennent leur parole, notamment Catherine II, p. 179. — Etat du catholicisme dans la Pologne russe, sous Paul Ier et son fils Alexandre. Bulle de Pie VI pour en réorganiser les églises. Etat religieux de la Pologne proprement dite, sous son dernier roi Stanislas Poniatowski. Quelle fut, depuis cette même époque, la situation de l'Eglise ruthénienne-unie en Pologne, p. 480. — Sort des diocèses du rite latin enlevés à la Pologne par le dernier partage. Bulle de Pie VI pour en régulariser le gouvernement. Funeste influence de Stanislas Bohusz, archevêque de Mohilow, moins pasteur du troupeau que loup ravisseur, p. 481. — Nouvelle organisation ecclésiastique, par Pie VII, du nouveau royaume de Pologne, en 1815, sous l'empereur Alexandre. Particularité sur la mort de ce prince et de sa femme. Bouleversements révolutionnaires de l'empereur Nicolas dans les Eglises catholiques de Russie et de Pologne, dont il organise la persécution dès son avénement au trône. En 1830, les Polonais prennent les armes pour maintenir leur antique nationalité; mais, délaissés de l'Europe, ils succombent. Manifeste du pape Grégoire XVI sur le système de perversion de l'empereur Nicolas, vis-à-vis des Polonais et des Russes catholiques, p. 182. — Observations sur un bref aux évêques de Pologne. Exposé que fait le Pape des maux que l'Eglise catholique souffrait en Russie, p. 183. — Le czar, secondé par trois évêques apostats, persécute les populations catholiques avec plus de violence et d'astuce. Constance héroïque de plusieurs de ces populations, p. 184. — Long martyre des religieuses basiliennes de Minsk et d'ailleurs, sous la conduite de l'abbesse Macrine, p. 186. — Evasion de quatre d'entre elles, en particulier de l'abbesse, qui vient à Paris et à Rome dévoiler les mystères de la persécution moscovite, p. 491. — La Russie vient de conclure avec Pie IX un concordat qui donne de meilleures espérances, p. 226. — Le concordat de 1848 violé et les catholiques opprimés en Russie. Question des Lieux-Saints, p. 320. — Guerre entre la Turquie et la Russie. Caractère religieux de la guerre d'Orient. Siége et prise de Sébastopol par les armées alliées de la France et de l'Angleterre, p. 321.

SLEIDAN. Le luthérien Sleidan n'ose rapporter les derniers mots des thèses révolutionnaires de Luther, tant elles lui paraissent atroces, t. 10, l. 85, p. 183.

SMALCADE. Ligue des protestants à Smalcade contre l'empereur, après avoir promis de se soumettre au concile, t. 10, l. 85, p. 183. — Elle allume la guerre civile, p. 191.

SMARAGDE, abbé, t. 5, l. 54, p. 444.

SMERDIS (le faux). Son règne. Il encourage les Samaritains, t. 1, l. 19, p. 462.

SOANEN, évêque janséniste de Senez, t. 11, l. 88, p. 264.

SOBIESKI, roi de Pologne, sauve l'Europe de l'invasion des Turcs en délivrant Vienne, t. 11, l. 88, p. 344.

SOCIÉTÉS secrètes qui aident à la décomposition sociale en France et en Allemagne, t. 11, l. 89, p. 465.

SOCRATE, philosophe grec. Son époque. Direction pratique qu'il donne à la philosophie, t. 2, l. 20, p. 11. Particularités et exemples de sa méthode. Sa doctrine sur Dieu, et sur son unité, p. 12. — Sur sa providence, p. 13. — Sur la trinité et le culte qui lui est dû. Le Rédempteur, p. 14. — Les nuées d'Aristophane. Socrate prouve que c'est un plus grand malheur de commettre l'injustice que de la souffrir, et de n'être pas puni de ses crimes que d'en être puni. Il enseigne et prouve que la grande utilité de la rhétorique, c'est de persuader à soi et aux autres de faire le bien, et, si on a fait le mal, d'aller s'en accuser, pour recevoir sa punition, qui en est le remède, p. 15. — Il reconnaît et prouve la nécessité de confesser ses péchés, pour en recevoir la pénitence et l'absolution. Socrate donne de la mort la même définition que le catéchisme. Il reconnaît et enseigne le jugement après la mort. Il reconnaît et professe le purgatoire, avec ses fautes expiables et ses peines purifiantes, p. 16. — Il reconnaît et proteste croire fermement un enfer, avec ses crimes inexpiables et ses peines éternelles. Ses vertus acquises. Ses épreuves domestiques. Son courage militaire et civil, p. 17. — Son opinion sur le culte des dieux et le gouvernement d'Athènes. Sa mise en accusation. Sa défense, p. 18. — Sa condamnation. Fierté de sa réplique. Sa sentence de mort. Sa fermeté, p. 19. — Son démon. Son entretien avec ses amis sur l'immortalité de l'âme, p. 20. — Ses derniers moments. Sa mort, p. 21. — Parallèle de la conduite de Socrate avec celle des martyrs, et de la stérilité des efforts tentés par les philosophes avec la puissance d'action des apôtres du christianisme, p. 22.

SOCRATE, historien grec de l'Eglise. Comment, dès le IVe siècle, le Pontife romain rétablissait d'autorité les évêques dans leurs siéges, t. 3, l. 32, p. 417; t. 10, l. 85, p. 470.

SODOME. Annonce de sa ruine, t. 1, l. 4, p. 82. — Crime et châtiments des Sodomites. Ruine de Sodome, p. 84. — La mer Morte, p. 85.

SOFFRED, cardinal, envoyé en Palestine par Innocent III, t. 7, l. 71, p. 284.

SOLEIL et lune. Apparition du soleil et de la lune, t. 1, l. 1, p. 12. — Le soleil dans ses rapports avec le temps et avec la température, p. 14. — Phases de la lune. Ses rapports avec la terre et avec le soleil, p. 15. — En quelle saison et à quelle phase de la lune ont paru les deux grands luminaires. Coïncidence avec l'époque des événements les plus marquants de la vie du genre humain, p. 16. — Soleil arrêté par Josué. But de ce miracle. Son souvenir chez les peuples, l. 9, p. 210.

SOLIMAN II. Ce qu'il pensait de la conduite des princes chrétiens envers le Pape. Il s'empare de Belgrade et de Rhodes, malgré la résistance héroïque de ces deux villes, qui furent obligées de capituler faute de secours de la part des princes d'Europe, t. 10, l. 84, p. 15. — Il ravage la Hongrie, qui se divise contre elle-même, p. 17. — Siége de Vienne. Il est obligé de le lever. Mort de son visir l'apostat Ibrahim, p. 18. — Sa fin. Sa législation. Ses exemples. Son amitié pour Luther. Fraternité entre le luthéranisme et le mahométisme, démontrée par la doctrine et par les faits, p. 21.

SOLITAIRES (association des) en Belgique, t. 12, l. 92, p. 440.

SOLMINIAC (Alain de), évêque de Cahors, t. 10, l. 87, p. 565.

SOMMIER (Jean-Claude). Sa vie et ses écrits, t. 11, l. 89, p. 496.

SONNITES, schisme mahométan. Son commencement, t. 5, l. 52, p. 20.

SOPHISTES grecs (les). Leur caractère. Protagoras et Gorgias. Leurs doctrines pernicieuses. Incompétence des sophistes et des philosophes pour le gouvernement du monde intellectuel, t. 2, l. 20, p. 40.

SOPHONIE (le prophète). Ses prédictions contre Ninive, t. 4, l. 46, p. 393.

SOPHRONE (saint). Son origine. Confident de saint Jean l'Aumônier, t. 4, l. 48, p. 358. — Il combat à Alexandrie et à Constantinople l'hérésie des monothélites. Son élection au patriarcat de Jérusalem, p. 387. — Il assemble un concile provincial à Jérusalem et écrit une lettre synodale, p. 390. — Il envoie à Rome le premier de ses suffragants, p. 392.

SORBONNE (la), prononce la déchéance de Henri III,

t. 10, l. 86, p. 432. — Dégénère comme les ordres religieux, t. 11, l. 88, p. 150. — Revient à la soumission envers le Pape, quant aux affaires janséniennes, p. 262.

SORCIERS prétendus, poursuivis avec barbarie par les magistrats d'Allemagne. Ces malheureux ne trouvent que le jésuite Spée pour prendre leur défense, t. 11, l. 87, p. 57.

SOTER (saint), pape, t. 2, l. 27, p. 419.

SOTÈRE (sainte), vierge et martyre, t. 3, l. 30, p. 27.

SOURMIA, branche de la famille impériale de Chine. Histoire de cette branche, qui se convertit au christianisme et souffre la persécution, t. 11, l. 88, p. 322.

SOUVERAINETÉ nationale. Si cette opinion est une nouveauté, t. 11, l. 90, p. 522.

SOZOMÈNE, historien grec de l'Eglise. Comment, dès le IVᵉ siècle, le Pontife romain rétablissait d'autorité les évêques dans leurs siéges, t. 3, l. 32, p. 119. — Sozomène atteste qu'il y avait dès lors une loi sacerdotale qui déclarait nul tout ce qui se faisait sans le consentement de l'évêque de Rome, p. 129.

SPALATIN (Georges), t. 10, l. 85, p. 180.

SPALLANZINI, physicien d'Italie, t. 11, l. 89, p. 354.

SPARTE. Son histoire. Ses institutions. Sa rivalité avec Athènes, t. 2, l. 21, p. 57. — Lettre du roi de Sparte aux Juifs, p. 71. — Ambassadeur juif à Rome et à Sparte, p. 104. — Renouvellement de l'alliance des Juifs avec les Romains et les Spartiates, p. 102.

SPARTIATES. Le pape Pie II reçoit une ambassade des Spartiates, qui demandent à être vassaux de l'Eglise romaine, t. 9, l. 83, p. 384.

SPÉE, jésuite, élève la voix contre les procédures iniques des magistrats allemands envers de prétendus sorciers, t. 11, l. 87, p. 57.

SPENER, auteur d'une nouvelle secte protestante, les piétistes, t. 11, l. 87, p. 42.

SPINOLA, jésuite, martyr au Japon, t. 10, l. 87, p. 481.

SPINOLA, évêque de Neustadt, choisi pour négocier avec les protestants sur la réunion, t. 11, l. 88, p. 303.

SPINOSA, juif hollandais. Son athéisme ou son panthéisme, t. 11, l. 88, p. 244. — Affinité du spinosisme avec la politique moderne, p. 246.

SPIRITISME (le) : M. Allan Kardek, t. 12, l. 92, p. 371.

STANISLAS Kostka (saint), t. 10, l. 86, p. 380.

STANISLAS Leczinski, roi détrôné de Pologne, voit sa fille épousée par Louis XV, t. 11, l. 88, p. 255. — Stanislas, dernier duc de Lorraine, l. 89, p. 468. — Mort de Stanislas, p. 470.

STAPHILUS. Sa conversion du protestantisme, t. 10, l. 85, p. 270.

STARK et ses ouvrages, t. 12, l. 91, p. 83.

STILICHON. Théodose l'établit protecteur de ses deux fils, t. 3, l. 36, p. 339. — Son ambition, l. 37, p. 353. — Il fait assassiner Mascezil, p. 355. — Il massacre Radagaise et ses Barbares, p. 387. — Ses intrigues. Sa mort, p. 388.

STOESSEL et autres. Ce qu'il leur en coûta pour avoir soutenu le calvinisme contre le luthéranisme, t. 10, l. 86, p. 442.

STOLBERG (le comte de), poète et littérateur de l'Allemagne, t. 11, l. 91, p. 7. — Sa conversion au catholicisme. Ses ouvrages, p. 80.

STRAUSS (l'Allemand) et sa Vie de Jésus, t. 12, l. 91, p. 442.

STRIKLAND, évêque de Namur. Son projet en faveur des catholiques d'Angleterre, t. 11, l. 89, p. 443.

STUART. Etat général de l'Angleterre sous leur domination. Jusqu'à quel point le gouvernement français contribue à leur expulsion, t. 10, l. 87, p. 570.

STUDE. Monastère de Stude à Constantinople, t. 5, l. 54, p. 439.

STURME (saint), disciple de saint Boniface, fondateur et abbé du monastère de Fulde, t. 5, l. 52, p. 7; l. 54, p. 99.

SUARÈS, Jésuite. Ses œuvres de théologie, t. 10, l. 86, p. 394 et 503.

SUÈDE. Etat de la Suède sous Waldémar et Magnus, t. 8, l. 76, p. 296. — Décadence et annulation politique de la Suède luthérienne, t. 11, l. 88, p. 347. — Intolérance protestante en Suède, t. 12, l. 92, p. 306 (Voir Scandinavie).

SUÉNON, roi de Danemarck, t. 5, l. 62, p. 564; t. 6, l. 64, p. 155 (Voir Scandinavie).

SUGER, abbé de Saint-Denys. Sa conversion. Il reçoit une lettre de saint Bernard, t. 6, l. 68, p. 450. — Généreuse et sage pensée de Suger après la triste issue de la deuxième croisade, p. 578.

SUIDBERT (saint), t. 5, l. 54, p. 101.

SUISSE. — Origine des Suisses. Caractère de leur confédération. Remontrances des trois cantons de Schwitz, d'Uri et d'Unterwald aux prétentions d'Albert d'Autriche, t. 8, l. 77, p. 361. — Hauteur tyrannique du gouverneur Gessler. Confédération des trente. Guillaume Tell, p. 362. — Insurrection des trois cantons contre les gouverneurs autrichiens, p. 363. — Lutte honorable et loyale de la confédération suisse avec les ducs d'Autriche. Victoire des Suisses à Laupen et à Sempach, qu'ils consacrent à perpétuité par un service religieux pour amis et ennemis, t. 9, l. 82, p. 498. — Charles le Téméraire est défait par les Suisses à Grandson, l. 83, p. 334. — Il est battu à Morat par les Suisses et le duc de Lorraine, p. 335. — Commencements de l'hérésiarque Zwingle à Zurich, t. 10, l. 84, p. 31. — Son monstrueux paradis, p. 32. — L'apostat Zwingle, instruit dans un entretien nocturne avec un esprit blanc ou noir, s'efforce de nier et de combattre la présence réelle de Jésus-Christ dans l'eucharistie, p. 33. — Luther combat les zwingliens ou sacramentaires, p. 34. — En 1523, la municipalité zurichoise ordonne à ses administrés de ne plus croire ce qu'on avait cru jusqu'alors. Conférence de Baden, où les catholiques restent vainqueurs, p. 36. — Histoire de l'apostasie de Berne, p. 37. — Etat épouvantable de la Suisse, divisée contre elle-même. Guerre civile. Bataille de Cappel, où Zwingle est tué, et les catholiques remportent la victoire dont ils usent très-modérément, p. 42. — Incohérences astucieuses du synode et des ordonnances municipales de Berne, p. 44. — Le canton de Soleure expulse les nouvelles hérésies et rétablit la loi de ses pères, p. 46. — Belle conduite en tout ceci des cinq cantons primitifs, p. 47. — L'apostasie est introduite à Genève par la tyrannie de Berne, p. 109. — Malgré l'hérésie, les nonces du Pape parviennent à prendre en Suisse une position importante. Travaux apostoliques du Père Canisius en ce pays, t. 10, l. 86, p. 449. — Situation religieuse de la Suisse, t. 12, l. 91, p. 159. — Cause des malheurs de la Suisse : 1° de la part des catholiques; 2° de la part des protestants, p. 464. — Annonce d'une régénération pour la Suisse catholique, par la persécution suscitée contre l'évêque de Lausanne et Genève. Série des événements qui ont amené cette crise, p. 165. — Conduite et lettre outrageuses du gouvernement révolutionnaire de Fribourg envers l'évêque de Genève. Digne réponse du prélat, p. 166. — Le gouvernement révolutionnaire fait emprisonner l'évêque, p. 170. — Affaire de l'évêché de Saint-Gall. Mission de Monseigneur Luquet en Suisse, p. 259. — Monseigneur Mermillod, évêque auxiliaire de Genève, p. 381. — Situation religieuse de la Suisse. L'abbé Mermillod et Notre-Dame de Genève, p. 327.

SULACA, catholique distingué parmi les Chaldéens, t. 11, l. 87, p. 78.

SULPICE Sévère (saint). Sa retraite. Ses ouvrages, t. 3, l. 37, p. 347.

SULPICE de Bourges (saint), t. 4, l. 48, p. 405.

SUNAMITE (la), t. 4, l. 14, p. 345 et 348.

SURIN, Jésuite remarquable par son intelligence de l'ordre surnaturel, t. 11, l. 87, p. 30.

SURIUS, Chartreux. Sa collection des Vies des Saints, t. 10, l. 86, p. 354.

Suso (Henri) , Dominicain. Sa vie , ses prédications et ses écrits, t. 8, l. 79, p. 563, 574.

Susanne. Sa chasteté. Sa condamnation. Sa délivrance par Daniel et lapidation de ses accusateurs. De l'authenticité de l'histoire de Susanne , t. 4, l. 47, p. 408.

Swidbert (saint), en Frise, t. 4, l. 50, p. 508.

Swithin (saint), évêque de Winchester, t. 5, l. 56, p. 270.

Syagrius. Sa défaite et sa mort par Clovis, t. 4, l. 42, p. 76.

Syllogisme. Trinité scientifique du syllogisme ou raisonnement complet et règles qui en découlent, t. 2, l. 20, p. 28.

Sylvain, évêque de Cirthe. Etant sous-diacre, il livre les Ecritures, t. 3, l. 30, p. 22. — Il est élu évêque de Cirthe par les douze évêques traditeurs du concile de Cirthe, p. 43. — Cruautés et exil de Sylvain. Son rappel d'exil, l. 34, p. 92.

Sylvère ou Silvère (saint), pape, t. 4, l. 45, p. 224.

Sylvestre Gozzolini (saint), t. 8, l. 75, p. 220.

Symbole. Explication du Symbole dans Canisius, t. 40, l. 85, p. 278.

Symmaque (saint), pape. Son élection. Ordination de l'antipape Laurent par les intrigues de Festus. Concile de Rome relativement à l'élection des Papes, t. 4, l. 43, p. 95. — Intrigues de Festus contre Symmaque. Concile de Rome. Violences des schismatiques. Requête des évêques du concile au roi. Réponse de Théodoric. Déclaration du concile, p. 98. — Autres conciles à Rome, relativement au consentement royal dans l'élection des Papes, et aux objections des schismatiques contre la réhabilitation de Symmaque, p. 104. — Croyance des catholiques du temps sur les prérogatives du Pontife romain. Lettre de saint Avit de Vienne, p. 102. — Libelle de l'empereur Anastase contre le pape Symmaque et réponse de celui-ci, p. 116. — Concile de Rome relativement à l'envahissement des biens d'Eglise. Correspondance de Théodoric aux canons des conciles, p. 117. — Mémoire de saint Césaire d'Arles au pape saint Symmaque, et réponse de celui-ci. Fin de la contestation entre les deux églises d'Arles et de Vienne, p. 118. — Lettre du roi Sigismond au Pape, p. 119. — Lettre mémorable des évêques d'Orient au pape Symmaque, et réponse de celui-ci, p. 121. — Mort de Symmaque , qui a pour successeur Hormisda , p. 123.

Symmaque, sénateur païen. Son plaidoyer en faveur du paganisme. Lettre contradictoire et réponse de saint Ambroise, t. 3, l. 36, p. 294. — Il est accusé devant l'empereur, mais saint Damase le secourt, p. 295.

Symphorien (saint), martyr, t. 2, l. 27, p. 425.

Symphorose (sainte), martyre avec ses sept fils, t. 2, l. 27, p. 385.

Synésius , évêque de Ptolémaïde. Ses poésies. Son voyage à Athènes. Sa manière de vivre. Sa légation à Constantinople près de l'empereur Arcade, t. 3 , l. 37, p. 344. — Il défend son peuple et contre la tyrannie du gouverneur Andronic et contre les incursions des Barbares, l. 38, p. 407.

Syrie , Syriens. Etat du christianisme en Syrie au VIIIe siècle, t. 5, l. 52, p. 34. — La Syrie et la Palestine, champ de bataille entre les Mahométans et les chrétiens, t. 7, l. 70, p. 153. — Etat actuel des Syriens catholiques en Syrie et en Palestine, p. 155. — Réunion des Syriens avec l'Eglise romaine, t. 9, l. 82, p. 268. — Deux sortes de Syriens catholiques, t. 12, l. 91, p. 193; l. 92, p. 252. — Massacre des Maronites du Liban : expédition française de Syrie entravée par l'Angleterre, p. 362.

Swerker, roi de Suède. Les querelles excitées par son intronisation. Sa défaite. Sa mort, t. 7, l. 74, p. 239.

Swerre ou Swerrer. Il lève l'étendard de la révolte en Suède. Il est excommunié. Sa conduite fourbe et infâme envers le Pape et les ministres de l'Eglise. Sa mort, t. 7, l. 74, p. 238.

T

Tabernacle de Moïse. Construction, dimension et description du tabernacle. Ce qu'il figurait, t. 4, l. 9, p. 477.

Tableau du règne de Léopold en Lorraine , t. 11, l. 89, p. 468.

Taborites. Secte de hussites. Leurs cruautés effroyables, t. 9, l. 82, p. 206.

Tachard, missionnaire jésuite en Chine, t. 11, l. 88, p. 320.

Tacite , historien. Son inconséquence dans ce qu'il dit des Juifs et des chrétiens. Son insouciance pour la vérité complète, t. 2, l. 27, p. 36. — Sa définition du monde, t. 10, l. 87, p. 454.

Tacite, empereur. Son règne honteux, t. 2, l. 28, p. 449.

Tagmon , archevêque de Magdebourg, t. 6, l. 62, p. 8.

Taïcosama , empereur du Japon, ordonne une persécution contre les chrétiens et se fait adorer lui-même comme un dieu, t. 10, l. 87, p. 469. — Il s'était fait bâtir des temples à lui-même. Il meurt en 1598. Ses successeurs excités à la persécution par les protestants de Hollande et d'Angleterre, p. 472.

Taine , et sa philosophie, t. 12, l. 92, p. 335.

Talbot. Sa famille, t. 9, l. 82, p. 497. — Jeanne d'Arc lui envoie une lettre, p. 459. — Il est fait prisonnier, p. 470.

Talleyrand (l'abbé de), promoteur du clergé de France, t. 11, l. 89, p. 475. — Evêque d'Autun, il propose à l'Assemblée nationale de voler les biens du clergé, l. 90, p. 528. — Il devient le père de l'église schismatique de France, p. 533. — Il jette aux orties sa mitre d'évêque, prend une femme, devient ministre de Napoléon, qui lui donne la principauté de Bénévent, volée au Pape, t. 12, l. 94, p. 27.

Talmud. Compilation du Talmud par les rabbins, t. 2, l. 27, p. 387. — Ce qu'on doit penser des fables et de la morale du Talmud, t. 6, l. 68, p. 556. — Principes homicides du Talmud, t. 7, l. 70, p. 464; t. 12, l. 91, p. 223. — Science prodigieuse du dominicain Raymond Martini et de plusieurs de ses confrères dans l'hébreu et l'arabe, la Bible, le Talmud et l'Alcoran. Leurs travaux pour la conversion des Mahométans et surtout des Juifs, t. 8, l. 79, p. 545. — Raymond Martini réfute les Juifs par leurs propres livres, p. 546.

Tamerlan ou Timour-lenk, chef des Tartares. Ses commencements, t. 9, l. 80, p. 9. — Ses cruautés, l. 84, p. 63. — Il fait prisonnier Bajazet et le fait enfermer dans une cage de fer. Il prend Smyrne sur le grand-maître Philibert de Naillac. Sa mort, p. 64.

Tancrède. Il part pour la croisade, t. 6, l. 66, p. 310. — Tancrède à Bethléhem (Voir l'article *Première croisade*). — Tancrède sur le mont des Olives, p. 328. — Il s'empare de Tibériade, p. 348. — Son différend avec Baudoin du Bourg, l. 67, p. 32. — Sa mort. Son éloge, p. 63.

Tanquelin. Ses erreurs monstrueuses, t. 6, l. 67, p. 388.

Taquenda , seigneur japonais, martyr, avec sa mère et sa femme. Son exécuteur se convertit, t. 10, l. 87, p. 473.

Taraise (saint), patriarche de Constantinople. Son élection, t. 5, . 53, p. 76. — Il demande au Pape un concile général. Sa correspondance avec le pape Adrien, p. 77. — Sa mort, l. 54, p. 432 (V. aussi *Bas-Empire*).

Tappers (Guillaume). Son martyre à Geertruyden-berg, t. 10, l. 86, p. 354.

Taraque (S.). Son premier interrogatoire. Deuxième interrogatoire à Mopsueste. Troisième à Anazarbe, t. 3, l. 30, p. 30. — Il adoucit les bêtes sauvages déchaînées contre lui; ses reliques sont recueillies, et les actes sont tirés du greffe public, p. 36.

Tarentaise (Pierre de). (Voyez *Innocent V*).

Tarsice, acolyte et martyr, t. 2, l. 29, p. 554.

Tartares. Origine des Tartares et des Mongols, suivant eux. Vie et conquêtes de Ginguiskan, t. 7, l. 70, p. 452. — Parallèle entre l'Europe chrétienne et l'Asie infidèle, ravagée par Ginguiskan et ses fils, l. 72, p. 474. — Quelles ont pu être les vues de la Providence dans les conquêtes des Tartares. Effets déjà réalisés, p. 475. — Le pape Grégoire IX envoie des missionnaires chez les Tartares. Leur relation, t. 8, l. 73, p. 3. — Les Tartares ravagent la Russie et la Hongrie, p. 44 et seqq. — Le pape Innocent IV écrit aux souverains des Tartares, p. 53. — Saint Louis reçoit en Chypre une ambassade des Tartares. L'empereur Koublaï ou Chi-tsou, l. 74; p. 489. — Ambassade de Koublaï, empereur de la Chine, au pape saint Grégoire X et du Pape à l'empereur, l. 75, p. 207. — Ambassadeurs tartares au deuxième concile œcuménique de Lyon; p. 235. — Diverses ambassades de Koublaï, grand-khan des Tartares et empereur de la Chine, aux Pontifes romains. Diverses lettres de ceux-ci à Koublaï, ainsi qu'à d'autres princes, notamment à plusieurs reines chrétiennes parmi les Tartares, l. 76, p. 248. — Origine et histoire de la hiérarchie lamaïque et du bouddhisme dans les montagnes du Tibet, p. 251. — Jugement d'Abel Rémusat sur le bouddhisme. A quoi le bouddhisme ou le lamaïsme paraît appelé de nos jours, p. 252. — Le Franciscain Jean de Mont Corvin bâtit deux églises dans la capitale de la Chine, y enseigne les lettres grecques et latines, en est fait archevêque, avec plusieurs suffragants, l. 77, p. 367. — Etat de l'archevêché de Péking et de ses suffragants, l. 79, p. 488. — Jean XXII érige plusieurs nouveaux évêchés parmi les Tartares, et écrit à leurs princes, p. 489. — Leur grand-khan et quatre autres princes chrétiens de cette nation envoient des lettres et ambassadeurs au Pape, p. 494. — Jean XXII leur en avait envoyé le premier par le Franciscain Nicolas, p. 490. — Relations amicales du pape Benoît XII avec l'empereur de la Chine et plusieurs autres Tartares, p. 533. — Urbain V envoie un nouvel archevêque à Péking avec un grand nombre de frères Mineurs pour évangéliser les Tartares, p. 596. — Propagation de la foi catholique chez les nations Tartares par les soins du pape Grégoire XI et le zèle des religieux Franciscains et Dominicains. Le sultan Bajazet, qui avait menacé de faire manger l'avoine à ses chevaux à Saint-Pierre de Rome, est vaincu et mis dans une cage de fer par Tamerlan, chef des Tartares. Guerres effroyables de ce dernier, t. 9, l. 81, p. 64. — Un roi de Perse et un roi des Tartares, à la sollicitation du pape Calixte III, prennent les armes contre les Turcs et les battent en Asie, l. 83, p. 378.

Tason (saint), t. 4, l. 54, p. 550.

Tasse (Le), poète italien. Sa *Jérusalem délivrée*, t. 10, l. 86, p. 394.

Tatien. Son discours contre les Hellènes. Son harmonie évangélique. Sa conversion. Son hérésie, t. 2, l. 27, p. 413-416.

Taton (saint), t. 4, l. 54, p. 550.

Taulère (Jean), dominicain. Son histoire, t. 8, l. 79, p. 558. — Il combat solidement, ainsi que Rusbrock, les quiétistes de son temps, p. 564. — Ses derniers moments. Ses ouvrages, p. 563.

Tavernier. Témoignage qu'il rend à saint François Xavier, t. 10, l. 85, p. 222.

Teias, roi des Lombards, t. 4, l. 45, p. 213.

Tékéli, comte protestant, chef des révoltés de Hongrie, fait alliance avec les Turcs et marche contre Vienne, t. 14, l. 88, p. 310.

Tempesti, biographe de Sixte-Quint, t. 10, l. 86, p. 395.

Temple de Jérusalem. Préparatifs que fait David, t. 4, l. 42, p. 294. — Sa construction par Salomon. Son emplacement. Sa description; l. 3, p. 315. — Sa dédicace, p. 346. — Jérémie annonce sa destruction, l. 47, p. 398. — Pillage et incendie du temple, p. 422.

Templiers (ordre des). Leur commencement. Règle que leur donne saint Bernard, t. 6, l. 68, p. 458. — Inclination d'un prince des Assassins pour le christianisme. Conduite exécrable des templiers en cette circonstance. Leur prompte dégénération, t. 7, l. 69 p. 434. — Leur conduite valeureuse et chrétienne à la bataille de Tibériade, l. 70 p. 474. — Plaintes contre les chevaliers du Temple, mais qui furent démenties par des témoignages contraires, l. 72, p. 407. — Leur conduite à Tripoli, t. 8, l. 76, p. 327. — Mauvaise renommée des Templiers. Comment leur secret fut découvert, l. 77, p. 405. — Philippe le Bel fait emprisonner tous les Templiers de ses états, et procéder contre eux par l'inquisiteur général de France. Principaux chefs d'accusations et de dépositions; p. 406. — Le Pape arrête les procédures de l'inquisiteur et des évêques de France, et se réserve toute l'affaire, p. 407. — Le Pape, après avoir entendu lui-même soixante-douze Templiers, charge les conciles provinciaux de juger individuellement les Templiers de leur province, mais se réserve la cause générale de l'ordre et de ses principaux membres, p. 408. — Interrogatoire des principaux Templiers à Chinon, p. 409. — Le Pape ordonne des informations juridiques partout, concernant cette affaire. Il en insère le détail dans la bulle de convocation du concile général de Vienne. Interrogatoire des principaux Templiers par les commissaires pontificaux, à Paris, p. 440. — Résultat des dépositions juridiques. Ce qu'en conclut un historien protestant des Templiers, p. 443. — Conduite irréprochable des commissaires pontificaux envers les défenseurs de l'ordre, p. 445. — Le concile provincial de Sens livre plusieurs Templiers au bras séculier, qui les exécute. Les commissaires pontificaux témoignent une grande peine de ces exécutions et suspendent leur propre procédure. Rapport de ces commissaires au Pape. Résultat des informations et des procédures en Angleterre, en Espagne, en Italie et en Allemagne, p. 446. — Le Pape supprime par provision l'ordre des Templiers au concile de Vienne. Jugement de l'historien protestant sur cette affaire, et sur la manière dont on y a procédé, p. 448. — Ce que le même auteur pense des soi-disant Templiers modernes. Destination des biens des Templiers. Sort de leurs personnes, p. 449. — Les commissaires du Pape condamnent à une prison perpétuelle le grand-maître et trois autres, lorsque tout à coup deux rétractent leurs dépositions antérieures. Les commissaires remettent l'affaire au lendemain; mais le soir même, Philippe le Bel fait brûler les deux relaps, dont un le grand-maître. Les deux autres sont renvoyés quelque temps après, p. 420.

Teniers, peintre, t. 14, l. 88, p. 431.

Terre. Sur quoi repose la terre, et comment? Combinaison de l'attraction générale et de la vie individuelle dans le monde physique et dans l'Eglise. Rotation et forme de la terre, t. 4, l. 4, p. 6. — Dimensions de la terre. Ses richesses minérales, p. 40. — Les plantes. Tableau de la vie végétale. Rapports des plantes avec les climats où elles se produisent, p. 44.

Terre sainte, en 4275. Son état déplorable par la division et la corruption des chrétiens d'Orient. L'indifférence des chrétiens d'Occident, t. 7, l. 76, p. 326. —

Les Papes seuls s'en occupent, p. 328. — Alliance des rois d'Aragon et de Sicile contre la chrétienté, p. 329. — Siége et perte de Ptolémaïs, p. 330. — Le dernier patriarche de Jérusalem meurt victime de sa charité. Courage héroïque des religieuses de Sainte-Claire, p. 331. — Histoire de la sainte maison de Lorette, p. 332.

TERREUR (Régime de la) pendant la Révolution française. Robespierre y succomba, t. 11, l. 90, p. 564.

TERTULLIEN. Son *Apologétique*, t. 2, l. 28, p. 460-471. — Ses livres *contre les nations, et du témoignage de l'âme*, p. 471; — *contre les Juifs*, p. 472; — *contre Marcion*, p. 273; — *contre Hermogène et contre Praxéas*, p. 475; — *de la chair du Christ*, p. 476; — *de la résurrection de la chair*, p. 478; — Ses *Prescriptions*, contre les hérétiques, p. 479. — Génie de Tertullien. Ses deux livres à sa femme, p. 482. — Son livre *du baptême*, p. 483; — *de la pénitence et de la prière*, p. 484; — *des spectacles*, p. 485; — *de l'idolâtrie et de la couronne*, p. 486; — *aux martyrs du Scorpiaque et à Scapula*, p. 487; — *du pallium*, de *l'ornement des femmes, de ce que les vierges doivent porter un voile, de la patience*. Etrangeté de son langage, p. 489. — Son *traité de l'âme*, causes de sa chute, p. 490. — Ses erreurs dans ses livres *De la monogamie; De la fuite dans les persécutions; Du jeûne; De la pudicité;* p. 490. — Ce qu'il dit de saint Pierre, t. 10, l. 85, p. 169.

TERTULLIEN (S.), martyr de Rome, t. 2, l. 29, p. 552.

TESTAMENT de Louis XVI, roi de France, mort martyr de la Convention, t. 11, l. 90, p. 552.

TETZEL. Il est nommé commissaire pour la Saxe. Ses instructions aux curés sont calmes et dans la mesure convenable, t. 9, l. 84, p. 521. — Il oppose aux thèses de Luther cent six propositions orthodoxes, p. 523; — mais elles sont brûlées sur la place publique par les écoliers de l'Université de Wittemberg. En citant les termes mêmes d'un sermon de Luther, il en fait une réfutation calme et complète en vingt articles, p. 524.

THADDÉE de Suesse, avocat de Frédéric II. Sa mort funeste, t. 8, l. 73, p. 68.

THALÈS, philosophe grec. Son époque. Son origine phénicienne. Ses relations avec les Juifs. Rapport entre sa philosophie et les doctrines mosaïques, t. 2, l. 20, p. 1. — Ses voyages. Le banquet des sept sages. Ses réponses aux questions du roi d'Egypte. Sa maxime favorite. Ses connaissances astronomiques, p. 2.

THAMER (Théobald). Sa conversion du protestantisme, t. 10, l. 86, p. 270.

THARBA (sainte), vierge et martyre en Perse. Accusation des Juifs contre elle, sa servante et sa sœur. Son interrogatoire. Sa fermeté. Son martyre et celui de ses deux compagnes (elle était sœur de saint Milles), t. 3, l. 30, p. 139.

THAYER, ministre presbytérien, devient catholique et prêtre, t. 11, l. 89, p. 448.

THÉBAINE (la légion). Ils refusent d'obéir à Maximien, qui veut se servir d'eux pour persécuter les chrétiens. Elle est décimée par deux fois. Les soldats sont encouragés par les trois officiers, Maurice, Exupère et Candide, t. 3, l. 30, p. 6. — Leur martyre, p. 7.

THÈCLE (sainte), vierge et martyre, t. 2, l. 25, p. 270.

THÉMISTIUS, philosophe païen. Son discours à l'empereur Jovien, t. 3, l. 35, p. 219.

THÉODAT, roi des Goths. Sa bassesse vis-à-vis de Justinien. Sa tyrannie envers saint Agabet, t. 4, l. 44, p. 206. — Sa mauvaise foi, p. 209 (V. *Rome et l'Italie*).

THÉODEBERT, roi d'Austrasie. Son avénement. Son caractère. Désordre de sa cour. Sa bienfaisance envers les habitants de Verdun, t. 4, l. 44, p. 197. — Il reçoit une lettre des évêques, p. 199 (Voir aussi *France*).

THÉODORA (sainte), impératrice d'Orient. Elle contribue à la conversion des Bulgares et des Kasars, t. 5, l. 56, p. 230. — Elle se retire de la cour, l. 57, p. 275.

THÉODORE Ier, pape. Sa promotion. Son caractère. Sa réponse à Paul, patriarche monothélite de Constantinople, t. 4, l. 49, p. 423. — Lettre du métropolitain de Chypre au même Pape. Etienne de Dore établi par le Pape son vicaire en Palestine. En quels termes les évêques d'Afrique écrivent au pape Théodore, p. 424. — Ce que l'abbé saint Maxime dit de l'autorité du Pape, p. 426. — Vigueur avec laquelle le pape Théodore condamne Pyrrhus, retourné à son vomissement, p. 430.

THÉODORE II, pape. Son court pontificat, t. 5, l. 59, p. 404.

THÉODORE (saint), soldat et martyr. Son arrestation. Son interrogatoire. Il met le feu à un temple d'idoles. Ses supplices. Sa prison, où Dieu lui fait paraître les merveilles de sa puissance. Il est brûlé vif, t. 3, l. 30, p. 45.

THÉODORE Sicéote (saint). Sa naissance. Sa piété. Sa visite à saint Glycérius. Sa retraite. Ses austérités. Son ordination. Ses pèlerinages à Jérusalem. Ses miracles. Ses disciples. Son élection au siége d'Ancyre. Il quitte l'épiscopat. Sa prédiction à Maurice. Sa révélation sur la mort de ce prince, t. 4, l. 47, p. 333. — Il prédit la prochaine invasion du mahométisme, l. 48, p. 373.

THÉODORE (saint), archevêque de Cantorbéry. Il rétablit saint Wilfrid sur le siége d'York, t. 4, l. 50, p. 472. — Dignement secondé, il implante en Angleterre les sciences, les lettres et les arts avec la discipline de l'Eglise romaine, p. 474. — Sa réconciliation avec saint Wilfrid. Sa mort et ses écrits, p. 507 (Voir aussi *Angleterre*).

THÉODORE Studite (saint). Sa fermeté contre les scandales de la cour, t. 5, l. 53, p. 87. — Persécutions qu'il souffre, l. 54, p. 133. — Lettres qu'il écrit à ce sujet, notamment au Pape, p. 134. — Sa lettre aux moines, l. 55, p. 169. — Sa fermeté pour les saintes images, p. 174. — Il ne cesse d'écrire de son exil, pour la cause de l'Eglise, p. 174. — Ses souffrances dans sa prison. Il ne laisse pas d'écrire de tous côtés pour la défense de la foi, p. 175. — Sa mort, p. 206.

THÉODORE (saint), moine et martyr, t. 5, l. 55, p. 208.

THÉODORE (Ste), vierge et martyre, t. 3, l. 30, p. 37.

THÉODORE Lascaris, empereur grec de Bithynie, t. 7, l. 71, p. 355. — Sa correspondance avec Innocent III, p. 362 (Voir aussi *Bas-Empire*).

THÉODORE Gaza, littérateur grec, t. 9, l. 83, p. 359.

THÉODORE de Bèze, coadjuteur de Calvin dans son hérésie. Quelles étaient ses mœurs, t. 10, l. 84, p. 103 (Voyez *Bèze*).

THÉODORET. Sa naissance et son éducation. Son élection au siége de Cyr. Ses travaux. Suites de ses liaisons avec Nestorius, t. 3, l. 40, p. 500. — Il reçoit une lettre du pape Sixte III, p. 503. — Retraite de Théodoret. Son *Polymorphe*. Poursuites de Dioscore contre lui, p. 545. — Théodoret écrit au pape saint Léon, au prêtre René, aux évêques d'Italie et au patrice Anatole, sur le brigandage d'Ephèse, où il avait été déposé, p. 531. — Théodoret est rétabli sur son siége par le pape saint Léon et par le concile de Chalcédoine, p. 545. — Théodoret reçoit une lettre du Pape, qui lui donne de salutaires avertissements et l'établit comme son vicaire dans les provinces de l'Euphrate et de l'Arménie. Mort de Théodoret, t. 4, l. 44, p. 7.

THÉODORIC, roi des Ostrogoths. Son entrevue avec Zénon. Sa marche sur l'Italie. Défaite d'Odoacre, t. 4, l. 42, p. 70. — Nouvelle défaite d'Odoacre et prise de Ravenne, p. 71. — Ambassade de Théodoric à l'empereur Anastase, p. 73 et seqq. — Loi tyrannique de Théodoric, abolie par l'entremise de saint Epiphane de Pavie, p. 75. — Règne heureux et administration paternelle de Théodoric. Vices qui déshonorent la fin de sa vie, l. 43, p. 92. — Voyage de Théodoric à Rome, p. 95. — Intrigues du sénateur Festus contre le pape Symmaque. Requête des évêques au roi. Réponse de Théodoric, p. 98. — Correspondance des lois de Théodoric aux canons des conciles, p. 117. — Saint Césaire d'Arles au tribunal de Théodoric, p. 118 et seqq. —

Théodoric entre en fureur, et pourquoi. Fermeté du pape Jean, l. 44, p. 465. — Théodoric fait mourir les sénateurs Boèce et Symmaque, ainsi que le saint pape Jean, p. 166. — Usurpation de Théodoric dans l'élection de Félix IV, p. 182. — Terreurs et mort de Théodoric, p. 168 (Voir aussi *Rome et l'Italie*).

THÉODOSE (saint), en Palestine. Sa retraite. Son monastère, t. 4, l. 42, p. 68.

THÉODOSE, empereur. Il est élu empereur d'Orient, t. 3, l. 36, p. 264. — Ses succès, sa maladie, son baptême. Lois *Cunctos populos* et autres. Influence du christianisme sur sa législation, p. 274. — Son triomphe, p. 274. — Il convoque un concile à Constantinople, p. 275. — Lettre synodale à l'empereur Théodose. Loi de celui-ci sur la possession des églises, p. 279. — Ses lois contre les hérétiques et les apostats. Sa justice, sa douceur et sa bonne foi. Sa conduite envers Athanaric, roi des Visigoths, p. 280. — Lettre que lui adressent les évêques d'Italie sur l'ordination de Maxime, de Nectaire et de Flavien, p. 283. — Ses essais de réconciliation. Loi contre les hérétiques, p. 294. — Douceur de Théodose. Vertus de l'impératrice Flaccille. Sédition à Antioche. Consternation des coupables. Discours de Jean Chrysostome. Mission de Flavien, évêque d'Antioche, auprès de Théodose. Arrivée des commissaires impériaux. Effroi de la ville, p. 312. — Intercession des solitaires et de Macédonius, des prêtres et des évêques. Départ de Césarius, l'un des commissaires, pour Constantinople. Discours de Flavien en faveur d'Antioche, p. 315. — Joie de la ville à la nouvelle de son pardon. Plaidoyer fictif de Libanius à cette occasion, p. 318. — Conseils qu'il donne à Valentinien, qui lui demande son secours contre Maxime, p. 322. — Générosité de Théodose envers Valentinien II. Nouvelles tentatives que lui font les sénateurs païens, p. 323. — Affaire de l'évêque de Callinique. Théodose à Rome. Son affabilité, abus qu'il y corrige, p. 324. — Ses lois contre les manichéens. Son discours au sénat pour le retirer de l'idolâtrie, p. 325. — Massacre de Thessalonique. Lettre de saint Ambroise à Théodose, qui est arrêté à la porte de l'église. Pénitence de l'empereur. Son absolution, p. 330. — Ambassade que lui envoie le roi de Perse pour le partage de l'Arménie, p. 331. — Ses préparatifs de guerre contre Eugène, élu empereur après l'assassinat de Valentinien. Nouvelles lois qu'il promulgue. De sa prétendue persécution, p. 335. — Marche de Théodose contre Eugène. Sa vision. Défaite et mort de celui-ci, ainsi que d'Arbogaste, p. 337. — Clémence de Théodose. Il partage l'empire entre ses deux fils, sous la protection de Stilichon. Son testament. Sa mort. Son oraison funèbre par saint Ambroise, p. 338.

THÉODOSE le Jeune, empereur de Constantinople, t. 3, l. 39, p. 459-463, 474, 479 ; l. 40, p. 504-519 ; 524-535 (Voir aussi *Bas-Empire*).

THÉODOSE III, empereur de Constantinople, t. 4, l. 54, p. 525 (Voir *Bas-Empire*).

THÉODOTE (saint), cabaretier et martyr. Sa vertu et ses miracles. Il recueille les reliques du martyr Valens et celles de sept vierges, t. 3, l. 30, p. 18. — Son martyre. Ses reliques recueillies par le prêtre Fronton, p. 19.

THÉODOTE de Byzance. Son apostasie. Ses hérésies condamnées par le pape saint Victor, t. 2, l. 27, p. 434. — Théodote de Byzance et ses disciples. Leurs machinations et leurs contradictions. Apostasie complète de la plupart d'entre eux. Docteurs et défenseurs de l'Eglise à cette époque, p. 434.

THÉODOTE, patriarche de Constantinople. Ecuyer de Léon l'Arménien, il lui fait recommencer la guerre contre les images saintes, t. 5, l. 55, p. 167. — Il est fait patriarche de Constantinople, p. 474. — Il écrit au pape Pascal, qui encourage les catholiques par ses légats et ses lettres, p. 475.

THÉODULFE, évêque d'Orléans. Son instruction pastorale aux curés. Son zèle pour les écoles des paroisses, t. 5, l. 54, p. 109. — Son *Exhortation aux juges*, p. 111.

THÉOGNIDE, poète grec. Les anges gardiens dans Théognide, t. 2, l. 20, p. 47.

THÉOLOGIE de Moïse. Sur Dieu, considéré en lui même et dans ses œuvres, t. 1, l. 1, p. 34 ; — sur l'homme, naturel et surnaturel, debout et puis déchu, mais avec la rédemption promise, p. 26-34 ; l. 2, p. 44-50. — Théologie morale et politique de Moïse. Commandements de Dieu à l'homme, et comme individu, et comme membre d'une société humaine, l. 7, p. 147-172. — Sanction, même temporelle, de la loi divine : par la peine de mort sur tous et chacun, l. 1, p. 34 ; — par la peine du déluge sur tout le genre humain, l. 3, p. 57-60 ; — par les plaies d'Egypte sur les Egyptiens comme peuple, l. 6, p. 130-140 ; — sur le peuple d'Israël, par quarante ans de pérégrination dans le désert, par d'autres châtiments, et enfin, une destruction finale comme nation, que Moïse lui prédit dans son dernier cantique et que nous voyons accomplie depuis des siècles, l. 8, p. 196. — Théologie de David, sur Dieu, sa Providence, la Trinité, le Rédempteur par la croix, la grande Eglise, l. 12, p. 304-309 ; t. 8, l. 79, p. 517. — Théologie d'Isaïe, de Jérémie, d'Ezéchiel, de Daniel et des autres prophètes, sur Dieu, sa providence, l'ensemble providentiel des quatre grands empires, la rédemption, l'Eglise, le jugement des nations coupables, la réprobation du peuple juif, le jugement général de tous les hommes, le paradis et l'enfer, l. 15, 16, 17, 18 et 19. — Théologie confuse des philosophes et des peuples de la gentilité. Toutes les vérités s'y trouvent, avec toutes les erreurs. Les vérités en ont été extraites par les Pères de l'Eglise, les erreurs par les hérétiques et les incrédules, t. 1, l. 20, p. 482-508 ; t. 2, p. 1-45 ; t. 1, l. 2, p. 34-42. — Théologie de Jésus-Christ dans l'évangile, t. 2, l. 23, p. 1-241. — Abrégé de toute la théologie dans le Symbole des apôtres, l. 25, p. 261. — Théologie de saint Pierre et de saint Paul, dans leurs *Epîtres* et dans les *Actes des Apôtres*, p. 52-319. — Théologie de saint Ignace d'Antioche, l. 27, p. 374. — Théologie de saint Irénée de Lyon, p. 436. — Théologie de Clément d'Alexandrie, p. 441 ; l. 28, p. 452. — Théologie de Tertullien d'Afrique, p. 460. — Théologie d'Origène, p. 504. — Théologie de saint Cyprien dans ses trois livres *Du témoignage*, l. 29, p. 519. — Théologie de saint Denys d'Alexandrie, p. 64. — Abrégé un peu plus ample de la théologie dans le Symbole de Nicée, t. 3, l. 31, p. 84. — Théologie de saint Athanase dans son livre *De l'Incarnation*, l. 35, p. 245. — Théologie de saint Epiphane dans son *Ancorat*, et sa réfutation des hérésies, p. 251. — Théologie de saint Optat sur l'unité de l'Eglise, p. 256. — Théologie de saint Ambroise dans son *Traité de la foi*, l. 36, p. 268, 270. — Théologie de saint Augustin dans ses livres *De la Trinité*, l. 37, p. 361. — Dans sa *Cité de Dieu*, l. 38, p. 393. — Théologie de Cassien dans son traité *De l'Incarnation*, l. 39, p. 464. — Théologie remarquable sur la grâce dans le livre *De la vocation de tous les peuples*, attribué à saint Prosper, l. 40, p. 497. — Théologie de saint Fulgence, t. 4, l. 44, p. 147 et 186. — Théologie de l'abbé saint Maxime de Constantinople, l. 49, p. 425. — Théologie de saint Jean Damascène, t. 45, l. 52, p. 34-35. — Théologie identique et exacte de Pascase Radbert et de Ratramne sur l'enfantement de la Vierge et sur l'eucharistie, l. 56, p. 251. — Théologie profonde et exacte de Ratramne sur la Providence et la prédestination, p. 255 ; — et contre les erreurs des Grecs, l. 56, p. 323. — Excellente théologie d'Amolon, archevêque de Lyon, contre les erreurs de Gothescalc sur la prédestination, l. 56, p. 257. — Théologie de saint Anselme de Cantorbéry, t. 6, l. 66, p. 275. — Saint Bernard oppose la vraie théologie à la fausse d'Abailard, l. 68, p. 506. — Théologie de Hugues de Saint-Victor, p. 545. — Théologie d'Anselme de Havelberg contre les

erreurs des Grecs, p. 567. — Théologie de saint Thomas dans sa *Somme* et dans d'autres ouvrages, t. 8, l. 74, p. 94 et 99. — Théologie de Raymond Martini à l'encontre des Mahométans et des Juifs, l. 79, p. 515-519. — Merveilleuse théologie du cardinal Julien Césarini et d'autres Latins, sur la procession du Saint-Esprit, t. 9, l. 82, p. 249. — *Des lieux théologiques*, par Melchior Canus. Vraies notions sur la théologie et les preuves dont elle se sert, t. 10, l. 84, p. 118. — Sagesse des règles de saint Ignace de Loyola sur l'enseignement de la théologie, plus encore sur l'enseignement de la philosophie. On n'y fait pas assez attention, p. 159. — Théologie du concile de Trente dans ses chapitres et canons sur la doctrine, t. 24, l. 85. — Abrégé de la théologie catholique dans la profession de foi dressée par Pie IV. Cette profession de foi est expliquée dans le catéchisme du concile de Trente, publié par Pie V, l. 86, p. 337.

THÉONAS (saint). Sa lettre à Lucien, grand-chambellan de Dioclétien, t. 3, l. 30, p. 10.

THÉONILLE (sainte), martyre, t. 3, l. 30, p. 9.

THÉOPHANE (saint), abbé. Sa *Chronographie*, t. 5, l. 53, p. 88. — Il souffre en la persécution de Léon l'Arménien, l. 55, p. 173. — Sa mort, p. 177.

THÉOPHANE (saint), moine de Saint-Sabas et martyr, t. 5, l. 55, p. 208.

THÉOPHILE (saint) d'Antioche. Ses trois livres à Autolyque, t. 2, l. 27, p. 432.

THÉOPHILE, évêque d'Alexandrie. Sa promotion, t. 3, l. 36, p. 314. — Infamies de Tyran, prêtre d'idoles. Violence des païens et destruction de leurs temples à Alexandrie. Conversion de plusieurs idolâtres, p. 325. — Théophile fait détruire aussi les temples de Canope, p. 327. — Ceux de Syrie éprouvent le même sort, p. 328. — Il s'oppose inutilement à l'élection de saint Jean Chrysostome à l'évêché de Constantinople, l. 37, p. 355. — Sa conduite avec les moines anthropomorphites d'Égypte. Conversion de Sérapion. Retour de Théophile contre Origène. Ses fausses accusations contre Isidore. Son animosité et ses violences contre les moines, p. 375. — Ses intrigues à Constantinople, p. 377. — Sa fuite, p. 378. — Sa lettre au Pape et réponse de celui-ci, p. 380. — Sa mort, l. 38, p. 409.

THÉOPHILE, empereur. Il continue la persécution contre les images et les peintres, t. 5, l. 55, p. 207. — Il fait endurer le martyre aux légats du patriarche catholique de Jérusalem, p. 208. — Sa mort, p. 211.

THÉOPHILE, jeune Grec, martyrisé par les Turcs, t. 11, l. 87, p. 75.

THÉOPHYLACTE (S.), de Nicodémie, t. 5, l. 55, p. 172.

THÉRÈSE (sainte). Commencements de sa vie, écrite par elle-même. Avant-propos. Son histoire, depuis sa naissance jusqu'à son entrée en religion, t. 9, l. 83, p. 477. — Ses premières années dans l'ordre des Carmélites, p. 480. — Ce qu'elle dit des quatre sortes d'oraisons, p. 499. — Sainte Thérèse et sainte Catherine de Gênes l'emportent incomparablement sur Platon et Socrate. Eternelle unité de l'Eglise, p. 512. — Suite de la vie de sainte Thérèse, écrite par elle-même. Son jugement contre certains livres de fausse spiritualité, t. 10, l. 86, p. 358. — Elle voit la sainte humanité de Notre Seigneur, les anges, les démons. Rien ne chasse ces derniers, si efficacement que l'eau bénite, p. 359. — Sa vision de l'enfer. Conséquences qu'elle en tire, p. 360. — Elle entreprend la réforme du Carmel. Fondation du premier monastère de Carmélites déchaussées. Miracle qu'elle y opère, p. 361. — Elle écrit le *Chemin de la perfection*. Précis de cet ouvrage, p. 364. — Elle écrit le *Château de l'âme*. Occasion et substance de cet écrit, p. 365. — Son goût poétique et son enjouement littéraire, p. 371. — Ses dernières actions et sa mort, p. 378.

THIBAUT de Champagne (saint), t. 6, l. 64, p. 431.

THIBAUT, comte de Champagne. Il se décide à partir pour la Palestine, t. 7, l. 71, p. 277. — Elu chef de la croisade, il envoie des ambassadeurs chargés de négocier avec les Vénitiens pour le transport de l'armée, p. 279. — Il meurt avant d'avoir pu accomplir son vœu, p. 280.

THIBAUT, archevêque de Rouen, t. 7, l. 73, p. 546.

THIBAUD de Montmorency (saint), t. 7, l. 73, p. 557.

THIEMON (saint), archevêque de Salzbourg, t. 6, l. 64, p. 287.

THIERRI (saint), évêque d'Orléans, t. 6, l. 62, p. 2.

THIERRY, roi de Metz. Son expédition en Thuringe et en Auvergne, t. 4, l. 44, p. 194. — Sa mort. Son caractère, p. 197.

THOMAS de Cantorbéry (saint). Thomas Becket. Ses commencements. Thomas Becket devient chancelier d'Angleterre, t. 7, l. 69, p. 17. — Etat de maison du chancelier Thomas Becket, p. 18. — Thomas Becket succède à Thibaut dans l'archevêché de Cantorbéry. Changement merveilleux dans le nouvel archevêque, p. 68. — Thomas de Cantorbéry auprès du pape Alexandre III, p. 74. — Différend de saint Thomas de Cantorbéry avec le roi d'Angleterre Henri II, au sujet des coutumes royales. Equivoque et danger de ces coutumes, vraies ou prétendues. Lâcheté de la plupart des évêques à l'assemblée de Clarendon. Saint Thomas de Cantorbéry, redressé par son porte-croix. Le Pape lui en écrit, p. 88. — Il soumet l'affaire au Pape. Conduite du Pape en cette circonstance. Le roi fait citer l'archevêque à Northampton. Servilité de la plupart des évêques, surtout de celui de Londres. L'archevêque s'y montre en vrai pontife et se réfugie en France, p. 90. — Les envoyés de l'archevêque et du roi devant le Pape, à Sens. Saint Thomas lui-même devant le pape Alexandre III, auquel il remet son anneau pastoral, mais qui lui ordonne de le reprendre et lui assigne pour retraite l'abbaye de Pontigny, p. 94. — Vie de saint Thomas à Pontigny, p. 95. — Lettres du saint archevêque au roi. Saint Thomas excommunie un envoyé du roi pour avoir participé au schisme, et exhorte le roi lui-même à faire pénitence. A Londres, plusieurs évêques interjettent appelle au Pape contre saint Thomas, p. 96. — Saint Thomas prévoit son martyre, p. 97. — Ce que l'archevêque pense de la conduite des deux légats envoyés par Alexandre III pour négocier la réconciliation entre lui et le roi, p. 98. — Conférence de saint Thomas et des rois de France et d'Angleterre dans le Maine, p. 99. — Saint Thomas excommunie nommément plusieurs personnes qui agissaient contre l'Eglise, p. 100. — Lettre de saint Thomas au sujet du sacre de Henri III, fils de Henri II, roi d'Angleterre, par l'archevêque d'York, contre le droit de l'archevêque de Cantorbéry, et malgré la défense du Pape. Réconciliation de l'archevêque et du roi, p. 104. — Retour de saint Thomas de Cantorbéry en Angleterre, p. 108. — Saint Thomas prédit sa mort prochaine. Il est assassiné dans son église par des courtisans, p. 109. — Paroles de Bossuet sur son martyre. Suites du meurtre de saint Thomas de Cantorbéry, p. 110. — Canonisation de saint Thomas de Cantorbéry. Sort funeste de ses meurtriers, p. 114. — Son successeur Richard, prieur de Douvres, p. 115.

THOMAS d'Aquin (saint). Sa naissance et ses premières années, t. 8, l. 74, p. 148. — Suite de sa vie, p. 421. — Saint Thomas et quelques-uns de ses contemporains entreprennent de concilier toutes les sciences, notamment la philosophie païenne avec la doctrine chrétienne. Grandeur de l'entreprise, p. 90. — Saint Thomas résume toute la doctrine chrétienne dans sa *Somme de théologie*. Plan, mérite et renommée de cet ouvrage, p. 91. — Commentaires sur Aristote par saint Thomas. Nombreuses erreurs des modernes sur la prétendue ignorance ou crédulité des docteurs du moyen-âge, p. 93. — Saint Thomas écrit son ouvrage *De la vérité de la foi catholique contre les Gentils*. But et substance de cet ouvrage, p. 99. — Parallèle entre saint Thomas et

philosophes modernes. Ses idées remarquables sur Dieu, p. 105. — Ses idées merveilleusement justes sur le mal. Sa doctrine sur la nature et la grâce, l'ordre naturel et l'ordre surnaturel, le péché originel et ses effets, p. 106. — Embrouillements de Malebranche et de Bailly sur cette matière. Combien plus nette et plus belle la doctrine de saint Thomas sur la grâce, le péché, l'incarnation, p. 109. — Saint Thomas, dans sa doctrine sur la grâce, saint Bonaventure, dans son *Itinéraire de l'âme vers Dieu*, l'auteur de *l'Imitation*, l'emportent sur Bossuet, Fénelon, Malebranche et Pascal. Idées de saint Thomas sur le gouvernement représentatif, p. 116. — Ce qu'il entend par *sédition*. Quel remède les docteurs du moyen-âge trouvaient aux révolutions politiques, p. 118. — Apologie des religieux mendiants par saint Thomas, contre le libelle du docteur Guillaume de Saint-Amour. Réflexion peu judicieuse de Fleury, p. 141. — Derniers moments et mort de saint Thomas d'Aquin, l. 75, p. 232. — Mensonge des jansénistes quand ils se disent disciples de saint Thomas. Opposition entre leur doctrine et la sienne, t. 11, l. 87, p. 19. — Les Bénédictins et les Oratoriens français se laissent surprendre aux artifices des jansénistes, et méconnaissent plus ou moins le caractère surnaturel de la grâce, si bien exposé par saint Thomas. Exemple de Malebranche, p. 24.

Thomas (saint), archevêque de Constantinople, t. 4, l. 48, p. 356.

Thomas (S.), évêque d'Héréford, t. 8, l. 74, p. 171.

Thomas (saint) de Villeneuve, archevêque de Valence. Ses vertus, ses extases, ses pieuses industries pour réformer le clergé et le peuple. Sa sainte mort, t. 10, l. 84, p. 123-129.

Thomas de Civita-Vecchia (bienheureux), Servite, t. 8, l. 79, p. 507.

Thomas de Saligny (vénérable), t. 9, l. 80, p. 32.

Thomas King, Coréen. Sa conversion au catholicisme et son martyre, t. 11, l. 89, p. 510.

Thomas, patriarche de Jérusalem, soutient la cause de l'Eglise contre les iconoclastes, t. 5, l. 55, p. 175.

Thomas, archevêque d'York. Ses démêlés avec saint Anselme, t. 6, l. 67, p. 369.

Thomas à Kempis, t. 9, l. 83, p. 465.

Thomas de Torquemada, inquisiteur d'Espagne, t. 9, l. 83, p. 298.

Thomas, vicaire général de Verdun, auteur de plusieurs ouvrages, t. 11, l. 87, p. 39. — Ses *Origines du christianisme*, t. 12, l. 92, p. 441.

Thomassin (Louis), de l'Oratoire. Science, écrits et vertus du Père Thomassin, t. 11, l. 88, p. 142. — Sa soumission à la bulle qui condamne le jansénisme, l. 87, p. 45.

Thou. Ses félicitations à David, t. 1, l. 12, p. 295.

Thouvenel, ministre français. Sa dépêche injurieuse contre le gouvernement de Pie IX, t. 12, l. 92, p. 347. — Sa maladie, p. 358.

Tibère Ier, successeur de César-Auguste. Sa cruauté et sa luxure, t. 2, l. 25, p. 266.

Tibère II, empereur de Constantinople, t. 8, l. 46, p. 254. — Choisit Maurice pour son successeur, p. 253.

Tiburce (saint). Il refuse de laisser briser les machines d'astrologie de son père Chromace. Il renonce au barreau, et, touché de la guérison de son père, il se convertit avec sa famille, t. 3, l. 30, p. 4. — Il ressuscite un mort. Il est trahi et dénoncé, p. 5. — Son martyre, p. 6.

Tilly (comte de). Ses commencements. Sa conduite dans les deux premières périodes de la guerre de Trente-Ans, t. 11, l. 87, p. 49, *passim*. — Sa conduite louable, mais calomniée à Magdebourg, p. 54. — Sa mort, p. 55.

Timée de Locres, philosophe grec, t. 2, l. 20, p. 5.

Timothée (saint), disciple de saint Paul. Sa conversion, t. 2, l. 25, p. 274. — Epîtres que saint Paul lui adresse, p. 308 et 314.

Timothée Elure, eutychien. Son intrusion et ses violences à Alexandrie, t. 4, l. 44, p. 14-17. — Est rappelé d'exil, l. 42, p. 44. — Sa mort, p. 46.

Timothée Solofaciole, évêque catholique d'Alexandrie, t. 4, l. 44, p. 16. — Sa mort, l. 42, p. 57.

Timothée, intrus de Constantinople. Son impudence, t. 4, l. 43, p. 123. — Sa mort, p. 136.

Tindal, Anglais, apostat et incrédule, t. 11, l. 89, p. 450.

Tintoret (le), peintre italien, t. 11, l. 88, p. 429.

Tiraboschi, littérateur italien, t. 11, l. 89, p. 351.

Tite (saint), disciple de saint Paul. Ses commencements, t. 2, l. 25, p. 274. — Epître que lui adresse saint Paul, p. 310.

Titien (le), peintre italien, t. 11, l. 88, p. 428.

Titus, empereur, continue le siège de Jérusalem. Cruautés exercées sur les Juifs par ses troupes, t. 2, l. 26, p. 327. — Son caractère, p. 339.

Tlascala. Fernand Cortès y élève une croix de bois, qu'une nuée miraculeuse vient protéger, t. 10, l. 85, p. 207.

Tobie. Sa piété, son mariage, son fils, sa captivité, sa persévérance, sa charité envers ses frères et envers Gabel en particulier. Persécution de Sennachérib. Dévouement, fuite et retour de Tobie. Il devient aveugle, t. 1, l. 16, p. 371. — Sa patience. Sa probité. Prière de Tobie et de Sara. Avis de Tobie à son fils, p. 372. — Le jeune Tobie part pour Ragès, en compagnie de l'ange Raphaël, qui le délivre d'un poisson, p. 273. — Avis de l'ange à Tobie. Mariage de Tobie avec Sara, p. 274. — Prière des deux époux. Délivrance de Sara. Craintes et joie de Raguel. Mission de l'ange près de Gabel. Inquiétude des parents de Tobie, p. 275. — Son retour. Il rend la vue à son père. Arrivée de Sara. L'ange, prié de recevoir sa récompense, se fait connaître, p. 276. — Cantique de Tobie. Ses avis prophétiques à son fils. Sa mort. Le livre de Tobie, p. 277.

Toland, Irlandais apostat et incrédule, t. 11, l. 89, p. 450.

Tolède (conciles de) (Voir *Espagne*).

Tolet, cardinal. Ses ouvrages, t. 10, l. 86, p. 394.

Tommasi (bienheureux), cardinal, célèbre par ses ouvrages, sa vertu et par la piété de sa famille, t. 11, l. 88, p. 110.

Totila, roi des Ostrogoths. Sa visite à saint Benoît, t. 8, l. 45, p. 210. — Ses succès et sa mort, p. 212.

Tournély d'Antibes (Honoré), théologien. Résumé de sa doctrine sur quelques points très-importants, t. 11, l. 88, p. 153. — Equivoques et restrictions mentales des jansénistes. Ils sont mystifiés à leur tour, p. 154. — Ses traités *De l'Incarnation et de l'Eglise*; il se plaint dans ce dernier des entraves que la puissance séculière mettait à la liberté des opinions théologiques en France, p. 155.

Tournon, cardinal, mort à Macao, t. 11, l. 88, p. 329.

Toussaint (Fête de cette fête est instituée par Sixte IV, t. 9, l. 83, p. 399.

Toussaint, incrédule, se reconnaît avant de mourir, t. 11, l. 89, p. 424.

Traditions primitives et véritables. Vestiges des traditions primitives et véritables sur Dieu, son unité, sa trinité, les bons et les mauvais anges, la création, le premier homme, la formation de la première femme, l'innocence et le bonheur primitifs, le paradis terrestre, la chute de l'homme, la réparation future, chez les Chinois, t. 1, l. 2, p. 38. — Dans l'Inde, p. 39. — Dans la Chaldée, l'Egypte et la Perse, chez les Grecs et les Romains, chez les sauvages de l'Amérique, p. 40. — Souvenir du déluge chez les indigènes d'Amérique, chez les Chinois, les Indiens, les Grecs, les Egyptiens même, les Chaldéens, les Assyriens, l. 3, p. 64. — Origine des anciennes traditions, l. 4, p. 74. — Source de lumière pour les nations ou les païens dans les voyages des Israélites, p. 77.

TRAJAN. Multiplicité des martyrs sous Trajan. Sa correspondance avec Pline, t. 2, l. 27, p. 366. — Ses débauches, ses travaux publics, ses expéditions et sa mort, p. 379.

TRANQUILLIN (saint). Son baptême par saint Polycarpe. Sa guérison miraculeuse, t. 3, l. 30, p. 3. — Il devient prêtre. Son martyre, p. 5.

TRANSSUBSTANTIATION. Transsubstantiation naturelle, par la végétation, de la terre et de l'eau en pain et vin : transsubstantion naturelle, par la nutrition, du pain et du vin, au corps et au sang de l'homme : transsubstantiation surnaturelle, par la consécration, du pain et du vin au corps et au sang de Jésus-Christ. Ce mystère est facile à concevoir pour qui aime beaucoup, t. 2, l. 23, p. 490 et 491.

TRAPPE (La). Son état. Sa réforme, t. 11, l. 88, p. 271. — Les personnages distingués qui y entrent, p. 276. — Bénédiction que Dieu répand sur les Trappistes, p. 278.

TRASAMOND, roi des Vandales, persécute les chrétiens, t. 4, l. 43, p. 97.

TRENTE (concile de) (Voyez Conciles œcuméniques).

TRÈVE de Dieu, substituée à la paix de Dieu, t. 6, l. 63, p. 38.

TRIBUT. Du tribut dû à César, t. 2, l. 23, p. 217.

TRINITÉ. La Trinité se découvre dans l'œuvre de la création. Preuves tirées des Pères, des rabbins, de la science philologique, t. 1, l. 1, p. 2. — Nouvelle apparition de la Trinité dans le récit mosaïque de la confusion des langues, l. 4, p. 72. — Qui étaient les trois hôtes apparus à Abraham, p. 83. — Trinité scientifique des connaissances humaines ou de la philosophie humaine, réalisée par Platon et Aristote, et reconnue en eux par Cicéron et saint Augustin, t. 2, l. 20, p. 24. — Trinité scientifique du syllogisme ou du raisonnement complet, p. 28. — La Trinité se manifeste au baptême de Jésus-Christ, l. 23, p. 162. — Relations des trois personnes divines. Le Saint-Esprit reçoit du Père et du Fils, parce qu'il procède de l'un et de l'autre, p. 490. — Preuves de cette croyance dans le commencement du second siècle jusqu'au concile de Nicée. Dans les lettres de saint Ignace d'Antioche, l. 27, p. 369; — dans la première apologie de saint Justin, p. 394; — dans l'apologie d'Athénagore, p. 427; — dans le Pédagogue, de Clément d'Alexandrie, p. 442; — dans le livre de Tertullien contre Praxéas, l. 28, p. 475; — dans le livre de saint Hippolyte contre Noët, p. 492; — dans l'homélie de saint Hippolyte sur le baptême de Jésus-Christ, p. 494; — dans les écrits d'Origène, p. 504; — dans le symbole de saint Grégoire Thaumaturge, l. 29, p. 517; — dans le livre de saint Cyprien, de l'Unité de l'Église, p. 536; — dans ses homélies, p. 569; — dans l'apologie de saint Denys d'Alexandrie, p. 564; — dans son écrit contre Paul de Samosate, p. 567; — dans la lettre du concile d'Antioche contre le même hérésiarque, p. 568 et 570; — dans une lettre du pape Félix, p. 570. — La Trinité divine confessée par le martyr Vincent de Sarragoce, t. 3, l. 30, p. 24; — par le martyr Euplius, p. 26; — par saint Jonas, martyr de Perse, l. 32, p. 133. — Les douze livres de saint Hilaire de Poitiers sur la Trinité, l. 33, p. 165.

TRIOMPHE (Augustin), théologien d'Italie, t. 8, l. 79, p. 521.

TRIPOLI, prise par les croisés, t. 6, l. 67, p. 362.

TROIE (Prise de), t. 1, l. 10, p. 248.

TRONCHET, défenseur de Louis XVI, t. 11, l. 90, p. 551.

TRONSON, supérieur de Saint-Sulpice, examine la doctrine de madame Guyon, t. 11, l. 88, p. 204.

TRIPHON, roi de Syrie. Massacre de Jonathas et de ses deux fils par Tryphon, t. 2, l. 21, p. 102. — Usurpation de Tryphon, p. 103.

TURCS (Voir Mahométans).

TURENNE. Sa conduite dans la Fronde, t. 10, l. 87, p. 599.

TURIBE (saint), archevêque de Lima. Il se conforme en tout au concile de Trente, fonde des séminaires, tient lui-même des synodes et des conciles provinciaux. Substance de leurs décrets, t. 10, l. 87, p. 485.

TURLUPINS, sectaires, t. 9, l. 80, p. 15.

TURQUETUL, chancelier d'Angleterre. Ses vertus, t. 5, l. 60, p. 448. — Sa mort, p. 507.

TURRECREMATA ou Torquemada, cardinal. Son jugement sur les révélations de Ste Brigitte, t. 9, l. 80, p. 8.

TYPE, formulaire civil de croyance, dressé par l'empereur Constant II, t. 4, l. 49, p. 430. — Il est condamné au concile de Latran, p. 431.

TYR. Oracle des différents prophètes et chants lugubres d'Ezéchiel sur cette ville. Son histoire. Sa destruction par Nabuchodonosor, t. 2, l. 18, p. 433-436.

U

UBALD (saint), évêque de Gubbio, t. 7, l. 69, p. 85.

UBALD d'Atimari (bienheureux), t. 8, l. 78, p. 432.

UDALRIC ou Ulric d'Augsbourg (saint). Son pèlerinage à Rome. Ses entretiens avec le Pape, t. 5, l. 59, p. 419. — Ses vertus dans l'épiscopat, l. 60, p. 460. — Ses dernières actions et sa mort, l. 61, p. 496.

UDINE (concile d'), tenu par Grégoire XII, t. 8, l. 81, p. 85.

UGHELLI, savant italien, t. 11, l. 88, p. 105.

ULFILAS, évêque des Goths. Sa Bible. Il introduit l'arianisme parmi les Goths, t. 3, l. 35, p. 262.

ULRIC ou Uldaric de Ratisbonne, t. 6, l. 66, p. 290. — Son intéressant Recueil des anciens usages de Cluny, p. 292.

ULRIC de Strasbourg, écrivain français, t. 8, l. 79, p. 520.

ULRICH de Hutten. Echantillon des barons allemands au XVIe siècle, t. 9, l. 84, p. 543. — Il répand une édition de la bulle de Léon X avec des remarques de sa façon, p. 548. — Il offre à Luther le secours de son épée pour égorger le Pape et les moines; en attendant, il répand en Allemagne les caricatures les plus infâmes contre eux, p. 550.

UNION des hommes à Dieu le Père par le Fils. Unité et vie de tous en Jésus-Christ. Recommandation nouvelle de la charité, t. 2, l. 23, p. 227 et 230.

UNIVERSAUX. Sur la profonde question des universaux, Vincent de Beauvais est supérieur à Bossuet, t. 8, l. 74, p. 96.

UNIVERSITÉS. Etat de l'Université de Paris pendant le XIIe siècle, t. 7, l. 64, p. 216. — La même Université au XIIIe siècle. Congrégation du Val-des-Ecoliers, p. 373. — Erreurs graves de quelques membres de l'Université de Paris, qui se reproduisent au XIXe siècle, p. 374. — Règlement du cardinal-légat de Courçon pour les études de l'Université, p. 376. — Emeute d'écoliers à Paris, l. 72, p. 445. — Trouble dans l'Université d'Oxford, l. 73, p. 138. — Troubles et périls de l'Université de Paris, laquelle se voit protégée, rétablie et réglée par les soins paternels du pape Grégoire IX, p. 544. — Gloire que répandent sur l'Université de Paris saint Thomas, saint Bonaventure et leurs compagnons, t. 8, l. 74, p. 90 et seqq. — Jalousie des vieux moines et de l'Université de Paris contre les religieux de Saint-François et de Saint-Dominique, p. 140. — Le pape Nicolas IV fonde l'Université de Montpellier,

l. 76, p. 310. — Le pape Clément V érige l'Université d'Orléans, l. 77, p. 402. — Soins du pape Jean XXII, pour faire fleurir les bonnes études, particulièrement dans l'Université de Paris, l. 79; p. 460. — Le pape Urbain V fonde l'Université de Cracovie, p. 583. — Le pape Martin V confirme les Universités de Rostock et de Louvain, t. 9, l. 84, p. 145. — Universités italiennes. Collége Romain, l. 83, p. 447. — Mœurs et éducation des futurs pasteurs protestants dans les Universités allemandes, t. 44, l. 87, p. 44. — Les Universités exclusivement protestantes d'Oxford et de Cambridge commencent à fournir à l'Eglise catholique des néophytes, des prêtres et des missionnaires, t. 12, l. 94, p. 98.

URBAIN (saint), pape, t. 2, l. 28, p. 509.

URBAIN II, pape (Othon, prieur de Cluny). Saint Grégoire VII l'appelle près de lui, t. 6, l. 65, p. 226. — Son élection. Il en donne avis à tous les catholiques, p. 254. — Il va trouver en Sicile le comte Roger; tous deux y rétablissent les évêchés. Le Pape donne au comte la légation de l'île, p. 255. — Il se rend à Melfi, à Bari. Il appelle saint Bruno à Rome, p. 258. — Il rétablit la métropole de Tarragone, p. 264. — Il envoie le pallium à saint Anselme, p. 272. — Affaire de Philippe II (Voyez cet article). Le siége d'Arras est rétabli, p. 286. — Le schisme va s'affaiblissant en Allemagne. Décrétale du Pape au sujet des excommuniés schismatiques. Guibert chassé de Rome. Les schismatiques détournent Henri d'un accommodement, p. 286. — Les schismatiques reprennent les armes, Henri attaque le duc Guelfe, l. 66, p. 288. — Concile de Bénévent. Urbain érige un archevêché l'église de Pise, à laquelle il donne l'île de Corse. Il rentre dans Rome, p. 296. — Assemblée d'Ulm et concile de Constance. Première croisade (Voir cet article). Concile de Clermont après le voyage d'Urbain à Cluny, p. 304-305. — Affaire de Guillaume le Roux et de saint Anselme, p. 338-342. — Concile de Bari, p. 341. — Mort d'Urbain II, p. 342.

URBAIN III, pape. Son élection. Concordat d'Urbain III et de Frédéric Barberousse, t. 7, l. 70, p. 472. — Triste état des chrétiens en Palestine. Ils perdent la bataille de Tibériade contre Saladin. Perte de la vraie croix. Captivité du roi Lusignan, p. 474. — A cette nouvelle, Urbain III meurt de douleur, p. 478.

URBAIN IV. Son élection, t. 8, l. 74, p. 458. — Il fait des remontrances au roi d'Aragon. Offre la Sicile à saint Louis pour un de ses enfants. Procédure d'Urbain IV contre Mainfroi, p. 459. — Il traite de la Sicile avec Charles d'Anjou, frère de saint Louis, et meurt. Histoire de la fête du Saint-Sacrement, instituée par Urbain IV, p. 460.

URBAIN V. Son élection. Lettre que lui adresse Pétrarque. Lettres d'Urbain V pour notifier sa promotion, t. 8, l. 79, p. 582. — Il reçoit la visite de trois rois et donne à celui de Danemarck une part spéciale aux bonnes œuvres de l'Eglise romaine et fonde l'Université de Cracovie, p. 583. — Il envoie Pierre Thomas à Constantinople en qualité de légat, lui donne les évêchés de Coron et de Négrepont, l'archevêché de Crète, le fait légat en Lombardie, puis patriarche de Constantinople, puis apôtre et légat d'une croisade qui prend Alexandrie, p. 584. — Il pense à reporter le Saint-Siége en Italie. Il y est excité par le Franciscain Pierre, fils du roi d'Aragon. Pétrarque lui écrit plusieurs lettres dans le même but, p. 586. — Orême, docteur, le dissuade au contraire d'y retourner, et cela jusqu'à deux fois, au nom de Charles V, roi de France, p. 587. — Son arrivée en Italie et à Rome, p. 589. — Il reçoit les ambassadeurs de Jean Paléologue, empereur grec, p. 590. — Urbain V envoie un nouvel archevêque à Péking avec un grand nombre de frères Mineurs pour évangéliser les Tartares, p. 596. — L'empereur Charles IV à Rome. L'empereur grec Jean Paléologue vient à Rome et se réunit à l'Eglise romaine, p. 597. — Le pape Urbain V, pour procurer plus efficacement la paix entre la France et l'Angleterre, se transporte à Avignon et y meurt. Ses bonnes qualités, p. 598. — Révélations de sainte Brigitte sur ce Pape, t. 9, l. 80, p. 9.

URBAIN VI. Son élection reconnue par tous les cardinaux et par toute l'Eglise, t. 9, l. 84, p. 34. — Il reçoit de sages conseils de sainte Catherine de Sienne et s'aliène les cardinaux français, qui jettent des doutes sur son élection et commencent le grand schisme d'Occident, p. 36. — Lettres qu'écrit à ce sujet Catherine de Sienne. Manifeste des cardinaux français; réponse d'un magistrat de Florence, p. 39. — Urbain VI crée de nouveaux cardinaux. Les cardinaux français font un autre pape, Clément VII, p. 40. — Urbain VI est quitté par le roi de France, qui reconnaît Clément VII, p. 44. — La plus grande partie de la chrétienté reconnaît Urbain VI. Réponse mémorable de la nation anglaise aux cardinaux français, p. 42. — Urbain VI continue d'être reconnu par l'Angleterre, p. 57. — Ses défauts, ses vertus et sa mort, p. 77.

URBAIN VII. Son court pontificat, t. 40, l. 86, p. 397.

URBAIN VIII, t. 40, l. 87, p. 460.

URIAS, le prophète. Sa prédiction, sa fuite et sa mort, t. 4, l. 47, p. 403.

URIE, le Héthéen, un des braves de David, t. 4, l. 42, p. 296.

URSACE, évêque arien de Singidon. Ayant condamné saint Athanase, il est déposé par le concile de Sardique, t. 3, l. 32, p. 423. — Sa rétractation. Sa lettre à saint Athanase, p. 428. — Il rétracte sa rétractation, p. 444.

URSIN, diacre de l'Eglise romaine. Sa sédition contre le pape saint Damase et son exil, t. 3, l. 35, p. 328. — Son schisme est éteint, p. 232. — Ses intrigues contre le pape Damase. Il est condamné par le concile de Rome. Ses réclamations à l'empereur et rescrit de celui-ci, l. 36, p. 269.

USUARD, moine, auteur d'un Martyrologe, t. 5, l. 57, p. 340.

V

VALA (comte), quitte le monde, t. 5, l. 55, p. 453. — Il fonde la nouvelle Corbie en Saxe, p. 165. — Il accompagne Lothaire en Italie, p. 467. — Grégoire IV se rendant en France, l'oblige de venir le joindre, voulant profiter de ses conseils; p. 200.

VALENCE dans les Gaules. Il s'y tient un concile l'an 855. Difficulté particulière aux évêques de s'entendre, t. 5, l. 56, p. 261.

VALENS, empereur. Il partage l'empire avec son frère, t. 3, l. 35, p. 223. — Il exile les semi-ariens, p. 276. — Il se fait arien. Il exile Vetranion, évêque des Scythes et le rappelle peu après. Martyre de quatrevingts catholiques, p. 230. — Sa vénération dans l'église de Césarée. Il se voit forcé de laisser saint Basile en paix, p. 236. — Il exile saint Mélèce d'Antioche en Arménie. Réponse que lui fait le solitaire Aphrate, p. 238. — Il condamne à l'exil le clergé d'Edesse, p. 239. — Il ne persécute que les catholiques et laisse aux hérétiques, aux Juifs, et même aux païens la liberté religieuse. Il fait mourir par le feu et le fer les magiciens et ceux qui avaient conspiré contre lui, p. 254. — Il comble de faveurs Palladius et Héliodore, qui le trompent. Il fait assassiner le roi d'Arménie, p. 252. — Sa persécution contre les moines. Fin de la persécution,

p. 261. — Conduite atroce des Romains. Défaite et mort de Valens, p. 262.

Valens, évêque arien de Murse. Ayant condamné saint Athanase, il est excommunié par le concile de Sardique, t. 3, l. 32, p. 123. — Sa rétractation. Sa lettre à saint Athanase, p. 128. — Il rétracte sa rétractation, p. 144.

Valentin, pape, t. 5, l. 55, p. 192.

Valentin, hérésiarque, t. 2, l. 27, p. 393.

Valentinien Ier, empereur. Son élection à l'empire, t. 3, l. 35, p. 222. — Il s'adjoint Valens, son frère. Il fait rechercher les magiciens à l'occasion d'une maladie des deux empereurs. Il partage l'empire avec son frère Valens. Il accorde la liberté religieuse, p. 223. — Ses lois en faveur des chrétiens, p. 224. — Sa sévérité excessive et sa perfidie, p. 229. — Son divorce, p. 230. — Il fait assassiner le roi des Quades, p. 252. — Visite qu'il reçoit de saint Martin de Tours, p. 253. — Sa mort, p. 260.

Valentinien II, empereur. Il est proclamé empereur. Il partage l'Occident avec Gratien, t. 3, l. 35, p. 260. — Il implore le secours de Théodose, l. 36, p. 322. — Ses grandes qualités. Insolence d'Arbogaste. Assassinat et funérailles de Valentinien, p. 334.

Valentinien III, reconnu empereur, t. 3, l. 38, p. 441. — Constitution de Valentinien III, touchant l'autorité du Pape, l. 40, p. 510. — Son voyage à Rome. Sa lettre à l'empereur d'Orient pour maintenir le jugement du Pape sur l'hérésie d'Eutychès, p. 533. — Ses dernières actions et sa mort, t. 4, l. 41, p. 10.

Valéri (saint), t. 4, l. 48, p. 404.

Valérie (sainte). Son martyre, t. 2, l. 29, p. 552.

Valérien, empereur. Persécution de Valérien. Nombreux martyrs, t. 2, l. 29, p. 551. — Redoublement de la persécution, p. 555. — Vengeance de Dieu sur Valérien et sur l'empire, p. 560. — Captivité de Valérien et son supplice, l. 28, p. 449.

Valérien (saint), évêque d'Aquilée, t. 3, l. 35, p. 255, 281.

Valfri Sébastien (bienheureux), t. 11, l. 88, p. 123.

Valfroi (saint). Sa retraite. Ses austérités. Conversions qu'il opère. Son obéissance. Miracle opéré par la puissance de saint Martin, t. 4, l. 46, p. 289.

Valla (Laurent), t. 9, l. 83, p. 360.

Vaudeville (le commandant), t. 12, l. 91, p. 63.

Vamba est élu roi d'Espagne. Vigueur qu'il déploie pendant son règne, t. 4, l. 50, p. 487. — Il est empoisonné par un Grec, tombe malade et abdique, p. 490 (Voir aussi Espagne).

Vandales. Leurs incursions et ravages en Afrique, t. 4, l. 41, p. 11 (Voir aussi Allemagne, Genséric, Hunéric).

Vandregisile ou Vandrille (saint), t. 4, l. 40, p. 453.

Van-Dick, peintre, t. 11, l. 88, p. 131.

Vanière, jésuite. Ses ouvrages, t. 11, l. 89, p. 482.

Vanini. Jugement de Leibnitz sur cet impie, t. 11, l. 88, p. 296.

Vargas, écrivain espagnol, t. 8, l. 79, p. 520.

Vartan le momigonien, en Arménie, meurt pour la religion chrétienne, t. 3, l. 40, p. 539-542.

Varlet, évêque intrus et janséniste d'Utrecht, t. 11, l. 89, p. 398.

Vasag, après sa perfidie à l'égard de Vartan et des chrétiens, se voit disgracié, t. 3, l. 40, p. 539-542.

Vatelot (l'abbé), fondateur des Vatelotes ou Sœurs de la doctrine chrétienne de Nancy, t. 11, l. 89, p. 497.

Valpot (Henri de), premier maître de l'ordre des chevaliers Teutoniques, t. 7, l. 70, p. 194.

Vaudois. Leur origine, t. 7, l. 70, p. 166.

Veau d'or dans le désert. Prévarication d'Aaron et prévarication de saint Pierre. Cause de l'une et de l'autre. Moïse médiateur, figure de Jésus-Christ, t. 1, l. 8, p. 173. — Moïse brise les tables de la loi et le veau d'or. Possibilité de la fonte du veau d'or, p. 174. —

Idées diverses de la multitude dans l'adoration du veau d'or. Trois mille hommes mis à mort par les lévites. Comment cette exécution pouvait s'allier avec leur caractère, p. 175. — Dévouement de Moïse. Dieu se fait remplacer par un ange. Le tabernacle hors du camp. Intimité de Moïse avec Dieu. Le Verbe se laisse voir de Moïse. La vision de Moïse et la vision d'Elie, p. 476. — Jeûne de Moïse. Réconciliation de Dieu avec Israël. Nouvelles tables. Rayonnement de la face de Moïse. Ce que figuraient la destruction des premières tables et le voile de Moïse, p. 477.

Veau d'or de Jéroboam, pour entraîner le peuple au schisme et à l'apostasie, t. 1, l. 14, p. 330.

Veccus. Conversion de Jean Veccus à la doctrine complète de l'Eglise sur la procession du Saint-Esprit, t. 8, l. 75, p. 229. — Jean Veccus devient patriarche de Constantinople. Lettres de l'empereur et du nouveau patriarche au Pape. Exacte confession de Jean Veccus sur la procession du Saint-Esprit. Son excommunication contre les schismatiques, p. 256. — Le patriarche Jean Veccus, dans un concile, convainc les schismatiques d'avoir effacé de saint Grégoire de Nysse un passage où il disait que le Saint-Esprit procède aussi du Fils. Remarque à ce sujet, p. 266. — Andronic, nouvel empereur, se déclare contre l'union. Jean Veccus se retire. Accusations des schismatiques contre lui, p. 269. — Jean Veccus et ses deux archidiacres devant l'assemblée des schismatiques, p. 276. — Veccus réfute un écrit de Grégoire, qui finit par donner sa démission de patriarche, p. 279. — Mort de Jean Veccus, p. 283. (Voir aussi Bas-Empire).

Védas. Obscurantisme des Indiens à l'égard des Védas, t. 1, l. 1, p. 491.

Véga (Loppe de), devenu prêtre et fonctionnaire de l'inquisition, ne cesse pas d'être le poète chéri de la nation espagnole, qui s'amuse noblement avec lui, t. 10, l. 87, p. 501.

Vence (l'abbé de) et ses ouvrages, t. 11, l. 89, p. 500.

Venceslas (saint), duc de Bohême, t. 5, l. 60, p. 455.

Venceslas ou Wenceslas est déposé de l'empire, t. 9, l. 81, p. 58.

Vendée. Ses habitants prennent les armes pour maintenir la liberté de leur culte. Caractère de cette première Vendée, t. 11, l. 90, p. 535.

Vénérius de Crête et autres Grecs distingués par leur vertu et leur attachement à l'Eglise catholique, t. 11, l. 87, p. 75.

Venimbeni (bienh. François), t. 8, l. 78, p. 437.

Ventura (le P.), à Rome, t. 12, l. 92, p. 245. — Ses ouvrages sont condamnés par Pie IX, p. 290.

Vêpres siciliennes, t. 8, l. 76, p. 269.

Verbe de Dieu. Le Verbe. Son éternelle génération. Différences qui distinguent son être de celui des créatures, t. 2, l. 23, p. 143. — Part qu'il a prise à la création de l'univers. Son pouvoir vivifiant et illuminant, et vie de toutes choses en lui-même, p. 144. — Son rayonnement dans le monde moral, et engourdissement coupable des hommes, p. 145. — Eminentes prérogatives de ceux qui l'écoutent. Son incarnation, et caractères qui la distinguent des manifestations précédentes de la divinité, p. 146.

Verbiest, missionnaire jésuite en Chine, t. 11, l. 68, p. 318.

Verda (sainte), vierge et martyre, t. 3, l. 32, p. 440.

Verdiane (sainte), servante et recluse, t. 7, l. 72, p. 457.

Vergerio, évêque, qui se laisse infecter par l'hérésie, t. 10, l. 85, p. 488.

Vermond (l'abbé de), t. 11, l. 89, p. 475 (Voir aussi France).

Verner (saint). Son martyre, t. 8, l. 76, p. 300.

Véron, jésuite. Ses ouvrages de controverse, t. 11, l. 88, p. 298.

Véronèse (Paul), peintre, t. 11, l. 89, p. 429.

Véronique de Milan (sainte), t. 9, l. 83, p. 469.

Véronique Giuliani de Mercatello (sainte), t. 11, l. 88. p. 120.

Vespasien envahit la Judée, assiége Jérusalem. Il est proclamé empereur, t. 2, l. 26, p. 326. — Actes de cruauté de sa part, p. 339.

Vespignano (bienh. Jean), t. 8, l. 79, p. 503.

Vétin, moine. Ses visions touchant Charlemagne, t. 5, l. 55, p. 481.

Vétranion, empereur romain. Il est proclamé empereur en Illyrie. Son origine, son traité d'alliance avec Constance. Sa déposition, t. 3, l. 33, p. 443.

Vianney, curé d'Ars. Sa vie, t. 12, l. 92, p. 386.

Viborade (sainte). Sa vie, t. 5, l. 59, p. 420. — Sa mort, l. 60, p. 435.

Vicelin (S.), évêque d'Oldenbourg, t. 6, l. 68, p. 562.

Viclef (Voyez Wiclef).

Victor (saint), pape. Son ordonnance pour la célébration de la Pâque. Résistance et excommunication de Polycrate, t. 2, l. 27, p. 444. — Justification de la conduite du Pape. Rétablissement de la paix, p. 445.

Victor II, nommé par le cardinal Hildebrand, envoie le cardinal Humbert à Constantinople, t. 6, l. 64, p. 89. — Il marche sur les traces et confirme les décrets de Léon IX. Il envoie Hildebrand en France, p. 98. — Il réconcilie au roi Henri IV le comte de Flandre et le duc de Lorraine, p. 103. — Sa mort. Bulle remarquable où il compte l'Islande et le Groënland comme pays chrétiens, p. 104 (Voir Cérulaire, Grégoire VII, Pierre d'Antioche).

Victor III. Son élection, t. 6, l. 66, p. 252. — Expédition contre les Sarrasins d'Afrique. Allocution de Victor III au concile de Bénévent. Il tombe malade et meurt, p. 254.

Victor de Marseille (saint). Sa charité. Il est pris et conduit devant les préfets, puis devant l'empereur. Sa fermeté, t. 3, l. 30, p. 8. — Il réfute le paganisme et proclame Jésus-Christ. Sa vision, son martyre, p. 9.

Victor (S.), soldat romain et martyr, t. 3, l. 30, p. 7.

Victor de Cartenne et ses écrits, t. 4, l. 42, p. 554.

Victor de Vite et ses écrits, t. 4, l. 42, p. 54.

Victor, antipape, t. 6, l. 68, p. 504.

Victorin, littérateur d'Afrique. Sa gloire, sa science, sa conversion, ses ouvrages, t. 3, l. 34, p. 493.

Victrice de Rouen (saint). Il confesse la foi. Sa délivrance miraculeuse. Son apostolat, t. 3, l. 37, p. 348. — Lettre que lui écrit le pape saint Innocent, p. 372.

Vida (Marc-Jérôme), évêque de Crémone, t. 10, l. 84, p. 189.

Vie religieuse. Son éloge, t. 4, l. 44, p. 176. — Rapport intime de la vie religieuse avec le bonheur. Raison du vœu de pauvreté. La législation criminelle et les punitions monastiques, p. 181.

Vienne dans les Gaules (concile général de), t. 8, l. 77, p. 418 et seqq. (Voir Conciles œcuméniques).

Vienne en Autriche sauvée contre les protestants rebelles de la Bohème par la constance héroïque de Ferdinand II, l'arrivée du colonel français Saint-Hilaire envoyé par le général lorrain Dampierre, t. 11, l. 87, p. 47. — Vienne, l'Allemagne, l'Europe, sauvées contre les Turcs par Jean Sobieski de Pologne, Charles de Lorraine et Eugène de Savoie, l. 88, p. 340.

Vierge (sainte). Croyance touchant sa maternité divine. Son invocation, depuis le commencement du second siècle jusqu'au concile d'Ephèse. Dans les épîtres de saint Ignace d'Antioche, t. 2, l. 27, p. 372. — Dans les écrits de saint Irénée de Lyon, p. 440. — Dans saint Hippolyte, évêque de Porto, l. 28, p. 493. — Dans les écrits de Denys d'Alexandrie contre Paul de Samosate. Dans plusieurs autres Pères des trois premiers siècles, qui appellent également la sainte Vierge Théotocos (Mère de Dieu), l. 29, p. 567. — Dans les homélies de saint Grégoire Thaumaturge, p. 569. — Par saint Alexandre d'Alexandrie, t. 3, l. 31, p. 79. — Saint

Athanase l'appelle jusqu'à huit fois Théotocos (mère de Dieu), dans son traité de l'Incarnation, t. 3, l. 35, p. 246. — Saint Grégoire de Nazianze dit anathème à quiconque ne croit pas Marie mère de Dieu ou Théotocos, l. 36, p. 295. — Témoignages des saints Pères recueillis par Canisius dans son catéchisme, t. 10, l. 85, p. 278.

Vigile de Tapse et ses écrits, t. 4, l. 42, p. 54.

Vigile, pape. Ses intrigues avec Théodora contre le pape Sylvère, t. 4, l. 45, p. 221. — Son élection. Sa rétractation. Ses lettres à l'empereur et à Mennas. Fausseté ou incertitude de plusieurs lettres qui lui sont attribuées, p. 222. — Vigile à Constantinople. Opposition soulevée par son Judicatum. Ses lettres à des évêques des Gaules pour différents sujets. Sa lettre à saint Aurélien et autres, relativement à son Judicatum, p. 225. — Il convoque un concile. Mauvaise foi des Grecs dans ce concile. Fermeté du Pape. Violences exercées sur sa personne. Sa sentence contre Théodora et Mennas, p. 226. — Son triomphe. Les évêques se soumettent à lui. Il refuse d'assister au concile de Constantinople, p. 229. — Sa constitution, p. 230. — Sa sentence opposée au concile, p. 233. — Sa protestation et son exil. Son retour. Son jugement définitif sur les trois chapitres, p. 234. — Remarques sur cette pièce. Sa mort, p. 235.

Vigile ou Virgile, prêtre d'Allemagne, t. 5, l. 52, p. 46.

Vignoli, archéologue et numismate bibliothécaire du Vatican, t. 10, l. 88, p. 105.

Vigor, avocat janséniste, t. 11, l. 87, p. 5.

Vilgard. Son fanatisme, t. 6, l. 62, p. 5.

Villani. Sa fable au sujet de l'élection de Jean XXII, t. 8, l. 79, p. 458.

Villehardouin, maréchal de Champagne, t. 7, l. 74, p. 277.

Vincent d'Aquila (le bienh.), t. 9, l. 83, p. 338.

Vincent (saint), diacre de Sarragosse. Son origine. Ses talents. Ses souffrances. Sa vision. Son martyre. Son apparition, t. 3, l. 30, p. 24.

Vincent de Lérins (saint), t. 3, l. 39, p. 453. — Ses ouvrages, t. 3, l. 40, p. 491.

Vincent Ferrier (saint). Sa famille. Ses études, t. 9, l. 81, p. 66. — Il se fait Dominicain, et devient professeur de philosophie, puis de théologie. Le démon lui apparaît. Ses tentatives sur Vincent, p. 68. — Vincent reconnaît pour pape Clément VII, p. 69. — Ses travaux apostoliques, ses miracles et ses vertus, p. 70. — Ses derniers travaux et sa mort, p. 126.

Vincent de Paul (saint). Ses commencements. Son esclavage en Afrique et sa délivrance, t. 10, l. 87, p. 553. — Son séjour à Paris. Il entre comme précepteur dans la maison de Gondi. Ses premières missions dans les campagnes, p. 556. — Il devient curé de Châtillon en Bresse. Sa première confrérie de charité. Règlement qu'il lui prescrit, p. 557. — Il rentre dans la maison de Gondi, et puis fonde la congrégation des Prêtres de la Mission, p. 560. — Il commence les retraites des ordinands. On lui cède malgré lui la maison de saint Lazare, p. 565. — Il établit les conférences ecclésiastiques pour continuer le bien des retraites. Grands fruits qui en proviennent, p. 563. — Il établit un grand et un petit séminaire. Il établit une confrérie de charité à Mâcon, puis en beaucoup d'endroits, p. 566. — Il devient aumônier général des galères, prend la place d'un forçat sans se faire connaître. Certitude de ce fait, p. 568. — Il charge une pieuse veuve, Louise de Marillac, de visiter et perfectionner les confréries, lui associe pour cet effet quelques vertueuses filles, d'où naît la congrégation des Sœurs de la Charité, p. 567. — Il établit des associations de dames de Charité pour la visite des malades dans l'hôtel-Dieu de Paris. Bien que font ces dames, p. 569. — Il vient au secours des catholiques d'Ecosse, d'Irlande et d'Angleterre et par ses missionnaires et par ses aumônes, et chez eux et en France où

ils se réfugient, p. 589. — Saint Vincent de Paul sauveur de la Lorraine contre la guerre, la peste et la famine, t. 87, p. 604. — Il vient au secours de la Champagne et de la Picardie dévastée dans les troubles de la Fronde. Il envoie des missionnaires enterrer les morts sur les champs de bataille, et faire des missions parmi les soldats, p. 606. — Ses liaisons avec saint François de Sales, p. 608. — Témoignage que rend saint Vincent de Paul à sainte Jeanne-Françoise de Chantal et que rendent à Vincent les religieuses de la Visitation, p. 609. — Saint Vincent de Paul assiste Louis XIII à sa mort, p. 610. — Le saint est établi membre et même chef du tribunal de conscience. Services qu'il y rend à la religion, p. 611. — Il tombe malade à la mort, et guérit par le dévouement l'un de ses missionnaires. Prédiction de saint Vincent de Paul touchant l'Orient et l'Inde. Il envoie des missionnaires à Madagascar. Il envoie des missionnaires aux esclaves chrétiens de Barbarie, et ressuscite l'Eglise d'Afrique au milieu des bagnes. Traits héroïques de plusieurs de ces esclaves et en particulier de quelques enfants, p. 612. — Vincent de Paul devient le père et la mère des enfants trouvés, et communique sa charité à tout le monde, p. 615. — Sa charité pour la Pologne, p. 616. — L'hérésiarque Hauranne découvre le fond de son cœur à saint Vincent de Paul, croyant pouvoir le séduire. Conduite du saint à son égard, t. 11, p. 1. — Jugement que porte saint Vincent de Paul du livre d'Arnauld *De la fréquente communion*, p. 6. — Ce que saint Vincent de Paul écrit à un de ses missionnaires sur le jansénisme, p. 11. — Lettres mémorables du même saint à plusieurs évêques, p. 12. — Son zèle pour faire condamner l'erreur. Sa charité pour ramener les errants, p. 15. — Dernières actions et mort de saint Vincent de Paul, p. 88.

VINCENT de Paul. Attaques contre la société de Saint-Vincent-de-Paul et faveurs accordées aux sociétés secrètes par le gouvernement français : protestation des évêques, t. 12, l. 92, p. 358.

VINCENT de Beauvais. Son *Encyclopédie*. Sur la profonde question des *universaux*, il est supérieur à Bossuet, t. 8, l. 74, p. 94.

VINTIMILLE, archevêque de Paris, t. 11, l. 88, p. 262.

VIRGILE, poete latin. Ses vers sur le Rédempteur, t. 2, l. 20, p. 48.

VIRGINITÉ, t. 1, l. 1, p. 33.

VISCHNOU. Ses neuf incarnations, t. 1, l. 20, p. 497.

VISCONTI (Matthieu), t. 8, l. 79, p. 474.

VISCONTI (Charles), t. 10, l. 85, p. 304.

VISDELOU, missionnaire jésuite en Chine, t. 11, l. 88, p. 320.

VITAL, évêque apollinariste d'Antioche, t. 3, l. 35, p. 258

VITAL de Mortain fonde le monastère de Savigny, t. 6, l. 67, p. 374.

VITALIEN, césar. Son insurrection. Ses succès. Son traité avec l'empereur Anastase, t. 4, l. 43, p. 125.

VITALIEN, pape (saint), t. 4, l. 49, p. 446. — Lettre qu'il écrit à deux rois d'Angleterre. Il ordonne le saint moine Théodore de Tarse archevêque de Cantorbéry et travaille à établir en Angleterre une foi pure et une exacte discipline, l. 50, p. 470. — Il maintient la discipline en Orient, p. 475.

VITELLIUS, empereur romain, t. 2, l. 26, p. 325.

VITIGÈS, roi des Goths. Il assiége Bélisaire dans Rome, et Bélisaire s'empare de lui, t. 4, l. 45, p. 209.

VITRY (incendie de), t. 6, l. 68, p. 522.

VIVENTIOLE (saint). Ses relations avec saint Avit, t. 4, l. 43, p. 430.

VŒU. Raison du vœu de pauvreté, t. 4, l. 44, p. 181.

VOLTA (l'abbé), physicien célèbre d'Italie, t. 11, l. 89, p. 354.

VOLTAIRE (François-Marie Arouet, dit). Sa biographie. Il méprise sa famille, sa patrie, le peuple, t. 11, l. 89, p. 416. — La sagesse de Dieu est différente : elle aime le peuple, et c'est par des hommes du peuple qu'elle a vaincu et civilisé le monde, p. 448. — Haine de Voltaire contre la religion chrétienne. Motif de cette haine. Hypocrisie et menteries de Voltaire. Son caractère hideux, p. 419. — Ses impudents mensonges contre Jeanne d'Arc, p. 420. — Sympathie de Voltaire pour la monarchie russe, dont la source est Pierre Ier, p. 422. — Amitié et brouilleries de Voltaire et de Frédéric II, p. 425. — Mort de Voltaire. Réflexion sur ce que Voltaire dit de Jeanne d'Arc, t. 9, l. 82, p. 497. — Comment, dans sa *Henriade*, il accuse faussement le clergé d'avoir favorisé le coup d'Etat de la Saint-Barthélemy, t. 10, l. 86, p. 426.

VOLTERRE, peintre italien, t. 11, l. 88, p. 129.

VOLUSIEN, converti du paganisme, t. 3, l. 40, p. 503

VORAGINE (bienheureux Jacques de Varasc ou) (Voyez *Jacques de Varasc*).

VULBODE (saint), évêque de Liége, t. 6, l. 62, p. 448.

VULFADE, évêque de Bourges, t. 5, l. 57, p. 320.

VULFOLÈDE (saint), archevêque de Bourges. Lettre que lui écrit le roi saint Sigisbert d'Austrasie, et réflexion à ce sujet, t. 4, l. 49, p. 456.

VULFRAND (saint), en Frise, t. 4, l. 50, p. 509. — Ses derniers travaux et sa mort, l. 51, p. 538.

☞ Plusieurs de ces noms s'écrivent aussi par un double W.

W

WAEDING (Luc), savant franciscain, t. 11, l. 87, p. 46.

WALAFRIDE Strabon. Sa vie et ses écrits, t. 5, l. 56, p. 250.

WALDECK (le prince de), un des commandants au siége de Vienne contre les Turcs, t. 11, l. 88, p. 310.

WALDEMAR, roi de Danemarck, t. 6, l. 60, p. 74. — Le roi Waldemar demande au pape Alexandre III la canonisation de son père saint Canut. Conversion de l'île de Rugen par les soins du roi Waldemar. Ce qu'était l'idole Santovit, p. 75.

WALDEMAR II, roi de Danemarck, parvient à réduire son cousin Waldemar, évêque de Sleswig, qui lui dispute longtemps le sceptre, t. 7, l. 71, p. 241. — Sa bonne harmonie avec le pape Innocent III, p. 242.

WALDEMAR III, roi de Danemarck. Sa visite au pape Urbain V, qui lui donne une part spéciale aux bonnes œuvres de l'Eglise romaine, t. 8, l. 79, p. 583.

WALDEMAR, évêque de Sleswig. Ses démêlés avec le roi son cousin, Waldemar II. Intervention du Pape. L'évêque, d'abord peu fidèle à ses promesses, finit par se convertir tout de bon, t. 7, l. 71, p. 241 et seqq.

WALKER, président du collége d'Oxford, se déclare catholique, t. 11, l. 88, p. 289.

WALLEMBOURG (les frères Adrien et Pierre) de Rotterdam. Leurs ouvrages de controverse, t. 11, l. 88, p. 298.

WALPURGE (sainte), t. 5, l. 52, p. 8.

WALLENSTEIN. Sa part dans la guerre de Trente-Ans, t. 11, l. 87, p. 53.

WALTHEN (saint), en Ecosse, t. 7, l. 69, p. 139.

WALTHERD, archevêque de Magdebourg, t. 6, l. 62, p. 12.

WANDALBERT, savant moine. Sa vie et ses écrits, t. 5, l. 57, p. 314.

WARWICK, duc de Northumberland, t. 10, l. 85 (Voir *Angleterre*).

WEISHAUPT, fondateur de la secte révolutionnaire des illuminés, t. 11, l. 89, p. 465.

WEISLINGER de Puttelange en Lorraine. Ses ouvrages de controverse, t. 11, l. 88, p. 299.

WENCESLAS, roi de Bohême et des Romains. Ses cruautés. Révolution sous son règne. Il fait mourir saint Jean Népomucène, puis est déposé de l'empire, t. 9, l. 84, p. 58 et seqq.

WERNER (Zacharie), littérateur-poète qui, de protestant, se fait prêtre catholique et religieux, t. 12, l. 91, p. 283.

WHISTON, prêtre anglican, tombé dans l'arianisme, t. 11, l. 89, p. 450. — Jugement qu'en porte Leibnitz, l. 88, p. 296.

WICÉLIUS. Sa conversion du protestantisme, t. 10, l. 85, p. 270.

WICHEL (Léonard), un des martyrs de Gorcum, t. 10, l. 86, p. 354.

WICLEF, hérésiarque, attaque successivement l'Eglise catholique, la société civile, et enfin Dieu, t. 9, l. 80, p. 14. — Soulèvements et révolutions en Angleterre par les sectateurs de Wiclef ou les Lollards, l. 81, p. 54. — Nouvelle insurrection des Lollards, p. 55. — Les ouvrages de Wiclef sont condamnés par le pape Jean XXIII, p. 86. — Quelle était l'hérésie de Wiclef, p. 107. — Son ignorance et ses blasphèmes réfutés d'avance par le formulaire du pape saint Hormisda, p. 108. — Les erreurs de Wiclef pénètrent en Bohême. Jean Hus et Jérôme de Prague les y répandent, p. 109. — Ses erreurs, condamnées à Prague, à Rome et au concile de Constance, p. 110-120.

WIFROI, archevêque de Narbonne, t. 6, l. 64, p. 100.

WIGBERD (saint), t. 5, l. 52, p. 7.

WILFRID (saint). Ses commencements. Conférences sur la Pâque, t. 3, l. 49, p. 465. — Il est fait évêque d'York, l. 50, p. 474. — Saint Théodore, envoyé archevêque de Cantorbéry par le pape saint Vitalien, rétablit saint Wilfrid sur son siége, p. 472. — Saint Wilfrid vient demander justice et protection à l'Eglise romaine, et opère partout beaucoup de bien au milieu des persécutions, p. 504. — Saint Théodore de Cantorbéry se réconcilie avec saint Wilfrid, p. 507. — Dernières actions et mort de saint Wilfrid, l. 51, p. 531.

WILFRID le jeune (saint), t. 5, l. 52, p. 12.

WILLEHADE (saint), apôtre de la Germanie, t. 5, l. 54, p. 101. — Sa mort, p. 103.

WILLIBALD et Wunebalde (les saints) sont enrôlés par saint Boniface dans son troisième voyage de Rome, t. 4, l. 51, p. 566.

WILLIBALD ou Witbald (saint), évêque d'Aichstedt, t. 5, l. 52, p. 12.

WILLIBROD (saint). Sa mission en Frise, t. 4, l. 50, p. 508. — Saint Vulfrand lui vient en aide, p. 509.

WINEBALD (saint), t. 5, l. 52, p. 198.

WINFRID (Voyez saint Boniface, apôtre de l'Allemagne).

WINCKELMANN, savant d'Allemagne, revenu au catholicisme. Ses ouvrages, t. 11, l. 89, p. 358.

WISEMAN. Hiérarchie de l'Angleterre catholique. L'évêque Wiseman, t. 12, l. 91, p. 97. — Il reconnaît, comme une chose évidente, que le mouvement religieux de l'Angleterre ne vient pas des hommes, mais de Dieu seul, p. 99.

WITASSE, théologien français, t. 11, l. 88, p. 162.

WITIKIND, chef saxon. Sa conversion au christianisme, t. 5, l. 53, p. 73.

WLADIMIR. Progrès de la religion chez les Russes sous leur duc Wladimir, t. 5, l. 64, p. 525.

WOLF, philosophe allemand, t. 11, l. 89, p. 465.

WOLFGAND (saint), évêque de Ratisbonne, t. 5, l. 64, p. 493.

WOLPHELME (bienheureux), abbé de Brunviller, t. 6, l. 66, p. 289.

WOLSEY, cardinal. Ce qu'il était. Ses richesses. Sa faveur, t. 10, l. 84, p. 78. — Il encourt la disgrâce d'Anne de Boulen; le roi lui retire aussi sa faveur. Sa faiblesse. Relégué dans son diocèse, il se montre digne évêque, et mérite l'estime et l'attachement même de ses ennemis. Il est arrêté et accusé comme coupable de haute trahison, mais il meurt en se rendant à Londres à l'abbaye de Leicester. Son éloge, p. 79.

WOUCHÉ, impératrice de Chine. Son incroyable méchanceté, t. 5, l. 52, p. 26.

WULSTAN (saint). Les légats du Pape en font connaître le mérite, et le font élever au siége de Worcester, t. 6, l. 64, p. 118.

X

XÉNOPHANE, philosophe grec. Son époque, t. 2, l. 20, p. 6. — Sa doctrine sur Dieu et ses attributs. Ses principaux disciples, p. 7.

XÉNOPHON. Description, siége et prise de Babylone, d'après Hérodote et Xénophon, t. 1, l. 18, p. 448.

XERXÈS. Son expédition gigantesque. Sa mort violente. Son caractère, t. 1, l. 19, p. 468.

XIMENÈS (Rodrigue), archevêque de Tolède dans le XIIIe siècle, t. 17, l. 72, p. 403.

XIMENÈS, cardinal. Histoire du moine et cardinal Ximenès. Ses grandes œuvres, t. 9, l. 83, p. 290. — Il convertit les Mahométans de Grenade, p. 293. — Expédition et conquêtes du cardinal Ximenès en Afrique, p. 301. — A la mort du roi Ferdinand, Ximenès est nommé régent de Castille. Sagesse avec laquelle il règle l'état des Indiens dans le Nouveau Monde, p. 303. — Humanité industrieuse de Ximenès pour guérir la reine Jeanne, dite la Folle. Mort du cardinal Ximenès, p. 306.

Y

YRIEX (saint), t. 9, l. 46, p. 368-370.

YORK (Laurent), bénédictin anglais. Sa vie. Ses élus. Ses ouvrages, t. 11, l. 89, p. 445.

YVES de Chartres (le bienheureux). Sa fermeté épiscopale, t. 6, l. 66, p. 279 et 284. — Ses ouvrages, t. 67, p. 371.

YVES (saint), curé en Bretagne et avocat des pauvres, t. 8, l. 76, p. 338.

Z

ZACCAGNI, bibliothécaire du Vatican, t. 11, l. 88, p. 106.

ZACCARIA, écrivain d'Italie, t. 11, l. 89, p. 352.

ZACCHIAS, médecin d'Italie, t. 11, l. 88, p. 106.

ZACCHARIAS, roi d'Israël, t. 1, l. 15, p. 361.

ZACHARIE le prophète. Ses reproches aux Juifs. Ses prophéties sur le Christ et son Église, et sur les désastres de Babylone. Le ministère des bons anges, t. 1, l. 19, p. 463. — Le Messie de nouveau prédit par Zacharie, p. 464. — Cantique de Zacharie, p. 466. — Prophétie de Zacharie sur diverses circonstances de la passion de Jésus-Christ et de la conversion du monde, p. 467.

ZACHARIE, fils de Joël, grand-prêtre, est mis à mort par le roi Joas, t. 1, l. 14, p. 354.

ZACHARIE, père de saint Jean-Baptiste. Sa vision, t. 2, l. 23, p. 146. — Son cantique à la naissance de son fils, p. 150.

ZACHARIE (saint), pape. Il amène à la paix le roi Luitprand et se voit le refuge des peuples d'Italie, t. 5, l. 52, p. 1. — Il répond à Pepin, qui le consulte au nom des Francs sur divers points de discipline. Il écrit diverses lettres à saint Boniface sur des affaires d'Allemagne, p. 16. — Il répond aux Francs sur un changement de dynastie, p. 18. — Il est calomnié par quelques auteurs protestants au sujet du prêtre Vigile ou Virgile, p. 16. — Sa mort, p. 35.

ZACHÉE. Il reçoit chez lui J.-C., t. 2, l. 23, p. 213.

ZALLINGER (l'abbé). Ses écrits, t. 11, l. 89, p. 502.

ZAMBRI extermine toute la race de Baasa, t. 1, l. 14, p. 334.

ZAMPIERI Dominique, ou le Dominiquin, t. 11, l. 88, p. 429.

ZAPOLYA, roi de Hongrie par Soliman II, t. 10, l. 84, p. 17.

ZARA. Victoire d'Asa sur Zara. Quel était ce Zara, t. 1, l. 14, p. 333.

ZÉNO (Apostolo), poète italien. Sa vie et ses ouvrages, t. 11, l. 89, p. 355.

ZÉNON, philosophe grec. Rôle de la terminologie dans sa doctrine. Morale. Théories des biens et des maux d'après le sens commun et d'après les stoïciens, t. 2, l. 20, p. 42. — Exagération de leur idéal du sage et de leurs maximes particulières. Logique. Physique. Dieu, sa nature, la création, le monde, sa future rénovation. Grande renommée des stoïciens, p. 43. — Raisonnement de Zénon sur l'unité de Dieu, p. 117.

ZÉNON, empereur. Sa proclamation à l'empire. Son caractère et celui de sa famille. Sa fuite, t. 4, l. 41, p. 28. — Rétablissement et perfidie de Zénon, l. 42, p. 45. — Son *Hénotique*. Son incohérence, p. 57. — Zénon joué par Odoacre. Son entrevue avec Théodoric, p. 70. — Sa mort, p. 71.

ZÉPHIRIN, pape, t. 2, l. 28, p. 508.

ZÉPHIRINI Ugolin (le bienheureux), Augustin, t. 8, l. 79, p. 508.

ZIMISCÈS, empereur, tue Nicéphore et lui succède, t. 5, l. 61, p. 493. — Ses exploits, p. 495.

ZIPHÉENS, trahissent David jusqu'à deux fois, t. 1, l. 11, p. 277-280.

ZISKA, chef des hussites. Ses cruautés. Sa mort, t. 9, l. 82, p. 208.

ZITA de Lucques (sainte), servante toute sa vie, t. 7, l. 72, p. 458.

ZONARE (Jean), historien et canoniste grec, t. 7, l. 69, p. 30.

ZOSIME (saint), pape, écrit plusieurs lettres sur les affaires des Gaules, que les révolutions politiques avaient compliquées et compliquaient encore, t. 3, l. 38, p. 427. — A cause de la soumission de Pélage et de Célestius à l'autorité du Saint-Siége, Zosime se montre favorable, non pas à leur doctrine, mais à leur personne, pour les ramener charitablement, p. 428. — Par affection pour les évêques d'Afrique, il leur envoie toutes les pièces de cette affaire et les rassure sur sa condescendance, p. 429. — Ayant reconnu le peu de sincérité de Pélage et de Célestius, il les condamne solennellement, p. 431.

ZODIAQUES. L'incrédulité moderne et les zodiaques d'Egypte, t. 1, l. 6, p. 146.

ZOÉ (sainte). Sa guérison miraculeuse par saint Sébastien, t. 3, l. 30, p. 2. — Son baptême par saint Polycarpe, p. 3. — Sa retraite chez le pape saint Caïus, avec Nicostrate, son époux. Son martyre, p. 5.

ZOROASTRE, philosophe persan, juif d'origine, suivant quelques-uns, t. 1, l. 19, p. 466. — Doctrine de Zoroastre et des mages, l. 20, p. 503.

ZOROBABEL. Les Juifs reviennent sous ses ordres de la captivité de Babylone, t. 1, l. 19, p. 454.

ZOTOF, frère de Pierre Ier de Russie, est créé prince-pape par ce dernier, t. 11, l. 88, p. 315.

ZURBARAN, peintre espagnol, obtient le prix sur tous les peintres de l'Europe, avec Murillo, t. 10, l. 87, p. 502.

ZWINGLE, hérésiarque de Suisse. Ses commencements à Zurich. Sa ressemblance avec l'hérésiarque de Wittemberg, t. 10, l. 84, p. 31. — Son monstrueux paradis, p. 32. — L'apostat Zwingle, instruit dans un entretien nocturne par un esprit blanc ou noir, s'efforce, avec d'autres apostats, de nier et de combattre la présence réelle de Jésus-Christ dans l'eucharistie, p. 33. — Luther combat les zwingliens ou sacramentaires, p. 34. — Les deux sectes prouvent l'une contre l'autre que l'Eglise catholique possède seule la vérité tout entière. Accablement de Luther, déploré par Mélanchthon. Variations irrémédiables des sectaires. Fermeté immuable de la foi catholique, p. 35. — En 1523, la municipalité zurichoise ordonne à ses administrés de ne plus croire ce qu'on avait cru jusqu'alors. Conférence de Baden, où les catholiques restent vainqueurs, p. 36. — Histoire de l'apostasie de Berne, p. 37. — Etat épouvantable de la Suisse, divisée contre elle-même. Guerre civile. Bataille de Cappel, où Zwingle est tué, et où les catholiques remportent la victoire dont ils usent très-modérément, p. 42. — Incohérences astucieuses du synode et des ordonnances municipales de Berne, p. 46. — Le canton de Soleure expulse les nouvelles hérésies et rétablit la foi de ses pères, p. 46. — Belle conduite en tout ceci des cinq cantons primitifs, p. 47.

TABLE ALPHABÉTIQUE

DES

NOTES RECTIFICATIVES ET COMPLÉMENTAIRES

DE

L'HISTOIRE UNIVERSELLE DE L'ÉGLISE CATHOLIQUE

A

ABBON, moine de St-Germain des Prés (x⁰ siècle). Ses écrits, V, 644.

ABBON, abbé de Fleury (x⁰ siècle); Ses écrits, V, 650.

ABEL. Vestiges de l'histoire d'Abel et de Caïn conservés dans les traditions païennes, I, 520.

ABEL (Léonard), évêque de Sidon, est chargé en 1583 par le pape Grégoire XIII, de travailler à la réunion de l'Église grecque avec l'Église romaine, X, 670.

ABERLÉ (d'), professeur d'Ecriture sainte à Tubingue. Réfute la thèse de M. Renan affirmant que l'Evangile selon saint Jean n'existait pas du temps de Papias, évêque d'Hiéraples, parce que ce Père n'en parle pas dans ses écrits, II, 617, 618.

ABRAHAM (le patriarche). Analyse du mémoire de M. l'abbé Vigouroux sur l'histoire de ce patriarche d'après les découvertes de l'assyriologie et de l'égyptologie modernes, I, 529, 530. — Situation exacte de l'Ur-Kasdim, patrie d'Abraham, d'après les découvertes récentes de MM. Georges Smith et Oppert, 529. — L'origine et le nom d'Abraham sont assyriens, ibid. — Preuves de son séjour en Egypte, 529. — Est-ce aux Egyptiens qu'Abraham a emprunté le rite de la circoncision ? ibid. — Invasion élamito-chaldéenne en Palestine, après le retour d'Abraham d'Egypte et son établissement dans la terre de Chanaan, 530.

ABYSSINIE. Conversion de l'Abyssinie au catholicisme au iv⁰ siècle, IV, 610.

ACACE, patriarche de Constantinople. Lettre que lui adresse le pape Simplicius en janvier 476, IV, 585; V, 617, 628. — Sa condamnation au concile tenu en 484, IV, 586. — Lettre de saint Gelase aux Orientaux, relative à Acace, ibid.

ACHILLÉE (saint), envoyé par saint Irénée pour prêcher l'Evangile en Dauphiné, III, 574.

ACTES DES APOTRES. Poème d'Arator sur les apôtres, IV, 624.

ACTA SANCTORUM. Histoire de cette collection XI, 629-630.

ACTES DES MARTYRS. De la valeur historique de ces Actes, III, 575-580. — Ils sont recueillis à l'origine par des notaires institués à cet effet par les papes, II, 619; III, 576, 577. — Ces actes primitifs sont d'abord interpolés par les premiers hérétiques, ensuite détruits pendant la persécution de Dioclétien qui ordonna de brûler toutes les Ecritures des chrétiens, 577, 578. — Sous le règne de Constantin on s'occupe activement de les reconstituer en faisant appel à la mémoire des témoins oculaires, 578. — Recueil d'Eusèbe, 579. — Recueil emporté en Angleterre, ibid. — Martyrologes de Bède, d'Adon et d'Usuard, 579, 580.

ADALBÉRON, abbé du monastère de Sarcin ou de Saint-Trohd (fin du x⁰ siècle), V, 652.

ADALBERT (saint), évêque de Prague (x⁰ siècle). Ses écrits, V, 642.

ADAM DE SAINT-VICTOR. Sa vie et ses œuvres d'après un récent travail de M. Léon Gautier, VI, 642, 643.

ADÉLAIDE (sainte), impératrice, femme de l'empereur Othon I⁰ʳ (fin du x⁰ siècle), V, 638. — Sa Vie écrite par saint Odilon, abbé de Cluny, 631, 632, 638, 639.

ADELBOLD, évêque d'Utrecht (fin du x⁰ siècle). Ses écrits, V, 649.

ADELMAN, d'abord écolâtre de la cathédrale de Liège, vient ensuite étudier à l'école de Chartres sous Fulbert, puis devient évêque de Bresse (1050-1062), VI, 600.

ADHÉMAR DE MONTEIL, évêque du Puy. Sa dévotion pour la sainte Vierge Marie. Quelques critiques le regardent comme l'auteur du Salve Regina, VI, 637.

ADON, moine. Autorité historique du martyrologe d'Adon, III, 579, 580. — Ses œuvres se trouvent au tome CXXIII de la Patrologie latine, V, 630.

ADOPTIANISME. Hérésie d'Elipand qui distingue entre le fils vrai et le fils adoptif de Dieu, le fils engendré de Dieu de toute éternité et celui qui s'est fait homme, V, 601-602. — Condamnation de cette hérésie au synode de Francfort, tenu sous Charlemagne, en 794, *ibid.*

ADRETS (le baron des). Sa cruauté, X, 675.

ADRIE. Le royaume d'Adrie créé en 1379, par le faux pape Clément VII (Robert de Genève), en faveur de Louis de France, duc d'Anjou, IX, 601.

ADRIEN Ier, pape de 772 à 795. Prétendue concession faite par lui à Charlemagne, sur l'élection des papes et la nomination des évêques, V, 639-641. — Réponse du pape Adrien à Charlemagne, au sujet des *Livres carolins*, 602. — Autorité et authenticité de la *Vie du pape Adrien Ier*, relativement à l'origine du pouvoir temporel des papes, 600.

ADRIEN II, pape de 867 à 872. Sa lutte contre Photius, patriarche intrus de Constantinople ; huitième concile général tenu à Constantinople en 869, V, 629.

ADRIEN IV, pape, 1154-1159, VI, 646. — Nicolas Breakspear, élu pape le 4 décembre 1154, est le premier et jusqu'ici le seul pape anglais, VII, 589. — Prétendue investiture de l'Irlande, donnée en 1156 par le pape Adrien IV au roi Henri II d'Angleterre, 589-590. — Entrevue de Sutri en 1155, 591. — Correspondance supposée entre Frédéric Ier et Adrien IV, 592-595. — Traité de 1156 entre Adrien IV et Guillaume de Sicile, 591-592.

ADRIEN V. Adrien V et la fin des croisades. Prise de Ptolémaïs, par les Sarrasins en 1290 : fin du royaume de Jérusalem, VIII, 638-639.

ADRIEN VI, pape de 1522 à 1523. — Lettre insolente que lui adressa François Ier en mai 1523, X, 671. — Le pape Adrien VI, d'après la correspondance de ce pape avec Charles-Quint, 625. — Adrien VI et François Ier, *ibid.*

AFFRANCHISSEMENT. Les croisades et l'affranchissement des serfs, VII, 617-618.

AFRICAIN (Jules), né vers 170, mort vers 240, originaire d'Emmaüs, II, 623.

AFRIQUE. Mission d'Afrique sous le pontificat de Pie IX, XII, 523.

AGATHON (saint), pape, mort le 10 janvier 682, IV, 641. — Lettre adressée par ce pape au VIe concile général vers 679; rapports qui existent entre le texte des *Fausses Décrétales* et le texte de cette lettre, V, 613.

AGDE. Concile tenu en 506 : canons contre les Juifs, IV, 651.

AGEN. Cette ville donna au XIIe siècle plusieurs évêques à l'Espagne, VI, 639.

ALBE (le duc d'), ministre de Philippe II d'Espagne. Ses intrigues à la cour de France, X, 675-680. — Son gouvernement dans les Pays-Bas, 688.

ALBIGEOIS. Doctrine des Cathares, Patarins et Albigeois, VII, 619-621. — Conséquences politiques de l'hérésie des Albigeois, 635-637. — Peines prononcées par les tribunaux de l'Inquisition contre les Albigeois, 609-610. — Excommunication solennelle de ces hérétiques, promulguée par le pape Lucius III, en 1134, IX, 612. — Croisade contre les Albigeois. Siège et prise de Béziers par les croisés, (1209), VII, 622. — Fin de la guerre contre les Albigeois. Mort de Simon de Montfort (1218). Mort de Raymond VI (1222). Concile de Bourges (1225). Traité de Paris (1229), 630-637. — Ordonnances des synodes de Béziers (1246), de Narbonne (1243), d'Albi (1254), pour extirper les derniers restes de l'hérésie albigeoise, VIII, 625, 626.

ALCUIN. Les *Livres carolins*, dont le texte nous est parvenu, sont probablement l'œuvre d'Alcuin, V, 602. — C'est à Alcuin et à son siècle que remontent les premières recherches sur les inscriptions chrétiennes, 607. — Principaux élèves d'Alcuin : Raban Maur, Amalaire, Fridugise, Sigulfe, etc., 608, 617, 618.

ALEXANDRE II (Anselme de Lucques), pape de 1061 à 1073. Son élection (30 septembre 1061). Nomination de l'antipape Honorius II (Cadalous), par l'empereur d'Allemagne Henri IV. Dissensions qui agitent l'Église à l'occasion de cette double élection, VI, 612-614. — Il conseille aux rois et aux évêques d'user de modération à l'égard des Juifs, 620.

ALEXANDRE III, pape de 1159 à 1181. Son élection le 7 septembre 1159 à la mort d'Adrien IV; schisme qui la suivit jusqu'en 1177, VII, 594, 595. — Il réserve au Saint-Siège le droit d'approuver le culte des nouveaux saints : origine de la canonisation, 598.

ALEXANDRE IV, pape de 1254 à 1261. Différends entre les catholiques latins et grecs du royaume de Chypre, sous son pontificat, VIII, 628, 629.

ALEXANDRE V, élu pape par le concile de Pise (1409). Son élection ne fait qu'aggraver le schisme d'Occident, IX, 602, 603.

ALEXANDRE VI (Rodrigue Borgia). Différents essais de réhabilitation en faveur de ce pape, IX, 647, 648. — Il sut gouverner et défendre le temporel de la papauté, 648, 649.

ALEXANDRE (Noël). Entre chez les Frères prêcheurs de Rouen en 1653 et non en 1655. Critique de son *Histoire de l'Eglise*, XI, 636, 637.

ALEXANDRE MAMÈS, empereur. Les Chrétiens jouissent d'une tranquillité relative sous son règne, III, 588.

ALEXANDRIE. Concile tenu à Alexandrie, par les soins de saint Athanase, en 362, III, 590. — Actes de ce concile découverts à Turin, par M. Révillout, 590, 591. — Lettre synodale de ce concile, 609. — Incendie de la bibliothèque d'Alexandrie, par Omar, au VIIe siècle, IV, 637-639. — Ouvrages qui ont dû disparaître dans cet incendie, 639. — Saint Cyrille d'Alexandrie et l'assassinat d'Hypathie, III, 630-632. — Saint Athanase, évêque d'Alexandrie au IVe siècle, 599. (*Voyez ce mot.*)

ALEXIADE (l') ou Histoire de l'empereur Alexis de 1081 à 1118, écrite par sa fille Anne Comnène, VI, 646.

ALGER, moine de Cluny. Son mérite scientifique et littéraire, VI, 642.

ALLATIUS. Son ouvrage intitulé : *De perpetua occidentalis et orientalis Ecclesiæ consensione*, XI, 624.

ALLEMAGNE. Saintes femmes qui se sont assises sur le trône d'Allemagne, du IXe au XIe siècle, V, 638. — Sainteté de l'épiscopat allemand, sous le règne de saint Henri II (1002-1024), VI, 599. — Chronique pour servir à l'histoire des empereurs Henri Ier, Othon II, Othon III et Henri II, par Ditmar, évêque de Mersebourg, 599. — L'empire et la papauté au XIe siècle. Querelle des investitures, 608-610. — Conflit entre Etienne, duc de Lorraine et l'empereur Henri III, 609. — Ordonnance promulguée par le pape Nicolas II au concile de Latran en 1059 sur l'élection des papes. Elle restreint les anciennes prérogatives de la couronne impériale, de là le mécontentement des empereurs d'Allemagne, 610-612. — Rôle du pape Innocent III dans les affaires d'Allemagne au moment de la compétition à l'empire de Philippe de Souabe et de Othon de Brunswick, VII, 614-616. — La papauté et la civilisation dans le nord de l'Allemagne au XIIIe siècle, VII, 629, 630. — Transformation de l'Allemagne à cette époque,

ibid. — Urbain IV et les prétendants au trône d'Allemagne, Richard de Cornouailles, Alphonse de Castille et Conraddin, (1262-1263), VIII, 629-630. — Synodes tenus en Allemagne, sous Rodolphe de Habsbourg, 640, 641. — Relations entre le pape Benoît XII et Louis de Bavière, 668, 669. — Henri VIII et les affaires d'Allemagne. Siège de Vienne par les Turcs (1529), X, 626. — Guerre des paysans en Allemagne en 1525, 629. — Collèges fondés au xvie siècle, en Allemagne, par les Jésuites, 651. — Vue d'ensemble sur les différentes périodes de la guerre de Trente ans (1619-1648), XI, 619-621.

ALPHONSE DE CASTILLE, *le Sage*, l'un des prétendants à l'empire d'Allemagne en 1262, VIII, 629. — Le pape Grégoire X lui envoie une lettre et un nonce pour l'engager à renoncer à ses prétentions, 637. — Œuvre législative de ce roi, 646.

ALPHONSE DE LIGUORI (saint), XI, 662.

AMALAIRE. Son *Traité du Baptême*, V, 622.

AMAURY, professeur en l'Université de Paris. Enseigne le panthéisme et meurt en 1204 après avoir fait rétractation de ses erreurs, VII, 612, 623.

AMBERG, ville du Haut-Palatinat. Les dragonnades à Amberg (1621-1629) sous la régence de Maximilien, XI, 621-623.

AMBROISE (saint), évêque de Milan. Invention des reliques de saint Ambroise et des saints Gervais et Protais, sous le maître-autel de l'église de Saint-Ambroise à Milan, le 8 août 1871, III, 622, 623. — Saint Ambroise et l'hymnographie chrétienne d'après un ouvrage remarquable, de M. l'abbé Pimont, 623-626. — Témoignage de saint Ambroise en faveur de l'infaillibilité pontificale, IV, 596.

AME. De l'immortalité de l'âme chez les Hébreux. Résumé du mémoire de M. Halévy et des notes de Mgr Freppel à ce sujet en réponse à la thèse de MM. Derembourg et Renan, I, 543-545.

AMÉDÉE DE SAVOIE, élu pape sous le nom de Félix V. *(Voyez ce mot.)*

AMÉRIQUE. La découverte du nouveau monde par les Irlandais avant l'an 1000, d'après de récents travaux, IX, 637, 638. — Améric Vespuce et Christophe Colomb, 600. — La béatification de Christophe Colomb, 635, 636. — L'ancienne civilisation de l'Amérique centrale et du sud, 636. — L'Eglise, la révolution et la franc-maçonnerie dans le nouveau monde, XII, 516. — Mission d'Amérique sous le pontificat de Pie IX, 523.

AMIENS. Evangélisation d'Amiens par saint Firmin, disciple de saint Saturnin, vers la fin du ier siècle, ou vers le milieu du iiie, III, 574, 575.

AMPOULE. La sainte Ampoule était une petite fiole de verre conservée dans le tombeau de saint Remi de Reims, remplie d'un baume brun foncé qu'on mêlait au saint chrême dont on sacrait les rois de France, IV, 590. — Brisée sur la place de Reims en 1793, quelques morceaux ont été recueillis et sont encore aujourd'hui conservés dans l'église de Saint-Remi, 590.

AMRI, fondateur de Samarie. D'après l'hébreu la vraie prononciation du nom de ce roi est Omri, I, 547.

ANABAPTISTES. Les anabaptistes de Munster (1534), X, 632, 634.

ANACLET (saint), pape de 79 à 91. Saint Clet et saint Anaclet ne sont qu'un seul et même personnage, II, 602, 603. — Texte d'Anaclet en faveur de l'infaillibilité pontificale, IV, 596.

ANAGNI. Attentat commis contre le pape Boniface VIII à Anagni en 1304, VIII, 653, 654.

ANASTASE IV, pape (1153-1154), VI, 646.

ANDRÉ DE LONJUMEL, envoyé en Tartarie par saint Louis, VIII, 628.

ANGES. La Révolte des anges d'après une tablette chaldéenne, I, 519.

ANGLETERRE. Hiérarchie épiscopale établie en Angleterre et en Irlande dès le ive siècle, III, 628, 629. — Quelques vies de saints de la Grande-Bretagne, IV, 604. — Fondations monastiques de saint Cado et de saint Hiltute, dans la Grande-Bretagne, au ve siècle, 602, 603. — Les Anglais ont essayé de revendiquer pour leurs rois le pouvoir de guérir les écrouelles, 592. — La conquête de l'Angleterre par les Normands en 1066. Réfutation de quelques exagérations commises par M. Augustin Thierry, VI, 617. — Guillaume le Conquérant se fit sacrer par l'archevêque d'York parce que Stigaud, alors archevêque de Cantorbéry, avait été déposé et excommunié par le pape, 618. — Situation religieuse et morale de l'Angleterre au xie siècle. — Scandales du clergé, 618-620. — Les écoles d'Irlande sont au contraire dans une situation prospère, 619. — Caractère de la lutte entre les nations normande et anglo-saxonne, *ibid.* — Correspondance de Lanfranc et de Grégoire VII. On peut reprocher à Lanfranc un peu de mollesse dans son attachement à l'Eglise romaine, 622, 623. — Adrien IV, le premier et jusqu'ici le seul pape anglais, élu le 4 déc. 1154, VII, 589. — Causes du conflit entre Henri II et Thomas Becket, 601-603. — Henri II reconnaît la suzeraineté du pape sur l'Angleterre et l'Irlande, 604, 605. — Caractère odieux de Jean-sans-Terre. Ses démêlés avec le pape Innocent III, 622, 623. — Innocent III et la grande charte d'Angleterre, 625. — Essai de réforme du clergé d'Angleterre par un légat du pape Grégoire IX, 634. — Synode de Londres en 1237, 634, 635. — Le bill de 1536 ou la spoliation des couvents anglais sous Henri VIII, X, 634-635. — Procédure suivie par Henri VIII pour spolier les couvents anglais (1536-1547), 635-638. — Résultats de cette spoliation, 638-639. — Introduction de la réforme en Angleterre sous Henri VIII, 634-639. — Le sort des persécuteurs en Angleterre; leur fin tragique, 640, 641. — Etablissement du protestantisme en Angleterre sous Henri VIII : le cardinal Campège, et le cardinal Wolsey, 632-634. — Destruction universelle des bibliothèques en Angleterre pendant le règne de Henri VIII, 641. — Le divorce de Henri VIII : Henri VIII et les biens des églises, 634. — Mariage de Marie Tudor avec Philippe II d'Espagne; réconciliation de l'Angleterre avec l'Eglise romaine, 641, 649-650. — Martyre des missionnaires catholiques en Angleterre en 1591, 674, 675. — Sectes protestantes en Angleterre : le *Congrégationalisme* et l'*Episcopalisme*, 690-691. — Les causes de la révolution anglaise de 1688, XI, 653. — Prétendues relations du pape Innocent XI avec Guillaume III, 654. — La *Conspiration des poudres* en 1605 d'après les travaux récemment publiés, 653. — Les apologistes anglais, Paley et Lardner, 667. — Polémique de M. Gladstone contre le dogme de l'infaillibilité; laïcisation de l'enseignement en Angleterre; union des catholiques anglais, XII, 516.

ANNO, archevêque de Cologne. Son voyage à Rome en 1068, VI, 614.

ANNÆA, famille romaine, à laquelle appartenait le philosophe Sénèque, II, 612.

ANSCAIRE (saint), archevêque de Hambourg et apôtre du Danemark (ixe siècle), V, 622.

ANSELME (saint), abbé du Bec, puis archevêque de Cantorbéry (xie siècle). Sa *Vie* par l'abbé Ragey, VI, 629.

ANSELME DE LUCQUES (saint), pape sous le nom d'Alexandre II (1061), VI, 612. — Sa *Vie* en vers

par l'évêque Raugier, troisième successeur d'Anselme. Analyse de ce poème, 624.

ANTECHRIST. La Prophétie de Daniel et le mahométisme, XII, 635, 636.

ANTÈRE (saint), pape. Martyrisé vers 238 pour avoir refusé de livrer les Actes des martyrs recueillis par ses prédécesseurs, II, 619; III, 576.

ANTIDE (saint), évêque de Besançon dans les premières années du Ve siècle. Les *Actes* de son martyre remontent au IXe siècle, III, 627.

ANTIOCHE, ville de Syrie. État florissant de cette ville pendant les premiers siècles de l'ère chrétienne. Sa décadence sous la domination des Arabes à partir de 637, IV, 631-633. — Condamnation de l'*Homoousios* par le concile d'Antioche en 269, II, 635. — Histoire du patriarcat de rite latin fondé à Antioche au temps des croisades, IX, 644, 645.

ANTIPHONAIRES. Leur origine, X, 656, 657.

ANTIPODES. Il n'est pas vrai que l'Église ait jamais déclaré hérétiques ceux qui soutenaient qu'il y avait des antipodes. Dans l'affaire du prêtre Virgile dénoncé par saint Boniface au pape Zacharie, il n'y eut jamais de déclaration d'hérésie; il ne fut même jamais question d'antipodes, mais seulement d'une doctrine qui tendait à nier l'unité de l'espèce humaine, V, 590, 591. — Saint Augustin rejetait les antipodes tels que les entendaient les philosophes païens, et admettait les antipodes tels que nous les entendons, III, 628.

APOCALYPSE. Apocalypse d'Hénoch, livre apocryphe écrit vers l'an 107 avant J.-C., publié en 1851. De l'attente du Messie chez les Juifs, d'après ce livre, II, 592. — L'Apocalypse de saint Jean et les persécutions. Diverses interprétations données au passage relatif aux persécutions, III, 569. — Application des paroles de l'Apocalypse et de Daniel à la ruine de l'empire musulman d'après le vénérable Holzhauser, IV, 630, 631. — Texte de l'Apocalypse qui a donné naissance à l'erreur des millénaires, au sujet de la fin du monde, VI, 598. — Interprétation de ce texte par le bienheureux Holzhauser, 598, 599.

APOCRYPHES. Les livres canoniques de l'Ancien et du Nouveau Testament et les apocryphes, II, 607.

APOLLINAIRE (saint Sidoine), évêque de Clermont, mort vers 489. Sa vie, ses écrits, IV, 584.

APOLLON. Temple d'Apollon, à Rome, changé en basilique de Saint-Pierre par l'empereur Constantin, III, 619.

APOLOGETICUM de Tertullien. Analyse critique de cet ouvrage, II, 619.

APOLOGISTES. Les apologistes anglais Paley et Lardner, XI, 667.

APOSTOLICITÉ. De l'apostolicité des Églises de la Gaule. Arguments invoqués à l'appui de cette opinion, II, 608-610. — Époque de la prédication de saint Denis, de saint Saturnin et de saint Firmin dans les Gaules, III, 571-575. — Tout porte à croire que saint Denis, apôtre de Paris, n'est autre que saint Denis l'Aréopagite : preuves en faveur de cette opinion, 571-574. — Il faut reporter l'arrivée de saint Saturnin à Toulouse sous le pontificat de saint Fabien, peut-être même à la fin du premier siècle, 574. — La date de l'apostolat de saint Firmin à Amiens se trouve liée à la date de l'arrivée de saint Saturnin à Toulouse ; saint Firmin étant le disciple de saint Saturnin, 574, 575. — Temps de l'apostolat de saint Martial, d'après les synodes tenus à Limoges, à Poitiers, à Paris et à Bourges, de 1021 à 1031. Ces synodes n'hésitent pas à lui reconnaître le titre d'apôtre, et leur décision est confirmée par le pape Jean XIX, VI, 601. — C'est avec

raison que Rohrbacher par une addition insérée dans le livre XXVI, se prononce pour l'apostolicité des églises des Gaules, quoiqu'il reste, dans d'autres passages, des traces de sa première opinion. Par un récent travail, M. l'abbé Arbellot a apporté de nouvelles lumières sur ce point de notre histoire ecclésiastique, V, 621.

APÔTRES. L'ignorance prétendue des Apôtres et le style du Nouveau Testament, II, 595. — Preuves en faveur de l'apostolicité du symbole des apôtres. De la tradition qui attribue, à chacun des douze apôtres, un des douze articles du symbole, 599, 600.

AQUILA, nommé, par l'empereur Adrien, surintendant de la reconstruction de Jérusalem. Renseignements fournis par saint Epiphane sur ce personnage, II, 618.

ARABES. Rapports des papes et en particulier de Grégoire VII avec les Arabes d'Afrique, VI, 620, 621. — Il ne faut point faire honneur aux Arabes de la vaste érudition du pape Gerbert, V, 644, 645.

ARAGON. Jacques Ier, roi d'Aragon. Son excommunication, VIII, 631.

ARATOR, poète chrétien du VIe siècle. Notice sur quelques-uns de ses poèmes, IV, 624.

ARBELLOT (l'abbé). Analyse de son travail sur l'apostolicité des églises de la Gaule, V, 621.

ARCHE. De la forme de l'arche de Noé et de sa disposition intérieure. Différentes hypothèses à ce sujet, I, 524.

ARCHÉOLOGIE. De l'utilité de l'archéologie chrétienne d'après le *Dictionnaire des Antiquités chrétiennes* du savant abbé Martigny, II, 623, 624. — Renseignements fournis par les inscriptions et les peintures des catacombes relativement au dogme et à la discipline ecclésiastique, 626-628. — Emblèmes qui servent à désigner les tombes des martyrs. Objets trouvés aux catacombes dans les tombeaux ou près des tombeaux, 628-632. — Objets découverts en 1653 à Tournai, dans le tombeau du roi Childéric. Leur destinée. Ils sont depuis 1852 déposés au musée du Louvre, IV, 588, 589.

ARCHITECTURE. Mouvement architectural des XIe et XIIe siècles, VI, 599. — Texte de la lettre adressée en 1145 aux moines de Tutburg, par Haimon, abbé de Saint-Pierre-sur-Dives, *ibid.* — Construction de Notre-Dame de Paris, 599. — Lanfranc, né à Paris vers 1005, fut le promoteur de l'architecture romane en Normandie, 829. — Cluny donne naissance à un genre d'architecture mêlé de roman et de gothique, que l'on a appelé clunisien, 633. — L'église de Cluny commencée en 1109 ne fut consacrée qu'en 1131, *ibid.* — Description de cette église, 634 *note*. — Construction à Kijov, ville russe, d'une église sur le modèle de Sainte-Sophie de Constantinople, 621, 622.

ARÉTIN (Léonard) (1369-1444), IX, 642.

ARGYROPULOS (Jean), helléniste † en 1473, IX, 642.

ARIANE (abbaye d'). Texte d'une prose avec chant, provenant de l'abbaye d'Ariane, et inspirée par la préoccupation de la fin du monde en l'an 1000, VI, 597, 598.

ARIANISME. Condamnation de cette hérésie au concile de Nicée (318). Rentrés en faveur à la cour des empereurs, les Ariens s'acharnent contre les actes de ce concile, et parviennent à les faire disparaître presque complètement, II, 635 ; III, 590-592. — L'historien Eusèbe convaincu d'arianisme, 599, 600. — Habileté des Ariens à falsifier les actes des conciles. Actes du prétendu concile de Philippopolis en Thrace, qu'ils font circuler comme l'œuvre du concile de Sardique, 604, 605. — Lettre synodale du concile de Jérusalem adressée aux

évêques d'Egypte et de Libye en faveur de saint Athanase et contre les Ariens. Rétractation des évêques Ursace et Valens, chefs des Ariens, 605. — Puissance des Ariens sous l'empereur Constance. Condamnation de saint Athanase par les conciles d'Arles (354) et de Milan ; prétendue chute du pape Libère, 605-607.—Intrigues des Ariens au concile de Rimini en 359; le pape Libère casse ce concile, 607.

ARISTOTE. Un concile tenu à Paris en 1209 ou 1210 prohibe les livres de physique et de dialectique d'Aristote. Grégoire IX les autorise en 1231. Censure prononcée en 1277 contre certains étudiants de l'Université de Paris, VII, 624, 625.

ARLES. Sous l'épiscopat de saint Hilaire, Arles perd son titre de métropole qui est attribué au siège de Vienne, III, 628.

ARMAGH, siège archiépiscopal de toute l'Irlande, fondé par saint Patrice au ve siècle, IV, 607. — Etat florissant de l'Université d'Armagh aux xie et xiie siècles, VI, 619, 620.

ARMÉNIE, ARMÉNIENS. Les croyances dogmatiques des Arméniens, particulièrement sur la procession du Saint-Esprit, VII, 600, 601. — Le concile d'Arménie tenu en 1344 et non en 1342, provoqué par l'hérésiarque Narsès Balon, VIII, 668. — Ouvrages de Narsès Balon, sur l'Arménie, 668. — Schisme Arménien et Chaldéen, XII, 523.

ARNAULD, XI, 610.

ARNOUL, évêque de Lisieux. Son discours au concile de Tours en 1163, VII, 599.

ARTS. Les arts sous le pontificat du pape Eugène IV, IX, 633. — Les arts et les lettres à Rome sous Nicolas V, 640, 641.

ASAPHIM (les) de l'hébreu ne sont autres que des astrologues ou devins, I, 558.

ASDOD, une des cinq villes principales des Philistins. Détails sur le roi d'Asdod, d'après l'inscription de Khorsabad, I, 554. — Padi et Mitiuti, rois d'Asdod, 554, 555.

ASILE. Canons de conciles relatifs au droit d'asile, IV, 622, 623. — Célébrité de l'asile de Saint-Martin de Tours, 623. — Le droit d'asile, complété plus tard par l'institution de la paix et trêve de Dieu, fut le premier obstacle opposé par l'Eglise à la violence, VI, 614. — Constitution à ce sujet en 1033, 615. — Conciles des xie et xiie siècles où il est question du droit d'asile, de la paix et de la trêve de Dieu : à l'abbaye de Saint-Gilles, diocèse de Nîmes, en 1042 ; au concile d'Elme, pays de Tuluges, en 1059; au concile de Clermont en 1095; au concile de Reims en 1132; au concile de Londres en 1142; au concile de Lambeth, en Angleterre; au concile de Bourges en 1279; au concile de Cologne en 1280, 615-617. — Les prescriptions de ces conciles sont renouvelées du xive au xvie siècle; par le concile d'Auch en 1326; par le pape Nicolas V en 1447; par le pape Jules II en 1504; par le concile de Cologne en 1536, 616. — Sans être complètement supprimée, la franchise des églises est atteinte de la manière la plus grave par l'ordonnance de François Ier de 1529; elle disparaît des pays devenus protestants, 616, 617. — Le droit d'asile : capitulaires de Charlemagne et autres textes y relatifs, V, 616, 617. — La législation canonique du droit d'asile a été fixée en dernier lieu par une constitution du pape Grégoire XIV, du 14 mai 1591, et une autre de Benoît XIII, VI, 616. — Certaines catégories de voleurs et malfaiteurs sont exclues par ces institutions du bénéfice du droit d'asile, 616.

ASSARHADDON et Manassé, I, 554.

ASSEMBLÉE DU CLERGÉ DE 1682, XI, 639-641.

ASSOUR-BAN-HABAL, roi de Ninive. Traitement par lui infligé à Néchao, roi de Saïs, I, 555.

ASSUÉRUS. L'Assuérus du livre d'Esther n'est autre que Xerxès, I, 565.

ASSYRIE. Le livre de Judith et les récentes découvertes assyriologiques, I, 556, 557.

ASTARTÉ, représente tantôt la *Lune* tantôt la planète *Vénus*. Culte infâme rendu à cette déesse, I, 547.

ASTOLFE. Campagne de Pépin contre Astolfe (754) : ses résultats. Restitution de l'Exarchat, de la Pentapole et quelques autres villes au pape. Perfidie d'Astolfe, V, 598, 599. — Nouvelle expédition. Protection accordée au pape en retour du titre de patrice, 599.

ASTRONOMIE. Leçons d'astronomie données à ses élèves par Odon d'Orléans, VI, 629, 630. — La réforme du calendrier par Grégoire XIII en octobre 1582, X, 661, 662. — Opinions nouvelles qui se font jour au xve siècle. Procès de Galilée, 683-686. — La science et la foi dans Kepler : lois découvertes par Kepler, 691-692. — La papauté et le système de Copernic, 692, 693.

ATHANASE (saint), évêque d'Alexandrie, de 326 à 373. — Son exil (336-337), III, 599. — Son rétablissement sur le siège d'Alexandrie, au concile de Sardique en 347. Noms des évêques qui souscrivirent à ce concile, 601. — Son rappel de l'exil après la mort de Grégoire qui avait été mis à sa place sur le siège d'Alexandrie, 605. — Lettre du concile de Jérusalem en sa faveur, *ibid.* — Sa condamnation au concile d'Arles en 354 et peu après au concile de Milan malgré les efforts du pape Libère, III, 606. — Encyclique de saint Athanase aux moines de l'archidiocèse d'Alexandrie, 608. — Lettre synodale du concile d'Alexandrie de 362 insérée dans les œuvres de saint Athanase, 590, 591, 608. — Témoignage de ce saint patriarche en faveur de l'infaillibilité pontificale, IV, 596.

ATTILA. Rôle du pape saint Léon auprès d'Attila pour l'engager à s'éloigner de Rome, III, 633, 634.

AUBÉ (M.), auteur d'une *Histoire des persécutions*, dans laquelle il prétend que ces persécutions ont été beaucoup exagérées par les écrivains ecclésiastiques. Réfutation de cette opinion, III, 587-590.

AUBERT, évêque d'Avranches. Saint Michel lui apparaît et lui ordonne de construire un oratoire sur le mont Tombe, plus tard Mont-Saint-Michel, III, 582; IV, 587, 588.

AUBINEAU (Léon). *Augustin Thierry, son système historique et ses erreurs : examen critique de l'Histoire de la conquête d'Angleterre*, VI, 617.

AUCH. Concile tenu en 1326, VI, 616.

AUGUSTIN (saint). Saint Augustin rejetait les antipodes tels que les entendaient les philosophes païens, et admettait les antipodes tels que nous les entendons, III, 628.

AUGUSTINS. Querelle entre les Augustins et les Dominicains au sujet de la prédication des indulgences : origines de la réforme, IV, 655.

AUGUSTINUS (l'), ouvrage de Jansénius, contenant l'exposé des doctrines jansénistes, XI, 611.

AURÉLIEN, empereur. Persécution dirigée contre les Chrétiens pendant son règne, III, 588.

AUTRICHE. Abolition du concordat et lois confessionnelles en Autriche, XII, 515.

AUTUN. Canons du synode tenu à Autun vers l'an 670, rédigés par saint Léger, IV, 650.

AVIT (saint), évêque de Vienne de 494 à 517. Confusion involontaire par saint Avit de l'hérésie d'Eutychès avec celle de Nestorius, IV, 597.

Avignon. Calomnies auxquelles les papes d'Avignon ont été en butte, VIII, 663, 664. — Les papes d'Avignon, 657. — Événements qui préparèrent le séjour des papes à Avignon, 662-663. — Saint Bénézet et l'acquisition d'Avignon et du Comtat Venaissin par les papes, VIII, 619.

Averroès. Réfutation par le docteur Frédault du livre de M. Renan, sur Averroès et l'Averroïsme, VII, 591. — Pierre Bertrandi, cardinal, évêque d'Autun, VIII, 667. — Saint Avit et la conversion du prince Sigismond, 597.

Aymar, abbé de Cluny, † en 948, VI, 632.

Axoum. L'empire axumite comprenait ce que nous nommons aujourd'hui le Tigré, ou partie septentrionale de l'Abyssinie. Conversion de cet empire au catholicisme au ive siècle, IV, 610.

Azouri, roi d'Asdod, I, 554.

B

Baalath. Signification de ce mot hébreu, I, 545, 546.

Baal-Zeboub, idole des Philistins d'Ekron, rendant des oracles, I, 547. — N'a aucun rapport avec le Béelzébuth du Nouveau Testament, ibid.

Babel (Tour de). Passage de l'Écriture sainte qui s'y rapporte. Rohrbacher l'a mal traduit, I, 526, 527. — Traditions des autres peuples, relatives à la dispersion des hommes, 526. — Emplacement de la tour de Babel, ibid. — Description des ruines de Birs-Nimroud par M. Oppert, 527.

Babylone, Babyloniens. — Description de cette ville. Sa description par Cyrus, I, 563. — Traditions des Babyloniens relativement au déluge. Elles offrent les plus étroites et les plus curieuses ressemblances avec le récit biblique, 525, 526. — Histoire du déluge d'après ces traditions. Elles offrent les plus curieuses ressemblances avec le récit biblique, 525, 526. — Supplices usités à Babylone. Accord de Daniel et des inscriptions, 560.

Baïus. Ses erreurs. Elles sont condamnées en 1567 et renouvelées plus tard par les Jansénistes, X, 682.

Bale. Le concile de Bâle; ouverture du concile le 4 mars 1431; constitution définitive le 23 juillet, IX, 617-619. — Première session de ce concile. Le cardinal Julien Cœsarini, chargé de le présider, proclame son existence légale le 14 décembre 1431. — Bulle de dissolution du concile expédiée par le pape Eugène IV le 14 déc. 1431, 619. — Instances auprès du pape Eugène IV pour lui faire rapporter sa bulle de dissolution (janvier 1432), IX, 620. — Dénouement du concile de Bâle. Election de l'antipape Félix V en 1439. Suite des démêlés des Pères du concile avec le pape Eugène IV et son successeur Nicolas V. Le concile se transporte à Lausanne. Abdication de Félix V. Levée de l'excommunication portée contre les Pères du concile de Bâle et leurs adhérents (1449), 621. — Le concile de Ferrare et le schisme au concile de Bâle, 628-630. — Œcolampade, aidé de François Farel, prêche la réforme à Bâle, de 1524 à 1530, X, 630.

Balon (Narsès), arménien, adopte le rite catholique et se fait sacrer évêque d'Ormy, embrasse ensuite la doctrine des anabaptistes. Ses ouvrages sur l'Arménie, VIII, 668.

Balthazar. Différentes opinions émises à son sujet, I, 565.

Balue, cardinal du titre de Sainte-Suzanne (1467). Le cardinal Balue et l'abolition de la pragmatique sanction de Bourges par Louis XI, IX, 640.

Baluze. Ses ouvrages, XI, 629.

Baptême. Traité du Baptême par Amalaire, V, 622.

Barlaam de Calabre, adversaire des Sychiastes ou Palamistes et de leurs doctrines sur la lumière incréée, VIII, 670, 671.

Barcoquéba, fauteur de troubles en Palestine. Étymologie et signification de ce nom, II, 618.

Barnabé (saint). Preuves en faveur de l'authenticité de l'épître de saint Barnabé, II, 600. — Cette épître ne fait point partie des écrits canoniques; elle a été écrite sous le règne de Vespasien, entre 70 et 79, ibid.

Basile, préfet du prétoire sous Odoacre, à la fin du ve siècle. C'est à tort que Rohrbacher admet son intervention dans l'élection du successeur du pape Simplicius, IV, 585.

Basile le Macédonien, empereur de Constantinople. Son rôle dans la lutte entreprise par Photius contre le Saint-Siège, V, 629.

Basiliques. Basiliques élevées sous le règne de Constantin, III, 619, 620.

Bathilde (sainte), épouse de Clovis II. La Légende des énervés de Jumièges a deux sources : 1° les Actes de sainte Bathilde, fort discutables; 2° le Miracle de Notre-Dame et de sainte Bautheuch, IV, 649. — L'histoire dit que Clovis II n'eut d'autres fils que Clotaire, Childéric et Thierry qui tous trois furent rois après lui, ibid.

Baudonivie, religieuse à Poitiers à la fin du vie siècle, Elle compose un supplément à la Vie de sainte Radegonde par Venance Fortunat, IV, 628, 629.

Baudri, abbé de Bourgueil, archevêque de Dol, poète latin, 1046-1130. — Etude spéciale que lui a consacrée M. l'abbé Henri Pasquier, VI, 638.

Bauzon (l'abbé), nouvel éditeur de l'Histoire des auteurs sacrés et ecclésiastiques de D. Ceillier. — Énumération critique des œuvres de Cassiodore, IV, 620.

Bavière. — Dœllinger et les vieux catholiques refusent de reconnaître l'infaillibilité du pape, XII, 511.

Bayle. Critique de son Dictionnaire par M. Leclerc, prêtre de Saint-Sulpice, XI, 648.

Bayonne. Entrevue à Bayonne entre Catherine de Médicis et le duc d'Albe en 1565, X, 675, 678.

Beaucaire. Plainte portée au pape Grégoire, contre le sénéchal de Beaucaire et Nîmes (1272, 1283), VIII, 637, 638.

Beaucourt (M. de). Son opinion sur le meurtre du duc de Bourgogne Jean-sans-Peur à Montereau, IX, 611, 612.

Beaufort (le duc de). Sa mort dans une expédition à Candie contre les Turcs en 1669, XI, 625, 627.

Beaurepaire (Ch. de). Le procès et les juges de Jeanne d'Arc, IX, 614.

Bec (abbaye du). Lanfranc et saint Anselme, abbés du Bec, VI, 629.

Bède. Les travaux didactiques du vénérable Bède furent classiques pendant tout le moyen âge. Liste des ouvrages qui lui sont attribués, IV, 654, 655. — Autorité historique du martyrologe de Bède, III, 579, 580.

Béguards et Béguines. Leurs erreurs. — Maître

Eckhart prend leur défense. Condamnation des doctrines d'Eckhart en 1329, VIII, 660, 669, 670. — Leur origine; caractère de leur institution, VII, 605.

BEL. Bel et le Dragon, I, 562.

BELGIQUE. Résistance de la Belgique à M. de Bismark; troubles suscités par les libéraux belges, congrès socialistes et grèves; Louise Lateau, la stigmatisée, XII, 515.

BELLARMIN (le cardinal). Son rôle dans le procès de Galilée, X, 684, 685.

BELZUNCE (H.-Fr. Xavier de) né en 1671, évêque de Marseille de 1709 à 1755. Son zèle durant la peste de Marseille, d'après le journal de son maître d'hôtel, XI, 651.

BEMBO (Pierre), 1470-1547, cardinal, helléniste célèbre, IX, 643.

BENADAD. L'orthographe ordinaire de ce mot hébreu est fautive. Il faut lire Benadar, I, 547.

BENEL (del), moine théatin. Son ouvrage sur l'Inquisition, XI, 630, 631.

BÉNÉDICTINS. Raisons apportées par les Bénédictins pour montrer que le pape saint Grégoire le Grand appartient à leur ordre, IV, 629. — Travaux des bénédictins de la congrégation de Saint-Maur, XI, 632-634. — La Gallia christiana, nouvelle édition, par dom Piolin, 635. — Edition des œuvres de saint Augustin, critiques et réponses qu'elle a suscitées, 635, 636.

BÉNÉZET (saint). Bulle accordée par le pape Innocent IV aux constructeurs de ponts institués par saint Bénézet (1245), VIII, 619.

BENNON, allemand de nation, créé cardinal par l'antipape Guibert, vivait encore en 1092. Ses pamphlets contre le pape Grégoire VII, VI, 626.

BENOIT (saint), du Mont-Cassin (vie siècle). On lui attribue à tort une lettre à saint Remi, évêque de Reims, IV, 610, 611. — A partir de la fin du vie siècle, la règle de saint Benoît remplace peu à peu en France, la règle de saint Colomban, 629, 630. — Profession de la règle de saint Benoît faite à Rome, par saint Adalbert de Prague, le 2 avril 991, V, 642.

BENOIT V, pape en 964. Sa sainteté; sa science, V, 639.

BENOIT VII, pape de 974 à 984. Ses lettres, et particulièrement celle de 981 contre les ordinations simoniaques, V, 641.

BENOIT VIII, pape de 1012 à 1024. Son voyage en Allemagne en 1020, VI, 600.

BENOIT IX, pape de 1033 à 1048. Le pontificat de Benoît IX reste un point douloureux et obscur de l'histoire de l'Eglise, VI, 602.

BENOIT XI, pape de 1303 à 1304. Diverses versions sur sa fin tragique, VIII, 654.

BENOIT XII, pape de 1334 à 1342. Relations entre le pape Benoît XII et Louis de Bavière, VIII, 668. — Mort de Benoît XII, 23 avril 1342, 669.

BENOIT XIII (Pierre de Lima), antipape. Sommation d'abdiquer qui lui est faite par le concile de Constance, en 1417, IX, 606. — Principaux événements de son pontificat, qui ne dura que cinq ans, XI, 650, 651. — L'antipape Benoît XIII en Roussillon, IX, 602.

BENOIT, pape de 1740 à 1758. Son grand ouvrage sur les béatifications et les canonisations des saints, VII, 599. — Lettre de ce pape à Muratori sur certains passages de ses œuvres, XI, 658. — Concordat passé en 1741 avec le roi de Sardaigne, Charles-Emmanuel III, 658-660.

BENZO, évêque d'Albe en Piémont. Ses intrigues à Rome en faveur de l'antipape Honorius II (Caladous), contre le pape Alexandre II (1061), VI, 613.

BÉRENGER, archidiacre de Tours. Nature et origine de ses erreurs sur l'Eucharistie et sur le Mariage. Il renouvelle les erreurs de Jean Scot Erigène, VI, 604. — Découverte et publication de ses œuvres : sa réponse à Lanfranc, ses lettres, 604, 605. — Condamnation de son hérésie à Rome (1050), à Verceil (sept. 1050), à Paris (oct. 1051), à Tours (1054), à Rome (1059), à Poitiers (1075), à Rome (1079), à Plaisance (1095), 607.

BERNARD DE TIRON (saint), mort le 25 avril 1117. Sa Vie par Geoffroi, moine de Tiron, VI, 638-639.

BERNARD (saint), fondateur de l'abbaye de Clairvaux, † en 1153, VI, 632. — Saint Bernard orateur : en quelle langue ont été prononcés ses sermons? 647, 648. — Sa canonisation par le pape Alexandre III, VII, 595-598.

BERNARD DE TOLÈDE, archevêque de Compostelle au xiie siècle, était originaire d'Agen, VI, 639.

BERNARD GUIDONIS ou GUY, dominicain, évêque de Lodève. Ses œuvres, VII, 632.

BERNARDIN DE SIENNE (saint). Différents manuscrits de ses sermons, IX, 612.

BERNIS (le cardinal de). Son rôle lors de l'élection du pape Clément XIV (1769), XI, 660, 661.

BERTHEREAU (dom), bénédictin de la congrégation de Saint-Maur (xviiie s.), XI, 634.

BERTRAND DE GOT, archevêque de Bordeaux, élu pape sous le nom de Clément V en 1305, VIII, 654-656.

BERTRANDI (Pierre), cardinal, évêque d'Autun, mort le 24 juin 1349; ses ouvrages, VIII, 667.

BÉRULLE (le cardinal de), fondateur des Carmélites et des Oratoriens en France. C'est à tort qu'on l'accuse de Jansénisme, XI, 636.

BESANÇON. Les premiers évêques de Besançon : saint Antide au commencement du ve siècle, III, 627.

BESSARION (le cardinal), promoteur de l'union entre l'Eglise grecque et l'Eglise latine proclamée le 6 juillet 1439, IX, 628, 630-630.

BÉZIERS. Siège et prise de cette ville pendant la croisade contre les Albigeois (1209), VII, 622. — Synode tenu à Béziers en 1246, VIII, 625, 626.

BIBLE. Concordance de la cosmogonie biblique et des sciences naturelles, I, 519. — Exposition des différents systèmes de chronologie biblique d'après les différentes versions de la Bible, 522, 524. — Les inscriptions de la stèle de Mesha à Dhiban démontrent la vérité des récits bibliques. Traduction de ces inscriptions, 547-550. — De la lecture publique de la Bible et des synagogues chez les Juifs, II, 594. — Version latine de la Bible par saint Jérôme connue sous le nom de Vulgate, et les versions antérieures, version des Septante et autres, III, 616-619. — Critique de la version des Septante, 617. — Version italique de la Genèse et des autres livres du Pantateuque découverte récemment, 617, 618. — Citations comparées de la Vulgate de saint Jérôme et de l'ancienne version italique, 618, 619. — Exemplaires des Écritures écrits à Alexandrie d'après les ordres de Constantin pour le service des églises de Constantinople, 598. — Les études bibliques au moyen âge, X, 627. — De la correction de la Vulgate, texte publié par Sixte V et Clément VIII, X, 646, 647. — Études critiques de Richard Simon sur l'Ancien et le Nouveau Testament, XI, 631, 633. — Etat actuel du rationalisme biblique en Allemagne; négation de l'authenticité de la plupart des livres de l'Ancien Testament, XII, 540-542. — Voyez aussi, Ecriture sainte, Ancien et Nouveau Testament.

BIBLIOTHÈQUES. Incendie de la bibliothèque d'Alexandrie par Omar au viie siècle, IV, 637-639. — Ouvrages qui ont dû disparaître dans cet incen-

die, 638, 639. — Bibliothèque de l'abbaye de Cluny. Catalogue dressé sous l'abbé Hugues III, de 1158 à 1161, VI, 633. C'était l'un des plus précieux trésors littéraires de l'époque, *ibid.* — Bibliothèque de saint Louis, VIII, 626. — Destruction des bibliothèques des couvents en Angleterre sous Henri VIII (xvie s.), X, 641. — Inventaires de la bibliothèque du Vatican, XI, 627, 628.

Birs-Nimroud. Description de ces ruines par M. Oppert, I, 527. — Ces ruines ne sont autres que celles de la tour de Babel, *ibid.*

Blampignon (l'abbé). Ses travaux sur Massillon, XI, 670.

Boccace (Jean) (1313-1375), IX, 641.

Bodenstein (André), surnommé Carlostadt; ce fut le premier prêtre de la réforme qui se maria, X, 627.

Boèce. Sa sollicitude et ses travaux pour l'instruction de la jeunesse. Division des sciences au moyen âge en *trivium* et *quadrivium*. Principaux ouvrages de Boèce. Son *De consolatione philosophiæ*, IV, 593. — Critique de son traité *De musica*, 593, 594.

Bogomiles. Les Bogomiles en Bosnie et en Bulgarie; leurs erreurs, leur organisation, VII, 612-614.

Bohême. Commencements du christianisme en Moravie et en Bohême (ixe-xie s.), V, 632. — La première trace de christianisme en Bohême se retrouve dans une chronique germanique à la date de 844, 604. — Introduction du christianisme dans ce pays. Missions de saint Méthode (863-885), 603-605. — Prédications de saint Jean Capistran en Bohême en 1452, IX, 643. — Histoire religieuse de la Bohême sous Georges de Podiébrad, 645.

Boileau (Jacques), érudit, né en 1635, † en 1716. Ses ouvrages, XI, 629.

Bois-le-Duc. Écoles des Hiéronymites ou Frères de la vie commune à Bois-le-Duc au xve siècle, VIII, 670.

Bolbone (abbaye de), au diocèse de Mirepoix. Documents à consulter pour l'histoire de ce monastère, VIII, 668.

Boleslas, roi de Bohême. Ses recommandations à son fils, V, 603.

Bollandistes. Histoire de la collection des *Acta sanctorum*, XI, 629, 630. — Difficultés que rencontrent Bollandus et ses compagnons dans l'exécution de leurs travaux, 630.

Bologne. — Écoles de droit civil et de droit canon à Bologne, au xiiie siècle, VII, 610, 611.

Bona (le cardinal). Ses travaux sur la liturgie, XI, 627.

Bonaventure (saint). Ses œuvres philosophiques et théologiques, VIII, 625. — Rôle de saint Bonaventure au concile de Lyon de 1274; sa mort le 15 juillet, 635, 636.

Boniface (saint), archevêque de Mayence, † en 755. Lettre de saint Boniface au pape Zacharie, pour lui dénoncer le prêtre Virgile comme ayant enseigné qu'il y avait un autre monde, un autre soleil et une autre lune, V, 590. — Ses lettres et autres écrits. *Grammaire latine* de saint Boniface, découverte et publiée pour la première fois par le cardinal Maï. — Fragment d'un poème inédit publié par Wright, *ibid.* — Œuvres complètes de saint Boniface, publiées par le docteur Gilles, 589. — Ouvrages à consulter sur saint Boniface et son rôle, *ibid.* — Mission secrète auprès du pape Zacharie, confiée par saint Boniface à son disciple Lul, très probablement au sujet du changement de la dynastie royale de France (751), 593, 594. — Sacre du roi Pépin par saint Boniface, 592.

Boniface VIII, pape, de 1294 à 1304. Bulle de ce pape pour le jubilé séculaire de l'an 1300, VIII, 647. — Ses plans politiques et religieux. Investiture de la Sardaigne donnée par Boniface VIII à Jacques d'Aragon, 608. — Démêlés de Philippe le Bel avec Boniface VIII. Bulle *Ausculta Fili.* Adresse du clergé de France au Pape, après l'assemblée des États généraux du 10 avril 1302; réponse de Boniface VIII, 648-650. — Arguments de l'abbé Mury et de l'abbé Chaillot, contre l'authenticité de la bulle *Unam sanctam*; réponse du R. P. Desjardins, 650-652. — Jugement injuste porté sur ce pape par certains historiens. Procès que lui fit Philippe le Bel, 653. — Relation contemporaine et inédite de l'attentat commis contre ce pape à Anagni (1304), 653, 654.

Boniface IX, pape de 1389 à 1404. Démarches faites à l'avènement de Boniface, par ce pape et par son concurrent Clément VII, pour le rétablissement de la paix, IX, 601.

Borgia. Différents papes issus de la famille Borgia : Calixte III, et Alexandre VI, IX, 647-658.

Borromée. Saint Charles Borromée, archevêque de Milan (1560-1584), et son neveu Frédéric Borromée, également archevêque de Milan (1595-1631), X, 643.

Borsippa. Nom d'une tour restée inachevée, que les Chaldéens disaient avoir été la tour de Babel, I, 526, 527.

Bosio (Antoine). Ses travaux sur les catacombes de Rome, au xvie siècle, X, 664, 665.

Bosnie. Organisation et doctrine des Patarins bosniaques, VII, 612-614.

Boson, roi de Provence. Son élection en 879; son règne, sa mort en 887, V, 634, 635.

Bossuet, évêque de Meaux. Principaux événements de sa vie et rectification de quelques erreurs de Rohrbacher, XI, 641-644. — Rôle de Bossuet à l'assemblée du clergé de 1682, 640. — Lettre de Bossuet résumant la tradition relative à la venue du Messie, I, 533.

Bourachot (Claude), supérieur des prêtres de Saint-Sulpice, mort en 1787, XI, 614.

Bourdaloue. Ouvrages à consulter sur sa vie, XI, 645.

Bourges. Concile tenu en 1279 : canons relatifs au droit d'asile, VI, 615. — Concile tenu à Bourges en 1225 au sujet de la guerre contre les Albigeois, VII, 636, 637.

Bourgogne. Conquête et partage du royaume des Burgondes, en 534, par les fils de Clovis, IV, 608.

Bouvet (le P.), jésuite, savant mathématicien et sinologue. Son influence à la cour de l'empereur de Chine, Kang-Hi, XI, 657.

Bracciolini (Poggio), 1380-1460, IX, 642.

Bretagne. Travaux évangéliques de saint Samson, de saint Brieuc, de saint Malo, dans la Bretagne armoricaine, aux ve et vie siècles, IV, 604-606. — Renseignements sur l'histoire de Bretagne contenus dans la *Vie de saint Samson*, 604-606. — Les sept saints de Bretagne : saint Samson, évêque de Dol, et ses six suffragants : Paul de Léon, Tugdual de Tréguier, Corentin de Quimper, Paterne de Vannes, Brieuc et Malo, 625. — Bien que gouvernée par des comtes indigènes et indépendants, l'Armorique reconnaissait la suprématie de Childebert, *ibid.*

Bréviaire. Les *Hymnes du Bréviaire romain*, par M. l'abbé Pimont; résumé de ce travail, III, 623-626. — Revision générale du Bréviaire entreprise par le pape Urbain VIII, 624. — Origine du Bréviaire et des livres liturgiques en général. Réforme liturgique entreprise par le pape Clément VIII. Publication du bréviaire de Pie V, X, 655-659. — Nouveaux bréviaires publiés aux

xviiᵉ et xviiiᵉ siècles avec les noms de leurs auteurs, XI, 663-664.

Brieuc (saint). Ses travaux évangéliques dans la Bretagne armoricaine vers 470. Principaux traits de sa vie, IV, 605, 606.

Brigitte (sainte). La règle de sainte Brigitte au monastère de Watstein, IX, 593. — Révélations de sainte Brigitte. Sa canonisation, 593, 594.

Brocard. Origine de ce mot. Il dérive du nom de Burchard ou Brocard, évêque de Worms, auteur d'une capitulation encyclopédique connue sous le nom de *Brocardica*, V, 589.

Brocquière (Bertrandon de la), conseiller et premier écuyer tranchant du duc de Bourgogne, Philippe le Bon. Relation de son pèlerinage en Palestine (1432-1433), IX, 639.

Bulgarie. Introduction du christianisme en Bulgarie. Missions de saint Cyrille et saint Méthode (863-868), V, 603-605. — Histoire, doctrines et organisation des Patarins en Bosnie et en Bulgarie,

VII, 612-614. — Eglise bulgare-unie, concile d'Albanie, schisme arménien et chaldéen, au xixᵉ siècle, XII, 523.

Bulkeley (Catherine), abbesse de Godstow en Angleterre (xviᵉ siècle), X, 636, 637.

Bulles des papes. Origine de la bulle *In cœna Domini*, publiée contre les hérétiques, le jeudi saint de chaque année, IX, 612. — Discussion sur l'authenticité de la bulle *Unam sanctam* adressée en 1302 à Philippe le Bel par le pape Boniface VIII, VIII, 650-652.

Burchard (saint), évêque de Wurtzbourg. Sa mission auprès du pape Zacharie pour le consulter au sujet du changement de la dynastie royale de France (752), V, 591-594; VII, 597.

Burchard, Burkard ou Brocard, évêque de Worms, auteur d'une compilation encyclopédique connue sous le nom de *Décret*, et plus tard désignée sous le nom de *Brocardica*, d'où le mot *brocard*, V, 589.

C

Cadalus, évêque de Parme, antipape sous le nom de Honorius II (1061), VI, 612, 613.

Cado (saint), fondateur de l'abbaye de Lan Carvan en Grande-Bretagne; sa légende, IV, 602, 603.

Cadouin. Saint suaire de la Passion conservé à Cadouin en France, III, 598.

Cahors. Condamnation et supplice de Hugues Giraud, évêque de Cahors, en 1318, VIII, 667, 668.

Calendion, patriarche de Constantinople, IV, 585.

Calendrier. La réforme du calendrier par Grégoire XIII, X, 661.

Callixte (saint), élu pape en 218. Résumé de sa vie. Néant des accusations dirigées contre ce pape par Hippolyte, auteur des *Philosophumena*, II, 621.

Callixte II, pape de 1119 à 1124. Bulle adressée par le pape à l'empereur Henri V, le 23 sept. 1122, VI, 640. Importance de son pontificat d'après une étude de M. Ulysse Robert, 640.

Calvin. Portrait de Luther d'après Calvin, IX, 663. — Reproches adressés par Calvin à Luther, *ibid*. — Extraits de ses œuvres relatifs au culte des saints, X, 628. — L'origine de toutes les persécutions contre les Jésuites et contre les religieux en général se trouve dans un passage de Calvin, 643, 644. — Calvin et la morale à Genève, 641, 642.

Campège (le cardinal). Son rôle à la cour de Henri VIII, roi d'Angleterre, X, 633, 634.

Cana (Noces de). Interprétation des paroles prononcées par N.-S., II, 594.

Canada (le). Histoire de cette colonie française qui dut au catholicisme une prospérité remarquable, VI, 665-667.

Candie. Siège et prise de Candie sur les Vénitiens par les Turcs en 1669. Troupes envoyées au secours de cette place par Louis XIV, XI, 625-627.

Cano (Melchior). Melchior Cano et ses travaux dogmatiques et exégétiques au xviᵉ siècle, X, 642, 643.

Canon des juifs. Pourquoi l'Eglise a-t-elle approuvé les livres deutéro-canoniques ? II, 586. — La grande synagogue, réunion des plus savants et des plus autorisés d'entre les Hébreux qui auraient coopéré à la formation du canon des livres juifs, 586. — Le premier livre des Machabées admis parmi les livres canoniques, 581, 589. — Le second livre des Machabées, 589.

Canon de la Messe. Le canon de la Messe est le même dans la liturgie gallicane et la liturgie romaine, V, 610.

Canon (Droit). Les Grecs admettent tantôt 66 canons apostoliques, tantôt 85. *Recueil des Canons* publié par Denys le Petit, IV, 613. — Remarques critiques sur quelques-uns de ces canons, *ibid* — Compilation encyclopédique de Burchard, évêque de Worms, connue d'abord sous le nom de *Décret*, puis sous le nom de *Brocardica*, d'où le mot *brocard*, V, 589. — Enseignement du droit canon à Bologne au xiiiᵉ siècle, recueil de Gratien, VII, 610, 611. — Divisions du *Corpus Juris canonici*; *Decretum Gratiani*, *Décrétales*, *Sexte*, *Clémentines*, et *Décrétales extravagantes*, VIII, 614, 615.

Canonisation. De la canonisation des saints dans les différents siècles, VII, 595-599. — Dans l'Eglise primitive les martyrs sont à peu près les seuls saints reconnus, 595, 596. — Le culte des confesseurs est introduit au ivᵉ siècle, 596. — Plus tard les canonisations loin d'être abandonnées à l'enthousiasme des populations se font dans chaque diocèse sous le contrôle des évêques, 596, 597. — Du viiiᵉ au xiᵉ siècle les papes accordent de leur propre autorité la permission de rendre des honneurs publics à des bienheureux; quelquefois des synodes d'évêques prononcent la canonisation, 597, 598. — Alexandre III réserve au Saint-Siège le droit d'approuver le culte des nouveaux saints, 598. — Instruction des procès de canonisation aux xiiiᵉ et xivᵉ siècles, 598, 599. — Prescriptions très sévères des papes des xviᵉ et xviiᵉ siècles relativement au culte des saints, 599. — Grand ouvrage de Benoît XIV sur les béatifications et les canonisations des saints, *ibid*. — De la canonisation équipollente et de la canonisation formelle, X, 651.

Cantorbéry. C'était le droit et le privilège de l'archevêque de Cantorbéry de donner l'onction royale aux rois d'Angleterre : Guillaume le Conquérant voulut être couronné par l'archevêque d'York, parce que Stigaud, archevêque de Cantorbéry, avait été déposé et excommunié par le pape, VI, 618. — Concile tenu à Cantorbéry en 1236 par saint Edmond : canons relatifs à la discipline ecclésiastique, VII, 635.

Capitulaires de Charlemagne relatifs au droit d'asile, V, 616, 617, — de Louis le Débonnaire, 618, — de Charles le Chauve, 621.

CARAFFA (Jean-Pierre), élu pape en 1555, X, 658.

CARDINAUX. — Résumé du mémoire du P. Lecointe, de l'Oratoire, sur l'origine des cardinaux de l'Eglise romaine, IV, 626, 627.

CARINTHIE. Virgile, évêque de Salzbourg, apôtre de la Carinthie, IV, 656. — Arno, successeur de Virgile, *ibid.*

CARLOMAN, frère aîné de Pépin le Bref. Se retire au Mont-Cassin. Il est envoyé par le roi des Lombards Astolfe auprès de son frère pour le détourner de faire invasion en Italie pour protéger le pape Etienne II, V, 597.

CARTHAGE. Concile en 398 ou 400 : canons sur le célibat ecclésiastique, IV, 654.

CASIMIR (saint), roi de Hongrie, né en 1458, mort en 1484, IX, 644.

CASSIEN (saint), martyr, II, 619.

CASSIODORE. Enumération critique des œuvres de Cassiodore par M. l'abbé Bauzon, IV, 620. — Travaux de Cassiodore et de Boëce pour l'instruction de la jeunesse. Division des sciences au moyen âge en *trivium* et *quadrivium*, 593.

CATACOMBES. Résumé des travaux de M. de Rossi sur les catacombes par le docteur Northcote. Liberté des cimetières, III, 580, 581. — Les catacombes ont été creusées successivement et en pleine liberté par les chrétiens et pour leur usage exclusif jusqu'à l'édit de Dioclétien qui interdit absolument aux chrétiens toute réunion et l'usage de leurs cimetières, 581. — Vicissitudes des catacombes après les persécutions, 619, 623. — Les catacombes sont peu à peu abandonnées à partir du règne de Constantin. Effort tenté par le pape saint Damase, vers 370, pour les restaurer, 619, 620. — Décadence rapide des catacombes du Ve au IXe siècle, 621. — Quelques-unes seulement, situées dans le voisinage des églises, restent un but de pèlerinage, 621. — Le pape Paul Ier ordonne en 761 la translation dans les églises de Rome des reliques des saints martyrs, conservées dans les catacombes, 621. — A partir de cette époque le souvenir des catacombes s'efface de plus en plus; plus tard, à partir du 31 mai 1578, commence une ère nouvelle dans l'histoire de Rome souterraine, 622. — Les catacombes au XVIe siècle et l'apologétique chrétienne; citation de quelques-unes des inscriptions des catacombes, X, 664-666.

CATÉCHÈSES. Importance des catéchèses de saint Cyrille de Jérusalem, III, 614, 615. — La *Grande catéchèse* de saint Grégoire de Nysse, dans laquelle ce saint entreprend d'instruire non ceux que l'on disposait à recevoir le baptème, mais les catéchistes eux-mêmes, 623.

CATHARES. Doctrines des Cathares, Patarins et Albigeois, VII, 619-621. — Organisation des Patarins bosniaques, 612-614.

CATHERINE. Différentes saintes femmes du nom de Catherine aux XIVe et XVe siècles, Catherine de Sienne, Catherine de Suède, Catherine de Bologne, Catherine de Gênes, IX, 593, 594.

CATHERINE (sainte) de Sienne (fin du XIVe siècle) IX, 593.

CATHERINE DE SUÈDE. Vient à Rome en 1376 pour y poursuivre la canonisation de sainte Brigitte, IX, 594.

CATHERINE DE MÉDICIS. Son entrevue avec le duc d'Albe à Bayonne, en 1565, X, 676. — La Saint-Barthélemy, 676-680.

CATHOLICISME. (Voir *Christianisme*)

CAULET, évêque de Pamiers, mort le 7 août 1680. Ses démêlés avec Louis XIV au sujet de la régale, XI, 639.

CÉCILE (sainte). Valeur historique des actes de cette sainte martyre, III, 580. — Dom Guéranger fixe la date de sa mort en 178, II, 633.

CÉLESTIN II, pape (1143-1144). Légende qui caractérise ce pape dans la prophétie de saint Malachie, VI, 645, 646.

CÉLESTIN III, pape de 1192 à 1198 Refuse de demander à Richard Cœur de Lion la délivrance de Philippe de Dreux, évêque de Beauvais, fait prisonnier en combattant, VII, 623, 624.

CÉLIBAT ECCLÉSIASTIQUE. Antiquité de la discipline ecclésiastique touchant la continence des clercs. Témoignages des Pères de l'Église et des conciles, IV, 653-655.

CELSE, auteur du second siècle, réfuté par Origène, II, 635.

CENCI (Béatrix). Sa condamnation et son exécution sous le pontificat de Clément VIII, X, 686-687.

CÉPARELLI (Jean), chargé de présider le concile de Bâle à la place du cardinal Julien Cesarini. Ses instances auprès du pape Eugène IV pour lui faire rapporter la bulle de dissolution de ce concile (1432), IX, 619, 620.

CÉRÉMONIAL. Le cérémonial extérieur du culte lévitique indique un type égyptien, Moïse a spiritualisé les cérémonies par lesquelles l'Egypte honorait ses dieux. Rapprochements curieux entre le cérémonial des deux cultes, I, 539, 540.

CÉSAIRE (saint) d'Arles. Ses homélies ont été attribuées à différents Pères et Docteurs de l'Eglise, IV, 597, 598. — Saint Césaire envoie à Rome l'abbé Gilles et le secrétaire Messieu pour demander au pape Symmaque que l'évêque d'Aix fût tenu de venir à son ordre, soit aux ordinations, soit aux conciles, 600.

CESARINI (le cardinal Julien), chargé par le pape Martin V et par son successeur Eugène IV de présider le concile de Bâle et de réprimer les excès des Hussites, IX, 617-618. Délègue ses pouvoirs à Jean de Polémar et Jean de Raguse, *ibid.*

CHAMPAGNY (M. de). Son *Histoire de la charité pendant les quatre premiers siècles de l'ère chrétienne*, V, 618.

CHAMPLAIN, premier gouverneur du Canada, mort en 1635, XI, 665-666.

CHANAAN. Signification de ce mot, II, 590.

CHANT ECCLÉSIASTIQUE. Introduction du chant romain ou grégorien en France sous Charlemagne, V, 606, 611, 612; X, 657. — Le chant grégorien existait et avait produit des chefs-d'œuvre avant l'invention de Gui d'Arrezo, VI, 601.

CHAPITRES (les trois). Le pape Vigile et l'affaire des *Trois chapitres*, ou des trois écrits entachés d'hérésie : l'un de Théodore de Mopsueste, un autre de Théodoret contre saint Cyrille, et une lettre nestorienne d'Ibas, IV, 621, 622.

CHARARIC, roi des Francs, IV, 588.

CHARITÉ. Les peuples de l'antiquité, à part les Juifs, n'ont jamais connu la charité dans le vrai sens de ce mot, V, 618. — Dès les premiers siècles de l'Église on prélève la part des pauvres sur les revenus ecclésiastiques. Les conciles ne cessent de rappeler aux évêques et aux bénéficiers en général la nécessité de verser d'abondantes aumônes aux pauvres, 619. — *Histoire de la charité pendant les quatre premiers siècles de l'ère chrétienne*, par M. de Champagny, 618. — Confréries, ou associations laïques, vouées au service des pauvres et des infirmes, 619. — Hospices et autres établissements charitables fondés dès les premiers siècles de l'Église dans toute la chrétienté. Différents noms pris par ces établissements, 619. — De bonne heure également on vit des hospices s'élever à côté des églises épiscopales et des monastères, *ibid.*

Charles Martel. Défaite des Sarrasins par Charles Martel près de Poitiers en 732. Autre bataille en 737 en Languedoc, IV, 655.

Charlemagne. Lettre du pape Clément III aux rois Charles et Carloman pour les exhorter à réunir leurs armes contre Didier, roi des Lombards, V, 599, 600. — Donations au Saint-Siège, par Pépin (754) et par Charlemagne (774), IX, 600. — Le prétendu synode de Latran de 774, dans lequel Charlemagne aurait déclaré qu'il pourvoirait à l'avenir à la nomination du pape, etc., 601. — A la suite du concile de Francfort tenu en 794, qui rejeta la doctrine du deuxième concile œcuménique sur les images, Charlemagne fit envoyer au pape Adrien un mémoire connu sous le nom de *Livres Carolins*. Authenticité de ces *Livres*, 602. — D'après Jean Diacre, le rétablissement de la dignité d'empereur d'Occident aurait été négocié entre Charles et le pape ; Eginhard assure au contraire que Charlemagne ne connaissait rien du projet du pape, V, 602.—Les femmes de Charlemagne, d'après M. Vétault, le dernier historien de Charlemagne, 608. — Charlemagne écrivain. Ses œuvres, ses écrits relatifs à son histoire, 608. — Etat des sciences et des lettres sous Charlemagne; capitulaires relatifs aux écoles, à l'instruction du clergé et du peuple. Introduction du chant romain ou grégorien, IV, 599, V, 605, 606. — Ecole du palais sous Charlemagne, principaux savants sortis de cette école, 608. — Noms à ajouter à la liste donnée par Rohrbacher, 608. — Sedulius le jeune, maître de Charlemagne, auteur d'un ouvrage intitulé : *De rectoribus christianis*, analyse de ce traité, composé en 813, 606. — Capitulaires relatifs au droit d'asile, 616, 617.— Réforme liturgique accomplie sous son règne, X, 656.—Réformes monétaires de Charlemagne. Il ne permet pas, sous son règne, l'altération des poids où des monnaies, 603. — Sa canonisation en janv. 1166, V, 651.

Charles le Chauve. Ses capitulaires, V, 624. — Les études sous le règne de Charles le Chauve, *ibid.*

Charles V. Mouvement littéraire ecclésiastique sous Charles V, IX, 599.—Traductions entreprises à cette époque, noms des traducteurs, *ibid.*

Charles VII, roi de France. Son rôle auprès du concile de Bâle (1431-1449), IX, 617-626.

Charles IX. Histoire du protestantisme en France sous son règne : excès commis par les Huguenots. La Saint-Barthélemy, X, 675-680. — Sa déclaration au Parlement au sujet de la Saint-Barthélemy, X, 681.

Charles d'Anjou, frère de saint Louis. Le pape Clément IV l'appelle à son secours contre Manfred (1265). Charles d'Anjou, roi de Sicile. Excès commis par les Français en Italie, VIII, 630, 631, 662, 663. — Il fait décapiter Conradin, 631. — Les *Vêpres siciliennes*, 640.

Chartres. —Jean de Salisbury, évêque de Chartres au xiie siècle, VII, 606.

Chateaubriand. Chateaubriand et la renaissance religieuse et intellectuelle au commencement du xixe siècle, XII, 538-540.

Chérubins. Les Chérubins d'Ezéchiel et les récentes découvertes assyriologiques, I, 559-560.

Chevalerie (ordres de). Rivalités entre les Templiers et les Hospitaliers au xiiie siècle, VIII, 607.

Childebert, fils de Clovis, roi de Paris, 511-558. Etendue de son royaume, IV, 609. — Bien que gouvernée par des comtes indigènes et indépendants, l'Armorique reconnaît la suprématie de Childebert, 625.

Childéric, roi des Francs, père de Clovis. Objets découverts en 1653 dans le tombeau du roi Childéric à Tournai. Leur destinée jusqu'en 1852. Ils sont aujourd'hui déposés au musée du Louvre, IV, 588, 589.

Childéric III, dernier roi de la dynastie mérovingienne. Il est déposé et renfermé dans un cloître. Election du roi Pépin (752), V, 591-595.

Chine. Importance de l'inscription de Siang-Fou relativement à l'histoire de l'introduction du Christianisme en Chine et dans l'extrême Orient. Elle remonte à l'an 781. Traduction de cette inscription par M. de Thiersant, IV, 645-648. — Le Christianisme en Chine au ixe siècle et dans les siècles suivants, V, 649. — Les missions catholiques en Chine au xviie siècle, X, 687, 688. — Le Catholicisme en Chine au xviiie siècle, XI, 670-671. — Le P. Prémare et la question des rites chinois, 656, 657.

Choiseul, ministre de Louis XV. Suppression des Jésuites en France, XI, 668, 669. — Son rôle dans l'élection du pape Clément XIV, 660-662.

Chrisme, monogramme du Christ. Sa puissance. Il surmonte le *Labarum* de Constantin, III, 582, 583. — De son emploi sur les monnaies et les médailles, avant et après Constantin, 583, 585. — Différentes opinions émises sur l'origine du monogramme cruciforme, 584.

Christ. Hérésie de l'*adoptianisme* qui consiste à distinguer entre le fils vrai et le fils adoptif de Dieu; le fils engendré de toute éternité et celui qui s'est fait homme, V, 601, 602. — Sa condamnation au concile de Francfort (794), 602.

Christianisme. La richesse et le Christianisme à l'époque des persécutions, II, 611, 612. — Les premiers chrétiens n'étaient pas tous de pauvre et basse extraction, 613. — Introduction du Christianisme dans les Gaules. Deux écoles en présence : école *historique* ou *critique* qui fait remonter l'établissement du Christianisme en Gaule seulement au iiie siècle. Ecole *légendaire* ou *traditionnelle*, qui fait remonter cet établissement au ier siècle. Arguments invoqués par ces deux écoles. De l'ensemble des travaux publiés il résulte incontestablement qu'il y eut une première mission apostolique en Gaule au ier siècle, 608-610. — Le nombre des chrétiens de Rome et des martyrs des trois premiers siècles, 613, 614. — Premières œuvres littéraires de l'Eglise chrétienne : l'*Octavius* de Minutius Félix, et l'*Apologeticum* de Tertullien, 619.— Saint Michel et le *Labarum*, III, 582, 583. — Des signes du Christianisme sur les monnaies et les monuments de l'époque de Constantin, 583-585. — Fureur des persécutions dirigées contre les chrétiens par les empereurs romains. Les écrivains ecclésiastiques n'ont pas exagéré le nombre des martyrs, 587-590. — Le Catholicisme dans l'empire Axumite, ou partie septentrionale de l'Abyssinie, IV, 610. — Influence du Catholicisme sur la législation, *ibid.* — Coup d'œil rétrospectif sur l'histoire de la cruauté et de la barbarie de l'Islamisme, qui a été si funeste aux progrès de la civilisation, 631-633. — Introduction du Christianisme en Chine et dans l'extrême Orient. Inscription de Siang-Fou, datée de 781, relative à la propagation de la vraie foi. Traduction de cette inscription par M. de Thiersant, 645-648. — Commerce entre les Chrétiens et les Juifs, interdit par les canons des conciles, 651-653. — De l'origine et de la marche du Catholicisme chez les peuples slaves, d'après l'état actuel des connaissances historiques, 655, 656. — Origines du Christianisme chez les peuples slaves. Evangélisation de la Bulgarie, de la Moravie et de la Bohême, par saints Cyrille et Méthode, à la fin du ixe siècle, V, 603-605. — La princesse Olga et les commencements du Christia-

nisme en Russie (ixe siècle), 630, 631. — Introduction du Christianisme en Styrie, en Carinthie, en
Moravie, en Bulgarie, en Bohême, au ixe siècle,
603-605, 632. — Origines du Christianisme en
Hongrie (xe siècle), 635, 636. — Le Christianisme
en Chine au ixe siècle et dans les siècles suivants,
649. — Progrès du Catholicisme en Russie à la
fin du xie siècle : missions du normand Oloff
Triggveson, VI, 621.—Le Christianisme en Suède,
du xie au xive siècle, 644; VII, 612. — Le Catholicisme en Lithuanie : événements qui préparèrent la prédication de l'Evangile dans ce pays,
VIII, 671-672. — Expédition du captal de Buch et
de Gaston de Foix, en 1357, 672. — Souvenirs bibliques retrouvés sur les monuments anciens de
l'Amérique et dans les traditions des différents
peuples indigènes, au moment de la découverte de
Christophe Colomb, IX, 638. — Union de l'Ethiopie
avec l'Eglise romaine au xvie siècle, 649. — Les
missions catholiques en Chine et au Japon aux
xvie et xviie siècles, X, 687-688; XI, 657, 670, 671.
— Missionnaires théatins envoyés en Géorgie,
en 1626, par le pape Urbain VIII, 624. — Mouvement catholique en France au commencement du
xixe siècle, XII, 538-540.

CHRISTINE DE SUÈDE. Sa bibliothèque, XI, 627,
628.

COLOMB (Christophe). On a dit à tort qu'il avait
voulu conserver dans son cercueil les fers qu'on
lui avait mis aux pieds pendant son retour du troisième voyage en Amérique, IX, 635, 636. — Démarches faites auprès de Pie IX, pour obtenir la
béatification de Christophe Colomb, 636.

CHRODEGANG (saint), évêque de Metz, X, 656.

CHODORLAHOMOR, roi d'Elam ou de la Susiane,
contrée située à l'est de la Chaldée. Il va ravager
la Palestine, I, 530.

CHRONOLOGIE. Exposition des différents systèmes
de chronologie biblique d'après les différentes versions de la Bible, I, 522-524. — De l'ère d'Espagne;
de l'ère des martyrs ou de Dioclétien; de l'ère
d'Abraham; de l'ère des Olympiades; de l'ère des
Mahométans ou de l'Hégire, etc., etc., IV, 616. —
Des différentes manières de commencer l'année
autrefois usitées en France : 1er janv., 25 déc.,
25 mars, Pâques. Du calcul pisan et du calcul flo-
rentin, 614-616. — L'année de l'incarnation de
Notre-Seigneur et les ères, 614-616. — Réforme du
calendrier par le pape Grégoire XIII, en oct. 1582,
X, 661, 662.

CHYPRE. Différends entre les catholiques latins
et grecs du royaume de Chypre au xiiie siècle,
VIII, 628, 629.

CHRYSOLORAS (Manuel), helléniste du xive siècle,
IX, 642.

CIMETIÈRES. Liberté des cimetières chrétiens :
résumé des travaux de M. de Rossi sur les Catacombes, par le docteur Northcote, III, 579, 580. —
Du droit d'asile accordé aux églises, aux cimetières
et autres lieux saints au moyen âge. Canons de
conciles et autres actes relatifs à cette franchise,
VI, 614-617.

CIRCONCISION. — Est-ce aux Egyptiens qu'Abraham a emprunté le rite de la Circoncision? I,
529.

CITEAUX. Réforme de l'abbaye de Citeaux. Saint
Bernard et l'abbaye de Clairvaux, VI, 632.

CLAIR (saint), abbé. Paraît être venu d'Angleterre, avoir vécu dans le Cotentin et avoir subi le
martyre dans le Vexin. Ne pas le confondre avec
saint Clair, abbé de Vienne, IV, 649.—Documents
à consulter sur la vie de ce saint, ibid.

CLAYTON, évêque protestant de Clogher au
xviiie siècle. Son opinion sur la fin du monde :
il fixe à l'an 2000 la date précise de la conversion
des Juifs et la chute du paganisme, VI, 598.

CLÉMENT (saint), pape de 91 à 100, II, 603. — Les
Epîtres de saint Clément d'après les nouvelles découvertes, analyse d'un travail de M. l'abbé Duchesne à ce sujet, 604, 606. — Sa lettre à l'Eglise
de Corinthe, VII, 589.

CLÉMENT IV, pape, 1265-1269, VI, 646. — Guido
Fulcoli, élu pape le 5 fév. 1265. Troubles en Italie
à cette époque : Guelfes et Gibelins. Le Pape appelle à son secours Charles d'Anjou contre Manfred, VIII, 630.

CLÉMENT V (Bertrand de Got). Fausseté de l'entrevue que l'historien Villani prétend avoir eu lieu
entre Bertrand de Got, archevêque de Bordeaux, et
le roi Philippe le Bel. Registre publié par M. Ra-
banis, contenant la relation, jour par jour, de tous
les actes et de toutes les démarches de Bertrand
de Got, du 17 mai 1304 au 20 juin 1305, VIII, 654-
656. — Jacques d'Aragon lui rend hommage pour
la Sardaigne (1305-1306), 609. — Clément V et le
concile général de Vienne. Bulles relatives à la
suppression des Templiers, 657-658. — Prêt consenti par le pape Clément V à Edouard II, d'Angleterre, en vue d'une croisade en 1313, 660-662.
— Calomnies de H. Martin, contre ce Pape, 663.
— Clément V et l'Université de Dublin (1311). Règlement donné à cette Université par Jean XXII,
664-665. — Recueil des décrétales de ce pape, décrétales connues sous le nom de Clémentines,
VII, 614, 615.

CLÉMENT VII (Robert de Genève). Son élection
le 20 sept. 1378. Origine du grand schisme d'Occident, IX, 595-597. — Validité de l'élection du pape
Urbain VI, 598. — Bulle en date du 17 avril 1379,
par laquelle il crée le royaume d'Adrie en faveur
de Louis de France, duc d'Anjou, 601. — Démarches faites à l'avènement du pape Boniface IX et
de son successeur, pour le rétablissement de la
paix, 601. — Réforme liturgique entreprise par ce
pape, X, 658. — Mélanchton prétend que ce pape
mourut empoisonné (1394); mais rien ne prouve
cette assertion, 626, 627.

CLÉMENT VIII. Condamnation et exécution de
Béatrix Cenci, X, 686-687. — Impression du texte
de la Vulgate en 1592, 647.

CLÉMENT XIII, pape de 1730 à 1740, XI, 668-669.
— Bulle de ce pape autorisant le culte du Sacré-
Cœur en 1765, 652.

CLÉMENT XIV (Ganganelli), pape de 1769-1774.
L'élection de Clément XIV (1769) et la suppression
des Jésuites, XI, 660, 661, 669.

CLERGÉ. Instruction du clergé du ive au viiie
siècle. Connaissances exigées des prêtres par Théodulfe, évêque d'Orléans, Hincmar de Reims, Riculfe de Soissons. Capitulaires de Rothère de Lobbes,
évêque de Vérone, et de Charlemagne à ce sujet,
IV, 598-600. — Premiers poètes chrétiens, ibid. —
Emploi des revenus ecclésiastiques d'après une
lettre du pape Simplicius du 19 nov. 475, 586. —
Antiquité de la discipline de l'Eglise touchant la
continence des clercs, 653-655.—Témoignages des
premiers Pères de l'Eglise et des conciles, 653,
654.—Capitulaires de Charlemagne relatifs à l'instruction du clergé, V, 605, 606. — Sainteté de l'é-
piscopat allemand sous le règne de Henri II (1002-
1024), VI, 599. — Conciles tenus à Rome au xie siècle contre les clercs incontinents, 608. — Réforme
du clergé commencée au concile de Reims par
saint Léon IX et poursuivie au concile de Mayence
en 1049, 603, 604. — Réforme du clergé entreprise
au xie siècle par le pape Grégoire VII, 627. —
L'épiscopat et le clergé au xiie siècle, VII, 606-607.
— Légat envoyé par Grégoire IX en Angleterre

pour réformer les mœurs du clergé, 634, 635. — Synode de Londres en 1237, de Cantorbéry en 1236 : canons relatifs à la discipline ecclésiastique, 635. — Canons des synodes et conciles de France et d'Allemagne, relatifs à la discipline, VIII, 640-643. — Part du clergé dans le développement de l'imprimerie, IX, 635. — Part de la religion et du clergé dans la Saint-Barthélemy, X, 681. — Le clergé de France en 1789, XI, 671. — La constitution civile du clergé en 1790, 672-674. — Évêques constitutionnels en France en 1791, 673, 674. — Serments exigés du clergé pendant la Révolution, 674, 675. — La persécution impériale en 1811 : déportation des prêtres, XII, 537, 538.

CLERMONT-GANNEAU (M.), drogman-chancelier du consulat de France à Jérusalem. Récit par M. Clermont-Ganneau de la découverte de la stèle de Mesha, I, 547.

CLERMONT. Sidoine Apollinaire, évêque de Clermont, IV, 584, 585. — Concile en 1095. Discours du pape Urbain II, prêchant la première croisade ; canons relatifs au droit d'asile, 615, 636, 637. — Introduction de la réforme de Cluny à Saint-Austremoine de Clermont, 631.

CLODOMIR, fils de Clovis, roi d'Orléans (511-524). Étendue de son royaume, IV, 608.

CLOTAIRE Ier, roi de Soissons, puis de tout le royaume Franc (511-561), IV, 609. — Il tente d'enlever la reine Radegonde de sa retraite de Poitiers, 625.

CLOVIS. Clovis et le sacre des rois de France, IV, 589-592. Résumé de la discussion relative au sacre du premier roi franc. Clovis a reçu l'onction royale en même temps que le baptême, 589. — De la sainte Ampoule et du toucher des écrouelles, 590-592. — Conséquences de la bataille de Vouillé, 598. — Canons du concile d'Orléans souscrits en 511 par 32 évêques, 598. — Partage du royaume de Clovis entre ses quatre fils en 511. Etendue des royaumes de Clodomir, Théodoric, Childebert et Clotaire, 607-610.

CLOVIS II. Légende des énervés de Jumièges, fils prétendus de Clovis II et de sainte Bathilde, IV, 649. — Cette légende a deux sources : 1° les Actes de sainte Bathilde, fort discutables ; 1° le Miracle de Notre-Dame de sainte Bautheuch, ibid. — L'Histoire dit que Clovis II n'eut d'autres fils que Clotaire, Childéric et Thierry, qui tous trois furent rois après lui, 649. — Extraits d'un discours ou exhortation à un jeune roi que l'on suppose être Clovis II, attribué par les uns à saint Éloi, par d'autres à saint Ouen ou à saint Léger, 648, 649.

CLOUS (les saints). On compte aujourd'hui 32 clous de la Passion. Plusieurs ont été fabriqués avec des parcelles de vrais clous, III, 597.

CLUNY. Rôle de l'abbaye de Cluny dans la rénovation religieuse et sociale des xie et xiie siècles, VI, 630-635. — L'action de Cluny se fit profondément sentir sur l'Eglise, par les pontifes et les évêques qu'elle avait formés ; et sur la société par sa prospérité temporelle, son autorité et ses rapports avec toutes les classes, 634, 635. — Premiers abbés de Cluny : saint Odon, saint Mayeul, saint Odilon, saint Hugues, et Pierre le Vénérable, 630-635. — Sous saint Mayeul, la réforme de Cluny est introduite à Fleury-sur-Loire, à Saint-Sauveur de Sarlat, à Saint-Austremoine de Clermont, à Saint-Pierre-le-Vif de Sens, 631. — Le pape Callixte II, ayant été élu pape dans l'abbaye même de Cluny à la mort de Gélase, accorde aux abbés de ce monastère le titre de cardinal, 633. — Cluny donne naissance à un genre d'architecture mêlé de roman et de gothique que l'on a appelé Clunisien, 633. — Commencée en 1109, l'église de Cluny ne fut consacrée qu'en 1131, 634. — Description de cette église, 634, note. — Prospérité temporelle de l'ordre de Cluny au xiie siècle ; Cluny reçoit dans ses murs les papes et les rois, 634, 635. — Décadence de cet ordre dans les siècles suivants. En 1528, Jean, cardinal de Lorraine, prend possession de Cluny en qualité d'abbé commendataire, 635. — Catalogue de la bibliothèque de Cluny dressé sous l'abbé Hugues III, de 1158 à 1161, 633. — C'était l'un des plus précieux trésors littéraires de l'époque, ibid. — Recueil des coutumes de Cluny composé par le moine Udalric au xie siècle, 632, 633. — Enseignement des lettres et des sciences à Cluny, 632. — Hommes illustres sortis de l'abbaye de Cluny au xie siècle : le pape saint Grégoire VII, Urbain II, le cardinal Gérald de Ratisbonne, 633. — Séjour du pape Innocent IV à Cluny, VIII, 618.

COCHET (M. l'abbé). Le tombeau de Childéric, roi des Francs, restitué à l'aide de l'archéologie, etc., par M. l'abbé Cochet, IV, 588, 589.

COLETTE (sainte). Sa vie par Dom Grenier, IX, 616.

COLIGNY (l'amiral), X, 679. — Sentence rendue par le Parlement contre la mémoire de Coligny, 681.

COLLÈGES. Règlements pour la discipline des collèges au xive siècle, VIII, 627.

COLOGNE. Conciles tenus en 1280 et 1536 : canons relatifs au droit d'asile, VI, 615, 616.

COLOMBAN (saint), 599 à 615. Saint Colomban et la célébration de la Pâque, IV, 629. — A partir de la fin du vie siècle la règle de saint Benoît remplace peu à peu en France la règle de saint Colomban. Motifs de cette substitution, 629, 630. — De la tonsure irlandaise introduite en France par la règle de saint Colomban, 645.

COLONNA. Rôle de Sciarra Colonna et autres membres de la famille Colonna dans l'attentat d'Anagni contre le pape Boniface VIII (1304), VIII, 653, 654.

COMNÈNE (Anne). L'Alexiade, ou Histoire de l'empereur Alexis de 1081 à 1118, écrite par sa fille Anne Comnène, VI, 646.

COMMUNE DE PARIS. Histoire de la Commune de Paris en 1871, XII, 502-510. Voyez Paris.

CONCILES. Relevé par ordre chronologique des conciles et synodes dont il est question dans les notes rectificatives de l'Histoire de l'Eglise. — Concile de Nicée (318). Condamnation de l'Arianisme, III, 590-592. — D'Alexandrie en 362. Confirmation des Actes du concile de Nicée, 590, 591, 609. — De Sardique en 347. Rétablissement d'Athanase d'Alexandrie et Paul de Constantinople dans leurs sièges, 601. — Actes d'un prétendu concile de Philippopolis en Thrace, 605. — De Jérusalem (ive siècle), en faveur de saint Athanase, 605. — De Sirmium en 354. Condamnation de Photin, 605. — De Constantinople en 381 ; canons de ce concile, 615. — Premier concile œcuménique de Constantinople. Explications ajoutées par ce concile au symbole de Nicée, 615, 616. — D'Ephèse en 431. Condamnation de l'hérétique Nestorius, 630. — D'Orange en 529 contre les semi-Pélagiens, 632. — De Tours en 461. Canons sur le célibat des prêtres, etc., IV, 583. — Dates des deux conciles tenus en 484 pour la condamnation d'Acace et la dégradation de Vital et de Misène, 586. — Lettre synodale du concile du 5 oct. 584, ibid. — De l'autorité des conciles. Le pape Symmaque et le concile de la Palme en 501. Ce concile se refuse à citer en jugement le pape et à le condamner, 594, 595. — D'Orléans en 518 : évêques de la Gaule qui souscrivirent les canons de ce concile, 598. — Le

concile d'Epaone et le célibat des prêtres, 600, 601.
— Canons de conciles relatifs au droit d'asile, 622,
623. — Concile d'Eauze en 551, 624. — De Paris
en 553 : déposition de Saffarac, évêque de Paris,
624. — Sixième concile général de Constantinople :
condamnation des lettres du pape Honorius à Sergius, patriarche de Constantinople, 639-645. —
Synode tenu à Autun vers l'an 670 : canons rédigés par saint Léger, 650. — D'Eliberis (303-313),
d'Agde (506) et d'Epaone (517) : canons contre les
Juifs, 651. — De Tolède en 589 et 633 : canons
contre les Juifs d'Espagne, 652. — Canons relatifs
au célibat ecclésiastique : conciles d'Elvire, en 305,
de Néocésarée, entre 313 et 319, cinquième concile
de Carthage en 398, 653, 654. — Septième concile
œcuménique. Remarques sur les actes de ce concile, V, 601. — Synode de Francfort (794) : condamnation de l'adoptianisme, 602. — Il rejette la
doctrine du deuxième concile œcuménique de Nicée sur les images, ibid. — De Ctésiphon ou de Séleucie tenu en 410 ; actes de ce concile retrouvés
récemment, 617. — De Paris en 824 et 829 ; actes
relatifs aux écoles, 618. — L'assemblée épiscopale
tenue à Paris en 825 et le culte des images, 620,
621. — De Quiercy (853) et de Valence (855) dans
l'affaire de Godescalc, 624, 625. — Conciles de Ver
(844), de Quiercy-sur-Oise, (858), de Savonnières
(859), de Langres (859) : canons relatifs aux écoles,
624. — Huitième concile général tenu à Constantinople en 869. Déposition du patriarche Photius.
Formule de foi adoptée par le pape Adrien II, 629,
631. — Conciles ou synodes tenus de 860 à 862 à Aix-
la-Chapelle et en 863 à Metz au sujet du divorce du
roi Lothaire, 630. — De Ravenne en 877 : canons
relatifs aux biens et revenus du Saint Siège, 631.
— En 1022 et non en 1017, à Orléans : condamnation de l'hérésie manichéenne, VI, 597. — Synodes
tenus à Limoges, à Poitiers, à Paris et à Bourges,
de 1021 à 1031, relativement au temps de l'apostolat
de saint Martial, que ces conciles déclarent avoir
été disciple et contemporain des douze apôtres,
601-602. — Condamnation de l'hérésie de Bérenger
sur l'Eucharistie aux conciles de Rome (1050), de
Verceil (sept. 1050), Paris (oct. 1051), Tours (1054),
Rome (1059), Poitiers (1075), Rome (1079), Plaisance
(1095), 607. — Conciles tenus à Rome au xiᵉ siècle
contre les clercs incontinents, 608. — Réforme du
clergé commencée, au concile de Reims, par saint
Léon IX, et poursuivie au concile de Mayence en
1049, 603, 604. — Conciles ayant pris des décisions
relativement au droit d'asile, 615-616. — A Saint-
Gilles en 1042; à Elme en 1059; à Clermont en
1095; à Reims en 1131; à Londres en 1142; à
Bourges en 1279; à Cologne en 1280; à Auch en
1326, etc., 614-617. — A Westminster, en 1076, 622.
— Concile œcuménique de Latran de 1123, et le
concile, dit universel, de Latran de 1116, VI, 639;
VII, 585-587. — Canons des conciles du xiiiᵉ siècle
en faveur de l'instruction et des écoles, VII, 590, 591.
— A Tours en 1163, 599, 600. — Conciles du clergé
arménien, 600. — Onzième concile général, troisième
de Latran en 1179, 606. — Le douzième concile œcuménique, quatrième de Latran (1215) ; approbation
des instituts de saint Dominique et de saint François d'Assise, 625. — Statuts du synode de Terragone (18 avril 1239), VIII, 614. — Ouverture du
treizième concile général à Lyon en 1245, 616, 617.
— Canons de ce concile, 617. — La souveraineté
du Saint-Siège audit concile, 618. — Bulle relative
à saint Bénézet, 619. — Synode célébré à Monteil
près de Valence, le 5 déc. 1248; canons de ce
concile, 619. — Conciles et synodes tenus au xiiiᵉ
et au xivᵉ siècle au sujet de la juridiction ecclésiastique : à Saumur (1253), Cognac (1262), Nantes

(1264), Cologne (1266, 1310 et 1322), à Seyne (1267),
Château-Gontier (1268), à Pont-Audemer (1279), à
Ofen (1279), à Angers (1279), à Riez en Provence
(1285), à Mâcon (1286), à Milan, etc., etc., 620-622.
— Synodes de Narbonne (1243), Béziers (1246),
Albi (1254), contre les derniers restes de l'hérésie
albigeoise, 625-626. — Synodes provinciaux tenus
en 1261 à Mayence et à Magdebourg : canons relatifs à la discipline ecclésiastique, 631-632. — Le
concile général de Lyon de 1274; cardinaux qui
assistèrent à ce concile, 635. — Déposition de
l'évêque de Liège, Henri, comte de Gueldre : rôle
de saint Bonaventure à ce concile, 636. — Synodes
tenus en Allemagne, sous Rodolphe de Habsbourg : à Salzbourg (1274), à Bude ou Ofen (1279),
à Saint-Polten (1284), à Cologne (entre 1276 et
1281). Canons relatifs à la discipline ecclésiastique,
640, 641. — Conciles en France, en Angleterre et
en Allemagne de 1275 à 1300 : à Bourges, à Arles
(1275), à Langeais, à Riez, à Pont-Audemer, à
Tours, etc., 641-643. — Concile général de Vienne
(1311), 657, 658. — Le concile d'Arménie tenu en
1344 et non en 1342, 668. — Concile de Constance.
Ses différents actes approuvés par le pape Martin V, IX, 605-610. — Concile de Pise convoqué
pour mettre fin au schisme d'Occident, 602-603. —
Concile de Constance. Déposition de Grégoire XII,
de Benoît XIII et Jean XXIII; élection de Martin V (11 nov. 1417), 604-610. — De Bâle (1431-1433),
617-626. — Le concile de Ferrare et le schisme au
concile de Bâle (1436-1439), 628-630. — Les sources
de l'histoire du concile de Trente, X, 644. — Commission préparatoire de ce concile, 645. Le pouvoir civil à ce concile, 646. — Collections des actes
des conciles publiées du xviᵉ au xixᵉ siècle, 633-
634.

CONCORDAT. — Concordat passé en 1741 par le
pape Benoît XIV avec le roi de Sardaigne, Charles-
Emmanuel III, XI, 658-600. — Le cardinal Consalvi et le concordat de 1802, XI, 675, 676. — Le
concordat et les articles organiques, XII, 536, 537.

CONFESSEURS de la foi. De l'introduction dans
l'Eglise du culte des confesseurs, VII, 596.

CONFESSION. Textes et représentations figurées
relatifs à la confession dans les premiers siècles
de l'Eglise, II, 626, 627. — Du secret de la confession : canons de conciles y relatifs ; Jean Népomucène, martyr du secret de la confession, IX,
599, 600.

CONFRÉRIES. — Confréries laïques qui se vouent
au moyen âge au service des pauvres et des infirmes, V, 619.

CONRAD de Marbourg, inquisiteur en Allemagne au xiiiᵉ siècle, assassiné par un parti d'hérétiques, VII, 633, 634.

CONRADIN, l'un des prétendants à l'empire d'Allemagne en 1262, VIII, 629-630. — Il est condamné
à mort et décapité à Naples en 1268, 631.

CONSALVI (Hercule), né à Rome le 8 juin 1757,
† le 24 janv. 1824. Le cardinal Consalvi et le Concordat, XI, 675-676.

CONSTANCE CHLORE, père du grand Constantin.
Sa conduite à l'égard des chrétiens de la Gaule,
III, 589.

CONSTANCE II, empereur, ivᵉ siècle. Puissance
des Ariens sous son règne, III, 605-607.

CONSTANCE. Concile de Constance réuni pour
mettre fin au schisme d'Occident. Déposition des
papes Grégoire XII, Benoît XIII et Jean XXIII.
Election du pape Martin V (11 nov. 1417), IX,
604-610. — Canons contre les Hussites et les Wi-
cleffites, 608. — Ses différents actes implicitement
approuvés par le pape Martin V, 605-610.

CONSTANTIN LE GRAND, empereur, † en 337, III,

599. — Le baptême de Constantin eut lieu à Rome vers 325, et non à Nicomédie, comme le raconte Eusèbe, 599-600. — Donation de Rome, de l'Italie et de toutes les provinces de l'empire en Occident au pape saint Silvestre, attribuée faussement à l'empereur Constantin, 593, 594. — Cette charte a été fabriquée soit à la fin du VIIIe siècle, soit au commencement du IXe siècle, probablement en France, peut-être par Benedetto Levita, 595. — Si cet acte apocryphe a joui de quelque autorité au moyen âge, c'est qu'il résumait les aspirations des peuples chrétiens à cette époque, 595. — Basiliques élevées sous son règne et par ses soins, 619, 620.— Constantin représenté, dans le vestibule de son palais, avec le signe victorieux de la croix sur la tête, et perçant de l'extrémité du *Labarum* le dragon terrassé sous ses pieds, 584. — Diverses apparitions de l'archange saint Michel à l'empereur Constantin. Temples élevés par Constantin en l'honneur de saint Michel, 582. — Saint Michel et le *Labarum*, 582, 583. — Description du *Labarum* 582, 583. — Des signes du Christianisme sur les monnaies et les monuments de l'époque de Constantin, 583, 585. — Exemplaires des Ecritures écrits à Alexandrie d'après les ordres de Constantin pour le service des églises de Constantinople, 598.

CONSTANTINOPLE. Election du patriarche Calendion : son irrégularité, IV, 585. — Election du patriarche Flavita, supercherie dont il use, 586. — Euphémius, successeur de Flavita, 587.—Reliques de la Passion réunies à Constantinople par sainte Hélène, III, 595-598. — Exemplaires des Ecritures écrits à Alexandrie pour le service des églises de Constantinople, 598. — Concile tenu en 381. Canon ayant pour but d'empêcher de calomnier les évêques, 615. — Premier concile œcuménique de Constantinople. Explications ajoutées par ce concile au symbole de Nicée, 615, 616. — Sixième concile général : condamnation des lettres du pape Honorius, IV, 639-645. — Rétablissement des saintes images à Constantinople, V, 622. — Conciles de Constantinople en 381 et 692 qui placent la ville de Constantinople à la tête d'une prétendue Eglise orientale. Origines du schisme grec. Photius et ses précurseurs, 627-630. — Huitième concile général tenu à Constantinople en 869. Déposition du patriarche Photius, 629, 631.—Triste état de l'Eglise grecque avant la rupture définitive avec Rome, VI, 605. — Description de l'église Sainte-Sophie de Constantinople, 647. — Rapports des croisés avec les empereurs grecs de Constantinople, 646.—Synodes tenus à Constantinople en 1340, 1347 et 1350, au sujet des doctrines des hésychiastes sur la lumière incréée, VIII, 670, 671. — Histoire du patriarcat de rite latin fondé à Constantinople au XIIIe siècle, IX, 644, 645. — Chronique grecque de Critobule relative au siège et à la prise de Constantinople par Mahomet en 1453, 637, 638. — Après la prise de Constantinople par les Turcs (1453), les savants byzantins affluent en Italie et même en France, 642. Voyez *Schisme d'Orient*.

CONSTITUTION. L'assemblée constituante de 1789 et la Révolution française, XI, 672. — La constitution civile du clergé, 672, 673.

COPERNIC, né à Thorn en 1473. Ses opinions sur le mouvement de la terre, X, 683. — Son travail sur les révolutions des corps célestes, publié en 1543, condamné par le Saint-Office en 1616, 684, 685. — La papauté et le système de Copernic, 692, 693. — Le protestantisme et le système de Copernic, 628, 629.

CORAN. — De la manière dont fut composé le Coran, IV, 633-637. — Mahomet affirme qu'il lui a été donné par une révélation du ciel, dans ses entretiens avec l'archange Gabriel. Il est plus facile d'y reconnaître une inspiration diabolique, 633, 634. — Certains passages sont empruntés aux livres des Juifs et des Chrétiens, 635. — Poésie et beautés littéraires de certains chapitres du Coran, 636. — Différentes copies et éditions, 637.

CORBENY (abbaye de). Là étaient autrefois conservées les reliques de saint Marcoul, abbé de Nanteuil, qui guérit les écrouelles comme le roi, IV, 591-592.

CORBICHON (Jean), traducteur du livre des Propriétés des choses, IX, 599.

CORNEILLE-LA-PIERRE. Sa compilation sur l'Ecriture sainte, XI, 616.

COSCIA (Niccolo), né à Bénévent le 25 janv. 1682, mort à Naples en 1755, XI, 657, 658.

COSMOGONIE BIBLIQUE. De la concordance de la cosmogonie biblique et des sciences naturelles, I, 519.

COURONNE D'ÉPINES (la sainte). Nature et forme de la sainte couronne. Authenticité des reliques conservées, III, 596, 697.

COUSTURIER (Jean), supérieur des prêtres de Saint-Sulpice, mort en 1770, XI, 614.

COUVENTS. Suppression des couvents en Angleterre sous Henri VIII (1536) : ils sont transformés en *workhouses*, X, 635-639. Voyez *Monachisme*.

CRANMER. Malgré ses complaisances pour Henri VIII d'Angleterre, Cranmer perdit la vie sur le bûcher (1556), X, 639, 640.

CRITOBULE. Chronique grecque de Critobule relative au siège et à la prise de Constantinople par Mahomet en 1453, IX, 638.

CROCUS, roi des Vandales. Traverse la Gaule, vers 407 ou 408, et non en 257, mettant tout à feu et à sang sur son passage, III, 627.

CROISADES. L'histoire des croisades est encore à faire. Méthode à employer pour écrire cette histoire, VI, 635. — Publications récentes relatives à cette histoire, 636. — Les croisades vengées des attaques de Voltaire et de son école, *ibid*. — Discours du pape Urbain II, prêchant la première croisade, d'après l'archevêque de Dol, Baudri, et d'après l'*Historia Hierosolymitana* du moine Robert, 636, 637. — Etudes sur la deuxième croisade publiées en 1866, par le dr Kugler, 643. — Troisième croisade : la lettre de Frédéric Barberousse à Saladin et la réponse de celui-ci sont aujourd'hui regardées comme apocryphes, VII, 610. — Etude de M. Riant sur les documents relatifs à l'histoire de la quatrième croisade, VII, 616, 617. — Rapports des Croisés avec les empereurs d'Orient. L'*Alexiade*, ou histoire de l'empereur Alexis, écrite par sa fille Anne Comnène, VI, 646. — Conséquences politiques de la croisade contre les Albigeois, VII, 635-637. — Les croisades et l'affranchissement des serfs, 617-619. — Histoire de la sixième croisade ou croisade de Frédéric II, 632. — La croisade de 1239 à 1241, VIII, 607-608. — La division se met parmi les Croisés : leur défaite aux portes de Gaza (13 nov. 1239). — Principaux seigneurs qui prirent part à cette croisade. Traités conclus ; délivrance des prisonniers faits à la bataille de Gaza, 608. — Adrien V et la fin des croisades. Prise de Ptolémaïs par les Sarrasins en 1290 ; fin du royaume de Jérusalem, 638, 639. — Projet de croisade formé en 1313 par le pape Clément V. Prêt consenti à cette occasion à Edouard II d'Angleterre, 660-663. — Les croisades au XVe siècle ; projets de Philippe le Bon, duc de Bourgogne. Diverses relations de voyages en Palestine, composées à cette époque par Guillebert de Lannoy,

Bertrandon de la Brocquière, le sire de Wavriñ, Jean de Torzelo, Martin Vilain, IX, 639, 640.

CROIX. Découverte de la vraie Croix. Témoignages des contemporains. Malgré la multiplicité des reliques de la vraie Croix répandues dans tout l'Univers nous possédons à peine le dixième du volume total d'une croix réduite aux proportions minimum, III, 595, 596. — Authenticité des reliques de la Passion : couronnes d'épines, suaires, clous, titre de la Croix, 597, 598. — Port de croix infligé comme peine aux Albigeois, VII, 610.

CROMWELL (lord Thomas), vicaire général du roi en matière spirituelle. Son rôle dans la spoliation des couvents anglais sous Henri VIII (1536-1547), X, 635-639. — Sa fin tragique, 640, 641.

CTÉSIPHON. Actes du concile de Ctésiphon ou de Séleucie, tenu en 410, V, 617.

CUTHÉENS. Nom donné par les Juifs aux Samaritains, I, 551.

CYPRIEN (saint). Son *Traité de l'unité de l'Église* dans lequel il traite avec détail des rapports de l'Église avec l'évêque de Rome, II, 634. — Tableau des cruautés de l'empereur Dèce contre les chrétiens, III, 588.

CYRILLE (saint) de Jérusalem, mort en 385 ou 386. Importance de ses ouvrages au point de vue du dogme catholique, III, 614, 615.

CYRILLE (saint) d'Alexandrie, évêque. Sa lettre à Nestorius, au nom du concile d'Alexandrie, III, 630. — On l'accuse d'avoir fait massacrer les Juifs d'Alexandrie et d'avoir sacrifié une femme nommée Hypathie, à sa jalousie. Réponse à ces calomnies, 630-632. — Douze points de la doctrine de Nestorius condamnés par saint Cyrille dans la lettre qu'il écrit à cet hérétique, IV, 581.

CYRILLE (saint), moine, puis évêque, né à Thessalonique ; ses missions chez les Khazares (862), en Bulgarie, en Moravie (863-864). Son voyage à Rome (867). Sa mort (8 fév. 868), V, 605.

CYRUS. Sa vie, I, 562, 563. — Origine de son nom, 564.

D

DAMASE (saint), pape de 360 à 384. S'occupe vers 370 de rehausser le caractère saint des catacombes, et de les faire décorer, III, 620.

DANEMARK. L'école de Thourout paraît avoir servi de pépinière aux missions du Danemark au IXe siècle, V, 622. — Période danoise de la guerre de trente ans (1624-1629), XI, 619-621.

DANIEL, un des quatre grands prophètes. De l'auteur du livre de Daniel, I, 557-558. — Daniel était-il eunuque ? 550. — Objections faites contre l'authenticité de la partie du livre de Daniel qui contient l'histoire de Suzanne, 558. — Les supplices usités à Babylone. Accord de Daniel et des inscriptions, 560. — Application des paroles de l'Apocalypse et de Daniel à la ruine de l'empire musulman, IV, 630, 631. — La prophétie de Daniel et le Mahométisme, XII, 635-636.

DANIEL, évêque de Parenzo, nonce pontifical, chargé par le pape Eugène IV de dissoudre le concile de Bâle (1431), IX, 619.

DARIUS LE MÈDE, I, 564. — Signification du nom de Darius, 556.

DAVIN (l'abbé). Description du *Labarum* de Constantin, III, 582. — Origine du monogramme du Christ en forme de croix, 584.

DÈCE, empereur. Cruautés de la persécution dirigée contre les Chrétiens pendant son règne, III, 588.

DÉCIMES. Décimes ecclésiastiques imposés au XIIIe siècle sur les biens du clergé de France, VIII, 632-635.

DÉCRÉTALES. On entend par *Décrétales* des lettres écrites par des papes sur des points de doctrine ou de morale. Recueils de *Décrétales* publiés : 1° au VIe siècle par Denys le Petit ; 2° au commencement du VIIe siècle par Isidore de Séville ; 3° vers 845 par Isidore Mercator ou Peccator. Ce dernier recueil contient un certain nombre de lettres que la critique a reconnues comme apocryphes ou interpolées, V, 612. — Isidore Mercator ne doit cependant pas être considéré comme un faussaire de parti pris ; et son recueil, qu'une étude superficielle a fait rejeter comme un apocryphe indigne sous le nom de *Fausses Décrétales*, sera peut-être réhabilité par une critique plus approfondie, 613, 614. — Rapports qui existent entre certains passages des *Fausses Décrétales* et le texte du Formulaire d'Ormisdas ainsi que celui de certaines lettres authentiques des papes, 613. — La doctrine d'Isidore est conforme à celle des papes, des conciles et des Pères de la primitive Église, 615, 616. — La question de savoir qui était ce compilateur des *Fausses Décrétales* n'est pas résolue. Les uns attribuent ce recueil à Riculfe, évêque de Mayence, d'autres à l'évêque Otgaire, métropolitain de Mayence en 847, d'autres enfin à Rothade, évêque de Soissons, 616. — Collection des Décrétales de Grégoire IX, VIII, 614-615. — Différentes collections de Décrétales. Décrétales qui figurent dans le *Corpus juris canonici*, 614, 615.

DÉJOCÈS, premier roi des Mèdes, vers 708 avant Jésus-Christ, I, 556.

DELPHES. Sibylle de Delphes. Degré de valeur historique des oracles sibyllins, III, 610-614.

DÉLUGE. A-t-il été partiel ou universel ? la géologie ne fournit aucune objection sérieuse contre l'histoire du déluge. Traditions des différents peuples relatives au Déluge, I, 524-526. — Les traditions de la plupart des peuples parlent d'un grand déluge qui a renouvelé le genre humain et confirment ainsi le récit de Moïse, 525. — Traditions des Babyloniens à ce sujet, 525, 526. — La géologie ne fournit aucune objection sérieuse contre l'histoire du déluge telle que nous la lisons dans la Genèse. Examen des trois hypothèses avancées par les géologues modernes, 525. — Son universalité. Exposition des différentes opinions émises à ce sujet. MM. Maupied, Glaire et le P. de Valroger soutiennent l'universalité relative du déluge. M. l'abbé Daras et M. l'abbé Lambert admettent au contraire sa généralité absolue, 524-526. — Les opinions de MM. Schœbel et F. Lenormant, qui prétendent que le déluge ne détruisit pas tous les hommes à l'exception de Noé et sa famille, sont inadmissibles, 524. — Représentations du déluge sur quelques médailles d'Apamée de Phrygie, antérieures à Constantin, III, 584.

DÉMON, DIABLE. Rôle joué par le démon dans la vie de Luther, IX, 652-654. — Conférence de Luther avec le diable, rapportée par lui-même, 660. — Possession diabolique des religieuses de Loudun. Procès de Urbain Grandier (1634), X, 694-696.

DENIS (saint), premier évêque de Paris, au

Ier siècle, II, 610, 611. — Tout porte à croire que saint Denis, apôtre de Paris, n'est autre que saint Denis l'Aréopagite; preuves en faveur de cette opinion, III, 571-574. — La mission de saint Denis dans les Gaules. C'est à tort que Rohrbacher se prononce contre l'apostolicité de la mission de saint Denis et contre l'apostolicité des églises des Gaules en général, V, 621, 622. — Ses *Œuvres*. Leur authenticité est contestable, II, 616. (Voyez aussi *Apostolicité*).

DENIS LE PETIT. Recueil de canons, publié par Denis le Petit. Les Grecs comptent tantôt 66 canons apostoliques, tantôt 85; critique de quelques-uns de ces canons, IV, 613, 614. — De l'ère chrétienne introduite par Denis le Petit. Son point de départ. Elle ne fut adoptée en France que dans le cours du VIIe siècle, 614-616. — Recueil de *Décrétales* allant de saint Sirice au pape Anastase II, publié au VIe siècle, par Denis le Petit, V, 612.

DERENBOURG (M.). Nie la croyance des Hébreux à l'immortalité de l'âme : réfutation de cette opinion, I, 543-545.

DESCARTES. Exposé des raisons alléguées pour et contre la philosophie de Descartes de la part des philosophes catholiques, XI, 617-619. — Critique de la philosophie de Descartes par Leibniz, 655. — Cahier de philosophie dicté à Descartes par son professeur Grandillon, professeur à La Flèche, 616, 617.

DÉSIRÉ (saint), évêque de Langres. Actes de son martyre, III, 627.

DEUTÉRONOME. Date de la composition de ce livre de Moïse, I, 538-539.

DIACRE (Léon), ses écrits, V, 648.

DIALECTIQUE. Querelle des *réalistes* et des *nominaux*. Ouvrages de Odon d'Orléans sur la dialectique : 1o le *Sophiste;* 2o le *Complexionum;* 3o *De l'être et de la chose*, VI, 629, 630. (Voyez aussi *Philosophie*.)

DICTATUS. Les *Dictatus* de Grégoire VII, proclamés au synode romain de 1075 : leur authenticité, VI, 624, 625.

DIDIER (saint). Lettres de Sigebert III, roi d'Austrasie, et de saint Eloi, adressées à saint Didier, IV, 648.

DIDIER, roi des Lombards. Lettre du pape Etienne III aux jeunes rois des Francs, Charles et Carloman, pour les exhorter à réunir leurs armes contre Didier, roi des Lombards, V, 599, 600.

DIEU. Exposé des idées des Egyptiens sur la divinité, II, 585, 586. — Le *Nou*, principe primordial de toutes choses, triple et un, ayant tous les attributs de Dieu, 585. — Multiplication des noms et des formes de Dieu, 585. — La création. Lutte éternelle de Dieu et des mauvais principes, 586. — *La Paix et la Trêve de Dieu*, par M. Ernest Semichon, VI, 635.

DIOCLÉTIEN, empereur. Sous son règne la fureur de la persécution contre les Chrétiens est à son comble, III, 588.

DIOGNET. Plusieurs critiques attribuent à saint Justin l'épître à Diognet : controverse à ce sujet, II, 603.

DIOSCORE. Solofaciole et le nom de Dioscore, IV, 585

DIPLOMATIQUE. Preuves de la fausseté de la pragmatique sanction attribuée à saint Louis, fournies par la diplomatique, VIII, 632-635.

DITMAR, évêque de Mersebourg, mort en 1018 ou 1019, auteur d'une Chronique pour servir à l'histoire des empereurs Henri Ier, Othon II, Othon III et Henri II, VI, 599.

DIVORCE. Le Divorce du roi Lothaire. Lettre d'Hincmar à ce sujet, V, 630.

DIXON (Hepworth). La conspiration des poudres en Angleterre (1605), XI, 653.

DOELLINGER. Le chanoine Doellinger et la secte des vieux catholiques refusent de reconnaître l'infaillibilité du pape, XII, 511.

DOMINIQUE (saint). Approbation de l'institut de Saint-Dominique au quatrième concile de Latran (1215), VII, 625. — Saint François d'Assise et saint Dominique, 632.

DOMINIQUE (Jean), dominicain et réformateur de son ordre. Nommé archevêque de Raguse et cardinal par le pape Grégoire XII, † à Pesth, le 10 juin 1419, IX, 604.

DOMITIEN, empereur. Sa persécution contre les chrétiens, III, 587.

DONATISTES, hérétiques. Ce sont ces hérétiques qui ont inventé la prétendue chute du pape saint Marcellin, III, 585-587.

DOUAI. La mystification de Douai; Tournelly en est l'auteur, XI, 637.

DOUDIN ou DAUDIN. (Jean), traducteur de la fin du XIVe siècle, IX, 599.

DRAGON. Bel et le Dragon dans le récit de Daniel, I, 562.

DRAGONNADES. Les dragonnades dans le Haut-Palatinat. Le Haut-Palatinat, successivement luthérien, calviniste, luthérien, puis encore calviniste, retourne finalement à la foi catholique sous le règne de Maximilien (1621-1629), XI, 621-623.

DROIT. La science juridique au XIIIe siècle : enseignement du droit civil et du droit canon à Bologne, VII, 610, 611. — Influence du droit canon sur le droit civil, VIII, 626-628. — *Les établissements de saint Louis*, 628.

DROITS DE L'HOMME. La déclaration des droits de l'homme en 1789, XI, 672.

DUBOIS (le cardinal). Tentative de justification du cardinal Dubois; par MM. de Seilhac et Emery, XI, 650.

DUBLIN. Fondation d'une Université à Dublin par Clément V, confirmée par Jean XXII (1311, 1320), VIII, 664-665.

DUCHESNE (l'abbé), professeur à l'Université catholique de Paris. Analyse de son travail sur les *Epîtres* de saint Clément, d'après les nouvelles découvertes, II, 604-606. — Résumé de son travail sur le *Liber pontificalis*, III, 601-605. — Tout en le critiquant sur beaucoup de points il l'appelle cependant le document le plus important pour l'histoire des papes et de la ville de Rome pendant le moyen âge, 601. — Origines, date et valeur historique de ce *Livre pontifical*, 602-604.

DURAND, évêque de Liège, (1021-1025), VI, 600.

E

EAUZE. Concile tenu à Eauze en 551, IV, 624.

EBBON. Justification de la conduite d'Hincmar de Reims dans l'affaire des clercs d'Ebbon, V, 632, 633.

ECCLÉSIASTIQUE (l'). Composé entre 190 et 180 avant Jésus-Christ, II, 589.

ECLIPSES. Les Hébreux les considéraient comme des effets de la colère de Dieu, I, 520.

Ecoles. Les écoles en Irlande, IV, 606-608. — Célébrité des écoles d'Armagh, de Clonard, de Ross en Carbry, etc, 607. — Capitulaires de Charlemagne relatifs aux écoles et à l'instruction du clergé et du peuple, V, 605, 606. — Etat des écoles à cette époque, 606. — Ecole du palais de Charlemagne. Savants sortis de cette école à ajouter à la liste de Rohrbacher, 608. — Prospérité des écoles du monastère de Fulde sous la direction de Raban-Maur, 617, 618. — Sous le rapport des lettres, le règne de Louis le Débonnaire fut presque aussi brillant que celui de Charlemagne. Capitulaire de 823, relatif aux écoles. Actes des conciles de Paris en 824 et 829. Ordonnance de Lothaire, 618. — Les écoles sous le règne de Charles le Chauve. Canons des conciles de cette époque relatifs à l'enseignement; concile de Ver (844), de Quiercy-sur-Oise (858), de Savonnières (859), de Langres (859), 624. — Ecoles de Stavelo et de Saint-Gall sous la direction de Notker, 636. — Ecoles du monastère de Gembloux au commencement du xiᵉ siècle, 638. — Les écoles monastiques et épiscopales des ixᵉ et xᵉ siècles, 642-647. — Célébrité des écoles de Liège au xiᵉ siècle. Hommes illustres de cette époque qui en sont sortis : Durand, Notker, Wason, évêques de Liège; Hubald, chanoine; Adelman, évêque de Bresse et Francon de Cologne, VI, 600. — Organisation des écoles monacales du viiiᵉ au xiᵉ siècle. Des fonctions d'écolâtre, 602. — Prospérité des écoles d'Irlande au xiᵉ siècle et pendant la première moitié du xiiᵉ, 619, 620. — Célébrité des écoles de Tournai à la fin du xiᵉ siècle, sous la direction d'Odon d'Orléans, plus tard évêque de Cambrai, 630. — Enseignement des lettres et des sciences à Cluny, du xᵉ au xiiᵉ siècle, 632, 633. — Ecoles de l'abbaye de Cluny aux xiᵉ et xiiᵉ siècles, 633. — Sollicitude de l'Eglise et des conciles en faveur de l'instruction des enfants pauvres, VII, 590, 591. — Ecoles de droit civil et droit canon à Bologne au xiiiᵉ siècle, 610, 611. — Ecoles des Hiéronymites ou Frères de la vie commune dans les Pays-Bas au xvᵉ siècle; à Bois-le-Duc, Liège, Gand, Louvain, Grammont, Malines, Bruxelles, Cambrai. Noms des professeurs de ces écoles dont les noms nous sont parvenus, VIII, 670. — Voyez aussi *Instruction publique.*

Ecosse. Rétablissement de la hiérarchie ecclésiastique en Ecosse, XII, 516.

Ecriture. De l'écriture au temps de Moïse : réponse à M. Kuenen, I, 536. — Les peuples primitifs la considèrent comme un présent des dieux, II, 587, 588. — L'écriture phénicienne et hébraïque ancienne, fondée sur l'alphabétisme, a pris son origine en Egypte dans la tachygraphie appelée hiératique, 588. — Antériorité de l'hébreu phénicien sur l'hébreu carré, *ibid.*

Ecriture sainte. Pourquoi l'Eglise a-t-elle approuvé les livres deutéro-canoniques? II, 586. — Des trois livres des Machabées, 588, 589. — L'Ecclésiastique, 589. — De la traduction des livres saints faite sur le Septante pour l'Ancien Testament et connue sous le nom de *Version italique,* 633. — Melchior Cano et les travaux dogmatiques et exégétiques au xviᵉ siècle, X, 642, 643. — Il n'existe aucun désaccord entre l'inspiration divine des Saintes Ecritures et la science, 684. (Voyez aussi *Bible, Testament.*)

Eckhart, prieur des dominicains de Francfort, fondateur de la mystique spéculative allemande. Son influence, ses disciples : Jean Tauler et Henri Suso, VIII, 669. — Condamnation de ses doctrines, en 1329, 669, 670.

Ecrouelles. Il est constant qu'à partir de Charles III tout au moins les rois de France ont touché, après leur sacre, les malades affectés de scrofules, IV, 590, 591. — De nombreuses guérisons ont été obtenues par ce moyen, 591. — La raison la plus vraisemblable du pouvoir des rois de France serait la concession faite à Clovis par saint Remi, et confirmée par saint Marcoul à Childebert et à ses successeurs, 592. — Les Anglais ont essayé, mais en vain, de revendiquer pour leurs rois un privilège semblable à celui des monarques français, 592.

Eden biblique, ou paradis terrestre. Hypothèse soutenue par M. F. Lenormant, sur la situation de cet éden, I, 520.

Edmond (saint), archevêque de Cantorbéry. (xiiiᵉ siècle). Concile tenu sous sa présidence, en 1236, à Cantorbéry. Canons relatifs à la discipline ecclésiastique, VII, 635.

Edouard (saint). Miracle opéré sur son tombeau en 1076, VI, 622.

Edouard II. Dilapidations sous son règne ; prêt consenti par le pape Clément V à Edouard, en vue d'une croisade, VIII, 660-662.

Education. Les Jésuites et l'éducation : collèges fondés en Allemagne par les Jésuites, X, 651. (Voyez *Ecoles, Instruction*).

Egbert. Le *Pénitentiel* d'Egbert publié par Wilkins et par Mansi. Autre pénitentiel conservé dans un manuscrit du Vatican, V, 589, 590.

Eglise. But poursuivi par le pape saint Grégoire VII : établissement du règne de Dieu sur la terre dans ses deux formes visibles, l'Etat chrétien et l'Eglise chrétienne, VI, 626, 627. — Règlement proposé au concile de Trente, sur les limites des deux puissances temporelle et spirituelle : réclamations auxquelles il donne lieu, X, 651-653. — Spoliation des couvents anglais par Henri VIII, (1536); résultats de cette spoliation, 634-639. — Le concile de Trente et les libertés de l'Eglise gallicane, 651-654. — Le cardinal Balue et la pragmatique sanction de Bourges, sous Louis XI, IX, 640. — Triste état de l'Eglise chez les Grecs avant la rupture définitive avec Rome, VI, 605. — Tentatives de réunion de l'Eglise grecque à l'Eglise romaine, VII, 592. — La suprématie du pape dans l'Eglise grecque, XI, 656. — La fréquentation des églises, recommandée aux fidèles par le concile de Nicée, III, 592, 593. — Du droit d'asile accordé aux églises, aux cimetières et autres lieux saints, pendant le moyen âge : canons de conciles et autres actes relatifs à cette franchise. Législation canonique du droit d'asile fixée par les papes Grégoire XIV et Benoît XIII, VI, 614-617.

Egypte. Origine de ce nom, I, 562. — La religion des Egyptiens, 562. — Séjour des Hébreux en Egypte; leur sortie, 534, 535. — Raison du silence des monuments égyptiens, relativement à l'Exode, son époque, 534. — Mode d'exécution des travaux publics, 535. — Rapprochements frappants entre le cérémonial du culte lévitique et le cérémonial du culte égyptien. Moïse a spiritualisé les cérémonies par lesquelles l'Egypte honorait ses dieux, 539, 540. — Exposé des idées des Egyptiens sur la divinité d'après M. Maspero : le *Nou,* principe primordial de toutes choses, II, 585. — Dieu triple et un, ayant tous les attributs de Dieu, *ibid.* — Multiplication des noms et des formes de la divinité, 585. — La création. Lutte éternelle de Dieu et des mauvais principes, 586.

Election. Election des évêques dans les églises de la Gaule au viᵉ siècle, IV, 601.

Eléonore, reine de Sardaigne (1382-1402). Sa lutte contre les Espagnols, VIII, 610.

Elisabeth d'Angleterre. Son favori Robert

Dudley, comte de Leicester, X, 671, 672. — Le procès de Marie Stuart et l'établissement de l'Église anglicane, 672.

ELME. Concile tenu à Elme, pays de Tuluges en 1059 : décision prise au sujet du droit d'asile accordé aux églises et autres lieux saints, VI, 615.

ELOI (saint). *Vie de saint Eloi* par saint Ouen, son ami. Ecrits attribués à saint Eloi. Citations extraites d'un discours ou exhortation à un jeune roi que l'on suppose être Clovis II, IV, 648, 649.

EMERY (Jacques-André), supérieur des prêtres de Saint-Sulpice, mort en 1811, XI, 614.

EMMAUS, pays d'origine de Jules Africain, II, 623.

EMPIRE. Querelle entre la papauté et l'Empire. — Mission de Hildebrand auprès de l'empereur Henri III, à la mort du pape saint Léon IX (1054), VI, 607, 608. — Publications récentes sur la querelle du sacerdoce et de l'empire, 625. — Traité du chanoine d'Osnabruck Jourdain : *De Prærogativa Romani imperii*, composé dès les premières années du règne de Rodolphe de Habsbourg, 630.

ENCYCLOPÉDIES. Le *Speculum majus* de Vincent de Beauvais, VIII, 622, 623.

ENSEIGNEMENTS DE SAINT LOUIS. Leur authenticité, VIII, 635.

ENERVÉS DE JUMIÈGES. La légende des énervés de Jumièges à deux sources : 1° les actes de sainte Bathilde, fort discutables; 2° le *Miracle de Nostre-Dame et de sainte Bautheuch*. L'histoire dit au contraire que Clovis n'eut pas d'autre fils que ses trois successeurs : Clotaire, Childéric et Thierry, IV, 649.

ÉPAONE. Rohrbacher dit que la ville d'Epaone, où se tint un concile convoqué par saint Avit de Vienne et saint Viventiole de Lyon, se nomme aujourd'hui Yenne, au diocèse de Belley, IV, 600. — Le concile d'Epaone et le célibat des prêtres, *ibid.* — Concile en 517 : canons contre les Juifs, 651.

EPHÈSE. Concile d'Ephèse en 431. Actes de ce concile. Condamnation de l'hérétique Nestorius, III, 630.

ÉPHREM (saint), diacre de l'église d'Edesse, mort en 378. Sa vie, ses ouvrages. Louanges qu'il prodigue à la sainte Vierge, III, 607, 608.

EPIGRAPHIE. Inscriptions des catacombes de Rome. Renseignements qu'elles fournissent relativement au dogme et à la hiérarchie catholique, II, 626-628. — Les deux inscriptions qui célèbrent l'anéantissement du christianisme en Espagne par Néron et par Dioclétien sont aujourd'hui considérées comme apocryphes par les juges les plus compétents, III, 580. — C'est à Alcuin et à son siècle que remontent les premières recherches sur les inscriptions chrétiennes. Plusieurs recueils d'inscriptions datent de cette époque, V, 607. — Recueils d'inscriptions chrétiennes entrepris aux XIVe et XVe siècles, IX, 634. — Les catacombes au XVIe siècle et l'apologétique chrétienne : principaux recueils d'inscriptions publiés; citation de quelques-unes de ces inscriptions, X, 664-666.

EPIPHANE (saint), père de l'Eglise grecque, né en 320, mort en 403. Rend témoignage dans son ouvrage sur les hérésies, composé en 376, à l'antiquité de la discipline de l'Eglise touchant la continence des clercs, IV, 654. — Renseignements qu'il nous fournit sur Aquila, nommé par l'empereur Adrien surintendant de la reconstruction de Jérusalem, II, 618.

EPITRES. Epître aux Romains de saint Paul. L'interversion qui existe dans l'ordre de certains manuscrits ne saurait ébranler l'authenticité de cette admirable épître, II, 600. — L'épître à Diognet attribuée à saint Justin. Controverse à ce sujet, 603. — Les *Epîtres* de saint Clément d'après les nouvelles découvertes : analyse d'un travail de M. l'abbé Duchesne à ce sujet, 604, 606.

ERASME. Ouvrages à consulter sur la vie d'Erasme, X, 642.

ERES. L'année de l'incarnation de Notre-Seigneur et les ères, IV, 614-616. — Discussion des dates de la naissance, du baptême et de la mort du Christ d'après saint Luc, 614, 615. — Différents points de départ de l'ère chrétienne, 615.

ÉRIC XIV, roi de Suède, X, 631-632.

ERMENGARDE, fille de l'empereur Louis II, épouse de Boson, roi de Provence (879-887), V, 634-635.

ERUDITION. Travaux d'érudition en France au XVIIe siècle. Les grandes collections bénédictines, XI, 631-635.

ÉRYTHRÉE. Sibylle d'Erythrée. Degré de valeur historique des oracles sibyllins, III, 610-614.

ESDRAS. Le quatrième livre d'Esdras, d'après les plus récents travaux, II, 607, 608.

ESPAGNE. Les deux inscriptions qui célèbrent l'anéantissement du christianisme en Espagne, par Néron et par Dioclétien, sont aujourd'hui considérées comme apocryphes, III, 580. — Saint Hilaire et les évêques d'Espagne, IV, 583. — Le sous-diacre Trajan envoyé en Espagne par le pape saint Hilaire avec une mission spéciale, mais non avec une délégation quelconque de l'autorité pontificale, *ibid.* — De l'influence et du rôle des Juifs en Espagne du IVe au IXe siècle. Ils ouvrent les portes des villes d'Espagne aux Musulmans à la fin du VIIe siècle. Lois et canons de conciles dirigés contre eux, 651-653. — Les évêques d'Espagne décident d'ajouter au symbole des apôtres le mot *Filioque* pour marquer leur croyance à la procession du Saint-Esprit, tant du Père que du Fils, V, 617. — Les Juifs en Espagne aux XIe et XIIe siècles. Le roi Ferdinand les persécute; le roi Alphonse VI leur donne au contraire des charges, VI, 620. — En Espagne, comme en Sicile, après l'expulsion des Musulmans, l'épiscopat se reconstitua dans les rangs du clergé français, 639. — Courage avec lequel l'épiscopat espagnol soutint le pape Grégoire IX dans sa lutte contre l'empereur Frédéric II (1239); synode de Terragone, VIII, 614. — Politique catholique de Philippe II, X, 688-690. — Expulsion des Jésuites de l'Espagne, XI, 668, 669. — Succession de plusieurs gouvernements en Espagne au XIXe siècle, incomplète réparation des maux faits à l'Eglise, XII, 515.

ESSÉNIENS (Les). Société de moines en Palestine, II, 613.

ESTHER (le livre d'). Son authenticité. Détails historiques qu'il contient, I, 565.

ETATS GÉNÉRAUX. Assemblée des Etats généraux le 10 avril 1302, dans l'église Notre-Dame de Paris, VIII, 648-650.

ETHIOPIE. Histoire de Tharaca, roi d'Ethiopie, mort en 666 avant J.-C., I, 552. — Union de l'Ethiopie avec l'Eglise romaine, sous le pape Léon X (XVIe siècle), IX, 649. — Travaux de Jacques Wemmers sur la langue éthiopienne, *ibid.*

ETIENNE (saint), roi de Hongrie (Xe siècle), V, 636.

ETIENNE Ier. Quelques auteurs ne reconnaissent pas comme pape Etienne, successeur de Zacharie († en 752), parce qu'il mourut trois ou quatre jours après son élection sans avoir été sacré. Cependant la validité de son élection n'étant contestée par personne, il semble qu'il doive être compté au nombre des papes, VI, 608.

ETIENNE II, pape de 752 à 757. Voyage du pape Etienne II en France (753-754), V, 596. — Sacre

du roi Pépin et de ses fils, dans la basilique de Saint-Denis par le pape Etienne II, 592. — Titre de patrice accordé par Etienne II à Pépin le Bref et à ses deux fils, Charles et Carloman, 597, 598.

ETIENNE III, pape de 768 à 772. Sa lettre aux rois Charles et Carloman pour les exhorter à réunir leurs armes contre Didier, roi des Lombards, V, 599, 600.

ETIENNE V, pape de 885 à 891. Conduite de ce pape à l'égard des Slaves, V, 635.

ETIENNE VI, pape de 896 à 897. A propos de la réordination par ce pape des prêtres ordonnés par Formose, V, 635. — Il occupa la chaire de saint Pierre pendant sept mois et vingt jours. Résumé des actes de ce court pontificat, VI, 609. — Présents envoyés par lui à l'abbaye du Mont-Cassin et à Saint-Lambert de Liège, ibid.

ETIENNE IX, pape en 1057, fils de Gozelon, duc de Lorraine et de Junca, fille de Bérenger II, dernier roi d'Italie, VI, 608. — Ses efforts pour la réforme du clergé, 608, 609. — Epitaphe du pape Etienne IX, telle qu'on la voyait autrefois dans l'appartement de Christine de Lorraine, grande duchesse de Toscane, 609. — Etienne IX est peut-être le premier pape qui ait défendu les droits et les libertés de l'Eglise romaine, en entrant ouvertement en lutte avec l'empire au sujet des investitures, 610.

EUCHARISTIE. Croyance à l'Eucharistie d'après les peintures des catacombes, II, 626. — Conseils du concile de Nicée sur la réception de l'Eucharistie, III, 593. — Le dogme eucharistique, établi par les œuvres de Saint-Cyrille de Jérusalem, au IVe siècle, 614, 615. — De la croyance au dogme de l'Eucharistie dans les églises de Syrie. Importance des écrits de saint Maruthas à ce sujet, 626, 627. — Hérésie de Bérenger, archidiacre de Tours, sur l'Eucharistie, VI, 604, 605. — Condamnations de l'hérésie de Bérenger prononcées par les conciles de la seconde moitié du XIe siècle, 607. — Différentes interprétations des paroles sacramentelles de la Cène, données par les protestants, IX, 662. — La perpétuité de la Foi de l'Eglise catholique touchant l'Eucharistie par Nicole, XI, 610.

EUCHER (saint), évêque de Lyon, mort vers 450. Auteur des Actes du martyre de la légion thébaine, III, 570.

EUDES (le P.), fondateur de la congrégation des Eudistes, vers 1660, X, 667. — La cause de la béatification du P. Eudes introduite à Rome. Ouvrages à consulter sur sa vie, XI, 637.

EUPHÉMIUS, patriarche de Constantinople, IV, 587.

EUGÈNE II, pape (1145-1153), VI, 646.

EUGÈNE IV, pape (1431-1447). Ouverture du concile de Bâle en 1431, IX, 618. — Bulle de dissolution de ce concile, le 14 décembre 1431, 619. — Sentence de déposition prononcée contre ce pape par le concile schismatique de Bâle (25 juin 1439), 629, 630. — Les arts pendant son pontificat : restaurations entreprises, 633-634.

EUSÈBE, évêque de Constantinople, mort en 342. Son recueil des actes des martyrs, III, 578, 579. — Vie de Constantin par Eusèbe. Description du Labarum, 582. — Description d'une peinture représentant l'empereur Constantin, 585. — Exemplaires de la Bible écrits à Alexandrie par les soins d'Eusèbe, 598. — Il assiste à la dédicace de l'église du Saint-Sépulcre à Jérusalem, le 13 septembre 335, 599. — Contrairement au récit d'Eusèbe, convaincu d'arianisme, on peut admettre que le baptême de Constantin eût lieu à Rome vers 324, et non à Nicomédie quelque temps seulement avant la mort de l'empereur, 599, 600.

EUTYCHÈS, hérétique. Il ne reconnaît qu'une nature dans le Sauveur. Sa condamnation en 448. C'est à tort que M. Amédée Thierry, dans son histoire de l'eutychianisme, affirme que les ouvrages de saint Cyrille se prêtaient aux erreurs eutychiennes, IV, 581. — Cette hérésie s'est malheureusement perpétuée en Palestine jusqu'à nos jours, 582. — Confusion involontaire par saint Avit de Vienne de l'hérésie d'Eutychès, avec celle de Nestorius, 597.

EVANGILES. Caractère et origine des Evangiles. Les Evangiles ont été écrits pour répondre aux attaques dirigées contre la religion chrétienne, II, 596-597. — Réfutation des opinions de M. Renan, 597-598. — Papias, dans ses écrits, ne parle pas de l'Evangile selon saint Jean, quelques-uns ont soutenu que cet Evangile n'existait pas du temps de Papias, réfutation de cette opinion, 617.

EVÊQUES. Dans les premiers siècles le titre de pape est souvent décerné à des évêques, quelquefois même à des prêtres, III, 575. — Hiérarchie épiscopale établie en Angleterre et en Irlande dès le IVe siècle, 628, 629. — Coutume observée dans les églises de la Gaule pour l'élection des évêques, IV, 601. — Grégoire VII voulait, non seulement écarter l'influence temporelle dans l'élection des évêques mais encore acquérir aux papes un droit absolu de nomination, VI, 623, 624. — Du droit des évêques dans la canonisation des saints au moyen âge, VII, 597. — L'épiscopat et le clergé au XIIe siècle, 605-606. — Les conflits de juridiction au XIIIe et au XIVe siècle, VIII, 620-622.

EWALD (dr), philosophe allemand, professeur à Gœttingue. Son Histoire du peuple d'Israël, XII, 540-542. — Réfutation de son opinion sur l'authenticité du Pentateuque, I, 537-540.

EXCOMMUNICATION. Effets de l'excommunication prononcée contre les Albigeois, VII, 610. — De l'excommunication et de la mise au ban de l'empire : constitution de l'empereur Frédéric II y relative, VII, 632, 633.

EXODE. Raison du silence des monuments égyptiens relativement à l'Exode : son époque, I, 534.

EZÉCHIAS secouru par Tharaca, roi d'Ethiopie, I, 552. — Sa lutte contre Sennachérib, 554-555.

EZÉCHIEL. Les chérubins d'Ezéchiel et les récentes découvertes assyriologiques, I, 559-560.

F

FACHMAN (saint), fondateur d'une école à Ross en Carbry, en Irlande, IV, 607.

FAILLON (l'abbé), prêtre de Saint-Sulpice; a publié le premier une Vie de sainte Madeleine et de sainte Marthe de Raban Maur; analyse critique de cet ouvrage, V, 623, 624.

FAMILLE. Constitution de la famille romaine; on retrouve tous les caractères de cette constitution dans les ordres religieux, VI, 640-642.

FARON. Saint Faron et la tonsure monastique, IV, 645.

FAUSTE, abbé de Lérins, puis évêque de Riez, accusé à tort de pélagianisme, IV, 601.

FÉLICITÉ (sainte) et ses fils, martyrs. Authen.

ticité des actes de leur martyre prouvée par les documents contemporains, III, 587.

Félix III (saint), pape élu en 483, IV, 585. — Ses lettres à Flavita, élu patriarche de Constantinople par supercherie, 586.

Félix V (Amédée de Savoie), anti-pape, élu en 1439. Son rôle au concile de Bâle, IX, 626 et suiv. — Son abdication (1449), 627.

Félix (Minutius). Analyse critique de son *Octavius*, II, 619.

Femmes. Dépendance de la femme à l'égard de l'homme, établie par un texte de l'Ecriture sainte, I, 521. — Recommandations adressées particulièrement aux femmes sur la modestie dans les parures, par le concile de Nicée, III, 592, 593.

Féodalité. Le système féodal dans le midi de la France, VII, 635-637.

Fénelon. Sa controverse avec Bossuet, XI, 643, 644. — Ses rapports avec Mme Guyon : origine du quiétisme, 644, 645. — Ouvrages à consulter sur la vie de Fénelon, 645.

Ferrare. Le concile de Ferrare et le schisme au concile de Bâle (1436-1439), IX, 628-630.

Ferréol (saint) et saint Ferjeux, premiers apôtres de Besançon, III, 574.

Ferreri (Zacharie). Hymnaire composé par ce poète sous le pape Léon X, pour être substitué aux anciennes hymnes, III, 624.

Ficin de Florence (Marsile), helléniste, (1433-1499), IX, 642.

Filastre de Saint-Marc d'Ailly (Guillaume), cardinal français du xve siècle. Son mémoire contre le pape Jean XXIII, déposé par le concile de Constance, le 14 mai 1415, IX, 610, 611.

Finian (saint), fondateur de l'école de Clonard, en Irlande, vers 530, IV, 606.

Firmin (saint). La date de la prédication de saint Firmin à Amiens se trouve liée à la date de prédication de saint Saturnin à Toulouse, et se place soit à la fin du Ier siècle, soit au milieu du IIIe, III, 574, 575.

Flavia, illustre famille romaine, convertie au christianisme dès le Ier siècle de notre ère, II, 612.

Flavita, patriarche de Constantinople. Supercherie employée par lui pour se faire élire : son élection du reste ne fut pas confirmée, IV, 586. — Lettre de saint Félix à Flavita, 586.

Flavius Clemens, consul en 95, converti au christianisme, II, 612.

Fléchier, évêque de Nîmes, né en 1632, mort en 1710. Ses ouvrages, XI, 646.

Fleury (Claude), 1640-1724, auteur d'une *Histoire de l'Eglise*. Ses œuvres inédites. Malgré ses opinions gallicanes, il se montra fort opposé au jansénisme, XI, 610-611. — Condamnation de son système dans l'affaire de Photius, V, 632.

Fleury (le cardinal de), d'abord évêque de Fréjus, né en 1653, mort en 1743, XI, 662, 663.

Fleury-sur-Loire. Introduction de la réforme de Cluny dans ce monastère, VI, 631.

Florence. Grégoire XI et la révolte des Florentins, IX, 594. — Concile vers 143. Sources d'informations sur ce concile, 628. — Concile de 1438-1439. Union de l'Eglise grecque et de l'Eglise latine proclamée le 6 juillet 1439, 630-632. — Rupture de l'union conclue au concile de Florence entre l'Eglise grecque et l'Eglise latine (1443), 638. — Décret du concile de Florence sur la primauté des papes (1439), 633.

Florus, prêtre de Lyon. Quelques-uns de ses écrits ont été retrouvés récemment : 1o lettre à Hildrade sur la correction du Psautier ; 2o lettre à l'impératrice Judith, mère de Charles le Chauve, V, 620.

Floss (le dr), professeur à Bonn. Discussion sur la valeur et l'authenticité d'une prétendue bulle de l'antipape Léon VIII, relative aux investitures, V, 639-641.

Foires. Droit d'asile accordé à certaines foires au xie siècle, VI, 615.

Fontanier (Jean), juif. Son supplice sous Louis XIII, X, 661.

Formose. Conduite du pape Étienne VI, à l'égard des prêtres ordonnés par Formose, V, 635.

Formules. Des recueils de formules des périodes mérovingienne et carlovingienne, et des lettres formées, V, 619, 620,

Fortunat (Venance), poète de la fin du vie siècle. Il entre dans les ordres sacrés seulement après la mort de sainte Radegonde, vers 587, IV, 629. — Notice sur quelques-uns de ses écrits. C'est à tort que certains critiques lui reprochent son incontinence, 628. — Différentes éditions de ses œuvres, 628, 629.

Foulechat (Denis). Son frère traduisit du latin en français le Policratique de Jean de Salisbury, IX, 599.

France, Francs. Rois des Francs du temps de Clovis : Ragnacaire et Chararic, IV, 588. — Partage du royaume des Francs entre les fils de Clovis : Théoderic, Clodomir, Childebert et Clotaire, en 511, 607-610. — Points de contact et différences entre ce partage et celui de 561, 608. — Du sacre des rois de France. Du miracle de la sainte Ampoule et du toucher des écrouelles, 589-592. — De la consultation du pape Zacharie au sujet du changement de dynastie qui transféra la couronne des Mérovingiens aux Carlovingiens, V, 591-595. — D'après l'abbé Mury et l'abbé Chaillot, cette consultation n'est qu'une imposture imaginée par les Carlovingiens pour consolider leur dynastie, 591, 592. — Documents historiques dont il est cependant difficile d'infirmer la valeur, 592, 593. — La réforme en France. Condamnation par la faculté de théologie de Paris, de l'hérésie (1542), IX, 660-662. — Remontrances adressées à Henri III et à ses successeurs pour la publication en France des décrets du concile de Trente, X, 653-654. — Adoption en France des livres liturgiques, publiés par le pape Pie V, 658-659. — Les Juifs en France, 662. — La sainteté en France à partir du xviie siècle : saint Vincent de Paul, saint François-Régis, etc., 666-668. — Consécration de la France à la sainte Vierge, par le vœu de Louis XIII, 10 février 1638, 694. — Période française de la guerre de Trente ans (1635-1648), XI, 619-621. — L'assemblée du clergé de 1682, 639-641. — Choiseul et l'expulsion des Jésuites, 668, 669. — L'enseignement primaire avant la Révolution. Le clergé de France en 1789, 671. — Au début, la Révolution ne parut pas antireligieuse, 671-672. — L'Assemblée constituante de 1789 et la Révolution française, 672. — La constitution civile du clergé en 1790, 672, 673. — Guerre entre la France et la Prusse en 1870. Défaite de toutes les armées françaises ; siège et capitulation de Paris (1870-1871), XII, 499. — La tyrannie révolutionnaire en France, 500. — Caractère des élections à l'Assemblée nationale. Gouvernement de M. Thiers. Traités de Versailles et de Francfort. La Commune, 500-510. — Déchéance de la dynastie napoléonienne ; cause des malheurs de la France, 502. — Lutte des partis en France, le maréchal Mac-Mahon et le *septennat*, constitution de 1875, le ministère du 16 mai et les élections du 14 octobre 1877, 518. — Lois religieuses votées par l'Assemblée nationale, liberté de l'enseignement supérieur, 520. — Incidents relatifs à la question romaine, 521.

— Le radicalisme à la Chambre des députés et à la commission du budget, « *le cléricalisme, voilà l'ennemi* », 521. — Le sensualisme dans les mœurs et dans la littérature, le positivisme dans les sciences; le scepticisme en critique, faiblesse du spiritualisme universitaire; le synode protestant de 1872, 521. — Unité et vitalité du catholicisme en France, œuvres de prière, d'expiation et de régénération; l'enseignement supérieur catholique, 522. — Le mouvement catholique en France au commencement du xixe siècle, 538-540.

Franche-Comté. *Vie des saints de Franche-Comté*, par les professeurs du collège de Saint-François-Xavier, IV, 645.

Francfort. Synode tenu dans cette ville sous Charlemagne (794). Condamnation de l'adoptianisme, V, 601, 602. — Il rejette la doctrine du deuxième concile œcuménique de Nicée sur les images, 602. — Diète de Francfort convoquée pour le 15 avril 1442, IX, 626.

François Ier, roi de France. Remontrances adressées, en 1523, par François Ier au pape Adrien VI énumérant les titres de la France à la bienveillance de la cour de Rome, X, 625, 671, 672. — Lettre à sa mère, Louise de Savoie, pour lui annoncer le désastre de Pavie, 625. — Ordonnance de 1529, contre la franchise des églises, VI, 616. — Trève de Nice (1538), conclue avec l'empereur Charles-Quint par l'entremise du pape Paul III, 639. — Négociations relatives au mariage projeté entre Marie Tudor et le duc d'Orléans, second fils de François Ier, 641. — Lettre de Henri II au Parlement sur la mort de son père François Ier (1547), 647-649.

François duc d'Alençon et d'Anjou, frère de Henri III, † en 1583. Apanage constitué à ce prince, X, 680.

François d'Assise (saint). Approbation de son institut au quatrième concile de Latran, (1215), VII, 625. — Saint François d'Assise et saint Dominique, 632.

Françoise Romaine (sainte), fondatrice des Oblats de la sainte Vierge, morte en 1440, IX, 634.

Francon de Cologne, d'abord écolâtre à Liège, (1066-1088), VI, 600.

Franc-Maçonnerie. La franc-maçonnerie à Rome, XII, 497. — Complots de l'Internationale, établissement de la Commune de Paris (18 mars 1871), 502. — Manifestation de la franc-maçonnerie en faveur de la Commune, 508. — L'Internationale, la franc-maçonnerie et la situation de l'Europe après la chute de la Commune, 510. — La franc-maçonnerie dans le Nouveau-Monde, 516.

Frédéric Ier Barberousse. Ses démêlés avec le pape, suite de la lutte du sacerdoce et de l'empire; lettres supposées, VII, 592-595. — Frédéric Barberousse et le schisme qui suivit l'élection du pape Alexandre III, de 1159 à 1177, 594, 595. — Troisième croisade. La lettre de Frédéric Barberousse à Saladin et la réponse de celui-ci sont aujourd'hui regardées comme apocryphes, 610.

Frédéric II, empereur d'Allemagne de 1211 à 1250. Châtiments corporels infligés aux hérétiques par cet empereur, VII, 631. — Constitution de Frédéric II relative à l'excommunication, 632, 633. — La croisade de Frédéric II, en 1239, VII, 632, VIII, 607, 608. — Sa politique, 612. — Son excommunication par le pape Grégoire IX, en 1239, 613. — Portrait de Frédéric II, sous le rapport moral et religieux, 613. — Ses impiétés, 612-614. — Joie de l'empereur à la nouvelle de la mort de Grégoire IX; élections d'Innocent IV, 615, 616. — Copie des privilèges accordés à l'Eglise romaine par les empereurs, vidimée au concile de Lyon en 1245. — Excommunication prononcée contre Frédéric II, par le concile de Lyon en 1245, 619. — Son chancelier Pierre des Vignes, 619-620. — Ses efforts pour ruiner la juridiction ecclésiastique au profit du pouvoir temporel, 620-622. — Sa mort: son tombeau dans la cathédrale de Palerme, 622.

Frédéric III, empereur d'Allemagne de 1440 à 1493. Son rôle au concile de Bâle (1442-1449), IX, 626-628.

Freppel (Mgr). Sa classification du gnosticisme, II, 618.

Fructueux (saint). Notice sur les règles monastiques composées par saint Fructueux, IV, 648.

Fruland, moine de l'abbaye de Murbachen en Alsace, auteur d'une *Vie de saint Léger*, IV, 650.

Fulcran (saint), évêque de Lodève (fin du xe siècle), son testament, V, 652.

Fulde. Prospérité des écoles du monastère de Fulde sous la direction de Raban Maur, V, 617, 618.

Fulrad, abbé de Saint-Denis, envoyé à Rome près du pape Zacharie pour le consulter au sujet du changement de la dynastie royale de France, en 752, V, 592, 593.

Furness, grand monastère du nord de l'Angleterre. Sa suppression sous le règne de Henri VIII, X, 636.

G

Galèbe, empereur. Sous son règne la fureur de la persécution contre les chrétiens est à son comble, III, 589.

Galilée. Publication des pièces du procès de Galilée, X, 682-683. — Opinions nouvelles qui se font jour en astronomie au xve siècle. Découvertes astronomiques de Galilée, en 1610, 683. — Sa lettre au P. Castelli (1613), 683, 684. — Censure prononcée contre cette lettre par le Saint-Office, (1616), 685. — Sa condamnation en 1633; sa peine est commuée : il meurt aveugle en 1642, X, 686.

Gallia christiana. Nouvelle édition, par dom Piolin, XI, 635.

Gallicanisme. Fausseté de la pragmatique sanction attribuée à saint Louis, VIII, 632-635. — Richer, syndic de la faculté de théologie de Paris † en 1631, le restaurateur du gallicanisme au xviie siècle, XI, 609-610. — Enumération des libertés de l'Eglise gallicane; principaux partisans du gallicanisme, 638-639. — L'assemblée de 1682, 639-641.

Gambetta (Léon). Le gouvernement de la Défense nationale, XII, 500-502.

Ganganelli (le cardinal), élu pape sous le nom de Clément XIV. (Voir ce nom).

Gargan (Mont) en Apulie, au fond du golfe de Manfredonia. Apparition de saint Michel au ve siècle, IV, 587.

Gaston Phœbus, comte de Foix. Son expédition en Lithuanie en 1357 avec le captal de Buch, VIII, 672.

Gaules. Introduction du christianisme dans les Gaules. L'école critique fait remonter cet établissement au iiie siècle seulement; l'école traditionnelle au ier siècle. Il paraît incontestable aujour-

d'hui qu'il y eut une première mission en Gaule du temps des apôtres, II, 608-610. — Caractère de la réforme liturgique accomplie en France sous Pépin et Charlemagne, V, 609-612.

GAUTIER (Léon). *Œuvres poétiques d'Adam de Saint-Victor*, VI, 642, 643.

GAZA. Défaite des croisés aux portes de Gaza, (13 nov. 1239), VIII, 607, 608.

GEBHARD, évêque d'Eischstadt, élu pape en 1054, sous le nom de Victor II. Son caractère, VI, 608.

GEBHARD, évêque de Constance, légat du pape, (commt du xiie siècle), VI, 638.

GEILER DE KAYSERBERG (Jean) prédicateur de la cathédrale de Strasbourg au xvie siècle, †le 12 mars 1510, IX, 650. — Les protestants le revendiquent à tort comme un de leurs précurseurs, 650, 651.

GELASE (saint), pape de 492 à 496. Lettre relative à la condamnation d'Acace, écrite avant son élévation sur le saint Siège, IV, 586.

GÉLASE DE CYZIQUE, historien du concile de Nicée, III, 590. — Importance des actes de ce concile, 590, 591.

GEMBLOUX, monastère fondé en 922 par Guibert. Réformation de la discipline dans ce monastère par l'abbé Olbert de Lobbes mort en 1048.—Ecoles de Gembloux, V, 638. — Célébrité de ce monastère au xie siècle. Olbert, abbé de Gembloux, mort en 1048, Sigebert, moine de Gembloux, mort en 1112, VI, 602, 603.

GÉMISTIUS PLÉTHON (Georges), helléniste du xve siècle, IX, 642.

GÊNES. Prétentions rivales des Pisans, des Génois et des Espagnols sur la Sardaigne aux xiiie et xive siècles, VIII, 608-610.

GENÈVE. Calvin et la morale à Genève, X, 641, 642.

GENEVIÈVE (sainte). Médaille donnée à cette sainte par saint Germain, évêque d'Auxerre, IV, 588.

GENINGUE, prêtre du séminaire de Reims, missionnaire en Angleterre. Son martyre le 10 novembre 1591, X, 675.

GEOFFROY, moine de Tyron, auteur de la *Vie de saint Bernard de Tyron*, VI, 638, 639.

GÉOLOGIE. Elle ne fournit aucune objection sérieuse contre l'histoire du déluge, telle que nous la lisons dans la Genèse, I, 524-526. — Manière de concilier les découvertes de la géologie avec le récit mosaïque du déluge. Examen des trois hypothèses émises à ce sujet, 525.

GEORGES (saint). Hymnes en son honneur, par saint Jean Damascène, V, 595.

GEORGES DE PODIÉBRAD, roi de Bohême, mort en 1471. Histoire religieuse de ce pays sous son règne, IX, 646.

GÉORGIE. Le christianisme en Géorgie. Missionnaires théatins envoyés en 1626, par le pape Urbain IV; les pères capucins y arrivent en 1661, XI, 624.

GÉRALD DE RATISBONNE entré à Cluny vers 1052, devient grand prieur de cette abbaye, puis cardinal et évêque d'Ostie en 1073, VI, 633.

GÉRARD, évêque de Térouane, à la fin du xie siècle, VI, 624.

GÉRARD (saint) réformateur des monastères de la Flandre à la fin du xe siècle, V, 638.

GÉRARD (le P.), jésuite, accusé de participation à la conspiration des poudres en Angleterre (1605) et acquitté. Sa relation sur cette affaire, XI, 653.

GERASA. Emplacement de cette ville, II, 594.

GERBET (Mgr), disciple de Lamennais. Son influence sur le mouvement catholique en France au commencement du xixe siècle, XII, 539.

GERBERT. Gerbert et la renaissance littéraire et scientifique de la fin du xe siècle, V, 642-647. — Gerbert et l'avènement de Huguès Capet, 648-649. — Gerbert et le concile de Reims, 650.

GÉRIN (M.). Ses travaux sur l'assemblée de 1682 et la politique de Louis XIV envers la papauté, XI, 639-641, 645-646.

GERMAIN (saint), évêque de Paris. Ecrits attribués à saint Germain de Paris, IV, 627.

GERMAIN (saint), évêque d'Auxerre. Ses voyages en Angleterre, et ses rapports avec saint Hiltute et saint Samson, IV, 603, 605. — Médaille donnée par lui à sainte Geneviève, 588.

GERSEN, abbé de Verceil au xiiie siècle, à qui certains critiques ont attribué à tort le *Livre de l'Imitation*, VIII, 623-625.

GERSON, chancelier de l'Université de Paris au xve siècle. C'est à tort que certains critiques lui attribuent l'*Imitation*, VIII, 623-625.

GERVAIS (saint). Invention des reliques de saint Ambroise et des saints Gervais et Protais, sous le maître-autel de l'église de Saint-Ambroise à Milan, le 8 août 1871, III, 622, 623.

GESSEN (terre de). Sa situation. Séjour des Hébreux dans ce pays, I, 535.

GEWIBIEB, évêque de Mayence au viiie siècle, IV, 655.

GILDAS (saint). Saint Gildas l'Ancien et saint Gildas de Rhuis. Quelques détails de leur biographie, IV, 603.

GILLES (saint). Sa mission à Rome envoyé par saint Césaire d'Arles, IV, 600.

GILLES DE ROME, archevêque de Bourges, considéré à tort par Rohrbacher comme un des partisans de Philippe le Bel, dans ses démêlés avec Boniface VIII, VIII, 653.

GIRAUD (Hugues), évêque de Cahors. Accusations portées contre lui, son procès ordonné par le pape Jean XXII, sa condamnation, son supplice en 1318, VIII, 667, 668.

GIRAUD (M.) Critique du jugement porté par M. Giraud sur le pontificat du pape saint Grégoire VII, VI, 628.

GLABER (Raoul). Ses ouvrages : *Histoires de son temps*, de l'an 1000 à 1044; Vie de saint Guillaume de Dijon, VI, 632, 633.

GLANFEUIL. La mission de saint Maur en Gaule. Détails sur la vie monastique à Glanfeuil et dans les environs pendant le vie siècle, IV, 624, 625.

GLASTONBURY. Suppression du monastère anglais de Glastonbury sous Henri VIII, X, 637.

GNOSTICISME. Classification du gnosticisme, par Mgr Freppel, II, 618.

GODESCALC. Les conciles de Quiercy (853) et de Valence (855) dans l'affaire de Godescalc. Controverses et divisions qui troublent les églises des Gaules au ixe siècle, au sujet de la prédestination, V, 624, 625. — Justification de la conduite et des actes de l'archevêque de Reims, Hincmar, par l'abbé Gorini, 631.

GORCUM. Canonisation en 1867 des martyrs de Gorcum mis à mort, en 1572, en haine de la religion catholique par les calvinistes de Hollande, X, 668.

GOULAIN ou GOLEIN (Jean). Traducteur de la fin du xive siècle, IX, 599.

GRAMMAIRE. Grammaire latine de saint Boniface, découverte et publiée pour la première fois par le cardinal Mai, V, 589.

GRANCOLAS (le dr), érudit du xviie siècle, XI, 629.

GRANDIER (Urbain). Possession diabolique des religieuses de Loudun. Procès et exécution de Urbain Grandier (18 août 1634), X, 694-696.

GRANDILLON, professeur de philosophie au collège

de La Flèche, maître de Descartes, vers 1612, XI, 617.

GRATIEN, professeur de droit canon. Son recueil soumis en 1151, à l'examen des professeurs de Bologne et au pape Eugène III, VII, 610. — *Decretum Gratiani*, VIII, 614, 615.

GRÈCE. GRECQUE (Église). Origines du schisme grec. Photius et ses précurseurs, V, 627-630. — Le schisme d'Orient et la primauté du pape. Tradition constante de l'Eglise d'Orient en faveur de la suprématie du pape, VI, 605, 606. — Derniers ouvrages écrits sur cette question, 606. — Tentatives de réunion de l'Eglise grecque à l'Eglise romaine, VII, 592. — Différends entre les catholiques latins et grecs du royaume de Chypre sous le pontificat d'Alexandre IV (1254-1261), VIII, 628, 629. — La question de l'union de l'Eglise grecque à l'Eglise latine, au concile de Lyon de 1274, 635, 636. — Rupture de l'union conclue au concile de Florence entre l'Eglise grecque et l'Eglise latine, IX, 638. — Les Grecs refusent d'accepter la réforme du calendrier par Grégoire XIII et continuent de se servir du calendrier julien, X, 661, 662. — Tentative de réunion de l'Eglise grecque avec l'Eglise romaine en 1583, 670. — Saint Josaphat, archevêque de Polotsk, et l'Eglise grecque unie, XI, 624-625.

GRÉGOIRE DE NAZIANZE (saint), † en 389. Témoignage de ce père de l'Eglise en faveur de l'infaillibilité pontificale, IV, 596, 597.

GRÉGOIRE DE NYSSE (saint), † vers 400. Le plus grand de ses ouvrages est sa *Grande Catéchèse*, dans laquelle il entreprend d'instruire non ceux que l'on disposait au baptême mais les catéchistes eux-mêmes, III, 623.

GRÉGOIRE DE TOURS (saint), né en 539, mort en 593, III, 619. — Saint Grégoire de Tours regrette lui-même que son style ne soit pas de la belle latinité, et demande pardon à ses lecteurs de son ignorance des règles de la grammaire, IV, 627. — Saint Grégoire de Tours et le tombeau de saint Martin, 627. — Discussion du texte de Grégoire de Tours sur la mission des sept évêques de Gaule en 250, par l'abbé Arbellot : actes authentiques de saint Saturnin, V, 621.

GRÉGOIRE LE GRAND (saint), pape de 590 à 604. Raisons apportées par les Bénédictins pour montrer que saint Grégoire le Grand appartient à leur ordre, IV, 629. — Les livres liturgiques de saint Grégoire remplacent dès le vie siècle ceux de saint Gélase, V, 612.

GRÉGOIRE III, pape de 731 à 741. Institue, vers 735, un corps de prêtres chargés de dire des messes dans les cimetières, III, 621.

GRÉGOIRE VII (Hildebrand), pape de 1073 à 1085. Il décide que le nom de pape sera exclusivement réservé au pontife romain dans tout le monde catholique, III, 575. — Réforme religieuse et civile achevée par ce pape, VI, 606, 607. — Correspondance de Lanfranc et de Grégoire VII relativement aux affaires d'Angleterre à la fin du xie siècle, 622, 623. — Analyse d'un poème sur la vie de saint Anselme de Lucques publié en 1870 et contenant des renseignements sur l'histoire du pontificat de Grégoire VII, 624. — Le but poursuivi par Grégoire VII était non seulement d'écarter l'influence temporelle pour rétablir l'élection canonique des évêques dans toute sa liberté, mais encore d'acquérir aux papes un droit absolu de nomination, 623, 624, 626, 627. — Les *Dictatus* du pape Grégoire VII proclamés au synode romain en 1075. Leur authenticité, 624, 625.—Publications récentes sur la querelle du sacerdoce et de l'empire, 625. — Crime de magie imputé à tort à

Grégoire VII. L'Eglise a de tout temps condamné les pratiques superstitieuses. Opinion de Grégoire de Tours et de Raban Maur à ce sujet. En Angleterre plus le calvinisme devient puissant, plus les procès de sorcières se multiplient, 626. — Différents jugements portés sur le pontificat de Grégoire VII par les historiens de ce pape : critique des jugements de M. Villemain et de M. Giraud, 628. — Ouvrages à consulter sur la lutte du sacerdoce et de l'empire, entre Grégoire VII et Henri IV, au sujet des investitures : influence de Rohrbacher sur les historiens de cette grande querelle, VII, 585-587, 592. — En 1584, le nom de Grégoire VII est inséré par le pape Grégoire XIII dans le Martyrologe romain. Difficultés qu'éprouve l'adoption de son culte en France, XI, 651.

GRÉGOIRE IX, pape de 1227 à 1241. Rapports de Grégoire IX avec les Arabes d'Afrique ; lettres à ce sujet, VI, 620, 621. — Légat envoyé en Angleterre sur la demande du roi Henri III pour essayer de réformer les mœurs du clergé, en 1237, VII, 634. — Excommunication portée par Grégoire IX contre l'empereur Frédéric II (1239), VIII, 613. — Sa collection de décrétales et le *Corpus juris canonici*, 614-615.

GRÉGOIRE X, pape (1271-1276), VI, 646. — Esprit pacificateur de Grégoire X, VIII, 637, 638. — Son rôle au concile général de Lyon de 1274, 635, 636. — Relations de ce pape avec saint Thomas d'Aquin, 636. — Il reconnaît l'élection de Rodolphe de Habsbourg comme roi des Romains, 637.

GRÉGOIRE XI, pape de 1371 à 1378. Grégoire XI et la révolte des Florentins, IX, 594. — Retour du pape Grégoire XI à Rome après la captivité des papes à Avignon, *ibid*. — Fausseté des paroles qui lui sont prêtées à son lit de mort, 595.

GRÉGOIRE XII, pape de 1406 à 1417. Son abdication demandée par le concile de Constance, IX, 606.

GRÉGOIRE XIII, pape de 1572 à 1585. La réforme du calendrier par Grégoire XIII en 1582, X, 661, 662. — Jugement porté par ce pape sur la Saint-Barthélemy, 680-681.

GRÉGOIRE XIV, pape de 1590 à 1591. Constitution de ce pape relative au droit d'asile, 14 mai 1591, VI, 616.

GRÉGOIRE XVI, pape (1831-1846), VI, 646.

GRÉGORY (M. de) attribue à tort l'*Imitation* a l'abbé Gersen de Verceil, VIII, 623-625.

GRENADE. Dans les religions orientales et aussi dans les mythes grecs, la grenade est le symbole de la fécondité, I, 550.

GROTIUS, protestant de la confession arménienne, (xvie siècle), X, 628.

GUÉMARES, commentaires sur le Talmud, composés par R. Jochanan, chef de l'école palestinienne, II, 614.

GUÉRIN (Victor). Description du tombeau de Josué découvert à Khirbet-Thibneh par M. V. Guérin, I, 541, 542.

GUERRIER (M.). Critique de son ouvrage sur *Madame Guyon, sa vie, sa doctrine et son influence*, XI, 644-645.

GUI D'ARREZZO. Mode de notation de la musique imaginé par lui. On ne voit pas que cette découverte ait beaucoup servi dans l'Eglise au développement de l'art musical, VI, 601.

GUI DE MACON, se retire à Cluny (xiie siècle), VI, 631. — Son épitaphe, *ibid*.

GUILLAUME LE CONQUÉRANT. *Histoire de la conquête de l'Angleterre*, par M. Augustin Thierry. Examen critique de cet ouvrage, VI, 617, 618.—

M. Aug. Thierry affirme que Stigand, archevêque de Cantorbéry, refusa de bénir le Conquérant : il paraît au contraire que Guillaume ne voulut pas être couronné roi par Stigand qui avait été déposé par le pape, 618. — Correspondance de Lanfranc et de Grégoire VII. Guillaume le Conquérant consent à payer au pape le denier de Saint-Pierre, mais refuse de lui rendre hommage, 622, 623.

GUILLAUME III, roi d'Angleterre. Les causes de la Révolution anglaise de 1688, XI, 653, 654.

GUILLAUME DE CHAMPEAUX. Son caractère et ses écrits d'après le travail récent de M. l'abbé E. Michaud, VI, 639, 640. — Sa doctrine, 640.

GUILLAUME DE RUYSBRŒK et les missions de Tartarie, (xiiie siècle), VIII, 628.

GUILLAUME DE LA BROUE, archevêque de Narbonne. Synode tenu à Béziers (1246), pour extirper les derniers restes de l'hérésie albigeoise, VIII, 625, 626.

GUILLEBERT DE LANNOY, gentilhomme bourguignon du xve siècle : Ses voyages, IX, 639.

GUISE (les). Ouvrages de M. Baguenault de Puchesse à leur sujet, V, 650. — La famille de Guise et les Huguenots, 675-680. — Rôle des Guise dans la Saint-Barthélemy, 675-682.

GUSTAVE-ADOLPHE, roi de Suède. Sa mort à Lutzen (1642) ; période suédoise de la guerre de Trente ans, XI, 619-621.

GUSTAVE VASA, roi de Suède, † le 30 septembre 1560. Etablissement du protestantisme en Suède, X, 630-632.

GUYART (le dr), oratorien. C'est peut-être à tort que Rohrbacher le dit syndic de la faculté de théologie, en 1655, XI, 614.

GUYON (Mme). Critique du récent travail de M. Guerrier : *Madame Guyon, sa vie, sa doctrine et son influence*, XI, 644, 645. — Origine du Quiétisme. — Rapports de Mme Guyon avec l'abbé de Fénelon ; sévérité de Bossuet à leur égard, 645.

H

HABSBOURG (Rodolphe de), empereur d'Allemagne, fondateur de la maison d'Autriche. Confirmation de son élection au concile de Lyon, en 1274, VIII, 637.

HAIMON, abbé de Saint-Pierre-sur-Dives, au diocèse de Séez. Sa lettre adressée, en 1145, aux moines de Tutbury, pour leur faire connaître la reconstruction de son église abbatiale, VI, 599. — Texte original retrouvé par M. L. Delisle et publié en 1860, ibid.

HALÉVY (Joseph), docteur juif, célèbre par sa science, arrêté et pendu par l'ordre du roi de Grenade, au xie siècle, VI, 620.

HALÉVY (M.). Résumé du mémoire de M. Halévy sur la croyance des Hébreux à l'immortalité de l'âme ; réponse à MM. Derembourg et Renan, I, 543-545.

HAMBOURG, archevêques de Hambourg au ixe siècle : Saint Anscaire et saint Rembert, V, 622.

HANNIBADENSIS (Hannibal), dominicain et cardinal, collaborateur de saint Thomas d'Aquin, VIII, 622, 623.

HANSÉATIQUE (Ligue). Commencements de la Hanse, entre les villes du nord de l'Allemagne, VII, 630.

HAROLD. Caractère de la lutte entre les nations normande et anglo-saxonne, VI, 619. — La conquête de l'Angleterre par les Normands, bataille d'Hastings en 1066, 617, 618.

HASTINGS. Bataille d'Hastings en 1066, entre Harold et Guillaume le Conquérant. Caractère de la lutte entre les nations normande et anglo-saxonne, VI, 619.

HÉBREUX. Les mois chez les Hébreux, I, 566. — Ils considèrent les éclipses comme des effets de la colère de Dieu, 520. — Séjour des Hébreux en Egypte. Raison du silence des monuments égyptiens relativement à l'exode ; son époque, 534. — De l'immortalité de l'âme chez les Hébreux. — Résumé du mémoire de M. Halévy et des notes de Msr Freppel en réponse à la thèse soutenue par MM. Derembourg et Renan, 543-545. — L'écriture phénicienne et hébraïque ancienne, fondée sur l'alphabétisme, a pris son origine en Egypte dans la tachygraphie appelée hiératique, II, 587-588. — Antériorité de l'hébreu phénicien sur l'hébreu carré, ibid. — Résumé du travail de M. de Saulcy sur la numismatique judaïque, 591. Voyez *Juifs*.

HÉFÉLÉ, auteur d'une *Histoire des conciles*.

Point de vue du pape saint Grégoire VII, pour gouverner l'Eglise, VI, 626, 627.

HÉGIRE. De l'ère des mahométans ou de l'égire, IV, 616.

HÉLÈNE (sainte). Découverte de la vraie Croix. Authenticité des reliques conservées, III, 595, 596. — Autres reliques de la Passion réunies à Constantinople par sainte Hélène : 1o la sainte couronne d'épines ; 2o les saints clous ; 3o le saint suaire ; 4o le titre de la Croix, 596-598. — Constantin lui fait construire un tombeau dans la basilique récemment élevée par ses soins à saint Marcellin et à saint Pierre, 620.

HÉNOCH. Apocalypse d'Hénoch, livre apocryphe écrit probablement vers 107 avant J.-C., publié en 1851. De l'attente du Messie chez les Juifs d'après ce livre, II, 592.

HÉNOCUS, diacre, auteur de la Vie primitive de saint Samson, IV, 604-606.

HENRI II, roi de France. Lettre adressée par Henri II au parlement sur la mort de son père François Ier. (1547), X, 647-648.

HENRI IV, roi de France. Henri de Navarre et la Saint-Barthélemy, X, 675-680. — Henri IV et la Ligue, 682. — Négociations pour sa réconciliation avec le Saint-Siège (1589), 670. — Sa politique religieuse, 692, 693.

HENRI (saint), empereur d'Allemagne, V, 651, 652.

HENRI II, empereur d'Allemagne (1002-1024). Sainteté de l'épiscopat allemand sous son règne, VI, 599.

HENRI III, empereur d'Allemagne. Députation de Hildebrand auprès de l'empereur Henri III à la mort du pape saint Léon IX. Election de Victor II. Caractère de ce pape, ancien conseiller de l'empereur, VI, 607, 608.

HENRI IV, empereur d'Allemagne, mort le 7 août 1106. Dernières luttes de la papauté contre l'empereur Henri IV. Révolte du jeune Henri V contre son père, VI, 637, 638. — Son mécontentement à la suite de l'ordonnance de Nicolas II sur l'élection des papes, 610-612. — Malgré l'élection du pape Alexandre II en 1061, il remet les insignes de la papauté à Cadaloüs, évêque de Parme, qui prend le nom d'Honorius II ; schisme qui suivit, 612-614. — Persécutions de l'empereur Henri IV et son excommunication, 623, 624. — Publications récentes sur la querelle du sacer-

doce et de l'empire, 625. — Sa lutte avec le pape Grégoire VII au sujet des investitures, VII, 535-587. — Influence de Rohrbacher sur les historiens de cette grande querelle : ouvrages à consulter, *ibid*.

Henri V, empereur d'Allemagne. Bulle adressée par le pape Callixte II à Henri V, le 23 sept. 1122, VI, 640.

Henri II, roi d'Angleterre, de 1154 à 1189. Persécution qu'il fit endurer à Thomas Becket, archevêque de Cantorbéry, autrefois son chancelier, VII, 601-603. — Le roi Henri II reconnaît la suzeraineté du pape sur l'Angleterre et l'Irlande, 604, 605.

Henri III, roi d'Angleterre, de 1216 à 1272. Légat envoyé en Angleterre par le pape Grégoire IX pour réformer le clergé, VII, 634, 635.

Henri VIII, roi d'Angleterre, de 1509 à 1547. Henri VIII proclamé *Défenseur de la foi* par le pape Léon X. Son livre contre Luther, IX, 664. — Portrait de Luther d'après Henri VIII, 662, 663. — Henri VIII se sert de Cranmer dans ses desseins antireligieux, mais rencontre l'opposition du cardinal Pôle son parent, X, 639, 640. — Lettre de Henri VIII au cardinal Campége (10 fév. 1528), 633. — Moyens mis en œuvre par Henri VIII pour obtenir l'autorisation de divorcer, 634. — Le bill de 1536, 634, 635. — Négociations relatives au mariage de Marie Tudor en 1538, 641. — Il se proclame chef de l'Eglise Anglicane : procédés employés par Henri VIII pour spolier les couvents anglais, 635-638. — Résultats de cette spoliation, 638-639. — Henri VIII et les affaires d'Allemagne, 626. — Extinction de la race de ce prince sacrilège, 640-641.

Henri, comte de Gueldre, évêque de Liège. Sa déposition au concile de Lyon en 1274, VIII, 635, 636.

Henriette d'Angleterre. Sa mort : on croit que cette princesse fut empoisonnée, XI, 648.

Hérésies. Analyse critique des *Philosophumena, seu omnium hæresium confutatio*, ouvrage attribué avec raison à saint Hippolyte, II, 620-623. — Les premiers hérétiques falsifient les actes des martyrs afin de s'autoriser de leurs noms, III, 577, 578. — Condamnation des hérésies d'Eutychès, Nestorius et Dioscore, par saint Cyrille, 581, 582. — Confusion involontaire par saint Avit de Vienne de l'hérésie d'Eutychès avec celle de Nestorius. Caractères de ces hérésies, IV, 597. — Le pape Vigile et l'affaire des *trois chapitres*, ou des trois écrits entachés d'hérésie : l'un de Théodore de Mopsueste, un autre de Théodoret contre saint Cyrille, et une lettre nestorienne d'Ibas, 621, 622. — Monothélisme. Condamnation de cette hérésie au 6e concile général de Constantinople, 640-645. — Des différents sens de ce mot au viie siècle, 642. — Au viiie siècle, hérésie de l'*Adoptianisme* qui distingue entre le fils engendré de Dieu de toute éternité et celui qui s'est fait homme. Condamnation de cette hérésie au synode de Francfort (794), V, 601-602. — Les Priscillianistes prétendent que le Fils n'est pas consubstantiel au Père, 617. — L'hérésie des Manichéens en France au xie siècle : elle est importée d'Italie en France. Sa condamnation au concile tenu en 1022 et non en 1017, VI, 597. — Hérésie de Bérenger sur l'Eucharistie et le mariage au xie siècle, 604, 605. — Condamnations de l'hérésie de Bérenger sur l'Eucharistie prononcées par les conciles de la seconde moitié du xie siècle, 607. — Origine de l'hérésie vaudoise à Lyon, vers 1160; erreurs des Vaudois, VII, 608. — Histoire des hérésies cathare et patarine ;

doctrines et organisation des Patarins en Bosnie et en Bulgarie, VII, 610-621. — Origine de l'Inquisition ; son caractère, son rôle en France, en Allemagne, en Espagne, 603, 604. — Origine séculière des châtiments corporels infligés aux hérétiques; édits de l'empereur Frédéric II à ce sujet, 631. — Le panthéisme enseigné à Paris, de 1200 à 1210, 612. — Conrad de Marbourg et les Stadingues, 633-634. — Erreurs des Beggards ou Spirituels, frères dissidents de l'ordre de saint François, condamnées au commencement du xive siècle, VIII, 660. — Doctrines des hésychiastes sur la lumière incréée; Barlaam et les Palamistes. Synodes de Constantinople réunis en 1340, 1347 et 1350 à ce sujet, 670, 671. — Origine de la Bulle *In cœna domini* publiée chaque année le jeudi saint, IX, 612. — Origine de la réforme : théologie de Luther, 654-656. — Dœllinger et les vieux catholiques en Bavière refusent de reconnaître l'infaillibilité du pape proclamée par le concile du Vatican (1870-1871), XII, 511.

Hermann Contract, moine du xie siècle. On lui attribue l'antienne *Salve Regina*, VI, 637.

Hermas. Le *Pasteur* d'Hermas. Différentes opinions émises au sujet de l'auteur et de la date de composition de cet ouvrage, II, 611. — Ressemblances qui existent entre le *Pasteur* d'Hermas et les *Epîtres* de saint Clément, 606.

Hérode. Le règne du roi Hérode et la naissance de Jésus-Christ, II, 598, 599. — Le massacre des Innocents et autres actes de cruauté, 593. — Découverte par M. Clermont-Ganneau d'une stèle ayant appartenu au temple d'Hérode, 590.

Hésychiastes. Leurs doctrines sur la lumière incréée; discussions auxquelles elles donnent lieu dans l'Eglise d'Orient, au xive siècle, VIII, 670, 671.

Hiérarchie ecclésiastique. Inscriptions et symboles relatifs à la suprématie du souverain pontife, à la hiérarchie des évêques, des prêtres et des diacres, trouvés dans les catacombes de Rome, II, 627, 628.

Hiéronymites ou Frères de la vie commune. Leurs écoles au xve siècle dans les Pays-Bas, à Bois-le-Duc, Liège, Gand, Louvain, Grammont, Malines, Bruxelles, Cambrai. Noms des professeurs qui y enseignèrent, VIII, 670.

Hilaire (saint), pape. Son encyclique aux Orientaux dans laquelle il condamne toutes les hérésies, IV, 582. — Sa lettre du 3 décembre 462 sur l'obligation de consulter le Saint-Siège, relativement aux causes majeures, 582, 583. — Lettre des évêques de Terragone au pape saint Hilaire; Rohrbacher l'a mal comprise, 583.

Hilaire (saint), archevêque d'Arles, mort en 449. Le pape saint Léon lui enlève ses prérogatives de métropolitain pour les transporter à l'évêque de Vienne, III, 628.

Hildebrand, pape sous le nom de Grégoire VII, d'abord moine à Cluny, créé cardinal par le pape Léon IX, VI, 606, 633. — Sa mission auprès de l'empereur Henri III à la mort du pape saint Léon IX, 607, 608. — Election de Gebhard, évêque d'Eischstadt, il prend le nom de Victor II, (1054), 608. — Mission de Hildebrand en Allemagne pour informer l'impératrice Agnès, mère de Henri IV, de l'élection de Etienne X, 609-610. (Voyez *Grégoire VII*.)

Hillin, archevêque de Trèves. Lettres supposées de Frédéric Ier Barberousse et du pape Adrien IV, VII, 593-595.

Hiltute (saint), disciple de saint Cado, fondateur de l'abbaye de Lan Hiltute en Grande-Bretagne; sa *légende*; fables qu'on y rencontre, IV,

602, 603. — Célébrité de l'école tenue par ce saint, vers 460, *ibid*. — D'après certains auteurs, saint Hiltute serait mort à Dôle en Bretagne, d'après certains autres en Angleterre. Incertitudes sur la date de sa mort, 603, 604.

HIMILTRUDE, épouse de Charlemagne, V, 608.

HINCMAR, archevêque de Reims. Justification de la conduite et des actes d'Hincmar dans l'affaire de Gothescalc et des clercs d'Ebbon, par l'abbé Gorini, V, 632. — Passage d'Hincmar qui réfute la légende de la papesse Jeanne, 626, 627.

HIPPOLYTE (saint), évêque de Porto, mort vers 235. Détails sur sa vie. On lui attribue avec raison les *Philosophumena, seu omnium hæresium confutatio*, II, 620. — Néant des accusations dirigées par lui contre le pape saint Callixte, 621, 622.

HISTOIRE. On trouve dans la *Chronique pour servir à l'histoire des empereurs Henri Ier, Othon II, Othon III et Henri II*, la plus grande partie de l'histoire ecclésiastique de ce temps, VII, 599. — Influence des ordres mendiants sur les études historiques, VII, 632. — Erudition en France au XVIIe siècle, XI, 629.

HOLLANDE. Canonisation des martyrs de Gorcum mis à mort, en 1572, par les calvinistes de Hollande en haine de la religion catholique, X, 668. — Résumé de l'histoire du jansénisme en Hollande par le cardinal Pitra, XI, 611-613.

HOLOPHERNE. Le Livre de Judith et les récentes découvertes assyriologiques, I, 556-557.

HOLZHAUSER (le bienheureux). Interprétation du passage de l'Apocalypse de saint Jean relatif aux persécutions, et à la fin du monde, III, 569; VI, 598. — Interprétation des paroles de l'Apocalypse et de Daniel. Il les applique à l'empire musulman dont il prédit la ruine pour l'an 1899, IV, 630, 631.

HOMÉLIES de saint Césaire d'Arles faussement attribuées à différents pères et docteurs de l'Eglise, IV, 597, 598.

HOMME. Unité de l'espèce humaine prouvée par M. de Quatrefages, I, 520.

HONGRIE. Origines du christianisme en Hongrie, V, 635, 636. — Lutte de la Hongrie contre les Turcs en 1565, 1566, X, 671.

HONORIUS Ier, pape de 625 à 628. Accusation d'hérésie portée contre le pape Honorius, IV, 639-645. — Ses lettres à Sergius, patriarche de Constantinople, sont condamnées par le sixième concile général de Constantinople comme entachées de l'hérésie monothéliste; mais c'est plutôt la façon de procéder que le concile a voulu réprouver, 640-642. — Du reste ces lettres, dépourvues des formules et des clauses des actes publics, sont des lettres particulières, 644, 645.

HONORIUS II (Cadaloüs, évêque de Parme), antipape nommé en 1061 par l'empereur d'Allemagne Henri IV, VI, 612, 613. — Sa lutte contre le pape Alexandre II, *ibid*.

HONORIUS III, pape de 1216 à 1227. Le pape

Honorius et son époque : son intervention dans les affaires temporelles, VII, 627, 628. — Honorius III et le *Liber censuum* : divisions ecclésiastiques du patrimoine de saint Pierre, 628, 629. — Instructions données par ce pape à son légat pour la conduite à suivre à l'égard de Raymond VII de Toulouse, 630, 631.

HOSPICES. Hospices et autres établissements charitables fondés dès les premiers siècles de l'Eglise dans toute la chrétienté, V, 618. — Différents noms pris par ces établissements, 619.

HOSPITALIERS. Les chevaliers de l'Hôpital au siège de Ptolémaïs en 1290, VIII, 638-639.

HUBALD ou HUBOLD, élève de Notker de Liège. Vient enseigner à l'école de Sainte-Geneviève de Paris, VI, 600.

HUET, évêque d'Avranches. Ses ouvrages : sa correspondance, son testament, ses Mémoires récemment publiés, XI, 652.

HUGUES (saint), abbé de Cluny (XIe siècle), VI, 316. — Sa *Vie* par Hugues de Beauvoisis, 632.

HUGUES CAPET. Gerbert et l'avènement de Hugues Capet, V, 648, 649.

HUGUES Ier, duc de Bourgogne, (XIIe siècle), se retire à l'abbaye de Cluny, VI, 631. — Son épitaphe, *ibid*.

HUGUES DE BEAUVOISIS, moine de Cluny, auteur d'une *Vie de saint Hugues, abbé de Cluny*, VI, 632.

HUMBERT, roi d'Italie. Mort de Victor-Emmanuel; ses funérailles, protestation du Saint-Siège contre l'usurpation continuée par le roi Humbert, XII, 524. — Le roi Humbert vient s'installer au Quirinal, à Rome, le 23 janvier 1871, 497.

HUSS (Jean). Sa condamnation par le concile de Constance (1415), IX, 605-610. — Canons du concile de Constance contre les Hussites, 608. — Son supplice ordonné par le concile de Constance, 611. — Croisade contre les Hussites en 1431, 618. — Les Hussites au concile de Bâle (1432-1433); leurs doctrines, 619, 622. — Travaux récents sur le mouvement Hussite, 616, 617.

HYMNES. Saint Ambroise et l'hymnologie chrétienne. Résumé du travail de M. l'abbé Pimont sur ce sujet, III, 623-626. — Le génie des premiers poètes chrétiens créa une poésie nouvelle dont le style et la versification s'écartent peu à peu des modèles classiques, 624. — Sous Léon X on essaye de substituer aux anciennes hymnes de nouvelles hymnes dans le goût de la renaissance. Hymnaire de Zacharie Ferreri, 624. — Correction des hymnes du Bréviaire romain, confiée par le pape Urbain, à une commission de trois jésuites. Critique du travail de cette commission, 624-626.

HYPATHIE, fille de Thion, philosophe et mathématicien célèbre du temps de Valens; assassinée par le peuple d'Alexandrie. On accuse à tort saint Cyrille d'avoir été le complice de cet assassinat, III, 631, 632.

I

IGNACE (saint). Ses actes. Différentes opinions au sujet de leur authenticité, II, 615, 616.

IGNACE DE LOYOLA (saint). Saint Ignace et Calvin, X, 643, 644.

IGNACE, patriarche de Constantinople, déposé irrégulièrement, en 857, et remplacé par Photius. Origines du schisme grec, V, 628, 639.

ILIAC. Sibylle d'Iliac. Degré de valeur historique des oracles sibyllins, III, 610-614.

IMAGES. Usages des statues, tableaux et autres représentations figurées pendant les premiers siècles de l'Eglise, particulièrement dans les catacombes, II, 626. — Doctrine du deuxième concile œcuménique de Nicée sur les images, condamnée au synode de Francfort, tenu en 794 et dans les *Livres Carolins*, V, 602. — L'assemblée épiscopale tenue à Paris, en 825, et le culte des images en Gaule, 620-621. — Rôle important de saint

Méthode dans le rétablissement des saintes images à Constantinople, 622. — Suppression des images en Angleterre sous Henri VIII, X, 638. — Du culte des images et de l'infaillibilité d'après Luther, IX, 658, 659.

IMITATION (l'). Discussion célèbre en 1614, renouvelée en 1830, au sujet de l'auteur de ce livre. D'après M. Arthur Loth, il ne doit être attribué ni à l'abbé Gersen du xiiie siècle, ni à Thomas à Kempis, ni au chancelier de l'Université de Paris Gerson, l'Imitation a été composée par un chanoine régulier de Windesheim en Hollande à la fin du xive siècle ; arguments en faveur de cette opinion, VIII, 623-625.

IMPRIMERIE. Part du clergé dans le développement de l'imprimerie. Presses établies par des prêtres dans différentes villes, IX, 635.

INDULGENCES. Origine de la prétendue réforme de Luther : la publication des indulgences en Allemagne ne fut qu'un prétexte de circonstance, IX, 654, 655.

INFAILLIBILITÉ du pape. Tradition des premiers siècles : Textes en faveur de l'infaillibilité tirés des œuvres d'Anaclet, de saint Zéphirin, de saint Irénée, d'Origène, saint Pacien, évêque de Barcelone, saint Jérôme, saint Ambroise, saint Athanase, saint Grégoire de Nazianze, saint Jean Chrysostome, etc., IV, 595-597. — La question du pape Honorius, 639-645. — Lettres du pape Honorius à Sergius, patriarche de Constantinople, et condamnées par le sixième concile général de Constantinople, 640, 641. — Le pape Honorius en parlant d'une *seule volonté de Notre-Seigneur* ne reconnaît pas l'hérésie du monothélisme, mais essaye seulement d'étouffer la question ; c'est cette manière d'agir que le concile a réprouvée, 642-643. — Du reste ces lettres, dépourvues des formules et des clauses des actes publics, sont des lettres particulières, 644, 645. — De l'infaillibilité d'après Luther, IX, 658, 659. — Le dogme de l'infaillibilité et la secte des vieux catholiques, XII, 511. — Polémique de M. Gladstone contre le dogme de l'infaillibilité, union des catholiques anglais, 516.

INNOCENTS (les saints). Cruauté d'Hérode, le massacre des Innocents, II, 593.

INNOCENT II, pape de 1130 à 1143. — Son élection en 1130, VI, 642.

INNOCENT III, pape de 1198 à 1216. Son intervention dans les affaires d'Allemagne en faveur d'Othon de Brunswick contre Philippe de Souabe, VII, 614-615. — Guerre contre les Albigeois, 615-622. — Innocent III et la quatrième croisade, 616, 617. — Innocent III et Jean sans terre. Excommunication de ce prince, 622, 623. — Innocent III, et la grande charte d'Angleterre, 625. — Quatrième concile de Latran, (1215); approbation des instituts de saint Dominique et de saint François d'Assise, 625. — Avec Innocent III, la papauté atteignit son plus haut degré de puissance et de splendeur, 626. — Réponse aux accusations portées contre Innocent III, par Fleury : activité et influence d'Innocent III, 626, 627. — Statut fondamental accordé en 1215 à l'université de Paris, par le pape Innocent III, VIII, 644, 645.

INNOCENT IV (cardinal Sinibald). Son élection le 25 juin 1243, VIII, 615, 616. — Treizième concile général tenu à Lyon en 1245, 616-617. — Innocent IV, à Cluny, VI, 634; VIII, 618. — Bulles inédites de ce pape publiées par M. Berger, 628.

INNOCENT V (Pierre de Tarentaise), pape en 1276, VI, 646. — Il naquit en 1225 à La Salle, val d'Aoste, de la noble famille des Cours ; discussion à ce sujet, VIII, 639, 640.

INNOCENT VIII, pape de 1484 à 1492. Prétendue permission accordée par ce pape aux prêtres de la Saxe de célébrer le saint sacrifice *sans vin*, IX, 646-647.

INNOCENT XI. Le pape Innocent XI et la révolution anglaise de 1688, XI, 654. — Travaux récents de MM. Gérin, Onno Klopp et du R. P. Joseph Colombo sur son pontificat, 627.

INQUISITION. Origine de l'inquisition ; son caractère, son rôle en Espagne, en France, en Allemagne, VII, 603-604. — Origine séculière des châtiments infligés aux hérétiques, 631. — Peines prononcées par les tribunaux de l'inquisition contre les Albigeois, 609-610. — Le duc d'Albe et l'inquisition dans les Pays-Bas espagnols, X, 688-689. — L'Inquisition romaine et l'Inquisition espagnole. Ouvrage du théatin Del Bene sur l'inquisition, XI, 630, 631.

INSCRIPTIONS. Importance de l'inscription de Siang-Fou relativement à l'histoire de l'introduction du Christianisme en Chine et dans l'extrême Orient. Elle date de l'an 781. Sa traduction par M. de Thiersant, IV, 645-648. — Recueils d'inscriptions chrétiennes entrepris aux xive et xve siècles, IX, 634. (Voyez aussi *Epigraphie*.)

INSTRUCTION PUBLIQUE. Instruction du clergé du ive au viiie siècle. Connaissances exigées des prêtres par Théodulfe d'Orléans, Hincmar de Reins, Riculfe de Soissons. Capitulaires de Rathère de Lobbes et de Charlemagne à ce sujet, IV, 598-600. — Premiers poètes chrétiens, *ibid*. — De l'instruction et de la littérature du ve au viiie siècle. Le clergé est le seul conservateur des traditions littéraires, 628. — Liste des travaux didactiques du vénérable Bède. Ils restent classiques pendant tout le moyen âge, 654, 655. — L'instruction au xiiie siècle : canons des conciles de cette époque. Ecoles à Bruxelles, à Anvers, à Gand, à Liège, etc., VII, 590-591. — Relevé des principales Universités d'Europe établies ou confirmées par les papes : leur administration intérieure, VIII, 643-646. — Statistique de l'état de l'enseignement primaire en France, avant la Révolution, XI, 671. — L'enseignement laïque à Rome après 1870, XII, 495. — Laïcisation de l'enseignement en Angleterre, 516. — Liberté de l'enseignement supérieur en France, 520. (Voyez aussi *Ecoles*.)

INTERNATIONALE (l'). Complots de l'Internationale, insurrection du 18 mars 1871, XII, 502. L'Internationale, la Franc-Maçonnerie et la situation de l'Europe après la chute de la Commune, 510.

INVASIONS. La période des invasions barbares au ve siècle fut une époque désastreuse pour les actes des martyrs, III, 579.

INVESTITURES. Querelle entre l'empire et la papauté au sujet des investitures, au xie siècle. — Prétendue bulle conférant à l'empereur d'Allemagne Othon Ier le droit de désigner le pape et de nommer les évêques de son empire, V, 639-641. — Droit que s'étaient arrogé les empereurs d'Allemagne d'intervenir dans le choix des papes et la collation des bénéfices, VI, 608-610. — Commencée sous le pontificat du pape Étienne X et continuée par Grégoire VII, cette lutte ne se termine que sous le pontificat de Callixte II, 609. — Au concile œcuménique de Latran, en 1123, Pascal II cède à la violence et signe la reconnaissance des investitures, 639. — Ouvrages à consulter sur la querelle des investitures et la lutte entre Grégoire VII et Henri IV d'Allemagne : influence de Rohrbacher sur les historiens de cette grande querelle, dans le sens des idées catholiques, VII, 585-587. — Fin de cette querelle par le concordat de Worms en 1122, 587, 592.

IRÉNÉE (saint), évêque de Lyon, envoie ses disciples prêcher l'Evangile dans différentes parties de la Gaule, III, 574. — Témoignage de saint Irénée en faveur de l'infaillibilité pontificale, IV, 596.

IRLANDE. Hiérarchie épiscopale établie en Angleterre et en Irlande dès le IVe siècle, III, 628, 629. — Célébrité des écoles irlandaises fondées au Ve siècle à Armagh, Clonard, Ross en Carbry, etc., IV, 606-607. — Situation religieuse et morale de l'Irlande aux XIe et XIIe siècles. Prospérité des écoles, VI, 619-620. — Henri II reconnaît la suzeraineté du pape sur l'Irlande, VII, 604, 605. — La découverte du nouveau monde par les Irlandais avant l'an 1000, d'après de récents travaux, IX, 637, 638. — Prétendue investiture de l'Irlande accordée en 1156 par le pape Adrien IV au roi Henri II, VII, 589-590.

IRNERIUS. Ecole de droit ouverte à Bologne par Irnerius, VII, 610, 611.

ISAÏE. Authenticité de tous les chapitres du livre d'Isaïe, d'après le travail de M. Le Hir sur les prophètes d'Israël, I, 553. — Le Sargon d'Isaïe et le roi d'Asdod, 554.

ISIDORE DE SÉVILLE. Son recueil de Décrétales publié au commencement du VIIe siècle, V, 612.

ISIDORE MERCATOR ou PECCATOR, auteur d'un recueil de *Décrétales* publié vers 845. Plusieurs de ces décrétales sont fausses ou interpolées; cependant il ne faudrait pas considérer cet auteur comme un faussaire de parti pris, V, 612-616. — Son recueil rejeté comme un apocryphe indigne sous le nom de *Fausses décrétales* sera peut-être réhabilité par une étude plus approfondie, 613, 614. — La doctrine des *Fausses décrétales* est d'accord avec celle des papes, des conciles, des pères de la primitive Eglise, 615, 616.

ISLAMISME. Mosquée construite vers l'an 636 par le Khalife Omar sur l'emplacement du temple de Jérusalem, qui devient l'un des premiers sanctuaires de l'Islamisme, III, 610. — Application des paroles de l'Apocalypse et de Daniel à la ruine de l'empire musulman d'après l'interprétation du vénérable Holzhauser, IV, 630, 631. — Coup d'œil rétrospectif sur l'histoire de la cruauté et de la barbarie de cette religion qui a été si funeste aux progrès de la civilisation, 631-633. — De la manière dont fut composé le Coran, 633-637. — Traces de l'inspiration de Satan dans ce livre. Lutte de Satan contre la divinité du Sauveur, 633-634. — Un assez grand nombre de passages du Coran sont empruntés au livre des Juifs et des chrétiens, 635. — Poésie et beautés littéraires de certains passages du Coran, 636. — Différentes copies et éditions, 637. — Incendie de la bibliothèque d'Alexandrie, par Omar, au VIIe siècle; ouvrages disparus dans cet incendie, 637-639. — Sollicitude de la papauté pour le salut de l'Europe menacée par les Turcs. Appel suprême du pape Paul III à l'empereur Charles-Quint, X, 626.

ISOLANUS (le cardinal), légat du pape Jean XXIII à Rome et dans l'Etat pontifical, IX, 603.

ISRAEL. Multiplication prodigieuse des enfants d'Israël en Egypte, I, 534. — *Histoire du peuple d'Israël* par le docteur Ewald, XII, 540-542.

ITALIE. Le pape Etienne II vient en France implorer le secours de Pépin le Bref contre Astolfe et les Lombards (753), V, 596. — Intervention de Carloman, frère aîné de Pépin, dans les affaires d'Italie, 597. — Influence politique de la papauté sur les destinées de l'Italie : constitution du pouvoir temporel des papes, VI, 643, 644. — Intervention du pape Honorius dans les affaires temporelles des villes d'Italie, VII, 628. — Divisions ecclésiastiques du patrimoine de saint Pierre au IXe siècle, 629. — Prétentions rivales des différentes républiques d'Italie sur la Sardaigne (XIIIe siècle), VIII, 608-610. — Etat de l'Italie au milieu du XIIIe siècle : Guelfes et Gibelins. Le pape Clément IV appelle au secours de la papauté contre Manfred, Charles d'Anjou, frère de saint Louis, 630. — François Ier et le pape Adrien VI, X, 671-672. — Histoire de l'Eglise en Italie au XVIIIe siècle; savants italiens, XI, 658-661. — La misère, l'impiété et la corruption en Italie après 1870, XII, 517. — Fidélité des Romains au pape, associations catholiques italiennes; manifestation de la vie surnaturelle, 517. — Le gouvernement de Victor-Emmanuel attaqué par les partisans de la république, du socialisme et de l'*Italia irredente*, 517. — Suppression de tous les monastères, service militaire imposé aux ecclésiastiques; allocution consistoriale du 18 mars 1879 et protestation du cardinal Siméoni, 518.

IZDUBAR. Personnage fabuleux, sur la vie et les aventures duquel a été composée une grande histoire épique, chez les Assyriens et les Babyloniens, I, 525.

J

JACQUES Ier, roi d'Aragon. Son excommunication, VIII, 631.

JACQUES II, roi d'Aragon. Boniface VIII lui donne l'investiture de la Sardaigne. Guerre avec les Pisans, qui se termine par la défaite de ces derniers en 1326, VII, 608-610.

JANSÉNISME. Baïus, père du Jansénisme. Ses erreurs sont condamnées en 1567, X, 682. — Livre de Jansénius intitulé l'*Augustinus*, XI, 611. — Projet de réforme mis en avant dans la conférence de Bourgfontaine, et l'*Augustinus*, 611. — Résumé de l'histoire du Jansénisme en Hollande par le cardinal Pitra, 611-613. — Le jansénisme et les protestants, 613-614. — L'Oratoire et les doctrines jansénistes. Adhésion des prêtres de l'Oratoire à la bulle *Unigenitus*, 615, 616. — C'est à tort qu'on a accusé le cardinal de Bérulle de Jansénisme, XI, 636. — Le Jansénisme en Toscane : entreprise de Léopold Ier contre l'orthodoxie et la liberté catholiques, 665. — Ouvrages à consulter sur l'histoire du Jansénisme, 614, 615.

JAPON. *Histoire de la religion chrétienne au Japon de 1598 à 1651*, par M. Léon Pagès, 657.

JEAN.

I. *Saints de ce nom.*

JEAN (saint) l'Evangéliste. Réfutation de l'opinion de ceux qui soutiennent que l'Evangile selon saint Jean n'existait pas du temps de Papias, parce que ce père n'en parle pas dans ses écrits, II, 617, 618.

JEAN CHRYSOSTOME (saint). Témoignage de ce saint docteur en faveur de l'infaillibilité pontificale, IV, 597.

JEAN DAMASCÈNE (saint). Hymnes de cet illustre

moine, en l'honneur de saint Basile, de saint Jean Chrysostome, de saint Nicolas de Myre, de saint Georges et de saint Blaise, découvertes par le cardinal Maï. Détails sur chacune d'elles, V, 595.

JEAN NEPOMUK ou NEPOMUCÈNE (saint), vicaire général de l'archevêque de Prague, † le 20 mars 1393 victime de la cruauté du roi Wenceslas, IX, 599, 600.

JEAN CAPISTRAN (saint). Ses prédications en Bohême, en Pologne, en Autriche et en Carinthie, (1452-1458), IX, 643-644.

II. *Papes.*

JEAN III, pape en 559. Tentative de restauration des catacombes tentée par ce pape, III, 621.

JEAN VIII, pape de 872 à 882. Concile tenu par lui à Ravenne, le 1er août 877, V, 631. — Excommunication du patriarche de Constantinople Photius, 629.

JEAN X, pape de 914 à 928, V, 648.

JEAN XVIII, pape † le 18 juillet 1009. Principaux événements de son pontificat, V, 652.

JEAN XIX, pape de 1024 à 1033. Il confirme la tradition qui fait de saint Martial un contemporain et un disciple des douze apôtres de Jésus-Christ, VI, 601, 602.

JEAN XXII, pape de 1316 à 1334. Condamnation et supplice de Hugues Giraud, évêque de Cahors en 1318, VIII, 667, 668. — Règlement donné à l'Université de Dublin par ce pape en 1320, 664, 665. — Instructions relatives aux procès de canonisation, VII, 598, 599.

JEAN XXIII (Balthasar Cossa), pape de 1410 à 1419. Sa déposition au concile de Constance pour mettre fin au grand schisme d'Occident. Accusations portées contre lui par le cardinal Filastre, IX, 605, 610-611. — Entreprises de Ladislas contre les Etats de l'Eglise : sa lutte avec le pape Jean XXIII, 603. — Lettres inédites de ce pape, *ibid.*

III. *Divers.*

JEAN DE SALISBURY, évêque de Chartres au XIIe siècle, VII, 606.

JEAN SANS-TERRE, roi d'Angleterre de 1199 à 1216. Innocent III et la grande Charte d'Angleterre, VII, 625. — Caractère odieux de ce roi. Jean Sans-Terre et Innocent III, 622, 623.

JEAN VII de Grailly, captal de Buch. Son expédition en Lithuanie en 1357, VIII, 672.

JEAN SANS-PEUR, comte de Bourgogne. Opinion de M. de Beaucourt sur le meurtre de Jean Sans-Peur à Montereau, en 1419, IX, 611, 612.

JEAN PALÉOLOGUE, empereur de Constantinople. Son voyage en Italie pour assister au concile de Ferrare et tenter de terminer le schisme de Constantinople (1438), IX, 628. — Son rôle au concile de Florence : union de l'Eglise grecque et de l'Eglise latine, proclamée le 6 juillet 1439, 630-632.

JEAN III, roi de Suède (XVIe siècle), X, 631, 632.

JEAN, cardinal de Lorraine, premier abbé commendataire de Cluny, en 1528, VI, 535.

JEANNE (la papesse). Elle aurait occupé le trône de saint Pierre, pendant deux ans et demi, à partir de 853, sous le nom de Jean VIII, entre les papes Léon IV et Benoît III. Fausseté de cette légende. Son origine, sa réfutation, par Leibniz, V, 626, 627 ; XI, 655.

JEANNE D'ARC. Le procès et les juges de Jeanne d'Arc, d'après M. de Beaurepaire, IX, 614. — Sa mission et son orthodoxie, 615. — Différents auteurs qui ont traité cette question, 615, 616. — La formule d'abjuration proposée à Jeanne d'Arc

est différente de celle insérée au procès de condamnation, 616.

JEHU. Jehu et les inscriptions cunéiformes, I, 546.

JEPHTÉ. Note relative au sacrifice de la fille de Jephté, I, 542.

JÉROME (saint). Version latine de la Bible, par saint Jérôme et les versions antérieures, III, 616-619. — Réponse au reproche de témérité et d'orgueil adressé à saint Jérôme pour sa traduction de la Bible, 616, 617. — Critique de la version des Septante, 617. — Le concile de Trente déclare authentique la version de saint Jérôme, 617. — Version italique du Pentateuque découverte récemment, 617, 618. — Citations comparées de la Vulgate de saint Jérôme et de l'ancienne version italique, 618, 619. — Etudiant à Rome dans sa jeunesse, un peu avant 350, il visite les catacombes et en parle comme d'une ruine qui commence, III, 620. — Témoignage de saint Jérôme en faveur de l'infaillibilité pontificale, IV, 596.

JÉRUSALEM. Prise de Jérusalem par Titus. Le siège a duré du 28 février 70 au 1er août de la même année, II, 603. — L'incendie du Temple, *ibid.* — Fouilles du capitaine Warren, pour retrouver les traces du pont qui faisait communiquer la ville haute avec le temple, en traversant la vallée du Tyropœon, 591. — Le sol de cette ville a été exhaussé sur certains points de soixante-huit pieds, *ibid.* — Aquila, nommé par l'empereur Adrien, surintendant de la reconstruction de Jérusalem, sous le nom d'Ælia Capitolina, 618. — Tentative de reconstruction du temple, par Julien l'Apostat. Prodiges qui l'arrêtent. Eglise et mosquée construites sur l'emplacement de ce temple, III, 609, 610. — Dédicace de l'église du Saint-Sépulcre, le 13 septembre 335, 599. — Lettre du concile de Jérusalem en faveur de saint Athanase, évêque d'Alexandrie, 605. — Discours du pape Urbain II, prêchant la première croisade d'après l'*Historia Hierosolymitana* du moine Robert, VI, 636, 637. — Adrien V et la fin des croisades. Prise de Ptolémaïs, par les Sarrasins, en 1290 ; fin du royaume de Jérusalem, VIII, 638-639. — Histoire du patriarcat de rite latin, fondé à Jérusalem du temps des Croisades, IX, 644, 645.

JÉSUS-CHRIST. Durée de la vie de Notre-Seigneur, II, 598, 599. — Dates de la naissance, du baptême et de la mort du Christ, d'après saint Luc. Différents points de départ de l'ère chrétienne, IV, 614-616. — Témoignages des contemporains relatifs à la découverte de la vraie croix et aux miracles qui l'accompagnèrent. Malgré la multiplicité des reliques de la croix répandues dans tout l'univers, nous possédons à peine le dixième du volume total d'une croix réduite aux proportions minimum, III, 595, 596.

JÉSUITES. Origine des persécutions contre les Jésuites ; saint Ignace et Calvin, X, 643, 644. — Les Jésuites et l'éducation : collèges fondés par eux en Allemagne, 651. — Etablissement des Jésuites en Lithuanie, 682. — Les Jésuites en Chine, 687-688. — Polémique survenue au commencement du XVIIe siècle, entre Richer et les Jésuites, au sujet des opinions gallicanes, XI, 609, 610. — Histoire de la collection des *Acta sanctorum*, 629, 630. — Les missions des Jésuites en Chine au XVIIIe siècle, 670, 671. — L'élection du pape Clément XIV et la suppression des Jésuites, 660, 661. — Successivement bannis des principaux Etats de l'Europe, du Portugal, de l'Espagne, de la France et du royaume de Naples, les Jésuites sont définitivement supprimés par le pape Clément XIV, le 21 juillet 1773, 668-670.

Job. Authenticité et canonicité du livre de Job. I, 540, 541. — A quelle époque Job a-t-il vécu? Quel est l'auteur de ce livre? Incertitudes de la critique sur ces deux points, 540, 541.

Jochanan, chef de l'Ecole palestinienne, auteur d'une glose sur le Talmud, II, 615.

Jonas. La date de l'histoire de Jonas peut être reportée soit vers 750, soit vers 680, I, 550. — Réalité historique de ce récit, *ibid.* — L'arbuste sous lequel Jonas s'abrite n'est pas le lierre, comme dit Rohrbacher, mais le ricin, 551.

Josaphat (saint), archevêque de Polotsk. Sa vie par le R. P. dom Guépin, XI, 624, 625.

Joseph. Interprétation de différents passages de la Bible relatifs à Joseph, I, 532, 533. — Etymologie de son nom, *ibid.* — A quelle époque doit se placer l'histoire de Joseph, 533.

Joseph (saint). Le mariage de saint Joseph, II, 593. — Du songe lui annonçant la bienheureuse conception de Notre-Seigneur, *ibid.* — Du culte de saint Joseph dans les premiers siècles de l'ère chrétienne d'après les peintures et les inscriptions des catacombes, 627. — Décret du 8 déc. 1870 déclarant saint Joseph patron de l'Eglise universelle, XII, 494.

Joseph II, empereur, fils de Marie-Thérèse; jugement sur son règne, XI, 664, 665.

Josèphe. Authenticité des paroles de Josèphe relatives à Notre-Seigneur, II, 595. — Confiance que mérite Josèphe; ses inexactitudes, 596.

Josué. Description du tombeau de Josué découvert par Victor Guérin à Khirbet-Thibneh, I, 541. — Date de la composition du livre de Josué, 539.

Jubilé. Le jubilé de l'an 1300 : affluence des pèlerins à Rome à l'occasion de ce jubilé, VIII, 647, 648.

Juda (R.) prince de la Synagogue, auteur de la Mischna, recueil contenant les traditions du peuple juif, composé vers 219, II, 614.

Judée. Sargon et la Judée, I, 554. — Sennacherib et la Judée, *ibid.*

Judith. Le livre de Judith et les récentes découvertes assyriologiques, I, 556.

Judith, femme de Louis le Débonnaire, mère de Charles le Chauve. Lettre que lui adresse Florus de Lyon, V, 620.

Juifs. De l'attente du Messie chez les Juifs, d'après l'apocalypse d'Hénoch, livre publié en 1851, II, 592. — Les synagogue des Juifs et la lecture publique de la Bible, 594. — Du rôle des Juifs en Espagne lors de l'invasion des Musulmans, IV, 651-658. — Dès le ive siècle les Juifs sont très nombreux en Espagne, si bien que les canons du concile d'Eliberis (303-313) interdisent aux chrétiens tout commerce avec les Juifs, 651. — Canons du concile d'Agde en 506 et du concile d'Epaone en 517 renouvelant cette interdiction, *ibid.* — Massa-cres commis par les Juifs à Antioche et dans la Palestine (610-615), 652. — Influence des Juifs en Espagne. Lois et canons des conciles dirigés contre eux. Le roi Sisebert (612-621) les oblige à se convertir ou à s'exiler, 652. — Les Juifs ainsi convertis continuent leurs pratiques religieuses. Lors de l'invasion musulmane, ils ouvrent la porte de plusieurs villes. Ils sont ensuite rappelés pour repeupler les villes conquises, 652. — Plus tard les rois d'Espagne sont obligés de sévir contre eux, 653. — De la charité chez les Juifs, V, 618. — Les Juifs en Espagne aux xie et xiie siècles. Le roi Ferdinand les persécute; le roi Alphonse VI leur donne au contraire des charges, VI, 620. — Le pape Alexandre II conseille d'user de modération à leur égard, *ibid.* — Division des Juifs en deux sectes principales : les caraïtes et les talmudistes, V, 607-608. — Principes judaïques : de l'usure; du massacre des enfants chrétiens par les Juifs, 607. — Les crimes des Juifs justifient la haine populaire qui s'acharne sur eux au moyen âge. Protection accordée aux Juifs par les papes, VIII, 610-612. — Du sacrifice impie de la pâque juive, 611. — Les Juifs en France au xvie et au xviie siècles, X, 661.

Jules II, pape de 1503 à 1513. Il sut gouverner et défendre les domaines de la papauté, IX, 648, 649.

Jules III, pape de 1550 à 1555. Rôle de ce pape dans la réconciliation de l'Angleterre avec l'Eglise romaine (1554-1555), X, 649-650.

Julien l'Apostat. Récit d'un fait merveilleux arrivé à ce prince redevenu païen et qui montre la vertu du monogramme divin, III, 583. — Tentative de reconstruction du temple de Jérusalem par Julien, 609.

Julien Cesarini, cardinal légat du pape en Hongrie (1430), IX, 617. — Président du concile de Bâle (1431), *ibid.*

Jumièges. Légende des *Enervés de Jumièges.* Cette légende a deux sources : 1° les actes de sainte Bathilde, fort discutables; 2° le *Miracle de Nostre-Dame et de sainte Bautheuch,* IV, 649.

Juridiction. Les conflits de juridiction au xiiie et au xive siècle, VIII, 620-622. — *Traité de l'origine et de l'usage des juridictions,* par Pierre Bertrandi, évêque d'Autun, 667.

Juste-Lipse, célèbre humaniste, du xviie siècle, successivement catholique et protestant, XI, 618-619.

Justice. Influence du droit canon sur le droit civil : les Etablissements de saint Louis, VIII, 626-628.

Justin (saint), martyr en 168. Son opinion au sujet des oracles des sibylles, III, 612. — Le Tryphon dont il est parlé dans saint Justin est-il le même que le Juif Tarphon, qui dirigeait l'école rabbinique de Lydda? II, 618, 619.

K

Kepler. Ses découvertes astronomiques, X, 683. — La science et la foi dans Kepler : lois de Kepler, 690-692.

Khorsabad. Détails sur le Sargon d'Isaïe et le roi d'Asdod d'après la grande inscription de Khorsabad, I, 554.

Kijov, ville russe. Construction dans cette ville, à la fin du xe siècle, d'une église sur le modèle de Sainte-Sophie de Constantinople, VI, 621.

Kikaion. Nom hébreu de l'arbuste sous lequel Jonas s'abrita après sa prédication. C'est le ricin et non le lierre, I, 551.

Kilian (saint), martyr en 689, VII, 597.

Kinrich (Winrich de), grand maître de l'ordre teutonique. Ses expéditions contre les Lithuaniens (1352-1370), VIII, 671-672.

L

Labarum. Description du Labarum de Constantin par Eusèbe, III, 592. — Etymologie de ce nom, 583. — Son histoire, 583. — Garde du *Labarum*, *ibid.* — De son emploi sur les monnaies et les médailles, 584.

La Chaise (le P. de), confesseur de Louis XIV. Sa *Vie*, par M. de Chantelauze, XI, 649.

Lactance, prêtre d'Apollon, se convertit au christianisme, dont il devient l'un des plus ardents défenseurs. Son opinion sur la valeur des oracles sibyllins, III, 613.

Ladislas. Ses entreprises contre les Etats de l'Eglise : ses luttes contre le pape Jean XXIII, IX, 603.

Lambert (l'abbé). *Le déluge mosaïque, l'histoire et la géologie.* Analyse de cet ouvrage. Manière de concilier les découvertes de la géologie avec le récit mosaïque du déluge. I, 525, 526.

Landon, pape (xᵉ siècle), V, 348.

Lanfranc. Lanfranc, né à Paris, vers 1005, abbé du Bec, fut le promoteur de l'architecture romaine en Normandie, VI, 629. —Son voyage à Rome où il assiste en 1050 à la première condamnation de Bérenger, 607. — Réponse de l'hérétique Bérenger au bienheureux Lanfranc en 1050, au sujet de l'Eucharistie. Publication de cette réponse en 1834, 604, 605. — Lanfranc, au concile de Westminster en 1076, essaye en vain d'obtenir la déposition de saint Vulstan, 622.—Correspondance de Lanfranc et de Grégoire VII, 622, 623. — On peut reprocher à Lanfranc un peu de mollesse dans son attachement à l'Eglise romaine et trop de condescendance à l'égard du roi Guillaume, 623.

Languedoc. Conséquences politiques de la croisade contre les Albigeois, VII, 635 637.

Langues. Caractères principaux des langues sémitiques. Planes et sans inversions, elles ne connaissent d'autre procédé que la juxtaposition des idées. Netteté et régularité de leur orthographe, II, 588. — Raymond de Lulle restaurateur de l'étude des langues orientales. — Enseignement des langues orientales prescrit par le concile de Vienne dans les universités de Bologne, de Paris, de Salamanque et d'Oxford, VIII, 646.

Lardner (Nathaniel), célèbre apologiste anglais, né en 1684, mort en 1768, XI, 667.

Lateau (Louise), la stigmatisée, en Belgique. XII, 515.

Latran. Le prétendu synode de Latran tenu en 774, d'après le moine Sigebert en 1112, V, 601. — Concile dit *universel* de Latran de 1116 et le concile œcuménique de Latran de 1123, VII, 585-587. — Concile œcuménique de Latran, en 1123, 639. — Onzième concile général, troisième de Latran, en 1179, 606. — Douzième concile œcuménique, quatrième de Latran (1215) : approbation des instituts de saint Dominique et de saint François d'Assise, 625.

Lamennais. Son influence sur le mouvement catholique en France au commencement du xixᵉ siècle, XII, 538-540.

Lausanne. Le concile de Bâle se transporte à Lausanne (1448-1449), IX, 627.

Le Blant (M.), membre de l'Institut. Les premiers chrétiens n'étaient pas tous de pauvre et basse extraction, II, 611-613.

Lech (Jean), archevêque de Dublin, † le 10 août 1313, obtient du pape Clément V, une bulle pour l'érection d'une université à Dublin (1311), VIII, 664-665.

Le Cointe (l'abbé). Son *Étude sur la première croisade*, VI, 636.

Lecomte (le général). Assassinat du général Lecomte, le 18 mars 1871, XII, 503, 504.

Le Courayer. Manuscrits à consulter sur ce personnage, XI, 637.

Le Gallic, supérieur des prêtres de Saint-Sulpice, mort en 1797, XI, 614.

Légendes des saints. Légendes qui se trouvent dans la vie de différents saints, IV, 602-606,

Léger (saint), évêque d'Autun. Extraits d'un discours ou exhortation à un jeune roi, attribué à saint Léger par le cardinal Pitra, IV, 648. — *Histoire de saint Léger,* par le cardinal Pitra, 649. — Vies de saint Léger, l'une en vers, du ixᵉ siècle, tirée d'un manuscrit de Saint-Gall : la seconde composée par le moine Fruland qui vivait au xiᵉ siècle, *ibid.* — Ecrits attribués à saint Léger, 650. — Canons du synode d'Autun vers 670, rédigés par saint Léger, *ibid.*

Légion. Existait-il, dans l'armée de Marc-Aurèle, une légion tout entière composée de chrétiens et portant le nom de *Légion fulminante ?* Réponse de M. l'abbé Martigny à cette question, II, 622. — Date du martyr de la Légion thébaine : 22 sept. 302, III, 570. — Authenticité des actes de ce martyre composés par saint Eucher, évêque de Lyon, mort vers 450, *ibid.* — Le culte rendu aux ossements de ces martyrs commence dès 351, 570-571. — On ne doit pas confondre le martyre de la Légion thébaine avec le martyre du tribun saint Maurice d'Apamée et de ses soixante-dix soldats, *ibid.*

Législation. Influence du catholicisme sur la législation. IV, 610.

Législation pénale, au xvᵉ siècle, IX, 611.

Leibniz (Geoffroi Guillaume), né à Leipsick, le 21 juin 1646, mort en 1716. Résumé de sa vie : ses principaux ouvrages. Découverte de son tombeau en 1822, XI, 654-656.

Leicester (Robert Dudley, comte de), favori de la reine Elisabeth d'Angleterre. Sa vie scandaleuse, X, 671, 673.

Lejeune (le P.), prédicateur français du xviiᵉ siècle, XI, 616.

Lelong (Jacques). Ses ouvrages, XI, 629.

Le Nain de Tillemont (Sébastien), né à Paris, en 1637, mort en 1698. Ses œuvres; *sa vie de saint Louis;* jugement porté sur Tillemont par Mœlher, XI, 637-638.

Lenormant (M. F.). Hypothèse soutenue par ce savant sur la situation du paradis terrestre. Il le place vers la Petite Boukharie et le Thibet occidental, I, 520. — Tubalcaïn et l'invention de la métallurgie, 521. — Inadmissibilité de son opinion au sujet de l'universalité absolue du déluge, 524.

Léon le Grand (saint), pape de 440 à 461. — Rôle du pape saint Léon auprès d'Attila pour l'engager à s'éloigner de Rome, III, 633, 634.

Léon III (saint), pape de 795 à 816. Guérison miraculeuse de ce pape insérée dans le martyrologe romain, V, 602. — Son voyage en France, en 803, VI, 600.

Léon VIII (Adam de Brême), antipape au xiᵉ siècle, V, 639. —Prétendue bulle de l'antipape Léon VIII touchant l'élection des papes, 639-641. — Discussion sur l'authencité et la valeur de cet acte, *ibid.*

Léon IX (saint), pape de 1048 à 1054. — Ses

voyages en France et en Allemagne, VI, 600. — Léon IX au concile de Reims. Origine des premières défiances et jalousies des rois de France contre le pouvoir temporel des papes, 603. — Étude récente de M. Delare sur le pontificat de saint Léon IX. Réforme religieuse et civile commencée par ce pape et achevée par Grégoire VII, 606. — Lieu de naissance de saint Léon IX, 606, 607.

Léon X (Julien de Médicis), pape de 1513 à 1521. — Fête renouvelée des Césars donnée au peuple de Rome par le pape Léon X à son avènement au trône pontifical, 11 avril 1513, IX, 651. — Son projet de réforme liturgique, X, 657-658.

Léon XII, pape, (1823-1829), VI, 646.

Léon XIII (cardinal Joachim Pecci). Son élection le 20 fév. 1878, VI, 646; XII, 524.

Lépante. La bataille de Lépante, X, 672.

Le Ragois de Bretonvilliers (Alexandre), supérieur des prêtres de Saint-Sulpice, mort en 1676, XI, 614.

Lérins. Introduction de la réforme de Cluny, VI, 631.

Leschassier (François), supérieur des prêtres de Saint-Sulpice, mort en 1725, XI, 614.

Lettres, littérature. Histoire de la littérature chrétienne latine, par M. A. Ebert. Analyse critique de cet ouvrage, II, 619. — Des quelques traditions littéraires conservées par le clergé du vᵉ au viiiᵉ siècle, IV, 628. — Ouvrages disparus dans l'incendie de la bibliothèque d'Alexandrie au viiᵉ siècle, 637-639. — Des lettres formées et des recueils de formules : on trouve des exemples de lettres formées de 817 à 906, V, 619, 620. — Etat des sciences et des lettres sous Charlemagne; capitulaires y relatifs, 605, 606. — Histoire de la poésie latine du viiᵉ au xiᵉ siècle, 641. — Gerbert et la renaissance littéraire et scientifique de la fin du xᵉ siècle, 642-647. — Poème inédit de Raugier sur la vie de saint Anselme de Lucques, publié en 1870 par le Dʳ de la Fuenta, VI, 624. — Enseignement des lettres et des sciences à Cluny du xᵉ au xiiᵉ siècle, 632. — Différents ouvrages composés à Cluny, 632, 633. — Relevé des principales universités d'Europe établies ou confirmées par les souverains pontifes. Leur administration intérieure, VIII, 643-646. — Mouvement littéraire sous Charles V. Nombreuses traductions en français faites à cette époque : noms des traducteurs, IX, 599. — Principaux hellénistes du moyen âge, 641-642. — La renaissance des lettres au xvᵉ siècle? Les sciences et les lettres pendant toute la durée du moyen âge, 641-643. — Les arts et les lettres à Rome sous Nicolas V, 640, 641. — Le sensualisme dans les mœurs et dans la littérature, le positivisme et le matérialisme dans les sciences, au xixᵉ siècle, XII, 521.

Lévis (Jean Claude de) baron de Léran, chef des Huguenots du midi de la France en 1622, X, 694.

Liber pontificalis. Résumé du travail de M. l'abbé Duchesne, III, 601-604. — M. l'abbé Duchesne en fait remonter la rédaction à l'an 514, mais on peut admettre l'existence antérieure de notices papales, 602, 603. — Quant à la valeur historique il faut distinguer entre les différentes parties qui composent ce livre, 603, 604. — Liste des auteurs qui ont traité la question du Liber pontificalis, 604. — Détails sur les catacombes tirés du Liber pontificalis, 620, 621.

Libérat, diacre de Carthage, au vᵉ siècle. Ses accusations contre le pape Vigile, IV, 621, 622.

Libère, pape de 353 à 366. Son exil à Berrée en Thrace pour avoir refusé de condamner saint Athanase. Il est rappelé à Rome en 358 sur les instantes réclamations du peuple romain, mais sans avoir souscrit aucune formule hérétique, comme le prétendent certains historiens, III, 605, 606. — Ce pape fut toujours un zélé défenseur de la foi catholique, et s'il souscrivit une formule dressée à Sirmium, ce ne peut être que celle dirigée contre Photin en 351, 606, 607. — Il condamne les décisions du concile de Rimini, 607.

Liège. Célébrité des écoles de Liège au xiᵉ siècle. Hommes illustres de cette époque qui en sont sortis : Durand, Notker, Wason, évêques de Liège; Hubald, chanoine ; Adelman, évêque de Bresse, et Francon de Cologne, VI, 600. — Abbaye de Saint-Lambert de Liège. Le pape Etienne X y fut élevé, 609. — Son rôle contre les envahissements du protestantisme; traité de Joinville signé avec l'Espagne en 1584, X, 682.

Liguori (saint Alphonse de). Jugement porté sur sa théologie par M. Carrière, supérieur général de Saint-Sulpice, XI, 662. — Ses missions pour l'instruction religieuse du peuple, ibid.

Limoges. Temps de l'apostolat de saint Martial, d'après les synodes tenus à Limoges, à Poitiers, à Paris et à Bourges de 1021 à 1031. On considère saint Martial comme le disciple et le contemporain des apôtres. Cette tradition est confirmée par décision du pape Jean XI, VI, 601-602.

Lin (saint), premier successeur de saint Pierre, pape de 67 à 79, II, 602, 603.

Liron (dom), né en 1665, † en 1748. Ses ouvrages, XI, 629.

Lithuanie. Etablissement des jésuites en Lithuanie, X, 682.

Littérature. (Voyez Lettres).

Liturgie. Saint Ambroise et l'hymnologie chrétienne, III, 623-626. — Diverses liturgies admises chez les Syriens, d'après les écrits de saint Maruthas, évêque de Tagrite au ivᵉ siècle, 626, 627. — Origine de la liturgie slavonne : privilège accordé à la fin du ixᵉ siècle aux Slaves de faire l'office en leur langue, V, 603-605. — Ce privilège leur a été confirmé à plusieurs reprises, 605. — Introduction du chant romain ou grégorien en France sous Charlemagne, 606. — Caractère de la réforme liturgique accompli en France sous Pépin et Charlemagne, 609-612. — Monuments connus comme appartenant à l'ancienne liturgie gallicane : quatre missels, un lectionnaire et une exposition de la messe. — Rapports et divergences existant entre la liturgie gallicane et la liturgie romaine, 609. — La réforme liturgique opérée sous Pépin se borne à introduire en France la psalmodie romaine et les formes du chant grégorien. Quant à Charlemagne il substitua le sacramentaire grégorien au sacramentaire gélasien et aux sacramentaires particuliers, 611-612. — De l'ancienne liturgie de l'église de Lyon d'après Mᵍʳ de Conny, 612. — On s'accorde à reconnaître que la liturgie romaine, prise dans sa substance, provient de l'apôtre saint Pierre, 610, 611. — L'ancienne liturgie gallicane provient de la liturgie romaine et non de la liturgie orientale : elle remonte à l'introduction même du christianisme en France, 611. — Le canon de la messe est le même dans la liturgie gallicane et la liturgie romaine; il n'existe entre ces deux liturgies que des différences de détail, 610. — Introduction de la messe et de l'office du Sacré Cœur en 1765, XI, 652. — Origine des différents livres liturgiques. Réformation du missel et du bréviaire au xviᵉ siècle, X, 655-659. — Date des nouveaux bréviaires et missels français publiés aux xviiᵉ et xviiiᵉ siè-

ces, avec les noms de leurs auteurs, XI, 663-664.

LIVRES CANONIQUES. Pourquoi l'Eglise a-t-elle approuvé les livres deutéro-canoniques, II, 586. — Le premier livre des Machabées en fait partie, 588, 589. — Le second livre des Machabées, 589. — Le troisième est apocryphe, 589.

LIVRES CAROLINS. Recueil connu sous le nom de *Livres Carolins* adressé par Charlemagne au pape Adrien et contenant la critique de certains canons du deuxième concile de Nicée sur les images; l'auteur de ces livres est probablement Alcuin, V, 602. — Réponse du pape Adrien, *ibid*.

LOMBARDS. Le pape Etienne II vient en France implorer le secours de Pépin le Bref contre Astolfe et les Lombards, V, 596. — Intervention de Carloman, frère aîné de Pépin, dans les affaires d'Italie, 597. — Didier, roi des Lombards, 599, 600.

LONDRES. Concile tenu en 1142 : canons relatifs au droit d'asile, VI, 615. — Synode tenu en 1237, VII, 634.

LONGNON (A.). Partage du royaume franc entre les fils de Clovis en 511 d'après la *Géographie de la Gaule au* VIe *siècle*, par M. Longnon, IV, 607, 610.

LOTH. N'est pas le frère d'Abraham, mais son neveu, I, 530, 531. — Changement de la femme de Loth en statue de sel. Opinions de M. de Quatremère et de M. de Saulcy à ce sujet, 531.

LOTH (Arthur). Résumé de son travail sur la question du pape Honorius, IV, 640-645.

LOTHAIRE, roi de Lotharingie. Son divorce. Synodes tenus de 860 à 862 à Aix-la-Chapelle, et en 863 à Metz à ce sujet. C'est à tort que Rohrbacher rend l'épiscopat complice du roi en cette circonstance, V, 630. — Écrit d'Hincmar à ce sujet, *ibid*.

LOUDUN. Possession diabolique des religieuses de Loudun. Procès et exécution de Urbain Grandier, X, 694-696.

LOUIS LE DÉBONNAIRE, empéreur et roi de 814 à 840. Sa sollicitude pour les belles-lettres et les écoles, V, 618. — Le décret de Louis le Débonnaire (817). L'authenticité de ce diplôme a été soutenue par certains critiques et rejetée par d'autres, 620.

LOUIS VIII. Son rôle dans la guerre contre les Albigeois. Sa mort en 1226, VII, 636, 637.

LOUIS IX (saint), né à Poissy en 1214, VIII, 635.— Politique de saint Louis envers le Saint-Siège, et les conflits de juridiction au XIIIe siècle, 620-622. — Les *Etablissements* de saint Louis, 626-628. — Fausseté de la pragmatique sanction attribuée à saint Louis, 632-635. — Discussion relative à l'authenticité des *Enseignements de saint Louis*, 635. — Ses derniers historiens, 635. — La bibliothèque de saint Louis, 626. — Jugement porté sur saint Louis, par M. Léon Gautier, VII, 637.

LOUIS XIII. Vœu de Louis XIII : consécration solennelle de la France à la sainte Vierge, 10 février 1638, X, 694. — Derniers moments de Louis XIII, 696. — Publications sur le vœu de Louis XIII, 694.

LOUIS XIV. Troupes envoyées au secours de Candie sous les ordres du duc de Beaufort, du comte de Vivonne et du duc de Navailles (1669), XI, 625-627. — L'assemblée du clergé de 1682, 639-641. — Politique de Louis XIV envers la papauté, d'après les récents travaux de M. Gérin, 645-646. — La révocation de l'édit de Nantes, 646, 647. — Attaques dont la fin de son règne a été l'objet, 648. — Le droit constitutionnel et le pouvoir absolu, 649. — Ses derniers moments d'après le *Journal des Anthoine*, 649.

LOUIS DE BAVIÈRE. Relations entre le pape Benoît XII et Louis de Bavière. Mort de Benoît XII le 23 avril 1342, VIII, 668-669.

LOUIS DE FRANCE, duc d'Anjou, roi de Sicile et de Naples. Le pape Clément VII (Robert de Genève) crée en faveur de Louis de France le royaume d'Adrie, IX, 601.

LOUP (Servat), abbé de Ferrières (IXe siècle), disciple d'Alcuin, V, 618.

LUC (saint). Caractère de l'Evangile de saint Luc, II, 596-597.

LUCIUS II, pape de 1144-1145, VI, 646; IX, 612.

LUL, disciple de saint Boniface. Sa mission secrète auprès du pape Zacharie, au sujet du changement de la dynastie royale de France, V, 593, 594.

LUTHER. Les précurseurs de Luther. Synodes célébrés en Allemagne, sous Rodolphe de Habsbourg, VIII, 640, 641. — Rôle du démon dans la vie de Luther, IX, 652-654. — Dès les années 1512 à 1516, Luther professait plus ou moins explicitement toutes les erreurs qui forment le fond de sa théologie, 654. — La prédication des indulgences ne fut qu'un prétexte de circonstance, 655-657. — Ses adversaires : Tetzel, Sylvestre Priérias, Hoogstraten, 658. — Du culte des images et de l'infaillibilité, d'après Luther, 658, 659. — Conférence de Luther avec le diable, rapportée par lui-même, 660. — Portrait de Luther, d'après Henri VIII, Calvin et Zwingle, 662-664. — Le livre de Henri VIII contre Luther vaut à ce roi le titre de *Défenseur de la foi*, 664. — Luther perd sa popularité à partir de 1525, 663, 664. — Les études bibliques au moyen âge, X, 627. — Extraits divers de ses œuvres relatifs à l'invocation des saints, 628.

LUXEUIL. Monastère fondé par saint Colomban, IV, 629, 630. — Règle de ce monastère, *ibid*. — Saints sortis de l'abbaye de Luxeuil, d'après la *Vie des saints de Franche-Comté*, 645.

LYON. Saint Viventiole, évêque de Lyon. Coutume observée pour l'élection de son successeur, 601. — Caractère de l'antique liturgie de l'église de Lyon, abolie au XVIIIe siècle, V, 612. — Liturgie adoptée par l'église de Lyon, X, 655-659. — Treizième concile général tenu à Lyon en 1245, VIII, 616. — Canons de ce concile, 617. — Copies vidimées audit concile des privilèges accordés à l'église romaine, 618. — Bulle relative à saint Bénézet, 619. — Concile général de Lyon en 1274 : cardinaux qui y assistèrent. Déposition de l'évêque de Liège. Rôle de saint Bonaventure à ce concile, 635, 636. — Excès commis à Lyon en 1562, par les calvinistes, X, 675.

M

MABILLON. Détails biographiques XI, 633.

MACHABÉES. Le premier livre des Machabées. Originairement écrit en hébreu, puis traduit en grec. Admis parmi les livres canoniques, II, 588. — Le second livre n'est pas du même auteur que le premier, 589.—Le troisième livre est apocryphe, 589. — Découverte du tombeau des Machabées. 589, 589. — Orthographe de ce nom, 589.

Mac-Mahon (le maréchal de). Le maréchal de Mac-Mahon et le septennat, constitution de 1875, le ministère du 16 mai, XII, 518.

Madeleine (sainte). *Vie de sainte Madeleine et de sainte Marthe,* par Rabán Maur : valeur de cet ouvrage, V, 623, 624.

Madgyarés (les), peuple de la Hongrie. Leur origine ; leur conversion, V, 635

Mages. Les Mages étaient des chefs de tribus arabes, appartenant à la nation des Nabatéens, II, 593.

Magie. Crime de magie reproché à tort au pape Grégoire VII. L'Eglise a de tout temps condamné la magie, la nécromancie et autres pratiques superstitieuses. Opinion de Grégoire de Tours, de Raban Maur et autres écrivains ecclésiastiques à ce sujet. En Angleterre, plus le calvinisme devient puissant, plus les procès de sorcières se multiplient, VI, 626.

Magnétisme. Le magnétisme d'après les expériences faites dans les hôpitaux de Paris, XI, 676.

Mahomet, Mahométisme. De la manière dont fut composé le Coran, IV, 633-637. — Mahomet affirme qu'il lui a été donné par une révélation du ciel : il est plus facile d'y reconnaître une inspiration de Satan, 633, 634. — Un assez grand nombre de passages sont empruntés aux livres des Juifs et des chrétiens, 635. — Il est certain que Mahomet était atteint d'épilepsie, 634. — Mahomet s'est appliqué à faire circuler dans son œuvre une âme pleine de feu, de poésie, d'idées belles et sublimes, afin que l'on crût y sentir le souffle de Dieu. Les Musulmans sont persuadés que ce style est supérieur à toute éloquence humaine, 636. — Différentes copies et éditions du Coran, 637. — Passage de l'Apocalypse de saint Jean dans lequel il paraît être question de l'empire de Mahomet ou de l'empire des Turcs, III, 569. — Application des paroles de l'Apocalypse et de Daniel à la ruine de l'empire musulman, IV, 630, 631 ; XII, 635, 636. — (Voir *Islamisme*.)

Maires du Palais. Saint Valentin, chargé de la direction de la maison du roi Théodebert, IV, 619.

Malachie, archevêque d'Armagh, † en 1148. Ses prophéties sur tous les papes, VI, 644. — Légendes caractérisant chacun de ces papes, 644-646.

Malebranche. Ouvrages et travaux récents publiés sur Malebranche, XI, 637.

Malo (saint). Principaux traits de la vie de ce saint, mort vers 570, IV, 606.

Manassé, roi de Juda. Tributaire d'Assarhaddon, I, 554. — Captivité de Manassé, 555.

Manfred, roi de Sicile. Le pape lui enlève son royaume, pour le donner à Charles d'Anjou (1266), VIII, 630, 631.

Manichéens. Traité de Titus de Bostra écrit contre ces hérétiques, III, 623. — Ils s'efforcent d'interpoler les actes des martyrs, afin de s'autoriser de leurs noms, 579. — L'hérésie des Manichéens au XIe siècle. Elle est importée d'Italie en France : sa condamnation au concile tenu à Orléans en 1022, et non en 1017, VI, 597.

Manne. Signification et étymologie de ce mot, I, 535, 536.

Mantoue. Synode tenu à Mantoue en 1064 pour juger le différend entre le pape Alexandre II et l'antipape Honorius II, VI, 613, 614.

Manuscrits. Les manuscrits de la bibliothèque de l'abbaye de Saint-Martin en Belgique sont célèbres au XIe siècle, VI, 630.

Marbode ou Marbœuf, évêque de Rennes (XIIe siècle). Ses ouvrages, VI, 638.

Marc saint), Caractère de l'évangile de saint Marc, II, 596-597.

Marc-Aurèle, empereur. Persécution des chrétiens sous son règne, III, 588.

Marcel II, élu pape le 9 avril 1555, mort le 30 du même mois, X, 659.

Marcellin (saint), pape. La prétendue chute de ce pape est une fable inventée par les Donatistes, III, 585-587. — Les actes de son martyre, ainsi que les actes du prétendu concile de Sinuesse, sont apocryphes, ou du moins fort altérés, 586.

Marchesi (l'abbé). Résumé de son travail sur le caractère de la réforme liturgique introduite en France sous Pépin et sous Charlemagne, V, 609-612.

Marcoul (saint), abbé de Nanteuil, dont les reliques étaient autrefois conservées à Corbeny. Du pouvoir accordé par lui au roi Childebert et à ses successeurs de toucher les malades affectés de scrofules, IV, 590-592. — Saint Marcoul guérit les écrouelles comme le roi, 591.

Marguerite. Différentes saintes de ce nom, IX, 612.

Marguerite-Marie Alacoque (la bienheureuse). Histoire de la dévotion au Sacré-Cœur. Inaugurée dans le monastère de la Visitation de Moulins en 1676 et successivement introduite dans les différents diocèses de France, enfin autorisée par une bulle de Clément XIII, en 1765, XI, 652.

Mariage. Du mariage chez les Juifs, II, 593. — Le célibat des prêtres remonte aux origines mêmes du christianisme. Témoignages et canons de conciles en faveur de cette opinion, IV, 653-654. — Erreurs de l'hérétique Béranger sur le mariage, VI, 604, 605.

Marie-Madeleine (sainte). Son apostolat en Provence. Récents travaux publiés à ce sujet, VIII, 646.

Marie de l'Incarnation (la bienheureuse). Sa vie, XI, 634, 635. — Son arrivée au Canada, 666.

Marie Tudor. Négociations relatives au mariage projeté entre le second fils de François Ier et Marie Tudor en 1558 ; mariage de Marie Tudor avec Philippe II, X, 641. — Conséquences de ce mariage : réconciliation de l'Angleterre avec l'Eglise romaine (1554-1555), 649-650.

Marie des Vallées, née en 1590 et morte à Coutances en 1656. Ses rapports avec le P. Eudes, XI, 637.

Maron (Jean), d'abord moine dans le monastère de Saint-Maron, sur l'Oronte, sacré plus tard évêque de Botrys, avec le titre de patriarche des Maronites, (ve siècle), IV, 650.

Maronites. Population catholique, de race syrienne, réfugiée dans les montagnes du Liban au ve siècle. Le pape Martin Ier leur donne pour évêque Jean Maron, moine dans le monastère de Saint-Maron, sur l'Oronte. Luttes des Maronites contre les Sarrasins pour conserver leur indépendance. Ils ne perdent cette indépendance qu'en 1842. Organisation religieuse, population, nombre des communautés, IV, 650, 651.

Marmoutier. Introduction de la réforme de Cluny, dans ce monastère, VI, 631.

Marseille. Zèle de Mgr de Belzunce, pendant la peste de Marseille en 1720, XI, 651.

Marthe (sainte). *Vie de sainte Madeleine et de sainte Marthe,* par Raban Maur. Autorité de cet écrit, V, 623.

Martial (saint), apôtre du Limousin. Temps de l'apostolat de saint Martial, d'après les synodes tenus à Limoges, à Poitiers, à Paris et à Bourges, de 1021 à 1031. On le considère comme le contemporain et le disciple des apôtres, VI, 601-602.

MARTIGNY (l'abbé). Son *Dictionnaire des anti-quités chrétiennes*. De l'utilité de l'archéologie chrétienne, II, 623, 624. — Existait-il, dans l'armée de Marc-Aurèle, une légion tout entière composée de chrétiens et portant le nom de *Légion fulmi-nante* ? Réponse de M. l'abbé Martigny, 622. — Exemplaires des Ecritures écrits à Alexandrie d'Egypte, sur les ordres de Constantin pour le service des églises de Constantinople, III, 598.

MARTIN (saint). Miracles de saint Martin par saint Grégoire de Tours, IV, 627. — Saint Grégoire de Tours et le tombeau de saint Martin. Culte de saint Martin restauré au xixe siècle par M. Dupont, 627.

MARTIN (saint) de Dume, originaire de Pannonie, abbé de Dume, puis évêque de Brague. Notice sur quelques-uns de ses ouvrages, IV, 627.

MARTIN V (Odon Colonna). Son élection par le concile de Constance (11 novembre 1417), IX, 605-607. — Assiste à la plupart des sessions du concile de Constance et approuve les canons de ce concile, 605-608. — Origine de la bulle *in cœna Domini* attribuée à tort à Martin V, 612. — C'est à tort qu'il a été accusé d'avarice, 613, 614. — Sa mort le 21 février 1431. Ouverture du concile de Bâle, 617, 618.

MARTIN (Claude), sa vie, ses œuvres, XI, 624, 625.

MARTIN DE TROPPAU, (Martinus Polonus). Importance littéraire de ses œuvres. Ses deux continuateurs : Ptolémée de Lucques, et Bernard Guy, VII, 632.

MARTYROLOGE. Les martyrs étant à peu près les seuls saints reconnus dans l'Eglise primitive, le catalogue des bienheureux s'appelait martyrologe, VII, 596. — Canonisation des saints dans les différents siècles, 595-599. — Autorité historique des martyrologes de Bède, d'Adon et d'Usuard, III, 579.

MARTYRS. Le nombre des chrétiens de Rome et des martyrs des trois premiers siècles, II, 613, 614. — Emblèmes qui servent à désigner les tombes des martyrs dans les catacombes, 628-632. — Discussions relatives aux vases de toute forme et de toute matière qui se trouvent dans les tombeaux, 628. — Décision de la Congrégation des rites à ce sujet, en 1863; elle les considère comme un signe de martyre, 632. — Valeur historique des actes des martys, III, 575-580. — Ils sont recueillis à l'origine par des notaires institués spécialement à cet effet, II, 619; III, 576, 577. — Ces actes primitifs sont d'abord interpolés par les premiers hérétiques, ensuite détruits pendant la persécution de Dioclétien, 577, 578. — Sous le règne de Constantin on s'occupe activement de reconstituer les actes disparus, en faisant appel à la mémoire des témoins oculaires, 578. — Recueil d'Eusèbe, 579. — Saint Augustin, envoyé en Angleterre par saint Grégoire le Grand, emporte avec lui une collection de vies de saints et des passions des martyrs, 579. — Martyrologes de Bède, d'Adon et d'Usuard, *ibid*. — Fureur des persécutions dirigées contre les chrétiens, 587-590. — Actes des martyrs pendant la persécution de Sapor, mort en 370, par saint Maruthas, évêque de Tagrite, 626, 627.

MARUTHAS (saint), évêque de Tagrite ou Martyropolis en Syrie, au quatrième siècle. Importance de ses écrits relativement au dogme de l'Eucharistie. Actes des martyrs de Syrie pendant la persécution de Sapor, mort en 370, III, 626, 627.

MASSACRE DES INNOCENTS. — Actes de cruauté d'Hérode, II, 593.

MASSILLON. — Massillon d'après les récents travaux de M. l'abbé Blampignon, XI, 670.

MATHÉMATIQUES. Etat des sciences mathématiques au xe siècle, V, 644, 645.

MATHIEU (saint). Caractère apologétique de l'évangile selon saint Mathieu, II, 596-597. — Réfutation des opinions de M. Renan sur l'origine de cet évangile, 598, 599.

MATHILDE (la comtesse). Donation de la Toscane et d'une partie de la Lombardie au souverain pontife en 1077. Son dévouement pour le Saint-Siège, VI, 625, 626.

MAUR (saint). La mission de saint Maur en Gaule : détails sur la vie monastique à Glanfeuil et dans les environs pendant le xie siècle, IV, 624, 625.

MAURICE (saint). On ne doit pas confondre le martyre de la Légion thébaine avec le martyre du tribun saint Maurice d'Apamée et de ses soixante-dix soldats, III, 570, 571.

MAXENCE, empereur. Sa conduite à l'égard des chrétiens, III, 589.

MAXIMIN HERCULE, empereur. Sous son règne la fureur de la persécution contre les chrétiens est à son comble, III, 588, 589.

MAYENCE. Réforme du clergé commencée au concile de Reims, par saint Léon IX, et poursuivie au concile de Mayence, en 1049, VI, 603.

MAYEUL (saint), abbé de Cluny au xe siècle, VI, 631. — La réforme de Cluny est introduite dans de nombreux monastères, *ibid*.

MAZARIN (le cardinal). Son mariage avec Anne d'Autriche après la mort de Louis XIII doit être tenu pour faux, XI, 648, 649. — Il n'était pas encore engagé dans les ordres en 1651 et probablement ne l'a jamais été, 649.

MEAUX. Concile en 1081, VI, 624.

MÉDAILLES. Principaux emblèmes chrétiens qui se trouvent sur les médailles à l'époque de Constantin et de ses successeurs : l'étoile, le *labarum*, le chrisme, parfois la croix simple, III, 584. — Histoire des médailles de dévotion d'après le chevalier de Rossi, 629. — Médaille donnée à sainte Geneviève par saint Germain, évêque d'Auxerre, IV, 588.

MÈDES. Déjocès, premier roi des Mèdes vers 708, I, 556.

MÉDICIS. La famille des Médicis à Florence au xve siècle, IX, 642.

MÉLANCHTHON (Philippe). Ses contradictions, IX, 659, 660.

MELFI. Synode tenu en juillet 1059, VI, 612.

MELTIADE (saint), pape, mort en 314; est le dernier pape enterré dans les catacombes, II, 624.

MER MORTE. Ce nom ne se trouve pas dans la Bible mais chez les auteurs grecs et latins, I, 531. — Superficie de ce lac. Nature de ses eaux, M. Lynch signale la présence d'innombrables oiseaux sur les bords de ce lac. Il ne joua aucun rôle dans l'anéantissement des cinq villes maudites, 530.

MÉRODACH-BALADAN, d'abord roi de Beth-Yakin. Son histoire, I, 553.

MÉROVINGIENS. Faiblesse des derniers rois mérovingiens. De la consultation du pape Zacharie au sujet du changement de dynastie qui transféra la couronne des Mérovingiens aux Carlovingiens, V, 591-595.

MESHA (La stèle de). Découverte à Dhiban, l'antique Dibon, à l'est de la mer Morte, signalée en 1870 par M. Clermont-Ganneau, aujourd'hui au Louvre, démontre la vérité des récits bibliques. Traduction des inscriptions qui la recouvrent, I, 547-550.

MESSE. *Exposition de la Messe gallicane*, attribuée à tort à saint Germain, évêque de Paris,

V, 610. — Le canon de la Messe est le même dans la liturgie romaine et dans la liturgie gallicane, 610. — Prétendue permission accordée par le pape Innocent VIII aux prêtres de la Saxe de célébrer le saint sacrifice *sans vin*, IV, 646, 647.

MESSIE. De la venue du Messie. Prophéties et passages de la Bible qui l'annoncent, I, 533. Lettre de Bossuet à ce sujet, *ibid.* — Attente du Messie chez les Juifs d'après l'Apocalypse d'Hénoch, livre apocryphe publié en 1851, II, 592.

MÉTALLURGIE. Tubalcaïn et l'invention de la métallurgie, I, 521.

MÉTHODE (saint), archevêque de Pannonie, † en 885. Ses missions en Bulgarie, en Moravie, en Bohême, (862-885), V, 605. — Ses *Œuvres*, 622. — Lettre contre les moines de Stude, découverte récemment par le cardinal Maï, *ibid.*

MICHAUD (l'abbé E.). Son ouvrage intitulé : *Guillaume de Champeaux et les écoles de Paris au XIIᵉ siècle*, VI, 639, 640.

MICHEL (saint) archange. La guerre entre Michel et le Dragon, a beaucoup de rapport avec le combat de Bel contre le Dragon, que raconte une tablette chaldéenne, I, 519. — Saint Michel et le *Labarum*, III, 582-583. — Saint Michel présente le *Labarum* à Constantin. Autres apparitions de saint Michel, 582. — Saint Michel défenseur et gardien de la papauté et de la France. Apparition de l'archange saint Michel au fond du golfe de Maufredonia, sur la montagne du Gargan en Apulie, au vᵉ siècle, IV, 587. — Autre apparition de saint Michel sur le mont Tombe, diocèse d'Avranches, au VIIIᵉ siècle, 587, 588.

MICHEL III, empereur de Constantinople (IXᵉ siècle). Son rôle dans la déposition du patriarche de Constantinople Ignace, remplacé par Photius en 857, V, 628.

MILAN. Invention des reliques de saint Ambroise et des saints Gervais et Protais, sous le maître-autel de l'église de Saint-Ambroise de Milan, le 8 août 1871, III, 622, 623. — Les révoltes de Milan et les Patarins, 1059, VI, 608, 609.

MILLÉNAIRES. De l'erreur du Millénarisme, professée par plusieurs Pères de l'Église, qui annonçaient la venue de l'Antéchrist et la fin du monde pour mille ans après la naissance de Jésus-Christ, VI, 598. — Quelques auteurs du dixième siècle, combattent cette erreur qui reprend faveur au XVIIIᵉ siècle, *ibid.* — Principaux partisans et adversaires du Millénarisme, 598. — Texte d'une prose avec chant, provenant de l'abbaye d'Ariane, et inspirée par la préoccupation de la fin du monde, 598. — Les terreurs de l'an mille et les Millénaires, 597-599. — On a contesté de nos jours les frayeurs répandues dans le monde, à l'approche de l'an mille : cependant il n'en est pas moins vrai que ces terreurs ont agité les populations, 597. — Mouvement architectural des XIᵉ et XIIᵉ siècles, 599.

MISCHNA (La), recueil contenant les traditions du peuple juif, composé vers 219, par R. Juda, prince de la Synagogue, II, 614. — Division de ce recueil en six parties, 614, 625.

MISSEL. Origine du missel et du bréviaire. Leur réformation au XVIᵉ siècle, X, 655-659. — Missels ou sacramentaires, appartenant à l'ancienne liturgie gallicane. Rapports et divergences entre ces textes et les textes de la liturgie romaine, V, 609. — Nouveaux missels français publiés aux XVIIᵉ et XVIIIᵉ siècles, avec les noms de leurs auteurs, XI, 663, 664.

MISSIONS. Guillaume de Ruysbroek et les missions de Tartarie au XIIIᵉ siècle, VIII, 628. — Les missions catholiques et la persécution religieuse en Chine et au Japon au XVIIᵉ siècle, X, 687-688. — Marche ordinaire d'une mission prêchée par saint Alphonse de Liguori, XI, 662. — Missions des Jésuites en Chine au XVIIIᵉ siècle, 670, 671. — Missions de l'Extrême Orient, d'Afrique, d'Amérique et d'Océanie, sous le pontificat de Pie IX, XII, 523.

MOÏSE. Est l'auteur du Pentateuque. On peut admettre cependant : 1º Qu'il existe dans le Pentateuque quelques additions faciles à remarquer; 2º Que Moïse a intercalé dans son livre quelques documents antérieurs, qui lui étaient parvenus, soit par une tradition orale, soit au moyen de l'écriture, I, 537-540. — De l'écriture au temps de Moïse : réponse à M. Kuenen, 537. — Moïse a spiritualisé les cérémonies par lesquelles l'Egypte honorait ses dieux, 539.

MOLANUS, luthérien, X, 628.

MOMIES ÉGYPTIENNES. Grande quantité de linges et d'étoffes employée pour leur embaumement, III, 597, 598.

MONACHISME, MONASTÈRES. Fondations monastiques de saint Cado et de saint Hiltute, dans la Grande-Bretagne, au vᵉ siècle, IV, 602, 603. — Services rendus à la chrétienté par les moines, 611-612. — La mission de saint Maur en Gaule : détails sur la vie claustrale à Glanfeuil et dans les environs pendant le VIᵉ siècle, 624, 625. — La règle de saint Colomban et celle de saint Benoît, 629, 630. — A la fin du VIᵉ siècle et au VIIᵉ, la règle de saint Colomban est remplacée par celle de saint Benoît. Motif de cette substitution, 630. — La tonsure reconnue dès les premiers temps du christianisme comme symbole des vœux religieux, 645. — Règles monastiques composées par saint Fructueux, 648. — De bonne heure on voit des hospices s'élever à côté des monastères, et les monastères eux-mêmes héberger les étrangers, les pèlerins, les indigents, V, 619. — Le relâchement s'introduit dans les monastères aux IXᵉ et Xᵉ siècles, 643. — Rôle des abbayes de Cluny, de Cîteaux et de Clairvaux, dans la rénovation religieuse et sociale des XIᵉ et XIIᵉ siècles, VI, 630-635. — Sous saint Mayeul, la réforme de Cluny est introduite à Fleury-sur-Loire, à Saint-Sauveur de Sarlat, à Saint-Austremoine de Clermont, à Saint-Pierre de Sens, à Lérins, à Marmoutier, à Saint-Germain d'Auxerre et à Saint-Maur, 631. — Le développement de l'ordre de Cluny continue au XIIᵉ siècle, *ibid.* — Les ordres religieux et la famille romaine, 640-642. — Influence des ordres mendiants sur les études historiques, VII, 632. — Détails sur la vie des moines et des ermites de l'église orientale; Barlaam et les Palamites, VIII, 670-671. — La règle de sainte Brigitte au monastère de Watstein, dictée par Notre-Seigneur lui-même, IX, 593. — Spoliation des couvents anglais par Henri VIII (1536) : résultats de cette spoliation, X, 634-639.

MONARCHIA SICULA. Discussion historique canonique sur la nature du pouvoir confié, en 1098, par le pape Urbain II, au comte normand Roger et à ses successeurs, VI, 628, 629.

MONDE. De la fin du monde annoncée par les Millénaires, comme devant arriver mille ans après la naissance de Jésus-Christ, VI, 598. — Cette supposition a pour principale source un texte de l'Apocalypse mal interprété, *ibid.*

MONNAIES. Des signes de christianisme sur les monnaies et les monuments de l'époque de Constantin, III, 583-585. — Avant Constantin, on rencontre déjà sur des médailles trois marques de christianisme : le monogramme du Christ, la représentation du déluge, la formule *in pace*, 583

— On trouve ensuite : l'étoile, le *labarum*, le chrisme, parfois même la croix simple. 584. — Le roi Pépin abolit la monnaie d'or, exclusivement frappée sous les Mérovingiens, pour la remplacer par la monnaie d'argent, V, 603. — Charlemagne complète les réformes commencées par son père, et ne permet pas l'altération des monnaies sous son règne, *ibid.* — (Voyez *Numismatique.*)

MONOCORDE. Qu'était le monocorde? Rapports mystérieux entre les sons, les couleurs et les principales figures de la géométrie, V, 636.

MONOGRAMME. Monogramme du Christ surmontant le *Labarum* de Constantin, III, 582, 583. — Du monogramme cruciforme, et de son emploi sur les monnaies de Constantin et de ses successeurs, 584.

MONOTHÉLISME. Lettres du pape Honorius, relatives à cette hérésie, condamnées par le sixième concile général de Constantinople, IV, 640-644.

MONTAGNE, évêque anglican, XVIe siècle, X, 628.

MONTAIGNE. Sa traduction de la *Theologia naturalis* de Raimond de Sebond en 1557, XI, 623-624.

MONT-CASSIN. Présents envoyés à cette abbaye par le pape Etienne X, VI, 609.

MONTEIL. Synode célébré à Monteil, près de Valence, le 5 décembre 1248, canons de ce concile, VIII, 619.

MONTFAUCON. Ses ouvrages, XI, 629.

MONTFORT (Simon de), chef de la croisade contre les Albigeois, mort au siège de Toulouse en 1218. Conséquences politiques de la croisade contre les Albigeois, VII, 635-637.

MONTFORT (Amaury de). Il cède au roi Louis VIII tous ses droits sur les terres des Albigeois (1225); VII, 636, 637.

MONT-GARGAN. Apparition de saint Michel, III, 582.

MONTMAGNY (de), gouverneur du Canada, XI, 666.

MONTRÉAL au Canada. Histoire de cette colonie, XI, 665-667.

MONT-SAINT-MICHEL. Apparition de l'Archange saint Michel à Aubert, évêque d'Avranches (VIIIe siècle). Il lui ordonne de construire un oratoire sur le mont Tombe, plus tard Mont-Saint-Michel, IV, 587, 588.

MORALE. Extraits de la partie morale du concile de Nicée, III, 592-593.

MORAVIE. Introduction du christianisme dans ce pays. Missions de saint Cyrille et saint Méthode (862-868), V, 604, 605, 632.

MOSCOU. Fondation d'un patriarcat à Moscou au XVIe siècle. L'église russe devient ainsi indépendante de celle de Constantinople. Le dernier patriarche de Moscou meurt en 1700 et est remplacé par un synode, XII, 542-543.

MULLER (Jean de). Réflexions de cet historien sur la lumière produite par le Nouveau Testament, II, 596.

MUNSTER. Les anabaptistes de Munster (1534), X, 632-633.

MURATORI. Lettre du pape Benoît XIV à Muratori sur certains passages de ses ouvrages, XI, 658.

MURY (l'abbé). Arguments contre l'authenticité de la bulle de Boniface VIII *Unam Sanctam ;* réponse du R. P. Desjardins, VIII, 650-652.

MUSIQUE. Traité de Boëce sur la musique, IV, 593, 594. — Qu'était le monocorde ? Rapports entre les sons, les couleurs et les figures principales de la géométrie, V, 666. — Gerbert restaurateur des études musicales en France au Xe siècle, 645. — Invention des notes de la gamme par Gui d'Arezzo, VI, 601. — Palestrina et la réforme de la musique religieuse au XVIe siècle, X, 659-661.

MUSULMANS. Application des paroles de l'Apocalypse et de Daniel à la ruine de l'empire musulman d'après le vénérable Holzhauser, IV, 630, 631. — Invasion des musulmans en Espagne à la fin du VIIe siècle. Cette invasion est favorisée par les Juifs qui trahissent la cause espagnole, 651-653. (Voyez *Mahomet.*)

MYSTICISME. Maitre Eckhart, prieur des dominicains de Francfort, fondateur de la mystique spéculative allemande. Condamnation des doctrines d'Eckhart en 1329, VIII, 669, 670.

N

NABATÉENS, nation arabe, établie dans la péninsule sémitique, et composée d'un mélange de Chaldéens et d'Iduméens, II, 593.

NABUCHODONOSOR. Prise de Tyr par ce roi, I, 561. — Folie de Nabuchodonosor, 562.

NALGAD, moine de Cluny, retouche les vies de saint Odon et de saint Mayeul (XIIe siècle), VI, 632.

NANTES. Révocation de l'édit de Nantes, en 1685, XI, 646, 647.

NAPLES. Fondation du royaume de Naples. Le pape Nicolas II accorde au chef des Normands établis dans le sud de l'Italie, Robert Guiscard, la dignité de duc, ainsi que la Pouille et la Calabre (1059), VI, 612. — Charles d'Anjou, roi de Sicile et de Naples. Excès des Français en Italie (1266). Exécution à Naples de Conradin (1268), VIII, 630-631. — Après la mort du roi Alphonse le pape Callixte III déclare que le royaume de Naples avait fait retour à l'Eglise romaine; ce qui n'empêche pas son successeur Pie II de donner de nouveau l'investiture de ce royaume à Ferdinand d'Aragon, IX, 644. — Bulles d'investiture du royaume de Naples, de la Sicile et de la Sardaigne en faveur des rois d'Espagne, X, 662, 663. — Droits du Saint-Siège sur le royaume de Naples, 670, 671.

NAPOLÉON Ier. Le concordat et les articles organiques, XII, 536, 537. — Pie VII à Savone, 537. — La persécution impériale en 1811, 537, 538. — Napoléon à Sainte-Hélène, 538.

NAPOLÉON III. Déchéance de la dynastie napoléonienne (1871), XII, 502.

NAZARÉENS (Les). L'institution du Nazaréat existait chez les Hébreux avant le temps de Moïse. Le législateur n'a fait que réglementer ses vœux, I, 542.

NÉCHAO Ier, roi de Saïs. Traitement à lui infligé pour avoir conspiré contre son suzerain, Assourben-Habal, roi de Ninive, I, 555.

NEMROD. La légende de Nemrod « le fort chasseur » appartient au cycle des légendes assyro-babyloniennes. Différentes opinions soutenues à son sujet, I, 527, 528.

NÉRON, empereur. Persécution des chrétiens sous son règne, III, 587.

NEUBAUER, sous-bibliothécaire de la bibliothèque Bodléienne, découvre, en 1877, le texte Chaldéen du livre de Tobie, I, 552.

NICE. Trève de Nice (1538), X, 639.

NICÉE. Concile de Nicée tenu en 325 III, 590. — Condamnation de l'Arianisme. Ayant repris faveur à la cour, les Ariens poursuivent les pères de ce concile, et font disparaître les Actes, 590. — Découverte de fragments de *Gnomes* ou *Exhortation* à la pratique des vertus, relatifs à ce concile; valeur de ces textes, 590, 591. — Les actes du concile de Nicée sont confirmés par le concile d'Alexandrie en 362, 590, 591. — Division des actes de ce concile d'après Gélase de Cyzique, 590, 591. — Extraits de la partie morale des actes de ce concile, 592-593. — Symbole de Nicée. Explications ajoutées à ce symbole par le premier concile œcuménique de Constantinople en 381, 616. — Deuxième concile œcuménique de Nicée, V, 601. — Critique de certains passages des actes latins de ce concile contenue dans les *Livres Carolins*, 602.

NESTORIUS, hérétique. Sa condamnation au concile d'Ephèse en 431. Il est exilé dans le désert d'Oatis, proche de l'Egypte, et y meurt, III, 630. — Douze articles de la doctrine de Nestorius condamnés par saint Cyrille, 581, 582. — Confusion involontaire par saint Avit de Vienne de l'hérésie d'Eutychès avec celle de Nestorius, IV, 597.

NICOLAS Ier, pape. Ses efforts pour maintenir la suprématie du Saint-Siège. Excommunication de Photius, patriarche de Constantinople, qui veut se faire reconnaître patriarche de l'Eglise universelle, V, 628.

NICOLAS II, pape. Ordonnance relative à l'élection des papes promulguée au concile de Latran en 1059 par le pape Nicolas II, VI, 610-612. — Etablissement des Normands dans le sud de l'Italie, Nicolas concède à Robert Guiscard, la Calabre et la Pouille; les Normands deviennent ainsi les alliés et les protecteurs de la papauté, 612.

NICOLAS V, pape. Sa conduite à l'égard des pères du concile de Bâle (1449), IX, 627. — Les arts et les lettres à Rome, sous Nicolas V, 640, 641.

NICOLAS DE MIRE (saint). Hymne en son honneur par saint Jean Damascène, V, 595.

NICOLE. Son ouvrage sur *la perpétuité de la Foi touchant l'Eucharistie*, paru en 1669, XI, 610.

NIHILISME. Le nihilisme en Russie, XII, 516.

NINIVE. Grandeur et magnificence sans rivales de Ninive. La ville actuelle de Mossoul occupe probablement une partie de l'ancienne Ninive, I, 550, 551. — D'après MM. Lenormant et de Saulcy, il n'y a eu qu'une seule destruction de Ninive, celle de 625 avant J.-C., 551.

NOCES DE CANA. Interprétation des paroles prononcées par N.-S. aux noces de Cana, II, 594.

NOÉ (Arche de). Différentes hypothèses sur sa forme et sa disposition intérieure, I, 524. — Le nom de Noé se retrouve dans les traditions des Babyloniens relatives au déluge, 525, 526.

NORMANDS. Etablissement des Normands dans le sud de l'Italie. Négociations entamées entre le pape Nicolas II et Robert Guiscard, au concile de Melfi en juillet 1059. Nicolas accorde la dignité de duc à Robert, et lui concède la Calabre et la Pouille. Les Normands deviennent ainsi les alliés et les protecteurs de la papauté, VI, 612. — Rôle des Normands dans les luttes qui agitent l'Eglise au sujet de la double élection d'Alexandre II, et de l'antipape Honorius II, 613, 614. — Les missionnaires normands vont prêcher l'Evangile jusque dans les pays les plus éloignés du Nord, 621.

NORTHCOTE (docteur). Résumé des travaux de M. de Rossi, sur les catacombes. Liberté des cimetières chrétiens, III, 580.

NOTAIRES. Institués pour recueillir les actes des martyrs, II, 619; III, 576. — Institution des notaires apostoliques, par le pape saint Clément; leurs fonctions, VII, 596.

NOTKER, évêque de Liège, (1071-1078). D'abord moine à Saint-Gall, puis directeur des écoles de Stavelo. Son enseignement; ses élèves, ses écrits, V, 600, 636.

NOTKER BALBULUS, né à Heiligow en Turgovie, † moine de Saint-Gall, en 912, V, 636, 637.

NUMISMATIQUE. Résumé du travail publié par M. de Saulcy, en 1854 : *Recherches sur la numismatique judaïque*, II, 591. — Des signes de christianisme sur les monnaies et les monuments de l'époque de Constantin. Liste des auteurs qui ont traité cette question. Résumé de leurs travaux, III, 583-585. — On signale avant Constantin l'emploi de trois signes de christianisme : le monogramme du Christ, la représentation du déluge, la formule *in pace*, 583, 584. — A l'époque de Constantin et de ses successeurs, on trouve : l'étoile, le *labarum*, le chrisme, parfois même la croix simple, 584, 585. — Modifications et additions introduites par les successeurs de Constantin, 585. — (Voyez *Monnaies*).

O

OCÉANIE. Mission d'Océanie sous le pontificat de Pie IX, XII, 523.

OCTAVES. Les octaves des fêtes solennelles remontent aux premiers siècles de l'Eglise, III, 570.

OCTAVIUS (l') de Minutius Félix. Analyse critique de cet ouvrage, II, 619.

ODILON (saint), abbé de Cluny, (xie siècle), VI, 632.

ODON (saint), abbé de Cluny, † en 942. Sa vertu : ses connaissances littéraires et scientifiques, VI, 630, 631. — Ses principaux ouvrages, son influence sur son siècle, *ibid*.

ODON d'Orléans, né à Orléans, enseigna d'abord à Toul, puis à Tournai, et devint ensuite évêque de Cambrai, VI, 629-630. — Réputation des écoles de Tournai à la fin du xie siècle, sous la direction d'Odon d'Orléans, 629. — Ses principaux ouvrages sur la dialectique. Il enseigne l'astronomie à ses élèves, 629, 630. — Retiré à la fin de ses jours à l'abbaye de Saint-Martin, il s'adonne à l'étude des saints Pères, et fait copier à ses moines les auteurs anciens et modernes, notamment les œuvres de saint Anselme, 630. — Les manuscrits de la bibliothèque de Saint-Martin sont demeurés célèbres, *ibid*,

ŒCOLAMPADE, théologien protestant, né en 1482, mort en 1531, prêche la réforme à Bâle, X, 629-630. — Extraits de ses œuvres relatifs au culte des saints, 628.

OLBERT DE LOBBES, abbé de Gembloux, † en 1048. Ecoles de Gembloux sous sa direction, V, 638; VI, 602.

OLGA. La princesse Olga et les commencements du christianisme en Russie (ixe siècle), V, 630, 631.

OLIER (M.), fondateur de la compagnie des prêtres de Saint-Sulpice. Ses successeurs jusqu'à la Révolution, XI, 614.

Olof. Mission du normand Olof Triggveson, dans les pays du Nord, en Russie, dans les îles Féroé, Orkney, en Islande, dans le Groënland, à la fin du xie siècle, VI, 621.

Ophir. Différentes opinions sur la position de ce pays. On admet généralement aujourd'hui qu'Ophir était dans la contrée d'Abhira, la province actuelle de Radhjapoutan, dans l'Indoustan, I, 528.

Oppert (M.). Description des ruines de Birs-Nimroud, qui ne sont autres que celles de la tour de Babel, I, 527. — Chronologie des rois, fixée par M. Oppert au moyen des éclipses indiquées par les inscriptions cunéiformes, 546.

Optat (saint), évêque de Milève au ive siècle, célèbre par ses luttes contre les Donatistes, III, 614.

Oracles. L'oracle de l'Urim et du Thummin, I, 536. — Degré de valeur historique des oracles sibyllins, III, 610-614.

Orange. Concile tenu en 529, III, 632. — Conciles tenus à Orange en 441 et 541 : canons relatifs au droit d'asile, IV, 622, 623.

Oratoire (Prêtres de l'). Statut de la Sorbonne, en 1618, déclarant les Oratoriens déchus de leurs droits et privilèges de docteurs en Sorbonne, XI, 614. — L'Oratoire et les doctrines jansénistes au xviiie siècle. Adhésion des prêtres de l'Oratoire à la bulle Unigenitus, 615, 616. — Le cardinal de Bérulle, fondateur des Oratoriens en France. C'est à tort qu'on l'a accusé de jansénisme, 636.

Ordinations. Lettre du pape Benoît VIII (981) contre les ordinations simoniaques, V, 641.

Oresme (Nicolas), traducteur des ouvrages d'Aristote à la fin du xive siècle, IX, 599.

Oreste, gouverneur d'Alexandrie. Ses différends avec saint Cyrille, III, 631, 632.

Orgues. Introduction des orgues en Occident, V, 645-646.

Orient. Principaux faits de la croisade de 1239 à 1241, VIII, 607, 608. — Les Latins en Orient au xiiie siècle : leur politique, 608. — Patriarcats du rite latin, fondés à Antioche, à Jérusalem, à Constantinople, du temps des croisades; ils disparaissent aux xive et xve siècles : les papes nomment alors des patriarches in partibus, IX, 644, 645.

Origène. Témoignage d'Origène, en faveur de l'infaillibilité des papes, IV, 596.

Orléans. Concile en 511 : évêques de la Gaule, qui souscrivirent les canons de ce concile, IV, 598. — Canons du quatrième concile d'Orléans, relatifs au droit d'asile, 622, 623. — Concile en 533 : canons contre les Juifs, 652. — Concile tenu en 1022 et non en 1017 : condamnation de l'hérésie manichéenne, VI, 597.

Ormisdas. Formulaire d'Ormisdas, composé en 519. Rapports qui existent entre ce texte très authentique et certains passages des Fausses Décrétales, composées trois siècles plus tard, V, 613.

Otfried de Weissembourg, disciple de Raban Maur, V, 618.

Otgaire, évêque de Mayence en 847. On lui attribue le recueil des Fausses Décrétales, V, 616.

Othon Ier, empereur d'Allemagne. Ses démêlés avec la papauté, V, 639.

Othon IV, empereur d'Allemagne. Protection que lui accorde le pape Innocent III, VII, 614-616.

Ouen (saint). Ses écrits. Extrait d'un discours ou exhortation à un jeune roi, que l'on suppose être Clovis II, IV, 648, 649.

P

Pacien (saint), évêque de Barcelone. Son témoignage en faveur de l'infaillibilité pontificale, IV, 596.

Padi, roi d'Amgarron, I, 554.

Paix de Dieu. Le droit d'asile, complété plus tard par l'institution de la paix et de la trêve de Dieu, fut le premier obstacle opposé par l'Eglise à la violence des temps féodaux, VI, 614-617.—Conciles des xie, xiie et xiiie siècles, où il est question du droit d'asile, de la paix et de la trêve de Dieu, 615, 616. — La Paix et la trêve de Dieu, par M. Ernest Semichon; origine de la paix de Dieu en 988, et de la trêve de Dieu en 1027. Leur développement aux xiie et xiiie siècles. La trêve de Dieu devient plus tard la Quarantaine le Roi, 635.

Palamas, moine en Orient, puis archevêque de Thessalonique en 1347, défenseur des doctrines hésychiastes sur la lumière incréée, VIII, 670, 671.

Palatinat. Les Dragonnades dans le Haut-Palatinat. Successivement luthérien, calviniste, le Haut-Palatinat retourne finalement à la foi catholique sous la régence de Maximilien, (1621-1629), XI, 621-623.

Palestine. Pélerinages en Palestine aux xve et xvie siècles, X, 643.

Palestrina. Réforme de la musique religieuse au xvie siècle, X, 659-661.

Paley, célèbre apologiste anglais, né en 1743, mort en 1805, XI, 667.

Palme (La). Le pape Symmaque et le concile de la Palme en 501. Ce concile se refuse à citer en jugement malgré lui le pape et à le condamner, IV, 594, 595.

Pamiers. Luttes de Caulet, évêque de Pamiers, † en 1680, contre Louis XIV, au sujet de la régale, XI, 639.

Panthéisme. Le panthéisme enseigné à Paris de 1200 à 1210; condamnation de quelques-uns de ces hérétiques, VII, 612.

Papes, Papauté. Histoire des papes et de la papauté. Le séjour de saint Pierre à Rome. Saint Pierre, premier évêque de Rome et premier pape. Durée de son pontificat, II, 601, 602. — Chronologie des papes du 1er siècle : saint Pierre, † en 67; saint Lin, 67 à 79; saint Anaclet, 79 à 91; saint Clément, 91 à 100, 602, 603. — Quand le nom de pape apparaît-il pour la première fois? 622. — Signification de ce nom, ibid. — Traité de l'unité de l'Eglise, dans lequel saint Cyprien traite avec détail des rapports de l'Eglise avec l'évêque de Rome, 634. — Inscriptions et symboles relatifs à la suprématie du souverain pontife, trouvés dans les catacombes de Rome, 627, 628. — Succession et chronologie des papes du iie siècle : saint Evariste, † en 108; saint Alexandre, 108 à 117; saint Sixte Ier, 117 à 127; saint Télesphore, 127 à 139; saint Hygin, 139 à 142; saint Pie, 142 à 157; saint Anicet, 157 à 168; saint Soter, 168 à 176; saint Eleuthère, 176 à 190; saint Victor, 190 à 200; saint Zéphirin, 200 à 218; saint Callixte, 218 à 223; saint Urbain, 223 à 220, II, 633. — Le nom de pape signifie étymologiquement père ou tenant la place de père. Dans les premiers siècles, ce titre est donné

à des évêques, quelquefois même à des prêtres. Saint Grégoire VII décide au xi⁰ siècle, que le titre de pape serait exclusivement réservé au pontife romain, III, 575. — La prétendue chute du pape saint Marcellin, est une fable inventée par les Donatistes, 585-587. — Donation de Rome, de l'Italie, et de toutes les provinces de l'Empire en Occident au pape saint Silvestre, faussement attribuée à l'empereur Constantin, 593, 594. — Cette charte a été fabriquée vers la fin du viii⁰ siècle, probablement en France, peut-être par Benedetto Levita, 595. — Si cet acte apocryphe a joui de quelque autorité au moyen âge, c'est qu'il résumait les aspirations des peuples chrétiens à cette époque, *ibid.* — Origines, date et valeur historique du *Liber pontificalis*; résumé du travail de M. l'abbé Duchesne à ce sujet, 601-605. — Liste des auteurs qui ont traité la question du *Liber pontificalis*, 604. — Papes du vi⁰ siècle : Hormisdas, 514-523; Jean Ier, 523-526; Félix IV, 526-530; Boniface II, 530-532, 603. — Prétendue chute du pape Libère. Loin d'avoir souscrit une formule hérétique, il s'est toujours montré le ferme défenseur de la foi catholique, et a cassé les décisions ariennes du concile de Rimini, 605-607. — C'est à tort que l'on accuse saint Vincent de Lérins, de n'avoir pas admis la suprématie du pape, 632, 633. — Passages des écrits de saint Prosper, relatifs à la suprématie pontificale, 633. — Zèle du pape saint Hilaire, pour maintenir la primauté de juridiction du Saint-Siège, IV, 583. — Lettre du pape saint Hilaire du 3 décembre 462, sur l'obligation de consulter le Saint-Siège, relativement aux causes majeures, 582, 583. — C'est à tort que Rohrbacher admet l'intervention du patrice Basile, dans l'élection du successeur de Simplicien, en 483, 585, 586. — Le pape Symmaque et le concile de la Palme en 501. Ce concile se refuse à citer en jugement, malgré lui, le pape et à le condamner, 594, 595. — Tradition des premiers siècles de l'Eglise, sur l'infaillibilité pontificale. Témoignages des premiers docteurs, pères de l'Eglise, et conciles en faveur de cette infaillibilité, 505 507. — Infaillibilité pontificale : la question du pape Honorius, 639-645. — Condamnation de ses lettres, par le sixième concile général de Constantinople, 642, 643. — Ces lettres, dépourvues des formules et des clauses des actes publics, sont des lettres particulières, 644, 645. — Avant le huitième siècle les quelques papes qui franchissent les limites de l'Italie, se dirigent vers l'Orient, à partir du pape Etienne II, ils se dirigent vers l'Occident, vers la France et l'Allemagne : nombreux exemples à l'appui, V, 596. — Campagne de Pépin le Bref, contre Astolfe, roi des Lombards : ses résultats (754). Nouvelle expédition. Traité d'alliance entre Pépin le Bref et le Saint-Siège : donation de l'exarchat, de la Pentapole et autres villes : protection accordée au Saint-Siège, 599. — Lettre du pape Etienne III, à Charles et Carloman, pour les exhorter à réunir leurs armes contre Didier, roi des Lombards, et l'obliger à restituer les villes données au Saint-Siège, par Pépin, 599, 600. — Donations faites au Saint-Siège par Pépin (754), et par Charlemagne (774). Ces deux donations sont distinctes l'une de l'autre, 600. — Autorité doctrinale et judiciaire des Souverains Pontifes, d'après les documents authentiques de la primitive Eglise, 615. — Recours au Souverain Pontife, dans les causes majeures, *ibid.* — Les évêques ne peuvent être jugés en dernier ressort que par les Souverains Pontifes, 615. — Appels au pape, 615, 616. — Primauté du siège de Rome. Ceux qui enseignent que, jusqu'au ix⁰ siècle, le pape ne fut qu'un simple

évêque de Rome, ne distinguent pas entre l'existence de la papauté et l'exercice de cette primauté, 622. — Fausseté de la légende de la papesse Jeanne, qui aurait occupé le trône de saint Pierre en 853, 626, 627. — Il n'y a point eu de pape entre Léon IV et Benoît III, 626. — Le pape Etienne X, VI, 608-610. — Canons du concile de Ravenne, tenu en 877, relatifs aux biens et revenus du Saint-Siège, VI, 600. — Prétendue bulle de l'antipape Léon VIII, touchant l'élection des papes, V, 639-641. — Discussion sur la valeur et l'authenticité de cet acte, *ibid.* — Les papes du x⁰ siècle : Sergius III, Landon, Jean X, 647-648. — Voyages des papes, VI, 599, 600. — Opuscule de M. de Muller à ce sujet, *ibid.* — Les papes Jean XIV et Benoît IX, 601, 602. — Origine des premières défiances et jalousies des rois de France, à l'égard de la puissance spirituelle des Souverains Pontifes, au xi⁰ siècle, 603. — A l'origine du schisme d'Orient, il n'était nullement question de la procession du Saint-Esprit, ni de la primauté du siège de Rome; travaux du P. Tondini et du cardinal Pitra à ce sujet, 605, 606. — L'Empire et la papauté. Députation de Hildebrand auprès de l'empereur Henri III à la mort du pape saint Léon IX (1054). Election du pape Victor II, 607, 608. — De l'élection des papes. Décrétale publiée à ce sujet dans un concile romain, tenu en 816 ou 863. Nouvelle ordonnance promulguée par le pape Nicolas II, au concile de Latran en 1059, 610. — Elle restreint les anciennes prérogatives de la couronne impériale; de là, mécontentement des empereurs d'Allemagne, 611. — Schisme qui suit la mort de Nicolas. Election d'Alexandre II (1061), et nomination de l'antipape Honorius II, par Henri IV, empereur d'Allemagne, VI, 612, 613. — Dissensions qui agitent l'Eglise pendant le pontificat d'Alexandre II, 614. — Rapports des papes Grégoire VII, Grégoire IX et Innocent IV, avec les Arabes d'Afrique, 620, 621. — Relations des papes avec les rois d'Angleterre au xi⁰ siècle, 622, 623. — Publications récentes sur la querelle du Sacerdoce et de l'Empire, 625. — Dernières luttes de la papauté contre l'empereur Henri IV, mort le 7 août 1106, 637, 638. — La reconnaissance des investitures extorquée par violence en 1123, au pape Pascal II, n'infirme en rien le dogme de l'infaillibilité du pape, 639. — Constitution du pouvoir temporel des papes : influence politique de la papauté sur les destinées de l'Italie, 643, 644. — Prophéties de saint Malachie sur tous les papes, depuis Célestin II jusqu'à la fin du monde, 644. — Légendes qui caractérisent chacun de ses papes, 644-646. — Primauté de doctrine et de juridiction du chef de l'Eglise, d'après un texte, récemment découvert, de saint Clément de Rome, VII, 589. — La papauté et l'Irlande au xi⁰ siècle, 589-590. — Le roi Henri II reconnaît la suzeraineté du pape sur l'Angleterre et l'Irlande, 604-605. — Apogée de la puissance et de la splendeur de la papauté au xiii⁰ siècle, sous le pontificat d'Innocent III, 626. — Intervention des papes dans les affaires temporelles sous Honorius III et Innocent III, 626-628. — La papauté et la civilisation dans le Nord de l'Allemagne : transformation de l'Allemagne à cette époque, 629, 630. — Honorius III et le *Liber censuum* : divisions ecclésiastiques du patrimoine des papes au xiii⁰ siècle, 628, 629. — Droits des papes sur la Sardaigne. Investiture accordée moyennant tribut à Jacques d'Aragon, par Boniface VIII; guerres qui suivirent, VIII, 609, 610. — Protection accordée aux Juifs par les papes du moyen âge. Crimes des Juifs, 610-612. — Politique de l'empereur Frédéric II, dans sa

lutte contre la papauté, VIII, 612-614. — La souveraineté temporelle du Saint-Siège au concile de Lyon, 617-619. — Les conflits de juridiction au xiii⁰ et au xiv⁰ siècle, 620-622. — Fausseté de la pragmatique sanction attribuée à saint Louis, 632-635. — Relevé des principales Universités d'Europe établies ou confirmées par les Souverains Pontifes, 643-646. — La papauté à Avignon : événements qui préparèrent le séjour des papes à Avignon, 657, 662-663. — Calomnies auxquelles ont été en butte les papes du xiv⁰ siècle, 663-664. — Le pouvoir temporel des papes, et la politique suivie par eux au moyen âge, 665-667. — Origine de la tiare, 669. — Retour du pape Grégoire XI à Rome, après la captivité d'Avignon, IX, 594. — La Sardaigne, domaine pontifical, 613. — Canons du concile de Bâle (1441-1449), déclarant l'autorité des conciles généraux supérieure à celle des papes, 617-628. — Décret du concile de Florence sur la primauté des papes (1439), 630-632. — Le pape Pie V défend de concéder à l'avenir, à titre d'investiture, les provinces du domaine pontifical, 644. — Innocent VIII et l'infaillibilité du pape, 646, 647. — Le pouvoir temporel des papes au xvi⁰ siècle : Alexandre VI et Jules II, IX, 648, 649. — Les papes et la renaissance de l'antiquité au xvi⁰ siècle, 651-652. — De l'infaillibilité d'après Luther, 658, 659. — Sollicitude de la papauté pour le salut de l'Europe menacée par les Turcs (xvi⁰ siècle), X, 626. — Etendue des états du pape, du xvi⁰ au xix⁰ siècle, 662, 663. — Bulle de saint Pie V défendant d'inféoder aucune des provinces pontificales (1567). Cette bulle est renouvelée par les successeurs de Pie V, 663. — Collections des actes des papes et des conciles, publiées du xvi⁰ au xix⁰ siècle, 663-664. — Droits du Saint-Siège sur le royaume de Naples et la Sicile, 670, 671. — La papauté et le système de Copernic, 698. — La suprématie du pape dans l'Eglise grecque, XI, 656. — Concordat passé en 1741, avec le roi de Sardaigne, 658-660. — Rome capitale du royaume d'Italie (1870-1871). Pétitions inutiles des catholiques français, en faveur de la souveraineté pontificale : vain espoir des catholiques allemands dans l'intervention de la Russie, XII, 511. — Efforts des papes pour ramener l'Eglise russe à l'unité catholique : relations diplomatiques de Pierre le Grand avec Clément XI, 543-544. — Le pouvoir temporel des papes depuis le xv⁰ siècle, 544, 545. — Pie IX captif au Vatican : la loi des garanties; élection de Léon XIII, 494-496.

Papias, évêque d'Hiéraples. Son silence au sujet de l'Evangile selon saint Jean, II, 617, 618.

Pappon (saint), abbé de Stavelo, † en 1158, VI, 602.

Paques. La controverse sur la Pâque, II, 622.

Paradis terrestre. Hypothèse soutenue par M. Lenormant. Il place l'éden biblique vers la Petite Boukharie et le Thibet occidental, I, 520.

Pardessus (dom Thomas), bénédictin (xviii⁰ siècle), XI, 634.

Pardulfe (saint). *Sa vie* retouchée par Yves de saint Quentin, moine de Cluny, VI, 632.

Paris. Tout porte à croire que saint Denis, apôtre de Paris, n'est autre que saint Denis l'Aréopagite : preuves à l'appui de cette opinion, III, 571-574. — Concile tenu en 553. Déposition de Saffarac, évêque de Paris, IV, 625. — Conciles en 824 et 829; actes relatifs aux écoles, V, 602, 618. — Construction de l'église Notre-Dame, VI, 599. — Concile tenu en 1051 contre l'hérésie de Bérenger, 605. — Concile tenu à Paris en 1209 ou 1210 qui interdit l'usage des livres de métaphysique et de dialectique d'Aristote. Enseignement de l'Université, VII, 623-625. — Traité de Paris en 1229 qui met fin à la guerre contre les Albigeois, 636, 637. — Origine de l'Université de Paris. Statut fondamental donné par le pape Innocent III en 1215, VIII, 643-646. — Formulaire ou précis des dogmes controversés par les protestants, dressé par la faculté de théologie de Paris le 18 janvier 1542, IX, 660-662. — Liturgie adoptée par l'église de Paris, X, 655-659. — Siège et capitulation de Paris (1870-1871), XII, 499. — Complots de l'Internationale, insurrection du 18 mars, établissement de la Commune de Paris, 502. — Retraite du gouvernement à Versailles, élections du 26 mars pour la Commune, 503. — Premiers actes militaires et politiques de la Commune. Les auxiliaires de la Commune en province, à Paris et à l'étranger, 504, 505. — Arrestation et emprisonnement des ôtages, 506. — Pillage des églises et des couvents, calomnies contre le clergé, scènes révolutionnaires dans les églises, 507. — Attentats de la Commune, 507. — Manifestation de la franc-maçonnerie en faveur de la Commune, 508. — Divisions parmi les chefs de la Commune : entrée des troupes à Paris; bataille de huit jours dans les rues; les pétroleuses, 509. — Châtiment et amnistie, 510. — L'Internationale, la franc-maçonnerie et la situation de l'Europe après la chute de la Commune, 510.

Parures. Modestie dans les parures recommandée aux femmes par le concile de Nicée, III, 592, 593.

Pascal (Blaise). Réfutations diverses des Provinciales, XI, 615.

Pascal II, pape. Pascal II, captif, cède à la violence et signe la reconnaissance des investitures au concile œcuménique de Latran de 1123, VI, 639; VII, 586, 587.

Pasquier (l'abbé Henri). Son étude sur Baudri, abbé de Bourgueil, archevêque de Dol (1046-1130), VI, 638.

Passion. Reliques de la Passion réunies à Constantinople par sainte Hélène : 1⁰ La vraie Croix; 2⁰ la sainte couronne d'épines; 3⁰ les saints clous; 4⁰ le saint suaire; 5⁰ le titre de la croix, III, 595-598. — Authenticité de ces reliques, 596, 597.

Pasteur d'Hermas (Le). Différentes opinions émises au sujet de l'auteur et de la date de composition de cet ouvrage, II, 611.

Patarins. Désordres qui éclatèrent à Milan sous le pape Etienne X, VI, 608, 609. — Doctrine et organisation des patarins bosniaques d'après les ouvrages de M. Raczki, chanoine d'Agram, VII, 612-613. — Doctrine des Cathares, Patarins et Albigeois, 619-621.

Paterne (saint), évêque de Vannes au v⁰ siècle, IV, 584.

Patriarches. A qui ce titre est-il décerné dans l'Eglise? III, 575. — Patriarcats du rite latin fondés en Orient au temps des croisades : à Antioche, à Jérusalem, à Constantinople. Ils disparaissent aux xiv⁰ et xv⁰ siècles, les papes continuent de nommer des patriarches *in partibus*, IX, 644, 645. — Fondation d'un cinquième patriarcat de l'église grecque à Moscou. Par cette érection l'église russe devient nationale et indépendante, XII, 542, 543.

Patrice (saint), apôtre de l'Irlande, né en 372, mort vers 464, IV, 606.

Paul (saint). Son portrait, II, 602. — L'Epître aux Romains. L'interversion dans l'ordre des matières, qui existe dans certains manuscrits, ne saurait ébranler l'authenticité des deux derniers chapitres, 600, 601. — Le plus ancien des com-

mentaires des épitres de saint Paul est celui de Victorin le philosophe, III, 608.

Paul I, pape. Sa constitution du 2 juin 761 relative à la translation dans les églises de Rome des reliques des saints martyrs des catacombes, III, 621, 622.

Paul II, pape de 1464 à 1471. Paul II et l'histoire religieuse de la Bohême sous Georges de Podiebrad, IX, 645, 646. — Platina accuse injustement ce pape d'avoir persécuté les savants, 646. — Description d'une fête renouvelée des Césars donnée au peuple romain par le pape Paul II, 651.

Paul III, pape de 1534 à 1549., Son élection à la mort du pape Clément VII, X, 645. — Appel suprême du pape Paul III à l'empereur Charles-Quint contre les Turcs (1537), 626. — Parvient à faire signer une trève de dix ans entre Charles-Quint et François Ier, à Nice (1538), 639.

Paulin (saint), disciple de saint Félix. Etait chrétien par les croyances avant de le devenir par le baptême, III, 623.

Paupérisme. Moyens employés par l'Eglise pour soulager les pauvres. Hospices et autres établissements charitables fondés dès les premiers siècles de l'Eglise : confréries pour le soulagement des pauvres et des infirmes, V, 619.

Pavie. Lettre de François Ier à sa mère pour lui annoncer la défaite de Pavie (7 mars 1524), X, 625.

Payne (Pierre), anglais, orateur des Hussites au concile de Bâle (1433), IX, 621.

Pays-Bas. Nombreuses écoles des Hiéronymites ou Frères de la vie commune dans les Pays-Bas au xve siècle : à Bois-le-Duc, Liège, Gand, Louvain, Grammont, Malines, Bruxelles, Cambrai, VIII, 670. — Le gouvernement du duc d'Albe et l'Inquisition, X, 688.

Peiresc, savant du xviie siècle, né en 1580, mort en 1637 ; ses manuscrits, XI, 621.

Pèlerinages. Pèlerinages en Palestine aux xve et xvie siècles, X, 643.

Pénitentiel. Le *Pénitentiel* d'Egbert (viiie siècle), et autres recueils pénitentiaux de la même époque, V, 589, 590.

Pentateuque. Moïse est l'auteur du Pentateuque : preuves à l'appui de cette assertion, et réfutation des opinions contraires, I, 537-540. — On peut admettre cependant : 1o qu'il existe dans le Pentateuque quelques additions faciles à remarquer, 2o que Moïse a intercalé dans son livre quelques documents antérieurs sans se donner toujours la peine de les fondre en un tout, 537, 538. — Texte du Pentateuque transmis par les Samaritains, 552. — Version italique de la Genèse et des autres livres du Pentateuque, récemment découverte à Lyon par M. Léopold Delisle et publiée par M. Ulysse Robert, III, 617-619. — Citations comparées de la Vulgate de saint Jérôme et de l'ancienne version italique, 618. — Etude de Richard Simon sur le Pentateuque, critiquée par Bossuet, XI, 631-633.

Pépin le Bref. Sacre de ce roi en 752. De la consultation du pape Zacharie au sujet du changement de dynastie qui transféra la couronne des Mérovingiens aux Carlovingiens. Quelques critiques affirment que c'est une imposture imaginée par les Carlovingiens pour consolider leur dynastie ; documents historiques dont il est cependant difficile d'infirmer la valeur, V, 591-595. — Il est couronné roi, dans la basilique de Saint-Denis, par le pape Etienne II, 592. — Voyage du pape Etienne II en France pour implorer Pépin le Bref contre Astolfe et les Lombards, 596. — Astolfe

charge Carloman, frère aîné de Pépin, depuis sept ans moine du Mont-Cassin, d'essayer de détourner son frère de cette expédition, 597. — Titre de *patrice* ou *défenseur* de Rome accordé par le pape Etienne II à Pépin le Bref et à ses deux fils, Charles et Carloman, 597, 598. — Campagne de Pépin contre Astolfe, roi des Lombards ses résultats (754) ; perfidie d'Astolfe, 598. — Nouvelle expédition. Traité avec le Saint-Siège. Donation de l'exarchat, de la Pentapole et quelques autres villes au pape, et protection accordée à la papauté, 599. — Les donations au Saint-Siège faites par Pépin (754) et par Charlemagne (774), 600.

Persécutions. Histoire des premières persécutions contre les Chrétiens, II, 625, 626. — Diverses interprétations données au passage de l'Apocalypse de saint Jean, relatif aux persécutions, III, 589. — Edit de Dioclétien qui interdit absolument aux Chrétiens toute réunion et l'usage de leurs cimetières, 580, 581. — Dioclétien ordonne de brûler toutes les Ecritures des Chrétiens, 578. — Les deux inscriptions qui célèbrent l'anéantissement du christianisme en Espagne par Néron et par Dioclétien, sont aujourd'hui considérées comme apocryphes, 580. — Réfutation de certains critiques du xviiie siècle et des temps modernes qui prétendent que les persécutions ont été beaucoup exagérées par les écrivains ecclésiastiques, 587-590. — Preuves tirées des écrits des auteurs contemporains, 587. — La persécution religieuse au Japon de 1598 à 1622, X, 687.

Pétrarque (François), (1304-1374), IX, 641.

Petronia, illustre famille romaine, convertie au christianisme dès le premier siècle, II, 612.

Pezron (dom), érudit, né en 1639, † en 1706. Ses ouvrages, XI, 629.

Platina. Injustice des accusations portées par lui contre le pape Paul II, IX, 646.

Pharisiens. De l'origine des Pharisiens et des Sadducéens, II, 590.

Philelphus de Tolentino (François), helléniste, né en 1398, † en 1481, IX, 642.

Philibert, évêque de Coutances. Son rôle au concile de Bâle (1431), IX, 619-621.

Philippe-Auguste. Guerres de Philippe-Auguste contre Jean sans Terre, VII, 622, 623. — Son rôle dans la croisade contre les Albigeois, 635-637. — Jugement porté sur le règne de Philippe-Auguste, par M. Léon Gautier, 637.

Philippe le Hardi. Plainte portée par l'évêque de Viviers contre le sénéchal de Beaucaire et de Nîmes (1272-1283), VIII, 637, 638.

Philippe le Bel. Démêlés de Philippe le Bel avec Boniface VIII. Bulle *Ausculta Fili*. Adresse du clergé de France au pape, après l'assemblée des Etats généraux du 10 avril 1302; réponse de Boniface VIII, VIII, 648-650. — Discussion de l'authenticité de la bulle *Unam sanctam*, 650-652. — Procès fait à Boniface VIII par Philippe le Bel, 653. — Relation contemporaine et inédite de l'attentat d'Anagni (1304), 653, 654. — Fausseté de l'entrevue de Bertrand de Got et de Philippe le Bel, 654-656. — Clément V et le concile général de Vienne. Bulles relatives à la suppression des Templiers, 657, 658. — Philippe le Bel et les Templiers, 658, 659.

Philippe II, roi d'Espagne. Sa politique, X, 689, 690. — Son mariage avec Marie Tudor, reine d'Angleterre, 641, 649-650.

Philippe de Dreux, évêque de Beauvais. Fait prisonnier en 1197, par Richard Cœur de Lion. Le pape Célestin III refuse d'intercéder en sa faveur; légende à ce sujet, VII, 623.

PHILIPPE DE SOUABE, empereur d'Allemagne, VII, 614-615.

PHILIPPE LE BON, duc de Bourgogne (1419-1466). Ses projets de croisade, IX, 639-640.

PHILIPPOPOLIS EN THRACE. Actes de ce prétendu concile que les Ariens font passer pour l'œuvre du concile de Sardique de 347, III, 604, 605.

PHILISTINS (Les). Origine de ce peuple, I, 561.

PHILOSOPHIE. Réfutation par le Dr Frédault, du livre de M. Renan, sur Averroës et l'Averroïsme, VII, 591. — L'usage des livres de métaphysique et de dialectique d'Aristote est interdit à l'Université de Paris, en 1209, et rétabli en 1231, 612, 623-625. — Eckhart, prieur des Dominicains de Francfort, fondateur de la mystique spéculative allemande. Condamnation de ses doctrines en 1329, VIII, 669, 670. — Cahier de philosophie de Grandillon, professeur à La Flèche, maître de Descartes, XI, 616. — Exposé des raisons alléguées pour et contre la méthode de Descartes, de la part des philosophes catholiques, 617-619. — État actuel du rationalisme biblique en Allemagne, XII, 540-542. — Mouvement catholique et l'école philosophique en France au commencement du XIXe siècle; système de Lamennais, 538-540.

PHILOSOPHUMENA, *seu omniun hæresium confutatio*, ouvrage attribué à saint Hippolyte, évêque de Porto, mort vers 235. Raisons de cette attribution, II, 620. — Néant des accusations dirigées dans cet ouvrage contre le pape saint Callixte, 621.

PHOTIN, hérétique du IVe siècle. Sa condamnation au concile de Sirmium en 354, III, 605, 606.

PHOTIUS, premier patriarche schismatique de Constantinople. Déposition irrégulière du patriarche Ignace; Photius, grand écuyer et premier secrétaire de l'empereur Michel III, après avoir reçu tous les ordres en six jours est promu à sa place (857). Ses efforts pour se faire confirmer par le pape saint Nicolas Ier. Son excommunication (861), V, 628. — Sa lutte avec le pape Nicolas Ier (861). Il excommunie le pape et forme le projet de se faire reconnaître patriarche de l'Église universelle (867), 628, 629. — Condamnation du système de Fleury dans l'affaire de Photius, 632. — Examen des œuvres de Photius, divisées en cinq classes. Œuvres exégétiques, dogmatiques, parénétiques, historiques et canoniques, 633-634.

PIC DE LA MIRANDOLE (Jean), 1463-1494, IX, 643.

PIE II, (Æneas Sylvius), pape de 1458 à 1464. Son éloge par Mœhler, IX, 645. — Son projet de croisade en 1464, 639.

PIE IV, pape de 1559 à 1565. — Réforme de la musique religieuse entreprise sous son pontificat (1565), X, 660.

PIE V, pape de 1566 à 1572. — Réforme liturgique accomplie sous son pontificat, X, 658. — Il essaie d'abolir le régime féodal dans les États de l'Église, IX, 644. — Saint Pie V et l'état pontifical, X, 662, 663.

PIE VI, pape, 1775-1799, VI, 646. — Son séjour à Valence et sa mort (1799), XI, 675.

PIE VII, pape, 1800-1823, VI, 646. — Rigueurs exercées contre ce pape à Savone, XII, 537.

PIE VIII, pape (1829-1830), VI, 646.

PIE IX, pape de 1846 à 1878, VI, 646. — Épilogue de l'histoire universelle de l'Église catholique. Le pape captif au Vatican (1870-1877), XII, 494-524. — Lettre du 30 juin 1871 sur la corruption révolutionnaire, 495. — Encyclique du 15 mai 1871 contre la loi des garanties, 495-497.

— Protestation du cardinal Antonelli contre l'installation à Rome, au palais du Quirinal, de Humbert, fils du roi Victor-Emmanuel (23 janvier 1871), 497. — Soumission universelle au concile du Vatican, 522. — La 25e année du pontificat de Pie IX et autres anniversaires, 522. — Offrandes de l'univers à Pie IX appauvri; généreux emploi qu'il en fait, 523. — Divers actes pontificaux de cette période, *ibid.* — Symptômes de la mort prochaine de Pie IX; projets et préparatifs des gouvernements révolutionnaires, 523. — 75e anniversaire de la première communion de Pie IX, sa mort le 7 février 1878; impression universelle qu'elle produit, 524. — Funérailles de Pie IX : élection de Léon XIII, le 20 février, *ibid.*

PIERRE (saint). Son portrait, II, 602. — Preuves en faveur du séjour de saint Pierre à Rome, 601. — Durée de son pontificat, 602. — A-t-il gouverné seul l'Eglise romaine, ou bien saint Paul l'a-t-il gouvernée avec lui, 602. — Hymne de saint Jean Damascène en l'honneur de saint Pierre, V, 595.

PIERRE, abbé de Nonantule (IXe siècle). Sa lettre à Amalaire, V, 622.

PIERRE DE LÉON, antipape, ancien moine de Cluny (XIIIe siècle), VI, 635.

PIERRE, évêque de Compostelle. Guillaume Durand lui attribue la célèbre antienne *Salve Regina*, VI, 637.

PIERRE LE VÉNÉRABLE, abbé de Cluny, † en 1156, VI, 634. — Prospérité de ce monastère pendant son administration, 631. — Ses écrits, 632.

PIERRE DAMIEN (saint). Ses œuvres : Dialogue sur l'élection du pape Alexandre II, VI, 611. — Lettres à l'antipape Honorius II, pour l'exhorter à mettre fin au schisme, 613. — On a de lui, sous le titre d'*Opuscules*, près de cinquante traités sur divers sujets, 620.

PIERRE DES VIGNES, chancelier de l'empereur d'Allemagne Frédéric II. Le chancelier Pierre des Vignes et le nouvel empire césarien, VIII, 612, 619-620.

PIERRE D'ANDRÉA, collaborateur de saint Thomas d'Aquin, VIII, 622, 623.

PIERRE LE GRAND. Par l'érection d'un patriarcat à Moscou, l'église russe devient nationale et indépendante de celle de Constantinople. En 1700, Pierre le Grand déclare que le patriarche n'est pas nécessaire et le remplace par un synode ou concile permanent, dont les statuts sont promulgués le 25 janvier 1721, XII, 542-543. — Ses relations diplomatiques avec le Saint-Siège, au sujet du retour de l'église russe à l'unité catholique, 543-544. — Son testament, XI, 656.

PILATE (Léonce), † en 1364, traducteur d'Homère, IX, 641.

PIMONT (M. l'abbé). Compte-rendu de l'ouvrage remarquable de M. l'abbé Pimont, intitulé : *Les Hymnes du bréviaire romain*, III, 623-626. — En dehors du latin classique il existe un latin chrétien, une poésie chrétienne, 624. — Sous Léon X on essaye de substituer aux anciennes hymnes des pièces plus dignes de la littérature du temps. Hymnaire de Zacharie Ferreri, *ibid.* — Correction des hymnes confiée à une commission de trois jésuites, par le pape Urbain; critique du travail de cette commission, 624-626.

PIOLIN (dom), moine de l'abbaye bénédictine de Solesmes. Nouvelle édition de la *Gallia christiana*, XI, 635.

PISANI (le marquis de), ambassadeur de Henri IV auprès du pape Sixte V, X, 670.

PISE. Luttes incessantes des Pisans, des Génois et des Espagnols au sujet de la Sardaigne (XIIIe-XIVe siècle), VIII, 608-610. — Concile de Pise.

Que penser de l'œcuménicité de ce concile. Convoqué afin de mettre fin au schisme d'Occident, il ne fait que l'aggraver en proclamant un troisième pape, IX, 602-603.

Pise (Pierre de), célèbre professeur de l'école de Pavie, V, 608.

Pitra (le cardinal). Ses travaux sur la liturgie et le droit ecclésiastique grec, VI, 606. — Résumé de l'histoire du jansénisme en Hollande, XI, 611-613.

Poésie. Poésie chrétienne des premiers siècles, IV, 599, 600. — Fragment inédit d'un poème sur les Vertus, publié par Wright et attribué à saint Boniface, V, 589. — Hymnes ou odes de saint Jean Damascène, découvertes par le cardinal Maï, 595. — Histoire de la poésie latine du VIIᵉ au XIᵉ siècle, 642. — La renaissance littéraire du XIᵉ siècle, 643-647.

Poissy. Colloque de Poissy en 1561, IX, 662; X, 651.

Poitiers. Défaite des Sarrasins près de Poitiers, par Charles Martel, IV, 655.

Pole (le cardinal). Son opposition aux projets antireligieux de Henri VIII d'Angleterre, X, 639-640.

Pologne. Prédications de saint Jean Capistran en Pologne (1454), IX, 644. — Histoire du christianisme en Pologne, XI, 624, 625.

Pombal. Pombal et l'expulsion des Jésuites du Portugal, XI, 668, 669.

Pomponat (Pierre), né en 1462, mort en 1524 ou 1525, précurseur de l'école matérialiste, IX, 643.

Pomponia Græcina, noble matrone, convertie au christianisme du vivant même des apôtres, II, 612.

Pontificalis (Liber). Origines, date et valeur du Liber pontificalis. Résumé des travaux de M. l'abbé Duchesne, III, 601-604. — Liste des auteurs qui ont traité la même question, 604, 605.

Portugal. Les Jésuites expulsés du Portugal, XI, 668.

Pothin (saint), évêque de Lyon, martyr en 177, III, 574.

Pouvoir. De l'origine du pouvoir; de la séparation des pouvoirs spirituel et temporel. Démêlés de Philippe le Bel avec Boniface VIII, VIII, 647-652.

Powkes (Guy). La conspiration des poudres en Angleterre (1605), XI, 653.

Pragmatique sanction, attribuée à saint Louis. Fausseté de cet acte, VIII, 632-635.

Prédestinatianisme. Controverses et divisions qui troublent les églises des Gaules au IXᵉ siècle, au sujet de la prédestination. Les conciles de Quiercy et de Valence dans l'affaire de Godescalc, V, 624, 625.

Prédicateurs. Les prédicateurs français au XVIIᵉ siècle, XI, 616.

Prémare (le P.), jésuite, missionnaire en Chine au XVIIᵉ siècle. Le P. Prémare et la question des rites chinois, XI, 656, 657.

Prêtres. Canons du concile tenu à Tours en 461, relativement au célibat des prêtres, IV, 583. — Le concile d'Épaone et le célibat des prêtres, 600, 601. — Canons du concile de Vaison de 529 et du concile de Tolède en 531, relatifs au célibat des prêtres, 612.

Procope, hérétique hussite. Son arrivée et son rôle au concile de Bâle (1433), IX, 621.

Prophéties. Degré de valeur historique des oracles sibyllins, III, 610-614. — La prophétie de Daniel et le mahométisme, d'après le P. Dechamp, XII, 635-636.

Prosper (saint), auteur précieux à consulter sur l'histoire de la suprématie pontificale, III, 633.

Protais (saints Gervais et). Invention des reliques de saint Ambroise, des saints Gervais et Protais, sous le maitre-autel de l'église de Saint-Ambroise à Milan, le 8 août 1871, III, 622, 623.

Protestantisme. Hérésie de Bérenger sur l'Eucharistie au XIᵉ siècle; Bérenger s'arrête à mi-chemin du protestantisme, VI, 607. — Le démon et la réforme. Rôle du démon dans la vie de Luther, IX, 652-654. — Certains prédicateurs et théologiens que l'on qualifie quelquefois de « précurseurs de la réforme », étaient en réalité de vertueux et ardents catholiques; tel fut Geiler de Kayserberg, prédicateur de l'église cathédrale de Strasbourg, 649-651. — La renaissance païenne du XVIᵉ siècle eut assurément de fâcheuses influences sur les progrès de la Réforme, 651-652. — Origine de la prétendue Réforme : dès les années 1512 à 1516, Luther professait plus ou moins explicitement toutes les erreurs qui forment le fond de sa théologie, 654. — La prédication des indulgences en 1517 ne fut qu'un prétexte de circonstance, 655-657. — Formulaire dressé le 18 janvier 1542, par la faculté de théologie de Paris, pour être opposé aux prédications hérétiques des protestants, 660-662. — Ordonnance de juillet 1543, prescrivant l'observation des articles contenus dans ce formulaire, 661. — Différentes interprétations des paroles sacramentelles de la Cène données par les protestants, 662. — Le premier prêtre de la Réforme qui se maria fut André Bodenstein, surnommé Carlostad : messe composée à cette occasion, X, 627. — Contradictions de la Réforme, notamment en ce qui concerne les saints; citation de différents passages contradictoires, 627-628. — Extraits de Luther, Œcolampade, Swingle, Mélanchthon, Calvin, Théodore de Bèze, Grotius, Montaigne, etc, 628. — Extraits de la confession d'Augsbourg, de la confession arminienne, de la confession anglicane, 628. — Introduction de la Réforme en Angleterre; spoliation des couvents sous Henri VIII, 634-639. — Le protestantisme en Suède, 630-632. — La Réforme en Suisse, 641. — Calvin et la morale à Genève, 641, 642. — Destruction universelle des bibliothèques en Angleterre sous le règne de Henri VIII, 641. — Martyrs de Gorcum mis à mort, en 1572, par les calvinistes de Hollande en haine de la religion catholique, 668. — Le procès de Marie Stuart et l'établissement du protestantisme en Angleterre, 673. — Martyre des missionnaires catholiques en Angleterre en 1591, 674, 675. — Excès commis par les calvinistes français en 1562, 675, 676. — Histoire du protestantisme en France depuis sa naissance jusqu'en 1572, 676-680. — La Saint-Barthélemy, 678, 679. — Politique catholique de Philippe II d'Espagne. Le duc d'Albe et l'Inquisition, 688-690. — Sectes protestantes en Angleterre : le Congrégationalisme et l'Épiscopalisme, 690. — Le protestantisme et le système de Copernic, 693. — Le jansénisme et les protestants, XI, 613, 614. — État du protestantisme en Allemagne pendant la guerre de trente ans (1619-1648), 619-621. — La révocation de l'édit de Nantes, 646, 647. — Les dragonnades dans le Haut-Palatinat sous la régence de Maximilien (1621-1629), 621-623. — Synode protestant de 1872, XII, 521.

Provence. Élection de Boson, roi de Provence; son règne, (879-887), V, 634, 635.

Provinciales (les) de Pascal. Réfutations diverses de ce pamphlet, XI, 615.

Prudence, poète chrétien, auteur de nombreuses

hymnes insérées au bréviaire romain. Résumé des travaux de M. l'abbé Pimont, sur l'hymnographie, III, 623-626.

Prusse. M. de Bismark et le *Culturkampf;* persécution religieuse en Prusse, XII, 512.

Psautier. Lettre de Florus de Lyon à Hildrade sur la correction du texte du psautier, V, 620.

Ptolémais, ville de Syrie. Prise de cette ville par les Sarrasins en 1290, VIII, 638, 639.

Ptolémée de Lucque. Ses œuvres, VII, 632.

Pulchérie. Sa mort. Jugement d'Amédée Thierry sur le rôle de cette princesse, IV, 581.

Putiphar. Etymologie de ce nom, I, 533.

Pyramides. Par qui furent-elles élevées ? Leur destination, I, 562.

Q

Quadrivium. Division des sciences au moyen âge en *trivium* et *quadrivium*. Le quadrivium comprenait les sciences mathématiques, l'arithmétique, la géométrie, l'astronomie et la musique, IV, 593.

Quarantaine le Roi, VI, 635.

Quatrefages (M. de). Unité de l'espèce humaine, I, 520.

Quatremère (de). Son opinion au sujet du changement de la femme de Loth en statue de sel, I, 531.

Québec. Histoire de cette colonie française,

XI, 665-667. — Création de l'évêché de Québec (1674), *ibid.*

Quiétisme. Origine du Quiétisme. Rapports de Me Guyon avec l'abbé de Fénelon ; sévérité de Bossuet à l'égard de leurs doctrines, XI, 644-645.

Quirinal (le palais du) à Rome. Installation du prince Humbert au Quirinal (23 janvier 1871) ; protestation du cardinal Antonelli. La nouvelle cour au Quirinal, XII, 497. — Défense de célébrer le saint sacrifice au Quirinal, ou en présence des usurpateurs, 498.

R

Raban Maur, né à Mayence, vers 776, disciple d'Alcuin. Détails biographiques sur sa vie : on peut le considérer comme le fondateur de la science en Allemagne. Ses principaux disciples, V, 617, 618. — Prospérité des écoles du monastère de Fulde sous sa direction, 617. — Son rôle dans l'affaire de Godescalc, 625. — *Vie de sainte Madeleine et de sainte Marthe*, publiée par l'abbé Faillon. Raisons qui font attribuer cette vie à Raban Maur. Autorité de cet ouvrage, 623.

Radegonde (sainte). Documents à consulter pour l'histoire de sainte Radegonde, IV, 619, 620. — C'est en vain que le roi Clotaire essaye de l'arracher de sa retraite de Poitiers, 625, 626. — Poésies adressées à sainte Radegonde par Venance Fortunat, 628. — Supplément à la *Vie* de cette sainte, par Baudonivie, religieuse à Poitiers, 628, 629.

Ragey (l'abbé). *Vie de saint Anselme*, abbé du Bec, puis archevêque de Cantorbéry, VI, 629.

Ragnacaire, roi des Francs de Cambrai, au temps de Clovis, IV, 588.

Raimond de Sebond, ou Raimond Sebonde, (Voy. *Sebonde*.)

Rancé (l'abbé de), réformateur de la Trappe. *Histoire de l'abbé de Rancé et de sa réforme*, par M. l'abbé Dubois, XI, 652, 653.

Rangier, évêque de Lucques, auteur d'un poème intitulé : *Sancti Anselmi Lucencis Vita*, publié en 1870, par le docteur de la Fuenta, VI, 624.

Rathère, évêque de Vérone. Vicissitudes de son existence. Ses nombreux changements de résidence. Il revient mourir à Namur, en 974. Grammaire qu'il composa pour son élève Rostaing, V, 637, 638.

Rastiz, prince morave de la seconde moitié du IXe siècle. Sur sa demande on envoie saint Méthode et saint Cyrille pour évangéliser la Moravie, V, 604.

Rathère de Lobbes, évêque de Vérone. Capi-

tulaire publié par cet évêque au sujet des connaissances exigées du clergé, IV, 599.

Rationalisme. Le rationalisme moderne ; systèmes de Strauss, du Dr Ewald, de Schenkel, XII, 540-542.

Ravenne. Concile tenu en 877 : canons relatifs aux biens et revenus du Saint-Siège, V, 631, 632.

Raymond VI, comte de Toulouse. Protection qu'il accorde aux hérétiques albigeois, VII, 619. — Les fiefs de Raymond sont donnés à Simon de Montfort par le pape Innocent III, VII, 621.

Raymond VII, comte de Toulouse, à partir de 1222, VII, 630-631. — Fin de la guerre contre les Albigeois. Concile de Bourges (1225). Traité de Paris (1229), 636-637.

Raymond de Pennaforte, général des Dominicains (XIIIe siècle). Ses efforts pour convertir les Juifs, VIII, 610-612.

Raymond de Lulle, martyr à Bougie en 1315, restaurateur de l'étude des langues orientales. Ses ouvrages, VIII, 646.

Raynal de Dassel, archevêque de Cologne, conseiller de Frédéric Ier, VII, 592.

Raynal (l'abbé). Sa lettre sur les excès de la Révolution, XI, 667.

Réforme. (Voyez *Protestantisme*.)

Régale. Règlement sur les limites des puissances temporelle et spirituelle proposé au concile de Trente : réclamations auxquelles il donne lieu, X, 652. — Démêlés entre Louis XIV et les évêques d'Alet et de Pamiers au sujet de la régale (1673-1682), XI, 639-641. — L'assemblée de 1682, 640.

Reginald de Piperno, dominicain, collaborateur de saint Thomas d'Aquin, VIII, 623.

Règles monastiques. (Voyez *Monachisme*.)

Reims. Découverte à Reims, au XVIIe siècle, d'un grand nombre de corps de martyrs, III, 589. — Du sacre des rois de France, et de la sainte Ampoule conservée au tombeau de saint Remi,

IV, 590. — Saint Remi, archevêque de Reims (459-533), 616-619. — Le pape saint Léon IX au concile de Reims : réforme du clergé, VI, 603. — Concile tenu en 1131, 615.

REINKENS, évêque janséniste de Deventer, reconnu évêque de la secte des vieux catholiques en 1873, XII, 512.

REMKERT (saint), archevêque de Hambourg (865-888), V, 622.

REMI (saint), archevêque de Reims (459-533). — Du *grand* et du *petit* testament de saint Remi. Attaques dont le grand testament de saint Remi a été l'objet, IV, 616-617. — Durée de l'épiscopat de saint Remi, 617-619. — Miracle qui lui est attribué : il guérit une jeune fille de Toulouse, possédée du démon, 610, 611. — Du sacre de Clovis par saint Remi, en général, du sacre des rois de France. Du miracle de la sainte Ampoule, et du toucher des écrouelles, 590-592.

RENAISSANCE. Les papes et la renaissance de l'antiquité au XVIᵉ siècle, IX, 651, 652. — Fêtes renouvelées des Césars données au peuple de Rome par les papes Paul II et Léon X, 651.

RENAN (M.). Nie la croyance des Hébreux à l'immortalité de l'âme : réfutation de cette opinion, I, 543, 545. — Réfutation des opinions de M. Renan sur l'origine et le caractère des Evangiles, II, 597, 598. — Réfutation de son opinion sur l'origne de l'Evangile selon saint Jean, 617, 618.

RÉSURRECTION DES CORPS. Symboles relatifs à cette croyance dans les catacombes de Rome, II, 627.

REUCHLIN (Jean), helléniste (XVᵉ siècle), IX, 643.

REVILLOUT (M.), savant orientaliste du XIXᵉ siècle. — Découvre dans un papyrus du musée de Turin une traduction copte des actes du concile d'Alexandrie tenu en 362, III, 590, 591.

RÉVOLUTION. Lettre de Pie IX sur la corruption révolutionnaire : 30 juin 1871, XII, 495. — La Révolution française ne parut pas antireligieuse au début, XI, 671, 672. — L'assemblée constituante et la révolution française, 672. — La déclaration des droits de l'homme, *ibid.* — La constitution civile du clergé, 672, 673. — Evêques constitutionnels, 673, 674. — Le tribunal révolutionnaire ; bibliographie, 674. — Robespierre et la Providence, XI, 674. — Serments exigés du clergé pendant la Révolution, 674, 675.

RIANT (M. le comte). Méthode à employer pour écrire l'histoire des croisades, VI, 635. — Son étudé sur les documents relatifs à l'histoire de la quatrième croisade (1202-1204), VII, 616, 617.

RICCI (Scipione), évêque janséniste de Pistoie, XI, 665.

RICHARD CŒUR DE LION. Rectification au sujet du récit de la mort de Richard, VII, 614.

RICHELIEU (le cardinal de). Politique de Richelieu pendant la guerre de trente ans, XI, 619-621.

RICHER (Edmond), né en 1559, grand-maître du collège du Cardinal-Lemoine, nommé syndic de la faculté de théologie en 1608, mort le 29 novembre 1621. D'abord partisan, puis adversaire des Jésuites, l'un des restaurateurs du gallicanisme au XVIIᵉ siècle, XI, 609, 610.

RICHESSE. La richesse et le christianisme à l'époque des persécutions. Les premiers chrétiens n'étaient pas tous de pauvre et basse extraction, ainsi que le soutient M. Le Blant, II, 611-613.

RICULFE, évêque de Mayence (787-814). Quelques critiques lui attribuent le recueil des *Fausses Décrétales*, V, 616.

RIEZ. Fauste, évêque de Riez. Son orthodoxie, IV, 601.

RIMINI. Concile tenu dans cette ville en 359. Le pape Libère en casse les décisions comme entachées de l'hérésie arienne, III, 607.

RIMMON. Signification de ce mot en hébreu. Diverses opinions à ce sujet, I, 550.

ROBERT, roi de France (996-1031). Ses hymnes, V, 650-651. — Son excommunication à cause de son mariage avec Berthe sa parente, 652.

ROBERT, comte de Flandre, VI, 614.

ROBERT, moine, auteur de *l'Historia Hierosolymitana*, VI, 636, 637.

ROBERT (Ulysse). Résumé des actes du pontificat de Etienne X, VI, 609. — Ses *Etudes sur les actes du pape Callixte* II, 640.

ROBERT Guiscard, chef des Normands établis dans le sud de l'Italie au XIᵉ siècle. Le pape Nicolas II lui accorde le titre de duc et lui concède la Calabre et la Pouille (1059). Origine du royaume de Naples, VI, 612.

ROBESPIERRE. Robespierre et la Providence, XI, 674.

ROCQUAIN (Félix). Soutient l'authenticité des *Dictatus* de Grégoire VII proclamés au synode de 1075, VI, 624, 625.

RODOLPHE DE HABSBOURG, roi des Romains. Confirmation de son élection par le pape Grégoire X, VIII, 637. — Engagements pris en son nom, 637. — Synodes tenus en Allemagne sous son règne, 640, 641.

ROGER. Nature du pouvoir confié, en 1098, par le pape Urbain II au comte normand Roger et à ses successeurs, VI, 628, 629.

ROHAULT DE FLEURY (M.). Résumé de ses travaux sur la vraie croix et autres reliques de la Passion, III, 595-598.

ROIS. Chronologie des rois établie par M. Appert au moyen des éclipses indiquées par les inscriptions cunéiformes, I, 546. — Du sacre des rois de France. Du miracle de la sainte Ampoule et du toucher des écrouelles, IV, 589-592. — Long traité intitulé *De rectoribus christianis*, sur les devoirs des rois, adressé en 813 par Sédulius le jeune à Charlemagne et à son fils Louis le Débonnaire, V, 606, 607.

ROKYCANA, orateur des Hussites au concile de Bâle (1433), IX, 621.

ROMAIN (saint), fondateur de l'abbaye de Condat (Saint-Claude), dans les monts Jura au Vᵉ siècle, VII, 596, 597.

ROMAINS. Les Romains n'ont jamais connu la charité dans le vrai sens de ce mot, V, 618. — Constitution de la famille romaine : on retrouve tous les caractères de cette constitution dans les ordres religieux, VI, 640-642.

ROME. Preuves en faveur du séjour de saint Pierre à Rome. Durée de son pontificat. A-t-il gouverné seul l'Eglise romaine, ou bien saint Paul l'a-t-il gouvernée avec lui ? II, 601, 602. — Population de Rome pendant les premiers siècles de l'ère chrétienne, et nombre des martyrs, 613, 614. — Interprétation d'un passage de l'Apocalypse de saint Jean relatif aux persécutions, dans lequel il paraît être question de Rome, III, 569. — Basiliques élevées à Rome sous le règne de Constantin. Les catacombes sont peu à peu abandonnées vers la fin du IVᵉ siècle, 619, 620. — Vicissitudes des catacombes après les persécutions, 619-621. — Donation de Rome et de toute l'Italie au pape saint Silvestre, faussement attribuée à l'empereur Constantin, 593, 594. — Cette charte a été fabriquée vers la fin du VIIIᵉ siècle, probablement en France, peut-être par Benedetto Levita, 595. — Si cet acte apocryphe a joui de quelque crédit au moyen âge, c'est qu'il résumait les aspirations des peuples chrétiens

à cette époque, *ibid.* — Les arts et les lettres à Rome sous Nicolas V, IX, 640, 641. — Installation au Quirinal, à Rome, de Humbert, fils du roi Victor-Emmanuel et de sa famille (23 janvier 1871), protestation du pape Pie IX, XII, 497, 498. — Scandales et tumultes suscités à Rome contre le culte divin, en 1870 et 1871, 494. — « Incamération » des œuvres pies, suppression de huit couvents, attentats contre la propriété privée, 494, 495. — La franc-maçonnerie à Rome. Attentat de la police italienne contre la maison des Catéchumènes (décembre 1870), 497. — Transfert à Rome de la capitale du royaume d'Italie (juillet 1871), 498.

Rossi (de). Ses études sur les catacombes de Rome : *Roma sotterranea et Inscriptiones christianæ urbis Romæ*, II, 624-628. — Résumé de ses travaux sur les catacombes par le docteur Northcote. Liberté des cimetières chrétiens, III, 580, 581. — Histoire des médailles de dévotion, 629.

Rossi (Bernard de), savant italien du XVIIIe siècle, ses ouvrages, XI, 661.

Rosweyde (Héribert), jésuite. Son projet de publication des *Fasti Sanctorum*, XI, 630.

Rothade, évêque de Soissons. Mgr Hefélé lui attribue le recueil des *Fausses Décrétales*, V, 616.

Rovenius, prévôt d'Oldenzaal, essaye vainement de se faire nommer archevêque d'Utrecht en 1623. Origines du jansénisme en Hollande, XI, 611-613.

Russie. Progrès du catholicisme en Russie : missions du normand Olof Triggveson dans les pays du Nord à la fin du XIe siècle, VI, 621. — La princesse Olga et les commencements du christianisme en Russie (IXe siècle), V, 630, 631. — Efforts de Vladimir, premier grand duc catholique de Russie, pour la conversion de son peuple, 641. — Les Russes refusent d'accepter la réforme du calendrier par le pape Grégoire XIII et continuent de se servir du calendrier Julien, X, 661, 662. — Par l'érection d'un patriarcat à Moscou, l'église russe était devenue nationale et indépendante de celle de Constantinople. En 1700 le patriarche de Moscou est remplacé par un synode permanent dont les statuts sont promulgués le 25 janvier 1721, XII, 542-543. — Réglement ecclésiastique promulgué par Pierre le Grand ; son caractère, son importance, 543. — Efforts du Saint-Siège pour ramener l'église russe à l'unité catholique, 543, 544. — Relations diplomatiques de Pierre le Grand avec Clément XI, 544. — Violente annexion du diocèse de Chelm au schisme russe ; le nihilisme et le Rascol, 516, — Evénements d'Orient, marche des Russes sur Constantinople, 524. — Possibilité du retour de la Russie à l'unité catholique, VI, 606.

S

Sabinus (Flavius) préfet de Rome vers l'an 56, converti au christianisme, II, 612.

Sabinus (Pierre) auteur d'un recueil d'inscriptions chrétiennes dédié à Charles VIII en 1495, IX, 634.

Sacramentaires. Rapports et divergences qui existent entre les anciens Sacramentaires de la liturgie gallicane antérieure à Charlemagne et les Sacramentaires romains, V, 609, 610. — Charlemagne substitue en France le Sacramentaire grégorien au Sacramentaire gélasien et autres Sacramentaires particuliers plus ou moins altérés, 612.

Sacre. Du sacre de Clovis et des rois de France. Du miracle de la sainte Ampoule et du toucher des écrouelles, IV, 589-592.

Sacré-Cœur. Histoire de la dévotion au Sacré-Cœur, inaugurée en 1676 dans le monastère de la Visitation de Moulins, XI, 652.

Sadducéens. De l'origine des Pharisiens et des Sadducéens, II, 590.

Sadolet (Jacques), évêque de Carpentras (1477-1547), et son neveu Paul Sadolet, également évêque de Carpentras, IX, 643.

Saffarac, évêque de Paris. Sa déposition au oncile de Paris, en 553, IV, 624.

Sagesse (Le livre de la). On doit reporter la date de sa composition au moins dans le troisième siècle avant l'ère chrétienne, I, 546.

Saints. Culte rendu aux saints et à leurs reliques dès les premiers siècles, II, 627 ; III, 621. — Les octaves des fêtes solennelles remontent à une haute antiquité dans l'Église : exemples, 570. — Canonisation des saints dans les différents siècles, VII, 595-599. — Les Saints au XVe siècle, IX, 612, 613. — La sainteté en France à partir du XVIIe siècle, X, 666, 668. — Histoire de la collection des *Acta Sanctorum*, XI, 629-630.

Saint-Barthelémy (la), X, 665-680. — Part de Charles IX, de Catherine de Médicis, de la politique et de la religion dans la Saint-Barthélemy, 681.

Saint-Denis, monastère — Sacre du roi Pépin le Bref et de ses fils, dans la basilique de Saint-Denis, par le pape Étienne II, V, 593.

Saint-Esprit. Du dogme de la procession du Saint-Esprit chez les Arméniens, VII, 600, 601. — Discussion entre les théologiens grecs et latins au sujet de la procession du Saint-Esprit, au concile de Florence (1439), IX, 630-632.

Sainte-Hélène. Napoléon à Sainte-Hélène, XI, 538.

Sainte-Marie-Majeure, basilique de Rome, autrefois appelée la *Basilique Libérienne*, parce que le pape Libère en commença la construction, III, 607.

Saint-Maur des Fossés. Introduction de la réforme de Cluny, VI, 631. — Travaux des bénédictins de la congrégation de Saint-Maur, XI, 633, 634.

Sainte-Sophie de Constantinople. Description de cette église, VI, 647.

Saint-Sulpice. Les supérieurs des prêtres de la compagnie de Saint-Sulpice, depuis M. Ollier jusqu'à la Révolution, XI, 614.

Salisbury (Jean de), évêque de Chartres, VII, 606.

Salve Regina, antienne. Les uns attribuent cette antienne à Adhémar de Monteil, évêque du Puy, les autres à Pierre, évêque de Compostelle, d'autres enfin au moine Hermann Contract, VI, 637.

Salzbourg. Saint Virgile, évêque de Salzbourg, † le 27 novembre 780, V, 590, 591.

Samarie. Le roi Amri usurpateur et fondateur de Samarie, I, 547. — Siège de cette ville sous son successeur, *ibid.* — Siège de Samarie en 721 av. J.-C. d'après l'inscription de Khorsabad, 554.

Samaritains. Leur origine remonte à la prise de Samarie par Sargon, I, 551. — Ils ne reconnais-

sent que la loi de Moïse et rejettent le surplus des livres admis dans le canon des Juifs, *ibid.* — Les Juifs désignent les Samaritains par le nom de Cuthéens. Ils possèdent un texte du Pentateuque qui offre quelques variantes avec celui des Juifs, 552.

Samos (Sibylle de). Degré de valeur historique des oracles sibyllins, III, 610-614.

Samson. Le mot hébreu « Schoual », dans l'histoire de Samson, doit être traduit par « chacal » et non par « renard », I, 542, 543.

Samson (saint), évêque de Dol. — Vie de ce saint composée par le diacre Henocus. Renseignements précieux qu'elle contient sur l'histoire de la Bretagne armoricaine, IV, 604-606. — Critique de cet ouvrage, 604. — Résumé des principaux traits de la vie de ce saint qui, né vers 480, débarqua en Bretagne vers 520, 605. — Saint Samson et ses six suffragants en Bretagne, 625.

Santeuil. — Hymnes de Santeuil insérées au Bréviaire de Paris. Ce qui les distingue des anciennes hymnes, III, 625.

Sapor, persécuteur des chrétiens de Syrie, mort en 370. Actes des victimes de cette persécution par saint Maruthas, III, 626, 627.

Sardaigne. Investiture de la Sardaigne accordée par Boniface VIII à Jacques d'Aragon. Guerre entre les Aragonais et les Pisans au sujet de la possession de ce pays. Défaite définitive des Pisans (1326). — Domination des Espagnols en Sardaigne jusqu'à la fin du XVe siècle; la reine Eléonore (1382-1402), VIII, 608-610. — Dès le XIVe siècle la Sardaigne faisait partie du domaine temporel des papes, IX, 613. — Concordat passé en 1741 par le pape Benoît XIV avec le roi de Sardaigne, Charles-Emmanuel III, XI, 658-660.

Sardique. — Concile tenu à Sardique en 347. Rétablissement sur leurs sièges, d'Athanase d'Alexandrie et de Paul de Constantinople, III, 601. — Nombre des évêques qui assistèrent ou souscrivirent à ce concile, *ibid.* — Reconnaît le recours au souverain pontife dans les causes majeures et le jugement des évêques, V, 615, 616.

Sargon, roi. Détails sur le Sargon d'Isaïe et le roi d'Asdod d'après l'inscription de Khorsabad, I, 554. — Sargon et la Judée, *ibid.*

Sarlat. Introduction de la réforme de Cluny à Saint-Sauveur de Sarlat, VI, 631.

Sarpi (Fra Paolo), historien pamphlétaire du concile de Trente. Son assassinat ne peut être imputé au Saint-Siège, X, 645.

Sarrasins. La défaite des Sarrasins par Charles Martel et Eudes d'Aquitaine, près de Poitiers, en 732, IV, 655. (*Voyez Musulmans.*)

Sasbold Wosmer, prend le titre d'archevêque de Philippes et d'Utrecht au commencement du XVIIe siècle. Son projet de formation d'un clergé national hollandais, XI, 612, 613.

Saturnin (saint). Époque de la prédication de saint Saturnin à Toulouse. Grégoire de Tours a eu évidemment tort de placer l'arrivée de saint Saturnin à Toulouse en 250, il faut au moins la reporter sous le pontificat de saint Fabien, si ce n'est vers la fin du premier siècle, III, 574. — Actes authentiques de saint Saturnin; leur importance au sujet de la question de l'apostolicité des églises de la Gaule, V, 621.

Saulcy (de). Son opinion au sujet du changement de la femme de Loth en statue de sel, I, 531. — Le règne du roi Hérode et la naissance de Jésus-Christ, II, 598, 599.

Savonarole, moine dominicain, condamné au bûcher au XVe siècle. Dernier essai de justification et d'apologie tenté en sa faveur, IX, 648.

Savone. Rigueurs exercées contre le pape Pie VII à Savone, XII, 537.

Sayn (comte de), accusé d'hérésie en 1233, VII, 633-634.

Schœbel (M.), s'est attaché à prouver que tous les hommes n'ont pas péri dans le déluge ; inadmissibilité de cette opinion, I, 524.

Schoual, mot hébreu qui dans l'histoire de Samson doit être traduit par « chacal » et non par « renard », I, 542.

Schilo, mot hébreu que tous les commentateurs ont appliqué au Messie, I, 533.

Schisme. Principaux schismes dont il est question dans les Notes rectificatives et complémentaires :

1o. Schisme grec. Photius et ses précurseurs dans le schisme grec, V, 627-630. — Le concile de Constantinople, en 381, décide que le patriarche de cette ville aurait « la primauté d'honneur après celui de Rome, parce que Constantinople est la nouvelle Rome », 627. — Le pape saint Léon proteste contre cette décision qui est cependant confirmée à Chalcédoine, *ibid.* — Lutte ouverte aux Ve et VIe siècles, entre les patriarches de Constantinople et les papes, au sujet de la primauté et des privilèges de l'église de Constantinople, V, 627. — Un nouveau concile, tenu à Constantinople en 692, place définitivement la ville de Constantinople à la tête d'une prétendue église orientale, 628. — Déposition du patriarche de Constantinople Ignace et promotion de Photius (857). Le pape Nicolas Ier refuse de les approuver. Photius excommunié rassemble un conciliabule (867) pour prononcer l'excommunication et la déposition du pape, 628. — Huitième concile général tenu à Constantinople en 869. Déposition de Photius et rétablissement d'Ignace sur le siège patriarcal de Constantinople ; à la mort d'Ignace, Photius réussit à se faire rétablir et entre de nouveau en lutte avec le pape ; il est chassé de son siège par l'empereur Léon le Philosophe, 629, 630. — Photius, législateur de l'église orientale : examen de ses œuvres, V, 633-634. — Le schisme d'Orient et la primauté du pape. Il n'était nullement question, à l'origine, de la procession du Saint-Esprit ni de la primauté du Siège de Rome. La tradition constante de l'église d'Orient témoigne au contraire de la primauté du successeur de saint Pierre. Travaux du cardinal Pitra et du P. Tondini, VI, 605, 606. — Fin du schisme de Constantinople : union de l'église latine et de l'église grecque au concile de Florence (1439), IX, 630-632.

2o Schisme qui suit l'élection du pape Alexandre II (1061). Nomination de l'antipape Honorius II par Henri IV, empereur d'Allemagne, VI, 612-614.

3o Schisme qui suivit l'élection du pape Alexandre III, le 7 septembre 1159, et ne se termina qu'au synode de Venise, le 1er août 1177, VII, 595.

4o Grand schisme d'Occident. Origines de ce schisme. Élection de Barthélemy Pignano, pape, sous le nom d'Urbain VI (8 avril 1378). Défection des cardinaux qui, le 20 septembre, élisent pape Robert de Genève, Clément VII, IX, 595, 596. — Validité de l'élection du pape Urbain VI, 597, 598. — Les deux obédiences pendant le schisme d'Occident, 598, 599. — Démarches faites à l'avènement de Boniface IX, par ce pape et par son concurrent Clément VII, pour le rétablissement de la paix, 601. — L'antipape Benoît XIII en Roussillon, 602. — Que penser de l'œcuménicité du concile de Pise, de la légitimité d'Alexandre V, et de son successeur Jean XXIII, 602-603. — Concile

de Constance. Déposition de Grégoire XII, Benoît XIII et Jean XXIII, élection du pape Martin V (11 novembre 1417). Fin du schisme, 604-610. — Le concile de Ferrare et le schisme au concile de Bâle (1436-1439), 628-630.

SCIENCES. De la concordance de la cosmogonie biblique et des sciences naturelles, I, 519. — Division des sciences au moyen âge en *trivium* et *quadrivium* : Le *trivium* ou éthique comprenant la grammaire, la rhétorique et la dialectique; le *quadrivium* embrassant les sciences mathématiques, l'arithmétique, la géométrie, l'astronomie et la musique, IV, 593. — Gerbert et la renaissance littéraire et scientifique du xie siècle, V, 646.

SCOT (Marianus), † en 1086, est le premier auteur qui ait parlé de la papesse Jeanne, encore le passage où il en est question ne se trouve pas dans les anciens manuscrits, V, 626, 627.

SCOT ERIGÈNE (Jean). Ses erreurs sont renouvelées au xie siècle par l'hérétique Bérenger, VI, 605.

SEBONDE (Raimond), ou Raimond de Sebond, d'origine espagnole, auteur d'une *Theologia naturalis*, traduite par Montaigne en 1557, XI, 623-624.

SÉDULIUS, le jeune, Écossais, auteur d'un traité intitulé : *De Rectoribus Christianis*, et adressé à l'emperenr Charlemagne et à son fils Louis le Débonnaire. Analyse de cet ouvrage, composé en 813, V, 606, 607.

SÉLEUCIE. Actes du concile de Ctésiphon ou de Séleucie, tenu en 410, V, 617.

SEMICHON (Ernest), auteur d'un ouvrage intitulé : *la Paix et la Trève de Dieu*, VI, 635.

SEMI-PÉLAGIANISME. Condamnation de cette hérésie au concile d'Orange en 529. C'est à tort que l'on a accusé saint Vincent de Lérins de semi-pélagianisme, III, 632, 633.

SÉMITES. Caractères principaux des langues sémitiques, II, 588.

SENNACHÉRIB. Inscription de ce roi, confirmant le récit de la guerre entre Ezéchias et Sennachérib, donné par le livre des Rois, I, 554.

SENS. Introduction de la réforme de Cluny à Saint-Pierre de Sens, VI, 631.

SEPTANTE. De la traduction grecque de l'Ancien Testament connue sous le nom de version des Septante, II, 586. — On peut admettre que les cinq livres de Moïse ont été traduits sous Ptolémée Philadelphe, *ibid.* — Il est difficile d'assigner une date à la traduction des autres parties, 587. — Cette traduction est fidèle en substance; chaque livre a été traduit par une personne distincte, *ibid.* — La fidélité de cette version fut contestée plus tard par les Juifs, *ibid.* — Critique de la version des Septante par saint Jérôme. Utilité des différentes versions de la Bible, III, 616-619.

SEPTIME-SÉVÈRE, empereur. Persécution des chrétiens sous son règne, III, 588.

SÉPULTURES. Législation romaine relative aux sépultures, II, 624, 625; III, 581.

SÉQUENCES. Origine des séquences au ixe siècle. Séquences de Notker Balbulus, V, 636, 637; X, 657.

SERGIUS, hérétique monothéliste, patriarche de Constantinople. Lettre au pape Honorius et réponse de ce dernier; leur condamnation au 6e concile général de Constantinople, IV, 640-645.

SERGIUS III, pape (xe siècle), V, 647, 648.

SERMONAIRES. Différents manuscrits des sermons de saint Bernardin de Sienne, IX, 612.

SERFS. Les croisades et l'affranchissement des serfs, VII, 617-619.

SERVET (Michel), hérétique espagnol, victime de l'intolérance des protestants (1553), X, 642.

SEVERANO (P.). Son travail sur les catacombes publié en 1632 sous le titre de *Roma Sotteranea*, X, 664.

SIANG-FOU. Importance de l'inscription de Siang-Fou relativement à l'histoire de l'introduction du christianisme en Chine et dans l'extrême Orient, IV, 645-648. — Traduction de cette inscription par M. de Thiersant. Elle contient de très curieux et très longs renseignements sur la propagation de la vraie foi en Chine, 646, 647. — Elle date de l'an 781, 647.

SIBYLLES. Les sibylles étaient des prêtresses d'Apollon chargées d'annoncer l'avenir au nom de ce dieu, III, 610. — Livres sibyllins conservés à Rome depuis Tarquin l'Ancien et détruits pendant les guerres de Marius et de Sylla, 611. — Commission de prêtres chargée de recueillir tous les oracles des Sibylles de Samos, d'Iliac, d'Erythrée et d'en donner une édition officielle, 611, 612. — Origine et auteurs des livres sibyllins, II, 592. — Respect des anciens pour les livres sibyllins. Les premiers apologistes chrétiens en tiennent également un grand compte, III, 612, 613. — Falsifications des livres sibyllins aux différentes époques. Le texte même de ces livres ne nous est pas parvenu, mais il ne serait peut-être pas impossible de les reconstituer, 613. — Les sibylles ont cessé de rendre leurs oracles peu après la venue de Jésus-Christ, 614-615. — L'importance des oracles s'affaiblit avec les progrès du christianisme, 614.

SICILE. La *Monarchia Sicula*, discussion historique canonique par le professeur Sentis sur la nature du pouvoir confié par le pape Urbain II, en 1098, au comte normand Roger et à ses successeurs, VI, 628, 629. — Traité de 1156 entre Adrien IV et Guillaume de Sicile, VII, 591, 592. — Charles d'Anjou, roi de Sicile (1266), 630, 631. — Droits du Saint-Siège sur la Sicile, X, 662, 670.

SIDOINE APOLLINAIRE, évêque de Clermont, mort vers 489. Parvint aux plus hautes charges de l'Empire. En 469, il se retire à Clermont, et devient évêque de cette ville en 472. Par ses écrits Sidoine Apollinaire exerça une influence considérable sur son époque, III, 584. — Liste de ses ouvrages. Sa mort en 489, 584, 585.

SIGEBERT, moine de Gembloux, auteur d'une chronique célèbre et de plusieurs autres ouvrages, mort en 1112, VI, 603.

SIGEBERT III (saint), roi d'Austrasie, IV, 648. — Il nous reste de ce roi deux lettres à saint Didier et quatre diplômes pour des églises ou des abbayes, *ibid.*

SIGISMOND, roi des Burgondes. Saint Avit de Vienne et la conversion du prince Sigismond, IV, 597.

SIGISMOND, empereur d'Allemagne de 1418 à 1438. Son rôle au concile de Bâle (1431-1449), IX, 617-626. — Croisade contre les Hussites (1431), 618, 619; X, 631, 632.

SINUESSE. Prétendu concile tenu à Sinuesse, aujourd'hui Sessa, en Campanie, par le pape saint Marcellin, III, 586.

SIMON DE MONTFORT, chef de la croisade contre les Albigeois. Reçoit du légat du pape Innocent VI l'investiture des fiefs de Raymond VI de Toulouse, VII, 619-622.

SIMON DE TRENTE (saint). Son martyre en 1475, IX, 643.

SIMON (Richard). Ses études critiques sur l'Ancien et le Nouveau Testament. Liste de ses ouvrages, XI, 631-633.

Simonie. Lettre du pape Benoît VII, contre les ordinations simoniaques (981), V, 641.

Simplicius, pape de 468 à 483. Intervention du patrice Basile dans l'élection du successeur de Simplicius; cette intervention est loin d'être prouvée, IV, 585, 586. — Emploi des revenus ecclésiastiques d'après une lettre du pape Simplicius du 19 novembre 475, 586. — Sa lettre à Acace, patriarche de Constantinople, en janvier 476. Traduction d'un passage de cette lettre relatif à l'autorité des conciles, 585.

Sinaï. Origine chrétienne des inscriptions sinaïtiques, I, 536.

Sirmium. Différentes formules dressées à Sirmium : l'une en 351 contre Photin, la seconde arienne en 357, enfin la troisième orthodoxe en 359, le pape Libère ne put souscrire que la première, III, 605, 607.

Sixte IV, pape de 1471 à 1484. Le népotisme de ce pape s'explique par une raison d'Etat, IX, 646. — La conspiration des Pazzi, ibid.

Sixte V, pape de 1585 à 1590. L'abbé Védrine fait naître Sixte V à Arnac la Poste dans la Marche, X, 670. — Son histoire par le baron de Hubner, 670. — Ses efforts pour réunir le royaume de Naples à la couronne pontificale, 670, 671. — Correction et publication du texte de la Vulgate, 646, 647.

Slaves. De l'origine et de la marche du catholicisme chez les peuples slaves, à partir du VIe siècle, IV, 655, 656. — Virgile, évêque de Salzbourg, apôtre de la Carinthie, 656. — Origines du christianisme chez les Slaves : dans la Slavonie, la Carinthie, la Bohême, la Moravie, etc. Au milieu du IXe siècle le christianisme avait pénétré à peu près chez tous les peuples slaves compris entre les Balkans et les Carpathes, V, 604. — Mission des frères Méthode et Cyrille chez les Khazares, en 860. Autre mission en Bulgarie et Moravie (865), en Bohême, 604, 605. — Origine de la liturgie slavonne : privilège accordé au IXe siècle aux Slaves de faire l'office en leur langue. Ce privilège a été confirmé à plusieurs reprises, 605. — Justification de la conduite du pape Etienne V à l'égard des Slaves, 635.

Smera Polovecius (Jean) médecin et rhéteur de l'empereur Wladimir à la fin du Xe siècle, V, 647.

Sodome. Emplacement de cette ville au sud-ouest de la Mer Morte d'après M. de Saulcy, I, 531.

Solofaciole (Timothée), patriarche. Défense qui lui est faite de réciter à l'autel le nom de Dioscore, IV, 585.

Sorbonne. La faculté de théologie cherche à exclure les Oratoriens de son sein, au XVIIe siècle, XI, 614.

Souabe. Guerre des paysans dans la Souabe en 1525, X, 629.

Souciet (le P.). Commentaire sur un passage de la Genèse, I, 521.

Southwell (le R. P.), jésuite, missionnaire en Angleterre. Son martyre en 1591, X, 674-675.

Speculum de Vincent de Beauvais, VIII, 622.

Stadingues, hérétiques d'Allemagne au XIIIe siècle. Conrad de Marbourg et les Stadingues, VII, 633, 634.

Stavelo (abbaye). Célébrité de son école du VIIIe au XIe siècle, avec saint Floribert, saint Agilulfe et saint Pappon, VI, 602.

Stigand, archevêque de Cantorbéry. M. Aug. Thierry affirme que Stigand refusa de bénir Guillaume le Conquérant; il paraît probable au contraire que Guillaume ne voulut pas être couronné roi par Stigand, qui avait été déposé et excommunié par le pape, VI, 618.

Strabon (Walafried), écolâtre de Fulde et abbé de Richenau (842), disciple de Raban Maur, V, 618.

Strasbourg. Siège et prise de Strasbourg par les Prussiens (17 septembre 1870), XII, 499.

Strauss, philosophe allemand, mort le 8 février 1874. Conséquences fatales de son système, XII, 540-542.

Strozzi (Fr.), helléniste, 1372-1462, IX, 642.

Stuart (Marie). Son procès et l'établissement du protestantisme en Angleterre, X, 673.

Suaires (les saints). Le nombre des saints suaires conservés comme reliques de la Passion s'explique par la grande quantité de linges et d'étoffes employée pour les embaumements, III, 597, 598. — Les plus célèbres sont ceux de Turin en Italie et de Cadouin en France, 578.

Suède. Le christianisme en Suède du XIe au XIVe siècle, VI, 644. — Le christianisme en Suède au XIIe siècle, VII, 612. — Etablissement du protestantisme en Suède sous les règnes de Gustave Vasa, Eric XIV, Jean III et Sigismond (XVIe siècle), X, 630-632. — Tentative de restauration du catholicisme sous Jean III, 632. — Période suédoise de la guerre de Trente ans, mort de Gustave Adolphe à Lutzen (1632), XI, 619-621.

Suger. Rôle important de Suger dans l'Eglise et dans l'Etat au XIIe siècle, VI, 642.

Suisse. La Réforme en Suisse, X, 641. — Calvin et la morale à Genève, 641, 642. — La persécution religieuse et les vieux catholiques en Suisse en 1872, XII, 514.

Superstitions. L'Eglise a de tout temps condamné les pratiques superstitieuses. Opinion de Grégoire de Tours, de Raban Maur et autres à ce sujet. Procès de sorcières. En Angleterre, plus le calvinisme devient puissant plus les procès de sorcières se multiplient, VI, 626.

Sutri. Entrevue de Sutri en 1155 où le pape Adrien soutient devant Frédéric Barberousse la suprématie de la puissance pontificale, VII, 591.

Suzanne. Objections faites contre l'authenticité de son histoire, I, 558.

Swibert (saint). Sa canonisation en 804 par le pape Léon III, VII, 597.

Swingle. Extraits de ses œuvres relatifs au culte des saints, X, 628.

Sylvestre II (Gerbert). Son influence sur la renaissance littéraire et scientifique de la fin du Xe siècle, V, 643-647.

Symbole. Preuves en faveur de l'apostolicité du symbole des apôtres, II, 599, 600. — De la tradition qui attribue à chacun des douze apôtres un des douze articles du symbole, 600. — L'addition du « Filioque » a été décidée par les évêques d'Espagne pour étouffer l'erreur des Priscillianistes qui prétendaient que le Fils n'était pas consubstantiel au Père, V, 617. — Symbole de Nicée. Explications ajoutées à ce Symbole par le premier concile œcuménique de Constantinople en 381, III, 616.

Symmaque. Le pape Symmaque et le concile de la Palme en 501. Ce concile se refuse à citer en jugement le pape malgré lui et à le condamner, IV, 594, 595.

Synagogue. Société des plus savants et des plus autorisés d'entre les Hébreux qui aurait coopéré à la formation du canon des livres juifs, II, 586. — Les Synagogues des Juifs et la lecture publique de la Bible, 594.

Synodes. (Voyez Conciles).

Syrie. Actes des martyrs de Syrie pendant la

persécution de Sapor, mort en 370, par saint Maruthas, évêque de Tagrite, III, 626-627. — Etat florissant de la Syrie pendant les premiers siècles

de l'ère chrétienne. Sa décadence sous le joug des Musulmans. Description d'Antioche à diverses époques, IV, 632.

T

Talaia (Jean), patriarche d'Alexandrie. Son voyage à Rome en 483, IV, 585.

Tamerlan. Représenté par les historiens arabes comme un disciple fervent de Mahomet. Ses cruautés, IV, 633.

Talbot (M.). Traduction d'une tablette chaldéenne sur la révolte des anges, I, 519.

Talleyrand (Ch. Maurice de), né le 2 février 1754. Ouvrages à consulter sur sa vie, XI, 673.

Talmud. Date de composition de ce recueil qui contient le résumé des traditions du peuple juif, II, 614. — Manière dont il a été composé, 615. — Principes du Talmud sur diverses questions, VII, 607, 608.

Tartarie, Tartares. — Guillaume de Ruysbrock et les missions de Tartarie au xiiie siècle, VIII, 628. — Canons des synodes provinciaux tenus en 1261 à Mayence et à Magdebourg, contre les Tartares, 631, 632.

Temple de Jérusalem. Tentative de reconstruction par Julien l'Apostat au ive siècle ; prodiges qui l'arrêtent. Eglise et mosquée construites sur l'emplacement de ce temple, III, 609, 610.

Templiers. Clément V et le concile général de Vienne. Bulles relatives à la suppression des Templiers (1311-1312), VIII, 657, 658. — Philippe le Bel et les Templiers, 658, 659. — Les Templiers coupables d'apostasie, d'idolâtrie et d'impureté d'après un mémoire publié par M. de Hammer, 659-660.

Téraphim (Les). Etymologie et signification de ce mot. Différentes opinions émises à ce sujet. Les Téraphim étaient des dieux domestiques, I, 532.

Térouane. Gérard, évêque de Térouane à la fin du xie siècle, VI, 624.

Terragone. Statuts du synode de Terragone tenu le 18 avril 1239, VIII, 614.

Tertullien. Analyse critique de son Apologéticum, II, 619.

Testament (Ancien et Nouveau). De la traduction grecque de l'Ancien Testament connue sous le nom de version des Septante, II, 586. — On peut admettre que les cinq livres de Moïse ont été traduits sous Ptolémée Philadelphe, mais il est difficile d'assigner une date à la traduction des autres parties, 586, 587. — Cette traduction est fidèle en substance ; cependant plus tard elle fut contestée par les Juifs, ibid. — Livres canoniques. Pourquoi l'Eglise a-t-elle approuvé les livres deutéro-canoniques, 586. — Du premier livre des Machabées, 588, 589. — Du second livre, 589. — Le troisième est apocryphe, 589. — L'ignorance prétendue des apôtres et le style du Nouveau Testament, 595. — Réflexions du célèbre historien, Jean de Muller, sur la lumière produite par le Nouveau Testament, 596. — Etudes critiques de Richard Simon au xviie siècle, X, 631-633. (Voyez Bible. Ecriture Sainte.)

Tetzel, moine du couvent dominicain de Saint-Paul à Leipzig, grand inquisiteur, nonce et légat du pape en Allemagne, IX, 657. — Attaques dirigées contre lui par Luther, 654-656. — Sa science et son érudition, 657. — Est-il l'auteur des cent six propositions ? 658.

Tharaca, roi d'Ethiopie, mort en 666 avant J.-C. ; son histoire, I, 552.

Thècle (sainte). Les Actes de cette sainte nous donnent des renseignements très précis sur le portrait physique de saint Paul, II, 602.

Théodebald, roi de Metz (547-555). — Etendue de son royaume, IV, 608, 609.

Théodebert, roi de Metz (534-547). — Etendue de son royaume, IV, 608, 609. — Saint Valentin, chargé de la direction de la maison de ce roi, 619.

Théodora, épouse de l'empereur Justinien. Essai de réhabilitation tenté par M. Debidour, IV, 610. — Elle favorise l'élévation du diacre Vigile sur le Saint-Siège. C'est à tort que l'on accuse ce pape d'avoir été l'instrument docile de l'impératrice Théodora, 620-622.

Théodoric, roi de Metz, fils de Clovis, 511 à 534. Royaume de Théodoric, de Théodebert, et de Théodebald (511-555), IV, 608, 609.

Théodoric, évêque de Metz (fin du xe siècle), V, 652.

Théodius, évêque de Liège. Sa lettre au roi de France au sujet des erreurs de Bérenger, archidiacre de Tours (xie siècle), VI, 604, 605.

Théodulfe, évêque d'Orléans, V, 608.

Théologie. Le panthéisme enseigné à Paris de 1200 à 1210, VII, 612. — Melchior Cano et les travaux dogmatiques et exégétiques au xvie siècle, X, 642-643. — Theologia naturalis sive Liber creaturarum par Raimond de Sebonde ; ouvrage traduit d'espagnol en français par Montaigne, XI, 623-624.

Thérapeutes, communauté égyptienne de moines, II, 613.

Thierry (Augustin). Critique de son Histoire de la conquête de l'Angleterre, VI, 617, 618.

Thiers (M.). Gouvernement de M. Thiers (1871), XII, 501 et suiv.

Thiersant (Dabry de), consul de France en Chine. Sa traduction de l'inscription de Siang-Fou si importante relativement à l'histoire de l'introduction du christianisme en Chine et dans l'extrême Orient. Cette inscription remonte à l'an 781, IV, 645-648.

Thomas Becket (saint), archevêque de Cantorbéry, auparavant chancelier d'Angleterre. Causes du conflit entre Henri II et Thomas Becket. Statuts de Clarendon. Réfutation des calomnies publiées récemment contre Thomas Becket, VII, 601-603.

Thomas d'Aquin (saint). Relations du pape Grégoire X avec saint Thomas, VIII, 636. — Ses collaborateurs : Reginald de Piperno, Pierre d'Andréa, Hannibal Hannibadensis, 622, 623. — Démarches faites en 1318 pour obtenir sa canonisation ; bulle de canonisation en 1333, VII, 598.

Thomas à Kempis. C'est à tort que quelques critiques lui attribuent l'Imitation, VIII, 623-625.

Thomassin (le P.). Rééditions de ses ouvrages, XI, 614.

Thourout. Ecole du monastère de Thourout établie en 834 par saint Anscaire, V, 622.

Thummin. Manière de consulter l'oracle de l'Urim et du Thummin, I, 536.

Tiare. Origine de cette coiffure des papes, VIII, 669.

Tillemont (Le Nain de). (Voyez Le Nain.)

Titus. Siège et prise de Jérusalem par Titus, du 28 février au 1er août 70, II, 603. — Incendie du Temple, *ibid*.

Titus de Bostra, vivait du temps de l'empereur Julien. Son traité contre les Manichéens, III, 623.

Tobie. Découverte du texte chaldéen du livre de Tobie par M. Neubauer, en 1877, I, 552. — Epoque de la rédaction de ce livre, 553.

Tolède. Concile tenu en 589, canons contre les Juifs d'Espagne, IV, 652. — Autre concile en 633 : renouvellement des mêmes prescriptions, 652.

Tolet (le cardinal), † le 14 septembre 1594; éminents services rendus au Saint-Siège par ce cardinal, X, 669-670. — Tolet et Henri IV, 670.

Tombeaux. Législation romaine relative aux sépultures, II, 626-628. — Emblèmes qui servent à désigner les tombes des martyrs, 628. — Discussions archéologiques sur les objets trouvés aux Catacombes dans les tombeaux ou près des tombeaux, 628-632.

Tondini (le P.). *La primauté de saint Pierre prouvée par les titres que lui donne l'Eglise russe dans sa liturgie :* conclusions de ce travail, VI, 606.

Tonsure. Des différentes formes de la tonsure aux premiers siècles de l'Eglise, IV, 645. — La tonsure irlandaise est proscrite par le concile de Mâcon en 624, et la tonsure à la romaine finit par prévaloir, 645.

Torzelo (Jean de). Rapport sur sa mission auprès de l'empereur de Constantinople (1439), IX, 639.

Toscane. Le Jansénisme en Toscane : Scipione Ricci, évêque janséniste de Pistoie, XI, 665.

Toulouse. Saint Saturnin, apôtre et premier évêque de Toulouse. Il faut placer son arrivée dans cette ville sous le pontificat de saint Fabien, si ce n'est vers la fin du premier siècle, III, 574. — Raymond VI de Toulouse et la guerre contre les Albigeois, VII, 619-622. — Puissance des comtes de Toulouse dans le midi de la France, VII, 635-637.

Tournelly, auteur de la mystification de Douai, XI, 637.

Tours. Concile tenu à Tours en 461. Canons sur le célibat des prêtres et des vierges, sur la juridiction des évêques, IV, 583. — Célébrité de l'asile de Saint-Martin de Tours, 623. — L'hérétique Bérenger, archidiacre de Tours, VI, 604, 605. — Concile de 1163, VII, 599, 600.

Traductions. Traductions du latin en français faites par les ordres de Charles V, IX, 599.

Trajan, empereur. Persécution des chrétiens sous son règne, III, 588. — Explication de la légende d'un médaillon à l'effigie de Trajan-Dèce, frappé à Mœonia de Lydie, 583, 584.

Trappe. *Histoire de l'abbé de Rancé et de sa réforme* par M. l'abbé Dubois, XI, 652, 653.

Trente. Commission préparatoire du concile de Trente, X, 645. — Le pouvoir civil à ce concile, 646. — Les pères du concile de Trente, 644. — Les sources de l'histoire de ce concile, 644, 645. — Le canon *De reformatione principum;* réclamations auxquelles il donne lieu, 651-653. — Remontrances adressées à Henri III et à ses successeurs pour la publication en France des décrets du concile de Trente, 653-654. — La réforme liturgique et la réforme de la musique religieuse au concile de Trente, 658-661.

Trève de Dieu. Le droit d'asile, complété plus tard par l'institution de la paix et la trève de Dieu, est le premier obstacle opposé par l'Eglise à la violence des temps féodaux, VI, 614-617. — Conciles des XIe, XIIe et XIIIe siècles, où il est question de la franchise des églises, 615, 616. — Législation canonique à ce sujet, 616 — *La Paix et la Trève de Dieu,* par M. Ernest Semichon, 635. — Origine de la paix de Dieu en 988 et de la trève de Dieu en 1027, *ibid*.

Tribunal révolutionnaire. Le tribunal révolutionnaire, bibliographie, XII, 674.

Trivium. Division des sciences au moyen âge en *trivium* et *quadrivium*. Le *trivium* ou éthique comprenait la grammaire, la rhétorique et la dialectique, IV, 593.

Trochu (le général), gouverneur de Paris en 1870, XII, 499, 500.

Tronson (Louis), supérieur des prêtres de Saint-Sulpice, mort en 1700, XI, 614.

Tryphon ou Tarphon de saint Justin. Est-il le même que le juif Tarphon qui dirigeait à la fin du premier siècle l'école rabbinique de Lydda? II, 618, 619.

Tubalcaïn, « Tubal le forgeron », et l'invention de la métallurgie, I, 521.

Tuluges (pays de), près de Perpignan. Constitution de la paix et de la trève de Tuluges au sujet du droit d'asile accordé aux églises et autres lieux saints, VI, 615.

Turcs. Siège de Vienne par les Turcs en 1529, X, 626. — Lutte de la Hongrie contre les Turcs en 1565, 1566, 671. — Siège et prise de Candie par les Turcs (1669). Troupes envoyées par Louis XIV au secours de Candie sous le commandement du duc de Beaufort, du comte de Vivonne et du duc de Navailles, XI, 625-627.

Turin. Découverte par M. Revillout dans un papyrus du musée de Turin des *Gnomes* du concile de Nicée en 362, III, 590-592. — Les plus célèbres des saints suaires conservés comme reliques de la passion sont ceux de Turin et de Cadouin en France, 598.

Tyr. Prise de Tyr par Nabuchodonosor, I, 561. — Conciliabule du Tyr, III, 599.

Tyron (abbaye de). Prospérité de cette abbaye sous saint Bernard de Tyron, VI, 638, 639.

Tyropœon. Vallée du Tyropœon à Jérusalem. Le sol a été exhaussé sur ce point de soixante-huit pieds. Fouilles faites par le capitaine Warren, II, 591.

U

Udalric (saint), évêque d'Augsbourg ; sa canonisation au concile de Latran en 993, VII, 598.

Ulpien, auteur d'un recueil des édits lancés par les empereurs contre les chrétiens, III, 588.

Ultrogothe, épouse du roi Childebert Ier. Son portrait par l'auteur de la *Vie de saint Samson*, IV, 604.

Université. Enseignement de l'Université de Paris au XIIIe siècle. Les livres de métaphysique et de dialectique sont prohibés en 1209, et permis en 1231. Censure prononcée contre certains étudiants en 1277, VII, 623, 624. — Fondation de l'Université de Dublin par le pape Clément V, confirmée par Jean XXII (1320), VIII, 664-665.

— Relevé des principales Universités d'Europe établies ou confirmées par les souverains pontifes ; origine de ces Universités ; but de leur fondation, leurs réglements, 643-646.

URBAIN II, pape de 1088 à 1099. D'abord moine à Cluny, VI, 633. — Son discours au concile de Clermont lorsqu'il y prêcha la première croisade, 636. — Nature du pouvoir confié, en 1098, par le pape Urbain II au comte normand Roger et à ses successeurs, 628, 629.

URBAIN IV, † le 2 octobre 1264. Urbain IV et les prétendants au trône d'Allemagne, Richard de Cornouailles, Alphonse de Castille et Conraddin, VIII, 629-630.

URBAIN VI (Barthélemy Prignago). Son élection le 8 avril 1378. Défection des cardinaux qui, le 20 septembre, élisent un nouveau pape, Clément VII. Origine du grand schisme d'Occident, IX, 595-597. — Validité de l'élection du pape Urbain VI, 598.

URBAIN GRANDIER. Son procès et son exécution à Loudun, le 18 août 1634, X, 694-696.

URIM. L'oracle de l'Urim et du Thummin ; différentes explications données à ce sujet, I, 536.

URSACE, arien. Renonce à l'arianisme, III, 605.

USUARD. Autorité historique du martyrologe d'Usuard, III, 579.

USURE. De l'usure judaïque en Alsace au XIVe siècle, VII, 608.

UTRECHT. Envahissement du diocèse d'Utrecht par un évêque de Cologne au VIIIe siècle, IV, 655. — Adelbold, évêque d'Utrecht à la fin du Xe siècle, et l'école de Saint-Martin d'Utrecht, V, 650. — De l'église d'Utrecht au XVIIe siècle, XI, 611-613.

V

VALDO (Pierre), riche marchand à Lyon, fondateur de l'hérésie vaudoise vers 1160, VII, 608.

VAISON. Canon du concile de Vaison de 529, relatif au célibat des prêtres, IV, 612.

VALENCE. Séjour de Pie VI à Valence et sa mort (1799), XI, 675.

VALENS, évêque en Palestine, un des chefs des Ariens ; sa rétractation, III, 605.

VALENTIN (saint), chargé de la direction de la maison du roi Théodebert, IV, 619.

VALÈRE (saint), archidiacre de Langres au Ve siècle. Actes de son martyre, III, 627.

VALÉRIEN, empereur. Ses cruautés contre les chrétiens, III, 588.

VALLA (Laurent), helléniste, 1406-1457, IX, 642.

VANDALES. Invasion des Vandales dans la Gaule (405-408) ; leurs rois Crocus et Trasemond. Ils se fixent en Espagne en 409, III, 627.

VAN GEEL (Jan), chef des anabaptistes de Munster (1534), X, 633.

VANNES. Évêque : saint Paterne, IV, 584.

VARUS (Rictius), persécute les chrétiens en Gaule. Traces de cette persécution récemment découverte, III, 589.

VASES. Controverse au sujet des vases de toute forme et de toute matière que l'on trouve aux catacombes dans les tombeaux ou près des tombeaux, II, 628-632. — Analyse chimique de la matière et du contenu de ces vases, 632.

VATICAN (palais du), à Rome. Histoire de la bibliothèque du Vatican, et de ses inventaires ; collections archéologiques et historiques conservées au Vatican, XI, 627-628. — Concile du Vatican. Soumission universelle au concile du Vatican, XII, 522.

VAUDOIS, hérétiques, leur origine à Lyon, vers 1160 ; leurs doctrines, VII, 609.

VENISE. Rôle des Vénitiens dans la quatrième croisade, VII, 616, 617. — Rôle des Vénitiens à la croisade de 1239 à 1241, VIII, 608. — Siège et prise de Candie par les Turcs en 1669, XI, 625-627.

VÊPRES SICILIENNES. Massacre des Français à Naples, en 1282, VIII, 640.

VÉRON (François). Ouvrages à consulter sur ce célèbre controversiste du XVIIe siècle, XI, 656.

VÉRONE. Rathère, évêque de Vérone, † en 974, V, 637, 638.

VERSAILLES. Traités de Versailles et de Francfort (février 1871), XII, 501. — Insurrection du 18 mars, établissement de la Commune de Paris, 502. — Retraite du gouvernement à Versailles. Situation de l'assemblée et du gouvernement à Versailles, 503, 504. — Histoire de la Commune de Paris (mars-mai 1871). Entrée des troupes de Versailles à Paris, 502-510.

VESPUCE (Améric). Améric Vespuce et Christophe Colomb, IX, 636.

VICTOR II, pape de 1055 à 1057. Gebhard, évêque d'Eischstadt, élu pape en 1054, sous le nom de Victor II. Son caractère, VI, 608.

VICTOR IV, pape (1159), VI, 646.

VICTOR-EMMANUEL, roi de Piémont. Le pape Pie IX captif au Vatican. La loi des garanties : protestation, XII, 496. — Apparition rapide de Victor-Emmanuel à Rome, le 31 décembre 1870, 497. — Rome proclamée capitale de l'Italie, paroles de Victor-Emmanuel (juillet 1871), 498. — Son gouvernement attaqué par les partisans de la république, du socialisme et de l'Italia irredente, 517. — Mort de Victor-Emmanuel, ses funérailles, protestation du Saint-Siège contre l'usurpation continuée par le roi Humbert, 524.

VICTORIN, le philosophe ; son commentaire des épîtres de saint Paul, III, 608.

VIENNE en Autriche. Siège de Vienne par les Turcs en 1529, X, 626.

VIENNE en France. Sous l'épiscopat de saint Hilaire d'Arles, le titre de métropole est attribué à Vienne, III, 628. — Concile général de Vienne (1311) ; suppression des Templiers, VIII, 657, 658.

VIERGE (la sainte). « Et celle-ci t'écrasera la tête. » Rectification de cette traduction d'après le texte hébreu, I, 521. — Son mariage avec saint Joseph. Du songe annonçant à saint Joseph la conception miraculeuse de Notre-Seigneur, II, 593. — Du culte de la sainte Vierge pendant les premiers siècles de l'ère chrétienne d'après les peintures des catacombes, 627. — Louanges adressées à la mère du Seigneur par le concile de Nicée, III, 593. — Hymnes de saint Jean Damascène en l'honneur de la Vierge Marie, V, 595. — Croyance des anciens Pères de l'Eglise à l'Immaculée Conception de la sainte Vierge, 595. — La croyance à l'Immaculée Conception remonte aux premiers siècles de l'Eglise, VI, 643.

VIEUX CATHOLIQUES. Dœllinger et la secte des vieux catholiques refusent de reconnaître l'infaillibilité du pape, XII, 511. — La persécution religieuse et les vieux catholiques en Bavière et en Suisse, 512, 514.

VIGILE, pape de 537 à 555. Son élévation sur le

Saint-Siège et sa prétendue promesse faite à l'impératrice Théodora d'abolir les décisions du concile de Chalcédoine, IV, 620, 621. — Le pape Vigile et l'affaire des trois chapitres, 621, 622.

VIGILE (saint), évêque de Trente et martyr au IVᵉ siècle. Les *Actes* de son martyre, VII, 597.

VIGOUROUX (l'abbé). Analyse de son mémoire sur l'histoire d'Abraham, d'après les découvertes de l'assyriologie et de l'égyptologie modernes, I, 529, 530.

VILAIN (Martin). Son pèlerinage en Palestine en 1458, IX, 639.

VILLEMAIN. Critique du jugement porté par M. Villemain, sur le pontificat du pape saint Grégoire VII, VI, 628.

VILLEMARIE. Fondation de cette colonie dans l'île de Montréal (1642), XI, 666.

VINCENT (saint) de Lérins. On l'a accusé à tort de semi-pélagianisme et de n'avoir pas admis la suprématie de la papauté, III, 632, 633.

VINCENT DE PAULE (saint). Différents ouvrages sur sa vie, XI, 625.

VINCENT DE BEAUVAIS, dominicain, né vers 1190, mort en 1264. Son *Speculum majus*, valeur de cet ouvrage, VIII, 622, 626.

VIRGILE (saint), né en Irlande, passe en Allemagne dans la première moitié du VIIIᵉ siècle, devient abbé du monastère de Saint-Pierre de Salzbourg, puis évêque de Salzbourg vers 764, meurt le 27 novembre 780. Au début de sa carrière il est dénoncé au pape Zacharie par saint Boniface comme ayant enseigné qu'il y avait un autre monde et d'autres hommes sous la terre, un autre soleil et une autre lune, mais il ne fut jamais condamné comme hérétique, IV, 656; V,

590, 591. — Conversion des Slaves de Carinthie, 603.

VISIGOTHS. Conséquences de la bataille de Vouillé en 507, IV, 598.

VIVENTIOLE (saint), évêque de Lyon. Assiste en 517 à la dédicace de l'église d'Agaune, puis au concile d'Epaone. Coutume observée pour l'élection de son successeur, IV, 601.

VIVIERS. Démêlés de Bernon, évêque de Viviers avec Raymond VI de Toulouse, VII, 621, 622. — Droits de l'évêque de Viviers sur les châteaux de l'Argentière et de Fanjau, 630. — Plaintes portées par l'évêque de Viviers contre le sénéchal de Beaucaire et de Nîmes (1272-1283), VIII, 637, 638.

VOLTAIRE. Ouvrages sur Voltaire parus depuis la publication de l'Histoire de l'Eglise de Rohrbacher, XI, 664.

VOUILLÉ. Conséquences de la bataille de Vouillé, livrée en 507, par Clovis aux Visigoths, IV, 598.

VULGATE. Version latine de la Bible par saint Jérôme connue sous le nom de Vulgate, et les versions antérieures, version des Septante et autres; critique de ces différentes versions; leur utilité, III, 616-619. — De la correction de la Vulgate : texte publié par Sixte V et Clément VIII, X, 646, 647.

VULSTAN (saint), évêque de Worcester au XIᵉ siècle. Situation religieuse et morale de l'Angleterre au XIᵉ siècle d'après la vie de ce saint, VI, 618, 619. — L'archevêque Lanfranc veut faire déposer de son siège saint Vulstan, au concile de Worcester : miracle du bâton pastoral de saint Vulstan qui s'enfonce dans la pierre du tombeau de saint Edouard, 622.

W

WARNEFRIDE (Paul), diacre d'Aquilée, puis moine au Mont-Cassin (VIIᵉ siècle), V, 608.

WASON, évêque de Liège (1042-1048); sa célébrité; son épitaphe, VI, 600.

WATSTEIN. Règle donnée par sainte Brigitte au monastère de Watstein, IX, 593.

WAVRIN (le sire de), gentilhomme du Hainaut. Son pèlerinage en Palestine au XVᵉ siècle, IX, 639.

WELLS, missionnaire catholique en Angleterre. Son martyre le 10 novembre 1591, X, 675.

WEMMERS (Jacques). Ses missions en Ethiopie, et ses travaux sur la langue éthiopienne, IX, 649.

WÉNILON, archevêque de Sens. Lettres et proclamation de Charles le Chauve contre cet évêque, V, 624.

WENSING (G.-H.), professeur au séminaire de Warmond. Réfutation de la légende de la papesse Jeanne, V, 626, 627.

WESTMINSTER. Concile tenu en 1076, où l'archevêque Lanfranc veut déposer de son siège saint Vulstan, évêque de Worcester, VI, 622.

WIBERT, archevêque de Ravenne en 1068, VI, 614.

WICLEFF, hérésiarque. Condamnation de son hérésie par le concile de Constance (1415-1418), IX, 607-610.

WIDMANSTADT (Jean-Albert). Ses hypothèses sur la rotation de la terre, X, 683, 692.

WINDHESHEIM, abbaye de chanoines réguliers en Hollande. C'est à un chanoine régulier de cette congrégation que, d'après M. Arthur Loth, il faut attribuer l'*Imitation*, VIII, 623-625.

WLADIMIR, grand duc catholique de Russie (Xᵉ siècle). Regrets causés par sa mort; progrès du catholicisme en Russie sous son règne, V, 641, 622. — L'empereur Wladimir et Jean Smera Polovecius, son médecin, 647.

WOLSEY (le cardinal). Son rôle en Angleterre sous le règne de Henri VIII, X, 634.

WYATT (Thomas), ambassadeur de Henri VIII auprès de Charles-Quint, X, 639-640.

X

XERXÈS. Signification de ce nom, I, 556.

Y

YENNE. Ville au diocèse de Belley, autrefois Epaone d'après Rohrbacher, IV, 600.

YVES DE SAINT-QUENTIN, prieur de Cluny, re-touche la Vie de saint Pardulfe et compose quelques autres écrits, VI, 632.

Z

ZACHARIE, pape de 741 à 752. Lettre du pape Zacharie à saint Boniface au sujet du prêtre Virgile et des antipodes, V, 590, 591. — Mission secrète auprès du pape Zacharie confiée par saint Boniface à son disciple Lul, 593, 594. — De la consultation du pape saint Zacharie au sujet du changement de dynastie qui transféra la couronne des Mérovingiens aux Carlovingiens (752), 591-595. — M. l'abbé Mury et M. l'abbé Chaillot pensent que cette consultation fut une imposture imaginée par les Carlovingiens pour consolider leur dynastie sur le trône, 591, 592. — Documents dont leur critique ne suffit cependant pas à infirmer la valeur, 592.

ZÉPHIRIN (saint). Son opinion en faveur de l'infaillibilité pontificale, IV, 596.

ZOËGA, érudit danois, publie des *Gnomes* du concile de Nicée découverts dans le musée du cardinal Borgia, III, 590-592.

ZOROASTRE. La religion de Zoroastre d'après les plus récentes recherches, I